LE CORDON BLEU

1026
RECETAS
de cocina internacional

Le Cordon Bleu

1026
RECETAS
de cocina internacional

LEOPOLD
BLUME

LEOPOLD
BLUME

Título original:
Le Cordon Bleu Complete Cooking Step-by-Step

Traducción:
Ana M.ª Pérez Martínez
Especialista en temas culinarios

Coordinación de la edición en lengua española:
Cristina Rodríguez Fischer
M.ª Dolores Campoy Blanco

Primera edición en lengua española 2000
Reimpresión 2001

© 2000 Art Blume, S. L.
Av. Mare de Déu de Lorda, 20
08034 Barcelona
Tel. 93 205 40 00 Fax 93 205 14 41
E-mail: info@blume.net
© 1998 The Hearst Corporation y Carroll & Brown, Londres

I.S.B.N.: 84-89396-46-9
Depósito legal: B-38.585-2001
Impreso en Edigraf, S. A., Montmeló (Barcelona)

CONSULTE EL CATÁLOGO DE PUBLICACIONES *ON LINE*
INTERNET: HTTP://WWW.BLUME.NET

INTRODUCCIÓN

Tengo el placer de presentarles *Le Cordon Bleu. 1.026 recetas de cocina internacional.* Los *chefs* de Le Cordon Bleu trabajan siempre con el mismo equipo de editores, y este libro es el último fruto de su colaboración. Puesto que el enfoque de la obra es muy similar a los métodos utilizados en nuestras escuelas internacionales, Le Cordon Bleu tiene la satisfacción de otorgarle su aprobación.

Con cinco escuelas, ubicadas en Francia, Gran Bretaña, Japón, Australia y Norteamérica, y un alumnado de 50 nacionalidades diferentes, Le Cordon Bleu es una institución ampliamente conocida y admirada en todo el mundo. Sus 32 maestros de cocina mantienen una larga tradición de excelencia en las artes culinarias y en la apreciación de la buena comida y el arte de vivir. Con el asesoramiento y la participación en la creación y promoción de diferentes productos culinarios, Le Cordon Bleu define la singularidad culinaria.

Este libro proporciona una guía completa, paso a paso, que ilustra la preparación de más de mil platos acabados. Cada capítulo se centra en un alimento determinado o en una categoría culinaria, desde los entrantes y sopas a los postres, empanadas y tartas. Mediante recetas típicas se enseñan métodos básicos; se incluyen también otras recetas alternativas, a fin de que se pueda dominar el arte de preparar diferentes platos. Además se detallan los ingredientes, las técnicas fundamentales y el equipo. Con toda esta información, se ha obtenido una obra que permite superar el temor a crear algo nuevo.

Le Cordon Bleu. 1.026 recetas de cocina internacional ha sido pensada para aquellos que aprecian el valor de comer en casa. El placer de compartir una comida con la familia o los amigos es una tradición que permanece viva en muchas casas a pesar de las presiones del mundo moderno. Las recetas oscilan entre las sencillas y las elaboradas, y sus sabores recorren todo el planeta. Creemos que una vez dominada una técnica, disminuye el tiempo en la cocina y aumenta el disfrute de una comida apetitosa en compañía de la familia y los amigos.

Confío en que este libro le abrirá las puertas de la creatividad, tanto al cocinar como al agasajar a sus invitados.

Bon appétit!

André J. Cointreau

CONTENIDO

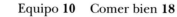

◆

AVES 131

◆

CARNES 179

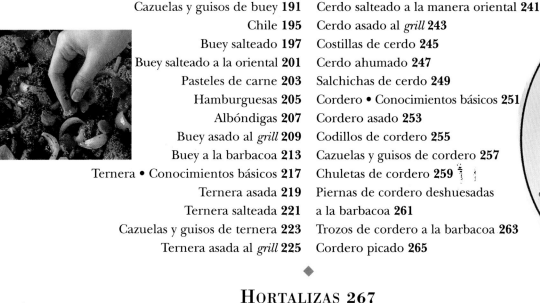

◆

HORTALIZAS 267

Hay un utensilio apropiado para cada método de cocción imaginable. Nadie necesita todos los que ofrece el mercado, pero algunos facilitan el trabajo en la cocina y lo hacen más divertido. Aquí le presentamos nuestros favoritos, desde los básicos de siempre a los especializados, con los que quizá se quiera aventurar el cocinero casero.

CONSEJOS PARA LA COMPRA

Los utensilios culinarios de calidad pueden ser caros, pero si compra los mejores habrá invertido en ellos para toda la vida, pues son fiables, duraderos y fáciles de manejar. ¿Cuál es el primer paso para juzgar la calidad? Compruebe el precio: los buenos metales y la manufacturación esmerada suponen un aumento del valor de compra. (Aunque no siempre: las cacerolas de hierro colado, por ejemplo, no son demasiado caras, pero pesan y son duraderas.) Invierta en unos cuantos utensilios de calidad, especialmente en cuchillos y en cacerolas y sartenes fuertes y pesadas. No ahorre al adquirir recipientes antiadherentes destinados a cocer con pocas grasas; sí puede economizar en ollas que utilice simplemente para hervir agua. Dé una doble vida a sus vasijas: elija productos que trabajen bien tanto en el horno como sobre el fuego.

BATERÍA DE COCINA

Los cazos y las cazuelas se fabrican con diferentes materiales. El acero inoxidable es fácil de limpiar, pero no conduce bien el calor, por lo que los fabricantes añaden a menudo aluminio o cobre a la base del utensilio para mejorar la conductividad. El cobre, por el contrario, es un excelente conductor del calor y una delicia para cocinar, pero es pesado, caro y difícil de lavar. El aluminio y el hierro colado son menos costosos y más fáciles de conservar; ambos resultan eficaces conductores del calor, aunque pueden reaccionar con alimentos ácidos, lo que provoca que éstos se oxiden o adquieran un sabor metálico.

Como regla general, elija recipientes que tengan una base gruesa, con un revestimiento que evite que los alimentos se agarren y asas que resistan el calor del horno (o diseñadas para mantenerse frías). Es preferible que invierta en piezas que sepa que va a utilizar y evite comprar baterías ya preparadas, pues normalmente contienen cazos o cacerolas innecesarios. Para una cocina bien equipada, se precisan los siguientes utensilios:

Cazos. Se necesitan 3 o 4 como mínimo. Deben oscilar entre 1 y 4 litros de capacidad, y entre 7 y 10 cm de profundidad. Han de tener tapas que ajusten bien y asas que puedan resistir el calor del horno.

Cazuelas. Resultan magníficas para cocinar sobre el fuego o en el horno; las pesadas son las mejores, y las esmaltadas lo suficientemente atractivas como para llevarlas directamente a la mesa. Una cazuela de 5 litros de capacidad es muy útil.

Sartenes. Tenga 3 como mínimo: una pequeña (23 cm), una mediana (26 cm) y una grande (30 cm). Una buena sartén antiadherente es esencial si desea cocinar con menos grasas.

Cacerola. Este utensilio profundo, ancho y bastante ligero se utiliza para preparar sopas, guisos y pastas. Una cacerola de 5 litros de capacidad, con una tapa que ajuste bien, tiene un uso muy amplio en la preparación de las comidas.

Olla. Este recipiente alto y estrecho se usa para elaborar sopas y caldos, así como ingredientes de buen tamaño, como langostas y mazorcas de maíz. Recomendamos una olla de entre 6 y 8 litros de capacidad.

Olla

Cazo doble. Consiste en un conjunto de dos cazos, que permite que los alimentos se cuezan lentamente (en el recipiente superior) sobre agua hirviendo (en el cazo inferior). Si no lo tiene, puede improvisarlo; para ello, coloque un cuenco para mezclar metálico en un cazo con agua hirviendo, o bien emplee dos cazos de aproximadamente el mismo diámetro uno sobre otro.

Cazo doble

Parrilla. Una parrilla de hierro colado es excelente para cocinar alimentos con poca o ninguna grasa; los resultados que se obtienen son parecidos a los de la barbacoa o el *grill* del horno. La superficie presenta unas entallas que permiten que la grasa caiga de los alimentos; además, muchas llevan un pico que facilita el vaciado.

CURAR UNA PARRILLA O SARTÉN DE HIERRO COLADO

Las parrillas y sartenes de hierro colado normales (no las recubiertas con esmalte) han de curarse antes de emplearlas por primera vez a fin de obtener un acabado antiadherente. Lávelas con agua caliente jabonosa y séquelas. Frote la superficie con un lienzo remojado en aceite vegetal. Caliéntelas boca abajo en el horno a 180 °C (gas 4) durante 1 hora. Apague el horno y déjelas que se enfríen dentro.

UTENSILIOS PARA HORNEAR

El asado y el horneado dependen del tiempo que se emplee en el proceso de la temperatura del horno y de las dimensiones del recipiente. Para esta función, son útiles muchos materiales: el hierro colado esmaltado es fácil de lavar y conduce bien el calor; el acero esmaltado tiene un precio razonable, resulta ligero y constituye una buena elección para las fuentes para asar; el acero inoxidable es duradero y de calidad; el vidro refractario y la cerámica tratada pueden ir directamente del congelador o nevera al horno; el barro vidriado y el gres están especialmente indicados para un horneado lento y prolongado; los moldes metálicos con un acabado brillante proporcionan una costra delicada a los pasteles.

Fuentes para hornear. Se trata de unas fuentes grandes, ligeramente hondas y de forma ovalada o rectangular, cuyas paredes tienen unos 5 cm de altura; se fabrican, por lo general, con vidrio refractario o cerámica. Elija varios tamaños diferentes.

Molde para hornear. Parecido a una fuente para hornear, pero metálico; las paredes de estos moldes tienen 4 o 5 cm de altura. Los tamaños esenciales son: uno cuadrado, de 20 cm de lado; uno cuadrado, de 22 cm de lado, y uno rectangular, de 22 x 20 cm.

Cacerola. Puede ser redonda, ovalada, cuadrada o rectangular, y estar fabricada con vidrio, cerámica o metal esmaltado; muchas llevan tapa. Disponga de varios tamaños.

Rostidera. Se trata de una fuente grande y honda, fabricada con acero inoxidable o esmaltado, o bien aluminio. Una rostidera baja, provista de rejilla, es muy versátil.

Molde para pasteles. Ningún cocinero puede trabajar sin un abanico de moldes redondos para pasteles (de 20 y 23 cm), más algunos cuadrados y rectangulares. Según cuáles sean sus necesidades, considere también los siguientes: molde para pasteles de base desmontable (los de 23 x 8 cm y 25 x 6 cm de altura son los más útiles); molde de corona (25 cm) y molde de 25 cm.

Molde para pan. Es preciso para panes rápidos y pastas de té, y útil para barras de pan. Los tamaños estándar son 23 x 12 cm y 21 x 11 cm.

Fuente para empanadas. El tamaño estándar es de 23 cm; las fuentes hondas para empanadas tienen 24 cm. Los moldes de vidrio, metal oscuro o mate proporcionan las mejores costras, pues las empanadas quedan crujientes y hermosamente doradas.

Tarteras. Este molde poco profundo, de paredes acanaladas y base desmontable, se vende en diferentes formas y tamaños; las redondas de 28 x 3 cm y 23 x 3 cm son muy útiles. Los moldes para tartaletas (de 1,5 a 9,5 cm) son recomendables.

Otros utensilios para hornear. Son también muy útiles el molde para brazo de gitano (39 x 27 cm, con paredes bajas en todo su contorno); las placas para hornear (algunas con un pico bajo en uno o más extremos), y el molde estándar para *muffin* o magdalenas (cada hendidura de 7 x 3 cm).

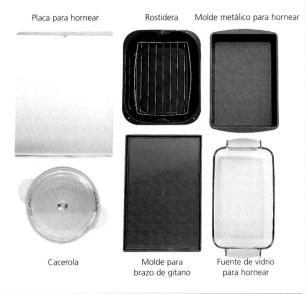

Placa para hornear   Rostidera   Molde metálico para hornear

Cacerola   Molde para brazo de gitano   Fuente de vidrio para hornear

CUIDADO Y LIMPIEZA

Aluminio. Frote con un limpiador poco abrasivo. Si el recipiente se ha oscurecido, llénelo con agua y vinagre o zumo de limón. Hierva la mezcla 15 minutos.

Hierro colado. Lávelo brevemente para no desprender el curado (*véase* recuadro, pág. 10). Lave con agua hirviendo y papel de cocina o un lienzo suave, o bien utilice un estropajo de nailon para desprender los restos. Seque enseguida.

Cobre. Lave con agua caliente jabonosa; seque inmediatamente. El cobre se desluce con rapidez; use un limpiador para darle brillo. La mayoría de recipientes de cobre están estañados y deben reestañarse de vez en cuando. (Hágalo cuando asome el cobre detrás del estaño.)

Barro o gres. Enfríe el recipiente por completo antes de lavar para evitar que se agriete. Frótelo con un estropajo de nailon, enjuáguelo y déjelo secar al aire. El barro vidriado puede lavarse en el lavavajillas.

Vidrio, cerámica vidriada, porcelana. Remoje el recipiente en agua caliente jabonosa. Pueden lavarse en el lavavajillas.

Superficies antiadherentes. Lávelas con una esponja y agua caliente jabonosa. Evite los abrasivos.

Acero inoxidable. Lave con agua caliente jabonosa y un estropajo de nailon. Un limpiador para acero inoxidable ayuda a eliminar las manchas persistentes.

MEDIR MOLDES Y FUENTES

Para conocer el tamaño de una fuente o molde para hornear, mida la parte superior de un extremo interno al opuesto. Para saber la profundidad, mida a partir del extremo inferior interno del molde hasta el superior.

SUSTITUIR UN MOLDE POR OTRO

Los panes y pasteles se hornean, por lo general, en moldes metálicos. Si fuese necesario, puede sustituirlos por moldes de vidrio o cerámica; para ello, reduzca 10 °C la temperatura del horno. Los productos de pastelería se hornean con mayor rapidez en estos materiales que en el metal. De esta forma, la parte externa de pan o pastel no queda sobrecocida antes de que se cueza el centro.

VOLÚMENES DE LOS MOLDES

TAMAÑO DEL MOLDE	VOLUMEN APROXIMADO
Cada agujero para *muffin* de 7 x 3 cm	90 ml
Molde para pan de 21 x 11 cm	1¼ litros
Molde cuadrado para hornear de 20 cm de lado	1½ litros
Molde cuadrado para hornear de 22 cm de lado	2 litros
Molde para empanadas de 23 cm	1 litros
Molde para hornear de 30 x 18 cm	1¾ litros
Molde para hornear de 33 x 20 cm	3 litros
Molde para brazo de gitano de 39 x 27 cm	1½ litros

CONSEJOS PARA COCINAR CON EL MICROONDAS

• Recuerde que la cantidad de alimento afecta al tiempo de cocción. Los trozos pequeños o finos se cuecen con mayor rapidez que los grandes o gruesos.

• Evite cocer en el microondas trozos grandes de carne con el hueso. Los huesos atraen las microondas y así la carne se cuece de forma desigual.

• Pinche los huevos y los alimentos de pieles duras (tomates, patatas). Si no lo hace, pueden explotar debido a la formación de vapor.

• Utilice una fuente con capacidad suficiente para remover y que pueda hervir.

• No recaliente preparaciones horneadas en el microondas, pues quedan duras. Sin embargo, puede descongelarlas en un paño de cocina.

SEGURIDAD Y MICROONDAS

• Utilice productos a base de papel sólo para cocinar en un tiempo inferior a 10 minutos; podrían incendiarse. No emplee papel reciclado, pues puede contener partículas metálicas, que podrían desprenderse, o tintes, cuya acción contaminaría los alimentos.

• No use las cintas de cierre que llevan algunas bolsas de plástico, ya que el metal podría desprender chispas y encenderse. Tenga cuidado también con los recipientes de vidrio o porcelana de borde metálico, o con el contenido metálico de algunos esmaltes cerámicos.

• Utilice película de plástico diseñada especialmente para el microondas y no deje que los alimentos la toquen.

• Destape con cuidado las tapaderas que ajusten bien; aparte la cara porque el vapor acumulado podría salir a presión.

• El azúcar atrae las microondas: los productos dulces pueden quedar extremadamente calientes. Tenga cuidado.

UTENSILIOS ESENCIALES

Cepillos de cerdas. Tenga 2 como mínimo: uno para limpiar cacerolas y otro para frotar hortalizas. Los de nailon duran más tiempo.

Colador. Es indispensable para escurrir la pasta y las hortalizas. Los grandes son los mejores; elija uno cuya base tenga pies sólidos.

Rejillas para enfriar.
Disponga de 2 o 3 si hornea muchos pasteles y galletas. Evite las rejillas que tengan demasiado espacio entre sus divisiones.

Tablas para picar. A fin de evitar la contaminación cruzada de los alimentos, cuente con una tabla para

Rejilla para enfriar

aves, pescado y carnes crudas, y otra para pan, hortalizas y queso. Frótelas bien con agua caliente jabonosa una vez empleadas y esterilícelas una vez por semana con una solución de una cucharada de lejía mezclada con 4 litros de agua. Esterilice las tablas para picar de plástico en el lavavajillas. Puede reservar una tabla sólo

para frutas; de esta manera, se evitarán tragedias culinarias, como una tarta de manzanas aromatizada con ajo.

Rallador. Esta herramienta, plana o en forma de caja, puede rallar (agujeros finos), desmenuzar (agujeros medianos) o cortar en rodajas (hendiduras grandes). Los de acero inoxidable son los más resistentes.

Tablas para picar

Jarras para medir. Pueden ser de vidrio o de plástico; las mejores llevan marcas para mediciones con varios sistemas.

Cucharas para medir. Las de acero inoxidable son las más duraderas. Para los líquidos, llénelas hasta el borde. Para los ingredientes secos, llénelas y nivélelas.

Cuencos para mezclar. Fabricados en vidrio, acero inoxidable o plástico, oscilan entre los muy pequeños y los de 8 litros de capacidad. Evite batir las claras de huevo en cuencos de plástico.

Rodillos. Los rodillos pesados fabricados con maderas duras o mármol son excelentes para sin apenas esfuerzo extender pastas con suavidad. No lave los rodillos de madera en el lavavajillas.

Tamiz/colador. Tamice los ingredientes secos o cuele los líquidos. Tenga varios tamaños, con diferentes calibres de malla.

Espátulas. Emplee espátulas de madera o goma que resistan el calor para voltear los alimentos durante la cocción, y de plástico o goma para mezclar e incorporar claras.

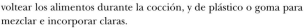
Rallador   Tamiz

Cuchillo paleta. El cuchillo de hoja roma es ideal para desprender un pastel de las paredes de un molde y para glasear tartas.

Termómetros. Los termómetros para carne de lectura inmediata y los de azúcar miden las temperaturas de carnes, aves, líquidos, mezclas de levadura y dulces; de este modo, se obtienen resultados precisos. Compruebe su fiabilidad sumergiéndolo en agua hirviendo: el termómetro debe registrar 100 °C. Un termómetro para horno indica si éste se calienta bien. Guárdelo con cuidado.

Pinzas. Se utilizan para retirar alimentos calientes, propensos a escurrirse o sumergidos en un líquido o salsa, también para darles la vuelta sin pincharlos.

Mondador de hortalizas. Es más fácil de utilizar que un cuchillo para pelar patatas, manzanas y otras frutas y hortalizas. Una hoja giratoria retira menos piel que una fija, pues se adapta a la forma del producto. También son adecuados para cortar virutas de queso y copos de chocolate.

Batidora de varillas. Es esencial para mezclar salsas lisas, fondos de cocción, vinagretas y mezclas para pasteles. Tenga un abanico de tamaños y formas

Espátula   Cuchillo   Pinzas   Batidora
de goma   paleta   de varillas

LOS CUCHILLOS IDEALES

Los cuchillos de calidad están fabricados con acero inoxidable que contiene un alto nivel de carbono. Si el cuchillo tiene una espiga (la parte metálica más estrecha se sitúa en la base de la hoja) que se extiende a lo largo del mango, significa que es sólido. Un buen cuchillo debe ser cómodo para la mano. Son imprescindibles un cuchillo de cocinero (para picar, cortar en rodajas, a dados o picar; una hoja de entre 15 y 20 cm es muy popular), un cuchillo pequeño para mondar (para frutas y hortalizas) y un cuchillo grande de sierra (para panes, pasteles y tomates). Entre los extras útiles, se encuentra el cuchillo para trinchar carnes, que se vende a menudo junto con el tenedor trinchante, y un cuchillo para deshuesar. El cuchillo para cortar lonchas o rodajas tiene una hoja con un filo acanalado y extremo romo; es adecuado para cortar jamón y otras carnes cocidas. Los cuchillos bien afilados son más fáciles de utilizar, pues proporcionan un buen agarre. Haga como los *chefs*; ellos afilan sus cuchillos diariamente. (Para las instrucciones sobre cómo afilar, *véase* pág. 180.)

Cuchillo para mondar | Cuchillo de cocinero | Cuchillo de sierra | Cuchillo y tenedor para trinchar | Cuchillo para cortar lonchas

MEZCLADORAS Y BATIDORAS

Las batidoras-mezcladoras y los robots eléctricos pueden usarse para tareas similares, pero cada uno tiene sus propias ventajas. La batidora-mezcladora de pie reduce sopas a purés y da a las salsas y batidos una consistencia cremosa; su vaso alto y estrecho puede contener más líquido que un robot; además, proporciona unas sopas más cremosas. Los cuencos de los robots eléctricos pueden gotear si se llenan en exceso. Por otra parte, un robot pica y ralla mejor; asimismo, prepara pastas con rapidez. Si desea trabajar con una batidora pequeña, elija una manual porque podrá colocarla directamente en el recipiente de cocción y se ahorrará lavados posteriores.

Para batir la crema de leche, las claras de huevos y las mezclas para pasteles, una mezcladora amasadora es ideal. Una batidora eléctrica manual resulta muy útil porque se traslada con facilidad de un sitio a otro de la cocina. Sin embargo, quizá le canse sostenerla; además, no prepara bien las masas. Una mezcladora amasadora de pie puede contener grandes cantidades de masa, mantequilla fría y masa para pan, y permite hacer otras tareas mientras funciona; este tipo constituye la mejor elección para los pasteleros. La mayoría de mezcladoras amasadoras de pie llevan paletas mezcladoras, varillas para amasar y batidoras de varillas para batir huevos y crema de leche; entre otros accesorios, son comunes el molinillo eléctrico y un complemento para rellenar salchichas.

LOS PEQUEÑOS EXTRAS

Descorazonador de manzanas. Este instrumento cilíndrico retira con precisión los corazones de peras y manzanas. Compre el de mayor tamaño.

Palillos de cóctel. Son útiles para comprobar la cocción de pasteles y panes. También para servir tentempiés y para asegurar alimentos rellenos, como las pechugas de pollo.

Batidora de huevos. Esta mezcladora manual también se usa para batir crema de leche. Una manivela acciona las varillas metálicas.

Heladora. Se venden tanto manuales como eléctricas; se utilizan para helados, sorbetes y yogures helados.

Exprimidores. Se emplean para extraer zumos de frutas y hortalizas. Hay diferentes modelos: desde el tradicional cono acanalado hasta modelos eléctricos sofisticados que permiten extraer incluso el zumo de las zanahorias.

Tijeras de cocina. Para cortar bramantes, hierbas frescas y recortar hojas de alcachofas. Las tijeras largas de resorte seccionan las aves fácilmente. Compre un modelo pesado, de acero inoxidable.

Vaciador de melón. Además de extraer bolas de melón perfectas, retira los corazones de peras y manzanas. Elija uno grande.

Mortero y mano de mortero. Para machacar especias, hierbas y frutos secos.

Mezclador para pasta. Los alambres metálicos de esta herramienta cortan la grasa fría, y así se puede preparar la pasta sin calentarla, a diferencia de lo que ocurre en el caso de la elaboración manual.

Pincel de pastelería. Se emplea para pincelar pastas con mantequilla o huevo, y para aplicar glaseados; es muy útil para retirar el exceso de harina. Lávelo de inmediato una vez empleado (especialmente la base de las cerdas) y séquelo bien. Al comprarlo, observe que las cerdas estén bien sujetas por la base.

Manga pastelera. Para decorar pasteles y empanadas, y dar forma a pastas y galletas.

Pasapurés. Perfecto para chafar patatas, otras hortalizas de raíz y judías cocidas; se obtiene un puré ligeramente grumoso.

Regla. Útil para medir el tamaño de las fuentes y el grosor de la carne o el pescado a fin de establecer los tiempos de cocción.

Centrifugadora de ensaladas. Emplea la fuerza centrífuga para secar verduras y ensaladas.

Broquetas. Esenciales para preparar broquetas y sujetar pavos; las pequeñas y decoradas están indicadas para los entrantes y los tentempiés.

Cestillo para cocer al vapor. Puede introducirse en cacerolas de diferentes tamaños. Una vaporera de dos cuerpos se parece a un cazo doble, pero la parte superior tiene una base perforada para que circule el vapor. Los cestillos de bambú se encajan dentro de un *wok* o sobre una cacerola con el líquido apenas hirviendo.

Acanalador de cítricos. Se desliza por los cítricos para retirar la piel externa sin la membrana amarga interior.

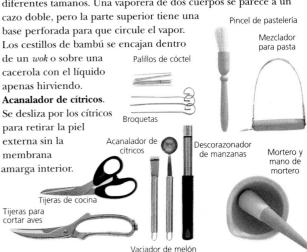

Pincel de pastelería

Mezclador para pasta

Palillos de cóctel

Broquetas

Acanalador de cítricos

Descorazonador de manzanas

Mortero y mano de mortero

Tijeras de cocina

Tijeras para cortar aves

Vaciador de melón

NOCIONES DE COCINA CONOCIMIENTOS BÁSICOS

La confianza en uno mismo a la hora de cocinar empieza con el aprendizaje de aspectos fundamentales, es decir, dominando técnicas eficaces para realizar tareas sencillas, como medir y picar los ingredientes. Los siguientes trucos y consejos le proporcionarán la base esencial para alcanzar el éxito; además, le facilitarán la elaboración de cualquier receta.

ANTES DE COCINAR

Infórmese. Lea cuidadosamente la receta antes de empezar a cocinar para familiarizarse con los ingredientes requeridos y el método de trabajo, así como para calcular cuánto tiempo va a necesitar.

Compre con antelación. Compruebe cuántos ingredientes tiene que comprar y prepare una lista. Asegúrese de que dispone de los utensilios necesarios antes de empezar. Tenga a mano todos los ingredientes y el equipo.

Precaliente. Los hornos deben calentarse a la temperatura especificada como mínimo 15 minutos antes de empezar a cocinar. Los *grills* también deben precalentarse. Para asar a la parrilla los alimentos deben estar situados entre 5 y 7,5 cm de la fuente de calor.

Verifique el tiempo de cocción. El tiempo de cocción es un factor crucial al cocinar; acostúmbrese a calcularlo, tanto sobre el fuego como en el horno. Un reloj automático o avisador de cocina es el método más fácil y preciso.

Conozca su horno. Los tiempos de cocción pueden variar de un horno a otro, por lo que conviene comprobar si el plato ya está listo al finalizar el tiempo de cocción indicado. Los hornos convencionales alcanzan temperaturas más elevadas en la parte superior, mientras que los de convección tienen una temperatura regular; en este último caso, no es necesario dar la vuelta a los moldes si se indica en la receta. Como norma general, para los hornos de convección reduzca el tiempo de cocción en 10 minutos por cada hora y la temperatura en unos 20 °C.

LAS MEDIDAS CORRECTAS

La medición correcta de los ingredientes es esencial para obtener un resultado satisfactorio, especialmente al hornear.

Ingredientes secos. Hay diferentes modelos de balanzas en el mercado; las más sensibles miden incrementos de 5 g, y son las balanzas de equilibrio tradicionales y las modernas digitales. Elija una que tenga una numeración clara y un cuenco lo suficientemente grande como para pesar grandes cantidades. La mayoría de balanzas electrónicas permiten recolocar la lectura a cero, por lo que se puede pesar cada ingrediente según se añade al cuenco.

Líquidos. Mida siempre los líquidos en una jarra medidora de vidrio o plástico, situada sobre una superficie plana. Compruebe la medida colocando el nivel máximo del líquido a la altura de los ojos, pues si los mira desde arriba obtendrá una medida distorsionada. Al medir alimentos densos (por ejemplo, melaza,

miel, jarabes, etc.), unte la jarra medidora con aceite vegetal, para que el líquido caiga posteriormente con facilidad.

Cucharas para medir. Cuando en una receta se indica una cucharada o una cucharadita de ingredientes secos o líquidos, en realidad se hace referencia a unas medidas muy precisas: 1 cucharada (15 ml), ½ cucharada (7,5 ml), 1 cucharadita (5 ml), ½ cucharadita (2,5 ml), ¼ de cucharadita (1,2 ml) y a veces ⅛ de cucharadita (0,5 ml). Sostenga la cuchara sobre un cuenco vacío para que caiga el exceso (no lo haga sobre el recipiente que contenga el resto de ingredientes). Asegúrese de que la cuchara esté llena. Nivele la superficie pasando la hoja plana de un cuchillo o espátula metálica por toda la cuchara a partir del final del mango. Los líquidos indican diferentes niveles aunque se use la misma cuchara medidora; depende de su densidad.

Medir el volumen del equipo. Algunas recetas necesitan un equipo que tiene un volumen particular, por ejemplo un molde para suflé de 2 litros de capacidad. El sistema de medición más preciso consiste en llenar el molde o recipiente con agua procedente de una jarra medidora y no al revés. Tire en cada ocasión 500 ml de agua fría en el molde, hasta que el líquido llegue hasta el borde; tome nota de la medición tantas veces como llene la jarra.

HERVIR Y COCER POR DEBAJO DEL PUNTO DE EBULLICIÓN

Un líquido que hierve a 100 °C es ideal para cocer con rapidez alimentos como las hortalizas, que no deben perder sus nutrientes, forma y color. Sin embargo, cocer a esa elevada temperatura no es adecuado para todos los alimentos. La carne, por ejemplo, queda dura si se hierve, mientras que las salsas se evaporan y algunas se cortan. Por esta razón, muchas recetas indican que se cueza por debajo del punto de ebullición o a fuego lento. De este proceder se desprende una temperatura sensiblemente menor, y resulta más suave que el hervido; permite que los sabores se amalgamen y que algunos productos, como las carnes, se ablanden. Para conocer la diferencia que hay entre el hervido y la cocción por debajo del punto de ebullición, mire la superficie del líquido: cuando hierve, se observan grandes burbujas que suben y rompen la superficie; cuando cuece por debajo del punto de ebullición, sólo hay un conjunto de pequeñas burbujas en la superficie.

¿PAPEL SULFURIZADO O DE PERGAMINO?

El papel sulfurizado tiene un recubrimiento impermeable que lo hace ideal para envolver y cocinar alimentos como el pescado (*véase* pág. 125). También se emplea como forro de moldes para pasteles; en este caso, debe engrasarse primero el papel con mantequilla o margarina derretida, y luego espolvorear harina. Si se hornea a menudo, quizá interese más utilizar papel de pergamino. Este papel está tratado con un revestimiento de silicona, por lo que no es necesario engrasarlo o enharinarlo.

14 ◆ NOCIONES DE COCINA

CORTAR A LA MEDIDA

Picar. Se trata de cortar los alimentos en trozos pequeños e irregulares, del tamaño de un guisante. Para ello, corte a groso modo los alimentos y luego apílelos formando un montón. Sostenga el mango de un cuchillo de cocinero con una mano y la punta de la hoja con la otra, y pique con un movimiento de vaivén.

Picar finamente. Consiste en cortar los alimentos en trozos irregulares de menos de 3 mm. Se hace del mismo modo que en el caso anterior, pero los alimentos se seccionan más pequeños.

Cortar a dados. Son pequeños cubos uniformes, de unos 5 mm de lado. Para conseguir los dados, corte primero el alimento en palos o tiras. Amontónelos y luego trocee en sentido horizontal para obtener dados uniformes.

Juliana. Son tiras finas como cerillas, de unos 5 cm de longitud. Corte primero en rodajas de 5 cm de longitud y 3 mm de grosor. Amontónelas y córtelas a lo largo en tiras de 3 mm de ancho.

PICAR UNA CEBOLLA

1 Corte la cebolla por la mitad a partir del extremo de la raíz; colóquela sobre una tabla de picar. Haga unos cortes horizontales, paralelos a la tabla, sin alcanzar el extremo de la raíz.

2 Practique unos cortes verticales, pero sin llegar a la raíz del tubérculo.

3 Corte la cebolla en sentido horizontal, de manera que obtenga trozos pequeños.

SUSTITUTIVOS DE EMERGENCIA

Levadura en polvo. Sustituya cada cucharadita indicada por ¼ de cucharadita de bicarbonato sódico y ½ cucharadita de crémor tártaro (preparado al momento).

Cebollinos. Sustitúyalos por cebollas tiernas, incluida la parte verde superior.

Salsa de pescado (*nuoc nam*). Por cada cucharada emplee 2 cucharaditas de salsa de soja y una cucharadita de pasta de anchoas.

Hierbas. Por cada cucharada de hierbas frescas use una cucharada de hierbas congeladas (sólo para cocinar, no para guarnición), o ½ cucharadita de secas. Si no tiene orégano emplee mejorana, o viceversa.

Azúcar moreno claro. Por cada 250 g sustituya 250 g de azúcar granulado y una cucharada de melaza o melaza negra; también puede emplear azúcar moreno oscuro.

Mostaza. Por cada cucharada de mostaza preparada, utilice una cucharadita de mostaza en polvo, mezclada con 2 cucharadas de vinagre de vino, vino blanco o agua.

Jamón serrano. Utilice jamón de Parma o del país.

Panceta. Sustitúyala por beicon o jamón.

Piñones. Emplee nueces o almendras.

Escalonias. Sustitúyalas por cebollas.

Esencia de vainilla. Utilice coñac u otro licor aromatizado.

EQUIVALENCIAS DE LAS TEMPERATURAS DEL HORNO

GRADOS CENTÍGRADOS	GAS	DESCRIPCIÓN
110 °C	¼	Frío
130 °C	½	Frío
140 °C	1	Muy bajo
150 °C	2	Muy bajo
170 °C	3	Bajo
180 °C	4	Moderado
190 °C	5	Calor moderado
200 °C	6	Caliente
220 °C	7	Caliente
230 °C	8	Muy caliente

Cualquier cocinero debe seguir las normas que se exponen a continuación. Mantener los alimentos en buenas condiciones no es difícil. Sin embargo, una cocina segura precisa de precauciones. Aquí le indicamos las esenciales; entre ellas, la forma de manejar las carnes crudas y el tiempo que, como máximo, pueden guardarse una serie de alimentos.

REGLAS DE ORO PARA LA SEGURIDAD ALIMENTARIA

• Mantenga limpia la cocina; puede ser un nido de bacterias perjudiciales. Siempre debe lavarse y secarse las manos antes de manipular los alimentos. Lave con frecuencia los paños de cocina, lienzos y esponjas. Enjuague las frutas frescas y hortalizas antes de comerlas. Lave las tablas de picar cuchillos y otros utensilios con agua caliente jabonosa tras cada uso, especialmente después de manejar carnes y aves crudas. Esterilice a menudo las tablas de picar con una solución de una cucharada de lejía por cada 4 litros de agua.
• No ponga las carnes cocidas (o cualquier alimento listo para comer) en un plato que haya estado en contacto con carnes, aves o pescados crudos.
• Para eliminar las bacterias nocivas que puedan tener los huevos duros, los pescados, las aves y las carnes es esencial cocer a fondo estos alimentos. Un termómetro resulta el sistema más seguro de verificar el punto de cocción. Para una inspección visual, siga estas normas: cueza las carnes rojas entre su punto y poco hecha (rosada, pero no roja en el centro); el cerdo hasta que los jugos de cocción salgan claros y la carne mantenga ligeramente el color rosado; las aves hasta que los jugos de cocción sean claros; los pescados hasta que se muestren opacos; las yemas de huevo y las claras hasta que estén firmes y cuajadas; la carne picada hasta que no queden vestigios rosados.
• Cocer los alimentos en diferentes estadios no es un método fiable. No empiece a cocinar, pare y continúe posteriormente. Incluso cuando los alimentos se conservan en la nevera entre los diferentes estadios de cocción, no siempre la temperatura resulta segura, por lo que pueden desarrollarse las bacterias.
• Refrigere las sobras tan pronto como le sea posible; no las deje más de 2 horas a temperatura ambiente. Divida las cantidades grandes en recipientes pequeños y poco hondos para que se enfríen con rapidez.
• Una vez enfriados, no deje alimentos proteínicos como el pollo o la ensalada de huevo más de 1 hora fuera de la nevera.

EMPACAR UNA COMIDA SEGURA

• Utilice 2 neveras portátiles pequeñas en vez de una grande: la que se abra con mayor frecuencia para bebidas y frutas, y la otra para alimentos perecederos, como carnes, aves, ensaladas y quesos.
• Enfríe los alimentos a fondo antes de colocarlos en la nevera portátil. Para conservar el frío, no la abra constantemente.
• Si lleva carne cruda, envuélvala dos veces en bolsas de plástico herméticas, a fin de evitar que sus jugos contaminen otros alimentos.
• Coloque los alimentos perecederos cerca de los cubitos de hielo o de pastillas para refrigerar. Disponga las frutas y la lechuga lejos del hielo, para que no se congelen.

ENVOLVER

Papel de aluminio. Ofrece una protección óptima, se moldea con facilidad y soporta temperaturas extremas. El papel de aluminio grueso es ideal para conservar los alimentos largo tiempo.
Película de plástico. Las mejores sellan y protegen los alimentos contra la pérdida de humedad y las transferencias de olores. Las más finas a veces se adhieren mejor y son ideales para envolver sobras y recalentar brevemente en el microondas (no deben entrar en contacto directo con los alimentos al introducirlos en este tipo de hornos). Para congelar, elija la específica para dicho uso.
Papel para congelar. Este papel protege los alimentos de las quemaduras provocadas por el frío del congelador; además, se puede escribir con facilidad sobre él.
Bolsas de plástico. Las bolsas para conservar alimentos los mantienen a temperatura ambiente o refrigerados. Las de congelar son más gruesas y pueden soportar una pasada rápida en el microondas para descongelar y calentar.

PROVISIÓN BÁSICA DE LA DESPENSA

A no ser que se indique lo contrario, los alimentos básicos se conservan mejor en un lugar fresco y seco. Para más información sobre ingredientes fundamentales (por ejemplo, harina, huevos, queso, pasta y cereales), revise las páginas dedicadas a ellos.
Levadura en polvo. Una vez abierta debe conservarse bien sellada y tapada; es eficaz unos 6 meses. Para comprobarlo, añada una cucharadita a un poco de agua caliente; debe burbujear vigorosamente.
Pan rallado seco. Guárdelo en la despensa hasta 6 meses, o —para un mejor sabor— refrigérelo hasta 2 años.
Jarabe de melaza dorado. Una vez abierto, se conserva en la despensa hasta 2 años. Si cristaliza ponga el frasco o recipiente abierto en un cuenco con agua caliente. Remueva el jarabe hasta que se disuelvan los cristales de azúcar.
Miel. Se conserva indefinidamente; si cristaliza, ponga el frasco abierto en un cuenco con agua caliente. Remueva hasta que los cristales se disuelvan.
Aceite de oliva. Guárdelo en un lugar frío y oscuro durante un máximo de 6 meses. No compre más del que vaya a utilizar; podría enranciarse, especialmente si lo conserva en un lugar cálido.
Mantequilla de cacahuete. Una vez abierta se conserva un año en la despensa. Refrigérela para evitar que se enrancie.
Salsa de soja. Sin abrir se conserva en la despensa un año. Una vez abierta, refrigérela a fin de que se mantenga un año.
Especias y hierbas secas. Guárdelas en recipientes al abrigo de la luz y en un lugar fresco hasta un año. Conserve las especias rojas, las semillas de amapola y las de sésamo en el congelador.
Salsa tabasco. Una vez abierta se conserva hasta 3 meses a temperatura ambiente; refrigérela para alargar el tiempo.
Aceite vegetal. Guárdelo en un lugar frío y oscuro hasta 6 meses.
Vinagre. Sin abrir se conserva indefinidamente. Si tiene sedimentos, éstos no son nocivos y pueden retirarse. Una vez abierto guárdelo en la despensa un máximo de 6 meses. El vinagre al que se le hayan añadido aromatizantes (por ejemplo, frutas o hierbas) debe colarse en una botella limpia cuando el nivel del líquido sea más bajo que el de los ingredientes sólidos.

REFRIGERAR CORRECTAMENTE

• Asegúrese de que la temperatura de su nevera permanece entre 5 y 8 °C.

• Para evitar que los alimentos se estropeen, establezca un sistema de rotación. Coloque los nuevos al fondo de los estantes y ponga los más viejos en la parte delantera.

• Ponga fecha a las sobras para saber cuánto tiempo hace que las tiene.

• Si no está seguro acerca del estado de un alimento, deséchelo.

• Ponga los paquetes de carne fresca, aves y pescado sobre un plato en la nevera si desea cocinarlos en el plazo de uno o dos días; en caso contrario, congélelos de inmediato.

• Guarde los huevos en su embalaje, para que no absorban los olores de otros alimentos. Por la misma razón, conserve los quesos, la crema de leche, la leche, los yogures, la margarina y la mantequilla herméticamente cubiertos o cerrados.

SOBRE LA CONGELACIÓN

• Los alimentos congelados conservan mejor el color, la textura y los nutrientes que los que se mantienen mediante otros métodos.

• Compruebe la temperatura del congelador con un termómetro adecuado; debe estar a -18 °C. (Las temperaturas más elevadas provocan que los alimentos pierdan humedad, y en consecuencia textura y sabor.)

• Descongele en cuanto se deposite 1 cm de escarcha en los lados del congelador. Si la escarcha no se ha solidificado en forma de hielo duro, puede utilizar una rasqueta de plástico para que la tarea resulte más fácil.

• No llene excesivamente el congelador, o lo que es lo mismo, no añada más de 1 kg de alimentos por cada 8 litros de volumen de espacio en un lapso de 24 horas. Cantidades mayores provocan cambios en la temperatura, lo que puede afectar a la comida.

• Para evitar los cristales de hielo, cambios de color o de textura, o quemaduras provocadas por el frío, guarde los alimentos en recipientes herméticos, o envuélvalos apretadamente con una película de plástico específica.

• Las porciones pequeñas de alimentos, por ejemplo tentempiés individuales, como tartaletas, triángulos de pasta filo, algunas galletas o las fresas se conservan mejor cuando se congelan sobre una placa o en seco. Así, los alimentos se mantienen separados y se pueden retirar sólo los que se precisen. Para ello, simplemente extienda las preparaciones sin envolver sobre una placa de hornear; congélelas hasta que estén firmes y luego envuélvalas en bolsas de plástico selladas. Este sistema de congelación sobre placas es también ideal para pasteles y empanadas, puesto que la envoltura no se adhiere a los mismos.

• Las preparaciones líquidas y semilíquidas deben conservarse en recipientes que no tengan pérdidas; debe quedar espacio para la expansión del líquido durante el proceso de congelación (en los contenedores de boca ancha, deje 1 cm por cada 500 ml, y 2 cm para los recipientes rectangulares de 1 litro; para los de boca más estrecha, deje 2 cm por cada 500 ml, y 3 cm para los de 1 litro).

• No congele hortalizas crudas (pierden la textura crujiente a no ser que se blanqueen primero) o alimentos fritos (se humedecen). No congele quesos blandos, mayonesa, crema acidificada y natillas.

• Ponga una etiqueta con la fecha de congelación en los paquetes y anote el peso de las carnes y las aves, y el número de porciones.

• No tarde en preparar los alimentos una vez descongelados.

CONSERVAR LAS HIERBAS FRESCAS

• La mayoría de las hierbas frescas son muy perecederas, por lo que es preferible comprarlas en pequeñas cantidades y a medida que las precise. Para conservarlas unos pocos días, sumerja las raíces o los tallos recién recortados en unos 5 cm de agua. Cubra las hojas con un lienzo de cocina húmedo o una bolsa de plástico, y refrigere.

• Para secar las hierbas frescas (este método funciona mejor con especies robustas, como el romero y el tomillo), enjuáguelas ligeramente y séquelas con un lienzo. Forme manojos y cuélguelos hacia abajo por los tallos en una estancia seca y cálida, y alejados de la luz directa. Cuando las hojas se desmenucen (al cabo de unos pocos días o de una semana), despréndalas de los tallos y tire éstos. Guarde las hojas secas en recipientes herméticamente cerrados, en una alacena fría y seca.

• Para congelar las hierbas, enjuáguelas ligeramente, séquelas, retire los tallos y póngalas en recipientes o bolsas de plástico. Las hierbas congeladas se oscurecen, pero su sabor no se modifica. No es necesario descongelar las hierbas congeladas; añádalas directamente a los alimentos que cocina. También puede poner unas pocas hierbas (sólo las hojas) en unas cubiteras; vierta agua hasta cubrirlas y congélelas. Añada simplemente el cubito a las sopas o salsas mientras se cuecen.

GUÍA PARA CONSERVAR ALIMENTOS

ALIMENTO	EN LA NEVERA	EN EL CONGELADOR
Aves crudas, pescado y carne (trozos pequeños)	2–3 días	3–6 meses
Carne cruda o aves	1–2 días	3 meses
Asados enteros cocidos o aves enteras	2–3 días	9 meses
Trozos de aves cocidos	1–2 días	1 mes (6 meses en caldo o fondo de cocción)
Pan	—	3 meses
Helado	—	1–2 meses
Sopas y guisos	2–3 días	1–3 meses
Cazuelas	2–3 días	2–4 semanas
Pastas	—	6–8 meses

COMER BIEN CONOCIMIENTOS BÁSICOS

Establecer unos buenos hábitos alimentarios es esencial para la salud y el bienestar. Las malas costumbres respecto a la alimentación durante la juventud puede acarrear problemas de salud posteriores. En la pirámide de alimentos que ilustramos a continuación figuran cuatro asociaciones básicas de alimentos, así como las cantidades que se pueden comer de cada uno de los grupos para conseguir los nutrientes necesarios sin ingerir demasiadas calorías o grasas, grasas saturadas, colesterol, azúcar o sodio.

PAUTAS ALIMENTARIAS

• Coma de forma variada para conseguir las calorías, las proteínas, las vitaminas, los minerales y la fibra que precisa.
• Equilibre la ingestión de alimentos con una actividad física, para mantener o mejorar su peso.
• Elija una dieta baja en grasas, grasas saturadas y colesterol.
• Escoja una dieta abundante en hortalizas, frutas y cereales (proporcionan una satisfactoria sensación de plenitud).
• Emplee azúcar, sal y alcohol con moderación.
• Coma más pescado y carnes blancas, y menos carnes rojas.

LA PIRÁMIDE ALIMENTARIA

La pirámide alimentaria es un esquema de lo que se debería comer cada día. Este plan, desarrollado por el Departamento de Agricultura de Estados Unidos, debe utilizarse como guía general —no se trata de una prescripción estricta— que ayude a escoger, a partir de un amplio abanico de alimentos, aquellos que permitan elaborar una dieta saludable apropiada para cada caso.
• La pirámide aconseja alimentos que proporcionan los nutrientes necesarios, a la vez que el número de calorías adecuado para mantener un peso saludable. Asimismo, hace hincapié en el control de la ingestión de grasas, especialmente las saturadas.
• La pirámide se inclina por los alimentos comprendidos en los cinco grupos principales que aparecen en sus tres secciones inferiores. Cada grupo proporciona algunos nutrientes necesarios —pero no todos— que se requieren para seguir una dieta saludable. Los alimentos de una categoría pueden sustituir los de otra (además, ningún grupo es más importante que el resto). Para tener buena salud, son necesarios todos ellos.
• Al planificar las comidas, elija siempre que sea posible alimentos frescos. Los manufacturados tienen, por lo general, menos nutrientes y más cantidades de azúcar, grasas y sodio que los caseros. Cuando compre alimentos envasados, compruebe las etiquetas para saber si el contenido graso está dentro del límite que diariamente le corresponde por su peso (*véase* recuadro, pág. 19).

Pan, cereales, arroz y pasta. Estos alimentos forman la base de la pirámide y deben constituir el grueso de la dieta (de 6 a 11 porciones diarias).

Frutas y hortalizas. Este grupo procede también del reino vegetal. Coma frutas (de

2 a 4 porciones diarias) y hortalizas (de 3 a 5 porciones diarias) para obtener vitaminas, minerales y fibra.

Carnes y productos lácteos. La mayoría de este grupo de alimentos proceden del reino animal. El grupo de la carne incluye carnes, aves, pescados, legumbres secas, huevos y frutos secos. Las carnes, las aves y el pescado son ricos en proteína, vitamina B, hierro y cinc. Las legumbres secas, los huevos y frutos secos proporcionan proteínas, junto con otras vitaminas y minerales. Los alimentos lácteos —principalmente leche, yogur y queso— aportan proteínas, calcio para los huesos y otros nutrientes. Por lo general, los alimentos procedentes del reino animal tienen un mayor contenido en grasas que los del vegetal, pero no es necesario dejar de consumir todas las carnes y productos lácteos para mantener bajo el consumo de grasas. Las versiones descremadas de los productos lácteos y las carnes magras bien desengrasadas, así como las aves desprovistas de piel, proporcionan las mismas cantidades de vitaminas y minerales que sus equivalentes grasos. La mayoría de personas deben consumir 2 o 3 porciones diarias de cada uno de estos dos grupos.
Los vegetarianos, que no comen productos procedentes del reino animal, pueden ingerir porciones extra de legumbres y frutos secos para cubrir sus necesidades proteínicas, pero además precisarán alimentos fortalecedores, raciones extra de otras hortalizas o suplementos vitamínicos para obtener la cantidad adecuada de calcio, hierro y vitamina B_{12}.

Grasas, aceites y dulces. En el extremo superior de la pirámide se encuentran alimentos como el aceite, la crema de leche, la mantequilla, la margarina, los azúcares, las bebidas carbonatadas, los dulces y los postres. Cómalos en pequeñas cantidades.

Grasas, aceites, dulces (consumo restringido)

Grupo de la *carne* (2-3 porciones)   Grupo lácteo (2-3 porciones)

Grupo de las frutas (2-4 porciones)   Grupo de las hortalizas (3-5 porciones)

Grupo del pan, los cereales, el arroz y la pasta (6-11 porciones)

¿QUÉ ES UNA RACIÓN?

La pirámide señala un intervalo de raciones diarias para cada grupo de alimentos. El número que se adecua a las necesidades de cada uno depende de la cantidad de calorías que deba ingerir, las cuales dependen a su vez de la edad, el sexo, la altura y la actividad que se lleve a cabo. Así pues, ¿qué es una ración? No hay necesidad de pesarlo todo, pero a continuación le proporcionamos algunas pautas.

Pan, cereales, arroz y pasta. 1 rebanada de pan; 30 g de cereales listos para comer; 90 g de arroz cocido, pasta o cereales.

Hortalizas. 50 g de verduras para ensaladas; 60 g de hortalizas picadas y cocidas o crudas; 175 g de zumo de hortalizas.

Frutas. 1 manzana mediana, plátano, naranja, pera o melocotón; 125 g de frutas cocidas, enlatadas o congeladas; 40 g de frutas secas; 175 ml de zumo de frutas (100 % zumo).

Alimentos lácteos. 250 ml de leche o yogur; 45 g de queso natural; 60 g de queso procesado.

Grupo de la carne. 60-90 g de carne cocida magra deshuesada, pescado o pollo (90 g es el tamaño de una baraja de cartas). O bien, cuente como 30 g de carne cada uno de estos alimentos: 90 g de legumbres cocidas; 1 huevo; 50 g de frutos secos; 2 cucharadas de mantequilla de cacahuete.

Es fácil comer en exceso alimentos altos en calorías, tales como la carne y el queso. Intente medir las porciones al menos una vez; puede que el tamaño le sorprenda.

LOS CARBOHIDRATOS ADECUADOS

El pan, los cereales, el arroz y la pasta proporcionan carbohidratos complejos (una fuente importante de energía), vitaminas, minerales y fibra. La recomendación de entre 6 y 11 porciones puede parecer elevada, pero se alcanza de un modo sencillo: un cuenco generoso de cereales o pasta puede equivaler a 2, 3 o incluso 4 porciones. Se cree que los alimentos feculentos engordan; sin embargo, algunas grasas (como la mantequilla untada en el pan o la crema de leche con la pasta) son presumiblemente más nocivas. Evite los alimentos con un contenido elevado de hidratos de carbono, y también los elaborados con dosis altas de mantequilla y azúcar, como cruasanes y barritas de *muesli*. Los panes y cereales integrales proporcionan mucha fibra.

FRUTAS Y HORTALIZAS

Unas 5 porciones de frutas u hortalizas diarias como mínimo es la regla que debe recordar. Siga los siguientes consejos para conseguir la proporción recomendada.
• Para obtener el mejor abanico de nutrientes y una variedad deliciosa, no coma las mismas frutas y hortalizas día tras día.

• Incluya elecciones altas en vitamina C (frutos cítricos, kiwis, fresas) y aquellos ricos en vitamina A (zanahorias, calabazas de invierno, espinacas, berzas, melones, cantalupo).
• Algunas crucíferas, como los brécoles, coles, coliflor y coles de Bruselas, reducen el riesgo de desarrollar algunos tipos de cáncer, por lo que deberían consumirse varias veces a la semana.
• Los productos congelados son útiles y pueden ser más nutritivos que los frescos que hayan sido guardados demasiado tiempo o que procedan de países lejanos.

ELEGIR LAS PROTEÍNAS

La mejor elección. El pescado, el pollo o el pavo sin piel, las legumbres secas y los guisantes presentan un alto contenido en proteínas y no tienen demasiadas grasas.

Carnes rojas magras. *Buey*: redondo, cadera, solomillo, lomo, filete de falda, buey picado. *Ternera*: escalopes (de la pierna), chuletas de lomo. *Cerdo*: solomillo, lomo deshuesado, chuletas de lomo. *Cordero*: pierna de cordero con su codillo, lomo, chuletas de lomo, dados de pierna y paletilla para broquetas.

Pescados y mariscos. La mayoría de pescados y mariscos son bajos en grasas y altos en los beneficiosos aceites omega-3.

Cuidado con las yemas de huevo. Tienen altos niveles de colesterol. Muchos expertos dietéticos recomiendan un límite de 4 yemas por semana.

Atención con los frutos secos. Los frutos secos y algunas semillas, como las de sésamo y girasol, contienen excesivas grasas; degústelos con moderación.

¿HAY GRASAS «BUENAS»?

Sí, en efecto, y ninguna dieta saludable debería carecer por completo de ellas. Todas las grasas de los alimentos son una mezcla de tres tipos de ácidos grasos: saturados, monoinsaturados y poliinsaturados. Las grasas saturadas, que se encuentran en la carne y los productos lácteos y en el coco, la palma y el aceite de palma, deben limitarse al 10 % de las calorías (aproximadamente, un tercio de la ingestión total diaria de grasas) o menos; un exceso eleva el colesterol y aumenta el riesgo de infarto. Las grasas monoinsaturadas (presentes en el aceite de oliva y el de cacahuete) y las poliinsaturadas (presentes en las hortalizas, el girasol, el maíz, la soja y algunos pescados) son más saludables.

¿CUÁL ES EL LÍMITE DEL CONSUMO DE GRASAS?

Le presentamos una forma sencilla para calcular la cantidad máxima de grasas que debe consumir a diario. Para una dieta que contenga un 30 % de calorías grasas, el peso corporal en kilogramos debería ser aproximadamente equivalente a los gramos de grasa deseables. Así, si su peso ideal es de 60 kg, limite la ingesta total de grasas a 60 g. La grasa es un nutriente esencial, por lo que no hay que dejar de consumirla en absoluto. Recuerde que el consumo sostenido durante un período de tiempo —no un solo alimento o comida— afecta al peso y la salud. Intente no comer preparaciones ricas en grasas y, en todo caso, equilíbrelas en la siguiente comida eligiendo alimentos magros.

LA DIETA MEDITERRÁNEA

Durante siglos, la dieta tradicional de los soleados países mediterráneos ha prolongado la vida de sus habitantes y les ha evitado enfermedades. Los expertos han tomado nota de ello y sugieren que los hábitos culinarios de esas regiones pueden ayudar a algunas personas de otros países en su objetivo de recortar las grasas y comer de una manera más nutritiva. El resultado es la pirámide mediterránea, un plan no demasiado diferente al de la pirámide alimentaria norteamericana. Ambas tienen una base de cereales, frutas y hortalizas, pero el modelo mediterráneo hace hincapié en las legumbres secas, limita las carnes rojas a unas pocas por mes y aconseja el consumo de aceite de oliva. Además, sugiere ejercicio diario, e incluso un vaso de vino para acompañar la comida.

Adelante con los cereales y la pasta. El pan, la pasta, el bulgur y el arroz son ingredientes básicos de la mesa mediterránea. Éste es un principio adecuado para disfrutar de una buena salud, pues los cereales contienen un alto porcentaje de hidratos de carbono complejos y bajos en grasas. Los cereales integrales presentan un plus añadido: la fibra.

Productos estacionales. La dieta mediterránea se basa en hortalizas y frutas frescas.

El maravilloso aceite de oliva. Durante siglos, los habitantes de los países mediterráneos han consumido grandes cantidades de aceite de oliva sin perjuicio para su salud. Se cocina con él, se rocían las sopas, se añade a las ensaladas e incluso se utiliza sobre el pan a modo de mantequilla. ¿Qué es lo que hace que el aceite de oliva sea tan bueno? La diferencia principal entre el aceite de oliva y otras grasas estriba en que se trata de una grasa predominantemente monoinsaturada, saludable para el corazón. Cuando se sustituye por grasas que son más saturadas, las monoinsaturadas tienden a bajar el colesterol nocivo (LDL) que se adhiere a las arterias, a la vez que mantienen los niveles del colesterol beneficioso (HDL). No obstante, todos los tipos de grasas son altos en calorías, y el exceso de peso aumenta el riesgo de padecer enfermedades coronarias.

Céntrese en el pescado. La carne roja debe limitarse a ocasiones especiales (o emplearse en pequeñas cantidades en platos con hortalizas o cereales). El pescado —bajo en grasas saturadas y rico en los beneficiosos aceites grasos omega-3—, por el contrario, ha de consumirse varias veces por semana.

Aprovéchese de las legumbres. Un ingrediente clave de las ensaladas, sopas y guisos mediterráneos son las legumbres. Tienen la ventaja de ser económicas, bajas en grasas y altas en proteínas, fibra y carbohidratos complejos.

Saboree los vinos. El vino acompaña tradicionalmente las comidas mediterráneas, pero no se ingiere en exceso. Los estudios muestran que un consumo moderado (en general, se define como un vaso diario para las mujeres y dos para los hombres) aumenta los niveles del colesterol beneficioso y puede evitar que la sangre forme coágulos en las arterias. Sin embargo, la clave estriba en la moderación. La medida aconsejable es un vaso de 125 ml de vino, una cerveza de 175 ml o 30 ml de alcohol.

Finalice las comidas con fruta. Los postres dulces tienen un lugar en la dieta mediterránea, pero las comidas se cierran generalmente con frutas frescas o secas, en vez de con alimentos con contenido graso alto.

Relájese. La calidad de vida puede ser un factor importante para mejorar la salud y la felicidad del individuo. Las comidas deben saborearse plácidamente con la familia y los amigos, y la actividad física ha de ser parte de la vida diaria.

¿QUÉ DICEN LAS ETIQUETAS?

Las etiquetas que llevan los alimentos nos proporcionan una buena información sobre la forma de cocinarlos y servirlos. Sin embargo, lo más importante es su composición nutritiva. Ésta ayuda a que el consumidor compre informado y entienda si el alimento en particular tiene un lugar en su dieta.

• Muchos productos alimentarios manufacturados proporcionan información sobre los nutrientes; indican las cantidades de calorías, proteínas, carbohidratos, grasa, fibra y contenido en sodio. En algunos países todavía no lo requiere la ley, pero es obligatorio en otros (*véase* tabla, que reproduce una etiqueta típica).

• La mayoría de embalajes y paquetes aportan información sobre nutrientes, como las calorías por 100 g, y a menudo por porción. El contenido en vitaminas y minerales puede indicarse sólo si 100 g o 100 ml del producto contienen como mínimo un 15 % de la cantidad diaria recomendada, o si el alimento se vende en porciones individuales.

• Una e grande indica que, al embalar el producto, el peso era correcto, pero que en cada paquete puede variar ligeramente.

Información sobre nutrientes

Concepto	Por 100 g	Por porción (228 g)
Energía	475 kj/115 kcal	1079 kj/260 kcal
Proteínas	2,2 g	5 g
Carbohidratos	13,6 g	31 g
Azúcares	2,2 g	5 g
Grasas	5,7 g	13 g
Grasas saturadas	2,2 g	5 g
Fibra	0 g	0 g
Sodio	0,3 g	0,66 g

Refrigere una vez abierto. Consuma en el transcurso de un mes. **Fabricado en España**
CONSUMIR PREFERENTEMENTE — Nombre de la compañía
ANTES DE LA FECHA INDICADA   456 g e   Dirección de la compañía

• Las etiquetas de los alimentos también deben llevar una lista de ingredientes. Éstos aparecen en orden descendente, de acuerdo con su peso. Así, por ejemplo, puede escoger *muffins* con harina y sin azúcar.

CÓMO UTILIZAR NUESTROS DATOS SOBRE NUTRICIÓN

En cada receta encontrará información sobre nutrientes que puede ayudarle a planificar una dieta equilibrada. Intente compaginar recetas con elevado contenido en grasas con guarniciones pobres en ellas; por ejemplo, sirva una lasaña de carne con una ensalada verde abundante y una carne al curry con una porción generosa de arroz hervido.

• Nuestros cálculos de los nutrientes no incluyen ingredientes opcionales, guarniciones o decoraciones.

• Cuando se ofrece una lista de ingredientes alternativos (por ejemplo, margarina o mantequilla), el cálculo se basa en el mencionado en primer lugar.

• A no ser que se indique lo contrario, se utiliza leche entera.

CONSEJOS PARA UNA COCINA POBRE EN GRASAS

• Elija cortes de carne magros y recorte la grasa visible antes de cocinarlos. Quite la piel de pollo antes o después de la cocción.
• Ase las carnes sobre una parrilla para que la grasa caiga abajo.
• Enfríe las sopas y los guisos dejándolos reposar por la noche, para que pueda retirar la película de grasa depositada en la superficie.
• Sea avaro con las grasas. Utilice una sartén antiadherente o un aerosol para la cocina que procure la misma función, o bien saltee en una pequeña cantidad de caldo o agua. No vierta el aceite en la sartén, pues es muy fácil añadir demasiado. Mídalo o pinte el recipiente con un pincel de pastelería para extender una película muy fina de aceite. Al hornear, rocíe los moldes con aerosol.
• Use leche semidescremada o descremada, versiones de crema acidificada y quesos bajos en grasa, y yogures descremados; proporcionan el mismo calcio y proteínas, pero menos grasas.
• Emplee con generosidad hierbas frescas y condimentos sabrosos para reemplazar la pérdida de sabor cuando recorte las grasas.

SUSTITUCIONES INGENIOSAS

• Utilice yogur descremado en los mojos para sustituir la crema acidificada.
• Sustituya el tocino entreverado por jamón magro, y ahórrese unas 115 calorías por 30 g.
• Reemplace el buey picado por pollo o pechuga de pavo picados. (Asegúrese de que no tienen grasa; si no se desecha la piel podrían tener tanta grasa como el buey picado.)
• Sustituya la carne de algunas cazuelas por legumbres secas llenas de proteínas, como judías y lentejas.
• Utilice leche descremada evaporada en las cremas o salsas, en vez de la crema de leche habitual.
• Para obtener unas hamburguesas más magras, sustituya un tercio de la carne por zanahorias ralladas o arroz hervido.
• Elija un bizcocho de chocolate en vez de un pastel de chocolate, que es más denso y lleva cobertura.
• Para reducir la grasa y el colesterol, utilice 2 claras de huevo por cada huevo entero.
• Al hornear, sustituya la crema de leche acidificada por yogur.

TRES EJEMPLOS DE MENÚS

Los siguientes menús ofrecen tres días de alimentación saludable y satisfactoria, de acuerdo con las directrices sugeridas por la mayoría de especialistas en nutrición: aportan unas 2.000 calorías diarias, y sólo entre el 30 y el 35 % proceden de grasas. (Estas cantidades son para un adulto moderadamente activo; las necesidades calóricas pueden variar considerablemente según el metabolismo y el nivel de actividad de cada persona.) Los números de las páginas remiten a las recetas de este libro; el resto de los ingredientes es genérico. Recuerde que la clave de una buena salud estriba en los hábitos de alimentación que se han mantenido a lo largo del tiempo y no en el contenido de las grasas y calorías de una sola comida, de carácter meramente puntual.

TRES DÍAS DE MENÚS EQUILIBRADOS

	DESAYUNO	COMIDA	CENA
Día 1	175 ml de zumo de naranja o gajos de naranja 2 rebanadas de pan tostado integral, untadas con una cucharada de confitura 1 cuenco mediano de *muesli* Té, café o 125 ml de zumo de frutas	Sopa de champiñones y cebada (*véase* pág. 61) Pan crujiente 60 g de queso Cheddar 1 manzana 125 ml de zumo de frutas o agua mineral	Lenguado relleno (*véase* pág. 124) Cuscús a la lima (*véase* pág. 380) Espinacas al vapor Sorbete de melocotón (*véase* pág. 484) Sequillos de almendras y anís (*véase* pág. 518) 225 ml de leche descremada o semidescremada
Día 2	Rodaja de melón cantalupo Huevo hervido 2 rebanadas de pan tostado integral, untadas con una sustancia poliinsaturada 225 ml de leche descremada o semidrescremada Té, café o 125 ml de zumo de frutas	Sándwich de pavo: 60 g de lonchas de pavo, 2 rebanadas de pan de centeno, rodajas de tomate y cebolla, mostaza 225 ml de yogur desnatado 125 ml de zumo de frutas o agua mineral	Filetes a la pimienta (*véase* pág. 199) Patatas nuevas al vapor, con eneldo o perejil Zanahorias y brécoles al vapor Bizcocho a la vainilla (*véase* pág. 536) Gajos de naranja o fresas frescas 1 vaso de vino
Día 3	1 cuenco mediano de cereales con salvado 225 ml de leche descremada o semidescremada 225 ml de yogur desnatado 1 plátano Té, café o 125 ml de zumo de frutas	Ensalada de espinacas: 90 g de hojas de espinacas, 1 huevo hervido cortado en rodajas, 1 loncha de tocino ahumado a la parrilla y desmenuzado, 60 g de queso Feta desmenuzado, champiñones crudos en rodajas, vinagre balsámico Panecillo integral, untado con una sustancia poliinsaturada	Pollo a la campesina, al estilo francés (*véase* pág. 155) Judías verdes al vapor Arroz al limón y al parmesano (*véase* pág. 376) Ensalada verde con aliño de suero y cebollinos (*véase* pág. 346) Peras horneadas con marsala (*véase* pág. 454) 125 ml de zumo de frutas o agua mineral

No importa el lugar donde vaya a preparar la barbacoa —patios, jardines, playas o lugares sombreados en el campo— porque siempre aunará apetitos entusiastas y personas felices. Aquí se exploran los detalles que permiten obtener resultados deliciosos: la forma más rápida de encender las brasas, el método de cocción apropiado para cada corte, el equipo necesario y maneras inspiradas de aportar sabor.

PARA EMPEZAR

Encender una barbacoa es más fácil con la práctica. En el caso de una barbacoa estándar de carbón, utilice una chimenea (un cilindro metálico con una rejilla que permite amontonar pastillas de carbón sobre papel de periódico arrugado) o un arranque eléctrico (aloja un serpentín caliente entre los carbones). También puede amontonar el carbón en forma de pirámide (para una buena circulación del aire) y rociarlo con un fluido para encender (el carbón que prende de inmediato ha sido preparado con un líquido inflamable). Debe haber suficiente carbón como para que llegue hasta 2 o 3 cm por debajo del área que cubrirá los alimentos; añada algunos trozos más si el tiempo es frío y ventoso. Las brasas tardan unos 20 minutos en alcanzar la temperatura adecuada; cuando están listas para cocinar, presentan cenizas grisáceas (durante el día) o un resplandor ligeramente rojo (por la noche). Antes de colocar la rejilla, extienda las brasas formando una capa, o amontónelas a ambos extremos de la barbacoa para obtener un calor indirecto. (Siga las instrucciones del fabricante para encender las barbacoas de gas y eléctricas.)

CONSEJOS DE SEGURIDAD

Situación. Coloque la barbacoa sobre una superficie plana para que no pueda volcarse, y lejos de ramas, vallas o árboles, porque podrían encenderse con una llamarada súbita.

Evite la contaminación. Utilice fuentes distintas para transportar los alimentos crudos y los cocidos. Lave los utensilios, los recipientes, las tablas de picar y las superficies con agua caliente jabonosa antes de que entren en contacto con los alimentos crudos.

Carbones vivos. Para evitar la formación de humos tóxicos, coloque la barbacoa en una posición bien ventilada, y nunca en un interior. Es peligroso añadir el líquido utilizado para el encendido sobre las llamas o las brasas calientes. El petróleo y la parafina son especialmente peligrosos, pues ambos pueden provocar una explosión.

Recorte la grasa. Para evitar llamas provocadas por la grasa, recorte el exceso graso de las carnes.

Evite las superficies carbonizadas. Una costra carbonizada sobre los alimentos es perjudicial para la salud.

Enfríe la barbacoa. Una vez que haya finalizado la cocción, tape la barbacoa, cierre los respiraderos y deje que las brasas se quemen por completo. Permita que se enfríen durante un mínimo de 48 horas y colóquelas en un recipiente no combustible. Si quiere retirar las brasas antes de que se hayan enfriado, hágalo con unas tenazas largas y entiérrelas en arena o póngalas en un cubo de agua.

Agradable y sencillo. Las bolsas de plástico son un método poco engorroso. Añada simplemente los ingredientes del adobo o marinada, y la carne, el ave o el pescado a la bolsa; luego ciérrela, presionando el exceso de aire, y refrigérela. Si utiliza un cuenco o fuente, asegúrese de que está fabricado con un material no reactivo (vidrio, cerámica o acero inoxidable), de manera que no se vea afectado por el ácido del adobo o marinada.

Seguridad con adobos y marinadas. No deje que las marinadas o adobos que ha utilizado para sazonar pescados, carnes o aves crudos entren en contacto con alimentos cocidos. Marine o adobe los alimentos (excepto las hortalizas) en la nevera, y nunca a temperatura ambiente, a no ser que lo haga durante menos de 30 minutos. Si utiliza un adobo o marinada como salsa, hiérvalo 2 minutos como mínimo antes de servirlo. Tire cualquier resto de adobo o marinada; no lo emplee de nuevo.

Realzar el sabor. La mayoría de las carnes y las aves precisan entre 1 y 3 horas para adobarse; el pescado y los mariscos entre 15 y 30 minutos. Sin embargo, el tiempo depende también de los ingredientes. Cuanto más ácidos sean (por ejemplo, zumo de limón, vinagre, yogur) menos tiempo precisan. Si marina o adoba los alimentos durante demasiado tiempo perderán textura. Los adobos y marinadas penetran aproximadamente 1 cm, por lo que no llegan a aromatizar el centro de cortes gruesos.

Frotar con generosidad. Sazone carnes a la parrilla y otras preparaciones con mezclas de hierbas secas y especias para aportarles sabor (sin grasa). Entre los ingredientes más habituales se encuentra el tomillo, el romero, la pimienta machacada, las semillas de hinojo, el ajo, el eneldo y el chile. Mezcle los ingredientes y frótelos contra la carne.

ENSARTAR LAS BROQUETAS

• Si emplea broquetas metálicas, los mejores resultados se obtienen con las de sección cuadrada o trenzada, no con las redondas. ¿Cuál es la razón? Los alimentos tienden a retorcerse en las broquetas redondas al darles la vuelta, por lo que es difícil obtener una cocción regular. (Las broquetas de madera o de bambú redondas son una excepción, pues los alimentos no resbalan.)

• Remoje las broquetas de madera o de bambú en agua un mínimo de 15 minutos antes de emplearlas, para que no se quemen al exponerlas al calor. Luego séquelas bien.

• Para asegurar una cocción regular, no junte los trozos de comida. Deje siempre un espacio pequeño entre ellos al ensartarlos. Córtelos, además, en formas regulares, y mezcle alimentos con tiempos de cocción similares en la misma broqueta.

Los alimentos abultados, como las rodajas grandes de cebolla, no se separarán ni caerán por la rejilla si ensarta dos trozos en broquetas paralelas.

ASAR A LA BARBACOA CON CALOR DIRECTO O INDIRECTO

Los diferentes alimentos requieren fuentes de calor específicas. Siga nuestras recomendaciones para elegir el método correcto para su preparación.

Asar a la barbacoa con calor directo. Mediante este método, los alimentos se cuecen sobre la fuente de calor y debe dárseles la vuelta para exponer ambas caras al fuego. Este método es apropiado para los alimentos que precisan menos de 30 minutos de cocción, como pechugas de pollo, bistés, filetes de pescado y hamburguesas.

Asar a la barbacoa con calor indirecto. Similar al asado en el horno, este método es ideal para aquellas preparaciones que necesitan más de 30 minutos de cocción, entre las que se encuentran los asados, los pavos y pollos enteros, los chuletones y el pecho de buey o ternera, que deben asarse en una barbacoa cubierta. Coloque el carbón en uno o ambos lados de la bandeja situada en la parte inferior de la barbacoa. Cuando las brasas estén listas, centre los alimentos sobre la bandeja. Para que queden bien jugosos, puede añadir agua, caldo o zumo de frutas a la bandeja inferior. Tape la barbacoa y manténgala cerrada hasta finalizar el tiempo de cocción, o hasta que deba añadir más carbón (como mínimo 1 hora); no es necesario darle la vuelta a la comida. Para una barbacoa de 52 cm de diámetro, coloque unas 25 broquetas a cada lado de la bandeja inferior (50 en total) para 1 hora de cocción. Añada 8 nuevas broquetas a cada lado por cada hora de cocción adicional.

PREPARAR UN PAPILLOTE

Los paquetes de aluminio crean una bolsa apropiada para asar a la barbacoa porciones de alimentos delicados, como mariscos y hortalizas (ideales si su barbacoa no dispone de bandeja). Puede aportarles sabor con aceite de oliva, ralladura de cítricos, jamón serrano o hierbas frescas.

Para preparar un papillote, coloque el alimento en el centro de un papel de aluminio grueso doblado. Cierre el paquete doblándolo por los extremos superior e inferior (deje espacio para permitir la expansión del vapor). Utilice unas pinzas para dar la vuelta a los paquetes.

APORTAR UN SABOR DISTINTIVO

• Aromatice el pollo, el jamón, el pescado, el cerdo o el buey con un extracto cítrico, agregando cortezas de naranja, limón, lima o incluso pomelo sobre las brasas durante los últimos minutos de cocción.

• Para obtener un sabor ahumado, añada virutas de maderas aromáticas (remójelas primero en agua para realzar su aroma y prolongar el tiempo de quemado). Las virutas de mezquite y nogal americano son elecciones populares. Entre las más exóticas puede escoger: aliso, maderas de árboles frutales y de parra. (Añada las de mayor tamaño al iniciar el asado, y las más pequeñas al finalizar el tiempo de cocción.)

• Las frutas cocidas a la barbacoa, como nectarinas, ciruelas, piña y melocotones quedan seductivamente dulces si añade a las brasas canela en rama, clavos enteros, anís estrellado o pimienta de Jamaica. Remoje las especias simplemente en agua y agréguelas a las brasas.

• Realce el sabor de las carnes, los mariscos y las hortalizas espolvoreando las brasas con cualquiera de los siguientes ingredientes al finalizar el tiempo de cocción: ramitas de romero o tomillo, hojas de laurel o dientes de ajo sin pelar. Humedézcalos previamente.

SIENTA EL CALOR

• Para estimar la temperatura de la barbacoa, coloque la palma de la mano hacia abajo a unos 10 cm de la fuente de calor. Cuente los segundos, hasta que el calor le haga retirar la mano. Si puede mantenerla en el mismo sitio durante 2 segundos, la barbacoa está caliente (190 °C o más); 3 segundos, está moderadamente caliente (180-190 °C); 4 segundos, está medianamente caliente (150-180 °C); 5 segundos, está templada (100-50 °C).

• Si el calor es excesivo, eleve la rejilla de cocción y extienda las brasas. En una barbacoa tapada, cierre a medias las aberturas de ventilación.

• Si precisa más calor, baje la rejilla de cocción, amontone las cenizas de las brasas y póngalas juntas. Añada más carbones situándolos en los extremos de las brasas calientes. En una barbacoa tapada, abra por completo los orificios de ventilación.

EQUIPO ÚTIL

Tenazas largas. Indispensables para girar los alimentos y recolocar los carbones. No dé la vuelta a la carne o las aves con un tenedor; si se pincha, la carne pierde jugos y sabor.

Pincel para engrasar. Sirve para aplicar salsas o aceitar rejillas.

Espátula para pescado. Se utiliza para soportar filetes, rodajas o pescados enteros delicados, que podrían romperse al ser volteados. También se puede usar a modo de espátula dos cuchillos paleta.

Pincel para barbacoa. Las cerdas duras son más fáciles de limpiar. Los modelos en forma de V limpian ambos lados de la parrilla a la vez.

Guantes ignífugos. Los guantes deben ser ignífugos y lo suficientemente largos como para llegar al codo.

Parrilla de dos caras. Facilita la operación de voltear los pescados enteros y otros alimentos delicados.

Rejilla. Rejilla de malla fina especial para asar a la barbacoa alimentos como hortalizas, mariscos y filetes de pescado.

LA LIMPIEZA DE LA BARBACOA

Para un lavado más fácil, frote la parrilla de la barbacoa con un cepillo metálico una vez utilizada. Déjela que se enfríe ligeramente y luego remójela en agua caliente jabonosa para que se desprendan los depósitos adheridos. Si la parrilla es demasiado grande para su fregadero, déjela reposar una hora envuelta en trapos de cocina húmedos; frótela y lávela. Para limpiar una barbacoa de gas una vez utilizada, ponga el calor al máximo y déjelo actuar entre 10 y 15 minutos con la tapa puesta. Luego use un cepillo metálico para retirar los depósitos adheridos. Para evitar que los alimentos se adhieran a las parrillas, frótelas con aceite vegetal o rocíelas con un aerosol antiadherente antes de emplearlas. No utilice el aerosol cerca de las brasas calientes.

Las fiestas son ideales para reunir amigos y preparar sus platos favoritos. Además, puede agasajar a sus invitados sin que ello le reporte un trabajo excesivo. Tanto si tiene experiencia en fiestas como si no, en estas páginas encontrará consejos que le facilitarán la organización, estrategias para elegir menús sin complicaciones e ideas para componer mesas exquisitas.

LAS CLAVES DEL ÉXITO

Sencillez ante todo. Unos platos bien planificados son mucho más atractivos que montañas de preparaciones complicadas. Recuerde: cuantos más invitados tenga, más sencilla debe ser la comida.

Trabaje con antelación. Si prepara las cosas con antelación, más tiempo tendrá para relajarse y disfrutar de la compañía de sus invitados.

Sea generoso. Es preferible que le sobre comida a que le falte. Recuerde que puede congelar los sobrantes.

Haga listas. Es una forma ideal de organizarse. Escriba una lista de invitados, una lista para el menú y dos listas de compras (perecederos y no perecederos). Planifique su trabajo y compruebe cómo se desarrolla a medida que avanza en las preparaciones.

Mantenga un archivo. Para no repetir platos que ya ha servido en ocasiones anteriores a las mismas personas, escriba los menús en un cuaderno. También le será útil para recordar qué platos preparó en el pasado.

ESTRATEGIAS PARA FACILITAR LA TAREA

• Cuantos más platos pueda preparar por anticipado, mucho mejor. Muchas sopas y guisos mejoran su sabor si se dejan reposar. También es una buena idea incluir algunas preparaciones que se congelen bien, como los palitos de queso especiados (*véase* pág. 50), pasteles o galletas. En algunos casos, los componentes de un plato pueden prepararse con antelación y montarse posteriormente.

• Los bufés son fantásticos cuando se tienen invitados, porque una vez se ha dispuesto la comida, todo lo que hay que hacer es mantener los cuencos y las fuentes llenos. No deje las preparaciones a temperatura ambiente más de 2 horas (1 hora en tiempo cálido); tenga permanentemente en la mesa fuentes recién elaboradas en vez de añadir más cantidad de comida a las medio vacías.

• Es conveniente que los platos que presente puedan mantenerse a temperatura ambiente, por ejemplo hortalizas maceradas, tartas saladas, patés y terrinas, tostadas, fideos fríos al sésamo, tortillas, mojos, ensaladas, rosbif cortado muy fino, pavo o jamón, pescado o pollo escalfado frío.

• Prepare un plato principal, como un asado de ternera relleno, una lasaña o un cuenco grande de chile con carne, acompáñelo con otros platos o guarniciones, como ensaladas verdes y pan o panecillos.

• Tenga a mano ciertas preparaciones para servirlas a modo de aperitivos. Entre ellas puede incluir, alcachofas maceradas, pasta de aceitunas u otras coberturas, un buen paté, encurtidos, aceitunas gigantes, frutos secos, pan *pitta*, una selección de galletas para el queso, etc.

• Los adornos sencillos realzan cualquier plato y transforman una preparación simple en algo sensacional: un copo de crema acidificada montada sobre una crema de zanahorias; ramitas de hierbas frescas sobre una fuente con un pollo asado; mitades de limón cortadas en zigzag con los pescados; violetas confitadas sobre un pastel de chocolate negro.

• Tenga dispuesto todo lo que le sea posible con antelación para evitar el pánico de última hora. Prepare los picatostes y consérvelos en un recipiente herméticamente cerrado a temperatura ambiente; enjuague, recorte y corte las hortalizas para las guarniciones y ensaladas (envuélvalas con un lienzo húmedo y póngalas dentro de bolsas de plástico en la nevera); deje listos los aliños de ensaladas, etc.

• Utilice el robot eléctrico y el microondas para ahorrar tiempo en tareas tales como cortar la col en tiritas, rallar el queso y recalentar.

• Evite los quehaceres que supongan demasiado tiempo. Así, por ejemplo, si tiene muchos invitados le será más fácil comprar pechugas de pollo deshuesadas que deshuesarlas usted mismo.

• Si da una fiesta para muchas personas, siempre que sea informal puede solicitar a algunos invitados que le ayuden. Delegue la barbacoa por cierto tiempo o pídale a alguien que sirva los entrantes.

DETALLES Y MÁS DETALLES

Al invitar a sus comensales especifique el atuendo, el tipo de comida y la bebida que se ofrecerá, y la duración estimada de la fiesta.

• Una semana antes compruebe el mobiliario y los utensilios de que dispone (sillas, vasos, fuentes de servicio, etc.). Alquile, solicite o compre extras si fuese preciso. Para una fiesta grande, puede alquilar camareros.

• Compruebe las recetas por si necesitan algún equipo especial, por ejemplo papel de pergamino.

• Decida qué música pondrá. Un jazz suave o una música clásica interferirá menos en la conversación que otro tipo de música.

• Asegúrese de que su bar está bien provisto; incluya una selección de bebidas carbonatadas, zumos de frutas, agua mineral, etc., para aquellos que no beban alcohol. Elija vinos que armonicen con la comida.

• Compre el hielo suficiente, más del que piense que va a utilizar.

• Prepare cubitos de hielo con frutas para dar más vida a las bebidas. Congele pequeñas fresas o frambuesas en cubiteras. Quedan magníficas en limonadas, tés helados o vasos de vino blanco.

• Si la nevera está llena, utilice una portátil para conservar las bebidas frías, el hielo y las ensaladas.

• Prepare las flores un día antes para que estén bien abiertas en el momento de la fiesta.

• Ponga la mesa la vigilia o el mismo día por la mañana.

• Si va a servir preparaciones difíciles de manejar, como mazorcas de maíz o chuletas, disponga pequeños cuencos individuales con rodajas de limón y agua caliente en el lugar de cada comensal.

• En caso necesario, disponga cuencos pequeños para tirar los huesos de las aceitunas, los palillos de cóctel, etc.

PLANIFICAR EL MENÚ SIN ESTRÉS

Limítese a lo probado y comprobado. Para minimizar riesgos, sirva en su mayor parte recetas que haya probado antes y le hayan gustado.

Tenga en cuenta a sus invitados. Es importante saber si tienen restricciones alimentarias o algunas preferencias (por ejemplo, si son vegetarianos, si deben seguir una dieta baja en colesterol, sin pescado, etc.). Pregúnteles también si tienen alguna alergia alimentaria.

Orden y armonía. Los mejores menús presentan alimentos que se complementan unos con otros en términos de sabores, colores, texturas y fuerza. Acompañe una entrada especiada con una ensalada refrescante; una sopa cremosa con un asado sencillo, en vez de un guiso fuerte. Evite repetir los mismos ingredientes y sabores. Así, por ejemplo, no sirva aceitunas en la ensalada y en el guiso.

Piense con antelación. Incluya el número máximo de platos que pueda preparar con anticipación. Las sopas, guisos, cazuelas, *mousses* y sorbetes son una buena elección. No elabore más de dos platos que precisen su atención en el último minuto.

Sirva a la temperatura correcta. Es fastidioso servir los alimentos calientes, y que éstos se enfríen en la mesa antes de degustarlos. En consecuencia, prepare algunos platos para servir a temperatura ambiente.

Porciones del tamaño de un bocado. Las entradas y aperitivos deben ser lo suficientemente pequeños como para que puedan comerse de un mordisco (o fáciles de untar).

FIESTAS ESTACIONALES

Cada estación inspira diferentes platos. Durante la primavera y el verano, piense en alimentos coloridos, sabores frescos y ligeros, y la barbacoa. Las fiestas invernales precisan sabores y alimentos más fuertes. Le presentamos algunas ideas para sacar el máximo partido de las delicias estacionales.

Sensaciones veraniegas y primaverales
- Celebre la primavera con un bufé de alimentos del tipo espárragos, salmón asado, hortalizas mini, empanada de fresas y ruibarbo (*véase* pág. 490).
- Frote los bordes de los vasos con gajos de limón y luego páselos por sal gruesa (para margaritas o un Bloody Mary) o azúcar (para un ponche Pimms).
- Dé a sus fiestas en el jardín un aire festivo colgando farolillos en árboles y arbustos.
- Decore los pasteles con flores (*véase* pág. 316) y hojas de chocolate (*véase* pág. 551).

Delicias invernales y otoñales
- Para el día de Todos los Santos, prepare una sopa de calabaza; utilice una calabaza vacía como decoración.
- Perfume la casa quemando canela en rama en la chimenea.
- Caliente el invierno con menús a base de carne y patatas: pastel de carne con un puré de patatas cremoso o solomillo de buey con patatas asadas.
- Ase castañas (córteles primero la cara plana) en el horno a 200 °C (gas 6) durante 20 minutos. Degústelas todavía calientes.
- Sirva chocolate caliente con el café.
- Decore las mesas con velas perfumadas y cestillos de piñas y acebo.

MENÚS PARA FIESTAS

Hemos realizado una selección de menús que gustarán tanto a sus invitados como a usted. Cada uno está formado por platos festivos deliciosos y fáciles de preparar. Además, muchas recetas pueden dejarse listas con antelación. Adapte nuestras sugerencias a sus gustos particulares.

Fiesta saludable para 6
Queso de cabra macerado (*véase* pág. 41)
Redondo de buey con hortalizas primaverales (*véase* pág. 188)
Pan crujiente
Suflés de albaricoque (*véase* pág. 461)

•

Menú primaveral para 8
Espárragos con vinagreta de parmesano (*véase* pág. 285)
Papillotes de salmón y hortalizas (*véase* pág. 125; doble la receta)
Patatas nuevas al eneldo
Ensalada verde con vinagreta de mostaza y escalonias
(*véase* pág. 345)
Nata cocida con salsa de frambuesas (*véase* pág. 475)

•

Barbacoa veraniega para 10-12
Mojo de berenjenas asadas (*véase* pág. 34), **con triángulos de pan *pitta***
Cordero al *pesto* asado a la barbacoa con *bruschetta* de tomate y pepino (*véase* pág. 261)
Ensalada de cebada con nectarinas (*véase* pág. 331)
Judías verdes con semillas de sésamo tostadas (*véase* pág. 318)
Ensalada de tomates cereza y limón (*véase* pág. 322)
Postre de nectarinas y cerezas recubiertas con pasta de avena crujiente (*véase* pág. 452), **con helado de vainilla**

•

Cena otoñal para 8
Mojo de calabaza y ajo asado (*véase* pág. 34), **con tiras de *focaccia***
Pato asado con salsa de cerezas al oporto (*véase* pág. 141; doble la receta)
Puré de hortalizas de raíz (*véase* pág. 294)
Judías verdes
Ensalada de hinojo, peras y endibias (*véase* pág. 319)
***Mousse* de capuchino** (*véase* pág. 476)
Barquitas de vainilla (*véase* pág. 505)

•

Bufé invernal para 12-16
Terrina de salmón ahumado (*véase* pág. 36)
Jamón ahumado glaseado con albaricoque (*véase* pág. 247)
Vinagreta de hortalizas (*véase* pág. 276)
***Rigatoni* y guisantes horneados** (*véase* pág. 364)
Ensalada de espinacas y tangerinas (*véase* pág. 319)
***Scones* de boniato** (*véase* pág. 402)
***Trifle* de peras y frambuesas** (*véase* pág. 473)
Almendrados de coco y almendras (*véase* pág. 508)
Trufas de chocolate y avellana (*véase* pág. 524)

PONER BIEN LA MESA

Una mesa bien dispuesta puede dar el tono de la comida. Aquí le ofrecemos una breve guía.

• Coloque un plato grande en el centro del espacio dedicado a cada comensal. Ponga los cubiertos en el orden en que se utilizarán, empezando por la parte externa. (Cuanto más formal sea la reunión, más cubiertos tendrá que poner, pero siempre en el orden en que se usarán.) Coloque los tenedores a la izquierda y los cuchillos a la derecha, con el filo hacia dentro. Sitúe las cucharas a la derecha de los cuchillos.

• Si tiene piezas suficientes, los utensilios para el postre deben disponerse en la parte superior del plato (el tenedor cerca de ése y con el mango a la izquierda, y después la cuchara y con el mango a la derecha). Si no dispone del número suficiente, retire la mesa por completo y sirva el postre con cubiertos de postre.

• Ponga los platillos para el pan a la izquierda de los platos y delante de los tenedores. Los cuchillos para la mantequilla pueden dejarse en el plato del pan, con el mango a la derecha. Ponga los platos de ensalada, si los utiliza, a la izquierda de los tenedores.

• Las copas se sitúan a la derecha, por encima de los cuchillos. Coloque el vaso de agua cerca del plato y, a continuación, los de vino blanco y tinto, si va a servir de los dos tipos.

• Las servilletas van a la izquierda de los tenedores o sobre el plato.

¿CÓMO CUBRIR LA MESA?

Manteles. Mida la mesa antes de comprar. Para una mesa rectangular, añada entre 40 y 60 cm a la longitud y anchura de la mesa. Para una mesa redonda, añada 90 cm al diámetro. Excepto para las ocasiones más formales, elija un mantel de acuerdo con sus gustos: colores vivos o pasteles; texturado o estampado. Los de hilo o encaje en color blanco o neutro son siempre los más versátiles y elegantes.

Manteles individuales. Se presentan en diferentes tonos, tamaños, formas y materiales, desde plástico a fibras naturales, pasando por lino e incluso metal. Deben ser lo suficientemente grandes como para contener platos, vasos y cubiertos, pero no han de tocarse unos a otros.

Servilletas. Al igual que en el caso de los manteles, las servilletas en tonos blanco o neutro son las más formales. En cualquier otro caso, elija servilletas que complementen los tonos del mantel.

• Adorne el lugar de cada comensal con un ramillete en miniatura o hierbas frescas atadas con un lazo fino.

• Coloque unas cuantas conchas marinas en el lugar de cada invitado.

• Busque en ferias y anticuarios piezas distintas de vajilla, cubertería y cristalería.

• Ilumine cada sitio con una vela pequeña. Enfríe las velas varias horas antes de alumbrarlas, para que caigan menos gotas de cera.

• Para una cena elegante, escriba menús a mano para cada comensal. Busque tarjetas pequeñas en las papelerías.

• Ponga una flor en cada plato. Los viales pequeños de agua (se venden en las floristerías) las mantendrán frescas unas horas.

CENTROS DE MESA ESPECTACULARES

Cualquier mesa luce mejor si se adorna con un centro, y es posible prepararlo con materiales sencillos: le ofrecemos unas sugerencias. El centro debe ser bajo para que los comensales puedan verse unos a otros. Dé la vuelta a la mesa para observarlo desde todos los ángulos.

• Mezcle flores, frutas, hortalizas y hierbas para obtener un efecto encantador. Puede combinar tomates pera brillantes con amapolas escarlatas; pequeñas berenjenas púrpura y blancas con hierbas floridas; melocotones pálidos con limones y hojas de salvia.

• Forre un cestillo con un lienzo antiguo y coloque peras de formas perfectas.

• Llene un cuenco de cristal con frutos secos con sus cáscaras.

• Coloque tiestos de pequeñas plantas en flor en una caja o artesa de madera.

• Para una fiesta invernal, llene un cuenco ancho y plateado con piñas, castañas y ramitas de arbustos.

• Ponga unas calabazas pequeñas en un cestillo de mimbre.

• Disponga unas naranjas y unos pimientos morrones rojos en un cuenco turquesa.

• Coloque un conjunto de cactos en un cestillo poco profundo.

ELEMENTOS FUNDAMENTALES DE UN BUFÉ

Un bufé es uno de los sistemas más fáciles para agasajar a un grupo de 8 o más comensales. Puede prepararlo con antelación y luego disfrutar de la compañía de sus invitados; todo lo que tiene que hacer es colocar más comida a medida que sea necesario. Si tiene espacio suficiente, disponga las bebidas y los alimentos en lugares separados, para que sus invitados no se acumulen en un sitio. Para un bufé clásico, sitúe las preparaciones formando un círculo sobre la mesa, siguiendo un orden lógico: plato principal, hortalizas, ensalada, pan. Amontone unos platos de servicio grandes al principio y las servilletas y los cubiertos al final; de este modo, los invitados se sentirán más libres en el momento de servirse. Para una presentación más eficaz, envuelva el tenedor y el cuchillo con la servilleta.

Un bufé dispuesto en dos planos es ideal para un número elevado de invitados. Todo lo que tiene que hacer es colocar las preparaciones en dos líneas idénticas a cada lado de la mesa para que cada persona pueda servirse con rapidez. Recuerde que es necesario doblar la cantidad de platos y cubiertos. Para un grupo más reducido, puede disponer el bufé sobre una tabla auxiliar, colocada contra una pared.

Apreciado por todos, el vino puede constituir uno de los integrantes más placenteros de una comida. Además de saborearse en la mesa con la comida o antes de ella, un vino apropiado realza la cocción. Le ofrecemos una guía para servirlo, conservarlo y emplearlo, e información sobre algunas variedades populares.

IDEAS PARA SERVIRLO

• Las copas de pie son tradicionales porque una base amplia permite que el vino tenga cierto movimiento y, de este modo, desprenda su aroma y sabor. Sostener la copa por el pie implica también que es menos factible que el vino se caliente por la presión de la mano. No llene más de dos tercios del vaso, para que quede espacio para moverlo y olfatearlo.
• En general, los vinos tintos se sirven a temperatura ambiente. Los mejores tintos necesitan «respirar». Si desea airear el vino antes de servirlo, decántelo o viértalo en las copas para que entre en contacto con el aire. Algunos tintos jóvenes y afrutados, como el Beaujolais Nouveau, tienen mejor sabor ligeramente enfriados.
• Los vinos blancos y espumosos deben servirse fríos.
• Para enfriar con rapidez el vino blanco, sumerja la botella 20 minutos en un cubo lleno con mitad de hielo y mitad de agua.
• Al decidir los vinos que acompañarán a las preparaciones intente compaginar sus intensidades de sabor. Por ejemplo, sirva un vino ligero con una entrada delicada, y un vino robusto con un plato aromatizado.
• Los vinos ligeros quedan mejor si acompañan comidas veraniegas o almuerzos. Ofrezca aquellos de más cuerpo con preparaciones invernales o durante las cenas.
• En caso de duda, siga la vieja regla: los vinos tintos van con las carnes y el queso; los vinos blancos acompañan el pescado, aves y platos de hortalizas.

CÓMO GUARDARLO

• Para un período prolongado, guarde el vino en un lugar frío, húmedo y oscuro (por ejemplo, una alacena o bodega). Deje descansar las botellas en posición horizontal para evitar que los corchos se sequen y encojan, lo que podría provocar que entrara el aire.
• Puede guardar el vino restante sin necesidad de un equipo especial. De hecho, tal vez mejore su buqué al airearse. Refrigere el vino blanco y conserve el tinto a temperatura ambiente hasta 48 horas con su tapón de corcho original.

COCINAR CON VINO

• Utilice un vino decente para cocinar, adobar o marinar; no es preciso que sea el mejor, sino uno que no dudaría en beber.
• Cuando incorpore vino a una salsa o plato caliente, déjelo cocer para que su sabor se atenúe y el alcohol se evapore.
• Marinar o adobar con vino está siempre indicado cuando se desea aromatizar carnes y aves. Por otra parte, el contenido ácido actúa como agente que ablanda.
• Para un sabor sutil, utilice el vino con moderación cuando cocine.
• En las recetas, puede sustituir el vino por vinagre, caldo o zumos.

CONOZCA LOS VINOS

VINOS BLANCOS

Sauvignon Blanc. Este vino refrescante y de sabor claro tiene un aroma graso herbáceo. Sírvalo con pescado y marisco.
Chardonnay. Uno de los vinos blancos más populares y que se produce en todo el mundo. La mayoría son frescos, afrutados y bastante secos; se aromatizan a menudo envejeciéndolos en barricas de roble. Perfectos con alimentos veraniegos delicados, como el salmón asado.
Chenin Blanc. Un vino seco y fresco, con un sabor dulce y ligeramente especiado; complementa tanto el pollo como los platos de hortalizas.
Gewürztraminer. Una especialidad de Alsacia, Francia, aunque también se produce en muchos otros países. Se trata de un vino blanco fresco y especiado, que tanto puede ser seco como semiseco. Acompañe el seco con pescado, aves y preparaciones especiadas, y el dulce con postres.
Riesling. Tiene un sabor afrutado ligeramente dulce y una fragancia floral que recuerda a la miel. Armoniza con la ternera y el marisco, así como con muchas preparaciones orientales.
Sauternes. Vino dulce de cuerpo elaborado con uvas Semillon. Las uvas desarrollan un moho benéfico que las arruga y concentra su dulzor. Sírvalo como vino de postre o con alimentos ricos, como paté o Roquefort.

VINOS TINTOS

Bordeaux. Este vino clásico del oeste de Francia puede ser ligero y afrutado, o fuerte y fragante. Es ideal con el cordero asado.
Cabernet Sauvignon. Se produce en diferentes países; es un vino de cuerpo, afrutado y completo. Complementa las carnes fuertes, el pollo y la pasta.
Chianti. Es el vino italiano más famoso. Fuerte y seco, acompaña la pasta, los bistés, las hamburguesas y las preparaciones a la barbacoa.
Côtes du Rhône. Una especialidad del valle del Ródano (Francia). Se encuentran desde tintos jóvenes y refrescantes a añadas muy sustanciosas. Estos vinos son ideales para la caza, los bistés, los guisos y las cazuelas.
Gamay (Beaujolais). Agradablemente ligero, este vino tinto seco y afrutado es excelente con las carnes, las aves y la pasta.
Merlot. Es un vino fragante, opulento y de cuerpo suave. Sírvalo con preparaciones fuertes como cordero, salchichas y caza.
Pinot Noir. Este vino tinto, intensamente aromatizado, puede ser fresco y ligero, o suave y opulento. Va bien con la mayoría de las preparaciones, pero es especialmente adecuado para el salmón, el jamón y los quesos.

OTROS VINOS

Fortificados. Los vinos de Madeira, de Jerez y de Oporto se fortifican con un aguardiente (generalmente brandy) para incrementar su grado alcohólico. Son adecuados para aperitivos y como vino de postre.
Rosé. Estos vinos adquieren un color rosa pálido y un cuerpo ligero gracias a un breve contacto con las pieles de las uvas. Sírvalos bien fríos, antes de comer o con preparaciones ligeras.
Espumosos. Estos vinos burbujeantes y de sabor suave van de los ligeramente dulces a los secos. El champagne es el más famoso de ellos. Los vinos espumosos acompañan muchos platos, desde las ostras y el salmón ahumado a los postres.

GLOSARIO

Abrir y aplanar. Abrir un alimento —por ejemplo, un langostino, una pierna de cordero deshuesada o una chuleta de cerdo— en sentido horizontal y por la mitad, cortándolo casi por completo, pero sin llegar al extremo (como si abriera un libro), en forma de mariposa. Con este método se expone un área más amplia, de manera que la preparación se cuece uniforme y rápidamente.

Adobar. Aromatizar y ablandar una carne, dejándola en remojo en un líquido que puede contener un ingrediente ácido (por ejemplo, zumo de limón, vinagre o vino), aceite, hierbas y especias.

Agente levantador. Cualquier agente que facilite que una masa o pasta se levante. Entre los agentes más comunes se encuentran la levadura en polvo, el bicarbonato sódico y la levadura de panadero. Los agentes que levantan de una manera natural son el aire (cuando se baten los huevos) y el vapor (en la pasta para lionesas y el budín de Yorkshire).

Aguardiente de frutas. Aguardiente transparente, destilado a partir de un zumo de frutas fermentado. Los de *kirsch* (cerezas) y de frambuesas son dos variedades muy populares.

Al dente. Voz italiana que significa «al diente» y que describe las pastas y las hortalizas perfectamente cocidas. Una pasta está *al dente* cuando, estando tierna, ofrece cierta resistencia al morderla.

Amasar. Trabajar una pasta hasta que adquiere una consistencia lisa; se presiona y dobla con la palma de la mano, con un robot eléctrico o con una amasadora. El amasado desarrolla el gluten de la harina, una proteína elástica que proporciona a los panes su estructura característica.

Aplanar. Aplastar carnes y aves con un mazo para carne o rodillo para obtener un grosor homogéneo. Esta operación ablanda también las carnes, pues rompe sus tejidos conjuntivos. Los escalopes de pollo y ternera se aplanan a menudo.

Aplastar. Deshinchar una pasta levada una vez ha subido para distribuir uniformemente las burbujas de dióxido de carbono en la masa. Aplaste con el puño el centro de la pasta y luego lleve los extremos hacia el centro.

Asar. Cocer los alimentos en un recipiente descubierto dentro del horno para permitir la libre circulación del calor seco, hasta que el exterior está bien dorado. Para este método de cocción están indicados los trozos tiernos de carnes, aves o pescados, así como muchas hortalizas, como las patatas, los nabos y los pimientos.

Asar a la parrilla. Cocer los alimentos al calor seco e intenso del *grill*. Para asar carnes a la parrilla, colóquelas sobre una placa, de forma que la grasa caiga hacia abajo. Precaliente siempre la parrilla, pero no la placa, pues los alimentos podrían engancharse.

Batir. Remover con fuerza con una cuchara, batidora de varillas o batidor eléctrico una mezcla hasta que quede ligera y espumosa.

Batir a punto de crema. Batir una grasa, como por ejemplo mantequilla o margarina, con o sin azúcar, hasta que blanquee y esté esponjosa. Esta técnica añade aire a la grasa, lo que crea pasteles de una textura ligera. Una batidora eléctrica facilita la tarea.

Batir con batidora de varillas. Batir rápidamente un ingrediente o ingredientes, por ejemplo la crema de leche, los huevos y los aliños de ensaladas, para mezclarlos e incorporar aire.

Blanquear. Cocer brevemente los alimentos en agua hirviendo. El blanqueado realza la textura de las hortalizas y las deja crujientes;

desprende las pieles del tomate y el melocotón, y suaviza los alimentos salados. No es necesario esperar a que el agua vuelva a hervir. Se enfrían con agua fría con objeto de detener la cocción.

Brasear. Cocer los alimentos con una pequeña cantidad de líquido en un recipiente bien cerrado, tanto en el horno como sobre el fuego. El braseado es un sistema ideal para preparar cortes de carne poco tiernos, pescados de carne firme y hortalizas.

Caldo. Líquido transparente y ligero que se produce al cocer aves, carne, pescado u hortalizas en agua, y que se utiliza como base para sopas

Caramelizar. Calentar azúcar en un cazo hasta que adquiera una consistencia almibarada y un tono ámbar oscuro. Las coberturas de azúcar de algunos postres, como la crema quemada, también pueden caramelizarse (para ello se calientan al *grill* hasta que el azúcar se derrite), al igual que las cebollas (se saltean lentamente hasta que adquieren un tono dorado oscuro; quedan muy tiernas).

Clarificar. Derretir lentamente una grasa animal (por ejemplo, piel de pato o pollo, cortezas de cerdo), hasta que se separe de sus tejidos conjuntivos. La grasa límpida se tamiza antes de emplearla para cocer.

Coagular. Separar sólidos y líquidos. Las mezclas a base de huevos y leche se coagulan si se calientan con demasiada rapidez o se mezclan con un ingrediente ácido, como zumo de limón o tomates.

Cocer al vapor. Cocer alimentos tapados con el vapor que proporciona el agua hirviendo. Los alimentos se disponen sobre una rejilla o cestillo, de forma que no queden sumergidos en el agua. Así, conservan más nutrientes, color y sabor.

Cocer por debajo del punto de ebullición. Cocer un líquido lentamente, por separado o con otros ingredientes, a fuego lento, de forma que se encuentre justo por debajo del punto de ebullición. Sólo son visibles unas pequeñas burbujas en la superficie del líquido.

Comprobar la levadura. Para verificar la fuerza de una levadura si no se está seguro de que sea fresca y activa, deslíela en agua caliente (30 °C) y una pizca de azúcar. Si la mezcla burbujea en un lapso de entre 5 y 10 minutos, puede utilizar la levadura.

Cortar a dados. Cortar los alimentos en pequeños dados de 5 mm de lado.

Cortar en tiras finas. Cortar, separar o rallar los alimentos en tiras estrechas. En algunas recetas, las carnes se separan con la ayuda de dos tenedores.

Cortar virutas. Cortar lonchas anchas y finas como papel, de parmesano, hortalizas o chocolate. Las virutas se cortan con ayuda de un mondador para hortalizas y se utilizan como adorno.

Desconchar. Retirar las ostras, los mejillones o las almejas de las conchas.

Descorazonar. Retirar el corazón o centro de frutas u hortalizas. Esta operación elimina pequeñas semillas o centros duros y leñosos, como el de la piña.

Desglasar. Añadir un líquido (por ejemplo, agua, vino o caldo) a una sartén o fuente en la que se haya cocido una carne o ave, para desprender los fondos de cocción caramelizados. Tras retirar la carne y el exceso de grasa, se añade el líquido al recipiente y se raspan los depósitos para preparar una salsa rápida.

Dorar. Cocer los alimentos rápidamente sobre el fuego (en una grasa), al *grill* o al horno, para que adquieran una superficie dorada y aromática, a la vez que se sellan sus jugos internos.

Emulsionar. Amalgamar líquidos que generalmente no se mezclan con facilidad, por ejemplo aceite y agua. El truco consiste en añadir un líquido a otro, por lo común aceite en forma de chorrito fino, mientras los mezcla vigorosamente. Se pueden emplear emulsionantes naturales, como yemas de huevo o mostaza, para amalgamar preparaciones como salsas y vinagretas.

Entallar. Practicar cortes poco profundos (paralelos o entrelazados) a los alimentos antes de cocerlos. Favorece la absorción de sabores en carnes, aves y pescados adobados y marinados, aunque algunas veces se hace a modo de decoración, como en el caso de panes y jamones.

Escaldar. Cocer parcialmente un alimento en agua hirviendo. Es útil para aquellos productos que precisan una cocción prolongada, como las zanahorias; se practica antes de incorporarlos a una mezcla de alimentos de cocción más rápida.

Escaldar la leche. Calentar la leche hasta que aparezcan burbujas pequeñas a los lados del cazo; la leche no debe hervir. Antes de que se comercializara la leche pasteurizada, este proceso se utilizaba para destruir las bacterias y prolongarle la vida. En la actualidad, se escalda la leche para disolver el azúcar o derretir grasas.

Escalfar. Cocer los alimentos en un líquido que hierve a fuego muy bajo. Si desea utilizar el líquido de cocción para un caldo o salsa, escalfe el alimento en un recipiente lo suficientemente amplio como para contenerlo. De esta forma, necesita menos líquido y evita que los sabores se diluyan.

Enharinar. Cubrir los alimentos con un ingrediente seco, por lo general harina. Las carnes y el pescado se enharinan para obtener una costra exterior crujiente y dorada. Sacuda el exceso de harina antes de dorarlos.

Esparcir copos. Distribuir pequeños trozos de mantequilla o margarina sobre una empanada, cazuela u otra preparación antes de hornearla. Esto proporciona más sabor y ayuda a que se doren los alimentos.

Espolvorear. Cubrir ligeramente una preparación con un ingrediente en polvo, como el azúcar lustre (sobre pastas y pasteles) o la harina (un molde).

Espumar. Retirar la grasa o espuma de la superficie de un líquido, por ejemplo un caldo en ebullición. Una espumadera de malla plana o un cucharón perforado al final de un mango largo son ideales para esta tarea.

Extender con la manga pastelera. Hacer que pase una preparación (por lo general, un glaseado o crema batida) a través de la boquilla de una manga pastelera para usar como decoración o adorno, o dar forma a una pasta, por ejemplo la de lionesas. También se puede usar una bolsa de plástico cortando una esquina.

Fermentar. Provocar un cambio químico en alimentos y bebidas: el cambio está causado por las enzimas producidas por las bacterias o levaduras. La cerveza, el vino, el yogur, el suero, el vinagre, el queso y los panes levados adquieren sus sabores característicos gracias a la fermentación.

Freír en sartén. Cocer los alimentos con una pequeña cantidad de grasa caliente en una sartén, hasta que estén dorados y cocidos.

Freír removiendo o salteado oriental. Cocer trozos pequeños de alimentos en un poco de aceite a fuego vivo, removiéndolos y salteándolos casi sin cesar. Las hortalizas tratadas de esta forma mantienen sus nutrientes debido a que se cuecen con mucha rapidez. Este método se emplea, sobre todo, en la cocina oriental; un *wok* es el utensilio tradicional, pero también puede usar una sartén o cacerola.

Hervir. Calentar un líquido hasta que las burbujas rompan con fuerza la superficie. Con esta operación, puede cocer hortalizas y pastas, y reducir salsas. No hierva las carnes (quedan duras) ni salsas de crema (se coagulan).

Hornear a ciegas. Hornear un fondo de tarta antes de rellenarlo para obtener una pasta crujiente. A fin de evitar que se hinche y se encoja durante el horneado, la pasta debe forrarse con papel de aluminio y rellenarse con legumbres secas o arroz crudo, que se retiran posteriormente, antes de finalizar el tiempo de cocción, para que la pasta se dore.

Incorporar. Agregar una mezcla ligera y aérea (como las claras de huevo batidas) a una más pesada (como una masa para pastel). Para ello, utilice una espátula de goma a fin de cortar a través del centro de la mezcla. Raspe por el fondo del cuenco y deslice la espátula por la pared más cercana. Dé un cuarto de vuelta al cuenco y repita la operación hasta que los ingredientes estén bien amalgamados.

Juliana. Cortar alimentos, especialmente hortalizas, en tiras finas y uniformes, similares a una cerilla de aproximadamente 5 mm de longitud.

Licor. Bebida con elevado porcentaje alcohólico, fabricada a partir de frutas, frutos secos, semillas, especias o hierbas en infusión, con un aguardiente como ron o brandy. Se sirve después de la cena como digestivo. Los licores también pueden usarse para cocinar.

Marinar. Aromatizar los pescados dejándolos en remojo en un líquido, que puede contener un elemento ácido, como zumo de limón, vino o vinagre, aceite, hierbas o especias.

Mezclar. Combinar dos o más ingredientes hasta que estén íntimamente amalgamados. Puede hacerse con una cuchara o con una batidora eléctrica manual o de pie.

Pasteurizar. Esterilizar la leche calentándola para enfriarla luego rápidamente. La mayoría de las leches que se comercializan son pasteurizadas. Este proceso destruye las bacterias que pueden causar una enfermedad, a la vez que mejora su duración. La leche ultrapasteurizada (UHT) se somete a temperaturas muy altas —de unos 150 °C— y se envasa al vacío para prolongar su vida. Se conserva sin refrigerar hasta 6 meses, pero debe guardarse en la nevera una vez abierta. La crema de leche ultrapasteurizada, sin embargo, no se envasa al vacío y debe refrigerarse incluso sin abrir.

Picar. Para picar los alimentos, córtelos en trozos pequeños e irregulares.

Pinchar. Horadar un alimento en varias partes. Puede pinchar un alimento para evitar que se hinche (por ejemplo, un fondo de tarta vacío) o reviente (como una patata antes de hornearla o las salchichas antes de cocerlas).

Pinzar. Presionar los contornos de una pasta, especialmente los de tartas y empanadas, para crear un acabado decorativo y/o sellar dos capas de pasta a fin de que el relleno interno no se escape durante el horneado. Los extremos de un paquete de papel de pergamino o aluminio pueden pinzarse para sellar los alimentos y sus jugos durante la cocción.

Pizca. Cantidad de un ingrediente en polvo que se puede sostener entre los dedos índice y pulgar.

Pulir. Retirar la piel o corteza de una fruta u hortaliza. Puede utilizarse un cuchillo para hortalizas o mondador, o un cuchillo pequeño, con una hoja de entre 7 y 9 cm.

Reducir. Hervir un líquido rápidamente, en especial una salsa, para que una parte de ella se reduzca por evaporación. Esto crea una salsa más espesa, con un sabor más profundo y concentrado. Si se utiliza un recipiente ancho, el líquido se evapora con mayor rapidez.

Reducir a puré. Dar a un alimento, por lo general una fruta u hortaliza, una consistencia suave y homogénea en un robot o batidora eléctrica, pasándolo a través de un pasapurés, o bien forzándolo a través de un tamiz con el dorso de una cuchara de madera.

Retirar el conducto intestinal. Extraer el conducto intestinal de una gamba o langostino. Para ello use la punta de un cuchillo afilado y luego enjuague la gamba bajo el chorro del agua fría.

Retirar la cáscara de los cítricos. Para retirar la cáscara de un cítrico emplee un rallador, mondador o acanalador. Éstos retiran la piel externa del cítrico y dejan la membrana blanca amarga que se encuentra debajo.

Rociar. Verter un líquido, por ejemplo mantequilla derretida o un glaseado en forma de chorrito fino, una vez y otra sobre los alimentos. También pincelar o rociar con una cuchara los alimentos, por lo general carnes y aves asadas a la barbacoa, con un líquido para mantenerlos jugosos. El líquido puede ser una salsa o glaseado, caldo, mantequilla derretida o un fondo de cocción.

Saltear. Cocer o dorar los alimentos rápidamente en una pequeña cantidad de grasa caliente en una sartén; el término deriva de la voz francesa *sauter* («saltar»), y se refiere a la práctica de sacudir los alimentos en la sartén para que se doren uniformemente.

Sellar. Dorar la superficie de una carne de manera rápida utilizando un calor muy vivo, tanto sobre el fuego con una grasa, al *grill* o al horno. El objetivo de esta operación es sellar los jugos internos de la carne y aportar sabor mediante caramelización.

Tamizar. Pasar ingredientes, tales como harina o azúcar lustre, a través de un tamiz de malla fina para incorporar aire, retirar grumos y facilitar que la harina o el azúcar se mezclen más fácilmente con los líquidos.

Templar. Calentar los ingredientes a fuego lento antes de incorporarlos a una mezcla caliente, para que no se separen o coagulen. Los huevos se templan a menudo mezclándolos con un poco de líquido caliente para aumentar su temperatura, antes de combinarlos con una salsa o sopa caliente.

Tierno y crujiente. Es el grado de cocción ideal para muchas hortalizas, especialmente las verduras. Cuézalas hasta que estén justo tiernas, es decir, que mantengan aún su textura.

E1NTRANTES
Y TENTEMPIÉS

ENTRANTES Y TENTEMPIÉS CONOCIMIENTOS BÁSICOS

Tanto si organiza un cóctel como si invita a algunos amigos a cenar, los entrantes y tentempiés deben llamar la atención de la vista y del paladar. Los sabores, las texturas y los colores de los alimentos han de complementarse y armonizar. Ofrezca siempre una versión ligera, como una salsa fresca u hortalizas crudas. Para inspirarse, piense en productos de temporada y visite los mercados.

PLANIFICAR UNA FIESTA

• Para crear un ambiente festivo, sirva diferentes entrantes, coloridos y de distintas formas.
• Prepare con antelación todo lo que pueda. Si le es posible, cueza algunos componentes anticipadamente, por ejemplo los rellenos de las hortalizas, y refrigérelos. Luego podrá montar la presentación.
• Escoja sólo 1 o 2 entrantes que requieran su atención en el último instante y sirva algunos que no precisen cocción, por ejemplo queso, frutos secos, uvas o un surtido de embutidos.
• Si presenta una bandeja con entremeses, intente que tengan el tamaño de un bocado, para degustarlos con facilidad.
• Prepare las fuentes que servirá posteriormente; cúbralas con película de plástico y refrigérelas para llevarlas a la mesa cuando el contenido de las precedentes empiece a menguar.
• Cuente entre 10 y 12 preparaciones individuales por persona si al refrigerio no sigue una comida; de lo contrario, calcule 4 o 5 por invitado.
• Retire las preparaciones de la nevera 30 minutos antes de servirlas, para que desarrollen al máximo su sabor.

PREPARAR CON ANTELACIÓN

• Prepare las hortalizas para las crudités el día anterior. Blanquee las hortalizas que deban cocerse brevemente y enjuáguelas bajo el agua fría. Corte las hortalizas crudas. Envuelva los dos tipos de hortalizas en lienzos de cocina húmedos, selle los paquetes en bolsas de plástico y refrigérelas.
• La mayoría de patés y terrinas quedan mejor si se preparan con 1 o 2 días de antelación; envuélvalos bien apretados con película de plástico o papel de aluminio, y refrigérelos.
• Congele los entrantes a base de pasta (por ejemplo, los rollitos de primavera minis y las limosneras de queso griego [*véanse* págs. 47 y 48]), crudas u horneadas, hasta con un mes de antelación. Hornee las pastas crudas siguiendo las instrucciones de la receta; caliente las cocidas a 180 °C (gas 4) unos 10 minutos.

SERVIR CON ESTILO

Elija fuentes de servicio atractivas y guarniciones que complementen las preparaciones. A continuación, le ofrecemos algunas ideas interesantes.
• Sirva las crudités en una fuente o cestillo forrado con película de plástico y sobre un lecho de oruga, col lombarda, espinacas u otras hojas de ensalada.
• Presente el queso en una fuente decorada con manojos de hierbas frescas, como tomillo o romero.
• Sirva los surtidos de galletas y panes en cestillos de mimbre cubiertos con servilletas coloridas.
• Utilice flores y hojas no tóxicas como guarnición. Puede coger sus propias flores, pero no utilice las de floristería, pues tal vez estén tratadas con algún producto.
• Si va a servir los entrantes en la mesa de un bufé, póngalas sobre grandes fuentes planas para obtener una presentación más atractiva.

IDEAS PARA ENTRANTES RÁPIDOS Y FÁCILES

Las siguientes recetas pueden prepararse casi al instante y son muy útiles si va a dar una fiesta con muy poco tiempo para organizarla.
Mojo de judías blancas y atún. Reduzca a puré una lata de atún escurrido, un frasco de judías blancas cocidas, un poco de aceite de oliva, perejil y ajo ligeramente picado. Utilice la batidora o el robot eléctrico hasta que obtenga una mezcla homogénea.
Diablos a caballo. Rellene unas ciruelas pasas con paté de higadillos de pollo y envuélvalas con tiras de tocino entreverado. Asegúrelas con un palillo de cóctel y cuézalas al *grill* entre 5 y 8 minutos; déles la vuelta una vez. El tocino debe quedar cocido y crujiente, pero no seco.
Huevos de codorniz rellenos. Hierva 6 huevos de codorniz; enfríelos y pélelos. Córtelos por la mitad y retire las yemas. Mezcle las yemas con filetes de anchoa, mayonesa y pimienta negra recién molida. Ponga la mezcla en una manga pastelera y deposítela sobre las claras vacías. Adorne con cebollinos cortados con unas tijeras.
Quesadillas rápidas. Prepare un sándwich con queso rallado y cebollas tiernas picadas o salsa, y unas tortillas de harina. Caliente la sartén y dore las tortillas por ambos lados. Para servirlas, córtelas en porciones.
Salsa súper. Anime una salsa embotellada con cilantro fresco picado, o adórnela con un poco de crema acidificada.
Mojos rápidos. Bata mayonesa y crema acidificada con pesto embotellado, pimientos rojos asados, enlatados y escurridos, o tomates secados al sol, envasados y escurridos. Use la batidora hasta obtener una crema homogénea.
Fuente de *mezze* mediterránea. Coloque cuencos de humus preparado, mojo de berenjenas y aceitunas en una fuente; sirva con tiras de pan *pitta*, de pepino y zanahoria.
Pizza rápida. Cubra una base de pizza preparada o *focaccia* con cualquiera de los siguientes ingredientes: aceite de oliva y romero seco picado; tomates secados al sol, picados y conservados en aceite de oliva con Mozzarella o queso de cabra; tocino crujiente desmenuzado, y queso Cheddar. Hornee a 230 °C (gas 8) durante 10 minutos. Córtela en cuadrados pequeños.

CRUDITÉS Y MOJOS

Las crudités —hortalizas crudas y pequeñas, enteras o troceadas— se sirven generalmente acompañadas de un mojo o salsa. Para obtener una presentación atractiva, elija una variedad de hortalizas coloridas. Son ideales para fiestas y bufés y, por lo común, pueden prepararse hasta con un día de antelación. Para guardarlas, envuélvalas por separado en lienzos de cocina húmedos, colóquelas en bolsas de plástico y refrigérelas.

CESTILLO DE CRUDITÉS

❖❖❖❖❖❖❖❖❖❖❖❖❖

Preparación: 45 minutos
Cocción: 8-10 minutos
Para 12 entrantes

Mojo marroquí de garbanzos especiados (superior derecha) y mojo de parmesano (extremo derecho), o cualquier mojo de su elección (*véase* pág. 34)
450 g de brécoles
225 g de tirabeques
900 g de espárragos
3 manojos de zanahorias mini con sus hojas
1 manojo de rabanitos pequeños con sus tallos
2 pimientos rojos grandes
2 pimientos amarillos grandes
2 endibias
1 achicoria roja de Treviso (*radicchio*)
2 lechugas romanas grandes

1 Prepare los mojos: cúbralos y refrigérelos hasta el momento de servirlos. Corte los tallos duros de los brécoles. Corte éstos en trozos de 5 × 3 cm. Retire los extremos y los hilos de los tirabeques. Retire los extremos recios de los espárragos; se rompen con facilidad por la zona dura. Lave los tallos si están sucios.

2 Raspe las zanahorias y púlalas. Pula los rabanitos. Corte los pimientos en tiras de 1 cm. Separe las hojas de la achicoria roja y de las lechugas.

❖❖❖❖❖❖❖❖❖❖

UTILIZAR LOS TALLOS DE LOS BRÉCOLES

Emplee los tallos y ramilletes de los brécoles para las crudités. Pele los tallos que le parezcan duros con un mondador y, luego, córtelos en tiras.

❖❖❖❖❖❖❖❖❖❖❖❖

3 Blanquee los brécoles en una cacerola de 4 litros, en 3 cm de agua hirviendo, durante 1 o 2 minutos. Traspáselos a un colador con ayuda de una espumadera. Escúrralos, enjuáguelos con agua fría y vuelva a escurrirlos. Repita la operación con los espárragos y los tirabeques.

4 Forre un cestillo grande y plano con película de plástico o aluminio. Coloque encima las hojas de achicoria y lechuga. Distribuya las hortalizas preparadas y acompáñelas con los mojos que haya elegido.

CADA ENTRANTE, SIN EL MOJO: UNAS 75 CALORÍAS, 4 g DE PROTEÍNAS, 16 g DE HIDRATOS DE CARBONO, 1 g DE GRASA TOTAL (0 g DE SATURADAS), 0 mg DE COLESTEROL, 45 mg DE SODIO

Mojo marroquí de garbanzos especiados

Preparación: 10 minutos   *Para unos 300 g*

1 cucharadita de paprika
¼ de cucharadita de semillas de hinojo, aplastadas
¼ de cucharadita de jengibre, molido
⅛ de cucharadita de pimentón
una pizca de canela, molida
400 g de garbanzos enlatados, enjuagados y escurridos
2 cucharadas de aceite de oliva
1 cucharada de zumo de limón
½ cucharadita de sal
¼ de cucharadita de pimienta negra molida

◆ Caliente los 6 primeros ingredientes en un cazo de 1 litro de capacidad durante 1 o 2 minutos a fuego moderado. Remueva hasta que las especias estén fragantes. Retírelas del fuego.

◆ Ponga los garbanzos, el aceite de oliva, el zumo de limón, la sal, la pimienta negra, las especias tostadas y 4 cucharadas de agua en un robot con la cuchilla metálica. Mezcle hasta obtener una crema homogénea. Traspásela a un cuenco para servir.

Cada 100 g: unas 225 calorías, 7 g de proteínas, 25 g de hidratos de carbono, 12 g de grasa total (2 g de saturadas), 0 mg de colesterol, 920 mg de sodio

Mojo de parmesano

Preparación: 10 minutos, más enfriamiento
Para unos 300 g

150 ml de crema acidificada
75 g de mayonesa
40 g de queso parmesano recién rallado
1 cucharada de zumo de limón
3 filetes de anchoas en aceite, escurridos y aplastados
½ cucharadita de pimienta negra, molida gruesa

Mezcle en un cuenco pequeño los ingredientes con un tenedor o batidora de varillas manual. Tape y refrigere 2 horas para que los sabores se desarrollen.

Cada 100 g: unas 335 calorías, 7 g de proteínas, 4 g de hidratos de carbono, 33 g de grasa total (11 g de saturadas), 47 mg de colesterol, 470 mg de sodio

Guacamole

Preparación: 15 minutos   *Para unos 250 g*

2 aguacates maduros
2 cucharadas de cebolla, finamente picada
2 cucharadas de cilantro fresco, picado
1 cucharada de zumo de lima fresco
2 chiles jalapeños embotellados, sin semillas y finamente picados
½ cucharadita de sal
¼ de cucharadita de pimienta negra molida
1 tomate pera, finamente picado

◆ Corte los aguacates por la mitad y deshuéselos. Retire la carne con una cuchara, desprendiéndola de la piel, y póngala en un cuenco mediano.

◆ Agregue los próximos 6 ingredientes y machaque ligeramente los aguacates con un aplastapatatas. Después, mézclelos con el tomate. Traspase la mezcla a un cuenco de servicio pequeño.

Cada 100 g: unas 265 calorías, 4 g de proteínas, 5 g de hidrados de carbono, 24 g de grasa total (4 g de saturadas), 0 mg de colesterol, 450 mg de sodio

Mojo de calabaza y ajo asado

Preparación: 10 minutos, más enfriamiento
Horno: 45 minutos   *Para unos 450 g*

1 cabeza de ajos entera
425 g de calabaza enlatada o hervida
2 cucharadas de aceite de oliva
1½ cucharaditas de sal
1 cucharada de perejil, finamente picado

◆ Precaliente el horno a 230 °C (gas 8). Retire la envoltura externa del ajo, pero no separe los dientes. Envuelva la cabeza con papel de aluminio. Ásela 45 minutos, o hasta que se ablande. Retírela del horno y deje que se enfríe.

◆ Una vez que esté fría, exprima la pulpa de los gajos. Reduzca a puré el ajo, la calabaza, el aceite y la sal con un robot eléctrico, provisto de cuchilla metálica. Mezcle con el perejil. Vierta la mezcla en un cuenco de servicio pequeño.

Cada 100 g: unas 100 calorías, 2 g de proteínas, 12 g de hidratos de carbono, 6 g de grasa total (1 g de saturadas), 0 mg de colesterol, 720 mg de sodio

Mojo de berenjenas asadas

Preparación: 15 minutos, más escurrido
Asado: 1 hora   *Para unos 400 g*

2 berenjenas pequeñas (450 g cada una)
2 dientes de ajo, cortados en rodajas finas
2 cucharadas de aceite de oliva
4 cucharaditas de zumo de limón fresco
1 cucharadita de sal
¼ de cucharadita de pimienta negra molida
2 cucharadas de perejil fresco, picado
2 cucharadas de menta fresca, picada

◆ Precaliente el horno a 200 °C (gas 6). Practique unas entallas sobre las berenjenas e introduzca en los cortes las rodajas de ajo. Coloque las berenjenas en una placa y áselas durante 1 hora, o hasta que se ablanden y pierdan su forma. Retírelas del horno y deje que se enfríen.

◆ Una vez que estén frías, córtelas por la mitad, retire la carne con una cuchara y póngala en un colador dispuesto sobre un cuenco; tire la piel y deje escurrir la carne.

◆ Pase la carne de las berenjenas a un robot eléctrico, provisto de cuchilla metálica. Vierta el aceite, el zumo de limón, la sal y la pimienta. Mezcle, pulse y apague el interruptor una y otra vez hasta que los ingredientes estén ligeramente picados. Añada las hierbas y pulse de nuevo para mezclarlas. Traspase a un cuenco pequeño.

Cada 100 g: unas 125 calorías, 3 g de proteínas, 15 g de hidratos de carbono, 7 g de grasa total (1g de saturadas), 0 mg de colesterol, 540 mg de sodio

Mojo de mostaza y miel

Preparación: 10 minutos   *Para unos 150 g*

60 g de mostaza de Dijon
80 g de miel
1 cucharada de salsa de soja
1 cucharada de cebollas tiernas, finamente picadas
2 cucharaditas de jengibre fresco, pelado y finamente picado

Bata todos los ingredientes con un tenedor o batidora de varillas en un cuenco pequeño.

Cada 100 g: unas 235 calorías, 3 g de proteínas, 50 g de hidratos de carbono, 3 g de grasa total, 0 mg de colesterol, 1.740 mg de sodio

Patés, terrinas y otras pastas para untar

Los patés, las terrinas y las pastas para untar son ideales para acompañar almuerzos ligeros, meriendas campestres y bufés fríos. Pueden ser suaves y satinados, o gruesos y con textura. Una picadora o un robot eléctrico proporcionan una mezcla perfectamente homogénea, pero si prefiere una textura más gruesa utilice una cuchara de madera o un aplastapatatas. El pescado ahumado y los higadillos de pollo salteados son ingredientes básicos para los patés, mientras que el queso crema constituye una base ideal para elaborar con rapidez pastas para untar. Prepare el paté de trucha ahumada de esta página o la pasta de tabasco a la lima de la página 36, aromatizada con cáscara de lima.

PATÉ DE TRUCHA AHUMADA

◆◆◆◆◆◆◆◆◆◆◆◆◆◆◆◆◆◆◆◆◆◆◆◆

Preparación: 30 minutos   Para unos 800 g

3 truchas ahumadas enteras (unos 550 g)
225 g de queso crema ablandado
75 g de mayonesa ligera
3 cucharadas de zumo de limón
⅛ de cucharadita de pimienta negra molida

1 cucharada de cebollinos frescos o cebolla tierna, finamente picados
cebollinos para adornar
triángulos Melba (*véase pág. 36*) o galletas para servir
rodajas de pepino (opcional)

1 Coloque una trucha ahumada sobre una tabla para picar; corte la cabeza y la cola. Pélela con cuidado y tire la piel. Repita la operación con las otras 2 truchas.

2 Retire las espinas de las truchas con unas pinzas. Ponga las truchas, el queso crema, la mayonesa, el zumo de limón y la pimienta negra en el recipiente de la batidora o en un robot eléctrico con cuchilla metálica, y amalgame hasta obtener una crema homogénea.

3 Vierta la preparación a un cuenco de servicio mediano y mézclela con los cebollinos picados. Alise la superficie, tape y refrigere hasta 1 día, o sirva de inmediato.

4 Si ha refrigerado el paté, déjelo reposar a temperatura ambiente durante 15 minutos para que se ablande ligeramente antes de servirlo. Adórnelo con cebollinos. Acompáñelo con triángulos Melba y rodajas de pepino, si lo desea.

PATÉS Y PASTAS PARA UNTAR DE PESCADO AHUMADO

Con los pescados ahumados se obtienen patés y pastas para untar aromatizados y llenos de sabor. Los que poseen un elevado contenido en aceites naturales y grasas, como el salmón, la caballa y la trucha, son los más indicados. También puede emplear un buen abadejo ahumado, pues además de ser muy tierno se obtiene una consistencia muy lisa. La sal y el sabor ahumado varían, por lo que es preciso probar la mezcla y sazonarla según sus preferencia. El pescado ahumado también es apropiado para preparar ensaladas y suflés. El paté puede congelarse hasta 2 meses, siempre que se prepare con pescado fresco.

CADA 100 g DE PATÉ: UNAS 205 CALORÍAS, 20 g DE PROTENÍAS, 3 g DE HIDRATOS DE CARBONO, 13 g DE GRASA TOTAL (6 g DE SATURADAS), 85 mg DE COLESTEROL, 685 mg DE SODIO

PATÉ DE HIGADILLOS DE POLLO

Preparación: 15 minutos más enfriamiento   Cocción: 6 minutos
Para unos 600 g

450 g de higadillos de pollo pulidos (*véase* pág. 134)	⅛ de cucharadita de nuez moscada, rallada
125 g de mantequilla	⅛ de cucharadita de pimienta negra molida
50 g de escalonias, finamente picadas	4 cucharadas de vermut dulce
½ cucharadita de sal	tostadas, *crackers* o rodajas de manzana finas para servir
¼ de cucharadita de tomillo seco	

◆ Seque los higadillos. Derrita 15 g de mantequilla en una sartén de 26 cm, a fuego moderado. Añada las escalonias y cuézalas 1 minuto, removiéndolas a menudo. Aumente el fuego; incorpore los higadillos, la sal, el tomillo, la nuez moscada y la pimienta. Cueza 4 minutos, removiendo de vez en cuando, o hasta que los higadillos estén ligeramente rosados. Vierta el vermut y cueza 30 segundos.

◆ Traspase la mezcla a un robot provisto de una cuchilla metálica y mezcle hasta obtener una crema homogénea. Con el motor todavía en marcha, incorpore la mantequilla a través del tubo de alimentación hasta que la haya agregado por completo. Deposite la mezcla en un cuenco de servicio y refrigérela 6 horas, o hasta que el paté esté cuajado. Sírvalo con tostadas, *crackers* o manzana.

Cada 100 g de paté: unas 275 calorías, 19 g de proteínas, 3 g de hidratos de carbono, 19 g de grasa total (11 g de saturadas), 518 mg de colesterol, 375 mg de sodio

TOSTADAS PARA PATÉS, TERRINAS Y PASTAS PARA UNTAR

Para una buena presentación, sirva los patés y las pastas para untar con cualquiera de las siguientes preparaciones. Todas deben tostarse a 190 °C (gas 5).

Triángulos Melba. Bautizados en honor de la cantante de ópera australiana Nellie Melba, se sirven con patés y pastas exquisitos. Retire la costra de unas rebanadas de pan blanco muy finas y córtelas por la mitad, en diagonal. Hornéelas durante 15 minutos, o hasta que estén crujientes y los extremos se curven ligeramente; déles la vuelta una vez.

Tostadas de ajo. Son deliciosas con los patés y pastas de sabor pronunciado. Corte un pan francés en rebanadas finas y hornéelas durante 10 minutos, o hasta que estén ligeramente tostadas; déles la vuelta una vez. Pele y corte por la mitad un diente de ajo, y frote una cara de cada tostada caliente con el lado cortado del ajo.

Tostadas de pan *pitta*. Sírvalas con pastas para untar típicas de Oriente Medio, como la *taramasalata* (una pasta a base de huevas de bacalao), *tzatziki* (un mojo de yogur y pepino) o nuestro mojo marroquí de garbanzos especiados (*véase* pág. 34). Corte el pan *pitta* en triángulos y hornéelos durante 15 minutos, o hasta que estén dorados; déles la vuelta una vez.

Tostadas italianas. Son ideales con pastas a base de tomate o aceitunas. Corte un pan chapata o una *focaccia* (panes planos italianos) en tiras. Hornéelas durante 15 minutos, o hasta que estén doradas; déles la vuelta una vez.

TERRINA DE SALMÓN AHUMADO

Preparación: 40 minutos, más enfriamiento
Para unos 32 entrantes

2 cucharadas de alcaparras, escurridas y picadas	350 g de salmón ahumado cortado en lonchas, finamente picado
1 cucharada de eneldo fresco, picado, o ¾ de cucharadita de eneldo seco	rodajas de limón y perejil, o ramitas de eneldo, para adornar
½ cucharadita de pimienta negra, ligeramente molida	pan de centeno, cortado en triángulos pequeños, o un surtido de *crackers* para servir
900 g de queso crema ablandado	
4 cucharadas de leche	
2 cucharadas de zumo de limón	

◆ Utilizando una cuchara de madera, mezcle las alcaparras, el eneldo, la pimienta y la mitad del queso crema, de la leche y del zumo de limón en un cuenco mediano.

◆ Con una cuchara de madera, mezcle el salmón ahumado y el resto del queso crema, de la leche y del zumo de limón en otro cuenco mediano, hasta que estén bien amalgamados.

◆ Forre un molde para pan de 21 x 11 cm con película de plástico: alíselo al máximo para evitar las arrugas. Con la ayuda de una espátula, extienda sobre la base del molde la mitad de la mezcla de alcaparras y, a continuación, la preparación de salmón por encima. Repita las capas alternándolas. Cubra la terrina con película de plástico y refrigérela 4 horas como mínimo, o toda la noche, hasta que esté bien firme.

◆ Para servir, vuelque el contenido del molde sobre una fuente y retire la película de plástico. Alise las paredes de la terrina con una espátula si es necesario. Deje reposar la terrina 30 minutos a temperatura ambiente para ablandarla un poco. Adórnela con rodajas de limón y ramitas de perejil, y acompáñela con pan y *crackers*.

Cada entrante: unas 115 calorías, 4 g de proteínas, 1 g de hidratos de carbono, 11 g de grasa total (6 g de saturadas), 34 mg de colesterol, 190 mg de sodio

PASTA DE TABASCO A LA LIMA

Preparación: 10 minutos   Para unos 225 g

1 lima	1 cucharadita de salsa tabasco
225 g de queso crema ablandado	*crackers* o rodajas de pepino para servir
1 cucharada de perejil fresco, picado	

Ralle la cáscara de la lima y exprima 2 cucharaditas de zumo. Mezcle el queso crema, la cáscara de lima y su zumo, el perejil y la salsa tabasco en un robot eléctrico provisto de cuchilla metálica, hasta obtener una mezcla homogénea. Acompañe con *crackers* o rodajas de pepino.

Cada 100 g: unas 265 calorías, 22 g de proteínas, 11 g de hidratos de carbono, 111 g de grasa total (67 g de saturadas), 355 mg de colesterol, 980 mg de sodio

HORTALIZAS RELLENAS

Algunas hortalizas minúsculas, como los tomates cereza, los champiñones o incluso mitades de patatas pequeñas, son un vehículo fresco y delicioso para diferentes rellenos sabrosos. Si planifica una fiesta, la mayoría de los rellenos pueden prepararse hasta con un día de antelación si se cubren con película de plástico adherente y se refrigeran hasta el momento de servirse. Puede rellenar las hortalizas unas pocas horas antes de servirlas.

TOMATES CEREZA RELLENOS DE BERENJENA

◆◆◆◆◆◆◆◆◆◆◆◆◆

Preparación: 45 minutos, más enfriamiento   *Cocción:* 20 minutos
Para 48 unidades

½ berenjena pequeña
  (unos 225 g)
4 cm de jengibre fresco, picado
2 cucharadas de aceite vegetal
2 cucharadas de salsa de soja
2 cucharaditas de azúcar
1 cucharadita de aceite
  de sésamo
24 tomates cereza

OTROS RELLENOS

• Aceitunas negras picadas y queso Feta

• Guacamole (*véase* pág. 34)

• Albahaca picada, piñones, parmesano y migas de pan tostado

1 Corte la berenjena a dados con un cuchillo de cocinero. Pele y pique finamente el jengibre (debe obtener una cucharada aproximadamente).

2 Caliente el aceite vegetal en un cazo de 2 litros a fuego moderado. Agregue la berenjena y el jengibre; mézclelos bien. Añada la salsa de soja, el azúcar y 4 cucharadas de agua. Lleve los ingredientes a ebullición a fuego vivo. Después, reduzca el calor a moderado-bajo.

3 Tape y prosiga la cocción durante 15 minutos, removiendo de vez en cuando; aplaste la berenjena con el dorso de una cuchara hasta que esté bien tierna. Agregue el aceite de sésamo y mezcle. Deje que se enfríe a temperatura ambiente. Tape y refrigere.

5 Escurra las mitades de tomate disponiéndolas boca abajo sobre un lienzo de cocina. Llénelas con la mezcla de berenjena; utilice para ello una cucharilla.

4 Mientras, corte los tomates por la mitad. Vacíelos y retire las semillas para obtener un recipiente.

CADA UNO: UNAS 10 CALORÍAS, 0 g DE PROTEÍNAS, 1 g DE HIDRATOS DE CARBONO, 1 g DE GRASA TOTAL (0 g DE SATURADAS), 0 mg DE COLESTEROL, 45 mg DE SODIO

BARQUITAS DE SALMÓN AHUMADO

Preparación: 30 minutos   Para 36 unidades

225 g de queso crema ablandado
125 g de lonchas de salmón
  ahumado, picadas
1 cucharada de eneldo fresco
  picado o 1 cucharadita de seco
4 endibias

75 g de caviar de lumpo
  pequeñas ramitas de eneldo,
  hierba de los canónigos y limón
  cortado en zigzag (*véase*
  pág. 130) para adornar

◆ Mezcle el queso crema, el salmón ahumado y el eneldo en un robot eléctrico provisto de cuchilla metálica. Separe las hojas de endibia. Seleccione las 36 más grandes y reserve las pequeñas para otro uso. Enjuague las hojas con agua fría y séquelas con papel de cocina.

◆ Ponga la crema de salmón en una manga pastelera provista de una boquilla rizada de tamaño medio. Extienda la crema sobre el extremo ancho de las hojas de endibia. Tápelas y refrigérelas. Antes de servir, adórnelas con el caviar.

Cada hoja: unas 30 calorías, 2 g de proteínas, 1 g de hidratos de carbono, 3 g de grasa total (1 g de saturadas), 17 mg de colesterol, 50 mg de sodio

---

BARQUITAS DE JAMÓN Y QUESO

Presione 100 g de queso Ricotta a través de un tamiz de malla fina, dispuesto sobre un cuenco pequeño; mézclelo con 50 g de parmesano recién rallado y 2 cucharadas de leche. Corte 175 g de lonchas de jamón serrano en tiras finas. Coloque algunas tiras en el extremo ancho de las 36 hojas de endibia. Cubra estas últimas con una cucharada de la mezcla de queso y espolvoree con nuez moscada.

Cada pieza: unas 30 calorías, 2 g de proteínas, 1 g de hidratos de carbono, 1 g de grasa total (0 g de saturadas), 5 mg de colesterol, 80 mg de sodio

---

CHAMPIÑONES RELLENOS DE *CAPONATA*

Preparación: 50 minutos   Horno: 10 minutos
Para 48 unidades

8 champiñones medianos planos
  o abiertos
unas 4 cucharadas de aceite
  de oliva
½ berenjena pequeña (225 g),
  ligeramente picada
1 cebolla pequeña, picada
  gruesa
1 tallo de apio pequeño,
  ligeramente picado

125 ml de salsa chile embotellada
1 cucharada de alcarrapas en
  conserva, escurridas
¼ de cucharadita de albahaca seca
1 cucharada de perejil fresco,
  picado
sal
2 cucharadas de almendras
  tostadas fileteadas, finamente
  picadas

◆ Prepare la *caponata*: pique un poco los pies de los champiñones; reserve aparte los sombreros. Caliente 3 cucharadas de aceite de oliva en una sartén de 26 cm a fuego moderado. Agregue los pies de los champiñones, la berenjena, la cebolla y el apio, y deje que cuezan unos 15 minutos, removiendo de vez en cuando, o hasta que la preparación esté blanda y dorada. Mézclela con la salsa de chile, las alcaparras y la albahaca. Baje el fuego, tape y cueza 10 minutos a fuego lento. Retire del fuego y mezcle con el perejil.

◆ Precaliente el horno a 180 °C (gas 4). Pincele ligeramente los sombreros de los champiñones con aceite de oliva y sálelos. Vierta una cucharadita colmada del relleno sobre cada uno (utilice los restos para untar tostadas otro día). Colóquelos en un molde para brazo de gitano y hornee 10 minutos o hasta que los champiñones estén tiernos y calientes. Espolvoréelos con las almendras.

Cada pieza: unas 20 calorías, 1 g de proteínas, 2 g de hidratos de carbono, 1 g de grasa total (0 g de saturadas), 0 mg de colesterol, 40 mg de sodio

---

SOMBREROS DE PATATA

Preparación: 30 minutos   Cocción: 20 minutos
Para 36 unidades

125 ml de crema de leche para
  montar
125 g de queso crema ablandado
1 cucharada de salsa de raiforte
1 cucharada de cebollinos frescos,
  picados

18 patatas nuevas pequeñas,
  hervidas y enfriadas
50 g de caviar de salmón
  o huevas de lumpo naranjas
cebollinos picados para
  adornar

Con la ayuda de una batidora a velocidad media, bata la crema en un cuenco pequeño hasta que se formen picos duros. Después utilice la batidora a velocidad lenta para batir el queso crema, el raiforte y los cebollinos picados en otro cuenco pequeño, hasta que estén bien mezclados. Mediante una espátula de goma, incorpore la crema batida a la mezcla de queso crema. Corte las patatas por la mitad. Vacíe la cavidad de cada una con un vaciador para melón. Llénelas con la mezcla de queso crema. Tape bien y refrigere si no va a servirlas enseguida. Justo antes de servir, cubra cada mitad de patata con un poco de caviar y adorne con los cebollinos.

Cada pieza: unas 35 calorías, 1 g de proteínas, 4 g de hidratos de carbono, 2 g de grasa total (1 g de saturadas), 7 mg de colesterol, 15 mg de sodio

Entrantes y tentempiés de langostinos

Las gambas y langostinos son rápidos de preparar, y además, desde hace mucho tiempo resultan un ingrediente muy adecuado para los entrantes. Elija a partir de la gran variedad que ofrece el mercado. Las gambas y los langostinos son increíblemente versátiles debido a su sabor suave y dulzón, que puede complementarse con una miríada de diferentes gustos. Nuestras broquetas de langostinos al estilo mexicano llevan un aliño de zumo de lima, cilantro y chiles, de sabor picante moderado. Por otra parte, los langostinos con aceitunas tienen un acento mediterráneo, mientras que la conserva de gambas realzada con vino de Jerez es deliciosa acompañada con *crackers* o tostadas.

Broquetas de langostinos al estilo mexicano

◆◆◆◆◆◆◆◆◆◆◆◆◆◆◆◆◆◆◆◆◆◆◆◆◆

Preparación: 45 minutos   Cocción: 1-2 minutos

Para 20 unidades

40 langostinos grandes, crudos, pelados y sin el conducto intestinal (*véase* pág. 90)

125 g de chiles verdes enlatados, moderadamente picantes

2 cucharadas de zumo de lima

1 cucharada de cilantro fresco picado o 1 cucharadita de seco

1 cucharada de aceite de oliva o vegetal

¾ de cucharadita de sal

½ cucharadita de azúcar

½ cucharadita de pimienta negra molida

2 aguacates medianos

20 broquetas de bambú, de 30 cm de longitud

gajos de lima y limón para adornar

◆◆◆◆◆◆◆◆◆◆◆◆◆◆◆◆◆◆◆◆◆◆◆◆◆

DESHUESAR UN AGUACATE

1 Deshuesar un aguacate puede ser sencillo. Para obtener unos resultados limpios, utilice un cuchillo afilado y corte el aguacate en sentido horizontal a lo largo del hueso. Retuerza suavemente las mitades para separarlas.

2 Inserte la hoja de un cuchillo de cocinero en el hueso, de modo que la hoja se aloje en él. Gire con suavidad para extraerlo.

1 Ponga a hervir a fuego vivo 2 litros de agua en un cazo de 4 litros. Agregue los langostinos y lleve de nuevo a ebullición. Déjelos cocer entre 1 y 2 minutos, o hasta que estén completamente opacos. Escúrralos.

2 Pique los chiles y reserve el líquido. Mézclelos con su jugo, el zumo de lima, el cilantro, el aceite, la sal, el azúcar y la pimienta negra en un cuenco grande. Cubra los langostinos con este aliño. Si no va a servir las broquetas enseguida, refrigere la preparación. Antes de servir, corte cada aguacate por la mitad a lo largo y deshuéselo. Pele y corte los aguacates en trozos de 3 cm.

3 Mezcle con cuidado los trozos de aguacate con la preparación de langostinos, de forma que queden bien cubiertos con el aliño y no se aplasten.

4 Ensarte 2 langostinos y 2 trozos de aguacate en cada broqueta de bambú. Coloque las broquetas en una fuente grande. Sírvalas enseguida, adornadas con gajos de lima y limón.

CADA BROQUETA: UNAS 70 CALORÍAS, 7 g DE PROTEÍNAS, 2 g DE HIDRATOS DE CARBONO, 4 g DE GRASA TOTAL (1 g DE SATURADAS), 61 mg DE COLESTEROL, 170 mg DE SODIO

LANGOSTINOS CON ACEITUNAS

Preparación: 20 minutos, más enfriamiento   *Cocción: 3 minutos*

Para unos 12 entrantes

750 g de langostinos medianos
o grandes, pelados y sin el
conducto intestinal (deje
la cola entera si lo desea;
véase pág. 90)

275 g de aceitunas grandes,
verdes o negras, deshuesadas
y escurridas

2 cucharadas de aceite de oliva
o vegetal

½ cucharadita de curry en polvo

½ cucharadita de jengibre, molido

½ cucharadita de sal

¼ de cucharadita de pimienta
negra, ligeramente molida

2 cucharadas de zumo de limón
recién exprimido

1 cucharada de perejil, finamente
picado

rodajas de limón y hojas de apio
para adornar

◆ Lleve a ebullición, a fuego vivo, 2 litros de agua en una cacerola
de 4 litros. Agregue los langostinos, lleve de nuevo a ebullición
y cueza entre 1 y 2 minutos, o hasta que estén completamente
opacos. Escúrralos bien. Póngalos con las aceitunas en una fuente
refractaria de 33 x 20 cm.

◆ Caliente el aceite en un cazo a fuego moderado. Agregue el
curry en polvo, el jengibre, la sal y la pimienta, y cueza 1 minuto
mientras remueve sin cesar.

◆ Retire el recipiente del fuego y mezcle el contenido con el
zumo de limón y el perejil. Vierta la marinada caliente sobre los
langostinos y las aceitunas.

◆ Tape y refrigere 2 horas como mínimo, removiendo de
vez en cuando, hasta que la mezcla se haya enfriado. Pase los
langostinos y las aceitunas a una fuente, y adorne con las rodajas
de limón y las hojas de apio. Sirva con palillos de cóctel.

**Cada entrante: unas 90 calorías, 10 g de proteínas, 1 g de hidratos de
carbono, 6 g de grasa total (1 g de saturadas), 87 mg de colesterol,
725 mg de sodio**

LANGOSTINOS CON SALSA AL ESTRAGÓN

Preparación: 20 minutos   *Cocción: 3 minutos*

Para unos 8 entrantes

450 g de langostinos crudos,
medianos, pelados y sin el
conducto intestinal (*véase*
pág. 90)

125 ml de crema acidificada

60 g de mayonesa

15 g de hojas de perejil fresco

1 cucharada de estragón fresco,
picado

1 cucharadita de pasta de anchoas

¼ de cucharadita de pimienta
negra molida

◆ Lleve a ebullición, a fuego vivo, 1 litro y medio de agua en una
cacerola de 3 litros. Añada los langostinos, hierva de nuevo y
cúezalos hasta que estén opacos. Escúrralos.

◆ Prepare la salsa de estragón para mojar. Mezcle la crema
acidificada, la mayonesa, el perejil, el estragón, la pasta de anchoas
y la pimienta en una batidora, hasta obtener una preparación
homogénea. Traspase la salsa a un cuenco de servicio. Tape
la salsa y los langostinos por separado y refrigérelos si no los va
a consumir enseguida. Para servir, coloque los langostinos con
la salsa en una fuente.

**Cada entrante: unas 125 calorías, 10 g de proteínas, 1 g de hidratos de
carbono, 9 g de grasa total (3 g de saturadas), 98 mg de colesterol,
155 mg de sodio**

CONSERVA DE GAMBAS

Preparación: 15 minutos, más enfriamiento   *Cocción: 3 minutos*

Para unos 550 g

125 g de mantequilla, ablandada

450 g de gambas medianas,
peladas y sin el conducto
intestinal (*véase* pág. 90)

¾ de cucharadita de sal

¼ de cucharadita de
pimentón

2 cucharadas de jerez seco

crackers o tostadas (*véase* pág. 36)
para servir

◆ Derrita 15 g de mantequilla en una sartén de 26 cm a fuego
moderado-alto. Añada las gambas, la sal y el pimentón, y deje cocer
2 minutos, removiendo a menudo, o hasta que las gambas estén
opacas. Añada el jerez y hierva 30 segundos.

◆ Traspase la preparación a un cuenco pequeño. Tape y refrigere
hasta 24 horas si no va a servir las gambas enseguida. Si las enfría,
deje que reposen a temperatura ambiente 1 hora antes de servirlas.
Acompáñelas con *crackers* o tostadas.

**Cada 100 g: unas 220 calorías, 14 g de proteínas, 1 g de hidratos de carbono,
17 g de grasa total (10 g de saturadas), 172 mg de colesterol, 440 mg
de sodio**

ENTRANTES Y TENTEMPIÉS DE QUESO

Con sólo un poco de imaginación, el queso puede convertirse en un material óptimo para las fiestas. Para un entrante preparado con antelación, macere queso de cabra cremoso con hierbas y acompáñelo con ensaladas contrastantes; para un sabor tex-mex utilice *chips* de tortilla para remojar en nuestra mezcla especiada de queso derretido.

QUESO DE CABRA MACERADO

❖❖❖❖❖❖❖❖❖❖❖❖

Preparación: 20 minutos, más maceración **Para** *12 entrantes*

3 quesos de cabra, de 100 g cada uno

60 g de tomates secados al sol y conservados en aceite, escurridos

2 cucharaditas de hojas de tomillo, fresco

2 cucharaditas de hojas de romero, fresco

¼ de cucharadita de pimienta negra, machacada

225 ml de aceite de oliva virgen

24 tostas caseras (véase inferior)

350 g de hojas de ensaladas variadas

1 Pase el cuchillo bajo el agua caliente y luego séquelo. Corte cada rulo de queso en 8 redondeles. Corte los tomates secados al sol en tiras finas.

2 Extienda un cuarto de cada uno de los siguientes ingredientes en un frasco de vidrio de 500 ml de capacidad y cierre hermético: redondeles de queso de cabra, tiras de tomates secados al sol, hojas de tomillo, hojas de romero y pimienta negra (un frasco bajo, de boca ancha, es ideal). Repita las capas en el mismo orden 3 veces más.

❖❖❖❖❖❖❖❖❖❖❖❖❖❖❖❖❖❖❖❖❖❖❖❖

TOSTAS CASERAS

Las tostas son una base ideal para los quesos cremosos. Utilice un cortapastas de 6 cm para cortar rebanadas de pan con distintas formas. Póngalas en una placa para hornear. Hornee a 190 °C (gas 6) entre 10 y 15 minutos, o hasta que estén doradas; déles la vuelta una vez. Para proporcionarles más sabor, frote las tostas al sacarlas del horno con un diente de ajo cortado o rocíelas con un chorrito de aceite de oliva, y cúbralas con hojas frescas de romero picadas antes de hornearlas.

3 Vierta el aceite. Tape y refrigere toda la noche, déle la vuelta al frasco de vez en cuando para que el queso se macere uniformemente. Abra el frasco y deje que el queso repose 30 minutos antes de utilizarlo. Prepare las tostas.

4 Retire el queso del frasco. Aliñe las hojas de ensalada con un poco del aceite del frasco y repártalas entre los platos. Encima de las hojas de ensalada, coloque en cada plato 2 tostas y cúbralas con una rodaja de queso de cabra macerado.

❖❖❖❖❖❖❖❖❖❖❖❖❖❖❖❖

CADA ENTRANTE: UNAS 310 CALORÍAS, 9 g DE PROTEÍNAS, 19 g DE HIDRATOS DE CARBONO, 23 g DE GRASA TOTAL (7 g DE SATURADAS), 19 mg DE COLESTEROL, 335 mg DE SODIO

CHILES CON QUESO FIESTA

Preparación: 15 minutos   *Horno:* 20 minutos
Para 24 entrantes

1 cucharada de aceite vegetal

1 diente de ajo grande, finamente picado

1 cucharadita de comino, molido

400 g de judías pintas enlatadas, enjuagadas y escurridas

125 g de chiles verdes suaves envasados, escurridos, sin semillas y picados

300 g de queso Cheddar rallado

75 g de chorizo, finamente picado

chips de tortilla para servir

◆ Precaliente el horno a 150 °C (gas 2). Caliente el aceite en una sartén de 26 cm a fuego moderado. Agregue el ajo y el comino, y cueza 30 segundos. Incorpore las judías pintas y 4 cucharadas de agua; deje que las judías cuezan 2 o 3 minutos más y aplástelas con el dorso de una cuchara. Retire del fuego.

◆ Mezcle los 3 ingredientes siguientes en un cuenco grande, y extienda uniformemente la mitad de la preparación en una fuente para empanadas de 23 cm de diámetro. Esparza la mezcla de judías por encima. Cubra con el resto de la mezcla de queso. Hornee 20 minutos, o hasta que el queso se derrita. Sirva con *chips* de tortilla.

Cada entrante, sin los *chips* de tortilla: unas 75 calorías, 5 g de proteínas, 3 g de hidratos de carbono, 6 g de grasa total (3 g de saturadas), 13 mg de colesterol, 165 mg de sodio

SÁNDWICHES DE PIMIENTOS ASADOS Y MOZZARELLA CON PURÉ DE ALBAHACA

Preparación: 30 minutos   *Cocción:* 20 minutos
Para 16 entrantes

3 pimientos rojos medianos, asados y pelados (*véase* pág. 310)

5 cucharadas de aceite de oliva

125 g de albahaca fresca o hojas de berros

½ cucharadita de sal

1 pan francés (unos 350 g)

450 g de Mozzarella fresca, cortada en rodajas de 5 mm de grosor

◆ Corte cada pimiento asado por la mitad, a lo largo, y luego en tercios; resérvelos. Ponga el aceite, la albahaca y la sal en una batidora o robot provistos con cuchilla metálica, y mezcle hasta obtener una preparación lisa.

◆ Corte la barra de pan por la mitad en sentido horizontal. Retire y tire parte de las migas de cada mitad. Extienda la mezcla de albahaca sobre el lado cortado de ambas mitades.

◆ Coloque las lonchas de Mozzarella sobre la mitad inferior de la barra de pan y ponga encima tiras de pimiento asado. Cubra con la mitad superior de la barra y córtela en rebanadas finas.

Cada entrante: unas 185 calorías, 8 g de proteínas, 13 g de hidratos de carbono, 11 g de grasa total (4 g de saturadas), 22 mg de colesterol, 300 mg de sodio

BOCADITOS DE QUESO RÁPIDOS

BROQUETAS DE MOZZARELLA AHUMADA. Corte queso Mozzarella ahumado (Mozzarella *afumicata*) en dados de 2 o 3 cm. Ensártelos en broquetas de bambú alternando tomates secados al sol y conservados en aceite, dados de pimiento amarillo y hojas de albahaca fresca. Pincele el queso con el aceite de los tomates.

DÁTILES RELLENOS DE GORGONZOLA. Mezcle cantidades iguales de queso Gorgonzola y queso crema ablandado. Abra por la mitad unos dátiles Medjool o grandes, y deshuéselos. Extienda una pequeña parte de la mezcla de queso en el interior de cada dátil con la ayuda de un cuchillo pequeño (o una manga pastelera pequeña); cubra el queso con media nuez.

RULO DE CABRA RECUBIERTO CON HIERBAS Y ESPECIAS. Pase rulos de queso de cabra por hierbas frescas picadas. Extienda la cobertura elegida sobre papel apergaminado y luego pase los rulos de queso enfriados por encima, hasta que queden uniformemente recubiertos. Envuelva los rulos con una película de plástico hasta el momento de servirlos.

ROLLITOS DE QUESO DE CABRA Y JAMÓN SERRANO. Mezcle 250 g de queso de cabra suave ablandado, 2 cucharadas de cebollas tiernas finamente picadas y 1 diente de ajo muy picado. Corte 12 lonchas finas de jamón serrano. Ponga 2 cucharadas de la mezcla de queso sobre su base; cubra con una hoja de albahaca. Enrolle el jamón alrededor del queso. Rocíelo con zumo de limón y aceite de oliva, y sazónelo con pimienta negra molida.

| Broquetas de Mozzarella ahumada | Dátiles rellenos de Gorgonzola | Rulo de cabra recubierto con hierbas y especias | Rollitos de queso de cabra y jamón serrano |

TOSTADAS SALADAS

Los panes de pueblo de textura firme y las rebanadas de pan francés pueden tostarse a la perfección para obtener bases crujientes para sabrosas coberturas. Con el pan blanco común, también se preparan deliciosos sándwiches miniatura tostados. Los brotes de brécoles se encuentran en el mercado en primavera. Si no puede disponer de ellos, sustitúyalos por col rizada.

BRUSCHETTA DE BRÉCOLES

◆◆◆◆◆◆◆◆◆◆◆◆◆◆

Preparación: 20 minutos

Cocción: 6 minutos

Para 8 unidades

1 pan redondo con costra

50 g de parmesano recién rallado

900 g de brotes de brécol o col rizada, con los tallos duros preparados

4 cucharadas de aceite de oliva

3 dientes de ajo, cortados por la mitad

¾ de cucharadita de sal

¼ de cucharadita de pimienta roja, machacada

1 Ponga a hervir a fuego vivo 4 litros de agua en una cacerola refractaria de 5 litros de capacidad. Mientras, precaliente el *grill*. Corte cuatro rebanadas de 2 cm de grosor del centro de la barra de pan, y luego divídalas por la mitad en sentido horizontal. Disponga las rebanadas de pan sobre una rejilla, y ponga ésta muy cerca del *grill*. Tueste el pan durante 1 o 2 minutos.

2 Dé la vuelta al pan y espolvoréelo con 40 g de parmesano. Déjelo 1 o 2 minutos, con el *grill* más bajo, hasta que el queso se derrita y los extremos del pan estén ligeramente tostados. Resérvelo. Ponga el brécol a cocer durante 2 minutos. Escúrralo y píquelo ligeramente. Seque la cacerola.

3 Caliente el aceite a fuego moderado en la misma cacerola. Añada el ajo y dórelo. Incorpore los brotes de brécol, sal y pimienta roja, y prosiga la cocción a fuego moderado-alto unos 5 minutos, o hasta que los brécoles estén tiernos.

4 Retire los dientes de ajo si lo desea. Distribuya los brécoles sobre las tostadas de pan. Espolvoree cada *bruschetta* con el resto del parmesano. Sírvalas calientes o a temperatura ambiente.

◆◆◆◆◆◆◆◆◆◆◆◆◆◆◆◆◆◆◆◆◆◆◆◆◆◆◆◆

CROSTINI Y *BRUSCHETTA*

Los *crostini* son rebanadas finas de pan cubiertas con una preparación salada y las *bruschettas*, rebanadas más gruesas de pan de pueblo tostado. Ambos se pueden frotar con un diente de ajo (a la derecha) y rociar con aceite de oliva afrutado.

◆◆◆◆◆◆◆◆◆◆◆◆◆◆◆◆◆◆◆◆◆◆◆◆◆◆◆◆

CADA PIEZA: UNAS 230 CALORÍAS, 8 g DE PROTEÍNAS, 29 g DE HIDRATOS DE CARBONO, 10 g DE GRASA TOTAL (2 g DE SATURADAS), 4 mg DE COLESTEROL, 585 mg DE SODIO

NACHOS

Preparación: 20 minutos   *Horno:* 5 minutos por tanda
Para 36 unidades

36 *chips* de tortillas de maíz	1 diente de ajo, muy finamente
3 tomates pera grandes,	picado
finamente picados	½ cucharadita de comino, molido
40 g de cilantro fresco, finamente	75 g de chorizo, finamente picado
picado	400 g de judías negras enlatadas,
¼ de cucharadita de sal	enjuagadas y escurridas
1 cucharada de aceite vegetal	125 g de queso Cheddar rallado
1 cebolla mediana, finamente	2 chiles jalapeños encurtidos,
picada	cortados en rodajas muy finas

◆ Precaliente el horno a 200 °C (gas 6). Coloque los *chips* de tortilla, formando una sola capa sobre 2 o 3 placas para hornear grandes. Mezcle los tomates, el cilantro y la sal en un cuenco pequeño, y resérvelos. Caliente el aceite en una sartén de 26 cm a fuego moderado. Añada la cebolla, el ajo, el comino y el chorizo; cueza 5 minutos, removiendo, o hasta que la cebolla esté tierna. Agregue las judías negras y caliéntelas.

◆ Extienda una cucharada de la mezcla de judías negras sobre cada *chip* de tortilla. Espolvoree el queso sobre las judías y cubra cada nacho con una rodaja de chile jalapeño. Hornee 5 minutos, o hasta que el queso empiece a derretirse. Esparza una cucharadita de la mezcla de tomate sobre cada nacho. Traspáselos a una fuente de servicio y sírvalos calientes.

Cada unidad: 45 calorías, 3 g de proteínas, 5 g de hidratos de carbono, 3 g de grasa total (1 g de saturadas), 3 mg de colesterol, 55 mg de sodio

QUESADILLAS DE TOMATE Y QUESO DE CABRA

Preparación: 5 minutos   *Cocción:* 12-16 minutos
Para 32 unidades

8 tortillas de harina (15-18 cm)	1 tomate mediano, picado
75 g de queso de cabra,	½ cucharadita de pimienta negra,
desmenuzado	machacada

◆ Disponga 4 tortillas sobre la superficie de trabajo. Esparza por encima el queso de cabra desmenuzado y, luego, el tomate picado y la pimienta. Cubra con las tortillas restantes.

◆ Caliente una sartén de 26 cm y de fondo grueso a fuego moderado-alto. Añada 1 quesadilla y déjela cocer 3 o 4 minutos, dándole la vuelta una vez, o hasta que esté ligeramente dorada y el queso empiece a derretirse. Traspásela a una tabla para picar y córtela en 8 triángulos. Repita la operación con el resto de quesadillas. Sírvalas calientes.

Cada unidad: 40 calorías, 1 g de proteínas, 5 g de hidratos de carbono, 1 g de grasa total (1 g de saturadas), 2 mg de colesterol, 55 mg de sodio

ESPIRALES DE TORTILLA

Preparación: 15 minutos, más enfriamiento
Para unas 54 unidades

8 tortillas de harina (15-18 cm)	225 g de jamón, cortado
175 g de queso crema ablandado	en lonchas finas
4 cebollas tiernas, finamente	60 g de salsa de chile
picadas	o tabasco

◆ Coloque las tortillas sobre la superficie de trabajo. Mezcle el queso crema con las cebollas tiernas en un cuenco pequeño. Extienda la mezcla uniformemente sobre las tortillas. Coloque una capa de jamón encima de cada una y esparza luego la salsa sobre el jamón.

◆ Enrolle cada tortilla de forma que quede bien apretada, como si se tratara de un brazo de gitano. Envuélvalas en película de plástico y refrigérelas 4 horas como mínimo o toda la noche.

◆ Justo antes de servirlas, desenvuélvalas y recorte ambos extremos. Corte cada una en rodajas horizontales de 1 cm de grosor. Póngalas en una fuente para llevarlas a la mesa.

Cada unidad: 30 calorías, 1 g de proteínas, 2 g de hidratos de carbono, 2 g de grasa total (1 g de saturadas), 5 mg de colesterol, 75 mg de sodio

TORTILLAS DE MAÍZ Y DE HARINA

Las tortillas de maíz y de harina varían en tamaño, sabor y textura. Las primeras se preparan con maíz tratado, remojado y finamente molido y agua. Tienen unos 12 cm de diámetro y son la elección tradicional para tacos, enchiladas (tortillas enrolladas rellenas de carne o queso y horneadas) y tostadas (tortillas fritas, recubiertas con una ensalada). Las tortillas de harina se preparan con harina de trigo y agua, y se les añade manteca o grasa vegetal. Miden entre 15 y 20 cm de diámetro, y tienen una textura blanda que las convierte en los envoltorios ideales para burritos (sándwiches de tortilla doblada) y chimichangas (burritos fritos).

PAQUETES DE PASTA FILO

La pasta filo puede contener cualquier tipo de relleno. Para estas recetas, precisará láminas grandes; elija paquetes alargados de 30 cm, como mínimo. Estos entrantes a base de pasta filo pueden congelarse, sin hornear, hasta un mes. Si las hornea congeladas, alargue un poco el tiempo de cocción.

ROLLITOS DE PRIMAVERA MINIS

◆◆◆◆◆◆◆◆◆◆◆◆◆

Preparación: 40 minutos
Horno: 15 minutos
Para 36 unidades

relleno de langostinos y
   hortalizas (*véase* derecha)
12 láminas de pasta filo,
   fresca o congelada (y
   descongelada), de unos
   40 x 30 cm (unos 225 g)
60 g de mantequilla, derretida
salsa de soja para acompañar

1 Engrase 2 moldes para brazo de gitano. Prepare el relleno y resérvelo. Amontone las hojas de pasta filo y córtelas en tiras horizontales. Colóquelas sobre papel de pergamino y cúbralas con una película de plástico.

3 Enrolle un tercio de la tira alrededor del relleno. Doble hacia dentro los lados de la pasta y enróllela hasta el final.

2 Ponga una hoja de pasta filo sobre la superficie de trabajo. Pincélela ligeramente con un poco de mantequilla derretida. Escurra el líquido del relleno. Coloque una cucharada escasa del relleno al final de la tira.

4 Coloque el rollo obtenido, con la parte de la juntura hacia abajo, en un molde para brazo de gitano, y pincélelo ligeramente con mantequilla derretida. Repita la operación con el resto de las tiras de pasta filo; sitúelas a una distancia de 2 o 3 cm unas de otras. Si no los va a servir enseguida, cúbralos con papel de aluminio y refrigérelos. Precaliente el horno a 190 °C (gas 6). Hornee los rollitos 15 minutos. Acompáñelos con salsa de soja.

RELLENO DE LANGOSTINOS Y HORTALIZAS

◆◆◆◆◆◆◆◆◆

1 cucharada de maicena
1 cucharada de jerez seco
1 cucharada de salsa de soja
¼ de cucharadita de azúcar
4 cucharadas de aceite vegetal
225 g de col china, cortada
   en tiras muy finas
25 g de cebollas tiernas,
   finamente picadas
50 g de champiñones, picados
225 g de langostinos crudos,
   medianos, pelados, sin el
   conducto intestinal (*véase*
   pág. 90) y picados
½ cucharadita de jengibre fresco,
   rallado
50 g de gérmen de soja, picado
50 g de brotes de bambú,
   escurridos y picados
125 g de jamón cocido, picado

1 Mezcle los 4 primeros ingredientes y resérvelos. Caliente 2 cucharadas de aceite en una cacerola de 4 litros a fuego vivo. Agregue la col china, las cebollas y los champiñones, y cueza 1 minuto, removiendo hasta que los ingredientes estén tiernos y crujientes. Traspáselos a un cuenco grande con una espumadera.

2 Caliente 2 cucharadas más de aceite en la misma sartén a fuego vivo. Agregue los langostinos y el jengibre, y déjelos cocer 30 segundos, removiendo sin cesar, o hasta que los langostinos estén opacos. Vierta por encima la mezcla de maicena y remueva hasta que la salsa se espese. Agregue la mezcla de langostinos a las hortalizas. Seque los gérmenes de soja y brotes de bambú, y mézclelos con el jamón y las hortalizas.

CADA UNIDAD: UNAS 55 CALORÍAS, 2 g DE PROTEÍNAS, 4 g DE HIDRATOS DE CARBONO, 3 g DE GRASA TOTAL (1 g DE SATURADAS), 15 mg DE COLESTEROL, 120 mg DE SODIO

LIMOSNERAS DE QUESO GRIEGO

Preparación: 40 minutos   Horno: 15-20 minutos
Para 50 unidades

125 g de queso Feta, desmenuzado
125 g de requesón fresco
2 cucharadas de perejil fresco, picado
¼ de cucharadita de pimienta negra, ligeramente molida

1 huevo mediano
8 láminas de pasta filo, fresca o congelada (y descongelada), de unos 40 x 30 cm (unos 150 g)
50 g de mantequilla, derretida

◆ Engrase dos moldes para brazo de gitano. Mezcle en un cuenco los 5 primeros ingredientes con un tenedor.

◆ Ponga las láminas de pasta unas encima de las otras. Córtelas a lo largo en 5 tiras; corte las tiras en sentido horizontal para formar 4 rectángulos. Coloque la pasta filo cortada sobre papel apergaminado y cúbrala con película de plástico para que no se reseque.

◆ Disponga 2 rectángulos de pasta filo, uno encima del otro, sobre la superficie de trabajo y pincele ligeramente la capa anterior con mantequilla derretida. Ponga 2 rectángulos más, en sentido horizontal, sobre los 2 primeros y nuevamente pincele con mantequilla. Ponga 1 cucharadita de relleno en el centro. Para obtener una limosnera, lleve los extremos de la pasta hacia el interior y presiónelos mientras los pinza. Repita la operación.

◆ Coloque las limosneras en los moldes con la parte cerrada hacia arriba. Pincélelas con mantequilla derretida. Tápelas y refrigérelas. Precaliente el horno a 200 °C (gas 6). Hornee las limosneras entre 15 y 20 minutos, o hasta que estén doradas. Sírvalas calientes.

Cada unidad: unas 35 calorías, 1 g de proteínas, 2 g de hidratos de carbono, 2 g de grasa total (1 g de saturadas), 11 mg de colesterol, 65 mg de sodio

TRIÁNGULOS DE CHAMPIÑONES

Preparación: 45 minutos   Horno: 10-12 minutos
Para 35 unidades

2 cucharadas de aceite vegetal
900 g de champiñones, muy finamente picados
1 cebolla grande, muy finamente picada
1 cucharadita de sal
¼ de cucharadita de tomillo seco

2 cucharadas de parmesano, recién rallado
7 láminas de pasta filo, fresca o congelada (y descongelada), de unos 40 x 30 cm (unos 150 g)
45 g de mantequilla, derretida

◆ Caliente, a fuego moderado-alto, el aceite en una sartén antiadherente de 30 cm. Añada los champiñones, la cebolla y la sal, y cueza unos 15 minutos, o hasta que los champiñones y la cebolla estén dorados y todo el líquido se haya evaporado. Retire del fuego y mezcle el contenido de la sartén con el tomillo y el parmesano.

◆ Ponga las láminas de pasta filo unas sobre las otras. Córtelas en sentido longitudinal en 5 tiras. Póngalas sobre papel de pergamino y cúbralas con una película de plástico para evitar que se reseque.

◆ Ponga 1 tira de pasta filo sobre la superficie de trabajo; pincélela ligeramente con mantequilla derretida. Coloque unas 2 cucharaditas del preparado de champiñones al final de la tira. Doble diagonalmente una esquina de la tira sobre el relleno, de manera que el extremo corto se encuentre con el largo, y formen un ángulo recto. Continúe doblando la pasta en ángulo recto para obtener un paquete de figura triangular.

◆ Repita la operación con el resto de las tiras de pasta filo y el relleno de champiñones; pincele cada tira con un poco de mantequilla derretida. Coloque los triángulos con la juntura hacia abajo sobre un molde para brazo de gitano sin engrasar; pincélelos con el resto de mantequilla. Si no los va a servir enseguida, cúbralos y refrigérelos. Precaliente el horno a 220 °C (gas 7). Hornee los triángulos entre 10 y 12 minutos. Sírvalos calientes.

Cada unidad: unas 35 calorías, 1 g de proteínas, 4 g de hidratos de carbono, 2 g de grasa total (0 g de saturadas), 3 mg de colesterol, 100 mg de sodio

◆◆◆◆◆◆◆◆◆◆◆◆◆◆◆◆◆◆◆◆◆◆◆◆

TOQUES DECORATIVOS CON LA PASTA FILO

En la receta de los triángulos de champiñones, cuando realice el último doblez, coloque una ramita pequeña de perejil u otra hierba al final de la tira de pasta, y luego dóblela para completar el paquete triangular. La hierba aportará su fragancia y sabor distintivos.

◆◆◆◆◆◆◆◆◆◆◆◆◆◆◆◆◆◆◆◆◆◆◆◆

BOCADITOS DE HOJALDRE

La pasta de hojaldre está formada por cientos de capas de pasta que se hinchan durante el horneado. Si se retuerce, se obtienen palitos hojaldrados. También se pueden formar capas o redondeles que, una vez dorados, sirven para preparar sándwiches con sabrosos rellenos.

PALITOS DE ACEITUNAS

◆◆◆◆◆◆◆◆◆◆◆◆◆

Preparación: 30 minutos
Horno: 12-15 minutos por tanda
Para unas 44 unidades

225 g de queso Feta, escurrido y desmenuzado

2 cucharadas de perejil, finamente picado

2 cucharadas de pasta de aceitunas, o 65 g de aceitunas negras, deshuesadas y reducidas a puré con una cucharada de aceite de oliva

2 claras de huevo medianas

500 g de pasta de hojaldre, fresca o congelada (y descongelada)

PASTA DE ACEITUNAS

Esta pasta se conoce como *tapenade* en el sur de Francia y como *olivada*, en Italia; originalmente se prepara con aceitunas negras o verdes, ajo, alcaparras y anchoas, hierbas y aceite de oliva. La pasta de aceitunas es deliciosa sobre pan tostado, en salchichas vegetarianas o de quesos blandos, o bien mezclada con mayonesa para hacer mojos para crudités.

1 Precaliente el horno a 200 °C (gas 6). Con la ayuda de un tenedor, mezcle bien el queso Feta, el perejil, la pasta de aceitunas y las claras de huevo en un cuenco pequeño. Coloque la mitad de la pasta sobre la superficie de trabajo ligeramente enharinada (guarde el resto en la nevera). Extienda la pasta con el rodillo algo enharinado y forme un cuadrado de 35 cm de lado.

2 Corte en dos el cuadrado de pasta. Extienda la mitad de la pasta de aceitunas sobre una parte y cúbrala con la otra.

3 Pase suavemente el rodillo sobre ambas capas de pasta para sellarlas.

4 Engrase una fuente de horno grande. Con ayuda de un cuchillo de cocinero, divida el rectángulo de pasta en tiras horizontales de 1,5 cm de ancho; practique cortes limpios.

5 Ponga las tiras de pasta sobre una placa de horno grande; sepárelas unos 2 o 3 cm. Antes retuérzalas 3 o 4 veces. Hornee los palitos entre 12 y 15 minutos, o hasta que la pasta se haya hinchado y esté ligeramente dorada. Con una espátula o cuchillo paleta, traspase los palitos a una rejilla para que se enfríen. Sírvalos a temperatura ambiente. Guarde los restos en un recipiente hermético.

CADA UNIDAD: UNAS 70 CALORÍAS, 1 g DE PROTEÍNAS, 6 g DE HIDRATOS DE CARBONO, 4 g DE GRASA TOTAL (1 g DE SATURADAS), 5 mg DE COLESTEROL, 100 mg DE SODIO

PALITOS DE QUESO ESPECIADOS

Preparación: 30 minutos   *Horno:* 15-20 minutos por tanda
Para unas 36 unidades

500 g de pasta de hojaldre, fresca o congelada (y descongelada)	**1 cucharadita de chile en polvo**
	1 cucharadita de sal
225 g de queso Cheddar, rallado	**1 huevo grande, batido**

◆ Precaliente el horno a 190 °C (gas 5). Engrase una placa de horno grande. Coloque la mitad de la pasta sobre la superficie de trabajo ligeramente enharinada (guarde el resto en la nevera). Extienda la pasta hasta formar un cuadrado de 36 cm de lado. Espolvoree la mitad del cuadrado con la mitad del queso, y cúbralo con la pasta restante. Trabaje la pasta con el rodillo hasta formar un rectángulo de 36 x 25 cm.

◆ Espolvoree el rectángulo con la mitad del chile en polvo y de sal; presiónelo suavemente con el rodillo. Déle la vuelta y pincélelo con un poco de huevo batido. Corte el rectángulo en 18 tiras horizontales de 25 x 2 cm.

◆ Coloque las tiras de pasta a 1 cm de distancia entre unas y otras sobre una placa de horno, retuerza las tiras 3 o 4 veces. Hornéelas entre 15 y 20 minutos, o hasta que estén crujientes y ligeramente doradas. Traspáselas a una rejilla para que se enfríen.

◆ Repita la operación con el resto de la pasta, el queso, el chile en polvo, la sal y el huevo. Sírvalos calientes o a temperatura ambiente. Guárdelos en un recipiente hermético.

Cada unidad: unas 95 calorías, 2 g de proteínas, 8 g de hidratos de carbono, 5 g de grasa total (2 g de saturadas), 12 mg de colesterol, 150 mg de sodio

BOCADITOS DE CANGREJO

Preparación: 20 minutos   *Horno:* 15 minutos
Para 42 unidades

250 g de pasta de hojaldre, fresca o congelada (y descongelada)	**1 cucharada de zumo de limón recién exprimido**
225 g de carne de cangrejo enlatada, desmenuzada	**2 cucharaditas de estragón fresco, picado**
50 g de mayonesa	**¼ de cucharadita de pimienta negra molida**

◆ Precaliente el horno a 200 °C (gas 6). Ponga la pasta sobre la superficie de trabajo ligeramente enharinada y extiéndala formando un rectángulo de 25 x 30 cm. Corte 42 redondeles con un cortapastas acanalado. Colóquelos sobre una placa de horno sin engrasar. Hornéelos 15 minutos, o hasta que estén dorados. Traspáselos a una rejilla para que se enfríen.

◆ Mezcle la carne de cangrejo, la mayonesa, el zumo de limón, el estragón y la pimienta en un cuenco. Corte cada redondel por la mitad, en sentido horizontal, y retire las partes superiores. Ponga una cucharadita rasa del relleno de cangrejo en cada mitad inferior y tape con las partes superiores.

Cada unidad: unas 45 calorías, 1 g de proteínas, 3 g de hidratos de carbono, 3 g de grasa total (1 g de saturadas), 4 mg de colesterol, 45 mg de sodio

MILHOJAS DE STILTON Y MANZANA

Preparación: 30 minutos   *Horno:* 17-20 minutos
Para unas 27 unidades

250 g de pasta de hojaldre, fresca o congelada (y descongelada)	**50 g de nueces tostadas, finamente picadas**
45 g de mantequilla, ablandada	**1 cucharada de perejil fresco, finamente picado**
2 manzanas Golden Delicious grandes, peladas, descorazonadas y picadas	**rodajas finas de manzana, nueces y ramitas de perejil para adornar**
65 g de queso Stilton ablandado, u otro queso azul	

◆ Precaliente el horno a 200 °C (gas 6). Ponga la pasta sobre la superficie de trabajo ligeramente enharinada; extiéndala formando un rectángulo de 38 x 24 cm. Traspáselo a una placa de horno grande sin engrasar. Con una regla como guía, corte la pasta en tiras longitudinales de 38 x 4 cm; coloque una segunda placa de horno sobre la pasta para mantenerla plana. Hornee entre 15 y 20 minutos, o hasta que la pasta esté dorada. Traspásela a una rejilla.

◆ Derrita 15 g de mantequilla, a fuego moderado, en una sartén de 26 cm. Agregue las manzanas; tápelas y cuézalas entre 10 y 15 minutos, o hasta que estén tiernas y empiecen a dorarse. Retire del fuego y aplástelas con el dorso de una cuchara de madera.

◆ Mezcle el queso con los 30 g de mantequilla restante en un cuenco pequeño hasta que estén bien amalgamados. Mezcle con las nueces picadas y el perejil.

◆ Extienda uniformemente la mezcla de queso sobre 2 tiras de pasta, y la de manzana sobre otras 2. Coloque las tiras de manzana sobre las de queso; cubra con el resto de las tiras de pasta. Recorte con un cuchillo de sierra los extremos de las tiras y, luego, divídalas en bocaditos horizontales de 2 cm de ancho. Adorne con las rodajas de manzana, las nueces y el perejil, y sirva a temperatura ambiente.

Cada unidad: unas 60 calorías, 1 g de proteínas, 6 g de hidratos de carbono, 4 g de grasa total (1 g de saturadas), 4 mg de colesterol, 55 mg de sodio

EMPANADILLAS HOJALDRADAS

La receta básica de empanadillas se puede utilizar para un amplio abanico de deliciosos rellenos, desde una fragante preparación de carne mexicana a una mezcla india de hortalizas especiadas. Las empanadillas son perfectas para las fiestas, y pueden prepararse y congelarse hasta con un mes de antelación. Recaliéntelas congeladas a 220 °C (gas 7) durante unos 10 minutos.

EMPANADITAS A LA MEXICANA

◆◆◆◆◆◆◆◆◆◆◆◆◆◆◆◆◆◆◆◆◆◆◆◆◆

Preparación: 1¼ horas   Horno: 12 minutos por tanda
Para unas 60 unidades

2 cucharaditas de aceite vegetal	¼ de cucharadita de sal
1 cebolla pequeña, finamente picada	3 cucharadas de pasas, picadas
1 diente de ajo grande, muy finamente picado	3 cucharadas de aceitunas rellenas de pimiento
¼ de cucharadita de canela, molida	225 g de tomates enlatados con su zumo
¼ de cucharadita de pimentón	pasta hojaldrada para empanadillas (*véase* pág. 52)
125 g de buey picado	1 huevo mediano

1 Prepare el relleno: caliente el aceite, a fuego moderado, en una sartén de 30 cm. Añada la cebolla y cueza unos 5 minutos, removiendo de vez en cuando. Agregue el ajo, la canela y el pimentón, y prosiga la cocción durante 30 segundos. Incorpore el buey picado y la sal, y cueza 5 minutos, o hasta que el buey empiece a dorarse; remueva algunas veces.

2 Agregue las pasas, las aceitunas y los tomates, y rompa éstos con el dorso de una cuchara. Aumente la intensidad del fuego y cueza 10 minutos, o hasta que casi todo el líquido se evapore. Retire del fuego. Precaliente el horno a 220 °C (gas 7).

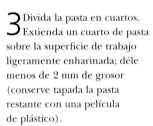

3 Divida la pasta en cuartos. Extienda un cuarto de pasta sobre la superficie de trabajo ligeramente enharinada; déle menos de 2 mm de grosor (conserve tapada la pasta restante con una película de plástico).

4 Con un cortapastas liso de 7 u 8 cm de diámetro, corte el máximo número de redondeles posible; reserve los recortes para extenderlos y recortarlos de nuevo.

5 Traslade cuidadosamente los redondeles con una espátula a una placa de horno grande no engrasada. Ponga una cucharadita rasa de relleno en el centro de cada uno; doble los redondeles por la mitad para encerrar el relleno. Presione los bordes con los dedos o un tenedor para sellarlos.

6 Bata el huevo con 2 cucharadas de agua en un cuenco a fin de preparar el glaseado. Pincele ligeramente las empanaditas con el glaseado de huevo y hornéelas 12 minutos o hasta que se doren. Traspáselas a una rejilla. Repita la operación con el resto de la pasta y el relleno. Sírvalas calientes.

CADA UNIDAD: UNAS 80 CALORÍAS, 1 g DE PROTEÍNAS, 7 g DE HIDRATOS DE CARBONO, 5 g DE GRASA TOTAL (1 g DE SATURADAS), 5 mg DE COLESTEROL, 105 mg DE SODIO

EMPANADILLAS DE CHAMPIÑONES

Preparación: 1¼ horas   Horno: 12 minutos por tanda
Para unas 60 unidades

1 cucharada de aceite de oliva
1 cebolla mediana, finamente
  picada
225 g de champiñones, cortados
  en rodajas finas
125 g de setas chinas *shiitake*,
  sin los pies, cortadas a rodajas
  finas
¾ de cucharadita de sal
¼ de cucharadita de pimienta
  negra

¼ de cucharadita de tomillo seco
1 diente de ajo, muy finamente
  picado
125 ml de crema de leche espesa
2 cucharadas de perejil fresco,
  picado
pasta hojaldrada para
  empanadillas (*véase* inferior)
1 huevo mediano, batido con
  2 cucharadas de agua, para
  el glaseado

◆ Prepare el relleno de setas: caliente el aceite de oliva, a fuego moderado, en una sartén de 30 cm. Agregue la cebolla y cueza unos 3 minutos, o hasta que esté tierna, removiéndola de vez en cuando. Agregue el vino y las setas *shiitake*, la sal, la pimienta y el tomillo, y prosiga la cocción durante 10 minutos, removiendo de vez en cuando, o hasta que el líquido se evapore.

◆ Agregue el ajo y cueza 30 segundos. Incorpore la crema y hierva la mezcla 5 minutos, o hasta que se haya reducido y espesado. Retírela de la sartén y mézclela con el perejil.

◆ Prepare la pasta. Recórtela, rellénela y hornéela como se indica en los pasos 3 al 6 de las empanaditas a la mexicana (*véase* pág. 51).

Cada unidad: unas 90 calorías, 1 g de proteínas, 8 g de hidratos de carbono, 6 g de grasa total (2 g de saturadas), 6 mg de colesterol, 100 mg de sodio

EMPANADILLAS DE PATATAS ESPECIADAS

Preparación: 1¼ horas   Horno: 12 minutos por tanda
Para unas 60 unidades

1 cucharada de aceite vegetal
1 cebolla mediana, finamente
  picada
2 patatas medianas, peladas
  y cortadas a dados
1 cucharada de jengibre fresco,
  finamente picado
1 diente de ajo, muy finamente
  picado
1 cucharadita de curry en polvo
½ cucharadita de comino, molido

¼ de cucharadita de pimentón
1 cucharadita de sal
75 g de guisantes congelados
15 g de cilantro fresco, finamente
  picado
pasta hojaldrada para
  empanadillas (*véase* inferior)
1 huevo mediano, batido con
  2 cucharadas de agua, para
  el glaseado

◆ Prepare el relleno de patatas especiadas: caliente el aceite, a fuego moderado, en una sartén de 26 cm. Agregue la cebolla y cuézala 5 minutos, o hasta que esté tierna. Incorpore las patatas y prosiga la cocción 10 minutos, removiéndolas a menudo, o hasta que empiecen a dorarse. Agregue el jengibre y los 4 ingredientes siguientes y cueza 30 segundos. Sale, vierta 225 ml de agua y lleve a ebullición. Reduzca el fuego a moderado-bajo, tape y cueza entre 10 y 15 minutos, o hasta que las patatas estén tiernas. Agregue los guisantes y prosiga la cocción con el recipiente tapado, hasta que el líquido se evapore. Retire del fuego y mezcle la preparación con el cilantro picado; aplástela ligeramente con el dorso de una cuchara.

◆ Prepare la pasta. Córtela, rellénela y hornéela como en los pasos 3 a 6 de las empanaditas a la mexicana (*véase* pág. 51).

Cada unidad: unas 80 calorías, 1 g de proteínas, 7 g de hidratos de carbono, 5 g de grasa total (1 g de saturadas), 4 mg de colesterol, 110 mg de sodio

PASTA HOJALDRADA PARA EMPANADILLAS

◆ ◆ ◆ ◆ ◆ ◆ ◆ ◆ ◆ ◆ ◆ ◆ ◆

Esta pasta es muy ligera y hojaldrada gracias a la levadura en polvo. Para prepararla en un robot eléctrico provisto de cuchilla metálica, mezcle los ingredientes secos en un cuenco, agregue a continuación la grasa vegetal y mezcle hasta que la preparación parezca migas de pan gruesas. Añada de golpe 7 cucharadas de agua helada y accione el aparato eléctrico hasta que la pasta forme una bola.

600 g de harina tamizada
2 cucharaditas de levadura
  en polvo
2 cucharaditas de sal
300 g de grasa blanca vegetal

1 Mezcle los ingredientes secos en un cuenco grande. Con ayuda de un mezclador para pasta o dos cuchillos utilizados a modo de tijeras, corte la grasa hasta que la mezcla parezca estar formada por migas gruesas.

2 Añada, de una en una, 8 cucharadas de agua helada; mezcle con un tenedor hasta que la pasta empiece a cohesionarse. Traspásela a una superficie ligeramente enharinada y amásela hasta formar una bola.

QUÉ QUIERE DECIR...

◆ ◆ ◆ ◆ ◆ ◆ ◆ ◆ ◆

En España y México, las empanadas y su versión más pequeña, empanadillas o empanaditas, pueden ser tanto dulces como saladas. La empanada clásica procede de Galicia y se prepara con pollo, cebollas y pimientos, o bien con pulpo. Entre otros rellenos típicos se encuentran los mariscos o carnes picadas, mezclados con hortalizas, hierbas y especias. Las formas pueden variar: van de las empanadillas (en Argentina y Chile los bordes son festoneados) a pequeñas empanadas individuales.

Broquetas festivas

Los trozos tiernos de pollo, carnes o mariscos, imaginativamente sazonados y ensartados en broquetas de bambú, son ideales para fiestas y bufés. El saté es la versión de Indonesia; nuestra preparación (*véase* pág. 54) realza el cerdo adobado con una salsa de cacahuetes para remojar.

Broquetas de pollo al sésamo

◆◆◆◆◆◆◆◆◆◆◆◆◆◆

Preparación: 30 minutos, más adobo **Grill**: *7 minutos*
Para 24 unidades

un trozo de 5 cm de jengibre fresco
1 cebolla tierna
1 cucharada de cilantro fresco, picado
3 cucharadas de salsa de soja
1 cucharada de jerez seco
1 cucharada de aceite vegetal
4 pechugas de pollo, deshuesadas (unos 750 g) y peladas
salsa de cilantro (*véase* inferior)
24 broquetas de bambú de 15 cm
ramitas de cilantro para adornar

1 Pele y pique finamente el jengibre (debe obtener unas 4 cucharaditas). Pique muy finamente la cebolla tierna. Mezcle el jengibre, la cebolla tierna y el cilantro en un cuenco grande. Añada la salsa de soja, el jerez y el aceite, y mezcle bien.

2 Ponga las pechugas de pollo sobre una tabla y córtelas en 6 tiras longitudinales iguales con un cuchillo de cocinero.

3 Agregue el pollo a la preparación del cuenco y mezcle bien los condimentos. Tape y refrigere 2 a 6 horas.

SALSA DE CILANTRO

Mezcle 4 cucharadas de agua, 50 g de hojas de cilantro fresco, 1 cebolla tierna picada, 1 chile jalapeño sin semillas (si lo desea) y picado, una cucharadita de zumo de limón, ½ cucharadita de azúcar, ½ cucharadita de jengibre fresco pelado y muy finamente picado, y ¼ de cucharadita de sal. Traspase la mezcla a un cuenco pequeño y refrigérela hasta el momento de servir. Para unos 125 ml.

4 Prepare la salsa de cilantro. Remoje las broquetas (*véase* pág. 54). Cueza las semillas de sésamo a fuego moderado en una sartén antiadherente; sacúdalas y remuévalas hasta que estén doradas. Retírelas del fuego. Precaliente el *grill*.

5 Ensarte 1 tira de pollo en cada broqueta. Disponga las broquetas sobre la placa del *grill* y espolvoréelas con la mitad de las semillas de sésamo tostadas. Coloque la placa lo más cerca posible de la fuente de calor y ase las broquetas 4 minutos.

6 Dé la vuelta a las broquetas y espolvoréelas con el resto de las semillas de sésamo. Áselas al *grill* 3 minutos, o hasta que los jugos salgan claros. Colóquelas en una fuente de servicio y adorne con ramitas de cilantro. Sírvalas calientes con la salsa de cilantro.

CADA UNIDAD: UNAS 45 CALORÍAS, 7 g DE PROTEÍNAS, 1 g DE HIDRATOS DE CARBONO, 2 g DE GRASA TOTAL (0 g DE SATURADAS), 17 mg DE COLESTEROL, 170 mg DE SODIO

Broquetas de vieiras con salvia y beicon

Preparación: 15 minutos, más adobo *Barbacoa/grill: 5 minutos*
Para 20 unidades

2 cucharadas de aceite de oliva
1 cucharadita de corteza de limón, rallada
¼ de cucharadita de pimienta negra, ligeramente molida
40 vieiras medianas, desconchadas (unos 625 g)

5 lonchas de beicon, sin la corteza
20 broquetas de bambú de 15 cm, remojadas (*véase* inferior)
1 manojo de salvia fresca
sal

◆ Mezcle el aceite, la corteza de limón y la pimienta en un cuenco grande. Desprenda el coral de las vieiras. Agregue las vieiras al cuenco y remuévalas con cuidado. Tápelas y refrigérelas entre 30 minutos y 6 horas.

◆ Prepare la barbacoa o precaliente el *grill*. Fría el beicon a fuego moderado unos 5 minutos, o hasta que empiece a dorarse. Déjelo escurrir sobre papel de cocina. Corte las lonchas en 4 trozos horizontales. Ensarte en cada broqueta 1 vieira, 1 hoja de salvia pequeña (o ½ grande), 1 trozo de beicon y otra vieira. Añada sal.

◆ Áselas 5 minutos lo más cerca posible del *grill*, o hasta que las vieiras estén opacas; déles la vuelta una vez. Sírvalas calientes.

Cada unidad: unas 50 calorías, 5 g de proteínas, 1 g de hidratos de carbono, 2 g de grasa total (0 g de saturadas), 11 mg de colesterol, 70 mg de sodio

Broquetas de albondiguillas a las hierbas

Preparación: 20 minutos *Barbacoa/grill: 8-10 minutos* *Para 24 unidades*

2 rebanadas de pan blanco firme, desmenuzadas
2 manojos de cebollas tiernas
900 g de buey picado
2 huevos medianos
2 cucharadas de perejil fresco, finamente picado

1 cucharadita de menta seca
2 cucharaditas de sal
¼ de cucharadita de pimienta negra molida
24 broquetas de bambú de 15 cm, remojadas (*véase* derecha)

◆ Prepare la barbacoa o precaliente el *grill*. Ponga el pan en la batidora o en un robot provisto de cuchilla metálica, y accione el interruptor hasta que se formen migas finas. Traspáselas a un cuenco grande. Pique 125 g de cebollas tiernas y agréguelas al cuenco; corte el resto en trozos de 2 o 3 cm.

◆ Añada el buey picado y los 5 ingredientes siguientes al cuenco con las migas; mezcle bien. Forme con la preparación 48 albondiguillas de 4 cm. Ensarte en cada broqueta 2 albondiguillas; altérnelas con los trozos de cebolla tierna. Áselas entre 8 y 10 minutos, o hasta que estén bien cocidas, lo más cerca posible de la fuente de calor; déles la vuelta una vez. Sírvalas calientes.

Cada unidad: unas 115 calorías, 7 g de proteínas, 1 g de hidratos de carbono, 8 g de grasa total (3 g de saturadas), 46 mg de colesterol, 220 mg de sodio

Saté de cerdo

Preparación: 25 minutos, más adobo
Barbacoa/grill: 3-4 minutos por tanda *Para 24 unidades*

225 g de solomillo de cerdo magro
3 cucharadas de salsa de soja
1 cucharada de zumo de lima
1 cucharadita de jengibre fresco, pelado y rallado
1 cucharadita de azúcar
1 diente de ajo, muy finamente picado

2 cucharaditas de aceite vegetal
1 cebolla pequeña, picada
½ cucharadita de pimienta de Cayena, machacada
60 g de mantequilla de cacahuete
1 cucharada de melaza clara, jarabe de melaza dorado o miel
24 broquetas de bambú de 15 cm, remojadas (*véase* inferior)

◆ Corte el cerdo en lonchas de 5 mm de grosor y luego cada una por la mitad para obtener tiras. Mezcle 2 cucharadas de salsa de soja con el zumo de lima, el jengibre, el azúcar y el ajo en un cuenco pequeño. Añada el cerdo y mezcle bien. Tape y refrigere entre 1 y 4 horas.

◆ Prepare la salsa para remojar las broquetas: caliente el aceite a fuego moderado en un cazo de 1 litro. Agregue la cebolla y cueza 5 minutos, o hasta que esté tierna. Esparza la pimienta de Cayena y prosiga la cocción 30 segundos. Traspase la mezcla a la batidora eléctrica, junto con la mantequilla de cacahuete, la melaza, la cucharada de salsa de soja restante y 4 cucharadas de agua, y mezcle hasta obtener una preparación homogénea. Resérvela hasta el momento de servir.

◆ Prepare la barbacoa o precaliente el *grill*. Ensarte holgadamente las tiras de cerdo en las broquetas. Áselas entre 3 y 4 minutos, o hasta que el cerdo esté bien cocido, lo más cerca posible de la fuente de calor; déles la vuelta una vez. Sírvalas calientes con la salsa de cacahuete.

Cada unidad: unas 40 calorías, 3 g de proteínas, 2 g de hidratos de carbono, 2 g de grasa total (1 g de saturadas), 6 mg de colesterol, 150 mg de sodio

REMOJAR LAS BROQUETAS DE BAMBÚ

Las broquetas de bambú son ideales para entrantes individuales. Antes de utilizarlas, remójelas en agua para evitar que se quemen en la barbacoa o bajo el *grill*. Llene un cuenco con agua, añada las broquetas y déjelas en remojo 15 minutos como mínimo. Retírelas y séquelas.

SOPAS

2

SOPAS

Pocas preparaciones son tan reconfortantes como un plato de sopa casera humeante; reconfortantes y fáciles de preparar, puesto que la mayoría sólo requiere algún picado inicial. Según cuál sea su riqueza, las sopas pueden desempeñar varios papeles en los menús semanales. Un caldo simple o puré es una entrada elegante; una sopa de judías es ya de por sí toda una comida si se sirve con pan crujiente y una ensalada verde. Las guarniciones aportan sabor y fragancia extra, y las realza. Añada a las sopas hierbas frescas antes de servirlas.

CONOZCA SUS DENOMINACIONES

Bisque. Se trata de una sopa rica y cremosa, de textura aterciopelada, que por lo general se prepara con marisco.
Caldo. Líquido sabroso que se obtiene al cocer a fuego lento carne, pescado, aves y/u hortalizas. Los caldos son sopas ligeras y constituyen una base excelente para muchas otras sopas.
Chowder **o caldereta.** Sopa consistente que contiene trozos de pescado, marisco y/u hortalizas. La de almejas es la más conocida.
Consomé. Sopa clara que se obtiene reduciendo un caldo y luego filtrándolo meticulosamente. Un buen consomé tiene un aroma definido y un sabor fuerte.
Gumbo. Plato cajun, tradicional de Nueva Orleans. Se trata de una sopa espesa que se sirve sobre arroz. Puede contener diferentes hortalizas, mariscos y carnes, y puede espesarse con quingombós. La palabra *gumbo* procede de la voz africana que designa el quingombó.
Fondo. Líquido transparente, obtenido al cocer a fuego lento aves, carnes o espinas de pescado en agua con hortalizas. La preparación, una vez colada, se utiliza como base para sopas, guisos y salsas.

TOQUES FINALES

• Mezcle perejil fresco picado, eneldo, albahaca o menta con crema agria o yogur, y añádale una cucharada a la sopa.
• Los frutos secos tostados o el beicon crujiente desmenuzado quedan deliciosos esparcidos en la sopa de brécoles (*véase* pág. 60) o en la sopa de guisantes partidos con jamón ahumado (*véase* pág. 66).
• Los picatostes caseros aromatizados con ajo, queso Gruyère o parmesano rallado, *pesto* y rodajas de lima o limón son otras opciones sabrosas.
• Puede preparar una guarnición para las sopas frías congelando ramitas de hierbas frescas o bayas en cubitos con agua. Añádalos a la sopa justo antes de servirla.

CONSERVACIÓN

• Enfríe los restos de sopa; refrigérelos en un recipiente cerrado hasta 3 días. Las sopas pueden espesarse al enfriarse: al recalentarlas, deberá añadirles más caldo, agua, crema de leche o leche.
• La mayoría de sopas soportan bien la congelación en recipientes herméticamente cerrados durante 3 meses. Viértalas en contenedores planos, para que se congelen con mayor rapidez; deje espacio para que puedan extenderse.
• No añada crema de leche, yogur o huevos a las bases de sopa antes de congelarlas. Este tipo de ingredientes se coagulan con el recalentamiento.
• Es preferible descongelar las sopas congeladas en la nevera antes de recalentarlas. Puesto que la congelación puede atenuar algunos sabores, pruebe la sopa antes de servirla y, si es necesario, reajuste la condimentación.

SOPAS RÁPIDAS Y CASERAS

Preparar una sopa puede ser sencillo. Seleccione una del recuadro y luego siga los pasos que se indican a continuación.

1 Caliente a fuego moderado una cucharada de aceite vegetal, margarina o mantequilla en una cacerola de 3 litros. Añada 1 cebolla mediana, finamente picada, y cueza 5 minutos, o hasta que se ablande.

2 Añada el aromatizante (*véase* inferior) para la sopa elegida; cueza 30 segundos. Vierta 225 ml de caldo de pollo u hortalizas, 225 ml de agua y ¼ de cucharadita de sal; caliente a fuego vivo hasta el punto de ebullición.

3 Agregue las hortalizas y hierva de nuevo. Reduzca el fuego a moderado y cueza entre 10 y 20 minutos, o hasta que las hortalizas estén muy tiernas. Sazone la sopa al gusto. Para 4 raciones.

SELECCIÓN DE SOPAS

SOPA	AROMATIZANTE	HORTALIZAS
Espinacas	1 diente de ajo finamente picado	300 g de espinacas congeladas
Guisantes	1 diente de ajo finamente picado y una pizca de menta seca o ramita de menta fresca	300 g de guisantes congelados
Zanahorias	⅛ de cucharadita de nuez moscada rallada	450 g de zanahorias picadas
Patatas	⅛ de cucharadita de nuez moscada rallada y ¼ de cucharadita de tomillo seco	450 g de patatas picadas
Calabacines	1 cucharadita de curry en polvo	450 g de calabacines picados

SOPAS CLARAS

Por norma general, las sopas claras pueden ser ligeras o bien pueden constituir platos completos y saludables si llevan incorporados trozos de carne tierna y hortalizas. La sopa americana de pollo latino incorpora su propio caldo de pollo al cocerse lentamente con las hortalizas; el zumo de lima, el cilantro y los *chips* de tortilla le aportan un sabor adicional. Cuando una receta precise de caldo, puede ahorrar tiempo empleando cubitos preparados; sin embargo, tenga presente que un caldo casero siempre ofrece los mejores resultados.

SOPA AMERICANA DE POLLO LATINO

◆◆◆◆◆◆◆◆◆◆◆◆◆◆◆◆◆◆◆◆◆◆◆◆◆◆◆

Preparación: 25 minutos   Cocción: 1¼ horas
Para 8 platos principales

1,5 kg de pollo cortado a octavos
  (*véase* **pág. 134**)
3 tallos de apio grandes, cortados
  a tercios
3 zanahorias mediadas, cortadas
  a tercios
2 cebollas medianas, sin pelar
  y cortadas a cuartos
10 ramitas de cilantro fresco
2 hojas de laurel
1 cucharadita de pimienta negra
  en grano
1 kg de patatas, peladas

400 g de maíz enlatado, escurrido
2 cucharaditas de sal
60 ml de zumo de lima
2 cucharadas de cilantro fresco,
  picado
chips **de tortilla y gajos de lima**
  (opcional)

1 Mezcle el pollo con los 6 ingredientes siguientes, 450 g de patatas enteras y 2 litros y medio de agua en una cacerola refractaria de 8 litros de capacidad, y llévelo a ebullición.

2 Reduzca el fuego, tape y cueza, con el líquido hirviendo apenas, entre 35 y 45 minutos, o hasta que el pollo esté cocido y las patatas se pinchen con facilidad con un tenedor. Traslade el pollo y las patatas, con ayuda de una espumadera, a cuencos separados. Cuele el líquido de cocción en un cuenco grande; espume la superficie y tire la grasa. Reserve 225 ml y devuelva el resto a la cacerola; tire las hortalizas.

3 Añada el líquido reservado a las patatas del cuenco y aplástelas. Agréguelas a la cacerola y mezcle bien. Corte a dados el resto de patatas; póngalas también en la cacerola y llévelo a ebullición.

4 Reduzca el fuego al mínimo, tape y cueza 10 minutos por debajo del punto de ebullición, o hasta que las patatas estén tiernas. Mientras, pele y deshuese el pollo, y córtelo en trozos pequeños.

5 Agregue los trozos de pollo, el maíz y la sal a la sopa, y caliéntela. Justo antes de servirla, sazónela con el zumo de lima y el cilantro picado. Acompáñela con *chips* de tortilla y gajos de lima si lo desea.

CADA RACIÓN: UNAS 380 CALORÍAS, 33 g DE PROTEÍNAS, 39 g DE HIDRATOS DE CARBONO, 10 g DE GRASA TOTAL (3 g DE SATURADAS), 82 mg DE COLESTEROL, 835 mg DE SODIO

CALDO CON RAVIOLES Y HORTALIZAS

Preparación: 10 minutos *Cocción:* 20 minutos
Para 3 platos principales

350 g de ravioles de queso fresco
400 ml de caldo de pollo o buey
1 zanahoria mediana, cortada en tiras finas
como cerillas
1 calabacín mediano (175 g), cortado a dados
2 cucharaditas de jengibre fresco, pelado
y rallado
¼ de manojo de berros, con los tallos duros
recortados

◆ Cueza los ravioles siguiendo las
instrucciones del paquete. Escúrralos
y resérvelos al calor.

◆ Mientras, hierva el caldo con las
tiras de zanahoria, a fuego vivo, en una
cacerola de 3 litros de capacidad. Después,
tape y cueza 5 minutos a fuego lento.

◆ Agregue los dados de calabacín y el
jengibre rallado a la cacerola. Mézclelos
y lleve de nuevo a ebullición, a fuego vivo.

◆ Reduzca el fuego a bajo; tape y cueza
por debajo del punto de ebullición durante
5 minutos, o hasta que las hortalizas estén
tiernas.

◆ Para servir, divida las ramitas de berros
y los ravioles de queso en 3 cuencos
o platos soperos. Vierta el caldo con
las hortalizas sobre los ravioles.

Cada ración: unas 405 calorías, 20 g de proteínas,
46 g de hidratos de carbono, 16 g de grasa
total (8 g de saturadas), 103 mg de colesterol,
545 mg de sodio

SOPA DE CHAMPIÑONES Y ARROZ SILVESTRE

Preparación: 45 minutos *Cocción:* 1 hora
Para 8 primeros platos

100 g de arroz silvestre
15 g de setas secas
2 cucharadas de aceite de oliva
2 tallos de apio medianos, finamente picados
1 cebolla grande, finamente picada
300 g de champiñones, cortados en rodajas
finas
900 ml de caldo de pollo
1 cucharada de salsa de soja
½ cucharadita de tomillo seco
¼ de cucharadita de pimienta negra,
ligeramente molida
60 ml de jerez semiseco

◆ Hierva el arroz silvestre en 600 ml de
agua en una cacerola de 3 litros y a fuego
vivo. Reduzca el fuego a bajo, tape y cueza
45 minutos, o hasta que el arroz esté tierno
y haya absorbido la mayor parte del agua.
Mientras, mezcle las setas secas y 450 ml
de agua hirviendo en un cuenco mediano,
y resérvelos.

◆ Caliente, a fuego moderado,
una cucharada de aceite en una sartén
antiadherente de 30 cm. Añada el apio,
la cebolla y 2 cucharadas de agua, y cueza
unos 10 minutos, o hasta que las hortalizas
estén tiernas y ligeramente doradas.
Traspáselas a una cacerola de 4 litros.
Caliente otra cucharada de aceite en la
misma sartén a fuego medio-alto. Añada
los champiñones frescos cortados y cueza
unos 10 minutos, o hasta que estén tiernos
y ligeramente dorados. Trasládelos a la
cacerola con la mezcla de apio.

◆ Con la ayuda de una espumadera,
retire las setas secas del líquido y píquelas
ligeramente; luego, cuele el líquido.
Añada las setas y el líquido a la preparación
de apio. Mezcle con el caldo, la salsa de
soja, el tomillo, la pimienta y el arroz
silvestre con su líquido de cocción si
quedara, y llévelo a ebullición. Reduzca
el fuego a lento; tape y cueza 5 minutos
por debajo del punto de ebullición.
Mezcle con el jerez.

Cada ración: unas 120 calorías, 4 g de
proteínas, 15 g de hidratos de carbono,
5 g de grasa total (1 g de saturadas), 8 mg
de colesterol, 575 mg de sodio

SOPA MISO

Preparación: 20 minutos *Cocción:* 35 minutos
Para 5 platos principales

1 cucharada de aceite vegetal
2 zanahorias grandes, cortadas en rodajas finas
1 cebolla pequeña, cortada a dados pequeños
2 dientes de ajo, muy finamente picados
1 cucharada de jengibre fresco, pelado y rallado
1 col china pequeña (450 g), cortada en tiras
horizontales de 1 cm
1 cucharada de vinagre de arroz
¼ de cucharadita de pimienta negra,
ligeramente molida
60 g de miso rojo
450 g de tofú firme, escurrido y cortado a
dados de 1 cm
2 cebollas tiernas, cortadas en rodajas finas

◆ Caliente el aceite en una cacerola de
5 litros de capacidad y a fuego moderado.
Agregue las zanahorias, la cebolla, el ajo
y el jengibre rallado, y cueza unos
10 minutos, removiendo de vez en cuando,
o hasta que la cebolla esté ligeramente
dorada.

◆ Añada la col, el vinagre, la pimienta
y 1 litro y medio de agua, y llévelo a
ebullición a fuego vivo. Reduzca el calor, tape
y cueza 20 minutos, con el líquido apenas
hirviendo, o hasta que las hortalizas estén
tiernas. Mezcle en un cuenco el miso y 60 ml
de agua caliente; añádalos a la sopa. Mézclela
con el tofú y déjela en el fuego unos
5 minutos. Espolvoree con las cebollas tiernas.

Cada ración: unas 225 calorías, 18 g de proteínas,
16 g de hidratos de carbono, 12 g de grasa total
(2 g de saturadas), 0 mg de colesterol, 545 mg
de sodio

MISO

El miso es una pasta fermentada con judías
de soja y otros cereales, como arroz o
cebada, que se utiliza ampliamente en
la cocina japonesa, tanto en salsas y sopas
como en platos principales. Su color y fuerza
varían. El miso rojo (extremo derecho) tiene
un sabor más pronunciado; el dorado
(derecha) es más suave, y el blanco
resulta ligeramente dulce y suave.
El miso se puede encontrar en
comercios de alimentación
dedicados a productos
orientales y en tiendas
de productos naturales.

PURÉS

Las sopas de textura cremosa, lisas y aterciopeladas constituyen un entrante elegante para casi cualquier comida. Las batidoras de pie producen sopas más cremosas; retire la parte central de la tapa de la batidora para evitar salpicaduras. Las batidoras por inmersión trabajan bien, pero es necesario enfriar la sopa ligeramente antes de utilizarla. Para obtener una textura muy suave, pase el puré a través de un tamiz de malla fina.

SOPA DE CALABAZA Y MANZANA

◆◆◆◆◆◆◆◆◆◆◆◆◆

Preparación: 35 minutos
Cocción: 40 minutos
Para 8 primeros platos

2 manzanas Golden Delicious medianas (unos 350 g)
2 calabazas de San Roque medianas, u otra calabaza de invierno (de unos 800 g cada una)
2 cucharadas de aceite vegetal
1 cebolla pequeña, picada
400 ml de caldo vegetal
1 cucharada de tomillo fresco picado, o ¼ de cucharada de tomillo seco
1 cucharadita de sal
⅛ de cucharadita de pimienta negra, ligeramente molida
225 ml de crema de leche ligera
tomillo fresco o perejil picado para adornar

1 Pele, cuartee y descorazone las manzanas. Córtelas en trozos de 2 cm.

2 Con un cuchillo de cocinero grande, corte cada calabaza en 2 trozos, pélela y tire la piel y las semillas.

3 Corte las calabazas en trozos de 2 cm. Caliente el aceite en una cacerola de 4 litros a fuego moderado. Cueza la cebolla hasta que esté tierna.

4 Agregue las manzanas, la calabaza, el caldo, una cucharada de tomillo, la sal, la pimienta y 350 ml de agua. Llévelo a ebullición a fuego vivo. Reduzca el fuego a bajo, tape y cueza entre 20 y 25 minutos, con el líquido apenas hirviendo y removiendo de vez en cuando.

5 Vierta un tercio de la preparación en el recipiente de la batidora de pie. Tápela (retire la parte central de la tapa) y mezcle a velocidad baja, hasta que la preparación esté muy suave y homogénea. Repita la operación con el resto de la preparación.

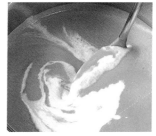

6 Devuelva la sopa reducida a puré a la cacerola, que previamente debe haber lavado. Agregue la crema y caliente a fuego moderado; remueva de vez en cuando. No deje que hierva. Sírvala espolvoreada con tomillo fresco picado.

CADA RACIÓN: UNAS 175 CALORÍAS, 3 g DE PROTEÍNAS, 29 g DE HIDRATOS DE CARBONO, 7 g DE GRASA TOTAL (3 g DE SATURADAS), 11 mg DE COLESTEROL, 305 mg DE SODIO

SOPA DE BRÉCOLES

Preparación: 10 minutos   *Cocción:* 30 minutos
Para 8 primeros platos

750 g de brécoles
1 cucharada de margarina o mantequilla
1 cebolla mediana, finamente picada
900 ml de caldo de pollo
½ cucharadita de sal
¼ de cucharadita de pimienta negra molida
¼ de cucharadita de tomillo seco
una pizca de nuez moscada, rallada
125 ml de crema de leche ligera

◆ Corte los tallos de los brécoles, pélelos y divídalos en rodajas finas. Corte los ramitos. Derrita la margarina en una cacerola de 3 litros a fuego moderado. Agregue la cebolla y cueza unos 5 minutos, removiendo de vez en cuando, o hasta que esté tierna. Agregue los tallos y ramitos de brécol, el caldo, los 4 ingredientes siguientes y 450 ml de agua. Llévelo a ebullición a fuego vivo y hierva 15 minutos, o hasta que los tallos de brécol estén tiernos.

◆ Vierta una pequeña cantidad de la mezcla de brécoles en la batidora de pie. Tape (retire la parte central de la tapa) y bata a velocidad lenta hasta obtener una crema.

◆ Vierta la crema en un cuenco. Repita la operación con el resto. Devuelva la preparación a la cacerola, que previamente debe haber lavado. Mézclela con la crema a fuego moderado, pero no deje que hierva.

Cada ración: unas 80 calorías, 4 g de proteínas, 8 g de hidratos de carbono, 4 g de grasa total (2 g de saturadas), 13 mg de colesterol, 615 mg de sodio

◆◆◆◆◆◆◆◆◆◆◆◆◆◆◆◆◆◆

GUARNICIONES CREMOSAS

Vierta una cucharada de crema acidificada o crema agria, de manera que forme un anillo sobre la sopa. Pase la punta de un cuchillo por el anillo cortándolo a intervalos; alterne la dirección; diríjalo hacia el centro y luego hacia el exterior, hasta obtener una forma de flor.

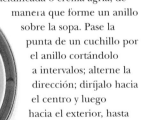

◆◆◆◆◆◆◆◆◆◆◆◆◆◆

SOPA DE TOMATES FRESCOS Y ALBAHACA

Preparación: 15 minutos   *Cocción:* 25 minutos
Para 4 primeros platos

4 tomates grandes y maduros (900 g)
1 manojo mediano de albahaca
2 cucharadas de aceite vegetal
1 cebolla grande, picada
1 zanahoria pequeña, rallada
½ cucharadita de azúcar
900 ml de caldo de pollo
½ cucharadita de sal
crema acidificada (opcional)

◆ Corte los tomates por la mitad, en sentido horizontal; exprímalos y retire las semillas. Píquelos. Reserve 4 ramitas pequeñas de albahaca y pique el resto.

◆ Caliente el aceite a fuego moderado en una cacerola de 3 litros. Agregue la cebolla y la zanahoria, y cueza removiendo de vez en cuando, hasta que los ingredientes estén tiernos.

◆ Agregue los tomates picados y el azúcar; llévelo a ebullición a fuego vivo. Baje el fuego, tape y cueza unos 15 minutos por debajo del punto de ebullición, o hasta que los tomates estén muy blandos.

◆ Vierta la mitad de la mezcla de tomates en la batidora de pie. Tape (retire el centro de la tapa) y bata a velocidad lenta hasta obtener una mezcla homogénea. Repita la operación con el resto. Devuelva la sopa a la cacerola, que previamente debe haber lavado. Agregue el perejil picado, el caldo y la sal, y caliente a fuego moderado.

◆ Sirva la sopa caliente o déjela que se enfríe; tápela y refrigérela si desea presentarla fría. Para servirla, repártala en 4 platos soperos o cuencos, y cubra cada uno con una cucharada de crema acidificada si lo desea. Adorne con las ramitas de albahaca.

Cada ración: unas 155 calorías, 4 g de proteínas, 19 g de hidratos de carbono, 9 g de grasa total (2 g de saturadas), 8 mg de colesterol, 725 mg de sodio

SOPA DE PATATAS Y AJO ASADO

Preparación: 1 hora y 5 minutos, más enfriamiento   *Cocción:* 30 minutos
Para 6 primeros platos

1 cabeza de ajo
3 cucharadas de aceite de oliva o vegetal
2 cebollas medianas, cortadas a dados
600 g de tomates, pelados y cortados a dados
900 ml de caldo de pollo
225 ml de crema de leche ligera
1¼ de cucharadita de sal

◆ Precaliente el horno a 180 °C (gas 4). Retire la cobertura de papel del ajo, pero deje la cabeza intacta. Póngala en una fuente pequeña refractaria y rocíela con el aceite. Tápela con papel de aluminio y hornéela 1 hora, o hasta que se ablande. Enfríe el ajo hasta que pueda manejarlo. Separe la cabeza en dientes y presiónelos entre los dedos para retirar la carne y depositarla en un cuenco pequeño; tire la piel. Reserve una cucharada de aceite de la fuente.

◆ Caliente el aceite reservado, a fuego moderado-alto, en una cacerola de 4 litros. Añada las cebollas y cuézalas unos 10 minutos o hasta que estén tiernas y doradas; remuévalas a menudo.

◆ Agregue las patatas a la cacerola junto con el ajo, el caldo y 750 ml de agua. Llévelo a ebullición a fuego vivo. Baje el fuego, tape y cueza unos 10 minutos, por debajo del punto de ebullición, o hasta que las patatas estén tiernas; remueva de vez en cuando.

◆ Vierta la mitad de la mezcla de patatas en una batidora. Tape (retire la parte central de la tapa) y bata a velocidad lenta hasta obtener una preparación homogénea. Repita con el resto de la sopa. Devuelva la sopa a la cacerola, que previamente debe haber lavado, mézclela con la crema y la sal. Caliéntela a fuego moderado-alto y remuévala sin cesar, pero no deje que hierva. Sírvala caliente, o bien déjela enfriar, tápela y refrigérela para servirla fría posteriormente.

Cada ración: unas 235 calorías, 5 g de proteínas, 28 g de hidratos de carbono, 12 g de grasa total (4 g de saturadas), 20 mg de colesterol, 755 mg de sodio

SOPAS CONSISTENTES DE HORTALIZAS

Rebosantes de verduras y hortalizas troceadas, estas sopas de cocción lenta y prolongada extraen el máximo sabor a unos cuantos ingredientes básicos. La incorporación de cereales o legumbres transforma una sencilla sopa de verduras en una preparación sustanciosa para la cena; de hecho, tan sustanciosa que no echará de menos la carne.

SOPA DE CHAMPIÑONES Y CEBADA

◆◆◆◆◆◆◆◆◆◆◆◆

Preparación: 20 minutos
Cocción: 1¼ horas
Para 6 platos principales

125 g de cebada perlada
750 g de champiñones
5 zanahorias medianas
2 cucharadas de aceite de oliva
3 tallos de apio medianos, cortados en rodajas
1 cebolla grande, ligeramente picada
2 cucharadas de tomate concentrado
900 ml de caldo de buey
60 ml de jerez seco
hojas de orégano frescas para adornar
pan crujiente (opcional)

1 Ponga a hervir, a fuego vivo, la cebada con 1 litro de agua en una cacerola de 3 litros. Tape y cueza 30 minutos por debajo del punto de ebullición.

2 Mientras, corte los champiñones en rodajas gruesas. Divida las zanahorias por la mitad, a lo largo, y luego en tiras de 5 mm.

3 Caliente el aceite de oliva, a fuego moderado-alto, en una cacerola refractaria de 5 litros de capacidad. Añada el apio y la cebolla, y cueza entre 8 y 10 minutos, o hasta que se doren; remueva de vez en cuando. Aumente el fuego, agregue los **champiñones** y **cuézalos entre 10 y 12 minutos**, o hasta que el líquido se evapore y los champiñones estén ligeramente dorados; remuévalo de vez en cuando.

◆◆◆◆◆◆◆◆◆◆◆◆◆◆◆◆

GUARNICIONES PARA SOPAS CONSISTENTES

Adorne una sopa humeante con cualquiera de las siguientes guarniciones para aportar color, textura o sabor adicionales: crema agria o yogur; hierbas frescas; beicon desmenuzado; tiras finas de jamón; huevo duro picado; queso Gruyère rallado; *pesto* mezclado con tomate picado; *chips* de tortilla desmenuzados. Para desmenuzar el beicon, cuézalo hasta que

quede bien crujiente. Rómpalo en trozos pequeños para utilizarlo como guarnición.

4 Reduzca el fuego a moderado-alto. Agregue el tomate concentrado y mezcle. Cueza 2 minutos, removiendo. Añada el caldo de buey, las zanahorias, el jerez, la cebada y 900 ml de agua. Llévelo a ebullición. Reduzca el calor y cueza entre 20 y 25 minutos, con el líquido apenas hirviendo, o hasta que las zanahorias y la cebada estén tiernas. Adorne la sopa y sírvala caliente con pan crujiente si lo desea.

Pesto mezclado con tomate picado

Huevo duro picado

Perejil fresco picado

CADA RACIÓN: UNAS 220 CALORÍAS, 8 g DE PROTEÍNAS, 34 g DE HIDRATOS DE CARBONO, 6 g DE GRASA TOTAL (1 g DE SATURADAS), 0 mg DE COLESTEROL, 575 mg DE SODIO

SOPA DE LENTEJAS Y HORTALIZAS

Preparación: 20 minutos   Cocción: 40 minutos
Para 4 platos principales

900 ml de caldo de pollo u
  hortalizas
75 g de lentejas
2 cucharadas de aceite vegetal
2 zanahorias medianas, cortadas
  en rodajas de 1 cm
1 cebolla mediana, ligeramente
  picada
1 calabacín mediano, cortado en
  trozos de 1 cm

1 calabacín amarillo o calabaza
  de bellota, cortado en trozos
  de 1 cm
1 diente de ajo, muy finamente
  picado
½ escarola de Batavia, ligeramente
  picada
900 g de tomates enlatados
25 g de migas de pan seco

◆ Lleve el caldo y las lentejas a ebullición en una cacerola de
4 litros de capacidad y a fuego vivo. Reduzca el fuego, tape y cueza
20 minutos, con el líquido apenas hirviendo, o hasta que las
lentejas casi estén tiernas.

◆ Mientras, caliente el aceite a fuego vivo en una sartén de 30 cm.
Agregue las zanahorias y la cebolla, y cueza unos 5 minutos, o hasta
que estén ligeramente doradas. Añada los calabacines o la calabaza
y el ajo, y cueza unos 5 minutos, o hasta que estén ligeramente
dorados. Mezcle con la escarola de Batavia y cueza 2 minutos más,
o hasta que esté tierna.

◆ Incorpore a la sartén los tomates con su líquido, las migas
de pan y las hortalizas, y 225 ml de agua a las lentejas. Llévelo
a ebullición, a fuego vivo, y rompa los tomates con el dorso de
una cuchara. Reduzca el fuego, tape y cueza 5 minutos.

Cada ración: unas 300 calorías, 13 g de proteínas, 43 g de hidratos de
carbono, 9 g de grasa total (1 g de saturadas), 0 mg de colesterol, 675 mg
de sodio

MINESTRONE CON *PESTO*

Preparación: 30 minutos, más el tiempo para remojar las judías
Cocción: 1 hora   Para 6 platos principales

2 cucharadas de aceite de oliva
3 zanahorias medianas, cortadas
  en rodajas
2 tallos de apio medianos,
  cortados en rodajas finas
1 cebolla grande, cortada a dados
60 g de panceta cortada en
  lonchas, o dados de beicon
3 patatas (450 g) peladas y
  cortadas a dados de 1 cm
2 calabacines medianos, cortados
  a dados

450 g de col rizada, cortada en
  tiras finas (½ aproximadamente)
1 diente de ajo grande, muy
  finamente picado
900 ml de caldo de pollo
400 g de tomates enlatados,
  picados
175 g de judías blancas alargadas
  cannellini, remojadas (*véase*
  pág. 370) y cocidas
½ cucharadita de sal
75 g de *pesto* (*véase* pág. 354)

◆ Caliente el aceite en una cacerola de 5 litros y a fuego
moderado. Agregue las zanahorias, el apio, la cebolla y la panceta;
cueza 10 minutos, removiendo de vez en cuando, o hasta que la
cebolla empiece a dorarse. Agregue las patatas, los calabacines,
la col y el ajo; cueza y remueva hasta que la col quede mustia.
Añada el caldo, los tomates con su líquido y 225 ml de agua.

◆ Llévelo a ebullición. Reduzca el fuego, tape y cueza 30 minutos, con
el líquido apenas hirviendo, o hasta que las hortalizas estén tiernas.

◆ Reduzca a puré 50 g de las judías cocidas con 225 ml de sopa
en el recipiente de la batidora o robot eléctrico provisto de cuchilla
metálica. Agregue la sal, el puré de judías y el resto de las judías
cocidas a la sopa, y llévela a ebullición. Reduzca el calor, tape y
cueza 10 minutos a fuego lento. Sirva la sopa caliente con el *pesto*.

Cada ración: unas 450 calorías, 19 g de proteínas, 54 g de hidratos de carbono,
19 g de grasa total (4 g de saturadas), 10 mg de colesterol, 510 mg de sodio

BORSCHT

Preparación: 25 minutos   Cocción: 1½ horas
Para 4 platos principales

2 cucharadas de mantequilla o
  margarina
225 g de col verde, cortada en
  tiras
2 zanahorias medianas, cortadas
  en rodajas
2 tallos de apio medianos,
  cortados en rodajas
1 cebolla mediada, cortada
  a dados
450 g de remolacha, pelada y
  cortada en tiras finas

400 g de tomates enlatados,
  picados
1 cucharada de tomate
  concentrado
900 ml de caldo de buey
1 cucharada de azúcar
¼ de cucharadita de sal
⅛ de cucharadita de pimienta
  negra molida
hojas de apio para adornar
pan de centeno (opcional)

◆ Derrita la margarina en una cacerola de 5 litros a fuego
moderado. Añada la col, las zanahorias, el apio y la cebolla. Tape y
deje que cueza, removiendo con frecuencia, hasta que estén tiernos
y dorados. Incorpore la remolacha, los tomates con su zumo,
el tomate concentrado, el caldo, el azúcar, la sal, la pimienta y
350 ml de agua. Llévelo a ebullición a fuego vivo. Reduzca el fuego
y cueza 45 minutos por debajo del punto de ebullición, removiendo
de vez en cuando, o hasta que las hortalizas estén tiernas.

◆ Vierta 450 ml de la sopa en el recipiente de la batidora eléctrica.
Tápela (retire el centro de la tapa) y redúzcala a puré. Devuelva la
sopa a la cacerola enjuagada y caliéntela. Adórnela y sírvala caliente
con pan de centeno si lo desea, o bien enfríela, tápela y refrigérela
para servirla fría más tarde.

Cada ración: unas 220 calorías, 7 g de proteínas, 37 g de hidratos de carbono,
7 g de grasa total (1 g de saturadas), 0 mg de colesterol, 1.465 mg de sodio

SOPAS CONSISTENTES DE PESCADO

Los mariscos o trozos sabrosos de pescado en un caldo aromático y especiado producen sopas sensacionales, que oscilan de la sopa de pescado mediterránea, basada en la tradicional bullabesa provenzal y que varía según la pesca del día, al gumbo tradicional de Luisiana, que se prepara a partir de un *roux* oscuro de harina y aceite, espesado con quingombós. Acompáñela tan sólo con un poco de pan crujiente y una ensalada verde.

SOPA DE PESCADO MEDITERRÁNEA

❖❖❖❖❖❖❖❖❖❖❖❖

Preparación: 35 minutos
Cocción: 30 minutos
Para 12 platos principales

Rouille (véase pág. 64)
450 g de vieiras
12 almejas medianas o 24 grandes
12 mejillones medianos
450 g de langostinos tigre
2 cucharadas de aceite de oliva
3 puerros medianos (450 g), cortados en trozos de 2 cm
1 diente de ajo, muy finamente picado
1 cucharadita de sal
¾ de cucharadita de tomillo seco
½ cucharadita de hebras de azafrán
800 g de tomates enlatados
900 g de filetes de bacalao, cortados en trozos de 4 cm
2 cucharadas de perejil fresco, picado

1 Prepare la *rouille*. Enjuague las vieiras bajo un chorro de agua corriente fría; luego, retíreles el coral en forma de media luna situado a un lado del músculo. Corte cada vieira por la mitad, en sentido horizontal. Frote las almejas y los mejillones con un cepillo bajo el agua corriente fría para retirar cualquier resto de arena. Arranque las barbas de los mejillones (*véase* pág. 88). Pele y retire el conducto intestinal de los langostinos (*véase* pág. 90), y lávelos.

2 Lleve a ebullición, a fuego vivo, 225 ml de agua en una cacerola de 8 litros de capacidad. Agregue las almejas y los mejillones, y hierva de nuevo. Reduzca el fuego a moderado; tape y cueza unos 5 minutos, removiendo de vez en cuando, hasta que las conchas se abran. Tire las que no se hayan abierto.

3 Retire los moluscos de la cacerola con una espumadera y resérvelos en un cuenco.

4 Deje que el líquido de cocción repose hasta que la arena se deposite en el fondo de la cacerola. Pase a través de un tamiz dispuesto sobre un cuenco o jarra para medir el máximo número posible de cucharones y tire la arena depositada en el fondo de la cacerola. Enjuáguela y séquela.

5 Caliente el aceite a fuego moderado en una cacerola. Añada los puerros y el ajo, y cuézalos hasta que se ablanden. Incorpore la sal, el tomillo, el azafrán, los tomates con su zumo, el agua de los moluscos y 450 ml de agua. Llévelo a ebullición y rompa los tomates con el dorso de una cuchara.

6 Agregue el bacalao, los langostinos y las vieiras, y llévelo de nuevo a ebullición. Reduzca el fuego a moderado-bajo y cueza entre 5 y 8 minutos sin tapar, hasta que el pescado esté opaco. Agregue los mejillones y las almejas, y caliéntelos. Espolvoree con el perejil y vierta un chorrito de *rouille*.

CADA RACIÓN: UNAS 230 CALORÍAS, 30 g DE PROTEÍNAS, 12 g DE HIDRATOS DE CARBONO, 6 g DE GRASA TOTAL (1 g DE SATURADAS), 110 mg DE COLESTEROL, 565 mg DE SODIO

SOPA DE PESCADO PERUANA

Preparación: 30 minutos *Cocción: 25 minutos*
Para 6 platos principales

1 cucharada de aceite vegetal

1 cebolla mediana, picada

2 dientes de ajo, muy finamente
  picados

2 chiles serranos, sin semillas
  y finamente picados

450 g de patatas rojas, cortadas
  en trozos de 2 cm

750 ml de caldo de pescado

¾ de cucharadita de sal

⅛ de cucharadita de tomillo seco

½ lima mediana

450 g de rape, sin la membrana
  oscura y cortado en trozos
  de 2 o 3 cm

450 g de langostinos medianos,
  pelados y sin el conducto
  intestinal (*véase* pág. 90)

25 g de cilantro fresco, picado

gajos de lima para servir

◆ Caliente el aceite a fuego moderado en una cacerola de 4 litros.
Agregue la cebolla y déjela cocer 5 minutos, o hasta que se
ablande. Incorpore el ajo y los chiles, y prosiga la cocción
30 segundos. Vierta las patatas, los 3 ingredientes siguientes y
450 ml de agua, y lleve a ebullición a fuego vivo. Hierva 10 minutos.

◆ Añada la media lima y el rape; tape y cueza 5 minutos.
Incorpore los langostinos; tape y cueza entre 3 y 5 minutos,
o hasta que estén completamente opacos. Retire la lima y
presiónela para que su zumo caiga dentro de la sopa. Espolvoree
la sopa con el cilantro y acompáñela con gajos de lima.

**Cada ración: unas 225 calorías, 26 g de proteínas, 20 g de hidratos de carbono,
4 g de grasa total (1 g de saturadas), 135 mg de colesterol, 665 mg de sodio**

SOPA DE MEJILLONES

Preparación: 15 minutos *Cocción: 20 minutos*
Para 4 platos principales

1 cucharada de aceite de oliva

1 cebolla grande, cortada en
  rodajas

2 dientes de ajo, muy finamente
  picados

800 g de tomates enlatados, con
  su zumo

1 cucharada de tomate
  concentrado

225 ml de caldo de pescado

60 ml de vino blanco seco

⅛ de cucharadita de pimienta
  de Cayena, machacada

900 g de mejillones pequeños,
  raspados y sin las barbas
  (*véase* pág. 88)

2 cucharadas de perejil fresco,
  picado

◆ Caliente el aceite a fuego moderado en una cacerola de 5 litros.
Agregue la cebolla y cuézala unos 10 minutos, o hasta que se dore.
Incorpore el ajo y prosiga la cocción 2 minutos más. Agregue los
tomates con su zumo, el tomate concentrado, los 3 ingredientes
siguientes y 450 ml de agua. Llévelo a ebullición a fuego vivo, y
rompa los tomates con el dorso de una cuchara. Hierva 3 minutos.

◆ Añada los mejillones y lleve de nuevo a ebullición. Reduzca
el fuego; tape y cueza unos 4 minutos, con el líquido apenas
agitándose, hasta que los mejillones se abran. Deseche los que
hayan quedado cerrados. Agregue el perejil y mezcle.

**Cada ración: unas 185 calorías, 12 g de proteínas, 18 g de hidratos de carbono,
6 g de grasa total (1 g de saturadas), 21 mg de colesterol, 1.000 mg de sodio**

GUMBO DE PESCADO

Preparación: 20 minutos *Cocción: 40 minutos*
Para 6 platos principales

200 g de arroz de grano largo

3 cucharadas de aceite vegetal

3 cucharadas de harina

1 pimiento verde mediano, sin
  semillas ni membranas y picado

1 tallo mediano de apio, picado

1 cebolla mediana, picada

400 g de tomates enlatados

400 ml de caldo de pollo

300 g de quingombós, cortados
  en rodajas

300 g de maíz congelado

1 cucharada de salsa Worcester

½ cucharadita de sal

¼ de cucharadita de pimienta
  de Cayena, molida

⅛ de cucharadita de tomillo seco

1 hoja de laurel

300 g de filetes de pescado
  (pargo, lubina, trucha) cortados
  en trozos pequeños

◆ Prepare el arroz siguiendo las instrucciones del envoltorio.
Escúrralo bien y manténgalo al calor. Mientras, caliente el aceite a
fuego moderado en una cacerola de 5 litros de capacidad. Agregue
la harina y cuézala unos 10 minutos, hasta que se oscurezca pero no
esté quemada (la mezcla debe quedar espesa); remueva sin cesar.

◆ Agregue el pimiento verde, el apio y la cebolla, y cueza,
removiendo continuamente, entre 8 y 10 minutos, hasta que
las hortalizas se ablanden.

◆ Incorpore gradualmente los tomates y el caldo de pollo;
rompa los tomates con el dorso de una cuchara. Agregue los
quingombós, los 6 ingredientes siguientes y 225 ml de agua. Llévelo
a ebullición a fuego vivo. Reduzca el fuego a bajo; tape y cueza por
debajo del punto de ebullición unos 10 minutos.

◆ Agregue los trozos de pescado y cuézalos hasta que estén
opacos. Para servir, retire la hoja de laurel. Vierta la sopa en 6 platos soperos
y añada un cucharón de arroz.

**Cada ración: unas 330 calorías, 16 g de proteínas, 49 g de hidratos de carbono,
9 g de grasa total (2 g de saturadas), 22 mg de colesterol, 705 mg de sodio**

ROUILLE

Remoje en agua una rebanada de
pan blanco duro, sin la corteza,
por espacio de 5 minutos.
Reduzca a puré el pan, 1 pimiento
rojo asado y pelado (*véase*
pág. 310), 2 cucharadas de
aceite de oliva virgen y ⅛ de
cucharadita de pimienta de
Cayena en la batidora o robot
eléctrico provisto de la cuchilla
metálica. Pique finamente
1 diente de ajo y redúzcalo

a una pasta con ¼ de
cucharadita de sal; mézclelo
con la preparación anterior.
Para 125 ml.

**Cada 100 ml: unas 265 calorías, 2 g de proteínas, 14 g de hidratos
de carbono, 22 g de grasa total (3 g de saturadas), 0 mg de
colesterol, 535 mg de sodio**

SOPAS CONSISTENTES DE AVES Y CARNES

Un plato de sopa espesa y humeante, que rebose de hortalizas, legumbres o pasta, puede ser una comida maravillosamente satisfactoria. También puede servir un cuenco de sopa, acompañado con un sándwich o ensalada, en el caso de una comida ligera. Las salchichas, el jamón ahumado y las albondiguillas tienen tanto sabor que es suficiente con incorporar una pequeña cantidad para conseguir estupendas sopas con tropezones. La preparación de cada una de estas especialidades precisa muy poco esfuerzo; sólo recuerde que deben cocerse lentamente para que sus sabores se amalgamen. Si se cocina con antelación, añada a la sopa algunas verduras de hoja, por ejemplo espinacas, justo antes de servirla.

SOPA ITALIANA DE SALCHICHAS Y JUDÍAS

◆◆◆◆◆◆◆◆◆◆◆◆◆◆◆◆◆◆◆◆◆◆◆◆◆◆◆◆◆

Preparación: 15 minutos   *Cocción:* 50-55 minutos
Para 8 platos principales

450 g de salchichas italianas suaves y sin las pieles, u otras de su elección
1 cucharada de aceite de oliva
2 cebollas medianas, picadas
2 dientes de ajo, muy finamente picados
800 g de tomates enlatados
900 ml de caldo de pollo

175 g de pasta, daditos o coditos, por ejemplo
225 g de judías blancas alargadas *cannellini* enlatadas, u otras blancas, remojadas y escurridas
150 g de espinacas, sin los tallos duros, y cortadas en tiras de 3 cm
pan crujiente y virutas de queso parmesano (opcional)

1 Caliente una cacerola de 5 litros a fuego moderado-alto. Añada las salchichas, remuévalas con frecuencia y rómpalas con una cuchara; cuézalas hasta que se doren. Traspáselas a un cuenco con una espumadera.

2 Reduzca el fuego a moderado. Vierta el aceite a los fondos de cocción de la cacerola, agregue las cebollas y cuézalas hasta que se doren. Agregue el ajo y cueza 1 minuto. Incorpore los tomates con su zumo y rómpalos con el dorso de una cucharara.

3 Vierta el caldo de pollo y 450 ml de agua. Lleve la mezcla a ebullición a fuego vivo. Reduzca el calor, tape y cueza entre 20 y 25 minutos, de manera que el líquido apenas se agite.

4 Mientras, cueza la pasta en una cacerola de 3 litros siguiendo las instrucciones del paquete, pero no sale el agua. Escurra bien la pasta.

5 Agregue las salchichas y las judías a la sopa, mézclela bien y caliéntela. Después, incorpore la pasta cocida y las espinacas, y caliente de nuevo. Sirva la sopa caliente, con pan crujiente y virutas de queso parmesano si lo desea.

SALCHICHAS ITALIANAS

Estas sabrosas salchichas se elaboran con cerdo ligeramente picado y se sazonan con semillas de hinojo. La versión picante de las mismas se aromatiza con pimienta de Cayena. Las salchichas italianas pueden freírse, asarse o brasearse enteras (cuézalas a fondo), o bien pelarse, desmenuzarse y saltearse como, por ejemplo, en nuestra sabrosa sopa italiana de judías y salchichas.

CADA RACIÓN: UNAS 435 CALORÍAS, 24 g DE PROTEÍNAS, 45 g DE HIDRATOS DE CARBONO, 18 g DE GRASA TOTAL (6 g DE SATURADAS), 44 mg DE COLESTEROL, 900 mg DE SODIO

Sopa de albondiguillas y escarola

Preparación: 20 minutos   Cocción: 35 minutos
Para 6 platos principales

450 g de buey magro picado
50 g de pan rallado seco
25 g de parmesano recién rallado
¼ de cucharadita de sal
¼ de cucharadita de pimienta
   negra molida
1 huevo mediano
1 cucharada de aceite de oliva o
   vegetal

2 cebollas tiernas, cortadas
   en rodajas finas
750 ml de caldo de buey
½ cucharadita de mejorana seca
1 escarola pequeña, de
   unos 225 g, cortada en trocitos
1 tomate grande, cortado
   en trozos de 1 cm

◆ Mezcle el buey picado, el pan rallado, el queso parmesano, la sal, la pimienta, el huevo y 60 ml de agua en un cuenco grande. Haga 30 albondiguillas.

◆ Caliente el aceite a fuego moderado-alto en una cacerola de 5 litros. Agregue las albondiguillas, por tandas, y cuézalas hasta que se doren. Trasládelas a un cuenco limpio a medida que se cuezan.

◆ Cueza las cebollas tiernas durante 1 minuto en los fondos de cocción de las albondiguillas. Vierta el caldo, la mejorana, las albondiguillas y 750 ml de agua, y llévelo a ebullición a fuego lento.

◆ Baje el fuego, tape y cueza 5 minutos; el líquido apenas debe agitarse. Agregue a la sopa la escarola y el tomate, y prosiga la cocción hasta que la escarola se ablande.

Cada ración: unas 315 calorías, 20 g de proteínas, 10 g de hidratos de carbono, 21 g de grasa total (8 g de saturadas), 95 mg de colesterol, 820 mg de sodio

Sopa de guisantes partidos con jamón ahumado

Preparación: 10 minutos   Cocción: 1¼ horas
Para 6 platos principales

450 g de guisantes secos partidos
2 cucharadas de aceite vegetal
350 g de nabos, pelados y
   cortados a dados de 1 cm
2 zanahorias medianas, cortadas
   a dados
2 tallos de apio medianos,
   cortados a dados

1 cebolla mediana, finamente
   picada
2 codillos de jamón ahumado
¼ de cucharadita de pimienta
   de Jamaica molida
1 hoja de laurel
1 cucharadita de sal
perejil fresco picado para adornar

◆ Enjuague los guisantes partidos con agua fría y retire las piedrecitas que pudieran llevar, así como los arrugados.

◆ Caliente el aceite a fuego moderado-alto en una cacerola de 5 litros. Agregue los 4 ingredientes siguientes y cuézalos 10 minutos, removiéndolos hasta que las hortalizas estén tiernas.

◆ Incorpore los guisantes partidos, los codillos de cerdo, la pimienta de Jamaica, la hoja de laurel, la sal y 4 litros de agua. Llévelo a ebullición a fuego vivo. Reduzca el fuego, tape y cueza 45 minutos; el líquido apenas debe agitarse.

◆ Tire la hoja de laurel. Saque los codillos; pélelos, deshuéselos y pique la carne finamente. Devuelva la carne a la cacerola. Caliente bien y adorne con perejil.

Cada ración: unas 415 calorías, 30 g de proteínas, 54 g de hidratos de carbono, 10g de grasa total (2 g de saturadas), 28 mg de colesterol, 1.115 mg de sodio

Minestrone de pollo

Preparación: 15 minutos   Cocción: 35 minutos
Para 6 platos principales

375 g de pechugas de pollo,
   deshuesadas
75 g de daditos o conchitas
   de pasta
1 cucharada de aceite vegetal
1 cebolla mediana, picada
1 zanahoria mediana, picada
2 tomates grandes, picados
225 g de judías verdes, partidas
   por la mitad
750 ml de caldo de pollo

225 g de calabacines amarillos
   o calabaza de bellota, cortados
   en rodajas de 1 cm
400 g de judías blancas alargadas
   cannellini enlatadas, u otras de
   su elección, enjuagadas y
   escurridas
300 g de espinacas congeladas
   picadas, descongeladas
queso parmesano recién rallado
   (opcional)

◆ Corte cada pechuga de pollo por la mitad, en sentido longitudinal, y luego en tiras horizontales de 5 mm. Prepare la pasta de acuerdo con las instrucciones del paquete. Mientras, caliente el aceite a fuego moderado-alto en una cacerola de 5 litros. Agregue el pollo y cuézalo, removiéndolo a menudo, hasta que pierda su color rosado. Traspáselo a un cuenco.

◆ Cueza a fuego moderado la cebolla y la zanahoria en los fondos de cocción de la cacerola hasta que estén tiernas, pero no doradas. Añada los tomates, las judías verdes, el caldo y 450 ml de agua. Llévelo a ebullición a fuego vivo. Reduzca el fuego, tape y cueza 5 minutos por debajo del punto de ebullición.

◆ Añada la calabaza y cueza otros 5 minutos, o hasta que las hortalizas estén tiernas. Agregue el pollo, la pasta, las judías secas y las espinacas; mezcle bien y caliente a fuego moderado-alto. Sirva con parmesano rallado si lo desea.

Cada ración: unas 260 calorías, 22 g de proteínas, 32 g de hidratos de carbono, 6 g de grasa total (1 g de saturadas), 45 mg de colesterol, 920 mg de sodio

◆◆◆◆◆◆◆◆◆◆◆◆◆◆◆◆◆◆◆◆◆◆◆◆◆◆◆◆

CÓMO COCINAR LOS CODILLOS DE JAMÓN

Los codillos de jamón ahumado transmiten su sabor pronunciado a sopas y guisos de cocción prolongada. Una vez cocidos, retírelos de la sopa y corte la corteza. Pélela y entalle el hueso para desprender la carne. Pique el jamón y devuélvalo a la sopa.

◆◆◆◆◆◆◆◆◆◆◆◆◆◆◆◆◆◆◆◆◆◆◆◆◆◆◆◆

CHOWDERS

Estas sopas adquieren su nombre de la voz francesa *chaudière*, un caldero que se empleaba para cocinar la captura diaria. Un *chowder* o caldereta es una sopa espesa y cremosa, que se prepara tradicionalmente con pescado. En las versiones más modernas, hacen su aparición el maíz y otras hortalizas. Los *chowders* son reconfortantes y versátiles, y pueden servirse como plato principal o entrante sustancioso.

CHOWDER DE OSTRAS Y MAÍZ

❖❖❖❖❖❖❖❖❖❖❖❖❖

Preparación: 20 minutos
Cocción: 10 minutos
Para 8 primeros platos

3 mazorcas medianas de maíz, sin hojas y penachos, o 400 g de maíz enlatado
450 g de ostras desconchadas (unas 24), con su líquido
600 g de patatas, peladas y cortadas a dados
450 ml de caldo de pescado
225 ml de crema de leche ligera
450 ml de leche
1 cucharadita de sal
¼ de cucharadita de pimienta negra, ligeramente molida
cebollinos o perejil picado para adornar

1 Si emplea maíz fresco, sostenga con fuerza la mazorca sobre la tabla apropiada y corte los granos, separándolos, con un cuchillo afilado. Raspe las mazorcas con el dorso del cuchillo para desprender la leche.

2 Escurra las ostras (reserve 150 ml de su líquido). Ponga a hervir las patatas, el caldo y el jugo de las ostras reservado a fuego vivo en una cacerola de 4 litros. Reduzca el fuego, tape y cueza unos 10 minutos por debajo del punto de ebullición.

3 Retire la cacerola del fuego. Traspase con una espumadera 350 g de patatas al vaso de la batidora eléctrica. Tape (retire la parte central de la tapa) y bata a velocidad lenta hasta conseguir una masa homogénea. Devuelva las patatas a la cacerola. Agregue la leche, los granos de maíz con su leche, la sal y la pimienta, y caliente, justo al punto de ebullición, a fuego moderado-alto.

4 Añada las ostras y cuézalas, 5 minutos removiendo a menudo, o hasta que se arruguen y se endurezcan. Adorne y sirva enseguida.

CADA RACIÓN: UNAS 200 CALORÍAS, 8 g DE PROTEÍNAS, 29 g DE HIDRATOS DE CARBONO, 7 g DE GRASA TOTAL (4 g DE SATURADAS), 36 mg DE COLESTEROL, 500 mg DE SODIO

CHOWDER DE MAÍZ

Preparación: 20 minutos
Cocción: 25 minutos
Para 4 platos principales

1 cucharada de margarina o mantequilla
1 cebolla mediana, finamente picada
1 pimiento rojo, sin membranas ni semillas, finamente picado
450 g de patatas, peladas y cortadas en trozos de 1 cm
400 ml de caldo de pollo
⅛ de cucharadita de tomillo seco
¾ de cucharadita de sal
pimienta negra molida
4 mazorcas medianas de maíz, sin las pieles ni los penachos
225 ml de crema de leche ligera
3 lonchas de beicon, cocido y desmenuzado

◆ Derrita la margarina a fuego moderado en una cacerola de 4 litros. Añada la cebolla picada y el pimiento rojo, y cueza 5 minutos, removiendo a menudo, o hasta que las hortalizas estén tiernas.

◆ Añada las patatas, el caldo, el tomillo, la sal, ⅛ de cucharadita de pimienta y 225 ml de agua. Lleve a ebullición y hierva 10 minutos, o hasta que las patatas estén tiernas.

◆ Mientras, corte los granos de las mazorcas de maíz (obtendrá unos 300 g). Ráspelas con el dorso de la hoja del cuchillo para desprender la leche. Añada los granos y su leche a la cacerola, y cueza 5 minutos.

◆ Agregue la crema y caliéntela (no la deje hervir). Viértala en platos soperos, esparza el beicon por encima y sazone con un poco de pimienta negra.

Cada ración: unas 380 calorías, 11 g de proteínas, 59 g de hidratos de carbono, 14 g de grasa total (6 g de saturadas), 34 mg de colesterol, 975 mg de sodio

CHOWDER VEGETAL

Preparación: 20 minutos
Cocción: 30 minutos
Para 4 platos principales

1 cucharada de margarina o mantequilla
350 g de puerros, partes blancas y verdes, cortadas por la mitad a lo largo y luego en rodajas de 5 mm
2 zanahorias medianas, cortadas en rodajas de 5 mm
1 tallo de apio mediano, cortado en rodajas de 5 mm
450 g de patatas, cortadas en trozos de 1 cm
400 ml de caldo de pollo o vegetal
⅛ de cucharadita de tomillo seco
¾ de cucharadita de sal
⅛ de cucharadita de pimienta negra molida
60 g de judías verdes, cortadas en trozos de 1 cm
1 calabacín mediano (300 g), cortado en trozos de 1 cm
225 ml de crema de leche ligera
1 cucharada de eneldo fresco, picado

◆ Derrita la mantequilla a fuego moderado en una cacerola de 3 litros de capacidad. Agregue los puerros, las zanahorias y el apio. Tape y cueza 10 minutos, removiendo de vez en cuando, o hasta que las hortalizas estén tiernas.

◆ Agregue las patatas, el caldo de pollo, el tomillo, la sal, la pimienta y 225 ml de agua. Lleve a ebullición a fuego vivo y hierva 5 minutos con el recipiente destapado.

◆ Agregue las judías verdes y cueza 5 minutos más. A continuación, añada el calabacín y cueza otros 5 minutos. Agregue la crema y caliéntela (no deje que hierva). Retire del fuego e incorpore el eneldo.

Cada ración: unas 285 calorías, 7 g de proteínas, 42 g de hidratos de carbono, 11 g de grasa total (5 g de saturadas), 30 mg de colesterol, 925 mg de sodio

CHOWDER DE BACALAO DE NUEVA INGLATERRA

Preparación: 20 minutos
Cocción: 30 minutos
Para 5 platos principales

4 lonchas de beicon
3 zanahorias medianas, cortadas por la mitad a lo largo y luego a rodajas
450 g de hinojo, cortado a dados, o 3 tallos medianos de apio, cortados a dados
1 cebolla mediana, cortada a dados
450 g de patatas, peladas y cortadas en trozos de 1 cm
750 ml de caldo de pescado
400 ml de caldo de pollo
1 hoja de laurel
450 g de filetes de bacalao, cortados en trozos de 4 cm
225 ml de crema de leche ligera
perejil fresco, picado, para adornar

◆ Cueza el beicon a fuego moderado en una cacerola de 5 litros. Póngalo sobre papel de cocina para que se escurra, y luego desmenúcelo.

◆ Tire la grasa de la cacerola, excepto 2 cucharadas. Añada las zanahorias picadas, el hinojo y la cebolla, y cueza entre 6 y 8 minutos, removiendo de vez en cuando, hasta que estén ligeramente doradas. Agregue las patatas, el caldo de pescado y de pollo, y la hoja de laurel, y lleve a ebullición a fuego vivo. Reduzca el calor a bajo; tape y cueza entre 10 y 15 minutos, hasta que las hortalizas estén tiernas.

◆ Agregue el bacalao; tape y cueza entre 3 y 5 minutos, hasta que el pescado esté opaco. Vierta la crema y caliéntela (no deje que hierva). Tire la hoja de laurel. Sirva la sopa caliente, adornada con el beicon desmenuzado y el perejil picado.

Cada ración: unas 320 calorías, 24 g de proteínas, 35 g de hidratos de carbono, 10 g de grasa total (5 g de saturadas), 68 mg de colesterol, 850 mg de sodio

SOPAS FRÍAS

Una sopa fría puede constituir un entrante o un plato principal en verano, pero las sopas de frutas frías son postres inusuales para cualquier época del año. Pueden prepararse con antelación, por lo que resultan ideales cuando se tienen invitados. El proceso de enfriamiento disminuye el sabor; así que pruebe siempre la sopa antes de servirla, de modo que pueda rectificar la condimentación si está demasiado sosa.

SOPA DE ZANAHORIAS AL CURRY

◆◆◆◆◆◆◆◆◆◆◆◆◆

Preparación: 30 minutos, más enfriamiento
Cocción: 1 hora
Para 12 primeros platos

1,5 kg de zanahorias
450 g de cebollas
4 cm de jengibre fresco
2 cucharadas de aceite de oliva
4 cucharaditas de curry en polvo
800 ml de caldo de pollo
1½ cucharadita de sal
225 ml de crema de leche ligera
cilantro fresco para adornar

1 Pele las zanahorias y córtelas en trozos de 2 cm. Pique ligeramente las cebollas. Pele el jengibre y ralle una cucharada.

2 Caliente el aceite a fuego moderado en una cacerola de 5 litros. Agregue las cebollas y cuézalas entre 15 y 20 minutos, removiéndolas, hasta que estén tiernas.

3 Agregue el curry en polvo y el jengibre rallado, y cueza 1 minuto, removiendo sin cesar. Añada las zanahorias, el caldo, la sal y 450 ml de agua, y lleve a ebullición. Reduzca el fuego a bajo; tape y cueza entre 30 y 40 minutos por debajo del punto de ebullición, o hasta que las zanahorias estén muy tiernas. Retire la cacerola del fuego y deje que la sopa se enfríe un poco.

◆◆◆◆◆◆◆◆◆◆◆◆◆

PELAR EL JENGIBRE

Con ayuda de un cuchillo pequeño, retire la piel que recubre la carne aromática. Para evitar que se seque, pele sólo la cantidad necesaria.

4 Bátala con una batidora eléctrica hasta reducirla a puré. (O en una batidora mezcladora de pie, sin la tapa central de la parte superior.) Devuélvala a la cacerola.

5 Mezcle la sopa con la crema y 1 litro de agua. Enfríe, tape y refrigere 4 horas como mínimo, o hasta que esté muy fría. Adorne con el cilantro. (También puede servirse caliente: caliéntela a fuego moderado, sin dejar que hierva.)

◆◆◆◆◆◆◆◆◆◆◆◆◆

CADA RACIÓN: UNAS 120 CALORÍAS, 3 g DE PROTEÍNAS, 16 g DE HIDRATOS DE CARBONO, 6 g DE GRASA TOTAL (2 g DE SATURADAS), 13 mg DE COLESTEROL, 605 mg DE SODIO

SOPA ESPECIADA CALIFORNIANA DE AGUACATES Y HORTALIZAS

Preparación: 20 minutos, más enfriamiento
Para 5 platos principales

2 tomates grandes	60 ml de vinagre de vino tinto
1 pimiento amarillo mediano	¼ de cucharadita de sal
1 pepino mediano	1½ cucharaditas de cilantro
1 tallo de apio grande	fresco picado o perejil
½ manojo de rabanitos	½ cucharadita de chile en polvo
900 ml de zumo de cóctel	2 aguacates medianos
de hortalizas, enfriado	

◆ Retire las semillas de los tomates y córtelos. Corte el pimiento amarillo en trozos de 1 cm. Corte el pepino por la mitad, a lo largo, y retire las semillas; luego, córtelo en trozos de 1 cm.

◆ Corte el apio en rodajas finas. Pique finamente los rabanitos. Parta los aguacates por la mitad y deshuéselos; corte la carne en trozos de 2 cm.

◆ Traspase las hortalizas a un cuenco grande. Añada el cóctel de hortalizas, el vinagre de vino tinto, la sal, la cilantro y el chile en polvo, y mézclelo bien.

◆ Deje que se enfríe, tape y refrigere 30 minutos como mínimo, o hasta que la sopa esté muy fría.

Cada ración: unas 195 calorías, 4 g de proteínas, 22 g de hidratos de carbono, 12 g de grasa total (2 g de saturadas), 0 mg de colesterol, 825 mg de sodio

SOPA DE MELÓN Y MELOCOTÓN

Preparación: 15 minutos, más enfriamiento
Para 5 primeros platos o postres

1 melón cantalupo pequeño	2 cucharadas de zumo de lima,
(1 kg), frío	fresco
225 ml de néctar de melocotón o	rodajas de lima para adornar
albaricoque, frío	

◆ Corte el melón por la mitad. Retire las pepitas con una cuchara. Retire la corteza y corte la carne en trocitos.

◆ Pase por la batidora, a velocidad moderada, el melón, el néctar de melocotón y el zumo de lima (con la parte central de la tapa

retirada), hasta obtener un puré homogéneo. Aumente la velocidad y mezcle durante 1 minuto más.

◆ Si no va a servir la sopa enseguida, viértala en un cuenco grande, déjela que se enfríe, tápela y refrigérela hasta 6 horas. Adórnela con rodajas de lima.

Cada ración: unas 100 calorías, 2 g de proteínas, 25 g de hidratos de carbono, 0 g de grasa total, 0 mg de colesterol, 50 mg de sodio

SOPA DE PERAS Y VINO TINTO

Preparación: 10 minutos, más enfriamiento   *Cocción:* 15-20 minutos
Para 5 primeros platos o postres

225 ml de vino tinto	4 peras maduras (750 g), peladas,
100 g de azúcar	descorazonadas y cuarteadas
1 limón	

◆ Caliente a fuego vivo el vino tinto, el azúcar y 225 ml de agua en una cacerola de 2 litros; remueva para disolver el azúcar y lleve a ebullición.

◆ Mientras, con ayuda del mondador de hortalizas o un cuchillo pequeño y afilado, retire dos tiras de 8 cm de la corteza del limón y exprima una cucharada de zumo.

◆ Añada las peras y la corteza de limón a la cacerola y devuelva el líquido a ebullición. Reduzca el fuego y cueza entre 10 y 15 minutos con el líquido apenas agitándose, hasta que las peras estén muy tiernas. Retire y tire la corteza.

◆ Bata la preparación por tandas en una batidora eléctrica (con el centro de la tapa retirado), hasta que quede homogénea. Traspásela a un cuenco y mézclela con el zumo de limón. Enfríe, tape y refrigere la sopa 4 horas como mínimo, o hasta que esté bien fría.

Cada ración: unas 195 calorías, 1 g de proteínas, 44 g de hidratos de carbono, 1 g de grasa total (0 g de saturadas), 0 mg de colesterol, 30 mg de sodio

UTILIZAR LA CORTEZA DE LIMÓN

La parte externa del limón contiene un aceite fragante que aromatiza toda clase de platos dulces y salados. Retire la corteza con un mondador de hortalizas o un cuchillo pequeño y afilado; deje la membrana blanca amarga. (Utilice el mismo proceso para las cortezas de lima y naranja.)

3

HUEVOS Y QUESOS

Los huevos, ya sean hervidos, fritos, escalfados, horneados, revueltos o batidos en forma de merengue, son uno de los alimentos más versátiles.

Las yemas pueden usarse para espesar y enriquecer cremas, y las claras para airear pasteles y suflés. En cuanto a la nutrición, los huevos son una fuente económica de proteínas, riboflavina, vitaminas A y D, choline y fósforo. Las yemas son relativamente altas en grasas y colesterol; en cambio, las claras no contienen este tipo de sustancias.

Trate los huevos con cuidado, pues son delicados, muy sensibles al calor y a la manipulación. Para que sus platos de huevo tengan una textura ligera y esponjosa, cuézalos a fuego moderado y nunca en exceso, ya que las yemas podrían endurecerse y las claras adquirir una consistencia gomosa.

COMPRA, CONSERVACIÓN Y EMPLEO

• Al comprar huevos, rechace los sucios, cuarteados o resquebrajados. Mueva cada huevo para asegurarse de que no se ha pegado al fondo de la caja.

• El color de un huevo —blanco o marrón— está determinado por su raza y dieta alimentaria, y no tiene relación alguna con el gusto, el valor nutritivo o el comportamiento durante la cocción.

• La fecha de caducidad impresa en la caja es un medio excelente para determinar la frescura. En algunos casos, la fecha se encuentra impresa sobre el mismo huevo, lo que resulta útil si se almacenan huevos nuevos con otros anteriores.

• Una mancha de sangre no implica que se trate de un huevo fertilizado o pasado. De hecho, puede ser un signo de frescura. Se debe a que, durante la formación del huevo, se rompió una venita de sangre en la superficie. La mancha puede retirarse con la punta de un cuchillo.

• Guarde los huevos en la parte más fría de la nevera, y no en la puerta. Consérvelos en su embalaje para evitar que la cáscara porosa absorba otros olores y coloque la caja lejos de alimentos de sabor fuerte, como las cebollas.

• Guárdelos con el extremo puntiagudo hacia abajo para mantener la yema centrada.

• Para hornearlos, sáquelos de la nevera al menos 30 minutos antes de utilizarlos, o colóquelos en un cuenco con agua tibia (no caliente) 5 minutos. Los huevos a temperatura ambiente alcanzan mayor volumen al batirlos, lo que proporciona pasteles y suflés más ligeros. Sin embargo, los huevos fríos son más fáciles de separar; así pues, cásquelos y sepárelos tan pronto los saque de la nevera. Para el resto de recetas, puede utilizar los huevos que saque directamente de la nevera.

• Cubra las yemas de huevo no utilizadas y enteras con agua fría y refrigérelas. Úselas en el transcurso de 2 días; escúrralas antes de emplearlas.

• Refrigere las claras de huevo en un recipiente herméticamente cerrado y no olvide usarlas en el transcurso de 4 días como máximo.

• Puede refrigerar los huevos duros en sus cáscaras hasta 7 días (márquelos para identificar cuáles se han cocido).

• Todas las recetas de este libro utilizan huevos medianos.

   1 clara de huevo mediano = unas 2 cucharadas

   1 yema de huevo mediana = aproximadamente, 1 cucharada

   5 huevos medianos = unos 225 ml

   8 huevos medianos = unos 225 ml

SOBRE SU CONGELACIÓN

Para congelar huevos crudos, bátalos para mezclar las yemas con las claras. Traspáselos a un recipiente apto para el congelador, y séllelo. Las claras de huevo pueden congelarse solas. A las yemas, sin embargo, debe añadírseles sal o azúcar, según se vayan a emplear en platos dulces o salados, para evitar que se espesen. Cada 4 yemas, agregue $\frac{1}{8}$ de cucharadita de sal o $1\frac{1}{2}$ cucharaditas de azúcar, y congélelas. Descongele los huevos congelados dentro de la nevera.

COMPROBAR SU FRESCURA

Casque el huevo en un plato: un huevo fresco tiene una yema redondeada y una clara espesa y translúcida. La yema de un huevo viejo es plana, y la clara fina y líquida. Para escalfar o freír, utilice huevos frescos que mantengan su forma. Utilice los más viejos para revueltos o para hornear.

Para comprobar la frescura de un huevo sin cascarlo, póngalo en un vaso de agua fría: si es fresco se quedará en el fondo o de pie. Si es más viejo, flotará. Si son para hervirlos, los huevos no tan frescos son más fáciles de pelar.

CÓMO COCERLOS

Revueltos. Bata por cada ración 2 huevos, 2 cucharadas de leche, sal y pimienta al gusto, hasta que estén bien amalgamados. Caliente 2 cucharaditas de mantequilla o margarina en una sartén a fuego moderado, hasta que esté bien caliente. Añada los huevos y, a medida que empiecen a cuajarse, pase una espátula por el fondo de la sartén para formar una especie de grumos blandos; mezcle de vez en cuando. Prosiga la cocción hasta que los huevos se hayan espesado y cuajado.

Escalfados. Ponga a hervir 7 u 8 cm de agua en un cazo o sartén. Reduzca el calor de forma que el agua apenas se agite. Casque los huevos fríos en un cuenco, y páselos al agua. Cueza entre 3 y 5 minutos, hasta que las claras se hayan cuajado y las yemas empiecen a espesarse. Retire los huevos con una espumadera. Escúrralos sobre papel de cocina antes de utilizarlos.

Fritos. Caliente 1 cucharada de mantequilla o margarina a fuego moderado-alto en una sartén de 20 cm. Casque 2 huevos sobre la sartén y reduzca el fuego. Para que se doren por arriba, tápelos y cuézalos lentamente, hasta que las claras se hayan cuajado y las yemas se hayan espesado. Para que se doren por debajo, déles la vuelta con cuidado y cuézalos por el otro lado.

Hervidos. Ponga los huevos en un cazo con agua ligeramente hirviendo y agregue una pizca de sal. Empiece a contar el tiempo a partir del momento en que el agua hierva de nuevo. Reduzca el calor y cueza entre 3 y 4 minutos con el líquido apenas agitándose, para obtener huevos pasados por agua, o entre 6 y 10 minutos para conseguir huevos duros. A fin de evitar que el contorno de las yemas adquiera un tono grisáceo, una vez hervidos, sumérjalos enseguida en agua fría.

CÓMO SEPARARLOS

Muchas recetas indican el empleo de huevos separados. Un separador de huevos es un utensilio útil, pero el método de la media cáscara (*véase* inferior) funciona bien.
• Los huevos refrigerados son más fáciles de separar.
• Retire cualquier resto de yema de las claras utilizando media cáscara a modo de cuchara.
• Al separar varios huevos, traslade las claras a un cuenco distinto a medida que trabaja por si se rompiera una yema.

Golpee el huevo contra la pared del cuenco para cascarlo. Abra cuidadosamente la cáscara a lo largo de la entalla y deje caer parte de la clara en el cuenco. Traspase la yema de un lado a otro de las cáscaras, hasta que la clara haya caído por completo en el cuenco.

SACAR EL MÁXIMO PARTIDO DE LAS CLARAS

• Para obtener el máximo volumen, trabaje con las claras a temperatura ambiente.
• La grasa evita que las claras espumeen. Evite cualquier resto de yema. No utilice cuencos de plástico, pues absorben la grasa.
• Si las claras no se baten lo suficiente, el resultado no será tan ligero. Las claras batidas en exceso no se mezclan bien con los otros ingredientes.
• Picos blandos: al levantar la batidora se forman unos picos que se curvan ligeramente sobre sí mismos.
• Para recuperar unas claras demasiado batidas, mezcle una clara adicional sin batir. Añada un poco de las claras demasiado batidas. Incorpore esta mezcla a la primera y bata 30 segundos.
• Al incorporar claras batidas a otra preparacion, agregue una pequeña cantidad de claras a la mezcla más pesada para aligerarla. Para incorporarlas, utilice una espátula de goma y corte desde el centro de la mezcla al fondo del cuenco, luego levántela, siguiendo la pared del cuenco. Repita la operación dando al cuenco un cuarto de vuelta en cada pasada.
• El crémor tártaro ayuda a estabilizar las claras de huevo.
• El merengue y las claras de huevo en polvo pasteurizados constituyen una alternativa segura para los huevos crudos en aquellas recetas que impliquen el empleo de claras no cocidas.

LOS HUEVOS Y LA SALMONELA

El riesgo de contraer la salmonela, una bacteria que puede causar una intoxicación alimentaria, puede evitarse con una cocción a fondo. La mayoría de los casos están provocados por comer huevos poco cocidos o preparaciones que contienen huevos crudos. Las personas que presentan un mayor riesgo son las que presentan problemas en su sistema inmunitario. Para mayor seguridad, cuézalos a 60 °C durante 3 minutos y medio, o cuézalos a 70 °C.

QUESOS CONOCIMIENTOS BÁSICOS

El amplio abanico de sabores y texturas de los quesos es el resultado del tipo de leche empleado, el proceso de fabricación y la maduración. Por lo general, cuanto mayor sea el tiempo de maduración, más fuerte será su sabor y más dura su consistencia; además se conservará durante un período más largo. El queso es ideal acompañado con pan y vino, pero también tiene otros muchos usos culinarios: puede extenderse a modo de pasta con una boquilla, cortarse en lonchas, rallarse, derretirse y mezclarse con masas y pastas. El queso también puede emplearse como ingrediente principal en sopas, tartas, cacerolas y muchas otras preparaciones.

CONOZCA LOS QUESOS

Para fabricar el queso, la leche se combina, por lo general, con un agente como el cuajo, para que se separe en cuajadas (sólidos) y suero (líquido). El suero se escurre; las cuajadas se emplean como queso fresco o curado, prensándolas, cociéndolas o incorporándoles cultivos de bacterias. La mayoría de quesos entran dentro de las siguientes categorías:
• Queso duro, como el parmesano o el manchego seco.
• Queso semiduro, como el Cheddar, el Gruyère y el Emmental.
• Queso semiblando, como el Gouda y el Edam.
• Queso blando, como el Brie y el Camembert. Esta categoría incluye los quesos de corteza lavada, como el Pont l'Evêque.
• Quesos frescos, como el Ricotta, el requesón, el Mascarpone y el queso crema, son de sabor suave y vida corta.
• Los quesos de cabra y de oveja, que pueden ser frescos y suaves, o maduros y fuertes.

• Los quesos azules como el Stilton y el Roquefort, y aquéllos a los que se ha inyectado o rociado con el moho *penicillium*.
• El queso procesado, que se prepara mezclando uno o dos quesos con un emulsionante y pasteurizando la mezcla. A las pastas de queso procesado se les añade un ingrediente para darles una consistencia blanda y suave, apta para extender.

COMPRA

• Al elegir quesos duros o semiduros, evite aquellos que presenten manchas de humedad en la superficie o cortezas secas y cuarteadas.
• Evite cualquier queso que huela a amoníaco. Asegúrese de que los quesos envueltos no estén húmedos o pegajosos.
• Si es posible, pruébelos primero.
• Los quesos blandos y semiblandos deben ser elásticos al tacto y blandos en el centro (y más si los va a emplear de inmediato). Las cortezas mohosas (blancas y de textura empolvada) deben tener un color homogéneo y una consistencia ligeramente húmeda.

SERVICIO Y CONSERVACIÓN

Antes de servir la mayoría de quesos, déjelos reposar aproximadamente 1 hora a temperatura ambiente para realzar su sabor y textura. Los quesos frescos, tales como el requesón granulado y el Ricotta, deben degustarse fríos.
• Como regla general, cuanto más duro sea un queso, más tiempo se conservará. Los quesos blandos frescos, particularmente los de cabra, deben degustarse lo más pronto posible. Los más firmes y secos, como el Cheddar, se conservan un mes o más si se envuelven bien. Los quesos duros aguantan varios meses.
• Conserve todos los quesos en la nevera, bien envueltos para evitar que se sequen. Déjeles la envoltura original o cúbralos de nuevo con película de plástico, papel de aluminio o sulfurizado. El queso se conservará más tiempo si cambia la envoltura al cabo de unos cuantos días.
• Los quesos de sabores fuertes, como el Gorgonzola, deben envolverse y colocarse en un recipiente hermético.
• Incluso si se guardan correctamente, la superficie de los quesos duros puede enmohecerse. Corte esa parte o raspe la superficie hasta que quede limpia; el queso está en buenas condiciones. Sin embargo, deseche los quesos blandos con moho, pues cabe la posibilidad de que éste haya afectado a todo el queso.
• Si el queso se ha resecado en la nevera, rállello y utilícelo para cocinar.
• Los quesos duros o semiduros pueden congelarse hasta 3 meses si se envuelven bien apretados en papel antihumedad. Los quesos congelados pueden perder humedad y adquirir una consistencia desmenuzable; utilícelos para cocinar en vez de comérselos directamente.

RALLAR O NO RALLAR

La forma en que prepare el queso, ya sea rallándolo o cortándolo en virutas, afecta a las cualidades que proporciona a un plato.
Finamente rallado. Es una forma clásica para acompañar la pasta. Los quesos duros como el parmesano o el Pecorino Romano son ideales, pues cubren la pasta uniformemente.

Rallado grueso. Los quesos preparados así aportan consistencia a las ensaladas y textura a los platos de pasta. Se derriten de manera uniforme y sirven para salsas o coberturas lisas.
Virutas de queso. Los rizos de queso duro y consistente, como en el caso del parmesano, aportan su sabor distintivo a los platos, y es un elemento interesante en muchos platos de pasta y ensaladas.

Las virutas de queso son fáciles de preparar. Utilice un mondador de hortalizas para retirar virutas de un trozo de queso duro, como el parmesano.

COCINAR CON ÉXITO

• El queso reacciona rápidamente al calentarse. Cuézalo a fuego lento y durante un corto espacio de tiempo para obtener los mejores resultados. El calor elevado o una cocción prolongada pueden secarlo y darle una consistencia gomosa. El queso procesado se derrite suavemente, sin formar hilos ni grumos.
• Ralle o corte el queso en lonchas para que se derrita uniformemente. Para rallarlo con facilidad, utilice queso frío; si va a rallar un queso blando como la Mozzarella, póngala en el congelador unos 30 minutos.
• Agregue el queso a las salsas al finalizar la cocción y caliéntelo sólo el tiempo suficiente como para que se derrita y amalgame. No lo caliente en exceso, o la salsa podría formar hilos.
• Esparza el queso una vez que las preparaciones estén completamente cocidas. Retire el recipiente del fuego y tápelo; el calor acumulado derretirá el queso.
• Cueza los gratinados y otras coberturas de queso a 8 o 10 cm del *grill*, hasta que el queso se derrita.
• Para amalgamar el queso crema con otros ingredientes, déjelo reposar envuelto para que se ablande, o desenvuélvalo y métalo en el microondas entre 15 y 20 segundos.
• Si tiene que sustituir un queso por otro en una receta, utilice uno con un contenido graso y una humedad similar. Por ejemplo, sustituya un Cheddar, cuyo contenido en materias grasas es alto, por un Gruyère o Fontina.
• Los quesos con pocas grasas precisan una atención especial al ser cocinados para evitar que queden gomosos.

PREPARAR UN TABLA DE QUESOS

Una tabla de quesos puede servirse como una comida ligera o como alternativa al postre. Para crear una buena variedad, elija como mínimo tres tipos de quesos diferentes. Asegúrese de que progresan en sabor de suaves a fuertes, y en textura, desde los blandos o cremosos a los firmes. Incluya triángulos de queso azul, queso blando, queso duro o semiduro, y quizá queso de cabra.
Evite llenar la tabla en exceso y acompañe con *crackers*, tostadas o rebanadas finas de pan francés o italiano. Adorne con frutas frescas, si lo desea, como uvas sin pepitas o porciones de pera o manzana.

HUEVOS HORNEADOS

Perfectos para un *brunch* o una cena, los platos de huevos horneados se acomodan tanto a los sabores dulces como salados. Para facilitar su preparación, la receta que sigue puede montarse la vigilia y hornearse a la mañana siguiente. Los chiles rellenos son un tentempié mexicano muy popular; aquí los hemos horneado con huevos para obtener un plato principal sabroso y sustancioso.

BRUNCH DE HUEVOS Y *BRIOCHE* HORNEADOS

◆◆◆◆◆◆◆◆◆◆◆◆

Preparación: 20 minutos, más enfriamiento

Horno: 45 minutos

Para 8 platos principales

1 *brioche* de huevo de unos 450 g, cortado a rebanadas de 2 o 3 cm de grosor

750 ml de leche

½ cucharadita de sal

10 huevos medianos

50 g, más 1 cucharada, de azúcar

1 cucharadita de canela molida

2 cucharadas de margarina o mantequilla

salsa de plátano y arce (*véase* derecha)

beicon cocido (opcional)

1 Engrase una fuente refractaria no demasiado profunda (de 3½ - 4 litros). Coloque en el fondo las rebanadas superponiéndolas. Bata la leche, la sal, los huevos y 50 g de azúcar en un cuenco y viértalos sobre el pan.

2 Pinche el pan con un tenedor para que absorba la mezcla de huevo. Vierta cualquier resto de huevo no absorbido sobre el pan. Mezcle en un cuenco la canela con la cucharada de azúcar restante; espolvoree sobre el pan y cúbralo con la margarina cortada en trocitos. Tape y refrigere 30 minutos, como mínimo, o toda la noche.

SALSA DE PLÁTANO Y ARCE

Derrita 2 cucharadas de mantequilla o margarina a fuego moderado en una sartén antiadherente de 30 cm. Agregue 6 plátanos medianos, cortados en rodajas y cuézalos 3 minutos, o hasta que estén ligeramente dorados. Vierta 225 ml de jarabe de arce y deje que hierva 2 o 3 minutos, o hasta que se haya espesado ligeramente. Sirva caliente. Para unos 750 ml.

3 Precaliente el horno a 170 °C (gas 3). Retire la preparación de la nevera y destápela. Hornéela 45 minutos, o hasta que al insertar un cuchillo en el centro éste salga limpio. Mientras, prepare la salsa de plátano y arce. Sirva la preparación bien caliente; acompáñela con la salsa y el beicon si lo desea.

CADA RACIÓN: UNAS 570 CALORÍAS, 17 g DE PROTEÍNAS, 85 g DE HIDRATOS DE CARBONO, 10 g DE GRASA TOTAL (6 g DE SATURADAS), 307 mg DE COLESTEROL, 605 mg DE SODIO

PANQUEQUE DE MANZANA HINCHADO

Preparación: 25 minutos   *Horno:* 15 minutos
Para 6 platos principales

6 manzanas medianas Granny
  Smith (900 g)
2 cucharadas de mantequilla
  o margarina
100 g, más 2 cucharadas, de azúcar

3 huevos medianos
175 ml de leche
90 g de harina
¼ de cucharadita de sal

◆ Pele, descorazone las manzanas y corte cada una en 8 gajos.
Precaliente el horno a 220 °C (gas 7). Derrita la margarina con
100 g de azúcar y 60 ml de agua en una sartén de 30 cm provista
de mango refractario. Llévelo a ebullición a fuego moderado-alto.

◆ Añada los gajos de manzana a la preparación y déjelos cocer unos
15 minutos, removiendo de vez en cuando, hasta que las manzanas
estén doradas y la mezcla de azúcar empiece a caramelizarse.

◆ Mientras, bata los huevos, la leche, la harina, la sal y
las 2 cucharadas de azúcar restante en la batidora o robot eléctrico
provisto de cuchilla metálica, hasta obtener una preparación
homogénea. Cuando las manzanas estén doradas y ligeramente
caramelizadas, cúbralas con la mezcla anterior.

◆ Introduzca la sartén en el horno y hornee 15 minutos, o hasta
que la preparación esté bien hinchada y dorada. Sirva enseguida.

Cada ración: unas 310 calorías, 6 g de proteínas, 57 g de hidratos de carbono,
8 g de grasa total (2 g de saturadas), 111 mg de colesterol, 180 mg de sodio

PANQUEQUE DE PERAS HINCHADO

Prepare el panqueque como anteriormente, pero sustituyendo
las manzanas por 6 peras Bosc maduras (unos 900 g). Añada
una cucharada de licor de peras y una pizca generosa de nuez
moscada rallada a la mezcla de huevos.

Cada ración: unas 355 calorías, 6 g de proteínas, 66 g de hidratos de
carbono, 8 g de grasa total (2 g de saturadas), 111 mg de colesterol,
180 mg de sodio

HUEVOS Y QUESO HORNEADOS

Preparación: 20 minutos   *Horno:* 50-60 minutos
Para 6 platos principales

30 g de margarina o mantequilla
1 cucharadita de sal
800 ml de leche
200 g de harina de maíz blanca o
  amarilla, ligeramente molida

225 g de queso Cheddar rallado
1 cucharadita de salsa tabasco
¼ de cucharadita de pimienta
  negra molida
5 huevos medianos

◆ Precaliente el horno a 170 °C (gas 3). Engrase una fuente
refractaria poco profunda de 2 litros y medio de capacidad.

◆ Derrita la margarina con la sal, 350 ml de leche y 450 ml de agua
en un cazo de 3 litros. Llévelo a ebullición a fuego moderado-alto.

◆ Agregue gradualmente la harina de maíz. No deje de batir para
evitar la formación de grumos. Reduzca el fuego y cueza
removiendo de vez en cuando, hasta que la preparación esté muy
compacta. Retire del fuego y mezcle con el queso, hasta que esté
bien amalgamado.

◆ Incorpore sin dejar de batir la salsa tabasco, la pimienta negra,
los huevos y los 450 ml de leche restantes, hasta que estén
perfectamente incorporados. Con ayuda de una batidora de
varillas o tenedor, bata gradualmente la mezcla de huevos con
la de queso; viértala en la fuente preparada.

◆ Hornee entre 50 y 60 minutos, o hasta que, al insertar un
cuchillo en el centro, éste salga limpio. Sírvalo enseguida.

Cada ración: unas 445 calorías, 22 g de proteínas, 30 g de hidratos de carbono,
26 g de grasa total (13 g de saturadas), 236 mg de colesterol, 760 mg de sodio

CHILES RELLENOS

Preparación: 20 minutos   *Horno:* 35 minutos
Para 4 platos principales

350 g de chiles verdes, suaves,
  enteros y en lata, escurridos
225 g de queso Cheddar

5 huevos medianos
60 g de harina
125 ml de leche

◆ Precaliente el horno a 180 °C (gas 4). Engrase una fuente
refractaria poco profunda de 2 litros. Entalle cuidadosamente cada
chile por un lado y retire las semillas (no los corte por la mitad);
séquelos con papel de cocina. Corte el mismo número de trozos
de queso que de chiles. Inserte una loncha de queso dentro de cada
chile. Coloque los chiles rellenos en la fuente preparada.

◆ Bata los huevos, la harina y la leche en un cuenco mediano,
hasta que estén bien amalgamados. Viértalos sobre los huevos.

◆ Hornee 35 minutos, o hasta que la superficie esté dorada y
al insertar un cuchillo en el centro éste salga limpio. Sírvalos
enseguida.

Cada ración: unas 405 calorías, 24 g de proteínas, 19 g de hidratos de carbono,
25 g de grasa total (13 g de saturadas), 321 mg de colesterol, 1.050 mg de sodio

TORTILLAS

Una tortilla perfecta, hinchada y dorada, es uno de los platos más seductores y rápidos de preparar. Para obtener una textura ligera y esponjosa, cueza los huevos con rapidez moviéndolos libremente en la sartén. Esto es más fácil de conseguir en una sartén antiadherente.

TORTILLA GIGANTE

◆◆◆◆◆◆◆◆◆◆◆◆◆◆

Preparación: 15 minutos
Cocción: 15 minutos
Para 3 platos principales

6 huevos medianos
¼ de cucharadita de pimienta
   negra molida
sal
3 cucharadas de aceite vegetal
1 cebolla pequeña, cortada
   a dados
1 pimiento mediano,
   sin membranas ni semillas,
   cortado a dados
225 g de lonchas de jamón
   cocido, cortado a dados
225 g de champiñones, cortados
   por la mitad
gajos de tomate, hojas de
   albahaca desmenuzadas y
   ramitas de perejil para adornar

1 Bata los huevos, la pimienta, ½ cucharadita de sal y 5 ml de agua en un cuenco mediano con una batidora de varillas, hasta que estén amalgamados. Caliente una cucharada de aceite en una sartén antiadherente de 30 cm y fondo grueso, a fuego moderado. Agregue la cebolla, el pimiento verde y ¼ de cucharadita de sal, y cueza hasta que las hortalizas estén tiernas. Añada el jamón y déjelo calentar. Traslade la mezcla al cuenco y resérvela al calor.

SARTÉN ANTIADHERENTE

Las superficies especialmente formuladas de las sartenes o recipientes antiadherentes merecen un poco de respeto. Para los mejores resultados, utilice utensilios de madera o de plástico, nunca metálicos; de este modo, evitará rayarlas. No las use sobre fuego muy alto y no las sumerja nunca en agua fría.

2 Caliente en la misma sartén una cucharada de aceite. Añada los champiñones y cuézalos hasta que se ablanden. Trasládelos a otro cuenco y manténgalos calientes.

3 En la misma sarten, caliente una cucharada de aceite a fuego moderado. Vierta los huevos y cuézalos. Levante con cuidado un extremo y mueva la sartén para que el huevo crudo se deslice hacia abajo.

4 Mueva la sartén de vez en cuando para que la tortilla se desplace libremente por la misma. Cuando haya cuajado pero todavía esté jugosa, vierta la mezcla de jamón y hortalizas en una mitad de la tortilla.

5 Agite la sartén y doble la tortilla por la mitad, con la ayuda de una espátula. Para servir, córtela en 3 trozos y cubra cada uno con los champiñones. Adorne con gajos de tomate, albahaca y perejil.

CADA RACIÓN: UNAS 365 CALORÍAS, 23 g DE PROTEÍNAS, 10 g DE HIDRATOS DE CARBONO, 26 g DE GRASA TOTAL (6 g DE SATURADAS), 437 mg DE COLESTEROL, 1.095 mg DE SODIO

TORTILLA BÁSICA

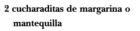

Preparación: 2 minutos   Cocción: 2-3 minutos
Para 1 ración

2 huevos medianos
1 pizca de sal y pimienta negra
   molida

2 cucharaditas de margarina o
   mantequilla

1 Bata juntos los huevos, la sal, la pimienta y 2 cucharadas de agua. Caliente una sartén antiadherente de 26 cm a fuego moderado-alto. Añada la margarina y cubra con ella toda la base. Vierta la mezcla de huevos y remueva rápidamente hasta que empiecen a cuajarse.

2 Con el mango de la sartén dirigido hacia usted, coloque el relleno sobre la mitad y cueza 30 segundos, o hasta que casi esté cuajado. Desprenda la tortilla del fondo con una espátula de goma y dóblela sobre sí misma, empezando por el lado no relleno; deslícela sobre un plato caliente.

Cada ración: unas 220 calorías, 13 g de proteínas, 1 g de hidratos de carbono, 18 g de grasa total (5 g de saturadas), 426 mg de colesterol, 320 mg de sodio

TORTILLA DE *RATATOUILLE*

Preparación: 15 minutos   Cocción: 40 minutos
Para 4 platos principales

1 cucharada de aceite de oliva
1 cebolla pequeña, finamente
   picada
450 g de berenjenas (la mitad de
   una grande, aproximadamente),
   cortadas a trozos de 1 cm
½ cucharadita de sal
⅛ de cucharadita de pimienta
   negra molida
½ pimiento rojo o amarillo, sin
   membranas ni semillas, cortado
   a dados

1 calabacín pequeño (125 g),
   cortado a dados
1 diente de ajo grande, muy
   finamente picado
225 g de tomates en lata con su
   zumo
una pizca de tomillo seco
2 cucharadas de albahaca,
   o perejil fresco, picado
4 tortillas básicas (*véase* superior)
60 g de queso parmesano recién
   rallado (opcional)

◆ Caliente el aceite a fuego moderado en una sartén antiadherente. Agregue la cebolla y cuézala hasta que se ablande. Incorpore las berenjenas, la sal y la pimienta negra. Cueza unos 10 minutos. Agregue el pimiento, el calabacín y el ajo, y cueza 1 minuto. Vierta los tomates con su zumo y el tomillo y rómpalos con una cuchara. Llévelo a ebullición. Reduzca el calor a bajo; tape y cueza 15 minutos. Retire del fuego y mezcle con la albahaca.

◆ Prepare las tortillas básicas. Rellene cada una con un cuarto de la preparación de *ratatouille*, añada una cucharada de parmesano rallado, si lo desea, y sirva.

Cada ración: unas 240 calorías, 11 g de proteínas, 12 g de hidratos de carbono, 17 g de grasa total (4 g de saturadas), 320 mg de colesterol, 895 mg de sodio

TORTILLA DE ESPINACAS, CHEDDAR Y BEICON

Preparación: 5 minutos   Cocción: 5 minutos
Para 4 platos principales

un manojo mediano de espinacas
   (300-350 g)
125 g de queso Cheddar rallado

4 lonchas de beicon, crujientes y
   desmenuzadas
4 tortillas básicas (*véase* izquierda)

Lave las espinacas. Cuézalas a fuego vivo en una cacerola de 2 litros con el agua que haya quedado adherida a las hojas y removiéndolas con frecuencia hasta que empiecen a ablandarse. Escúrralas sobre un colador presionando el exceso de líquido, píquelas ligeramente y resérvelas aparte. Prepare las tortillas básicas. Rellene cada una con un cuarto de las espinacas, queso y beicon.

Cada ración: unas 335 calorías, 21 g de proteínas, 5 g de hidratos de carbono, 26 g de grasa total (11 g de saturadas), 355 mg de colesterol, 765 mg de sodio

TORTILLA LIGERA DE TOMATES

Preparación: 5 minutos   Cocción: 5 minutos
Para 4 platos principales

1 cucharadita de aceite de oliva
1 diente de ajo, muy finamente
   picado
4 tomates pera grandes, cortados
   a dados
¼ de cucharadita de sal

⅛ de cucharadita de pimienta
   negra molida
2 cucharadas de perejil fresco,
   picado
4 tortillas básicas (*véase* izquierda)
ensalada verde (opcional)

Caliente el aceite a fuego moderado-alto en una sartén antiadherente de 26 cm. Agregue el ajo y los 3 ingredientes siguientes; cueza durante 5 minutos, removiendo con frecuencia, o hasta que estén casi secos. Retire del fuego y mezcle con el perejil. Prepare las tortillas básicas, pero emplee para cada una 1 huevo mediano y 1 clara de huevo mediana, en vez de 2 huevos medianos, y una cucharadita de aceite, en vez de margarina. Rellene cada una con un cuarto de la preparación de tomates. Acompañe con una ensalada, si lo desea.

Cada ración: unas 165 calorías, 11 g de proteínas, 9 g de hidratos de carbono, 10 g de grasa total (2 g de saturadas), 213 mg de colesterol, 530 mg de sodio

FRITTATAS Y TORTILLAS PLANAS

Una *frittata* es una tortilla plana italiana, que a diferencia de las tortillas planas españolas se dora en el *grill* del horno. Ambas difieren de las tortillas francesas o enrolladas, en que los ingredientes del relleno se cuajan con los huevos mientras se cuecen, y no se envuelven con la tortilla al finalizar la cocción. Las *frittatas* y tortillas planas se cuecen lentamente en el horno o el fuego. Puede dorar la superficie de una *frittata* en el *grill* del horno antes de servirla; para ello asegúrese de que la sartén y el mango son refractarios (o bien envuelva el mango con papel de aluminio doble especial).

FRITTATA DE ESPÁRRAGOS, TOMATE Y QUESO

◆◆◆◆◆◆◆◆◆◆◆◆◆◆

Preparación: 30 minutos
Cocción: 20 minutos
Para 4 platos principales

350 g de espárragos
1 cebolla mediana
1 tomate mediano
125 g de queso Emmental
20 g de margarina o mantequilla
8 huevos medianos
½ cucharadita de mejorana seca
¼ de cucharadita de sal

1 Parta los espárragos; se partirán por donde son duros. Deseche los extremos y púlalos si están sucios. Corte los tallos diagonalmente en trozos de 5 cm.

2 Corte la cebolla en rodajas finas. Corte el tomate a octavos y retire las semillas. Ralle el queso finamente.

3 Derrita la margarina a fuego moderado en una sartén antiadherente de 26 cm, provista de mango refractario. Añada los espárragos y la cebolla, y cueza 10 minutos.

4 Precaliente el *grill*. Bata los huevos, la mejorana, la sal, la mitad del queso rallado y 60 ml de agua en un cuenco mediano con un tenedor, hasta que estén bien amalgamados.

5 Vierta la mezcla de hortalizas en la sartén y distribuya por encima los octavos de tomate. Tape y cueza 10 minutos a fuego moderado, o hasta que haya cuajado. Espolvoree el queso restante.

6 Ponga la *frittata* lo más cerca posible del *grill* y cuézala 1 minuto, o hasta que el queso burbujee. Desprenda la *frittata* de la sartén y pásela a una fuente de servicio. Sírvala caliente o a temperatura ambiente.

CADA RACIÓN: UNAS 340 CALORÍAS, 23 g DE PROTEÍNAS, 9 g DE HIDRATOS DE CARBONO, 23 g DE GRASA TOTAL (4 g DE SATURADAS), 442 mg DE COLESTEROL, 470 mg DE SODIO

Frittata de patatas y jamón

Preparación: 10 minutos *Cocción:* 50-55 minutos
Para 6 platos principales

4 cucharadas de aceite vegetal	sal
225 g de jamón cocido en una loncha, cortada a dados	8 huevos medianos
1 cucharadita de tomillo seco	
1 cebolla mediana, cortada en rodajas de 5 mm	¼ de cucharadita de pimienta negra, ligeramente molida
450 g de patatas, peladas y cortadas en rodajas de 5 mm	

◆ Caliente 2 cucharadas de aceite a fuego moderado en una sartén antiadherente de 26 cm. Agregue el jamón y cuézalo hasta que se dore. Traspáselo a un plato. Agregue la cebolla a la sartén y cuézala a fuego moderado hasta que se dore. Traspásela a otro plato. Caliente las 2 cucharadas de aceite restantes en la misma sartén. Agregue las patatas y ½ cucharadita de sal; cueza 15 minutos, o hasta que estén doradas. Retire del fuego y tire el exceso de aceite. Mezcle el jamón con las patatas y esparza las cebollas por encima.

◆ Bata los huevos con el tomillo, la pimienta negra, ¼ de cucharadita de sal y 60 ml de agua en un cuenco mediano. Viértalo en la sartén y cuézalo, con el recipiente tapado y a fuego lento entre 25 y 30 minutos, o hasta que la preparación haya cuajado. Sírvala caliente o a temperatura ambiente.

Cada ración: unas 315 calorías, 19 g de proteínas, 18 g de hidratos de carbono, 18 g de grasa total (4 g de saturadas), 305 mg de colesterol, 855 mg de sodio

Frittata de hortalizas con bajo contenido en grasas

Preparación: 30 minutos *Cocción:* 10 minutos
Para 4 platos principales

aerosol de cocción antiadherente	¾ de cucharadita de sal
1 cebolla mediana, cortada a dados	¼ de cucharadita de pimienta negra, ligeramente molida
1 pimiento rojo mediano, sin membranas ni semillas, cortado a dados	4 cucharadas de albahaca fresca, finamente picada
1 calabacín mediano (225 g), cortado a dados	6 claras de huevo medianas
1 cucharadita de azúcar	2 huevos medianos
	50 g de queso Feta, desmenuzado

◆ Precaliente el horno a 190 °C (gas 5). Rocíe con el aerosol la base de una sartén antiadherente de 30 cm. Añada la cebolla y cuézala a fuego moderado-alto hasta que esté dorada. Incorpore los pimientos y los 4 ingredientes siguientes. Cuézalos, removiendo de vez en cuando, hasta que estén tiernos y crujientes. Vierta 60 ml de agua y llévelo a ebullición. Reduzca el fuego a bajo, tape y cueza 30 minutos a fuego lento, o hasta que la preparación esté tierna. Retire del fuego y añada 3 cucharadas de albahaca.

◆ Bata las claras de huevo, los huevos y 30 g de queso Feta con un tenedor o batidora de varillas manual. Rocíe con el aerosol de cocción una sartén de 26 cm de diámetro y mango refractario. Vierta en ella la mezcla de huevos y cueza a fuego moderado-alto entre

1 y 2 minutos, o hasta que los huevos empiecen a cuajarse. Retire la sartén del fuego. Con la ayuda de una espumadera, vierta la mezcla de hortalizas sobre los huevos y esparza por encima el resto del queso. Hornee 10 minutos, o hasta que la mezcla cuaje. Si lo desea, téngala en el *grill* durante 1 o 2 minutos para que se dore. Sirva la *frittata* caliente o a temperatura ambiente.

Cada ración: unas 140 calorías, 12 g de proteínas, 10 g de hidratos de carbono, 6 g de grasa total (3 g de saturadas), 119 mg de colesterol, 675 mg de sodio

Tortilla de patatas a la española

Preparación: 20 minutos *Cocción:* 40 minutos
Para 4 platos principales

4 cucharadas de aceite de oliva o vegetal	1 cebolla cortada en rodajas finas
	sal
600 g de patatas, peladas y cortadas en rodajas finas	5 huevos medianos
	25 g de parmesano recién rallado
1 pimiento rojo mediano, sin membranas ni semillas, cortado a dados pequeños	2 cucharadas de perejil fresco, picado
	½ cucharadita de pimienta negra ligeramente molida
1 pimiento verde mediano, sin membranas ni semillas, cortado a dados pequeños	

◆ Caliente 2 cucharadas de aceite a fuego moderado en una sartén antiadherente de 26 cm. Agregue las patatas, los pimientos, la cebolla y ¼ de cucharadita de sal; cueza hasta que las hortalizas estén ligeramente doradas. Reduzca el fuego a bajo; tape y cueza unos 15 minutos, removiendo de vez en cuando, hasta que las hortalizas estén blandas. Traspáselas a un cuenco para que se enfríen. Lave y seque la sartén. Bata con un tenedor los huevos, el parmesano, el perejil, la pimienta y ¼ cucharadita de sal en un cuenco mediano. Mézclelos con las hortalizas.

◆ Caliente una cucharada de aceite a fuego moderado-bajo en la sartén. Vierta la mezcla de huevos y cueza hasta que los extremos se cuajen. Levante un extremo con una espátula de goma en cuanto los huevos cuajen y mueva la sartén para que las partes no cocidas se deslicen por la base. Una vez que la tortilla esté cuajada pero jugosa en el centro, aumente ligeramente el calor para dorarla.

◆ Para girar la tortilla, invierta una fuente sobre la sartén y deje caer la tortilla sobre ella. Seque la sartén. Vierta en ella la cucharada de aceite restante y caliéntelo a fuego moderado. Deslice la tortilla en la sartén con la cara dorada hacia arriba. Déjela cocer unos 5 minutos, luego pase la tortilla a una fuente caliente. Sírvala caliente o a temperaturà ambiente.

Cada ración: unas 345 calorías, 12 g de proteínas, 35 g de hidratos de carbono, 18 g de grasa total (4 g de saturadas), 269 mg de colesterol, 680 mg de sodio

CRÊPES

La receta básica para la elaboración de *crêpes* (*véase* pág. 82) puede utilizarse con diferentes rellenos. Aquí se rellenan en forma de cilindros con una mezcla rústica de la cocina tradicional francesa denominada *pipérade*, a base de pimientos salteados. También pueden llevar un relleno más consistente de pollo y hortalizas, o una combinación de manzanas y queso Gruyère. Cabe la posibilidad de preparar las crepes con antelación y refrigerarlas durante toda la noche, o congelarlas hasta un mes.

CRÊPES CON RELLENO DE PIPÉRADE

◆◆◆◆◆◆◆◆◆◆◆◆

Preparación: 40 minutos, más la elaboración de las crêpes
Horno: 15 minutos
Para: 4 platos principales

8 *crêpes* básicas (*véase* pág. 82)
1 cucharada de aceite de oliva
1 cebolla mediana, cortada en rodajas finas
1 pimiento rojo mediano, sin membranas ni semillas, cortado en rodajas finas
1 pimiento verde o amarillo mediano, sin membranas ni semillas, cortado en rodajas finas
¾ de cucharadita de sal
1 diente de ajo, muy finamente picado
⅛ de cucharadita de pimienta de Cayena molida
75 g de queso Gruyère rallado
pimientos rojos y amarillos cortados a dados y perejil picado para adornar

1 Prepare la receta básica para las *crêpes* (*véase* pág. 82). Prepare el relleno de *pipérade*: caliente el aceite de oliva a fuego moderado en una sartén de 26 cm. Agregue la cebolla, el pimiento rojo y el amarillo, y sal; tape y cueza 15 minutos o hasta que las hortalizas estén tiernas. Mézclelas con el ajo y la pimienta de Cayena, y cueza 30 segundos con el recipiente destapado.

RELLENOS PARA *CRÊPES*

Rellenar una *crêpe* es tan fácil como preparar un sándwich. Cualquiera de las siguientes combinaciones es deliciosa: lonchas finas de jamón, pollo o pavo cocido; dados de tomates; oruga picada, queso de cabra o Feta desmenuzado; hierbas frescas picadas; setas cortadas en rodajas y salteadas; requesón granulado; pescado ahumado.

2 Agregue los tomates con su zumo y rómpalos con el dorso de una cuchara. Cuézalos durante 15 minutos sin tapar, o hasta que se espesen.

3 Precaliente el horno a 200 °C (gas 6). Extienda las crepes. Espolvoréelas con el queso; deje un margen de 2 cm en todo el contorno.

4 Coloque 2 cucharadas generosas del relleno de *pipérade* en el centro de cada *crêpe*.

5 Enrolle las *crêpes* y colóquelas, con la juntura hacia abajo, en una fuente refractaria de 33 x 20 cm. Hornéelas 15 minutos, o hasta que estén bien calientes. Para servirlas, esparza por encima los dados de pimiento y el perejil picado.

CADA RACIÓN: UNAS 345 CALORÍAS, 15 g DE PROTEÍNAS, 25 g DE HIDRATOS DE CARBONO, 21 g DE GRASA TOTAL (10 g DE SATURADAS), 153 mg DE COLESTEROL, 940 mg DE SODIO

CRÊPES DE POLLO Y HORTALIZAS

Preparación: 40 minutos, más la elaboración de las crêpes

Horno: 15-20 minutos   Para 4 platos principales

8 *crêpes* básicas (*véase derecha*)	1 calabacín amarillo mediano
45 g de margarina o mantequilla	(300 g), cortado en trozos
1 cebolla mediana, muy finamente	de 1 cm
picada	½ cucharadita de sal
4 pechugas de pollo grandes,	¼ de cucharadita de pimienta
peladas, deshuesadas y cortadas	negra recién molida
en trozos pequeños	125 ml de leche
1 calabacín mediano (unos 300 g),	30 g de harina
cortado en trozos de 1 cm	125 g de queso Emmental rallado

◆ Prepare la receta básica para las *crêpes*. Precaliente el horno a 200 °C (gas 6). Derrita la margarina a fuego moderado-alto en una cacerola de 3 litros. Añada la cebolla y cuézala hasta que se ablande. Agregue el pollo y cuézalo unos 3 minutos, removiendo con frecuencia, hasta que pierda su color rosado. Incorpore los calabacines y salpimiente.

◆ Bata en un cuenco pequeño la leche con la harina, y mézclalas con la preparación anterior. Cueza, removiendo sin cesar, hasta que el líquido hierva y se espese. Mézclelo con la mitad del queso.

◆ Ponga las *crêpes* en la superficie de trabajo. Vierta 3 o 4 cucharadas de la mezcla de pollo sobre cada *crêpe*; doble los dos extremos por encima, montándolos ligeramente. Coloque las *crêpes* rellenas con la juntura hacia arriba en una fuente refractaria de 33 x 20 cm. Vierta el resto del relleno alrededor y esparza el queso sobrante por encima. Hornee entre 15 y 20 minutos, hasta que el relleno de pollo esté bien caliente.

Cada ración: unas 600 calorías, 49 g de proteínas, 30 g de hidratos de carbono, 31 g de grasa total (9 g de saturadas), 236 mg de colesterol, 885 mg de sodio

CRÊPES DE MANZANA Y GRUYÈRE

Preparación: 15 minutos, más la elaboración de las crêpes

Horno: 5 minutos   Para 4 postres

8 *crêpes* básicas (*véase derecha*)	15 g de margarina o mantequilla
2 manzanas Golden Delicious	125 g de queso Gruyère rallado
(unos 450 g)	

◆ Prepare las *crêpes* básicas. Precaliente el horno a 200 °C (gas 6). Engrase una placa de horno grande. Pele y descorazone las manzanas y córtelas en rodajas finas. Derrita la margarina a fuego moderado-alto en una sartén antiadherente de 26 cm. Añada las manzanas y cuézalas 5 minutos, removiéndolas a menudo, o hasta que estén tiernas y empiecen a dorarse.

◆ Coloque las *crêpes* en la superficie de trabajo y espolvoree una mitad de las mismas con el queso. Coloque las rodajas de manzana sobre el queso. Doble las *crêpes* por la mitad para encerrar el relleno y póngalas sobre la placa. Hornéelas 5 minutos, o hasta que estén calientes.

Cada ración: unas 380 calorías, 15 g de proteínas, 30 g de hidratos de carbono, 23 g de grasa total (12 g de saturadas), 161 mg de colesterol, 425 mg de sodio

CRÊPES BÁSICAS

◆ ◆ ◆ ◆ ◆ ◆ ◆ ◆ ◆ ◆ ◆ ◆ ◆

Las *crêpes* se preparan con una masa suave y se emplean tanto para montar platos dulces como salados. Es importante que la masa repose antes de cocerla, pues durante el período de descanso se ablanda el gluten de la harina; de este modo, se obtienen unas *crêpes* más tiernas. Con esta receta, se consiguen unas 12 *crêpes*. Si sobran, puede congelarlas para utilizarlas posteriormente, o bien untarlas con confitura a modo de tentempié rápido.

Preparación: 5 minutos, más enfriamiento   Cocción: 20 minutos

3 huevos medianos	½ cucharadita de sal
350 ml de leche	unos 60 g de mantequilla
80 g de harina	derretida

1 Mezcle los huevos, la leche, la harina, la sal y 30 g de mantequilla derretida en el vaso de la batidora; utilice una velocidad media. La masa debe quedar lisa y sin grumos.

2 Traspásela a un cuenco mediano y refrigérela como mínimo 1 hora, o toda la noche. Bátala a fondo antes de emplearla.

3 Caliente una sartén antiadherente de 26 cm a fuego moderado-alto; pincélela con mantequilla derretida. Vierta 60 ml de la masa en la sartén y muévala para recubrir la base. Cueza 1 minuto y medio, o hasta que la superficie haya cuajado y la base esté ligeramente dorada.

4 Dé la vuelta a la *crêpe* con ayuda de una espátula y cuézala 30 segundos por la otra cara. Deslícela sobre papel de pergamino. Repita la operación con la masa restante; pincele cada vez la sartén con un poco de mantequilla antes de cocer la siguiente *crêpe*. Ponga las *crêpes* cocidas unas sobre otras.

Cada *crêpe*: unas 80 calorías, 3 g de proteínas, 6 g de hidratos de carbono, 4 g de grasa total (2 g de saturadas), 62 mg de colesterol, 140 mg de sodio

SUFLÉS

Pocas elaboraciones culinarias son tan impresionantes como un suflé dorado e hinchado. Los huevos le proporcionan sabor y unos resultados espectaculares. Para prepararlo, se cuece una base de harina, mantequilla y leche, que se enriquece con yemas de huevos, queso y otros aromatizantes. Las claras se baten a punto de nieve y se incorporan a la mezcla anterior a fin de conferirle una textura ligera y aérea.

SUFLÉ DE CANGREJO

◆◆◆◆◆◆◆◆◆◆◆◆◆◆◆◆◆◆◆◆◆◆◆◆◆◆◆

Preparación: 20 minutos   *Horno:* 40-45 minutos
Para 4 platos principales

225 g de carne de cangrejo blanca, en lata	2 cucharadas de perejil finamente picado
60 g de mantequilla	1 cucharada de pan rallado seco
40 g de harina	4 huevos medianos, separadas las claras de las yemas
½ cucharadita de mostaza en polvo	
225 ml de leche	1 clara de huevo mediana (opcional)
1 cucharada de jerez seco	
50 g de queso Emmental o Gruyère rallado	½ cucharadita de crémor tártaro

1 Precaliente el horno a 180 °C (gas 4). Separe la carne de cangrejo para detectar y desechar cualquier resto de cartílagos o caparazón. Reserve la carne.

2 Derrita la mantequilla en una sartén de 3 litros. Tamice la harina y la mostaza. Cueza, removiendo, 1 minuto. Incorpore el jerez y la leche, batiéndolos con una batidora de varillas, y cueza, sin dejar de batir, hasta que la mezcla se espese y hierva. Retírela del fuego.

3 Incorpore, removiendo, la carne de cangrejo, el queso y el perejil. Deje que se enfríe ligeramente. Engrase un molde para suflé de 1 litro y medio, y espolvoréelo con el pan rallado.

4 Bata en un cuenco las claras de huevos con el crémor tártaro con una batidora de varillas eléctrica a velocidad elevada, hasta que se formen picos.

5 Agregue las yemas a la mezcla de queso y, a continuación, incorpore con una espátula de goma un tercio de las claras, agregue el resto en dos tandas sucesivas. Hornee entre 40 y 45 minutos, o hasta que el suflé esté hinchado y dorado. Sírvalo enseguida.

◆◆◆◆◆◆◆◆◆◆◆◆◆◆◆◆◆◆◆◆◆◆◆◆◆◆◆

DAR AL SUFLÉ FORMA DE SOMBRERO

Si desea que el centro del suflé cocido se hinche espectacularmente, practique una entalla de 3 cm de profundidad en todo el contorno de la mezcla de suflé no horneada con el dorso de una cuchara metálica, a 3 cm del extremo del molde.

◆◆◆◆◆◆◆◆◆◆◆◆◆◆◆◆◆◆◆◆◆◆◆◆◆◆◆

CADA RACIÓN: UNAS 315 CALORÍAS, 22 g DE PROTEÍNAS, 9 g DE HIDRATOS DE CARBONO, 21 g DE GRASA TOTAL (9 g DE SATURADAS), 314 mg DE COLESTEROL, 720 mg DE SODIO

SUFLÉ DE QUESO Y MAÍZ

Preparación: 15 minutos   *Horno:* 40-45 minutos
Para 4 platos principales

60 g de mantequilla
1 cebolla tierna, picada
30 g de harina
½ cucharadita de mostaza en polvo
½ cucharadita de sal
175 ml de leche
50 g de queso Cheddar u otro queso rallado,
   con chiles jalapeños
225 g de maíz enlatado, cremoso
4 huevos medianos, separadas las claras
   de las yemas
1 clara de huevo mediana (opcional)
½ cucharadita de crémor tártaro

◆ Derrita la mantequilla a fuego moderado en una cacerola de 3 litros. Agregue la cebolla tierna y cuézala hasta que se ablande. Espolvoree con la harina, la mostaza y la sal, y cueza 1 minuto sin dejar de remover. Vierta gradualmente la leche y bata sin cesar con una batidora de varillas, hasta que la mezcla hierva y se espese. Agréguele el queso y el maíz, y remueva hasta que el queso se derrita. Retírelo del fuego.

◆ Precaliente el horno a 180 °C (gas 4). Engrase un molde para suflé de 1 litro y medio. Siga las instrucciones de los pasos 4 y 5 del suflé de cangrejo (*véase* pág. 83).

Cada ración: unas 330 calorías, 13 g de proteínas, 20 g de hidratos de carbono, 22 g de grasa total (10 g de saturadas), 264 mg de colesterol, 730 mg de sodio

SUFLÉ DE JAMÓN Y ESPINACAS

Preparación: 15 minutos   *Horno:* 35-40 minutos
Para 4 platos principales

60 g de mantequilla
30 g de harina
½ cucharadita de mostaza en polvo
225 ml de leche
300 g de espinacas picadas congeladas
   (y descongeladas), exprimidas y secas
125 g de queso Cheddar rallado
50 g de jamón cocido, picado
1 cucharada de pan rallado seco
4 huevos medianos, separadas las claras
   de las yemas
1 clara de huevo mediana (opcional)
½ cucharadita de crémor tártaro

◆ Derrita la mantequilla a fuego moderado en una cacerola de 3 litros. Mézclela con la harina y la mostaza, y cueza 1 minuto sin dejar de remover. Vierta gradualmente la leche y bata con una batidora de varillas, hasta que la mezcla hierva y se espese. Mézclela con las espinacas, el queso y el jamón, hasta que el queso se derrita. Retírelo del fuego.

◆ Precaliente el horno a 180 °C (gas 4). Engrase un molde para suflé de 1 litro y medio, y espolvoréelo con el pan rallado. Siga las instrucciones de los pasos 4 y 5 del suflé de cangrejo (*véase* pág. 83), pero hornee sólo entre 35 y 40 minutos.

Cada ración: unas 405 calorías, 22 g de proteínas, 15 g de hidratos de carbono, 29 g de grasa total (14 g de saturadas), 281 mg de colesterol, 665 mg de sodio

SUFLÉ DE TOMATE

Preparación: 45 minutos   *Horno:* 45 minutos
Para 8 guarniciones

1 cebolla mediana, picada
900 g de tomates, pelados y cortados a dados,
   se reserva el zumo
½ cucharadita de azúcar
sal
¼ de cucharadita de pimienta negra molida
60 g de mantequilla
30 g de harina
300 ml de leche
1 cucharada de pan rallado seco
6 huevos medianos, separadas las claras
   de las yemas
2 cucharadas de queso parmesano rallado

◆ Caliente el aceite a fuego moderado en una sartén de 30 cm. Agregue la cebolla y cuézala 10 minutos hasta que se ablande. Incorpore los tomates con su zumo, el azúcar, ½ cucharadita de sal y pimienta. Aumente el fuego y cueza 15 minutos, removiendo, o hasta que el líquido se evapore. Mientras, derrita la mantequilla a fuego moderado en una cacerola de 2 litros. Tamice la harina y ¾ de cucharadita de sal por encima y remueva durante 1 minuto. Vierta la leche y cueza, removiendo sin cesar, hasta que la mezcla hierva y se espese. Retírela del fuego y mézclela con los tomates.

◆ Precaliente el horno a 170 °C (gas 3). Engrase un molde para suflé de 2 litros y espolvoréelo con el pan rallado. Bata ligeramente las yemas y agrégueles una pequeña cantidad de tomate. Incorpore poco a poco la mezcla de yemas a los tomates, removiendo rápidamente para que no se formen grumos.

◆ Ponga las claras en un cuenco mediano y bátalas con una batidora eléctrica hasta que estén a punto de nieve. Incorpore un tercio de las claras batidas a la mezcla de tomates, y luego los tercios restantes hasta que sólo estén amalgamados. Luego, vuelque la preparación en el molde de suflé. Espolvoree con el queso parmesano. Hornee 45 minutos, o hasta que el suflé esté hinchado y dorado. Sírvalo enseguida.

Cada ración: unas 200 calorías, 8 g de proteínas, 13 g de hidratos de carbono, 13 g de grasa total (5 g de saturadas), 182 mg de colesterol, 510 mg de sodio

CONSEJOS PARA UN BUEN SUFLÉ

Volumen extra. Si añade al suflé una clara de huevo adicional, ésta aportará más ligereza y volumen al plato acabado.

El molde adecuado. Para obtener un suflé alto y espectacular emplee un molde para suflé de paredes rectas o una cacerola de profundidad media. Llene el molde hasta los tres cuartos; de este modo, se hinchará bien y sobrepasará el borde durante el horneado.

Prepárelo con antelación. Prepare el suflé y déjelo reposar a temperatura ambiente hasta 30 minutos antes de introducirlo en el horno.

Manténgalo hinchado. Evite abrir la puerta del horno durante la cocción, pues una corriente de aire fría podría provocar que se deshinchara. Sirva siempre un suflé tan pronto como haya terminado de hornearse, pues si no, se desinfla.

QUICHES

Para preparar una *quiche* o tarta salada tradicional, se hornea una crema de huevo salada, a la que por lo general se le añaden queso y otros ingredientes sobre un fondo de tarta. Nuestras variaciones sobre el relleno incluyen una selección de setas exóticas, col realzada con mostaza y tomates pera asados para aumentar su sabor y dulzor. Todas las *quiches* pueden servirse calientes o a temperatura ambiente.

QUICHE DE QUESO Y SETAS

◆◆◆◆◆◆◆◆◆◆◆◆◆

Preparación: 45 minutos, más enfriamiento
Horno: 50-55 minutos
Para 6 platos principales

pasta para una tarta de 28 cm
(*véase p. 487*)
5 huevos medianos
450 ml de leche
1 cucharada de perejil fresco picado
¾ de cucharadita de sal
¼ de cucharadita de pimienta negra, ligeramente molida
125 g de queso Gruyère o Emmental rallado
1 cucharada de aceite de oliva o vegetal
350 g de setas shiitake, sin los pies y con los sombreros cortados en rodajas finas
125 g de champiñones pequeños, cortados en rodajas finas
125 g de orellanas, cortadas en rodajas finas

1 Prepare la pasta y enfríela. Precaliente el horno a 200 °C (gas 6). Extienda la pasta sobre una superficie ligeramente enharinada, formando un círculo de 33 cm. Cubra con la pasta una tartera redonda de 28 × 3 cm, de fondo desmontable.

2 Recorte la pasta dejando que cuelgue 1 cm. Dóblela hacia adentro y presiónela contra las paredes del molde para formar un borde de 3 mm en el extremo del recipiente.

3 Forre el molde con papel de aluminio y llénelo con legumbres secas, pepitas para tartas o arroz sin cocer. Hornee 15 minutos; retire el papel y las legumbres. Devuelva el fondo de tarta al horno y cuézalo 10 minutos más, o hasta que esté dorado.

4 Mientras, bata los huevos, la leche, el perejil, la sal y la pimienta en un cuenco mediano. Mézclelos con la mitad del queso.

5 Caliente el aceite a fuego moderado-alto en una sartén antiadherente de 30 cm. Cueza las setas 15 minutos, removiendo con frecuencia, o hasta que estén tiernas y el líquido se haya evaporado.

6 Ponga las setas en el fondo de tarta y cúbralas con el resto del queso y luego con la mezcla de queso. Hornee la tarta entre 25 y 30 minutos, o hasta que la crema haya cuajado y la superficie esté dorada.

CADA RACIÓN: UNAS 530 CALORÍAS, 18 g DE PROTEÍNAS, 36 g DE HIDRATOS DE CARBONO, 35 g DE GRASA TOTAL (11 g DE SATURADAS), 209 mg DE COLESTEROL, 690 mg DE SODIO

QUICHE DE COL Y MOSTAZA DE DIJON

Preparación: 55 minutos, más enfriamiento   *Horno:* 55-60 minutos
Para 8 platos principales o 16 entrantes

pasta para una tarta de 28 cm
(*véase* pág. 487), preparada con
crema de leche ligera en vez
de agua
900 g de col verde
2 cucharadas de aceite vegetal
1 cebolla grande, cortada en
rodajas finas
3 huevos medianos
3 cucharadas de mostaza de Dijon

1 cucharada de perejil fresco,
picado
¾ de cucharadita de sal
¾ de cucharadita de pimienta
negra, ligeramente molida
225 ml de crema de leche ligera
175 g de queso Gruyère rallado
perejil y tomates cortados en
rodajas para adornar

◆ Prepare la pasta y enfríela. Corte la col a tiras finas y deseche
las nervaduras duras. Caliente el aceite a fuego vivo en una sartén
antiadherente de 30 cm. Agregue la col y la cebolla, y mezcle bien.
Reduzca el fuego a bajo; tape y cueza 30 minutos, removiendo de
vez en cuando, o hasta que la col esté muy tierna.

◆ Precaliente el horno a 200 °C (gas 6). Siga las instrucciones de
los pasos 1 al 3 de la *quiche* de queso y setas (*véase* pág. 85). Bata
con un tenedor los huevos y los 5 ingredientes siguientes en un
cuenco mediano. Mézclelos con 125 g de Gruyère.

MOSTAZA

Al combinar las semillas molidas de mostaza con líquido, las enzimas
reaccionan y forman un aceite de mostaza picante. Las mostazas
preparadas varían en el grado de picante, sabor y color, dependiendo del
tipo de semillas de mostaza empleadas o de los
ingredientes adicionales. Las variedades
incluyen la granulada (elaborada con
semillas molidas y machacadas),
la de Dijon (con vino o jugo
de uva amargo) y la picante
inglesa (elaborada con
harina y cúrcuma).
Conserve las mostazas
preparadas en la nevera
después de usarlas.

Dijon

Granulada

Inglesa

◆ Esparza el resto del queso sobre el fondo de tarta horneado.
Extienda la mezcla de col sobre el queso y cubra con la
preparación de huevos. Adorne con unas hojas de perejil.

◆ Hornee la *quiche* entre 25 y 30 minutos, o hasta que la crema
haya cuajado y la superficie esté dorada. Adórnela y sírvala caliente,
o bien enfríela por completo sobre una rejilla y recaliéntela para
presentarla posteriormente.

Cada ración principal: unas 445 calorías, 14 g de proteínas, 27 g de hidratos
de carbono, 32 g de grasa total (11 g de saturadas), 116 mg de colesterol,
680 mg de sodio

QUICHE DE QUESO Y TOMATES ASADOS

Preparación: 35 minutos, más enfriamiento   *Horno:* 1¼ horas
Para 9 platos principales

pasta para una tarta de 28 cm
(*véase* pág. 487)
350 g de tomates pera
½ cucharadita de pimienta negra,
ligeramente molida
sal
8 huevos grandes

750 ml de leche
125-150 g de queso crema al ajo
y las hierbas, con toda su grasa,
ablandado
25 g de albahaca fresca,
finamente picada

◆ Prepare la pasta y enfríela. Mientras, precaliente el horno a
230 °C (gas 8). Engrase 1 o 2 moldes para brazo de gitano; corte
los tomates en rodajas horizontales de 1 cm de grosor.

◆ Póngalas formando una capa en los moldes; espolvoree con la
pimienta y ½ cucharadita de sal. Hornee 30 minutos, o hasta que
los tomates estén ligeramente dorados. Retírelos del horno y baje
la temperatura a 190 °C (gas 5).

◆ Extienda la pasta con un rodillo sobre una superficie ligeramente
enharinada; forme un cuadrado 2 cm más grande en todo su
contorno que una fuente refractaria invertida de 20 × 20 cm.

◆ Traspase con cuidado la pasta al molde; deje que cuelgue por
los bordes. Dóblelos hacia adentro y forme un borde acanalado
(*véase* pág. 488). Refrigere la pasta mientras prepara el relleno.

◆ Bata los huevos, la leche, el queso y ¼ de cucharadita de sal
en un cuenco grande, hasta que estén bien amalgamados. Reserve
una cucharada de albahaca picada para adornar y mezcle el resto
con la preparación de huevos. Viértala en el fondo de tarta.

◆ Retire con cuidado los tomates del molde, y dispóngalos sobre
la mezcla de huevos. Espolvoree con el resto de albahaca. Hornee
entre 40 y 45 minutos, o hasta que al insertar un cuchillo en el
centro de la tarta salga limpio. Sirva la tarta caliente, o enfríela por
completo sobre una rejilla y refrigérela para presentarla
posteriormente.

Cada ración: unas 365 calorías, 12 g de proteínas, 24 g de hidratos
de carbono, 25 g de grasa total (8 g de saturadas), 212 mg de colesterol,
530 mg de sodio

Mariscos

4

Gambas y langostinos, bogavantes, ostras y vieiras son algunos de los frutos que ofrece el mar y que aportan una sabrosa diversidad a cualquier dieta. Se distinguen dos categorías principales: los moluscos (almejas, mejillones, ostras, vieiras, sepias, pulpos y calamares), que tienen cuerpos blandos y conchas duras y rígidas, y los crustáceos (gambas, langostinos, cangrejos y bogavantes), de cuerpos largos y caparazones articulados. Al igual que los pescados, los mariscos son ricos en aceites omega-3, los cuales pueden bajar los niveles de colesterol. No los cueza nunca en exceso, pues la carne, de naturaleza tierna, se vuelve dura.

COMPRA Y CONSERVACIÓN

Que los mariscos sean frescos tiene una importancia capital, ya que son muy perecederos; cómprelos sólo en una pescadería de confianza. Los mariscos deben estar en perfectas condiciones y, al igual que el pescado, tener un sabor fresco y limpio. Los mariscos congelados han de tener una consistencia firme, estar completamente congelados y sus envoltorios no dañados. Para descongelarlos, colóquelos, sin sacarlos de su envoltura, sobre un plato para recoger el líquido de la descongelación; déjelos toda la noche en la nevera. Una vez descongelados, cuézalos rápidamente y no los vuelva a congelar.

ALMEJAS, PECHINAS Y BERBERECHOS

• Al comprar almejas, pechinas y berberechos, asegúrese de que las conchas estén perfectamente cerradas y sin romper.
• Refrigere las almejas, las pechinas y los berberechos vivos cubiertos con un lienzo limpio húmedo hasta 3 días, y los abiertos con su líquido hasta 1 día. Los ejemplares muertos deben tirarse antes de iniciar la cocción.
• Lave las conchas frotándolas con un cepillo de cerdas duras bajo el chorro del agua fría para retirar la arena. Quizá sólo tenga que enjuagar los berberechos.
• Las almejas y los berberechos se abren de la misma forma que las ostras (*véase* pág. 89).
• Al cocinarlos, retire aquellas conchas que no se abran.
• Cuente unos 400 g de almejas u otras conchas por persona y plato principal.

MEJILLONES

• El mejillón azul es el más vendido en España; tiene una concha de un color negro azulado. Los mejillones de Nueva Zelanda son de mayor tamaño, y la concha es de un tono verde brillante; tienen un sabor similar a los anteriores.
• Los mejillones se encuentran en su mejor momento durante el invierno, aunque pueden comprarse variedades importadas o de criadero en cualquier época del año.

• Compre mejillones cuyas conchas estén cerradas, o bien que se cierren inmediatamente al tocarlas. Tire las que se mantengan abiertas. Rechace también las que sean demasiado ligeras y aquéllas cuya carne se suelte al sacudirlas (en esos casos, el mejillón puede estar muerto).
• Conserve los mejillones vivos cubiertos con un lienzo húmedo y formando una sola capa en la nevera. Utilícelos en el transcurso de 2 días. Tire los mejillones que estén muertos antes de cocinarlos.
• Corte el biso o las barbas a los mejillones justo antes de cocinarlos; una vez realizada esta operación, pueden morir o estropearse.
• Después de haberlos cocido, compruebe que todas las conchas se hayan abierto. Tire aquellas que no lo hayan hecho.
• Cuente aproximadamente 1 docena y media de mejillones por plato principal.

1 Frote los mejillones con un cepillo de cerdas duras bajo un chorro de agua corriente fría para retirar cualquier resto de arena. Raspe las adherencias con un cuchillo.

2 Para retirar el biso, arránquelo con los dedos índice y pulgar, o con un cuchillo.

OSTRAS

• Las ostras frescas pueden comprarse durante todo el año, aunque están en su mejor momento durante los meses de otoño e invierno.
• Compre ostras cuyas conchas estén perfectamente cerradas y no presenten roturas.
• Quizás pueda comprar ostras ya abiertas. Deben tener la carne jugosa, un tamaño uniforme, el sabor fresco y su líquido debe ser transparente, no opaco.
• Cubra las ostras vivas con un lienzo húmedo y guárdelas planas, preferiblemente sobre hielo y en la nevera hasta 5 días. Refrigere las abiertas, incluido el líquido, en un recipiente hasta 1 día. El líquido debe cubrirlas; en caso contrario, cúbralas con una mezcla preparada disolviendo ½ cucharadita de sal en una taza de agua.
• Lave las ostras raspándolas con un cepillo duro bajo un chorro de agua fría para retirar la arena.
• Abra las ostras justo antes de cocerlas o cocinarlas; tire las que estén abiertas o estropeadas.
• Si las va a servir crudas en sus medias conchas, cuente 6 por comensal.

ABRIR OSTRAS Y ALMEJAS

Las ostras y las almejas se abren utilizando la misma técnica. Aquí empleamos un cuchillo para ostras (*véase* pág. 96) para ambos tipos de moluscos. Puede abrir las almejas (pero no las ostras) con un cuchillo específico de hoja larga y extremo redondeado, pensado para acomodarse a la forma de la concha. Para protegerse las manos, sostenga la ostra o la almeja sobre un lienzo grueso o un guante para el horno. De esta forma podrá manejarlas con facilidad.

1 Sostenga la ostra sobre un guante para el horno, con la valva plana hacia arriba. Inserte la punta del cuchillo entre las valvas superior e inferior, cerca de la charnela.

2 Introduzca el cuchillo en el interior de la concha y luego gírelo para separar la valva superior de la inferior.

3 Desprenda cuidadosamente la carne de la valva superior; evite que el líquido se pierda. Tire la concha superior.

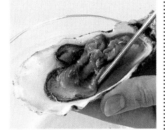

4 Pase el cuchillo bajo la ostra para desprenderla de la valva inferior. Retire cualquier resto de concha rota.

VIEIRAS

• Algunas vieiras se abren ya en el mar, pero también se venden enteras o en sus medias valvas. La parte que comemos es el músculo aductor y el coral en forma de media luna o hueva.

Para preparar las vieiras, retire primero el pequeño músculo duro, situado en un lateral, con la ayuda de los dedos. Enjuáguelas bajo el chorro del agua fría para retirar cualquier resto de arena y luego séquelas con papel de cocina.

• Las volandeiras son más pequeñas que las vieiras y, a veces, se venden congeladas. Existen incluso de menor tamaño, pero como se abren al vapor industrialmente son menos dulces y tiernas.
• Elija vieiras de aroma dulce y que casi estén secas. Evite aquellas que han sido remojadas en fosfatos (para dejarlas más jugosas y conservarlas más tiempo); presentan un color blanco brillante, un aspecto húmedo y reluciente.
• Las vieiras se encogen y endurecen durante la cocción. Para obtener los mejores resultados, cuézalas sólo hasta que estén uniformemente opacas.
• Cuente unos 125 g de vieiras abiertas por persona.

CALAMARES

• Compre calamares enteros y de carne blanca brillante, ojos límpidos y un suave aroma a mar. Compruebe que la piel y los tentáculos estén intactos.
• Los calamares frescos deben refrigerarse en un recipiente herméticamente cerrado no más de 1 o 2 días. Enjuáguelos a fondo antes y después de prepararlos.
• Aproximadamente, 750 g de calamares enteros proporcionan 450 g de carne limpia. Cuente 125 g de carne por persona.
• Aunque en la actualidad ya se venden calamares preparados, es fácil hacerlo uno mismo; siga para ello paso a paso nuestras sencillas instrucciones: el resultado le sorprenderá agradablemente.

1 Sostenga firmemente el cuerpo del calamar en una mano y agarre la cabeza y los tentáculos con la otra. Arranque suavemente para retirar el contenido de la bolsa.

2 Corte los tentáculos por encima de los ojos. Retire y tire el pico situado en el centro de los tentáculos. Tire la cabeza y el saco de la tinta.

3 Pele la membrana con aspecto de película de plástico que recubre la bolsa y tírela.

4 Pele la piel fina y oscura del exterior de la bolsa y tírela. Enjuague el interior y exterior de la bolsa bajo un chorro de agua fría, así como los tentáculos.

GAMBAS Y LANGOSTINOS

• La mayoría de gambas y langostinos que se venden en España son congelados, por lo que se pueden comprar durante todo el año.

• Según la variedad, sus caparazones pueden tener un tono verde claro, rosa amarronado o rojo, pero una vez cocidos adquieren una tonalidad rojiza.

• Seleccione gambas y langostinos frescos, de carne firme y caparazones brillantes. Evite los que presenten manchas negras. A veces se venden sin las cabezas; en caso contrario, arránquela antes de pelarlos. Las gambas y los langostinos cocidos y pelados deben tener una apariencia rolliza y un sabor suave.

• Cuando compre gambas y langostinos sin pelar, piense que los caparazones también pesan. Así, 600 g de langostinos enteros dan 450 g de carne, una vez pelados y retirado el conducto intestinal.

• Las gambas y langostinos pueden pelarse antes o después de la cocción. Aunque enteros y sin pelar quedan más sabrosos, a veces es más práctico pelarlos antes de cocerlos.

• Puede retirar opcionalmente el conducto intestinal de las gambas y los langostinos medianos, pero hay que hacerlo siempre en aquellos de mayor tamaño, pues pueden contener impurezas.

• Aunque los pequeños son más económicos, cuesta pelarlos y quizás no presenten una buena relación calidad precio.

• Cueza las gambas y los langostinos brevemente, sólo hasta que estén opacos; caliente los cocidos también sólo lo justo.

• Cuente unos 125 g de gambas y langostinos pelados por persona.

Las recetas de este libro se refieren a las gambas y los langostinos tanto por peso como por tamaño. Para proporcionarle una idea de lo que se entiende por «pequeño», «mediano», etc., en el recuadro se indica el número de piezas que se obtiene por 500 g de los diferentes tamaños.

TAMAÑOS DE GAMBAS Y LANGOSTINOS

TAMAÑO	GAMBAS Y LANGOSTINOS POR 500 g
Pequeño	36–45
Mediano	25–40
Grande	21–30
Extra grande	16–20
Jumbo	10

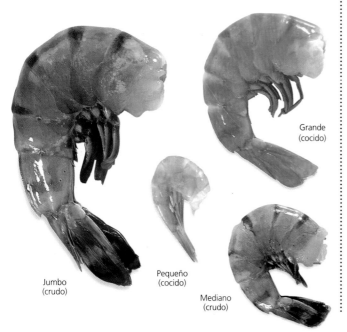

Jumbo (crudo)

Pequeño (cocido)

Mediano (crudo)

Grande (cocido)

PELAR Y RETIRAR EL CONDUCTO INTESTINAL

1 Con la ayuda de unas tijeras de cocina o un cuchillo pequeño, practique una entalla lo suficientemente profunda a lo largo del dorso curvado del langostino como para exponer el conducto oscuro.

2 Pélelo separando la piel suavemente. Tire el caparazón o guárdelo para preparar un caldo.

3 Sostenga el langostino bajo un chorro de agua fría y retire el conducto intestinal con la punta de un cuchillo.

ABRIR POR LA MITAD

1 Abra el langostino como se indica, dejando intacto el segmento de la cola. Con ayuda de unas tijeras de cocina, corte a lo largo unas tres cuartas partes del dorso, sin llegar hasta el final.

2 Abra la carne y retire el conducto intestinal con un cuchillo. Enjuague el langostino abierto bajo un chorro de agua fría.

CIGALAS

Las cigalas forman parte de la familia de las langostas y los bogavantes, ambos crustáceos de exquisito sabor. Las cigalas se parecen a unos bogavantes pequeños y sus colas se utilizan para multitud de diversas y exquisitas preparaciones. Hay una versión de agua dulce: los cangrejos de río, que parecen un cruce entre una gamba y un bogavante.

CANGREJOS

• Los cangrejos son populares por su carne sabrosa y suculenta. Se encuentran disponibles durante todo el año.

• Los cangrejos se venden enteros, cocidos o vivos. También se comercializan las pinzas congeladas y la carne desmenuzada (clara y oscura, procedente del caparazón y las pinzas).

• Al comprar cangrejos enteros, elija aquellos que presenten un caparazón de color rojo vivo y se muevan activamente. La carne de cangrejo cocido debe tener un color blanco rosado y un sabor dulce; al prepararlos, retire cualquier resto de cartílago o caparazón. La carne de cangrejo congelada es una alternativa útil a la fresca.

• Las variedades de caparazón duro deben cocerse antes de retirar la carne. Los cangrejos de caparazón blando se pueden encontrar en pescaderías especializadas de finales de primavera a principios de otoño, se degustan con el caparazón y deben lavarse a fondo (*véase* inferior, derecha) antes de cocinarlos.

Para retirar la carne de un cangrejo cocido, retuerza primero las patas y las pinzas cerca del cuerpo. Rompa las pinzas y las patas con un cascanueces; retire la carne con una broqueta o pinza para langosta.

Extraiga con los dedos la bolsa estomacal, situada en la parte inferior del cangrejo, y tírela.

Sostenga el cangrejo con ambas manos e inserte el dedo pulgar bajo el caparazón. Arranque el cuerpo del caparazón.

Retire la carne y las huevas del caparazón con una cuchara. Tire el saco intestinal, situado entre los ojos. Si desea utilizar el caparazón como contenedor, lávelo.

Arranque del cuerpo las agallas grises, que no son comestibles, y tírelas.

Corte con unas tijeras a lo largo del centro del cuerpo; recorte cualquier extremo dentado del caparazón.

Con ayuda de los dedos o de una pinza para langosta, retire la carne de cada sección del cuerpo.

LIMPIAR LOS CANGREJOS DE CAPARAZÓN BLANDO

Los cangrejos de caparazón blando son cangrejos azules o verdes que han mudado sus caparazones y que empiezan a formar los nuevos. Para lavarlos, haga con unas tijeras de cocina una incisión horizontal de 5 mm detrás de los ojos; tire la porción frontal. Corte la bolsa estomacal plana, situada en la parte inferior. Arranque el cuerpo y tire las agallas esponjosas. Enjuáguelo bajo el chorro del agua fría y séquelo bien con papel de cocina.

BOGAVANTES Y LANGOSTAS

• El bogavante, generalmente de mayor tamaño que la langosta, se encuentra en las aguas frías del Atlántico, mientras que la segunda aparece con mayor frecuencia en las mediterráneas. Las langostas de Florida, sur de California, Nueva Zelanda y Sudamérica no tienen pinzas y se venden, a menudo, en forma de cola de langosta congelada.

• Al comprar un bogavante vivo, sosténgalo cerca de la cabeza; la cola debe sentirse pesada para su tamaño. Si es demasiado ligera, es que no es fresco y la carne se ha secado. Compruebe que ambas pinzas están intactas.

• Compre colas de langosta congeladas en envoltorios que no presenten signos de heladas; la carne de la langosta no debe tener partes secas.

• Las langostas y los bogavantes frescos deben comprarse el mismo día en que vayan a cocinarse, pues no se conservan demasiado tiempo. Guárdelos unas pocas horas, envueltos con un lienzo o papel de periódico húmedo, y colóquelos sobre un lecho de hielo en la nevera.

• Al comprar bogavantes o langostas vivos, cuente entre 600 y 750 g por persona. Si compra colas, necesitará una de entre 175 y 225 g, o 2 o 3 pequeñas, por persona.

CÓMO HERVIR UN BOGAVANTE

Para hervir un bogavante vivo, caliente a fuego vivo agua suficiente como para cubrirlo en una olla de 12 litros. Agregue el bogavante; sumerja primero la cabeza. Devuelva el agua a ebullición, reduzca el fuego a moderado, tape y cueza 10 minutos por cada 450 g de bogavante; el líquido apenas debe agitarse. Una vez cocido, el caparazón adquiere un color rojo. Con ayuda de unas pinzas, póngalo en un colador para que escurra.

1 Para retirar la carne de un bogavante cocido, rompa las pinzas y las patas. Con un cascanueces o una pinza, rompa las pinzas y extraiga la carne.

2 Retuerza la cabeza para separarla de la cola. Con la ayuda de unas tijeras, corte a lo largo de la parte inferior fina del caparazón para exponer la carne. Retire toda la carne en una sola pieza.

3 Corte a lo largo del exterior curvado de la cola; practique una incisión de 5 mm para extraer el conducto intestinal oscuro.

4 Retire con una cuchara el hígado verde cremoso, el coral y las huevas (éstas se encuentran sólo en las hembras). Sírvalos con la carne de langosta si lo desea.

5 Arranque la porción rígida situada en la cabeza y retire cualquier resto de hígado o coral y añádalos al cuenco. Retire y tire la bolsita de arenilla y agallas de la cabeza.

6 Rompa la porción rígida en varios trozos. Saque la carne mediante un punzón para mariscos o un tenedor.

ALMEJAS Y MEJILLONES

Limpiar almejas y mejillones es muy rápido y sencillo; una vez preparados sólo necesitan pocos minutos para cocerse. Las almejas se venden en diferentes tamaños; las medianas y las pequeñas son más tiernas, pero las grandes pueden utilizarse para preparar un *chowder* o caldereta, o para rellenarse y asarse a la parrilla. Las almejas tanto se degustan crudas como se emplean en diferentes platos cocidos, desde las almejas rellenas a sustanciosos platos de pasta. Su jugo aporta un sabor maravilloso a los platos, pero el contenido en sal varía, por lo que es preciso probarlas una vez cocinadas y sazonarlas en consecuencia.

1 Con ayuda de un cepillo de cerdas duras, frote las almejas bajo un chorro de agua fría. Ábralas y desprenda la carne de las valvas inferiores.

2 Precaliente el horno a 200 °C (gas 6). Coloque las almejas alojadas en sus valvas inferiores en una fuente refractaria. Resérvelas en la nevera.

3 Reduzca el pan a migas finas en un robot eléctrico provisto de cuchilla metálica. Extienda las migas sobre una placa de horno y hornéelas 5 minutos, o hasta que estén doradas. Cueza el beicon a fuego moderado en una sartén antiadherente de 26 cm, hasta que se dore. Póngalo con una espumadera sobre papel de cocina para que se escurra. Tire los restos de grasa de la sartén.

4 Cueza la cebolla en el aceite 3 minutos, removiendo de vez en cuando. Añada el ajo y la pimienta, y déjelos cocer 30 segundos. Retire del fuego y mezcle con el perejil, las migas y el beicon.

5 Saque las almejas de la nevera y reparta la mezcla anterior sobre ellas. Hornéelas 10 minutos, o hasta que la parte superior se muestre ligeramente dorada y las almejas estén bien cocidas.

ALMEJAS RELLENAS

◆◆◆◆◆◆◆◆◆◆◆◆◆

Preparación: 20 minutos
Horno: 15 minutos
Para 4 primeros platos

12 almejas medianas
2 rebanadas de pan blanco, desmenuzado
2 lonchas de beicon, sin la corteza y finamente picado
1 cucharada de aceite de oliva
1 cebolla pequeña, finamente picada
1 diente de ajo, muy finamente picado
¼ de cucharadita de pimienta negra molida
2 cucharadas de perejil fresco, picado

Almejones. Son apropiados para *chowders* y pueden llegar a alcanzar 9 cm de longitud. Normalmente, se recolectan en las costas atlánticas.
Almejas finas y chirlas. Son de menor tamaño que los anteriores. Comúnmente llevan bastante arena, por lo que se recomienda limpiarlas a fondo.
Almejas mediterráneas. Son más bien de un tamaño pequeño; las más apreciadas por su sabor son las arolas, las chirlas y las almejas margarita.

CADA RACIÓN: UNAS 115 CALORÍAS, 6 g DE PROTEÍNAS, 10 g DE HIDRATOS DE CARBONO, 6 g DE GRASA TOTAL (1 g DE SATURADAS), 12 mg DE COLESTEROL, 135 mg DE SODIO

ALMEJAS Y MEJILLONES EN CALDO

Preparación: 25 minutos   *Cocción:* 20 minutos
Para 4 platos principales

24 almejones o almejas medianas
24 mejillones grandes
25 g de margarina o mantequilla
3 tallos de apio medianos,
   cortados a dados
3 zanahorias medianas, cortadas
   a dados

1 cebolla pequeña, cortada
   a dados
1 hoja de laurel
225 ml de vermut seco
hojas de apio, ligeramente
   picadas, para adornar

◆ Frote las conchas de los almejones o almejas con un cepillo bajo un chorro de agua fría para retirar los restos de arena. Extraiga las barbas de los mejillones (*véase* pág. 88).

◆ Derrita la margarina a fuego moderado en una cacerola de 8 litros. Agregue el apio, las zanahorias, la cebolla y la hoja de laurel, y cueza entre 8 y 10 minutos, removiendo de vez en cuando, o hasta que las hortalizas se ablanden. Agregue el vermut, las almejas y los mejillones, y llévelo a ebullición a fuego vivo.

◆ Reduzca el calor a medio-bajo; tape y cueza unos 10 minutos, removiendo de vez en cuando, o hasta que los mejillones y las almejas se abran. Tire los que no se hayan abierto, así como el laurel. Sirva los mejillones y las almejas en platos soperos con el líquido de cocción y las hortalizas; adorne con hojas de perejil picado.

Cada ración: unas 245 calorías, 16 g de proteínas, 14 g de hidratos de carbono, 8 g de grasa total (4 g de saturadas), 65 mg de colesterol, 300 mg de sodio

LINGUINE CON ALMEJAS Y MEJILLONES

Preparación: 20 minutos   *Cocción:* 20 minutos
Para 6 platos principales

24 almejas medianas o pequeñas
12 mejillones
450 g de *linguine* o espaguetis
   secos
1 cucharadita de sal
60 ml de vino blanco seco
2 cucharadas de aceite de oliva
   o vegetal

1 diente de ajo, muy finamente
   picado
4 cucharadas de perejil fresco,
   picado
800 g de tomates enlatados, picados
175 g de tomate concentrado
125 ml de caldo de pollo
1 cucharada de azúcar

◆ Cepille las almejas y los mejillones bajo un chorro de agua fría. Retire las barbas a los mejillones (*véase* pág. 88). Prepare la pasta siguiendo las instrucciones del paquete; ponga una cucharadita de sal en el agua. Escúrrala. Devuelva la pasta al recipiente para que mantenga el calor.

◆ Mientras, remueva las almejas con el vino, el aceite, el ajo y 2 cucharadas de perejil en una sartén de 30 cm. Tápela y cueza entre 8 y 10 minutos, removiendo de vez en cuando, o hasta que las almejas se abran. Traspáselas, a medida que se abran, a un cuenco con una espumadera; tire las que no se hayan abierto.

◆ Agregue los mejillones al líquido que quede en la sartén y llévelo a ebullición a fuego vivo. Reduzca el fuego a moderado, tape y cueza entre 3 y 5 minutos, removiendo de vez en cuando, hasta que se abran.

◆ Traslade los mejillones al cuenco con la ayuda de la espumadera. Retire los que no se hayan abierto.

◆ Caliente, a fuego moderado-alto, el resto de los ingredientes y 2 cucharadas de perejil en la misma sartén, hasta que hiervan. Agregue los mejillones y las almejas, y déjelos que se calienten. Vierta la salsa sobre la pasta y sírvala.

Cada ración: unas 445 calorías, 17 g de proteínas, 73 g de hidratos de carbono, 9 g de grasa total (1 g de saturadas), 18 mg de colesterol, 885 mg de sodio

CABELLO DE ÁNGEL CON ALMEJAS A LA ORIENTAL

Preparación: 20 minutos   *Cocción:* 25 minutos
Para 4 platos principales

1 cucharada de aceite de oliva
3 dientes de ajo, cortados
   por la mitad
1½ cucharaditas de jengibre
   fresco, pelado y rallado
¼ de cucharadita de pimienta
   de Cayena
225 ml de caldo de pollo
75 ml de vino blanco seco

3 tiras de corteza de limón, cada
   una de 7 x 3 cm, cortadas a lo
   largo en tiras finas
24 almejas preparadas
225 g de pasta cabello de ángel
sal
1¼ de cucharaditas de maicena
2 cucharadas de cilantro fresco,
   picado

◆ Caliente el aceite a fuego moderado en una sartén de 30 cm. Agregue el ajo, el jengibre y la pimienta de Cayena; deje que cueza 3 minutos, removiendo de vez en cuando. Vierta el caldo de pollo, el vino y la corteza de limón y llévelo a ebullición a fuego vivo.

◆ Agregue las almejas y llévelo de nuevo a ebullición. Reduzca el fuego a moderado-bajo, tape y cueza entre 10 y 15 minutos, o hasta que se abran. Traspáselas a un cuenco con una espumadera a medida que se abran; tire las que queden cerradas.

◆ Una vez que las almejas hayan cocido 5 minutos, cueza la pasta de acuerdo con las instrucciones del paquete; sale el agua con una cucharadita de sal. Escurra la pasta y divídala en 4 platos o cuencos soperos.

◆ Mientras, mezcle la maicena con una cucharada de agua en un cuenco pequeño hasta que quede bien fina. Bata esta mezcla con el contenido de la sartén, y cueza a fuego moderado hasta que hierva. Hierva 1 minuto sin dejar de remover. Tire el ajo.

◆ Devuelva las almejas al recipiente y caliéntelas. Para servir, vierta la salsa de almejas sobre la pasta. Espolvoree con el cilantro.

Cada ración: unas 310 calorías, 15 g de proteínas, 47 g de hidratos de carbono, 5 g de grasa total (1 g de saturadas), 23 mg de colesterol, 340 mg de sodio

OSTRAS

Abra las ostras justo antes de utilizarlas; guarde el jugo si va a preparar una salsa. La forma más popular de degustarlas es en crudo, pero para una ocasión especial, cúbralas con una mezcla especiada de espinacas y pan rallado, o bien hornéelas con una salsa cremosa. Si no va a utilizar las valvas, pida en la pescadería que se las abran. Refrigere las ostras abiertas durante un plazo no superior a las 24 horas.

OSTRAS ROCKEFELLER

◆◆◆◆◆◆◆◆◆◆◆◆◆

Preparación: 30 minutos
Horno: 10 minutos
Para 4 entrantes

12 ostras cepilladas
sal gema o sal marina gruesa
    (opcional)
300-350 g espinacas
15 g, más 2 cucharaditas,
    de mantequilla
25 g de cebolla, muy finamente
    picada
una pizca de nuez moscada,
    rallada
una pizca de pimienta de Cayena
1 pizca de sal
1 cucharada de Pernod u otro
    aperitivo anisado
60 ml de crema de leche, espesa
2 cucharadas de pan rallado seco
gajos de limón y ramitas de
    eneldo para adornar

SAL GEMA

La sal gema puede tener un color verdoso porque retiene más minerales que otras sales. Esta sal se refina para elaborar la sal de cocina, o los cristales de sal gruesa que se muelen antes de utilizarlos. En esta receta, se utiliza un lecho de cristales de sal gruesa para mantener las ostras planas mientras se hornean.

1 Precaliente el horno a 220 °C (gas 7). Abra las ostras y desprenda la *carne* de la valva inferior (*véase* pág. 89). Retire cualquier resto de concha rota.

2 Coloque las ostras en las valvas inferiores en una fuente poco profunda sobre la que habrá extendido 1 cm de sal gruesa. Refrigérelas hasta el momento de emplearlas.

4 Derrita en el mismo recipiente 15 g de mantequilla a fuego moderado. Agregue la cebolla y cuézala 3 minutos, o hasta que se ablande. Incorpore las espinacas, la nuez moscada, la pimienta de Cayena, el Pernod y la crema. Cueza la mezcla a fuego vivo, removiéndola hasta que se haya reducido y espesado. Retire del fuego. Derrita las 2 cucharaditas de mantequilla restante en un cazo pequeño y mézclela con abundante pan rallado.

3 Lave las espinacas. Cuézalas con el agua que les haya quedado adherida al lavarlas en un cazo de 2 litros a fuego vivo; remueva hasta que se ablanden. Escúrralas y píquelas muy finas.

5 Distribuya uniformemente la mezcla de espinacas sobre las ostras. Espolvoree con el pan rallado. Hornee 10 minutos. Sirva las ostras acompañadas con gajos de limón y ramitas de eneldo.

CADA RACIÓN: UNAS 170 CALORÍAS, 6 g DE PROTEÍNAS, 9 g DE HIDRATOS DE CARBONO, 12 g DE GRASA TOTAL (7 g DE SATURADAS), 51 mg DE COLESTEROL, 270 mg DE SODIO

OSTRAS GLASEADAS CON PUERROS Y ZANAHORIAS

Preparación: 15 minutos   **Grill**: 2-3 minutos
Para 4 entrantes

12 ostras cepilladas
sal gema o sal marina gruesa
  (opcional)
sal
1 puerro mediano, cortado
  en tiras finas como cerillas
1 zanahoria mediana, cortada
  en tiras finas como cerillas

2 cucharadas de escalonias, muy
  finamente picadas
2 cucharadas dc vino blanco seco
60 ml de crema de leche, espesa
estragón fresco, picado,
  para adornar

◆ Precaliente el *grill*. Abra las ostras y separe la carne de las valvas inferiores (*véase* pág. 89); recupere el máximo líquido posible. Coloque las valvas inferiores de las ostras en una fuente para hornear cubierta con 1 cm de sal gema, si lo desea, a fin de mantenerlas planas. Refrigere las ostras y reserve el líquido.

◆ Lleve a ebullición, a fuego vivo, 1 litro y medio de agua y una cucharadita de sal en un cazo de 2 litros de capacidad. Agregue el puerro y la zanahoria, y cuézalos 2 o 3 minutos; a continuación, escúrralos.

◆ Hierva las escalonias, el vino y el líquido de las ostras reservado a fuego vivo en un cazo de 1 litro, hasta que el líquido se reduzca a una cucharada aproximadamente. Agregue la crema y hierva la mezcla hasta que sólo queden 60 ml. Retírelo del fuego.

◆ Reparta las tiras de puerro y zanahoria sobre las valvas y coloque encima las ostras. Cúbralas con la salsa. Ponga la fuente lo más cercana posible del *grill* y cueza 2 minutos. Adorne y sirva.

Cada ración: unas 115 calorías, 4 g de proteínas, 9 g de hidratos de carbono, 7 g de grasa total (4 g de saturadas), 43 mg de colesterol, 120 mg de sodio

---

CUCHILLO PARA OSTRAS

Este cuchillo es indispensable para abrir ostras. Tiene una hoja corta con un extremo puntiagudo, que se inserta entre las valvas para separarlas. Elija un cuchillo provisto de guarda para proteger los dedos de los extremos cortantes de la concha. El mango corto y firme permite agarrarlo con facilidad, lo cual es importante cuando se debe afrontar esta difícil tarea culinaria, que se ve facilitada con la práctica. El cuchillo también puede utilizarse para abrir almejas. Compre el más pesado; uno demasiado ligero puede romperse en las manos.

OSTRAS CON *MIGNONETTE* DE JENGIBRE

Preparación: 15 minutos   *Para 2 entrantes*

12 ostras cepilladas
60 ml de vinagre de arroz
2 cebollas tiernas, finamente
  picadas

½ cucharadita de jengibre fresco,
  picado
½ cucharadita de pimienta negra,
  ligeramente molida

◆ Abra las ostras y desprenda la carne de la valva inferior (*véase* pág. 89). Ponga las valvas inferiores en una fuente.

◆ Mezcle el vinagre de arroz, las cebollas tiernas, el jengibre y la pimienta en un cuenco pequeño; remueva hasta que estén bien mezclados. Para servir, vierta la salsa *mignonette* sobre las ostras.

Cada ración: unas 60 calorías, 6 g de proteínas, 4 g de hidratos de carbono, 2 g de grasa total (0 g de saturadas), 46 mg de colesterol, 95 mg de sodio

OSTRAS HORNEADAS A LA CREMA

Preparación: 15 minutos   *Horno:* 35 minutos
Para 6 entrantes

225 g de pan blanco en un trozo
60 g de mantequilla o margarina,
  derretida
18 ostras abiertas (unos 600 g)
125 ml de crema de leche, espesa

¼ de cucharadita de sal
⅛ de cucharadita de pimienta
  negra molida
2 cucharadas de perejil fresco,
  picado

◆ Precaliente el horno a 200 °C (gas 6). Rompa el pan en trozos de 2 cm y póngalos en una fuente para hornear poco profunda. Rocíelos con la mantequilla y mezcle para que queden bien cubiertos. Hornee 25 minutos, o hasta que el pan esté dorado y crujiente. Resérvelo.

◆ Escurra las ostras y reserve el jugo.

◆ Hierva el jugo de las ostras a fuego vivo en un cazo de 1 litro, hasta que queden unas 2 cucharadas. Agregue la crema, la sal y la pimienta, y hierva de nuevo; retire del fuego.

◆ Mezcle el pan tostado, las ostras y una cucharada de perejil en una fuente refractaria de 23 x 23 cm. Vierta la mezcla de crema por encima y remueva bien para cubrirlas.

◆ Hornéelas 10 minutos; espolvoréelas con una cucharada de perejil picado y sírvalas.

Cada ración: unas 285 calorías, 8 g de proteínas, 24 g de hidratos de carbono, 18 g de grasa total (9 g de saturadas), 70 mg de colesterol, 535 mg de sodio

VIEIRAS

Las vieiras, que pueden comprarse con las conchas, o bien abiertas y limpias, son uno de los mariscos más fáciles de preparar. Antes de utilizarlas, retire el músculo duro que se encuentra a un lado; la carne blanca cremosa puede saltearse ligeramente o cocerse al *grill*. Acentúe el sabor delicado de las vieiras con una vinagreta o una salsa, o complemente su textura blanda, cubriéndolas con pan rallado. Las vieiras se endurecen si se cuecen en demasía, por lo que la cocción debe durar hasta que se tornen opacas.

VIEIRAS Y LANGOSTINOS CON VINAGRETA

◆◆◆◆◆◆◆◆◆◆◆◆◆◆◆◆◆◆◆◆◆◆◆◆◆◆

Preparación: 25 minutos, más enfriamiento **Cocción: 5 minutos**
Para 6 platos principales

60 ml, más 3 cucharadas, de aceite de oliva o vegetal	450 g de langostinos grandes enteros
60 ml de vinagre de vino blanco	450 g de vieiras grandes, abiertas
1½ cucharaditas de sal	3 endibias medianas, cortadas en sentido horizontal
1 cucharadita de estragón seco	
1 cucharadita de azúcar	25 g de perejil fresco, finamente picado
½ cucharadita de salsa tabasco	
⅛ de cucharadita de pimienta negra molida	oruga y cebolla roja a rodajas (opcional)

1 Prepare la vinagreta: bata juntos 60 ml de aceite con el vinagre de vino blanco, el estragón, la sal y el azúcar, la salsa tabasco y la pimienta negra, hasta que estén bien amalgamados. Resérvela.

2 Pele y retire el conducto intestinal de los langostinos (*véase* pág. 90), enjuáguelos bajo agua corriente fría. Enjuague las vieiras para retirar la arena. Desprenda el músculo duro en forma de media luna situado a un lado de cada vieira. Séquelos con papel de cocina. Corte cada vieira por la mitad, en sentido horizontal.

3 Caliente las 3 cucharadas de aceite restante a fuego moderado-alto en una sartén de 30 cm. Añada los langostinos y las vieiras, y cueza 5 minutos, removiendo, o hasta que estén opacos. Agregue los mariscos a la vinagreta del cuenco y mézclelos. Tape y refrigere 2 horas como mínimo.

4 Justo antes de servir, incorpore a la mezcla las endibias y el perejil, y mezcle bien para combinarlos. Sirva con las hojas de oruga y la cebolla roja si lo desea.

VIEIRAS

Hay diferentes variedades de vieiras a la venta. Pueden proceder de las aguas atlánticas o mediterráneas, e incluso de las congeladas del Pacífico. Las vieiras gigantes tienen unos 4 cm de diámetro y son las más comunes. Las volandeiras son más pequeñas; tienen 1 cm de diámetro, aproximadamente, y un sabor dulce y textura delicada. Las procedentes del golfo de México son similares en tamaño a las vieiras o conchas de Santiago, pero sus conchas están moteadas, son más duras y tienen un sabor menos delicado.

CADA RACIÓN: UNAS 280 CALORÍAS, 26 g DE PROTEÍNAS, 5 g DE HIDRATOS DE CARBONO, 17 g DE GRASA TOTAL (2 g DE SATURADAS), 142 mg DE COLESTEROL, 800 mg DE SODIO

VIEIRAS CON BERROS Y SALSA DE LIMÓN Y ALCAPARRAS

Preparación: 10 minutos   Cocción: 8-10 minutos
Para 4 platos principales

600 g de vieiras grandes, abiertas	2 manojos de berros
75 g de mantequilla	1 cucharada de zumo de limón
⅛ de cucharadita de pimienta	recién exprimido
negra molida	1 cucharada de alcaparras
sal	envasadas, escurridas
1 cucharada de aceite vegetal	y picadas

◆ Enjuague las vieiras con agua fría para retirar cualquier resto de arena. Arranque el músculo en forma de media luna situado a un lado de cada vieira. Séquelas con papel de cocina. Caliente 30 g de mantequilla a fuego moderado-alto en una sartén de 26 cm. Agregue las vieiras, la pimienta y ½ cucharadita de sal, y cueza unos 5 minutos, o hasta que las vieiras estén justo doradas en ambas caras y completamente opacas.

◆ Mientras, caliente el aceite en una cacerola de 5 litros a fuego vivo. Agregue los berros y ¼ de cucharadita de sal, y cueza removiendo unos 3 minutos, o hasta que los berros se ablanden.

◆ Traspase las vieiras a 4 platos calientes y manténgalas al calor. Ponga a hervir, a fuego moderado-alto, el zumo de limón, las alcaparras y 2 cucharadas de agua en la misma sartén.

◆ Reduzca el calor a moderado e incorpore los 45 g de mantequilla restantes; añada un cuarto cada vez. Bata con una batidora de varillas hasta que la mantequilla se derrita y espese. (No emplee margarina, pues la salsa no se espesaría.) Vierta la salsa sobre las vieiras y coloque los berros alrededor.

Cada ración: unas 310 calorías, 25 g de proteínas, 4 g de hidratos de carbono, 22 g de grasa total (11 g de saturadas), 93 mg de colesterol, 895 mg de sodio

VIEIRAS A LA PIMIENTA

Preparación: 10 minutos   Grill: 5 minutos
Para 4 platos principales

600 g de vieiras grandes, abiertas	½ cucharadita de pimienta negra
24 g de margarina o mantequilla,	molida
derretida	¼ de cucharadita de sal
2 cucharadas de pan seco, rallado	gajos o rodajas de limón
1 cucharada de albahaca fresca,	
picada	

◆ Precaliente el *grill*. Enjuague las vieiras bajo el agua fría para retirar cualquier resto de arena. Arranque el músculo duro en forma de media luna situado a un lado de cada vieira. Séquelas con papel de cocina. Mezcle las vieiras en un cuenco con la margarina derretida hasta que queden bien cubiertas. Mezcle el pan rallado, la albahaca, la pimienta y la sal sobre un trozo de papel sulfurizado. Pase la parte superior de cada vieira por la mezcla de pan rallado.

◆ Coloque las vieiras con el lado empanado hacia arriba sobre una rejilla dispuesta bajo el *grill*. Áselas muy cerca de la fuente de calor durante 5 minutos, sin darles la vuelta, o hasta que la superficie esté dorada y las vieiras opacas. Sírvalas acompañadas con rodajas de limón.

Cada ración: unas 190 calorías, 24 g de proteínas, 6 g de hidratos de carbono, 7 g de grasa total (1 g de saturadas), 47 mg de colesterol, 455 mg de sodio

VIEIRAS SALTEADAS CON HORTALIZAS

Preparación: 25 minutos   Cocción: 20 minutos
Para 4 platos principales

2 manojos de oruga	1 cebolla mediana, cortada en
450 g de ostras grandes, abiertas	rodajas finas
4 cucharadas de aceite de oliva o	350 g de champiñones medianos,
vegetal	cuarteados
1 pimiento rojo grande, sin	225 de tirabeques, sin los hilos
membranas ni semillas y	2 cucharadas de salsa de soja
cortado en rodajas finas	

◆ Distribuya la oruga en una fuente, y resérvela. Enjuague las vieiras para retirar cualquier resto de arena. Arránqueles el musculo duro en forma de media luna situado a un lado. Séquelas con papel de cocina. Caliente 2 cucharaditas de aceite en una sartén de 30 cm. Agregue el pimiento y la cebolla, y cueza hasta que ésta esté dorada. Traslade a un plato. Caliente una cucharadita de aceite en la misma sartén. Agregue los champiñones y cuézalos hasta que estén dorados. Incorpore los tirabeques y cuézalos 2 minutos, removiéndolos, o hasta que estén tiernos y crujientes. Traspáselos a la misma fuente.

◆ Caliente la cucharadita de aceite restante en la misma sartén a fuego moderado-alto. Agregue las vieiras y cuézalas entre 3 y 4 minutos; remueva de vez en cuando, o hasta que estén completamente opacas. Devuelva la mezcla de hortalizas a la sartén con las vieiras y vierta la salsa de soja. Caliente a fuego moderado-alto. Distribuya la preparación de vieiras sobre la oruga dispuesta en la fuente.

Cada ración: unas 215 calorías, 24 g de proteínas, 19 g de hidratos de carbono, 6 g de grasa total (1 g de saturadas), 37 mg de colesterol, 780 mg de sodio

CALAMARES

Los calamares quedan deliciosos, ya sean empanados y fritos si se desean bien crujientes, cocidos lentamente en una salsa o asados con rapidez a la parrilla. Para una preparación muy rápida, cómprelos ya limpios; si lo hace usted mismo (*véase* pág. 89), cuente 750 g de calamares enteros para obtener 450 g una vez cocidos. Cuézalos muy brevemente, menos de 1 minuto, o bien, por el contrario, más de 30 minutos, para evitar que queden gomosos.

CALAMARES CON SALSA DE TOMATE ESPECIADA

◆◆◆◆◆◆◆◆◆◆◆◆◆◆

Preparación: 30 minutos
Cocción: 10 minutos
Para 4 primeros platos

1 cucharada de aceite vegetal, más una cantidad adicional para freír
1 cebolla pequeña, finamente picada
225 ml de puré de tomates en lata
3 cucharadas de vinagre de vino
1½ cucharaditas de azúcar
½ cucharadita de sal
¼ de cucharadita de chile seco en copos
¼ de cucharadita de orégano seco
450 g de calamares preparados
1 huevo mediano, ligeramente batido
150 g de harina
gajos de limón y ramitas de perejil para adornar

1 Prepare la salsa de tomate especiada; caliente una cucharada de aceite en un cazo de 1 litro. Agregue la cebolla picada y cueza hasta que esté tierna. Vierta el puré de tomates y los 5 ingredientes siguientes, y llévelos a ebullición.

2 Reduzca el fuego a bajo; tape y cueza 5 minutos. Mantenga la salsa caliente. Corte las bolsas de los calamares en anillos horizontales de 2 cm. Corte los tentáculos en varios trozos si fuesen grandes.

3 Mezcle los calamares con el huevo. Ponga la harina sobre un papel sulfurizado. Caliente 1 cm de aceite en una sartén de 26 cm. Pase los calamares por la harina, agréguelos a la sartén y cuézalos por tandas hasta que se doren.

LA TINTA DE CALAMAR

Si limpia y prepara los calamares usted mismo, observará la bolsa de la tinta; ésta contiene un líquido negro amarronado que normalmente se tira. Tanto las sepias como los calamares tienen esta bolsa; desprenden la tinta como mecanismo de defensa para enturbiar el agua que se encuentra a su alrededor. En los países mediterráneos, donde los calamares se degustan ampliamente, y principalmente en Italia, la tinta se añade a las masas de pasta y los *risottos* para proporcionarles un sabor marino y un color oscuro. Encontrará en los comercios especializados en productos italianos pasta teñida con tinta de calamar. Para una presentación espectacular, cueza una pasta a la tinta de calamar en vez de *linguines* cuando prepare receta de *linguine* con salsa de calamar (*véase* pág. 100).

4 Traspáselos, con ayuda de una espumadera, sobre papel de cocina para que se escurran. Sírvalos con la salsa de tomate caliente y adorne con los gajos de limon y las ramitas de perejil.

CADA RACIÓN: UNAS 300 CALORÍAS, 22 g DE PROTEÍNAS, 24 g DE HIDRATOS DE CARBONO, 13 g DE GRASA TOTAL (3 g DE SATURADAS), 317 mg DE COLESTEROL, 680 mg DE SODIO

LINGUINE CON SALSA DE CALAMAR

Preparación: 40 minutos   *Cocción:* 1¼ horas
Para 6 platos principales

900 g de calamares preparados
1 cucharada de aceite de oliva
1 cebolla mediana, picada
2 dientes de ajo, muy finamente picados
1 cucharadita de semillas de hinojo
¼ de cucharadita de pimienta de Cayena, machacada
800 g de tomates enlatados
sal
450 g de *linguine* secos
25 g de perejil fresco, finamente picado

◆ Corte las bolsas de los calamares en anillos de 1 cm. Corte los tentánculos en varios trozos si fuesen grandes.

◆ Caliente el aceite a fuego moderado en una cacerola de 4 litros. Agregue las cebollas y cuézalas entre 5 y 8 minutos, removiéndolas a menudo, o hasta que estén tiernas.

◆ Incorpore el ajo, las semillas de hinojo y la pimienta de Cayena, y prosiga la coción 30 segundos. Agregue los tomates con su zumo y 1½ cucharaditas de sal; rompa los tomates con el dorso de una cuchara. Lleve a ebullición.

◆ Agregue los trozos de calamar y lleve de nuevo a ebullición. Baje el fuego; tape y cueza 30 minutos a fuego muy lento. Destape y prosiga lentamente la cocción otros 30 minutos. Mientras, prepare la pasta de acuerdo con las instrucciones del paquete; sale el agua con 2 cucharaditas de sal. Mezcle en un cuenco grande la pasta con la salsa de calamar y el perejil.

Cada ración: unas 480 calorías, 35 g de proteínas, 70 g de hidratos de carbono, 6 g de grasa total (1 g de saturadas), 352 mg de colesterol, 735 mg de sodio

ENSALADA DE CALAMARES TAILANDESA

Preparación: 30 minutos   *Cocción:* 30 segundos
Para 4 platos principales

sal
3 cucharadas de salsa de pescado (*nuoc nam*)
3 cucharadas de zumo de lima recién exprimido
1 cucharada de azúcar
¼ de cucharadita de copos de chile secos
½ cebolla pequeña, muy finamente picada
1 zanahoria mediana, rallada
450 g de calamares preparados
1 lechuga arrepollada grande, cortada en trocitos
25 g de hojas de menta frescas
25 g de hojas de cilantro frescas

◆ Lleve a ebullición, a fuego vivo, 3 litros de agua con 2 cucharaditas de sal en una cacerola de 4 litros.

◆ Mientras, prepare el aliño. Mezcle la salsa de pescado, el zumo de lima, el azúcar, los copos de chile y ¼ de cucharadita de sal en un cuenco grande, hasta que el azúcar se disuelva. Agregue la cebolla y la zanahoria.

◆ Corte las bolsas de los calamares en anillos muy finos. Corte los tentáculos en varios trozos si fuesen grandes.

◆ Agregue los trozos de calamar al agua hirviendo y cuézalos 30 segundos. Escúrralos y añádalos al aliño del cuenco. Incorpóreles la lechuga, la menta y el cilantro, y remueva bien para cubrirlos.

Cada ración: unas 150 calorías, 19 g de proteínas, 13 g de hidratos de carbono, 2 g de grasa total (0 g de saturadas), 264 mg de colesterol, 565 mg de sodio

CALAMARES A LA PARRILLA

Preparación: 15 minutos   *Barbacoa/*grill: 1-2 minutos
Para 4 primeros platos

450 g de calamares preparados
1 cucharada de aceite de oliva virgen
1 cucharada de zumo de limón
¼ de cucharadita de sal
⅛ de cucharadita de pimienta negra molida
1 cucharada de perejil, finamente picado
gajos de limón para adornar

◆ Prepare la barbacoa o precaliente el *grill*. Corte las bolsas de los calamares por un lado, a lo largo, para abrirlas. Pase las bolsas y los tentáculos por el aceite de oliva, el zumo de limón, la sal y la pimienta, mezclados en un cuenco mediano.

◆ Ensarte las bolsas de los calamares en broquetas metálicas, de forma que queden planas. Ensarte los tentáculos en otras broquetas. Colóquelas en la barbacoa a fuego alto o al *grill* y cuézalas 1 o 2 minutos, hasta que los calamares estén opacos; déles la vuelta una vez.

◆ Retire los trozos de calamar de las broquetas. Traspáselos a una fuente y espolvoréelos con el perejil. Sírvalos acompañados de los gajos de limón.

Cada ración: unas 135 calorías, 18 g de proteínas, 4 g de hidratos de carbono, 5 g de grasa total (1 g de saturadas), 264 mg de colesterol, 185 mg de sodio

GAMBAS Y LANGOSTINOS

Las gambas y los langostinos son quizá los componentes más populares de los crustáceos. Pueden cocerse tanto enteros como pelados, pero a menudo se pelan y se les retira el conducto intestinal antes de servirlos. Tanto si se saltean simplemente, se marinan y asan a la parrilla, o se cuecen lentamente en una salsa de tomate especiada, sólo precisan unos pocos minutos para cocerse; tan pronto como se muestren opacos, ya están cocidos. No los cueza en exceso, pues quedarían duros.

JUDÍAS CON GAMBAS AL AJILLO

❖❖❖❖❖❖❖❖❖❖❖❖❖❖❖❖❖❖❖❖❖❖❖❖❖❖

Preparación: 20 minutos   Cocción: 20 minutos
Para 4 platos principales

600 g de gambas crudas, enteras	225 ml de caldo de pollo
2 cucharadas de aceite de oliva	1 cucharada de zumo de limón
1 berenjena pequeña (350 g),	recién exprimido
cortada en rodajas de 5 mm	450 g de judías blancas secas
2 dientes de ajo, aplastados con	enlatadas *cannellini*, u otras
la hoja de un cuchillo	de su elección, enjuagadas
½ cucharadita de sal	y escurridas
1 cucharada de harina	alcaparras, gajos de limón y
¼ de cucharadita de copos	perejil para adornar
de chile seco (opcional)	

1 Pele y retire el conducto intestinal de las gambas (*véase* pág. 90). Precaliente el *grill* y engrase ligeramente la parrilla. Pincele la berenjena con una cucharada de aceite y póngala sobre la rejilla.

2 Ase la berenjena entre 8 y 10 minutos lo más cerca posible de la fuente de calor, o hasta que esté tierna; déle la vuelta una vez. Traspásela a un plato y resérvela al calor.

3 Caliente, a fuego moderado-alto, la cucharada de aceite restante en una sartén antiadherente de 30 cm. Añada el ajo, las gambas y la sal, y cueza hasta que las gambas empiecen a estar opacas.

4 Mientras, mezcle la harina, los copos de chile (si los utiliza), el caldo de pollo y el zumo de limón en un cuenco pequeño. Añada esta mezcla a las gambas de la sartén.

5 Retire el ajo y agregue las judías, removiendo. Cueza a fuego vivo 1 minuto, o hasta que la mezcla se espese. Sirva el plato acompañado con las berenjenas y adornado con las alcaparras, los gajos de limón y el perejil.

APLASTAR EL AJO

El ajo se aplasta para pelarlo con mayor facilidad. Los dientes de ajo aplastados pueden retirarse con facilidad una vez terminado el plato. Para aplastarlos, presione la hoja de un cuchillo por encima, hasta que se rompa la piel.

CADA RACIÓN: UNAS 335 CALORÍAS, 32 g DE PROTEÍNAS, 30 g DE HIDRATOS DE CARBONO, 10 g DE GRASA TOTAL (2 g DE SATURADAS), 218 mg DE COLESTEROL, 690 mg DE SODIO

LANGOSTINOS AL CURRY

Preparación: 20 minutos *Cocción:* 8-10 minutos
Para 4 platos principales

2 cucharadas de mantequilla o
margarina

2 dientes de ajo, muy finamente
picado

2 cucharaditas de jengibre fresco,
muy finamente picado

2 cucharaditas de curry en polvo

½ cucharadita de cilantro molido

½ cucharadita de comino molido

175 ml de crema de leche, espesa

sal

1 calabacín mediano (225 g)

450 g de langostinos crudos,
medianos, pelados y sin el
conducto intestinal (*véase* pág. 90)

½ cucharadita de pimienta negra
molida

2 cucharadas de cilantro fresco,
picado

arroz hervido caliente (opcional)

◆ Derrita una cucharada de margarina a fuego moderado en una cacerola de 2 litros. Agregue el ajo y los 4 ingredientes siguientes y cueza 1 minuto, removiendo. Vierta la crema y ½ cucharadita de sal; aumente el fuego y hierva 5 minutos, o hasta que la preparación se espese. Mientras, corte el calabacín por la mitad, a lo largo, y luego en rodajas finas.

◆ Derrita la cucharada de margarina restante en una sartén de 26 cm a fuego moderado-alto. Agregue el calabacín y cuézalo 3 minutos, o hasta que empiece a dorarse. Incorpore los langostinos, ½ cucharadita de sal y pimienta, y cueza 2 minutos más sin dejar de remover, hasta que los langostinos estén completamente opacos. Incorpórelos a la salsa de crema y espolvoree con el cilantro. Sírvalo caliente sobre arroz, si lo desea.

Cada ración: unas 310 calorías, 21 g de proteínas, 5 g de hidratos de carbono, 23 g de grasa total (12 g de saturadas), 236 mg de colesterol, 815 mg de sodio

TOSTADAS DE LANGOSTINOS ASADOS

Preparación: 30 minutos *Barbacoa/grill:* 2-3 minutos
Para 6 platos principales

1 lima grande

3-4 aguacates (900 g en total)

2 tomates pequeños, sin semillas y
cortados en trozos de 1 cm

1 cucharada de pimiento
jalapeño, encurtido, escurrido
y cortado en rodajas

sal

pimienta negra ligeramente
molida

750 g de langostinos grandes,
crudos

1 cucharada de aceite de oliva

6 tortillas de maíz (15 cm)

◆ Prepare la barbacoa o precaliente el *grill*. Ralle una cucharada de la corteza de la lima y exprima 2 cucharadas de su zumo. Pele y corte a dados los aguacates. Mezcle los trozos de tomate,

una cucharada de zumo de lima, las rodajas de pimiento jalapeño, ½ cucharadita de sal y ¼ de cucharadita de pimienta. Presione directamente la superficie de la preparación con una película de plástico para evitar que se decolore.

◆ Pele y retire el conducto intestinal de los langostinos; deje parte de la cola si lo desea (*véase* pág. 90). Mezcle en un cuenco mediano los langostinos, el aceite, ¾ de cucharadita de sal, ½ cucharadita de pimienta, la corteza y el zumo de lima restante.

◆ Ensarte los langostinos en unas broquetas metálicas y áselos a la barbacoa a fuego medio o al *grill* durante 2 o 3 minutos, o hasta que estén por completo opacos; déles la vuelta de vez en cuando. Coloque las tortillas de maíz directamente sobre la barbacoa o en el *grill*, y cuézalas 1 o 2 minutos por lado, hasta que estén ligeramente doradas.

◆ Para servir, coloque las tortillas en 6 platos. Divida la mezcla de aguacate y langostinos entre ellas. Adorne con los trozos de tomate y los gajos de lima.

Cada ración: unas 420 calorías, 23 g de proteínas, 26 g de hidratos de carbono, 27 g de grasa total (4 g de saturadas), 175 mg de colesterol, 720 mg de sodio

GAMBAS CON SALSA DE TOMATE Y FETA

Preparación: 20 minutos *Cocción:* 50 minutos
Para 4 platos principales

1 cucharada de aceite de oliva

2 cebollas medianas, picadas

750 g de patatas, peladas y
cortadas en trozos de 3 cm

1 diente de ajo, muy finamente
picado

una pizca de pimienta de Cayena

½ cucharadita de sal

400 g de tomates enlatados

450 g de gambas crudas
medianas, peladas y sin el
conducto intestinal (*véase*
pág. 90)

450 g de queso Feta, cortado
a dados

15 g de eneldo fresco, picado

◆ Caliente el aceite a fuego moderado en una sartén de 26 cm. Agregue las cebollas y cuézalas 10 minutos, removiéndolas de vez en cuando, o hasta que estén tiernas. Incorpore las patatas y cueza 10 minutos, o hasta que empiecen a dorarse; remueva algunas veces. Agregue el ajo y la pimienta de Cayena; mezcle y cueza 30 segundos.

◆ Vierta por encima 175 ml de agua y la sal; tape y cueza a fuego lento 10 minutos, o hasta que las patatas estén casi tiernas.

◆ Agregue los tomates con su zumo y rómpalos con el dorso de una cuchara. Cueza con el recipiente destapado durante 10 minutos, o hasta que los fondos de cocción se hayan espesado ligeramente.

◆ Añada las gambas y el queso Feta. Tape y cueza entre 3 y 5 minutos, o hasta que las gambas estén opacas. Retire del fuego y mezcle con el eneldo picado.

Cada ración: unas 390 calorías, 28 g de proteínas, 47 g de hidratos de carbono, 11 g de grasa total (5 g de saturadas), 200 mg de colesterol, 955 mg de sodio

LANGOSTINOS ESPECIADOS SALTEADOS A LA ORIENTAL

Preparación: 15 minutos Cocción: 8 minutos
Para 4 platos principales

60 ml de salsa chile embotellada
2 cucharadas de salsa de soja
2 cucharadas de jerez seco
4 cebollas tiernas
2 cucharadas de aceite vegetal
1 cucharada de perejil picado

800 g de langostinos grandes, crudos, pelados y sin el conducto intestinal (*véase* pág. 90)
¼ de cucharadita de copos de chile seco

◆ Mezcle la salsa chile, la salsa de soja y el jerez en un cuenco pequeño, hasta que estén bien combinados. Corte las cebollas tiernas en trozos de 8 cm.

◆ Caliente el aceite a fuego vivo en una cacerola de 4 litros. Agregue las cebollas tiernas y cuézalas durante 3 minutos, removiéndolas sin cesar, hasta que estén ligeramente doradas.

◆ Agregue los langostinos y los copos de chile seco, y cueza 2 minutos; remueva constantemente. Vierta por encima la mezcla de salsa chile y cueza 2 minutos más, o hasta que los langostinos estén opacos. Retírelos del fuego y mezcle con el perejil.

Cada ración: unas 205 calorías, 24 g de proteínas, 5 g de hidratos de carbono, 8 g de grasa total (2 g de saturadas), 219 mg de colesterol, 965 mg de sodio

LANGOSTINOS CON SALSA DE JUDÍAS NEGRAS

Preparación: 25 minutos, más remojo Cocción: 25 minutos
Para 6 platos principales

300 g de judías negras secas
4 cucharadas de aceite vegetal
1 cebolla grande, picada
1 tallo de apio grande, picado
2 cucharadas de chile en polvo
800 g de tomates enlatados
sal
1¼ cucharaditas de orégano seco

¼ de cucharadita de copos de chile seco
15 g de perejil fresco, picado
2 cucharadas de vinagre de vino tinto
600 g de langostinos grandes, crudos, pelados y sin el conducto intestinal (*véase* pág. 90)

◆ Enjuague las judías negras; tire las piedras y las arrugadas. Póngalas en un cuenco y cúbralas con agua, sobrepasando 5 cm. Déjelas reposar toda la noche. Escúrralas. Ponga las judías y 1,3 litros de agua en una cacerola de 5 litros y lleve a ebullición a fuego vivo. Reduzca el fuego a bajo. Tape y cueza 40 minutos a fuego lento, o hasta que las judías estén tiernas. Escúrralas.

◆ Caliente 2 cucharadas de aceite a fuego vivo en una sartén de 30 cm. Agregue la cebolla y el apio, y cueza unos 5 minutos, removiendo constantemente, o hasta que estén tiernos y un poco dorados. Espolvoree con el chile en polvo y cueza 1 minuto.

◆ Agregue los tomates con su zumo, una cucharadita de sal, una cucharadita de orégano y ⅛ de cucharadita de copos de chile seco. Lleve a ebullición y rompa los tomates con una cuchara. Reduzca el fuego a bajo y deje que cueza 10 minutos; remueva de vez en cuando. Agregue las judías negras, el perejil y el vinagre; mezcle y caliente.

◆ Mientras, caliente a fuego vivo en una sartén de 26 cm las 2 cucharadas de aceite restante. Agregue los langostinos, ½ cucharadita de sal, ¼ de cucharadita de orégano y ⅛ de cucharadita de copos de chile; remueva constantemente, hasta que los langostinos estén opacos. Para servir, reparta las judías en 6 platos calientes y cúbralas con los langostinos.

Cada ración: unas 285 calorías, 26 g de proteínas, 41 g de hidratos de carbono, 11 g de grasa total (2 g de saturadas), 117 mg de colesterol, 945 mg de sodio

LANGOSTINOS CON ESPÁRRAGOS AL JENGIBRE

Preparación: 20 minutos Cocción: 10 minutos
Para 4 platos principales

750 g de espárragos, sin los extremos duros
450 g de langostinos grandes, crudos
1 cucharada de vinagre balsámico
1 cucharada de salsa de soja
1 manojo de berros u oruga

2 cucharadas de aceite de oliva o vegetal
1 cucharada de jengibre fresco, finamente picado
¼ de cucharadita de copos de chile seco

◆ Corte los espárragos a trocitos pequeños. Pele y retire el conducto intestinal de los langostinos (*véase* pág. 90).

◆ Mezcle el vinagre balsámico, la salsa de soja y una cucharada de agua en un cuenco mediano; agregue los langostinos y remueva. Tape con película de plástico y refrigere 30 minutos.

◆ Caliente el aceite a fuego moderado-alto en una sartén antiadherente de 30 cm. Agregue los espárragos y cuézalos unos 5 minutos, removiéndolos con frecuencia, o hasta que estén tiernos y crujientes.

◆ Mézclelos con la preparación de langostinos, el jengibre picado y los copos de chile, y remueva sin cesar unos 4 minutos, o hasta que los langostinos estén opacos y los espárragos tiernos.

◆ Para servir, distribuya la oruga o los berros en 4 platos calientes y cúbralos con la preparación de langostinos.

Cada ración: unas 195 calorías, 23 g de proteínas, 5 g de hidratos de carbono, 9 g de grasa total (1 g de saturadas), 175 mg de colesterol, 480 mg de sodio

LANGOSTINOS AL HORNO CON AJO Y LIMÓN

Preparación: 25 minutos   Horno: 12-15 minutos
Para 4 platos principales

600 g de langostinos grandes, crudos
300-350 g de espinacas, picadas
2 tomates medianos, cortados por la mitad, sin semillas y en trozos de 1 cm
2 cucharadas de aceite de oliva o vegetal
sal
1 diente de ajo, muy finamente picado
1 cucharada de perejil fresco, picado
1 cucharada de zumo de limón recién exprimido
¼ de cucharadita de corteza de limón, rallada mezclada con ¼ de cucharadita de pimienta negra molida
ramitas de perejil para adornar

◆ Precaliente el horno a 220 °C (gas 8). Pele y retire el conducto intestinal de los langostinos (*véase* pág. 90).

◆ Mezcle las espinacas, los tomates, una cucharada de aceite y ½ cucharadita de sal en un cuenco. Distribuya las espinacas en 4 platos de 15 cm de diámetro.

◆ Mezcle los langostinos, el ajo, los 3 ingredientes siguientes, la cucharada de aceite restante y ½ cucharadita de sal en el mismo cuenco. Coloque la mezcla de langostinos sobre las espinacas. Hornee entre 12 y 15 minutos, o hasta que los langostinos estén opacos. Coloque cada plato refractario sobre un plato plano y adorne con las ramitas de perejil.

Cada ración: unas 205 calorías, 26 g de proteínas, 6 g de hidratos de carbono, 8 g de grasa total (1 g de saturadas), 219 mg de colesterol, 865 mg de sodio

GAMBAS PARA CALDOS DE PESCADO

En vez de tirar las cabezas y los caparazones de las gambas y los langostinos, utilícelos para preparar un caldo. Coloque las cabezas y los caparazones en una cacerola, y cúbralos con agua. Lleve a ebullición; reduzca el fuego a bajo y cueza 30 minutos. Deje que los caparazones se enfríen en el líquido. Luego cuélelo. Guárdelo hasta una semana en un recipiente herméticamente cerrado en la nevera o hasta 3 meses en el congelador.

LANGOSTINOS Y PIMIENTOS A LA CRIOLLA

Preparación: 35 minutos   Horno: 20 minutos
Para 6 platos principales

750 g de langostinos grandes, crudos
1 limón grande
60 g de margarina o mantequilla
1 cebolla mediana, picada
2 tallos de apio medianos, cortados en rodajas finas
1 pimiento rojo grande, sin membranas ni semillas y cortado a trozos de 2 o 3 cm
1 pimiento verde grande, sin membranas ni semillas y cortado a trozos de 2 o 3 cm
450 g de tomates picados, enlatados
1 cucharadita de sal
1 cucharadita de azúcar
1 cucharadita de albahaca seca
½ cucharadita de salsa tabasco
1 hoja de laurel
2 cucharadas de perejil fresco, picado
arroz hervido caliente (opcional)

◆ Pele y retire el conducto intestinal de los langostinos (*véase* pág. 90). Ralle una cucharadita de corteza de limón y exprima 2 cucharadas de zumo.

◆ Precaliente el horno a 190 °C (gas 5). Derrita la margarina a fuego moderado-alto en una sartén de 30 cm. Agregue la cebolla y el apio, y cueza 5 minutos, removiendo con frecuencia, o hasta que estén tiernos. Incorpore los pimientos y prosiga la cocción 10 minutos más, o hasta que los pimientos estén tiernos; remueva a menudo.

◆ Mezcle la preparación con la corteza y el zumo de limón, los tomates, la sal, el azúcar, la albahaca, la salsa tabasco y la hoja de laurel, y cueza 1 minuto. Mezcle con los langostinos.

◆ Distribuya la mezcla en una fuente refractaria poco honda de 2 litros de capacidad. Hornee 20 minutos, o hasta que los langostinos estén opacos. Retire la fuente del horno y tire la hoja de laurel. Espolvoree con el perejil. Acompañe con arroz si lo desea.

Cada ración: unas 210 calorías, 21 g de proteínas, 13 g de hidratos de carbono, 9 g de grasa total (2 g de saturadas), 175 mg de colesterol, 845 mg de sodio

CAZUELA DE MARISCOS Y ARROZ AL AZAFRÁN

Preparación: 35 minutos   Horno: 40 minutos
Para 6 platos principales

450 g de langostinos grandes, crudos
350 g de carne de vieiras grandes
2 cucharaditas de jengibre fresco, muy finamente picado
¼ de cucharadita de copos de chile secos
3 cucharadas de perejil fresco, ligeramente picado
sal
2 cucharadas de aceite vegetal
1 cebolla mediana, cortada a dados
1 pimiento rojo, sin membranas ni semillas, cortado a dados
300 g de arroz de grano largo
400 ml de caldo de pollo
¼ de cucharadita de hebras de azafrán

◆ Pele y retire el conducto intestinal de los langostinos (*véase* pág. 90). Enjuague las vieiras bajo el chorro del agua fría para retirar cualquier resto de arena. Arranque el músculo duro situado a un lado de cada vieira.

◆ Mezcle en un cuenco los langostinos y las vieiras con el jengibre, los copos de chile seco, 2 cucharadas de perejil y ½ cucharadita de sal. Tape la mezcla y refrigérela.

◆ Precaliente el horno a 190 °C (gas 5). Caliente el aceite a fuego moderado-alto en una cacerola refractaria. Agregue la cebolla y el pimiento rojo, y cueza hasta que estén tiernos y crujientes. Mézclelos con el arroz, el caldo, el azafrán, ½ cucharadita de sal y 300 ml de agua. Tape y hornee 20 minutos.

◆ Retire la cacerola del horno. Reserve 6 langostinos y 6 vieiras, y mezcle el resto con el arroz. Adorne la superficie del arroz con los langostinos y las vieiras. Hornee 20 minutos sin tapar, o hasta que todo el líquido haya sido absorbido y el marisco esté opaco. Espolvoree con la cucharada de perejil restante antes de servir.

Cada ración: unas 345 calorías, 26 g de proteínas, 42 g de hidratos de carbono, 7 g de grasa total (1 g de saturadas), 141 mg de colesterol, 870 mg de sodio

CANGREJOS

Si sirve cangrejos enteros, proporcione a sus invitados pinzas para marisco, cuencos de más para los caparazones y abundantes servilletas; además, no exija demasiadas formalidades. Hervir cangrejos azules vivos es una preparación clásica de la cocina americana, pero puede sustituirlos por congelados. Los cangrejos de caparazón blando son una especialidad de la costa oeste de Estados Unidos; su estación se extiende durante los meses veraniegos y, a veces, pueden encontrarse congelados en tiendas especializadas u orientales. La carne de cangrejo blanca enlatada proporciona el sabor auténtico del cangrejo, y ahorra el trabajo de retirar la carne de los caparazones: ideal para los pastelillos de cangrejo.

1 Pique ligeramente las cebollas, el apio y la zanahoria. Corte el limón en rodajas finas. Traslade las cebollas, la zanahoria, el apio y el limón a una olla de 12 litros de capacidad.

2 Agregue el condimento, los copos de chile seco, la cerveza, la sal y 4 litros de agua. Lleve a ebullición a fuego vivo y hierva 15 minutos. Vierta en un colador grande y enjuague los cangrejos con agua fría.

CANGREJOS HERVIDOS

Preparación: 5 minutos Cocción: 20 minutos
Para 4 platos principales

2 cebollas medianas
1 zanahoria mediana
1 tallo de apio mediano
1 limón
100 g del condimento *Old Bay Seasoning* (disponible en comercios especializados, *véase* inferior)

1 cucharada de copos de chile seco
350 ml de cerveza lager
1 cucharada de sal
24 cangrejos azules de caparazón duro
varias mazorcas de maíz (opcional)

3 Añada los cangrejos a la olla; sosténgalos desde atrás con unas pinzas. Cubra bien la olla y lleve el contenido a ebullición a fuego vivo.

4 Hierva 5 minutos, o hasta que los cangrejos se vuelvan rojos. Póngalos a escurrir en el colador. Sírvalos con las mazorcas de maíz si lo desea.

CONDIMENTO *OLD BAY*

Para hervir los cangrejos se emplea tradicionalmente una mezcla muy especiada, denominada *Old Bay Seasoning*, que puede contener chiles picantes, jengibre fresco, hojas de laurel, pimienta de Jamaica, granos de pimienta, etc.
La mezcla de hierbas y especias varía de un establecimiento especializado en productos americanos a otro. Si no la puede encontrar, prepare su propia mezcla; por ejemplo, sal de apio, pimienta de Cayena y mostaza en polvo, mezcladas con unas cuantas de sus hierbas y especias favoritas.

CADA RACIÓN: UNAS 115 CALORÍAS, 23 g DE PROTEÍNAS, 2 g DE HIDRATOS DE CARBONO, 1 g DE GRASA TOTAL (0 g DE SATURADAS), 96 mg DE COLESTEROL, 395 mg DE SODIO

PASTA FINA CON SALSA DE CARNE DE CANGREJO

Preparación: 15 minutos   Cocción: 30 minutos
Para 6 platos principales

1 cucharada de aceite de oliva o vegetal	¼ de cucharadita de pimienta blanca
1 diente de ajo, cortado por la mitad	sal
1 cebolla pequeña, cortada a dados	450 g de carne de cangrejo blanca en lata, desmenuzada
2 tomates pera medianos, sin semillas y cortados a dados	350 g de pasta cabello de ángel o espaguetis finos
450 ml de caldo de pescado	1 cucharada de perejil fresco, picado
2 cucharadas de jerez seco	

◆ Caliente el aceite a fuego moderado en un cazo de 2 litros. Añada el ajo y déjelo hasta que se dore. Sáquelo con una espumadera y tírelo. Añada la cebolla y cuézala 5 minutos, o hasta que esté tierna y dorada. Agregue los tomates, el caldo, el jerez, la pimienta y ¾ de cucharadita de sal, y llévelo a ebullición a fuego vivo. Baje el fuego, tape y cueza 10 minutos a fuego lento. Agregue la carne de cangrejo y mezcle; remueva de vez en cuando. Espere 1 o 2 minutos.

◆ Mientras, prepare la pasta siguiendo las instrucciones del paquete y salando el agua con 2 cucharaditas de sal. Escurra y sirva la pasta en 6 platos, cúbrala con la mezcla de cangrejo y espolvoree con el perejil.

Cada ración: unas 320 calorías, 21 g de proteínas, 47 g de hidratos de carbono, 4 g de grasa total (1 g de saturadas), 45 mg de colesterol, 695 mg de sodio

CANGREJOS DE CAPARAZÓN BLANDO CON SALSA DE LIMÓN Y ALCAPARRAS

Preparación: 15 minutos   Cocción: 10 minutos
Para 4 primeros platos o 2 principales

1 limón pequeño	40 g de mantequilla
2 cucharadas de perejil fresco, picado	4 cucharadas de harina
2 cucharadas de alcaparras en conserva, escurridas	¼ de cucharadita de pimienta negra molida
4 cangrejos vivos, de caparazón blando, de unos 175 g cada uno	40 g de escalonias, muy finamente picadas

◆ Corte ambos extremos del limón. Póngalo de pie sobre la tabla de picar; corte la corteza y la membrana blanca. Corte el limón en rodajas de 5 mm, retire las semillas y luego píquelo finamente. Mezcle el limón, el perejil y las alcaparras, y resérvelos.

◆ Para preparar los cangrejos, haga una incisión horizontal a unos 5 mm detrás de los ojos con unas tijeras de cocina; tire la parte central. Corte la bolsa plana y puntiaguda de la parte inferior. Doble hacia atrás el caparazón superior y arranque las agallas. Enjuague los cangrejos con agua fría y séquelos con papel de cocina.

◆ Derrita 30 g de mantequilla a fuego moderado en una sartén antiadherente de 26 cm. Mientras, extienda la harina sobre un papel sulfurizado y enharine los cangrejos. Agregue los cangrejos

a la sartén, espolvoréelos con la pimienta y cuézalos 8 minutos, dándoles la vuelta una vez, o hasta que estén cocidos. Traspáselos a una fuente de servicio y resérvelos al calor.

◆ Agregue los 10 g de mantequilla restante y las escalonias a la sartén, y cueza 1 minuto. Incorpore la mezcla de limón y caliéntela. Vierta sobre los cangrejos.

Cada ración: unas 250 calorías, 32 g de proteínas, 9 g de hidratos de carbono, 10 g de grasa total (5 g de saturadas), 151 mg de colesterol, 750 mg de sodio

PASTELILLOS DE CANGREJO *RÉMOULADE*

Preparación: 35 minutos   Cocción: 10 minutos
Para 4 platos principales

salsa *rémoulade* (**véase** inferior)	1 cucharadita de mostaza en polvo
45 g de margarina o mantequilla	125 ml de leche
½ cebolla pequeña, rallada	450 g de carne de cangrejo blanca en lata, desmenuzada
1 tallo de apio grande, muy finamente picado	25 g de migas de pan seco
½ pimiento rojo pequeño, sin membranas ni semillas, muy finamente picado	1 cucharada de zumo de limón recién exprimido
1 cucharada de harina	

◆ Prepare la salsa *rémoulade*, tápela y refrigérela. Derrita 15 g de margarina a fuego moderado en un cazo de 3 litros.

◆ Agregue la cebolla, el apio y el pimiento rojo, y cueza, removiendo de vez en cuando, hasta que estén tiernos. Vierta la leche gradualmente y cueza, removiendo, hasta que la preparación se espese. Retire el recipiente del fuego y mezcle el contenido con la carne de cangrejo, el pan rallado y el zumo de limón.

◆ Derrita los 30 g de margarina restante a fuego moderado en una sartén antiadherente de 30 cm. Distribuya 8 montoncitos de la mezcla de cangrejo y aplástelos, formando pastelillos. Cuézalos 10 minutos, o hasta que ambas caras estén doradas. Sírvalos con la salsa.

Cada ración: unas 680 calorías, 24 g de proteínas, 23 g de hidratos de carbono, 55 g de grasa total (9 g de saturadas), 103 mg de colesterol, 1.115 mg de sodio

SALSA *RÉMOULADE*

Mezcle en un cuenco 225 g de mayonesa, 60 g de *ketchup*, 15 g de perejil fresco finamente picado, 1 cucharada de salsa de *raiforte*, 2 cucharaditas de vinagre blanco destilado, 1 cucharadita de corteza de limón rallada y 1 cucharadita de salsa tabasco. Para 375 g.

Langostas y bogavantes

Compre las langostas y los bogavantes el mismo día en que vaya a servirlos y cuézalos vivos (*véase* pág. 92). Deguste su carne simplemente hervida, acompañada con un relleno sencillo, o mézclela con una salsa al curry exótica, para preparar una comida ligera. Utilice los caparazones para aromatizar sopas de pescado.

Bogavante relleno

◆ ◆ ◆ ◆ ◆ ◆ ◆ ◆ ◆ ◆ ◆ ◆

Preparación: 20 minutos
Horno: 12-15 minutos
Para 2 platos principales

2 bogavantes vivos (de 600 g cada uno)
4 rebanadas de pan blanco de la vigilia, desmenuzadas
45 g de margarina o mantequilla
40 g de escalonias, muy finamente picadas
15 g de albahaca fresca, picada
⅛ de cucharadita de sal
⅛ de cucharadita de pimienta negra molida
gajos de limón

EL HÍGADO Y EL CORAL

El hígado verdoso de los bogavantes y las langostas está considerado una exquisitez. La hembra es muy apreciada por sus huevas, *coral*. Cuando están crudas, tienen un color negro, pero una vez cocidas adquieren un tono rojo vivo. El hígado y el coral se pueden comer solos, emplearse en una salsa o preparar una mantequilla aromatizada para extenderla sobre el bogavante o la langosta antes de asarlos.

1 Precaliente el horno a 230 °C (gas 8). Hierva 5 cm de agua a fuego vivo. Añada los bogavantes con la cabeza hacia abajo. Tape y lleve de nuevo a ebullición a fuego vivo; hierva 2 minutos.

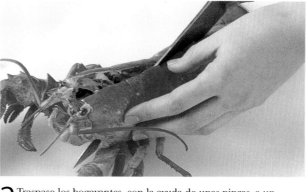

2 Traspase los bogavantes, con la ayuda de unas pinzas, a un colador, para que escurran, y deje que se enfríen ligeramente. Córtelos por la mitad, a lo largo, con un cuchillo de cocinero o unas tijeras de cocina; rompa el caparazón de manera limpia.

3 Con un cuchillo afilado retire y tire el saco de arenilla de la cabeza y el conducto intestinal. Extraiga el hígado verde. Ponga el bogavante, con la parte cortada hacia arriba, en una fuente plana para hornear.

4 Desmenuce el pan en migas finas con la batidora mezcladora o un robot eléctrico provisto de cuchilla metálica. Derrita la margarina a fuego moderado en una sartén de 26 cm. Agregue las escalonias y cuézalas 2 minutos. Retire el recipiente del fuego y mezcle el contenido con el pan rallado, la albahaca, la sal y la pimienta. Distribuya el relleno en las cavidades y colas de los bogavantes, y hornee entre 12 y 15 minutos, o hasta que la carne esté opaca. Acompañe con gajos de limón.

CADA RACIÓN: UNAS 560 CALORÍAS, 58 g DE PROTEÍNAS, 30 g DE HIDRATOS DE CARBONO, 22 g DE GRASA TOTAL (4 g DE SATURADAS), 270 mg DE COLESTEROL, 605 mg DE SODIO

CURRY DE BOGAVANTE CON LECHE DE COCO

Preparación: 20 minutos   Cocción: 20 minutos
Para 4 platos principales

2 bogavantes vivos (600-750 g
   cada uno)
2 limas
15 g de margarina o mantequilla
1 cebolla pequeña, finamente
   picada
2 cucharaditas de jengibre fresco,
   finamente picado
⅛- ¼ de cucharadita de pimienta
   de Cayena

400 ml de leche de coco en lata
1 zanahoria mediana, rallada
½ cucharadita de sal
60 g de tirabeques, cortados
   en tiras finas como cerillas
15 g de albahaca fresca,
   finamente picada
arroz de jazmín u otra variedad
   de grano largo, cocido y
   caliente (opcional)

◆ Cueza los bogavantes y retire la carne (*véase* pág. 92); luego, píquela.

◆ Corte unas tiras finas de la corteza de la lima con un mondador de hortalizas; resérvelas. Exprima 2 cucharadas de zumo de lima en un cuenco pequeño.

◆ Derrita la margarina en un cazo de 3 litros a fuego moderado. Agregue la cebolla picada y cueza 5 minutos, removiendo a menudo, o hasta que esté tierna. Agregue el jengibre y la pimienta de Cayena, y cueza 30 segundos más.

◆ Vierta la leche de coco y agregue la zanahoria rallada, la sal y la corteza de lima; lleve a ebullición. Añada la carne del bogavante, el zumo de lima y los tirabeques, y caliéntelos en la salsa. Retire del fuego y mezcle con la albahaca picada. Sirva sobre arroz si lo desea.

Cada ración: unas 420 calorías, 30 g de proteínas, 16 g de hidratos de carbono, 28 g de grasa total (22 g de saturadas), 135 mg de colesterol, 325 mg de sodio

CLUB SÁNDWICH DE BOGAVANTE

Preparación: 15 minutos   Cocción: 12 minutos
Para 2 platos principales

1 bogavante vivo (600-750 g)
60 g de mayonesa
2 cucharaditas de estragón fresco,
   picado
1 cucharadita de zumo de limón
   recién exprimido
⅛ de cucharadita de pimienta
   negra molida

6 rebanadas finas de pan *brioche*,
   tostadas
½ aguacate, finamente cortado
4 lonchas de beicon, cocidas
   hasta que estén bien crujientes
   y escurridas
4 rodajas de tomate
2 hojas de lechuga

◆ Cueza los bogavantes y retire la carne (*véase* pág. 92); luego, píquela y póngala en un cuenco pequeño.

◆ Mezcle la mayonesa, el estragón picado, el zumo de limón y la pimienta negra en otro cuenco pequeño, y agregue una cucharada de esta preparación a la carne de bogavante preparada. Extienda el resto de la mezcla sobre una cara de las rebanas de *brioche* tostadas.

◆ Coloque el aguacate sobre 2 rebanadas; cúbralo con el beicon y, después, con el tomate. Coloque la lechuga sobre otras 2 rebanadas y cubra con la mezcla de bogavante. Póngalas sobre la capa de aguacate. Cubra con el resto de las rebanadas.

Cada ración: unas 710 calorías, 40 g de proteínas, 47 g de hidratos de carbono, 41 g de grasa total (8 g de saturadas), 196 mg de colesterol, 765 mg de sodio

BISQUE DE BOGAVANTE

Preparación: 15 minutos   Cocción: 1¼ horas
Para unos 1,2 litros o 4 primeros platos

30 g de margarina o mantequilla
1 cebolla mediana, picada
1 zanahoria mediana, picada
1 tallo de apio mediano, picado
1 diente de ajo, muy finamente
   picado
3 cucharadas de tomate
   concentrado
los caparazones y las cabezas de
   4 bogavantes cocidos al vapor
2 cucharadas de brandy

450 ml de caldo de pollo,
   o el líquido en que se cocieron
   los bogavantes al vapor
3 ramitas de perejil
⅛ de cucharadita de tomillo
   seco
una pizca de nuez moscada
una pizca de pimienta de Cayena
175 ml de crema de leche, espesa
3 cucharadas de harina
rebanadas de pan francés (opcional)

◆ Derrita la margarina a fuego moderado en una olla de 12 litros. Agregue la cebolla, el apio, la zanahoria y el ajo, y cuézalos 5 minutos. Mezcle con el tomate concentrado.

◆ Suba el fuego, añada los caparazones y cueza 5 minutos; remueva de vez en cuando. Agregue el brandy y cuézalo hasta que se evapore. Vierta el caldo de pescado, el perejil, el tomillo, la nuez moscada, la pimienta de Cayena y 1 litro y medio de agua. Lleve a ebullición. Reduzca el fuego y cueza 30 minutos.

◆ Cuele la sopa y deseche los caparazones de bogavante y las hortalizas. Traspase la sopa a una cacerola y hiérvala a fuego vivo entre 10 y 15 minutos, o hasta que se reduzca a 1,2 litros. Ponga la crema en un cuenco pequeño y bátala con la harina, hasta obtener una mezcla lisa. Vierta esta preparación sobre la sopa, póngala a hervir de nuevo y bátala sin cesar. Reduzca el fuego y cueza 2 minutos. Sirva la *bisque* con rebanadas de pan francés si lo desea.

Cada ración: unas 280 calorías, 3 g de proteínas, 14 g de hidratos de carbono, 22 g de grasa total (11 g de saturadas), 61 mg de colesterol, 440 mg de sodio

5

P ESCADOS

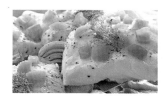

Pescados CONOCIMIENTOS BÁSICOS

El pescado es cada vez más popular, lo que se debe, en parte, a la gran oferta disponible en pescaderías y supermercados.

El reconocimiento de su valor nutritivo continúa creciendo: el pescado es una fuente rica en proteínas, vitaminas y minerales, y además tiene un contenido relativamente bajo en grasas y calorías. Incluso los pescados grasos, como el atún o el salmón, encierran sólo un 15 % de grasa, mucho menos que la mayoría de las carnes, mientras que los pescados blancos, como el bacalao y el eglefino, contienen menos del 2 %. El pescado es un alimento delicado y su frescura resulta un elemento muy importante. Recuerde la regla de oro: no lo cueza en exceso.

CONOZCA LOS PESCADOS

Los pescados se dividen generalmente en dos categorías: redondos y planos. Cada grupo tiene estructuras óseas diferentes, por lo que se preparan y cortan de forma distinta.

Pescados redondos. Éstos presentan un cuerpo redondeado y carnoso, y los ojos están situados a ambos lados de la cabeza. La espina dorsal corre a lo largo del centro del pescado, y separa dos filetes gruesos, situados a cada lado. Los pescados redondos se cortan, normalmente, en filetes o rodajas.

Filete de *red snapper*

Red snapper

Pescados planos. Casi de dos dimensiones, los pescados planos tienen los ojos en el mismo lado de la cabeza. La espina dorsal corre a lo largo del centro del pescado, y dos líneas de espinas se despliegan a cada lado; esta estructura ósea separa los filetes superiores de los inferiores. Los pescados planos se cortan en filetes, pero si son muy grandes, en rodajas.

Mendo limón

Filete de mendo limón

CANTIDADES POR RACIÓN

FORMA EN QUE SE VENDE	CUÁNTO COMPRAR
ENTERO Pescado que no se ha preparado y se vende intacto, con la cabeza, las escamas, las aletas y las tripas.	450 g por persona
PREPARADO Y DESCAMADO Pescado entero que ha sido destripado y al que se le han retirado las agallas.	450 g por persona
PREPARADO, DESCAMADO Y DESCABEZADO Pescado entero, destripado y descamado, al que se le han retirado las agallas, las aletas, la cabeza y la cola. (Los pescados pequeños preparados de esta forma pueden conservar la cola.)	225-450 g por persona
RODAJAS Cortes horizontales, de entre 2 y 4,5 cm de grosor, de pescados grandes, que, por lo general, contienen una sección de la espina dorsal y la piel. Si se trata de pescados muy grandes, como el pez espada o el atún, normalmente las rodajas se deshuesan, e incluso se pelan.	125-225 g por persona
FILETES Costados carnosos, situados a los lados de la espina dorsal de los pescados. Los filetes se venden deshuesados y pueden haberse o no pelado. Aunque se ofrecen normalmente por piezas, a veces se venden filetes planos y abiertos de un pescado al que se le ha retirado la espina dorsal; en este caso, se sujetan por la piel.	125-225 g por persona

COMPRAR PESCADO FRESCO

• Compre el pescado fresco en un comercio solvente, ya sea pescadería o supermercado, y que tenga mucha salida. El pescado debe exponerse sobre hielo en un mostrador refrigerado. No debe haber líquido dentro de las cajas en que se expongan los pescados.

• La frescura del pescado debe notarse también por el aroma a limpio: evite los ejemplares que desprendan un fuerte olor a pescado.

• Si compra un pescado entero, los ojos deben ser vivos, llenos y brillantes (si los ojos parecen hundidos o nublados, el pescado es viejo) y la piel ha de tener un color brillante y las escamas bien apretadas. La carne debe sentirse firme al tacto y recuperar la posición inicial al presionarla con un dedo. Las agallas deben mostrar un color rosa o rojo brillante, ni marrón ni un tono apagado, y no han de presentar trazas de mucílago blanco. La cola no debe parecer seca ni curvada.

• Los filetes y rodajas de pescado han de estar cortados limpiamente, sin que los extremos aparezcan desgarrados. Compruebe que la carne sea jugosa, que no esté especialmente húmeda y que no presente signos de sequedad o decoloración. La carne debe ser densa; no ha de estar escamosa ni presentar separaciones visibles.

Los filetes deben parecer recién cortados y mostrar una apariencia casi translúcida más que opaca. Las espinas visibles deben permanecer firmemente ancladas en la carne.

• Al escoger un pescado ahumado, su aroma debe ser suave y no acre, y su carne jugosa, de color pálido, lustrosa y de aspecto fresco.

CONSERVAR EL PESCADO FRESCO

• Una vez que haya comprado el pescado, es importante que llegue a su casa en buenas condiciones. Si va a recorrer cierta distancia o la temperatura es muy alta, póngalo en una bolsa para congelados o empaquételo con hielo.

• Para guardar el pescado fresco, enjuáguelo, séquelo, póngalo en una fuente plana, cúbralo y guárdelo en la parte más fría de la nevera (1-5 °C). Es aconsejable consumir el pescado fresco en el plazo de un día.

• Guarde siempre el pescado en la nevera hasta que vaya a cocinarlo. Las bacterias pueden multiplicarse a temperatura ambiente. No lo deje fuera de la nevera mientras prepara el resto de ingredientes.

• No conserve el pescado sin eviscerar; las bacterias de las tripas se multiplican fácilmente y estropean el pescado con rapidez.

• Si congela sobras de pescado fresco debe saber que, los congeladores domésticos no son nunca tan fríos como los comerciales y que pueden estropear el sabor y la textura del pescado. Esto se debe a la formación lenta de cristales de hielo durante el proceso de congelación.

• Si tiene que congelarlo, asegúrese de que sea extremadamente fresco y de alta calidad. Lávelo y séquelo; luego, envuélvalo cuidadosamente en bolsas o en papel para congelar, y congélelo hasta 3 meses.

• Los pescados provistos de piel, ya sean enteros (eviscerados), o en forma de rodajas o filetes, se congelan mejor porque la piel protege la carne de los efectos secantes del congelador. (*Véase* apartado siguiente para descongelar o cocer los pescados congelados.)

COMPRAR, UTILIZAR Y CONSERVAR EL PESCADO CONGELADO

• Los envoltorios del pescado crudo congelado deben estar herméticamente cerrados y sin roturas; la carne congelada ha de ser sólida y sin cristales de hielo visibles. Los pescados que presentan partes blancas o descoloridas pueden haberse quemado por efecto del frío o haberse deteriorado; no debe detectarse ningún olor.

• No conserve más de tres meses el pescado congelado.

• En muchos casos, el pescado congelado puede cocerse en este estado; sólo hay que calcular unos minutos más de cocción.

• La mejor manera de descongelar el pescado consiste en dejarlo en la nevera toda la noche. con la envoltura original, sobre un plato, para recoger el líquido. Una vez descongelado, se abre el paquete, se escurre bien el pescado y se seca con papel de cocina antes de cocinarlo. No lo descongele con agua, pues perdería nutrientes valiosos, y su textura y sabor quedarían afectados.

• No descongele el pescado a temperatura ambiente a no ser que lo vaya a emplear tan pronto como esté descongelado. Si lo deja en un ambiente cálido, las bacterias pueden multiplicarse.

• No vuelva a congelar nunca un pescado congelado a no ser que ya se haya cocido.

DESCAMAR UN PESCADO ENTERO

Los pescados frescos grandes ya se venden generalmente preparados y descamados, pero algunos precisan un repaso adicional. Descamar un pescado puede ser una operación un tanto sucia, por lo que es preferible trabajar sobre papel de periódico o cerca del fregadero. Enjuague frecuentemente el pescado bajo un chorro de agua fría para facilitar el descamado. Utilice el dorso de un cuchillo o un descamador de pescado.

Sostenga firmemente el pescado por la cola (pase los dedos por sal gruesa o cójalo mediante servilletas de papel para agarrarlo con facilidad). Coloque la parte contraria al filo de un cuchillo en ángulo recto con el cuerpo, y raspe hacia la cabeza para retirar las escamas. Dé la vuelta al pescado y repita la operación por el otro lado.

DESPELLEJAR UN FILETE DE PESCADO

Tanto los filetes de los pescados redondos como los de los planos se despellejan de la misma forma; el proceso no es difícil. Utilice un cuchillo de hoja larga; una hoja bien afilada resulta esencial. Antes de empezar, pase los dedos por sal gruesa para un mejor agarre, o sostenga el final de la cola con papel de cocina.

1 Coloque el filete con la piel hacia abajo sobre una tabla para picar. Practique una pequeña incisión, a través de la piel, en la base de la cola; luego, desprenda la carne de la piel con ayuda del cuchillo.

2 Levante la piel del extremo de la cola. Sostenga el cuchillo formando un ángulo de 45° con la piel, y deslícelo entre la piel y la carne con un movimiento similar al de la sierra.

LAS CLAVES DEL ÉXITO

• El pescado queda mejor si se cuece brevemente. Si se cuece en exceso, la carne se endurece y se separa; además el sabor puede arruinarse.

• El pescado está cocido tan pronto como la carne deja de ser translúcida y se vuelve uniformemente opaca. Recuerde que el pescado continúa cociéndose una vez se ha retirado del fuego.

• Compruebe que las rodajas y los filetes estén cocidos insertando la punta de un cuchillo en la parte más gruesa para separar suavemente la carne, cuya superficie debe estar por completo opaca.

• En el caso de los pescados enteros, inserte la punta de un cuchillo en la espina dorsal para comprobar que la carne está opaca.

• Para que los filetes de pescado se cuezan uniformemente, esconda el extremo fino por debajo para darles un grosor uniforme.

• Para estimar el tiempo de cocción de los pescados enteros, rellenos o enrollados, así como el de filetes y rodajas, use la regla de los 10 minutos. Cuente 10 minutos de cocción por cada 2,5 cm de grosor. Los pescados salseados o congelados requieren más tiempo (*véase* la tabla inferior). (No emplee esta regla con el microondas o la freidora, pues estos métodos de cocción son mucho más rápidos.) Utilice la regla sólo como guía y compruebe que el pescado está cocido justo antes del tiempo de cocción indicado.

Para determinar el tiempo de cocción, mida el pescado por la parte más gruesa. Luego, decida el tiempo según el cuadro.

TIEMPOS DE COCCIÓN

Pescado fresco	10 minutos por 2,5 cm
Pescado fresco salseado	15 minutos por 2,5 cm
Pescado congelado	20 minutos por 2,5 cm

AROMATIZANTES FANTÁSTICOS

No es necesario cubrir un pescado con una salsa opulenta para proporcionarle sabor. Aquí se indican algunos métodos sencillos para obtener sabores interesantes.

Ponga un poco de limón u otro cítrico. Cubra los filetes de pescado con rodajas de limón finas antes de hornearlo, añada gajos de cítricos al líquido del escalfado, o bien sirva el pescado cocido con un chorrito de zumo de limón para darle un sabor fresco.

Para un sabor mexicano, añada unos dados de aguacate y cilantro fresco picado a una salsa ya preparada. Acompáñela con pescado a la parrilla.

Para una alternativa baja en grasas, mezcle mostaza en grano, un puñado de alcaparras y un poco de cebolla tierna picada con un yogur descremado o mayonesa con bajo contenido en grasas.

Para un estilo oriental, marine las rodajas de pescado en aceite, vinagre, salsa de soja, jerez y jengibre fresco rallado antes de cocerlas.

Para un toque indio, prepare una mezcla con especias indias y frote con ella la piel de un pescado entero. Rocíelo con un poco de aceite antes de hornearlo o asarlo al *grill*.

SUSTITUIR UN PESCADO POR OTRO

Cuando desee probar una receta pero no disponga del pescado que en concreto se indica, no debe preocuparse. Sustituir un pescado por otro es casi siempre una opción válida; además, de esta forma, sus recetas serán mucho más variadas.

El pescado, un alimento de bajo contenido en grasas, se divide en categorías que tienen que ver con la cantidad de sustancias grasas que presentan. Al cambiar un pescado por otro, elija uno que esté dentro de la misma categoría grasa que el que se indica en la receta (*véase* tabla inferior). Antes de tomar una decisión, considere también el sabor y textura del pescado. La mayoría de filetes finos de pescado blanco tienen un sabor suave y una consistencia escamosa. Si una receta aconseja el empleo de rodajas, es preferible utilizar este corte, aunque también pueden usarse filetes de carne firme.

Pescados blancos. La mayoría de los pescados ya preparados entran dentro de esta categoría. El pescado de más bajo contenido en grasas, o pescado blanco, tiene la textura más delicada y el sabor más suave. Su contenido graso puede ser tan sólo del 2,5 %, ya que este tipo de sustancias se encuentran concentradas en el hígado, que generalmente no se come.

Pescados moderadamente grasos. Dentro de esta categoría se incluyen los pescados con un contenido en grasas de aproximadamente el 6 %. Tienen una textura moderadamente firme y un sabor algo neutro.

Pescados grasos. El contenido medio en grasas de estos pescados es del 12 %, pero varía con la estación; puede alcanzar el 20 %. La grasa se encuentra distribuida por toda la carne, por lo que tiene un sabor más fuerte y una textura carnosa. Los pescados grasos son ricos en aceites omega-3. A diferencia de las grasas saturadas de la carne, los aceites omega-3 son un tipo de grasas poliinsaturadas que reducen el riesgo de padecer enfermedades coronarias.

SUSTITUIR LOS PESCADOS

MAGROS	MODERADOS	GRASOS
Besugo	Lubina	Anguila
Rémol	Siluro	Arenque
Bacalao	Pardete	Caballa
Abadejo	Pez espada	Salmón
Limanda		Sardina
Eglefino		Peje rey
Merluza		Espadín
Fletán		Trucha
Hoki		Sardineta
Gato		Albacora
Rape		
Juliana		
Red snapper		
Raya		
Lenguado		
Rodaballo		
Merlán		

PESCADO ASADO AL *GRILL*

El salmón, el atún y el pez espada son ricos en aceites naturales, lo que significa que se mantienen jugosos y tiernos cuando se cuecen rápidamente al calor del *grill*. Si los pincela con una salsa antes de asarlos, les aportará sabor. Puede dejar la piel para manejarlos con más facilidad; si lo desea, antes de servir, retírela o recórtela con un cuchillo.

SALMÓN CON SALSA DE ENELDO Y ALCAPARRAS

◆◆◆◆◆◆◆◆◆◆◆◆

Preparación: 10 minutos
Grill: 10 minutos
Para 6 platos principales

aceite vegetal

1 manojo pequeño de eneldo fresco

2 cucharadas de zumo de limón

45 g de alcaparras en conserva, picadas

2 cucharaditas de azúcar

2 cucharaditas de pasta de anchoas

1 filete de salmón (unos 900 g) con la piel

¼ de cucharadita de sal

rodajas de limón para adornar

patatas salteadas (opcional)

1 Precaliente el *grill* y engrase la rejilla. Prepare la salsa: pique 2 cucharadas de eneldo y mézclelo con el zumo de limón y los 3 ingredientes siguientes en un cuenco pequeño.

2 Coloque el filete de salmón con la piel hacia abajo sobre la superficie en que vaya a trabajar. Retire con unas pinzas cualquier resto de espinas. Sale solamente la cara carnosa del filete.

PASTA DE ANCHOAS

La pasta de anchoas que se vende en tubos tiene un sabor ligeramente más suave que los filetes de anchoa enteros. Se prepara machacando anchoas saladas con vinagre y especias, y tiene muchos usos como condimento. Utilícela para realzar la salsa de eneldo y alcaparras de esta página; mézclela con mantequilla o margarina para cubrir rodajas de pescado asado, o con mojos y aliños, o añádala a las salsas de tomate para la pasta. Como guía, ½ cucharadita de pasta de anchoas equivale a 1 filete de anchoa.

3 Coloque el salmón sobre la rejilla del *grill* y pincele la cara carnosa con la salsa. Colóquelo a entre 10 y 15 cm de la fuente de calor. Áselo 10 minutos al *grill* sin darle la vuelta, o hasta que la carne esté completamente opaca. Córtelo en 6 trozos. Adórnelo con las ramitas de eneldo y las rodajas de limón, y sírvalo, si lo desea, acompañado de patatas salteadas.

CADA RACIÓN: UNAS 195 CALORÍAS, 31 g DE PROTEÍNAS, 3 g DE HIDRATOS DE CARBONO, 6 g DE GRASA TOTAL (1 g DE SATURADAS), 80 mg DE COLESTEROL, 680 mg DE SODIO

SALMÓN CON SALSA DE TOMATE Y MAÍZ

Preparación: 10 minutos **Grill:** *6-7 minutos*
Para 4 platos principales

2 mazorcas de maíz, peladas

1 cucharada de aceite de oliva

1 cebolla roja pequeña, picada

¼ de cucharadita de sal

1 tomate mediano, cortado a dados

125 g de chiles verdes suaves en conserva, escurridos y picados

2 cucharadas de perejil fresco, picado

2 cucharadas de zumo de limón recién exprimido

1 cucharadita de azúcar

4 filetes de salmón (unos 175 g cada uno) con la piel

1 cucharada de salsa Teriyaki embotellada

½ cucharadita de pimienta negra, ligeramente molida

◆ Precaliente el *grill* y engrase la placa. Prepare la salsa de tomate y maíz, y corte los granos de maíz de la mazorca.

◆ Caliente el aceite a fuego moderado en un cazo de 1 litro. Agregue la cebolla, el maíz y la sal, y cueza hasta que la cebolla esté blanda.

◆ Agregue el tomate, los chiles, el perejil, el zumo de limón y el azúcar, y caliente bien. Reserve al calor.

◆ Coloque los filetes de salmón con la piel hacia abajo sobre la placa del *grill.* Pincélelos con la salsa Teriyaki y espolvoréelos con la pimienta negra. Ponga la placa lo más cerca posible del *grill* y ase los filetes 6 o 7 minutos, sin darles la vuelta; han de adquirir un tono opaco marrón dorado. Sírvalos con la salsa de tomate y maíz.

Cada ración: unas 295 calorías, 36 g de proteínas, 16 g de hidratos de carbono, 9 g de grasa total (1 g de saturadas), 88 mg de colesterol, 530 mg de sodio

FLETÁN CON TOMATES AL PARMESANO

Preparación: 10 minutos **Grill:** *14 minutos*
Para 4 platos principales

2 tomates medianos

2 cucharadas de pan rallado seco

15 g de queso parmesano recién rallado

1 cucharada de perejil fresco, picado

60 g de mayonesa

1 rodaja de fletán, de 4 cm de grosor, pelada

1 cucharada de tomates secados al sol en aceite

ramitas de perejil y gajos de limón para adornar

◆ Precaliente el *grill.* Corte los tomates por la mitad. Ponga las mitades sobre la placa del *grill* con la parte cortada hacia arriba.

◆ Mezcle el pan rallado, el perejil y el queso en un cuenco pequeño, y espárzalos sobre los tomates.

◆ Coloque la rodaja de fletán sobre la placa al lado de los tomates. Póngala a unos 15 cm de la fuente de calor y ase 6 minutos. Mientras, mezcle en un cuenco la mayonesa con los tomates secados al sol.

◆ Dé la vuelta al pescado y cubra holgadamente los tomates con papel de aluminio para evitar que se quemen. Ase 6 minutos más bajo el *grill,* o hasta que el pescado esté completamente opaco.

◆ Retire la placa del *grill* y extienda la mezcla de mayonesa sobre el pescado. Continúe asándolo hasta que la superficie esté dorada.

◆ Para servir, coloque el fletán y los tomates en una fuente, y adórnelos con el perejil y los gajos de limón.

Cada ración: unas 290 calorías, 31 g de proteínas, 6 g de hidratos de carbono, 15 g de grasa total (2 g de saturadas), 54 mg de colesterol, 235 mg de sodio

SALMÓN A LAS CINCO ESPECIAS

Preparación: 5 minutos   **Grill:** *6-7 minutos*
Para 4 platos principales

2 cucharaditas de cinco especias chinas, en polvo

1 cucharadita de harina

½ cucharadita de sal

¼ de cucharadita de pimienta negra, machacada

4 cortes de filete de salmón (unos 125 g cada uno) con la piel

◆ Precaliente el *grill* y engrase la placa. Mezcle en un cuenco pequeño las cinco especias chinas con la harina, la sal y la pimienta. Frote con la mezcla los lados carnosos del pescado.

◆ Ponga los filetes de salmón con la piel hacia abajo sobre la placa del *grill,* y colóquela lo más cerca posible de la fuente de calor; ase los filetes 6 o 7 minutos, sin darles la vuelta; el salmón debe quedar completamente opaco.

Cada ración: unas 155 calorías, 23 g de proteínas, 1 g de hidratos de carbono, 6 g de grasa total (1 g de saturadas), 59 mg de colesterol, 370 mg de sodio

---

CINCO ESPECIAS CHINAS

Las especias en polvo se utilizan ampliamente en la cocina china, y concretamente un preparado de cinco especias, que normalmente incluye canela, clavos, semillas de hinojo, anís estrellado y pimienta de Sichuan (fagara), molidos en polvo fino. Esta mezcla se encuentra en los comercios especializados en productos de alimentación orientales y en algunos supermercados, y varía ligeramente según el establecimiento.
La mezcla aporta un sabor acre a las carnes cocidas con salsa roja y a las aves (cerdo, buey, pollo o pato, cocidos lentamente con salsa de soja y jengibre). También se emplea en adobos y salsas para mojar. A veces las especias enteras se ponen dentro de una bolsa de muselina y se atan como si se tratara de un ramillete de hierbas; se añaden a platos de cocción lenta para que impartan su sabor. La bolsita se tira antes de servir el plato.

Pez espada a la griega

Preparación: 10 minutos **Grill**: *8 minutos*
Para 4 platos principales

4 rodajas de pez espada, de 2 cm
  de grosor (unos 175 g cada
  una), despellejadas
1 cucharada de aceite de oliva
400 g de tomates enlatados
1 cucharadita de orégano seco

1 tomate mediano, picado
25 g de queso Feta desmenuzado
40 g de aceitunas negras
  deshuesadas, cortadas
  en rodajas

◆ Precaliente el *grill* y engrase la placa. Pincele ambas caras de las rodajas de pez espada con aceite de oliva, y dispóngalas sobre la placa.

◆ Coloque la placa lo más cerca posible del *grill* y ase las rodajas 8 minutos o hasta que el pescado esté completamente opaco; déles la vuelta una vez.

◆ Mientras, lleve a ebullición a fuego moderado-alto, los tomates con la cucharadita de orégano seco en un cazo de 2 litros; hierva unos 5 minutos, o hasta que el contenido se espese ligeramente.

◆ Distribuya los tomates con el orégano seco en 4 platos calientes; cubra con las rodajas de pez espada. Espolvoree con el tomate picado, el queso y las aceitunas.

Cada ración: unas 295 calorías, 36 g de proteínas, 6 g de hidratos de carbono, 13 g de grasa total (3 g de saturadas), 72 mg de colesterol, 480 mg de sodio

Pez espada al tomillo

Preparación: 5 minutos **Grill**: *8 minutos*
Para 4 platos principales

4 rodajas de pez espada, de 2 cm
  de grosor (unos 175 g cada
  una), despellejadas
1 cucharadita de tomillo fresco
¾ de cucharadita de sal

½ cucharadita de pimienta negra,
  ligeramente molida
2 cucharaditas de aceite de oliva
tomillo o ramitas de perejil para
  adornar

◆ Precaliente el *grill*. Coloque las rodajas de pez espada sobre papel de pergamino y espolvoree ambas caras con tomillo, sal y pimienta negra.

◆ Coloque el pescado sobre la placa del *grill* y rocíelo con ½ cucharadita de aceite de oliva.

◆ Coloque la placa lo más cerca posible de la fuente de calor y ase el pescado 8 minutos, sin darle la vuelta, o hasta que esté completamente opaco. Sírvalo acompañado con unas cuantas ramitas de tomillo o de perejil.

Cada ración: unas 225 calorías, 34 g de proteínas, 0 g de hidratos de carbono, 9 g de grasa total (2 g de saturadas), 66 mg de colesterol, 550 mg de sodio

Pez espada relleno con tomates secados al sol

Preparación: 15 minutos **Grill**: *11-13 minutos*
Para 4 platos principales

2 cucharadas de tomates secados
  al sol en aceite, escurridos y
  finamente picados (producto
  envasado)
1 cucharadita de corteza de
  limón, rallada
4 rodajas de pez espada, de 2
  o 3 cm de grosor (unos 175 g
  cada una), despellejadas

30 g de mantequilla o margarina,
  ablandada
2 cucharadas de perejil fresco,
  picado
¼ de cucharadita de sal
rodajas de limón finas para
  adornar
pasta hervida (opcional)

◆ Precaliente el *grill*. Reserve 2 cucharaditas de los tomates secados al sol picados y ½ cucharadita de la corteza de limón para la cobertura. Mezcle en un cuenco el resto de los tomates con la corteza de limón.

◆ Corte cada rodaja de pez espada por la mitad en sentido horizontal, pero sin llegar al extremo opuesto, de manera que se forme una bolsa. Extienda parte de la mezcla de tomates en cada una.

◆ Coloque las rodajas de pescado sobre la placa del *grill*. Sitúela lo más cerca posible de la fuente de calor y ase las 4 rodajas 5 minutos. Déles la vuelta y ase entre 5 y 7 minutos más, o hasta que el pescado esté perfectamente opaco.

◆ Mientras, mezcle en un cuenco pequeño la mantequilla, el perejil, la sal, los tomates secados al sol reservados y la corteza de limón. Extienda la mezcla de perejil sobre las superficies de las rodajas de pez espada y áselas 1 minuto más. Adorne con las rodajas de limón y acompañe con pasta si lo desea.

Cada ración: unas 265 calorías, 34 g de proteínas, 1 g de hidratos de carbono, 13 g de grasa total (4 g de saturadas), 82 mg de colesterol, 360 mg de sodio

Ensalada de atún fresco y hortalizas

Preparación: 35 minutos Grill: *8 minutos*
Para 4 platos principales

8 cucharadas de aceite vegetal

750 g de patatas, peladas y cortadas en trozos de 4 cm

1 cebolla mediana, picada

2 calabacines medianos, cortados en trozos de 4 cm

1½ cucharaditas de romero fresco, o ½ cucharadita de seco, desmenuzado

2 rodajas de atún, de 2 cm de grosor (unos 225 g cada una), despellejadas

2 cucharadas de tomates secados al sol en aceite, picados, y 2 cucharadas del aceite reservado

3 cucharadas de vinagre de vino blanco

sal y pimienta negra molida

1½ cucharaditas de azúcar

hojas de lechuga

2 tomates medianos, cortados en trozos pequeños

◆ Caliente 3 cucharadas de aceite a fuego moderado en una sartén de 30 cm de diámetro. Agregue las patatas, la cebolla, ½ cucharadita de sal y ¼ de cucharadita de pimienta; tape y cueza unos 20 minutos, removiendo de vez en cuando, o hasta que las patatas estén tiernas y doradas. Traslade la totalidad de la mezcla a un cuenco.

◆ Caliente una cucharada de aceite a fuego moderado-alto en la misma sartén. Agregue los calabacines, el romero y ¼ de cucharadita de sal, y cueza hasta que los calabacines estén ligeramente dorados, tiernos y crujientes. Traspáselos a otro cuenco.

◆ Precaliente el *grill*. Coloque el atún sobre la placa. Vierta el aceite reservado de los tomates en una taza y pincele la parte superior de las rodajas de atún con el aceite. Salpimiente ligeramente.

◆ Ponga la placa lo más cerca posible del *grill* y ase el atún 4 minutos. Dé la vuelta a las rodajas y pincélelas con el resto del aceite; salpiméntelas y áselas 4 minutos más, o hasta que tengan un tono rosa pálido en el centro. Luego, inserte la punta de un cuchillo para cerciorarse de que se encuentran en el punto de cocción deseado.

◆ Mientras, prepare la vinagreta; bata el vinagre de vino blanco, el azúcar, las 4 cucharadas restantes de aceite vegetal, ¾ de cucharadita de sal y ¼ de cucharadita de pimienta en un cuenco pequeño hasta que todos los ingredientes estén bien mezclados y amalgamados.

◆ Para montar la ensalada, desmenuce las rodajas de atún con un tenedor. Coloque las hojas de lechuga en una fuente grande y ponga encima el atún, los trozos de tomate, la mezcla de patatas y los calabacines. Esparza los tomates secados al sol sobre el atún. Rocíe la vinagreta sobre la ensalada. Sirva la ensalada a temperatura ambiente.

Cada ración: unas 795 calorías, 32 g de proteínas, 48 g de hidratos de carbono, 54 g de grasa total (10 g de saturadas), 43 mg de colesterol, 875 mg de sodio

Atún a la siciliana

Preparación: 30 minutos, más enfriamiento Grill: *8 minutos*
Para 8 platos principales

4 filetes de anchoas, picados

1 diente de ajo, muy finamente picado

¼ de cucharadita de tomillo seco

⅛ de cucharadita de pimienta negra molida

6 cucharadas de aceite de oliva

5 cucharadas de zumo de limón recién exprimido

8 rodajas de atún, de unos 2 cm de grosor (unos 125 g cada una), despellejadas

1 tallo de apio grande, cortado en rodajas

3 tomates pera medianos, cortados a dados

2 cebollas tiernas, cortadas en rodajas

45 g de aceitunas negras deshuesadas, cortadas en rodajas finas

2 cucharadas de alcaparras en conserva, escurridas y picadas

15 g de albahaca fresca, picada

Mezcle las anchoas, el ajo, el tomillo, la pimienta, 3 cucharadas de aceite y 3 cucharadas de zumo de limón en una fuente no metálica. Agregue el atún y déle unas vueltas para recubrirlo con la mezcla. Refrigérelo 45 minutos, como mínimo. Precaliente el *grill*. Caliente las 3 cucharadas de aceite restante a fuego moderado en un cazo de 2 litros. Agregue el apio y cueza 5 minutos. Incorpore los tomates pera, las cebollas tiernas, las aceitunas y las alcaparras, y cueza 5 minutos. Mezcle con la albahaca y el resto del zumo de limón; reserve al calor. Mientras, coloque el atún sobre la placa del *grill*. Áselo 8 minutos lo más cerca posible de la fuente de calor; déle la vuelta una vez. Al insertar un cuchillo debe presentar un tono rosa pálido en el centro, si lo desea en su punto; si no, áselo hasta alcanzar el grado de cocción deseado. Acompáñelo con la salsa.

Cada ración: unas 275 calorías, 28 g de proteínas, 3 g de hidratos de carbono, 17 g de grasa total (3 g de saturadas), 44 mg de colesterol, 220 mg de sodio

Bacalao con tomates encurtidos

Preparación: 10 minutos Grill: *6-8 minutos*
Para 4 platos principales

3 cucharaditas de aceite vegetal

1 cebolla mediana, cortada a dados

800 g de tomates enlatados, escurridos y cortados a cuartos

60 ml de vinagre de vino tinto

2 cucharadas de azúcar moreno

sal

4 filetes de bacalao (unos 175 g cada uno), despellejados

¼ de cucharadita de pimienta negra, ligeramente molida

Prepare el condimento de tomate: caliente 2 cucharaditas de aceite a fuego moderado en un cazo de 2 litros. Agregue la cebolla y 2 cucharadas de agua, y cueza 10 minutos, o hasta que la cebolla esté tierna y dorada. Incorpore los tomates, el vinagre, el azúcar moreno y ¼ de cucharadita de sal; lleve a ebullición a fuego vivo. Continúe la cocción entre 10 y 15 minutos, removiendo a menudo, o hasta que el condimento se espese. Precaliente el *grill* y ponga el bacalao sobre la placa; espolvoréelo con pimienta, ¼ de cucharadita de sal y la cucharadita de aceite restante. Áselo lo más cerca posible de la fuente de calor, entre 6 y 8 minutos, sin darle la vuelta, o hasta que esté opaco. Cúbralo con los tomates encurtidos al servirlo.

Cada ración: unas 245 calorías, 32 g de proteínas, 19 g de hidratos de carbono, 5 g de grasa total (1 g de saturadas), 73 mg de colesterol, 685 mg de sodio

PESCADO FRITO

Pase el pescado por harina sazonada, harina de maíz o patatas ralladas, y luego fríalo en una sartén para conferirle una costra dorada y crujiente. Estas porciones de pescado quedan muy frágiles al cocerlas, por lo que sólo se les debe dar la vuelta una sola vez.

BACALAO CON COSTRA CRUJIENTE DE PATATAS

◆ ◆ ◆ ◆ ◆ ◆ ◆ ◆ ◆ ◆ ◆

Preparación: 20 minutos
Cocción: 20-30 minutos
Para 4 platos principales

4 cucharadas de aceite de oliva
  o vegetal
1 cebolla mediana, picada
2 claras de huevo medianas
⅛ de cucharadita de pimienta
  blanca molida
3 cucharadas de maicena
450 g de patatas para hornear
4 filetes de bacalao, de 2 o 3 cm
  de grosor (unos 175 g cada
  uno), despellejados
1 cucharadita de sal
salsa balsámica (*véase* inferior)
judías verdes y tomates secados
  al sol en aceite, escurridos y
  picados (opcional)

SALSA BALSÁMICA

Mezcle una cucharada de azúcar, 2 cucharadas de vinagre balsámico, 1 cubito de caldo vegetal desmenuzado, una cucharadita de maicena y 175 ml de agua en un cazo de 1 litro. Lleve a ebullición sin dejar de remover. Reduzca el fuego y cueza, removiendo, 1 minuto a fuego lento, o hasta que la salsa se espese ligeramente. Manténgala al calor. Para 175 ml.

1 Caliente una cucharada de aceite en un cazo pequeño. Agregue la cebolla y cuézala hasta que esté dorada. Traspásela a un cuenco y déjela entibiar. Mézclela con las claras de huevo, la pimienta y una cucharada de maicena.

2 Pele las patatas y rállelas sobre un lienzo. Envuelva las patatas con el lienzo y exprima el máximo de líquido posible. Mézclelas con las claras del cuenco.

3 Espolvoree los filetes de bacalao con la sal. Coloque las 2 cucharadas de maicena restantes sobre una lámina de papel sulfurizado. Cubra los filetes con la maicena; déles la vuelta para que ambas caras queden rebozadas.

4 Extienda, aproximadamente, 4 cucharadas de la mezcla de patatas sobre cada filete de bacalao; presione firmemente. Dé la vuelta a los filetes y repita la operación con otras 4 cucharadas de la mezcla de patatas.

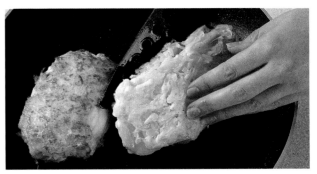

5 Caliente 2 cucharadas de aceite a fuego moderado en una sartén antiadherente de 30 cm. Fría 2 filetes de bacalao entre 10 y 15 minutos, dándoles la vuelta una vez, hasta que estén bien opacos. Traspáselos a una fuente y resérvelos al calor. Fría del mismo modo el resto del bacalao. Mientras, prepare la salsa. Sirva el bacalao con la salsa, las judías y los tomates secados al sol, si lo desea.

CADA RACIÓN: UNAS 395 CALORÍAS, 34 g DE PROTEÍNAS, 38 g DE HIDRATOS DE CARBONO, 11 g DE GRASA TOTAL (2 g DE SATURADAS), 74 mg DE COLESTEROL, 830 mg DE SODIO

TRUCHA CON COSTRA DE HARINA DE MAÍZ

Preparación: 25 minutos   Cocción: 6 minutos
Para 4 platos principales

maíz especiado, encurtido (*véase* inferior)
4 filetes de trucha arco iris (de unos 125 g
　cada uno), despellejados
¾ de cucharadita de sal
½ cucharadita de pimienta negra molida
3 cucharadas de harina de maíz amarilla
1 cucharada de harina
1 cucharadita de pimentón
2 cucharadas de aceite vegetal

◆ Prepare el maíz especiado y encurtido,
y resérvelo. Salpimiente los filetes. Mezcle
la harina de maíz con la harina y el
pimentón sobre un papel sulfurizado. Pase
los filetes por esta mezcla y déles la vuelta
para que queden bien cubiertos.

◆ Caliente el aceite a fuego moderado-alto
en una sartén de 30 cm. Agregue los filetes
de pescado y fríalos 6 minutos, dándoles
la vuelta cuidadosamente, hasta que estén
opacos y dorados. Sírvalos con el maíz
especiado y encurtido.

Cada ración: unas 325 calorías, 27 g de proteínas,
24 g de hidratos de carbono, 14 g de grasa
total (2 g de saturadas), 65 mg de colesterol,
600 mg de sodio

MAÍZ ESPECIADO Y ENCURTIDO

Cueza 4 mazorcas de maíz y corte los granos
de las mazorcas. Mezcle el maíz, 1 pimiento
rojo grande a dados, 2 chiles jalapeños
finamente picados, 2 cucharadas de vinagre
de sidra, una cucharada de aceite de oliva,
una cucharada de cilantro fresco picado,
½ cucharadita de azúcar y ¼ de cucharadita
de sal. Para unos 450 g.

EGLEFINO CON ENSALADA DE ENDIBIAS Y NARANJA

Preparación: 20 minutos   Cocción: 5 minutos
Para 2 platos principales

2 cucharaditas de vinagre de vino tinto
2 cucharadas de aceite de oliva o vegetal
¼ de cucharadita de azúcar
sal
125 g de hojas de endibia
1 pepino mediano, sin semillas y cortado
　en trozos de 1 cm
1 naranja navel, pelada y cortada en rodajas
1 pimiento rojo pequeño, sin membranas ni
　semillas, cortado a dados
1 cebolla roja pequeña, cortada en rodajas
　finas
2 cucharaditas de harina
⅛ de cucharadita de pimienta negra molida
2 trozos de filete de eglefino (175 g cada uno),
　despellejados
2 cucharadas de *pesto*

◆ Prepare la ensalada de endibias y
naranja. Mezcle el vinagre de vino tinto,
una cucharada de aceite, el azúcar y
¼ de cucharadita de sal en un cuenco
grande hasta que estén bien amalgamados.
Agregue las hojas de endibia, el pepino,
la naranja, el pimiento rojo y la cebolla;
mézclelos bien y resérvelos.

◆ Mezcle la harina, la pimienta negra
y ¼ de cucharadita de sal sobre un papel
sulfurizado. Pase los filetes de pescado por
la mezcla de harina y déles la vuelta para
que ambas caras queden totalmente
cubiertas.

◆ Caliente la cucharada restante de aceite
a fuego moderado-alto en una sartén
antiadherente de 26 cm de diámetro.
Agregue los filetes de pescado y cuézalos
5 minutos, hasta que estén opacos y
dorados; déles la vuelta con cuidado una
sola vez. Cubra la cara superior de los
filetes con el *pesto*.

◆ Para servir, coloque los filetes de
pescado y la ensalada de endibias y naranja
en 2 platos.

Cada ración: unas 420 calorías, 30 g de proteínas,
26 g de hidratos de carbono, 23 g de grasa
total (3 g de saturadas), 36 mg de colesterol,
800 mg de sodio

RED SNAPPER CON BERZA

Preparación: 15 minutos   Cocción: 20 minutos
Para 4 platos principales

2 cucharadas de aceite vegetal
1 cebolla mediana, picada
600 g de berzas, picadas
sal
400 g de judías negras en lata, enjuagadas
　y escurridas
1 cucharada de harina
1 cucharadita de pimentón
½ cucharadita de tomillo seco
⅛ de cucharadita de pimienta de Cayena
　molida
4 filetes de *red snapper*, o de besugo o dorada
　(125 g cada uno), con la piel
1 cucharada de zumo de limón
rodajas de limón y ramitas de perejil para
　adornar

◆ Caliente una cucharada de aceite a fuego
moderado-alto en una cacerola de 3 litros.
Agregue la cebolla y cuézala, removiendo
a menudo, hasta que se ablande. Incorpore
las berzas y ½ cucharadita de sal, y cueza
hasta que empiecen a oscurecerse. Vierta
60 ml de agua. Baje el fuego, tape y cueza
5 minutos, removiendo de vez en cuando,
o hasta que las berzas estén tiernas.
Agregue las judías negras, mezcle bien,
caliente y reserve al calor.

◆ Mezcle la harina, el pimentón, el tomillo,
la pimienta roja y ¾ de cucharadita de sal
sobre papel sulfurizado. Presione la cara
carnosa de los filetes sobre la mezcla de
harina para que queden bien cubiertos.

◆ Caliente la cucharada restante de aceite
a fuego moderado-alto en una sartén
antiadherente de 30 cm. Agregue los filetes
y cuézalos entre 5 y 7 minutos, dándoles la
vuelta una vez, o hasta que estén dorados y
opacos. Traspáselos a una fuente caliente.

◆ Agregue el zumo de limón y una
cucharada de agua al recipiente. Lleve
a ebullición y, a continuación, viértalo
sobre los filetes de pescado. Para servir,
distribuya las berzas y los filetes en una
fuente. Adorne con las rodajas de limón
y las ramitas de perejil.

Cada ración: unas 375 calorías, 35 g de proteínas,
39 g de hidratos de carbono, 9 g de grasa total
(2 g de saturadas), 41 mg de colesterol, 770 mg
de sodio

PASTELILLOS DE PESCADO

Los filetes de bacalao proporcionan unos excelentes pastelillos de pescado, aunque otros pescados, como el salmón, proporcionan también resultados deliciosos. Para obtener unos pastelillos ligeros, pique finamente el pescado a mano; éste tiende a compactarse cuando se mezcla con otros ingredientes, y así se obtienen pasteles más densos.

PASTELES DE BACALAO

◆◆◆◆◆◆◆◆◆◆◆◆◆

Preparación: 20 minutos, más enfriamiento

Cocción: 10-12 minutos

Para 4 platos principales

salsa tártara (opcional; *véase* inferior)

3 cucharadas de aceite vegetal

2 tallos de apio grandes, picados

1 cebolla pequeña, picada

3 rebanadas de pan de la vigilia

450 g de filete de bacalao, despellejado

1 huevo mediano

2 cucharadas de mayonesa de bajo contenido en grasas

1 cucharada de perejil fresco, picado

1 cucharadita de salsa tabasco

1 cucharadita de zumo de limón

½ cucharadita de sal

oruga para adornar

gajos de limón

SALSA TÁRTARA

Amalgame en un cuenco 100 g de mayonesa de bajo contenido en grasas, 2 cucharadas de perejil fresco picado, 2 cucharadas de mostaza de Dijon, 2 cucharadas de encurtido y 2 cucharaditas de zumo de limón recién exprimido. Tape con papel transparente y refrigere. Para unos 75 g.

1 Prepare la salsa tártara si lo desea y resérvela. Caliente una cucharada de aceite a fuego moderado en una sartén de 30 cm. Agregue el apio y la cebolla; tape y cueza, removiendo de vez en cuando, hasta que estén tiernos y ligeramente dorados. Retire del fuego y reserve. Reduzca el pan a migas finas en la batidora-mezcladora o robot eléctrico provisto de cuchilla metálica. Coloque dos tercios del pan rallado sobre la lámina de papel sulfurizado. Ponga el resto en un cuenco.

2 Retire con unas pinzas las espinas del filete de bacalao. Pique finamente el pescado y añádalo al cuenco con el pan rallado. Agregue el combinado de apio y cebolla, el huevo, la mayonesa, el perejil, la salsa tabasco, el zumo de limón y la sal. Mézclelos bien.

3 Forme con la mezcla de pescado 8 pastelillos redondos y planos (la masa será muy blanda y jugosa). Refrigérela hasta que adquiera consistencia (30 minutos, como mínimo) para trabajarla mejor. Lave la sartén.

4 Pase los pastelillos, de uno en uno, por el pan rallado del papel y déles la vuelta para cubrirlos por la otra cara. Caliente las 2 cucharadas restantes de aceite a fuego moderado-bajo en la sartén.

5 Agregue los pastelillos a la sartén y fríalos entre 10 y 12 minutos, hasta que estén bien cocidos; déles la vuelta una vez. Adórnelos con limón y salsa tártara si lo desea.

CADA RACIÓN: UNAS 285 CALORÍAS, 24 g DE PROTEÍNAS, 16 g DE HIDRATOS DE CARBONO, 14 g DE GRASA TOTAL (2 g DE SATURADAS), 110 mg DE COLESTEROL, 600 mg DE SODIO

PASTELILLOS DE PESCADO A LA MEXICANA

Preparación: 25 minutos   *Cocción:* 12-15 minutos
Para 4 platos principales

2 cucharadas de aceite vegetal
1 cebolla mediana, finamente picada
1 diente de ajo grande, muy finamente picado
¼ de cucharadita de canela, molida
¼ de cucharadita de comino molido
una pizca de clavos molidos
3 rebanadas de pan blanco de la vigilia
450 g de filetes de bacalao, despellejados
1 huevo mediano
1 cucharada de zumo de lima recién exprimido
1 chile jalapeño, sin semillas y muy finamente picado
½ cucharadita de sal
3 cucharadas de cilantro fresco, picado
15 g de margarina o mantequilla
gajos de lima para servir

◆ Caliente una cucharada de aceite a fuego moderado en una sartén de 30 cm. Agregue la cebolla picada y cuézala 5 minutos, o hasta que se ablande. Mézclela con el ajo, la canela, el comino y los clavos, y cueza 30 segundos. Traslade la mezcla a un cuenco mediano. Lave la sartén.

◆ Reduzca 1 rebanada de pan a migas finas en la batidora-amasadora o robot eléctrico provisto de cuchilla metálica. Agregue la mezcla de cebollas. Reduzca también a migas las 2 rebanadas restantes de pan y póngalas sobre un papel sulfurizado.

◆ Retire con unas pinzas las espinas del pescado. Píquelo finamente y póngalo en el cuenco con las migas. Mézclelo con el huevo, los 3 ingredientes siguientes y 2 cucharadas de cilantro. Forme con la mezcla 4 redondeles de 8 cm de diámetro. Mezcle el resto del cilantro con las migas de pan y pase los pastelillos por la mezcla, déles la vuelta para que queden bien cubiertos.

◆ Derrita la margarina y el resto del aceite en la misma sartén a fuego moderado-bajo. Agregue los pastelillos y fríalos entre 12 y 15 minutos, o hasta que estén dorados y bien cocidos; déles una vuelta. Acompáñelos con gajos de lima.

Cada ración: unas 270 calorías, 24 g de proteínas, 14 g de hidratos de carbono, 12 g de grasa total (2 g de saturadas), 103 mg de colesterol, 500 mg de sodio

HAMBURGUESAS DE SALMÓN

Preparación: 15 minutos   *Cocción:* 10 minutos
Para 4 platos principales

jengibre encurtido (opcional; *véase* inferior)
450 g de filetes de salmón, despellejados
2 cebollas tiernas, cortadas en rodajas finas
2 cucharadas de salsa de soja
1 cucharadita de jengibre fresco, pelado y rallado
¼ de cucharadita de pimienta negra molida
15 g de pan rallado seco
2 cucharadas de semillas de sésamo
1 cucharada de aceite vegetal

◆ Prepare el jengibre encurtido si lo desea y resérvelo. Retire con unas pinzas las espinas del salmón. Píquelo finamente. Póngalo en un cuenco y mézclelo con las cebollas tiernas, la salsa de soja, el jengibre fresco y la pimienta negra. Forme cuatro hamburguesas de 8 cm.

◆ Mezcle el pan rallado y las semillas de sésamo en un papel sulfurizado. Pase las hamburgesas de una en una por la mezcla, déles la vuelta para que queden cubiertas por ambas caras.

◆ Caliente el aceite en una sartén antiadherente de 26 cm a fuego moderado. Agregue las hamburguesas y fríalas 10 minutos, o hasta que estén doradas y cocidas; déles una vuelta. Acompáñelas con el jengibre encurtido si lo desea.

Cada ración: unas 220 calorías, 25 g de proteínas, 6 g de hidratos de carbono, 10 g de grasa total (2 g de saturadas), 59 mg de colesterol, 650 mg de sodio

JENGIBRE ENCURTIDO

Mezcle 125 ml de vinagre blanco, 60 g de azúcar y 225 ml de agua en un cazo de 1 litro a fuego vivo. Lleve a ebullición y, a continuación, agregue 60 g de jengibre fresco, pelado y cortado en rodajas muy finas. Reduzca el fuego a bajo y cueza 30 minutos a fuego lento, o hasta que el jengibre esté tierno. Escúrralo.

PASTELILLOS DE SALMÓN CON SALSA DE ALCAPARRAS

Preparación: 15 minutos   *Cocción:* 5-10 minutos
Para 6 platos principales

125 g mayonesa
1 cucharada de zumo de limón recién exprimido
1 cucharada de perejil fresco, finamente picado
1 cucharada de alcaparras en conserva, escurridas y finamente picadas
2 rebanadas de pan blanco de la vigilia
600 g de salmón en lata, escurrido, pelado y desespinado
1 huevo mediano
3 cebollas tiernas, picadas
60 ml de leche
2 cucharadas de mostaza de Dijon
2 cucharadas de salsa Worcester
¼ de cucharadita de salsa tabasco
25 g de pan seco
2 cucharadas de aceite vegetal
30 g de margarina o mantequilla

◆ Prepare la salsa de alcaparras; mezcle la mayonesa, el zumo de limón, el perejil y las alcaparras en un cuenco pequeño. Tape y refrigere.

◆ Reduzca el pan a migas finas en una batidora-mezcladora o robot eléctrico provisto de cuchilla metálica; póngalo en un cuenco grande. Agregue el salmón, el huevo, las cebollas tiernas, la leche, la mostaza, la salsa Worcester y el tabasco. Mezcle ligeramente hasta que los ingredientes estén amalgamados, pero deje trozos grandes de salmón. Forme con la mezcla seis pastelillos redondos de 1 cm de grosor.

◆ Ponga las migas de pan en un papel sulfurizado. Pase los pastelillos de uno en uno por las migas; déles la vuelta para que queden bien cubiertos.

◆ Caliente el aceite con la margarina a fuego moderado en una sartén de 30 cm. Agregue los pastelillos de salmón y cuézalos entre 5 y 10 minutos o hasta que estén dorados y calientes; déles una vuelta. Sírvalos con la salsa de alcaparras.

Cada ración: unas 440 calorías, 25 g de proteínas, 13 g de hidratos de carbono, 32 g de grasa total (6 g de saturadas), 106 mg de colesterol, 1.075 mg de sodio

PESCADO ESCALFADO Y AL VAPOR

Los alimentos delicados como el pescado se escalfan a menudo en un líquido que apenas se agita. El pescado escalfado puede servirse tanto frío como caliente. El pescado al vapor no entra en contacto con el líquido, pero se cuece por el baño de vapor que lo rodea. Tanto los pescados escalfados como los cocidos al vapor tienden a adquirir un tono pálido, por lo que quedan realzados si se acompañan con salsas coloridas.

SALMÓN FRÍO ESCALFADO CON PEPINOS SALTEADOS

Preparación: 10 minutos, más enfriamiento
Cocción: 12-15 minutos
Para 4 platos principales

1 limón mediano
1 manojo de berros
125 ml de crema acidificada
2 cucharaditas de estragón fresco y picado, o ¼ de cucharadita de estragón seco
1½ cucharaditas de azúcar
sal
4 rodajas de salmón (unos 175 g cada una), despellejadas
½ cucharadita de pimienta negra, molida gruesa
1 cebolla mediana, cortada en rodajas
1 cucharada de aceite vegetal
3 pepinos medianos (unos 800 g), sin semillas y cortados en trozos de 4 cm
1 cucharada de salsa de soja
¼ de cucharadita de pimienta de Cayena, machacada
rabanitos y berros para adornar

1 Exprima una cucharada de zumo de limón, y reserve el zumo y la cáscara aparte. Prepare la salsa de berros; corte los tallos duros. Mézclelos con la crema acidificada, el estragón, una cucharadita de azúcar, una cucharadita de sal y el zumo de limón reservado en el recipiente de una batidora-mezcladora o un robot eléctrico provisto de una cuchilla metálica, hasta obtener una mezcla homogénea. Tápela y refrigérela. Frote las rodajas de salmón con la pimienta negra y ¾ de cucharadita de sal.

2 Lleve a ebullición, 1 o 2 cm de agua en una sartén de 30 cm. Agregue la cáscara de limón, la cebolla y el salmón, y cuando hierva de nuevo, reduzca el fuego, tape y cueza entre 5 y 8 minutos, con el líquido apenas agitándose, o hasta que el pescado esté opaco.

CÓMO RETIRAR LAS SEMILLAS DE LOS PEPINOS

Para saltear pepinos antes debe retirarles las semillas, pues de lo contrario se cocerían en su propio líquido y quedarían pulposos. (Los pepinos grandes tienen unos centros muy aguados.) Recorte los extremos de los pepinos, córtelos por la mitad a lo largo y con una cucharilla retire y tire las semillas.

3 Traspase el salmón a una fuente; enfríelo ligeramente y refrigérelo. Mientras, caliente el aceite a fuego moderado-alto en la sartén, que previamente debe haber lavado. Agregue los pepinos, la salsa de soja, la pimienta de Cayena y la ½ cucharadita restante de azúcar. Cueza, removiendo hasta que los pepinos estén cubiertos.

4 Reduzca el fuego a moderado y cueza 5 minutos, removiendo a menudo, o hasta que los pepinos estén tiernos y crujientes. Para servir, reparta los pepinos y las rodajas de salmón en 4 platos. Cubra el salmón con la salsa de berros y adorne con los rabanitos y las ramitas de berros.

CADA RACIÓN: UNAS 460 CALORÍAS, 36 g DE PROTEÍNAS, 11 g DE HIDRATOS DE CARBONO, 31 g DE GRASA TOTAL (10 g DE SATURADAS), 106 mg COLESTEROL, 520 mg DE SODIO

RAPE ESCABECHADO

Preparación: 20 minutos, más enfriamiento   *Cocción: 30 minutos*
Para 4 platos principales

750 g de filetes de rape o bacalao,
  despellejados
2 cucharadas de zumo de limón
  recién exprimido
sal
3 cucharadas de aceite de oliva
  o vegetal
1 cebolla mediana, finamente
  picada
1 pimiento rojo mediano, sin
  membranas ni semillas,
  finamente picado

1 pimiento verde mediano, sin
  membranas ni semillas,
  finamente picado
1 tomate pequeño, pelado y
  finamente picado
125 ml de vino blanco seco
2 cucharadas de vinagre de vino
  tinto
1 cucharadita de orégano seco
¼ de cucharadita de pimienta
  negra, molida gruesa

◆ Arranque la membrana oscura que recubre los filetes de rape. Córtelos, en sentido horizontal, en rodajas de 2 cm de grosor. Ponga a hervir a fuego vivo el rape, el zumo de limón, ½ cucharadita de sal y 350 ml de agua en una sartén grande. Reduzca el fuego a bajo; tape y cueza 8 minutos por debajo del punto de ebullición, o hasta que el pescado pueda pincharse fácilmente con un cuchillo. Traspase el rape a una fuente forrada con papel de cocina para que se escurra. Tire el líquido de cocción y seque la sartén.

◆ Caliente el aceite en la misma sartén a fuego moderado-alto. Agregue la cebolla y los pimientos, y cueza 10 minutos o hasta que estén tiernos. Incorpore el tomate, el vino blanco, el vinagre, el orégano, la pimienta y 1¼ cucharaditas de sal; lleve a ebullición. Cueza unos 5 minutos, removiendo con frecuencia, o hasta que el líquido se haya reducido a la mitad. Vierta la mitad de la salsa en una fuente y coloque encima los filetes de rape. Cubra el pescado con el resto de la salsa. Tápelo y refrigérelo hasta que esté frío.

Cada ración: unas 265 calorías, 26 g de proteínas, 8 g de hidratos de carbono, 13 g de grasa total (1 g de saturadas), 42 mg de colesterol, 730 mg de sodio

PEZ ESPADA A LA MEDITERRÁNEA

Preparación: 15 minutos   *Cocción: 30 minutos*
Para 4 platos principales

1 rodaja de pez espada, de unos
  4 cm de grosor (800 g),
  despellejada
2 cucharadas de aceite de oliva
  o vegetal
450 g de patatas rojas o blancas
  pequeñas, cuarteadas
sal
2 calabacines medianos (unos
  450 g), cortados en rodajas finas
1 manojo de rabanitos, cortados
  por la mitad

1 cucharada de zumo de limón
  recién exprimido
1 cucharada de alcaparras en
  conserva, escurridas y picadas
½ cubito de caldo de pollo,
  desmenuzado
½ cucharadita de romero seco
¼ de cucharadita de pimienta
  negra
1 cucharada de perejil fresco,
  muy finamente picado
1 cucharada de corteza de limón

◆ Retire la piel y las espinas del pez espada y córtelo en trozos de 4 cm. Caliente el aceite a fuego moderado-alto en una sartén de 26 cm. Agregue las patatas y cuézalas unos 10 minutos, o hasta que se doren. Traspáselas a un cuenco mediante una espumadera. Sale

el pescado con ¼ de cucharadita de sal y cuézalo 1 minuto en el aceite de la sartén, o hasta que esté ligeramente dorado; remuévalo de vez en cuando. Trasládelo al cuenco con las patatas. Cueza los calabacines y los rabanitos con ¼ de cucharadita de sal en la misma sartén; remueva hasta que estén tiernos y crujientes. Páselos a otro cuenco.

◆ Agregue el zumo de limón, los 4 ingredientes siguientes y 60 ml de agua al recipiente. Devuelva las patatas y el pescado a la sartén, y lleve a ebullición a fuego vivo. Baje el fuego, tape y cueza entre 10 y 12 minutos a fuego lento, o hasta que las patatas estén tiernas y el pez espada opaco. Espolvoree con el perejil y la mezcla de calabacines, y caliente. Esparza por encima la corteza de limón.

Cada ración: unas 420 calorías, 43 g de proteínas, 27 g de hidratos de carbono, 15 g de grasa total (3 g de saturadas), 77 mg de colesterol, 760 mg de sodio

SOLLA AL VAPOR

Preparación: 15 minutos   *Cocción: 10-15 minutos*
Para 6 platos principales

2 cebollas tiernas, grandes
1 trozo de jengibre fresco,
  de 5 cm de longitud,
  pelado
2 cucharadas de jerez seco
2 cucharaditas de salsa de soja

½ cubito de caldo de pollo,
  desmenuzado
6 filetes de solla (unos 750 g),
  despellejados
1 cucharada de jamón cocido,
  finamente picado

◆ Corte las cebollas tiernas y el jengibre en tiras de 5 cm de longitud, finas como cerillas. Mezcle en un cuenco el jerez, la salsa de soja y el cubito. Agregue los filetes de pescado y recúbralos con esta mezcla; dóblelos por la mitad y colóquelos, encabalgándolos ligeramente, en una cacerola o fuente poco profunda, que pueda alojarse en un *wok* grande o fuente para asar. Esparza las cebollas tiernas, el jengibre y el resto del jerez sobre el pescado.

◆ Vierta entre 3 y 5 cm de agua en el *wok*. Coloque encima el cestillo para cocer al vapor o una rejilla. Ponga encima la cacerola o fuente con el pescado. Lleve el agua a ebullición a fuego vivo. Reduzca el calor a moderado. Tape y cueza entre 10 y 15 minutos al vapor, o hasta que el pescado esté completamente opaco. Esparza el jamón por encima.

Cada ración: unas 115 calorías, 22 g de proteínas, 1 g de hidratos de carbono, 1 g de grasa total (0 g de saturadas), 56 mg de colesterol, 300 mg de sodio

---

VAPORERA DE BAMBÚ

En vez de utilizar una fuente dispuesta sobre una rejilla, use un cestillo de bambú para cocer al vapor. Fórrelo con hojas de col o lechuga, y ponga encima el pescado. Coloque el cestillo en el *wok* con agua hirviendo; tape y cueza al vapor como se indica.

PESCADO HORNEADO

Hornear es uno de los métodos más sencillos para cocer el pescado.

Los suaves como el bacalao, el eglefino, el besugo o la dorada quedan más jugosos y sabrosos si se hornean con hortalizas. Como con todas las recetas de pescado, la regla más importante consiste en no cocerlo demasiado.

1 Precaliente el horno a 220 °C (gas 7). Con un cuchillo, corte las patatas en rodajas finas y horizontales.

2 Recorte el extremo de la raíz y el superior del hinojo, y córtelo en rodajas finas horizontales. Mezcle las patatas, el hinojo, el ajo, el aceite de oliva, ¾ de cucharadita de sal y ¼ de cucharadita de pimienta en una fuente refractaria de 2 litros y medio de capacidad.

BACALAO HORNEADO CON HINOJO Y PATATAS

◆◆◆◆◆◆◆◆◆◆◆◆

Preparación: 15 minutos
Horno: 55-60 minutos
Para 4 platos principales

750 g de patatas rojas o blancas
1 bulbo de hinojo mediano
1 diente de ajo, muy finamente picado
2 cucharadas de aceite de oliva
sal y pimienta negra, molida gruesa
1 filete de bacalao (600 g), cortado en 4 trozos, despellejado
1 tomate mediano, sin semillas y cortado a dados
hojas de hinojo para adornar

OTRAS VARIEDADES

El bacalao es ideal para este plato debido a que su carne, gruesa y carnosa, se conserva jugosa durante el horneado. Puede cambiarlo por otros pescados blancos para obtener resultados suculentos. En vez de bacalao, utilice una cola de rape o filetes de merluza.

3 Hornee 45 minutos, removiendo una vez, o hasta que las hortalizas estén tiernas y ligeramente doradas. Espolvoree el pescado con ¼ de cucharadita de pimienta y ⅛ de cucharadita de sal. Colóquelo formando una capa sobre la mezcla de patatas.

4 Hornee entre 10 y 15 minutos más, o hasta que el pescado esté opaco; compruebe el punto de cocción con un tenedor. Esparza por encima el tomate y sírvalo adornado con las ramitas de hinojo.

CADA RACIÓN: UNAS 365 CALORÍAS, 29 g DE PROTEÍNAS, 37 g DE HIDRATOS DE CARBONO, 8 g DE GRASA TOTAL (1 g DE SATURADAS), 61 mg DE COLESTEROL, 565 mg DE SODIO

EGLEFINO EMPANADO AL AJO Y AL LIMÓN

Preparación: 10 minutos   *Horno:* 10-15 minutos
Para 4 platos principales

2 rebanadas de pan blanco de la vigilia	2 cucharadas de zumo de limón recién exprimido
30 g de margarina o mantequilla	¾ de cucharadita de sal
1 diente de ajo, picado	gajos de limón (opcional)
4 trozos de eglefino o filetes de bacalao (unos 175 g cada uno), despellejados	ramitas de perejil para adornar

◆ Precaliente el horno a 230 °C (gas 8). Ponga el pan en un robot eléctrico provisto de cuchilla metálica y redúzcalo a migas finas. Derrita la margarina a fuego moderado en una sartén de 26 cm; agregue el ajo y cuézalo hasta que se dore. Incorpore las migas de pan y cueza, removiendo, hasta que estén ligeramente tostadas. Retire del fuego.

◆ Coloque los filetes de pescado en una fuente refractaria de 33 x 20 cm. Rocíe los filetes con el zumo de limón y sálelos. Presione la mezcla de pan rallado por los filetes. Hornee entre 10 y 15 minutos, o hasta que el pescado esté opaco. Para servir, ponga los filetes en una fuente y, si lo desea, adorne con los gajos de limón y las ramitas de perejil.

Cada ración: unas 225 calorías, 31 g de proteínas, 7 g de hidratos de carbono, 7 g de grasa total (1 g de saturadas), 73 mg de colesterol, 625 mg de sodio

RED SNAPPER CON ACEITUNAS

Preparación: 20 minutos   *Horno:* 30 minutos
Para 4 platos principales

1 limón mediano	½ cucharadita de sal
1 pimiento rojo, pequeño	½ cucharadita de pimienta negra molida
60 g de aceitunas negras, deshuesadas y cortadas en rodajas	2 *red snapper*, o doradas o besugos (de unos 800 g cada uno), destripados, con la cabeza y la cola
2 escalonias medianas o 1 cebolla pequeña, cortada en rodajas finas y separadas en anillos	225 ml de caldo de pollo
2 cucharadas de alcaparras en conserva, escurridas y picadas	1 tomate grande, pelado, sin semillas y cortado a dados
2 cucharadas de aceite de oliva o vegetal	2 cucharadas de perejil fresco, picado

◆ Precaliente el horno a 180 °C (gas 4). Ralle la corteza y exprima 2 cucharadas de zumo de limón. Retire las membranas y semillas al pimiento, y córtelo en tiras de 3 cm de largo, finas como cerillas. Mezcle la corteza de limón, las tiras de pimiento rojo, las aceitunas, las escalonias, las alcaparras y una cucharada de aceite en un cuenco. Mezcle la sal, la pimienta negra y la cucharada restante de aceite en una taza.

◆ Enjuague el pescado con agua fría y séquelo con papel de cocina. Póngalo en una fuente para asar grande; pincélelo con la mezcla de aceite de oliva y luego esparza por encima la mezcla

de aceitunas. Vierta alrededor del pescado el caldo y el zumo de limón, y coloque los dados de tomate por los lados. Hornee 30 minutos o hasta que el pescado esté completamente opaco.

◆ Traspase el pescado a una fuente caliente con una espátula. Mezcle la salsa con una cucharada de perejil y viértala alrededor del pescado. Espolvoree con el perejil restante.

Cada ración: unas 400 calorías, 60 g de proteínas, 10 g de hidratos de carbono, 13 g de grasa total (2 g de saturadas), 103 mg de colesterol, 680 mg de sodio

LENGUADO RELLENO

Preparación: 20 minutos   *Horno:* 20 minutos
Para 6 platos principales

225 g de vieiras grandes	¼ de cucharadita de pimienta negra molida
1 manojo de berros, tallos cortados y hojas picadas	1 cucharada, más 125 ml, de vino blanco seco
40 g de margarina o mantequilla	sal
1 zanahoria mediana, rallada gruesa	4 filetes de lenguado (unos 225 g cada uno), despellejados
1 cebolla tierna, muy finamente picada	1 rebanada de pan blanco, desmenuzado
1 clara de huevo mediana	

◆ Precaliente el horno a 180 °C (gas 4). Enjuague las vieiras con agua fría para retirar cualquier resto de arena y arranque el músculo duro en forma de media luna situado a un lado, séquelas. Reserve una cucharada de berros. Derrita 15 g de mantequilla a fuego moderado en una sartén de 26 cm. Agregue la zanahoria, la cebolla tierna y el resto de los berros, y cuézalos hasta que estén tiernos. Retire el recipiente del fuego.

◆ Ponga las vieiras en un robot eléctrico provisto de cuchilla metálica y redúzcalas a una pasta. Agregue la clara de huevo, la pimienta, una cucharada de vino y ½ cucharadita de sal; vierta lentamente 60 ml de agua y accione el aparato hasta que sólo estén mezclados. Mezcle con las hortalizas enfriadas.

◆ Engrase una fuente refractaria de 33 x 20 cm, y ponga 2 filetes. Espolvoréelos con ⅛ de cucharadita de sal y reparta por encima la mezcla de vieiras. Cubra con el resto de los filetes y espolvoree con ⅛ de cucharadita de sal. Vierta el vino restante por encima y esparza 15 g de mantequilla. Hornee 15 minutos; rocíe el pescado a menudo con los fondos de cocción.

◆ Mientras, derrita los 10 g restantes de mantequilla a fuego moderado. Agregue el pan y cuézalo hasta que se dore. Retírelo del fuego y mézclelo con los berros reservados. Esparza la mezcla de pan sobre los filetes y hornéelos 15 minutos más, o hasta que estén completamente opacos. Acompáñelos con los fondos de cocción.

Cada ración: unas 225 calorías, 36 g de proteínas, 5 g de hidratos de carbono, 7 g de grasa total (2 g de saturadas), 99 mg de colesterol, 510 mg de sodio

PESCADO HORNEADO A LA PAPILLOTE

El pescado envuelto en papel y horneado —a la papillote— se cuece al vapor en su propia sustancia, lo que aporta sabor y jugosidad a los platos. Para una cocción homogénea, elija filetes del mismo grosor.

PAPILLOTES DE SALMÓN Y HORTALIZAS

◆◆◆◆◆◆◆◆◆◆◆◆

Preparación: 15 minutos
Horno: 15 minutos
Para 4 platos principales

2 zanahorias medianas
½ manojo de berros
125 g de champiñones, cortados en rodajas
½ cucharadita de corteza de limón, rallada
¼ de cucharadita de eneldo seco, picado
1 trozo de filete de salmón (600 g), despellejado
4 trozos, en forma de corazón o cuadrados (30 cm de lado), de papel de pergamino o aluminio (*véase* inferior)
30 g de mantequilla o margarina

PAPILLOTES DE PAPEL

Para formar un corazón, doble una lámina de 20 cm de papel de pergamino o aluminio por la mitad y dibuje media forma de corazón con el centro en el pliegue. Corte justo por dentro de la línea; el corazón abierto debe ser 8 cm más grande que el filete. También puede utilizar un trozo cuadrado de papel de pergamino o de aluminio de 30 cm. El papel de pergamino ofrece una mejor presentación, pues se hincha al hornearse.

1 Precaliente el horno a 200 °C (gas 6). Pele las zanahorias en tiras verticales con un mondador de hortalizas.

2 Retire los tallos duros de los berros. Mezcle en un cuenco los berros, las zanahorias, los champiñones, el limón y el eneldo. Despelleje el salmón y córtelo en 4 trozos iguales.

3 Reserve un cuarto de la mezcla de berros. Distribuya los restantes sobre la mitad de cada trozo de papel de pergamino. Ponga encima el salmón, cubra con la mezcla reservada, esparza la mantequilla y doble la mitad del papel sobre los ingredientes.

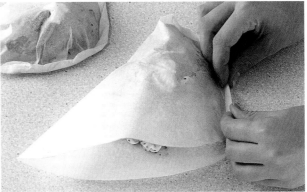

4 Para sellar los paquetes, empiece por una esquina y doble por encima 1 cm de ambos extremos de papel hasta cerrar el paquete. Ponga los paquetes en una fuente para hornear. Hornee 15 minutos. Corte los paquetes antes de servir.

CADA RACIÓN: UNAS 240 CALORÍAS, 30 g DE PROTEÍNAS, 5 g DE HIDRATOS DE CARBONO, 11 g DE GRASA TOTAL (3 g DE SATURADAS), 89 mg DE COLESTEROL, 200 mg DE SODIO

RED SNAPPER A LA PAPILLOTE

Preparación: 15 minutos   Horno: 15 minutos
Para 4 platos principales

1 cucharada de aceite de oliva
1 diente de ajo grande, muy finamente picado
450 g de tomates pera, pelados, sin semillas y finamente picados
sal y pimienta negra molida
65 g de albahaca fresca, picada
4 filetes de *red snapper*, besugo o dorada (175 g cada uno), despellejados
4 cuadrados (30 cm) de papel de pergamino o de aluminio

◆ Precaliente el horno a 200 °C (gas 6). Caliente el aceite en una sartén de 30 cm a fuego moderado-alto. Agregue el ajo y cúezalo durante 30 segundos, removiéndolo. Agregue los tomates, ¼ de cucharadita de sal y ⅛ de cucharadita de pimienta. Cueza 5 minutos, removiendo sin cesar, o hasta que la sartén esté casi seca. Aparte del fuego y mezcle el contenido con el perejil.

◆ Retire cualquier resto de espinas del pescado con unas pinzas. Coloque un filete sobre la mitad de cada cuadrado de papel, espolvoree con la sal y la pimienta, y cubra con la mezcla de tomate. Doble la otra mitad del papel sobre los ingredientes. Para sellar los paquetes, empiece por un extremo y doble ambos bordes de papel 1 cm a lo largo de todo el paquete. Ponga los paquetes en una fuente para hornear. Hornee 15 minutos. Corte los paquetes para abrirlos.

Cada ración: unas 230 calorías, 36 g de proteínas, 6 g de hidratos de carbono, 6 g de grasa total (1 g de saturadas), 62 mg de colesterol, 320 mg de sodio

CONSEJOS PARA LA PAPILLOTE

• Corte las hortalizas de carne fuerte (zanahorias y pimientos) en trozos finos para conseguir una cocción homogénea. Precueza las de cocción prolongada (col y patatas), y déjelas enfriar.

• Doble con fuerza los extremos del papel, para que el vapor no se escape.

• Al abrir los paquetes, evite que el vapor le dé en la cara.

BACALAO Y COL EN PAPILLOTE

Preparación: 20 minutos   Horno: 20 minutos
Para 4 platos principales

2 lonchas de beicon sin la corteza, picadas
2 cucharaditas de aceite vegetal
½ col rizada, cortada en rodajas finas
sal y pimienta recién molida
una pizca de tomillo seco
4 cuadrados (30 cm) de papel de pergamino o de aluminio
4 cortes de filete de bacalao grueso (175 g cada uno), despellejados
15 g de mantequilla o margarina troceada

◆ Precaliente el horno a 200 °C (gas 6). Cueza el beicon a fuego moderado-bajo en una sartén de 30 cm de diámetro, hasta que se dore. Traspáselo con una espumadera sobre papel de cocina para que escurra. Tire la grasa de la sartén.

◆ Caliente el aceite a fuego vivo en la misma sartén. Agregue la col, el tomillo, ½ cucharadita de sal y ¼ de cucharadita de pimienta, y cueza hasta que la col esté tierna, removiendo a menudo. Mézcle con el beicon y deje que se enfríe.

◆ Distribuya la mezcla de col sobre una mitad de los cuadrados de papel. Quítele al bacalao las posibles espinas que pudiera tener y colóquelo sobre la col. Salpimiente y salpique con mantequilla. Doble la otra mitad del papel sobre los ingredientes.

◆ Para cerrar bien los paquetitos, empiece por una esquina y doble los extremos del mismo 1 cm por encima, y séllelos. Coloque los paquetes en una fuente para hornear. Hornee 20 minutos. Corte los paquetes antes de servirlos.

Cada ración: unas 230 calorías, 33 g de proteínas, 6 g de hidratos de carbono, 8 g de grasa total (3 g de saturadas), 85 mg de colesterol, 565 mg de sodio

PAPILLOTES DE GAMBAS Y LENGUADO

Preparación: 20 minutos   Horno: 12 minutos
Para 4 platos principales

12 gambas pequeñas (unos 175 g)
1 cucharada de aceite vegetal
1 cebolla mediana, picada
450 g de champiñones, cortados en rodajas
sal
2 cucharadas de vino blanco seco
2 manojos de oruga
4 cuadrados (30 cm) de papel de pergamino o de aluminio
4 lenguados pequeños o filetes de solla (unos 125 g cada uno), despellejados
1 cucharada de alcaparras en conserva, escurridas
1 cucharada de perejil fresco, picado

◆ Precaliente el horno a 230 °C (gas 8). Pele y retire el conducto intestinal de las gambas (*véase* pág. 90). Caliente a fuego moderado-alto el aceite en una sartén de 30 cm. Agregue la cebolla y cúezala hasta que esté ligeramente dorada. Incorpore los champiñones y ½ cucharadita de sal; cueza unos 10 minutos, removiendo de vez en cuando, o hasta que los champiñones se hayan dorado y el líquido se haya evaporado. Agregue el vino y cueza 1 minuto más. Traslade la mezcla de champiñones mediante una espumadera a un cuenco.

◆ Agregue la oruga y ¼ de cucharadita de sal a la sartén, y cueza 1 minuto o hasta que se aablande. Retire la sartén del fuego y deje que se enfríe.

◆ Coloque la oruga sobre la mitad de cada cuadrado de papel. Cubra con el pescado y la mezcla de champiñones. Coloque 3 gambas encima, esparza las alcaparras y doble la otra mitad del papel sobre los ingredientes.

◆ Para sellar los paquetes, empiece por un extremo y doble los bordes de papel 1 cm, enrollándolos sobre sí mismos. Coloque los paquetes en una fuente para hornear y hornéelos 12 minutos. Corte los paquetes antes de servirlos y espolvoree el contenido con perejil picado.

Cada ración: unas 230 calorías, 33 g de proteínas, 10 g de hidratos de carbono, 6 g de grasa total (1 g de saturadas), 119 mg de colesterol, 645 mg de sodio

CACEROLAS Y GUISOS DE PESCADO

Al seleccionar pescado para guisos y cacerolas, elija aquellos de carne y textura firme, que mantengan su forma durante la cocción. El bacalao, el eglefino y el rape son ideales, pero puede escoger una mezcla de varios para obtener sabores y texturas contrastantes. Acompañe estas preparaciones con pan crujiente para remojar en salsas deliciosas.

PESCADO GUISADO

◆◆◆◆◆◆◆◆◆◆◆◆◆

Preparación: 25 minutos
Cocción: 45-55 minutos
Para 10 platos principales

600 g de langostinos grandes
**750 g de filetes de *red snapper*
    o bacalao, despellejados**
450 g de vieiras grandes
**1 lima mediana, cortada por
    la mitad**
1 cucharadita de cilantro molido
**3 cucharadas de aceite de oliva
    o vegetal**
**2 cebollas grandes, cortadas
    a dados**
2 tallos de apio, cortados a dados
**2 zanahorias medianas, cortadas
    a dados**
**1 pimiento rojo mediano, sin
    membranas ni semillas, cortado
    a dados**
1 kg de tomates enlatados
**1 cubito de caldo de pollo
    o de verduras**
125 ml de vino blanco seco
1 cucharadita de azúcar
1 cucharadita de sal
**¼ de cucharadita de copos
    de chile**
**2 cucharadas de perejil fresco,
    picado**

1 Sostenga cada langostino con el lomo curvado hacia arriba, y corte el caparazón a unos 5 mm a lo largo de la cola para exponer el conducto intestinal. Retírelo y enjuague los langostinos, pero no los pele.

2 Corte el pescado en trozos de 8 x 5 cm. Enjuague las vieiras para retirar cualquier resto de arena. Arranque el músculo duro situado a un lado de cada vieira. Exprima el zumo de la lima en un cuenco grande y mézclelo con el cilantro. Agregue los langostinos, el pescado y las vieiras, y remuévalos para cubrirlos. Resérvelos.

5 Reduzca el fuego a moderado-bajo y prosiga la cocción 5 minutos para amalgamar los sabores. Agregue los pescados y los mariscos a la cacerola y lleve de nuevo a ebullición a fuego vivo. Reduzca el fuego a moderado-bajo y cueza entre 5 y 10 minutos, removiendo de vez en cuando, o hasta que el pescado esté completamente opaco. Espolvoree con el perejil.

3 Caliente el aceite a fuego moderado en una cacerola de 8 litros. Agregue las hortalizas y cuézalas unos 25 minutos, removiéndolas, o hasta que estén tiernas y doradas.

4 Agregue los tomates con su zumo, los 5 ingredientes siguientes y 175 ml de agua; rompa los tomates con el dorso de la cuchara. Lleve a ebullición a fuego vivo.

CADA RACIÓN: UNAS 250 CALORÍAS, 33 g DE PROTEÍNAS, 12 g DE HIDRATOS DE CARBONO, 6 g DE GRASA TOTAL (1 g DE SATURADAS), 127 mg DE COLESTEROL, 790 mg DE SODIO

BACALAO GUISADO

Preparación: 15 minutos   *Cocción:* 25 minutos
Para 4 platos principales

1 cucharada de aceite de oliva o vegetal	400 ml de caldo de pollo
1 cebolla grande, cortada por la mitad y en rodajas finas	400 g de tomates enlatados
¾ de cucharadita de sal	600 g de filete de bacalao, despellejado y cortado en trozos de 4 cm
350 g de patatas rojas o blancas, cortadas en trozos de 2 cm	300-350 g de espinacas frescas, cortadas en tiras gruesas

◆ Caliente el aceite en una cacerola de 4 litros a fuego moderado. Agregue la cebolla y la sal, y cueza, removiendo, hasta que la cebolla esté tierna, pero no dorada.

◆ Incorpore las patatas, el caldo, los tomates y 225 ml de agua, y lleve a ebullición a fuego vivo. Reduzca el fuego a bajo, tape y cueza 10 minutos con el líquido apenas agitándose, o hasta que las patatas casi estén tiernas.

◆ Agregue el bacalao y las espinacas, y mezcle bien; prosiga la cocción 5 minutos más, o hasta que el pescado esté completamente opaco y las patatas tiernas.

Cada ración: unas 290 calorías, 31 g de proteínas, 31 g de hidratos de carbono, 5 g de grasa total (1 g de saturadas), 62 mg de colesterol, 815 mg de sodio

FRUTOS DE MAR ENVUELTOS CON LECHUGA

Preparación: 25 minutos   *Horno:* 30-35 minutos
Para 6 platos principales

225 g de vieiras grandes	3 cucharadas de aceite vegetal
225 g de langostinos grandes	800 ml de caldo de pollo
40 g de harina	12 hojas grandes de lechuga romana
½ cucharadita de sal	
900 g de filetes de bacalao, cortados en 6 trozos y despellejados	3 cebollas tiernas, cortadas en rodajas

◆ Precaliente el horno a 220 °C (gas 7). Enjuague las vieiras con agua fría para retirar cualquier resto de arena. Arranque el músculo duro situado a un lado de las vieiras y córtelas por la mitad en sentido horizontal.

◆ Mezcle la harina y la sal sobre papel sulfurizado. Enharine los filetes sobre la mezcla y déles la vuelta para recubrirlos uniformemente.

◆ Caliente el aceite a fuego moderado-alto en una sartén. Agregue los filetes de pescado, 3 a la vez, y cuézalos hasta que estén dorados; déles una vuelta. Traspáselos a una fuente.

◆ Tire el aceite de la sartén. Vierta el caldo de pollo en la sartén y llévelo a ebullición a fuego vivo. Retire el recipiente del fuego.

◆ Forre una cacerola poco profunda de 2 litros y medio con 8 hojas de lechuga; deje que caigan ligeramente sobre las paredes.

Distribuya por encima el bacalao, las vieiras, los langostinos y las cebollas tiernas.

◆ Vierta el caldo y doble por encima las hojas de lechuga, cúbralas con las restantes. Tape y hornee entre 30 y 35 minutos, o hasta que el marisco y el pescado estén opacos. Para servir, abra las hojas de lechuga y vierta la preparación en platos hondos.

Cada ración: unas 295 calorías, 42 g de proteínas, 8 g de hidratos de carbono, 9 g de grasa total (2 g de saturadas), 137 mg de colesterol, 430 mg de sodio

CACEROLA DE FRUTOS DE MAR DE LOUISIANA

Preparación: 30 minutos   *Horno:* 45-50 minutos
Para 8 platos principales

350 g de salchichas picantes	400 g de tomates enlatados
2 tallos medianos de apio, cortados en trozos de 1 cm	800 ml de caldo de pollo
1 pimiento rojo grande, sin membranas ni semillas, cortado en trozos de 1 cm	1 hoja de laurel
	½ cucharadita de salsa tabasco
	¼ de cucharadita de tomillo seco
1 pimiento verde grande, sin membranas ni semillas, cortado en trozos de 1 cm	450 g de filetes de rape o bacalao, despellejados
1 cebolla mediana, cortada a dados	350 g de langostinos grandes
	350 g de vieiras grandes
450 g de arroz de cocción fácil	2 cucharadas de perejil fresco, picado

◆ Precaliente el horno a 180 °C (gas 4). Cueza las salchichas a fuego moderado-alto en una cacerola refractaria de 8 litros hasta que estén doradas. Traspáselas con una espumadera sobre papel de cocina para que se escurran.

◆ Cueza el apio, los pimientos rojo y verde, y la cebolla en la grasa de la cacerola y mézclelos de vez en cuando hasta que se ablanden. Mientras, corte las salchichas en rodajas diagonales de 1 cm de grosor.

◆ Agregue el arroz a las hortalizas de la cacerola y cueza, removiendo, hasta que esté opaco. Mezcle la preparación con los tomates, los 4 ingredientes siguientes y las salchichas. Lleve a ebullición. Tape y hornee 25 minutos.

◆ Mientras, arranque la membrana oscura que recubre los filetes de rape y córtelo a trozos de 4 cm. Pele y retire el conducto intestinal de los langostinos (*véase* pág. 90). Arranque el músculo duro situado a cada costado y enjuague el marisco bajo un chorro de agua fría.

◆ Mezcle el rape, los langostinos y las vieiras con el arroz. Tape y hornee entre 20 y 25 minutos, removiendo de vez en cuando, o hasta que el arroz esté tierno y el pescado opaco. Tire la hoja de laurel. Espolvoree con el perejil y sirva.

Cada ración: unas 500 calorías, 37 g de proteínas, 56 g de hidratos de carbono, 13 g de grasa total (4 g de saturadas), 127 mg de colesterol, 720 mg de sodio

PESCADO A LA BARBACOA

El sabor carnoso y la textura firme de algunos pescados, como el atún, el salmón, el fletán o la dorada, los hacen apropiados para asarlos a la barbacoa. Puesto que el pescado es pobre en grasas, podría resecarse una vez expuesto a fuego vivo. Para obtener los mejores resultados debe marinarse, o bien pincelarse con aceite de oliva antes de asarlo para mantenerlo jugoso. Como precaución adicional, engrase ligeramente la parrilla para evitar que se pegue. Al igual que con todos los pescados, la frescura y un tiempo reducido de cocción son de vital importancia. Aunque una barbacoa al aire libre proporciona el mejor sabor, también puede cocinar el pescado en una parrilla ondulada de hierro colado, al fuego o al *grill* del horno.

1 Prepare la barbacoa. Enjuague las vieiras bajo un chorro de agua fría para retirar cualquier resto de arena. Arranque el músculo duro en forma de media luna situado a un lado de cada vieira.

2 Mezcle el *chutney*, el zumo de limón y la sal en un robot eléctrico provisto de cuchilla metálica, hasta obtener una mezcla homogénea. Reserve 3 cucharadas para aliñar la ensalada. Vierta el resto en un cuenco grande y mezcle con el curry en polvo. Recubra las vieiras, el salmón y el pimiento rojo con esta mezcla.

BROQUETAS DE FRUTOS DE MAR AL CURRY

◆◆◆◆◆◆◆◆◆◆◆◆◆◆◆◆◆◆◆◆◆◆◆◆◆◆◆

Preparación: 20 minutos   Barbacoa: 7-8 minutos

Para 6 platos principales

450 g de vieiras grandes
125 g de *chutney* de mango
60 ml de zumo de limón recién exprimido
1¼ cucharaditas de sal
1 cucharadita de curry en polvo
450 g de filete de salmón, despellejado y cortado en 12 trozos

2 pimientos verdes grandes, sin membranas ni semillas y cortados en 9 trozos
6 broquetas de bambú (23 cm)
ensalada veraniega con aliño de *chutney* (*véase* inferior, derecha)
gajos de lima y arroz hervido al perejil (opcional)

3 Ensarte el pimiento rojo, el salmón y las vieiras en las broquetas, alternándolos. Disponga las broquetas en la barbacoa a fuego vivo. Áselas 7 u 8 minutos, dándoles la vuelta de vez en cuando, o hasta que el pescado esté opaco. Mientras, prepare la ensalada. Si lo desea, sirva las broquetas con una ensalada, gajos de lima y arroz.

CURRY EN POLVO

Consiste en una mezcla de hasta 20 especias, hierbas y semillas pulverizadas, cuyas proporciones pueden variar. Los chiles rojos secos aportan el sabor picante, y la cúrcuma, su característico color amarillo vivo; se incluyen a menudo jengibre, comino, pimienta negra y semillas de cilantro. El curry en polvo se utiliza raramente en la India, donde las especias frescas se muelen cada día. Se conserva hasta 6 meses en un recipiente herméticamente cerrado en la nevera.

ENSALADA VERANIEGA CON ALIÑO DE *CHUTNEY*

Ponga la mezcla de *chutney* reservada en un cuenco grande. Bátala lentamente con 2 cucharadas de aceite de oliva o vegetal, hasta que se espese ligeramente. Añada hojas de lechuga roja troceadas, 1 manojo de berros sin los tallos y 225 g de uvas verdes sin pepitas. Mezcle bien para recubrirlos con el aliño.

CADA RACIÓN: UNAS 275 CALORÍAS, 29 g DE PROTEÍNAS, 22 g DE HIDRATOS DE CARBONO, 8 g DE GRASA TOTAL (1 g DE SATURADAS), 64 mg DE COLESTEROL, 635 mg DE SODIO

Salmón Teriyaki con calabacines

Preparación: 15 minutos   Barbacoa: 18-20 minutos
Para 4 platos principales

60 ml de salsa Teriyaki
embotellada

125 g de raiforte fresco, pelado
y rallado

2 cucharadas de aceite de oliva
o vegetal

2 calabacines medianos
(unos 600 g)

2 calabacines amarillos medianos,
o calabaza (unos 600 g)

⅛ de corteza de limón rallada
mezclada con ⅛ de cucharadita
de pimienta negra

4 rodajas de salmón, cada una
de 2 cm de grosor (unos 175 g
cada una), despellejadas

◆ Mezcle la salsa Teriyaki, 60 g de raiforte rallado y una cucharada de aceite de oliva en un cuenco pequeño; déjelos reposar. Prepare la barbacoa.

◆ Corte los calabacines por la mitad, a lo largo. Pincele las mitades con la cucharada restante de aceite y espolvoréelas con la corteza de limón y la pimienta. Coloque los calabacines en la barbacoa a fuego moderado. Áselas entre 12 y 15 minutos, o hasta que estén tiernas; déles la vuelta de vez en cuando.

◆ Mientras, coloque las rodajas de salmón en la barbacoa a fuego moderado. Áselas entre 8 y 10 minutos, hasta que el salmón esté opaco; pincélelas de vez en cuando con la salsa y déles la vuelta una vez. Traslade el salmón y los calabacines a una fuente. Sírvalos con el resto del raiforte rallado.

Cada ración: unas 325 calorías, 38 g de proteínas, 14 g de hidratos de carbono, 13 g de grasa total (2 g de saturadas), 88 mg de colesterol, 815 mg de sodio

◆◆◆◆◆◆◆◆◆◆◆◆◆◆◆◆◆◆◆◆◆◆◆◆◆◆◆◆◆◆◆

GUARNICIONES DE LIMÓN

Nudos. Entalle la corteza de un limón para dividirla a cuartos; retire la corteza. Con la ayuda de la punta de una cuchara, raspe la membrana blanca amarga. Apile los trozos de corteza y córtelos en tiras finas y largas; a continuación, anúdelas.

Rodajas dentadas. Corte con un acanalador tiras longitudinales de corteza para obtener un efecto rayado. Corte el limón en rodajas finas horizontales.

Rodajas alabeadas. Corte el limón en tiras finas; practique un corte desde un extremo al centro de cada rodaja. Retuerza la rodaja para curvarla.

Zigzags. Haga una línea en zigzag en el centro del limón. Corte la línea con un cuchillo afilado y separe ambas mitades.

◆◆◆◆◆◆◆◆◆◆◆◆◆◆◆◆◆◆◆◆◆◆◆◆◆◆◆   ◆◆

Fletán a la barbacoa con eneldo fresco

Preparación: 5 minutos, más la marinada   Barbacoa: 10 minutos
Para 4 platos principales

60 ml de vino blanco

1 cucharadita de salsa Worcester

2 cucharadas de zumo de limón
recién exprimido

1 cucharada de eneldo fresco,
finamente picado o ¾ de
cucharada de eneldo seco

1 cucharada de aceite de oliva
o vegetal

¼ de cucharadita de pimienta
negra molida

2 rodajas de fletán, de 2 o 3 cm
de grosor (unos 350 g),
despellejadas

◆ Mezcle los primeros 6 ingredientes en una fuente no metálica de 33 x 20 cm. Añada el pescado y déle la vuelta para recubrirlo con la mezcla. Tápelo y refrigérelo 2 horas como mínimo; déle la vuelta una vez. Mientras, prepare la barbacoa.

◆ Coloque el fletán en la barbacoa a fuego lento y reserve la marinada. Áselo durante 10 minutos, dándole la vuelta ocasionalmente y rociándolo con frecuencia con la marinada, hasta que esté opaco.

Cada ración: unas 220 calorías, 35 g de proteínas, 4 g de hidratos de carbono, 7 g de grasa total (1 g de saturadas), 54 mg de colesterol, 240 mg de sodio

Red snapper relleno

Preparación: 20 minutos   Barbacoa: 15-20 minutos
Para 6 platos principales

4 cucharadas de aceite de oliva
o vegetal

2 zanahorias medianas, ralladas

1 cebolla mediana, muy finamente
picada

⅛ de cucharadita de pimienta
negra

sal

1 limón grande

15 g de perejil fresco, finamente
picado

3 *red snapper*, besugos o doradas
(750 g cada uno), fileteados

gajos de limón para adornar

◆ Prepare la barbacoa. Ralle la corteza y exprima el zumo de limón. Caliente 2 cucharadas de aceite a fuego moderado-alto en una sartén de 26 cm. Añada las zanahorias, la cebolla, la pimienta y ½ cucharadita de sal, y cueza hasta que las hortalizas estén tiernas y doradas. Mézclelas con el perejil y la corteza de limón, y retire del fuego. Coloque los 3 filetes con la piel hacia abajo sobre la superficie de trabajo; espolvoréelos con ½ cucharadita de sal. Extienda la mezcla de hortalizas sobre los filetes y cúbralos con el resto; la piel debe quedar hacia arriba. Ate cada pescado con un bramante a intervalos de 5 cm.

◆ Mezcle el zumo de limón y las 2 cucharadas restantes de aceite en un cuenco pequeño. Pincele el pescado con un poco de la mezcla. Colóquelo sobre la parrilla engrasada. Cueza el pescado a la barbacoa entre 15 y 20 minutos a fuego moderado, hasta que esté opaco; déle una vuelta con cuidado y pincélelo con frecuencia con la mezcla de limón restante. Retire el bramante del pescado y adórnelo con gajos de limón.

Cada ración: unas 410 calorías, 63 g de proteínas, 7 g de hidratos de carbono, 13 g de grasa total (2 g de saturadas), 110 mg de colesterol, 560 mg de sodio

AVES

6

Los pollos, los pollitos tomateros, los patos, las ocas y los pavos pueden criarse tanto en granja como en cautividad, y son apreciados en todo el mundo por su versatilidad. La mayoría de recetas de aves son fáciles de preparar y ofrecen un amplio abanico de opciones sabrosas. Bajas en grasas y, peso por peso, generalmente más económicas que las carnes rojas, el pollo y el pavo son una elección ideal para aquellos que cuidan su línea. La carne blanca tiene menos grasa y calorías que la oscura, y la carne de la pechuga desprovista de piel es la más magra de todas. Para obtener más sabor y jugosidad cueza las aves con la piel, pero retírela antes de comer; de este modo, habrá rebajado a la mitad el contenido graso.

COMPRA

• Elija aves enteras, que parezcan rollizas. Las aves más carnosas constituyen una buena compra porque entran menos huesos por kilo. Los cuartos de pollo o el pollo troceado también deben parecer rollizos.
• Las pieles de las aves deben ser suaves, húmedas y sin partes dañadas, y los extremos de los huesos, de un tono blanco rosado. El color de la piel puede oscilar del blanco crema al amarillo; depende de la alimentación del ave y no tiene ningún efecto en el gusto.
• Evite los paquetes que estén rotos, resquebrajados o que rezumen.
• La mayoría de las aves se venden listas para hornear, lo que significa que se han desplumado y vaciado. En las pollerías y carnicerías tradicionales, las aves que se han colgado con las entrañas para que desarrollen más sabor se pesan una vez desplumadas, pero antes de vaciarlas y con la cabeza y las patas. Las aves listas para asar pesan un tercio menos.
• Para comprobar la frescura de las aves envasadas, lea la fecha de caducidad que indica el paquete. Puede comprarlo con seguridad hasta la fecha que se señale y refrigerarlo, a continuación, de 1 a 2 días más.
• La mayoría de los pollos criados en libertad se han alimentado con una dieta de cereales del 70 % como mínimo y han tenido acceso continuo al aire libre. En consecuencia, desarrollan más músculos, lo que proporciona una carne más aromatizada. Las aves criadas en libertad son más caras que las criadas en granjas intensivas. Los pollos alimentados con maíz se encuentran con facilidad y se identifican porque el tono de la carne es más amarillo.
• Al comprar aves congeladas, asegúrese de que la carne esté dura como una roca y sin signos de quemaduras provocadas por el congelador. El rápido proceso de congelamiento comercial debe garantizar que el ave no haya absorbido un exceso de agua. Compruébelo asegurándose de que no existen cristales de hielo. El embalaje debe estar herméticamente cerrado e intacto; si hay líquido congelado en el fondo puede significar que el ave, tras descongelarse, ha sido congelada de nuevo.

CONOZCA LAS AVES			
AVES LISTAS PARA ASAR	PESO	RACIONES	RELLENO
Entre pequeñas y medianas	1,1–1,5 kg	2–4	350–500 g
Pollo para asar	2,2–3,1 kg	6–7	800 g – 1 kg
Capón	2,7–3,6 kg	6–8	800 g – 1 kg
Pollito tomatero	500 g	1	175 g
Pavo	3,6–5,4 kg	6–8	1–1,8 kg
	5,4–7,3 kg	12–16	1,8–2,5 kg
	7,3–9,1 kg	16–20	2,5–3 kg
	9,1–10,8 kg	20–24	3–3,8 kg
Pechuga de pavo	1,8–2,7 kg	5–8	—
Pechuga de pavo deshuesada	1,1–1,3 kg	6–9	—
Pato	1,8–2,2 kg	4	500–700 g
Oca	4,5–5,4 kg	6–8	1–1,8 kg

COMPRA Y CONSERVACIÓN

• Las aves crudas pueden estar contaminadas de salmonela, una fuente de intoxicación alimentaria. Lávese siempre las manos, y limpie la tabla para picar y el resto de los utensilios con agua caliente jabonosa antes de manejarlos; no toque otros alimentos hasta que no lo haya hecho. Las tablas para picar deben lavarse de vez en cuando con una solución de una cucharada de lejía por 4 litros de agua.
• Guarde las aves congeladas en su envoltura original en la parte más fría de la nevera. Las aves pequeñas pueden conservarse 2 días, y hasta 4, las ocas y pavos. Separe las aves de otros alimentos cocidos y listos para comer.
• Si las aves están envueltas en el papel de la pollería o si su envoltura presenta signos de humedad, desenvuélvalas, póngalas en una fuente y tápelas holgadamente con papel de aluminio o sulfurizado antes de refrigerarlas.
• Algunas envolturas pueden transmutar el sabor de las aves. Una vez desenvueltas, compruebe que cualquier regusto desaparece rápidamente. No las utilice si éste permanece.
• Enjuague la cavidad interna y la parte externa de las aves bajo un chorro de agua fría y séquelas con papel de cocina antes de utilizarlas.
• Guarde aparte los menudillos, y úselos en el transcurso de 1 día. Son excelentes para preparar caldo.
• Congele las aves enteras no cocidas hasta 6 meses, y los trozos, entre 3 y 6 meses. La carne picada de ave se conserva en la nevera hasta 1 día, y en el congelador, hasta 3 meses.

• Trinche los restos de carne de un ave cocida y enfriada, tápelos con papel de aluminio y refrigérelos para usarlos al cabo de 2 o 3 días, o congélelos hasta 3 meses. Las carcasas se utilizan para preparar caldo, que puede taparse y congelarse para usarlo en el plazo de 3 meses. Envuelva cualquier resto de relleno por separado y refrigérelo para emplearlo al cabo de 3 días o congélelo hasta 1 mes.

DESCONGELAR

Por razones de seguridad, es importante descongelar las aves siguiendo uno de los siguientes métodos: refrigerándolas en la nevera, o bien sumergiéndolas en agua fría (*véase* inferior). No descongele nunca las aves en la superficie de trabajo de la cocina, pues las bacterias se multiplican rápidamente a temperatura ambiente. Siga las instrucciones de la etiqueta en el caso de las aves congeladas y recuerde estas líneas de actuación:
• Las aves congeladas deben descongelarse por completo antes de cocerse; déles tiempo suficiente, especialmente en el caso de las grandes.
• Retire los menudillos lo más pronto posible durante la congelación, y refrigérelos o úselos para preparar un caldo o salsa, si lo desea.
• Si todos los cristales de hielo han desaparecido de la cavidad corporal y los muslos están blandos y flexibles, el ave ya está descongelada.
• Una vez descongelada, cocínela en el transcurso de 12 horas. Seque las cavidades del cuerpo y la piel con papel de cocina.
• Por razones de textura, no de seguridad, no recongele las aves una vez descongeladas.

Descongelar en la nevera. Deje el ave en su envoltura original y colóquela en una fuente para recoger el líquido. El tiempo de descongelación depende tanto del tamaño del ave como de la temperatura de la nevera (idealmente 1,5-6 °C). Como regla general, cuente 12 horas por kilo.

Descongelar con agua fría. Si no tiene tiempo de descongelarla en la nevera, siga el método del agua fría, que requiere menos horas aunque más atención. Coloque el ave en su envoltorio original o en una bolsa de plástico hermética dentro de una cacerola grande o en el fregadero, y cúbrala con agua fría. El agua caliente descongela el ave con demasiada rapidez y puede provocar que las bacterias se desarrollen. Cambie el agua regularmente —cada 30 minutos— para mantener la temperatura. Cuente 1 hora de descongelación por kilo y añada 1 hora al total.

NEVERA		AGUA FRÍA	
PESO (g/kg)	TIEMPO DE DESCONGELACIÓN APROXIMADO	PESO (g/kg)	TIEMPO DE DESCONGELACIÓN APROXIMADO
450 g – 1 kg	12 horas	450 g – 1 kg	1½ – 2 horas
900 g – 1,8 kg	12–24 horas	900 g – 2,7 kg	2 – 4 horas
1,8 – 2,7 kg	24–36 horas	3,1 – 5,4 kg	4½ – 7 horas
2,7 – 5,4 kg	1½–2 días	5,4 – 9,1 kg	7 – 11 horas
5,4 – 9,1 kg	2–3 días	9,1 – 10,8 kg	11 – 13 horas
9,1 – 10,8 kg	3–3½ días	Trozos	2 – 4 horas

RELLENAR

Las aves enteras no tienen por qué rellenarse. Puede colocar una cebolla o limón cuarteado en la cavidad interior, o extender hierbas o especias fragantes bajo la piel. Sin embargo, un relleno tradicional, deliciosamente aromatizado con hortalizas salteadas, salchichas u otros ingredientes, acentúa el sabor de la carne. Siga las siguientes normas:
• Antes de rellenar el ave, enjuáguela por dentro y por fuera, y séquela.
• Enfríe cualquier relleno cocido antes de rellenar el ave, a no ser que lo vaya a usar inmediatamente.
• Rellene el ave justo antes de asarla, nunca con antelación. Puede preparar el relleno por anticipado, pero recuerde que debe refrigerarlo aparte y añadirlo en el momento de asar el ave.
• Rellene ligeramente el cuello y la cavidad central. El relleno necesita sitio, pues se expande durante la cocción.
• La temperatura del relleno debe alcanzar los 74 °C.
• Hornee cualquier exceso de relleno en una fuente tapada durante los 30 últimos minutos de asado. Puesto que este relleno no será tan jugoso, quizá deba rociar la superficie con un poco de caldo, o mantequilla o margarina derretida, antes de cocerlo.

Coloque el ave con el extremo del cuello hacia arriba en un cuenco grande. Introduzca el relleno en la cavidad del cuello. Asegure la piel del cuello con unas broquetas. Coloque los alones bajo el cuerpo. Rellene la cavidad corporal (izquierda); cúbrala con la piel. Ate con bramante, los muslos y la piel que cubre el relleno a fin de asegurarlo.

CARNE BLANCA U OSCURA

La carne blanca es la más tierna del ave, así como la más magra. Una porción de carne de pechuga de 100 g sin la piel tiene unos 4 g de grasa. La misma cantidad de carne oscura pelada tiene unos 10 g de grasa. Recuerde que al retirar la piel, antes o después de la cocción, el contenido en grasas se reduce un 50 % aproximadamente.

La carne blanca es ideal para salteados orientales, para freír o para métodos de cocción húmedos, como el escalfado. También es adecuada para métodos de cocción de calor seco, como el asado al *grill* o a la parrilla; sin embargo, no debe sobrecocerse, pues se seca con mucha rapidez. La carne oscura, más jugosa y aromática, se muestra suculenta en guisos y cacerolas. También puede empanar muslos y contramuslos, y hornearlos o saltearlos. Las porciones de carne oscura se cuecen bien en la barbacoa.

Los muslos y las pechugas deshuesados se cuecen más rápidamente y, a menudo, son más interesantes. No obstante, las aves cocidas con los huesos tienen mejor sabor y son más jugosas; los huesos también ayudan a que mantengan la forma.

TROCEAR UN POLLO

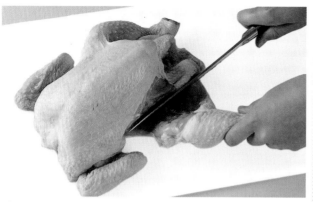

1 Coloque el pollo, con la pechuga hacia arriba, en una tabla de picar. Para retirar el muslo y el contramuslo, corte hacia abajo entre el cuerpo y la articulación. Divida a través de la juntura. Repita la operación con el otro muslo.

2 Para separar el contramuslo del muslo, coloque el cuarto de pierna con la piel hacia abajo y corte por la articulación. Repita la operacion con el otro muslo.

3 Para retirar el ala, sepárela del cuerpo y, luego, corte entre la juntura y el pecho. Repita este paso con la otra ala. Corte los alones si lo desea; congélelos o utilícelos para un caldo.

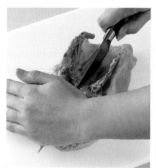

4 Con unas tijeras para aves o de cocina, corte a través de la caja torácica a lo largo de un costado del espinazo, trabajando desde el extremo de la cola al cuello. Repita la operación en el otro lado para retirar el espinazo de una pieza.

5 Ponga la pechuga con la piel hacia abajo y divídala por la mitad, cortando a cada lado del esternón. Presione el cuchillo hacia abajo para cortar los huesos y la carne. Corte cada pechuga por la mitad, en sentido horizontal, si lo desea.

DESPELLEJAR Y DESHUESAR UNA PECHUGA DE POLLO

1 Para retirar la piel de la pechuga, agarre la piel por el extremo más grueso de la pechuga y arránquela. Si lo desea, utilice para ello un trozo de papel de cocina o pase sus dedos por un poco de sal gruesa; de este modo, se obtiene un mejor agarre.

2 Para deshuesar una pechuga de pollo, sostenga el cuchillo lo más cerca posible del hueso. Coloque la hoja del cuchillo sobre los huesos de la caja torácica y separe la carne cuidadosamente con la otra mano.

3 El tendón blanco que se encuentra en la parte inferior de la pechuga es duro y debe retirarse. Sostenga el final del tendón y ráspelo con el cuchillo a medida que lo arranca.

PULIR LOS HIGADILLOS DE POLLO

Antes de cocinar los higadillos de pollo, recorte cualquier resto de grasa y membranas con un cuchillo pequeño y afilado. Las partes teñidas de verde deben desecharse.

CUARTEAR UN PATO

1 Corte con unas tijeras de cocina o para aves la piel que cuelga del cuello. Arranque las partes grandes de grasa. Utilice la grasa para asar patatas, si lo desea.

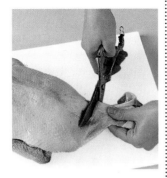

2 Ponga el pato con la pechuga hacia arriba y, trabajando desde la cavidad corporal hacia el cuello, córtelo a lo largo por un lado del esternón.

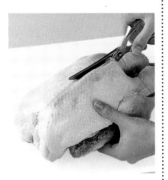

3 Abra el pato para exponer la caja torácica y el espinazo. Corte a lo largo por un lado del espinazo para dividir el pato por la mitad.

4 Coloque las mitades de pato con la piel hacia arriba. Para trocearlo a cuartos, corte cada mitad por la separación entre el ala y el muslo.

ASAR Y TRINCHAR LAS AVES

Utilice el cuadro de la derecha para estimar los tiempos de asado de los diferentes tipos de aves según su peso. Para asegurarse de que un ave entera está perfectamente cocida, utilice un termómetro para carne. Antes de cocinarla, inserte el termómetro en la parte más gruesa del muslo interno, pero sin tocar el hueso y apuntando hacia el cuerpo. Cuando el termómetro indique entre 80 y 83 °C, el ave está cocida. La temperatura continuará subiendo mientras el ave reposa, por lo que finalmente será entre 2 y 5 °C más elevada. Como segunda prueba del punto de cocción, inserte un cuchillo pequeño en la parte más gruesa del muslo; los jugos que salgan deben ser claros.

Compruebe también que los muslos se mueven con facilidad. Una vez cocidos, los huesos se oscurecen, aunque los de las aves muy jóvenes pueden mantenerse rosas, incluso aunque estén completamente cocidos.

Si deja reposar el ave una vez asada, obtendrá una carne más firme, jugosa y fácil de trinchar. Las aves deben reposar 10 minutos como mínimo antes de ser trinchadas. Para ello, seleccione un cuchillo con una hoja fina lo suficientemente larga como para cortar en lonchas las pechugas de aves grandes, como el pavo, o de cuerpos alargados, como el pato y la oca. La hoja debe extenderse 5 cm más allá de ambos lados de la carne para que ésta pueda trincharse realizando un movimiento de sierra.

TIEMPOS DE COCCIÓN A 180 °C (GAS 4)			
TIPO DE AVE Y PESO		TIEMPO DE COCCIÓN (SIN RELLENO)	TIEMPO DE COCCIÓN (RELLENO)
Pollo	1,1–1,3 kg	1¼–1½ h	1¼–1½ h
	1,3–1,8 kg	1½–1¾ h	1½–1¾ h
	1,8–2,7 kg	1¾–2 h	1¾–2 h
Capón asado a 160 °C (gas 3)	2,2–2,7 kg	2–2½ h	2½–3 h
	2,7–3,6 kg	2½–3½ h	3–4 h
Pollito tomatero	450 g	1–1¼ h	1–1¼ h
Pavo asado a 160 °C (gas 3)	3,6–5,4 kg	2¾–3 h	3–3½ h
	5,4–6,3 kg	3–3¾ h	3½–4 h
	6,3–8,2 kg	3¾–4¼ h	4–4¼ h
	8,2–9,1 kg	4¼–4½ h	4¼–4¾ h
	9,1–10,8 kg	4½–5 h	4¾–5½ h
Pato	1,8–2,2 kg	2½–2¾ h	2½–2¾ h
Oca	4,5–5,4 kg	2¾–3¼ h	3–3½ h

ASAR CORRECTAMENTE

• Si las aves se asan en una rejilla en una fuente de horno el calor circula libremente bajo la carne.
• Al asar aves grasas, como el pato o la oca, pinche la piel con un tenedor de dos púas para que la grasa pueda escurrirse. Retire de vez en cuando con una cuchara la grasa depositada en la fuente.
• Para obtener una carne jugosa y una piel crujiente, rocíe algunas veces el ave con los fondos de cocción.
• Si la piel se oscureciera demasiado, cubra holgadamente el ave con papel de aluminio.
• Una vez que el ave esté asada, traspásela a una fuente caliente y deje que los fondos de cocción reposen durante 1 minuto. Luego, retire gran parte de la grasa situada encima. Los fondos de cocción restantes pueden utilizarse para preparar otros platos, por ejemplo, para la elaboración de una salsa.

CUARTEAR UN PAVO ASADO (MÉTODO TRADICIONAL)

1 Para desprender el muslo, llévelo hacia el exterior con la ayuda de un tenedor trinchante; luego corte entre el muslo y el cuerpo, por la juntura. Si lo desea, separe el muslo del contramuslo por el punto de unión.

2 Para trinchar el muslo, sosténgalo con un tenedor trinchante y corte igual la carne en lonchas paralelas al hueso. Corte igual la carne del contramuslo. Repita la operación por el otro lado.

3 Para trinchar la pechuga, corte sobre la articulación del ala a lo largo del ave; asegúrese de que corta el hueso.

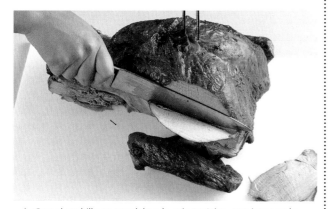

4 Con el cuchillo en paralelo a la caja torácica, empiece por la parte superior de la pechuga y corte lonchas finas, cortando cada vez un poco más arriba.

TRINCHAR UNA PECHUGA DE PAVO ASADA (EN LA COCINA)

Una vez que haya retirado el muslo (*véase* izquierda), retire la pechuga en un trozo y traspase a una tabla para trinchar. Sostenga la carne con un tenedor trinchante, y corte lonchas finas, empezando por la punta de la pechuga.

TRINCHAR UN PATO ASADO

1 Para retirar el ala, corte por la juntura situada entre el cuerpo y el ala. Para retirar el muslo, haga una incisión en la piel alrededor del mismo, y luego corte hacia abajo, entre el muslo y el cuerpo, para exponer la juntura; corte a través de ésta para separar el muslo. Separe el contramuslo por el punto de juntura con el muslo. Repita la operación por el otro lado.

2 Sosteniendo la hoja del cuchillo de manera que forme un ángulo de 45° con la carne, corte lonchas largas y finas a partir de un lado de la pechuga. Repita la operación en el otro lado.

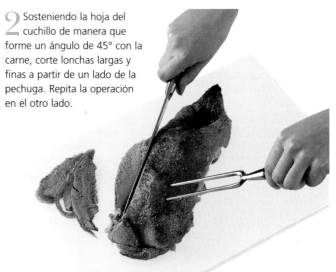

PAVO Y OCA ASADOS

Un ave perfectamente asada tiene una atractiva piel dorada, y una carne tierna y suculenta. Para evitar una contaminación bacteriana, no rellene las aves hasta el momento de cocinarlas, y no apriete demasiado el relleno, pues quizá no se cocería por completo.
Si utiliza un termómetro para carne, sabrá cuándo el ave está bien cocida.

PAVO ASADO DORADO CON SALSA DE MENUDILLOS

◆◆◆◆◆◆◆◆◆◆◆◆◆

Preparación: 15 minutos, más reposo y preparación del relleno y la salsa
Asado: unas 3¾ horas
Para 14 platos principales

arándanos y peras encurtidos (opcional, *véase* pág. 138)
relleno de salchichas y pacanas (*véase* pág. 138)
1 pavo listo para asar (6,3 kg); los menudillos y el cuello se reservan para la salsa
1½ cucharaditas de sal
½ cucharadita de pimienta negra molida
salsa de menudillos (*véase* pág. 138)
patatas troceadas y asadas y tirabeques (opcional)

COMPROBAR EL PUNTO DE COCCIÓN DE UN PAVO
◆◆◆◆◆◆◆◆◆◆

Un pavo se considera que está cocido cuando la temperatura de los muslos alcanza entre 77 y 79,5 °C, y los muslos se mueven con facilidad arriba y abajo. La temperatura de la pechuga debe ser de entre 72 y 74,5 °C, y la del relleno, de 74 °C.

1 Prepare los arándanos y peras encurtidos y el relleno. Precaliente el horno a 170 °C (gas 3). Lave el pavo y escúrralo. Introduzca parte del relleno en la cavidad del cuello, sin apretarlo.

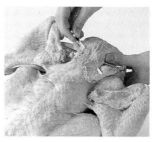

2 Doble la piel del cuello sobre el relleno. Sujételo con 1 o 2 broquetas. Introduzca el resto del relleno en la cavidad corporal sin apretarlo. Doble la piel sobre la abertura y ciérrela con broquetas.

3 Ate juntos con un bramante los muslos y la cola. Coloque el pavo con la pechuga hacia arriba en una fuente grande para asar, provista de rejilla. Frote toda la superficie del ave con sal y pimienta negra.

4 Inserte el termómetro de carne en la parte más gruesa del muslo, cerca del cuerpo; el extremo puntiagudo del termómetro no debe tocar el hueso. Cubra el pavo holgadamente con papel de aluminio.

5 Ase el pavo unas 3½ horas. Compruebe el punto de cocción durante la última hora del horneado (*véase* izquierda). Para dorarlo, retire el papel durante la última hora de asado y rocíelo de vez en cuando con los fondos de cocción.

6 Mientras, prepare el caldo para la salsa de menudillos (pasos 1 y 2). Coloque el pavo en una fuente caliente. Déjelo que repose 15 minutos para trincharlo con facilidad, y resérvelo al calor. Reserve los fondos de cocción del pavo. Prepare la salsa de menudillos. Acompañe el pavo con el relleno, la salsa, el encurtido, las patatas y unos tirabeques, si lo desea.

CADA RACIÓN, SIN SALSA: UNAS 390 CALORÍAS, 53 g DE PROTEÍNAS, 0 g DE HIDRATOS DE CARBONO, 18 g DE GRASA TOTAL (5 g DE SATURADAS), 181 mg DE COLESTEROL, 365 mg DE SODIO

Relleno de salchichas y pacanas

Preparación: 45 minutos   *Horno:* 45 minutos

Para rellenar un ave de 5,4-7,3 kg

450 g de carne de salchichas

60 g de margarina o mantequilla

3 tallos de apio medianos, cortados a dados

1 cebolla grande, cortada a dados

1 pimiento rojo mediano, sin membranas ni semillas y cortado a dados

½ cucharadita de pimienta negra, molida gruesa

300 ml de caldo de pollo

400-450 g de migas de pan de la vigilia

75 g de pacanas, tostadas y ligeramente picadas

15 g de perejil fresco, picado

◆ Caliente una sartén de 30 cm a fuego moderado-alto. Agregue la carne de las salchichas y fríala, removiéndola, unos 10 minutos, o hasta que se separe y dore. Traspásela con una espumadera a un cuenco grande.

◆ Retire la grasa de la sartén, excepto 2 cucharadas. Añada la margarina, el apio, la cebolla y el pimiento rojo, y cueza, removiendo de vez en cuando, hasta que las hortalizas estén doradas.

◆ Sazone con la pimienta y agregue el caldo. Lleve a ebullición y remueva para desprender los residuos marrones de la base del recipiente.

◆ Agregue la mezcla de hortalizas, el pan rallado, las pacanas y el perejil a la carne de salchichas, y mézclelos bien. Utilice esta mezcla para rellenar un pavo de entre 5,4 y 7,3 kg. (Coloque los restos del relleno en una fuente refractaria engrasada; tápela e introdúzcala en el horno 30 minutos antes de que finalice el tiempo de asado.)

Cada 100 g: unas 265 calorías, 8 g de proteínas, 21 g de hidratos de carbono, 17 g de grasa total (4 g de saturadas), 17 mg de colesterol, 600 mg de sodio

ARÁNDANOS Y PERAS ENCURTIDOS

Lleve a ebullición, a fuego vivo y sin dejar de remover, 350 g de arándanos rojos, 250 g de azúcar moreno, 50 ml de vinagre balsámico y 125 ml de agua. Baje el fuego y cueza 8 minutos con el recipiente destapado y el líquido apenas agitándose, o hasta que los arándanos revienten. Añada 1 pera pelada, descorazonada y cortada a dados; tape y cueza 2 o 3 minutos. Traslade la preparación a un cuenco, tápela y refrigérela unas 4 horas, o hasta que esté fría. Si lo desea, póngala en un recipiente hermético y refrigérela un máximo de 2 días. Para unos 500 g.

Cada 100 g: unas 290 calorías, 0 g de proteínas, 67 g de hidratos de carbono, 0 g de grasa total, 0 mg de colesterol, 50 mg de sodio

Salsa de menudillos

◆◆◆◆◆◆◆◆◆◆◆◆◆

menudillos y cuello de un pavo

fondos de cocción de un pavo asado

½ cucharadita de sal

2 cucharadas de harina

1 Ponga la molleja, el corazón y el cuello de un pavo en una cacerola de 3 litros, cúbralos con agua y lleve a ebullición. Reduzca el fuego a bajo, tape y cueza 45 minutos, hirviendo apenas. Añada el hígado y prosiga la cocción 15 minutos.

2 Cuele el caldo sobre un cuenco grande. Separe la carne del cuello y tire los huesos. Pique grueso la carne del cuello y los menudillos. Tape y refrigere la carne y el caldo por separado.

3 Retire la rejilla de la fuente para asar. Cuele los fondos de cocción del asado en una jarra medidora de 1 litro. Añada 225 ml de caldo a la fuente, remueva hasta que los depósitos se desprendan y vierta el líquido en la jarra. Deje que repose hasta que la grasa suba a la superficie.

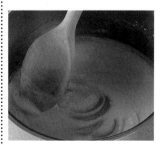 

4 Ponga 2 cucharadas de grasa de los fondos de cocción del asado en un cazo de 2 litros. Retire y deseche el resto. Agregue al cazo la sal y la harina. Tape y cueza a fuego moderado, removiendo constantemente, hasta que la harina se dore.

5 Incorpore a los fondos de cocción de la jarra el resto del caldo y el agua necesaria para alcanzar 750 ml. Viértalos gradualmente en el cazo y cueza, sin dejar de remover, hasta que la salsa hierva y se espese. Mézclala con la carne reservada y caliente bien. Para unos 800 ml.

Cada ¼ de taza: unas 50 calorías, 4 g de proteínas, 1 g de hidratos de carbono, 3 g de grasa total (1 g de saturadas), 34 mg de colesterol, 85 mg de sodio

Pavo relleno de arroz con salsa al oporto

Preparación: 35 minutos, más reposo *Asado:* unas 3 horas
Para 6 platos principales

300 g de arroz aromático (jazmín por ejemplo) o de grano largo
sal
3 tallos de apio medianos
1 cebolla mediana
2 cucharadas de aceite vegetal
50 g de pasas
1 pavo listo para asar (unos 3,6 kg); los menudillos y el cuello se reservan para otro uso
½ cucharadita de tomillo seco
450 ml de zumo de arándanos y frambuesas
2 cucharadas de azúcar moreno
40 g de arándanos rojos, picados
2 cucharadas de vino de oporto
2 cucharaditas de maicena
½ cubito de caldo de pollo

◆ Prepare el relleno: cueza el arroz siguiendo las instrucciones del paquete en una cacerola grande con ¾ de cucharadita de sal. Mientras, corte el apio y pique la cebolla finamente. Caliente el aceite a fuego moderado en una sartén de 26 cm. Agregue el apio y la cebolla, y cueza hasta que las hortalizas estén ligeramente doradas. Vierta 125 ml de agua, mezcle y lleve a ebullición a fuego vivo. Reduzca el fuego a bajo y cueza sin tapar, hasta que el agua se evapore y las hortalizas estén tiernas. Mezcle las hortalizas con el arroz y las pasas. Reserve el relleno.

◆ Precaliente el horno a 180 °C (gas 4). Prepare el pavo para asarlo y rellénelo como en los pasos del 1 al 5 del pavo asado dorado con salsa de menudillos (*véase* pág. 137), pero frote el pavo uniformemente con el tomillo seco y una cucharadita de sal, y áselo 3 horas, o hasta que al insertar un termómetro en la parte más gruesa del muslo registre entre 77 y 79,5 °C. (Coloque el resto del relleno en una fuente refractaria engrasada, tápela e introdúzcala en el horno 30 minutos antes de finalizar el tiempo del asado.)

◆ Prepare el glaseado: ponga a hervir a fuego vivo el zumo de arándanos y frambuesas y el azúcar moreno en un cazo de 3 litros. Cueza 15 minutos sin tapar, hasta que la mezcla se haya reducido a 75 ml. Tápela y resérvela.

◆ Coloque el pavo en una fuente caliente. Deje que repose 15 minutos para trincharlo con mayor facilidad, y resérvelo al calor. Reserve los fondos de cocción del asado.

◆ Prepare la salsa de oporto: retire la rejilla de la fuente de hornear, espume y tire la grasa de los fondos. Añádale 125 ml de agua y mezcle bien hasta que los depósitos marrones se desprendan. Cuélelo en un cazo de 1 litro. Añada los arándanos y 60 ml del glaseado. Lleve a ebullición a fuego vivo y hierva 1 minuto, o hasta que se espese.

◆ Mezcle el oporto, la maicena, el cubito de caldo y 175 ml de agua en un cuenco pequeño. Mézclelos con la salsa, lleve a ebullición y hierva 1 minuto. Vierta en una salsera. Pincele el pavo con el resto del glaseado. Sirva con la salsa y el relleno.

Cada ración: unas 825 calorías, 72 g de proteínas, 65 g de hidratos de carbono, 28 g de grasa total (8 g de saturadas), 233 mg de colesterol, 895 mg de sodio

Pavo relleno de pan glaseado con manzana

Preparación: 30 minutos, más reposo y preparación del caldo
Asado: unas 3¾ horas
Para 14 platos principales

45 g de margarina o mantequilla
7 tallos de apio medianos, picados
3 cebollas medianas, picadas
¾ de cucharadita de orégano
750 g de pan de varios cereales, cortado a dados de 1 cm
400 ml de caldo de pollo
pimienta negra, molida gruesa
1 pavo listo para asar (unos 6,3 kg); los menudillos y el cuello se reservan para la salsa de menudillos (*véase* pág. 138)
1½ cucharaditas de sal
glaseado de manzana (*véase* inferior)

◆ Prepare el relleno: derrita la margarina en una sartén de 30 cm. Agregue el apio y las cebollas, y cuézalos, removiendo con frecuencia, hasta que estén dorados. Vierta 125 ml de agua, reduzca el fuego a bajo, tape y cueza hasta que las hortalizas se ablanden. Mézclelas con el orégano, el pan, el caldo, ¾ de cucharadita de pimienta y 350 ml de agua en un cuenco, y resérvelas.

◆ Precaliente el horno a 170 °C (gas 3). Prepare el pavo para asarlo y áselo como en los pasos del 1 al 5 del pavo asado dorado con salsa de menudillos (*véase* pág. 137), pero frote uniformemente el pavo con sal y ½ cucharadita de pimienta.

◆ Áselo 3¾ horas, o hasta que un termómetro de carne insertado en la parte más gruesa del muslo registre entre 77 y 79,5 °C. (Coloque el resto del relleno en una fuente refractaria engrasada, tápela e introdúzcala en el horno 30 minutos antes de finalizar el tiempo de cocción.)

◆ Mientras, prepare el caldo para la salsa de menudillos (pasos 1 y 2). Prepare el glaseado de manzana. Unos 10 minutos antes de finalizar el tiempo de cocción, pincele el pavo con el glaseado. Colóquelo en una fuente caliente. Deje que repose 15 minutos para facilitar el trinchado; manténgalo al calor. Reserve los fondos de cocción en una fuente para asar.

◆ Prepare la salsa de menudillos. Sirva el pavo con ella.

Cada ración: unas 630 calorías, 61 g de proteínas, 36 g de hidratos de carbono, 25 g de grasa total (7 g de saturadas), 215 mg de colesterol, 855 mg de sodio

GLASEADO DE MANZANA

Lleve a ebullición 150 g de gelatina de manzanas, 3 cucharadas de vinagre balsámico, ½ cucharadita de canela molida y ¼ de cucharadita de clavos molidos en un cazo de 1 litro y a fuego moderado-alto. Hierva 2 minutos, removiendo sin cesar, o hasta que la mezcla se espese un poco.

OCA ASADA CON RELLENO DE ARROZ SILVESTRE Y CASTAÑAS

Preparación: 2 horas   Asado: 3 horas
Para 8 platos principales

25 g de margarina o mantequilla	sal y pimienta negra recién molida
1 manzana Granny Smith grande, pelada, descorazonada y picada	¼ de cucharadita de tomillo seco
1 tallo de apio grande, cortado a dados	500 ml de caldo de pollo
1 zanahoria mediana, cortada a dados	150 g de arroz silvestre enjuagado
	200 g de arroz blanco, de cocción fácil
1 cebolla mediana, cortada a dados	450 g de castañas frescas
	1 oca (unos 5,4 kg)

◆ Prepare el relleno: derrita 15 g de margarina a fuego moderado en una cacerola de 3 litros. Agregue la manzana y cueza hasta que se ablande. Traspásela a un cuenco. Derrita en el mismo recipiente los 10 g restantes de margarina. Agregue el apio, la cebolla, la zanahoria, ¼ de cucharadita de sal y pimienta y el tomillo, y cueza, removiendo con frecuencia, hasta que las hortalizas estén doradas.

◆ Mezcle con el caldo y el arroz silvestre, y lleve a ebullición a fuego vivo. Baje el fuego, tape y cueza 35 minutos a fuego lento. Mezcle con el arroz de cocción rápida y lleve a ebullición a fuego vivo. Baje el fuego, tape y cueza 25 minutos más a fuego lento, o hasta que el líquido se haya absorbido y el arroz esté en su punto.

◆ Mientras, prepare las castañas, póngalas en una cacerola de 4 litros, cúbralas con agua y lleve a ebullición a fuego vivo. Reduzca el fuego a moderado y cueza 10 minutos. Retire del fuego. Traspase las castañas, 3 o 4 a la vez, a una tabla para picar, y córtelas por la mitad (la piel quedará en la cáscara); luego, píquelas en trozos grandes. Cuando el arroz esté cocido, mézclelo con las castañas y la manzana. Reserve el relleno.

◆ Precaliente el horno a 180 °C (gas 4). Retire los menudillos y el cuello de la oca, y tire la grasa de la cavidad corporal. Enjuáguela con agua fría y escúrrala bien. Sujete hacia abajo la piel del cuello con 1 o 2 broquetas. Coloque la pechuga hacia arriba y lleve las alas hacia el cuello; luego, dóblelas bajo el cuerpo del ave para que se mantengan en esa posición. Introduzca el relleno en la cavidad corporal. Ate los muslos y la cola con un bramante.

◆ Coloque la oca con la pechuga hacia arriba sobre la rejilla de una fuente grande para asar. Frote la oca con una cucharadita de sal y ¼ de cucharadita de pimienta. Inserte un termómetro cerca del cuerpo, en la parte más gruesa del muslo, sin tocar el hueso.

◆ Ase la oca unas 3 horas. De vez en cuando retire la grasa depositada en la fuente, o hasta que el termómetro alcance entre 77 y 79,5 °C. Durante la última hora de cocción, cúbrala si fuese necesario con papel de aluminio, para que no se queme. Coloque la oca en una fuente caliente y deje que repose 15 minutos para facilitar el trinchado.

Cada ración: unas 1180 calorías, 83 g de proteínas, 47 g de hidratos de carbono, 71 g de grasa total (22 g de saturadas), 280 mg de colesterol, 765 mg de sodio

OCA GLASEADA

Preparación: 20 minutos   Asado: 3- 3½ horas
Para 10 platos principales

1 oca (unos 6,3 kg)	3 cucharadas de vinagre de vino tinto
1 cucharadita de sal	
½ cucharadita de pimienta negra molida	1 cucharada de jengibre fresco, finamente picado
½ cucharadita de salvia molida	3 cucharadas de harina
3 cucharadas de azúcar	½ cubito de caldo de buey
3 cucharadas de salsa de soja	hojas de salvia para adornar

◆ Precaliente el horno a 180 °C (gas 4). Retire los menudillos y el cuello de la oca, y tire la grasa de la cavidad corporal. Enjuague la oca con agua fría y escúrrala. Póngala con la pechuga hacia arriba y levante las alas hacia el cuello; luego, dóblelas bajo el cuerpo de la oca. Ate los muslos y la cola con un bramante.

◆ Coloque la oca con la pechuga hacia arriba en una fuente grande para asar. Pinche la piel en varios sitios, para que la grasa se escurra durante el asado. Frote la oca con sal, pimienta y salvia molida. Inserte el termómetro para carne en la parte más gruesa del muslo, la cercana al cuerpo, pero sin que el instrumento toque el hueso. Ase la oca entre 3 y 3 ½ horas, o hasta que el termómetro alcance entre 77 y 79,5 °C; retire la grasa de vez en cuando. Cubra la oca durante la última hora del asado con papel de aluminio para evitar que se queme.

◆ Mientras, prepare el glaseado: mezcle el azúcar, la salsa de soja, el vinagre y el jengibre en un cuenco pequeño. Una vez que la oca se haya asado 2 ½ horas, pincélela de vez en cuando con el glaseado.

◆ Ponga la oca en una fuente grande de servicio y deje que repose 15 minutos para que sea más fácil el trinchado; resérvela al calor. Guarde los fondos de cocción en la fuente.

◆ Prepare la salsa; retire la rejilla de la fuente. Vierta los fondos de cocción, a través de un tamiz, en una jarra medidora grande o un cuenco. Ponga aparte la fuente. Deje que los fondos reposen unos segundos, para que la grasa se separe. Vierta 2 cucharadas de esta grasa en un cazo de 2 litros y tire el resto. Agregue 125 ml de agua a la fuente para asar y mezcle a fondo, hasta que se desprendan los depósitos caramelizados. Añádalos al contenido de la jarra medidora y vierta el agua necesaria para alcanzar 450 ml.

◆ Tamice la harina en el cazo a fuego moderado. Vierta gradualmente la mezcla de la jarra y cueza, sin dejar de remover, hasta que la salsa hierva y se espese ligeramente. Viértala en una salsera. Para servir, adorne la fuente con las hojas de salvia y acompañe con la salsa.

Cada ración: unas 905 calorías, 73 g de proteínas, 6 g de hidratos de carbono, 63 g de grasa total (20 g de saturadas), 263 mg de colesterol, 810 mg de sodio

Pato asado

El secreto para obtener un pato con una piel crujiente consiste en pincharla y en asar el pato en una rejilla. Sírvalo como plato festivo o durante una cena invernal.

PATO ASADO CON SALSA DE CEREZAS AL OPORTO

◆◆◆◆◆◆◆◆◆◆◆◆

Preparación: 10 minutos, más preparación del caldo
Asado: 2½ horas
Para 4 platos principales

1 pato (unos 2 kg); el cuello y los menudillos se reservan para el caldo de menudillos (*véase* inferior)

½ cucharadita de tomillo seco

¼ de cucharadita de sal

¼ de cucharadita de pimienta negra molida

2 peras Conferencia, cuarteadas y descorazonadas

2 cucharaditas de azúcar

60 g de escalonias, finamente picadas

75 ml de oporto

60 g de guindas secas

patas asadas, coles de Bruselas y zanahorias (opcional)

CALDO DE MENUDILLOS

Retire el hígado de los menudillos. Ponga a hervir, en un cazo de 2 litros y a fuego vivo, el resto de los menudillos, el cuello, 400 ml de caldo de pollo y 450 ml de agua. Reduzca el fuego y cueza sin tapar 1½ horas, con el líquido apenas agitándose (si el líquido se evapora con demasiada rapidez, añada 125 ml más de agua). Cuélelo y tire los menudillos. Se obtienen entre 125 y 175 ml.

1 Precaliente el horno a 180 °C (gas 4). Retire la grasa de la cavidad del pato. Enjuáguelo y séquelo bien. Levante las alas hacia el cuello y dóblelas hacia abajo para que se mantengan en esa posición. Pinche la piel en varios sitios para que escurra la grasa durante el asado. Espolvoree la cavidad del pato con ¼ de cucharadita de tomillo.

2 Ate los muslos y la cola con un bramante. Coloque el pato con la pechuga hacia arriba sobre la rejilla de una fuente mediana para asar. Espolvoréelo con la sal, la pimienta y el tomillo.

3 Inserte el termómetro de carne en la parte más gruesa del muslo, la cercana al cuerpo (el extremo puntiagudo no debe tocar el hueso). Áselo 2½ horas, o hasta que el termómetro alcance entre 77 y 79,5 °C; retire la grasa de vez en cuando. Al cabo de 2 horas, coloque las peras en una fuente refractaria pequeña. Espolvoréelas con el azúcar y hornéelas 30 minutos, o hasta que estén tiernas. Traslade el pato y las peras a la fuente y deje que reposen 15 minutos al calor.

4 Prepare la salsa de cerezas al oporto. En la grasa de la fuente, cueza las escalonias 2 minutos; remueva. Agregue el oporto, las cerezas secas y el caldo de menudillos. Lleve a ebullición, sin dejar de remover, hasta que los depósitos se desprendan y cueza a fuego lento 5 minutos. Viértalo en un cuenco. Sirva el pato con la salsa de cerezas al oporto y hortalizas.

CADA RACIÓN: UNAS 790 CALORÍAS, 39 g DE PROTEÍNAS, 25 g DE HIDRATOS DE CARBONO, 57 g DE GRASA TOTAL (19 g DE SATURADAS), 171 mg DE COLESTEROL, 686 mg DE SODIO

PATO ASADO CON COMPOTA DE DÁTILES Y ARÁNDANOS

Preparación: 10 minutos *Asado: 2½ horas*
Para 4 platos principales

1 pato (unos 2 kg), el cuello y los menudillos se reservan para el caldo de menudillos (*véase* **pág. 141**)	**100 g de azúcar**
1 naranja cuarteada	**300 g de arándanos rojos**
¼ de cucharadita de sal	**125 ml de vino tinto seco**
¼ de cucharadita de pimienta negra molida	**75 g de dátiles deshuesados, picados**
	perejil y rodajas de naranja para adornar
	patatas asadas (opcional)

◆ Precaliente el horno a 180 °C (gas 4). Retire la grasa de la cavidad corporal del pato. Enjuáguelo y escúrralo. Levante las alas hacia el cuello y luego dóblelas hacia abajo para que se mantengan fijas. Pinche la piel en varios sitios, para que la grasa se escurra durante el asado. Ponga los cuartos de naranja en la cavidad. Ate los muslos y la cola con un bramante.

◆ Coloque el pato con la pechuga hacia arriba sobre una rejilla en una fuente mediana para asar. Salpiméntelo e inserte el termómetro de carne en la parte más gruesa del muslo, la cercana al cuerpo (el extremo puntiagudo no debe tocar el hueso). Ase 2½ horas, o hasta que el termómetro alcance entre 77 y 79,5 °C; retire de vez en cuando la grasa de la fuente. Traspáselo a una fuente y deje que repose para que sea más fácil el trinchado; resérvelo al calor.

◆ Mientras, prepare el caldo de menudillos. Elabore la compota: cueza el azúcar en una sartén de 26 cm a fuego moderado-alto y remueva hasta que se derrita y adquiera un tono ámbar. Retire del fuego, mezcle con los arándanos, el vino, los dátiles y el caldo de menudillos (la mezcla burbujeará). Cueza, removiendo, a fuego moderado-bajo, hasta que los arándanos revienten. Vierta la preparación en un cuenco. Para servir, trinche el pato (*véase* pag. 136); adórnelo con el perejil y las rodajas de naranja, y acompáñelo con la compota y las patatas, si lo desea.

Cada ración: unas 890 calorías, 39 g de proteínas, 54 g de hidratos de carbono, 57 g de grasa total (19 g de saturadas), 171 mg de colesterol, 705 mg de sodio

PATO GLASEADO AL CHILE

Preparación: 10 minutos *Asado: 2 horas y 10 minutos*
Para 4 platos principales

1 pato (unos 2 kg), cortado a cuartos (*véase* **pág. 135**)	**2 cucharadas de melaza clara o jarabe de melaza dorado (Golden Syrup, embotellado)**
1 cucharada de salsa de chile	

◆ Precaliente el horno a 180 °C (gas 4). Retire la grasa de los cuartos de pato. Enjuáguelos y escúrralos. Pinche la piel en varios sitios para que la grasa se escurra durante el asado.

◆ Coloque los cuartos con la piel hacia arriba sobre una rejilla dispuesta en una fuente para asar cubierta con papel de aluminio. Áselos 2 horas; de vez en cuando, retire la grasa de la fuente.

◆ Mientras, prepare el glaseado. Mezcle la salsa de chile y la melaza en un cuenco pequeño.

◆ Aumente la temperatura del horno a 230 °C (gas 8). Retire el pato del horno y pincélelo por ambas caras con el glaseado de chile. Devuélvalo al horno y áselo 10 minutos más.

Cada ración: unas 685 calorías, 37 g de proteínas, 7 g de hidratos de carbono, 55 g de grasa total (19 g de saturadas), 163 mg de colesterol, 170 mg de sodio

PATO GLASEADO AL JENGIBRE

Preparación: 10 minutos *Asado: 2 horas y 10 minutos*
Para 4 platos principales

1 pato (unos 2 kg), cortado a cuartos (*véase* **pág. 135**)	**3 cucharaditas de jengibre fresco, pelado**
½ cucharadita de sal	**2 cucharadas de miel**
¼ de cucharadita de pimienta negra molida	**1 cucharada de salsa de soja**

◆ Precaliente el horno a 180 °C (gas 4). Retire la grasa de los cuartos de pato. Enjuáguelo y escúrralo bien. Pinche la piel en varios sitios para que la grasa se escurra durante la cocción.

◆ Mezcle la sal, la pimienta y una cucharadita de jengibre, y frote con ello la parte interna de los cuartos. Colóquelos, con la piel hacia arriba, en una rejilla dispuesta sobre una fuente para asar forrada con papel de aluminio. Ase 2 horas; retire, de vez en cuando, la grasa que se haya depositado en la fuente.

◆ Mientras, mezcle las 2 cucharaditas restantes de jengibre con la miel y la salsa de soja. Aumente la temperatura del horno a 230 °C (gas 8). Retire el pato del horno y pincele ambas caras con el glaseado de jengibre. Devuélvalo al horno y áselo 10 minutos más.

Cada ración: unas 695 calorías, 37 g de proteínas, 9 g de hidratos de carbono, 55 g de grasa total (19 g de saturadas), 163 mg de colesterol, 640 mg de sodio

POLLO ASADO

Un pollo asado, dorado y crujiente, es un plato clásico, intemporal, suculento y casero. Se puede realzar el sabor con un relleno sencillo o con un glaseado consistente, o bien colocar bajo la piel ingredientes aromáticos, como hierbas frescas o rodajas finas de limón. Para mantenerlo jugoso, rocíelo de vez en cuando mientras se asa.

POLLO ASADO CON HIERBAS Y LIMÓN

◆◆◆◆◆◆◆◆◆◆◆◆◆◆◆◆◆◆◆◆◆◆◆◆◆

Preparación: 15 minutos, más reposo y preparación del caldo

Asado: unas 2 horas   *Para* 8 platos principales

1 pollo para asar (3,1 kg, aproximadamente), el cuello y los menudillos se reservan para otro uso	**1 cucharada de tomillo fresco, picado**
4 rodajas finas de limón	**½ cucharadita de pimentón**
4 hojas grandes de salvia fresca	**salsa con los fondos de cocción** (*véase* pág. 144)
2 dientes de ajo	**hojas de salvia fresca para adornar**
1 limón cortado por la mitad	**patatas asadas y brécoles (opcional)**
unas ramitas de tomillo y de salvia	

COMPROBAR EL PUNTO DE COCCIÓN DE UN POLLO

Puede comprobar el punto de cocción de un pollo asado insertando un cuchillo en la parte más gruesa del muslo; los jugos que se desprendan deben ser claros. A fin de conseguir una estimación más correcta, utilice un termómetro para carne; el pollo está cocido cuando registra entre 74,5 y 77 °C.

1 Precaliente el horno a 190 °C (gas 5). Introduzca cuidadosamente los dedos entre la piel y la pechuga para separar la piel. Coloque las rodajas de limón y las hojas de salvia bajo la piel.

2 Introduzca los dientes de ajo, mitades de limón y ramitas de tomillo y salvia en la cavidad del pollo.

3 Espolvoree el pollo con el tomillo y el pimentón. Colóquelo con la pechuga hacia arriba; levante las alas hacia el cuello y dóblelas por debajo del cuerpo para que se mantengan en esa posición. Ate los muslos con un bramante.

4 Coloque el pollo con la pechuga hacia arriba sobre la rejilla de una fuente mediana para asar. Inserte el termómetro de carne en la parte más gruesa del muslo, la cercana al cuerpo (el extremo puntiagudo del termómetro no debe tocar el hueso).

5 Ase el pollo unas 2 horas; vacíelo de vez en cuando con los fondos del asado. Cuando esté dorado, cúbralo holgadamente con papel de aluminio. Compruebe el punto de cocción durante los últimos 30 minutos (*véase* superior, izquierda).

6 Cuando el pollo esté completamente cocido, colóquelo en una fuente grande y caliente, y deje que repose 15 minutos para facilitar el trinchado. Para servirlo, adorne la fuente con hojas de salvia frescas. Sírvalo con una salsa preparada con los fondos de cocción, patatas asadas y brécoles, si lo desea.

CADA RACIÓN: UNAS 505 CALORÍAS, 53 g DE PROTEÍNAS, 5 g DE HIDRATOS DE CARBONO, 29 g DE GRASA TOTAL (8 g DE SATURADAS), 211 mg DE COLESTEROL, 375 mg DE SODIO

EL POLLO ASADO DE LA ABUELA RELLENO DE ARROZ Y ESPINACAS

Preparación: 35 minutos, más reposo **Asado:** *2½ horas*
Para 8 platos principales

2 cucharadas de aceite vegetal

1 cebolla, cortada a dados

200 g de arroz, de cocción fácil

300 g de espinacas congeladas, picadas, descongeladas y excurridas

2 cucharadas de zumo de limón recién exprimido

1 pollo para asar (3,1 kg), el cuello y los menudillos se reservan para otro uso

1 cucharadita de corteza de limón, rallada

1 cucharadita de romero seco, machacado

1 cucharadita de sal

½ cucharadita de pimienta negra molida

salsa con los fondos de cocción (*véase* inferior)

◆ Prepare el relleno: caliente una cucharada de aceite a fuego moderado en una cacerola de 3 litros. Agregue la cebolla y cuézala hasta que se dore. Prepare el arroz siguiendo las instrucciones del paquete en la cacerola con la cebolla, pero no use mantequilla. Agregue las espinacas y el zumo de limón cuando el arroz esté cocido.

◆ Precaliente el horno a 180 °C (gas 4). Introduzca un poco de relleno en la cavidad del cuello. Doble la piel del cuello sobre el relleno y sujétela con 1 o 2 broquetas. Coloque el pollo con la pechuga hacia arriba y levante las alas hacia el cuello; luego, dóblelas bajo el cuerpo para que se mantengan fijas.

◆ Ponga más relleno, pero sin apretarlo demasiado. Cierre con una broqueta si fuese necesario. Ate los muslos y la cola con un bramante. (Hornee los restos de relleno en una fuente refractaria pequeña y tapada durante los últimos 30 minutos de cocción.)

◆ Coloque el pollo con la pechuga hacia arriba sobre una rejilla dispuesta en una fuente mediana para asar. Mezcle la corteza de limón, el romero, la sal, la pimienta y la cucharada restante de aceite. Frote toda la superficie del pollo con la mezcla de hierbas. Inserte el termómetro en la parte más gruesa del muslo, la cercana al cuerpo (el extremo puntiagudo del termómetro no debe tocar el hueso).

SALSA CON LOS FONDOS DE COCCIÓN

Retire la rejilla de la fuente. Añada 60 ml de vermut a los fondos de la fuente. Lleve a ebullición a fuego vivo, removiendo, para desprender los depósitos marrones. Vierta 300 ml de caldo de pollo y hierva 3 minutos. Traspase la mezcla a una jarra medidora o jarrita para separar salsas, y déjela que repose unos segundos, hasta que la grasa se separe del líquido. Devuelva 2 cucharadas de grasa a la fuente para asar, y retire y tire el resto. Añada 2 cucharadas de harina a la fuente y cueza a fuego lento, sin dejar de remover, durante 1 minuto. Vierta gradualmente la mezcla de caldo y ¼ de cucharadita de sal y de pimienta negra molida. Lleve de nuevo a ebullición y cueza 1 minuto, removiendo. Para unos 300 ml.

Cada 100 ml: unas 135 calorías, 0 g de proteínas, 7 g de hidratos de carbono, 7 g de grasa total (0 g de saturadas), 13 mg de colesterol, 600 mg de sodio.

◆ Ase el ave 2½ horas, aproximadamente; rocíe a menudo con los fondos del asado. Cuando el pollo se dore, tápelo holgadamente con papel de aluminio. Compruebe la cocción cuando falten 30 minutos para finalizar el asado. El pollo está asado cuando alcanza una temperatura de entre 74,5 y 77 °C; al insertar la punta de un cuchillo en la parte más gruesa del muslo, los jugos salen claros. Resérvelo en una fuente caliente y deje que repose 15 minutos al calor. Reserve los fondos de cocción del asado y prepare la salsa con ellos. Acompañe el pollo con el relleno y la salsa.

Cada ración: unas 645 calorías, 56 g de proteínas, 27 g de hidratos de carbono, 34 g de grasa total (9 g de saturadas), 215 mg de colesterol, 925 mg de sodio

POLLO ASADO CAOBA

Preparación: 10 minutos, más reposo **Asado:** *1¼ horas*
Para 4 platos principales

1 pollo (1,5 kg, aproximadamente), el cuello y los menudillos se reservan para otro uso

¾ de cucharadita de sal

½ cucharadita de pimienta negra, molida gruesa

2 cucharadas de vermut seco

2 cucharadas de azúcar moreno oscuro

2 cucharadas de vinagre balsámico

◆ Precaliente el horno a 190 °C (gas 5). Prepare el pollo para asar como en los pasos 3 y 4 del pollo asado con hierbas y limón (*véase* pág. 143), pero salpiméntelo.

◆ Ase el pollo 45 minutos. Mientras, prepare el glaseado; mezcle el vermut, el azúcar moreno y el vinagre en un cuenco pequeño, hasta que el azúcar se disuelva. Pincele el pollo con parte del glaseado al cabo de 45 minutos. Aumente la temperatura a 200 °C (gas 6) y áselo 30 minutos más, o hasta que el termómetro alcance entre 74,5 y 77 °C, y los jugos salgan claros al insertar la punta de un cuchillo en la parte más gruesa de los muslos; pincélelo dos veces más con el glaseado.

◆ Coloque el pollo en una fuente caliente y deje que repose 15 minutos al calor. Mientras, añada 60 ml de agua a los fondos de cocción de la fuente y llévelos a ebullición a fuego moderado; remueva hasta que se desprendan los depósitos. Retire el recipiente del fuego, desengrase y tire la grasa. Sirva el pollo con los fondos de cocción.

Cada ración: unas 450 calorías, 47 g de proteínas, 9 g de hidratos de carbono, 23 g de grasa total (6 g de saturadas), 186 mg de colesterol, 540 mg de sodio

JARRITA PARA COLAR SALSAS

Este utensilio tan práctico facilita el desengrasado de las salsas. Llene simplemente la jarrita con caldo o los fondos de cocción de un asado y deje que reposen unos momentos. La grasa subirá a la superficie, y el líquido, desprovisto de grasa, podrá verterse por el pico inferior.

POLLITOS TOMATEROS ASADOS

Los pollitos tomateros no son más que pollos pequeños que no alcanzan las seis semanas. Pesan menos de un kilo y, por tanto, con uno se cubren las raciones para dos personas. Son fáciles de preparar, por lo que a menudo se sirven en fiestas o como entrante, acompañados con un *pilaf* innovador u hortalizas. El asado ofrece los mejores resultados: una piel dorada y crujiente, y una carne tierna y jugosa.

POLLITO TOMATERO CON *PILAF* DE ARROZ SILVESTRE

◆◆◆◆◆◆◆◆◆◆◆◆◆◆◆◆◆◆◆◆◆◆◆◆◆

Preparación: 60-65 minutos   *Asado:* 35 minutos

Para 2 platos principales

1 cucharada de aceite de oliva	1 diente de ajo, picado
1 zanahoria grande, cortada a dados	1 cucharadita de orégano fresco picado o ¼ de cucharadita de orégano seco
1 pimiento amarillo mediano, cortado a dados	¼ de cucharadita de pimienta negra molida
1 cebolla mediana, cortada a dados	1 pollito tomatero (450 g), cortado por la mitad, a lo largo (*véase* pág. 146)
75 g de arroz silvestre enjuagado	
sal	

1 Prepare el *pilaf:* caliente el aceite a fuego moderado-alto en un cazo de 2 litros. Añada la zanahoria, el pimiento amarillo y la cebolla, y cuézalos hasta que estén tiernos y ligeramente dorados.

2 Agregue el arroz silvestre, ¼ de cucharadita de sal y 60 ml de agua. Lleve a ebullición a fuego vivo. Reduzca el fuego, tape y cueza a fuego lento entre 45 y 50 minutos, o hasta que el arroz silvestre esté tierno y haya absorbido el líquido. Resérvelo al calor.

3 Mientras, precaliente el horno a 220 °C (gas 7). Mezcle el ajo, el orégano, ¼ de cucharadita de sal y la pimienta negra en un cuenco pequeño y frote con esta mezcla las mitades del pollito. Colóquelas en una fuente para asar con la pechuga hacia arriba.

4 Ase las mitades unos 35 minutos, pincelándolas de vez en cuando con los fondos del asado; deben quedar doradas y, al insertar la punta de un cuchillo en los muslos, los jugos han de salir claros. Traspase las mitades a 2 platos calientes y resérvelas al calor.

5 Desengrase con una cuchara grande la grasa de la fuente, y tírela. Vierta 3 cucharadas de agua caliente en la fuente y mezcle hasta que se desprendan los fondos que se hayan depositado. Viértalos sobre el pollito y acompañe con el *pilaf* de arroz silvestre.

ARROZ SILVESTRE

Apreciado por su sabor a nueces y su textura, el arroz silvestre o salvaje no es exactamente un arroz. De hecho, es una gramínea de las marismas, nativa del norte de Estados Unidos, cerca de los Grandes Lagos. Puesto que requiere unos métodos de recolección especiales, el arroz silvestre es caro; puede alargarlo, mezclándolo con otros granos. Siempre debe lavar el arroz silvestre antes de utilizarlo. Según cuál sea la variedad del arroz, puede necesitar hasta 1 hora para cocerse.

CADA RACIÓN: UNAS 510 CALORÍAS, 40 g DE PROTEÍNAS, 45 g DE HIDRATOS DE CARBONO, 19 g DE GRASA TOTAL (4 g DE SATURADAS), 90 mg DE COLESTEROL, 640 mg DE SODIO

Pollitos tomateros a la provenzal

Preparación: 15 minutos   *Asado:* 35 minutos
Para 6 *platos principales*

1 cucharada de aceite de oliva o vegetal	3 pollitos tomateros (450 g cada uno), cortados por la mitad, a lo largo (*véase* inferior)
1 diente de ajo, muy finamente picado	2 cebollas grandes, cortadas a cuartos
½ cucharadita de tomillo seco	10 aceitunas medianas deshuesadas, picadas gruesas
½ cucharadita de sal	3 tomates, cortados a cuartos
¼ de cucharadita de pimienta negra molida	

◆ Precaliente el horno a 220 °C (gas 7). Mezcle el aceite, el ajo, el tomillo, la sal y la pimienta en un cuenco pequeño. Frote los pollitos cortados por la mitad con esta mezcla y póngalos en una fuente grande para asar con la piel hacia arriba.

◆ Coloque los cuartos de limón y las aceitunas picadas alrededor de los pollitos y áselos 25 minutos, pincelándolos de vez en cuando con los fondos de cocción del asado. Añada los tomates y cueza 10 minutos más, o hasta que los jugos salgan claros al pincharlos con la punta de un cuchillo. Traslade los pollitos con las aceitunas y las hortalizas a una fuente. Desengrase el fondo de cocción y sírvalo con los pollitos.

Cada ración: unas 310 calorías, 33 g de proteínas, 10 g de hidratos de carbono, 15 g de grasa total (4 g de saturadas), 90 mg de colesterol, 320 mg de sodio

Pollitos tomateros glaseados al limón

Preparación: 10 minutos   *Asado:* 35 minutos
Para 4 *platos principales*

2 pollitos tomateros (450 g cada uno), cortados por la mitad, a lo largo (*véase* inferior)	4 cucharadas de mermelada de naranja
1 limón pequeño	2 cucharaditas de salsa de soja

◆ Precaliente el horno a 220 °C (gas 7). Coloque los pollitos con la piel hacia arriba en una fuente y áselos unos 35 minutos, pincelándolos con los fondos de cocción, o hasta que los jugos salgan claros al pincharlos con un cuchillo. Mientras, ralle una cucharadita de corteza de limón, exprima una cucharada de zumo y póngalos en un cazo de 1 litro. Añada la mermelada y la salsa de soja, y caliente hasta que la mermelada se derrita.

PARTIR AVES PEQUEÑAS

Las aves pequeñas pueden cortarse por la mitad antes o después de cocinarlas. Las tijeras para aves son fáciles de manejar, aunque un cuchillo también servirá. Coloque el ave sobre una tabla con el dorso hacia abajo. Practique una incisión a lo largo del esternón para desprender la carne. Corte a lo largo de un lado del esternón con las tijeras. Dé la vuelta al ave, córtela a ambos lados del espinazo y deseche éste.

◆ Pincele a menudo las mitades de los pollitos con la mezcla de mermelada durante los 10 últimos minutos del tiempo de asadura. Desengrase los fondos de cocción y sírvalos con los pollitos.

Cada ración: unas 300 calorías, 32 g de proteínas, 15 g de hidratos de carbono, 12 g de grasa total (3 g de saturadas), 92 mg de colesterol, 260 mg de sodio

Pollitos tomateros con calabaza de bellota

Preparación: 20 minutos   *Asado:* 1¼ horas
Para 6 *platos principales*

2 calabazas de bellota medianas (unos 600 g), u otra calabaza de invierno	225 ml de sidra o zumo de manzanas
3 pollitos tomateros (450 g cada uno)	90 g de ciruelas pasas, deshuesadas
¾ de cucharadita de sal	2 trozos de canela en rama (7-8 cm cada uno)
½ cucharadita de pimienta negra, molida gruesa	

◆ Precaliente el horno a 190 °C (gas 5). Corte cada calabaza por la mitad, a lo largo, y retire las semillas. Córtelas en 3 porciones, a lo largo; pélelas y, luego, corte cada porción por la mitad, en diagonal.

◆ Lleve las alas de los pollitos hacia el cuello y, luego, dóblelas bajo el cuerpo para que se mantengan fijas. Ate los muslos de cada pollito con un bramante.

◆ Coloque los pollitos con la pechuga hacia arriba en una fuente grande para hornear y salpimiéntelos. Ponga los trozos de calabaza alrededor de los pollitos.

◆ Áselos 30 minutos. Agregue la sidra, las ciruelas pasas y la canela. Ase unos 45 minutos, rociando los pollitos de vez en cuando con los fondos de cocción, o hasta que la calabaza esté tierna y los jugos salgan claros al pinchar la carne con la punta de un cuchillo.

◆ Corte los pollitos por la mitad a lo largo (*véase* inferior, izquierda). Para servir, ponga los pollitos, la calabaza, las ciruelas y la canela en una fuente grande. Desengrase los fondos de cocción del asado y sírvalos con las aves.

Cada ración: unas 380 calorías, 34 g de proteínas, 36 g de hidratos de carbono, 12 g de grasa total (3 g de saturadas), 92 mg de colesterol, 360 mg de sodio

---

TIJERAS DE COCINA

Estas tijeras curvadas se emplean para trocear aves grandes y pequeñas. Sus hojas serradas tienen un mecanismo de resorte. Una vez utilizadas, lávelas con agua caliente jabonosa para evitar el riesgo de salmonela.

PECHUGA DE PAVO ASADA

Ideal para los amantes de las carnes blancas, la pechuga de pavo es deliciosamente versátil. Aplánela y enróllela alrededor de un relleno sabroso, córtela a lonchas y sírvala fría o caliente para obtener un plato fácil, pero de gran efecto. También puede asarla entera y servirla con las guarniciones tradicionales.

PECHUGA DE PAVO RELLENA CON SALSA DE ALBAHACA

❖❖❖❖❖❖❖❖❖❖❖❖

Preparación: 25 minutos, más reposo

Asado: 1¼ - 1½ horas

Para 8 platos principales

1 pechuga de pavo, deshuesada y pelada (unos 900 g)

75 g de hojas de albahaca frescas

125 g de jamón cocido, cortado en lonchas finas

125 g de queso Emmental o Jarlsberg, cortado en lonchas finas

1 cucharada de aceite de oliva

½ cucharadita de albahaca seca

½ cucharadita de pimienta negra, molida gruesa

¼ de cucharadita de sal

salsa de albahaca (*véase* derecha)

ramitas de albahaca y tomates cereza para adornar

SALSA DE ALBAHACA

Mezcle 225 g de mayonesa, 2 cucharaditas de vinagre de vino blanco, ½ cucharadita de azúcar, 15 g de albahaca fresca picada y ½ cucharadita de sal en un cuenco mediano.

Enfríe hasta el momento de servir. Para 8 raciones.

1 Precaliente el horno a 170 °C (gas 3). Sosteniendo el cuchillo en paralelo a la superficie de trabajo, corte horizontalmente la pechuga de pavo, pero sin llegar al final.

2 Abra la pechuga. Póngala entre dos láminas de película de plástico y aplánela con el rodillo para obtener un rectángulo de 30 x 25 cm.

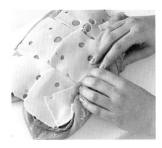

3 Cubra la pechuga de pavo con las hojas de albahaca, coloque el jamón y luego el queso. Enróllela como si se tratara de un brazo de gitano, para encerrar el relleno.

4 Ate el rollo con un bramante a intervalos de 4 cm. Colóquelo sobre la rejilla de una fuente pequeña para asar. Mezcle el aceite de oliva, la albahaca seca, la pimienta negra y la sal en un cuenco pequeño, y pincele con ello el rollo de pavo.

5 Inserte el termómetro de carne en el centro del rollo. Áselo de 1¼ - 1½ horas, hasta que el termómetro registre 72 °C; pincélelo de vez en cuando con los fondos de cocción. Mientras, prepare la salsa de albahaca. Traslade el pavo a una tabla para picar y retire el bramante. Deje que repose 15 minutos para facilitar el trinchado. Córtelo en lonchas horizontales de 1 cm de grosor, que se colocarán en una fuente caliente. Adorne con las ramitas de albahaca y los tomates cereza. Acompañe con la salsa de albahaca.

CADA RACIÓN: UNAS 415 CALORÍAS, 35 g DE PROTEÍNAS, 2 g DE HIDRATOS DE CARBONO, 28 g DE GRASA TOTAL (4 g DE SATURADAS), 99 mg DE COLESTEROL, 640 mg DE SODIO

ESPIRALES DE PAVO

Preparación: 45 minutos, más reposo **Asado:** 1¼ - 1½ horas
Para 12 platos principales

2 cucharadas, más 2 cucharaditas, de aceite vegetal

450 g de zanahorias, cortadas a dados

2 cebollas medianas, cortadas a dados

1 pimiento rojo grande, sin membranas ni semillas, cortado a dados

1 tallo de apio mediano, cortado a dados

sal

2 cucharadas de pan seco, rallado

25 g de queso parmesano recién rallado

15 g de perejil fresco, picado

1 pechuga de pavo deshuesada y pelada (1,1 kg)

1 cucharadita de pimienta negra, molida gruesa

◆ Caliente 2 cucharadas de aceite a fuego moderado-alto en una sartén de 30 cm. Agregue las zanahorias, las cebollas, el pimiento rojo, el apio y una cucharadita de sal, y cueza 15 minutos, removiendo sin cesar, hasta que las hortalizas estén bien doradas.

◆ Añada 125 ml de agua y lleve a ebullición a fuego vivo. Reduzca el fuego a bajo, tape y cueza 5 minutos, o hasta que las hortalizas estén tiernas. Destape y prosiga la cocción hasta que el líquido se haya evaporado.

◆ Retire el recipiente del fuego y mezcle el contenido con el pan rallado, el parmesano y la mitad del perejil picado.

◆ Precaliente el horno a 170 °C (gas 3). Sosteniendo el cuchillo en paralelo a la superficie de trabajo y empezando por el lado alargado de la pechuga, córtela horizontalmente, pero sin llegar al final del otro extremo. Ábrala para que quede extendida. Colóquela entre dos láminas de película de plástico y aplánela con un rodillo para formar un rectángulo de 35 x 30 cm.

◆ Reparta la mezcla de hortalizas sobre la superficie de la pechuga. Empiece por un extremo alargado y enrolle el pavo como si se tratara de un brazo de gitano, para encerrar el relleno por completo. Átelo con un bramante a intervalos de 4 cm. Colóquelo sobre la rejilla de una fuente pequeña para asar.

◆ Mezcle la pimienta negra, ¾ de cucharadita de sal, las 2 cucharaditas restantes de aceite y el perejil picado en un cuenco pequeño; sazone el rollo con esta mezcla. Inserte el termómetro para carne en el centro del rollo. Ase entre 1¼ y 1½ horas, o hasta que el termómetro alcance los 72 °C; pincele de vez en cuando con los fondos de cocción del asado.

◆ Traspase el pavo a una tabla para picar y tire el bramante. Deje que el rollo repose 15 minutos para facilitar el trinchado. Para servir, corte el rollo en rodajas horizontales de 1 cm de grosor y póngalas en una fuente de servicio grande y caliente.

Cada ración: unas 175 calorías, 25 g de proteínas, 8 g de hidratos de carbono, 4 g de grasa total (1 g de saturadas), 60 mg de colesterol, 405 mg de sodio

PECHUGA DE PAVO ASADA A LAS HIERBAS

Preparación: 10 minutos, más refrigeración y reposo
Asado: 2 - 2¼ horas
Para 8 platos principales

15 g de albahaca fresca, picada

1 cucharada de sal

1 cucharadita de semillas de hinojo, aplastadas

¼ de cucharadita de pimienta negra, molida gruesa

1 pechuga de pavo entera, incluidas ambas pechugas (2,2 kg, aproximadamente)

aceite vegetal

◆ Mezcle la albahaca, la sal, las semillas de hinojo y la pimienta en un cuenco pequeño, y frote con la mezcla el pavo. Póngalo en un cuenco grande, tápelo con película de plástico y refrigérelo toda la noche.

◆ Precaliente el horno a 170 °C (gas 3). Coloque la pechuga con la piel hacia arriba sobre la rejilla de una fuente mediana para asar y frote la piel con el aceite.

◆ Inserte el termómetro de carne en la parte más gruesa de la carne (el extremo puntiagudo no debe tocar el hueso). Cubra holgadamente con papel de aluminio.

◆ Ase 2 - 2½ horas. Verifique la cocción durante los últimos 20 o 30 minutos de cocción y pincele generosamente la pechuga con los fondos de cocción para conferirle un brillo atractivo. La pechuga estará cocida cuando el termómetro registre 72 °C.

◆ Cuando esté cocida, póngala en una fuente grande y caliente, y deje que repose 15 minutos para trincharla con facilidad. Para servirla fría, deje que se enfríe por completo, cúbrala y refrigérela 3 horas, como mínimo. Córtela en lonchas finas.

Cada ración: unas 345 calorías, 58 g de proteínas, 0 g de hidratos de carbono, 11 g de grasa total (3 g de saturadas), 108 mg de colesterol, 870 mg de sodio

◆◆◆◆◆◆◆◆◆◆◆◆◆◆◆◆◆◆◆◆◆◆◆◆◆

DESHUESAR UNA PECHUGA DE PAVO

1 Sostenga firmemente un cuchillo afilado, manteniéndolo casi plano contra el hueso y la caja torácica. Corte con cuidado al retirar el hueso.

2 Quite los huesos. Pélela y corte con el cuchillo el tendón blanco.

◆◆◆◆◆◆◆◆◆◆◆◆◆◆◆◆◆◆◆◆◆◆◆◆◆

POLLO TROCEADO ASADO U HORNEADO

Asar es un método excelente para cocinar trozos de pollo con condimentos aromáticos, como tomillo, romero y pimentón, o realzarlos con adobos especiados, como la mezcla india a base de yogur que se emplea en nuestro pollo al estilo Tandoori. Las hortalizas asadas en una fuente con pollo y rociadas con los fondos de cocción aromatizan estos platos sencillos. Asegúrese de que la fuente para asar es lo suficientemente grande como para que los trozos de pollo se asen de forma uniforme; retire antes los trozos de pechuga, pues se cuecen con mayor rapidez. Para mantener los trozos cocidos calientes, cúbralos holgadamente con papel de aluminio.

POLLO ASADO AL TOMILLO CON HORTALIZAS

◆◆◆◆◆◆◆◆◆◆◆◆◆◆◆◆◆◆◆◆◆◆◆◆◆◆◆◆◆

Preparación: 20 minutos Asado: 50 minutos
Para 4 platos principales

450 g de patatas sin pelar	1 cucharada de tomillo fresco
1 bulbo de hinojo grande	picado o 1 cucharadita de
(unos 750 g)	tomillo seco
1 cebolla roja grande	1¼ cucharaditas de sal
1 pollo (1,3 kg, cortado en 8 trozos	¼ de cucharadita de pimienta
(*véase* pág. 134) y pelado	negra molida
2 cucharadas de aceite de oliva	ramitas de tomillo para adornar

1 Precaliente el horno a 230 °C (gas 8). Corte las patatas en trozos de 5 cm. Recorte la base del hinojo y reserve algunas hojas superiores para adornar; corte el bulbo en 8 trozos. Corte la cebolla también en 8 trozos.

2 Mezcle el pollo y las hortalizas con aceite de oliva en una fuente grande para asar. Espolvoréelos con el tomillo picado, la sal y la pimienta.

3 Ase el pollo y las hortalizas durante 20 minutos, rociándolos con los jugos. Ase el pollo 20 minutos más, rociándolo una vez, hasta que los jugos salgan claros al pinchar la carne con la punta de un cuchillo. Traslade las pechugas de pollo a una fuente grande de servir y resérvelas al calor.

4 Ase los trozos de pollo restantes y las hortalizas 10 minutos más, o hasta que los jugos salgan claros al pinchar el pollo con la punta de un cuchillo, y las hortalizas estén tiernas. Trasládelos a una fuente de servir con las pechugas.

5 Añada 75 ml de agua a los fondos de la fuente y remueva hasta que los depósitos se desprendan. Vierta los jugos sobre el pollo y las hortalizas. Adorne con las ramitas de tomillo y las hojas de hinojo reservadas.

CADA RACIÓN: UNAS 430 CALORÍAS, 38 g DE PROTEÍNAS, 36 g DE HIDRATOS DE CARBONO, 16 g DE GRASA TOTAL (3 g DE SATURADAS), 101 mg DE COLESTEROL, 860 mg DE SODIO

Pollo horneado a la lima

Preparación: 15 minutos   Horno: 50 minutos
Para 4 platos principales

2 limas pequeñas
1 pollo (1,5 kg), cortado en
　8 trozos (*véase* pág. 134)
45 g de margarina o mantequilla
40 g de harina
¾ de cucharadita de sal
½ cucharadita de pimienta negra
　molida

2 cucharadas de azúcar moreno
　claro
400 ml de caldo de pollo
tiras de corteza de lima y gajos
　de lima para adornar
zanahorias y patatas aplastadas
　(opcional)

◆ Precaliente el horno a 200 °C (gas 6). Ralle toda la corteza y
exprima 2 cucharadas de zumo de las limas. Mezcle el pollo con
el zumo de lima en un cuenco grande. Derrita la margarina dentro
del horno en una fuente para asar. Retírela del horno.

◆ Mezcle la harina, la sal y la pimienta en una lámina de papel
sulfurizado y cubra con ella los trozos de pollo. Pase los trozos de
pollo, uno tras otro, por la margarina derretida de la fuente; déles
la vuelta para que queden bien cubiertos. Colóquelos con la piel
hacia arriba en la fuente. (No utilice una fuente pequeña ni
amontone los trozos, pues no se dorarían.)

◆ Mezcle la corteza de lima rallada y el azúcar moreno en un
cuenco pequeño y espolvoree con ello los trozos de pollo. Vierta
el caldo en la fuente. Hornee 50 minutos rociando de vez en
cuando el pollo con los fondos de cocción, o hasta que esté tierno
y sus jugos salgan claros al pincharlo con la punta de un cuchillo.

◆ Para servir, traslade el pollo a 4 platos. Desengrase los fondos
de cocción y viértalos sobre el pollo. Adorne con las tiras de
corteza de lima y sus gajos. Acompañe con zanahorias y puré
de patatas, si lo desea.

Cada ración: unas 505 calorías, 43 g de proteínas, 14 g de hidratos de carbono,
29 g de grasa total (7 g de saturadas), 166 mg de colesterol, 650 mg de sodio

Pollo a las hierbas

Preparación: 10 minutos   Asado: 40 minutos
Para 8 platos principales

2 cucharadas de tomillo fresco
　picado o 2 cucharaditas
　de tomillo seco
2 cucharadas de romero fresco
　picado o 2 cucharaditas
　de romero seco
1 cucharada de aceite de oliva
2 cucharaditas de pimentón

1½ cucharaditas de sal
1 cucharadita de pimienta negra,
　molida gruesa
2 pollos (1,5 kg cada uno),
　cortados a cuartos
ramitas de tomillo y romero
　frescos para adornar

◆ Precaliente el horno a 200 °C (gas 6). Mezcle el tomillo y
el romero, el aceite de oliva, el pimentón, la sal y la pimienta en
un cuenco pequeño, y frote con la mezcla los cuartos de pollo.
Coloque el pollo con la piel hacia arriba sobre la rejilla de una
fuente grande para asar. Ase el pollo (no le dé la vuelta) durante
40 minutos, o hasta que esté dorado y los jugos salgan claros al
pincharlos con la punta de un cuchillo.

◆ Sírvalo caliente, o deje que se enfríe y, luego, refrigérelo para
servirlo frío posteriormente. Para presentarlo, ponga el pollo en
una fuente y distribuya las ramitas de tomillo y romero entre los
cuartos.

Cada ración: unas 380 calorías, 42 g de proteínas, 1 g de hidratos de carbono,
22 g de grasa total (6 g de saturadas), 166 mg de colesterol, 520 mg de sodio

Pollo al estilo Tandoori

Preparación: 10 minutos, más adobo   Asado: 30 minutos
Para 6 platos principales

225 g de yogur desnatado
½ cebolla pequeña, picada
2 cucharadas de zumo de lima
　recién exprimido
1 cucharada de jengibre fresco,
　finamente picado
1 cucharada de pimentón
1 cucharadita de comino, molido
1 cucharadita de cilantro, molido

¾ de cucharadita de sal
¼ de cucharadita de pimienta
　de Cayena, molida
una pizca de clavos molidos
6 pechugas de pollo (1,3 kg,
　aproximadamente), peladas
gajos de lima para adornar
arroz basmati hervido
　(opcional)

◆ Mezcle todos los ingredientes, excepto el pollo, los gajos de lima
y el arroz, en una batidora a velocidad alta o en un robot eléctrico
provisto de cuchilla metálica, hasta obtener una mezcla
homogénea. Coloque el pollo en un cuenco con el adobo de yogur
y mezcle bien. Adobe en la nevera 30 minutos como mínimo.

◆ Precaliente el horno a 230 °C (gas 8). Coloque el pollo en la
rejilla de una fuente mediana para asar. Cúbralo con la mitad del
adobo (tire el resto). Áselo 30 minutos, o hasta que los jugos salgan
claros al pincharlo con la punta de un cuchillo. Adorne con la lima
y acompañe con arroz basmati, si lo desea.

Cada ración: unas 210 calorías, 36 g de proteínas, 5 g de hidratos de carbono,
5 g de grasa total (1 g de saturadas), 94 mg de colesterol, 375 mg de sodio

POLLO FRITO EN EL HORNO

Se puede conseguir toda la textura crujiente del pollo frito cocinándolo en el horno, sin grasa añadida y sin el trabajo de freírlo. Pélelo antes de recubrirlo para reducir el contenido graso. Utilice hierbas, especias y otros aromatizantes para dar variedad al empanado, o emplee un poco de harina de maíz para aportar una textura más crujiente.

POLLO A LA MEXICANA

◆◆◆◆◆◆◆◆◆◆◆◆

Preparación: 15 minutos
Horno: 40-45 minutos
Para 8 platos principales

125 g de chiles verdes suaves en conserva, escurridos y picados
8 cucharadas de mostaza de Dijon
1 cucharada de zumo de lima recién exprimido
½ cucharadita de pimienta negra molida
35 g de pan seco, rallado
35 g de harina de maíz amarilla
1 cucharada de pimentón
2 cucharadas de perejil fresco, ligeramente picado, o cilantro
½ cucharadita de sal
1 cucharadita de orégano seco
2 pollos (1,3 kg cada uno), cortados a octavos (*véase* pág. 134) y pelados
2 cucharadas de aceite de oliva o vegetal
salsa de tomate y pepino (opcional; *véase* derecha)
rodajas de lima, cilantro y chiles jalapeños encurtidos para adornar
cuatro tortillas de harina calientes (opcional)

1 Mezcle los chiles, la mostaza, el zumo de lima y la pimienta en un cuenco. Amalgame el pan rallado y los 5 ingredientes siguientes en un trozo de papel sulfurizado.

2 Precaliente el horno a 220 °C (gas 7). Pincele el pollo con la mezcla de mostaza y, luego, páselo por el pan rallado, de manera que se adhiera firmemente.

3 Engrase una fuente grande para asar, y ponga los trozos de pollo en la misma, formando una sola capa. Pincélelos ligeramente con el aceite.

SALSA DE TOMATE Y PEPINO

Divida 2 pepinos medianos y sin pelar por la mitad, a lo largo; retire las semillas y córtelos a dados. Bata 3 cucharadas de aceite de oliva o vegetal, 3 cucharadas de vinagre de vino tinto, ¾ de cucharadita de azúcar, ¾ de cucharadita de sal y ½ cucharadita de pimienta negra molida gruesa en un cuenco grande, hasta que estén bien amalgamados. Mezcle con los pepinos, 4 tomates medianos sin semillas y cortados a dados, y 2 pimientos verdes medianos y cortados a dados, hasta que todo esté bien combinado. Refrigere la salsa hasta el momento de servirla. Para 8 raciones.

Cada ración: unas 75 calorías, 1 g de proteínas, 7 g de hidratos de carbono, 5 g de grasa total (1 g de saturadas), 0 mg de colesterol, 205 mg de sodio

4 Hornee el pollo (no le dé la vuelta) entre 40 y 45 minutos, o hasta que esté crujiente y los jugos salgan claros al pincharlo con la punta de un cuchillo. Mientras, prepare la salsa de tomate y pepino, si lo desea. Adorne el plato y acompáñelo con la salsa y las tortillas.

CADA RACIÓN: UNAS 365 CALORÍAS, 38 g DE PROTEÍNAS, 18 g DE HIDRATOS DE CARBONO, 14 g DE GRASA TOTAL (3 g DE SATURADAS), 109 mg DE COLESTEROL, 760 mg DE SODIO

POLLO «FRITO»

Preparación: 25 minutos   Horno: 40 minutos
Para 8 platos principales

4 pechugas de pollo (1 kg aproximadamente)	**2 cucharadas de cilantro o perejil fresco, picado**
4 muslos de pollo grandes (1 kg aproximadamente)	**¾ de cucharadita de pimienta negra, molida gruesa**
225 g de yogur descremado	**ramitas de cilantro o perejil ara adornar**
1¼ cucharaditas de sal	
100 g de pan seco, rallado	

◆ Precaliente el horno a 220 °C (gas 7). Pele y desengrase el pollo. Corte cada muslo por la juntura y sepárelo del contramuslo.

◆ Mezcle el yogur y la sal en una fuente poco profunda. Mezcle el pan rallado, el cilantro picado y la pimienta negra en una lámina de papel sulfurizado. Cubra ligeramente cada trozo de pollo con el yogur y, luego, empánelo con la mezcla de pan rallado.

◆ Coloque los trozos de pollo formando una capa en una fuente grande para asar. Hornéelos (no les dé la vuelta) 40 minutos, o hasta que los jugos salgan claros al pincharlos con la punta de un cuchillo.

◆ Cuando el pollo esté perfectamente cocido, encienda el *grill* si lo desea y áselo 4 o 5 minutos, o hasta que el empanado esté bien dorado. Para servir, trasládelo a una fuente grande caliente, y adorne con las ramitas de cilantro.

Cada ración: unas 365 calorías, 43 g de proteínas, 12 g de hidratos de carbono, 15 g de grasa total (4 g de saturadas), 124 mg de colesterol, 580 mg de sodio

POLLO FRITO EMPANADO CON MAÍZ

Preparación: 15 minutos   Horno: 35 minutos
Para 4 platos principales

aerosol de aceite de oliva para cocinar sin adherencias	**½ cucharadita de pimienta de Cayena, molida**
50 g de pan rallado, seco	**1 clara de huevo mediana**
25 g de queso parmesano recién rallado	**½ cucharadita de sal**
2 cucharadas de harina de maíz amarilla	**1 pollo de 1,5 kg, cortado en 8 trozos (*véase* pág. 134), pelado**

◆ Precaliente el horno a 220 °C (gas 7). Rocíe con el aerosol una placa de horno poco profunda.

◆ Mezcle el pan rallado, el parmesano, la harina de maíz y la pimienta de Cayena en un trozo de papel sulfurizado.

◆ Bata la clara de huevo y la sal en una fuente poco profunda. Cubra cada trozo de pollo con la mezcla de clara y, luego, páselos por la de pan rallado. Colóquelos en la placa para hornear y rocíelos ligeramente con el aerosol de cocción.

◆ Hornee el pollo (no le dé la vuelta) 35 minutos, o hasta que el empanado esté crujiente y dorado, y los jugos salgan claros al pinchar el pollo con la punta de un cuchillo.

Cada ración: unas 370 calorías, 47 g de proteínas, 14 g de hidratos de carbono, 13 g de grasa total (4 g de saturadas), 132 mg de colesterol, 635 mg de sodio

POLLO CRUJIENTE CON TOMATES AL PARMESANO

Preparación: 15 minutos   Horno: 35-40 minutos
Para 2 platos principales

25 g de pan seco, rallado	**pimienta negra, molida gruesa**
1 cucharada de perejil fresco, picado	**2 cucharadas de mostaza de Dijon**
1 diente de ajo pequeño, muy finamente picado	**2 pechugas de pollo (unos 750 g)**
2 cucharaditas de aceite de oliva o vegetal	**350 g de tomates pera**
	25 g de queso parmesano recién rallado
	1 cucharada de orégano seco

◆ Precaliente el horno a 200 °C (gas 6).

◆ Mezcle el pan rallado, el perejil, el ajo, el aceite de oliva y ¼ de cucharadita de pimienta en un cuenco pequeño. Pincele la piel del pollo con la mostaza y, luego, empánelo con la mezcla de pan rallado; presione firmemente.

◆ Engrase una fuente refractaria. Coloque el pollo con la pechuga hacia arriba en la fuente y hornéelo (no le dé la vuelta) durante 20 minutos.

◆ Mientras, corte cada tomate por la mitad, a lo largo. Mezcle el queso parmesano, el orégano y ¼ de cucharadita de pimienta sobre un trozo de papel sulfurizado. Esparza esta mezcla sobre las mitades de tomate.

◆ Agregue los tomates a la fuente y hornéelos entre 15 y 20 minutos más, o hasta que el empanado esté crujiente y dorado, y los jugos salgan claros al pinchar el pollo con la punta de un cuchillo.

Cada ración: unas 550 calorías, 62 g de proteínas, 21 g de hidratos de carbono, 23 g de grasa total (6 g de saturadas), 161 mg de colesterol, 1.055 mg de sodio

AEROSOLES PARA COCINAR

Los aerosoles para cocinar son un sistema rápido y fácil de engrasar sartenes y fuentes para hornear y refractarias; son especialmente útiles para engrasar moldes acanalados o parrillas de barbacoa (rocíe cuando la rejilla esté fría). Aunque proporcionan poco sabor ya se encuentran disponibles en el mercado los de aceite de oliva y mantequilla aromatizada. Para un tentempié rápido, rocíe ligeramente con el aerosol unos triángulos de pan *pitta*, cúbralos con orégano desmenuzado y hornéelos hasta que se doren.

POLLO RELLENO

Puede rellenar tanto porciones de pollo como un ave entera con rellenos imaginativos. Una técnica consiste en formar una «bolsa», que se obtiene separando la piel de la carne y colocando el relleno en el espacio que queda. La piel mantiene el relleno cerca de la carne y le da sabor. También puede aplanar unas pechugas de pollo deshuesadas y enrollarlas alrededor de un relleno, que debe asegurarse con palillos. Hemos elegido la aromática albahaca y los tomates secos, los calabacines veraniegos y el sabroso queso Feta para nuestros rellenos.

PECHUGAS DE POLLO RELLENAS CON TOMATES SECADOS AL SOL Y ALBAHACA

Preparación: 20 minutos Horno: 35-40 minutos
Para 4 platos principales

1 manojo de albahaca
60 g de tomates secados al sol en aceite, escurridos
pimienta negra, molida gruesa
25 g de queso parmesano recién rallado
4 pechugas de pollo (1,1 kg, aproximadamente)

1 cucharada de aceite de los tomates secados al sol
½ cucharadita de sal
cintas de calabacín a la menta (opcional; *véase* pág. 304)

1 Precaliente el horno a 220 °C (gas 7). Pique 15 g de albahaca y reserve las ramitas restantes para adornar. Pique los tomates secados al sol.

2 Mezcle la albahaca, los tomates, ½ cucharadita de pimienta y el parmesano en un cuenco. Introduzca los dedos entre la piel y la carne de cada pechuga para formar una bolsa.

3 Coloque un poco de la mezcla de albahaca en cada bolsa. Ponga las pechugas de pollo con la piel hacia arriba en una fuente refractaria de 33 × 20 cm.

4 Pincele el pollo con el aceite de los tomates secados al sol, espolvoréelo con sal y ½ cucharadita de pimienta. Hornéelo entre 35 y 40 minutos, rociándolo de vez en cuando con los fondos de cocción, o hasta que esté dorado y los jugos salgan claros al pincharlo con la punta de un cuchillo. Sirva el pollo adornado con las ramitas de albahaca reservadas y las cintas de calabacín a la menta, si lo desea.

ALBAHACA FRESCA

La albahaca fresca tiene un aroma dulce y vivo muy diferente al de la hierba seca (la cual tiene un sabor herbáceo que recuerda al de la menta). La albahaca púrpura es una bonita variedad que tiene un sabor especiado. Para conservarla, póngala en un frasco sumergiendo sus tallos en 5 cm de agua, luego cúbrala con una bolsa de plástico y asegure ésta con una goma.

CADA RACIÓN: UNAS 365 CALORÍAS, 48 g DE PROTEÍNAS, 2 g DE HIDRATOS DE CARBONO, 17 g DE GRASA TOTAL (5 g DE SATURADAS), 133 mg DE COLESTEROL, 450 mg DE SODIO

POLLO RELLENO CON QUESO

Preparación: 30 minutos   Horno: 45 minutos
Para 6 platos principales

1 cucharada de aceite de oliva
1 cebolla mediana, muy finamente
  picada
1 zanahoria pequeña, rallada
1 manojo de berros, sin los tallos
  duros, picados
225 g de requesón fresco
  o Ricotta
60 g de queso Emmental rallado

25 g de queso parmesano recién
  rallado
⅛ de cucharadita de pimienta
  negra, molida gruesa
3 pechugas de pollo (unos 800 g)
3 cuartos de pollo de los muslos
  (unos 750 g)
½ cucharadita de sal

◆ Caliente el aceite en una sartén de 26 cm a fuego vivo. Agregue la cebolla y la zanahoria. Tape y cueza 5 minutos, removiendo de vez en cuando. Agregue los berros y cueza removiendo y con el recipiente destapado hasta que queden mustios. Retírelos del fuego y deje que se enfríen ligeramente. Precaliente el horno a 200 °C (gas 6).

◆ Agregue los quesos y la pimienta a la mezcla de hortalizas de la sartén y mézclelos. Introduzca los dedos entre la piel del pollo y la carne para formar una bolsa y llénela con el relleno. Coloque el pollo con el relleno hacia arriba en una fuente grande para asar y sálelo.

◆ Hornéelo 45 minutos, rociándolo a menudo, o hasta que al pincharlo con la punta de un cuchillo los jugos salgan claros. Sirva el pollo con los fondos de cocción.

Cada ración: unas 425 calorías, 45 g de proteínas, 5 g de hidratos de carbono, 24 g de grasa total (10 g de saturadas), 143 mg de colesterol, 420 mg de sodio

POLLO RELLENO CON CALABACÍN

Preparación: 20 minutos   Horno: 50 minutos
Para 4 platos principales

2 cucharadas de aceite de oliva
2 calabacines medianos (450 g),
  rallados
2 rebanadas de pan blanco,
  desmenuzado en migas finas
60 g de queso Emmental rallado
1 huevo mediano

½ cucharadita de sal
⅛ de cucharadita de pimienta
  negra molida
1 pollo (de 1,3 kg
  aproximadamente), cortado
  a cuartos
2 cucharadas de miel

◆ Precaliente el horno a 200 °C (gas 6). Caliente el aceite de oliva a fuego moderado en un cazo de 2 litros. Agregue los calabacines y cuézalos unos 2 minutos, removiéndolos. Retire del fuego y mezcle con el pan y el queso, el huevo, la sal y la pimienta.

◆ Introduzca cuidadosamente los dedos entre la piel y la carne del pollo para formar una bolsa, que llenará con el relleno. Coloque el pollo con la pechuga hacia arriba en una fuente para asar. Hornéelo 50 minutos, o hasta que los jugos salgan claros al pinchar el pollo con la punta de un cuchillo. Pincélelo con miel.

Cada ración: unas 540 calorías, 44 g de proteínas, 22 g de hidratos de carbono, 30 g de grasa total (9 g de saturadas), 208 mg de colesterol, 530 mg de sodio

POLLO A LA GRIEGA

Preparación: 25 minutos   Cocción: 25 minutos
Para 6 platos principales

125 g de queso Feta desmenuzado
1 cucharada de zumo de limón
  recién exprimido
1 cucharadita de orégano seco
6 pechugas de pollo, deshuesadas
  y peladas (unos 900 g)
¾ de cucharadita de sal
¼ de cucharadita de pimienta
  negra molida

2 cucharadas de harina
2 cucharadas de aceite de oliva
¼ de cubito de caldo de pollo,
  desmenuzado
1 tomate, pelado y cortado
  a dados
300-350 g de espinacas, cortadas
  triángulos de pan *pitta* tostados
  (opcional)

◆ Mezcle el queso Feta, el zumo de limón y el orégano en un cuenco pequeño con un tenedor, hasta obtener una preparación homogénea. Aplane cada pechuga situada entre 2 láminas de película de plástico con un rodillo o mazo para carne, hasta que tengan 1 cm de grosor.

◆ Extienda la mezcla de queso sobre cada pechuga; deje un margen de 1 cm en los extremos. Doble cada pechuga por la mitad, a lo ancho, para envolver el relleno y asegúrelo con un palillo. Mezcle la sal, la pimienta y una cucharada de harina en una lámina de papel sulfurizado y enharine el pollo.

◆ Caliente el aceite a fuego moderado-alto en una sartén de 30 cm. Agregue el pollo y cuézalo hasta que esté dorado por ambas caras; déle una vuelta. Mientras, mezcle el cubito, la cucharada de harina restante y 225 ml de agua en un cuenco pequeño, hasta que la mezcla esté lisa. Agréguela a la sartén con el tomate y las espinacas, y lleve a ebullición a fuego vivo. Reduzca el fuego a bajo; tape y cueza entre 8 y 10 minutos a fuego lento, o hasta que los jugos salgan claros al pinchar el pollo con la punta de un cuchillo. Acompáñelo con los triángulos de pan *pitta* si lo desea.

Cada ración: unas 285 calorías, 37 g de proteínas, 5 g de hidratos de carbono, 12 g de grasa total (5 g de saturadas), 125 mg de colesterol, 690 mg de sodio

AVES SALTEADAS

Los cortes magros del pollo quedan realzados si se fríen en una sartén. Al freírlos, los jugos quedan sellados en el interior, mientras que el rebozado de harina les proporciona una costra dorada. Utilice los fondos de cocción como salsa, mezclándolos con champiñones, o con vino y un poco de caldo.

POLLO A LA CAMPESINA, AL ESTILO FRANCÉS

◆◆◆◆◆◆◆◆◆◆◆◆◆◆

Preparación: 20 minutos
Cocción: 30 minutos
Para 6 platos principales

750 g de pechugas de pollo, deshuesadas y peladas
3 cucharadas de harina
½ cucharadita de sal
¼ de cucharadita de pimienta negra molida
2 cucharadas de estragón fresco picado, o 1 cucharadita de estragón seco
2 cucharadas de aceite de oliva
450 g de setas variadas, como champiñones y setas chinas *shiitake*, cortadas en rodajas
1 escalonia grande, picada fina
225 ml de caldo de pollo
60 ml de vino blanco seco
estragón o perejil fresco picado para adornar

SARTENES

•••••••••••••••••

Una buena sartén debe tener una base gruesa para que el calor se extienda uniformemente, paredes bajas para que el vapor pueda escaparse y un mango refractario. Las sartenes de acero inoxidable con una base de cobre, las de aluminio anodizado y las de hierro colado son excelentes conductoras del calor.

1 Corte cada pechuga en 3 o 4 trozos. Si no tienen el mismo grosor, aplánelos para darles 3 mm (*véase* pág. 156). Mezcle la harina, la sal, la pimienta y una cucharada de estragón picado en un papel sulfurizado, y enharine el pollo.

2 Caliente una cucharada de aceite de oliva a fuego moderado-alto en una sartén de 30 cm. Agregue las setas y la escalonia, y cueza entre 12 y 15 minutos, removiendo o hasta que el líquido se evapore. Traslade la mezcla a un cuenco.

3 Caliente la cucharada restante de harina en la misma sartén. Agregue las pechugas de pollo y cuézalas unos 4 minutos por lado. Traspáselas a una fuente y resérvelas al calor. Repita la operación con el pollo restante.

4 Agregue el caldo de pollo, el vino blanco, la mezcla de setas y la cucharada restante de estragón picado a los fondos de cocción de la sartén. Lleve a ebullición y hierva 1 minuto. Vierta la salsa de setas sobre el pollo y adorne con el estragón picado.

CADA RACIÓN: UNAS 230 CALORÍAS, 28 g DE PROTEÍNAS, 10 g DE HIDRATOS DE CARBONO, 8 g DE GRASA TOTAL (2 g DE SATURADAS), 84 mg DE COLESTEROL, 395 mg DE SODIO

POLLO CON LANGOSTINOS Y ALCAPARRAS

Preparación: 25 minutos *Cocción:* 25 minutos
Para 6 platos principales

450 g de langostinos grandes

450 g de pechugas de pollo, deshuesadas y peladas

3 cucharadas de harina

sal

2 cucharadas de aceite de oliva o vegetal

300 g de champiñones grandes, cortados en rodajas

1 escalonia o cebolla pequeña, finamente picada

60 ml de vino blanco seco

2 cucharadas de alcaparras en conserva, escurridas

◆ Pele y retire el conducto intestinal de los langostinos, pero, si lo desea, sin pelar el extremo de la cola (*véase* pág. 90). Si las pechugas no tienen el mismo grosor, aplánelas para darles 2 mm (*véase* inferior). Corte el pollo en trozos de 8 x 5 cm. Mezcle 2 cucharadas de harina y ¾ de cucharadita de sal en un papel sulfurizado y enharine el pollo.

◆ Caliente una cucharada de aceite a fuego moderado-alto en una sartén de 30 cm. Agregue los champiñones y cuézalos 10 minutos, removiendo a menudo, o hasta que estén dorados. Trasládelos con una espumadera a un cuenco grande.

◆ Caliente 2 cucharaditas de aceite a fuego moderado-alto en la misma sartén. Agregue los langostinos y las escalonias, y cuézalos, removiéndolos a menudo, hasta que los langostinos estén opacos. Trasládelos al cuenco con los champiñones. Caliente una cucharada de aceite en la misma sartén a fuego moderado-alto. Agregue la mitad del pollo y cuézalo 2 o 3 minutos, o hasta que pierda el color rosado. Traspáselo al cuenco y repita la operación con el resto.

◆ Caliente a fuego moderado-alto el resto del aceite con los fondos de cocción de la sartén; mézclelos con la cucharada restante de harina y cueza unos 30 segundos, removiendo constantemente, o hasta que la harina empiece a dorarse un poco. Vierta gradualmente el vino, ½ cucharadita de sal y 300 ml de agua. Cueza a fuego vivo hasta que la salsa hierva y se espese ligeramente. Devuelva la mezcla de pollo a la sartén, mezcle con las alcaparras y caliente.

Cada ración: unas 270 calorías, 34 g de proteínas, 8 g de hidratos de carbono, 10 g de grasa total (2 g de saturadas), 171 mg de colesterol, 690 mg de sodio

◆◆◆◆◆◆◆◆◆◆◆◆◆◆◆◆◆◆◆◆◆◆◆◆

APLANAR PORCIONES DE POLLO

Si aplana porciones de pollo deshuesadas y les da un grosor parecido obtendrá una cocción uniforme, a la vez que la carne quedará blanda. Ponga cada porción entre 2 hojas de papel de pergamino, y aplánelas con un rodillo.

◆◆◆◆◆◆◆◆◆◆◆◆◆◆◆◆◆◆◆◆◆◆◆◆

PAVO CON HORTALIZAS

Preparación: 25 minutos *Cocción:* 20 minutos
Para 6 platos principales

3 cucharadas de aceite de oliva o vegetal

1 bulbo de hinojo grande (unos 600 g), con la base recortada y cortado en rodajas de 5 mm de grosor

3 zanahorias grandes, cortadas en tiras finas de 8 cm de longitud

1 cebolla mediana, cortada a dados

sal

2 calabacines medianos (450 g), cortados en tiras finas de 8 cm de longitud

600 g de escalopes de pavo

½ cucharadita de pimienta negra, molida gruesa

¼ de cucharadita de tomillo seco

1 limón grande

◆ Caliente 2 cucharadas de aceite a fuego moderado-alto en una sartén antiadherente de 30 cm. Agregue el hinojo, las zanahorias, la cebolla y ½ cucharadita de sal, y cueza, removiendo constantemente, hasta que las hortalizas estén algo doradas. Agregue los calabacines y cueza hasta que las hortalizas se ablanden. Trasládelas a un cuenco grande.

◆ Si los escalopes fuesen gruesos, aplánelos hasta darles 2 mm de grosor (*véase* inferior, izquierda). Córtelos en trozos de 8 x 5 cm. Espolvoréelos con la pimienta, el tomillo y ½ cucharadita de sal.

◆ Caliente la cucharada restante de aceite a fuego moderado-alto en la misma sartén. Agregue unos cuantos trozos de pavo y cuézalos 2 o 3 minutos, o hasta que pierdan el color rosado. Trasládelos al cuenco con las hortalizas y repita la operación con el resto.

◆ Exprima el zumo de medio limón y corte en rodajas la mitad restante para adornar. Vierta el zumo de limón y 75 ml de agua sobre los fondos de cocción de la sartén y remueva sin cesar para que se desprendan los depósitos marrones. Devuelva el pavo y las hortalizas a la sartén, y caliéntelos. Sirva el plato, adornándolo con las rodajas de limón.

Cada ración: unas 245 calorías, 27 g de proteínas, 18 g de hidratos de carbono, 8 g de grasa total (1 g de saturadas), 59 mg de colesterol, 470 mg de sodio

COCINAR CON VINO

◆◆◆◆◆◆◆◆◆◆◆◆◆◆◆◆◆◆◆◆◆◆◆◆

El vino aporta a las salsas, los guisos y los platos braseados un contrapunto ácido y un sabor profundo. Para evitar que el gusto resulte demasiado fuerte, hiérvalo para reducirlo, como mínimo, a la mitad. De este modo, el alcohol se evapora y el vino, concentrado, proporciona un sabor suave. El vino también puede emplearse para desglasar los fondos de cocción o como líquido para escalfar las frutas. Es esencial emplear un vino de calidad, ya que su sabor pasará al plato. Los vinos blancos armonizan con pescados y aves; los tintos aportan un sabor más profundo y ligan con las carnes rojas y la caza. Los alimentos salados, ácidos o ahumados pueden atenuar el sabor del vino. No cueza nunca el vino en recipientes de aluminio, pues el plato acabado podría tener un sabor metálico.

POLLO CON SALSA DE LIMÓN Y ALCAPARRAS

Preparación: 15 minutos
Cocción: 10 minutos
Para 4 platos principales

2 cucharadas, más 1½ cucharaditas, de harina
½ cucharadita de sal
1 huevo mediano
4 pechugas de pollo, deshuesadas y peladas
  (unos 600 g)
2 cucharaditas de aceite de oliva o vegetal
30 g de margarina o mantequilla
125 ml de caldo de pollo
60 ml de vino blanco seco
2 cucharadas de zumo de limón recién
  exprimido
3 dientes de ajo, cortados por la mitad
2 cucharadas de alcaparras en conserva,
  escurridas y picadas
perejil fresco para adornar

◆ Mezcle 2 cucharadas de harina con sal en un papel sulfurizado. Bata el huevo en un plato. Enharine el pollo y páselo por el huevo.

◆ Caliente el aceite y una cucharada de margarina a fuego moderado-alto en una sartén antiadherente de 30 cm. Añada el pollo y cuézalo 3 minutos. Reduzca el fuego a moderado; dé la vuelta al pollo y cuézalo unos 5 minutos más, o hasta que los jugos salgan claros al pinchar con la punta de un cuchillo. Trasládelo a un plato caliente.

◆ Mezcle el caldo de pollo, el vino, el zumo de limón, 1½ cucharaditas restantes de harina en un cuenco pequeño, hasta que estén bien amalgamados. Añada el ajo a los fondos de cocción de la sartén y lleve a ebullición a fuego vivo. Hierva 1 minuto. Agregue las alcaparras y la cucharada restante de margarina, y mezcle bien. Tire el ajo. Vierta la salsa sobre el pollo y espolvoréelo con el perejil.

Cada ración: unas 290 calorías, 34 g de proteínas, 5 g de hidratos de carbono, 13 g de grasa total (3 g de saturadas), 157 mg de colesterol, 675 mg de sodio

PECHUGAS DE POLLO CON SALSA AL ESTRAGÓN

Preparación: 15 minutos
Cocción: 25 minutos
Para 4 platos principales

2 cucharaditas, más 1 cucharada, de aceite
  de oliva o vegetal
2 escalonias grandes, cortadas en rodajas finas
1 cucharadita de sal
1 cucharada de estragón fresco picado
  o ½ cucharadita de estragón seco
5 cucharadas de harina
4 pechugas de pollo (1,1 kg,
  aproximadamente), peladas
½ cubito de caldo de pollo

◆ Caliente 2 cucharaditas de aceite a fuego moderado en una sartén antiadherente de 30 cm. Agregue las escalonias y cuézalas hasta que se ablanden y estén ligeramente doradas. Trasládelas a un cuenco con una espumadera.

◆ Mezcle la sal, el estragón y 3 cucharadas de harina en un papel sulfurizado, y enharine el pollo con esta mezcla. Caliente la cucharada restante de aceite a fuego moderado-alto en la misma sartén. Agregue el pollo y cuézalo hasta que esté dorado; déle una vuelta. Reduzca el calor a moderado-bajo, tape y prosiga la cocción 10 minutos más, o hasta que al pinchar el pollo con la punta de un cuchillo los jugos salgan claros. Ponga las pechugas en 4 platos y resérvelas al calor.

◆ Mezcle las 2 cucharadas restantes de harina con 350 ml de agua en un cuenco pequeño, hasta que la mezcla quede homogénea. Añádala junto con el cubito y las escalonias salteadas a los fondos de la sartén y lleve a ebullición a fuego vivo; remueva hasta que se desprendan los depósitos marrones. Hierva 1 minuto. Para servir, vierta la salsa sobre el pollo.

Cada ración: unas 335 calorías, 44 g de proteínas, 14 g de hidratos de carbono, 11 g de grasa total (2 g de saturadas), 114 mg de colesterol, 860 mg de sodio

PECHUGAS DE POLLO CON SALSA DE TOMATE Y ACEITUNAS

Preparación: 15 minutos
Cocción: 20 minutos
Para 4 platos principales

1 cucharada de aceite de oliva o vegetal
4 pechugas de pollo, deshuesadas y peladas
  (unos 600 g)
1 cebolla mediana, finamente picada
1 cucharada de vinagre de vino tinto
750 g de tomates pera, pelados, sin semillas
  y picados
½ taza de aceitunas negras, carnosas y
  deshuesadas
pasta hervida (opcional)
perejil para adornar

◆ Caliente la mitad del aceite a fuego moderado-alto en una sartén de 30 cm. Agregue las pechugas de pollo y cuézalas unos 8 minutos, o hasta que estén doradas y los jugos salgan claros al pincharlas con la punta de un cuchillo. Traslade el pollo a una fuente.

◆ Agregue la cebolla a los fondos de cocción de la sartén y cuézala a fuego moderado hasta que esté tierna y crujiente. Vierta el vinagre y cueza hasta que la cebolla esté muy tierna. Mézclela con los tomates picados y las aceitunas, y lleve a ebullición a fuego vivo.

◆ Devuelva el pollo a la sartén y caliéntelo. Acompáñelo con pasta, si lo desea, y adórnelo con perejil.

Cada ración: unas 300 calorías, 34 g de proteínas, 13 g de hidratos de carbono, 13 g de grasa total (2 g de saturadas), 101 mg de colesterol, 615 mg de sodio

POLLO CON PIMIENTOS

Preparación: 15 minutos   Cocción: 30 minutos
Para 4 platos principales

3 cucharadas de harina
sal y pimienta negra molida
6 pechugas de pollo, deshuesadas
y peladas, cortadas por la mitad
(unos 600 g)
2 cucharadas de aceite de oliva
450 g de patatas rojas, medianas,
cortadas por la mitad

1 pimiento rojo mediano,
sin membranas ni semillas
y cortado a dados
1 pimiento amarillo mediano,
sin membranas ni semillas y
cortado a dados
2 cucharadas de azúcar moreno
2 cucharadas de vinagre de sidra

◆ Mezcle la harina, una cucharadita de sal y ¼ de cucharadita de pimienta negra, y enharine el pollo.

◆ Caliente el aceite a fuego moderado-alto en una sartén antiadherente de 30 cm. Agregue los trozos de pollo y cuézalos hasta que estén dorados; trasládelos a un cuenco.

◆ Agregue las patatas, los pimientos, ½ cucharadita de sal y ¼ de cucharadita de pimienta negra a la sartén y cueza hasta que las hortalizas estén doradas.

◆ Devuelva el pollo a la sartén. Reduzca el calor a moderado, tape y cueza entre 10 y 15 minutos, removiendo a menudo, o hasta que los jugos de cocción salgan claros al pinchar con la punta de un cuchillo y las patatas estén tiernas. Agregue el azúcar moreno y el vinagre de sidra; mezcle y caliente.

Cada ración: unas 430 calorías, 31 g de proteínas, 39 g de hidratos de carbono, 17 g de grasa total (4 g de saturadas), 132 mg de colesterol, 930 mg de sodio

ESCALOPES DE PAVO
CON ENSALADA PICADA

Preparación: 20 minutos   Cocción: 8-10 minutos
Para 4 platos principales

1 cebolla tierna, cortada
en rodajas finas
2 cucharadas de queso parmesano
recién rallado
1 cucharada de vinagre de vino
tinto
½ cucharadita de mostaza
de Dijon
¼ de cucharadita de sal

¼ de cucharadita de pimienta
negra, molida gruesa
3-4 cucharadas de aceite de oliva
450 g de tomates pera, cortados
en trozos de 2 cm
2 manojos de oruga, picada gruesa
4 escalopes de pavo grandes
(unos 450 g)
35 g de pan rallado, seco

◆ Mezcle la cebolla tierna, los 5 ingredientes siguientes y 2 cucharadas de aceite en un cuenco pequeño con un tenedor o batidora de varillas. Añada los tomates y la oruga, y mézclelos bien.

◆ Aplane los escalopes de pavo hasta que tengan 5 mm de grosor (*véase* pág. 156). Coloque el pan rallado sobre un papel sulfurizado y cubra con él los escalopes. Caliente una cucharada de aceite a fuego moderado-alto en una sartén antiadherente de 30 cm.

◆ Agregue a la sartén 2 trozos de pavo y cuézalos 2 o 3 minutos por lado, o hasta que estén dorados y pierdan el color rosado; repita la operación, añadiendo la cucharada restante de aceite si fuese necesario. Para servir, ponga los escalopes de pavo en 4 platos y cúbralos con la ensalada picada.

Cada ración: unas 300 calorías, 32 g de proteínas, 13 g de hidratos de carbono, 13 g de grasa total (2 g de saturadas), 73 mg de colesterol, 345 mg de sodio

POLLO CRUJIENTE RECUBIERTO
CON PATATAS

Preparación: 20 minutos   Cocción: 15 minutos
Para 2 platos principales

2 pechugas de pollo, deshuesadas
y peladas (unos 350 g)
1 patata para hornear grande,
pelada
sal

¼ cucharadita de pimienta negra,
molida gruesa
2 cucharadas de aceite vegetal
ramitas de perejil para adornar

◆ Aplane las pechugas de pollo hasta que tengan 5 mm de grosor (*véase* pág. 156).

◆ Con la ayuda de un cuchillo afilado, corte la patata en 24 rodajas horizontales, finas como el papel. Póngalas enseguida en un cuenco con agua fría para evitar que se oscurezcan. Escúrralas y séquelas con papel de cocina.

◆ Coloque 6 rodajas de patata, encabalgándolas ligeramente y dándoles la misma forma ovalada que la pechuga de pollo, en la superficie de trabajo. Coloque encima la pechuga y espolvoréela con ½ cucharadita de sal. Cubra el pollo con otras 6 rodajas de patata. Repita la operación con el resto de las patatas y el pollo.

◆ Caliente el aceite en una sartén de 30 cm. Agregue el pollo y cuézalo hasta que la parte inferior de las patatas esté dorada. Reduzca el calor a moderado y cueza 2 o 3 minutos más.

◆ Dé la vuelta al pollo cuidadosamente con una espátula, espolvoréelo con la pimienta y ¼ de cucharadita de sal. Cuézalo

a fuego moderado-alto hasta que las patatas estén doradas por la otra cara. Reduzca el fuego a moderado y cueza 2 o 3 minutos más, o hasta que las patatas estén doradas y tiernas, y los jugos del pollo salgan claros al pinchar con la punta de un cuchillo. Para servir, coloque las pechugas de pollo en 2 platos de servicio y adorne con las ramitas de perejil.

Cada ración: unas 430 calorías, 41 g de proteínas, 26 g de hidratos de carbono, 18 g de grasa total (4 g de saturadas), 122 mg de colesterol, 460 mg de sodio

POLLO BRASEADO

Los platos que se incluyen a continuación son consistentes y extraen el máximo sabor del pollo. Se cocinan en dos pasos. Primero se asa el pollo con aceite caliente para dorarlo y sellar los jugos; de este modo, se obtiene un sabor pronunciado. Luego, se cuece lentamente en un líquido hasta que está tierno y cocido por completo. Sirva estos platos con purés de hortalizas, polenta o un pan crujiente para remojar los deliciosos jugos.

POLLO AL ESTILO
OSSO BUCCO
◆◆◆◆◆◆◆◆◆◆◆◆◆

Preparación: 20 minutos
Cocción: 45 minutos
Para 4 platos principales

2 cucharadas de aceite de oliva
8 contramuslos de pollo (1,1 kg, aproximadamente), pelados y desengrasados
1 cucharadita de sal
1 cebolla grande
4 zanahorias medianas
1 tallo de apio grande
400 g de tomates enlatados
½ cucharadita de orégano seco
perejil picado y corteza de limón rallada para adornar

1 Caliente el aceite en una sartén de 30 cm. Añada los contramuslos de pollo y sálelos. Cuézalos hasta que estén uniformemente dorados. Trasládelos a un cuenco.

2 Mientras, pique la cebolla en una tabla apropiada. Corte a dados las zanahorias y el apio. Agregue la cebolla, las zanahorias y el apio a los fondos de cocción de la sartén y cuézalos 10 minutos, removiendo con frecuencia o hasta que estén ligeramente dorados.

QUÉ QUIERE DECIR...
◆◆◆◆◆◆◆◆◆◆◆◆◆

Osso bucco es el nombre italiano que designa el morcillo de ternera y el sistema clásico milanés de cocinarlo: se brasea primero con hortalizas aromáticas y tomates, y se realza en el último minuto espolvoreándolo con corteza de limón, ajo y perejil picados. Puede obtener el mismo sabor delicioso, dedicando mucho menos tiempo, con pollo.

3 Devuelva los contramuslos a la sartén. Incorpore los tomates y el orégano, y lleve a ebullición a fuego vivo.

4 Reduzca el fuego a bajo. Tape y cueza 25 minutos a fuego lento, o hasta que los jugos salgan claros al pinchar el pollo con la punta de un cuchillo. Sírvalo espolvoreado con el perejil picado y la corteza de limón.

CADA RACIÓN: UNAS 440 CALORÍAS, 42 g DE PROTEÍNAS, 18 g DE HIDRATOS DE CARBONO, 21 g DE GRASA TOTAL (5 g DE SATURADAS), 190 mg DE COLESTEROL, 935 mg DE SODIO

POLLO CON ACEITUNAS Y TOMILLO

Preparación: 15 minutos   Cocción: 45 minutos
Para 4 platos principales

1 cucharada de aceite de oliva
8 contramuslos de pollo (1 kg, aproximadamente)
sal
2 cebollas pequeñas, cortadas a octavos
175 ml de caldo de pollo

75 g de aceitunas negras grandes, deshuesadas
1 cucharadita de tomillo fresco picado o ¼ de cucharadita de tomillo seco
2 cucharaditas de harina

◆ Caliente el aceite a fuego moderado-alto en una sartén antiadherente de 30 cm. Agregue el pollo, espolvoréelo con ¼ de cucharadita de sal y cuézalo hasta que esté uniformemente dorado. Trasládelo a una fuente.

◆ Agregue las cebollas a los fondos de cocción de la sartén y cuézalas hasta que estén doradas; mueva la sartén de vez en cuando.

◆ Reduzca el fuego a bajo, tape y cueza entre 20 y 25 minutos, o hasta que al pinchar el pollo con la punta de un cuchillo los jugos salgan claros. Traspase el pollo a una fuente caliente.

◆ Mezcle la harina, ¼ de cucharadita de sal y una cucharada de agua en un cuenco pequeño. Agregue esta mezcla a la sartén, remueva y lleve a ebullición 1 minuto, hasta que la salsa se espese ligeramente. Vierta la salsa sobre el pollo y sírvalo.

Cada ración: unas 420 calorías, 42 g de proteínas, 8 g de hidratos de carbono, 24 g de grasa total (5 g de saturadas), 190 mg de colesterol, 1.005 mg de sodio

POLLO A LA NARANJA Y AL ROMERO

Preparación: 15 minutos   Cocción: 30 minutos
Para 4 platos principales

2 cucharadas de aceite de oliva o vegetal
6 contramuslos de pollo, deshuesados y pelados (unos 600 g), cortados por la mitad
1 cebolla grande (225 g), cortada en rodajas finas
sal

4 patatas rojas medianas (unos 350 g)
1 naranja mediana
600 ml de caldo de pollo
1 cucharada de harina
1 cucharadita de romero fresco picado o ¼ de cucharadita de romero seco

◆ Caliente el aceite a fuego moderado-alto en una sartén de 30 cm. Agregue el pollo, la cebolla y una cucharadita de sal, y cuézalo unos 15 minutos, o hasta que la cebolla esté tierna y los contramuslos, uniformemente dorados, hayan perdido el color rosa. Traslade el pollo a un cuenco, pero deje las cebollas en la sartén.

◆ Mientras, corte las patatas en trozos de 3 cm. Retire dos tiras de 6 x 2 cm de la corteza de naranja con ayuda de un mondador. Exprima 60 ml de zumo de naranja y mézclelo con el caldo, la harina y 175 ml de agua, hasta obtener una preparación homogénea.

◆ Añada las patatas, la mezcla de zumo de naranja y ¼ de cucharadita de sal a las cebollas, y lleve a ebullición a fuego vivo y removiendo. Reduzca el calor a bajo, tape y cueza 10 minutos a fuego lento, o hasta que las patatas casi estén tiernas.

◆ Devuelva los contramuslos a la sartén y mezcle con el romero. Cueza hasta que las patatas queden tiernas y el pollo esté caliente. Mientras, corte la corteza de naranja reservada en tiras finas. Sirva el pollo adornado con las tiras de naranja.

Cada ración: unas 395 calorías, 33 g de proteínas, 25 g de hidratos de carbono, 18 g de grasa total (4 g de saturadas), 144 mg de colesterol, 865 mg de sodio

LA CENA DE LA COSECHA

Preparación: 25 minutos   Cocción: 40 minutos
Para 6 platos principales

1 calabaza de San Roque mediana (900 g), u otra de invierno
450 g de cebollas
450 g de berzas
1 cucharadita de aceite vegetal
6 contramuslos de pollo (1,1 kg, aproximadamente), pelados y desengrasados

¾ de cucharadita de sal
400 ml de caldo de pollo
1 cucharada de harina
45 g de arándanos secos o uvas pasas
pan crujiente (opcional)

◆ Corte la calabaza por la mitad, a lo largo, y retire las semillas; córtela, luego, en rodajas horizontales de 2 o 3 cm de grosor. Pélala y corte la carne en trocitos. Corte las cebollas en rodajas gruesas. Retire los tallos duros de las hojas de berza y rómpalas en trozos pequeños.

◆ Caliente el aceite a fuego moderado-alto en una sartén antiadherente de 30 cm. Añada el pollo y cuézalo hasta que esté uniformemente dorado; traspáselo a una fuente.

◆ Añada la calabaza, las cebollas, la sal y 2 cucharadas de agua a los fondos de cocción de la sartén, y cueza hasta que las hortalizas estén doradas. Mezcle, en un cuenco pequeño, el caldo con la harina, y luego añádalos al recipiente con la berza y los arándanos. Devuelva el pollo a la sartén y lleve a ebullición a fuego vivo. Reduzca el fuego a bajo; tape y cueza 20 minutos a fuego lento, o hasta que las hotalizas estén tiernas y al pinchar el pollo con la punta de un cuchillo los jugos salgan claros. Acompañe con pan si lo desea.

Cada ración: unas 290 calorías, 25 g de proteínas, 31 g de hidratos de carbono, 9 g de grasa total (2 g de saturadas), 100 mg de colesterol, 655 mg de sodio

POLLO AGRIDULCE ESPECIADO

Preparación: 10 minutos
Cocción: 40 minutos
Para 6 platos principales

1 cucharada de aceite vegetal
1 pollo (1,3 kg, aproximadamente), cortado
  en 8 trozos (*véase* pág. 134)
1 cebolla mediana, cortada a dados
1 pimiento verde mediano, sin membranas ni
  semillas, cortado a dados
75 g de almendras grandes, blanqueadas
2 cucharaditas de chile en polvo
225 g de tomates enlatados
1 cucharadita de sal
¼ de cucharadita de canela, molida
900 g de boniatos, pelados y cortados
  en rodajas de 1 cm
1 manzana grande para cocinar, cortada
  a gajos
ramitas de cilantro para adornar

◆ Caliente el aceite a fuego moderado-alto
en una sartén de 30 cm. Agregue el pollo y
cuézalo unos 10 minutos, o hasta que esté
uniformemente dorado; trasládelo a una
fuente.

◆ Tire toda la grasa de la sartén excepto
2 cucharadas. Agregue la cebolla,
el pimiento y las almendras y cueza unos
10 minutos a fuego moderado hasta que
las hortalizas estén tiernas y las almendras
ligeramente doradas.

◆ Incorpore el chile en polvo y cueza
1 minuto, removiendo sin cesar. Retire el
recipiente del fuego y agregue los tomates
con su zumo, la sal, la canela y 300 ml de
agua, remueva hasta que se desprendan
los depósitos marrones.

◆ Pase la mezcla de tomates por la
batidora a velocidad lenta. Devuélvala a
la sartén y agregue los boniatos. Lleve
a ebullicion a fuego vivo.

◆ Reduzca el fuego a bajo; tape y cueza a
fuego lento unos 20 minutos, removiendo
de vez en cuando, o hasta que al pinchar el
pollo con la punta de un cuchillo los jugos
salgan claros. Añada los gajos de manzana y
caliéntelos. Adorne y sirva.

Cada ración: unas 520 calorías, 34 g de proteínas,
49 g de hidratos de carbono, 22 g de grasa total
(5 g de saturadas), 111 mg de colesterol, 525 mg
de sodio

POLLO CON CHAMPIÑONES

Preparación: 5 minutos
Cocción: 1 hora
Para 4 platos principales

1 cucharada de aceite vegetal
1 pollo (1,5 kg, aproximadamente), cortado
  a cuartos
1 cebolla pequeña, muy finamente picada
1¼ cucharaditas de sal
¼ de cucharadita de tomillo seco
450 g de champiñones pequeños
30 g de harina
60 ml de crema de leche ligera
1 manojo pequeño de eneldo
arroz hervido caliente (opcional)

◆ Caliente el aceite a fuego moderado en
una sartén de 30 cm. Agregue el pollo y
cuézalo hasta que toda la superficie esté
ligeramente dorada. Traspáselo a una
fuente. Agregue la cebolla picada a los
fondos de la sartén y cueza hasta que esté
tierna, pero no dorada.

◆ Devuelva el pollo al recipiente. Añada
la sal, el tomillo y 450 ml de agua, y lleve
a ebullición a fuego vivo. Reduzca el
fuego a bajo; tape y cueza 30 minutos
a fuego lento.

◆ Agregue los champiñones a la sartén,
tape y cueza 15 minutos más a fuego lento,
o hasta que el pollo esté tierno.

◆ Traslade el pollo y los champiñones con
una espumadera a una fuente grande
caliente. Espume la grasa del líquido de
la sartén.

◆ Mezcle en un cuenco pequeño la harina
tamizada y 75 ml de agua y añádalos
lentamente a la sartén; cueza, removiendo
sin cesar, hasta que la salsa hierva y se
espese ligeramente. Agregue la crema
y mézclela.

◆ Para servir, vierta parte de la salsa sobre
el pollo y el resto en una salsera. Pique
una cucharada de eneldo y espárzalo
sobre el pollo y los champiñones.
Adorne con el resto. Acompañe con
la salsa y el arroz si lo desea.

Cada ración: unas 630 calorías, 61 g de proteínas,
15 g de hidratos de carbono, 35 g de grasa total
(11 g de saturadas), 237 mg de colesterol, 850 mg
de sodio

POLLO MOLE

Preparación: 10 minutos
Cocción: 45 minutos
Para 6 platos principales

400 g de tomates enlatados, picados
125 g de chiles suaves enlatados, escurridos
  y picados
75 g de almendras enteras, blanqueadas
½ cebolla pequeña, cortada a trozos
1 diente de ajo, pequeño
1 cucharada de chile en polvo
1 cucharadita de comino molido
1 cucharadita de coriandro molido
1 cucharadita de sal
¾ de cucharadita de canela, molida
½ cucharadita de azúcar
1 cucharada de aceite de oliva
1,3 kg de pollo troceado, con los huesos
  y pelado
15 g de chocolate negro, picado
cilantro fresco picado para adornar
pimientos y cebollas salteados (opcional)

◆ Prepare la salsa mole: mezcle los
11 primeros ingredientes en una batidora
mezcladora a velocidad elevada, hasta que
estén bien amalgamados.

◆ Caliente el aceite a fuego moderado
en una sartén antiadherente de 30 cm.
Agregue el pollo por tandas y cuézalo hasta
que se dore; trasládelo a una fuente.
Incorpore la salsa, el chocolate y 60 ml de
agua a la sartén, y cueza, removiendo, hasta
que el chocolate se derrita. Agregue el pollo
y lleve a ebullición a fuego vivo. Reduzca
el fuego a bajo; tape y cueza entre 30 y
35 minutos a fuego lento, o hasta que al
pinchar el pollo con la punta de un cuchillo
los jugos salgan claros. Adorne y acompañe
con las cebollas y los pimientos si lo desea.

Cada ración: unas 305 calorías, 38 g de proteínas,
10 g de hidratos de carbono,
13 g de grasa total
(2 g de saturadas)
91 mg de
colesterol,
745 mg de
sodio

POLLO CON ALMEJAS Y MEJILLONES

Preparación: 10 minutos   Cocción: 55 minutos
Para 6 platos principales

1 pollo (1,5 kg, aproximadamente), cortado en 8 trozos (*véase* pág. 134)
½ cucharadita de pimienta negra molida
sal
2 cucharadas de aceite vegetal
400 g de tomates enlatados
125 g de chiles verdes suaves, en conserva, escurridos y picados
1 cucharada de chile en polvo
1 cucharadita de azúcar
12 almejas pequeñas
12 mejillones pequeños
1 cucharada de perejil fresco picado
15 g de margarina o mantequilla
¼ de cucharadita de cúrcuma molida (opcional)
150 g de cuscús
ramitas de perejil para adornar

◆ Pele la piel del pollo, excepto las alas. Espolvoréelo con la pimienta y ½ cucharadita de sal. Caliente el aceite a fuego moderado-alto en una sartén de 30 cm.

◆ Agregue el pollo a la sartén y cuézalo hasta que la superficie esté uniformemente dorada: vierta la grasa de la sartén. Agregue los tomates, los chiles verdes, el chile en polvo, el azúcar y 225 ml de agua a la sartén y lleve a ebullición a fuego vivo. Reduzca el fuego a bajo; tape y cueza 30 minutos a fuego lento.

◆ Mientras, frote con un cepillo duro los mejillones y las almejas bajo un chorro de agua fría para desechar cualquier resto de arena y arranque las barbas de los mejillones (*véase* pág. 88). Agregue los mejillones y las almejas al recipiente; tape y cueza entre 8 y 10 minutos, o hasta que las conchas se abran. Tire las que no se hayan abierto. Espolvoree los moluscos y el pollo con el perejil.

◆ En tanto los moluscos se cuecen, prepare el cuscús: derrita la margarina con la cúrcuma, ½ cucharadita de sal y 350 ml de agua en un cazo de 2 litros. Lleve a ebullición a fuego vivo y mezcle con el cuscús. Tape y retire del fuego. Ahueque el cuscús con un tenedor. Acompañe el pollo con el cuscús y espolvoree con el perejil.

Cada ración: unas 490 calorías, 40 g de proteínas, 32 g de hidratos de carbono, 22 g de grasa total (5 g de saturadas), 136 mg de colesterol, 815 mg de sodio

POLLO ESPECIADO CON MANTEQUILLA DE CACAHUETES

Preparación: 15 minutos   Cocción: 1 hora
Para 4 platos principales

1 cucharadita de comino molido
¼ de cucharadita de canela, molida
4 cuartos de pollo (1 kg, aproximadamente), pelados
1 cucharada de aceite vegetal
1 cebolla mediana, cortada en rodajas
800 g de tomates enlatados, escurridos y picados; se reserva el zumo
65 g de mantequilla de cacahuete, refinada
15 g de hojas de cilantro frescas
2 dientes de ajo
½ cucharadita de sal
¼ de cucharadita de pimienta de Cayena, machacada

Mezcle el comino y la canela en un cuenco pequeño, y frote con la mezcla el pollo. Caliente el aceite a fuego moderado-alto en una sartén de 30 cm. Agregue el pollo y cuézalo hasta que esté dorado. Incorpore la cebolla y cuézala 5 minutos. Reduzca a puré en la batidora, a velocidad elevada, el zumo de tomate reservado y el resto de los ingredientes, y viértalos sobre el pollo. Mezcle éste con los tomates y lleve a ebullición a fuego vivo. Reduzca el fuego a bajo; tape y cueza unos 40 minutos a fuego lento, o hasta que al pinchar el pollo con la punta de un cuchillo los jugos salgan claros.

Cada ración: unas 385 calorías, 35 g de proteínas, 16 g de hidratos de carbono, 21 g de grasa total (5 g de saturadas), 98 mg de colesterol, 765 mg de sodio

RAGÚ DE POLLO

Preparación: 15 minutos   Cocción: 55 minutos
Para 4 platos principales

3 cucharadas de aceite vegetal
1 pollo (1,1 kg, aproximadamente), cortado a cuartos y pelado
1 cucharadita de sal
¼ de cucharadita de pimienta negra, molida gruesa
½ cucharadita de tomillo seco
2 calabacines, cortados a trozos
3 zanahorias medianas, picadas
1 cebolla grande, picada
2 cucharaditas de harina
800 g de tomates enlatados

◆ Caliente una cucharada de aceite a fuego moderado-alto en una sartén antiadherente de 30 cm. Agregue el pollo, salpimiéntelo y espolvoréelo con el tomillo; cuézalo hasta que esté dorado. Trasládelo a una fuente. Agregue los calabacines a los fondos de la sartén, cuézalos hasta que estén tiernos y traspáselos a un cuenco. Caliente las 2 cucharadas restantes de aceite en la misma sartén. Agregue las zanahorias y la cebolla, y cueza hasta que se doren.

◆ Mezcle la harina y 2 cucharadas de agua en un cuenco pequeño hasta que estén bien amalgamadas y agréguelas a la sartén. Incorpore los tomates con su zumo y rómpalos con el dorso de una cuchara. Devuelva el pollo a la sartén y lleve a ebullición a fuego vivo. Reduzca el fuego a bajo; tape y cueza 25 minutos a fuego lento, o hasta que al pinchar el pollo con la punta de un cuchillo los jugos salgan claros. Mézclelo con los calabacines; caliente y sirva.

Cada ración: unas 390 calorías, 34 g de proteínas, 24 g de hidratos de carbono, 19 g de grasa total (4 g de saturadas), 90 mg de colesterol, 965 mg de sodio

Cazuelas y guisos de aves

Las cazuelas y guisos proporcionan comidas deliciosas y saludables, que se preparan con facilidad. Una vez que el pato o el pollo se ha dorado —operación que sella los jugos y les aporta un sabor ligeramente caramelizado—, se tapa la cacerola y se deja que la carne cueza lentamente con varias hortalizas en un caldo aromático, tanto sobre el fuego como en el horno. En la receta de esta página, las albondiguillas de romero absorben el caldo, mientras que nuestra bullabesa de pollo aromatizada con anís sólo precisa pan crujiente.

Pollo y hortalizas con albondiguillas de romero

Preparación: 20 minutos   Cocción: 1 hora
Para 6 platos principales

2 cucharadas de aceite vegetal	400 ml de caldo de pollo
6 pechugas de pollo (1,4 kg, aproximadamente), peladas	¼ de cucharadita de pimienta negra molida
½ cucharadita de sal	2 cucharadas de harina
4 zanahorias grandes, cortadas en rodajas de 5 mm	225 ml de leche
2 tallos de apio grandes, cortados en rodajas de 5 mm	300 g de guisantes congelados (y descongelados)
1 cebolla mediana, cortada a dados	ramitas de romero y cebollinos frescos, picadas para adornar
albondiguillas de romero (*véase inferior, derecha*)	

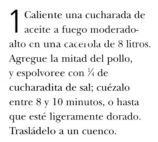

1 Caliente una cucharada de aceite a fuego moderado-alto en una cacerola de 8 litros. Agregue la mitad del pollo, y espolvoree con ¼ de cucharadita de sal; cuézalo entre 8 y 10 minutos, o hasta que esté ligeramente dorado. Trasládelo a un cuenco.

2 Caliente la cucharada restante de aceite con los fondos de la cacerola. Agregue las zanahorias, el apio y la cebolla, y cueza unos 10 minutos, removiendo con frecuencia, hasta que estén tiernos y dorados.

3 Mientras, prepare las albondiguillas. Devuelva el pollo a la cacerola, agregue el caldo, la pimienta negra y 450 ml de agua. Lleve a ebullición a fuego vivo.

4 Deje caer en la cacerola 12 albondiguillas, que modelará con la ayuda de dos cucharas. Tape, baje el fuego y cueza 15 minutos por debajo del punto de ebullición.

5 Traslade con una espumadera las albondiguillas, el pollo y las hortalizas a un cuenco, y reserve el caldo en la cacerola. Bata la harina con la leche en un cuenco pequeño y, luego, incorpore el caldo; bata con la batidora de varillas.

6 Lleve a ebullición a fuego vivo y hierva 3 minutos, removiendo, o hasta que la salsa se espese ligeramente. Añada los guisantes y deje que se calienten. Vierta la salsa sobre el pollo y las hortalizas. Adorne y sirva.

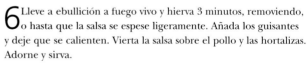

ALBONDIGUILLAS DE ROMERO

Mezcle 2 cucharaditas de levadura en polvo, 1½ cucharaditas de romero fresco picado o ½ cucharadita de romero seco y desmenuzado, 125 g de harina y ½ cucharadita de sal en un cuenco pequeño. Bata 125 ml de leche con 1 huevo grande. Mezcle la leche con la preparación de harina. Dé forma y cueza las albondiguillas como se indica en el paso 4 de la receta de esta página. Para 12 albondiguillas.

CADA RACIÓN: UNAS 460 CALORÍAS, 46 g DE PROTEÍNAS, 37 g DE HIDRATOS DE CARBONO, 13 g DE GRASA TOTAL (4 g DE SATURADAS), 143 mg DE COLESTEROL, 585 mg DE SODIO

Cazuela campestre

Preparación: 1 hora   Horno: 1 hora
Para 8 platos principales

2 cucharadas, más 1 cucharadita, de aceite vegetal	1 cucharada de jengibre fresco, pelado
2 pollos (1,3 kg, aproximadamente), cortados en 8 trozos cada uno (*véase* pág. 134) y pelados	3 cucharadas de curry en polvo
	¼ de cucharadita de comino molido
2 cebollas medianas, picadas	1 cucharadita de sal
1 manzana Granny Smith grande, pelada, descorazonada y cortada a dados	½ cucharadita de pimienta negra, molida gruesa
	800 g de tomates enlatados
1 pimiento verde grande, sin membranas ni semillas y cortado a dados	1 cucharada de tomate concentrado
	400 ml de caldo de pollo
3 dientes de ajo grandes, muy finamente picados	75 g uvas pasas sin pepitas

◆ Precaliente el horno a 180 °C (gas 4). Caliente 2 cucharadas de aceite a fuego moderado-alto en una cacerola refractaria. Añada el pollo por tandas y cuézalo hasta que esté dorado; tráslàdelo a un cuenco. Agregue la cucharada restante de aceite a la cacerola. Incorpore las cebollas y los 4 ingredientes restantes y cueza 2 minutos, removiendo con frecuencia. Reduzca el fuego a bajo; tape y cueza 5 minutos.

◆ Espolvoree con el curry y el comino, y cueza 1 minuto, removiendo. Agregue el resto de los ingredientes y remueva bien. Devuelva el pollo a la cacerola y lleve a ebullición a fuego vivo. Hierva 1 minuto. Tape y hornee 1 hora o hasta que al pinchar el pollo con la punta de un cuchillo los jugos salgan claros.

Cada ración: unas 400 calorías, 44 g de proteínas, 22 g de hidratos de carbono, 16 g de grasa total (4 g de saturadas), 131 mg de colesterol, 935 mg de sodio

Cazuela de pato con especias chinas

Preparación: 30 minutos   Horno: 2 horas
Para 4 platos principales

1 pato (unos 2 kg), cortado a cuartos (*véase* pág. 135)	1 cucharadita de azúcar
	2 anises estrellados o ¼ de cucharadita de semillas de anís
4 cebollas rojas medianas, partidas por la mitad	
60 ml de salsa de soja	600 g de coles de Bruselas preparadas y, si fuesen grandes, cortadas por la mitad
2 cucharadas de jerez seco	
1 cucharada de jengibre fresco, pelado y rallado	

◆ Ponga el pato en una cacerola refractaria de 5 litros y cuézalo a fuego vivo hasta que se dore; tráspáselo a un cuenco grande. Tire toda la grasa de la cacerola, excepto una cucharada. Añada a ésta las cebollas y cuézalas 10 minutos, o hasta que se doren. Trásládelas al cuenco con el pato.

◆ Precaliente el horno a 180 °C (gas 4). Mezcle la salsa de soja, el jerez, el jengibre, el azúcar, el anís estrellado y 60 ml de agua en la cacerola. Lleve a ebullición a fuego vivo, removiendo hasta que

se desprendan los depósitos marrones. Devuelva el pato y las cebollas a la cacerola. Tápela y hornee el pato, rociándolo de vez en cuando con los líquidos, durante 1¼ horas. Mezcle con las coles de Bruselas; tape y hornee 45 minutos más, o hasta que el pato esté tierno. Desengrase la cacerola antes de servir.

Cada ración: unas 740 calorías, 57 g de proteínas, 30 g de hidratos de carbono, 43 g de grasa total (13 g de saturadas), 178 mg de colesterol, 1.205 mg de sodio

Bullabesa de pollo

Preparación: 30 minutos   Horno: 1 hora
Para 4 platos principales

1 cucharada de aceite de oliva	900 g de tomates enlatados, picados
8 contramuslos de pollo (1,1 kg, aproximadamente), pelados	125 ml de vino blanco seco
	400 ml de caldo de pollo
2 zanahorias grandes, cortadas a dados	2 cucharadas de Pernod u otro aperitivo anisado (opcional)
1 cebolla mediana, cortada a dados	¼ de cucharadita de tomillo seco
1 bulbo de hinojo mediano, con la base recortada y cortado en rodajas	⅛ de cucharadita de pimienta de Cayena, molida
	1 hoja de laurel
3 dientes de ajo, picados	una pizca de hebras de azafrán

◆ Caliente el aceite a fuego moderado-alto en una cacerola refractaria de 5 litros. Añada la mitad del pollo y cuézalo unos 12 minutos, hasta que se dore. Trasládelo a un cuenco. Agregue las zanahorias y la cebolla a los fondos de la cacerola y cueza unos 10 minutos, removiendo de vez en cuando, o hasta que estén tiernas y doradas. Traspáselas al mismo cuenco.

◆ Precaliente el horno a 180 °C (gas 4). Agregue el hinojo y 125 ml de agua, y remueva para desprender los depósitos marrones. Cueza unos 7 minutos, removiendo de vez en cuando, hasta que el hinojo esté tierno y dorado. Añada el ajo y cuézalo 3 minutos más.

◆ Devuelva el pollo y la mezcla de zanahorias a la cacerola. Agregue los tomates y su jugo, así como el resto de ingredientes, y lleve a ebullición a fuego vivo. Tape y hornee 30 minutos, o hasta que al pinchar el pollo con la punta de un cuchillo los jugos salgan claros. Retire la hoja de laurel antes de servir.

Cada ración: unas 415 calorías, 36 g de proteínas, 23 g de hidratos de carbono, 18 g de grasa total (4 g de saturadas), 116 mg de colesterol, 555 mg de sodio

---

HOJAS DE LAUREL

Las aromáticas hojas de laurel, ya sean frescas o secas, imparten un profundo sabor a los platos largamente cocinados. Las hojas frescas son de un verde brillante y proporcionan un sabor fuerte y acre. Las hojas de laurel turcas ofrecen un sabor más dulce y sutil. Retírelas antes de servir el plato.

AVES ESCALFADAS

El escalfado es el método perfecto para cocinar con pocas grasas, a la vez que produce una carne tierna y suculenta. Las hortalizas aromáticas, las hierbas y las especias pueden cocerse lentamente con el pollo para aromatizar la carne y el caldo con su sabor. Guarde el caldo para preparar una salsa para el plato, o bien refrigérela para utilizarla como base de sopas, salsas, *pilafs* y *risottos*.

BLANQUETA DE PAVO Y LANGOSTINOS

◆◆◆◆◆◆◆◆◆◆◆◆◆◆◆◆◆◆◆◆◆◆◆◆◆◆◆◆◆

Preparación: 40 minutos, más enfriamiento   Cocción: 1½ horas

Para 10 platos principales

3 cebollas medianas	sal
450 g de zanahorias	40 g de harina
1 tallo de apio grande, cortado en rodajas gruesas	450 ml de leche
1 pechuga de pago (1,1 kg, aproximadamente), pelada	375 g de langostinos grandes, pelados y sin el conducto intestinal (*véase* pág. 90)
125 ml de vino blanco seco	300 g de guisantes congelados
10 granos de pimienta negra	2 cucharadas de eneldo fresco, picado
1 clavo entero	ramitas de eneldo para adornar
4 cucharadas de aceite de oliva	puré de patatas y pan francés (opcional)
350 g de champiñones, cortados en rodajas	

1 Corte 1 cebolla y 1 zanahoria en rodajas gruesas. Colóquelas en una cacerola refractaria de 5 litros de capacidad con el pavo, el vino, los granos de pimienta, el clavo y 900 ml de agua, y lleve a ebullición a fuego vivo. Reduzca el fuego a bajo, tape y cueza por debajo del punto de ebullición durante 30 minutos, o hasta que pierda el color rosado; déle la vuelta de vez en cuando.

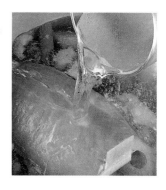

2 Mientras, corte las cebollas restantes a dados, y las zanahorias en rodajas finas y en diagonal. Traslade la pechuga de pavo a un cuenco y resérvela. Cuele el caldo de pavo a través de un tamiz y viértalo en una cacerola de 4 litros; tire las hortalizas cocidas.

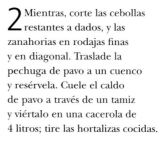

3 Lleve el caldo a ebullición a fuego vivo. Reduzca el fuego a moderado y cueza 30 minutos, hasta que se reduzca a 450 ml.

4 Cuando se haya entibiado, retire los huesos. Corte la carne en trozos pequeños y devuélvalos al cuenco. Caliente 2 cucharadas de aceite de oliva en la misma cacerola a fuego vivo.

5 Agregue las cebollas cortadas en rodajas, los champiñones y ½ cucharadita de sal. Cueza hasta que las zanahorias estén tiernas. Trasládelas al cuenco con el pavo.

6 Caliente las 2 cucharadas restantes de aceite en la misma cacerola a fuego moderado. Agregue los dados de cebolla y una cucharadita de sal, y cueza hasta que las cebollas estén tiernas, pero no doradas. Mézclelas con la harina y cueza 1 minuto, removiendo constantemente. Vierta gradualmente la leche y el caldo de pavo, y lleve a ebullición, removiendo.

7 Baje el fuego y cueza 1 minuto, removiendo constantemente, hasta que la salsa se espese ligeramente. Agregue los langostinos, el pavo, las zanahorias, los champiñones y los guisantes. Cueza, lentamente, hasta que los langostinos estén opacos y la blanqueta caliente. Agregue el eneldo picado y remueva. Adorne con las ramitas de eneldo y acompañe con el puré de patatas y el pan francés si lo desea.

CADA RACIÓN: UNAS 290 CALORÍAS, 31 g DE PROTEÍNAS, 20 g DE HIDRATOS DE CARBONO, 8 g DE GRASA TOTAL (2 g DE SATURADAS), 152 mg DE COLESTEROL, 535 mg DE SODIO

POLLO AL ESTRAGÓN

Preparación: 15 minutos   Cocción: 1 hora
Para 4 platos principales

1 pollo (1,5 kg, aproximadamente),
   cortado en 8 trozos (*véase*
   pág. 134)
450 g de patatas rojas, pequeñas
450 g de zanahorias, cuarteadas
   a lo largo y luego en trozos
   de 8 cm
3 puerros medianos, preparados
   y cortados en trozos de 8 cm
400 ml de caldo de pollo
½ cucharadita de sal
¼ de cucharadita de pimienta
   negra molida
¼ de cucharadita de tomillo seco
1 manojo pequeño de estragón

◆ Mezcle el pollo, las patatas, las zanahorias,
los puerros, el caldo de pollo, la sal, la pimienta negra, el tomillo,
1 ramita grande de estragón y 900 ml de agua en una cacerola de
8 litros. Lleve a ebullición a fuego vivo. Baje el fuego, tape y cueza
45 minutos, con el líquido apenas agitándose, o hasta que el pollo
pierda el color rosado.

◆ Traspase el pollo a una fuente con una espumadera; pélelo
y tire la piel. Traslade las hortalizas a la fuente de servir con una
espumadera; añada el pollo y 225 ml del caldo de la cacerola
(reserve el resto para otro uso). Pique una cucharada de estragón
y espárzalo por encima.

Cada ración: unas 570 calorías, 48 g de proteínas, 45 g de hidratos de carbono,
22 g de grasa total (6 g de saturadas), 166 mg de colesterol, 485 mg de sodio

POLLO CON SALSA DE NUECES
A LA TURCA

Preparación: 20 minutos, más enfriamiento   Cocción: 30-35 minutos
Para 4 platos principales

4 pechugas de pollo (1,1 kg,
   aproximadamente)
400 ml de caldo de pollo
1 manojo pequeño de perejil
200 g de nueces tostadas
3 rebanadas de pan blanco de
   la vigilia, desmenuzadas

1 diente de ajo pequeño, muy
   finamente picado
¾ de cucharadita de sal
½ cucharadita de pimentón
⅛ de cucharadita de pimienta
   de Cayena

◆ Coloque las pechugas de pollo, el caldo, 3 ramitas de perejil y
225 ml de agua en una cacerola de 4 litros. Lleve a ebullición a
fuego vivo. Reduzca el fuego; tape y cueza entre 20 y 25 minutos,
con el líquido apenas agitándose, o hasta que el pollo pierda
por completo el color rosado. Retírelo del fuego y deje que se
enfríe en el líquido 30 minutos. Escúrralo y reserve el caldo. Pélelo
y deshuéselo, y tire la piel y los huesos. Corte la carne del pollo
en tiras de 1 cm y trasládelas a un cuenco.

◆ Prepare la salsa de nueces: amalgame las nueces y el pan con un
robot eléctrico provisto de cuchilla metálica, hasta que las nueces
estén finamente molidas y la mezcla homogénea. Añada 225 ml del
caldo de la cacerola (reserve el resto para otro uso), el ajo, la sal,
el pimentón y la pimienta de Cayena, y mezcle hasta que estén bien
amalgamados.

◆ Añada la mitad de la salsa al pollo del cuenco y mezcle bien.
Traspase a una fuente. Vierta la salsa de nueces restante por encima
y adorne con el perejil.

Cada ración: unas 575 calorías, 51 g de proteínas, 19 g de hidratos de
carbono, 34 g de grasa total (4 g de saturadas), 119 mg de colesterol, 855 mg
de sodio

PECHUGAS DE POLLO
CON SALSA DE ATÚN

Preparación: 15 minutos, más enfriamiento   Cocción: 15-20 minutos
Para 6 platos principales

6 pechugas de pollo, peladas
   y deshuesadas (unos 800 g)
1 cebolla mediana, cortada en
   rodajas finas
175 g de atún blanco en aceite
75 ml de aceite de oliva
3 cucharadas de leche

2 cucharadas de zumo de limón
2 cucharadas de alcaparras en
   conserva, escurridas
¼ de cucharadita de sal
1 manojo de berros u oruga
rodajas de limón y alcaparras
   para adornar

◆ Coloque las pechugas de pollo, la cebolla y 450 ml de agua en
una sartén de 26 cm y lleve a ebullición.

◆ Reduzca el fuego; tape y cueza entre 5 y 10 minutos por debajo
del punto de ebullición, hasta que pierda el color rosado; déle
la vuelta una vez.

◆ Traspase las pechugas a una fuente; tápelas y refrigérelas hasta
que estén bien frías.

◆ Mientras, prepare la salsa de atún; mezcle el atún con su aceite,
el aceite de oliva, la leche, el zumo de limón, 2 cucharadas de
alcaparras y la sal en un robot eléctrico provisto de cuchilla
metálica o en la batidora-mezcladora a velocidad alta, hasta que
estén bien amalgamados.

◆ Para servir, forre la fuente con los berros u orugas. Pase las
pechugas de pollo por la salsa de atún para recubrirlas con ella
y colóquelas sobre los berros. Adorne con las rodajas de limón y
las alcaparras.

Cada ración: 330 calorías, 38 g de proteínas, 3 g de hidratos de carbono,
17 g de grasa total (3 g de saturadas), 104 mg de colesterol, 355 mg
de sodio

AVES PICADAS

Las aves picadas son tan versátiles como el buey picado, pero mucho menos grasas; no obstante, lea detenidamente la etiqueta. Los productos más económicos pueden contener una alta proporción de carne oscura e incluso piel, lo que incrementa el contenido graso a un nivel similar al de las carnes rojas. Al igual que cualquier otra carne picada, la carne de ave picada debe cocerse a fondo.

ALBÓNDIGAS DE PAVO

◆◆◆◆◆◆◆◆◆◆◆◆

Preparación: 30 minutos
Cocción: 50 minutos
Para 5 platos principales

2 rebanadas de pan blanco firme
1 cebolla mediana
1 berenjena pequeña (unos 450 g)
2 calabacines medianos
  (unos 350 g)
600 g de pavo, picado
30 g de queso parmesano recién
  rallado
2 cucharadas de albahaca fresca
  picada o ¾ de chucharadita
  de albahaca seca
1 huevo mediano
½ cucharadita de sal
4 cucharadas de aceite de oliva
  o vegetal
800 g de tomates enlatados
½ cucharadita de azúcar
aceitunas y perejil para adornar
pan crujiente (opcional)

1 Pique finamente el pan. Ralle una cucharada de cebolla y resérvela; pique el resto. Corte la berenjena y los calabacines en trozos de 3 cm.

2 Mezcle el pan, la cebolla rallada, el pavo, el queso parmesano, la albahaca, el huevo y la sal en un cuenco mediano. Humedézcase las manos y modele 25 albóndigas.

3 Caliente 2 cucharadas de aceite en una sartén de 30 cm. Agregue la mitad de las albóndigas y fríalas hasta que estén doradas. Trasládelas a una fuente a medida que se doren y cueza el resto.

4 Añada las 2 cucharadas restantes de aceite a los fondos de cocción del recipiente y caliente a fuego moderado-alto. Incorpore la berenjena, los calabacines y la cebolla picada, y cueza 5 minutos, removiendo frecuentemente, o hasta que la cebolla esté dorada. Agregue 60 ml de agua. Reduzca el fuego a bajo; tape y cueza 10 minutos por debajo del punto de ebullición, removiendo de vez en cuando.

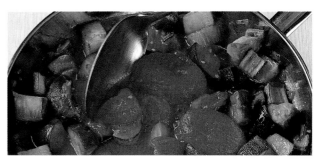

5 Agregue los tomates con su zumo y el azúcar; rompa los tomates con el dorso de una cuchara. Devuelva las albóndigas al recipiente y lleve a ebullición a fuego vivo. Reduzca el fuego a bajo y cueza 15 minutos con la sartén destapada, o hasta que estén cocidos. Acompañe con pan si lo desea.

CADA RACIÓN: UNAS 400 CALORÍAS, 27 g DE PROTEÍNAS, 23 g DE HIDRATOS DE CARBONO, 23 g DE GRASA TOTAL (5 g DE SATURADAS), 134 mg DE COLESTEROL, 695 mg DE SODIO

PITTAS RELLENAS DE ALBÓNDIGAS DE PAVO

Preparación: 15 minutos   *Horno:* 12-15 minutos
Para 5 platos principales

450 g de pavo, picado
2 rebanadas de pan blanco de la vigilia, finamente picado
2 cucharadas de cebolla, rallada
1 clara de huevo mediana
1½ cucharaditas de comino molido
5 panes *pitta* integrales (15 cm cada uno)

½ pepino grande, pelado y cortado en trozos de 2 cm
225 g de yogur desnatado
2 cucharadas de cilantro fresco, picado
225 g de lechuga, cortada en tiras finas
sal

◆ Precaliente el horno a 220 °C (gas 7). Engrase la placa del horno. Mezcle el pavo picado, el pan, la cebolla, la clara de huevo, el comino, ¼ de cucharadita de sal y 3 cucharadas de agua en un cuenco mediano. Humedézcase las manos y forme con la mezcla 25 albóndigas. Colóquelas sobre la placa y hornéelas entre 12 y 15 minutos, o hasta que estén bien cocidas (no se dorarán).

◆ Mientras, corte unos 2 cm de la parte superior de las *pittas*, en sentido horizontal. Envuélvalas con papel de aluminio. Una vez que las albóndigas se hayan horneado 5 minutos, agregue las *pittas* al horno para que se calienten. Mezcle el pepino, el yogur, el cilantro y ¼ de cucharadita de sal en un cuenco pequeño. Llene las *pittas* con la lechuga y las albóndigas, y cúbralas con la mezcla de pepino.

Cada ración: unas 375 calorías, 27 g de proteínas, 46 g de hidratos de carbono, 10 g de grasa total (2 g de saturadas), 73 mg de colesterol, 745 mg de sodio

HAMBURGUESAS DE POLLO A LA TEJANA

Preparación: 15 minutos   *Cocción:* 12-15 minutos
Para 4 platos principales

450 g de pollo, picado
2 cebollas tiernas, picadas
1 calabacín pequeño (unos 150 g), rallado
1 zanahoria mediana, rallada
1 cucharada de chile en polvo
¼ de cucharadita de comino molido
⅛ de cucharadita de pimienta de Cayena

450 g de judías horneadas y en lata
1 cucharada de mostaza
1 cucharada de melaza clara o jarabe de melaza dorado (Golden Syrup, producto comercial)
aerosol de cocción antiadherente
4 panecillos integrales, cortados por la mitad
hojas de lechuga

◆ Mezcle el pollo picado, las cebollas tiernas, la zanahoria, el calabacín, el chile, el comino y la pimienta de Cayena en un cuenco, hasta que estén bien amalgamados. Humedézcase las manos y forme con la mezcla cuatro hamburguesas de 9 cm; resérvelas.

◆ Ponga las judías horneadas, la mostaza y la melaza en un cazo mediano y lleve a ebullición a fuego moderado, removiendo de vez en cuando.

◆ Mientras, rocíe con el aerosol una sartén antiadherente de 30 cm de diámetro. Caliéntela a fuego moderado-alto, hasta que esté bien caliente. Traslade las hamburguesas con ayuda de una espátula a la sartén caliente. Cueza 5 minutos; déles la vuelta y prosiga la cocción 5 minutos más, o hasta que pierdan el color rosado. Póngalas en los panecillos con las hojas de lechuga. Acompañe con las judías.

Cada ración: unas 410 calorías, 28 g de proteínas, 48 g de hidratos de carbono, 16 g de grasa total (4 g de saturadas), 154 mg de colesterol, 745 mg de sodio

ALBÓNDIGAS DE POLLO AL CHILE

Preparación: 30 minutos   *Cocción:* 45 minutos
Para 10 platos principales

3 cucharadas de aceite vegetal
2 tallos de apio medianos, finamente picados
1 cebolla mediana, finamente picada
3 rebanadas de pan blanco de la vigilia, finamente picado
900 g de pollo, picado
1 huevo mediano
sal

3 zanahorias grandes, cortadas en rodajas finas
2 cucharadas de chile en polvo
800 g de tomates enlatados
1,2 kg de judías blancas alargadas, en lata, enjuagadas y escurridas
cilantro fresco picado para adornar
pan de maíz (opcional)

◆ Caliente una cucharada de aceite a fuego moderado en una cacerola de 5 litros. Agregue el apio y la cebolla, y cuézalos hasta que estén tiernos, removiendo de vez en cuando. Mezcle esta preparación con el pan en un cuenco grande. Agregue el pollo picado, el huevo, ½ cucharadita de sal y 60 ml de agua. Humedézcase las manos y modele albóndigas de 4 cm.

◆ Caliente el resto del aceite a fuego moderado en la misma cacerola. Agregue la mitad de las albóndigas y cuézalas hasta que se doren; traspáselas al cuenco a medida que están cocidas. Agregue las zanahorias a los fondos de cocción de la cacerola y cueza 5 minutos a fuego moderado-alto, o hasta que estén tiernas y crujientes. Mezcle con el chile en polvo, los tomates con su zumo, ¼ de cucharadita de sal y 450 ml de agua, y lleve a ebullición a fuego vivo.

◆ Devuelva las albóndigas a la cacerola. Reduzca el fuego, tape y cueza 10 minutos a fuego lento. Agregue las judías y caliéntelas a fuego moderado. Adorne con el cilantro y acompañe con el pan de maíz si lo desea.

Cada ración: unas 345 calorías, 23 g de proteínas, 31 g de hidratos de carbono, 15 g de grasa total (4 g de saturadas), 139 mg de colesterol, 910 mg de sodio

AVES SALTEADAS A LA ORIENTAL

El salteado a la oriental es la técnica de cocción más rápida. No necesita un *wok*; con una sartén grande le bastará. Para obtener los mejores resultados, siga estas sencillas reglas: corte los ingredientes en trozos pequeños y regulares, para que se cuezan de manera uniforme; remuévalos constantemente, y no dude en cocinarlos a fuego vivo. Puesto que la cocción es muy rápida, tenga a mano todos los ingredientes y los utensilios antes de empezar.

POLLO A LA INDONESIA

Preparación: 25 minutos, más el adobo *Cocción*: 10 minutos
Para 4 platos principales

1 cucharadita, más 1 cucharada, de aceite vegetal	½ cucharadita de copos de chile seco
1 cebolla tierna, cortada en rodajas finas	½ cucharadita de comino molido
1 diente de ajo, muy finamente picado	½ cucharadita de cilantro molido
1 lima mediana	4 pechugas de pollo, deshuesadas y peladas (unos 950 g)
1 naranja mediana	1 cucharadita de maicena
2 cucharadas de salsa de soja	hojas de cilantro fresco para adornar
1 cucharada de miel	

1 Caliente una cucharadita de aceite en un *wok* o sartén antiadherente de 30 cm. Agregue la cebolla tierna y el ajo, y cueza 2 o 3 minutos, o hasta que se doren. Traspáselos a un cuenco.

2 Ralle la corteza y exprima el zumo de la lima y la naranja; reserve el zumo de la última. Agregue ambas cortezas y el zumo de la lima a un cuenco con la cebolla tierna, la salsa de soja, la miel, los copos de chile secos, el comino y el cilantro.

3 Corte las pechugas de pollo en tiras verticales de 1 cm de ancho y mézclelas con la preparación de salsa de soja. Tape y deje adobar 15 minutos. Retire el pollo del adobo con una espumadera y reserve el adobo.

4 Caliente la cucharada restante de aceite a fuego moderado-alto en el mismo recipiente. Agregue las tiras de pollo y cueza 5 minutos, removiendo constantemente, o hasta que el pollo pierda el color dorado. Traspáselo a un cuenco limpio.

EXPRIMIR LOS CÍTRICOS

Para obtener la mayor cantidad posible de zumo, deje los cítricos a temperatura ambiente. Antes de exprimirlos, páselos bajo la palma de la mano para que se desprendan las membranas internas.

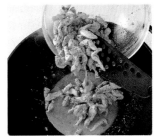

5 Mezcle con un tenedor la maicena y el zumo de naranja en un cuenco pequeño. Agréguelos al *wok* junto con el adobo reservado. Cueza a fuego moderado, removiendo sin cesar, hasta que la mezcla hierva y se espese ligeramente; hierva 1 minuto. Devuelva el pollo al *wok* y caliéntelo. Adorne con el cilantro.

CADA RACIÓN: UNAS 220 CALORÍAS, 26 g DE PROTEÍNAS, 12 g DE HIDRATOS DE CARBONO, 7 g DE GRASA TOTAL (2 g DE SATURADAS), 81 mg DE COLESTEROL, 555 mg DE SODIO

POLLO CON BERENJENAS

Preparación: 20 minutos Cocción: 30 minutos
Para 6 platos principales

2 cucharadas de aceite vegetal
6 pechugas de pollo, deshuesadas y peladas
   (unos 800 g), cortadas en tiras longitudinales
   de 1 cm de anchura
6 berenjenas pequeñas (unos 900 g), cortadas
   por la mitad, a lo largo
1 cucharada de jengibre fresco, pelado y
   rallado
1 diente de ajo, muy finamente picado
60 ml de salsa de soja
60 ml de vinagre de vino tinto
3 cucharadas de azúcar
2 cucharadas de aceite de sésamo
2 cucharaditas de maicena
¼ de cucharadita de copos de chile seco
arroz hervido caliente (opcional)

◆ Caliente el aceite a fuego vivo en una
sartén o *wok* de 30 cm. Agregue el pollo y
cuézalo, removiendo sin cesar, hasta que
pierda el color rosado. Traspáselo a un
cuenco. Agregue las berenjenas, el jengibre,
el ajo y 60 ml de agua al recipiente, y lleve
a ebullición. Reduzca el fuego a moderado-
bajo; tape y fría, removiendo, unos
20 minutos, hasta que el líquido se evapore.
Mezcle en un cuenco pequeño la salsa
de soja con los 5 ingredientes siguientes.

◆ Devuelva el pollo a la sartén. Agregue la
mezcla de salsa de soja y lleve a ebullición a
fuego vivo. Reduzca el calor a moderado y
cueza, sin parar de remover, hasta que
la salsa hierva y se espese ligeramente.
Acompañe con arroz si lo desea.

Cada ración: unas 310 calorías, 32 g de proteínas,
18 g de hidratos de carbono, 12 g de grasa total
(3 g de saturadas), 95 mg de colesterol,
730 mg de sodio

POLLO Y HORTALIZAS A LA CHINA

Preparación: 25 minutos Cocción: 12 minutos
Para 4 platos principales

4 pechugas de pollo, deshuesadas y peladas
   (unos 600 g)
60 ml de salsa de soja
2 cucharadas de vinagre balsámico
2 cucharaditas de azúcar moreno
2 cucharadas de aceite vegetal (un poco más
   si fuese necesario)
5 zanahorias medianas, cortadas en rodajas
   finas, en diagonal
2 pimientos rojos grandes, sin membranas
   ni semillas y cortados en trozos de 4 cm
1 manojo de cebollas tiernas, cortadas
   en trozos de 3 cm
hojas de lechuga (opcional)
60 g de anacardos

◆ Con el cuchillo casi en paralelo a la
tabla de picar, corte cada pechuga en
lonchas de 2 mm de grosor. Mezcle la salsa
de soja con el vinagre y el azúcar moreno.

◆ Caliente una cucharada de aceite a
fuego vivo en una sartén o *wok* de 30 cm.
Agregue el pollo y cuézalo, removiendo sin
cesar, hasta que pierda el color rosado.
Trasládelo a un cuenco.

◆ Caliente la cucharada restante de aceite
a fuego moderado-alto en el mismo
recipiente. Agregue las zanahorias y
los pimientos rojos, y fríalos, removiendo
sin cesar, durante 4 minutos. Incorpore
las cebollas tiernas, y fría, removiendo,
hasta que todas las hortalizas estén tiernas
y crujientes; añada más aceite si fuese
necesario.

◆ Devuelva el pollo a la sartén.
Incorpórelo a la mezcla de soja y cueza
1 minuto, o hasta que se haya calentado.
Para servir, cubra una fuente con las hojas
de lechuga y distribuya el pollo por encima.
Esparza los anacardos.

Cada ración: unas 370 calorías, 36 g de
proteínas, 22 g de hidratos de carbono, 16 g
de grasa total (4 g de saturadas), 101 mg de
colesterol, 1.110 mg de sodio

POLLO CON FIDEOS AL SÉSAMO

Preparación: 20 minutos Cocción: 10 minutos
Para 4 platos principales

225 g de *linguine* o fideos secos
1 pimiento rojo mediano
1 pepino mediano
2 cucharadas de maicena
¼ de cucharadita de sal
4 pechugas de pollo, deshuesadas y peladas
   (unos 450 g), cortadas en tiras horizontales
   de 2,5 cm de grosor
2 cucharadas de aceite vegetal
65 g de mantequilla de cacahuete refinada
3 cucharadas de salsa de soja
1 cucharada de aceite de sésamo
1 cucharada de vinagre blanco destilado
2 cucharaditas de azúcar
1 cebolla tierna, cortada en rodajas finas
¼ de cucharadita de copos de chile secos
   (opcional)

◆ Prepare la pasta siguiendo las
instrucciones del paquete y escúrrala.
Mientras, corte el pimiento rojo y el pepino
en tiras finas como cerillas.

◆ Mezcle la maicena y la sal en un cuenco
mediano. Agregue las tiras de pollo y
remuévalas con la mezcla. Caliente el aceite
a fuego vivo en un *wok* o sartén de 30 cm.
Agregue el pollo y fríalo, removiéndolo,
hasta que pierda el color rosado. Trasládelo
a una fuente y resérvelo al calor.

◆ Agregue la mantequilla de cacahuete,
la salsa de soja, el aceite de sésamo,
el vinagre, el azúcar y 175 ml de agua al
recipiente y cueza a fuego moderado y sin
dejar de remover, hasta que la mezcla
quede homogénea. Agregue la pasta y
caliéntela. Traspásela a una fuente caliente
y cúbrala con las tiras de pimiento y
pepino, el pollo y las cebollas tiernas.
Espolvoree con los copos de chile; mezcle
y sirva.

Cada ración: unas 570 calorías, 38 g de
proteínas, 56 g de hidratos de carbono, 22 g
de grasa total (4 g de saturadas), 81 mg de
colesterol, 1.025 mg de sodio

EMPANADAS DE AVES

Unos trozos tiernos de pollo o pavo, acompañados de hortalizas, mezclados con una salsa cremosa y recubiertos con una pasta dorada, constituyen un plato invernal por excelencia. Para facilitar la preparación, utilice restos de pollo cocidos o compre un pollo asado.

EMPANADA DE POLLO CON COSTRA DE MAÍZ

◆◆◆◆◆◆◆◆◆◆◆◆◆

Preparación: 1 hora
Horno: 35-40 minutos
Para 10 platos principales

800 g de patatas

600 g de colinabos

3 zanahorias medianas

1 cebolla grande

2 tallos de apio grandes

1 cucharada de aceite de oliva o vegetal

½ cucharadita de sal

300 g de guisantes congelados

450 g de pollo cocido, cortado en trozos pequeños

225 ml de leche

30 g de harina

750 ml de caldo de pollo

¼ de cucharadita de pimienta negra molida

pasta de harina de maíz (*véase pág. 172*)

25 g de hojas de apio, muy finamente picadas

1 clara de huevo mediana, ligeramente batida

hojas de apio para adornar

1 Pele y corte a dados las patatas, el colinabo, las zanahorias, la cebolla y el apio. Caliente el aceite a fuego moderado-alto en una sartén antiadherente de 30 cm. Agregue los colinabos, las zanahorias y la cebolla, y cueza 10 minutos. Incorpore las patatas, el apio y la sal. Prosiga la cocción 10 minutos o más, removiendo, hasta que las hortalizas estén tiernas. Agregue los guisantes y el pollo, y vierta la preparación en una fuente refractaria de 33 × 20 cm. Bata la harina con la leche en un cuenco pequeño.

2 Ponga a hervir el caldo de pollo en un cazo de 3 litros y mézclelo con la leche y la harina. Cueza, removiendo, hasta que la salsa hierva. Mézclela con el pollo. Precaliente el horno a 220 °C (gas 7).

3 Prepare la pasta de maíz. Extiéndala con un rodillo en una superficie ligeramente enharinada, formando un rectángulo 5 cm más grande que la parte superior de la fuente; espolvoree con las hojas de apio picadas. Presione las hojas contra la pasta con la ayuda de un rodillo.

4 Cubra el relleno con la pasta, que dejará colgar unos 2 cm; reserve los recortes. Doble la parte de pasta colgante hacia abajo y pince los bordes. Pincele la pasta con un poco de clara. Forme hojas con los recortes de pasta y decore el contorno de la empanada. Pincele las hojas de pasta con clara de huevo.

5 Practique varias incisiones en la pasta para permitir que el vapor se escape durante el horneado. Corte un trozo de papel de aluminio de 45 cm y colóquelo directamente bajo la fuente, para que recoja el líquido que se escape durante la cocción. Hornee entre 35 y 40 minutos, o hasta que la costra esté dorada y el relleno caliente. Cubra la empanada con papel de aluminio al finalizar el tiempo de cocción para evitar que se oscurezca. Adorne con las hojas de apio.

CADA RACIÓN: UNAS 455 CALORÍAS, 23 g DE PROTEÍNAS, 49 g DE HIDRATOS DE CARBONO, 19 g DE GRASA TOTAL (6 g DE SATURADAS), 47 mg DE COLESTEROL, 755 mg DE SODIO

EMPANADA DE PAVO FIESTA

Preparación: 55 minutos   *Horno:* 40-45 minutos
Para 8 platos principales

300 g de harina

225 g de queso Cheddar curado,
   finamente rallado

150 g de margarina vegetal

225 g de patatas, peladas y
   cortadas en trozos de 1 cm

1 cucharada de aceite vegetal

1 cebolla mediana, cortada a
   dados

450 g de pavo cocido, cortado
   en trozos pequeños

400 g de judías blancas alargadas,
   en lata, enjuagadas y escurridas

400 g de tomates enlatados

325 g de maíz enlatado, bien
   escurrido

1 cucharadita de chile en polvo

◆ Mezcle la harina y 60 g de queso en un cuenco grande. Corte encima la grasa con un mezclador de pastas o dos cuchillos utilizados a modo de tijeras, hasta que la consistencia se parezca a la de unas migas gruesas. Añada 5 o 6 cucharadas de agua fría, una cada vez; mezcle con un tenedor tras cada adición hasta que la pasta esté lo bastante húmeda como para mantenerse junta. Forme con ella una bola y cúbrala con película de plástico.

◆ Ponga las patatas en una cacerola de 2 litros y cúbralas con agua. Llévelas a ebullición a fuego vivo. Reduzca el fuego, tape y cuézalas 5 minutos a fuego lento, o hasta que estén tiernas. Escúrralas.

◆ Caliente el aceite a fuego moderado-alto en una sartén de 30 cm. Agregue la cebolla y cuézala, removiendo de vez en cuando, hasta que esté tierna. Añada el pavo, las judías, los tomates, el maíz, el chile y las patatas, y lleve a ebullición. Retire del fuego y mezcle con el resto del queso.

PASTA DE HARINA DE MAÍZ

◆ ◆ ◆ ◆ ◆ ◆ ◆ ◆ ◆ ◆ ◆ ◆

30 g de harina de maíz gruesa

225 g de harina

1 cucharadita de sal

150 g de grasa blanca vegetal
   o margarina vegetal

1 Mezcle la harina de maíz, la harina y la sal en un cuenco grande. Con la ayuda de un mezclador de pastas o dos cuchillos a modo de tijeras, corte la grasa con la harina, de forma que la mezcla se transforme en una especie de migas gruesas.

2 Espolvoréela con 6 o 7 cucharadas de agua fría, una cada vez; mezcle con un tenedor tras cada adición, hasta que la pasta esté húmeda y cohesionada.

◆ Precaliente el horno a 200 °C (gas 6). Extienda dos tercios de la pasta sobre una superficie ligeramente enharinada con un rodillo también enharinado; forme un círculo 6 cm más grande que la fuente invertida de 23 cm. Forre la fuente con la pasta y recorte los extremos; deje que cuelguen 2 o 3 cm. Introduzca el relleno dentro de la fuente.

◆ Extienda el resto de la pasta y forme otro círculo, pero esta vez de 28 cm. Colóquelo sobre la empanada, recorte el extremo y deje que cuelguen 2 o 3 cm. Doble la pasta colgante bajo el contorno de la fuente (*véase* pág. 488) y píncela. Corte varias incisiones sobre la parte superior de la empanada, para que el vapor pueda escaparse durante la cocción. Hornee la empanada entre 40 y 45 minutos, o hasta que la costra esté dorada y el relleno burbujeante.

Cada ración: unas 570 calorías, 32 g de proteínas, 47 g de hidratos de carbono, 29 g de grasa total (11 g de saturadas), 77 mg de colesterol, 600 mg de sodio

EMPANADAS DE POLLO RECUBIERTAS DE PASTA FILO

Preparación: 55 minutos   *Horno:* 20-25 minutos
Para 4 platos principales

1 cucharada de aceite vegetal

1 cebolla mediana, cortada a dados

225 g de patatas, peladas y
   cortadas en trozos de 1 cm

2 zanahorias medianas, cortadas
   en rodajas

1 cucharadita de sal

½ cucharadita de pimienta negra
   molida

¼ de cucharadita de estragón seco

150 g de guisantes congelados

300 ml de leche

2 cucharadas de harina

450 g de pollo cocido, cortado
   en trozos pequeños

3 láminas de pasta filo fresca o
   congelada (y descongelada), de
   unos 40 × 30 cm cada una
   (unos 60 g)

15 g de mantequilla, derretida

◆ Caliente el aceite en una sartén de 26 cm. Agregue la cebolla y cuézala hasta que esté tierna. Agregue las patatas, las zanahorias, la sal, la pimienta, el estragón y 225 ml de agua, y lleve a ebullición. Reduzca el fuego, tape y cueza 20 minutos, hasta que las hortalizas estén tiernas. Agregue los guisantes congelados.

◆ Mezcle la harina y la leche en un cuenco pequeño hasta obtener una preparación homogénea, y amalgámela con el líquido de la sartén. Cueza a fuego moderado y removiendo constantemente, hasta que la preparación hierva y se espese. Mézclela con el pollo. Distribuya el pollo en cuatro moldes individuales de 300 ml o 4 platos refractarios.

◆ Precaliente el horno a 220 °C (gas 7). Coloque una lámina de pasta filo en la superficie de trabajo y pincélela con un poco de mantequilla derretida. Cúbrala con la segunda lámina de pasta y pincele también con más mantequilla. Corte ambas láminas por la mitad en sentido horizontal y luego vertical para obtener 4 partes.

◆ Coloque con cuidado una parte sobre cada molde o plato. Aplaste el centro de forma que el extremo de la pasta toque el borde del molde. Coloque los moldes en una fuente de horno. Hornee entre 20 y 25 minutos, o hasta que la pasta esté dorada y el relleno caliente.

Cada ración: unas 455 calorías, 43 g de proteínas, 35 g de hidratos de carbono, 15 g de grasa total (5 g de saturadas), 114 mg de colesterol, 800 mg de sodio

UTILIZAR RESTOS DE AVES COCIDAS

Emplee aves cocidas para crear platos satisfactorios con acento internacional en muy poco tiempo. Aquí hemos mezclado pavo y pollo cocidos con sabores fuertes para obtener un salteado tailandés especiado y una tortilla de inspiración mexicana, a la que se ha agregado aguacate y queso derretido, unos burritos sabrosos e incluso un rápido *cassoulet*, de inspiración francesa. Mantenga siempre el pollo cocido en la nevera hasta el momento de utilizarlo.

1 Prepare el arroz. Ponga a hervir 450 ml de agua en una cacerola de 2 litros. Agregue el arroz, la sal y la pimienta negra, y lleve de nuevo a ebullición. Reduzca el fuego, tape y cueza 20 minutos, con el líquido apenas agitándose, o hasta que el arroz esté tierno y haya absorbido el líquido. Mézclelo con el perejil y resérvelo al calor.

PAVO A LA TAILANDESA

◆◆◆◆◆◆◆◆◆◆◆◆◆◆◆◆◆◆◆◆◆◆◆◆◆

Preparación: 20 minutos   Cocción: 25 minutos
Para 4 platos principales

200 g de arroz de grano largo
¾ de cucharadita de sal
¼ de cucharadita de pimienta negra, molida gruesa
2 cucharaditas de perejil fresco, picado
350 g de pechuga de pavo cocida
3 cebollas tiernas
1 pimiento rojo mediano
1 diente de ajo, muy finamente picado
2 cucharadas de salsa de soja

1 cucharada de cilantro fresco, picado
1 cucharada de miel
1½ cucharaditas de curry en polvo
1 cucharadita de aceite de sésamo
½ cucharadita de maicena
¼ de cucharadita de chile seco en copos
1 cucharada de aceite vegetal
cilantro fresco picado y cebollas tiernas cortadas en rodajas para adornar

2 Mientras, desmenuce la carne de pavo. Corte en rodajas finas las cebollas tiernas y el pimiento rojo en tiras de 5 cm finas como cerillas.

3 Mezcle el ajo, la salsa de soja, una cucharada de cilantro fresco picado, la miel, el curry en polvo, el aceite de sésamo, la maicena, los copos de chile y 75 ml de agua en un cuenco pequeño.

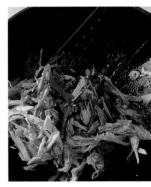

4 Caliente el aceite vegetal a fuego vivo en un *wok* o sartén de 30 cm. Añada las cebollas tiernas y el pimiento, y cuézalos, removiendo con frecuencia, hasta que estén tiernos y dorados. Agregue la mezcla de salsa de soja y el pavo, y cueza sin dejar de remover, hasta que todo esté caliente. Acompañe con el arroz y adorne con el cilantro y las cebollas tiernas.

A ALGUNOS LES GUSTA PICANTE

Los chiles secos son apreciados en todo el mundo por su sabor picante. Los chiles molidos se mezclan con facilidad con otros ingredientes; una pizca realza el sabor de cualquier plato. Los copos de chile seco pueden saltearse o utilizarse como condimento. Los chiles secos enteros son apropiados para los platos de cocción prolongada.

CADA RACIÓN: UNAS 355 CALORÍAS, 30 g DE PROTEÍNAS, 45 g DE HIDRATOS DE CARBONO, 6 g DE GRASA TOTAL (1 g DE SATURADAS), 71 mg DE COLESTEROL, 965 mg DE SODIO

TORTILLA DE TRES PISOS

Preparación: 25 minutos   *Horno:* 12-15 minutos
Para 4 platos principales

1 aguacate mediano	3 tortillas de harina (de unos
3 cucharadas de mayonesa	20 cm cada una)
1 cucharada de leche	125 g de chiles verdes suaves,
2 cucharaditas de zumo de limón	en conserva, escurridos
¼ de cucharadita de sal	y picados
⅛ de cucharadita de pimienta	125 g de queso Cheddar rallado
negra molida	3 tomates pera medianos,
450 g de pechuga de pollo cocida	cortados en rodajas finas

◆ Corte el aguacate por la mitad, a lo largo; deshuéselo y pélelo. Aplaste el aguacate con los 5 ingredientes siguientes en un cuenco pequeño. Pele y deshuese el pollo, y córtelo en trozos pequeños.

◆ Precaliente el horno a 190 °C (gas 5). Caliente 1 tortilla a fuego vivo en una sartén de 26 cm durante 40 segundos, o hasta que esté ligeramente crujiente; déle la vuelta otra vez. Repita la operación con las 2 tortillas restantes.

◆ Coloque una tortilla sobre una placa de horno sin engrasar y cúbrala con la mitad del pollo. Extienda por encima la mitad de la mezcla de aguacates, la mitad de los chiles y un tercio del queso. Coloque un tercio de las rodajas de tomate sobre el queso.

◆ Cubra con la segunda tortilla y el resto del pollo, la mezcla de aguacate y los chiles; luego con la mitad del queso restante y la mitad de las rodajas de tomate restantes. Cubra con la tercera tortilla; coloque el resto del tomate por encima y espolvoree con el queso. Hornee entre 12 y 15 minutos, o hasta que las tortillas estén bien calientes y el queso, dorado. Para servir, corte en 4 porciones.

Cada ración: unas 505 calorías, 37 g de proteínas, 24 g de hidratos de carbono, 30 g de grasa total (9 g de saturadas), 101 mg de colesterol, 650 mg de sodio

BURRITOS DE POLLO

Preparación: 25 minutos   *Horno:* 35 minutos
Para 4 platos principales

1,3 kg de pollo asado	8 tortillas de harina (de unos
200 g de tomates enlatados	20 cm cada una)
1 chile jalapeño, cortado a dados	175 g de queso Cheddar rallado
60 ml de crema agria	60 g de lechuga iceberg, cortada
1 cucharada de chile en polvo	en tiras
450 g de fríjoles refritos,	gajos de aguacate y lima para
enlatados	adornar

◆ Pele y deshuese el pollo, y separe la carne en tiras finas. Mezcle en un cuenco grande el pollo con los tomates y su zumo, el chile jalapeño, la crema agria y el chile en polvo.

◆ Precaliente el horno a 220 °C (gas 7). Extienda un octavo de los fríjoles sobre cada tortilla. Cubra con un octavo de la mezcla de pollo, situándola en el centro de cada tortilla. Espolvoree la mitad del queso sobre el pollo y enrolle las tortillas; colóquelas

con la juntura hacia abajo en una fuente refractaria.

◆ Tape con papel de aluminio y hornee 30 minutos, o hasta que estén bien calientes. Retire el papel y espolvoree los burritos con el resto del queso. Hornéelos 5 minutos más, o hasta que el queso se derrita. Adorne con la lechuga y los gajos de aguacate y lima.

Cada ración: unas 825 calorías, 63 g de proteínas, 65 g de hidratos de carbono, 34 g de grasa total (15 g de saturadas), 170 mg de colesterol, 1.345 mg de sodio

CASSOULET DE PAVO RÁPIDO

Preparación: 25 minutos   *Cocción:* 40 minutos
Para 8 platos principales

450 g de salchichas ahumadas,	1,2 kg de judías blancas en lata,
cortadas en rodajas de 1 cm	enjuagadas y escurridas
2 cucharadas de aceite vegetal	300 g de pavo cocido, cortado
450 g de zanahorias, cortadas	en trozos pequeños
en trozos de 2,5 cm	400 g de tomates enlatados
2 cebollas grandes, cortadas	½ cubito de caldo de buey
en rodajas	desmenuzado
2 tallos de apio medianos,	60 g de migas de pan fresco
cortados en rodajas	1 cucharada, más 15 g, de perejil
1 hoja de laurel	fresco, picado

◆ Cueza las salchichas en una cacerola de 5 litros a fuego moderado hasta que estén doradas. Trasládelas a una fuente. Caliente una cucharada de aceite con los fondos de cocción de la cacerola. Agregue las zanahorias, las cebollas y el apio, y cueza 10 minutos, o hasta que se ablanden.

◆ Devuelva las salchichas a la cacerola, agregue las judías, el pavo, los tomates con su zumo, el cubito, la hoja de laurel y 350 ml de agua. Lleve a ebullición a fuego vivo; baje el fuego y cueza 15 minutos a fuego lento.

◆ Mientras, caliente la cucharada restante de aceite a fuego moderado-alto en un cazo de 1 litro. Añada las migas de pan y una cucharada de perejil, y cueza hasta que las migas estén doradas.

◆ Para servir, tire la hoja de laurel y mezcle el *cassoulet* con los 15 g de perejil restantes; por último, esparza por encima las migas de pan tostadas.

Cada ración: unas 445 calorías, 29 g de proteínas, 38 g de hidratos de carbono, 20 g de grasa total (6 g de saturadas), 67 mg de colesterol, 1.480 mg de sodio

AVES ASADAS AL *GRILL*

Asar al *grill* es un método de cocción ideal, pues es fácil, rápido, y sólo requiere una cantidad mínima de grasa; además es apropiado para casi todos los cortes de aves. Nuestras recetas van desde las pepitas de pechuga de pollo en un adobo especiado a las mitades de pollitos tomateros sazonados con hierbas y limón. Asegúrese de precalentar el *grill* del horno 10 minutos antes de utilizarlo. Los *grills* varían en el grado de calor que generan, por lo que debe comprobar cuidadosamente la cocción de la carne para ver si está cocida. Para evitar que se produzcan llamas durante el proceso, no forre la placa del *grill* con papel de aluminio, pues la grasa debe caer en la fuente situada debajo (si lo desea, y para facilitar la limpieza, forre sólo ésta con papel de aluminio).

1 Mezcle los 9 primeros ingredientes en una fuente refractaria de 30 x 18 cm. Añada el pollo y cúbralo bien. Tápelo con película de plástico y refrigérelo 3 horas.

2 Precaliente el *grill*. Engrase ligeramente la placa del *grill* y coloque encima el pollo. Extienda sobre éste cualquier resto de adobo.

POLLO DE LAS ISLAS CON FRUTAS

◆◆◆◆◆◆◆◆◆◆◆◆◆◆◆◆◆◆◆◆◆◆◆◆◆◆◆◆◆◆◆

Preparación: 25 minutos, más el adobo   Grill: 12-15 minutos
Para 4 platos principales

1 cebolla pequeña, rallada
225 g de yogur desnatado
1 cucharada de aceite vegetal
2 cucharaditas de jengibre fresco, pelado
1 cucharadita de sal
½ cucharadita de comino molido
¼ de cucharadita de chile en polvo
¼ de cucharadita de cúrcuma molida
¼ de cucharadita de canela, molida

4 pechugas de pollo, deshuesadas y peladas (unos 750 g)
½ melón de invierno pequeño
2 mangos grandes
2 cucharadas de confitura de melocotón
1 cucharada de zumo de lima
¼ cucharadita de pimienta negra, molida gruesa
gajos de lima para adornar
cuscús (opcional)

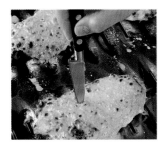

3 Ase el pollo a unos 12 cm de la fuente de calor entre 12 y 15 minutos, sin darle la vuelta, o hasta que pierda el color rosado.

4 Mientras, pele el melón y los mangos. Córtelos en trozos de 4 cm. Mézclelos con cuidado con la confitura de melocotón, el zumo de lima y la pimienta en un cuenco.

5 Corte cada pechuga en 6 trozos en diagonal. Colóquelas en 4 platos; mantenga la forma original. Adorne a un lado con la mezcla de frutas y las tiras de corteza de lima. Acompañe con cuscús si lo desea.

CADA RACIÓN: UNAS 420 CALORÍAS, 42 g DE PROTEÍNAS, 44 g DE HIDRATOS DE CARBONO, 9 g DE GRASA TOTAL (3 g DE SATURADAS), 125 mg DE COLESTEROL, 640 mg DE SODIO

POLLITOS TOMATEROS ASADOS AL *GRILL* CON LIMÓN

Preparación: 5 minutos   Grill: *30 minutos*
Para 4 platos principales

2 pollitos tomateros (unos 500 g cada uno), cortados por la mitad, a lo largo (*véase* pág. 146)
¼ de cucharadita de romero seco, desmenuzado

½ cucharadita de tomillo seco
¼ de cucharadita de pimienta negra molida
2 cucharadas de zumo de limón
sal

◆ Precaliente el *grill*. Coloque las mitades de los pollitos, con la piel hacia arriba, en una fuente pequeña para asar y espolvoréelos con ¼ de cucharadita de sal. Áselos a unos 15 cm del *grill* durante 15 minutos.

◆ Mezcle el romero, el tomillo, la pimienta negra y ½ cucharadita de sal en un cuenco pequeño. Dé la vuelta a los pollitos y espolvoréelos con la mezcla de hierbas.

◆ Áselos 15 minutos más al *grill*, rociándolos una o dos veces con los fondos de cocción de la fuente, o hasta que estén dorados y, al pinchar la parte más gruesa de los muslos, los jugos salgan claros.

◆ Trasládelos a una fuente caliente. Desengrase los fondos de cocción de la fuente en que ha asado los pollitos, agregue zumo de limón y remueva hasta que se desprendan los depósitos marrones. Rocíe los pollitos con estos fondos.

Cada ración: unas 245 calorías, 32 g de proteínas, 1 g de hidratos de carbono, 12 g de grasa total (3 g de saturadas), 92 mg de colesterol, 480 mg de sodio

BROQUETAS DE POLLO A LA JAMAICANA

Preparación: 20 minutos, más el adobo   Grill: *10 minutos*
Para 4 platos principales

2 cebollas tiernas, picadas
1 chile jalapeño, sin semillas y picado
1 cucharada de jengibre fresco, picado
2 cucharadas de vinagre de vino blanco
2 cucharadas de salsa Worcester
1 cucharadita de pimienta de Jamaica molida

1 cucharadita de tomillo seco
3 cucharaditas de aceite vegetal
sal
4 pechugas de pollo, deshuesadas y peladas (unos 450 g), cortadas en 12 trozos
2 pimientos rojos medianos, sin membranas ni semillas y cortados en trozos de 2,5 cm
4 broquetas metálicas largas

◆ Mezcle las cebollas tiernas, el pimiento jalapeño, el chile, el jengibre, el vinagre de vino blanco, la salsa Worcester, la pimienta de Jamaica, el tomillo, 2 cucharaditas de aceite y ½ cucharadita de sal en la batidora-mezcladora, a velocidad alta, hasta que estén bien amalgamados.

◆ Ponga los trozos de pollo en un cuenco mediano. Agregue la mezcla de cebollas tiernas y remueva bien. Tape con película de plástico y refrigere 30 minutos.

◆ Precaliente el *grill*. Mientras, mezcle los trozos de pimiento con la cucharadita de aceite restante y ⅛ de cucharadita de sal en un cuenco pequeño.

◆ Ensarte los trozos de pollo y pimiento, alternándolos, en 4 broquetas metálicas largas. Colóquelas sobre la placa del *grill* y pincélelas con el resto del adobo. Ase 10 minutos lo más cerca posible de la fuente de calor, o hasta que el pollo pierda el color rosado.

Cada ración: unas 185 calorías, 26 g de proteínas, 5 g de hidratos de carbono, 6 g de grasa total (2 g de saturadas), 81 mg de colesterol, 485 mg de sodio

MUSLOS DE POLLO AL CHILE

Preparación: 15 minutos   Grill: *45-40 minutos*
Para 8 platos principales

350 ml de salsa chile, embotellada
1 cebolla pequeña, rallada
1 diente de ajo, muy finamente picado
2 cucharadas de azúcar moreno
1 cucharada de vinagre de vino blanco

1 cucharada de aceite de oliva
2 cucharaditas de chile en polvo
1 cucharadita de sal
½ cucharadita de salsa tabasco
3 cucharadas de perejil fresco, picado
8 cuartos traseros de pollo

◆ Precaliente el *grill*. Mezcle los 9 primeros ingredientes junto con 2 cucharadas de perejil picado y una cucharada de agua en un cuenco mediano, hasta que estén bien amalgamados.

◆ Coloque los cuartos de pollo, con la piel hacia arriba, sobre la placa del *grill* y pincélelos con parte de la mezcla de chile. Áselos 25 minutos a unos 14 cm de la fuente de calor.

◆ Déles la vuelta y áselos entre 20 y 25 minutos más, pincelándolos con la mezcla de chile, hasta que los jugos salgan claros al pinchar con un cuchillo. Espolvoréelos con una cucharada de perejil picado.

Cada ración: unas 380 calorías, 34 g de proteínas, 18 g de hidratos de carbono, 19 g de grasa total (5 g de saturadas), 116 mg de colesterol, 955 mg de sodio

AVES A LA BARBACOA

Las aves deben asarse a la barbacoa sobre brasas moderadas, excepto aquellos trozos de cocción rápida, como escalopes y pechugas deshuesadas. De este modo, se cuecen uniformemente, sin chamuscarse ni resecarse. Como medida de seguridad, utilice pinzas y pinceles largos, especiales para cocinar a la barbacoa.

POLLITOS TOMATEROS CON SALSA DE FRUTAS

◆◆◆◆◆◆◆◆◆◆◆◆◆

Preparación: 30 minutos
Barbacoa: 30 minutos
Para 4 platos principales

1 pimiento rojo grande o un chile jalapeño verde

2 melocotones medianos

2 kiwis medianos

225 g de piña de lata en su propio zumo, escurrida

1 cucharada de cilantro, finamente picado

½ cucharadita de azúcar

sal

la corteza rallada de 1 lima mediana

3 cucharadas de zumo de lima

2 dientes de ajo, muy finamente picados

4 cucharaditas de chile en polvo

1 cucharada de aceite de oliva

2 pollitos tomateros (450 g cada uno), cortados por la mitad, a lo largo (*véase* pág. 146)

1 Prepare la barbacoa y la salsa de frutas. Corte el chile jalapeño por la mitad, a lo largo; retírele las semillas y píquelo finamente.

2 Pele, corte por la mitad y deshuese los melocotones; pele los kiwis. Corte a dados los melocotones y 1 kiwi. Corte en rodajas el kiwi restante, póngalo en un cuenco mediano y aplástelo con un tenedor.

3 Mezcle los dados de melocotón y kiwi, el chile jalapeño, la piña, el cilantro picado, el azúcar, ½ cucharadita de sal, la corteza de lima y 2 cucharadas de zumo de lima. Tape y refrigere.

CHILES JALAPEÑOS

Los chiles jalapeños especian gran número de platos, desde salsas a judías secas, pasando por ensaladas de cereales y mojos. Las semillas y las membranas son las partes más picantes; utilízelos si desea un sabor más picante. Los jalapeños verdes tienen un sabor similar al de los pimientos verdes; los rojos son la forma madura de los verdes y los más dulces.

4 Mezcle en un cuenco el ajo, el chile en polvo y el aceite con el zumo de lima restante y una cucharadita de sal, y frote con ello los pollitos. Póngalos a un lado de la barbacoa (no en el lugar más caliente) a fuego moderado. Áselos unos 30 minutos, o hasta que al pincharlos los jugos salgan claros. Acompáñelos con la salsa.

CADA RACIÓN: UNAS 270 CALORÍAS, 33 g DE PROTEÍNAS, 23 g DE HIDRATOS DE CARBONO, 16 g DE GRASA TOTAL (4 g DE SATURADAS), 92 mg DE COLESTEROL, 930 mg DE SODIO

ESCALOPES DE PAVO A LAS HIERBAS

Preparación: 10 minutos   Barbacoa: 5-7 minutos
Para 4 platos principales

2 limones medianos
1 cucharada de salvia fresca
   picada o ¾ de cucharadita
   de salvia seca
1 cucharada de aceite vegetal
½ cucharadita de sal
¼ de cucharadita de pimienta
   negra, molida gruesa

1 diente de ajo, machacado
4 esclopes de pavo (unos 450 g)
hojas de salvia y rodajas de limón
   asadas a la barbacoa para
   adornar
pimientos salteados y hierba
   de los canónigos (opcional)

◆ Prepare la barbacoa. Ralle 2 cucharaditas de la corteza de los limones. Corte cada limón por la mitad y exprima el zumo de 3 mitades en un cuenco. Mézclelo con la corteza de limón, la salvia picada, el aceite vegetal, la sal, la pimienta negra y el ajo machacado, hasta que estén bien mezclados. Coloque los escalopes de pavo sobre la barbacoa a fuego vivo. Áselos entre 5 y 7 minutos, pincelándolos a menudo con la mezcla de limón, o hasta que el pavo pierda el color rosado.

◆ Coloque los escalopes en 4 platos. Exprima el zumo del medio limón restante por encima. Adorne con las hojas de salvia y las rodajas de limón asadas a la parrilla, y acompañe con los pimientos salteados y la hierba de los canónigos si lo desea.

Cada ración: unas 175 calorías, 29 g de proteínas, 3 g de hidratos de carbono, 4 g de grasa total (1 g de saturadas), 71 mg de colesterol, 325 mg de sodio

◆ ◆

GUARNICIONES DE CÍTRICOS A LA PARRILLA

Las rodajas de naranjas, limones o limas asadas a la barbacoa son guarniciones sabrosas. Córtelos en rodajas muy finas y retire las pepitas. Ase las rodajas entre 2 y 5 minutos por cara, hasta que aparezcan las marcas de la parrilla.

◆ ◆

MUSLOS DE POLLO GLASEADOS CON JENGIBRE Y ALBARICOQUE

Preparación: 10 minutos   Barbacoa: 35 minutos
Para 6 platos principales

2 cebollas tiernas, picadas
175 g de confitura de
   albaricoques
90 g de *ketchup* de tomate
2 cucharadas de vinagre de sidra

1 cucharada, más 1 cucharadita,
   de jengibre fresco, pelado
1 cucharada, más 1 cucharadita,
   de salsa de soja
6 muslos de pollo (unos 1,6 kg)

◆ Prepare la barbacoa. Mezcle las cebollas tiernas, la confitura de albaricoques, el *ketchup*, el vinagre de sidra, el jengibre rallado y la salsa de soja en un cuenco pequeño.

◆ Coloque los cuartos de pollo sobre la barbacoa a fuego moderado. Áselos unos 10 minutos, o hasta que estén dorados por ambas caras. Para evitar que se chamusquen, ponga los cuartos hacia arriba, unos contra otros. Áselos 25 minutos más, recolocándolos de vez en cuando, hasta que al pinchar el pollo con la punta de un cuchillo los jugos salgan claros.

◆ Durante los últimos 10 minutos de cocción, pincele los cuartos de pollo frecuentemente con la mezcla de albaricoque.

Cada ración: unas 425 calorías, 37 g de proteínas, 26 g de hidratos de carbono, 19 g de grasa total (5 g de saturadas), 129 mg de colesterol, 625 mg de sodio

ALAS DE POLLO AGRIDULCES

Preparación: 5 minutos   Barbacoa: 25-30 minutos
Para 4 platos principales

60 ml de vinagre de vino tinto
60 ml de salsa de soja
50 g de azúcar
1 cucharada de maicena
2 cucharadas de aceite de sésamo

12 alas de pollo (unos 900 g)
¼ de cucharadita de pimienta
   negra molida
cebolla tierna picada para
   adornar

◆ Prepare la barbacoa. Haga la salsa agridulce: mezcle el vinagre, la salsa de soja, el azúcar, la maicena, el aceite de sésamo y 60 ml de agua en un cazo de 1 litro. Tape y cueza 1 minuto a fuego moderado-alto, removiendo sin cesar, hasta que la salsa hierva y se espese. Retírela del fuego.

◆ Espolvoree las alas de pollo con la pimienta y colóquelas sobre la barbacoa a fuego moderado. Áselas entre 25 y 30 minutos, o hasta que estén tiernas y doradas y, al pincharlas con la punta de un cuchillo, los jugos salgan claros. Pincélelas con la salsa agridulce durante los últimos 10 minutos de cocción. Espolvoree las alas de pollo con la cebolla tierna picada antes de servirlas.

Cada ración: unas 440 calorías, 31 g de proteínas, 17 g de hidratos de carbono, 29 g de grasa total (8 g de saturadas), 188 mg de colesterol, 1.140 mg de sodio

7 CARNES

CARNES CONOCIMIENTOS BÁSICOS

Tanto si prepara buey como cerdo, cordero o ternera, puede aplicar las mismas técnicas básicas. El método que se elija depende en gran parte del corte. Aquí le proporcionamos una guía esencial, para que pueda tomar la mejor decisión al elegir, cocinar y trinchar una pieza de carne.

COMPRA Y CONSERVACIÓN

• Seleccione cortes con un buen color y una carne uniformemente veteada; la grasa debe tener un tono blanco crema. Compruebe que los huesos estén cortados limpiamente y sin astillas. Lea la fecha de caducidad en el embalaje y tenga en cuenta que los cortes envasados al vacío se conservan más tiempo.

• En el caso de carne deshuesada y picada, cuente entre 125 y 150 g por persona. En los cortes que incluyan hueso, como las chuletas, cuente entre 150 y 225 g, y para las partes con mucho hueso, como las costillas, entre 350 y 450 g.

• Conserve la carne cruda en la parte más fría de la nevera, lejos de las carnes cocinadas y listas para comer. Refrigere las carnes crudas de 2 a 3 días, o congélelas hasta 6 meses. Refrigere la carne picada sólo 1 o 2 días, o bien congélela hasta 3 meses.

• Si desea conservar la carne poco tiempo, es decir, hasta 2 días en la nevera o 2 semanas en el congelador, déjela en su envoltorio original. Si la congela más tiempo o la envoltura está rota, reenvuélvala cuidadosamente con película para congelar, película de plástico gruesa o papel de aluminio; presione las bolsas de aire. Coloque planos los bistés, las chuletas y las hamburguesas en bolsas de plástico antes de envolverlos. Ponga etiquetas a los paquetes con el nombre del corte, el número de porciones y la fecha.

• Descongele la carne congelada en la nevera, póngala en una fuente para recoger el líquido y no la deje descongelar a temperatura ambiente. Use la carne descongelada lo más pronto posible; no la vuelva a congelar, pues la textura podría deteriorarse.

COCINAR CON ÉXITO

Asar
• Al asar trozos de carne deshuesados, colóquelos sobre la rejilla de la fuente para asar. Así, el aire circula por debajo y evita que se cueza al vapor con sus propios jugos. En casos como las costillas asadas, los huesos actúan a modo de rejilla.

• Utilice un termómetro para carne a fin de determinar el punto de cocción. Insértelo en la parte más gruesa de la carne, pero sin tocar el hueso.

• Retire el asado del horno en cuanto alcance entre 2 y 5 °C menos que la temperatura deseada; ésta subirá al dejarlo reposar.

Freír y saltear
• Seque la carne con papel de cocina para que se dore con mayor facilidad.

• Utilice una sartén de fondo grueso para que conduzca el calor de forma uniforme.

• Emplee suficiente aceite para evitar que la carne se pegue a la sartén. Asegúrese de que el recipiente esté muy caliente antes de colocar la carne.

• No llene la sartén en exceso, pues la carne se cocería al vapor en vez de dorarse.

• Una vez que la carne esté cocida, vierta la grasa y desglase la sartén, añadiendo un poco de líquido para desprender los depósitos caramelizados y preparar una salsa rápida.

Brasear y guisar
• Corte la carne en cubos del mismo tamaño, para que se cuezan uniformemente; luego séquelos con papel de cocina antes de dorarlos.

• Cuézalos a fuego lento y no los deje hervir, pues la carne se endurecería.

• Utilice un recipiente con tapa hermética para mantener el vapor.

• Para comprobar si las carnes braseadas o guisadas están cocidas, pínchelas con un tenedor; éste debe introducirse con facilidad.

• Muchos guisos saben mejor si se cuecen la víspera y se dejan enfriar; de este modo, sus sabores se mezclan y desarrollan. Retire la grasa solidificada en la superficie antes de recalentarlos.

Asar al *grill* y a la barbacoa
• Ase los cortes finos cerca de la fuente de calor. Los más gruesos precisan mayor distancia, para que el interior tenga tiempo de cocerse por completo antes de que la parte externa se queme.

• Para evitar llamas durante el asado no forre la placa del *grill* con papel de aluminio; la grasa debe caer. Si lo desea, puede forrar la bandeja o fuente inferior con este tipo de papel.

• Para no pinchar la carne y evitar que se pierdan los jugos, déle la vuelta con unas pinzas en vez de utilizar un tenedor.

TRINCHAR CORRECTAMENTE

• Deje reposar los bistés y los asados entre 10 y 15 minutos, cubiertos con papel de aluminio, antes de cortarlos. De esta forma, los jugos se asientan y se enriquece el sabor de la carne; se hace más firme y se facilita el trinchado.

• Coloque un lienzo bajo la tabla para picar a fin de evitar que se desplace, y utilice siempre un cuchillo afilado.

• Trinche la carne contra las fibras, no en sentido paralelo a ellas, para obtener unas fibras más cortas y una carne más tierna.

AFILAR UN TRINCHANTE

Deje reposar el extremo de un afilador sobre la superficie de trabajo. Coloque la parte más ancha de la hoja del cuchillo formando un ángulo de 20° contra el afilador. Lleve el cuchillo hacia abajo y el mango gradualmente hacia usted, hasta que haya afilado toda la longitud de la hoja; repita la operación en la otra cara del cuchillo. Continúe alternando las pasadas hasta que la hoja esté bien afilada.

En principio, cualquier corte de buey puede resultar un plato delicioso si se cocina correctamente. El método viene determinado por la calidad del corte, es decir, por la parte del animal de que se trate, y por su edad (las carnes viejas son más duras). Lea nuestros consejos para obtener resultados tiernos y jugosos sea cual sea el corte elegido.

LA CARNE MAGRA

Gracias a los modernos métodos de crianza de reses, a la forma de cortarlas y a las demandas de los consumidores, interesados en conseguir alimentos más saludables, la carne de buey es, en la actualidad, más magra que en el pasado.

• Aunque existen estrictas reglas gubernamentales sobre la higiene del ganado, no puede decirse lo mismo en cuanto a la calidad de la carne. Además, los métodos de corte varían de un sitio a otro, así como los nombres, aunque los cortes principales acostumbran a ser los mismos.

• Los cortes de cadera y el redondo son magros.

• La carne de buey picada de un tono rosado tiene un porcentaje de grasa del 25 % aproximadamente. Las opciones más magras contienen un 10 % de grasa. Indique a su carnicero que desea una carne magra para picar.

• Para eliminar el peligro de aparición de la bacteria E. coli y otras, el buey picado debe cocerse siempre hasta que esté en su punto; es decir, ligeramente rosado en el centro.

• Para que los cortes magros queden tiernos al cocerse, deben freírse o asarse brevemente, hasta que queden en su punto o medio hechos, o bien hay que brasearlos largo tiempo.

CÓMO COMPRARLO

• En todos los casos, el color es un buen indicador de calidad. El buey debe tener un color rojo vivo oscuro. La grasa debe ser seca y de un tono blanco crema. Los bordes cortados han de parecer jugosos y recién cortados, y no han de estar húmedos en absoluto.

• El buey picado debe presentar un color rojo cereza vivo. Si está envasado, no se preocupe si el centro del paquete parece más oscuro que el exterior. El color más oscuro está causado por una falta de oxígeno; cuando se expone al aire, la carne oscura debe volverse roja. La carne de buey envasada al vacío es más oscura y de un tono púrpura.

• Si la carne de buey se deja madurar, mejora su sabor y su textura; pero, generalmente, este proceso se acorta en carnicerías y supermercados. Una maduración tradicional puede alcanzar hasta seis semanas, por lo que estos cortes son más caros y se encuentran con más dificultad: sólo se encuentran en buenas carnicerías y restaurantes, pero aún así y como ya se ha comentado, escasean.

ELEGIR EL CORTE ADECUADO

Con las técnicas de cocción apropiadas, cualquier corte de buey puede quedar tierno. Cueza los cortes magros siguiendo los métodos de calor seco (asado al horno y al *grill*, a la parrilla y salteados); para aquellos cortes menos tiernos, utilice un método de cocción de calor húmedo (braseado, guisado), hasta que las fibras de la carne estén tiernas.

Para asar al *grill* o freír. Son preferibles los cortes magros y tiernos. Para asar a la parrilla bistés de 2 o 3 cm de grosor o más, colóquelos lejos de la fuente de calor, a fin de que el exterior no se chamusque antes de que se cueza el interior.
Cortes apropiados: entrecot, bisté *T-bone* (del lomo bajo; inferior), cadera, chuletón, solomillo, falda, buey picado.

Recorte el exceso de grasa antes de cocinar

Los bistés para asar al *grill* deben tener, como mínimo, 2 cm de grosor

Elija carne ligeramente veteada, con grasa en las líneas rotas

Para brasear y guisar. Son adecuados los cortes menos tiernos, que quedan deliciosos si se cuecen larga y lentamente en un líquido aromatizado. Además, son más económicos.
Cortes apropiados: aguja y espaldilla, tapa, contratapa (inferior), pecho, costillar, morcillo delantero, rabo de buey. La carne cortada a dados para guisar procede, generalmente, de la aguja. Los huesos aportan sabor y cuerpo a los guisos.

Recorte el exceso de grasa antes de cocer la carne con líquido

Los cortes enteros mantienen su forma durante la cocción

Los cortes menos tiernos de grano más grueso requieren un método de cocción húmedo

Para asar. Los cortes grandes y tiernos con un poco de grasa interior proporcionan los mejores resultados. Ase los cortes deshuesados en una rejilla dispuesta sobre una fuente para asar, para que la carne no se guise en sus jugos; los asados con hueso no necesitan colocarse sobre una rejilla.
Cortes apropiados: chuletas delanteras (lomo alto; inferior), solomillo, entrecot.

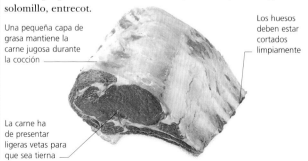

Los huesos deben estar cortados limpiamente

Una pequeña capa de grasa mantiene la carne jugosa durante la cocción

La carne ha de presentar ligeras vetas para que sea tierna

ASAR EL BUEY

A fin de que el buey quede perfectamente asado, utilice un termómetro para carne; así, sabrá si la carne está hecha. A los 59,5 °C la carne está entre poco hecha y en su punto, y a los 67 °C la cocción ha alcanzado ya el punto adecuado. El cuadro contiguo le indica los tiempos de cocción de diferentes cortes. Empiece con la carne a temperatura de nevera y retire el asado del horno en cuanto se encuentre entre 2 y 5 °C por debajo del punto de cocción deseado: la temperatura aumentará mientras reposa. Para obtener una carne muy jugosa, el asado debe reposar 15 minutos antes de ser trinchado.

TIEMPOS DE COCCIÓN PARA EL ASADO

CORTE	TEMPERATURA DEL HORNO	PESO	TIEMPO DE COCCIÓN APROXIMADO en su punto-poco hecha (59,9 °C)	En su punto (67 °C)
Lomo alto (deshuesado)	180 °C (gas 4)	1,8 – 2,7 kg 2,7 – 3,6 kg	1¾ – 2¼ h 2¼ – 2½ h	2¼ – 2¾ h 2¾ – 3 h
Lomo bajo	180 °C (gas 4)	1,8 – 2,7 kg	1¾ – 2 h	2 – 2½ h
Solomillo entero	220 °C (gas 7)	1,8 – 2,2 kg	50 – 60 min	60 – 70 min
Medio solomillo	220 °C (gas 7)	900 g – 1,3 kg	35 – 40 min	45 – 50 min
Tapa, contratapa	160 °C (gas 3)	1,3 – 1,8 kg 2,7 – 3,6 kg	1¾ – 2 h 2½ – 3 h	2¼ – 2½ h 3 – 3½ h
Redondo	160 °C (gas 3)	900 g – 1,3 kg	1½ – 1¾ h	—

CORTAR EN LONCHAS UN BISTÉ

Sujete la carne con un tenedor trinchante. Corte el bisté en sentido contrario a las fibras para obtener lonchas de carne tiernas. Solicite a su carnicero que

TRINCHAR UN LOMO ASADO

deshuese el espinazo, de forma que pueda trinchar el asado entre los huesos de las costillas. De esta manera el trinchado resulta más sencillo. Obtendrá una carne más jugosa si deja que el asado repose 15 minutos, como mínimo, una vez que lo haya retirado del horno.

Empiece por el extremo fino del bisté y coloque el cuchillo formando un ángulo de 45°, sitúe la hoja del cuchillo lejos de usted. Corte con un movimiento de sierra para que las lonchas abarquen todo el trozo de carne.

1 Coloque el asado con la parte de las costillas hacia abajo en la tabla de cortar. Corte la carne hacia abajo, hacia las costillas, con un cuchillo trinchante. Las lonchas deben tener unos 5 mm de grosor.

2 Desprenda la loncha de carne cortando a lo largo del extremo de las costillas. Traslade la loncha a una fuente caliente.

3 Repita la operación para cortar más lonchas. A medida que vayan quedando expuestas las costillas, córtelas y añádalas a la fuente. De esta forma, podrá trinchar con más facilidad el resto del asado.

CONOCER EL GRADO DE COCCIÓN DE UN BISTÉ

Para comprobar el punto de cocción de un bisté, siga nuestra guía visual. Para comprobar el de un asado, utilice un termómetro.

Bisté poco hecho

Bisté en su punto - poco hecho

Bisté bien hecho

ROSBIF

El rosbif queda soberbio si se frota con hierbas, ya que éstas aromatizan la carne y los jugos de cocción. La placa para asar no debe cubrirse; además, si coloca la parte grasa de la carne hacia arriba, la mantendrá jugosa. Puesto que no existen dos cortes de carne iguales, un termómetro es la mejor guía para estimar el momento en que un asado está perfectamente cocido.

LOMO DE BUEY ASADO CON SALSA DE MADEIRA

◆◆◆◆◆◆◆◆◆◆◆◆◆◆◆◆◆◆◆◆◆◆◆

Preparación: 15 minutos, más reposo y la preparación del budín de Yorkshire   Asado: 2 horas y 20 minutos
Para 12 platos principales

1 cucharada de semillas de hinojo	budín de Yorkshire (opcional; *véase* pág. 184)
1 cucharadita de pimienta negra, molida gruesa	60 ml de vino de madeira o jerez seco
1 cucharadita de sal	2 cucharadas de harina
2 cucharadas de perejil fresco, picado	1 cubito de caldo, desmenuzado
1 trozo de lomo delantero de buey (3,1 kg, aproximadamente), sin el hueso del espinazo	perejil fresco, picado para adornar
	calabacines y zanahorias (opcional)

1 Precaliente el horno a 170 °C (gas 3). Machaque en un mortero las semillas de hinojo; añada la pimienta, la sal y el perejil. Seque la carne con papel de cocina y frótela con la mezcla de hinojo. Coloque la carne en la rejilla de una fuente grande de horno, con la parte grasa hacia arriba.

2 Inserte el termómetro para carne en el centro del asado. Ase 2 horas y 20 minutos (20 minutos por cada 450 g), o hasta que el termómetro registre 57 °C. La temperatura interna de la carne aumentará hasta 59,5 °C (en su punto - poco hecha) durante el reposo.

3 Traslade el buey a una fuente caliente y deje que repose 15 minutos para facilitar el trinchado. Resérvelo al calor. Retire la rejilla de la fuente. Vierta los fondos de cocción en una jarra para medir de 1 litro de capacidad y déjelos reposar unos segundos, hasta que la grasa se separe de los fondos de la carne. Espume 2 cucharadas de grasa de los fondos y póngalas en un cazo de 2 litros. Retire el resto de la grasa y tírela o resérvela para el budín de Yorkshire. Prepare éste si lo desea.

4 Prepare el caldo; añada el madeira y 125 ml de agua a la fuente para asar y remueva, a fuego moderado, hasta que se desprendan los depósitos marrones. Incorpore la mezcla de madeira a los fondos de cocción depositados en la jarra medidora y vierta el agua necesaria para obtener 900 ml. Mezcle la harina con la grasa de la sartén hasta que estén bien amalgamadas. Cueza a fuego moderado, removiendo constantemente, hasta que la harina se dore.

5 Vierta, gradualmente y sin dejar de remover, la mezcla de los fondos y el cubito, y cueza removiendo hasta que la salsa hierva y se espese ligeramente. Para servir, corte el buey en lonchas. Distribúyalas en 12 platos y espolvoree con el perejil picado. Acompañe con la salsa y el budín de Yorkshire, los calabacines y las zanahorias si lo desea.

CADA RACIÓN: UNAS 530 CALORÍAS, 70 g DE PROTEÍNAS, 1 g DE HIDRATOS DE CARBONO, 24 g DE GRASA TOTAL (9 g DE SATURADAS), 167 mg DE COLESTEROL, 320 mg DE SODIO

LOMO DE BUEY CON COSTRA DE MOSTAZA

Preparación: 25 minutos, más reposo   *Asado: 80 minutos*
Para 12 platos principales

1 lomo de buey bajo (1,8 kg, aproximadamente), atado
½ cucharadita de tomillo seco
sal y pimienta negra recién molida
6 cebollas rojas medianas, cortadas por la mitad, a lo largo
1 cucharada de salsa de raiforte
90 g de mostaza de Dijon, de grano grueso
750 g de judías verdes, con los extremos recortados
2 cucharadas de aceite de oliva o vegetal
450 g de tirabeques, sin los hilos

◆ Precaliente el horno a 180 °C (gas 4). Seque la carne con papel de cocina. Mezcle el tomillo, una cucharadita de sal y ½ cucharadita de pimienta en un cuenco, y frote con ello la carne. Colóquela con la parte grasa hacia arriba en una fuente para asar, junto con las cebollas. Inserte el termómetro de carne en el centro del asado y áselo 1 hora; déle la vuelta a las cebollas de vez en cuando.

◆ Mezcle en un cuenco pequeño la mostaza y el raiforte. Extienda esta mezcla por la parte superior del asado al cabo de 1 hora de cocción. Ase 20 minutos más, o hasta que el termómetro alcance 57 °C. La temperatura interna de la carne aumentará a 59,5 °C (en su punto - medio hecha) durante el reposo. También puede asar la carne hasta el punto de cocción deseado. Traspase el asado caliente a una fuente precalentada y deje que repose 15 minutos.

◆ Mientras, lleve a ebullición 2 o 3 cm de agua, a fuego vivo, en una sartén de 30 cm. Agregue las judías verdes; devuelva a ebullición, baje el fuego, tape y cueza entre 8 y 10 minutos por debajo del punto de ebullición, o hasta que estén tiernas y crujientes. Escúrralas y seque la sartén. Caliente el aceite a fuego vivo en la misma sartén; agregue las judías y los tirabeques, y cuézalos removiendo constantemente. Espolvoréelos con una cucharadita de sal y ¼ de cucharadita de pimienta y cueza 5 minutos más, removiendo, o hasta que estén tiernos y crujientes. Corte el asado en lonchas y distribuya a su alrededor las hortalizas.

Cada ración: unas 505 calorías, 30 g de proteínas, 14 g de hidratos de carbono, 36 g de grasa total (14 g de saturadas), 103 mg de colesterol, 545 mg de sodio

ROSBIF CON DOS SALSAS

Preparación: 25 minutos, más reposo   *Asado: 1½ horas*
Para 8 platos principales

1 redondo de buey (1,7 kg, aproximadamente)
2 cucharaditas de tomillo seco
1 cucharadita de salvia seca
4 dientes de ajo, muy finamente picados
¼ de cucharadita de sal
pimienta negra, molida gruesa
175 ml de aceite de oliva o vegetal
75 g de alcaparras en conserva, escurridas y picadas
90 g de mostaza de Dijon
1 cucharada de cebollinos picados
175 g de salsa de raiforte
110 g de mayonesa
1 cucharadita de azúcar
125 g de crema de leche espesa

◆ Precaliente el horno a 170 °C (gas 3). Recorte la grasa de la carne y séquela con servilletas de papel. Mezcle en un cuenco el tomillo, la salvia, el ajo, la sal y 1¼ cucharaditas de pimienta; frote con ello la carne. Colóquela sobre la rejilla de una fuente para asar e inserte el termómetro en el centro.

◆ Ase el buey 1 hora y media, o hasta que el termómetro alcance 57 °C. La temperatura interna de la carne subirá a 59,5 °C (en su punto - poco hecha) durante el reposo. También puede asarla hasta el punto de cocción que desee. Traslade el asado a una fuente caliente y deje que repose 15 minutos.

◆ Mientras, prepare las salsas. Para la de alcaparras, mezcle el aceite, las alcaparras, la mostaza de Dijon, los cebollinos, ¾ de cucharadita de pimienta y 60 ml de agua en un cuenco pequeño, hasta que estén bien amalgamados.

◆ Para la salsa de *raiforte*, mezcle el *raiforte*, la mayonesa y el azúcar en un cuenco pequeño, hasta que estén bien amalgamados. Bata la crema con una batidora eléctrica a velocidad media hasta que forme picos y mézclela con el *raiforte*.

◆ Corte el asado en lonchas y acompáñelo con las salsas.

Cada ración: unas 730 calorías, 44 g de proteínas, 5 g de hidratos de carbono, 59 g de grasa total (16 g de saturadas), 153 mg de colesterol, 1.055 mg de sodio

BUDÍN DE YORKSHIRE

◆◆◆◆◆◆◆◆◆◆◆◆◆

Para preparar budines individuales, llene 18 moldes para bollos de 6 x 4 cm y hornee los budines entre 12 y 15 minutos.

3 huevos medianos
350 ml de leche
225 g de harina
¾ de cucharadita de sal
3 cucharadas de los fondos de cocción del rosbif

1 Precaliente el horno a 230 °C (gas 8). Bata los huevos, la leche, la harina y la sal hasta que la mezcla sea homogénea. Coloque los fondos de cocción del asado en una fuente metálica de 33 x 20 cm, e introdúzcala en el horno durante 2 minutos. Retire la fuente del horno.

2 Vierta la mezcla de huevos en la fuente. Hornee 25 minutos, o hasta que el budín esté hinchado y ligeramente dorado. Córtelo en cuadrados y sírvalo caliente. Para 12 guarniciones.

Cada ración: unas 105 calorías, 4 g de proteínas, 13 g de hidratos de carbono, 4 g de grasa total (2 g de saturadas), 59 mg de colesterol, 165 mg de sodio

SOLOMILLOS DE BUEY ASADOS

Este corte de buey de primera es una tira de carne sin hueso que está situada bajo el lomo; resulta la parte más tierna del animal y proporciona un asado excelente. A diferencia de los cortes más grandes de buey, el solomillo se asa rápidamente a una temperatura elevada. Si va a cocinar un solomillo entero sin rellenar, doble el extremo más fino por debajo de la pieza, para que ésta tenga un grosor homogéneo.

SOLOMILLO DE BUEY RELLENO

❖❖❖❖❖❖❖❖❖❖❖❖

Preparación: 30 minutos, más reposo
Asado: 45-50 minutos
Para 10 platos principales

2 cucharadas de aceite vegetal
1 cebolla mediana, muy finamente picada
300-350 g de espinacas, picadas
½ cucharadita de sal
¼ de cucharadita de pimienta negra molida
30 g de queso parmesano, recién rallado
30 g de tomates secados al sol en aceite, escurridos y finamente picados
1 centro de solomillo de buey (1,3 kg, aproximadamente)
1 cubito de caldo de buey, desmenuzado
60 ml de jerez seco
hortalizas variadas salteadas (opcional)

1 Precaliente el horno a 220 °C (gas 7). Ponga el aceite en una sartén y añada las cebollas, hasta que se ablanden; incorpore las espinacas, la sal y la pimienta, y cuézalo, removiendo.

2 Retire la preparación del fuego y mézclela con el queso parmesano y 30 g de tomates secados al sol, y resérvela. Practique una incisión a lo largo del solomillo; córtelo casi todo, pero sin llegar al otro extremo.

3 Abra el solomillo e introduzca en la incisión la mezcla de espinacas; presione firmemente. Cierre el solomillo.

4 Átelo con un bramante y sujételo en varios puntos para que la carne se sostenga. Coloque el solomillo, con la parte cortada hacia arriba, sobre la rejilla de una fuente pequeña para hornear.

5 Ase el solomillo entre 45 y 50 minutos si lo desea en su punto o medio hecho, o hasta el punto de coción deseado. Una vez que la carne se haya asado 30 minutos, tápela con papel de aluminio para evitar que se reseque.

6 Traslade la carne a una tabla para picar y deje que repose 10 minutos al calor. Mientras, retire la rejilla de la fuente. Espume y tire la grasa de los fondos de cocción, y agrégueles el cubito de caldo, el jerez y 350 ml de agua. Lleve a ebullición a fuego moderado-alto y remueva hasta que se desprendan los depósitos marrones. Para servir, retire los hilos y corte la carne en lonchas. Distribúyalas en 10 platos y adorne con los tomates secados al sol; acompáñelas con la salsa y las hortalizas si lo desea.

CADA RACIÓN: UNAS 270 CALORÍAS, 31 g DE PROTEÍNAS, 4 g DE HIDRATOS DE CARBONO, 13 g DE GRASA TOTAL (4 g DE SATURADAS), 73 mg DE COLESTEROL, 335 mg DE SODIO

SOLOMILLO DE BUEY CON SETAS SILVESTRES

Preparación: 25 minutos, más reposo   Asado: 45-55 minutos
Para 8 platos principales

1 centro de solomillo de buey
  (1,1 kg, aproximadamente), atado
2 cucharaditas de aceite vegetal
sal y pimienta negra molida
tomillo seco
30 g de margarina o mantequilla
50 g de escalonias, muy finamente
  picadas
350 g de champiñones, cortados
  en rodajas

125 g de setas chinas *shiitake*, sin
  los pies, cortadas en rodajas
125 g de setas de cardo, cortadas
  por la mitad si fuesen grandes
75 ml de vino de madeira
75 ml de crema de leche, espesa
1 cucharada de perejil fresco,
  picado
tirabeques al vapor y tomates
  (opcional)

◆ Precaliente el horno a 220 °C (gas 7). Seque el solomillo con papel de cocina. Mezcle el aceite, una cucharadita de sal, ¼ de cucharadita de pimienta y ¼ de cucharadita de tomillo en un cuenco pequeño, y frote con ello la carne.

◆ Coloque el buey en la rejilla de una fuente pequeña para asar. Inserte el termómetro en el centro de la parte más gruesa de la carne. Ase entre 45 y 55 minutos, o hasta que el termómetro alcance 57 °C. La temperatura interna de la carne subirá a 59,5 °C (en su punto - media hecha) al reposar. También puede asarla hasta el punto de cocción deseado.

◆ Mientras, derrita la margarina en una sartén de 30 cm a fuego moderado-alto. Agregue las escalonias y cueza 1 minuto, removiendo a menudo. Incorpore todas las setas, ¾ de cucharadita de sal, ⅛ de cucharadita de pimienta y ⅛ de cucharadita de tomillo. Cueza 10 minutos, removiendo a menudo, o hasta que las setas estén ligeramente doradas y el líquido se evapore. Mezcle con el madeira y cueza hasta que la sartén esté casi seca. Agregue la crema y hierva 1 minuto. Retire del fuego.

◆ Traslade el solomillo a una fuente caliente y deje que repose 10 minutos. Retire la rejilla de la fuente. Añádale 60 ml de agua y lleve a ebullición a fuego moderado-alto. Remueva hasta que se desprendan los depósitos marrones, y mezcle con las setas y el perejil.

◆ Corte el filete en lonchas finas y acompáñelo con las setas, los tirabeques y los tomates si lo desea.

Cada ración: unas 360 calorías, 34 g de proteínas, 15 g de hidratos de carbono, 17 g de grasa total (7 g de saturadas), 87 mg de colesterol, 375 mg de sodio

SOLOMILLO DE BUEY A LA ORIENTAL

Preparación: 10 minutos, más adobo y reposo
Asado: 50-60 minutos   Para 16 platos principales

125 ml de salsa de soja
3 cucharadas de jengibre fresco,
  pelado y rallado
1½ cucharaditas de semillas de
  hinojo, machacadas
½ cucharadita de copos de chile
  seco

½ cucharadita de pimienta negra,
  machacada
¼ de cucharadita de clavos, molidos
1 solomillo de buey (2,2 kg,
  aproximadamente), atado
1 cucharada de aceite vegetal
ramitas de perejil para adornar

◆ Mezcle la salsa de soja, el jengibre, las semillas de hinojo, los copos de chile, la pimienta negra y los clavos en un cuenco grande. Agregue el solomillo y déle unas vueltas para cubrirlo con el adobo.

◆ Tape el cuenco con película de plástico y refrigérelo 6 horas o toda la noche; déle la vuelta a la carne de vez en cuando.

◆ Precaliente el horno a 220 °C (gas 7). Coloque el solomillo en la rejilla de una fuente grande para asar y tire el adobo. Pincele la carne con aceite e inserte el termómetro para carne en el centro de la parte más gruesa.

◆ Ase el solomillo entre 50 y 60 minutos, o hasta que el termómetro alcance los 57 °C. La temperatura interna de la carne subirá a 59,5 °C (en su punto - poco hecha) durante el reposo. También puede asar la carne hasta el punto de cocción que desee.

◆ Traslade el solomillo a una tabla para picar. Deje que repose 10 minutos al calor. Córtelo en lonchas finas y colóquelas en una fuente caliente. Adorne con las ramitas de romero.

Cada ración: unas 225 calorías, 31 g de proteínas, 0 g de hidratos de carbono, 10 g de grasa total (4 g de saturadas), 74 mg de colesterol, 195 mg de sodio

---

SEMILLAS DE HINOJO

El hinojo, una semilla nativa del Mediterráneo, es apreciado desde hace miles de años por su sabor delicado, que recuerda al del regaliz. El bulbo de hinojo con sus hojas frondosas, sus tallos, sus flores y sus semillas ya era muy popular entre los antiguos griegos y romanos, así como en las cocinas de la vieja China, la India y Egipto. Las semillas de hinojo son pequeñas y ovaladas, de un tono marrón verdoso, y se pueden comprar tanto enteras como molidas. Realzan platos dulces y salados, como sopas de pescado, panes, salchichas, carnes asadas, curries, empanadas de col, e incluso de manzana. Para que desprendan el máximo sabor, macháquelas en un mortero antes de incorporarlas al plato. Los restaurantes indios ofrecen a veces semillas de hinojo al natural o glaseadas con azúcar como digestivo y purificador del aliento.

BUEY BRASEADO

El braseado o asado en cazuela convierte los cortes duros en carnes blandas. Para ello, dore primero la carne para sellar su sabor y, luego, se cuece lentamente en un líquido con hierbas y hortalizas. Acompáñela con las hortalizas con que se coció, o bien redúzcalas a puré para una salsa deliciosa.

1 Mezcle los 6 primeros ingredientes en un cuenco. Seque la carne. Frótela con 2½ cucharaditas de la mezcla, y reserve el resto.

2 Caliente el aceite en una cacerola refractaria de 5 litros. Añada la carne y dórela uniformemente; trasládela a una fuente.

3 Agregue las cebollas, el apio y el pimiento verde a los fondos de cocción. Tape y cueza hasta que estén tiernas; remuévalas a menudo.

BUEY ASADO EN CAZUELA AL ESTILO CAJUN

❖❖❖❖❖❖❖❖❖❖❖❖

Preparación: 15 minutos
Cocción: 2½ - 3 horas
Para 12 platos principales

1½ cucharaditas de sal

1 cucharadita de pimentón

1 cucharadita de mostaza en polvo

½ cucharadita de pimienta de Cayena, molida

½ cucharadita de pimienta negra molida

tapa o redondo de buey (1,3 kg, aproximadamente)

1 cucharada de aceite vegetal

2 cebollas medianas, cortadas en gajos

2 tallos de apio grandes, cortados en diagonal, en trozos de 4 cm

1 pimiento verde mediano, cortado en trozos de 4 cm

400 g de tomates en lata

1 hoja de laurel

1 diente de ajo, muy finamente picado

600 g de quingombós enteros, congelados

hojas de apio para adornar

4 Agregue los tomates con su zumo, la hoja de laurel, el ajo y la mezcla restante de especias. Devuelva el asado a la cacerola y lleve la mezcla a ebullición. Reduzca el fuego a bajo. Tape y cueza entre 2 y 2½ horas, dándole la vuelta de vez en cuando, o hasta que se muestre tierno al pincharlo con un tenedor. Añada los quingombós 10 minutos antes de finalizar la cocción y caliéntelos.

5 Para servir, traspase el asado y las hortalizas a una fuente honda caliente. Tire la hoja de laurel. Desengrase y tire la grasa del caldo de la cacerola. Corte la carne en lonchas y sírvala con las hortalizas y el fondo de cocción.

CADA RACIÓN: UNAS 195 CALORÍAS, 23 g DE PROTEÍNAS, 8 g DE HIDRATOS DE CARBONO, 7 g DE GRASA TOTAL (2 g DE SATURADAS), 66 mg DE COLESTEROL, 190 mg DE SODIO

BUEY A LA CAMPESINA

Preparación: 10 minutos   Cocción: 3 - 3½ horas
Para 12 platos principales

1,8 kg de aguja o pecho de buey, deshuesado	2 tallos de apio grandes, cortados en rodajas
30 g de harina	1 cucharadita de orégano seco
2 cucharadas de aceite vegetal	½ cucharadita de sal
350 ml de zumo de tomate	¼ de cucharadita de pimienta negra molida
2 cebollas medianas, picadas	
2 zanahorias medianas, cortadas en rodajas	puré de patatas (opcional)
2 dientes de ajo, machacados	ramitas de perejil para adornar

◈ Seque la carne con papel de cocina. Extienda la harina sobre un papel sulfurizado y enharine la carne.

◈ Caliente el aceite a fuego moderado-alto en una cacerola de 5 litros. Añada la carne y dórela uniformemente; tire la grasa de la cacerola.

◈ Agregue el zumo de tomate, las cebollas, las zanahorias, el apio, el ajo, el orégano, la sal y la pimienta, y mezcle bien. Lleve a ebullición a fuego vivo.

◈ Reduzca el fuego a bajo; tape y cueza entre 2 horas y media y 3 horas, a fuego muy lento, o hasta que la carne esté tierna al pincharla con un tenedor. Déle la vuelta de vez en cuando.

◈ Traslade la carne a una fuente caliente y resérvela al calor. Espume y tire la grasa del caldo de la cacerola. Llene hasta la mitad la batidora-mezcladora con el caldo y hortalizas de la cacerola. Tape (retirando la parte central de la tapa) y bata a velocidad baja, hasta obtener una salsa homogénea; viértala en un cuenco grande. Repita la operación con el resto.

◈ Devuelva la salsa a la cacerola y llévela a ebullición a fuego vivo. Corte la carne en lonchas finas y acompáñela con la salsa y el puré de patatas, si lo desea. Adorne con el perejil.

Cada ración: unas 420 calorías, 31 g de proteínas, 7 g de hidratos de carbono, 29 g de grasa total (11 g de saturadas), 117 mg de colesterol, 285 mg de sodio

REDONDO DE BUEY CON HORTALIZAS PRIMAVERALES

Preparación: 25 minutos   Cocción: 70 minutos
Para 8 platos principales

1 redondo o contratapa de buey (unos 900 g), atado	1 hoja de laurel
½ cucharadita de pimienta negra, molida gruesa	½ cucharadita de estragón seco
2 cucharaditas de aceite vegetal	750 g de zanahorias mini, preparadas
1 cubito de caldo de buey, desmenuzado	800 g de patatas blancas y/o rojas, pequeñas
1 diente de ajo, cortado por la mitad	750 g de espárragos finos, con los extremos duros recortados

◈ Seque el buey con papel de cocina y frótelo con la pimienta. Caliente el aceite a fuego moderado-alto en una cacerola de 5 litros; agregue la carne y dórela uniformemente.

◈ Incorpore el cubito, el ajo, la hoja de laurel, el estragón y 60 ml de agua; lleve a ebullición. Reduzca el fuego a bajo, tape y cueza 20 minutos a fuego lento. Agregue las zanahorias y las patatas, y lleve de nuevo a ebullición a fuego vivo.

◈ Reduzca el fuego a bajo, tape y cueza 30 minutos más a fuego lento, o hasta que las hortalizas estén tiernas y la temperatura de la carne alcance los 57 °C al insertar un termómetro de lectura instantánea en la parte más gruesa. La temperatura interna de la carne subirá a 59,5 °C (en su punto - poco hecha) durante el reposo. Trasládela a una fuente grande caliente y resérvela al calor.

◈ Mientras, ponga a hervir 1 cm de agua en una sartén de 30 cm a fuego alto; agregue los espárragos y cuézalos entre 3 y 5 minutos, o hasta que estén tiernos y crujientes; escúrralos.

◈ Traspase las zanahorias y las patatas a la fuente con la carne y reserve el caldo en la cacerola. Tire el ajo y la hoja de laurel. Espume y tire la grasa del caldo. Corte la carne en lonchas finas y acompáñela con el caldo, las zanahorias, las patatas y los espárragos.

Cada ración: unas 285 calorías, 26 g de proteínas, 28 g de hidratos de carbono, 6 g de grasa total (2 g de saturadas), 55 mg de colesterol, 310 mg de sodio

Empanadas de Buey

Estas empanadas de carne constituyen un almuerzo perfecto en cualquier época del año, pero son muy adecuadas para el invierno. La pasta hojaldrada, o bien una pasta moteada con hierbas y enriquecida con queso, son una cobertura ideal para estos rellenos.

EMPANADA DE BUEY AL CURRY

◆◆◆◆◆◆◆◆◆◆◆◆◆

Preparación: 1½ horas
Horno: 35 minutos
Para 6 platos principales

pasta al perejil (*véase* **inferior**)
450 g de aguja de buey, deshuesada, cortada a dados de 1 cm
3 cucharaditas de aceite de oliva o vegetal
1 diente de ajo, muy picado
2 cucharadas de curry en polvo
2 zanahorias medianas, cortadas en rodajas
1 cebolla mediana, cortada a dados
1 cubito de caldo de buey, desmenuzado
½ cucharadita de sal
1 cucharada de maicena
300 g de guisantes congelados

PASTA AL PEREJIL

Mezcle 300 g de harina, 30 g de perejil fresco picado y una cucharadita de sal en un cuenco grande. Con un mezclador de pastas o dos cuchillos a modo de tijeras, mezcle 175 g de grasa blanca vegetal, margarina o mantequilla con la harina, hasta que la mezcla tenga el aspecto de unas migas gruesas. Añada 5 o 6 cucharadas de agua fría —1 cada vez— y mézclelas ligeramente con un tenedor, hasta que la pasta se cohesione. Divídala por la mitad y forme dos bolas.

1 Prepare la pasta de perejil, envuélvala y refrigérela. Seque la carne con papel de cocina. Caliente 2 cucharaditas de aceite a fuego moderado-alto en una sartén antiadherente de 26 cm. Añada el buey y dórelo uniformemente. Mézclelo con el ajo y el curry en polvo, y cueza 1 minuto más. Traslade la mezcla con una espumadera a un cuenco. Caliente el resto del aceite en la misma sartén y agregue las zanahorias y la cebolla, cuézalas 10 minutos, o hasta que estén dorados.

2 Agregue el buey, el cubito, la sal y 300 ml de agua a la sartén, hasta que hierva. Reduzca el fuego a bajo; tape y cueza 30 minutos. Mezcle la maicena y 60 ml de agua, y viértalos gradualmente en la sartén. Cueza a fuego vivo 1 minuto sin dejar de remover, hasta que la mezcla se espese. Agregue los guisantes y mezcle. Retire del fuego.

3 Precaliente el horno a 220 °C (gas 7). Extienda la mitad de la pasta con un rodillo enharinado sobre una superficie, también enharinada; forme un círculo 3 cm más grande que el molde de 23 cm invertido. Traspase la pasta al molde. Llénelo con el relleno y recorte la pasta; deje que cuelgue 2 cm por las paredes.

4 Corte el resto de la pasta en tiras de 1½ cm. Ponga la mitad de las tiras sobre la empanada cada 2 cm; no selle los extremos. Doble una tira sí y otra no desde el centro hacia la mitad de un extremo.

5 Ponga en el centro una tira en sentido longitudinal; recoloque las partes dobladas de las tiras. Doble hacia atrás tiras alternas; añada la segunda tira longitudinal. Y siga así, componiendo un enrejado. Prepare un borde acanalado (*véase* pág. 488). Hornee 35 minutos, o hasta que la pasta esté dorada y el relleno burbujee.

CADA RACIÓN: UNAS 645 CALORÍAS, 23 g DE PROTEÍNAS, 44 g DE HIDRATOS DE CARBONO, 42 g DE GRASA TOTAL (13 g DE SATURADAS), 56 mg DE COLESTEROL, 855 mg DE SODIO

EMPANADA HONDA DE BUEY

Preparación: 2 horas   Horno: 25-30 minutos
Para 8 platos principales

2 cucharadas de aceite vegetal

450 g de cebollitas peladas

900 g de buey para guisar,
cortado en trozos de 5 cm

400 ml de caldo de buey

300 ml de cerveza

1½ cucharaditas de sal

¼ de cucharadita de pimienta
negra, molida gruesa

450 g de patatas blancas o rojas,
pequeñas, cortadas a cuartos

50 g de harina

450 g de zanahorias, cortadas
en trozos de 5 cm

3 nabos medianos (unos 225 g),
cortados en trozos regulares

225 g de judías verdes,
preparadas y cortadas por
la mitad

250 g de pasta de hojaldre, fresca
o congelada (descongelada)

1 huevo mediano, ligeramente
batido

◆ Caliente el aceite a fuego moderado alto en una cacerola de 8 litros. Agregue las cebollas y cuézalas hasta que estén doradas. Traspáselas a una fuente con una espumadera. Seque la carne con papel de cocina. Caliente el aceite restante en una cacerola a fuego moderado-alto. Añada un tercio de la carne y cuézala hasta que esté dorada. Trasládela a una fuente y repita la operación con el resto.

◆ Devuelva toda la carne a la cacerola y mézclela con el caldo, la cerveza, la sal y la pimienta. Lleve a ebullición. Baje el fuego, tape y cueza 30 minutos a fuego lento. Agregue las cebollas y lleve a ebullición. Tape y cueza 30 minutos a fuego lento. Incorpore las patatas, las zanahorias, los nabos y las judías verdes, y lleve a ebullición. Tape y cueza 30 minutos a fuego lento, removiendo de vez en cuando, o hasta que la carne y las hortalizas estén cocidas.

◆ Mientras, extienda la pasta sobre una superficie ligeramente enharinada y, con el rodillo también enharinado, forme un cuadrado de 33 cm de lado. Recorte la pasta componiendo un círculo 1 cm más grande que el contorno de una cacerola de 3 litros. Pincélela con huevo batido y manténgala fría.

◆ Precaliente el horno a 180 °C (gas 5). Mezcle la harina y 225 ml de agua en un cuenco y agréguelas al guiso. Cueza a fuego moderado-alto, removiendo con cuidado, hasta que la preparación hierva y se espese. Traslade el guiso a la cacerola. Cúbralo con la pasta, deje que ésta cuelgue por los extremos y pince el borde para sellarlo. Hornee entre 25 y 30 minutos, o hasta que la pasta esté dorada.

Cada ración: unas 525 calorías, 32 g de proteínas, 53 g de hidratos de carbono, 21 g de grasa total (6 g de saturadas), 82 mg de colesterol, 790 mg de sodio

EMPANADA DE BUEY AL CHILE CON PASTA DE CHEDDAR

Preparación: 35 minutos   Horno: 40-45 minutos
Para 8 platos principales

1 cucharada de aceite vegetal

750 g de buey magro, picado

1 cebolla mediana, picada gruesa

2 cucharadas de chile en polvo

400 g de judías arriñonadas en
lata, enjuagadas y escurridas

400 g de judías blancas en lata,
enjuagadas y escurridas

300 g de judías verdes, congeladas
y troceadas

400 g de tomates en lata, picados

300 g de maíz congelado

1 cucharada de cilantro fresco
picado o perejil

415 g de harina

60 g de queso Cheddar, rallado

½ cucharadita de sal

225 g de grasa blanca vegetal
o margarina vegetal

1 huevo mediano, ligeramente
batido

◆ Caliente el aceite a fuego moderado-alto en una sartén de 30 cm. Añada el buey y la cebolla, y cuézalos removiendo a menudo, hasta que los fondos de cocción se evaporen y el buey esté dorado.

◆ Agregue el chile y cueza 1 minuto, removiendo sin cesar. Incorpore las judías arriñonadas y blancas, las judías verdes, los tomates, el maíz y el cilantro.

◆ Mezcle 40 g de harina con 300 ml de agua en un cuenco pequeño; agréguelos a la sartén y lleve a ebullición a fuego vivo, removiendo. Traslade la mezcla a una fuente para hornear, de vidrio o cerámica, de 33 x 20 cm, y deje que se enfríe ligeramente. Precaliente el horno a 190 °C (gas 5).

◆ Mientras, prepare la pasta; mezcle con un tenedor el queso, la sal y los 375 g restantes de harina en un cuenco grande. Con un mezclador de pastas o dos cuchillos utilizados a modo de tijeras, corte la grasa hasta que la mezcla tenga la apariencia de unas migas finas.

◆ Rocíela con 6 o 7 cucharadas de agua fría; añádalas de una en una. Mezcle a fondo con el tenedor tras cada adición, hasta que la pasta esté lo suficientemente húmeda como para cohesionarse.

◆ Extienda la pasta con un rodillo enharinado en la superficie de trabajo también ligeramente enharinada, y forme un rectángulo unos 5 cm más grande que el contorno de la parte superior de la fuente.

◆ Coloque la pasta sobre el relleno. Recorte el extremo; deje que cuelguen 2 o 3 cm. Doble la pasta y forme un borde acanalado (*véase* pág. 488). Practique varios cortes en la superficie, para que el vapor pueda escapar durante la cocción. Pincele la pasta con el huevo batido y hornee la empanada sobre la placa del horno entre 40 y 45 minutos o hasta que la pasta se dore.

Cada ración: unas 825 calorías, 31 g de proteínas, 66 g de hidratos de carbono, 49 g de grasa total (17 g de saturadas), 97 mg de colesterol, 585 mg de sodio

CAZUELAS Y GUISOS DE BUEY

Un suculento guiso de buey es un plato tradicional en muchos países. Se puede preparar con antelación, y su sabor mejora al día siguiente. Además, puede desengrasarlo con facilidad si lo refrigera toda la noche. Para evitar el molesto hecho de que se pegue a la cacerola, vierta un poco de agua al recalentarlo.

BUEY GUISADO CON SETAS

◆◆◆◆◆◆◆◆◆◆◆◆◆◆◆◆◆◆◆◆◆◆◆◆◆◆◆◆◆◆◆◆◆◆

Preparación: 30 minutos   Horno: 1½ horas
Para 6 platos principales

15 g de setas secas	225 ml de caldo de buey
900 g de buey para guisar, cortado en trozos de 4 cm	175 ml de vino tinto seco
2 cucharadas de aceite vegetal	2 zanahorias medianas, cortadas por la mitad, a lo largo, y luego, en sentido horizontal, a tercios
450 g de champiñones, cortados por la mitad	¾ de cucharadita de sal
1 cebolla grande, cortada a dados	¼ de cucharadita de tomillo seco
2 dientes de ajo, muy finamente picados	1 hoja de laurel
2 cucharadas de tomate concentrado	perejil fresco picado para adornar
	fideos de huevo anchos (opcional)

1 Ponga las setas secas en un cuenco pequeño y cúbralas con 225 ml de agua hirviendo. Deje que reposen 30 minutos para que se ablanden. Mientras, seque la carne con papel de cocina.

2 Caliente una cucharada de aceite en una cacerola refractaria de 5 litros de capacidad, y fría los champiñones unos 10 minutos, o hasta que estén dorados y la mayor parte del líquido se haya evaporado. Trasládelos a un cuenco.

3 Caliente la cucharada restante de aceite a fuego moderado-alto en la misma cacerola. Añada la mitad de la carne; dórela y traspásela a una fuente, a medida que se vaya cociendo. Repita la operación con el resto.

4 Retire las setas secas del líquido en que se remojaron con una espumadera y píquelas; cuele el líquido a través de un tamiz forrado con una muselina o papel de cocina. Precaliente el horno a 180 °C (gas 4).

5 Agregue la cebolla y 2 cucharadas de agua a los fondos de cocción de la cacerola y cueza unos 10 minutos, hasta que la cebolla esté ligeramente dorada. Añada el ajo y cueza 30 segundos más. Incorpore el tomate concentrado y cueza 1 minuto, removiendo.

6 Devuelva el buey a la cacerola y añada las setas secas con su líquido, el caldo de buey, el vino, las zanahorias, la sal, el tomillo y la hoja de laurel. Lleve a ebullición a fuego vivo. Tape y hornee 1¼ horas. Añada los champiñones salteados y hornee 15 minutos más, o hasta que el buey esté tierno. Espume y tire la grasa y la hoja de laurel. Espolvoree con el perejil picado. Sirva el guiso con fideos de huevo si lo desea.

CADA RACIÓN: UNAS 360 CALORÍAS, 37 g DE PROTEÍNAS, 13 g DE HIDRATOS DE CARBONO, 16 g DE GRASA TOTAL (5 g DE SATURADAS), 77 mg DE COLESTEROL, 610 mg DE SODIO

BUEY GUISADO A LA CAMPESINA

Preparación: 30 minutos   Cocción: 2¼ - 2¾ horas
Para 6 platos principales

2 lonchas de beicon, recortadas si
   fuese necesario y picadas
900 g de espaldilla de buey
   deshuesada, cortada en trozos
   de 4 cm
1-2 cucharaditas de aceite vegetal
1 cebolla grande, finamente
   picada
2 zanahorias medianas, finamente
   picadas
2 dientes de ajo, finamente
   picados
2 cucharadas de harina

2 cucharaditas de tomate
   concentrado
450 ml de vino tinto seco
½ hoja de laurel
¼ de cucharadita de tomillo seco
sal y pimienta negra molida
450 g de cebollitas blancas,
   peladas
1 cucharadita de azúcar
30 g de margarina o mantequilla
450 g de champiñones,
   cuarteados si fuesen grandes
perejil fresco picado para adornar

◆ Cueza el beicon a fuego moderado en una cacerola refractaria de 5 litros hasta que empiece a dorarse, y trasládelo a un cuenco. Seque la carne con papel de cocina. Añada una cucharadita de aceite a los fondos de cocción de la cacerola y aumente el fuego a moderado-alto. Agregue el buey por tandas y dórelo por todos lados; añada una cucharadita más de aceite si fuese necesario. Traspáselo al cuenco con el beicon.

◆ Reduzca el calor a moderado. Agregue la cebolla picada, las zanahorias y el ajo, y cueza removiendo hasta que se ablanden. Mézclelos con la harina y cueza 1 minuto. Agregue el tomate concentrado y cueza otro minuto. Vierta el vino, la hoja de laurel, el tomillo, una cucharadita de sal y ¼ de cucharadita de pimienta, y remueva hasta que se desprendan los depósitos marrones de la cacerola.

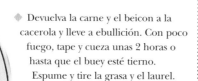

◆ Devuelva la carne y el beicon a la cacerola y lleve a ebullición. Con poco fuego, tape y cueza unas 2 horas o hasta que el buey esté tierno. Espume y tire la grasa y el laurel.

◆ Mientras, ponga una sartén de 26 cm a fuego moderado y lleve a ebullición 1 taza de agua con las cebollas blancas, el azucar y una cucharada de margarina. Reduzca el fuego a bajo; tape y cueza 10 minutos a fuego lento, o hasta que las cebollas estén tiernas. Destape y cueza a fuego moderado-alto; mueva la sartén alguna vez, hasta que el agua se evapore y las cebollas estén doradas.

◆ Derrita la cucharada restante de margarina en una sartén de 30 cm a fuego moderado-alto. Agregue las setas y una pizca de sal y pimienta, y cueza, removiendo a menudo, hasta que las setas estén tiernas y el líquido se haya evaporado. Agregue las cebollas y los champiñones al guiso y mezcle bien. Adorne y sirva.

Cada ración: unas 560 calorías, 35 g de proteínas, 20 g de hidratos de carbono, 32 g de grasa total (12 g de saturadas), 119 mg de colesterol, 620 mg de sodio

BUEY GUISADO A LA ESCANDINAVA

Preparación: 25 minutos   Cocción: 2½ - 3 horas
Para 8 platos principales

900 g de espaldilla de buey,
   deshuesada, cortada en trozos
   de 5 cm
2 cucharaditas de aceite vegetal
1 cebolla grande, finamente picada
1 cucharada de cilantro molido
2 cucharaditas de jengibre, molido
¼ de cucharadita de nuez
   moscada, molida

1 cucharadita de sal
¼ de cucharadita de tomillo seco
¼ de cucharadita de pimienta
   negra molida
450 g de zanahorias
2 chirivías grandes (unos 225 g)
½ colinabo pequeño
450 g de patatas rojas, pequeñas

◆ Seque la carne. Caliente una cucharadita de aceite a fuego moderado-alto en una cacerola refractaria de 5 litros. Agregue la mitad del buey y dórelo uniformemente. Traspáselo a una fuente. Repita la operación con el buey y el resto del aceite. Reduzca el fuego a moderado. Agregue la cebolla a los depósitos de la cacerola y cuézala hasta que esté tierna. Incorpore el cilantro, el jengibre y la nuez moscada; remueva y cueza 30 segundos. Agregue el buey, la sal, el tomillo, la pimienta y 750 ml de agua, y lleve a ebullición a fuego vivo. Baje el fuego, tape y cueza entre 1½ y 2 horas a fuego muy lento, hasta que el buey esté tierno. Incorpore las hortalizas a la cacerola y lleve a ebullición. Baje el fuego, tape y cueza entre 30 y 40 minutos más a fuego muy lento. Desengrase la preparación.

Cada ración: unas 400 calorías, 26 g de proteínas, 26 g de hidratos de carbono, 21 g de grasa total (8 g de saturadas), 88 mg de colesterol, 355 mg de sodio

BUEY GUISADO CON ESPECIAS CHINAS

Preparación: 15 minutos   Cocción: 2 - 2½ horas
Para 8 platos principales

900 g de espaldilla de buey,
   deshuesada, cortada en trozos
   de 5 cm
2 cucharaditas de aceite vegetal
75 ml de jerez seco
3 cucharadas de salsa de soja
2 cucharadas de azúcar
60 g de jengibre fresco, pelado
   y cortado en rodajas

2 dientes de ajo, pelados
2 anises estrellados
4 tiras de corteza de naranja
   de 7 × 3 cm cada una
1 manojo de brécoles (unos
   750 g), separados en ramitos
125 g de tirabeques preparados
1 manojo de cebollas tiernas,
   cada una cortada en 5 trozos

Seque el buey. Caliente una cucharadita de aceite a fuego moderado-alto en una cacerola de 5 litros. Añada la mitad del buey y dórelo. Trasládelo a una fuente y repita la operación con el resto de buey y aceite. Devuelva el buey a la cacerola. Vierta el jerez, los 6 ingredientes siguientes y 675 ml de agua; lleve a ebullición a fuego vivo. Baje el fuego, tape y cueza entre 1½ y 2 horas a fuego muy lento, o hasta que el buey esté muy tierno. Trasládelo a un cuenco y resérvelo al calor. Hierva 10 minutos el líquido de la cacerola. Mientras, ponga a hervir 2 o 3 cm de agua en un cazo. Agregue los brécoles y cuézalos 5 minutos. Incorpore los tirabeques y las cebollas tiernas, y cuézalos tapados 1 minuto más. Escúrralos y mézclelos con el contenido de la cacerola. Viértalos sobre el buey.

Cada ración: unas 355 calorías, 27 g de proteínas, 11 g de hidratos de carbono, 22 g de grasa total (8 g de saturadas), 88 mg de colesterol, 465 mg de sodio

CHILE

Esta especialidad americana, que se originó en Texas, se ha convertido con los años en un plato muy apreciado en Europa. Queda excelente tanto si se prepara con carne de buey picada o a dados; algunos chiles incluyen también judías y hortalizas. Si le quedan restos, puede servirlos sobre una patata horneada o arroz blanco hervido.

CHILE AL ESTILO DE TEXAS

❖❖❖❖❖❖❖❖❖❖❖❖❖

Preparación: 25 minutos
Cocción: 2 horas y 20 minutos
Para 12 platos principales

1,5 kg de buey para guisar, cortado a dados de 1 cm
60 ml de aceite vegetal
3 pimientos medianos, sin membranas ni semillas y cortados a dados
2 cebollas medianas, cortadas a dados
4 dientes de ajo, muy finamente picados
1,6 kg de tomates enlatados
350 g de tomate concentrado
40 g de chile en polvo
50 g de azúcar
2 cucharaditas de sal
2 cucharaditas de orégano seco
¾ de cucharadita de pimienta negra, machacada
queso Cheddar rallado y cebollas tiernas para adornar
chips de tortilla (opcional)

1 Seque la carne con papel de cocina. Caliente el aceite en una cacerola refractaria de 8 litros. Agregue un tercio del buey y dórelo. Trasládelo a un cuenco cuando esté dorado y repita la operación con el resto de la carne.

2 Agregue los pimientos verdes, las cebollas y el ajo a los fondos de cocción de la cacerola y cueza 10 minutos a fuego moderado-alto, removiendo de vez en cuando.

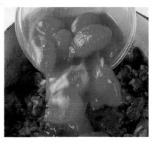

3 Devuelva el buey a la cacerola, agregue los tomates con su zumo, el tomate concentrado, el chile, el azúcar, la sal, el orégano y la pimienta negra, y rompa los tomates con el dorso de una cuchara.

UN TOQUE ESPECIADO

El chile en polvo tiene un color rojo oscuro y un sabor picante y especiado. Puede proceder de una sola variedad de chile seco y molido, o más a menudo de una mezcla de varios chiles secos, orégano, comino, ajo y sal. Su sabor, que depende de la marca, puede oscilar entre picante moderado y extremadamente picante; también varía el contenido en sal. Los mejores chiles en polvo están compuestos únicamente de chiles molidos y tienen un color rojo oscuro en vez de marrón. Hay cientos de chiles diferentes, con sus correspondientes sabores y niveles picantes. Los cocineros mexicanos y sudamericanos prefieren moler sus propios chiles. Para conservarlo fresco, guárdelo en la nevera.

4 Vierta 450 ml de agua y lleve a ebullición a fuego vivo. Reduzca el fuego a bajo, tape y cueza 1½ horas, removiendo de vez en cuando o hasta que el buey esté tierno. Sírvalo en cuencos o platos soperos, y acompáñelo con *chips* de tortilla si lo desea.

CADA RACIÓN: UNAS 345 CALORÍAS, 33 g DE PROTEÍNAS, 21 g DE HIDRATOS DE CARBONO, 15 g DE GRASA TOTAL (4 g DE SATURADAS), 64 mg DE COLESTEROL, 910 mg DE SODIO

Cazuela de buey al chile

Preparación: 40 minutos   Horno: 1 hora
Para 8 platos principales

3 cucharadas de aceite de oliva o vegetal	2 cucharadas de chile en polvo
1 cebolla grande, picada	1 cucharadita de sal
1 pimiento rojo pequeño, sin membranas ni semillas y cortado a dados	450 g de tomates enlatados
	2 cucharadas de tomate concentrado
1 pimiento verde pequeño, sin membranas ni semillas y cortado a dados	1 tomate mediano, cortado a dados
	90 g de aceitunas rellenas de pimiento
900 g de buey para guisar, cortado en trozos de 1 cm	75 g de uvas pasas
2 cucharadas de harina	30 g de almendras tostadas, fileteadas

◆ Caliente una cucharada de aceite a fuego moderado-alto en una cacerola refractaria de 5 litros. Agregue las cebollas cortadas a dados y los pimientos, y cuézalos hasta que estén tiernos y dorados. Trasládelos a un cuenco con una espumadera.

◆ Precaliente el horno a 200 °C (gas 6). Seque el buey con papel de cocina y páselo por la harina mezclada con el chile y la sal en un cuenco grande.

◆ Caliente una cucharada más de aceite a fuego moderado-alto en la misma cacerola. Agregue la mitad del buey y cuézalo hasta que se dore. Trasládelo con una espumadera al cuenco con las hortalizas. Repita la operación con el resto de la carne y el aceite.

◆ Devuelva el buey y las hortalizas a la cacerola. Agregue los tomates, el tomate concentrado y 175 ml de agua, y remueva hasta que se desprendan los depósitos marrones de la cacerola. Lleve a ebullición a fuego vivo. Tape la cacerola y hornee 45 minutos, o hasta que el buey casi esté tierno.

◆ Mézclelo con el tomate, las aceitunas y las pasas. Tape y hornee 15 minutos más, o hasta que la carne esté tierna. Para servir, desengrase y tire la grasa, y esparza las almendras sobre la preparación.

Cada ración: unas 415 calorías, 26 g de proteínas, 17 g de hidratos de carbono, 28 g de grasa total (9 g de saturadas), 88 mg de colesterol, 745 mg de sodio

Chile con carne

Preparación: 10 minutos   Cocción: 55 minutos
Para 8 platos principales

900 g de buey, picado	½ cucharadita de pimienta negra molida
1 cebolla grande, cortada a dados	
	800 g de tomates enlatados
1 diente de ajo, muy finamente picado	900 g de judías arriñonadas en lata, enjuagadas y escurridas
30 g de chile en polvo	425 ml de puré de tomate enlatado

◆ Cueza el buey picado, la cebolla y el ajo a fuego vivo en una cacerola de 5 litros, hasta que el buey esté bien dorado y los fondos de cocción se evaporen. Mezcle con el chile en polvo y la pimienta, y prosiga la cocción 1 minuto.

◆ Agregue los tomates con su líquido y los 2 ingredientes siguientes. Lleve a ebullición a fuego vivo. Baje el fuego, tape y cueza 30 minutos removiendo de vez en cuando. Desengrase antes de servir.

Cada ración: unas 455 calorías, 29 g de proteínas, 30 g de hidratos de carbono, 25 g de grasa total (10 g de saturadas), 84 mg de colesterol, 955 mg de sodio

Chile verde guisado con tomatillos

Preparación: 30 minutos, más reposo   Horno: 2½ - 3 horas
Para 8 platos principales

4 chiles poblanos o 2 pimientos verdes	2 cebollas medianas, finamente picadas
1 manojo de cilantro	1 cucharadita de comino molido
3 dientes de ajo, muy finamente picados	¼ de cucharadita de pimienta de Cayena, molida
1½ cucharaditas de sal	900 g de tomatillos, desprovistos de su envoltura, enjuagados y cuarteados
900 g de paletilla de buey deshuesada, cortada en trozos de 2 cm	400 g de maíz enlatado, escurrido
3 chiles serranos o jalapeños, sin semillas y finamente picados	crema agria (opcional)

◆ Precaliente el *grill*. Forre la placa del *grill* con papel de aluminio. Coloque los poblanos sobre la placa y dispóngala lo más cerca posible de la fuente de calor, déles la vuelta una vez y áselos 15 minutos, o hasta que estén chamuscados. Envuélvalos con papel de aluminio y deje que se entibien. Pélelos y tire la piel y las semillas; córtelos en trozos de 2 cm.

◆ Precaliente el horno a 175 °C (gas 3). Pique 15 g de cilantro y los tallos; pique y reserve otros 15 g de hojas para adornar. Aplaste el ajo con la sal, reduciéndolo a una pasta, y añádalo a una cacerola refractaria de 5 litros. Añada las hojas y tallos de cilantro picados, el buey y los 4 ingredientes siguientes; mezcle bien. Tape y hornee entre 1½ y 2 horas, o hasta que el buey esté muy tierno. Mézclelo con el maíz; tape y hornee 5 minutos. Espume y tire la grasa. Adorne y sirva con crema agria si lo desea.

Cada ración: unas 385 calorías, 26 g de proteínas, 23 g de hidratos de carbono, 22 g de grasa total (8 g de saturadas), 88 mg de colesterol, 790 mg de sodio

---

TOMATILLOS

Estos frutos pequeños de un color verde pálido y sabor ácido aparecen envueltos en una especie de fina capa natural similar al papel que se retira antes de cocinarlos. En muchas recetas mexicanas, se cuecen a fuego lento, se asan o se reducen a puré para las salsas. Aunque se venden en lata, los frescos proporcionan los mejores resultados. Los encontrará en fruterías especializadas.

BUEY SALTEADO

Este método de cocción es adecuado para solomillos y cortes del lomo trasero, así como para otros cortes menos tiernos. Sólo debe cuidar de no sobrecocerlos en exceso y ha de cortar la carne en lonchas muy finas y en sentido contrario al de la fibra. Los fondos de cocción se pueden utilizar para preparar una salsa rápida. Mézclelos con un poco de líquido, como vino o caldo, y hiérvalos hasta que la salsa se haya reducido y los sabores se hayan concentrado.

FILET MIGNON CON SALSA DE JEREZ

◆◆◆◆◆◆◆◆◆◆◆◆◆◆◆◆◆◆◆◆◆◆◆◆◆◆◆◆◆◆◆

Preparación: 10 minutos   Cocción: 15 minutos

Para 4 platos principales

3 tomates secados al sol en aceite

1 manojo de oruga

1 cabeza pequeña de lechuga
  de hojas sueltas

60 g de margarina o mantequilla

2 escalonias, muy finamente
  picadas

½ cucharadita de sal

¼ de cucharadita de pimienta
  negra, molida gruesa

4 filetes de solomillo de buey,
  de unos 3 cm de grosor
  (125 g cada uno)

60 ml de jerez seco

pan (opcional)

1 Corte los tomates secados al sol en rodajas finas y resérvelos. Distribuya la oruga y las hojas de lechuga en 4 platos y resérvelos.

2 Derrita la margarina a fuego moderado-alto en una sartén de 30 cm. Agregue las escalonias, la sal y la pimienta, y cueza, removiendo, hasta que estén ligeramente doradas.

3 Seque los bistés de solomillo con papel de cocina. Póngalos en la sartén y cuézalos unos 5 minutos, o hasta que la cara inferior esté dorada. Déles la vuelta y cuézalos otros 5 minutos más si los desea entre en su punto y poco hechos.

4 Coloque los bistés sobre las hojas de ensalada. Esparza por encima los tomates secados al sol y reserve al calor. Vierta el jerez en la sartén y lleve a ebullición a fuego vivo. Hierva 1 minuto, vierta el jerez sobre los bistés y la ensalada, y acompañe con pan si lo desea.

TOMATES SECADOS AL SOL

Estos tomates disponibles secos o envasados con aceite de oliva tienen un sabor intenso y una textura muy agradable. Los conservados en aceite pueden utilizarse directamente, mientras que los secos deben hidratarse; para ello cúbralos con agua hirviendo y déjelos reposar 5 minutos. Puede hidratar una tanda de tomates y cubrirlos con aceite para un uso futuro; exprima el exceso de agua, ponga los tomates en un frasco sin apretarlos y cúbralos con aceite de oliva y añada hierbas secas si lo desea. Puede guardar los tomates cubiertos con aceite hasta un tiempo máximo de 2 semanas, en la nevera.

Secos

Envasados
con aceite

CADA RACIÓN: UNAS 435 CALORÍAS, 21 g DE PROTEÍNAS, 6 g DE HIDRATOS DE CARBONO, 34 g DE GRASA TOTAL (11 g DE SATURADAS), 73 mg DE COLESTEROL, 475 mg DE SODIO

SOLOMILLO CON TOMATES AL ROQUEFORT

Preparación: 10 minutos   Cocción: 30 minutos
Para 4 platos principales

350 g de judías verdes, preparadas
3 cucharaditas de margarina
  o mantequilla
125 g de setas de cardo o
  champiñones, cortadas
  en rodajas
2 cucharaditas de salsa de soja
¾ de cucharadita de maicena
¼ de cubito de caldo de buey,
  desmenuzado

4 bistés de solomillo de buey,
  de 2-3 cm de grosor (unos
  125 g cada uno)
½ cucharadita de sal
4 rodajas de tomate gruesas
2 cucharadas de vino blanco seco
  (opcional)
30 g de queso Roquefort u otro
  queso azul, desmenuzado
pan francés (opcional)

◆ Ponga las judías verdes en un cazo de 4 litros con 2 o 3 cm de agua hirviendo. Lleve de nuevo a ebullición a fuego vivo. Baje el fuego, tape y cuézalas entre 5 y 8 minutos a fuego lento, o hasta que estén tiernas y crujientes. Escúrralas y resérvelas en un cuenco. Seque el cazo. Derrita 2 cucharaditas de margarina a fuego moderado-alto en el mismo recipiente; añada las setas y cuézalas, removiendo a menudo, hasta que estén doradas. Agregue las judías verdes y la salsa de soja, y reserve al calor. Mezcle la maicena, el cubito y 125 ml de agua en un cuenco pequeño, y resérvelos.

◆ Seque los bistés. Derrita la cucharadita restante de margarina en una sartén antiadherente de 26 cm dispuesta a fuego moderado-alto; agregue los bistés y la sal, y cuézalos 10 minutos, dándoles una vuelta, si los desea entre en su punto y poco hechos, o cuézalos hasta el punto de cocción deseado. Cueza los tomates en los fondos de cocción del recipiente hasta que estén calientes; déles una vuelta. Trasládelos a 4 platos calientes y resérvelos al calor.

◆ Si utiliza el vino, añádalo a la sartén y cueza 30 segundos, removiendo. Incorpore la mezcla de maicena y déjelo hervir 1 minuto, removiendo sin cesar, o hasta que la salsa se espese ligeramente. Cubra cada rodaja de tomate con un bisté de solomillo. Vierta la salsa sobre los bistés y esparza el queso por encima. Acompañe con las judías y el pan si lo desea.

Cada ración: unas 380 calorías, 24 g de proteínas, 10 g de hidratos de carbono, 27 g de grasa total (11 g de saturadas), 78 mg de colesterol, 700 mg de sodio

SOLOMILLOS CON SALSA CREMA Y SETAS *SHIITAKE*

Preparación: 10 minutos   Cocción: 30 minutos
Para 2 platos principales

2 bistés de solomillo de buey,
  de 2-3 cm de grosor (unos
  125 g cada uno)
1 cucharada de aceite de oliva
125 g de tirabeques, sin los hilos
90 g de rabanitos, cortados por
  la mitad si fuesen grandes
sal

4 cucharaditas de margarina o
  mantequilla
1 cebolla pequeña, cortada a dados
½ cucharadita de tomillo fresco
  picado
125 g de setas chinas *shiitake*, sin
  los pies
75 ml de crema de leche ligera

◆ Seque la carne. Caliente el aceite en un cazo de 3 litros a fuego vivo. Agregue los tirabeques, los rabanitos y ¼ de cucharadita de sal, y cueza, removiendo de vez en cuando, hasta que los rabanitos estén ligeramente dorados y los tirabeques tiernos y crujientes. Resérvelos al calor.

◆ Derrita 2 cucharaditas de margarina a fuego moderado en una sartén antiadherente de 26 cm. Agregue la cebolla y cuézala hasta que esté tierna. Trasládela a una fuente. Añada los bistés con el tomillo y ¼ de cucharadita de sal, y cuézalos unos 10 minutos a fuego moderado-alto si los desea entre en su punto y poco hechos; déles una vuelta. Trasládelos a dos platos calientes y resérvelos al calor.

◆ Derrita las 2 cucharaditas restantes de margarina en la misma sartén. Agregue las setas y cuézalas hasta que estén ligeramente doradas. Vierta la crema y la cebolla, remueva y lleve a ebullición a fuego vivo. Vierta la salsa de setas sobre la carne y acompáñela con las hortalizas.

Cada ración: unas 685 calorías, 29 g de proteínas, 56 g de hidratos de carbono, 42 g de grasa total (14 g de saturadas), 87 mg de colesterol, 700 mg de sodio

BISTÉ A LA TOSCANA

Preparación: 5 minutos, más reposo   Cocción: 20 minutos
Para 4 platos principales

1 bisté de cadera de buey, de
  3-4 cm de grosor (unos 800 g)
2 cucharaditas de aceite de oliva
½ cucharadita de romero seco
¼ de cucharadita de tomillo seco

¼ de cucharadita de pimienta
  negra, molida gruesa
sal
1 limón cortado a gajos

◆ Seque bien la carne. Mezcle el aceite, el romero, el tomillo y la pimienta en un cuenco pequeño y frote con la mezcla la carne. Caliente una sartén de 26 cm a fuego moderado-alto. Agregue la carne, reduzca el calor a moderado y déle una vuelta una vez; cuézala 20 minutos si la desea entre en su punto y poco hecha, o hasta el punto de cocción deseado. Sálela generosamente y traspásela a una fuente grande caliente. Deje que repose 10 minutos al calor. Corte el bisté en lonchas finas y acompáñelo con gajos de limón.

Cada ración: unas 340 calorías, 44 g de proteínas, 3 g de hidratos de carbono, 16 g de grasa total (6 g de saturadas), 93 mg de colesterol, 220 mg de sodio

BISTÉ A LA PIMIENTA NEGRA

Preparación: 10 minutos   *Cocción: 12 minutos*
Para 8 platos principales

1 bisté de cadera de buey, de
  3-4 cm de grosor (1,1 kg,
  aproximadamente)
1 cucharada de pimienta negra,
  machacada
1 cucharadita de sal

2 cucharadas de aceite de oliva
60 ml de crema de leche, espesa
1 cucharada de harina
1 cubito de caldo de buey,
  desmenuzado
60 ml de brandy

◆ Corte el bisté en 4 trozos y luego éstos por la mitad, en sentido horizontal, para obtener 8 bistés. Séquelos con papel de cocina y espolvoréelos por ambas caras con sal y pimienta negra.

◆ Caliente el aceite a fuego vivo en una sartén de 30 cm. Agregue los bistés y cuézalos entre 8 y 10 minutos si los desea entre en su punto y poco hechos, o hasta el punto de cocción deseado; déles una única vuelta. Traspáselos a una fuente y resérvelos al calor.

◆ Prepare la salsa. Bata la crema de leche con la harina, el cubito y 175 ml de agua en un cuenco pequeño. Tire la grasa de la sartén. Vierta el brandy y cueza 2 minutos, removiendo sin cesar, hasta que se desprendan los depósitos marrones adheridos a la sartén.

◆ Agregue la mezcla de crema a la sartén y lleve a ebullición a fuego vivo. Reduzca el calor a moderado y cueza, removiendo sin cesar, hasta que la salsa hierva y se espese ligeramente. Viértala sobre los bistés.

Cada ración: unas 315 calorías, 27 g de proteínas, 2 g de hidratos de carbono, 20 g de grasa total (7 g de saturadas), 88 mg de colesterol, 440 mg de sodio

FILETES A LA PIMIENTA

Preparación: 10 minutos   *Cocción: 10 minutos*
Para 4 platos principales

4 bistés de solomillo de buey, de
  2-3 cm de grosor (unos 125 g
  cada uno)
2 cucharaditas de pimienta negra,
  machacada

½ cucharadita de sal
75 ml de brandy
1 cucharada de mostaza en grano
  francesa

◆ Seque la carne con papel de cocina. Mezcle la sal y la pimienta sobre papel sulfurizado y cubra con ello los bistés. Caliente a fuego moderado-alto una sartén antiadherente de 30 cm de diámetro. Agregue los bistés y cuézalos entre 8 y 10 minutos si los desea entre en su punto y poco hechos, o hasta el grado de cocción deseado; déles una sola vuelta.

◆ Traslade la carne a una fuente y resérvela al calor. Agregue el brandy y la mostaza a la sartén, y llévelos a ebullición, removiendo con frecuencia; hierva 10 segundos. Vierta la salsa en 4 platos y coloque encima los filetes.

Cada ración: unas 335 calorías, 20 g de proteínas, 1 g de hidratos de carbono, 22 g de grasa total (9 g de saturadas), 73 mg de colesterol, 415 mg de sodio

---

MACHACAR PIMIENTA EN GRANO

La pimienta en grano machacada proporciona a los bistés una costra crujiente y picante. Ponga un puñado de granos de pimienta negra en una bolsa de plástico gruesa, ciérrela y golpéela por encima con un rodillo hasta que los granos se abran.

BISTÉ DE FALDA CON MERMELADA DE CEBOLLAS ROJAS

Preparación: 10 minutos, más reposo   *Cocción: 35 minutos*
Para 6 platos principales

45 g de margarina o mantequilla
2 pimientos rojos medianos (unos
  450 g), cortados en rodajas
  finas
3 cucharadas de azúcar
3 cucharadas de vinagre blanco
  destilado

sal
1 bisté de falda de buey
  (unos 800 g)
¼ de cucharadita de pimienta
  negra, molida gruesa
patatas hervidas al perejil
  (opcional)

◆ Prepare la mermelada de cebollas rojas: derrita 2 cucharadas de margarina a fuego moderado en una sartén antiadherente de 30 cm. Agregue las cebollas y cuézalas 15 minutos, removiendo de vez en cuando, o hasta que estén tiernas. Mézclelas con el azúcar, el vinagre y ½ cucharadita de sal. Baje el fuego y cuézalas 5 minutos. Trasládelas a un cuenco pequeño y resérvelas al calor.

◆ Lave y seque la sartén. Seque el bisté con papel de cocina y espolvoréelo con la pimienta negra y ½ cucharadita de sal. Derrita la cucharada restante de mantequilla a fuego moderado-alto en la misma sartén. Agregue la carne y cuézala entre 12 y 15 minutos si la desea entre en su punto y poco hecha, o hasta el punto de cocción deseado; déle una vuelta. Trasládela a una tabla para picar y deje que repose 10 minutos. Devuelva la confitura de cebollas a la sartén y caliéntela. Colocando el cuchillo casi paralelo a la tabla de corte, trocee los bistés muy finos en el sentido contrario al de las fibras. Sirva la carne acompañada con la mermelada y con patatas hervidas si lo desea.

Cada ración: unas 325 calorías, 27 g de proteínas, 13 g de hidratos de carbono, 18 g de grasa total (6 g de saturadas), 67 mg de colesterol, 505 mg de sodio

BISTÉ CON SALSA DE VINO TINTO

Preparación: 5 minutos
Cocción: 15 minutos
Para 4 platos principales

2 cucharaditas de aceite vegetal
2 bistés de lomo bajo, de
   2-3 cm de grosor (unos 300 g
   cada uno)
sal y pimienta negra molida
40 g de escalonias, muy finamente
   picadas

225 ml de vino tinto seco
una pizca de tomillo seco
20 g de mantequilla troceada
2 cucharaditas de estragón fresco
   picado o perejil
juliana de hortalizas salteada
   (opcional)

◆ Ponga el aceite en una sartén de 26 cm a fuego moderado-alto hasta que esté bien caliente. Seque los bistés con papel de cocina y salpimiéntelos. Cuézalos en la sartén 7 u 8 minutos, para entre en su punto y poco hechos, o hasta el grado de cocción deseado; déles una vuelta. Trasládelos a una fuente caliente y resérvelos al calor.

◆ Vierta los depósitos de la sartén, agregue las escalonias y cuézalas 1 minuto, o hasta que se ablanden. Mézclelas con el vino tinto y el tomillo, y hierva a fuego vivo unos 5 minutos, o hasta que se haya reducido a 75 ml. Retire del fuego y mezcle con los trocitos de mantequilla.

◆ Corte los bistés en lonchas finas y vierta la salsa por encima. Espolvoree con el estragón y acompañe con la juliana de hortalizas, si lo desea.

Cada ración: unas 345 calorías, 32 g de proteínas, 3 g de hidratos de carbono, 18 g de grasa total (8 g de saturadas), 82 mg de colesterol, 295 mg de sodio

◆◆◆◆◆◆◆◆◆◆◆◆◆◆◆◆◆◆◆◆◆◆◆◆◆◆◆◆◆

PICAR ESCALONIAS

Para picar finamente una escalonia, separe y pele las secciones individuales. Coloque cada sección con la cara plana hacia abajo sobre una tabla para picar. Córtela paralelamente a la tabla, manteniendo intacto el extremo de la raíz. Luego córtela a lo largo manteniendo

también intacta la raíz. Corte la escalonia en sentido horizontal formando ángulos rectos con el corte anterior para obtener dados finos. Tire el extremo de la raíz. Corte las cebollas igual.

◆◆◆◆◆◆◆◆◆◆◆◆◆◆◆◆◆◆◆◆◆◆◆◆◆◆◆◆◆

BISTÉ DE LOMO CON MADEIRA

Preparación: 5 minutos   Cocción: 15 minutos
Para 4 platos principales

1 cucharada de aceite de oliva
   o vegetal
1 cebolla pequeña, picada
2 bistés de lomo alto, cada uno de
   1 cm de grosor (unos 225 g
   cada uno)

¼ de cucharadita de sal
⅛ de cucharadita de pimienta
   negra, machacada
2 cucharadas de vino de Madeira
   o caldo de buey

◆ Caliente el aceite a fuego moderado-alto en una sartén de 26 cm; agregue la cebolla y cuézala hasta que esté tierna, removiéndola de vez en cuando. Trasládela a un cuenco pequeño. Seque los bistés con papel de cocina. Cueza los bistés en el aceite que quedó en la sartén entre 6 y 8 minutos si los desea entre en su punto y poco hechos, o hasta el grado de cocción que prefiera. Espolvoréelos con sal y la pimienta machacada. Traspáselos a una fuente caliente y resérvelos al calor.

◆ Vierta el líquido de la sartén. Agregue el madeira, la cebolla y 2 cucharadas de agua, y remueva, a fuego moderado, hasta que se desprendan los depósitos marrones. Corte los bistés en lonchas finas y vierta la salsa de madeira por encima.

Cada ración: unas 250 calorías, 25 g de proteínas, 3 g de hidratos de carbono, 14 g de grasa total (5 g de saturadas), 58 mg de colesterol, 185 mg de sodio

SOLOMILLO DE BUEY CON SALSA DE TOMATES ASADOS

Preparación: 30 minutos, más enfriamiento   Cocción: 15 minutos
Para 4 platos principales

1,1 kg de tomates pera, cortados
   por la mitad, a lo largo
1 cebolla mediana, picada
4 bistés de solomillo de buey, de
   4 cm de grosor (unos 150 g
   cada uno)

1 cucharadita de pimienta negra,
   molida gruesa
sal
1 cucharada de aceite vegetal
½ cucharadita de azúcar
½ cucharadita de albahaca seca

◆ Precaliente el *grill*. Coloque los tomates con la parte cortada hacia arriba y las cebollas en la placa del *grill*. Cuézalos lo más cerca posible de éste entre 15 y 20 minutos, o hasta que los tomates estén ligeramente chamuscados. Retire la placa del horno y deje que se enfríe. Cuando los tomates estén tibios, pélelos y píquelos.

◆ Seque los bistés con papel de cocina y espolvoréelos con una cucharadita de sal y la pimienta. Ponga el aceite en una sartén de 30 cm, y cueza los bistés entre 10 y 12 minutos para entre en su punto y poco hechos, o hasta el grado de cocción deseado; déles una vuelta.

◆ Traspase los bistés a una fuente caliente y resérvelos al calor. Agregue a los fondos de cocción los tomates, el azúcar, la albahaca y ½ cucharadita de sal; lleve a ebullición, removiendo con frecuencia. Vierta la salsa en una fuente caliente y ponga encima los bistés.

Cada ración: unas 460 calorías, 28 g de proteínas, 18 g de hidratos de carbono, 32 g de grasa total (11 g de saturadas), 91 mg de colesterol, 885 mg de sodio

BUEY SALTEADO A LA ORIENTAL

Nada puede superar a un salteado oriental en cuanto a rapidez y facilidad de preparación. Corte la carne y las hortalizas en trozos regulares para obtener una cocción homogénea. Un *wok* es el utensilio ideal para esta cocción, pero también puede utilizar una sartén grande, de paredes altas; sin embargo, necesitará más tiempo para calentarlos.

BUEY A LA NARANJA CON PIMIENTOS

Preparación: 25 minutos   *Cocción:* 15 minutos
Para 4 platos principales

1 bisté de cadera de buey, de 2 cm de grosor (unos 450 g)
2 cucharadas de salsa de soja
2 cucharadas de aceite vegetal
1 pimiento rojo grande, cortado en rodajas de 5 mm
1 pimiento amarillo grande, cortado en rodajas de 5 mm
1 manojo de cebollas tiernas, cortado en trozos de unos 5 cm
2 manojos de oruga

1 cucharadita de corteza de naranja rallada
125 ml de zumo de naranja recién exprimido
1½ cucharaditas de jengibre fresco, pelado y picado
¾ de cucharadita de maicena
2 naranjas grandes, peladas, sin la membrana blanca, cortadas por la mitad y luego en rodajas finas

1 Corte el bisté por la mitad, a lo largo. Con un cuchillo situado casi paralelo a la superficie de corte, divida cada mitad de bisté en sentido horizontal en tiras de 3 mm de grosor. Mézclalas con la salsa de soja en un cuenco mediano.

2 Caliente 2 cucharaditas de aceite a fuego moderado-alto en una sartén antiadherente de 30 cm o en un *wok*. Agregue los pimientos y cuézalos, removiéndolos sin cesar, hasta que estén tiernos y crujientes. Trasládelos a un cuenco.

3 Caliente una cucharadita de aceite en la misma sartén. Agregue las cebollas tiernas y saltéelas, removiendo sin cesar, hasta que estén tiernas y crujientes. Traspáselas al cuenco con los pimientos. Mezcle la corteza de naranja y los 3 ingredientes siguientes en otro cuenco.

4 Caliente la cucharada restante de aceite en el mismo recipiente a fuego moderado alto. Agregue la mezcla de buey y cueza, sin dejar de remover, hasta que el buey pierda el color rosado; trasládelo al cuenco con las hortalizas.

5 Repita la operación con el resto de la preparación del buey. Devuelva las hortalizas y todo el buey a la sartén. Agregue la mezcla de naranja y su zumo, y cueza, removiendo sin cesar, hasta que el líquido hierva y se espese. Sirva sobre un lecho de oruga.

SALSA DE SOJA

El sabor único de este antiguo condimento procede de las judías de soja fermentadas, mezcladas con trigo tostado y dejadas madurar hasta dos años. La salsa de soja oscura aromatiza y oscurece platos consistentes. La salsa de soja clara es más salada, tiene un sabor menos acre y está indicada para mariscos, hortalizas y sopas.

CADA RACIÓN: UNAS 330 CALORÍAS, 25 g DE PROTEÍNAS, 19 g DE HIDRATOS DE CARBONO, 18 g DE GRASA TOTAL (5 g DE SATURADAS), 62 mg DE COLESTEROL, 575 mg DE SODIO

BUEY AL JENGIBRE

Preparación: 25 minutos   *Cocción:* 20 minutos
Para 4 platos principales

1 bisté de falda de buey
   (unos 450 g)
2 cucharadas de salsa de soja
2 cucharadas de jerez seco
2 cucharaditas de jengibre fresco,
   pelado y rallado
1 diente de ajo, muy finamente
   picado
3 cucharadas de aceite vegetal
225 g de champiñones, cortados
   en rodajas

1 pimiento rojo grande, sin
   membranas ni semillas,
   cortado en tiras finas
225 g de tirabeques, sin los hilos
2 tallos de apio grandes, cortados
   en trozos de 2-3 cm
1 cebolla mediana, cortada en
   rodajas finas
225 g de brotes de soja frescos
2 cucharaditas de maicena

◆ Corte el bisté por la mitad a lo largo. Utilizando el cuchillo casi en paralelo a la superficie de trabajo, corte cada bisté a tiras horizontales de 3 mm de grosor. Mezcle la carne, la salsa de soja, el jerez, el jengibre y el ajo en un cuenco y resérvelos. Caliente una cucharada de aceite a fuego moderado-alto en una sartén antiadherente o en *wok* de 30 cm. Añada los champiñones y el pimiento verde, y cueza, sin dejar de remover, hasta que el líquido se evapore. Trasládelos a un cuenco grande.

◆ Caliente una cucharada de aceite a fuego moderado-alto en la misma sartén, y agregue los tirabeques, el apio y la cebolla; cueza, removiendo, hasta que estén tiernos y crujientes. Agregue los brotes de soja y prosiga la cocción, removiendo, 2 minutos más. Traspase las hortalizas al cuenco con los champiñones. Mezcle la maicena con 125 ml de agua en un cuenco pequeño.

◆ Caliente la cucharada restante de aceite a fuego moderado-alto en la misma sartén. Agregue la mitad de la mezcla de carne y cueza, removiendo sin cesar, hasta que el buey pierda su color rosado. Trasládelo al cuenco con los champiñones. Repita la operación con el resto de la carne. Devuelva las hortalizas y la carne a la sartén. Mézclelos con la preparación de maicena y cueza, sin dejar de remover, hasta que el líquido hierva y se espese ligeramente.

Cada ración: unas 380 calorías, 28 g de proteínas, 18 g de hidratos de carbono, 21 g de grasa total (6 g de saturadas), 58 mg de colesterol, 620 mg de sodio

❖❖❖❖❖❖❖❖❖❖❖❖❖❖❖❖❖❖❖❖❖❖❖

RALLAR EL JENGIBRE FRESCO

El jengibre fresco tiene un sabor a la vez dulce, acre y picante. Al comprarlo, elija rizomas firmes y pesados. El rallado es una operación sencilla: frote el jengibre pelado contra la superficie de un rallador especial de caja o de un rallador para jengibre (en comercios de alimentación orientales).

BUEY A LA TAILANDESA CON ALBAHACA

Preparación: 15 minutos, más reposo   *Cocción:* 6 minutos
Para 4 platos principales

3 cucharadas de salsa de pescado
   (*nuoc nam*)
1 cucharada de salsa de soja
1 cucharada de azúcar moreno
1 bisté de cadera de buey
   (unos 450 g)
450 g de cebollas dulces
1 cucharada, más 1 cucharadita,
   de aceite vegetal

3 chiles rojos largos o chiles
   serranos, sin semillas y cortados
   en tiras finas
3 dientes de ajo, muy finamente
   picados
2 cucharaditas de jengibre fresco,
   pelado y muy finamente picado
60 g de hojas de albahaca
   frescas

Mezcle los 3 primeros ingredientes en un cuenco grande. Corte el bisté por la mitad, a lo largo, y luego en sentido horizontal, en dirección contraria a las fibras de la carne, en tiras de 3 mm de grosor; mézclelo con la salsa anterior y deje que repose 30 minutos. Corte la cebolla en rodajas finas. Caliente una cucharada de aceite en un *wok* o en una sartén de 30 cm, hasta que esté muy caliente. Agregue la mezcla de buey y cueza, sin dejar de remover, 1 minuto, o hasta que el buey pierda el color rosado. Traspáselo a una fuente. Añada la cucharadita restante de aceite a la sartén, incorpore la cebolla y cueza 3 minutos, removiendo. Agregue los chiles, el ajo y el jengibre, y cueza 30 segundos. Devuelva el buey a la sartén con la albahaca y caliente bien.

Cada ración: unas 280 calorías, 29 g de proteínas, 20 g de hidratos de carbono, 10 g de grasa total (3 g de saturadas), 56 mg de colesterol, 755 mg de sodio

ROLLITOS DE BUEY ESPECIADO

Preparación: 15 minutos   *Cocción:* 20 minutos
Para 6 platos principales

3 cucharadas de aceite vegetal
225 g de champiñones, muy
   finamente picados
4 cebollas tiernas, muy finamente
   picadas
225 g de brotes de bambú enlatados,
   escurridos y finamente picados
1 cucharada de jengibre fresco,
   pelado y muy finamente picado

750 g de buey, picado
60 ml de jerez seco
2 cucharadas de maicena
3 cucharadas de salsa de soja
1 cucharadita de azúcar
½ cucharadita de salsa tabasco
hojas de lechuga iceberg
2 cucharadas de piñones
   tostados

Caliente una cucharada de aceite a fuego moderado-alto en un *wok* o en una sartén de 30 cm. Agregue los champiñones, las cebollas tiernas y los brotes de bambú, y cueza 10 minutos, removiendo de vez en cuando. Traslade la mezcla a un cuenco. Caliente las 2 cucharadas restante de aceite a fuego vivo en la misma sartén. Agregue el jengibre y el buey, y cueza hasta que el líquido se evapore y el buey se dore. Devuelva la mezcla de champiñones a la sartén. Mezcle el jerez y los 4 ingredientes siguientes en un cuenco pequeño y viértalos sobre la sartén, removiendo. Cueza a fuego moderado, removiendo sin cesar, hasta que la preparación se espese. Cada comensal pondrá un poco de la preparación de buey y unos piñones sobre una hoja de lechuga, la doblará y la degustará a mano.

Cada ración: unas 435 calorías, 23 g de proteínas, 9 g de hidratos de carbono, 33 g de grasa total (11 g de saturadas), 84 mg de colesterol, 605 mg de sodio

PASTELES DE CARNE

El pastel de carne, un plato familiar y fácil de preparar, puede adquirir múltiples variaciones. Pruebe nuestro pastel de carne relleno de espinacas y champiñones, o una versión con los sabores fuertes que proporcionan los chiles. Para evitar un pastel de textura pesada, no mezcle demasiado la carne.

PASTEL DE CARNE RELLENO DE CHAMPIÑONES Y ESPINACAS

◆◆◆◆◆◆◆◆◆◆◆◆◆◆

Preparación: 30 minutos
Horno: 1 hora
Para 8 platos principales

2 cucharadas de aceite vegetal
2 tallos de apio medianos, picados
1 cebolla mediana, picada
225 g de champiñones, cortados en rodajas
300 g de espinacas picadas, congeladas (descongeladas)
125 g de aceitunas rellenas de pimiento, picadas
750 g de buey, picado
60 g de copos de avena
1 cucharada de salsa Worcester
1½ cucharaditas de sal
1 huevo mediano
175 g de salsa chile embotellada
puré de patatas y zanahorias al vapor (opcional)

1 Precaliente el horno a 190 °C (gas 5). Caliente una cucharada de aceite en una sartén de 26 cm; y cueza la cebolla y el apio, hasta que estén muy tiernos; remueva de vez en cuando. Trasládelos al cuenco.

2 Caliente la cucharada restante de aceite a fuego moderado-alto en la misma sartén; añada los champiñones y cueza, removiendo de vez en cuando, hasta que estén dorados. Retire los champiñones del fuego y exprima las espinacas.

3 Mezcle los champiñones con las espinacas y las aceitunas picadas, y reserve. Mezcle la carne picada, los copos de avena, la salsa Worcester, la sal, el huevo, la mezcla de apio, 50 g de la salsa chile y 60 ml de agua en un cuenco.

4 Rellene y forme un cilindro con la mezcla de carne; para ello, extiéndala sobre una lámina de papel sulfurizado y forme un rectángulo de 30 x 25 cm. Extienda encima la mezcla de espinacas.

5 Levante el lado alargado del papel y enrolle la carne como si se tratara de un brazo de gitano; desprenda la carne del papel con la ayuda de una espátula larga.

6 Con la parte de la juntura hacia abajo, en una fuente para hornear de 35 x 24 cm, hornéelo 50 minutos. Extienda el resto de la salsa chile sobre el pastel y hornee 10 minutos más. Acompáñelo con puré de patatas y zanahorias si lo desea.

CADA RACIÓN: UNAS 350 CALORÍAS, 20 g DE PROTEÍNAS, 16 g DE HIDRATOS DE CARBONO, 23 g DE GRASA TOTAL (8 g DE SATURADAS), 90 mg DE COLESTEROL, 910 mg DE SODIO

PASTEL DE CHILE CON CARNE

Preparación: 20 minutos   *Horno:* 1¼ horas
Para 8 platos principales

1 cucharada de aceite vegetal

1 tallo de apio grande con
  las hojas, picado

1 cebolla mediana, picada

2 cucharaditas de chile en polvo

2 rebanadas de pan blanco de
  la vigilia

750 g de buey, picado

450 g de judías arriñonadas en
  lata, enjuagadas y escurridas

1 huevo mediano

125 g de chiles verdes, suaves, en
  lata, escurridos (se reserva
  líquido) y picados

1½ cucharaditas de sal

¼ de cucharaditas de pimienta
  negra molida

175 g de salsa mexicana suave,
  troceada

225 g de crema agria

◆ Precaliente el horno a 180 °C (gas 4). Caliente el aceite a fuego moderado en una sartén grande; agregue el apio con las hojas y la cebolla, y cueza hasta que se ablanden.

◆ Agregue el chile en polvo y cueza 1 minuto, removiendo constantemente. Retire del fuego.

◆ Reduzca el pan a migas y póngalas en un cuenco grande. Agregue la mezcla de apio, la carne picada, las judías arriñonadas, el huevo y los chiles con su líquido. Salpimiente y mezcle bien todos los ingredientes.

◆ Forme con la preparación un cilindro de 25 × 10 cm, y póngalo en una fuente para asar de 33 × 20 cm; presione firmemente la mezcla. Extienda por encima 50 g de salsa y hornee 1¼ horas.

◆ Con la ayuda de dos espátulas, levante el pastel de carne y trasládelo a una fuente. Sirva el pastel caliente, o bien enfríelo y refrigérelo 3 horas, como mínimo, para servirlo frío.

◆ En el momento de servir, mezcle en un cuenco pequeño la crema agria con los 125 g de salsa restantes, hasta que estén bien amalgamados. Acompañe con esta mezcla la carne.

Cada ración: unas 330 calorías, 21 g de proteínas, 17 g de hidratos de carbono, 20 g de grasa total (9 g de saturadas), 92 mg de colesterol, 955 mg de sodio

EL CONGELADOR

Los pasteles de carne se congelan muy bien, por lo que vale la pena doblar la receta y preparar otro pastel para congelarlo. Enfríelo por completo, envuélvalo muy apretado con una película de plástico y, a continuación, con papel de aluminio grueso y ponga una etiqueta con la fecha y su contenido. Consúmalo en el plazo de 1 mes. Descongélelo en la nevera o en el microondas antes de recalentarlo. También puede servirlo a temperatura ambiente. Para unos sándwiches casi instantáneos, congele porciones individuales de pastel de carne con papel de aluminio. Prepare los sándwiches durante la mañana con las lonchas de carne todavía congeladas; a mediodía, ya estarán listos para comer.

PASTEL DE CARNE CONFETI

Preparación: 25 minutos   *Horno:* 1¼ horas
Para 8 platos principales

2 cucharadas de aceite vegetal

2 zanahorias grandes, cortadas
  a dados

1 cebolla grande, cortada a dados

1¾ cucharaditas de sal

1 cucharadita de semillas
  de hinojo

1 huevo mediano

½ cucharadita de pimienta negra,
  molida gruesa

750 g de buey, picado

225 g de maíz enlatado

150 g de guisantes congelados
  (descongelados)

90 g de migas de pan seco

◆ Precaliente el horno a 180 °C (gas 4). Caliente el aceite a fuego moderado-alto en una sartén de 26 cm. Agregue las zanahorias, la cebolla, la sal, las semillas de hinojo y la pimienta; cueza unos 15 minutos, removiendo a menudo.

◆ Traslade la preparación a un cuenco grande. Incorpore el resto de los ingredientes y 125 ml de agua, y mezcle bien. Forme una pastel de 22 × 15 cm, y póngalo en una fuente para asar de 33 × 20 cm; presione firmemente. Hornee 1¼ horas. Para servirlo, traspáselo con dos espátulas a una fuente caliente.

Cada ración: unas 300 calorías, 19 g de proteínas, 20 g de hidratos de carbono, 16 g de grasa total (5 g de saturadas), 79 mg de colesterol, 715 mg de sodio

PASTEL DE CARNE CON TOMATES SECADOS AL SOL

Preparación: 25 minutos   *Horno:* 1¼ horas
Para 8 platos principales

1 cucharada de aceite de oliva

2 zanahorias medianas, ralladas

1 tallo de apio mediano, picado

1 cebolla mediana, picada

1 cucharadita de sal

¼ de cucharadita de pimienta
  negra molida

300-350 g de espinacas, picadas
  gruesas

750 g de buey, picado

75 g de tomates secados al sol en
  aceite, escurridos y picados

3 rebanadas de pan blanco de
  la vigilia, desmigajadas

2 cucharadas de queso parmesano
  recién rallado

2 claras de huevo medianas

◆ Precaliente el horno a 180 °C (gas 4). Caliente el aceite a fuego moderado-alto en una sartén antiadherente de 30 cm. Agregue las zanahorias, el apio, la cebolla, la sal y la pimienta, y cuézalos hasta que estén tiernos; remueva de vez en cuando. Incorpore las espinacas y cueza, sin dejar de remover, hasta que estén mustias.

◆ Traslade la mezcla de hortalizas a un cuenco grande. Agregue el resto de los ingredientes y mezcle bien. Forme con la preparación un cilindro de 20 × 12 cm, y colóquelo en una fuente para asar de 33 × 20 cm; presione firmemente. Hornee 1¼ horas. Para servir, traspase el pastel con dos espátulas a una fuente caliente.

Cada ración: unas 250 calorías, 19 g de proteínas, 11 g de hidratos de carbono, 15 g de grasa total (5 g de saturadas), 54 mg de colesterol, 460 mg de sodio

HAMBURGUESAS

Las hamburguesas de buey, ya sean asadas a la barbacoa o fritas, deben manejarse lo menos posible durante la preparación y han de cocerse en su punto, con sólo un resto de color rosado en el centro.

HAMBURGUESAS RELLENAS TEX-MEX

◆◆◆◆◆◆◆◆◆◆◆◆◆

Preparación: 20 minutos
Barbacoa: 10 minutos
Para 4 platos principales

450 g de buey, picado
16 galletas de agua, desmenuzadas
1 pimiento verde pequeño, muy finamente picado
1 pimiento rojo pequeño, muy finamente picado
1 cucharadita de cebolla, rallada
¾ de cucharadita de sal
¼ de cucharadita de pimienta negra, molida gruesa
125 g de queso Cheddar rallado
4 bollos para hamburguesa con semillas de sésamo, abiertos por la mitad
4 hojas de lechuga
1 tomate pequeño, cortado a dados
patatas fritas, encurtidos y gajos de tomate (opcional)
perejil para adornar

AL *GRILL*

Precaliente el *grill* y coloque las hamburguesas sobre la placa. Sitúe la placa lo más cerca posible de la fuente de calor y ase las hamburguesas unos 10 minutos si las prefiere en su punto, o hasta el grado de cocción deseado; déles una vuelta. Cubra con el queso tal como se indica.

1 Prepare la barbacoa. Mezcle los 7 primeros ingredientes en un cuenco mediano.

HAMBURGUESAS DE ROQUEFORT

Mezcle 450 g de buey picado, 1 cucharada de salsa Worcester y ½ cucharadita de pimienta, molida gruesa. Forme las hamburguesas como anteriormente y rellénelas con 60 g de queso Roquefort desmenuzado. Áselas a la barbacoa y cúbralas con rodajas finas de cebolla roja si lo desea. Para 4 platos principales.

Cada porción: unas 475 calorías, 28 g de proteínas, 22 g de hidratos de carbono, 30 g de grasa total (13 g de saturadas). 97 mg de colesterol, 575 mg de

2 Forme 4 bolas con la mezcla; manéjelas lo menos posible. Practique una abertura en el centro de cada una y coloque dentro una cucharada colmada de queso. Envuelva la carne alrededor del queso, para que quede bien cubierto. Aplane cada bola de carne y forme una hamburguesa redonda, de 2 cm de grosor. Coloque las hamburguesas en la barbacoa a fuego moderado.

3 Cueza las hamburguesas 10 minutos, dándoles una vuelta, o hasta el punto de cocción deseado. Durante los últimos momentos de cocción, cúbralas con el resto del queso rallado y coloque los bollos sobre la barbacoa con la cara abierta hacia abajo. Cueza hasta que el queso se derrita y los bollos estén ligeramente tostados.

4 Para servir, ponga las hojas de lechuga sobre las mitades inferiores de los bollos tostados y cúbralos con las hamburguesas; reparta encima los dados de tomate. Tape con las partes superiores de los bollos. Sirva con patatas fritas, encurtidos y gajos de tomate si lo desea. Adorne con perejil.

CADA RACIÓN: UNAS 590 CALORÍAS, 33 g DE PROTEÍNAS, 32 g DE HIDRATOS DE CARBONO, 37 g DE GRASA TOTAL (15 g DE SATURADAS), 114 mg DE COLESTEROL, 950 mg DE SODIO

HAMBURGUESAS AL ESTILO CAJUN CON SALSA *RÉMOULADE*

Preparación: 20 minutos   Cocción: 8 minutos
Para 4 platos principales

1 cucharada de aceite vegetal	450 g de buey, picado
1 pimiento rojo pequeño, sin membranas ni semillas y muy finamente picado	125 g de mayonesa
	1 cucharada de zumo de limón recién exprimido
1 cebolla pequeña, muy finamente picada	1 cucharada de *ketchup* de tomate
2 dientes de ajo, muy finamente picados	2 cucharaditas de salsa de raiforte
¼ de cucharadita de tomillo seco	4 *muffins*, partidos por la mitad y ligeramente tostados
sal	4 hojas de lechuga
salsa tabasco	4 rodajas de tomate

◆ Caliente el aceite a fuego moderado en una sartén de 26 cm. Añada el pimiento rojo, la cebolla, el ajo, el tomillo, ½ cucharadita de sal y ¼ de cucharadita de tabasco y cueza, removiendo de vez en cuando, hasta que las hortalizas estén tiernas. Trasládelas a un cuenco mediano. Añada el buey picado y mezcle hasta que estén amalgamados. Forme 4 hamburguesas redondas, de 2 cm de grosor; manéjelas lo menos posible. Cueza las hamburguesas 8 minutos en la misma sartén si las desea en su punto, o hasta el grado de cocción deseado; déles una vuelta y sacuda de vez en cuando.

◆ Mientras, prepare la salsa *rémoulade*: mezcle los 4 ingredientes siguientes, ¼ de cucharadita de sal y ¼ de cucharadita de salsa tabasco en un cuenco, hasta que estén bien amalgamados. Para servir, extienda la salsa sobre los *muffins* tostados, cubra con la lechuga, las hamburguesas y los tomates.

Cada ración: unas 690 calorías, 26 g de proteínas, 34 g de hidratos de carbono, 50 g de grasa total (13 g de saturadas), 100 mg de colesterol, 980 mg de sodio

CEBOLLAS AGRIDULCES

Pele 6 cebollas rojas medianas (unos 750 g) y corte cada una en 8 gajos; deje parte del extremo de la raíz para que mantengan la forma durante la cocción. Ponga a hervir las cebollas, 125 ml de agua, 125 ml de vinagre blanco destilado, 100 g de azúcar y una cucharadita de sal en una sartén de 26 cm a fuego vivo. Reduzca el fuego, tape y cueza entre 3 y 5 minutos a fuego lento, o hasta que las cebollas estén tiernas y crujientes. Trasládelas a un cuenco, tápelas y refrigérelas hasta que estén bien enfriadas. Escúrralas y sírvalas acompañando a su hamburguesa favorita. Para unos 750 g.

Cada 100 g: unas 85 calorías, 1 g de proteínas, 22 g de hidratos de carbono, 0 g de grasa total, 0 mg de colesterol, 290 mg de sodio

HAMBURGUESAS CON CREMA AGRIA AL RAIFORTE

Preparación: 10 minutos   Cocción: 6 minutos
Para 4 platos principales

600 g de buey, picado	75 ml de crema agria
sal y pimienta negra, molida gruesa	4 *muffins*, cortados por la mitad y ligeramente tostados
2½ cucharaditas de salsa de raiforte	4 hojas de lechuga

◆ Forme con el buey picado 4 hamburguesas redondas de 1 cm de grosor; manéjelas lo menos posible. Espolvoréelas con ½ cucharadita de sal y 1 de pimienta; presione esta última contra la carne. Caliente una sartén antiadherente de 30 cm a fuego moderado-alto. Cuando esté bien caliente, agregue las hamburguesas y cuézalas unos 6 minutos si las desea en su punto, o hasta el grado de cocción deseado; sacuda el recipiente de vez en cuando y déles una vuelta.

◆ Mientras, mezcle en un cuenco pequeño la crema agria con ⅛ de cucharadita de sal, la salsa de raiforte y ⅛ de cucharadita de pimienta negra. Sirva las hamburguesas sobre los *muffins* tostados, acompañadas con las hojas de lechuga y la salsa de raiforte.

Cada ración: unas 555 calorías, 30 g de proteínas, 28 g de hidratos de carbono, 34 g de grasa total (14 g de saturadas), 113 mg de colesterol, 745 mg de sodio

HAMBURGUESAS RECUBIERTAS CON CHAMPIÑONES Y CEBOLLAS

Preparación: 15 minutos   Cocción: 20 minutos
Para 4 platos principales

450 g de buey, picado	225 g de champiñones, cortados en rodajas
sal y pimienta negra, molida gruesa	15 g de perejil fresco, picado
2 cucharadas de aceite de oliva	8 rebanadas de pan italiano, de 5 mm de grosor, tostadas
1 cebolla grande, cortada en rodajas	
1 tomate, cortado en rodajas	

◆ Forme con el buey picado 4 hamburguesas redondas, de 2 cm de grosor; manéjelas lo menos posible. Cuézalas 8 minutos a fuego vivo, si las desea en su punto, o bien cuézalas al grado de cocción deseado en una sartén antiadherente de 26 cm, déles una vuelta y salpimiéntelas.

◆ Mientras, caliente el aceite a fuego moderado-alto en otra sartén de 26 cm. Añada la cebolla y cuézala hasta que esté tierna y dorada. Mézclela con los champiñones, ½ cucharadita de sal y ¼ de cucharadita de pimienta, y cueza a fuego vivo, removiendo a menudo, hasta que los champiñones estén tiernos y dorados. Mézclelos con el perejil.

◆ Para servir, coloque 2 rebanadas de pan tostado en cada plato, cúbralas con 1 o 2 rodajas de tomate, 1 hamburguesa y un poco de la mezcla de champiñones para obtener un sándwich abierto.

Cada ración: unas 565 calorías, 27 g de proteínas, 39 g de hidratos de carbono, 33 g de grasa total (11 g de saturadas), 84 mg de colesterol, 840 mg de sodio

ALBÓNDIGAS

Unas albóndigas salteadas constituyen un plato principal fácil de preparar. Para obtener los mejores resultados, mezcle la preparación hasta que los ingredientes sólo estén bien combinados, pues si los mezclara en exceso obtendría unas albóndigas duras. Forme bolas del mismo tamaño y evite llenar demasiado la sartén cuando las cueza, ya que se guisarían en vez de freírse. Acompáñelas con arroz o pasta hervidos.

ALBÓNDIGAS CON SALSA DE TOMATE

◆◆◆◆◆◆◆◆◆◆◆◆◆◆◆◆◆◆◆◆◆◆◆◆◆◆

Preparación: 25 minutos *Cocción: 45 minutos*
Para 6 platos principales

750 g de buey, picado
90 g de migas de pan fresco (unas 3 rebanadas de pan blanco)
1 huevo mediano
¼ de cucharadita de pimienta negra molida
sal
2 cucharadas de aceite vegetal
1 cebolla mediana, cortada en gajos finos
1 zanahoria mediana, cortada en rodajas

1 tallo de apio mediano, cortado en rodajas
400 g de tomates enlatados
60 ml de vino blanco seco o caldo de pollo
½ cucharadita de albahaca seca
1 cucharada de perejil fresco, picado
2 cucharaditas de corteza de limón rallada
pasta hervida (opcional)

1 Mezcle el buey picado con el pan, el huevo, la pimienta, una cucharadita de sal y 60 ml de agua en un cuenco. Forme 18 albóndigas con la preparación.

2 Caliente el aceite a fuego moderado en una sartén de 30 cm; agregue la mitad de las albóndigas y dórelas uniformemente. Trasládelas a una fuente y repita la operación.

3 Agregue a la sartén la cebolla, la zanahoria y el apio, y cueza 10 minutos, removiendo de vez en cuando, o hasta que las hortalizas estén tiernas y ligeramente doradas.

4 Añada los tomates con su zumo, el vino, la albahaca y ½ cucharadita de sal; rompa los tomates con una cuchara. Devuelva las albóndigas a la sartén y lleve a ebullición.

SALSA DE TOMATE

Esta receta utiliza tomates en lata, que ya vienen pelados. Sin embargo, puede sustituirlos por tomates frescos pelados, especialmente en verano, cuando se encuentran en su mejor momento. Pele 450 g de tomates (*véase* pág. 314) y siga las instrucciones de los pasos 4 y 5 de la receta. Si la salsa de tomate pareciera demasiado espesa, al finalizar la cocción, mézclela con un poco de caldo de pollo o agua para alargarla.

5 Reduzca el fuego, tape y cueza unos 20 minutos a fuego lento, o hasta que las albóndigas estén cocidas; déles una vuelta. Para servir, espolvoréelas con el perejil y la corteza de limón. Acompañe con pasta si lo desea.

CADA RACIÓN: UNAS 425 CALORÍAS, 23 g DE PROTEÍNAS, 13 g DE HIDRATOS DE CARBONO, 29 g DE GRASA TOTAL (11 g DE SATURADAS), 119 mg DE COLESTEROL, 815 mg DE SODIO

ALBÓNDIGAS SUECAS

Preparación: 20 minutos   Cocción: 20 minutos
Para 6 platos principales

25 g de margarina o mantequilla
1 cebolla mediana, finamente picada
2 rebanadas de pan blanco de la vigilia, desmenuzadas
750 g de buey, picado
1 huevo mediano
1 cucharadita de sal
¼ de cucharadita de pimienta negra molida

¼ de cucharadita de nuez moscada, rallada
una pizca de pimienta de Jamaica
2 cucharaditas de aceite vegetal
2 cucharadas de harina
400 ml de caldo de pollo
60 ml de crema de leche, espesa
15 g de eneldo fresco, picado

◆ Derrita 15 g de margarina en una sartén de 26 cm. Agregue la cebolla y cuézala unos 8 minutos, removiéndola a menudo, o hasta que esté tierna. Traspásela a un cuenco grande y lave la sartén.

◆ Mientras, triture el pan en la batidora-mezcladora eléctrica. Mezcle la carne picada con las migas de pan, el huevo, la sal, la pimienta negra, la nuez moscada, la pimienta de Jamaica y la cebolla, hasta que estén bien amalgamados. Forme albóndigas de 4 cm.

◆ Derrita 5 g de margarina con una cucharadita de aceite en la sartén, a fuego moderado. Agregue la mitad de las albóndigas y cueza unos 10 minutos, removiendo, o hasta que estén doradas y cocidas. Trasládelas a una fuente y resérvelas al calor. Repita la operación con el resto de las albóndigas y los 5 g de margarina y la cucharadita de aceite sobrantes. Páselas a una fuente.

◆ Añada la harina a los fondos de cocción de la sartén y cueza 1 minuto, removiendo sin cesar. Incorpore gradualmente el caldo de pollo y la crema batida, removiendo; lleve a ebullición a fuego vivo, sin dejar de remover. Baje el fuego y cueza 5 minutos con el líquido apenas agitándose. Devuelva las albóndigas a la sartén y mézclelas con la salsa. Espolvoréelas con el eneldo picado y sírvalas.

Cada ración: unas 440 calorías, 23 g de proteínas, 9 g de hidratos de carbono, 34 g de grasa total (13 g de saturadas), 138 mg de colesterol, 820 mg de sodio

◆◆◆◆◆◆◆◆◆◆◆◆◆◆◆◆◆◆◆◆◆◆◆◆◆◆◆◆

DAR FORMA A LAS ALBÓNDIGAS

Para obtener albóndigas de 3 cm, extienda la mezcla de carne sobre un papel sulfurizado y forme un cuadrado de 3 cm de grosor. Corte el cuadrado en dados de 3 cm y páselos por las manos húmedas para modelar bolas. Para obtener albóndigas de 5 cm, corte un cuadrado de 5 cm de grosor en dados de 5 cm.

◆◆◆◆◆◆◆◆◆◆◆◆◆◆◆◆◆◆◆◆◆◆◆◆◆◆◆◆

ALBÓNDIGAS MEXICANAS

Preparación: 20 minutos   Cocción: 45 minutos
Para 6 platos principales

750 g de buey, picado
1 huevo mediano
90 g de pan rallado seco
1 cucharadita de sal
½ cucharadita de pimienta negra molida
3 dientes de ajo, muy finamente picados

2 cucharaditas de aceite vegetal
1 cebolla pequeña, muy finamente picada
1 cucharadita de comino molido
800 g de tomates enlatados
225 ml de caldo de pollo
1 cucharada de salsa chile
15 g de cilantro fresco, picado

◆ Mezcle el buey picado, el huevo, el pan rallado, la sal, la pimienta, 60 ml de agua y un tercio de ajo en un cuenco grande hasta que estén amalgamados. Forme albóndigas de 3 cm.

◆ Caliente el aceite a fuego moderado en una cacerola refractaria de 5 litros. Agregue la cebolla y cuézala 5 minutos, removiéndola de vez en cuando, o hasta que esté tierna. Agregue el comino y el resto del ajo, y cueza 30 segundos. Mezcle con los tomates, el caldo de pollo y la salsa de chile, y lleve a ebullición a fuego vivo.

◆ Agregue las albóndigas y lleve de nuevo a ebullición. Reduzca el fuego y cueza 30 minutos con el recipiente destapado, o hasta que las albóndigas estén bien cocidas. Espolvoréelas con el cilantro.

Cada ración: unas 425 calorías, 25 g de proteínas, 19 g de hidratos de carbono, 27 g de grasa total (10 g de saturadas), 123 mg de colesterol, 990 mg de sodio

ALBÓNDIGAS ITALIANAS CLÁSICAS

Preparación: 15 minutos   Cocción: 15 minutos
Para 6 platos principales

2 rebanadas de pan blanco de la vigilia, desmenuzadas
750 g de buey, picado
1 huevo mediano
15 de perejil picado
45 g de Pecorino Romano o parmesano, recién rallado

1 diente de ajo, muy finamente picado
1 cucharadita de sal
¼ de cucharadita de pimienta negra molida
2 cucharaditas de aceite de oliva

◆ Reduzca el pan a migas finas en el recipiente de la batidora-mezcladora provista de cuchilla metálica. Trasládelas a un cuenco grande y mézclelas con la carne picada, el huevo, el perejil picado, el queso rallado, el ajo, la sal y la pimienta. Mezcle bien. Forme 12 albóndigas de 5 cm.

◆ Caliente el aceite a fuego moderado en una sartén de 26 cm. Agregue las albóndigas y cuézalas 15 minutos, removiéndolas de vez en cuando con cuidado, o hasta que estén doradas y cocidas.

Cada ración: unas 370 calorías, 24 g de proteínas, 5 g de hidratos de carbono, 27 g de grasa total (11 g de saturadas), 123 mg de colesterol, 570 mg de sodio

BUEY ASADO AL GRILL

Un corte de buey de primera asado a la perfección, tierno y jugoso, es una delicia fácil de preparar. El método es simple: sazone la carne o cúbrala con una mantequilla de hierbas y ásela cerca de la fuente de calor (pero no la cueza en exceso); déle sólo una vuelta durante la cocción.

BISTÉ AL LIMÓN Y A LA PIMIENTA

◆◆◆◆◆◆◆◆◆◆◆◆◆

Preparación: 10 minutos, más reposo
Grill: 16 minutos
Para 8 platos principales

30 g de mantequilla ablandada

2 cucharadas de corteza de limón, rallada

2 cucharaditas de pimienta negra, machacada

1½ cucharaditas de sal

1 diente de ajo, muy finamente picado

1 bisté de cadera de buey, de 3 cm de grosor (unos 900 g)

brécoles al vapor o champiñones salteados (opcional)

1 Precaliente el *grill*. Prepare la mantequilla de limón: mezcle la mantequilla con la corteza de limón rallada, la pimienta, la sal y el ajo, hasta que la preparación quede bien amalgamada.

2 Coloque el bisté sobre la placa del *grill* y extienda or encima la mitad de la mantequilla de limón. Coloque la placa cerca de la fuente de calor y ase 8 minutos.

3 Dé la vuelta a la carne con ayuda de unas pinzas y cúbrala con el resto de la mantequilla de limón. Ásela 8 minutos más si la desea en su punto o poco hecha.

UNA SELECCIÓN DE MANTEQUILLAS SALADAS

Mantequilla de perejil y alcaparras. Mezcle en un cuenco 30 g de mantequilla ablandada, 2 cucharadas de perejil fresco picado, 2 cucharadas de alcaparras picadas, una cucharada de escalonia finamente picada, ½ cucharadita de sal y ¼ de cucharadita de pimienta negra molida.

Mantequilla de chile y lima. Mezcle en un cuenco pequeño 30 g de mantequilla ablandada, una cucharada de corteza de lima rallada, 2 cucharaditas de chile en polvo, ¾ de cucharadita de sal y ⅛ de cucharadita de pimienta de Cayena.

Mantequilla de jengibre y estragón. Mezcle en un cuenco pequeño 30 g de mantequilla ablandada, 2 cucharaditas de jengibre fresco pelado y rallado, 2 cucharaditas de estragón fresco picado, ¾ de cucharadita de sal y ¼ de cucharadita de pimienta negra molida.

4 Para servir, traspase la carne a una tabla para picar. Deje que repose 10 minutos al calor. Corte el bisté en lonchas finas y en sentido contrario a las fibras de la carne. Acompáñelo con los brécoles y los champiñones.

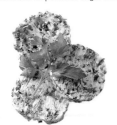

CADA RACIÓN: UNAS 180 CALORÍAS, 26 g DE PROTEÍNAS, 1 g DE HIDRATOS DE CARBONO, 8 g DE GRASA TOTAL (4 g DE SATURADAS), 64 mg DE COLESTEROL, 470 mg DE SODIO

BISTÉ CON *CHUTNEY* DE PIMIENTOS AMARILLOS

Preparación: 25 minutos, más reposo Grill: *13-15 minutos*
Para 6 platos principales

1 bisté de falda de buey (750 g)
sal y pimienta negra, molida gruesa
1 cucharada de aceite vegetal
4 pimientos amarillos, sin
   membranas ni semillas, cortados
   en tiras de 1 cm
1 cebolla grande, cortada en
   rodajas finas
225 g de tomates cereza, cortados
   por la mitad

225 g de *chutney* de mango
2 cucharadas de perejil fresco,
   picado
2 panes *pitta* (de unos 15 cm
   cada uno)
10 g de mantequilla o margarina,
   ablandada
1 cucharada de queso parmesano
   recién rallado

◆ Precaliente el *grill*. Coloque el bisté sobre la placa del *grill* y espolvoréelo con ¾ de cucharadita de sal y ½ cucharadita de pimienta negra. Colóquelo lo más cerca posible de la fuente de calor y áselo 5 minutos. Déle la vuelta, espolvoréelo con ½ cucharadita de sal y ¼ de cucharadita de pimienta negra, y áselo entre 8 y 10 minutos más si lo desea entre en su punto y poco hecho, o hasta el grado de cocción deseado. Traspáselo a una tabla para picar y deje que repose 10 minutos al calor. Mantenga el *grill* encendido.

◆ Mientras, prepare el *chutney* de pimientos amarillos: caliente el aceite a fuego moderado-alto en una sartén antiadherente, añada los pimientos y la cebolla, y cuézalos hasta que estén tiernos y crujientes. Mézclelos con los tomates, el *chutney* y 125 ml de agua, y caliente bien. Retire del fuego y mezcle con el perejil.

◆ Corte cada pan *pitta* por la mitad, en sentido horizontal. Unte el pan *pitta* con la mantequilla y espolvoréelo con el queso. Corte cada mitad en 6 trozos. Colóquelos sobre una placa de hornear y ase los trozos de pan bajo el *grill* hasta que estén ligeramente tostados. Para servir, corte el bisté de falda en lonchas finas y en sentido contrario a las fibras de la carne. Acompañe con el *chutney* y el pan *pitta*.

Cada ración: unas 425 calorías, 27 g de proteínas, 51 g de hidratos de carbono,
13 g de grasa total (5 g de saturadas), 62 mg de colesterol, 670 mg de sodio

SOLOMILLO DE BUEY SOBRE UN LECHO DE VERDURAS

Preparación: 20 minutos Grill: *14-15 minutos*
Para 4 platos principales

1 achicoria de Treviso mediana
   (*radicchio*), picada
1 endibia grande, picada
1 manojo de berros, picados
2 cucharadas de pan seco rallado
15 g de margarina o mantequilla,
   ablandada
1 cucharada de corteza de limón
   rallada
1 cucharada de perejil, finamente
   picado

¼ de cucharadita de pimienta
   negra, molida gruesa
sal
4 bistés de solomillo de buey,
   de 4 cm de grosor (unos 125 g
   cada uno)
75 ml de aceite de oliva o vegetal
2 cucharadas de zumo de limón
1 cucharada de vinagre de vino
   blanco
1½ cucharaditas de azúcar

◆ Precaliente el *grill*. Mezcle ambas achicorias y los berros en un cuenco grande y refrigérelos. Prepare la cobertura de pan rallado: mezcle en un cuenco pequeño el pan rallado con la margarina, la corteza de limón, el perejil, la pimienta y ½ cucharadita de sal.

◆ Coloque los bistés sobre la placa del *grill* y ponga ésta lo más cerca posible de la fuente de calor. Ase los bistés 8 minutos. Déles la vuelta y áselos 3 o 4 minutos más si los desea entre en su punto y poco hechos, o hasta el grado de cocción que prefiera.

◆ Retire la placa del *grill* y esparza sobre la parte superior de los bistés la cobertura de pan rallado. Ase los bistés 3 minutos más, o hasta que la superficie esté dorada.

◆ Mientras, ponga a hervir a fuego moderado el aceite, el zumo de limón, el vinagre, el azúcar y ½ cucharadita de sal. Vierta sobre la ensalada picada y mezcle bien. Distribuya la ensalada en una fuente y coloque encima los solomillos.

Cada ración: unas 505 calorías, 22 g de proteínas, 9 g de hidratos de carbono,
43 g de grasa total (12 g de saturadas), 73 mg de colesterol, 670 mg de sodio

EMPANAR BISTÉS

Para que los bistés adquieran un toque sabroso y crujiente, cúbralos con una mezcla de pan rallado. Áselos como se ha indicado anteriormente y déles una sola vuelta. Unos pocos minutos antes de finalizar la cocción, cubra la parte superior con la mezcla de pan rallado por mediación de una espátula. Áselos hasta que la cobertura esté dorada.

BISTÉ DE CADERA AL ORÉGANO

Preparación: 10 minutos, más reposo   *Grill:* 12-15 minutos
Para 6 platos principales

1 cebolla mediana
2 dientes de ajo, muy finamente
  picados
1 cucharada de aceite de oliva
1 cucharadita de sal

1 cucharadita de orégano seco
¾ de cucharadita de pimienta
  negra, molida gruesa
1 bisté de cadera, de 3 cm
  de grosor (unos 750 g)

◆ Precaliente el *grill*. Ralle la corteza y exprima el zumo de limón. Mezcle la corteza de limón con su zumo, el ajo, el aceite, la sal, el orégano y la pimienta; utilice una fuente refractaria de 30 x 21 cm. Agregue el bisté y déle la vuelta para cubrirlo con el adobo.

◆ Coloque el bisté sobre la placa del *grill* y disponga ésta lo más cerca posible de la fuente de calor. Ase el bisté, dándole una vuelta y pincelándolo con el resto del adobo, entre 12 y 15 minutos si lo desea entre en su punto y poco hecho, o hasta el grado de cocción que prefiera.

◆ Traspase la carne a una fuente y deje que repose 10 minutos al calor. Para servir, corte la carne en lonchas muy finas y vierta los jugos de la placa sobre la misma.

Cada ración: unas 190 calorías, 23 g de proteínas, 3 g de hidratos de carbono, 10 g de grasa total (3 g de saturadas), 68 mg de colesterol, 405 mg de sodio

BISTÉ AL ESTILO BARBACOA, CON ANILLOS DE CEBOLLA

Preparación: 25 minutos, más adobo y reposo
Grill: 16-20 minutos   *Para* 6 platos principales

60 ml de salsa barbacoa
  embotellada
2 cucharadas de *ketchup* de tomate
1 diente de ajo, muy finamente
  picado
1 bisté de cadera de buey, de
  4 cm de grosor (1,1 kg,
  aproximadamente)

aceite vegetal para freír
2 cebollas grandes (unos 750 g),
  cortadas en rodajas
  horizontales, de 2 cm
  de grosor
125 ml de leche
225 g de harina
1 cucharadita de sal

◆ Mezcle la salsa barbacoa, el *ketchup* y el ajo picado en una fuente refractaria de 30 x 21 cm. Añada la carne y déle una vuelta para recubrirla. Tápela y refrigérela 1 hora como mínimo.

◆ Caliente 5 cm de aceite a fuego moderado en un cazo de 3 o 4 litros; compruebe con un termómetro de fritura que alcanza los 190 °C. También puede calentar el aceite en una freidora a 190 °C. Mientras, separe la cebolla en anillos. Coloque la leche en un cuenco pequeño. Mezcle la harina y la sal en otro cuenco.

◆ Sumerja los anillos de cebolla en la leche y, luego, en la mezcla de harina. Repita la operación para cubrirlos dos veces. Fría los anillos de cebolla por tandas; cuézalos entre 3 y 5 minutos, o hasta que estén bien dorados; déles la vuelta. Traspase los anillos a medida que se vayan dorando sobre papel de cocina para que escurran. Resérvelos al calor.

◆ Mientras, precaliente el *grill*. Coloque el bisté sobre la placa del *grill* y áselo 10 minutos a unos 12 cm de la fuente de calor; pincélelo una vez con el adobo. Déle la vuelta, y áselo entre 6 y 10 minutos más si lo desea entre en su punto y poco hecho. Déjelo reposar 10 minutos al calor. Córtelo en lonchas muy finas y acompáñelo con los anillos de cebolla.

Cada ración: unas 530 calorías, 47 g de proteínas, 31 g de hidratos de carbono, 23 g de grasa total (6 g de saturadas), 96 mg de colesterol, 645 mg de sodio

SOLOMILLO CON SALSA DE FRUTAS Y VINAGRE BALSÁMICO

Preparación: 20 minutos   *Grill:* 14-15 minutos
Para 4 platos principales

½ cubito de caldo de buey,
  desmenuzado
1 cucharadita de aceite vegetal
2 escalonias medianas, muy
  finamente picadas
8 ciruelas deshuesadas, finamente
  picadas
½ cucharadita de azúcar

¼ de cucharadita de pimienta
  negra, machacada
1 cucharada de vinagre balsámico
1 cucharadita de corteza de limón
  rallada
4 bistés de solomillo, de unos 2 cm
  de grosor (unos 90 g cada uno)

◆ Precaliente el *grill*. Mientras, prepare la salsa de frutas y vinagre balsámico: disuelva en un cuenco pequeño el cubito en 125 ml de agua muy caliente. Caliente el aceite a fuego moderado en un cazo. Agregue las escalonias y cuézalas hasta que se ablanden; vierta el caldo a medida que sea necesario para evitar que las escalonias se peguen al recipiente. Mezcle con las ciruelas, la pimienta y el resto del caldo. Reduzca el fuego y cueza 5 minutos a fuego lento. Mezcle con el vinagre balsámico, la corteza de limón y el azúcar, y reserve al calor.

◆ Coloque los bistés sobre la placa del *grill* y sitúe éste lo más cerca posible de la fuente de calor. Áselos 4 minutos.

◆ Dé la vuelta a los bistés y áselos entre 4 y 6 minutos más si los desea entre en su punto y poco hechos, o continúe hasta el grado de cocción que prefiera. En el momento de servir, coloque los bistés en 4 platos calientes y vierta la salsa caliente por encima.

Cada ración: unas 295 calorías, 16 g de proteínas, 18 g de hidratos de carbono, 18 g de grasa total (7 g de saturadas), 55 mg de colesterol, 255 mg de sodio

❖❖❖❖❖❖❖❖❖❖❖❖❖❖❖❖❖❖❖❖❖❖

SALTEAR CON POCA GRASA

Al saltear escalonias o cebollas con un mínimo de aceite o mantequilla, evite que se peguen al recipiente añadiéndoles líquido suficiente como para recubrir la base del mismo. Así, ahorrará grasa y calorías. Aquí hemos empleado caldo de buey.

❖❖❖❖❖❖❖❖❖❖❖❖❖❖❖❖❖❖❖❖❖❖

SOLOMILLO DE BUEY CON CEBOLLAS Y PIMIENTOS ROJOS CONFITADOS

Preparación: 30 minutos   *Grill:* 12 minutos
Para 4 platos principales

1 cucharada de aceite de oliva o vegetal	sal y pimienta negra recién molida
2 cebollas medianas, cortadas a dados	1 cucharada de vinagre de vino tinto
1 pimiento rojo grande, sin membranas ni semillas y cortado a dados	1 cucharada de perejil fresco, picado
1 cucharadita de azúcar	4 bistés de solomillo, de 3,5 cm de grosor (unos 125 g cada uno)
½ cucharadita de albahaca seca	espinacas salteadas (opcional)

◆ Prepare los pimientos rojos confitados: caliente el aceite a fuego moderado en un cazo, agregue las cebollas y cuézalas, removiendo, hasta que estén tiernas y doradas.

◆ Mézclelas con el pimiento rojo, el azúcar, la albahaca, ¾ de cucharadita de sal y ¼ de cucharadita de pimienta negra, y cueza, removiendo frecuentemente, hasta que el pimiento esté tierno y crujiente. Mezcle con el vinagre y 2 cucharadas de agua; lleve a ebullición. Reduzca el fuego, tape y cueza 5 minutos hasta que el pimiento esté tierno. Mézclelo con el perejil y reserve al calor.

◆ Precaliente el *grill*. Coloque los bistés sobre la placa del *grill* y póngalos lo más cerca posible de la fuente de calor. Áselos 6 minutos. Déles la vuelta y espolvoréelos con ¾ de cucharadita de pimienta negra y ¼ de cucharadita de sal. Áselos 6 minutos más si los desea entre en su punto y poco hechos, o continúe hasta el grado de cocción que prefiera.

◆ Traspase los bistés a una tabla para picar y córtelos por la mitad, en sentido horizontal. Distribuya los pimientos rojos confitados en 4 platos; reserve unas 4 cucharadas. Coloque encima los bistés, encabalgando ligeramente la mitad superior con la inferior, y cúbralos con el resto de los pimientos. Acompañe con las espinacas salteadas si lo desea.

Cada ración: unas 355 calorías, 21 g de proteínas, 10 g de hidratos de carbono, 25 g de grasa total (9 g de saturadas), 73 mg de colesterol, 585 mg de sodio

FAJITAS DE BISTÉ Y PIMIENTO

Preparación: 30 minutos, más reposo   *Grill:* 12-14 minutos
Para 4 platos principales

1 bisté de cadera de buey, de 2,5 cm de grosor (unos 350 g)	2 cucharadas de cilantro fresco, picado
225 g de salsa embotellada, moderadamente picante (producto comercial)	8 tortillas de harina (15-18 cm), calentadas de acuerdo con las instrucciones del envoltorio
1 cebolla roja mediana, cortada en rodajas	225 ml de crema agria
1 pimiento rojo y otro verde, sin membranas ni semillas y cortado en rodajas	125 g de queso Cheddar curado, rallado
	1 cucharada de aceite vegetal

◆ Precaliente el *grill*. Coloque los bistés sobre la placa del *grill* y esparza por encima 4 cucharadas de la salsa. Disponga la placa lo más cerca posible de la fuente de calor y ase los bistés 6 minutos. Déles la vuelta y áselos entre 6 y 8 minutos más si los desea entre en su punto y poco hechos, o continúe hasta el grado de cocción que prefiera. Deje que reposen 10 minutos al calor.

◆ Mientras, caliente el aceite a fuego moderado-alto en una sartén antiadherente de 30 cm. Agregue la cebolla roja y los pimientos, y cuézalos hasta que estén tiernos y crujientes, removiendo a menudo. Mezcle con el cilantro y vierta en un cuenco de servicio. En el momento de servir, coloque el cuchillo casi en paralelo a la superficie de corte, y divida los bistés en lonchas muy finas. Acompañe la carne con la mezcla de pimientos, las tortillas de harina, la crema agria, el queso rallado y el resto de la salsa.

Cada ración: unas 640 calorías, 35 g de proteínas, 50 g de hidratos de carbono, 33 g de grasa total (16 g de saturadas), 96 mg de colesterol, 840 mg de sodio

BISTÉ DE LOMO BAJO A LAS HIERBAS

Preparación: 10 minutos, más reposo   *Grill:* 13-17 minutos
Para 6 platos principales

20 g de perejil fresco, finamente picado	1 cucharada de mayonesa con bajo contenido en grasas
1 cucharada de tomillo fresco picado o ½ cucharadita de tomillo seco	½ cucharadita de pimienta negra, molida gruesa
2 cucharadas de pan seco rallado	1 bisté de lomo bajo de buey de 3 cm de grosor (unos 750 g)
	½ cucharadita de sal

Precaliente el *grill*. Mezcle los 5 primeros ingredientes en un cuenco y resérvelos. Sale la carne. Coloque el bisté sobre la placa del *grill* y colóquela lo más cerca posible de la fuente de calor. Ase el bisté entre 12 y 15 minutos si lo desea entre en su punto y poco hecho, o continúe hasta el punto de cocción que prefiera; déle una vuelta. Retire la placa del horno, esparza la mezcla de hierbas por encima y ase el bisté 1 o 2 minutos más, o hasta que la superficie esté dorada. Traspáselo a una tabla para cortar. Deje que repose 10 minutos al calor y córtelo en lonchas finas.

Cada ración: unas 180 calorías, 23 g de proteínas, 2 g de hidratos de carbono, 8 g de grasa total (3 g de saturadas), 69 mg de colesterol, 250 mg de sodio

BUEY A LA BARBACOA

Tanto los bistés como las costillas y las broquetas están indicados para asar a la barbacoa, pero quedan aún mejor si se realzan con un adobo o se frotan con especias o una salsa consistente. El adobo proporciona sabor, a la vez que ablanda la carne. Si utiliza una barbacoa de carbón, prepare el fuego con unos 30 minutos de antelación para que las brasas estén bien calientes. Éstas estarán listas cuando las cenizas que cubran las brasas sean de color gris pálido (a la luz del día) o de un rojo brillante (por la noche).

BISTÉ T-BONE CON ENSALADA ASADA

◆◆◆◆◆◆◆◆◆◆◆◆◆

Preparación: 10 minutos, más reposo

Barbacoa: 25-40 minutos

Para 6 platos principales

1 achicoria de Treviso grande (*radicchio*)

3 endibias medianas

3 cucharadas de aceite de oliva

1 cucharada de romero fresco picado o 1 cucharadita de romero seco machacado

sal

60 g de salsa chile embotellada

60 ml de vinagre balsámico

1 diente de ajo, aplastado con la hoja del cuchillo

1 bisté T-bone (cortado del lomo con parte del solomillo), de 5 cm de grosor (1 kg, aproximadamente)

1 Prepare la barbacoa y la ensalada asada. Corte la achicoria de Treviso en 6 porciones. Corte cada endibia por la mitad, a lo largo. Mezcle el aceite, el romero picado y ½ cucharadita de sal en una taza, y resérvelos. Prepare la mezcla de chile: mezcle bien la salsa chile, el vinagre, ¾ de cucharadita de sal y el diente de ajo en una fuente poco honda.

2 Agregue el bisté a la mezcla de chile y déle la vuelta para cubrirlo bien. Colóquelo sobre la barbacoa, y pincélelo con la mitad de la mezcla de chile.

3 Cueza el bisté entre 20 y 30 minutos si lo desea entre en su punto y poco hecho, o hasta el grado de cocción que prefiera. Déle la vuelta de vez en cuando, y pincélelo con el resto de la mezcla de chile hacia la mitad del tiempo de cocción. Trasládelo a una tabla para cortar y deje que repose 10 minutos al calor.

EQUIPO PARA LA BARBACOA

Los mangos largos de estas herramientas facilitan y hacen más segura la manipulación de alimentos sobre un fuego caliente. Mostramos (de izquierda a derecha): un pincel para pincelar, un tenedor para trasladar carne y hortalizas (no pinche la carne, pues perdería sus jugos) y unas pinzas para dar vueltas y mover los alimentos. Una espátula es indispensable para las hamburguesas. Otra herramienta útil es un protector de rejilla; esta rejilla, plana y perforada, se acopla sobre la rejilla de la barbacoa y es ideal para alimentos pequeños, tales como vieiras, langostinos y hortalizas, que podrían caer sin dicha ayuda.

4 Ponga las hortalizas en la rejilla de la barbacoa. Pincélelas con la mezcla de aceite y cuézalas entre 5 y 10 minutos, o hasta que estén tiernas y crujientes; déles la vuelta de vez en cuando. Corte el bisté en lonchas finas, y sírvalas con la ensalada asada.

CADA RACIÓN: UNAS 490 CALORÍAS, 33 g DE PROTEÍNAS, 9 g DE HIDRATOS DE CARBONO, 35 g DE GRASA TOTAL (12 g DE SATURADAS), 104 mg DE COLESTEROL, 675 mg DE SODIO

Buey a la lima con tortillas

Preparación: 25 minutos, más reposo y adobo
Barbacoa: 10-12 minutos
Para 6 platos principales

4 limas medianas
1 cebolla pequeña, picada
1 cucharadita de chile en polvo
½ cucharadita de sal
¼ de cucharadita de copos de
   chile seco
1 bisté de falda de buey
   (unos 750 g)
60 ml de aceite de oliva o vegetal

2 aguacates medianos, pelados,
   deshuesados y cortados en
   gajos regulares
4 tomates pequeños, cortados en
   gajos finos
12 tortillas de harina (15-18 cm),
   calentadas siguiendo
   las instrucciones del
   envase

◆ Ralle la corteza y exprima el zumo de las limas. Mezcle el zumo y la corteza de las limas, la cebolla, el chile en polvo, la sal y los copos de chile seco en una fuente refractaria. Añada el bisté al adobo y mezcle bien. Tape y refrigere 4 horas como mínimo; déle la vuelta de vez en cuando.

◆ Prepare la barbacoa. Elabore el aliño de lima. Retire la carne del abodo y viértala en un cazo. Lleve a ebullición a fuego vivo y hierva 5 minutos. Vierta gradualmente el aceite en forma de chorrito fino sobre el adobo y deje que repose.

◆ Coloque el bisté sobre la barbacoa a fuego moderado-alto y cuézalo entre 6 y 8 minutos si lo desea entre en su punto y poco hecho, o continúe hasta el grado de cocción que prefiera; déle una sola vuelta. Coloque el bisté sobre una tabla de cortar grande y deje que repose 10 minutos al calor.

◆ Antes de servir, sostenga el cuchillo casi en paralelo a la superficie de corte, y divida el bisté en lonchas finas, en sentido contrario a las fibras. Ponga el aguacate y los gajos de tomate sobre la tabla. Sitúe el aliño de lima y las tortillas calientes cerca del bisté. Que cada comensal se sirva un poco de carne picada, aguacate y tomate sobre una tortilla. Esparza un poco de aliño por encima, enrolle la tortilla y degústela a mano.

Cada ración: unas 640 calorías, 31 g de proteínas, 53 g de hidratos de carbono, 35 g de grasa total (8 g de saturadas), 58 mg de colesterol, 600 mg de sodio

Solomillo asado especiado

Preparación: 5 minutos Barbacoa: 30-40 minutos
Para 10 platos principales

1 cucharada de semillas de hinojo,
   machacadas
2 cucharaditas de sal
½ cucharadita de jengibre, molido

½ cucharadita de copos de chile
   seco
1 trozo de solomillo de buey
   (1,1 kg)

◆ Mezcle los 4 primeros ingredientes en un trozo de papel sulfurizado y frote con ello el buey. Si lo desea, tápelo y refrigérelo toda la noche antes de asarlo en la barbacoa.

◆ Prepare la barbacoa. Cueza el buey tapado y a fuego moderado entre 30 y 40 minutos si lo desea entre en su punto y poco hecho, o continúe hasta el punto de cocción que prefiera; déle la vuelta de vez en cuando. La temperatura en un termómetro de lectura instantánea debe registrar 57 °C (la temperatura interna de la carne subirá a 59,5 °C durante el reposo). Traslade la carne a una tabla para picar. Deje que repose 10 minutos al calor y córtela en lonchas finas.

Cada ración: unas 175 calorías, 24 g de proteínas, 0 g de hidratos de carbono, 8 g de grasa total (3 g de saturadas), 59 mg de colesterol, 480 mg de sodio

Solomillo relleno de cebolla y pimiento

Preparación: 35 minutos Barbacoa: 10-15 minutos
Para 4 platos principales

1 cucharada, más 2 cucharaditas,
   de aceite de oliva o vegetal
1 cebolla grande, picada
1 cucharada de vinagre de vino
   tinto
1 cucharadita de azúcar
¾ de cucharadita de albahaca seca

100 g de pimientos rojos asados,
   en lata, escurridos y picados
4 bistés de solomillo de buey, de
   4 cm de grosor (125 g cada uno)
1 cucharadita de pimienta negra,
   molida gruesa
sal

◆ Caliente una cucharada de aceite a fuego moderado-alto en un cazo de 2 litros. Agregue la cebolla y cuézala, removiéndola a menudo, hasta que esté dorada. Mézclela con el vinagre, el azúcar, la albahaca, ¼ de cucharadita de sal y 1 cucharada de agua, y lleve a ebullición a fuego vivo. Baje el fuego, tape y cueza 15 minutos a fuego muy lento. Destape, mezcle con los pimientos y prosiga la cocción, removiendo, hasta que el líquido se evapore. Retire del fuego y deje que se enfríe a temperatura ambiente.

◆ Prepare la barbacoa. Corte cada bísté por la mitad, en sentido horizontal, con un cuchillo afilado, pero sin llegar al otro extremo, para formar una especie de bolsa profunda. Introduzca la mezcla en las bolsas y pincele los bistés con las 2 cucharaditas restantes de aceite. Espolvoree con la pimienta negra y ½ cucharadita de sal.

◆ Coloque los bistés sobre la barbacoa a fuego moderado y cuézalos entre 5 y 10 minutos si los desea entre en su punto y poco hechos, o continúe hasta el grado de cocción que prefiera; déles una vuelta.

Cada ración: unas 360 calorías, 21 g de proteínas, 7 g de hidratos de carbono, 28 g de grasa total (9 g de saturadas), 73 mg de colesterol, 455 mg de sodio

SATÉ DE BUEY CON SALSA DE CACAHUETES

Preparación: 20 minutos
Barbacoa: 3-4 minutos
Para 6 platos principales

30 broquetas de bambú, de 25-30 cm
1 limón mediano
1 diente de ajo, muy finamente picado
1 cucharada de mostaza de Dijon
¼ de cucharadita de copos de chile seco
60 ml, más 2 cucharadas, de salsa de soja
1 cucharada, más 1 cucharadita, de azúcar
1 bisté de falda de buey (unos 750 g)
65 g de mantequilla de cacahuete, refinada
1 cucharada de vinagre de vino blanco

◆ Prepare la barbacoa. Cubra las broquetas de bambú con agua durante 15 minutos; escúrralas y séquelas. Mientras, ralle la corteza y exprima una cucharada de zumo de limón.

◆ Mezcle la corteza de limón, su zumo, el ajo, la mostaza, los copos de chile, 60 ml de salsa de soja y una cucharada de azúcar en una fuente refractaria grande. Sostenga el cuchillo casi en paralelo a la superficie de trabajo y corte el bisté en 30 lonchas, en sentido contrario al de las fibras de unos 5 mm de grosor. Agregue la carne a la mezcla de la salsa de soja; mezcle bien y deje que repose.

◆ Prepare la salsa de cacahuetes; lleve a ebullición, a fuego moderado-alto, la mantequilla de cacahuetes, el vinagre, ¾ de taza de agua, las 2 cucharadas restantes de salsa de soja y la cucharadita de azúcar; utilice un cazo pequeño y no deje de remover. Baje el fuego y remueva hasta obtener una mezcla homogénea. Retire el cazo del fuego y resérvelo al calor.

◆ Ensarte 1 loncha de carne, sin apretarla demasiado, en cada broqueta, como si fuera un acordeón. Coloque las broquetas en la barbacoa a fuego moderado y cuézalas 3 o 4 minutos si las desea entre en su punto y poco hechas, o hasta el grado de cocción que prefiera; déles una vuelta. Coloque las broquetas en una fuente grande caliente y acompáñelas con la salsa de cacahuete.

Cada ración: unas 280 calorías, 26 g de proteínas, 9 g de hidratos de carbono, 16 g de grasa total (6 g de saturadas), 58 mg de colesterol, 1.215 mg de sodio

BROQUETAS DE LOMO CON ENSALADA CÉSAR

Preparación: 25 minutos
Barbacoa: 10-12 minutos
Para 6 platos principales

ensalada César (*véase* inferior)
70 g de *ketchup* de tomate
3 cucharadas de melaza clara o jarabe de melaza dorado (Golden Syrup, producto comercial)
2 cucharadas de salsa Worcester
1 cucharada de mostaza alemana
1 cucharada de cebolla rallada
½ cucharadita de sal
1 bisté de lomo bajo o cadera, de 3 cm de grosor (unos 900 g), cortado en trozos de 5 cm
6 broquetas metálicas

◆ Prepare la barbacoa y la ensalada César, pero no la mezcle con el aliño; refrigérela. Mezcle el *ketchup* y los 5 ingredientes siguientes en un cuenco grande con la carne.

◆ Ensarte los dados de carne en las broquetas. Coloque las broquetas sobre la barbacoa a fuego moderado y cuézalas entre 10 y 12 minutos si las desea entre en su punto y poco hechas, o continúe hasta el grado de cocción que prefiera; pincélelas de vez en cuando con la mezcla de *ketchup*. Mezcle la ensalada con el aliño y acompañe con ella las broquetas.

Cada ración: unas 230 calorías, 30 g de proteínas, 10 g de hidratos de carbono, 10 g de grasa total (4 g de saturadas), 91 mg de colesterol, 445 mg de sodio

ENSALADA CÉSAR

Rompa o corte 2 cogollos de lechuga romana en trozos pequeños. Mezcle 40 g de queso parmesano recién rallado con 60 ml de aceite de oliva, 2 cucharadas de zumo de limón, 2 cucharaditas de mostaza de Dijon, ½ cucharadita de sal, ½ de pimienta negra molida gruesa, 4 filetes de anchoa y 1 diente de ajo en el recipiente de la batidora-mezcladora hasta que estén bien amalgamados. Aliñe con la mezcla la ensalada. Para 6 guarniciones.

BROQUETAS DE BUEY

Preparación: 15 minutos
Barbacoa: 10-12 minutos
Para 4 platos principales

1 cucharada de chile en polvo
1 cucharada de salsa de soja
1 cucharadita de salsa de chile jalapeño
2 cucharadas de aceite vegetal
1 bisté de lomo bajo de buey, de 3 cm de grosor (unos 750 g) cortado en 12 trozos
½ cucharadita de sal
3 cebollas tiernas, cortadas en trozos de 8 cm de longitud
8 champiñones grandes
1 calabacín mediano (unos 350 g), cortado en trozos pequeños
4 broquetas metálicas, de 35 cm
8 tomates cereza
cuscús (opcional)

◆ Prepare la barbacoa. Mezcle el chile en polvo, la salsa de soja, la salsa de chile jalapeño y una cucharada de aceite en un cuenco mediano. Añada el buey y mezcle bien.

◆ Mezcle la sal y la cucharada restante de aceite en un cuenco grande. Agregue las cebollas tiernas, los champiñones y los calabacines, y remuévalos.

◆ Ensarte intercalando en las broquetas los trozos de buey, la cebolla tierna, los champiñones, los calabacines y los tomates. Póngalas en la barbacoa a fuego moderado y cuézalas entre 10 y 12 minutos, déles una vuelta, o hasta que el buey esté entre en su punto y poco hecho, y las hortalizas tiernas. Acompañe las broquetas con el cuscús si lo desea.

Cada ración: unas 450 calorías, 37 g de proteínas, 24 g de hidratos de carbono, 22 g de grasa total (7 g de saturadas), 98 mg de colesterol, 980 mg de sodio

CHULETAS DE BUEY ESPECIADAS CON PIÑA ASADA

Preparación: 20 minutos
Barbacoa: 25-30 minutos
Para 4 platos principales

1 diente de ajo, muy finamente picado

1 cucharada de aceite de oliva o vegetal

1½ cucharaditas de pimienta negra, molida gruesa

1½ cucharaditas de semillas de hinojo, aplastadas

1 cucharadita de sal

1½ cucharaditas de mostaza seca

½ cucharadita de clavos molidos

1,8 kg de costillas de buey, cortadas en prociones

1 piña mediana

2 cucharadas de azúcar moreno

perejil para adornar

◆ Prepare la barbacoa. Mezcle el ajo, el aceite, la pimienta, la mostaza en polvo, las semillas de hinojo, la sal y los clavos molidos en un cuenco pequeño, y frote con la mezcla las costillas.

◆ Retire la corteza de la piña, córtela por la mitad, a lo largo, y luego cada mitad en rodajas horizontales de 2 cm de grosor; retíreles el centro duro y resérvelas.

◆ Ponga las costillas en la barbacoa a fuego moderado y cuézalas entre 15 y 20 minutos si las desea entre en su punto y poco hechas, o continúe hasta el grado de cocción que prefiera; remuévalas a menudo. Traspáselas a una tabla o fuente grande.

◆ Mezcle en un cuenco grande las rodajas de piña con el azúcar moreno y colóquelas en la barbacoa. Cuézalas unos 10 minutos, o hasta que estén doradas; déles la vuelta con frecuencia. Acompañe la carne con la piña y adorne con las ramitas de perejil.

Cada ración: unas 1.070 calorías, 105 g de proteínas, 25 g de hidratos de carbono, 59 g de grasa total (24 g de saturadas), 261 mg de colesterol, 735 mg de sodio

◆◆◆◆◆◆◆◆◆◆◆◆◆◆◆◆◆◆◆◆◆◆◆◆◆◆◆◆◆◆◆◆◆◆

FRUTAS A LA BARBACOA

Las frutas a la barbacoa pueden ser una guarnición o postre sorprendente. Utilice frutas de textura firme, no demasiado maduras, tales como nectarinas, melocotones, ciruelas o piña. Córtelas por la mitad o en rodajas gruesas, para que no se caigan por la parrilla.

◆◆◆◆◆◆◆◆◆◆◆◆◆◆◆◆◆◆◆◆◆◆◆◆◆◆◆◆◆◆◆◆◆◆

BROQUETAS DE BUEY AL CHILE

Preparación: 15 minutos   *Barbacoa:* 9-11 minutos
Para 4 platos principales

1 cucharada de aceite vegetal

1 cucharada de chile en polvo

125 ml de salsa chile embotellada

1 cucharada de miel

½ cucharadita de sal

4 broquetas metálicas, de 25 cm

600 g de cadera o lomo bajo de buey, cortado en trozos de 2-3 cm

2 manojos de cebollas tiernas, cortadas a trozos de 5 cm

◆ Prepare la barbacoa. Elabore la salsa chile: caliente el aceite a fuego moderado en un cazo y agregue el chile en polvo; cueza 1 minuto, removiendo constantemente. Mezcle con la salsa chile, la miel y la sal, y cueza 1 minuto más. Retire del fuego.

◆ Ensarte en las broquetas los dados de buey y las cebollas.

◆ Ponga las broquetas en la barbacoa a fuego moderado y cuézalas 5 minutos; déles una vuelta. Pincélelas con la salsa chile, déles la vuelta y cuézalas entre 4 y 6 minutos más. Déles de nuevo la vuelta y pincélelas con el resto de la salsa. Cueza hasta que el buey esté entre en su punto y poco hecho, o hasta el grado de cocción deseado. Para servir, traslade las broquetas a una fuente grande.

Cada ración: unas 325 calorías, 29 g de proteínas, 14 g de hidratos de carbono, 17 g de grasa total (6 g de saturadas), 72 mg de colesterol, 775 mg de sodio

COSTILLAS DE BUEY A LA COREANA CON SÉSAMO Y JENGIBRE

Preparación: 15 minutos, más adobo   *Grill:* 20-25 minutos
Para 5 platos principales

1,8 kg de costillas de buey, cortadas en trozos de 5 cm (solicite el corte a su carnicero)

3 dientes de ajo grandes, muy finamente picados

125 ml de salsa de soja

4 cucharaditas de jengibre fresco, finamente picado

2 cucharaditas de aceite de sésamo

◆ Con ayuda de un cuchillo afilado entalle la carne de las costillas a intervalos de 1 cm y a 5 mm de profundidad.

◆ Mezcle el ajo, la salsa de soja, el jengibre y el aceite de sésamo en un cuenco grande. Agregue las costillas y mézclelas para cubrirlas bien con la preparación.

◆ Tape el cuenco con película de plástico y refrigérelo toda la noche; déle una vuelta a las costillas.

◆ Prepare la barbacoa, coloque las costillas a fuego moderado y pincélelas con el resto del adobo. Cuézalas entre 20 y 25 minutos si las prefiere en su punto, o hasta el grado de cocción deseado; déles la vuelta de vez en cuando. Para servirlas, traspáselas a una fuente grande.

Cada ración: unas 785 calorías, 85 g de proteínas, 3 g de hidratos de carbono, 46 g de grasa total (19 g de saturadas), 209 mg de colesterol, 1.805 mg de sodio

TERNERA CONOCIMIENTOS BÁSICOS

No importa la forma en que se cueza la ternera, pero hay que hacerlo con cuidado. La carne de ternera es tierna y delicada, y debe cocerse de manera más parecida a las aves que al buey. Al igual que con otras carnes, el método de cocción adecuado depende del corte. Tanto si asa a la parrilla una chuleta gruesa como si cocina un guiso aromático, la cocción ha de ser limitada, sino se estropearía la delicada textura de este tipo de carne.

CONOZCA LA TERNERA

Las terneras se crían hasta los 4 o 5 meses de edad. La ternera más fina y cara es la que ha sido alimentada con leche. Procede de animales alimentados con leche materna o una fórmula láctea especial. Su carne es de un tono rosa pálido, casi blanco, y presenta un sabor muy suave y una textura firme y aterciopelada. La ternera alimentada con cereales o hierbas tiene aproximadamente la misma edad que la anterior, pero muestra un color más rosado y un sabor ligeramente más fuerte que la alimentada con leche.

COMPRA Y CONSERVACIÓN

• Elija carne de ternera de textura fina y de un color rosa crema, ligeramente veteada. La grasa debe ser firme y muy blanca. Los huesos de la ternera alimentada con leche tienen un tuétano rojizo.
• Los costes elevados de las terneras lechales aparecen reflejados en su precio. La ternera alimentada con pastos y cereales es más económica.
• Debido a que es una carne húmeda, no aguanta demasiado: prodría llegar a durar, cerrada herméticamente, unos dos días en la nevera.

RELLENAR UN PECHO DE TERNERA

1 Prepare el relleno y enfríelo. Para conseguir una bolsa, pase un cuchillo a fin de deshuesar o pulir entre las dos capas principales del músculo. Extienda el hueco.

2 Introduzca el relleno en la bolsa (tenga en cuenta que se expandirá durante la cocción). Cierre la abertura de la carne con una broqueta para que el relleno quede asegurado.

ELEGIR EL CORTE ADECUADO

La ternera queda particularmente bien si se cuece con un método de calor húmedo, como el braseado; de este modo, la carne se mantiene jugosa y llena de sabor. El asado a una temperatura moderada también es factible, así como el salteado en aceite o mantequilla, que resulta ideal para las chuletas finas.

Para asar al *grill*, a la barbacoa o saltear. Estos métodos de calor seco son apropiados para diferentes cortes finos. Para asar al *grill* o a la parrilla, elija chuletas y bistés un poco gruesos, pues si son demasiado finos se secan. Utilice los escalopes de ternera sólo para saltearlos y, puesto que se cuecen muy rápidamente, vigile su cocción.
Cortes apropiados: lomo alto, chuletas (inferior, derecha), chuletas de lomo, escalopes y ternera picada (inferior, izquierda).

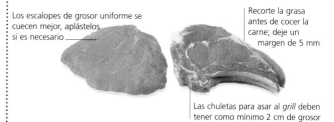

Los escalopes de grosor uniforme se cuecen mejor, aplástelos si es necesario

Recorte la grasa antes de cocer la carne; deje un margen de 5 mm

Las chuletas para asar al *grill* deben tener como mínimo 2 cm de grosor

Para brasear o guisar. Los cortes con hueso son particularmente adecuados, pues proporcionan el mejor sabor. Los morcillos de ternera tienen un tuétano sabroso en el centro que enriquece los guisos. La carne de ternera una vez braseada o guisada debe estar tierna al pincharla con un tenedor.
Cortes apropiados: morcillo delantero o trasero (inferior, derecha), cuello o aguja, pecho, espaldilla. Los dados de ternera para guisar (inferior, izquierda) se cortan a menudo del cuello o la espaldilla.

Los dados de ternera para guisar soportan una cocción lenta y prolongada

El tuétano de los morcillos de ternera proporciona untuosidad a los guisos

Los cortes deben tener una buena proporción de carne y hueso

El tejido conjuntivo alrededor de los músculos ayuda a que la carne mantenga su forma durante la cocción

Para asar. Muchos cortes de ternera proporcionan buenos asados. Puesto que, por lo general, son bastante magros, obtendrá un resultado jugoso si los cuece en su punto, a 67 °C, y los rocía a menudo con los fondos de cocción.
Cortes apropiados: espaldilla (inferior), aguja o lomo alto, lomo, cadera y pecho.

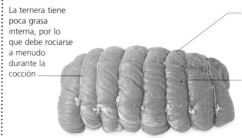

La ternera tiene poca grasa interna, por lo que debe rociarse a menudo durante la cocción

Un trozo para asar bien preparado debe estar libre de cartílagos, nervios y membranas

Los cortes deshuesados para asar mantienen la forma si se atan o se envuelven con una red

TIEMPOS DE COCCIÓN A 170 °C (GAS 3)			
CORTE Y PESO Empiece con la carne a temperatura de nevera. **Retire el asado del horno en cuanto alcance entre 2 y 5 °C por debajo del punto deseado; la temperatura aumentará durante el reposo**		LECTURA DEL TERMÓMETRO PARA CARNE	TIEMPO DE COCCIÓN APROXIMADO (MINUTOS POR 450 g)
Espaldilla deshuesada	1,3 – 2,2 kg	67 °C	35 – 40 min
Corte para asar de cadera deshuesada	1,3 – 2,2 kg	67 °C	35 – 40 min
Corte para asar de lomo deshuesado	1,3 – 2,2 kg	67 °C	25 – 30 min
Aguja o lomo alto	1,3 – 2,2 kg	67 °C	30 – 35 min

AROMATIZAR LA TERNERA

La delicada carne de ternera puede aromatizarse con muchos sabores. Las hierbas frescas, como el estragón, la salvia o el romero, son ideales. Para proporcionarle un aroma cítrico, sazónela con limón y alcaparras (excelente en la *piccata* de ternera), vinagres, tomates, aceitunas, naranja y vinos generosos, como el madeira o el marsala.

TRINCHAR UN ASADO DE PECHO DE TERNERA

Un pecho de ternera es muy fácil de trinchar, en especial si el carnicero ya ha entallado los huesos de las costillas. Coloque la ternera sobre una tabla para picar, cúbrala holgadamente con papel de aluminio y deje que repose 15 minutos. Retire la broqueta metálica.

1 Sujete el pecho de ternera con un tenedor trinchante de 2 dientes. Corte lonchas siguiendo la línea del hueso de la costilla.

2 Corte la costilla expuesta y continúe trinchando lonchas de carne uniformes, trabajando a lo largo del pecho. Traspase las lonchas a una fuente caliente.

PREPARAR UN CALDO DE TERNERA

Los huesos de ternera producen un caldo consistente y con cuerpo, que sustituye con éxito a los cubitos de caldo en preparaciones como sopas, guisos y salsas. Se espesa al reducirse y tiene una profundidad de sabor superior a la de los cubitos. Solicite en la carnicería que le corten los huesos de ternera en trozos de entre 5 y 8 cm, o compre trozos de morcillo delantero o trasero, o de pecho, y utilice los huesos para el caldo y la carne para guisar. Con esta receta, obtendrá unos 2,5 litros.

1,8 kg de huesos de morcillo de buey u otros huesos de ternera
4 zanahorias
2 tallos de apio
2 cebollas, cortadas por la mitad
1 hoja de laurel
8 granos de pimienta negra
¼ de cucharadita de tomillo seco

1 Enjuague los huesos de ternera y póngalos en una olla de 6 litros con 4 litros de agua fría. Lleve a ebullición a fuego vivo. Baje el fuego, espume y tire las impurezas de la superficie del líquido.

2 Añada el resto de los ingredientes y cueza entre 4 y 6 horas por debajo del punto de ebullición. No hierva vigorosamente ni remueva, pues el caldo no quedaría límpido. Continúe retirando la espuma que suba a la superficie. Cuele el caldo con un colador y tire los huesos y las hortalizas. Pase el caldo a través de un tamiz fino. Trasládelo a recipientes pequeños y refrigérelo para usarlo al cabo de 4 días o congélelo hasta 4 meses. Antes de utilizarlo retire la grasa de la superficie y tírela.

TERNERA ASADA

La ternera es una carne tierna y de sabor delicado, que ofrece los mejores resultados si se asa a temperatura moderada. Rocíela de vez en cuando durante la cocción para obtener un asado delicioso. Si se incorporan patatas u otras hortalizas, éstas perfumarán los fondos de cocción.

1 Caliente 2 cucharadas de aceite de oliva en una sartén de 30 cm. Agregue los champiñones, la cebolla, ½ cucharadita de sal y ¼ de cucharadita de pimienta, y cueza hasta que el líquido se evapore.

2 Reduzca el fuego y cueza las hortalizas. Deje que reposen. Desate el trozo de carne. Para que la carne quede homogénea, aplaste la parte plana entre 2 láminas de película de plástico y forme un rectángulo de 30 × 25 cm.

3 Precaliente el horno a 170 °C (gas 3). Distribuya las espinacas sobre la ternera y cubra con la mezcla de champiñones. Enrolle la carne, empezando por el extremo más corto. Átela con un bramante a intervalos de 5 cm.

TERNERA RELLENA CON PATATAS ASADAS

◆◆◆◆◆◆◆◆◆◆◆◆◆◆

Preparación: 50 minutos, más reposo
Asado: 2¼ horas
Para 8 platos principales

3 cucharadas de aceite de oliva o vegetal
350 g de champiñones, finamente picados
1 cebolla mediana, finamente picada
sal y pimienta negra, molida gruesa
1 espaldilla de ternera deshuesada (1,3 kg, aproximadamente) y enrollada
1 manojo de espinacas (300-350 g) sin los tallos, lavadas y secadas
½ cucharadita de tomillo
1,5 kg de patatas, peladas y cortadas en trozos de 5 cm
ramitas de tomillo para adornar

4 Mezcle el tomillo seco con ¼ de cucharadita de sal y ½ cucharadita de pimienta negra en un cuenco. Frote con la mezcla la carne y déjela en la rejilla de una fuente para asar. Inserte un termómetro para carne en el centro del asado.

5 Ase la ternera 1¼ horas; pincélela de vez en cuando con los fondos de cocción. Mezcle las patatas con la cucharada restante de aceite, ½ cucharadita de sal y ¼ de cucharadita de pimienta en un cuenco grande.

6 Agregue las patatas a la fuente para hornear y déles la vuelta para recubrirlas con los fondos de cocción. Ase la ternera y las patatas 1 hora más, o hasta que las patatas estén tiernas y la temperatura del termómetro registre 67 °C si desea la carne en su punto. Traspase la carne y las patatas a una fuente grande caliente y deje que reposen 10 minutos para facilitar el trinchado. Resérvelas al calor. Trinche la carne en lonchas y póngalas, junto con las patatas, en 8 platos, que adornará con las ramitas de tomillo.

CADA RACIÓN: UNAS 395 CALORÍAS, 33 g DE PROTEÍNAS, 41 g DE HIDRATOS DE CARBONO, 12 g DE GRASA TOTAL (3 g DE SATURADAS), 112 mg DE COLESTEROL, 600 mg DE SODIO

TERNERA ASADA CON AJO Y ROMERO

Preparación: 20 minutos, más reposo   *Asado:* 2 horas
Para 8 platos principales

3 dientes de ajo, muy finamente
  picados
½ cucharadita de romero seco
¼ de cucharadita de tomillo seco
1 cucharadita de sal
½ cucharadita de pimienta negra
  molida
1 cucharada de aceite de oliva

1 espaldilla de ternera,
  deshuesada y enrollada (1,3 kg,
  aproximadamente)
1 cebolla pequeña, finamente
  picada
1 zanahoria pequeña, finamente
  picada
125 ml de vino blanco seco

◆ Precaliente el horno a 180 °C (gas 4). Aplaste el ajo, el romero, el tomillo, la sal y la pimienta sobre una tabla de picar, hasta obtener una especie de pasta. Frote con ella la carne, insistiendo en las grietas.

◆ Caliente el aceite a fuego modeado-alto en una sartén refractaria de 26 cm. Agregue la ternera y dórela uniformemente durante 10 minutos. Incorpore la cebolla y la zanahoria, y coloque la carne encima. Vierta el vino e inserte el termómetro en el centro del asado.

◆ Traslade la sartén al horno y ase la carne 2 horas; rocíe con los fondos de cocción cada 30 minutos y añada 125 ml de agua si la sartén se seca. Cuando el termómetro registre 67 °C, la carne estará en su punto.

◆ Traspase a una fuente grande caliente y deje que repose 10 minutos al calor para facilitar el trinchado. Mientras, añada 175 ml de agua a la sartén, lleve a ebullición y remueva hasta que se desprendan los depósitos de la misma. Cueza 2 minutos por debajo del punto de ebullición. Espume y tire la grasa de la

sartén. Cuele las hortalizas y los fondos de cocción conun tamiz de malla gruesa; presione las verduras. Tírelas y corte la carne en lonchas finas, que acompañará con los fondos de cocción.

Cada ración: unas 205 calorías, 27 g de proteínas, 3 g de hidratos de carbono, 8 g de grasa total (3 g de saturadas), 112 mg de colesterol, 365 mg de sodio

PECHO DE TERNERA RELLENO

Preparación: 30 minutos, más enfriamiento   *Asado:* 2 horas
Para 6 platos principales

800 ml de caldo de pollo
100 g de arroz de cocción fácil
2 cucharadas de aceite de oliva
1 cebolla mediana, cortada
  a dados
1 tallo de apio grande, cortado
  a dados
1 cogollo pequeño de escarola,
  de unos 350 g, picado
45 g de uvas pasas, picadas
1¼ cucharaditas de salvia seca

sal y pimienta negra molida
1 pecho de ternera (unos 2,7 kg),
  al que se habrá practicado una
  bolsa (*véase* pág. 217) para
  rellenar (pida a su carnicero
  que rompa los huesos para
  facilitar el trinchado)
ensalada tibia de tomates pera
  (opcional; *véase* inferior,
  izquierda)

◆ Prepare el relleno: lleve a ebullición 300 ml de caldo en un cazo a fuego vivo y mezcle con el arroz. Baje el fuego, tape y cueza 20 minutos hasta que el arroz esté tierno y haya absorbido el líquido.

◆ Mientras, caliente una cucharada de aceite a fuego modeado-alto en una sartén de 30 cm. Agregue el apio y la cebolla, y cuézalos hasta que estén ligeramente dorados; remuévalos de vez en cuando. Agregue la escarola y prosiga la cocción, removiendo hasta que esté mustia. Retire del fuego y mezcle con el arroz, las pasas y ¼ de cucharadita de salvia, sal y pimienta. Deje que se enfríe a temperatura ambiente.

◆ Precaliente el horno a 180 °C (gas 4). Introduzca el relleno en la bolsa del pecho y asegúrelo con un bramante si fuese necesario (*véase* pág. 217). Coloque la ternera con la parte carnosa hacia arriba en una fuente para asar. Mezcle en un cuenco pequeño la cucharada restante de aceite con la cucharadita de salvia que queda, ¼ de cucharadita de sal y ¼ de cucharadita de pimienta, y frote con la mezcla la ternera. Ásela 1 hora. Vierta los 500 ml restantes de caldo en la fuente y ase 1 hora más, rociando la carne a menudo, o hasta que esté tierna al pincharla con la punta de un cuchillo.

◆Antes de finalizar el asado prepare la ensalada tibia de tomates pera, resérvela al calor y deje que repose. Ponga la carne en una fuente grande y deje que repose 15 minutos al calor para facilitar el trinchado.

◆Vierta el caldo de la fuente en un cazo de 2 litros y deje que repose 2 minutos, para que la grasa se separe del caldo. Espúmela y tírela. Añada 350 ml de agua y mezcle hasta que se desprendan los depósitos marrones; vierta el caldo, mezcle bien y caliente. Acompañe la ternera con la salsa y la ensalada de tomates si lo desea.

Cada ración: unas 455 calorías, 48 g de proteínas, 23 g de hidratos de carbono, 18 g de grasa total (4 g de saturadas), 193 mg de colesterol, 435 mg de sodio

ENSALADA TIBIA DE TOMATES PERA

Caliente 3 cucharadas de aceite de oliva a fuego moderado en una sartén de 30 cm. Agregue 1 cebolla pequeña, finamente picada, y cuézala hasta que esté tierna. Incorpore 12 tomates pera pequeños cortados por la mitad, ½ cucharadita de sal y ¼ de cucharadita de pimienta negra machacada. Cueza, removiendo de vez en cuando, hasta que todo esté bien caliente. Antes de servir espolvoree con 2 cucharadas de parmesano recién rallado y una cucharada de zumo de limón. Para 6 guarniciones.

Cada porción: unas 105 calorías, 2 g de proteínas, 8 g de hidratos de carbono, 8 g de grasa total (1 g de saturadas), 2 mg de colesterol, 230 mg de sodio

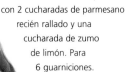

TERNERA SALTEADA

La delicada carne de la ternera se mantiene tierna cuando se saltea rápidamente a fuego bastante alto. Para obtener resultados tiernos y jugosos, no la cueza más allá de su punto. El sabor suave de la ternera se ve realzado por otros frescos y vivos, como los de la ensalada de oruga y tomates que aquí la acompaña.

TERNERA CON ENSALADA DE TOMATES Y ORUGA

◆◆◆◆◆◆◆◆◆◆◆◆◆◆

Preparación: 20 minutos

Cocción: 5 minutos

Para 4 platos principales

2 cucharaditas de zumo de limón recién exprimido

6 cucharadas de aceite de oliva

sal y pimienta negra molida

1 tomate grande, picado

15 g de hojas de albahaca fresca

45 g de cebolla roja, picada

450 g de escalopes de ternera

2 huevos medianos

75 g de harina

125 g de pan rallado seco

1 manojo de oruga

pan italiano tostado (opcional)

1 Mezcle el zumo de limón, 2 cucharadas de aceite, ½ cucharadita de sal y ¼ de cucharadita de pimienta en un cuenco mediano. Mezcle con el tomate, la albahaca y la cebolla roja, y reserve.

2 Aplane cada escalope de ternera entre dos láminas de papel de pergamino o película de plástico; déles 3 mm de grosor. Seque la carne. Bata los huevos con ½ cucharadita de sal y ½ de pimienta en un plato hondo.

3 Extienda la harina sobre una lámina de papel sulfurizado y el pan rallado en otra. Reboce los escalopes de uno en uno: primero páselos por la harina, déles la vuelta y, después, sacúdalos para retirar el exceso de harina; luego, páselos por el huevo y el pan rallado, y vuelva a sacudirlos.

4 Caliente 2 cucharadas de aceite a fuego moderado-alto en una sartén antiadherente de 30 cm, hasta que esté muy caliente. Agregue la mitad de la ternera y cueza 1 minuto por lado, o hasta que esté dorada. Traslade a una fuente, formando una sola capa, y reserve al calor.

5 Repita la operación con las 2 cucharadas de aceite y los escalopes restantes. Agregue la oruga a la mezcla de tomates del cuenco y amalgame bien. En el momento de servir, reparta la ensalada de oruga y tomates sobre los escalopes calientes y acompañe con pan italiano tostado si lo desea.

CADA RACIÓN: UNAS 565 CALORÍAS, 40 g DE PROTEÍNAS, 35 g DE HIDRATOS DE CARBONO, 29 g DE GRASA TOTAL (5 g DE SATURADAS), 221 mg DE COLESTEROL, 865 mg DE SODIO

CHULETAS DE TERNERA A LA PIMIENTA CON TORTITAS DE PATATA Y ZANAHORIA

Preparación: 20 minutos   Cocción: 20 minutos
Para 2 platos principales

1 patata grande para hornear (unos 350 g)	3 cucharadas de aceite de oliva o vegetal
1 huevo mediano	2 chuletas de ternera, de 3 cm de grosor (unos 350 g cada una)
1 zanahoria grande, rallada	
3 cucharadas de harina	2 cucharaditas de pimienta negra, machacada
1 cucharada de perejil fresco, picado	
sal	3 cucharadas de vino blanco seco

◆ Pele la patata. Rállela en un cuenco, que habrá llenado hasta la mitad con agua fría. Escurra la patata y tire el agua. Después envuélvala en un lienzo limpio y apriételo para sacar el agua. Bata el huevo en el mismo cuenco y mezcle con la zanahoria, la harina, el perejil y ½ cucharadita de sal, hasta que todos los ingredientes estén bien amalgamados.

◆ Caliente 2 cucharadas de aceite en una sartén. Ponga las patatas para formar 6 tortitas de unas 4 cucharadas cada una. Aplánelas para darles 10 cm de diámetro.

◆ Cuézalas unos 4 minutos, y déles la vuelta. Páselas a una placa con papel de cocina, para que escurran la grasa, y resérvelas al calor.

◆ Seque las chuletas con papel de cocina y frote la pimienta y ¼ de cucharadita de sal por la carne. Caliente la cucharada restante de aceite a fuego moderado-alto. Agregue las chuletas y cuézalas hasta que estén doradas; déles una vuelta.

◆ Baje el fuego y prosiga la cocción 6 minutos más para entre en su punto y poco hechas, o hasta el grado de cocción deseado.

◆ Coloque las chuletas en 2 platos calientes y resérvelas al calor. Espume y tire la grasa de los fondos de cocción de la sartén. Mezcle los fondos con el vino y cueza 1 minuto a fuego lento. Vierta la salsa sobre la carne y acompáñela con las tortitas.

Cada ración: unas 725 calorías, 53 g de proteínas, 45 g de hidratos de carbono, 35 g de grasa total (8 g de saturadas), 286 mg de colesterol, 1.025 mg de sodio

ESCALOPES DE TERNERA RELLENOS

Preparación: 25 minutos   Cocción: 7 minutos
Para 4 platos principales

3 cucharadas de aceite de oliva o vegetal	4 escalopes grandes de ternera, de 5 mm de grosor (unos 125 g cada uno)
1 cebolla mediana, cortada en rodajas finas	2 cucharadas, más ½ cucharadita, de harina
60 ml de tomates secados al sol en aceite, escurridos y cortados	½ cucharadita de sal
1 cucharada de vinagre de vino tinto	¼ de cucharadita de cubito de caldo de pollo, desmenuzado
pimienta negra molida	¼ de cucharadita de albahaca seca
20 g de hojas de albahaca fresca, o 1 cucharadita de hojas de albahaca seca	

◆ Caliente una cucharada de aceite en un cazo de 2 litros a fuego moderado, cueza la cebolla, removiendo de vez en cuando, hasta que esté muy tierna. Mezcle con los tomates, el vinagre y ¼ de cucharadita de pimienta. Cueza, sin dejar de remover, hasta que el vinagre se evapore. Retire del fuego y mezcle con la albahaca fresca.

◆ Si los escalopes son gruesos, aplánelos con un rodillo entre dos hojas de papel de pergamino y déles 5 mm de grosor. Séquelos con papel de cocina. Mezcle 2 cucharadas de harina, sal y ¼ de cucharadita de pimienta sobre una hoja de papel sulfurizado.

◆ Extienda un cuarto de la mezcla de cebollas sobre la mitad de cada escalope y doble la otra mitad. Pase la ternera por la harina, déle la vuelta para que quede bien recubierta y sacuda el exceso.

◆ Caliente las 2 cucharadas restantes de aceite en una sartén de 30 cm a fuego moderado-alto, agregue la ternera y cuézala 5 minutos o hasta que esté ligeramente dorada. Pásela a una fuente caliente.

◆ Mezcle el cubito y la albahaca seca con los fondos de cocción de la sartén. Mezcle la ½ cucharadita restante de harina y 125 ml de agua en un cuenco pequeño y vierta en la sartén. Lleve a ebullición y hierva 30 segundos, o hasta que la salsa se espese ligeramente. Derrámela sobre la ternera.

Cada ración: unas 305 calorías, 32 g de proteínas, 9 g de hidratos de carbono, 16 g de grasa total (3 g de saturadas), 114 mg de colesterol, 455 mg de sodio

CÓMO REEMPLAZAR LOS ESCALOPES DE TERNERA

Los escalopes finos de ternera son ideales tanto para ocasiones especiales como para las comidas cotidianas. Si no los encuentra en su carnicería o supermercado, o si desea controlar el presupuesto, sustitúyalos por escalopes de pollo o pavo. El tiempo de cocción para las aves es de 1 o 2 minutos más, pues si bien la carne de ternera queda perfecta si se cuece en su punto, las aves deben cocerse por completo. Para obtener los mejores resultados, compre escalopes de pollo o pavo de unos 5 mm de grosor. Si fuesen más gruesos, aplánelos hasta darles el grosor deseado.

CAZUELAS Y GUISOS DE TERNERA

Para transformar la carne de ternera en un guiso suntuoso, hay que dorar primero los trozos de carne en aceite caliente para colorearlos y a continuación, cocerlos, a fuego muy lento hasta que se ablanden. El hueso de los morcillos de ternera proporciona unos guisos con cuerpo y especialmente deliciosos.

CAZUELA DE TERNERA Y *SPAETZLE*

Preparación: 45 minutos   Horno: 1¾ - 2 horas
Para 4 platos principales

3 cucharadas de aceite de oliva o vegetal	400 g de tomates enlatados
2 tallos de apio grandes, cortados en rodajas de 1 cm	125 ml de vino blanco seco
2 zanahorias medianas, cortadas en rodajas de 1 cm	¼ de cucharadita de pimienta negra molida
1 cebolla grande, cortada en trozos de 1 cm	¼ de cucharadita de orégano seco
4 cortes de morcillo de ternera con hueso, de 5 cm de grosor (unos 450 g cada uno)	225 g de harina
	30 g de albahaca fresca, finamente picada
	2 huevos medianos
	½ cucharadita de sal

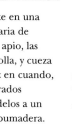 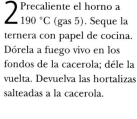

1 Caliente el aceite en una cacerola refractaria de 8 litros. Agregue el apio, las zanahorias y la cebolla, y cueza removiendo, de vez en cuando, hasta que estén dorados y crujientes. Trasládelos a un cuenco con una espumadera.

2 Precaliente el horno a 190 °C (gas 5). Seque la ternera con papel de cocina. Dórela a fuego vivo en los fondos de la cacerola; déle la vuelta. Devuelva las hortalizas salteadas a la cacerola.

3 Agregue los tomates con su zumo, el vino blanco, la pimienta y el orégano; rompa los tomates con el dorso de la cuchara y lleve a ebullición. Tape y hornee entre 1¾ y 2 horas, o hasta que la ternera esté muy tierna.

4 Cuando la ternera casi esté cocida, prepare los *spaetzle* de albahaca: ponga a hervir 3 litros y medio de agua a fuego vivo en un cazo de 4 litros. Bata con una cuchara de madera la harina, la albahaca, los huevos, la sal y ⅓ de taza de agua en un cuenco mediano.

5 Baje el fuego. Deje caer la masa en el agua, ayudándose con unas cucharillas, y mezcle el agua con cuidado para que los *spaetzle* no se peguen.

6 Cueza los *spaetzle* 2 o 3 minutos, o hasta que estén tiernos pero firmes, y escúrralos. Para servirlos, espume y tire cualquier resto de grasa de la cacerola. Añádale los *spaetzle*, remueva con cuidado, y sírvalo en una fuente grande.

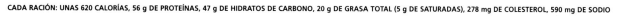

CADA RACIÓN: UNAS 620 CALORÍAS, 56 g DE PROTEÍNAS, 47 g DE HIDRATOS DE CARBONO, 20 g DE GRASA TOTAL (5 g DE SATURADAS), 278 mg DE COLESTEROL, 590 mg DE SODIO

TERNERA GUISADA CON *GREMOLATA* DE NARANJA

Preparación: 30 minutos   *Horno:* 1¼ horas
Para 6 platos principales

900 g de ternera para guisar, cortada en trozos de 3 o 4 cm
2 cucharadas de aceite vegetal
4 zanahorias medianas, cortadas en trozos de 5 cm
1 cebolla mediana, picada
225 ml de caldo de pollo
400 g de tomates enlatados
1 cucharada de tomate concentrado
¾ de cucharadita de sal
¼ de cucharadita de pimienta negra molida
¼ de cucharadita de tomillo seco
2 dientes de ajo, muy finamente picados
2 cucharadas de perejil fresco, picado
1 cucharada de corteza de naranja rallada

◆ Seque la ternera. Caliente una cucharada de aceite a fuego moderado-alto en una cacerola refractaria de 5 litros. Agregue la mitad de la ternera y dórela. Pásela a un cuenco a medida que se vaya cociendo.

◆ Precaliente el horno a 180 °C (gas 4). Caliente el aceite restante en la misma cacerola. Cueza las zanahorias y la cebolla 10 minutos. Vierta el caldo y remueva hasta que se desprendan los depósitos marrones. Devuelva la carne a la cacerola, los tomates y los 4 ingredientes siguientes, y lleve a ebullición. Tape y hornee o hasta que la carne y las hortalizas estén tiernas. Amalgame los 3 ingredientes siguientes en el cuenco, agréguelos a la cacerola y mezcle bien.

Cada ración: unas 320 calorías, 38 g de proteínas, 12 g de hidratos de carbono, 13 g de grasa total (3 g de saturadas), 136 mg de colesterol, 815 mg de sodio

TERNERA GUISADA CON SETAS

Preparación: 30 minutos   *Horno:* 1-1¼ horas
Para 6 platos principales

750 g de ternera para guisar, cortada a dados de 3-4 cm
¾ de cucharadita de sal
¼ de cucharadita de pimienta negra molida
3 cucharadas de aceite vegetal
450 g de champiñones medianos, cortados por la mitad
125 g de setas chinas *shiitake* (pies cortados)
75 ml de marsala
300 g de guisantes congelados

◆ Seque la ternera con papel de cocina y salpiméntela. Caliente 2 cucharadas de aceite a fuego moderado-alto en una cacerola refractaria de 5 litros. Agregue la mitad de la ternera y dórela uniformemente. Trasládela a un cuenco cuando esté cocida y repita la operación con el resto.

◆ Precaliente el horno a 180 °C (gas 4). Caliente la cucharada restante de aceite a fuego moderado-alto en la misma cacerola y cueza todas las setas, removiendo de vez en cuando, o hasta que estén doradas.

◆ Devuelva la ternera a la cacerola, vierta el marsala y 125 ml de agua, y mezcle hasta desprender los depósitos marrones de la cacerola. Lleve a ebullición a fuego vivo. Tape y hornee entre 1 y 1¼ horas, removiendo de vez en cuando, o hasta que la ternera esté tierna. Mézclela con los guisantes y caliente bien.

Cada ración: unas 310 calorías, 31 g de proteínas, 15 g de hidratos de carbono, 13 g de grasa total (3 g de saturadas), 99 mg de colesterol, 390 mg de sodio

RAGÚ DE TERNERA Y HORTALIZAS

Preparación: 25 minutos   *Cocción:* 2 horas
Para 10 platos principales

3 cucharadas de aceite de oliva
1 cebolla grande, muy finamente picada
1,3 kg de ternera para guisar, cortada en trozos de 5 cm
1 cucharadita de sal
¼ de cucharadita de pimienta negra molida
5 cucharadas de harina
60 ml de vino tinto seco
1 cubito de caldo de buey, desmenuzado
750 g de nabos, pelados y cortados en trozos de 3-4 cm
450 g de zanahorias, cortadas por la mitad, a lo largo, y luego, en sentido horizontal, en trozos de 5 cm
6 tallos de apio medianos, cortados en trozos de 5 cm
450 g de champiñones medianos

◆ Caliente a fuego moderado-alto una cacerola refractaria de 8 litros. Agregue la cebolla y cuézala 10 minutos, o hasta que esté tierna; trasládela a un cuenco.

◆ Seque la carne con papel de cocina. Mezcle la sal, la pimienta y 3 cucharadas de harina en un cuenco grande. Agregue la ternera y remuévala bien recubierta.

◆ Caliente el aceite restante a fuego moderado-alto en la cacerola. Agregue la mitad de la carne y dórela; añada más aceite si es necesario. Traspase al cuenco con las cebollas a medida que esté dorada; repita la operación con el resto de la ternera.

◆ Devuelva la cebolla y la ternera a la cacerola. Mezcle el vino tinto, el cubito y 2 cucharadas de harina en un cuenco pequeño, hasta obtener una preparación homogénea, y agréguelos a la cacerola con 450 ml de agua. Lleve a ebullición, removiendo. Baje el fuego, tape y cueza 45 minutos a fuego lento.

◆ Agregue a la cacerola los nabos, las zanahorias, el apio y los champiñones, y lleve a ebullición. Baje el fuego, tape y cueza 40 minutos a fuego lento, o hasta que la ternera y las hortalizas estén tiernas.

Cada ración: unas 305 calorías, 35 g de proteínas, 15 g de hidratos de carbono, 11 g de grasa total (2 g de saturadas), 119 mg de colesterol, 465 mg de sodio

◆◆◆

SECAR LA CARNE

Para que la carne ofrezca su mejor sabor y color, conviene que esté lo más seca posible. Esto se consigue fácilmente: seque la carne cruda con papel de cocina. Esto ayuda a que la carne absorba mejor los condimentos y evita el exceso de vapor, que dificulta el que se dore correctamente.

◆◆◆

TERNERA ASADA AL *GRILL*

Cuando se asa un trozo de ternera de primera calidad sólo se requieren unos pocos ingredientes para realzar el sabor. Nuestra selección emplea un relleno sencillo de queso Fontina y jamón serrano, una cobertura de alcaparras y mostaza de Dijon, un adobo rápido de jerez y pimientos amarillos, y el más fácil de todos, una mezcla de aceite de oliva y salvia, con la que se frota la carne. Acompáñela con hortalizas cocidas o una ensalada verde para que resulte un plato a la vez fácil y elegante.

TERNERA RELLENA CON FONTINA, JAMÓN Y ALBAHACA

◆◆◆◆◆◆◆◆◆◆◆◆◆◆◆◆◆◆◆◆◆◆◆◆

Preparación: 15 minutos   *Grill: 10-12 minutos*

Para 4 platos principales

60 g de queso Fontina rallado
30 g de jamón de Parma o serrano, picado
15 g de albahaca, picada
pimienta negra molida
1 cucharadita de aceite de oliva
¼ de cucharadita de sal

4 chuletas de ternera o cortes de lomo de 2-3 cm de grosor (unos 225 g cada una)
pimientos salteados y tomates asados (opcional)

JAMÓN DE PARMA

El jamón de Parma que aromatiza este plato clásico de ternera procede de Parma, en el norte de Italia, y es el jamón italiano más conocido. Estos jamones se curan y secan hasta 14 meses. Entre los jamones italianos, el jamón de Parma se considera el más delicado, aunque algunos prefieren el de San Daniele, una localidad cercana a Venecia, de sabor más salado.

El jamón de Parma se encuentra disponible en comercios especializados en productos italianos. Es ideal para acompañar tanto el pollo como la ternera, así como para rellenos de pasta o como primer plato acompañado con rodajas de melón o higos. Puede sustituirse por jamón serrano.

1 Precaliente el *grill*. Mezcle en un cuenco pequeño el queso, el jamón, la albahaca y ⅛ de cucharadita de pimienta negra hasta que estén bien amalgamados.

2 Seque las chuletas de ternera con papel de cocina. Sosteniendo el cuchillo casi en paralelo a la superficie de trabajo, practique una bolsa horizontal en cada chuleta.

3 Rellene las chuletas con un cuarto de la mezcla de queso, frótelas con aceite y espolvoréelas con sal y ¼ de cucharadita de pimienta negra molida. Coloque las chuletas en la placa del *grill*.

4 Ponga la placa lo más cerca posible del *grill* y ase la carne entre 10 y 12 minutos si la desea entre en su punto y poco hecha. Acompáñela con pimientos salteados y tomates asados si lo desea.

CADA RACIÓN: UNAS 355 CALORÍAS, 37 g DE PROTEÍNAS, 1 g DE HIDRATOS DE CARBONO, 22 g DE GRASA TOTAL (10 g DE SATURADAS), 151 mg DE COLESTEROL, 470 mg DE SODIO

CHULETAS DE TERNERA SABROSAS

Preparación: 5 minutos   Grill: 10-13 minutos
Para 4 platos principales

2 cucharadas de alcaparras en
  conserva, escurridas y picadas
1 cucharada de perejil fresco,
  picado
1 cucharada de mostaza de Dijon

1 cucharada de aceite de oliva
4 chuletas de ternera o de lomo,
  de 2 cm de grosor (unos 225 g
  cada una)
ramitas de perejil para adornar

◆ Precaliente el *grill*. Mezcle las alcaparras, el perejil picado,
la mostaza y el aceite en un cuenco pequeño.

◆ Coloque las chuletas de ternera en la placa del *grill* y póngala
lo más cerca posible de la fuente de calor. Ase las chuletas durante
5 minutos.

◆ Déles la vuelta, esparza la mezcla de alcaparras por encima y
áselas entre 5 y 8 minutos si le gustan en su punto, o hasta el grado
de cocción que prefiera. Colóquelas en 4 platos. Adórnelas y
acompáñelas con una ensalada si lo desea.

**Cada ración: unas 310 calorías, 32 g de proteínas, 0 g de hidratos de carbono,
19 g de grasa total (7 g de saturadas), 130 mg de colesterol, 375 mg de sodio.**

ALCAPARRAS

Son los capullos de la flor de un arbusto nativo de Asia oriental; se usan
sólo en conserva. La textura firme y el sabor acre las convierten en
compañeras ideales de alimentos de sabor y textura suave, como la ternera.
Se venden, por lo general, encurtidas en vinagre, aunque a veces también
se conservan entre capas de sal. En cualquier caso, puede enjuagarlas antes
de emplearlas para retirar el exceso de sal. Las alcaparras se guardan
durante meses y quedan bien tanto en pizzas como en salsas para
pastas y con pescados, cordero, buey y aves salteadas.
Son también un ingrediente clásico
de la ensalada nizarda y de la
salsa de mantequilla negra.

CHULETAS DE TERNERA AL JENGIBRE CON PIMIENTOS SALTEADOS

Preparación: 25 minutos   Grill: 10-12 minutos
Para 4 platos principales

75 ml de jerez seco
3 cucharadas de salsa de soja
2 cucharadas de jengibre fresco,
  pelado y rallado
4 chuletas de ternera, de 2 cm de
  grosor (unos 225 g cada una)

1 cucharada de aceite de oliva
4 pimientos amarillos medianos,
  sin membranas ni semillas y
  cortados en tiras de 2-3 cm
½ cucharadita de azúcar
1 manojo de oruga

◆ Precaliente el *grill*. Mezcle el jerez, la salsa de soja y el jengibre
en una fuente para hornear lo suficientemente grande como para
contener las chuletas en una sola capa. Agréguelas a la fuente y
cúbralas con la mezcla.

◆ Caliente el aceite a fuego alto en una sartén de 30 cm; añada
los pimientos y el azúcar, y cueza 10 minutos, removiendo de vez
en cuando, o hasta que los pimientos estén tiernos y ligeramente
dorados.

◆ Mientras, coloque la fuente con la carne lo más cerca posible
del *grill* y ase las chuletas entre 10 y 12 minutos si las desea en su
punto, o hasta el grado de cocción que prefiera; déles una vuelta.

◆ En el momento de servir, ponga en una fuente las hojas de
oruga, extienda los pimientos por encima y distribuya las chuletas
entre ellos. Rocíe con los fondos de cocción y sirva enseguida.

**Cada ración: unas 345 calorías, 36 g de proteínas, 16 g de hidratos de carbono,
13 g de grasa total (3 g de saturadas), 145 mg de colesterol, 905 mg de sodio**

CHULETAS AL *GRILL* CON SALVIA

Preparación: 5 minutos   Grill: 8 minutos
Para 2 platos principales

2 chuletas de ternera de 1 cm de
  grosor (350-400 g cada una)
1 cucharada de salvia fresca,
  picada
2 cucharaditas de aceite de oliva

½ cucharadita de sal
¼ de cucharadita de pimienta
  negra molida
gajos de limón (opcional)

◆ Precaliente el *grill* y seque las chuletas con papel de cocina.
Mezcle la salvia picada, el aceite de oliva, la sal y la pimienta en
un cuenco pequeño, y frote con la mezcla la carne.

◆ Coloque las chuletas sobre la placa del *grill* y sitúela lo más
cerca posible de la fuente de calor. Ase las chuletas 8 minutos
si las quiere en su punto, o hasta el grado de cocción que
prefiera; déles una vuelta. Acompáñelas con gajos de limón
si lo desea.

**Cada ración: unas 295 calorías, 40 g de proteínas, 0 g de hidratos de
carbono, 13 g de grasa total (4 g de saturadas), 168 mg de colesterol, 675 mg
de sodio**

En la actualidad, los cerdos son mucho más magros que antaño, por lo que se benefician de un vasto abanico de métodos de cocción y diferentes condimentaciones. Para que quede bien tierno, cuézalo únicamente hasta los 67 °C. Tendrá un toque rosado en el centro y un color rosado más oscuro cerca del hueso, y los jugos serán claros.

COMPRAR EL CERDO

- Elija cerdo fresco, de un color entre blanco rosado y rosado grisáceo. Los cortes de pierna y paletilla son más oscuros que los del lomo. La carne debe ser fina al tacto y jugosa, pero no húmeda. El veteado de grasa tiene que ser mínimo y, en cualquier caso, la grasa ha de mostrar un tono blanco, y estar firme y bien pulida.
- Los productos de cerdo ahumado y curado tienen un color más oscuro debido al proceso de curación: presentan un tono rosado.
- La calidad del cerdo es, por lo general, similar, pero puede haber ligeras diferencias en las formas de cortarlo según se trate de una región u otra. Decida, antes de comprar, qué corte precisa y recuerde que la carne del lomo, especialmente el solomillo, y la de la pierna son las más magras.

CONOZCA LAS DENOMINACIONES DEL CERDO

Fresco. El cerdo fresco no se ha sometido a ningún proceso de salado, salmuera, ahumado o curación.

Curado. El cerdo se cura salándolo mediante frotación con una mezcla seca o utilizando una salmuera; una vez curado, puede ahumarse para realzar el sabor. La curación y el ahumado eran métodos empleados tradicionalmente para conservar el cerdo a temperatura ambiente. En la actualidad, estos tratamientos tienen que ver con la obtención de distintos sabores.

Ahumado. El ahumado tiene lugar una vez la carne se ha curado, y se realiza mediante un proceso que la aromatiza. Envuelva y selle los productos de cerdo ahumado antes de guardarlos.

Jamón. Se corta de la pierna trasera del cerdo y, normalmente, se cura, aunque también puede ahumarse. Algunos jamones se curan durante varios meses para desarrollar más su sabor. Otros están muy salados y deben remojarse antes de cocerlos. El jamón serrano y el de Parma son jamones curados, secados, pero no ahumados.

Beicon. La panceta de cerdo se utiliza para preparar tocino entreverado, que se cura y, a veces, se ahuma. El beicon ahumado tiene una carne de un color rosado y una grasa más amarilla que la del beicon sin ahumar. La panceta italiana y la española es un tipo de beicon que, en ocasiones, se vende enrollado para que, a continuación, pueda cortarse en rodajas.

Beicon de lomo. Tiene un sabor y una textura más similares al jamón que al beicon. El beicon de lomo se corta del lomo del animal, y es mucho más magro que el beicon entreverado.

Cerdo salado o *petit salé*. El cerdo salado se corta de la panceta. Se cura a la sal, no se ahuma, y es más graso que el beicon de lomo.

ELEGIR EL CORTE ADECUADO

La carne de cerdo no varía tanto en cuanto a su consistencia tierna como la de buey, por lo que muchos cortes son tanto apropiados para métodos de cocción de calor seco como húmedo. Si lo asa al *grill* o a la barbacoa, o bien en el horno, no lo sobrecueza, pues queda duro y seco.

Para asar al *grill*, a la barbacoa o saltear. Puede utilizar un amplio abanico de cortes.
Cortes apropiados: solomillo (inferior, izquierda), chuletas de lomo delanteras o del centro (inferior, derecha); son ideales las de riñonada. Las costillas son excelentes para asar al *grill* y a la barbacoa una vez precocidas.

Los cortes magros, como el solomillo, ofrecen los mejores resultados con métodos de cocción rápidos

Para asar al *grill* o a la barbacoa, las chuletas deben tener como mínimo 1 cm de grosor

Para brasear o guisar. Muchos cortes de cerdo soportan bien una cocción en líquido lenta y prolongada. Los cortes bien veteados son especialmente suculentos si se guisan o brasean. Evite los trozos muy magros, como el solomillo, porque se endurecen tras una cocción prolongada.
Cortes apropiados: paletilla, chuletas de paletilla (inferior, derecha), chuletas de riñonada, codillo delantero y trasero, cuello y costillar. Los dados de cerdo para guisar (inferior, izquierda) se cortan de la pierna o de la paletilla.

Los métodos de cocción de calor húmedo hacen que los cortes poco magros queden muy tiernos

Recorte el exceso de grasa antes de cocer la carne

Para asar. Utilice cortes tiernos procedentes del lomo (desde la paletilla a la riñonada). Los cortes de la pierna y de la paletilla también son adecuados.
Cortes apropiados: corona de chuletas de lomo, pierna (con y sin hueso), solomillo, lomo con hueso (inferior), y deshuesado, cuello.

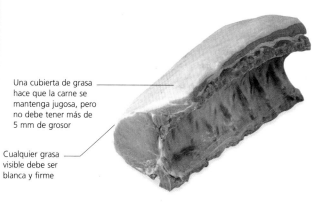

Una cubierta de grasa hace que la carne se mantenga jugosa, pero no debe tener más de 5 mm de grosor

Cualquier grasa visible debe ser blanca y firme

COMPROBAR EL PUNTO DE COCCIÓN DEL CERDO

¿Cuál es la temperatura mínima de cocción? La regla que se ha de seguir en cuanto a la cocción del cerdo es que debe quedar bien hecho y a menudo sobrecocido para eliminar el riesgo de triquinosis, una enfermedad causada por lombrices parasitarias, que mueren a los 59 °C. Sin embargo, los métodos modernos de producción han eliminado virtualmente la triquinosis. En la actualidad, la carne de cerdo puede ser jugosa y suculenta y perfectamente segura si se cuece a una temperatura interior de entre 67 y 77 °C en el caso de asados grandes, como los de la pierna.

¿En su punto o bien hecho? El cerdo cocido en su punto (67 °C) tiene un centro teñido de rosa y un tono rosado más oscuro cerca de los huesos. El cerdo bien hecho es menos rosado. Evite cocinar el cerdo a una temperatura interior más elevada, pues la carne queda dura y seca. La carne de cerdo picada debe cocerse hasta que no queden restos rosados.

¿Cómo verificar la cocción? Para verificar si las chuletas de cerdo y otros cortes pequeños están cocidos, practique una pequeña incisión en el centro con un cuchillo afilado. La carne está cocida si los jugos que salen son transparentes. Para comprobar un asado, inserte un termómetro para carne en la parte más gruesa del mismo, pero sin tocar el hueso, porque desvirtúa la lectura. Retire el asado del horno en cuanto la temperatura registre 2 °C menos que el punto de cocción deseado y deje que repose entre 10 y 15 minutos; entretanto, la carne continuará cociéndose.

TIEMPOS DE COCCIÓN DE LOS ASADOS A 180 °C (GAS 4)

CORTE Y PESO Empiece con la carne a temperatura de nevera. **Retire el asado del horno cuando alcance entre 2 y 5 °C por debajo del punto de cocción deseado.**			LECTURA EN EL TERMÓMETRO	TIEMPO DE COCCIÓN APROXIMADO
Cerdo fresco	Corona de chuletas de lomo	2,7 – 3,6 kg	67 °C	20 min
	Asado de lomo (con el hueso)	1,3 – 2,2 kg	67 °C	20 min
	Asado de lomo deshuesado	900 g – 1,8 kg	67 °C	20 min
	Pierna entera	5,4 kg	67 – 77 °C	25 – 30 min
	Media pierna, lomo deshuesado y atado	1,3 – 1,8 kg	67 – 77 °C	40 min
	Codillo trasero, deshuesado y atado	1,3 – 2,7 kg	67 – 77 °C	45 min
	Solomillo asado a 220–230 °C (gas 7 – 8)	225–750 g	67 °C	25 – 35 min total
Ahumado, cocido antes de probarlo	Jamón entero	6,3 – 7,3 kg	67 °C	15 – 18 min
Jamón ahumado y completamente cocido, calentado 170 ° C (gas 3)	Jamón entero	6,3 – 7,3 kg	52 – 57 °C	1–1¾ horas total
	Medio jamón	2,7 – 3,6 kg	52 – 57 °C	1 hora total

RECALENTAR JAMÓN

Los jamones enteros ahumados cuya etiqueta indique «cocidos por completo» pueden comprarse en las tocinerías y supermercados. Este tipo de jamón puede añadirse a cualquier bufé, pero aunque cabe la posibilidad de degustarlos al natural, si se calientan, mejoran el sabor y la textura. Hornéelos hasta que un termómetro insertado en el centro registre una temperatura entre 52 y 57 °C.

Los jamones ahumados que no llevan en la etiqueta la mencion anterior deben cocerse a una temperatura interna de 67 °C.

TRINCHAR UNA PIERNA DE JAMÓN ENTERA

1 Coloque el jamón sobre una tabla para trinchar. Sujételo con un tenedor trinchante y corte unas lonchas de su lado más estrecho. Deje que el jamón repose sobre la superficie de corte para obtener una base plana y facilitar el trinchado.

2 Corte una pequeña cuña de carne en el extremo del codillo. Corte lonchas uniformes a lo largo del jamón y contra el hueso.

3 Deslice el cuchillo sobre el hueso con un movimiento de sierra para desprender las lonchas del hueso. Trasládelas a una fuente caliente.

CERDO ASADO

El amplio abanico de cortes que son adecuados para este método de cocción hace que el cerdo asado constituya un plato ideal para cualquier ocasión. Cocine una corona de cerdo para una fiesta, una pierna entera acompañada con salsas como plato principal de un bufé, o para una pequeña reunión, un solomillo suculento, sazonado con especias caribeñas, que sólo precisa media hora para cocerse.

CORONA DE CERDO DORADA

Preparación: 25 minutos, más reposo   *Asado: 3 horas*
Para 14 platos principales

1 corona de chuletas de lomo (unos 2 kg; 16 chuletas, aproximadamente)	relleno de avellanas y arándanos rojos (*véase* pág. 230)
1 cucharadita de tomillo seco	3 cucharadas de harina
½ cucharadita de pimienta negra molida	tomates cereza salteados y calabacines (opcional)
sal	ramitas de tomillo y arándanos rojos para adornar

1 Precaliente el horno a 170 °C (gas 3). Mezcle el tomillo, la pimienta y una cucharadita de sal en un cuenco y frote con la mezcla la parte interna y la externa del asado. Colóquelo, con los extremos de las chuletas hacia abajo, en una fuente para hornear. Áselo 2 horas.

2 Mientras, prepare el relleno de avellanas y arándanos rojos. Una vez que el cerdo se haya asado 2 horas, retírelo del horno y ponga el extremo de las chuletas hacia arriba. Llene la cavidad del asado con el relleno.

3 Inserte un termómetro para carne en la parte más gruesa de asado; procure que el extremo no toque el hueso. Ase 1 hora más, o hasta que el termómetro alcance 64,5 °C (la temperatura interna de la carne subirá a 67 °C durante el reposo). Si el relleno se dora con demasiada rapidez, cúbralo con papel de aluminio.

4 Traspase el asado a una fuente grande caliente y deje que repose 15 minutos al calor. Mientras, prepare la salsa: vierta los fondos de cocción en una jarra para medir de 500 ml y déjelos reposar unos segundos, hasta que la grasa se separe.

5 Ponga 3 cucharadas de grasa procedente del asado en un cazo de 2 litros y tire el resto de grasa de la jarra. Vierta 225 ml de agua en la fuente para asar y remueva, a fuego moderado, hasta que se desprendan los depósitos marrones.

6 Añada el líquido de la fuente a los fondos de la jarra, junto con el agua necesaria para alcanzar los 450 ml. Mezcle la harina y ½ cucharadita de sal con la grasa del cazo y cueza 1 minuto a fuego moderado. Trasvase la mezcla de la jarra y cueza, removiendo sin cesar, hasta que la salsa hierva y se espese. Viértala en una salsera. Adorne el asado y acompáñelo con el relleno y la salsa, y calabacines y tomates cereza si lo desea.

CADA RACIÓN: UNAS 635 CALORÍAS, 39 g DE PROTEÍNAS, 38 g DE HIDRATOS DE CARBONO, 36 g DE GRASA TOTAL (11 g DE SATURADAS), 84 mg DE COLESTEROL, 470 mg DE SODIO

LOMO DE CERDO ASADO CON SEMILLAS DE ALCARAVEA

Preparación: 15 minutos, más reposo   *Asado:* 2½ horas
Para 10 platos principales

1 trozo de lomo de cerdo de 2,7 kg, aproximadamente
2 cucharadas de semillas de alcaravea, machacadas
1 cucharada, de aceite vegetal
1 cucharadita de sal
1 cucharadita de mostaza seca
½ cucharadita de tomillo seco
½ cucharadita de orégano seco
3 cucharadas de harina
1 cubito de caldo de buey, desmenuzado

◆ Precaliente el horno a 170 °C (gas 3). Seque la carne con papel de cocina. Mezcle las semillas de alcaravea con los 5 ingredientes siguientes y frote con la mezcla la parte grasa del lomo.

◆ Coloque la carne, con la parte grasa hacia arriba, en una fuente para asar de 38 x 28 cm. Inserte un termómetro en el asado; procure que el extremo puntiagudo no toque el hueso. Ase el cerdo unas 2½ horas, o hasta que el termómetro alcance los 64,5 °C (la temperatura interior de la carne subirá a 67 °C durante el reposo).

◆ Traspase el asado a una fuente grande caliente y deje que repose 15 minutos al calor para facilitar el trinchado.

◆ Mientras, prepare la salsa: cuele los fondos de cocción con un tamiz de malla fina en una jarra medidora de 2 litros de capacidad; deje que reposen unos segundos para que la grasa se separe de los jugos de la carne. Vierta 2 cucharadas de grasa de los fondos de cocción en la fuente y tire el resto. Añada suficiente agua a los fondos de la jarra para que alcancen 600 ml.

◆ Espolvoree la grasa de la fuente con la harina y mezcle a fuego lento hasta que estén bien amalgamados. Vierta gradualmente la mezcla de la jarra y el cubito desmenuzado; no deje de remover hasta que se desprendan los depósitos de la fuente. Cueza, removiendo sin cesar, hasta que la salsa hierva y se espese. Acompañe el asado con la salsa.

Cada ración: unas 375 calorías, 45 g de proteínas, 2 g de hidratos de carbono, 20 g de grasa total (6 g de saturadas), 96 mg de colesterol, 405 mg de sodio

RELLENO DE AVELLANAS Y ARÁNDANOS ROJOS

Pique 2 tallos de apio y 1 cebolla grandes. Derrita 25 g de margarina o mantequilla a fuego moderado en una sartén de 30 cm. Añada el apio y la cebolla y una cucharada de salvia seca, y cueza hasta que estén tiernos; trasládelos a un cuenco. Pique 350 g de arándanos rojos con 100 g de azúcar en un robot eléctrico provisto de cuchilla metálica y añádalos a la mezcla de apio. Después, agregue 450 g de migas de pan de la vigilia, 100 g de avellanas tostadas y picadas, y unos 100 ml de agua y mezcle a fondo. Rellene con ello la corona de cerdo dorada (*véase* pág. 229) y hornee los restos del relleno en una cacerola pequeña tapada durante los últimos 40 minutos de cocción del cerdo. Para 1,1 kg, aproximadamente.

Cada 100 g: unas 240 calorías, 5 g de proteínas, 37 g de hidratos de carbono, 9 g de grasa total (1 g de saturadas), 0 mg de colesterol, 240 mg de sodio

CERDO ASADO ENVUELTO CON HOJAS DE COL

Preparación: 30 minutos, más reposo   *Asado:* 1 hora
Para 10 platos principales

6 hojas grandes de col verde
1 manojo de cebollas tiernas
1 trozo de lomo deshuesado de 1,3 kg, aproximadamente
1 cucharada de tomillo finamente picado o ½ cucharada de seco
1 cucharadita de sal
½ cucharadita de pimienta negra molida
½ cubito de caldo de pollo
2 cucharaditas de maicena

◆ Ponga a hervir 3 litros de agua a fuego vivo en una cacerola refractaria de 5 litros. Mientras, recorte las nervaduras más duras de las hojas de col. Corte los extremos de la raíz de las cebollas tiernas y sepárelas en hojas. Agregue la col al agua hirviendo y cuézala entre 3 y 5 minutos, hasta que quede mustia. Trasládela con una espumadera a un colador para que se escurra. Añada las cebollas tiernas al agua hirviendo y blanquéelas 10 segundos. Seguidamente, escúrralas y séquelas con papel de cocina.

◆ Precaliente el horno a 180 °C (gas 4). Seque el cerdo con papel de cocina. Mezcle el tomillo, la sal y la pimienta en una taza y frote con ello la carne.

◆ Ponga planas las hojas de col y coloque encima la carne de cerdo sazonada. Asegúrese de que las hojas se extienden a los lados y a los extremos del asado. Acto seguido envuelva el asado por completo.

◆ Para fijar las hojas de col, ate el paquete con 2 cebollas tiernas blanqueadas (deben ser lo suficientemente largas como para envolver el asado a lo ancho). Ponga las cebollas bajo el paquete y ate ambos extremos, formando un nudo. Repita la operación con las cebollas restantes; átelas a intervalos de 2 o 3 cm.

◆ Coloque el asado en una fuente para hornear de 35 x 24 cm. Inserte un termómetro para carne en el centro del asado. Deslíe el cubito de caldo en 450 ml de agua caliente dentro de una jarra para medir y viértala sobre la fuente. Ase 1 hora, o hasta que la temperatura del termómetro registre 64,5 °C (la temperatura interior ascenderá a 67 °C durante el reposo). Rocíe la carne con los fondos de cocción.

◆ Traspase el cerdo a una fuente grande caliente y deje que repose 15 minutos al calor. Mezcle la maicena con 2 cucharadas de agua en un cuenco pequeño y añada los fondos de la fuente. Remueva y lleve a ebullición a fuego vivo; siga removiendo durante 1 minuto. Vierta sobre la carne.

Cada ración: unas 215 calorías, 22 g de proteínas, 3 g de hidratos de carbono, 12 g de grasa total (4 g de saturadas), 66 mg de colesterol, 355 mg de sodio

Lomo asado con salvia fresca

Preparación: 15 minutos, más reposo   *Asado: 2-2¼ horas*
Para 8 platos principales

2 dientes de ajo, muy finamente picados	½ cucharadita de pimienta negra molida
15 g de perejil fresco, muy finamente picado	1 trozo de 1,8 kg de cinta de lomo con hueso
2 cucharadas de salvia fresca	75 ml de vino blanco seco
½ cucharadita de tomillo seco	150 ml de caldo de pollo
1 cucharadita de sal	

◆ Precaliente el horno a 180 °C (gas 4). Ponga el ajo, el perejil, la salvia, el tomillo, la sal y la pimienta en la tabla de picar, y aplástelos con la hoja plana de un cuchillo.

◆ Seque el cerdo con papel de cocina y frótelo con la pasta de hierbas. Inserte el termómetro de carne en la parte más gruesa del asado; procure que el extremo puntiagudo no toque el hueso. Ase entre 2 y 2¼ horas, o hasta que el termómetro registre 64,5 °C (la temperatura subirá a 67 °C durante el reposo).

◆ Traslade el asado a una fuente grande caliente y deje que repose 15 minutos para facilitar el trinchado; resérvelo al calor. Agregue el vino a la fuente y lleve a ebullición a fuego vivo; remueva hasta que se desprendan los depósitos marrones. Vierta el caldo y lleve a ebullición. Espume y tire la grasa de los fondos de cocción. Acompañe el asado con sus jugos.

Cada ración: unas 305 calorías, 37 g de proteínas, 1 g de hidratos de carbono, 15 g de grasa total (5 g de saturadas), 81 mg de colesterol, 445 mg de sodio

Pierna de cerdo con dos salsas

Preparación: 30 minutos, más reposo   *Asado: 5½ horas*
Para 30 platos principales

1 pierna de cerdo entera (6,7 kg, aproximadamente)	3 cebollas tiernas, cortadas en rodajas finas
2 cucharaditas de salvia seca	85 g de mostaza francesa en grano
2 cucharaditas de sal	75 ml de leche
1 cucharadita de pimienta negra molida	salsa de champiñones (*véase* derecha)
1 cucharada de aceite vegetal	
125 ml de crema acidificada	

◆ Precaliente el horno a 170 °C (gas 3). Retire la piel de la pierna de cerdo y recorte el exceso de grasa; deje una pequeña capa. Colóquela con la grasa hacia arriba, sobre la rejilla de una fuente grande para hornear. Entalle la grasa de la parte superior, formando líneas paralas poco profundas. Mezcle la salvia, la sal y la pimienta en un cuenco pequeño y frote con la mezcla el cerdo.

◆ Inserte el termómetro para carne en el centro de la parte más gruesa; procure que no toque el hueso.

◆ Ase el cerdo unas 5½ horas, o hasta que el termómetro registre 67 °C. Si la carne se dora con demasiada rapidez, cúbrala con papel de aluminio. La carne que envuelve el hueso quedará rosada.

◆ Mientras, prepare la salsa de mostaza. Caliente el aceite a fuego moderado-alto en un cazo de 2 litros. Agregue las cebollas tiernas y cuézalas 5 minutos, o hasta que estén tiernas. Retire del fuego y mezcle con la crema agria, la mostaza y la leche hasta que estén bien amalgamadas. Refrigere hasta el momento de servir.

◆ Cuando el cerdo esté cocido, traspáselo a una fuente grande caliente y deje que repose 30 minutos al calor. Prepare la salsa de champiñones con los fondos de cocción. Corte el cerdo en lonchas y acompáñelas con la salsa de champiñones y de mostaza.

Cada ración: unas 385 calorías, 55 g de proteínas, 1 g de hidratos de carbono, 16 g de grasa total (6 g de saturadas), 131 mg de colesterol, 360 mg de sodio

Salsa de champiñones

◆◆◆◆◆◆◆◆◆◆◆◆◆◆

fondos de cocción de la pierna de cerdo con dos salsas (*véase* izquierda)	450 g de champiñones, cortados en rodajas
3 cucharadas de harina	caldo de pollo (opcional)

1 Retire la rejilla de la fuente para asar y vierta los fondos de cocción en una jarra para medir de 2 litros (reserve la fuente). Deje que los fondos reposen unos minutos, hasta que la grasa se separe de los jugos de la carne. Vierta 2 cucharadas de grasa en una sartén de 30 cm y espume y tire el resto de grasa de la jarra.

2 Cueza los champiñones en la grasa de la sartén, hasta que estén dorados. Reduzca el fuego a moderado y mezcle con la harina; cuézala hasta que esté ligeramente dorada. Agregue agua a los fondos de la jarra hasta obtener 400 ml. Vierta unos 125 ml de la mezcla a la fuente para hornear y remueva a fuego vivo, hasta que se desprendan los depósitos marrones.

3 Vierta el líquido de la fuente y la mezcla de líquido restante sobre los champiñones y cuézalos, removiéndolos y a fuego vivo, hasta que la salsa hierva y se espese. Para unos 675 ml.

Cada 100 ml: unas 70 calorías, 3 g de proteínas, 7 g de hidratos de carbono, 3 g de grasa total (1 g de saturadas), 7 mg de colesterol, 285 mg de sodio

LOMO ASADO ESPECIADO

Preparación: 10 minutos, más reposo
Asado: 1-1¼ horas
Para 6 platos principales

1 trozo de cinta de lomo deshuesado
  (unos 900 g)
1 cucharadita de sal
¾ de cucharadita de tomillo seco
½ cucharadita de canela, molida
½ cucharadita de pimienta negra molida
una pizca de nuez moscada, rallada
una pizca de clavos, molidos
175 ml de vino blanco seco
150 ml de caldo de pollo
ramitas de tomillo para adornar
salsa de guisantes y manzana (opcional)

◆ Precaliente el horno a 180 °C (gas 4).
Seque la carne con papel de cocina. Mezcle
la sal y los 5 ingredientes siguientes en
un cuenco pequeño y frote el cerdo con
la mezcla. Colóquelo en una fuente pequeña
para asar, inserte el termómetro para carne
en la parte más gruesa del cerdo y áselo entre
1 y 1¼ horas, o hasta que el termómetro
registre 64,5 °C (la temperatura interior
aumentará a 67 °C durante el reposo).

◆ Traslade el cerdo a una fuente y deje
que repose 10 minutos al calor. Mientras,
vierta el vino en la fuente y lleve a ebullición;
remueva hasta que se desprendan
los depósitos de la fuente. Vierta el caldo,
lleve de nuevo a ebullición y hierva 2 minutos.
Espume la grasa de la fuente y corte la
carne en lonchas finas. Acompáñela con
la salsa de guisantes y la manzana.

**Cada ración: unas 235 calorías, 24 g de proteínas,
1 g de hidratos de carbono, 13 g de grasa total
(5 g de saturadas), 75 mg de colesterol, 525 mg
de sodio**

SOLOMILLOS ASADOS A LA JAMAICANA

Preparación: 10 minutos, más reposo
Asado: 30-35 minutos
Para 6 platos principales

2 solomillos de cerdo (350 g cada uno)
1 diente de ajo, muy finamente picado
1 cucharada de azúcar moreno
1 cucharadita de corteza de lima rallada
½ cucharadita de jengibre, molido
½ cucharadita de sal
¼ de cucharadita de nuez moscada, rallada
una pizca de pimienta de Jamaica, molida
una pizca de pimienta de Cayena, molida
2 cucharaditas, más 2 cucharadas, de ron
  oscuro
300 ml de caldo de pollo

◆ Precaliente el horno a 230 °C (gas 8).
Seque la carne con papel de cocina y
colóquela en una fuente para hornear;
doble hacia abajo los extremos finos para
obtener una cocción uniforme.

◆ Mezcle el ajo, el azúcar moreno,
la corteza de lima, el jengibre, la sal, la
pimienta negra, la nuez moscada, la pimienta
de Jamaica y de Cayena, y 2 cucharaditas de
ron en un cuenco pequeño. Frote el cerdo
con la mezcla. Inserte un termómetro
para carne en la parte más gruesa de la
carne. Vierta 60 ml de caldo de pollo a su
alrededor.

◆ Ase el cerdo entre 30 y 35 minutos, o
hasta que el termómetro alcance los 64,5 °C
(la temperatura interior de la carne subirá
a 67 °C durante el reposo). Añada 60 ml
más de caldo a la fuente al cabo de
10 minutos y al cabo de 20, para evitar
que los fondos de cocción se quemen.

◆ Traspase el cerdo a una fuente y deje
que repose 10 minutos al calor. Añada las
2 cucharadas restantes de ron a la fuente
y lleve a ebullición a fuego vivo; remueva
hasta que se desprendan los depósitos
oscuros. Hierva 1 minuto. Añada los 120 ml
restantes de caldo a la fuente y lleve a
ebullición. Corte el cerdo en lonchas finas
y acompáñelo con los fondos de cocción.

**Cada ración: unas 170 calorías, 24 g de
proteínas, 3 g de hidratos de carbono,
5 g de grasa total (2 g de saturadas), 70 mg
de colesterol, 445 mg de sodio**

CERDO ASADO A LA NARANJA Y AL COMINO

Preparación: 15 minutos, más reposo
Asado: 1-1¼ horas
Para 6 platos principales

1 cinta de lomo deshuesada (unos 900 g)
1 diente de ajo, muy finamente picado
2 cucharaditas de corteza de naranja rallada
1 cucharadita de sal
¾ de cucharadita de comino molido
½ cucharadita de orégano seco
½ cucharadita de tomillo seco
¼ de cucharadita de pimienta de Cayena,
  molida
1 cebolla mediana, finamente picada
2 cucharadas de vinagre de sidra
175 ml de caldo de pollo

◆ Precaliente el horno a 180 °C (gas 4).
Seque la carne con papel de cocina. Con
ayuda de un cuchillo pequeño, practique
varias entallas, de 1 cm de profundidad,
en la carne.

◆ Mezcle el ajo, la corteza de naranja,
la sal, el comino, el orégano, el tomillo
y la pimienta de Cayena en un cuenco
pequeño. Frote con ello el cerdo,
presionando entre las grietas de la carne.

◆ Extienda la cebolla picada en una fuente
para asar de 28 × 19 cm, y coloque encima
la carne. Inserte el termómetro para carne
en la parte más gruesa del cerdo.

◆ Ase el cerdo entre 1 y 1¼ horas,
o hasta que la temperatura alcance 64,5 °C
(la temperatura interior de la carne subirá
a 67 °C durante el reposo).

◆ Traslade el cerdo a una fuente y deje
que repose 10 minutos al calor. Espume y
tire la grasa de la fuente. Vierta en ella el
vinagre y lleve a ebullición a fuego vivo;
remueva hasta desprender los depósitos
marrones. Hierva 1 minuto.

◆ Agregue el caldo de pollo a los fondos
de cocción de la fuente y lleve a ebullición
a fuego vivo; hierva 3 minutos. Corte
el cerdo en lonchas finas y acompáñelo
con los fondos de cocción.

**Cada ración: unas 240 calorías, 25 mg de
proteínas, 4 g de hidratos de carbono, 13 g
de grasa total (5 g de saturadas), 76 mg de
colesterol, 535 mg de sodio**

CAZUELAS Y GUISOS DE CERDO

La carne de cerdo sazonada con especias fragantes, tales como el chile molido, el comino, el pimentón y la pimienta de Jamaica, queda especialmente tierna y suculenta. Estos platos consistentes tienen sabores fuertes y pronunciados, que captan los aromas de las cocinas sudamericanas, caribeñas y de Europa oriental. Para obtener los mejores resultados, corte la carne a dados uniformes para conseguir una cocción semejante; luego, dórelos por tandas para sellar los jugos antes de finalizar la cocción en el horno o al fuego. Las versiones preparadas con chile son más saborsas si se consumen al día siguiente. Acompañe estos platos con pan de maíz caliente, pasta o arroz para remojar sus deliciosas salsas.

CHILE DE CERDO Y JUDÍAS NEGRAS

Preparación: 50 minutos, más reposo   Cocción: 1¾ horas
Para 10 platos principales

450 g de judías negras	1 cebolla mediana, cortada
750 g de paletilla de cerdo	a dados
deshuesada	40 g de chile en polvo
3 cucharadas de aceite vegetal	800 g de tomates enlatados
1 pimiento rojo grande, sin	2 cucharadas de tomate
membranas ni semillas y	concentrado
cortado en trozos de 1 cm	1¾ cucharaditas de sal
1 pimiento verde grande, sin	salsa tabasco
membranas ni semillas y	pan de maíz (opcional)
cortado en trozos de 1 cm	

1 Enjuague las judías con agua fría y tire las que estén estropeadas. Ponga a hervir, a fuego vivo, 1 litro y medio de agua y las judías en una cacerola de 4 litros durante 3 minutos. Retire del fuego, tape y deje que repose 1 hora. Escurra y enjuague las judías. Corte el cerdo a dados de 1 cm y séquelos con papel de cocina. Precaliente el horno a 190 °C (gas 5).

2 Caliente el aceite a fuego moderado en una cacerola refractaria de 4 litros. Añada la mitad del cerdo y cuézalo, removiendo, hasta que esté dorado. Trasládelo a un cuenco y repita la operación con el resto.

3 Agregue los pimientos y la cebolla a los fondos de cocción y cueza, removiendo hasta que estén tiernos y crujientes. Mezcle con el chile en polvo y prosiga la cocción 2 minutos, removiendo.

4 Agregue los tomates y el tomate concentrado; remuévalos y aplástelos con el dorso de una cuchara. Incorpore la sal, las judías negras, el cerdo y 1 litro de agua, y lleve a ebullición a fuego vivo. Tape y hornee 1¾ horas, removiendo de vez en cuando, o hasta que el cerdo esté bien cocido y las judías, tiernas. Sazone con salsa tabasco al gusto. Sirva en cuencos, junto con pan de maíz si lo desea.

SALSA TABASCO

Preparada por medio de la maceración de chiles en vinagre, esta salsa picante aporta su sabor distintivo a nuestro chile de cerdo y judías negras. Puede añadirse a toda clase de sopas, guisos, salsas, tortillas, marinadas y adobos. La salsa es sorprendentemente fuerte, por lo que sólo deben añadirse unas pocas gotas y probar el plato para comprobar el grado de picante. Refrigérela una vez abierta.

CADA RACIÓN: UNAS 315 CALORÍAS, 26 g DE PROTEÍNAS, 36 g DE HIDRATOS DE CARBONO, 16 g DE GRASA TOTAL (5 g DE SATURADAS), 38 mg DE COLESTEROL, 735 mg DE SODIO

CHILE ESTILO ADOBO

Preparación: 15 minutos   Cocción: 2½ horas
Para 6 platos principales

900 g de paletilla de cerdo
  deshuesada, cortada en trozos
  de 5 cm
2 cucharaditas de aceite vegetal
2 cebollas medianas, finamente
  picadas
4 dientes de ajo, muy finamente
  picados
3 cucharadas de chile en polvo
1 cucharada de comino molido

¼ de cucharadita de canela
  molida
¼ de cucharadita de pimienta
  de Cayena, molida
una pizca de clavos, molidos
800 g de tomates enlatados
60 ml de vinagre de sidra
¾ de cucharadita de sal
½ cucharadita de orégano seco
1 hoja de laurel

◆ Seque la carne con papel de cocina. Caliente una cucharadita
de aceite a fuego moderado-alto en una cacerola refractaria de
5 litros. Agregue la mitad del cerdo y dórelo uniformemente.
Traspáselo a una fuente y repita la operación con el resto de
la carne y la cucharadita sobrante de aceite.

◆ Agregue la cebolla a los fondos de cocción de la cacerola y
cuézala 5 minutos a fuego moderado. Mézclela con el ajo y los
5 ingredientes siguientes y cueza 1 minuto. Anada los tomates con
su zumo, rompiéndolos con el dorso de una cuchara, el vinagre,
la sal, el orégano, la hoja de laurel y el cerdo. Lleve a ebullición a
fuego vivo. Baje el fuego, tape y cueza 2 horas a fuego lento. Tire
la hoja de laurel y desengrase antes de servir.

**Cada ración: unas 445 calorías, 40 g de proteínas, 14 g de hidratos de carbono,
26 g de grasa total (9 g de saturadas), 96 mg de colesterol, 630 mg de sodio**

GOULASH DE CERDO HÚNGARO

Preparación: 20 minutos   Horno: 1½ horas
Para 6 platos principales

2 cucharadas de aceite vegetal
2 cebollas grandes, picadas
1 diente de ajo, muy finamente
  picado
30 g de pimentón
900 g de paletilla de cerdo
  deshuesada, cortada en
  trozos de 4 cm

450 de chucrut en lata, escurrido
  y enjuagado
450 g de tomates enlatados,
  picados
400 ml de caldo de buey
¼ de cucharadita de pimienta
  negra molida
225 mg de crema acidificada

◆ Precaliente el horno a 170 °C (gas 3). Caliente el aceite a fuego
moderado en una cacerola refractaria de 5 litros. Agregue las
cebollas y cuézalas 10 minutos, o hasta que estén tiernas. Incorpore
el ajo y prosiga la cocción 1 minuto sin dejar de remover.
Agregue el pimentón y cueza otro minuto. Después agregue el
cerdo, el chucrut, los tomates con su zumo, el caldo y la pimienta,
y lleve a ebullición a fuego vivo.

◆ Tape y hornee 1½ horas, o hasta que el cerdo esté tierno. Retírelo
del horno y mézclelo con la crema acidificada. Caliente
a fuego moderado (pero no deje que hierva).

**Cada ración: unas 520 calorías, 42 g de proteínas, 17 g de hidratos de carbono,
31 g de grasa total (9 g de saturadas), 109 mg de colesterol, 960 mg de sodio**

CAZUELA DE CERDO CARIBEÑA

Preparación: 40 minutos, más adobo   Horno: 45 minutos
Para 6 platos principales

4 cebollas tiernas
2 solomillos de cerdo (unos
  350 g cada uno), cortados en
  lonchas de 2-3 cm de grosor
2 cucharadas de jengibre fresco,
  finamente picado
2 cucharadas de salsa de soja
2 cucharadas de salsa Worcester
1 cucharada de tomillo fresco
  picado o ½ cucharadita de
  tomillo seco
½ cucharadita de pimienta
  de Jamaica, molida

½ cucharadita de pimienta
  de Cayena, molida
750 g de boniatos pelados y
  cortados en rodajas de 1 cm
  de grosor
1 pimiento rojo grande, sin
  membranas ni semillas y
  cortado en trozos regulares
2 cucharadas de aceite vegetal
400 g de trozos de piña en lata,
  al natural

◆ Precaliente el horno a 220 °C (gas 7). Pique finamente
2 cebollas tiernas. Corte las restantes en trozos de 5 cm. Mezcle
las cebollas con el cerdo, el jengibre, la salsa de soja, la salsa
Worcester, el tomillo, la pimienta de Jamaica y la de Cayena
en un cuenco grande. Tape y adobe 30 minutos.

◆ Mezcle los boniatos, el pimiento rojo y las cebollas tiernas con
1 cucharada de aceite en una fuente refractaria de 26 x 40 cm.
Hornee 15 minutos sin tapar.

◆ Mientras las hortalizas se hornean, caliente la cucharada
restante de aceite a fuego moderado en una sartén de 26 cm
y agregue la mitad del cerdo. Reserve el adobo y dórelo
uniformemente. Traspáselo a un cuenco y repita la operación
con el resto del cerdo.

◆ Vierta la piña con su zumo en la sartén y remueva para
desprender los depósitos. Añada la piña, el cerdo y el adobo
reservado a las hortalizas de la fuente, y prosiga la cocción
30 minutos más en el horno, con el recipiente destapado, o hasta
que el cerdo y las hortalizas estén tiernos.

**Cada ración: unas 330 calorías, 26 g de proteínas, 36 g de hidratos
de carbono, 9 g de grasa total (2 g de saturadas), 65 mg de colesterol,
450 mg de sodio**

CERDO BRASEADO

Las chuletas de cerdo se mantienen tiernas y jugosas si se brasean en una cacerola herméticamente cerrada. Con los fondos de cocción, puede prepararse una salsa rápida y deliciosa. Cuézalas a fuego muy lento para que queden bien tiernas.

CHULETAS DE CERDO RELLENAS A LA SICILIANA

❖❖❖❖❖❖❖❖❖❖❖❖

Preparación: 30 minutos
Cocción: 70 minutos
Para 4 platos principales

350 g de acelgas

1 cucharadita, más 1 cucharada, de aceite de oliva

1 diente de ajo, finamente picado

40 g de pasas sultanas

2 cucharadas de piñones, tostados y picados

sal

4 chuletas de lomo de cerdo, de 3-4 cm de grosor (300 g cada una)

¼ de cucharadita de pimienta negra molida

225 ml de caldo de pollo

75 ml de vino blanco seco

pasta confeti (*véase* abajo)

PASTA CONFETI

Cueza 175 g de *orzo* (pasta en forma de granos de arroz) según las instrucciones del envase y escúrralo. Caliente 2 cucharaditas de aceite de oliva a fuego moderado en una sartén antiadherente de 26 cm. Agregue 2 zanahorias medianas ralladas, 1 calabacín rallado (225 g), 1 diente de ajo muy finamente picado, ¾ de cucharadita de pimienta negra molida. Cueza 5 minutos y agregue el *orzo*; deje que se caliente. Para 4 guarniciones.

1 Corte las acelgas en tiras muy finas. Lleve a ebullición 2-3 cm de agua a fuego vivo en un cazo de 2 litros. Agregue las acelgas, tape y cuézalas 5 minutos. Exprímalas para retirar el exceso de líquido.

2 Caliente una cucharadita de aceite en el mismo cazo; agregue el ajo y cueza 30 segundos. Retire del fuego, mezcle con las acelgas, las pasas, los piñones y ¼ de cucharadita de sal.

3 Haga una bolsa en cada chuleta, insertando el cuchillo cerca del hueso. Deslice la hoja del cuchillo en paralelo a la superficie; ensanche la bolsa a medida que trabaja. No corte el extremo opuesto.

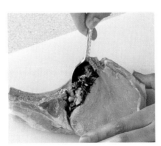

4 Rellene las bolsas con la mezcla de acelgas y ciérrelas con cuidado. Seque las chuletas y espolvoréelas con ¼ de cucharadita de sal y la pimienta. Caliente la cucharada restante de aceite en una sartén de 30 cm a fuego moderado-alto.

5 Ponga las chuletas en la sartén y dórelas por igual. Vierta el caldo y el vino, y lleve a ebullición. Baje el fuego, tape y cueza 1 hora a fuego lento, o hasta que las chuletas estén tiernas. Prepare la pasta confeti y resérvela al calor.

6 Traspase las chuletas a una fuente y resérvelas al calor. Suba el fuego y hierva los fondos de cocción hasta que se reduzcan a 175 ml. Espume la grasa y sirva las chuletas cubiertas con los fondos de cocción y acompañadas con la pasta confeti.

CADA RACIÓN: UNAS 725 CALORÍAS, 60 g DE PROTEÍNAS, 47 g DE HIDRATOS DE CARBONO, 31 g DE GRASA TOTAL (9 g DE SATURADAS), 113 mg DE COLESTEROL, 955 mg DE SODIO

CHULETAS DE CERDO A LA NARANJA

Preparación: 5 minutos
Cocción: 50-65 minutos
Para 4 platos principales

4 chuletas de lomo de cerdo, de unos 2 cm
   de grosor (unos 175 g cada una)
1 cucharada de aceite vegetal
2 cebollas grandes, cortadas en rodajas
   de 5 mm
60 ml de jerez seco
60 ml de salsa de soja
60 g de mermelada de naranja
rodajas de naranja para adornar
judías verdes al vapor (opcional)

◆ Seque las chuletas con papel de cocina.
Caliente el aceite a fuego moderado-alto en
una sartén de 30 cm. Agregue las chuletas
y cuézalas hasta que estén ligeramente
doradas por ambas caras. Traspáselas a
una fuente según se vayan dorando.

◆ Agregue las cebollas a los fondos de
cocción de la sartén y dórelas ligeramente.
Devuelva las chuletas a la sartén y vierta
el jerez, la salsa de soja y la mermelada.
Lleve a ebullición a fuego vivo.

◆ Baje el fuego, tape y cueza entre 30 y
45 minutos a fuego muy lento, o hasta que
las chuletas estén tiernas. Destape, aumente
el fuego a moderado-alto y prosiga la cocción
3 minutos más, o hasta que el líquido casi
se haya evaporado.

◆ Al servir, coloque las chuletas en 4 platos
y adórnelas con las rodajas de naranja.
Acompáñelas con judías verdes si lo desea.

**Cada ración: unas 390 calorías, 31 g de proteínas,
25 g de hidratos de carbono, 16 g de grasa total
(5 g de saturadas), 64 mg de colesterol, 1.100 mg
de sodio**

CHULETAS DE CERDO CON MANZANAS A LA CREMA

Preparación: 10 minutos
Cocción: 1-1¼ horas
Para 4 platos principales

4 chuletas de lomo de cerdo, de 2 cm
   de grosor (unos 175 g cada una)
½ cucharadita de sal
¼ de cucharadita de pimienta negra molida
2 cucharadas de aceite vegetal
1 cebolla pequeña, finamente picada
60 ml de brandy o calvados (aguardiente
   de manzanas)
225 ml de caldo de pollo
una pizca de tomillo seco
3 manzanas Golden Delicious medianas,
   peladas, descorazonadas y cuarteadas
125 ml de crema de leche, espesa
perejil picado para adornar

◆ Seque las chuletas con papel de cocina y
salpiméntelas. Caliente el aceite a fuego
moderado-alto en una sartén de 30 cm.
Agregue las chuletas y dórelas ligeramente
por ambos lados. Traspáselas a una fuente
a medida que se vayan dorando.

◆ Agregue las cebolla a los fondos de
cocción y cuézalas 3 minutos a fuego
moderado, o hasta que se ablande. Vierta
el calvados y prosiga la cocción hasta que el
líquido casi se haya evaporado.

◆ Devuelva las chuletas a la sartén. Vierta
el caldo, el tomillo y las manzanas, y lleve a
ebullición a fuego vivo. Baje el fuego, tape y
prosiga la cocción entre 30 y 45 minutos a
fuego lento, o hasta que las chuletas estén
tiernas.

◆ Traslade las chuletas y las manzanas a
una fuente caliente y resérvelas al calor.
Aumente el fuego y hierva 5 minutos con el
recipiente destapado o hasta que el líquido
se reduzca a 125 ml. Vierta la crema y lleve
de nuevo a ebullición. Hierva 3 minutos.
Para servir, derrame la salsa sobre las
chuletas de cerdo y espolvoréelas con
el perejil.

**Cada ración: unas 485 calorías, 31 g de proteínas,
23 g de hidratos de carbono, 27 g de grasa total
(12 g de saturadas), 110 mg de colesterol,
610 mg de sodio**

CHULETAS DE CERDO CON BROTES DE BRÉCOL

Preparación: 5 minutos
Cocción: 30 minutos
Para 4 platos principales

2 cucharadas de aceite de oliva
1 diente de ajo, cortado por la mitad
4 chuletas de cerdo (cinta de lomo o
   riñonada), de 1 cm de grosor (unos 150 g
   cada una)
75 ml de vermut seco o caldo de pollo
1 cucharadita de azúcar
¼ de cucharadita de pimienta negra molida
sal
900 g de brotes de brécol o col, sin los tallos
   duros

◆ Ponga a hervir 6 litros de agua a fuego
vivo en una cacerola de 8 litros. Caliente
una cucharada de aceite a fuego moderado
en una sartén de 30 cm. Añada el ajo
y cuézalo hasta que esté ligeramente
dorado. Retírelo con una espumadera
y tírelo.

◆ Seque las chuletas con papel de cocina
y agréguelas a la sartén. Cuézalas a fuego
moderado-alto, hasta que estén
uniformemente doradas.

◆ Vierta sobre la sartén el vermut,
el azúcar, la pimienta y ½ cucharadita de
sal. Baje el fuego, tape y cueza 20 minutos
a fuego lento, o hasta que las chuletas estén
tiernas, déles una vuelta.

◆ Mientras, agregue al agua hirviendo los
brotes de brécol y una cucharada de sal.
Lleve de nuevo a ebullición y hierva
2 minutos. Escurra bien.

◆ Caliente la cucharada restante de aceite
a fuego vivo en el mismo cazo. Agregue los
brécoles y ¼ de cucharadita de sal y cueza,
sin dejar de remover, hasta que estén bien
recubiertos. Resérvelos.

◆ Cuando las chuletas estén cocidas, añada
los brécoles a la sartén, tape y prosiga
la cocción hasta que estén bien calientes.

**Cada ración: unas 335 calorías, 31 g de proteínas,
10 g de hidratos de carbono, 18 g de grasa total
(5 g de saturadas), 54 mg de colesterol,
765 mg de sodio**

CERDO SALTEADO

Las chuletas de cerdo salteadas quedan jugosas y suculentas. Ofrecen los mejores resultados cuando se sazonan simplemente con hierbas, especias o una cobertura crujiente. Nuestras recetas van desde un plato al estilo italiano con jamón y queso derretido a una variante Tex-Mex especiada con judías negras y tomates, que se acompaña con una ensalada de maíz refrescante. Para evitar que la carne quede dura, es esencial no sobrecocerla. A fin de comprobar el punto de cocción sin emplear un termómetro para carne, practique una pequeña incisión en la parte más gruesa, la cercana al hueso: el interior debe haber perdido el color rosado.

1 Caliente 2 cucharaditas de aceite en una sartén antiadherente de 30 cm. Agregue la cebolla y cuézala hasta que se ablande. Trasládela a un cuenco.

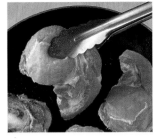

2 Seque las chuletas con papel de cocina. Cuézalas en la misma sartén durante 5 minutos, o hasta que la parte inferior esté dorada.

CHULETAS DE CERDO DESHUESADAS CON MANZANAS SALTEADAS

◆◆◆◆◆◆◆◆◆◆◆◆◆◆◆◆◆◆◆◆◆◆◆◆◆◆◆

*Preparación: 10 minutos **Cocción**: 25 minutos*
Para 4 platos principales

4 cucharadas de aceite vegetal	**2 manzanas Golden Delicious**
1 cebolla roja mediana, cortada en rodajas finas	**medianas, sin pelar, descorazonadas y cortadas en gajos de 5 mm**
4 chuletas de lomo de cerdo deshuesadas, de unos 3 cm de grosor (225 g cada una)	**1 cucharada de azúcar**
sal	**125 ml de zumo de manzana o sidra**
½ cucharadita de tomillo seco	**1 cucharadita de maicena**
¼ de cucharadita de pimienta negra molida	**pasta hervida o puré de patatas (opcional)**

3 Espolvoréelas con ½ cucharadita de sal. Déles la vuelta y espolvoréelas con el comino, la pimienta y ½ cucharadita de sal. Cueza entre 3 y 5 minutos más, o hasta que el cerdo pierda el color rosado.

4 Traslade las chuletas a 4 platos calientes y resérvelas. Caliente el aceite restante en la sartén. Agregue las manzanas y espolvoree con azúcar; cueza hasta que estén doradas. Traspáselas a los platos con las chuletas.

5 Mezcle el zumo de manzana y la maicena en un cuenco pequeño, y agregue esta mezcla y la cebolla a la sartén. Lleve a ebullición a fuego vivo, sin dejar de remover. Hierva 1 minuto. Vierta el zumo de manzana sobre las chuletas y las manzanas. Acompañe con pasta y puré de patatas si lo desea.

CADA RACIÓN: UNAS 510 CALORÍAS, 49 g DE PROTEÍNAS, 21 g DE HIDRATOS DE CARBONO, 25 g DE GRASA TOTAL (8 g DE SATURADAS), 106 mg DE COLESTEROL, 650 mg DE SODIO

CHULETAS DE CERDO ROMANO

Preparación: 5 minutos   Cocción: 15 minutos
Para 6 platos principales

1 cucharada de harina	6 lonchas finas de jamón cocido
1 cucharada de vinagre balsámico	(unos 125 g)
6 chuletas de lomo deshuesadas,	6 lonchas finas de queso
de 2 cm de grosor (unos 125 g	Emmental (unos 125 g)
cada una)	brécoles al vapor
2 cucharadas de aceite vegetal	(opcional)

◆ Mezcle en una jarra medidora la harina, el vinagre y 175 ml de agua, con un tenedor, hasta obtener una mezcla homogénea. Resérvela.

◆ Coloque las chuletas entre 2 láminas de película de plástico y aplánelas con un rodillo o mazo para carne; déles 5 mm de grosor. Séquelas, luego, con papel de cocina.

◆ Caliente una cucharada de aceite a fuego moderado-alto en una sartén de 30 cm. Agregue la mitad del cerdo y cueza unos 4 minutos, hasta que esté uniformemente dorado y pierda por completo el color rosado; déle una vuelta. Traspáselo a una fuente y repita la operación con el cerdo y el aceite restantes.

◆ Vierta la mezcla de vinagre en la sartén y remueva a fondo; cueza a fuego moderado, removiendo sin cesar, hasta que la salsa hierva y se espese ligeramente.

◆ Cubra cada trozo de cerdo con una loncha de jamón y queso. Devuelva el cerdo a la sartén; tape y cueza, a fuego lento, hasta que el queso se derrita. Acompáñelo con brécoles si lo desea.

Cada ración: unas 395 calorías, 32 g de proteínas, 2 g de hidratos de carbono, 28 g de grasa total (11 g de saturadas), 77 mg de colesterol, 320 mg de sodio

CHULETAS DE CERDO EMPANADAS

Preparación: 10 minutos   Cocción: 16-20 minutos
Para 6 platos principales

60 g de pan seco rallado	1 huevo mediano
1 cucharadita de sal	6 chuletas de cerdo (lomo, cinta
¼ de cucharadita de pimienta	de lomo o riñonada) de 2 cm
negra molida	de grosor (unos 175 g cada una)
2 cucharadas de leche	2 cucharadas de aceite vegetal

◆ Mezcle el pan rallado, la sal y la pimienta en un trozo de papel sulfurizado. Bata el huevo y la leche con un tenedor en un plato hondo. Pase las chuletas por esta mezcla y, luego, por la de pan rallado.

◆ Caliente una cucharada de aceite a fuego moderado-alto en una sartén de 26 cm. Agregue la mitad de las chuletas y cuézalas entre 8 y 10 minutos, o hasta que estén doradas por ambas caras y el cerdo empiece a perder el color rosado; déles una vuelta.

◆ Traspase las chuletas a una fuente y resérvelas al calor. Repita la operación con el resto de las chuletas, añadiendo la cucharada restante de aceite a la sartén.

Cada ración: unas 325 calorías, 31 g de proteínas, 7 g de hidratos de carbono, 19 g de grasa total (6 g de saturadas), 99 mg de colesterol, 510 mg de sodio

CHULETAS DE CERDO AL CHILE
CON ENSALADA DE MAÍZ

Preparación: 15 minutos   Cocción: 8 minutos
Para 4 platos principales

1 tomate mediano, sin semillas y	½ cucharadita de azúcar
cortado en trozos de 2-3 cm	1 cucharada de harina
400 g de maíz enlatado, escurrido	1 chucharada de chile en polvo
400 g de judías de careta en lata,	¼ de cucharadita de sal
enjuagadas y escurridas	4 chuletas de lomo pequeñas, de
1 cucharada de cilantro fresco	1 cm de grosor (unos 150 g
picado o perejil	cada una)
1 cucharada de zumo de lima	1 cucharada de aceite vegetal
recién exprimido	

◆ Prepare la ensalada de maíz, mezclando los 6 primeros ingredientes en un cuenco pequeño. Resérvelo.

◆ Mezcle la harina, el chile en polvo y la sal en un trozo de papel sulfurizado. Seque las chuletas con papel de cocina y cúbralas con la mezcla de chile.

◆ Caliente el aceite a fuego moderado-alto en una sartén antiadherente de 30 cm; agregue las chuletas y cuézalas 8 minutos, o hasta que estén bien doradas por ambas caras y el cerdo haya perdido por completo el color rosado. Acompáñelo con la ensalada de maíz.

Cada ración: unas 420 calorías, 33 g de proteínas, 38 g de hidratos de carbono, 16 g de grasa total (5 g de saturadas), 54 mg de colesterol, 860 mg de sodio

CERDO PICADO

La carne de cerdo picada queda jugosa y muy sabrosa si se aromatiza con hierbas y especias, ya sea jengibre fresco o eneldo. Forma parte de muchos platos especialmente apreciados en todo el mundo, tales como la col rellena, las empanadillas chinas o el clásico paté francés.

EMPANADILLAS CHINAS

◆◆◆◆◆◆◆◆◆◆◆◆

Preparación: 45 minutos
Cocción: 5 minutos
Para 4 platos principales

180 g de col china, cortada en tiras
225 g de cerdo, picado
2 cucharadas de salsa de soja
1 cucharada de jerez seco
2 cucharaditas de maicena
1½ cucharaditas de jengibre fresco, muy finamente picado
1 cebolla tierna, muy finamente picada
30 g de láminas para *wonton* frescas o congeladas (y descongeladas), cada una de 9 x 9 cm (a la venta en supermercados chinos)
1 clara de huevo mediana, batida
salsa de soja para mojar (inferior)
espárragos salteados y semillas de sésamo (opcional)
cebollas tiernas para adornar

SALSA DE SOJA PARA MOJAR

Para elaborar la salsa de soja para mojar mezcle en un cuenco pequeño 60 ml de salsa de soja, 60 ml de vinagre de arroz o de vino blanco y 2 cucharadas de tiras muy finas de jengibre fresco pelado. Para unos 125 ml.

1 Prepare el relleno. Ponga a hervir 2 o 3 cm de agua en una cacerola de 2 litros. Agregue la col y cueza 1 minuto a fuego vivo. Escúrrala y enjuáguela inmediatamente con agua fría.

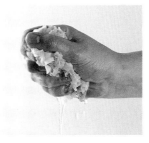

2 Escurra el máximo de agua posible de la col y píquela finamente. Póngala en un cuenco. Mezcle el cerdo con los 5 ingredientes siguientes.

3 Coloque la mitad de las láminas para *wonton* sobre papel de pergamino y pincélelas ligeramente con la clara. Coloque una cucharadita colmada de relleno en el centro de cada lámina.

4 Lleve los extremos opuestos de la pasta sobre el relleno y píncelos para sellarlo. Repita la operación con el resto de la pasta, la clara y el relleno.

5 Caliente 1 cm de agua en una sartén honda de 30 cm. Coloque todas las empanadillas, con las junturas hacia arriba, formando una sola capa. Muévalas para evitar que se peguen.

6 Ponga a hervir las empanadillas a fuego vivo. Baje el fuego, tape y cueza 5 minutos, con el líquido apenas agitándose, o hasta que las empanadillas estén cocidas. Mientras prepare la salsa de soja para mojar. Traspase las empanadillas con una espumadera a 4 platos y acompáñelas con semillas de seso y espárragos si lo desea. Adorne y acompañe con la salsa.

CADA RACIÓN: UNAS 320 CALORÍAS, 22 g DE PROTEÍNAS, 46 g DE HIDRATOS DE CARBONO, 4 g DE GRASA TOTAL (1 g DE SATURADAS), 42 mg DE COLESTEROL, 2.020 mg DE SODIO

ROLLITOS DE COL RELLENOS AL ENELDO

Preparación: 40 minutos Horno: 1 hora
Para 4 platos principales

1 col verde mediana (1,3 kg, aproximadamente)
100 g de arroz de grano largo
30 g de margarina o mantequilla
2 cebollas medianas, finamente picadas
450 g de cerdo, picado
15 g de eneldo fresco, picado
¼ de cucharadita de nuez moscada, rallada
¼ de cucharadita de sal
pimienta negra molida
800 g de tomates enlatados
1 cucharadita de azúcar

◆ Ponga a hervir 6 litros de agua en una cacerola de 8 litros. Corte y tire el corazón duro de la col. Agregue la col al agua, con la parte cortada hacia arriba. Separe las hojas externas con dos cucharas grandes en cuanto se ablanden un poco. Retire 12 hojas grandes y escúrralas sobre papel de cocina. (Escurra y reserve el resto de la col para otro día.) Extienda las hojas de col en la superficie de trabajo y recorte las nervaduras para facilitar el enrollado.

◆ Mientras, prepare el arroz según las instrucciones del paquete. Derrita 15 g de margarina a fuego moderado en una sartén de 26 cm. Agregue la mitad de las cebollas y cuézalas 5 minutos, removiéndolas a menudo, o hasta que estén tiernas. Traspáselas a un cuenco mediano con el arroz, el cerdo, el eneldo, la nuez moscada, la sal y ¼ de cucharadita de pimienta, y mezcle a fondo. Precaliente el horno a 190 °C (gas 5). Coloque unas 4 cucharadas del relleno en el centro de cada hoja de col. Doble 2 lados de la hoja de col sobre el relleno, solape los extremos y luego enrolle la hoja como si se tratara de un brazo de gitano. Coloque las hojas de col rellenas en una cacerola ancha de 2 litros.

◆ Derrita los 15 g restantes de margarina a fuego moderado en la misma sartén. Agregue el resto de las cebollas y cuézalas 5 minutos, removiendo a menudo, o hasta que estén tiernas. Incorpore los tomates con su zumo y ½ cucharadita de pimienta, y lleve a ebullición; rompa los tomates con el dorso de una cuchara. Vierta sobre los rollos de col, tape con papel de aluminio y hornee 1 hora.

Cada ración: unas 445 calorías, 32 g de proteínas, 54 g de hidratos de carbono, 13 g de grasa total (3 g de saturadas), 65 mg de colesterol, 675 mg de sodio

◆◆◆◆◆◆◆◆◆◆◆◆◆◆◆◆◆◆◆◆◆◆◆◆◆◆◆◆◆◆

PREPARAR ROLLITOS DE COL

Coloque las hojas de col blanqueadas, con las nervaduras hacia arriba, sobre la superficie de trabajo. Con el cuchillo, recorte las nervaduras de forma que las hojas casi queden planas. Ponga unas 4 cucharadas del relleno en el centro de cada hoja. Doble los lados sobre el relleno, solapando los extremos, y luego enrolle la hoja para formar un paquete.

◆◆◆◆◆◆◆◆◆◆◆◆◆◆◆◆◆◆◆◆◆◆◆◆◆◆◆◆◆◆

ALBÓNDIGAS PUERCO ESPÍN

Preparación: 20 minutos Cocción: 45 minutos
Para 4 platos principales

400 ml de caldo de pollo
1 cucharada de jerez seco
¼ de cucharadita de aceite de sésamo
100 g de arroz de grano largo
4 cebollas tiernas, picadas
450 g de cerdo, picado
1 huevo mediano
2 cucharadas de salsa de soja
2 cucharaditas de jengibre fresco, pelado y rallado
¼ de cucharadita de pimienta negra molida

◆ Ponga a hervir a fuego vivo el caldo, el jerez, el aceite de sésamo y 350 ml de agua en una sartén. Mientras, mezcle a fondo el arroz crudo con el resto de los ingredientes en un cuenco. Ponga la mezcla sobre papel sulfurizado y forme albóndigas de unos 3 cm.

◆ Sumerja cuidadosamente las albóndigas en el caldo, lleve de nuevo a ebullición. Baje el fuego, tape y cueza 45 minutos a fuego lento. Sirva las albóndigas con el caldo.

Cada ración: unas 285 calorías, 28 g de proteínas, 31 g de hidratos de carbono, 9 g de grasa total (3 g de saturadas), 127 mg de colesterol, 650 mg de sodio

PATÉ CAMPESINO

Preparación: 20 minutos, más enfriamiento Horno: 1¾ horas
Para 30 entrantes

15 g de mantequilla
1 cebolla mediana, finamente picada
450 g de higadillos de pollo preparados (*véase* pág. 134)
1,1 kg de carne de cerdo, picada
2 huevos medianos
75 ml de brandy
½ cucharadita de tomillo seco
¼ de cucharadita de nuez moscada, rallada
una pizca de clavos, molidos
2½ cucharaditas de sal
½ cucharadita de pimienta negra molida
2 hojas de laurel

◆ Precaliente el horno a 180 °C (gas 4). Derrita la mantequilla en un cazo de 2 litros. Agregue la cebolla y cuézala 4 minutos, removiendo. Traspásela a una batidora-mezcladora eléctrica. Añada los higadillos y bata hasta obtener una mezcla homogénea.

◆ Mezcle la carne picada, los huevos, el brandy, el tomillo, la nuez moscada, los clavos, la sal y la pimienta en un cuenco grande, hasta que estén bien amalgamados. Mézclelos con la preparación de higadillos. Vierta la preparación en un molde de 23 × 12 cm, y alise la superficie. Coloque las hojas de laurel en el centro.

◆ Cubra perfectamente con papel de aluminio. Ponga el molde en una fuente para hornear y hornee 1¾ horas, o hasta que un termómetro de lectura instantánea insertado en el centro del paté registre 67 °C. Coloque sobre una rejilla. Ponga un segundo molde sobre el paté y, encima de éste, unas latas pesadas. Deje que se enfríe a temperatura ambiente. Refrigere el paté con los pesos toda la noche. Desmóldelo y tire las hojas de laurel. Córtelo en lonchas finas.

Cada ración: unas 85 calorías, 11 g de proteínas, 1 g de hidratos de carbono, 3 g de grasa total (1 g de saturadas), 97 mg de colesterol, 220 mg de sodio

CERDO SALTEADO A LA MANERA ORIENTAL

Este método de cocción oriental consiste en freír tiras de carne y hortalizas variadas en una salsa sabrosa. De este modo, se obtiene un plato tan rápido como delicioso.

CERDO SALTEADO AL SÉSAMO

❖❖❖❖❖❖❖❖❖❖❖❖

Preparación: 20 minutos
Cocción: 20 minutos
Para 4 platos principales

arroz con berros (opcional; *véase* inferior)
1 solomillo de cerdo (unos 350 g), cortado en tiras de 5 mm
2 cucharadas de salsa de soja
1 cucharada de jengibre fresco, pelado y finamente picado
1 cucharadita de aceite de sésamo
1 diente de ajo, muy finamente picado
175 ml de caldo de pollo
1¼ cucharaditas de maicena
2 cucharaditas de aceite de oliva
3 zanahorias medianas, cortadas en tiras de 5 cm × 5 mm
1 pimiento rojo mediano, sin semillas ni membranas y cortado en tiras de 5 mm
1 calabacín pequeño (225 g), cortado en tiras de 5 cm × 5 mm

1 Prepare el arroz con berros si lo desea y resérvelo al calor. Mientras, mezcle el cerdo y los 4 ingredientes siguientes en un cuenco mediano. Combine en un cuenco pequeño el caldo de pollo con la maicena, y resérvelos.

2 Caliente una cucharadita de aceite de oliva a fuego moderado-alto en una sartén antiadherente de 30 cm. Agregue las zanahorias y el pimiento rojo, y cueza 5 minutos, removiendo sin cesar, o hasta que estén ligeramente dorados.

3 Vierta una cucharada de agua y cueza entre 3 y 5 minutos más, o hasta que estén tiernos. Traspáselos a un cuenco. Caliente el aceite restante en la misma sartén, agregue el calabacín y cuézalo 3 minutos, sin dejar de remover.

ARROZ CON BERROS

Ponga a hervir 350 ml de agua y 150 g de arroz de grano largo en un cazo de 1 litro a fuego vivo. Baje el fuego, tape y cueza entre 15 y 20 minutos a fuego lento, o hasta que el arroz esté tierno y haya absorbido el agua. Mézclelo con 60 g de hojas de berros picadas. Para 4 guarniciones.

Cada ración: unas 130 calorías, 3 g de proteínas, 28 g de hidratos de carbono, 0 g de grasa total, 0 mg de colesterol, 10 mg de sodio

4 Traslade el calabacín al cuenco con la zanahoria y el pimiento. Cueza la mezcla de cerdo en el mismo recipiente, sin dejar de remover, hasta que el cerdo pierda el tono rosado. Agregue las hortalizas, mezcle y lleve a ebullición. Hierva 1 minuto, removiendo, o hasta que la mezcla se espese. Acompañe con el arroz con berros si lo desea.

CADA RACIÓN: UNAS 185 CALORÍAS, 20 g DE PROTEÍNAS, 11 g DE HIDRATOS DE CARBONO, 7 g DE GRASA TOTAL (2 g DE SATURADAS), 53 mg DE COLESTEROL, 770 mg DE SODIO

CERDO *LO MEIN*

Preparación: 30 minutos   *Cocción: 15 minutos*
Para 4 platos principales

1 solomillo de cerdo (unos 350 g),
   cortado en lonchas muy finas
2 cucharadas de salsa de ostras
2 cucharadas de jerez seco
2 cucharadas de salsa de soja
1 cucharadita de jengibre fresco,
   pelado y rallado
225 g de *linguine* o fideos finos
4 cucharadas de aceite vegetal
½ cucharadita de sal
1 manojo de cebollas tiernas,
   cortadas en trozos de 5 cm

1 cogollo de *bok choy* (col china),
   de unos 750 g, cortado en tiras
   horizontales de 2-3 cm
   de ancho
175 g de rabanitos, cortados por
   la mitad si son grandes
400 g de setas chinas de paja
   de arroz en lata, o 2 latas de
   champiñones enteros (200 g
   cada una), y escurridos

◆ Mezcle el cerdo, la salsa de ostras, el jerez, la salsa de soja y
el jengibre en un cuenco mediano, y resérvelos. Cueza la pasta en
una cacerola grande siguiendo las instrucciones del paquete.

◆ Mientras, caliente 2 cucharadas de aceite a fuego vivo en una
sartén o *wok* de 30 cm. Agregue la sal y el *bok choy*, y cueza, sin dejar
de remover, hasta que la col esté tierna y crujiente; trasládela a un
cuenco. Incorpore una cucharada de aceite al que quede en la
sartén, añada los rabanitos y cueza, removiendo constantemente,
hasta que estén tiernos y crujientes. Páselos a un cuenco con la col.

◆ Vierta la cucharada restante de aceite a fuego vivo en la sartén.
Agregue las cebollas tiernas y cuézalas, removiendo hasta que
estén tiernas y crujientes. Ponga la mezcla de cerdo y cueza unos
3 minutos, removiendo sin cesar, hasta que la carne pierda su
color rosado. Devuelva la col y los rabanitos a la sartén. Añada
las setas y caliente.

◆ Escurra la pasta, agréguela a la sartén y mézclela con el contenido
de ésta.

Cada ración: unas 500 calorías, 31 g de proteínas, 52 g de hidratos de carbono,
20 g de grasa total (4 g de saturadas), 115 mg de colesterol, 1.330 mg de sodio

CERDO SALTEADO CON ESPÁRRAGOS Y SETAS *SHIITAKE*

Preparación: 25 minutos   *Cocción: 15 minutos*
Para 4 platos principales

1 solomillo de cerdo (unos 350 g),
   cortado en lonchas muy finas
2 cucharadas de salsa de soja
1 cucharada, más 2 cucharaditas,
   de aceite vegetal
225 g de setas chinas *shiitake*, sin
   los pies y cortadas en rodajas
225 g de champiñones, cuarteados
900 g de espárragos, preparados
   y cortados en trozos de 2-3 cm

4 cucharaditas de jengibre fresco,
   pelado y finamente picado
1 diente de ajo, muy finamente
   picado
225 ml de caldo de pollo
1 cucharada de salsa *hoisin*
   (una salsa china que
   encontrará en establecimientos
   especializados)

◆ Mezcle en un cuenco mediano la salsa de soja con el cerdo.
Caliente una cucharada de aceite a fuego vivo en un *wok* o sartén
de 26 cm. Agregue la mezcla de cerdo y cueza 2 minutos,
removiendo, o hasta que el cerdo pierda el color rosado. Traspáselo
a una fuente.

◆ Añada una cucharadita más de aceite a la sartén y caliente a
fuego vivo. Agregue las setas y cuézalas 5 minutos, removiendo sin
cesar, o hasta que estén doradas y el líquido se haya evaporado.
Traspáselas a la fuente con el cerdo.

◆ Agregue la cucharadita restante de aceite a la sartén y caliéntela
a fuego vivo. Incorpore los espárragos, el jengibre y el ajo, y cueza
2 minutos, removiendo. Vierta el caldo y la salsa *hoisin*; mezcle
y lleve a ebullición. Hierva entre 2 y 4 minutos, o hasta que
los espárragos estén tiernos y crujientes. Devuelva el cerdo y
las setas a la sartén, y caliéntelos.

Cada ración: unas 270 calorías, 26 g de proteínas, 24 g de hidratos de carbono,
10 g de grasa total (2 g de saturadas), 54 mg de colesterol, 980 mg de sodio

CONSEJOS PARA EL SALTEADO ORIENTAL

• Tenga a mano todos los ingredientes cortados y medidos, así
como las salsas y agentes espesantes antes de empezar a cocinar.

• Los alimentos a temperatura ambiente se cuecen más
uniformemente que los fríos. Sáquelos de la nevera unos
30 minutos antes de empezar a cocinar.

• Corte los ingredientes en trozos del mismo tamaño para
conseguir una cocción regular.

• El aceite debe estar muy caliente. Para comprobarlo, agregue
un trozo de hortaliza al aceite; si chisporrotea, está lo
suficientemente caliente.

• No llene demasiado el recipiente, pues los alimentos se
guisarían en vez de freírse.

• Remueva continuamente para que todo cueza de forma
uniforme.

CERDO ASADO AL *GRILL*

El solomillo de cerdo es la parte más magra y tierna del animal; además, su forma alargada y estrecha facilita una cocción breve y uniforme. Para preparar un plato rápido y con pocas grasas, áselo al *grill* con un adobo oriental, frótelo con una mezcla de especias fragante o ensarte dados de cerdo con ciruelas rojas y rocíelos con gelatina de grosellas. Cualquiera que sea su elección disfrutará, tras una inversión de tan sólo 15 minutos, de un plato sorprendente.

SOLOMILLO DE CERDO ADOBADO

◆◆◆◆◆◆◆◆◆◆◆◆◆◆◆◆◆◆◆◆◆◆◆◆◆◆◆

Preparación: 20 minutos, más adobo y reposo
Grill: 15-20 minutos **Para** *4 platos principales*

2 cucharadas de salsa de soja

2 cucharadas de jerez seco

2 cucharaditas de jengibre fresco, pelado y rallado

2 dientes de ajo, muy finamente picados

1 solomillo de cerdo (450 g)

1 cucharada de aceite vegetal

2 cebollas tiernas medianas, cortadas por la mitad, a lo largo, y luego en trozos de 5 cm

3 calabacines medianos (225 g cada uno), cuarteados a lo largo y cortados en trozos de 5 cm

1 pimiento rojo grande, sin membranas ni semillas y cortado en tiras finas de 5 cm

½ cucharadita de sal

1¾ cucharaditas de azúcar

½ cucharadita de maicena

1 Ponga la salsa de soja, el jerez, el jengibre y el ajo en una fuente de cristal lo suficientemente grande como para contener el solomillo, y mézclelos bien. Agregue la carne y recúbrala con el adobo. Tape y refrigere 40 minutos; de vez en cuando, déle la vuelta a la carne. Unos 20 minutos antes de servir, precaliente el *grill*. Coloque el solomillo en la placa del *grill* y reserve el adobo. Ponga la placa a unos 15 cm de la fuente de calor.

2 Ase la carne entre 15 y 20 minutos, déle la vuelta una vez, o hasta que al insertar en el centro un termómetro de lectura instantánea éste registre 64,5 °C (subirá a 67 °C durante el reposo). Traspase la carne a una tabla para trinchar y deje que repose 10 minutos.

3 Mientras, caliente el aceite a fuego moderado-alto en una sartén antiadherente de 26 cm. Agregue las cebollas tiernas, los calabacines, el pimiento rojo y la sal, y cuézalos hasta que estén dorados, tiernos y crujientes; no deje de remover.

4 Ponga a hervir el resto del adobo y el azúcar a fuego moderado en un cazo pequeño. Mezcle la maicena y 125 ml de agua fría en un cuenco pequeño y amalgámelos con el contenido del cazo. Lleve a ebullicion y hierva 1 minuto, removiendo.

5 Corte el solomillo en lonchas diagonales de 1 cm de grosor. En el momento de servir, coloque la mezcla de hortalizas en una fuente caliente. Cúbralas con la carne y vierta la salsa por encima.

CADA RACIÓN: UNAS 225 CALORÍAS, 26 g DE PROTEÍNAS, 11 g DE HIDRATOS DE CARBONO, 8 g DE GRASA TOTAL (2 g DE SATURADAS), 65 mg DE COLESTEROL, 835 mg DE SODIO

Broquetas de cerdo y ciruelas al chile

Preparación: 15 minutos   Grill: 8 minutos
Para 4 platos principales

2 cucharaditas de chile en polvo
1 cucharadita de comino molido
1 cucharadita de azúcar moreno
⅛ de cucharadita de pimienta
   de Cayena, molida
½ cucharadita de sal
4 broquetas metálicas de 25 cm

1 solomillo de cerdo (unos 350 g),
   cortado a dados de 4 cm
4 ciruelas, deshuesadas y
   cuarteadas
3 cucharadas de gelatina de
   grosellas, derretida

◆ Precaliente el *grill*. Mezcle los 5 primeros ingredientes en un cuenco pequeño. Seque el cerdo con papel de cocina, mézclelo con las especias y cúbralo de manera uniforme.

◆ Ensarte la carne en las broquetas, alternándola con los cuartos de ciruela. Coloque las broquetas sobre la placa del horno.

◆ Coloque la placa lo más cerca posible de la fuente de calor y ase las broquetas 7 minutos; déles una vuelta. Pincélelas con la mitad de la gelatina y áselas 20 segundos.

◆ Dé la vuelta a las broquetas y pincélelas con el resto de la gelatina. Áselas 20 segundos más, o hasta que el cerdo esté uniformemente dorado y cocido.

Cada ración: unas 185 calorías, 18 g de proteínas, 20 g de hidratos de carbono, 4 g de grasa total (1 g de saturadas), 49 mg de colesterol, 320 mg de sodio

Solomillo de cerdo al curry

Preparación: 5 minutos, más reposo   Grill: 15-20 minutos
Para 4 platos principales

1 solomillo de cerdo (450 g)
1 cucharada de curry en polvo
1 cucharadita de comino
   molido

¾ de cucharadita de sal
¼ de cucharadita de canela
   molida
2 cucharaditas de aceite vegetal

◆ Precaliente el *grill*. Seque la carne con papel de cocina. Mezcle los 5 ingredientes siguientes en un cuenco pequeño y frote la carne con la mezcla. Coloque el cerdo sobre la placa del *grill* y sitúe ésta a unos 15 cm de la fuente de calor. Áselo entre 15 y 20 minutos,

dándole una vuelta, o hasta que el cerdo esté dorado y la temperatura interna alcance los 64,5 °C en un termómetro de lectura instantánea (la temperatura interna subirá a 67 °C durante el reposo). Traslade el cerdo a una fuente y deje que repose 10 minutos al calor. Córtelo en lonchas finas para servirlo.

Cada ración: unas 165 calorías, 24 g de proteínas, 1 g de hidratos de carbono, 7 g de grasa total (2 g de saturadas), 65 mg de colesterol, 450 mg de sodio

Cerdo con hortalizas salteadas

Preparación: 40 minutos, más reposo   Grill: 15-20 minutos
Para 6 platos principales

2 cucharadas de azúcar moreno
1 cucharada de mostaza seca
2 cucharadas de vinagre balsámico
2 cucharadas de salsa de soja
2 solomillos de cerdo (unos 350 g
   cada uno)
3 cucharaditas de aceite vegetal
5 zanahorias grandes, cortadas
   en rodajas finas
1 cebolla mediana, cortada
   en rodajas finas

4 tallos de apio, cortados
   en rodajas finas
2-3 cm de jengibre fresco, pelado
   y cortado en rodajas finas
sal
2 pimientos rojos grandes, sin
   membranas ni semillas y cortados
   en tiras de 5 mm de ancho
1 pimiento verde grande, sin
   membranas ni semillas y cortado
   en tiras de 5 mm de ancho

◆ Mezcle los 4 primeros ingredientes en una fuente no metálica lo bastante amplia como para contener los solomillos. Añada el cerdo y déle unas vueltas para que quede bien recubierto. Resérvelo mientras cuece las hortalizas.

◆ Caliente 2 cucharaditas de aceite en una sartén antiadherente a fuego moderado-alto. Agregue las zanahorias, la cebolla, el apio, el jengibre y ½ cucharadita de sal, y cueza entre 10 y 12 minutos, o hasta que las hortalizas estén doradas. Trasládelas a un cuenco.

◆ Precaliente el *grill*. Caliente la cucharadita restante de aceite en la misma sartén. Agregue los pimientos y ½ cucharadita de sal; cueza hasta que se doren. Devuelva la mezcla de zanahorias a la sartén y reserve al calor.

◆ Pincele la placa del *grill* con aceite. Coloque el cerdo en la placa y reserve el adobo. Ponga la placa a unos 15 cm de la fuente de calor y ase entre 15 y 20 minutos, o hasta que el cerdo esté dorado y la temperatura interna alcance los 64,5 °C en un termómetro de lectura instantánea; déle una vuelta.

◆ Traspase el cerdo a una fuente y deje que repose 10 minutos al calor.

◆ Coloque el adobo en un cazo de 1 litro con 125 ml de agua y lleve a ebullición a fuego vivo. Reduzca el fuego a moderado-bajo y hierva la salsa durante 3 minutos.

◆ Corte la carne en lonchas finas y acompáñelas con la salsa y las hortalizas.

Cada ración: unas 250 calorías, 26 g de proteínas, 21 g de hidratos de carbono, 7 g de grasa total (2 g de saturadas), 65 mg de colesterol, 805 mg de sodio

Costillas de cerdo

Las costillas de cerdo asadas a la barbacoa, previamente frotadas con especias o pinceladas con un glaseado dulce, o sabroso, son uno de los platos veraniegos por excelencia. Si precuece las costillas, las ablandará, a la vez que desechará el exceso de grasa. Déles la vuelta a menudo, especialmente si las ha recubierto con una salsa o un glaseado dulce para barbacoas. Si las condiciones atmosféricas no permiten cocerlas al aire libre, áselas en el *grill* del horno.

Costillas de cerdo glaseadas con salsa Teriyaki

◆◆◆◆◆◆◆◆◆◆◆◆◆◆◆◆◆◆◆◆◆◆◆◆◆◆◆◆

Preparación: 1½ horas   Barbacoa: 15 minutos
Para 5 platos principales

4 juegos de costillas de cordero lechal (450 g cada uno)	3 cucharadas de jengibre fresco, pelado y finamente picado
1 cucharada de aceite de oliva o vegetal	350 g de confitura de albaricoque o melocotón
4 cebollas tiernas, cortadas en rodajas finas	5 nectarinas medianas, cortadas por la mitad y deshuesadas
75 ml de salsa Teriyaki (producto comercial)	2 cucharadas de azúcar
2 cucharadas de maicena	pan francés (opcional)

1 Ponga las costillas en una cacerola de 8 litros, cúbralas con agua y llévelas a ebullición a fuego vivo. Baje el fuego, tape y cueza entre 45 y 60 minutos a fuego lento, o hasta que estén tiernas. Traspáselas a una fuente. Si no las va a servir enseguida, tápelas y refrigérelas. Prepare la barbacoa.

2 Prepare el glaseado: caliente el aceite en un cazo de 1 litro a fuego moderado. Agregue las cebollas tiernas y cuézalas, removiéndolas con frecuencia, hasta que estén doradas. Incorpore la salsa Teriyaki, los 3 ingredientes siguientes y 60 ml de agua, y cueza removiendo. Hiérvala 1 minuto. Espolvoree las nectarinas con azúcar.

3 Coloque las costillas sobre la barbacoa a fuego moderado. Áselas 15 minutos, o hasta que estén bien calientes; pincélelas con el glaseado durante los últimos 5 minutos de cocción.

SALSA TERIYAKI

La salsa japonesa Teriyaki es una mezcla de vino de arroz, salsa de soja y azúcar, de un sabor dulce y salado, que proporciona una película brillante a las carnes, aves y pescados asados a la barbacoa. Pincele las carnes al final de cocción para que no se quemen, o utilícela como adobo: les da un delicioso sabor a la vez que las ablanda.

4 Al cabo de 5 minutos de cocción de las costillas, agregue las nectarinas a la barbacoa y cuézalas, dándoles la vuelta a menudo, hasta que estén doradas. Acompañe las costillas y las nectarinas con pan francés si lo desea.

CADA RACIÓN: UNAS 890 CALORÍAS, 47 g DE PROTEÍNAS, 77 g DE HIDRATOS DE CARBONO, 44 g DE GRASA TOTAL (15 g DE SATURADAS), 164 mg DE COLESTEROL, 850 mg DE SODIO

COSTILLAS DE CERDO RECUBIERTAS CON HIERBAS Y CHILE

Preparación: 1½ horas
Barbacoa: 15-20 minutos
Para 4 platos principales

1,8 kg de costillas de cerdo, cortadas en porciones de 2 costillas
3 cucharadas de chile en polvo
2 cucharaditas de orégano seco
1 cucharadita de mostaza seca
1 cucharadita de sal
perejil fresco picado para adornar
ensalada de patatas (opcional)

◆ Ponga las costillas en una cacerola de 8 litros. Cúbralas con agua y lleve a ebullición a fuego vivo. Baje el fuego, tape y cueza entre 45 y 60 minutos a fuego lento, o hasta que las costillas estén tiernas. Traspáselas a una fuente y, si no las va a servir enseguida, cúbralas y refrigérelas. Prepare la barbacoa.

◆ Seque las costillas con papel de cocina. Mezcle el chile en polvo, el orégano, la mostaza y la sal en un cuenco pequeño y frote con ello las costillas.

◆ Colóquelas en la barbacoa a fuego moderado y áselas entre 15 y 20 minutos, dándoles la vuelta a menudo, o hasta que estén bien calientes. Adórnelas y acompáñelas con ensalada de patatas si lo desea.

Cada ración: unas 720 calorías, 57 g de proteínas, 4 g de hidratos de carbono, 52 g de grasa total (19 g de saturadas), 205 mg de colesterol, 730 mg de sodio

COSTILLAS DE CERDO AGRIDULCES

Preparación: 1½ horas
Barbacoa: 15-20 minutos
Para 4 platos principales

1,8 kg de costillas de cerdo, cortadas en porciones de 2 costillas
125 ml de salsa chile embotellada
125 ml de salsa *hoisin* (salsa china comercial)
60 g de azúcar moreno
¾ de cucharadita de pimienta de Jamaica, molida
½ cucharadita de salsa tabasco
4 melocotones medianos, cortados por la mitad y deshuesados
2 cucharadas de confitura de melocotón

◆ Ponga las costillas en una cacerola de 8 litros. Cúbralas con agua y lleve a ebullición. Baje el fuego, tape y cuézalas, entre 45 y 60 minutos a fuego lento, o hasta que estén tiernas. Traspáselas a una fuente. Si no las va a servir enseguida, tápelas y refrigérelas. Prepare la barbacoa.

◆ Mezcle la salsa chile y los 4 ingredientes siguientes en un cuenco pequeño. Coloque las costillas en la barbacoa a fuego moderado y áselas entre 15 y 20 minutos o hasta que estén bien calientes. Déle la vuelta a menudo y pincélelas a menudo con la salsa durante los últimos 10 minutos de cocción.

◆ Una vez que hayan transcurrido unos 10 minutos, agregue los melocotones a la barbacoa y áselos unos 5 minutos; déles una vuelta y pincélelos con la confitura. Acompañe las costillas con los melocotones.

Cada ración: unas 905 calorías, 57 g de proteínas, 56 g de hidratos de carbono, 51 g de grasa total (19 g de saturadas), 205 mg de colesterol, 1.630 mg de sodio

GLASEADO DE NARANJA Y ROMERO

Si va a preparar una barbacoa gigante quizá desee varios glaseados. Con esta receta glaseará 1,8 kg de costillas. Mezcle 225 g de confitura de naranja, 60 ml de zumo de limón recién exprimido, 2 cucharadas de romero fresco picado o bien 2 cucharadas de romero seco y machacado, y 1½ cucharaditas de sal en un cuenco pequeño hasta que estén bien amalgamados. Para 300 ml.

COSTILLAS DE CERDO CON SALSA BARBACOA Y JALAPEÑOS

Preparación: 1½ horas
Barbacoa: 15-20 minutos
Para 6 platos principales

1,8 kg de costillas de cerdo
125 ml de vinagre de sidra
60 ml de salsa chile
2 cucharadas de azúcar moreno
2 cucharadas de chiles verdes en lata, escurridos y picados
1 cucharada de chiles jalapeños, encurtidos, escurridos y picados, y desprovistos de membranas y semillas
1 cucharada de aceite vegetal
1 cucharadita de sal
⅛ de cucharadita de orégano seco

◆ Ponga las costillas en una cacerola de 8 litros. Cúbralas con agua y lleve a ebullición. Baje el fuego, tape y cueza entre 45 y 60 minutos por debajo del punto de ebullición o hasta que estén muy tiernas. Trasládelas a una fuente. Si no las va a servir enseguida, tápelas y refrigérelas. Prepare la barbacoa.

◆ Prepare la salsa barbacoa: mezcle el resto de los ingredientes en un robot o batidora-mezcladora provista de cuchilla metálica, a velocidad media, hasta que estén bien amalgamados. Coloque las costillas sobre la rejilla a fuego moderado y cuézalas entre 15 y 20 minutos, dándoles la vuelta a menudo y pincelándolas con la salsa durante los últimos 10 minutos, o hasta que estén bien calientes.

Cada ración: unas 610 calorías, 65 g de proteínas, 9 g de hidratos de carbono, 34 g de grasa total (11 g de saturadas), 134 mg de colesterol, 645 mg de sodio

LA ALTERNATIVA INTERNA

Si desea asar las costillas al *grill* en vez de a la barbacoa, cuézalas primero tal como se indica en las recetas. Luego, colóquelas con la cara carnosa hacia abajo, en la placa del *grill*, y sitúe ésta a unos 20 cm de la fuente de calor. Cueza las costillas unos 20 minutos o hasta que estén bien calientes. Déles la vuelta y pincélelas con la salsa o el glaseado según se indica en las recetas.

CERDO AHUMADO

El cerdo ahumado, generalmente, se cura en salmuera, y luego se aromatiza con humo de maderas como la de manzano y, ocasionalmente, mezquite; además, no se acostumbra a cocer por completo. Su sabor robusto armoniza con combinaciones de conservas agridulces y mostaza, zumo de manzana, vinagre, azúcar moreno y chucrut. El jamón ahumado puede encontrarse en el mercado tanto cocido por completo como medio cocido.

JAMÓN AHUMADO GLASEADO CON ALBARICOQUE

◆◆◆◆◆◆◆◆◆◆◆◆◆◆◆◆◆◆◆◆◆◆◆◆◆◆◆◆

Preparación: 10 minutos, más reposo Horno: 2 horas
Para 12 platos principales

medio jamón, medio cocido, con el hueso (3,1 kg, aproximadamente)	3 cucharadas de harina
175 g de confitura de albaricoque	400 ml de caldo de pollo
3 cucharadas de mostaza de Dijon	ramitas de romero para adornar
½ cucharadita de jengibre, molido	coles de Bruselas y gajos de boniato (opcional)

1 Precaliente el horno a 170 °C (gas 3). Retire la piel y desengrase el jamón; deje tan sólo una capa de grasa de 5 mm de grosor. Entalle la grasa hasta llegar a la carne y forme unos rombos de 2 cm. Coloque el jamón en la rejilla de una fuente mediana para hornear.

2 Inserte el termómetro para carne en el centro del jamón, procure que el extremo puntiagudo no toque el hueso. Hornéelo 1½ horas. Mientras, prepare el glaseado; mezcle el jamón, la mostaza y el jengibre en un cuenco pequeño hasta que estén bien amalgamados. Hornee el jamón 30 minutos más o hasta que el termómetro registre 57 °C. Colóquelo en una fuente grande, caliente, y déjelo reposar 15 minutos al calor.

3 Prepare la salsa. Retire la rejilla de la fuente y vierta los fondos de cocción a través de un tamiz dispuesto sobre una jarra medidora de 2 litros; deje que repose unos segundos, hasta que la grasa se separe de los jugos de la carne. Vierta 3 cucharadas de esta grasa en un cazo de 2 litros, espume y tire el resto.

4 Añada 225 ml de agua a la fuente y remueva hasta que se desprendan los depósitos marrones. Tamice esta mezcla en los líquidos de la jarra medidora. Espolvoree la harina en el cazo con la grasa y cueza 1 minuto a fuego moderado. Vierta gradualmente la mezcla de caldo y fondos de cocción, y cueza, sin dejar de remover, hasta que la salsa se espese. Corte el jamón en lonchas finas y acompáñelo con la salsa, los boniatos y las coles de Bruselas si lo desea.

CADA RACIÓN: UNAS 260 CALORÍAS, 34 g DE PROTEÍNAS, 12 g DE HIDRATOS DE CARBONO, 8 g DE GRASA TOTAL (2 g DE SATURADAS), 76 mg DE COLESTEROL, 1.845 mg DE SODIO

CACEROLA DE CHULETAS DE CERDO AHUMADAS

Preparación: 30 minutos   Horno: 1-1¼ horas
Para 6 platos principales

1 cogollo de col verde pequeño (unos 750 g)	125 ml de zumo de manzana
450 g de patatas rojas pequeñas	3 cebollas grandes, cuarteadas
2 cucharadas de aceite vegetal	60 ml de vinagre de sidra
6 chuletas de lomo, ahumadas y de 1 cm de grosor (unos 150 g cada una)	½ cucharadita de pimienta negra, molida gruesa
	325 g de frutas secas variadas

◆ Precaliente el horno a 190 °C (gas 5). Corte la col en 6 trozos y retire el corazón fibroso. Ponga la col y las patatas en una cacerola o fuente para asar de 5 litros.

◆ Caliente el aceite a fuego moderado en una sartén de 30 cm, agregue las cebollas y cuézalas, removiéndolas a menudo, hasta que estén doradas. Traspáselas a la cacerola con la col y las patatas.

◆ Seque las chuletas con papel de cocina y cueza la mitad en la grasa que queda en la sartén hasta que estén ligeramente doradas. Repita la operación con el resto de las chuletas. Ponga las chuletas sobre la mezcla de hortalizas de la cacerola.

◆ Incorpore el resto de los ingredientes a los fondos de cocción de la sartén y lleve a ebullición, a fuego vivo y sin dejar de remover, hasta que se desprendan los depósitos marrones.

◆ Vierta el zumo de manzana sobre las chuletas y las hortalizas, tape y hornee entre 1-1¼ horas, o hasta que estén tiernas. Rocíe la carne y las hortalizas varias veces con el líquido de la cacerola, o hasta que estén tiernas.

Cada ración: unas 515 calorías, 30 g de proteínas, 68 g de hidratos de carbono, 16 g de grasa total (5 g de saturadas), 54 mg de colesterol, 790 mg de sodio

CERDO AHUMADO CON FRUTAS Y COL

Preparación: 40 minutos   Horno: 45-60 minutos
Para 6 platos principales

1 col verde mediana (1,3 kg, aproximadamente)	500 g de albaricoques en almíbar, de lata
3 cucharadas de aceite vegetal	2 cucharadas de azúcar moreno
2 cebollas grandes, cortadas a octavos	3 cucharadas de vinagre de vino blanco
1 paletilla de cerdo, ahumada y enrollada (unos 900 g), o chuletas de cerdo ahumadas	3 cucharadas de mostaza alemana
	½ cucharadita de pimienta de Jamaica, molida
750 g de peras en almíbar, de lata	

◆ Precaliente el horno a 170 °C (gas 3). Cuartee la col y retírele el corazón fribroso. Corte la col en tiras horizontales de 2 o 3 cm de anchura, y recorte las nervaduras.

◆ Caliente el aceite a fuego moderado en una cacerola refractaria de 8 litros. Agregue las cebollas y cuézalas hasta que se ablanden. Mézclelas con la col, tape y cueza 20 minutos, removiendo de vez en cuando, o hasta que la col esté tierna. Mientras, retire el bramante del cerdo, si lo llevara, y córtelo en lonchas de 5 mm de grosor. Escurra las frutas enlatadas. Mezcle el azúcar moreno, el vinagre, la mostaza y la pimienta de Jamaica con la col. Esparza esta preparación en una fuente refractaria de 33 x 20 cm, e inserte dentro la carne y las frutas. Tape con papel de aluminio y hornee entre 45 y 60 minutos, o hasta que la carne esté tierna.

Cada ración: unas 625 calorías, 34 g de proteínas, 55 g de hidratos de carbono, 32 g de grasa total (10 g de saturadas), 84 mg de colesterol, 1.145 mg de sodio

CERDO AHUMADO CON CHUCRUT

Preparación: 10 minutos   Cocción: 50 minutos
Para 4 platos principales

4 chuletas de lomo de cerdo ahumadas, de 2 cm de grosor (unos 175 g cada una)	750 g de chucrut, enjuagado y escurrido
1 cucharada de aceite vegetal	350 ml de cerveza lager o sin alcohol
1 manzana Granny Smith, sin pelar	60 g de azúcar moreno
450 g de zanahorias, cortadas en trozos de 2-3 cm	2 cucharaditas de semillas de alcaravea o hinojo, bien machacadas

◆ Seque las chuletas con papel de cocina. Caliente el aceite a fuego vivo en una sartén de 30 cm. Agregue las chuletas y cuézalas hasta que estén uniformemente doradas. Mientras, ralle la mitad de la manzana y reserve el resto.

◆ Agregue las zanahorias, la manzana rallada, el chucrut, la cerveza, el azúcar moreno, las semillas de alcaravea y 120 ml de agua a la cacerola, y lleve a ebullición. Baje el fuego, tape y cueza 35 minutos a fuego muy lento.

◆ Corte el resto de la manzana en gajos y agréguelos a la sartén. Tape y cueza 10 minutos más, rociando la carne de vez en cuando con el líquido, o hasta que el cerdo y las zanahorias estén tiernos.

Cada ración: unas 500 calorías, 37 g de proteínas, 41 g de hidratos de carbono, 19 g de grasa total (6 g de saturadas), 74 mg de colesterol, 2.195 mg de sodio

CÓMO PREPARAR EL CHUCRUT

El chucrut es col cortada en tiras finas, que se ha macerado durante varias semanas con sal y zumo de col, lo que le da un sabor agrio. Para suavizarlo, enjuague el chucrut bajo un chorro de agua fría, y escúrralo bien antes de cocinarlo.

SALCHICHAS DE CERDO

Las salchichas de cerdo, además de encontrarse en diferentes cocinas, ofrecen una gran variedad de sabores. En nuestra selección, presentamos: salchichas italianas, salchichas polacas *kielbasa* ahumadas y *bratwurst* aromatizadas con cilantro. Al igual que el resto del cerdo, deben cocerse a fondo.

TORTA RÚSTICA
❖❖❖❖❖❖❖❖❖❖❖

Preparación: 40 minutos, más la elaboración de la masa para la pizza y enfriamiento
Horno: 25 minutos
Para 6 platos principales

doble cantidad de pasta básica para pizza (*véase* **pág. 418**)
450 g de salchichas crudas, peladas
1 huevo mediano
225 g de queso Ricotta
225 g de Mozzarella, rallado
200 g de pimientos rojos asados o de lata, escurridos y cortados en tiras de 1 cm de grosor, secados con papel de cocina
30 g de hojas de albahaca

1 Prepare la pasta básica para pizza (*véase* pág. 418, pasos 1 y 2). Cueza las salchichas en una sartén durante unos 20 minutos; remuévalas para separar la carne. Escúrralas sobre papel de cocina.

2 Casque los huevos y coloque las claras en un cuenco. Resérvelas en la nevera. Mezcle el queso Ricotta y las yemas hasta que estén bien amalgamados. Precaliente el horno a 220 °C (gas 7).

3 Extienda con un rodillo la mitad de la pasta para pizza sobre una superficie limpia, ligeramente enharinada; forme un cuadrado de 33 cm de lado. Cubra con éste una tartera honda de 24 cm. Recorte los extremos, pero deje que la pasta cuelgue unos 2 o 3 cm por los lados; reserve los recortes de pasta. Esparza la mitad de la Mozzarella sobre la pasta y cubra con la mitad de las salchichas. Añada todos los pimientos asados, la mezcla de Ricotta y la albahaca.

4 Cubra las capas con el resto de las salchichas, extendiéndolas uniformemente y, luego, con el resto de la Mozzarella.

5 Extienda la segunda mitad de la pasta sobre una superficie ligeramente enharinada y practique por encima unos pequeños cortes con un cuchillo. Coloque la pasta sobre el relleno y pince ambos extremos de pasta para sellarlos.

6 Corte varias hojas de los recortes de pasta y utilícelos para decorar la torta. Bata ligeramente las claras reservadas con un tenedor y pincele con ello la torta. Adórnela con las hojas y pincélelas con más clara. Hornee la torta 15 minutos. Después, tápela holgadamente con papel de aluminio y hornéela 10 minutos más. Traspásela a una rejilla para que se enfríe ligeramente. Sírvala caliente o a temperatura ambiente, o tápela y refrigérela para servirla más tarde.

CADA RACIÓN: UNAS 610 CALORÍAS, 28 g DE PROTEÍNAS, 53 g DE HIDRATOS DE CARBONO, 29 g DE GRASA TOTAL (13 g DE SATURADAS), 114 mg DE COLESTEROL, 1.350 mg DE SODIO

CACEROLA DE POLENTA Y SALCHICHAS

Preparación: 70 minutos   Horno: 35 minutos
Para 8 platos principales

225 g de salchichas suaves, peladas

225 g de salchichas picantes, peladas

400 ml de caldo de pollo

1 cucharada de aceite de oliva

1 cebolla grande, picada

1 tallo de apio grande, picado

1 zanahoria mediana, picada

800 g de tomates enlatados

2 cucharadas de tomate concentrado

240 g de harina de maíz amarilla, gruesa

¼ de cucharadita de sal

60 g de parmesano, rallado

225 g de queso Fontina o Mozzarella, rallados

hojas de apio para adornar

◆ Prepare la salsa de salchichas y tomate. Cueza todas las salchichas a fuego moderado-alto, en una cacerola refractaria de 5 litros hasta que estén doradas; remuévalas para que se rompan. Traspáselas a un cuenco. Caliente el aceite a fuego moderado-alto en los fondos de cocción de la cacerola, y agregue la cebolla, el apio y la zanahoria, y cuézalos removiendo a menudo, hasta que estén dorados. Incorpore a la cacerola la carne de salchicha, los tomates y el tomate concentrado, y lleve a ebullición. Baje el fuego, tape y cueza 10 minutos a fuego lento. Destape y cueza 10 minutos más a fuego lento; rompa los tomates con el dorso de una cuchara.

◆ Precaliente el horno a 180 °C (gas 4). Prepare la polenta: bata en un cazo de 4 litros la harina de maíz, el caldo y la sal con una batidora de varillas. Coloque el cazo a fuego moderado y vierta 1 litro de agua; bata durante 5 minutos, o hasta que la mezcla se espese. Incorpore el parmesano; mezcle y retire del fuego.

◆ Engrase una fuente refractaria de 33 x 20 cm. Extienda la mitad de la polenta en la fuente y cubra con la mitad de la salsa de salchichas y tomate, y luego con la mitad del queso Fontina. Repita la operación con el resto de la polenta y la salsa. Introduzca la fuente en el horno y cueza 15 minutos sin tapar. Espolvoree con el resto del queso Fontina y hornee 20 minutos más, o hasta que el contenido de la fuente esté muy caliente y burbujeante. Deje que repose 15 minutos antes de servir y adorne con las hojas de apio.

Cada ración: unas 420 calorías, 20 g de proteínas, 36 g de hidratos de carbono, 22 g de grasa total (10 g de saturadas), 64 mg de colesterol, 1.100 mg de sodio

KIELBASA CON COL Y FRUTAS

Preparación: 10 minutos   Cocción: 25 minutos
Para 6 platos principales

1 col pequeña verde, rizada o común (900 g)

15 g de margarina o mantequilla

1 cebolla mediana, finamente picada

125 ml de vino blanco seco

225 g de frutas secas variadas

125 ml de caldo de pollo

¼ de cucharadita de tomillo seco

¼ de cucharadita de sal

¼ de cucharadita de pimienta negra molida

450 g de salchichas polacas *kielbasa* cocidas, cortadas en trozos de 2-3 cm

Cuartee la col y retírele el corazón. Córtela en tiras muy finas y deseche las nervaduras. Derrita la margarina a fuego moderado en una cacerola refractaria de 8 litros. Agregue la cebolla y cuézala 5 minutos, o hasta que esté tierna. Vierta el vino y las frutas secas, y lleve a ebullición. Agregue el caldo y el tomillo, la sal, la pimienta y la col. Tape y cueza a fuego vivo 5 minutos. Agregue las salchichas, remueva y cueza 15 minutos más, o hasta que la col esté tierna y las salchichas bien calientes.

Cada ración: unas 440 calorías, 14 g de proteínas, 40 g de hidratos de carbono, 25 g de grasa total (10 g de saturadas), 47 mg de colesterol, 905 mg de sodio

SALCHICHAS *BRATWURST* BRASEADAS CON CERVEZA

Preparación: 30 minutos   Horno: 1½ horas
Para 6 platos principales

750 g de salchichas *bratwurst*

1 cogollo pequeño de col verde (unos 900 g), cortado en 6 trozos, sin el corazón

1 cucharada de aceite vegetal

450 g de patatas rojas, cortadas en trozos de 4 cm

2 cebollas medianas, cortadas en rodajas

325-350 ml de cerveza lager o sin alcohol

1 cucharada de semillas de alcaravea

½ cubito de caldo de pollo, desmenuzado

¼ de cucharadita de pimienta negra molida

◆ Cueza las salchichas a fuego moderado-alto en una sartén de 30 cm, hasta que se doren; déles la vuelta de vez en cuando. Escúrralas sobre papel de cocina y ponga la col y las salchichas en una cacerola ancha de 3 litros y medio.

◆ Precaliente el horno a 190 °C (gas 5). Caliente el aceite a fuego moderado-alto con los fondos de la sartén, agregue las patatas y las cebollas y cuézalas hasta que estén doradas; remuévalas a menudo. Agréguelas a la cacerola.

◆ Incorpore el resto de los ingredientes a la sartén y lleve a ebullición, a fuego vivo; remueva los depósitos hasta desprenderlos. Vierta la mezcla en la cacerola; tape y hornee 1½ horas, o hasta que las hortalizas estén tiernas.

Cada ración: unas 385 calorías, 13 g de proteínas, 30 g de hidratos de carbono, 24 g de grasa total (9 g de saturadas), 45 mg de colesterol, 680 mg de sodio

C ORDERO CONOCIMIENTOS BÁSICOS

La carne de cordero, de sabor dulce y suculento, es a la vez elegante y consistente. Antaño símbolo de la primavera, el cordero se cría durante todo el año, por lo que se puede disfrutar de esta carne en cualquier época. Una pierna de cordero asada es un buen plato festivo, mientras que los dados de cordero pueden guisarse de muchas formas.

CONOZCA EL CORDERO

El cordero que se vende en la actualidad es, en su mayoría, cordero lechal, de entre 3 y 9 meses. El cordero alimentado con leche tiene un sabor aún más suave y un color más pálido, y procede de animales menores de 3 meses. La carne de carnero corresponde a animales sacrificados a partir de los 2 años. La carne de los animales cuya edad oscila entre los 12 y los 24 meses tiene un sabor más fuerte, parecido al de la caza, y raramente se vende en los canales comerciales. La mayoría del cordero que se importa congelado procede de Nueva Zelanda; se trata de cortes pequeños porque proceden de una raza pequeña, no porque sean más jóvenes.

COMPRAR Y SERVIR EL CORDERO

• Elija carne de cordero de un tono rosado claro. La carne más oscura procede de animales viejos y tiene un sabor más fuerte. La grasa debe ser blanca, firme y cerosa. Los huesos, porosos y sin astillas, tienen que presentar un tono rojizo en el lugar por donde han sido cortados.
• La pierna de cordero puede estar recubierta por una fina membrana protectora, parecida al pergamino, que rodea la grasa. En ocasiones, tiene un aroma pronunciado. Puede retirarla si lo desea.
• Con 450 g de cordero se consiguen las siguientes raciones: asado deshuesado, 3 o 4 raciones; asado con hueso y chuletas, 2 o 3 raciones; trozos con hueso, como cuello, chuletas de aguja y codillos, 1 o 2 raciones.

ADOBOS PARA EL CORDERO

• Aceite de oliva, vino tinto, tomillo y mostaza de Dijon.
• Yogur, ajo, comino y semillas de cardamomo machacadas.
• Vinagre balsámico, aceite de oliva, ajo, hojas de menta fresca y romero.
• Zumo y corteza de limón, aceite de oliva, hojas de menta frescas y orégano.
• Pasta de semillas de hinojo, comino, cilantro, ajo y aceite de oliva.
• Mezcla de chile en polvo, comino molido y tomillo.
• Salsa de soja, ajo y cinco especias chinas.

ELEGIR EL CORTE ADECUADO

Cuando prepare un corte de cordero, recuerde que se seca enseguida si se sobrecuece. Así pues, y a no ser que lo prefiera bien hecho, cuézalo entre en su punto y poco hecho.

Para asar al *grill*, a la barbacoa o saltear. Son preferibles los cortes más tiernos; evite cocerlos demasiado.
Cortes adecuados: chuletas de centro, de lomo (inferior, derecha), de riñonada (inferior, izquierda), bistés de pierna, pierna abierta deshuesada.

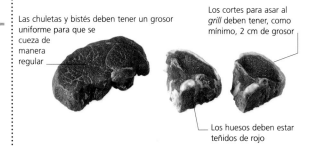

Las chuletas y bistés deben tener un grosor uniforme para que se cueza de manera regular

Los cortes para asar al *grill* deben tener, como mínimo, 2 cm de grosor

Los huesos deben estar teñidos de rojo

Para brasear o guisar. Estos métodos de cocción de calor húmedo están reservados para aquellos cortes más económicos y menos tiernos. Recuerde que debe cocerlos a fuego lento.
Cortes adecuados: chuletas de aguja, cuello (inferior, izquierda), codillos (inferior, derecha), pecho. Los dados de cordero para guisar se cortan de la paletilla.

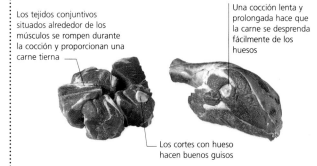

Los tejidos conjuntivos situados alrededor de los músculos se rompen durante la cocción y proporcionan una carne tierna

Una cocción lenta y prolongada hace que la carne se desprenda fácilmente de los huesos

Los cortes con hueso hacen buenos guisos

Para asar. Muchos cortes de cordero son adecuados para asar, pero la pierna, la paletilla y las chuletas son los cortes más populares. Coloque los asados de cordero, con la cara grasa hacia arriba, en la rejilla de la fuente para mantener la carne jugosa.
Cortes adecuados: pierna de cordero entera, codillos, paletilla, chuletas.

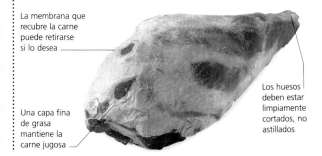

La membrana que recubre la carne puede retirarse si lo desea

Una capa fina de grasa mantiene la carne jugosa

Los huesos deben estar limpiamente cortados, no astillados

DESHUESAR Y ABRIR POR LA MITAD UNA PIERNA DE CORDERO

1 Coloque la pierna de cordero con la parte grasa hacia arriba. Con la ayuda de un cuchillo, corte la carne para exponer el hueso principal.

2 Manteniendo la hoja del cuchillo contra el hueso, raspe toda la carne alrededor del mismo, hasta que alcance la articulación de la rodilla.

3 Dé la vuelta a la carne y corte a través de la articulación de la rodilla. Continúe cortando a lo largo del fémur. Retire el hueso.

4 Puesto que el grosor de la pierna de cordero es desigual, corte los músculos gruesos horizontalmente, casi por la mitad; luego ábrala como si se tratara de un libro, para que la carne quede plana y de un grosor uniforme. Recorte el exceso de grasa.

TRINCHAR UNA PIERNA DE CORDERO

1 Para que la pierna se mantenga plana y el trinchado resulte más fácil, corte una loncha del lado más estrecho de la pierna; déle la vuelta y deje que repose sobre el lado del corte. Sostenga la carne con un tenedor trinchante y practique un corte vertical contra el hueso, a 2 o 3 cm del codillo. A partir de éste, haga un corte horizontal, paralelo al hueso, para desprender una cuña de carne.

2 Corte lonchas homogéneas de carne, trabajando de forma perpendicular al hueso y a lo largo de la pierna, en dirección contraria al codillo.

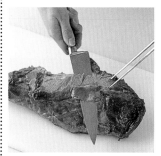

3 Dé la vuelta a la pierna y, con la hoja del cuchillo casi plana y trabajando en dirección contraria a usted, corte las lonchas siguiendo la línea del hueso.

TIEMPOS DE COCCIÓN A 170 °C (GAS 3)

CORTE Y PESO Empiece con la carne a temperatura de nevera. **Retire el asado del horno en cuanto alcance entre 2 y 5 °C por debajo del grado de cocción deseado; la temperatura subirá durante el reposo**		TIEMPOS DE COCCIÓN (MINUTOS POR 450g)		
		En su punto-poco hecha (67 °C)	En su punto (77 °C)	Bien hecha
Pierna entera	2,2 – 3,1 kg 3,1 – 4,1 kg	15 min 20 min	20 min 25 min	25 min 30 min
Final de la pierna con el morcillo	1,3 – 1,8 kg	30 min	40 min	45 min
Pierna sin el morcillo	1,3 – 1,8 kg	25 min	35 min	45 min
Pierna deshuesada	1,8 – 3,1 kg	20 min	25 min	30 min
Chuletas a 190 °C (gas 5)	750 g – 1,1 kg	30 min	35 min	40 min
Corona, sin rellenar, a 190 °C (gas 5)	900 g –1,3 kg	25 min	30 min	35 min
Paletilla	1,8 – 2,7 kg	20 min	25 min	30 min
Paletilla deshuesada	1,5 – 2,7 kg	35 min	40 min	45 min

CORDERO ASADO

La carne de cordero se asa, con resultados espectaculares, ya sea recubierta con una costra mantecosa de pan rallado, enrollada de hierbas y cebollas fragantes, o al estilo *bistrot*, sobre un lecho de patatas. El romero, el tomillo, la menta y el ajo constituyen los complementos clásicos de su sabor distintivo. Pero, sea cual sea el corte elegido, para obtener una carne bien sabrosa y jugosa, áselo hasta que el interior se mantenga todavía ligeramente rosado.

PIERNA DE CORDERO ASADA CON COSTRA DE PISTACHOS Y MENTA

◆◆◆◆◆◆◆◆◆◆◆◆◆◆◆◆◆◆◆◆◆◆◆◆◆◆◆◆◆

Preparación: 30 minutos, más reposo   **Asado:** *2¼ - 2½ horas*
Para 14 platos principales

1 pierna entera de cordero (3,1 kg, aproximadamente)	60 g de pistachos pelados, finamente picados
2 dientes de ajo, cortados en rodajas	2 cucharadas de menta picada
sal	¼ de cucharadita de pimienta negra, molida gruesa
30 g de margarina o mantequilla	125 ml de oporto
1 cebolla pequeña, picada	3 cucharadas de harina
1½ rebanadas de pan blanco, desmenuzado en migas de 5 mm	400 ml de caldo de pollo espárragos y patatas hervidas (opcional)

1 Precaliente el horno a 170 °C (gas 3). Pula la grasa y practique una docena de cortes por toda la pierna. Inserte una rodaja de ajo en cada corte. Frote el cordero con una cucharadita de sal.

2 Coloque el cordero, con la parte grasa hacia arriba, sobre la rejilla de una fuente grande. Inserte el termómetro en la parte más gruesa de la pierna, pero sin que el extremo puntiagudo toque el hueso. Ásela 1 hora.

3 Mientras, derrita la mantequilla en un cazo pequeño. Agregue las cebollas y cuézalas unos 10 minutos, o hasta que estén doradas. Retire el cazo del fuego y mezcle su contenido con las migas de pan, los pistachos, la menta, la pimienta y ½ cucharadita de sal.

4 Cuando el cordero se haya asado 1 hora, extienda con cuidado la mezcla de migas sobre él. Ase entre 1¼ y 1½ horas más, o hasta que el termómetro alcance los 57 °C, si la desea entre en su punto y poco hecha (la temperatura interior subirá a 59,5 °C durante el reposo).

5 Pase la carne a una fuente caliente y deje que repose 15 minutos. Prepare la salsa: vierta los fondos de cocción en una jarra medidora de 1 litro. Agregue el oporto y llévelo a ebullición, sin dejar de remover, hasta que se desprendan los depósitos marrones.

6 Agregue la mezcla de oporto a los jugos de la jarra y deje que repose unos segundos, hasta que la grasa se separe de los jugos de la carne. Vierta 2 cucharadas de esta grasa en la fuente y tire el resto. Espolvoree la grasa de la fuente con la harina y cueza, a fuego moderado-alto y sin dejar de remover, hasta que estén bien mezcladas. Vierta gradualmente la mezcla de la jarra y el caldo, y cueza, removiendo, hasta que la salsa hierva y se espese ligeramente. Deje que hierva 1 minuto. Corte el cordero en lonchas finas y acompáñelo con la salsa y con espárragos y patatas si lo desea.

CADA RACIÓN: UNAS 285 CALORÍAS, 33 g DE PROTEÍNAS, 6 g DE HIDRATOS DE CARBONO, 13 g DE GRASA TOTAL (4 g DE SATURADAS), 99 mg DE COLESTEROL, 460 mg DE SODIO

CORDERO ASADO SOBRE UN LECHO DE PATATAS

Preparación: 15 minutos, más reposo   Asado: 1½ - 1¾ horas
Para 8 platos principales

15 g de margarina o mantequilla	pimienta negra molida
2 cebollas medianas, cortadas en rodajas	1 cucharadita de aceite de oliva
350 ml de caldo de pollo	1 diente de ajo, muy finamente picado
750 g de patatas, peladas y cortadas en rodajas finas	½ cucharadita de tomillo seco
sal	1 trozo de pierna de cordero con el morcillo, de 1,5 kg

◆ Precaliente el horno a 220 °C (gas 7). Derrita la margarina en una sartén de 26 cm. Agregue las cebollas y cuézalas, removiéndolas, hasta que estén tiernas. Vierta el caldo, mezcle y lleve a ebullición. Retire del fuego. Mezcle en una fuente para asar las patatas con las cebollas, ½ cucharadita de sal y ¼ de cucharadita de pimienta; extiéndalas uniformemente. Ase 15 minutos.

◆ Mientras, mezcle el aceite de oliva, el ajo, el tomillo, ½ cucharadita de sal y ¼ de cucharadita de pimienta negra en un cuenco pequeño, y frote con ello la carne. Inserte un termómetro para carne en la parte más gruesa del cordero, pero sin que el extremo puntiagudo toque el hueso. Remueva las patatas y coloque encima la carne. Ase 1¼ horas más, removiendo las patatas cada 20 minutos, o hasta que el termómetro registre 57 °C. Traslade el cordero a una fuente grande, caliente, y deje que repose 15 minutos al calor. (Si las patatas no están muy tiernas, áselas 15 minutos más.) Corte el cordero en lonchas muy finas y acompáñelo con las patatas.

Cada ración: unas 435 calorías, 46 g de proteínas, 35 g de hidratos de carbono, 12 g de grasa total (4 g de saturadas), 133 mg de colesterol, 590 mg de sodio

CHULETAS DE CORDERO CON COSTRA DE HIERBAS

Preparación: 15 minutos, más reposo   Asado: 65-70 minutos
Para 8 platos principales

2 hileras de chuletas de cordero, de 8 chuletas cada una (1,1 kg por hilera)	2 cucharaditas de romero, seco machacado
½ cucharadita de sal	¼ de cucharadita de pimienta negra, molida gruesa
4 rebanadas de pan blanco de la vigilia, desmenuzadas	2 cucharadas de perejil fresco, finamente picado
60 g de margarina o mantequilla	2 cucharadas de mostaza de Dijon

◆ Precaliente el horno a 190 °C (gas 5). Coloque el cordero en una fuente grande, con la parte carnosa hacia arriba, y sálelo. Inserte el termómetro en el centro de una hilera; procure que el extremo puntiagudo no toque el centro. Ase la carne 50 minutos.

◆ Mientras, coloque la cuchilla metálica en el robot o batidora-mezcladora y reduzca el pan (por tandas) a migas finas, a velocidad media. Derrita la margarina a fuego moderado en una sartén de 26 cm. Agregue las migas, el romero y la pimienta y cueza hasta que las migas estén doradas; mézclelas con el perejil.

◆ Retire la carne del horno y unte con la mostaza las chuletas y luego con la mezcla de pan. Ase la carne entre 15 y 20 minutos más, o hasta que el termómetro alcance los 57 °C si desea que quede entre su punto y poco hecha (la temperatura interior de la carne subirá a 59,5 °C durante el reposo).

◆ Traslade las hileras de chuletas a una tabla para trinchar y deje que reposen 15 minutos al calor. Separe las chuletas de los huesos, y sírvalas.

Cada ración: unas 485 calorías, 46 g de proteínas, 7 g de hidratos de carbono, 29 g de grasa total (9 g de saturadas), 147 mg de colesterol, 505 mg de sodio

PIERNA DE CORDERO DESHUESADA RELLENA DE CEBOLLAS

Preparación: 20 minutos, más reposo   Asado: 1¾ horas
Para 10 platos principales

60 g de margarina o mantequilla	1½ cucharaditas de tomillo seco
1 cebolla grande, muy finamente picada	pimienta negra molida
1 diente de ajo, muy finamente picado	1,3 kg de pierna de cordero, deshuesada (solicítelo de este modo en la carnicería)
sal	1 cucharada de aceite de oliva o vegetal
1½ cucharaditas de romero seco, o machacado	125 ml de vino blanco seco

◆ Precaliente el horno a 170 °C (gas 3). Derrita la margarina a fuego moderado en una sartén de 26 cm; agregue la cebolla, el ajo, una cucharadita de sal, ¾ de cucharadita de romero, ¾ de cucharadita de tomillo y ¼ de cucharadita de pimienta, y cueza hasta que la cebolla esté tierna. Retírela del fuego.

◆ Ponga la pierna de cordero aplanada en la superficie de trabajo, con el lado abierto hacia arriba, y distribuya encima la mezcla de cebollas. Corte 3 trozos de bramante de 60 cm y uno de 85 cm. Coloque el más largo, en sentido horizontal, en la superficie de trabajo, y los cortos, en sentido vertical al primero. Enrolle bien la carne y sitúela, con la juntura hacia arriba, sobre el bramante largo. Ate los bramantes en torno a la carne para asegurarla.

◆ Coloque el cordero en la rejilla de una fuente grande para hornear. Frótelo con aceite y el resto del romero y tomillo; salpiméntelo. Inserte el termómetro para carne en el centro del cordero y áselo 1¾ horas, o hasta que el termómetro registre 57 °C si lo desea entre su punto y poco hecho (la temperatura interior subirá a 59,5 °C durante el reposo).

◆ Traspase el cordero a una fuente grande, caliente, y deje que repose 15 minutos al vapor. Agregue el vino y 125 ml de agua a la fuente para asar. Lleve a ebullición, a fuego vivo, y remueva hasta que se desprendan los depósitos marrones. Espume y tire la grasa. Retire los bramantes de la carne, córtela en lonchas finas y acompáñela con la salsa.

Cada ración: unas 250 calorías, 29 g de proteínas, 2 g de hidratos de carbono, 13 g de grasa total (3 g de saturadas), 88 mg de colesterol, 360 mg de sodio

CODILLOS DE CORDERO

Los codillos de cordero tienen un sabor excelente, pero no son tan tiernos como otros cortes. La solución consiste en cocerlos mediante métodos de calor húmedo, como el braseado, que proporciona una carne agradablemente tierna y una salsa deliciosa. Puede realzarlos con limones, tomates y frutas secas. Cada caña o codillo de cordero constituye la ración de una persona.

CODILLOS DE CORDERO BRASEADOS CON CUSCÚS

◆ ◆ ◆ ◆ ◆ ◆ ◆ ◆ ◆ ◆ ◆ ◆

Preparación: 15 minutos
Cocción: 2½ horas
Para 4 platos principales

2 cucharaditas de aceite vegetal

4 codillos de cordero pequeños (unos 450 g cada uno), secados con papel de cocina

2 zanahorias medianas, cortadas en trozos de 5 mm

1 tallo de apio grande, cortado en rodajas de 5 mm

1 cebolla mediana, picada

800 g de tomates enlatados

2 cucharadas de tomate concentrado

2 cucharadas de romero fresco picado o 2 cucharaditas de romero seco machacado

2 cucharaditas de azúcar

½ cubito de caldo de buey, desmenuzado

1 hoja de laurel

1 trozo de canela en rama (7-8 cm)

225 g de garbanzos en lata, enjuagados y escurridos

125 g de cuscús

1 Caliente el aceite a fuego moderado-alto en una cacerola refractaria de 8 litros. Agregue los codillos de dos en dos y dórelos uniformemente. Traspáselos a un cuenco a medida que se vayan dorando.

3 Agregue los tomates, los 6 ingredientes siguientes y 125 ml de agua, y lleve a ebullición, a fuego vivo; rompa los tomates con el dorso de una cuchara.

2 Reduzca el fuego a moderado y agregue las zanahorias, el apio y la cebolla a los fondos de cocción. Cuézalos hasta que estén bien dorados; déles la vuelta de vez en cuando.

4 Devuelva los codillos a la cacerola, lleve a ebullición y baje el fuego. Tape y cueza 2 horas a fuego lento, o hasta que la carne esté tierna; déle una vuelta. Tire la hoja de laurel y la canela, y espume y tire la grasa. Agregue los garbanzos y caliéntelos a fuego vivo. Mientras, prepare el cuscús, siguiendo las instrucciones del paquete, pero no le añada margarina o mantequilla. Acompañe los codillos con la salsa y el cuscús.

CADA RACIÓN: UNAS 490 CALORÍAS, 32 g DE PROTEÍNAS, 56 g DE HIDRATOS DE CARBONO, 15 g DE GRASA TOTAL (5 g DE SATURADAS), 77 mg DE COLESTEROL, 1.180 mg DE SODIO

CODILLOS DE CORDERO A LA MARROQUÍ

Preparación: 30 minutos Horno: 2 horas
Para 4 platos principales

4 codillos de cordero pequeños (unos 450 g cada uno)
1 cucharada, más 1 cucharadita, de aceite vegetal
2 cebollas medianas, finamente picadas
3 dientes de ajo, muy finamente picados
1 cucharadita de jengibre, molido
¼ de cucharadita de canela molida
¼ de cucharadita de pimienta de Cayena, molida
400 ml de caldo de pollo
75 g de ciruelas pasas, deshuesadas
40 g de orejones de albaricoque
1 cucharadita de sal
¼ de cucharadita de pimienta negra, molida
15 g de cilantro fresco, picado

◆ Precaliente el horno a 180 °C (gas 4). Seque los codillos con papel de cocina. Caliente una cucharada de aceite en una cacerola refractaria de 8 litros. Agregue los codillos de dos en dos, y dórelos uniformemente. Traspáselos a un cuenco a medida que se vayan dorando.

◆ Modere el fuego. Agregue la cucharadita de aceite restante y las cebollas, y cueza 5 minutos, o hasta que la cebolla esté tierna. Añada el ajo y los 3 ingredientes siguientes, cueza 30 segundos.

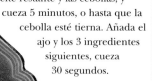

◆ Devuelva los codillos a la cacerola y mézclelos con el caldo, las ciruelas, los albaricoques, la sal, la pimienta y 225 ml de agua. Lleve a ebullición. Tape y hornee 2 horas, o hasta que el cordero esté muy tierno; déle una vuelta.

◆ Espume y tire la grasa de la cacerola y espolvoree con el cilantro picado en el momento de servir.

Cada ración: unas 355 calorías, 26 g de proteínas, 29 g de hidratos de carbono, 16 g de grasa total (5 g de saturadas), 85 mg de colesterol, 1.025 mg de sodio

CAZUELA DE CORDERO Y JUDÍAS

Preparación: 30 minutos
Horno: 2 horas
Para 4 platos principales

4 codillos de cordero pequeños (unos 450 g cada uno)
2 cucharadas de harina
2 cucharadas de aceite vegetal
1 tallo de apio grande, cortado a dados
1 cebolla mediana, cortada a dados
400 g de tomates enlatados
400 ml de caldo de buey
1 diente de ajo, muy finamente picado
1 hoja de laurel
½ cucharadita de tomillo seco
½ cucharadita de sal
¼ de cucharadita de pimienta negra, molida gruesa
400 g de judías blancas alargadas en lata, enjuagadas y escurridas
1 cucharadita de perejil fresco, picado
1 cucharadita de corteza de limón rallada

◆ Precaliente el horno a 180 °C (gas 4). Seque la carne con papel de cocina y enharínela. Caliente el aceite a fuego moderado-alto en una cacerola refractaria de 8 litros. Agregue los codillos de dos en dos y dórelos uniformemente. Traspáselos a un cuenco a medida que se vayan dorando.

◆ Baje el fuego a moderado. Agregue el apio y la cebolla a la cacerola, y cuézalos hasta que estén bien dorados. Devuelva los codillos a la cacerola, mézclelos con el tomate, el caldo, el ajo, la hoja de laurel, el tomillo, la sal y la pimienta, y lleve a ebullición a fuego vivo.

◆ Tape y hornee 2 horas, o hasta que la carne esté tierna; déle una vuelta.

◆ Espume y tire la grasa de la salsa. Agregue las judías a la cacerola y caliéntelas a fuego moderado. Tire la hoja de laurel y espolvoree con el perejil y la corteza de limón antes de servir.

Cada ración: unas 395 calorías, 30 g de proteínas, 29 g de hidratos de carbono, 18 g de grasa total (6 g de saturadas), 77 mg de colesterol, 1.000 mg de sodio

CODILLOS DE CORDERO A LA GRIEGA

Preparación: 30 minutos
Horneado: 2½ horas
Para 4 platos principales

4 codillos de cordero pequeños (unos 450 g cada uno)
1 cucharada de aceite vegetal
2 cebollas medianas, cortadas a dados
1 zanahoria grande, cortada a dados
2 dientes de ajo, muy finamente picados
400 g de tomates enlatados, picados
225 ml de caldo de pollo
¾ de cucharadita de sal
750 g de patatas medianas, sin pelar y cuarteadas
350 g de judías verdes, con los extremos recortados y cortadas en trozos de 5 cm
2 limones medianos
2 cucharadas de eneldo fresco, picado
2 cucharadas de perejil fresco, picado

◆ Precaliente el horno a 180 °C (gas 4). Seque los codillos con papel de cocina. Caliente el aceite a fuego moderado-alto en una cacerola de 8 litros. Agregue los codillos de dos en dos, y dórelos uniformemente. Traspáselos a un cuenco a medida que se vayan dorando.

◆ Agregue las cebollas y la zanahoria a los fondos de cocción de la cacerola, y cuézalas 12 minutos a fuego moderado, o hasta que estén tiernas y doradas. Añada el ajo y cueza 1 minuto más.

◆ Devuelva los codillos a la cacerola. Mézclelos con los tomates y su zumo, el caldo, y la sal, y lleve a ebullición, a fuego vivo.

◆ Tape la cacerola y hornee 1¼ horas. Dé la vuelta a los codillos, y agregue las patatas y las judías verdes. Tape y hornee 1¼ horas más, o hasta que la carne y las patatas estén tiernas.

◆ Espume y tire la grasa de la salsa de la cacerola. Ralle una cucharada de corteza de limón y exprima 2 cucharadas de zumo. Mezcle la salsa con el zumo y la corteza de limón, el eneldo y el perejil.

Cada ración: unas 490 calorías, 32 g de proteínas, 63 g de hidratos de carbono, 16 g de grasa total (5 g de saturadas), 81 mg de colesterol, 1.090 mg de sodio

CAZUELAS Y GUISOS DE CORDERO

El sabor distintivo del cordero se conserva cuando se guisa con hortalizas troceadas y se aromatiza con hierbas y especias de sabor pronunciado. Una cocción lenta y prolongada ablanda la carne, permite que los condimentos la aromaticen y la convierte en un plato sustancioso.

CURRY DE CORDERO

Preparación: 25 minutos   *Cocción:* 2¼ - 2½ horas
Para 6 platos principales

2 cucharadas de aceite vegetal

1,8 kg de paletilla de cordero, deshuesada y cortada a dados, secados con papel de cocina

6 cebollas medianas, finamente picadas

2 cucharadas de jengibre fresco, finamente picado

4 dientes de ajo, muy finamente picados

12 cápsulas de cardamomo

1 trozo de canela en rama (8 cm)

2 cucharaditas de comino molido

¼ de cucharadita de pimienta 7de Cayena, molida

2 cucharadas de tomate concentrado

1½ cucharaditas de sal

900 g de patatas para hornear, peladas y cortadas en trozos de 4 cm

15 g de cilantro fresco, picado

pan indio *naan* y espinacas al vapor (opcional)

1 Caliente una cucharadita de aceite en una cacerola refractaria de 5 litros. Agregue un tercio de la carne y dórela uniformemente. Trapásela a un cuenco y repita la operación con 2 tandas más de carne y 2 cucharaditas de aceite.

2 Agregue la cucharada de aceite restante a los fondos de la cacerola y caliéntelo. Incorpore las cebollas y cuézalas 15 minutos, removiéndolas. Incorpore el jengibre y los 5 ingredientes siguientes, y cueza 1 minuto, removiendo.

CARDAMOMO

El cardamomo, un miembro de la familia del jengibre, es una especia muy apreciada por sus semillas aromáticas y se utiliza ampliamente en las cocinas india y escandinava. Cada cápsula, que puede tener un color verde pálido o estar teñida de blanco, contiene varias semillas negras y duras, de sabor alimonado. El cardamomo se vende en cápsulas, o bien las semillas molidas. Las cápsulas mantienen más fragancia que la versión molida, que pierde aroma con mucha rapidez. Agregue las cápsulas enteras y ligeramente aplastadas para que desprendan sus aceites fragantes en guisos, al curry o al arroz. El cardamomo molido mezclado con café recién molido le confiere a esta bebida un sabor muy apreciado en Oriente Medio.

3 Añada el tomate concentrado y cueza 1 minuto, removiendo. Devuelva el cordero a la cacerola, sale y vierta 450 ml de agua, y lleve a ebullición a fuego vivo. Baje el fuego, tape y cueza 1½ horas a fuego lento.

4 Agregue las patatas, remueva y lleve a ebullición. Baje el fuego, tape y cueza entre 30 y 45 minutos a fuego lento, o hasta que las patatas estén tiernas. Espume y tire la grasa, y espolvoree con el cilantro. Acompañe con espinacas y pan *naan* si lo desea.

CADA RACIÓN: UNAS 610 CALORÍAS, 62 g DE PROTEÍNAS, 43 g DE HIDRATOS DE CARBONO, 20 g DE GRASA TOTAL (6 g DE SATURADAS), 183 mg DE COLESTEROL, 710 mg DE SODIO

CORDERO GUISADO A LA PROVENZAL

Preparación: 45 minutos   *Horno: 1¼ - 1½ horas*
Para 6 platos principales

900 g de cordero deshuesado,
   cortado en trozos de 4 cm
2 cucharaditas, más 1 cucharada,
   de aceite vegetal
4 cebollas medianas, cortadas
   en rodajas finas
2 pimientos rojos, sin membranas
   ni semillas, cortados en rodajas
   finas
1 cucharadita de sal
400 g de tomates enlatados

3 dientes de ajo, muy finamente
   picados
¼ de cucharadita de tomillo seco
¼ de cucharadita de semillas de
   hinojo
¼ de cucharadita de pimienta
   negra molida
3 tiras de corteza de naranja,
   de 8 x 1 cm
15 g de albahaca fresca, picada

Precaliente el horno a 180 °C (gas 4). Seque el cordero con papel
de cocina. Caliente una cucharadita de aceite en una cacerola
refractaria de 5 litros. Agregue la mitad del cordero y dórelo
uniformemente. Traspáselo a una fuente. Repita la operación con el
resto del cordero y una cucharadita de aceite. Caliente una cucharada
de aceite y los 3 ingredientes siguientes con los fondos de cocción de
la cacerola, y cueza 25 minutos, removiendo a menudo. Agregue el
ajo y cueza 1 minuto más. Incorpore los tomates con su zumo y
remuévalos para romperlos. Añada a continuación las 4 especias y la
corteza de naranja y el cordero, y lleve a ebullición. Tape y hornee
entre 1¼ y 1½ horas, o hasta que la carne esté tierna. En el momento
de servirla espolvoréela con la albahaca.

**Cada ración: unas 325 calorías, 40 g de proteínas, 15 g de hidratos de carbono,
14 g de grasa total (4 g de saturadas), 122 mg de colesterol, 550 mg de sodio**

CORDERO GUISADO CON MARSALA A LA ROMANA

Preparación: 15 minutos   *Cocción: 2 horas*
Para 6 platos principales

900 g de cordero deshuesado,
   cortado en trozos de 4 cm
3 cucharaditas de aceite vegetal
450 g de zanahorias
1 cebolla mediana, finamente
   picada
1 tallo de apio, finamente picado
1 diente de ajo, finamente picado

225 ml de marsala
400 g de tomates enlatados
1¼ cucharaditas de sal
¼ de cucharadita de pimienta
   negra molida
¼ de cucharadita de romero seco
¼ de cucharadita de tomillo seco
300 g de guisantes congelados

◆ Seque la carne con papel de cocina. Caliente una cucharadita
de aceite a fuego moderado-alto en una cacerola refractaria.

Agregue la mitad del cordero y dórelo uniformemente. Traspáselo
a una fuente con una espumadera. Repita la operación con una
cucharadita más de aceite y el resto del cordero. Mientras, pique
finamente 1 zanahoria y corte las restantes por la mitad, a lo largo,
y luego, en sentido horizontal, en trozos de 7 u 8 cm de longitud.

◆ Baje el fuego a moderado. Agregue la cucharadita de aceite
restante, la zanahoria, la cebolla y el apio a los fondos de cocción
de la cacerola y cuézalos 5 minutos, o hasta que se ablanden.
Mezcle con el ajo y prosiga la cocción 30 segundos. Vierta
el marsala y lleve a ebullición. Agregue los tomates con su zumo,
la sal, la pimienta, el romero, el tomillo y el cordero. Lleve a
ebullición y rompa los tomates con el dorso de una cuchara.
Baje el fuego, tape y cueza entre 30 y 45 minutos más, o hasta
que la carne y las zanahorias estén tiernas. Espume y tire la grasa.
Agregue los guisantes. Mezcle y cueza 5 minutos más.

**Cada ración: unas 405 calorías, 42 g de proteínas, 21 g de hidratos de carbono,
13 g de grasa total (4 g de saturadas), 122 mg de colesterol, 710 mg de sodio**

RAGÚ DE CORDERO CON HORTALIZAS

Preparación: 25 minutos   *Cocción: 80 minutos*
Para 4 platos principales

450 g de cordero deshuesado,
   cortado en trozos de 2-3 cm
1 cucharada de aceite vegetal
½ cucharadita de sal
2 tallos de apio, picados
1 cebolla grande, picada
400 g de tomates enlatados
400 ml de caldo de buey
750 g de patatas

3 nabos medianos (350 g)
3 zanahorias medianas, cortadas
   en trozos de 2 cm
1 cucharada de salsa de soja
1 cucharadita de harina
2 cucharadas de harina
300 g de guisantes congelados
2 cucharadas de corteza de limón,
   rallada

◆ Seque la carne con papel de cocina. Caliente el aceite a fuego
moderado-alto en una cacerola refractaria de 5 litros. Agregue
el cordero; sálelo y dórelo. Traspáselo a un cuenco con una
espumadera. Añada el apio y la cebolla a los fondos de cocción
de la cacerola y cuézalos hasta que estén ligeramente dorados.
Mézclelos con el cordero, los tomates, el caldo y 225 ml de agua.
Lleve a ebullición, a fuego vivo, y después cueza 25 minutos
a fuego lento.

◆ Pele las patatas y los nabos, y córtelos en trozos de 4 cm.
Incorpórelos a la cacerola con los 3 ingredientes siguientes.
Lleve de nuevo a ebullición, a fuego vivo, bájelo, tape y cueza
20 minutos más a fuego lento, o hasta que la carne y las hortalizas
estén tiernas.

◆ Mezcle la harina y 2 cucharadas de agua en un cuenco pequeño,
y agregue al ragú. Cueza, a fuego moderado-alto y removiendo,
hasta que la mezcla hierva y espese. Espume y tire la grasa. Agregue
los guisantes y cueza 5 minutos más. Espolvoree con la corteza
de limón en el momento de servir.

**Cada ración: unas 525 calorías, 40 g de proteínas, 67 g de hidratos de
carbono, 12 g de grasa total (4 g de saturadas), 92 mg de colesterol,
1.360 mg de sodio**

CHULETAS DE CORDERO

Las delicadas chuletas de cordero, ya sean del centro o del lomo, son cortes de primera y tan sabrosos como fáciles de preparar. Quedan deliciosas de múltiples formas: asadas con un glaseado fragante de romero y manzanas, recubiertas con una costra picante de mostaza o salteadas y acompañadas por una salsa de nueces e higos. Las chuletas de aguja, mucho más económicas, son también muy sabrosas, pero menos tiernas, por lo que son más apropiadas para brasear. La carne de cordero se encuentra disponible todo el año: no dude en comprar cordero congelado si el corte que desea no está disponible fresco.

CHULETAS DE CORDERO GLASEADAS AL ROMERO

◆◆◆◆◆◆◆◆◆◆◆◆◆◆◆◆◆◆◆◆◆◆◆◆◆◆

Preparación: 10 minutos   Grill: 10 minutos
Para 4 platos principales

8 chuletas de cordero, de 2-3 cm de grosor (125 g cada una)
1 diente de ajo grande, cortado por la mitad
2 cucharaditas de romero fresco, picado, o ½ cucharadita de romero seco, machacado

¼ de cucharadita de sal
¼ de cucharadita de pimienta negra, molida gruesa
60 g de gelatina de grosellas
1 cucharada de vinagre balsámico
ramitas de romero para adornar judías verdes (opcional)

1 Precaliente el *grill*. Frote ambas caras de las chuletas con ajo y tírelo. A continuación, espolvoree las chuletas con el romero, sal y pimienta negra. Mezcle la gelatina de grosellas y el vinagre balsámico en un cuenco pequeño hasta que estén bien amalgamados.

2 Coloque las chuletas sobre la placa del *grill* y dispóngala lo más cerca posible de la fuente de calor. Ase las chuletas 4 minutos, pincélelas con la mitad de la mezcla de gelatina y áselas 1 minuto más. Déles la vuelta y áselas otros 4 minutos.

3 Pincélelas con el resto de la gelatina y áselas 1 minuto, o hasta que estén entre en su punto y poco hechas. Traspáselas a platos y tire la grasa. Adórnelas y acompáñelas con los fondos de cocción y las judías verdes si lo desea.

VINAGRE BALSÁMICO

Este vinagre distintivo, procedente de la región de Módena, en Italia, se prepara con el zumo de las uvas blancas Trebbiano. Se envejece en barricas de madera durante diez años como mínimo, y tiene un sabor fuerte, dulce e intenso, que queda especialmente bien en marinadas, adobos y aliños para ensaladas. Las fresas, los melocotones y otras frutas se realzan también con un chorrito de vinagre balsámico.

CADA RACIÓN: UNAS 350 CALORÍAS, 39 g DE PROTEÍNAS, 14 g DE HIDRATOS DE CARBONO, 14 g DE GRASA TOTAL (5 g DE SATURADAS), 127 mg DE COLESTEROL, 235 mg DE SODIO

CHULETAS DE CORDERO CON SALSA DE NUECES Y HIGOS

Preparación: 5 minutos Cocción: 25 minutos
Para 4 platos principales

4 chuletas de lomo de cordero, de
  4 cm de grosor (225 g cada una)
1 cucharada de aceite vegetal
sal

30 g de nueces, picadas
175 ml de zumo de manzana
8 higos secos, cortados por
  la mitad

◆ Seque las chuletas de cordero con papel de cocina. Caliente el aceite a fuego moderado-alto en una sartén de 26 cm. Agregue las chuletas y cuézalas unos 5 minutos, o hasta que estén doradas por ambas caras. Baje el fuego, tape y cueza entre 12 y 15 minutos más si las desea entre en su punto y poco hechas, o hasta el punto de cocción que prefiera; déles la vuelta de vez en cuando.

◆ Traspase las chuletas a una fuente caliente. Espolvoréelas con ¼ de cucharadita de sal y resérvelas al calor. Vierta los fondos de la sartén, agregue las nueces y cuézalas a fuego lento, removiéndolas de vez en cuando, o hasta que estén ligeramente tostadas.

◆ Agregue a la sartén el zumo de manzana, los higos y ¼ de cucharadita de sal, y lleve a ebullición a fuego vivo. Cueza 2 o 3 minutos, o hasta que el líquido se haya espesado un poco. Vierta la salsa de higos sobre las chuletas.

Cada ración: unas 500 calorías, 41 g de proteínas, 39 g de hidratos de carbono, 21 g de grasa total (6 g de saturadas), 127 mg de colesterol, 370 mg de sodio

GELATINA DE MENTA

El sabor fresco de la menta es un compañero perfecto del cordero. Aunque la salsa o gelatina de menta acompaña tradicionalmente a la pierna de cordero asada, puede servirse también con cortes más pequeños.

Mezcle una cucharada de vinagre de sidra y una cucharadita de menta seca en un cuenco, y deje que repose 5 minutos. Mientras, derrita 125 g de gelatina de manzana a fuego moderado en un cazo de 1 litro. Mezcle con la preparación de menta y lleve a ebullición. Cuele la mezcla. Para 125 g.

Cada cucharada: unas 50 calorías, 0 g de proteínas, 13 g de hidratos de carbono, 0 g de grasa total, 0 mg de colesterol, 5 mg de sodio

CHULETAS DE CORDERO CON PIMIENTOS

Prep: 30 minutos Grill: 10 minutos
Para 4 platos principales

75 ml de vinagre de sidra
50 g de azúcar
una pizca de tomillo seco
una pizca de semillas de hinojo,
  machacadas
sal
1 manzana Golden Delicious
  mediana, pelada, descorazonada
  y cortada a dados

2 pimientos rojos pequeños, sin
  membranas ni semillas y
  cortados a dados
2 chiles jalapeños, sin semillas
  y finamente picados
8 chuletas de lomo de cordero,
  de 2-3 cm de grosor (125 g
  cada una)

◆ Mezcle el vinagre, el azúcar, el tomillo, el hinojo y una cucharadita de sal en un cazo de 2 litros y lleve a ebullición, a fuego vivo. Agregue la cebolla, los pimientos y los chiles jalapeños, y lleve a ebullición.

◆ Baje el fuego a moderado-bajo y cueza entre 15 y 20 minutos, removiendo de vez en cuando, o hasta que la mezcla se espese y la mayor parte del líquido se haya evaporado.

◆ Mientras, precaliente el *grill* y espolvoree las chuletas con ¼ de cucharadita de sal. Colóquelas en la placa del *grill* y dispóngalo lo más cerca posible de la fuente de calor. Áselas 5 minutos.

◆ Déles la vuelta y áselas 5 minutos más si las desea entre en su punto y poco hechas, o hasta el grado de cocción que prefiera. Sírvalas calientes con los pimientos.

Cada ración: unas 370 calorías, 39 g de proteínas, 21 g de hidratos de carbono, 14 g de grasa total (5 g de saturadas), 127 mg de colesterol, 970 mg de sodio

CHULETAS DE CORDERO CON COSTRA DE MOSTAZA Y PEREJIL

Preparación: 10 minutos Grill: 8-9 minutos
Para 4 platos principales

8 chuletas de lomo de cordero,
  de 2-3 cm de grosor (90 g
  cada una)
2 cucharadas de migas de pan seco
2 cucharadas de mostaza de Dijon

2 cucharadas de perejil fresco,
  picado
2 cucharaditas de aceite de oliva
  o vegetal
½ cucharadita de sal

◆ Precaliente el *grill* y coloque las chuletas sobre la placa. Sitúe la placa entre 10 y 12 cm de la fuente de calor y ase las chuletas 5 minutos.

◆ Mientras, mezcle el pan rallado, la mostaza, el perejil, el aceite y la sal en un cuenco pequeño. Dé la vuelta a las chuletas y esparza la mezcla de pan por encima. Áselas 3 o 4 minutos más si las desea entre su punto y poco hechas, o hasta el grado de cocción que prefiera.

Cada ración: unas 265 calorías, 30 g de proteínas, 3 g de hidratos de carbono, 14 g de grasa total (4 g de saturadas), 97 mg de colesterol, 570 mg de sodio

PIERNAS DE CORDERO DESHUESADAS A LA BARBACOA

Si quiere ofrecer una barbacoa especial, una pierna de cordero deshuesada y abierta por la mitad es una elaboración espectacular y fácil de preparar. Pida a su carnicero que deshuese y abra una pierna de cordero de entre 1,8 y 2,2 kg, para obtener entre 1,3 y 1,5 kg de carne. El grosor de la carne varía en función de la parte de la pierna, por lo que se deben trinchar las zonas más finas tan pronto como estén cocidas.

CORDERO AL *PESTO*, ASADO A LA BARBACOA

◆◆◆◆◆◆◆◆◆◆◆◆◆

Preparación: 25 minutos
Barbacoa: 15-25 minutos
Para 10 platos principales

180 g de albahaca
60 g de piñones
80 g de parmesano recién rallado
3 cucharadas de aceite de oliva
2 cucharadas de zumo de limón
¾ de cucharadita de sal
2 dientes de ajo
1,3 kg de pierna de cordero, deshuesada y abierta (pídala así en la carnicería)
bruschetta de tomate y pepino (opcional; *véase* inferior)
ramitas de albahaca para adornar

1 Prepare la barbacoa y el *pesto*. Mezcle las hojas de albahaca y los 6 ingredientes siguientes en un robot eléctrico provisto de cuchilla metálica. Ponga la carne en una fuente no metálica de 33 × 20 cm, y extienda el *pesto* por las dos caras de cordero. Reserve el *pesto* sobrante.

2 Ponga el cordero en la barbacoa a fuego moderado. Pincele la carne a menudo con el resto del *pesto* y déle la vuelta de vez en cuando. Cueza entre 15 y 25 minutos si desea la carne entre en su punto y poco hecha, o hasta el grado de cocción que prefiera. Corte las secciones a medida que se cuezan.

3 Traslade el cordero a una tabla de trinchar y deje que repose 10 minutos para facilitar el trinchado. Mientras, prepare la *bruschetta* de tomate y pepino, y corte la carne en lonchas finas. Adórnela y sírvala con la *bruschetta* si lo desea.

BRUSCHETTA DE TOMATE Y PEPINO

Mezcle, en un cuenco mediano, 1 tomate mediano sin membranas ni semillas, 1 pepino mediano pelado y picado, una cucharada de aceite de oliva, 2 cucharaditas de zumo de limón y ¼ de cucharadita de pimienta negra molida. Corte una barra de pan chapata en rebanadas diagonales de 1 cm de grosor (reserve los extremos para otro uso). Tueste el pan sobre la barbacoa a fuego moderado; déle una vuelta. Cúbralo con 4 cucharadas de *tapenade* (pasta de aceitunas) preparada y cubra con la mezcla de tomate. Para 10 personas.

Cada ración: unas 100 calorías, 2 g de proteínas, 13 g de hidratos de carbono, 4 g de grasa total (1 g de saturadas), 0 mg de colesterol, 180 mg de sodio

PIÑONES

Las semillas del pino piñonero, los piñones, son un ingrediente muy apreciado en la cocina mediterránea, donde se emplean en rellenos para carne y hojas de parra, *pesto*, hortalizas salteadas, pasteles y galletas. Estas semillas tienen mucha grasa y se vuelven rancios con rapidez. Para prolongar su sabor, cómprelos muy frescos y guárdelos, a poder ser, en la nevera.

CADA RACIÓN: UNAS 255 CALORÍAS, 31 g DE PROTEÍNAS, 2 g DE HIDRATOS DE CARBONO, 14 g DE GRASA TOTAL (4 g DE SATURADAS), 91 mg DE COLESTEROL, 290 mg DE SODIO

PIERNA DE CORDERO ADOBADA CON YOGUR

Preparación: 10 minutos, más adobo
Barbacoa: 15-25 minutos
Para 10 platos principales

225 g de yogur desnatado
15 g de perejil fresco, picado
60 ml de zumo de limón
2½ cucharaditas de sal
2 cucharaditas de pimienta negra, molida
    gruesa
2 dientes de ajo, muy finamente picados
1,3 kg de pierna de cordero, deshuesada
    y abierta (pídala así en la carnicería)
pimientos asados (opcional)

◆ Mezcle los 6 primeros ingredientes en
una fuente no metálica de 33 x 20 cm.
Añada el cordero y déle la vuelta para
recubrirlo con el adobo. Tápelo con película
de plástico y refrigérelo, dándole la vuelta de
vez en cuando, un mínimo de 3 horas.

◆ Prepare la barbacoa. Coloque el cordero
en la rejilla a fuego moderado y reserve el
adobo. Cueza la carne, pincelándola con
el adobo reservado, entre 15 y 25 minutos
para que esté entre en su punto y poco
hecha, o hasta el grado de cocción que
prefiera. Déle la vuelta alguna vez.

◆ Traspase la carne a una tabla para
trinchar y deje que repose 10 minutos para
facilitar el trinchado. Córtela en trozos
pequeños y acompáñela con pimientos
asados si lo desea.

**Cada ración: unas 200 calorías, 30 g de proteínas,
3 g de hidratos de carbono, 7 g de grasa total (3 g
de saturadas), 90 mg de colesterol, 615 mg de sodio**

PIERNA DE CORDERO A LA BARBACOA CON MENTA Y ORÉGANO

Preparación: 25 minutos, más reposo
Barbacoa: 15-25 minutos
Para 10 platos principales

1 manojo grande de menta
1 manojo grande de orégano fresco
3 cucharadas, más 60 ml, de aceite de oliva
3 cucharadas, más 60 ml, de zumo de limón,
    recién exprimido
1 diente de ajo, muy finamente picado
sal y pimienta negra molida
1,3 kg de pierna de cordero, deshuesada
    y abierta (pídala sí en la carnicería)

◆ Pique 15 g de menta y 15 g de orégano
en una fuente no metálica de 33 x 20 cm.
Añada 3 cucharadas de aceite de oliva y
3 de zumo de limón, ajo, una cucharadita
de sal y ½ cucharadita de pimienta, y
remueva hasta que estén bien mezclados.

◆ Agregue el cordero a la fuente y déle
la vuelta para recubrirlo con el adobo.
Tápelo con película de plástico y refrigérelo
8 horas como mínimo o toda la noche; déle
la vuelta de vez en cuando.

◆ Prepare la barbacoa. Elabore la salsa:
pique el tomillo y el orégano restantes
(unas 2 cucharadas de cada uno);
mézclelos en un cuenco con ¼ de taza
de aceite de oliva y zumo de limón,
½ cucharadita de sal y ¼ de cucharadita
de pimienta.

◆ Coloque el cordero sobre la barbacoa
a fuego moderado y tire el adobo de
la fuente. Cueza la carne entre 15 y
25 minutos, dándole la vuelta de vez en
cuando, si la desea entre en su punto y
poco hecha, o hasta el grado de cocción
que prefiera.

◆ Pase el cordero a una tabla de trinchar
y deje que repose 10 minutos para facilitar
el trinchado. Córtelo en lonchas finas y
póngalo en una fuente grande. Vierta
la salsa de hierbas por encima y adorne
con el resto de las mismas.

**Cada ración: unas 275 calorías, 29 g de proteínas,
2 g de hidratos de carbono, 16 g de grasa total
(4 g de saturadas), 88 mg de colesterol, 390 mg
de sodio**

PIERNA DE CORDERO CON CUSCÚS DE COCO

Preparación: 10 minutos
Barbacoa: 15-25 minutos
Para 10 platos principales

240 g de cuscús
150 g de pasas de Málaga o Corinto
50 g de coco seco tostado
1 cucharada de romero seco, machacado
1 cucharada de aceite de oliva o vegetal
2 cucharaditas de sal
1 cucharadita de pimienta negra, molida
1 diente de ajo, muy finamente picado
1,3 kg de pierna de cordero, deshuesada
    y abierta (pídala así en la carnicería)
ramitas de perejil para adornar
75 g de aceitunas negras, deshuesadas

◆ Prepare la barbacoa y el cuscús
siguiendo las instrucciones del paquete,
y mézclelo con las pasas y el coco tostado.
Resérvelo al calor.

◆ Mezcle el romero, el aceite, la sal,
la pimienta y el ajo en un cuenco, y frote
con ello el cordero. Póngalo en la barbacoa
a fuego moderado y cuézalo 15-25 minutos,
dándole la vuelta de vez en cuando, si lo
desea entre en su punto y poco hecho,
o hasta el grado de cocción que prefiera.

◆ Traspase el cordero a una tabla para
trinchar y que repose 10 minutos al calor
para facilitar el trinchado. Córtelo en
lonchas finas y colóquelo en una fuente
grande con el cuscús. Inserte las ramitas
de perejil entre las lonchas de cordero y
esparza las aceitunas por encima.

**Cada ración: unas 420 calorías, 34 g de proteínas,
43 g de hidratos de carbono, 12 g de grasa total
(4 g de saturadas), 88 mg de colesterol, 630 mg
de sodio**

TOSTAR EL COCO

El coco tostado tiene un sabor dulce
y una textura crujiente, muy agradable.
Para tostarlo, precaliente el horno a
180 °C (gas 4). Extienda el coco,
formando una capa, en una fuente
poco profunda. Hornéelo 10 minutos,
o hasta que esté ligeramente tostado;
remueva de vez en cuando para que
se dore con uniformidad. Entíbielo
antes de utilizarlo.

TROZOS DE CORDERO A LA BARBACOA

Los trozos de cordero pequeños, como las chuletas, los bistés o los dados ensartados en broquetas, se cuecen a la perfección en la barbacoa. La carne puede adobarse para que absorba los sabores de las hierbas y especias, y luego cocerse con hortalizas coloridas, como calabacines, tomates y cebollas.
Una ensalada sencilla es un acompañamiento perfecto.

1 Ponga las escalonias en un cazo de 3 litros, cúbralas con agua y llévelas a ebullición, a fuego vivo. Baje el fuego, tape y cueza 5 minutos a fuego lento. Escúrralas y pélelas.

2 Mezcle el zumo de limón, el romero, el aceite, la sal y la pimienta en un cuenco no metálico. Agregue el cordero, los calabacines y las escalonias, y mezcle bien. Tape y refrigere 2 horas; remueva de vez en cuando.

3 Prepare la barbacoa y la ensalada griega, pero no la aliñe. Ensarte el cordero, los calabacines y las escalonias en las broquetas, y cuézalas entre 8 y 10 minutos a fuego moderado; déles la vuelta de vez en cuando.

BROQUETAS DE CORDERO CON ENSALADA GRIEGA

◆◆◆◆◆◆◆◆◆◆◆◆◆◆◆

Preparación: 30 minutos, más adobo

Barbacoa: 8-10 minutos

Para 4 platos principales

12-16 escalonias grandes, sin pelar

3 cucharadas de zumo de limón recién exprimido

1 cucharada de romero fresco, picado, o 1 cucharadita de romero seco, machacado

2 cucharadas de aceite de oliva

1 cucharadita de sal

1 cucharadita de pimienta negra, molida gruesa

750 g de dados de cordero para asar, de 4 cm cada uno

2 calabacines pequeños (350 g), cortados en rodajas de 2 o 3 cm de grosor

ensalada griega (*véase* superior, derecha)

4 broquetas metálicas de 25 cm

ramitas de romero para adornar

ENSALADA GRIEGA

Corte 1 cogollo pequeño de lechuga romana en trozos de 5 cm; 2 tomates pequeños en trozos de 2 o 3 cm; 1 pepino mediano en rodajas de 5 mm, y ½ cebolla roja a dados. Mézclelos en un cuenco pequeño con 75 g de aceitunas negras. Prepare el aliño: mezcle 2 cucharadas de vinagre de vino tinto, una cucharada de aceite de oliva, ½ cucharadita de orégano seco y ½ cucharadita de sal y pimienta negra molida en un cuenco pequeño. Enfríe la ensalada y el aliño por separado, y mézclelos sólo antes de servir. Para 4 raciones.

Cada ración: unas 110 calorías, 2 g de proteínas, 9 g de hidratos de carbono, 8 g de grasa total (1 g de saturadas), 0 mg de colesterol, 580 mg de sodio

4 Coloque las broquetas de cordero en una fuente grande y adórnelas con las ramitas de romero. Aliñe la ensalada y acompáñela con las hierbas.

CADA BROQUETA: UNAS 390 CALORÍAS, 45 g DE PROTEÍNAS, 11 g DE HIDRATOS DE CARBONO, 18 g DE GRASA TOTAL (5 g DE SATURADAS), 137 mg DE COLESTEROL, 630 mg DE SODIO

CHULETAS DE CORDERO ADOBADAS CON TOMATES ASADOS

Preparación: 15 minutos, más reposo   Barbacoa: 8-10 minutos
Para 4 platos principales

2 dientes de ajo, muy finamente
  picados
60 ml de vinagre de vino tinto
2 cucharaditas de romero seco,
  machacado
1¼ cucharaditas de sal
8 chuletas de lomo de cordero,
  de 2-3 cm de grosor (90 g cada
  una)

2 tomates grandes, cortados por
  la mitad, en sentido horizontal
1 cucharada de aceite de oliva
  o vegetal
30 g de parmesano recién rallado
1 cucharada de perejil fresco,
  picado
pimienta negra, molida gruesa

◆ Prepare la barbacoa. Mezcle los 4 primeros ingredientes
y ½ cucharadita de pimienta en una fuente no metálica de
33 x 20 cm. Coloque las chuletas de cordero, formando una capa,
y cúbralas con el adobo. Déjelas que reposen 15 minutos; déles
la vuelta de vez en cuando.

◆ Ponga las chuletas sobre la barbacoa a fuego moderado y
reserve el adobo en la fuente. Pincele los tomates con aceite
y póngalos, con la cara cortada hacia abajo, en la barbacoa. Cueza
entre 8 y 10 minutos si desea la carne entre en su punto y poco
hecha, o hasta el grado de cocción que pefiera; déle la vuelta una
vez. Al servir, espolvoree los tomates con el queso, el perejil y
¼ de cucharadita de pimienta, y acompáñelos con las chuletas.

Cada ración: unas 300 calorías, 29 g de proteínas, 6 g de hidratos de carbono,
18 g de grasa total (6 g de saturadas), 91 mg de colesterol, 815 mg de sodio

BISTÉS DE CORDERO AL ORÉGANO

Preparación: 15 minutos, más adobo y reposo
Barbacoa: 8-10 minutos   Para 4 platos principales

2 cucharadas de orégano fresco
  picado o 1 cucharadita de
  orégano seco
1 cucharada de vinagre de vino
  tinto
1 diente de ajo, muy finamente
  picado
1 cucharadita de corteza de
  naranja rallada
¼ de cucharadita de pimienta
negra molida

1 cucharada, más 1 cucharadita,
  de aceite de oliva
sal
1 bisté de cordero, de 2-3 cm de
  grosor (450 g)
2 cebollas rojas pequeñas,
  cortadas en rodajas
  horizontales, de 1 cm de grosor
4 tomates pera, cortados por la
  mitad, a lo largo
4 panes *pitta* (15 cm)

◆ Mezcle el orégano, el vinagre, el ajo, la corteza de naranja,
la pimienta, una cucharada de aceite de oliva y ½ cucharadita de
sal en una fuente no metálica. Agregue el cordero y cúbralo con
el adobo. Tápelo y deje que repose 4 horas como mínimo.

◆ Prepare la barbacoa. Asegure las rodajas de cebolla con palillos
de cóctel para mantenerlas juntas. Rocíelas con una cucharadita de
aceite en un cuenco y mézclelas con cuidado. Ponga el cordero
y las cebollas en la barbacoa a fuego moderado y cueza entre 10 y
12 minutos, déles una sola vuelta. Mientras, espolvoree ligeramente

los tomates con sal. Póngalos en la barbacoa con el lado cortado
hacia abajo y cuézalos 5 minutos; déles una vuelta. Ase los panes
entre 30 y 60 segundos por lado, o hasta que estén ligeramente
tostados. Traspase el cordero, las hortalizas y los panes a una
fuente, y deje que la carne repose 10 minutos al calor. Córtela
en lonchas y en el momento de servir, divida los panes *pitta* por
la mitad.

Cada ración: unas 505 calorías, 26 g de proteínas, 42 g de hidratos de carbono,
26 g de grasa total (9 g de saturadas), 80 mg de colesterol, 985 mg de sodio

BISTÉS DE CORDERO A LA BARBACOA CON COSTRA ESPECIADA

Preparación: 5 minutos, más reposo   Barbacoa: 8-10 minutos
Para 4 platos principales

1 cucharadita de semillas de
  cilantro
1 cucharadita de semillas de
  comino
1 cucharadita de semillas de hinojo

½ cucharadita de sal
½ cucharadita de pimienta
  negra, en grano
1 bisté de cordero, de 2-3 cm de
  grosor (450 g)

◆ Prepare la barbacoa. Caliente, a fuego moderado, el cilantro,
el comino y las semilas de hinojo en un cazo de 1 litro durante
1 o 2 minutos, o hasta que la mezcla esté fragante; remueva de
vez en cuando. Traspase a un mortero con la sal y la pimienta,
y macháquelo toscamente. También puede poner las especias
en una bolsa de plástico fuerte y aplastarlas con un rodillo.

◆ Seque la carne con papel de cocina y frótela con la mezcla
anterior. Póngala en la barbacoa a fuego moderado y cueza entre
8 y 10 minutos si la desea entre en su punto y poco hecha, o hasta
el grado de cocción que prefiera, déle una vuelta. Deje que repose
10 minutos al calor. Córtela en lonchas finas antes de servirla.

Cada ración: unas 265 calorías, 19 g de proteínas, 1 g de hidratos de carbono,
20 g de grasa total (9 g de saturadas), 80 mg de colesterol, 320 mg de sodio

◆◆◆◆◆◆◆◆◆◆◆◆◆◆◆◆◆◆◆◆◆◆◆◆◆◆◆◆◆◆◆◆◆

CONSEJOS PARA ADOBAR CARNES

Cuando los adobos contengan
ingredientes ácidos, como
vinagre, vino o zumo de
limón, macérelos en
recipientes no metálicos, como
cristal o cerámica
(el acero inoxidable también
es apropiado, así como las
bolsas de plástico gruesas).
El aluminio puede reaccionar
con los ácidos y proporcionar
a la carne un desagradable

sabor metálico. Es posible macerar los alimentos hasta
30 minutos a temperatura ambiente; si los deja más tiempo,
métalos en la nevera.

◆◆◆◆◆◆◆◆◆◆◆◆◆◆◆◆◆◆◆◆◆◆◆◆◆◆◆◆◆◆◆◆◆

CORDERO PICADO

El cordero picado es ideal para platos clásicos de Oriente Medio, como las albóndigas especiadas, aunque también queda delicioso si se mezcla con berenjenas o en la clásica empanada con patatas.

CAZUELA DE CORDERO Y BERENJENAS

◆◆◆◆◆◆◆◆◆◆◆

Preparación: 55 minutos
Horno: 35-40 minutos
Para 10 platos principales

2 berenjenas pequeñas (600 g cada una), cortadas por la mitad, a lo largo, en rodajas de 1 cm de grosor
5 cucharadas de aceite de oliva
900 g de cordero, picado
1 cebolla grande, picada
2 dientes de ajo, muy finamente picados
1 cucharadita de comino molido
½ cucharadita de canela, molida
sal y pimienta negra molida
800 g de tomates enlatados
2 cucharadas de tomate concentrado
50 g de harina
675 ml de leche
4 huevos medianos, ligeramente batidos
¼ de cucharadita de nuez moscada, rallada
pan crujiente (opcional)

1 Precaliente el horno a 230 °C (gas 8). Coloque las berenjenas sobre 2 placas para hornear engrasadas. Pincélelas por ambas caras con aceite y hornéelas 20 minutos, o hasta que se ablanden; cambie la posición de las placas al cabo de 10 minutos. Retírelas del horno y baje la temperatura a 190 °C (gas 5).

2 Caliente una cucharada de aceite en una sartén de 30 cm a fuego moderado-alto. Agregue el cordero, la cebolla y el ajo, y cuézalos 15 minutos, o hasta que estén dorados.

3 Agregue el comino, la canela, una cucharadita de sal y ¼ de cucharadita de pimienta, y cueza 1 minuto. Retire el recipiente del fuego, añada los tomates y el tomate concentrado; rómpalos con una cuchara.

4 Caliente una cucharada de aceite en un cazo de 3 litros con poco fuego. Añada la harina y cueza 1 minuto. Vierta la leche gradualmente y cueza 15 minutos, hasta que la mezcla se espese. Retírela del fuego.

5 Vierta, sin dejar de batir, un poco de la mezcla de leche caliente en los huevos, y devuelva esta preparación al cazo. Sazone con la nuez moscada, ½ cucharadita de sal y ¼ de cucharadita de pimienta.

6 Coloque la mitad de las rodajas de berenjena, solapándolas si fuese necesario, en una cacerola refractaria de 3½ o 4 litros, o en una fuente para hornear, y cúbralas con la mitad de la mezcla de cordero. Repita la operación con el resto de las rodajas de berenjena y cordero, y vierta la leche uniformemente por encima. Hornee entre 35 y 40 minutos, o hasta que la superficie esté bien hinchada, dorada y caliente. Acompañe con pan caliente si lo desea.

CADA RACIÓN: UNAS 400 CALORÍAS, 24 g DE PROTEÍNAS, 20 g DE HIDRATOS DE CARBONO, 25 g DE GRASA TOTAL (9 g DE SATURADAS), 160 mg DE COLESTEROL, 700 mg DE SODIO

EMPANADA DEL PASTOR

Preparación: 40 minutos   Horno: 20 minutos
Para 4 platos principales

900 g de patatas, peladas y cortadas en rodajas de 4 cm	2 zanahorias, finamente picadas
sal	450 g de cordero, picado
125 ml de leche	2 cucharadas de tomate concentrado
45 g de margarina o mantequilla	2 cucharadas de harina
5 cucharadas de parmesano, recién rallado	60 ml de vino tinto seco
pimienta negra molida	225 ml de caldo de pollo
1 cebolla mediana, picada	¼ de cucharadita de tomillo seco
	150 g de guisantes congelados

◆ Precaliente el horno a 220 °C (gas 7). Ponga las patatas en una cacerola de 4 litros, agregue ¼ de cucharadita de sal, cubra con agua y lleve a ebullición. Baje el fuego, tape y cueza 20 minutos a fuego lento, o hasta que las patatas estén tiernas. Escúrralas y devuélvalas a la cacerola. Aplástelas con un aplastapatatas junto con la leche y 30 g de mantequilla. Mezcle, a continuación, con el queso parmesano y ¼ de cucharadita de pimienta.

◆ Mientras, derrita a fuego moderado la cucharada de mantequilla restante en una sartén de 26 cm. Agregue la cebolla y las zanahorias, y cuézalas hasta que se ablanden. Ponga el cordero y cuézalo a fuego moderado-alto; rómpalo con una cuchara hasta que pierda el color rosado.

◆ Agregue el tomate concentrado y prosiga la cocción 1 minuto, removiendo. Espolvoree con la harina y remueva otro minuto. Vierta el vino y cuézalo hasta que se evapore. Vierta el caldo, el tomillo, ¼ de cucharadita de sal y ⅛ de cucharadita de pimienta negra, y remueva hasta que se desprendan los depósitos marrones. Lleve a ebullición y agregue los guisantes.

◆ Vierta la mezcla de cordero en una fuente honda para empanadas de 24 cm y distribuya por encima las patatas. Espolvoree con el parmesano restante y hornee 20 minutos, o hasta que la superficie esté bien dorada.

Cada ración: unas 650 calorías, 34 g de proteínas, 61 g de hidratos de carbono, 30 g de grasa total (13 g de saturadas), 121 mg de colesterol, 745 mg de sodio

ALBÓNDIGAS TURCAS

Preparación: 15 minutos   Cocción: 8-10 minutos
Para 4 platos principales

1 rebanada de pan blanco de la vigilia	una pizca de pimienta de Cayena
450 g de cordero, picado	½ cucharadita de comino molido
1 huevo mediano	½ cucharadita de sal
15 g de perejil fresco, picado	2 cucharadas de harina
1 diente de ajo pequeño, muy finamente picado	1 cucharada de aceite vegetal

◆ Reduzca el pan a migas en la batidora-mezcladora o robot eléctrico provisto de cuchilla metálica. Mezcle las migas con el cordero y los 6 ingredientes siguientes en un cuenco grande, hasta que estén bien amalgamados. Forme 4 albóndigas de 4 cm.

◆ Ponga la harina en papel sulfurizado y enharine las albóndigas. Caliente el aceite a fuego moderado-alto en una sartén de 30 cm. Agregue las albóndigas y cuézalas entre 8 y 10 minutos, dándoles la vuelta de vez en cuando, o hasta que estén cocidas por completo. Colóquelas sobre papel de cocina para que se escurran.

Cada ración: unas 320 calorías, 24 g de proteínas, 7 g de hidratos de carbono, 22 g de grasa total (8 g de saturadas), 135 mg de colesterol, 390 mg de sodio

CORDERO EN PAN *PITTA* CON SALSA DE YOGUR

Preparación: 20 minutos   Cocción: 30 minutos
Para 6 platos principales

2 cucharadas de aceite vegetal	225 g de yogur desnatado
2 cebollas medianas, picadas	1 pepino pequeño, sin semillas, cortado a dados
750 g de cordero, picado	1 cucharada de eneldo fresco, picado o ¼ de cucharadita de eneldo seco
1 berenjena medina (600 g), cortada a dados	
350 ml de zumo de tomate	1 manojo de berros
½ cucharadita de pimienta negra, molida gruesa	3 panes *pitta* integrales (15 cm), cortados por la mitad
sal	

◆ Caliente una cucharada de aceite a fuego moderado-alto en una sartén de 30 cm. Agregue las cebollas y cuézalas 5 minutos. Incorpore el cordero picado, rómpalo con el dorso de una cuchara y cuézalo hasta que esté bien dorado y sus jugos se hayan evaporado.

◆ Agregue la berenjena y la cucharada restante de aceite y prosiga la cocción hasta que la berenjena se ablande. Agregue el zumo de tomate, la pimienta y una cucharadita de sal, y caliente a fondo. Mientras, prepare la salsa de yogur: mezcle el pepino, el yogur, el eneldo y ¼ de cucharadita de sal en un cuenco pequeño.

◆ Reparta la mitad de los berros en 6 platos y el resto introdúzcalos en el pan *pitta*. Ponga la carne en el interior de los panes. Distribuya los panes sobre los platos con los berros y vierta la salsa de yogur sobre el relleno.

Cada ración: unas 410 calorías, 25 g de proteínas, 34 g de hidratos de carbono, 20 g de grasa total (7 g de saturadas), 70 mg de colesterol, 930 mg de sodio

8

HORTALIZAS

HORTALIZAS

Las hortalizas, ricas en fibra, vitaminas y minerales, son esenciales para conseguir una dieta equilibrada. Con cientos de variedades y multitud de preparaciones, hay una hortaliza adecuada para cada gusto. Las fruterías y los supermercados ofrecen un amplio abanico, a la vez que introducen nuevas variedades exóticas y disponen de un buen surtido de los productos de temporada. Los tomates, las patatas y las judías locales tienen generalmente más sabor que los que han viajado o han estado almacenados mucho tiempo. Si tiene un huerto, cultive sus propias hortalizas, de este modo obtendrá la máxima frescura.

COMPRA Y CONSERVACIÓN

Como regla general, compre hortalizas de temporada, pues además de tener más sabor y ser más frescas, resultan más económicas. Elija hortalizas de aspecto firme y color vivo, sin máculas u hojas decaídas. Las hortalizas de menor tamaño son, por lo general, más dulces y tiernas. Si le es posible, no las compre empaquetadas, pues su calidad es difícil de comprobar.

La mayoría de las hortalizas se conservan frescas si se mantienen en bolsas de plástico o de papel, en la parte más fría de la nevera, por lo general en el compartimento de las verduras situado en la parte inferior de la nevera. No cierre las bolsas herméticamente, pues la humedad podría condensarse y precipitar su deterioro. Almacene las patatas, las cebollas, los ajos y las calabazas de invierno en un lugar frío, oscuro y bien ventilado. Casi todas las hortalizas tienen más sabor y elementos nutritivos si se consumen enseguida.

PREPARACIÓN

• Sacúdalas para retirar la suciedad antes de lavarlas. Luego, frótelas con un cepillo blando para hortalizas. Enjuáguelas con agua tibia, de manera que se desprenda cualquier resto de arena o de suciedad, especialmente en el caso de las hortalizas de hoja y los calabacines.
• Lave con sumo cuidado y abundante agua las hortalizas justo antes de emplearlas.
• Pele sólo una capa fina de piel o no las pele, ya que pierden vitaminas, minerales y fibra.
• Las hortalizas como las alcachofas y el apio nabo se decoloran con rapidez al pelarlas. Para evitarlo, pélelas con un cuchillo de acero inoxidable y frote las porciones cortadas con medio limón. También puede colocarlas una vez peladas en un cuenco con agua acidulada (mezcle 1 litro de agua con 3 cucharadas de zumo de limón).
• Para revivir verduras u hortalizas un poco mustias, sumérjalas en agua helada unos 15 minutos. Procure no remojarlas más tiempo, pues si llegara a hacerlo, perderían sus nutrientes y quedarían aguadas.

LAS CLAVES DEL ÉXITO

• La mayoría de las hortalizas deben cocerse durante poco tiempo, para que mantengan el color, la textura y el sabor. A no ser que la receta indique lo contrario, cuézalas con la menor cantidad posible de agua hirviendo para no perder demasiados nutrientes.
• Muchas hortalizas pueden cocerse en el microondas. Este método de cocción corto favorece el mantenimiento del color y la textura, así como de gran parte de sus nutrientes.
• Si va a cocer las hortalizas para servirlas frías o para recalentarlas posteriormente, una vez hervidas o cocidas al vapor, escúrralas y enjuáguelas enseguida con agua fría para detener la cocción.
• No tire el agua en que se han cocido las hortalizas, pues está llena de nutrientes. Utilícela para la elaboración de salsas, sopas y caldos.

CÓMO CORTARLAS

Es imprescindible un cuchillo bien afilado. Para trabajar rápidamente, utilice un robot eléctrico o una mandolina (*véase* pág. 297).

Corte las hortalizas en trozos regulares para que se cuezan uniformemente y para obtener un acabado más atractivo.

Córtelas a dados pequeños y regulares

Tiras de juliana finas como cerillas

Píquelas para conseguir trozos pequeños irregulares

HORTALIZAS ORGÁNICAS

La preocupación por los componentes químicos de los alimentos ha facilitado una mayor oferta de productos orgánicos. Obtenidos sin la intervención de pesticidas y fertilizantes químicos, estas hortalizas no sólo son más saludables, sino que también tienen más sabor. Puesto que su producción es mucho más laboriosa y rinden menos, el precio resulta elevado si se compara con el de sus homónimas de supermercado. En la actualidad, no hay normas gubernamentales en relación con la calidad de este tipo de alimentos.

LA FAMILIA DE LAS COLES

Brécol verde y morado. Elija brécoles verdes o morados con inflorescencias compactas, sin signos amarillentos o señales de que hayan florecido. Los tallos deben ser firmes; si fuesen duros, pele la capa externa con un mondador de hortalizas. El brécol morado tiene tallos con hojas, y su sabor es ligeramente amargo. Elija tallos pesados y con hojas frescas, de un tono verde oscuro.

Coles de Bruselas. Compre coles bien cerradas, de un color verde vivo. Las más pequeñas son las mejores, pues las grandes pueden ser amargas. Si las va a hervir o cocer al vapor, dibuje un aspa en la base con un cuchillo para que se hagan uniformemente.

Colifor. Al comprar una coliflor, elija aquellas que presenten cabezas firmes y compactas, que parezcan pesadas para su tamaño. Compruebe que los ramitos estén bien apretados y que no muestren máculas. Las hojas deben ser verdes y frescas. El tamaño no tiene relación con la calidad.

Col china. Tiene más el aspecto de una lechuga que el de una col. Su forma es alargada y sus hojas, de un verde pálido, están rizadas en los extremos. Elija coles con hojas firmes y crujientes, y un tallo fresco. La col china *bok choy* tiene unos tallos anchos, de un tono blanco o verde pálido, provistos de unas grandes hojas verdes. Elija coles *bok choy* de tallos firmes y crujientes, y de hojas frescas, de un tono verde oscuro.

Col verde común, col rizada o Savoy. De estas coles, la rizada es la que tiene un sabor más atenuado. Compre coles con hojas frescas, que parezcan pesadas para su tamaño. Aunque probablemente tire las hojas exteriores, éstas protegen el centro, por lo que debería elegir coles que todavía las mantuvieran.

Bok choy mini

Colirrábano

Coliflor

Col lombarda

Col china

Col verde o Savoy

Col común verde

Colirrábano. Este bulbo, de color verde o púrpura, tiene unos brotes en forma de hoja en la parte superior. Presenta un sabor parecido al de los nabos, mientras que las hojas recuerdan al de las espinacas. Elija bulbos pequeños y pesados, con hojas de un verde oscuro. Los de mayor tamaño pueden ser leñosos. Pélelos siempre antes de utilizarlos.

HORTALIZAS DE HOJA

Las hortalizas de hoja son ricas en vitaminas y pueden degustarse crudas cuando son jóvenes y tiernas, o bien cocidas en su estadio maduro. Las hortalizas de hoja disminuyen durante la cocción; así pues, 450 g proporcionan sólo 125 g después de haberse cocido. Elija hortalizas de hojas verdes sin máculas y de color vivo; las hojas pequeñas con tallos finos son las más tiernas. Para conservarlas, lávelas con varios cambios de agua fría y séquelas con papel de cocina. Forre una bolsa de plástico con un lienzo de cocina húmedo, introduzca holgadamente las hortalizas y utilícelas al cabo de 3 días.

• Entre las hortalizas de hoja de sabor suave se encuentran las espinacas, las lechugas y las acelgas; el sabor de los tallos de estas últimas recuerda al del apio, y el de las hojas al de las espinacas. Las espinacas quedan muy bien en ensaladas; las acelgas resultan mejor cocidas.

• Si le gustan los sabores un poco más fuertes, elija berzas, endibias y escarola de Batavia.

• Entre las de sabores más pronunciados, se encuentran la escarola común, la berza rizada, el diente de león, las hojas chinas y el nabo. Todas estas hortalizas de hoja son amargas si se comen crudas, excepto cuando son jóvenes y tiernas; quedan deliciosas salteadas con ajo y aceite de oliva, o si se añaden (al finalizar el tiempo de cocción) a sopas y guisos.

ALCACHOFAS, ESPÁRRAGOS, APIO E HINOJO

Alcachofas. Elija las que parezcan pesadas para su tamaño, con cabezas compactas y hojas verdes. Las alcachofas de un color marronoso son viejas, pero si sólo presentan una ligera coloración marrón en los finales de sus hojas están bien. Si las compra muy pequeñas, deben tener cabezas compactas y tallos y hojas blandos.

Espárragos. Escoja espárragos de tallos firmes y yemas bien compactas. Para que la cocción sea uniforme, deben tener el mismo grosor. Los espárragos blancos son más caros. Puede pelarlos; si lo hace, retire sólo la piel externa con un cuchillo pequeño. Para conservarlos, recorte los extremos y póngalos en un vaso alto, con 2 o 3 cm de agua y con las yemas hacia arriba.

Apio. Una mata de apio debe parecer húmeda y crujiente. Elija aquellas compactas, sin tallos estropeados y con hojas frescas. Por lo general, cuanto más oscuros sean los tallos, más fuerte será el sabor. Si lo desea, utilice un mondador para retirar los hilos externos.

Hinojo. Todas las partes del hinojo son comestibles, desde el bulbo a las hojas, que recuerdan a los tallos de apio y a sus hojas plumosas (añádalas a ensaladas o utilícelas, como adorno). Se puede comer crudo (córtelo muy fino y añádalo a ensaladas o crudités), o cocido. Los métodos de cocción lenta, como el asado o el braseado, realzan su dulzor y atenúan el sabor a regaliz. Elija bulbos compactos y enteros, de un color blanco verdoso y que no estén decolorados; las hojas deben ser frescas y verdes. Los bulbos de esta clase alargados por la parte superior corresponden a hortalizas viejas y duras.

JUDÍAS, MAÍZ, QUINGOMBÓS Y GUISANTES

Judías. Entre las judías con vainas comestibles se encuentran las judías verdes finas, de enrame y amarillas cerosas (*véase* pág. 292). Las judías deben ser firmes y presentar unas vainas sin máculas que se muestren crujientes al romperlas (las judías verdes finas son las menos crujientes).

Mazorca de maíz. Cueza las mazorcas de maíz una vez adquiridas, antes de que los azúcares naturales se transformen en fécula y pierdan el dulzor. Sus penachos sedosos deben parecer frescos y jugosos; si están secos, el maíz es viejo. Los granos rollizos y lechosos deben crecer en hileras compactas hacia la punta. No compre maíz desgranado, pues se deteriora con rapidez; prepárelo antes de cocinarlo.

Quingombó. Compre vainas pequeñas y firmes, de un verde brillante, que no estén blandas. Los quingombós quedan poco firmes una vez cocidos y actúan como espesante en platos salseados. No los cueza en cacerolas de aluminio o de acero, pues podrían decolorarse.

Tirabeques. Esta exquisita variedad de guisantes se degusta con las vainas. Los tirabeques tienen unas vainas casi planas y translúcidas, mientras que las de los guisantes de jardín son más redondeadas y rollizas. En cualquier caso, elija vainas firmes y crujientes, de un bonito color verde. Los guisantes de jardín deben ser rollizos y los extremos no deben romperse.

Guisantes. Elija guisantes frescos, con vainas de un verde vivo, firmes y rollizas. Los azúcares de los guisantes se convierten en fécula una vez recolectados, por lo que debe comprarlos lo más frescos posible. Desgránelos antes de cocinarlos. Unos 450 g de guisantes en sus vainas proporcinan unas 2 raciones de guisantes desgranados.

HORTALIZAS DE RAÍZ

Remolacha. Apreciada por su sabor dulce, la remolacha tiene el mayor contenido de azúcar de todas las hortalizas, pero es muy baja en calorías. Elija remolachas firmes, de tamaño pequeño o mediano, sin máculas. Si es posible, cómprelas en manojos de hojas verdes, que se pueden cocer como las espinacas. Las hojas deben parecer sanas y frescas.

Zanahorias y chirivías. Compre raíces de aspecto liso y saludable, sin grietas. Las chirivías pequeñas tienen un sabor muy dulce, mientras que las grandes presentan, a veces, un centro leñoso. Las zanahorias pequeñas quedan muy bien como guarnición, pero las maduras y más anaranjadas son más dulces y tienen más vitaminas.

Apio nabo. Esta hortaliza de raíz aromática tiene un sabor a meolias, entre apio y perejil. Las raíces, pequeñas y firmes, muestran la mejor

Zanahorias

Colinabo

Apio nabo

textura. Para pelarlas con más facilidad, cómprelas que tengan menos nudos y raíces. El apio nabo puede rallarse y aliñarse para formar parte de ensaladas, aunque también queda delicioso cocido, en sopas y purés.

Rábanos. Elija rábanos de piel lisa, que parezcan firmes y no esponjosos. Su color puede variar del blanco, pasando por el rojo y el púrpura, al negro. La forma puede ser redonda, ovalada o alargada, y el sabor picante o suave.

Colinabo. Escoja colinabos firmes y pesados, de piel lisa. Una vez cocidos, la carne amarilla adquiere una textura cremosa.

Aguaturmas. Elija raíces pequeñas y firmes, libres de manchas blandas o verdosas (*véase* pág. 296).

Nabos. Compre nabos que parezcan pesados para su tamaño y de pieles lisas y no dañadas. Los nabos grandes pueden ser muy leñosos.

PATATAS

El contenido en fécula de las patatas es variable, lo cual afecta a la textura del plato acabado. Las patatas para hornear deben tener una textura esponjosa, lo que también las hace indicadas para freír, mientras que pueden desintegrarse al hervirse. Las patatas cerosas, como las Desirée, King Edward y Maris Piper, tienen menos fécula y conservan su forma una vez cocidas, sea cual sea el método empleado. Son ideales para hervir y como ingredientes de ensaladas. Las patatas nuevas pequeñas son muy indicadas para cocerlas enteras al vapor, y las de carne amarilla tienen una textura cremosa, ideal para purés.

Los boniatos pueden ser amarillos o naranjas. Los de carne amarilla son más secos y menos dulces que los anaranjados.

Sea cual sea la variedad elegida, compre patatas sin brotes, y deseche las que tengan manchas verdosas, resultado de una exposición prolongada a la luz, porque tienen un gusto más amargo. Conserve las patatas en un lugar oscuro y bien ventilado; nunca en la nevera. Las patatas viejas se conservan unas 2 semanas; las nuevas y los boniatos, 1 semana.

No es difícil pelarlas, pero se deben eliminar por completo los brotes y las zonas verdosas.

Boniato

Patata para hornear

Desirée

Maris Piper

Nabos

Remolacha

Chirivías

LA FAMILIA DE LAS CEBOLLAS

Estas hortalizas oscilan entre las secas, con pieles finas como el papel (cebollas y ajos), a las variedades verdes, que tienen un bulbo en un extremo (cebollas tiernas). Las cebollas secas se dividen en las de larga conservación, que son firmes y compactas, y se encuentran disponibles todo el año y tienen un sabor fuerte (congélelas 20 minutos antes de picarlas para no llorar), y las cebollas dulces, como las españolas y otras grandes y de sabor suave. Éstas, que maduran en primavera y verano, tienen un mayor contenido en agua y azúcar, por lo que son más frágiles. De toda la familia de las cebollas, los puerros son los que necesitan lavarse más a fondo; para ello, córtelos por la mitad, a lo largo, y enjuáguelos bien bajo un chorro de agua.

Elija cebollas secas que parezcan pesadas para su tamaño y que tengan una envoltura también seca. Evite las que presenten brotes o partes blandas. Las cebollas tiernas deben tener bulbos blancos y hojas de aspecto sano. Guarde las cebollas secas formando una capa en un lugar frío, oscuro y aireado. Refrigere las cebollas tiernas hasta 2 semanas. (Para más información sobre el ajo, *véase* pág. 351.)

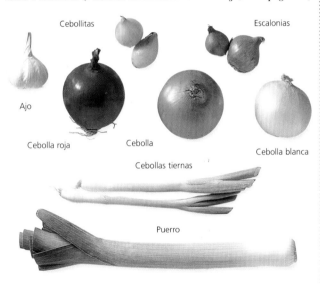

Cebollitas

Escalonias

Ajo

Cebolla roja

Cebolla

Cebolla blanca

Cebollas tiernas

Puerro

CALABAZAS

Las calabazas se dividen en dos grupos, las de verano y las de invierno, pero normalmente se encuentran disponibles todo el año. Las calabazas de verano tienen una carne tierna, y semillas y piel blandas, comestibles. Las calabazas de invierno tienen pieles gruesas, semillas grandes y una carne más firme. Al comprar calabazas de verano, elija las que parezcan firmes. Las de invierno deben tener una piel dura y sin máculas. En ambas épocas, elija calabazas con buena forma y color. Las calabazas siempre deben parecer pesadas para su tamaño. Guarde las de verano en la nevera, y las de invierno, en un lugar frío y seco.

CALABAZAS DE VERANO

Calabaza bonetera. Estas pequeñas calabacitas de forma redondeada tienen un borde festoneado, y tanto pueden ser blancas como amarillas, o de un verde pálido. La forma escultural de estas calabazas de cocción rápida las hace perfectas para asar al *grill* o, si son grandes, para rellenar.

Calabacines. Además de los calabacines verdes comunes, hay variedades grises y amarillas. Todos los calabacines pueden degustarse crudos o cocidos. Las variedades más jovenes tienen, por lo general, un sabor más dulce.

Calabaza común. Se trata de un calabacín que se ha dejado madurar en la planta. Deben ser firmes, pesados y más largos de 30 cm. Esta hortaliza tan versátil puede cocerse al vapor, hervirse, rellenarse, hornearse y gratinarse.

CALABAZAS DE INVIERNO

Calabaza de bellota. Esta calabaza redondeada y con fuertes entallas tiene una piel de color verde oscuro, a veces con manchas y carne dulce anaranjada. Existe también una variedad de piel anaranjada. Por lo general, se rellena o corta en rodajas y se hornea.

Calabaza de San Roque. Tiene un extremo en forma de bulbo y una carne de un color naranja oscuro, dulce y jugosa. Se emplea en sopas y empanadas, o al natural. Retire siempre la piel antes de cocerla.

Chayote. Esta pequeña calabaza en forma de pera y de color verde tiene una semilla grande central y un sabor que recuerda al de las manzanas. Aunque es una calabaza de invierno, se prepara como los calabacines. Elija chayotes pequeños y firmes.

Calabaza confitera. Estas calabazas grandes y redondas tienen una carne hilosa, que debe tamizarse una vez cocida. Las más pequeñas contienen más carne y menos fibras, por lo que son más adecuadas. Córtelas por la mitad o en gajos, retire las semillas y hornéelas como cualquier otra calabaza. Cómprelas siempre sin manchas ni máculas.

Calabaza espagueti. Esta calabaza en forma de sandía tiene una carne amarilla dorada que se separa en hebras una vez cocida. Elíjalas de piel amarillo claro, pues el color verdoso indica que todavía no están maduras.

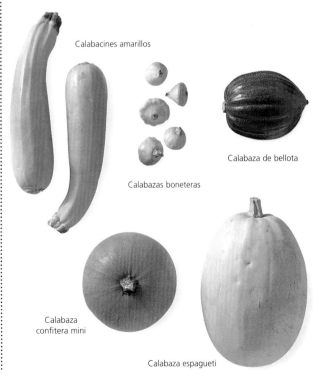

Calabacines amarillos

Calabaza de bellota

Calabazas boneteras

Calabaza confitera mini

Calabaza espagueti

SETAS

Hay una gran variedad de setas, tanto frescas como secas (*véase* pág. 305). Compre siempre setas firmes y carnosas, con un color uniforme. Para conservarlas, póngalas holgadamente en una bolsa de papel (para que puedan respirar) cerrada y envuelta con un lienzo húmedo, y refrigérelas. No las guarde en bolsas de plástico, pues se humedecen y adquieren una textura pegajosa, lo que las estropea enseguida. Limpie las setas antes de utilizarlas con un pincel blando o lienzo húmedo. No las remoje mucho tiempo en agua, pues la absorben y quedan empapadas. No las pele, ya que gran parte del sabor se encuentra concentrado en la piel. Mezcle cualquiera de las siguientes variedades para obtener un sabor muy intenso.

Champiñones pequeños. Los champiñones cultivados pueden tener un color blanco crema o amarronado. Los champiñones blancos presentan un sabor más suave. Los sombreros oscilan entre los 5 mm y los 7 cm.

Champiñones grandes. El sombrero, de un color marrón oscuro, puede llegar a alcanzar los 15 cm de diámetro. Los sombreros están abiertos y son muy apreciados por el sabor pronunciado y la textura carnosa. Sus pies leñosos pueden usarse en caldos.

Champiñón castaña. Es una variedad del champiñón blanco pequeño.

Setas chinas *shiitake*. Estas setas tienen un sombrero plano y un sabor fuerte y carnoso. Los tallos son, por lo general, demasiado duros para ser ingeridos.

Orellanas. Es una delicada variedad oriental, de un color cremoso o grisáceo, con un sombrero grande y de extremos fruncidos, y pies cortos y gruesos.

Colmenillas. Estas setas de sombrero alargado en forma de panal de miel y textura esponjosa tienen un color marrón dorado. Se encuentran en tiendas especializadas y muestran un sabor muy pronunciado a bosque y una textura tierna una vez cocidas.

Setas calabaza. Llamadas *cèpes* en francés, son unas setas de carne deliciosa y color marrón claro que pueden llegar a pesar entre 30 y 450 g. Tienen una textura cremosa y un sabor pronunciado a bosque. Elija setas calabaza con sombreros firmes, cuya parte inferior presente un color pálido.

Rebozuelos. Tienen forma de trompeta y el color puede oscilar entre el amarillo vivo y el naranja. Los rebozuelos cuentan con una buena textura y un sabor delicado, que recuerda a las nueces. Al comprarlos, evite aquéllos cuyos sombreros estén rotos. Deben cocerse lenta y brevemente.

BERENJENAS

Esta hortaliza presenta muchas formas, entre ellas la de pera alargada, común en Occidente, las pequeñas berenjenas minis, las japonesas largas y finas, y las elegantes variedades de color blanco crema (*véase* pág. 308). Elija berenjenas que parezcan pesadas para su tamaño, con pieles lisas y brillantes, libres de manchas marrones. Evite las duras, pues podrían no haber madurado. A diferencia de otras hortalizas, las berenjenas no se estropean si se cuecen demasiado; tendrán simplemente una textura más blanda. Puede pelarlas si lo desea, aunque la piel es comestible y aporta color a los platos.

CHILES Y PIMIENTOS

Aunque los pimientos se clasifican como frutos, los pimientos dulces se emplean como hortaliza, mientras que los chiles, la variedad picante, se utilizan como condimento. A medida que los pimientos dulces maduran van ganando dulzor. Los pimientos rojos son simplemente pimientos verdes que se han dejado en la mata para que maduren. Los pimientos morrones son los más dulces y, a menudo, se venden asados y enlatados.

El sabor de los chiles puede oscilar entre los moderadamente picantes y los que parecen quemar el paladar. Como regla general, cuanto más pequeño sea un chile tanto más picante resultará su sabor. Los diminutos chiles tailandeses, los habaneros y el gorro escocés son muy picantes, mientras que los jalapeños y serranos lo son un poco menos. La capsaicina, que en su mayor parte se encuentra en las membranas y semillas de los chiles, es el componente que les aporta su sabor picante. Para retirar parte del mismo, prescinda de membranas y semillas, pero procure que los aceites no le toquen la piel, pues podría irritarse. Si tiene una piel sensible, lleve guantes de goma al prepararlos, y lávese a fondo las manos una vez realizada la tarea.

Elija pimientos y chiles de color vivo y pieles lisas y firmes. Rechace aquellos arrugados, estropeados o manchados. Los chiles también se venden secos; para reconstituirlos, remójelos 30 minutos en agua caliente.

Serrano

Habanero

Jalapeño

Gorro escocés

Tailandés

TOMATES

Las diferentes variedades de tomates (*véase* pág. 312) presentan diferentes niveles de dulzura y acidez. Los tomates cereza pueden ser amarillos o rojos, y tienen un sabor dulce durante todo el año. Los tomates amarillos son menos ácidos que los rojos. Los tomates pera tienen unas paredes gruesas y carnosas, ideales para preparar salsas.

Elija tomates firmes (pero no pesados), de pieles sanas y con un buen color. No los guarde en la nevera porque el frío mata el sabor. Refrigérelos sólo si han madurado en exceso. En caso contrario, guárdelos a temperatura ambiente, lejos de la luz del sol para que no se ablanden. Los tomates sin madurar pueden conservarse en una bolsa de papel junto a una manzana; ésta acelera el proceso.

Los tomates enlatados son preferibles a los frescos cuando no encuentre disponibles ejemplares de calidad.

LA FAMILIA DE LAS COLES

Entre la familia de las coles se encuentra la col común, la rizada, la lombarda, las variedades chinas, los brécoles, las coles de Bruselas y la coliflor. El colirrábano, que parece una remolacha nudosa de color verde pálido, es uno de los miembros menos conocidos de la familia y es, de hecho, un cruce entre la col y el nabo. Estas humildes hortalizas, de precio económico, ofrecen lo mejor de sí mismas tanto crudas en ensaladas como cocidas. Las más frescas tienen el sabor más suave y delicado. La col lombarda es más dulce que la verde, y resulta ideal para encurtir o saltear con manzanas y sultanas. Su estructura necesita un proceso de cocción más prolongado que las coles verdes.

COL RELLENA VEGETARIANA

◆◆◆◆◆◆◆◆◆◆◆◆◆◆◆◆◆◆◆◆◆◆◆◆

Prep: 50 minutos   *Cocción:* 1 hora

Para 4 platos principales

1 col rizada grande (750-850 g), sin las hojas duras de la parte exterior	1 diente de ajo, muy finamente picado
2 cucharadas de aceite vegetal	1 cucharada de jengibre fresco, muy finamente picado
1 pimiento rojo, sin membranas ni semillas y finamente picado	50 g de arroz de grano largo, cocido según las instrucciones del paquete
1 pimiento amarillo, sin membranas ni semillas y finamente picado	200 g de judías blancas enlatadas, enjuagadas y escurridas
1 cebolla mediana, finamente picada	100 g de castañas de agua enlatadas, escurridas y finamente picadas
1 cucharada de vinagre de arroz	400 g de tomates enlatados
1 cucharada de salsa de soja	pan francés (opcional)

1 Retire 2 hojas grandes de la col y resérvelas. Extraiga el corazón y el centro de la col deje unas paredes de 2 o 3 cm de grosor. Pique 100 g del centro.

2 Caliente una cucharada de aceite en una sartén de 30 cm. Agregue los pimientos y la mitad de la cebolla, y cuézalos entre 8 y 10 minutos, removiéndolos a menudo, o hasta que estén tiernos.

3 Agregue la col picada, el vinagre de arroz, ½ cucharada de salsa de soja, el ajo y ½ cucharada de jengibre, y cueza 5 minutos. Retire del fuego y mezcle con el arroz, las judías y las castañas de agua.

4 Rellene la col con la mezcla de hortalizas, firme pero suavemente. Cubra la abertura con las hojas reservadas, encabalgándolas ligeramente y atándolas con un bramante. Caliente la cucharada restante de aceite a fuego moderado en una cacerola refractaria de 8 litros. Agregue las cebollas restantes y cuézalas 5 minutos, o hasta que estén tiernas. Incorpore la ½ cucharara restante de jengibre y cueza 30 segundos.

5 Añada los tomates con su zumo, la ½ cucharada restante de salsa de soja y 225 ml de agua; rompa los tomates con el dorso de una cuchara. Ponga la col rellena con la base hacia abajo sobre la salsa de tomate y lleve a ebullición, a fuego vivo. Baje el fuego, tápela y cuézala entre 30 y 40 minutos; rocíe la col de vez en cuando. En el momento de servir, ponga la col en una fuente honda, retire el bramante y vierta la salsa alrededor. Corte la col en porciones y acompáñela con pan si lo desea.

CADA RACIÓN: UNAS 275 CALORÍAS, 9 g DE PROTEÍNAS, 43 g DE HIDRATOS DE CARBONO, 8 g DE GRASA TOTAL (1 g DE SATURADAS), 0 mg DE COLESTEROL, 605 mg DE SODIO

COLIRRÁBANO
CON ZANAHORIAS AL ENELDO

Preparación: 25 minutos   Cocción: 25 minutos
Para 6 guarniciones

6 colirrábanos medianos (unos
   900 g), pelados
450 g de zanahorias
2 cucharadas de aceite vegetal
60 g de margarina o mantequilla
2 cucharaditas de harina

1 cubito de caldo de pollo,
   desmenuzado
1 cucharada de eneldo fresco,
   picado, o ½ cucharadita de
   eneldo seco

◆ Corte los colirrábanos en rodajas de 1 cm de grosor y, luego,
éstas en tiras de 1 cm de ancho. Corte las zanahorias, en sentido
horizontal, en 3 trozos y después a cuartos, a lo largo. Caliente
el aceite a fuego moderado-alto en una sartén de 30 cm. Agregue
las hortalizas y cuézalas unos 15 minutos, removiéndolas a menudo,
o hasta que estén doradas. Añada 75 ml de agua y baje el fuego.
Tape y cueza 10 minutos, o hasta que las hortalizas estén tiernas y
crujientes, y el líquido se haya evaporado.

◆ Mientras, derrita la mantequilla a fuego lento en un cazo
de 1 litro. Mézclela con la harina y cueza 1 minuto. Agregue el
cubito y mezcle gradualmente con 125 ml de agua. Cueza,
removiendo constantemente, hasta que la mezcla hierva y se espese
un poco. Vierta la salsa sobre las hortalizas y espolvoréelas con el
eneldo. Mezcle bien y con cuidado para que queden recubiertas.

Cada ración: unas 185 calorías, 4 g de proteínas, 18 g de hidratos de carbono,
12 g de grasa total (4 g de saturadas), 21 mg de colesterol, 295 mg de sodio

LOMBARDA CON MANZANAS

Preparación: 15 minutos   Cocción: 25 minutos
Para 8 guarniciones

2 cucharadas de aceite de oliva
1 kg de col lombarda, cuarteada,
   sin el corazón y cortada en tiras
   gruesas
2 manzanas Golden Delicious
   peladas, descorazonadas y picadas

1 cucharada de azúcar
2 cucharadas de vinagre de
   vino tinto
2 cucharaditas de sal
perejil fresco, picado para
   adornar

◆ Caliente el aceite de oliva a fuego vivo en
una sartén de 30 cm. Agregue la col y
las manzanas, y mezcle bien. Espolvoree
con el azúcar, el vinagre y la sal.

◆ Baje el fuego a moderado
y cueza unos 20 minutos,
removiendo de vez en cuando,
hasta que la lombarda esté tierna.
Espolvoréela con el perejil en
el momento de servir.

Cada ración: unas 90 calorías, 2 g de
proteínas, 15 g de hidratos de carbono,
4 g de grasa total (1 g de saturadas), 0 mg
de colesterol, 550 mg de sodio

COL Y GUISANTES
SALTEADOS

Preparación: 25 minutos   Cocción: 15-20 minutos
Para 6 guarniciones

3 cucharadas de aceite vegetal
1 kg, aproximadamente, de col
   verde, cuarteada, sin el corazón
   y cortada en tiras de 2 cm
900 g de guisantes frescos,
   desgranados, o 300 g de
   guisantes congelados

1¼ cucharaditas de sal
¼ de cucharadita de copos
   de chile seco
1 cucharada de tomillo fresco,
   picado, o perejil
1 cebolla mediana, picada

◆ Caliente el aceite a fuego moderado en una cacerola de 5 litros.
Agregue la cebolla y cuézala 5 minutos, removiendo de vez en
cuando, o hasta que esté tierna y dorada.

◆ Incorpore la col, los guisantes, la sal, los copos de chile y
2 cucharadas de agua. Suba el fuego y cueza entre 10 y 20 minutos,
removiendo con frecuencia, o hasta que la col esté tierna y
crujiente. Espolvoree con el tomillo antes de servir.

Cada ración: unas 135 calorías, 4 g de proteínas, 16 g de hidratos de carbono,
7 g de grasa total (1 g de saturadas), 0 mg de colesterol, 480 mg de sodio

COL Y CEBOLLA A LA ALCARAVEA

Preparación: 10 minutos   Cocción: 15-20 minutos
Para 6 guarniciones

1 kg de col verde
2 cucharadas de aceite vegetal
1 cebolla grande, cortada a dados
1 cucharadita de sal

¾ de cucharadita de semillas de
   alcaravea, machacadas
¼ de cucharadita de pimienta
   negra molida

◆ Retire con cuidado unas hojas de col grandes y forre con ellas
una fuente de servicio si lo desea. Resérvela.

◆ Cuartee la col y corte el corazón. Córtela en tiras gruesas y
recorte las nervaduras.

◆ Caliente 2 cucharadas de aceite a fuego moderado en una
cacerola de 5 litros. Agregue la cebolla y cuézala 5 minutos,
removiendo de vez en cuando, o hasta que esté tierna y dorada.

◆ Incorpore la col, la sal, la alcaravea y la pimienta. Suba el fuego
y cueza entre 10 y 12 minutos, removiendo con frecuencia, o hasta
que la col esté tierna y crujiente. En el momento de servir,
vuélquela sobre la fuente que haya forrado con las hojas.

Cada ración: unas 100 calorías, 3 g de proteínas, 13 g de hidratos de carbono,
5 g de grasa total (1 g de saturadas), 0 mg de colesterol, 390 mg de sodio

COLES DE BRUSELAS SALTEADAS

Preparación: 15 minutos   Cocción: 5 minutos
Para 6 guarniciones

600 g de coles de Bruselas,
  preparadas

45 g de mantequilla
½ cucharadita de sal

◆ Corte las coles en rodajas muy finas. Derrita la mantequilla a fuego vivo en una sartén de 30 cm. Agregue las coles de Bruselas; sálelas y cuézalas 5 minutos, removiendo de vez en cuando, o hasta que estén tiernas y crujientes, y empiecen a dorarse.

Cada ración: unas 90 calorías, 3 g de proteínas, 9 g de hidratos de carbono, 6 g de grasa total (2 g de saturadas), 16 mg de colesterol, 265 mg de sodio

COLIFLOR CON PATATAS Y GUISANTES AL CURRY

Preparación: 15 minutos   Cocción: 30 minutos
Para 8 guarniciones

1 cucharada de aceite vegetal
1 cebolla grande, finamente
  picada
2 patatas, peladas y cortadas en
  trozos de 1 cm
1 cucharada de jengibre fresco,
  finamente picado
2 dientes de ajo, muy finamente
  picados

1 cucharadita de curry en polvo
¼ de cucharadita de comino
  molido
1 cucharadita de sal
1 coliflor pequeña (900 g),
  separada en ramitos
150 g de guisantes congelados
15 g de cilantro fresco, picado

◆ Caliente el aceite a fuego moderado en una sartén de 26 cm. Agregue la cebolla y cuézala 5 minutos, o hasta que se ablande. Incorpore las patatas y los 4 ingredientes siguientes y cueza 2 minutos, removiendo. Sale, vierta 350 ml de agua y lleve a ebullición, a fuego vivo.

◆ Baje el fuego a moderado. Tape y cueza 10 minutos. Añada la coliflor, remueva, tape y cueza 10 minutos más, o hasta que se ablande. Mezcle con los guisantes y cueza con el recipiente destapado hasta que casi todo el líquido se haya evaporado. Espolvoree con el cilantro en el momento de servir.

Cada ración: unas 120 calorías, 5 g de proteínas, 21 g de hidratos de carbono, 2 g de grasa total (0 g de saturadas), 0 mg de colesterol, 295 mg de sodio

COLES DE BRUSELAS CON BEICON

Preparación: 15 minutos   Cocción: 15 minutos
Para 10 guarniciones

850 g de coles de Bruselas,
  preparadas
6 lonchas de beicon, recortadas
  si fuese necesario
1 cucharada de aceite de oliva
½ cucharadita de sal

2 dientes de ajo, muy finamente
  picados
¼ de cucharadita de pimienta
  negra, molida gruesa
45 g de piñones tostados

◆ Ponga a hervir entre 10 y 12 cm de agua en un cazo de 4 litros a fuego vivo. Agregue las coles. Lleve a ebullición, baje el fuego, tape y cueza 5 minutos, o hasta que las coles estén tiernas y crujientes. Escúrralas.

◆ Fría el beicon a fuego moderado-bajo en una sartén antiadherente de 30 cm hasta que esté dorado. Póngalo sobre papel de cocina para que escurra. Tire toda la grasa de la sartén, excepto una cucharada; caliéntela con el aceite de oliva a fuego moderado y agregue las coles de Bruselas, el ajo, la sal y la pimienta. Cueza 5 minutos, removiendo con frecuencia, o hasta que las coles estén doradas. En el momento de servir, esparza por encima los piñones y el beicon desmenuzado.

Cada ración: unas 85 calorías, 4 g de proteínas, 9 g de hidratos de carbono, 5 g de grasa total (1 g de saturadas), 3 mg de colesterol, 185 mg de sodio

PREPARAR LAS COLES DE BRUSELAS

Retire primero las hojas amarillentas o estropeadas y luego recorte la base. Si las va a hervir, practique un corte en forma de aspa en la base para que cuezan de manera más rápida y uniforme.

Vinagreta de hortalizas

Preparación: 20 minutos   Cocción: 25-30 minutos
Para 8 guarniciones

75 ml de aceite de oliva
60 g de mostaza de Dijon, en grano
¾ de cucharadita de sal
1 coliflor grande (1,3 kg), cortada en trozos de 6 x 2 cm
1 manojo grande de brécoles, cortados en trozos de 6 x 2 cm
450 g de zanahorias, cortadas en rodajas diagonales de 5 mm de grosor
60 ml de vinagre de vino blanco

◆ Bata el aceite, la mostaza, el vinagre y la sal en un cuenco mediano hasta que estén bien amalgamados. Resérvelos.

◆ Ponga a hervir entre 10 y 12 cm de agua a fuego vivo en una cacerola de 8 litros. Agregue la coliflor y lleve de nuevo a ebullicion. Baje el fuego; tape y cueza entre 5 y 7 minutos a fuego lento, o hasta que esté tierna y crujiente. Traspásela con una espumadera a un colador y enjuáguela con agua fría.

◆ Hierva el agua de nuevo y añádale el brécol. Baje el fuego. Tape y cueza entre 5 y 7 minutos a fuego lento, o hasta que esté tierno y crujiente. Traspáselo al colador con la coliflor y enjuáguelo con agua fría.

◆ Vierta más agua en la cacerola, hasta obtener unos 2 o 3 cm. añada las zanahorias y lleve a ebullición, a fuego vivo. Baje el calor y cuézalas 5 minutos a fuego lento, o hasta que estén tiernas y crujientes. Traspáselas al colador con la coliflor y el brécol, y enjuague con agua fría.

◆ Agregue las hortalizas escurridas al cuenco con la vinagreta y mezcle hasta que estén bien recubiertas. Sirva las hortalizas calientes, o bien cúbralas y refrigérelas para servirlas frías más tarde.

Cada ración: unas 180 calorías, 7 g de proteínas, 19 g de hidratos de carbono, 10 g de grasa total (1 g de saturadas), 0 mg de colesterol, 455 mg de sodio

Ensalada tibia de brécoles y patatas

Preparación: 15 minutos   Cocción: 25 minutos
Para 8 guarniciones

6 lonchas de beicon, preparadas y cortadas en trozos de 1 cm
3 patatas rojas medianas, cortadas en rodajas de 5 m de grosor
1 cebolla mediana, picada
3 cucharadas de vinagre de vino tinto
2 cucharaditas de azúcar
1½ cucharaditas de sal
¼ de cucharadita de copos de chile seco
1 manojo grande de brécoles, cortados en trozos de 7 x 3 cm

◆ Cueza el beicon a fuego moderado-bajo en una sartén de 30 cm; escúrralo sobre papel de cocina. Vierta toda la grasa de la sartén, excepto 3 cucharadas. Suba el fuego. Agregue las patatas y la cebolla, y cueza unos 10 minutos, o hasta que las patatas estén doradas; déles la vuelta de vez en cuando. Vierta 125 ml de agua, baje el fuego a moderado-bajo, tape y cueza 5 minutos más, o hasta que las patatas estén tiernas. Vierta el vinagre y los 3 ingredientes siguientes, y cueza hasta que el líquido hierva y se espese.

◆ Mientras, ponga los brécoles en un cazo con unos 10 y 12 cm de agua hirviendo a fuego vivo. Baje el fuego, tape y cueza entre 8 y 10 minutos, o hasta que las patatas estén tiernas. Escurra los brécoles. Mezcle los brécoles y el beicon con la mezcla de patatas, y remueva hasta que estén bien recubiertos.

Cada ración: unas 110 calorías, 5 g de proteínas, 18 g de hidratos de carbono, 3 g de grasa total (1 g de saturadas), 4 mg de colesterol, 505 mg de sodio

Brécoles y pimiento rojo con almendras

Preparación: 10 minutos   Cocción: 15 minutos
Para 5 guarniciones

2 cucharadas de aceite de oliva o vegetal
1 pimiento rojo, sin membranas ni semillas y cortado en tiras de 1 cm de ancho
½ cucharadita de sal
1 manojo grande de brécoles, cortado en ramitos
1 cucharada de zumo de limón recién exprimido
2 cucharadas de almendras tostadas, fileteadas

◆ Caliente una cucharada de aceite a fuego moderado-alto en una sartén de 30 cm. Agregue el pimiento rojo y cueza hasta que esté dorado, tierno y crujiente. Traspáselo a un plato.

◆ Caliente la cucharada restante de aceite en la misma sartén. Agregue los brécoles y cuézalos, removiendo constantemente, hasta que estén recubiertos con el aceite. Sale y añada 3 cucharadas de agua. Baje el fuego a moderado; tape y cueza 2 minutos. Destape y fría 5 minutos, sin dejar de remover, o hasta que los brécoles estén tiernos y crujientes. Agregue los pimientos y mezcle bien. Vierta la preparación en una fuente. Rocíela con el zumo de limón y esparza las almendras por encima.

Cada ración: unas 110 calorías, 5 g de proteínas, 9 g de hidratos de carbono, 7 g de grasa total (1 g de saturadas), 0 mg de colesterol, 250 mg de sodio

HORTALIZAS DE HOJA

Las hortalizas de hoja, ricas en nutrientes y muy sabrosas, tienen diferentes gustos y texturas. Van de las tiernas a las suaves y ligeramente amargas o pimentadas, según el tipo, la edad y las condiciones de cultivo. Por lo general, cuanto más oscuras sean las hojas más vitaminas y minerales contienen. Las espinacas son especialmente delicadas y versátiles; pero puede mezclar y combinar la mayoría de hortalizas de hoja para aportar variedad a su cocina (las más duras o de sabor más pronunciado precisan mayor tiempo de cocción). Exprima el exceso de humedad de las espinacas cocidas o congeladas para evitar un resultado aguado.

ALBONDIGUILLAS DE ESPINACAS Y RICOTTA

❖❖❖❖❖❖❖❖❖❖❖❖

Preparación: 50 minutos
Horno: 15-20 minutos
Para 4 platos principales

700 g de espinacas frescas, o
   600 g de espinacas congeladas
   (y descongeladas) y exprimidas
225 g de queso Ricotta
2 huevos medianos
¼ de cucharadita de pimienta
   negra molida
125 g parmesano recién rallado
75 g, más 2 cucharadas, de harina
30 g de mantequilla o margarina
450 ml de leche

1 Si va a utilizar espinacas frescas, retire los tallos duros y lávelas a fondo. Cuézalas, a fuego vivo con agua en una cacerola de 5 litros, removiéndolas hasta que estén mustias. Escúrralas, exprímalas y píquelas. Prepare las albondiguillas: mezcle las espinacas, el queso Ricotta, los huevos, la pimienta, 60 g de parmesano y 75 g de harina. Enharínese las manos y forme figuras ovaladas de 5 x 3 cm.

2 Mientras, llene hasta la mitad una cacerola de 5 litros con agua y llévela a ebullición, a fuego vivo. Baje el fuego y agregue la mitad de las albondiguillas.

4 Derrita la mantequilla a fuego moderado en un cazo de 2 litros. Agregue las 2 cucharadas restantes de harina y cueza 1 minuto. Vierta gradualmente la leche y bata sin cesar hasta que la salsa hierva y se espese un poco. Retírela del fuego y mézclela con 30 g de parmesano rallado. Ponga las albondiguillas formando una sola capa en una fuente refractaria de 2 litros. Vierta la salsa por encima, espolvoree con los 35 g de parmesano restantes y hornee entre 15 y 20 minutos, hasta que la salsa esté bien caliente y burbujeante.

3 Cuézalas entre 3 y 5 minutos, con el agua apenas agitándose y removiéndolas con cuidado, hasta que floten. Traspáselas con una espumadera sobre papel de cocina para que escurran. Precaliente el horno a 180 °C (gas 4).

CADA RACIÓN: UNAS 475 CALORÍAS, 30 g DE PROTEÍNAS, 27 g DE HIDRATOS DE CARBONO, 28 g DE GRASA TOTAL (15 g DE SATURADAS), 187 mg DE COLESTEROL, 785 mg DE SODIO

ESPINACAS CON PASAS
Y GARBANZOS A LA ITALIANA

Preparación: 15 minutos   Cocción: 6 minutos
Para 4 guarniciones

1 cucharada de aceite de oliva	400 g de garbanzos envasados,
1 diente de ajo, aplastado con	escurridos y enjuagados
la hoja de un cuchillo	700 g de espinacas, lavadas y muy
¼ de cucharadita de copos	bien secadas
de chile seco	40 g de sultanas
½ cucharadita de sal	

◆ Caliente el aceite con el ajo a fuego moderado en una cacerola de 5 litros. Cuando el ajo esté dorado, tírelo. Agregue los copos de chile al aceite del recipiente y cuézalos 15 segundos.

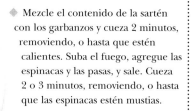

◆ Mezcle el contenido de la sartén con los garbanzos y cueza 2 minutos, removiendo, o hasta que estén calientes. Suba el fuego, agregue las espinacas y las pasas, y sale. Cueza 2 o 3 minutos, removiendo, o hasta que las espinacas estén mustias.

Cada ración: unas 200 calorías, 9 g de proteínas, 31 g de hidratos de carbono, 6 g de grasa total (1 g de saturada), 0 mg de colesterol, 805 mg de sodio

ESPINACAS ESPECIADAS
A LA CREMA

Preparación: 20 minutos   Cocción: 12 minutos
Para 4 guarniciones

15 g de mantequilla o margarina	½ cucharadita de comino molido
1 cebolla mediana, finamente	⅛ de cucharadita de pimienta
picada	de Cayena, molida
2 cucharaditas de jengibre fresco,	700 g de espinacas, lavadas
finamente picado	y secadas
2 dientes de ajo, muy finamente	½ cucharadita de sal
picados	60 ml de crema de leche,
½ cucharadita de cilantro molido	espesa

◆ Derrita la mantequilla a fuego moderado en una cacerola. Agregue la cebolla picada y cuézala 5 minutos, removiendo a menudo, o hasta que se ablande. Sazone con el jengibre picado, el ajo, el cilantro, el comino y la pimienta de Cayena, y cueza 1 minuto más sin dejar de remover.

◆ Suba el fuego. Agregue las espinacas, sálelas y cuézalas de 2-3 minutos removiendo o hasta que estén mustias. Mézclelas con la crema y hierva 2 minutos, o hasta que se espesen.

Cada ración: unas 130 calorías, 5 g de proteínas, 10 g de hidratos de carbono, 9 g de grasa total (5 g de saturadas), 28 mg de colesterol, 420 mg de sodio

ALBÓNDIGAS DE ESPINACAS
Y ARROZ HORNEADAS

Preparación: 45 minutos   Horno: 25-30 minutos
Para 4 platos principales

100 g de arroz de grano largo	pimienta negra molida
700 g de espinacas frescas o 600 g	60 g de parmesano, recién rallado
de espinacas congeladas (y	30 g de pan seco, rallado
descongeladas), picadas y	1 huevo mediano
exprimidas	1 zanahoria grande, cortadas
3 cucharadas de aceite de oliva	a dados
o vegetal	½ cucharadita de albahaca seca
2 cebollas grandes, cortadas	400 g de tomates enlatados
a dados	400 ml de caldo de buey o vegetal
¼ de cucharadita de sal	2 cucharaditas de azúcar

◆ Prepare el arroz en un cazo de 1 litro siguiendo las instrucciones del paquete. Mientras, si utiliza espinacas frescas, retire los tallos duros, lávelas, séquelas bien y píquelas.

◆ Caliente 2 cucharadas de aceite a fuego moderado-alto en una sartén de 30 cm. Agregue la mitad de las cebollas, la sal, ½ cucharadita de pimienta, y cueza, removiendo a menudo, hasta que estén blandas y doradas.

◆ Mézclelas con las espinacas y prosiga la cocción, removiendo hasta que las espinacas estén mustias. Retire el recipiente del fuego y mezcle su contenido con el queso, el pan rallado, el huevo y el arroz cocido, hasta que todo esté bien amalgamado. Una vez que la mezcla se haya entibiado, forme con ella 12 albóndigas y resérvelas.

◆ Precaliente el horno a 190 °C (gas 5). Caliente la cucharada restante de aceite a fuego moderado-alto. Agregue la zanahoria, la albahaca, ¼ de cucharadita de pimienta y el resto de la cebolla, y cueza, removiendo a menudo, hasta que la cebolla y la zanahoria estén tiernas.

◆ Agregue los tomates con su zumo, el caldo y el azúcar, y rompa los tomates con el dorso de una cuchara. Lleve la mezcla a ebullición, a fuego vivo, y viértala en una fuente refractaria de 2 litros.

◆ Ponga las albóndigas de espinacas y arroz en la fuente y hornee entre 25 y 30 minutos, o hasta que la salsa esté caliente y burbujeante, y las albóndigas bien calientes.

Cada ración: unas 400 calorías, 16 g de proteínas, 50 g de hidratos de carbono, 17 g de grasa total (4 g de saturadas), 63 mg de colesterol, 765 mg de sodio

ESPINACAS
CON CHAMPIÑONES Y BEICON

Preparación: 20 minutos   *Cocción:* 15 minutos
Para 4 guarniciones

3 lonchas de beicon, recortadas si fuese necesario

1 cucharada de aceite de oliva

2 dientes de ajo, aplastados con la hoja de un cuchillo

225 g de champiñones, cortados en rodajas de 5 mm de grosor

⅛ de cucharadita de pimienta negra molida

sal

700 g de espinacas, lavadas y secadas

1 cucharada de vinagre de vino tinto (opcional)

◆ Cueza el beicon a fuego moderado-alto en una cacerola de 5 litros hasta que esté bien dorado, y póngalo sobre papel de cocina para que escurra. Tire la grasa de la cacerola.

◆ Caliente el aceite con el ajo a fuego moderado en la misma cacerola hasta que el ajo esté dorado; tírelo. Agregue los champiñones, la pimienta y ¼ de cucharadita de sal, y cueza 5 minutos, hasta que los champiñones estén tiernos y el líquido se haya evaporado.

◆ Suba el fuego, agregue las espinacas a la cacerola, espolvoree con ¼ de cucharadita de sal y cueza 2 o 3 minutos, removiendo hasta que las espinacas estén mustias. Vierta el vinagre si lo utiliza. Esparza el beicon por encima en el momento de servir.

Cada ración: unas 105 calorías, 7 g de proteínas, 8 g de hidratos de carbono, 6 g de grasa total (1 g de saturadas), 4 mg de colesterol, 455 mg de sodio

EMPANADA DE ESCAROLA

Preparación: 50 minutos, más enfriamiento y reposo
Horno: 40-45 minutos   *Para* 6 platos principales

pasta para una empanada de 2 capas (*véase* pág. 487) o 300 g de pasta quebrada preparada

3 cucharadas de aceite de oliva

1 cebolla grande, finamente picada

2 dientes de ajo, muy finamente picados

2 escarolas de Batavia (lechuga rizada), de 1 kg, troceadas

60 g, más 2 cucharaditas, de parmesano, recién rallado

½ cucharadita de copos de chile seco

½ cucharadita de sal

2 cucharadas de pan rallado seco

◆ Prepare la pasta y divídala en 2 bolas, una ligeramente más grande que la otra; envuélvalas y enfríelas entre 30 minutos y toda la noche.

◆ Mientras, caliente 2 cucharadas de aceite a fuego moderado en una cacerola refractaria de 8 litros. Agregue la cebolla y el ajo, y cueza entre 10 y 15 minutos, o hasta que la cebolla esté muy tierna.

◆ Suba el fuego, agregue la escarola, mezcle y cueza 10 minutos, removiendo a menudo, o hasta que se ablande. Escúrrala bien, presionando el exceso de líquido.

◆ Devuelva la escarola a la cacerola y mézclela con 60 g de parmesano, el chile, la sal y la cucharada restante de aceite. Resérvela y precaliente el horno a 190 °C (gas 5).

◆ Extienda la bola de pasta grande en la superficie de trabajo ligeramente enharinada; forme una lámina de pasta 4 cm más grande que la tartera de 23 cm invertida. Enfonde la tartera con la pasta, esparza por encima el pan rallado y rellene con la mezcla de escarola.

◆ Extienda la bola de pasta más pequeña hasta obtener un círculo de 25 cm. Practique varios cortes en la pasta y cubra con ella el relleno. Recorte los bordes y deje que cuelguen 1 cm; dóblelos y presiónelos firmemente en los extremos para sellar ambas pastas. Espolvoree la pasta con las 2 cucharadas restantes de parmesano. Hornee entre 40 y 45 minutos, o hasta que la costra esté dorada. Deje que la empanada repose 10 minutos y córtela en porciones.

Cada ración: unas 540 calorías, 15 g de proteínas, 45 g de hidratos de carbono, 35 g de grasa total (8 g de saturadas), 8 mg de colesterol, 945 mg de sodio

ENDIBIAS BRASEADAS

Preparación: 5 minutos   *Cocción:* 15-25 minutos
Para 6 guarniciones

6 endibias grandes

2 cucharadas de aceite vegetal

30 g de mantequilla o margarina

1 cucharadita de azúcar

½ cucharadita de sal

hojas frescas de albahaca o perejil para adornar

◆ Corte las endibias por la mitad, a lo largo. Caliente el aceite y la mantequilla a fuego moderado en una sartén de 30 cm. Ponga encima las endibias, con la parte cortada hacia abajo; forme una sola capa. Cuézalas entre 5 y 10 minutos, o hasta que los lados cortados estén ligeramente dorados.

◆ Dé la vuelta a las endibias. Baje el fuego, añada 125 ml de agua y espolvoree con el azúcar y la sal; tape y cuézalas entre 10 y 15 minutos, o hasta que estén tiernas. Traspáselas a una fuente grande y adórnelas con la albahaca.

Cada ración: unas 85 calorías, 1 g de proteínas, 3 g de hidratos de carbono, 8 g de grasa total (1 g de saturadas), 11 mg de colesterol, 235 mg de sodio

CÓMO SALTEAR LAS HORTALIZAS DE HOJA AL ESTILO ORIENTAL

Uno de los mejores métodos para preparar las hortalizas de hoja consiste en saltearlas al estilo oriental; esto es, sólo lo suficiente para que se ablanden un poco, a la vez que mantienen su color vivo. Algunas hortalizas de tallos más duros o amargos, como las espinacas y las hojas chinas *bok choy*, deben blanquearse primero para que se suavicen y se ablanden. En la tabla inferior, encontrará instrucciones sobre cómo prepararlas, blanquearlas y saltearlas. Si lo desea mezcle varias. Los tiempos de cocción son cortos, por lo que debe prestar atención para que no se cuezan en exceso.

MÁS IDEAS PARA LOS SALTEADOS

Realce el sabor y la textura de las hortalizas salteadas al estilo oriental con cualquiera de las siguientes adiciones:

Aromatice con aceite. Rocíe las hortalizas cocidas con un poco de aceite de oliva virgen o unas gotas de aceite de sésamo.

Dimensión extra. Mézclelas con un poco de salsa de soja, zumo de limón o vinagre al finalizar la cocción.

Condimente con especias. Añádales jengibre fresco rallado, semillas de mostaza o de comino y copos de chile.

Coberturas crujientes. Espolvoree las hortalizas cocidas con semillas de sésamo tostadas, almendras, nueces o piñones.

Preparar y blanquear
Prepare 450 g de hortalizas de hoja (*véase* recuadro) y tire las hojas decoloradas. Si se recomienda blanquearlas, añádalas a 5 o 6 litros de agua hirviendo y cuézalas tal como se indica; escúrralas a continuación.

Saltear al estilo oriental
Caliente una cucharada de aceite de oliva en una sartén grande o *wok*. Agregue 2 dientes de ajo, aplastados con la hoja de un cuchillo, y remueva a menudo, hasta que estén dorados. Añada ⅛ de cucharadita de copos de chile seco y cueza 30 segundos. Agregue las hortalizas preparadas, espolvoréelas con ¼ de cucharadita de sal y cuézalas sin dejar de remover. Tire el ajo si lo desea.

PREPARAR Y SALTEAR HORTALIZAS DE HOJA AL ESTILO ORIENTAL

TIPO DE HORTALIZAS	PREPARACIÓN	BLANQUEADO	SALTEADO
Hojas de remolacha	Lávelas; pique los tallos	No	5 min
Bok choy (pak choi; pak choy)	Lávelas; corte los tallos en trozos de 2-3 cm	No	5 min
Brotes de brécol	Lávelos; pula los tallos gruesos	Sí, 5 min	5 min
Escarola	Lávela; rompa las hojas	No	5 min
Berzas	Lávelas; tire los tallos; hojas en trozos de 2-3 cm	Sí, 3 min	5 min
Diente de león	Lávelos	Sí, 3 min	5 min
Escarola de Batavia	Lávela; rompa las hojas	No	5 min
Berza rizada	Lávela; retire los tallos	Sí, 5 min	5 min
Hojas chinas	Lávelas; córtelas finas	Sí, 5 min	5 min
Col china	Lávela; córtela fina	No	3 min
Espinacas	Lávelas a fondo	No	3 min
Acelgas	Lávelas; corte los tallos en rodajas finas y las hojas en trozos de 2-3 cm	No	3 min
Berros	Lávelos	No	3 min

ALCACHOFAS

Con tan sólo un poco más de trabajo que el que se requiere para la mayoría de las hortalizas, las alcachofas frescas ofrecen grandes satisfacciones tanto en lo que se refiere al sabor como a la presentación.

ALCACHOFAS RELLENAS AL ESTILO CÉSAR

◆◆◆◆◆◆◆◆◆◆◆◆◆

Preparación: 1 hora
Horno: 15-20 minutos
Para 4 platos principales

4 alcachofas grandes
4 rebanadas de pan blanco de la vigilia, desmenuzadas en migas de 5 mm
2 cucharadas de aceite de oliva
1 diente de ajo grande, muy finamente picado
4 filetes de anchoas, picados
75 g de piñones, ligeramente tostados, o nueces tostadas y picadas
40 g de parmesano, recién rallado
2 cucharadas de perejil fresco, picado
1 cucharada de zumo de limón
¼ de cucharadita de sal
175 ml de caldo de pollo
perejil para adornar

1 Prepare y cueza las alcachofas (*véase* inferior). Precaliente el horno a 200 °C (gas 6). Hornee las migas en la placa del horno durante 5 minutos, o hasta que estén doradas. Caliente el aceite a fuego moderado en un cazo de 1 litro. Agregue el ajo y las anchoas, y cueza hasta que casi se hayan deshecho y el ajo esté dorado. Pique los tallos de las alcachofas y mézclelos en un cuenco con las migas, la mezcla de ajo, los piñones, el perejil, el zumo de limón, la sal y 60 ml de caldo.

2 Vierta los 115 ml restantes de caldo de pollo en una fuente refractaria lo suficientemente amplia como para contener las alcachofas (de unos 33 × 20 cm). Agregue las alcachofas.

3 Reparta la mezcla de migas entre las hojas y el centro de las alcachofas, y hornéelas entre 15 y 20 minutos, o hasta que estén bien calientes. Espolvoréelas con el perejil.

PREPARAR Y COCER LAS ALCACHOFAS

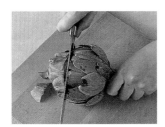

1 Corte unos 2 o 3 cm de la parte superior de las alcachofas con un cuchillo muy afilado. Separe los tallos. Pélelos con un mondador de hortalizas y resérvelos.

2 Arranque las hojas verde oscuro de la parte exterior de la base de las alcachofas y, con unas tijeras de cocina, recorte los extremos puntiagudos de las hojas.

3 Abra con cuidado la alcachofa y retire el heno situado en el centro con un cuchillo pequeño. Raspe el centro con una cuchara para retirar cualquier resto plumoso; tírelo.

4 Enjuague las alcachofas. Ponga a hervir a fuego vivo 2 o 3 cm de agua y una cucharada de zumo de limón en un cazo de 5 litros. Agregue las alcachofas, con la parte del tallo hacia abajo, y lleve a ebullición. Baje el fuego, tape y cueza entre 30 y 40 minutos a fuego lento, o hasta que, al insertar un cuchillo en el centro, traspase la base con facilidad. Escúrralas.

CADA RACIÓN: UNAS 335 CALORÍAS, 16 g DE PROTEÍNAS, 33 g DE HIDRATOS DE CARBONO, 19 g DE GRASA TOTAL (4 g DE SATURADAS), 14 mg DE COLESTEROL, 915 mg DE SODIO

ALCACHOFAS MINI BRASEADAS CON ACEITUNAS

Preparación: 20 minutos   Cocción: 15 minutos
Para 8 entrantes

16 alcachofas mini (unos 900 g)	½ cucharadita de pimienta negra
60 ml de aceite de oliva	molida
3 dientes de ajo medianos,	50 g de aceitunas, deshuesadas
cortados en rodajas	y picadas
½ cucharadita de sal	gajos de limón para adornar

◆ Prepare las alcachofas. Doble hacia atrás las hojas verdes de la parte exterior y arránquelas por la base hasta que encuentre hojas que tengan un tono medio verde (arriba) y medio amarillo (abajo). Corte el tallo y la parte superior de las alcachofas por el punto de unión de los colores verde y amarillo. Divida cada alcachofa por la mitad, a lo largo.

◆ Ponga a hervir 2 o 3 cm de agua a fuego vivo en una sartén de 30 cm. Agregue las alcachofas. Cuézalas 5 minutos y escúrralas.

◆ Seque la sartén. Caliente el aceite a fuego moderado-alto en la misma sartén. Agregue el ajo y cuézalo, removiendo, hasta que esté un poco dorado. Incorpore las alcachofas y prosiga la coción durante 2 minutos, o hasta que estén ligeramente doradas.

◆ Sazone con la pimienta, la sal y 225 ml de agua. Tape y cueza 5 minutos más, o hasta que al insertar un cuchillo en la base de las alcachofas salga con facilidad. Mézclelas con las aceitunas. Caliéntelas, viértalas en una fuente honda y adorne con los gajos de limón.

Cada ración: unas 100 calorías, 2 g de proteínas, 6 g de hidratos de carbono, 8 g de grasa total (1 g de saturadas), 0 mg de colesterol, 280 mg de sodio

ALCACHOFAS CON PIMIENTOS ROJOS ASADOS Y SALSA DE ALBAHACA

Preparación: 25 minutos   Coccion: 35-45 minutos
Para 8 entrantes o guarniciones

4 alcachofas medianas	½ cucharadita de salsa tabasco
175 g de mayonesa ligera	1 cucharada de zumo de limón
200 g de pimientos asados	30 g de albahaca o perejil fresco,
enlatados, escurridos	picado
1 cucharadita de azúcar	hojas de albahaca desmenuzadas
¾ de cucharadita de sal	para adornar

◆ Prepare y cueza las alcachofas (*véase* pág. 281; omita el paso 3). Mientras, ponga la mayonesa con los pimientos, el azúcar, la sal, el tabasco y zumo de limón en el recipiente del robot provisto de la cuchilla metálica o de la batidora-mezcladora; accione el aparato a velocidad media hasta que estén bien amalgamados. Ponga la salsa en un cuenco, mézclela con la albahaca y refrigérela.

◆ Corte cada alcachofa en 4 gajos. Recorte y tire el heno de los centros. Sirva las alcachofas calientes, o cúbralas y refrigérelas para servirlas frías más tarde. En el momento de presentarlas, póngalas en una fuente alrededor del cuenco con la salsa de pimientos y

espolvoree ésta con la albahaca. Los comensales sumergirán las hojas y los corazones de alcachofa en la salsa.

Cada ración: unas 110 calorías, 2 g de proteínas, 10 g de hidratos de carbono, 6 g de grasa total (1 g de saturadas), 8 mg de colesterol, 300 mg de sodio

ALCACHOFAS RELLENAS DE CUSCÚS

Preparación: 1 hora   Horno: 15-20 minutos
Para 4 platos principales

4 alcachofas grandes	3 cucharadas de perejil fresco,
3 cucharadas de aceite de oliva	picado
2 zanahorias medianas, cortadas	350 ml de caldo de pollo
a dados	½ cucharadita de sal
2 dientes de ajo, muy finamente	¼ de cucharadita de pimienta
picados	negra molida
15 g de menta fresca, picada	1 limón, cortado en gajos
175 g de cuscús	

◆ Prepare y cueza las alcachofas (*véase* pág. 281). Mientras, precaliente el horno a 200 °C (gas 6). Caliente una cucharada de aceite de oliva a fuego moderado en una sartén antiadherente. Agregue las zanahorias y cuézalas unos 10 minutos o hasta que estén tiernas. Incorpore el ajo, remueva y cueza 1 minuto más. Traspáselas a un cuenco mediano. Pique los tallos de las zanahorias y añádalos a la mezcla de zanahorias con la menta y el perejil.

◆ Prepare el cuscús siguiendo las instrucciones del paquete, pero utilice 225 ml de caldo de pollo en vez de agua. Cuando esté preparado, sazónelo con sal, pimienta, la mezcla de zanahorias y el aceite restante.

◆ Vierta los 125 ml restantes de caldo de pollo en una fuente refractaria lo suficientemente amplia como para contener las alcachofas (de unos 33 x 20 cm). Póngalas en la fuente y distribuya la mezcla de cuscús entre las hojas y las cavidades centrales. Hornee entre 15 y 20 minutos, o hasta que las alcachofas estén bien calientes. Sírvalas con los gajos de limón.

Cada ración: unas 375 calorías, 13 g de proteínas, 61 g de hidratos de carbono, 12 g de grasa total (2 g de saturadas), 7 mg de colesterol, 830 mg de sodio

APIO E HINOJO

Los tallos de apio crudos, fríos y crujientes aparecen a menudo en los platos de crudités, pero muchas veces se desconocen las posibilidades de cocción para convertirlos en una guarnición apetitosa. Cocinados con chirivías, nueces tostadas y un poco de mantequilla marrón se transforman en un delicioso salteado invernal. El hinojo, un pariente del apio con el que comparte su textura crujiente, tiene un sabor distintivo, a la par dulce y anisado. El hinojo es delicioso crudo, cortado en lonchas muy finas y rociado con una vinagreta, pero si se cuece adquiere un sabor más sutil y una textura más suave. Áselo con aceite de oliva para acompañar el pollo o el pescado asados, o córtelo en lonchas y gratínelo con queso. Al comprar tanto apio como hinojo, elija ejemplares firmes y crujientes, de hojas frescas.

HINOJO BRASEADO CON DOS QUESOS

Preparación: 15 minutos   Cocción: 45 minutos, más el grill
Para 6 guarniciones

3 bulbos de hinojo pequeños
   (225 g cada uno)
400 ml de caldo de pollo
175 g de Mozzarella, rallado

30 g de queso parmesano, recién
   rallado
1 cucharada de perejil fresco,
   picado

1 Enjuague los bulbos de hinojo con agua fría; corte la raíz y la base. Divida cada bulbo por la mitad, a lo largo. Ponga a hervir 350 ml de agua y el caldo de pollo a fuego vivo en una sartén de 30 cm. Agregue el hinojo y lleve a ebullición.

2 Baje el fuego, tape y cueza 35 minutos a fuego lento, dándoles una vuelta, o hasta que, al pincharlos con un tenedor, estén tiernos; escúrralos. Precaliente el *grill.* Coloque los bulbos con la parte cortada hacia arriba en una fuente refractaria de 1 litro y medio. Mezcle ambos quesos y el perejil en un cuenco pequeño.

3 Esparza la mezcla de quesos sobre el hinojo y ponga la fuente lo más cerca posible del *grill.* Gratine 1 o 2 minutos, o hasta que el hinojo esté bien caliente y el queso, dorado y burbujeante.

APIO BRASEADO CON GRUYÈRE

Sustituya 2 matas de apio por el hinojo. Corte los tallos de las bases y, luego, cada tallo en trozos de 5 o 6 cm. Proceda como en la receta anterior, pero cuézalos sólo 20 minutos en el paso 2 y emplee 125 g de Gruyère o queso Emmental rallado en vez de Mozzarella.

Cada ración: unas 125 calorías, 8 g de proteínas, 7 g de hidratos de carbono, 8 g de grasa total (4 g de saturadas), 28 mg de colesterol, 530 mg de sodio

CADA RACIÓN: UNAS 135 CALORÍAS, 8 g DE PROTEÍNAS, 10 g DE HIDRATOS DE CARBONO, 8 g DE GRASA TOTAL (4 g DE SATURADAS), 29 mg DE COLESTEROL, 490 mg DE SODIO

HINOJO ASADO

Preparación: 5 minutos Asado: 1 hora
Para 6 guarniciones

3 bulbos de hinojo grandes (unos   ½ cucharadita de sal
   600 g cada uno)   ¼ de cucharadita de pimienta
1 cucharada de aceite de oliva   negra molida

◆ Precaliente el horno a 220 °C (gas 7). Prepare los bulbos y corte
cada uno en 6 gajos. Colóquelos en una fuente para hornear y
mézclelos con el aceite de oliva, la sal y la pimienta.

◆ Ase el hinojo 1 hora o hasta que los extremos del mismo estén
dorados y, al pincharlo con la punta de un cuchillo, parezca
tierno.

Cada ración: unas 110 calorías, 4 g de proteínas, 21 g de hidratos de carbono,
3 g de grasa total (0 g de saturadas), 0 mg de colesterol, 325 mg de sodio

APIO Y CHIRIVÍAS
CON MANTEQUILLA MARRÓN

Preparación: 20 minutos Cocción: 25-30 minutos
Para 5 guarniciones

2 cucharadas de nueces, picadas   6 tallos de apio, cortados en tiras
1 cucharada de aceite vegetal   finas como cerillas de 7-8 cm
225 g de chirivías, peladas y   ¼ de cucharadita de sal
   cortadas en tiras finas como   2 cucharadas de mantequilla
   cerillas de 7-8 cm

◆ Tueste todas las nueces a fuego moderado en una sartén
de 26 cm de diámetro hasta que estén ligeramente doradas
y traspáselas a un cuenco pequeño. Limpie la sartén con papel
de cocina.

◆ Caliente el aceite a fuego moderado en la misma sartén.
Agregue las chirivías, el apio y la sal, y cueza unos 20 minutos,
removiendo de vez en cuando, hasta que las hortalizas estén
tiernas.

◆ Traspáselas a una fuente caliente y resérvelas al calor. Derrita
la mantequilla en la misma sartén y cuézala, removiendo hasta que
se dore (si se oscurece demasiado queda amarga). Agregue
las nueces y mezcle bien para recubrirlas. Mézclelas con las
hortalizas.

Cada ración: unas 120 calorías, 2 g de proteínas, 11 g de hidratos de carbono,
9 g de grasa total (3 g de saturadas), 12 mg de colesterol, 200 mg de sodio

HINOJO Y PATATAS GRATINADOS

Preparación: 20 minutos Horno: aproximadamente, 1 hora y 20 minutos
Para 8 guarniciones

1 bulbo de hinojo grande (600 g),   ¼ de cucharadita de pimienta
   preparado, sin el corazón   negra molida
   fibroso y cortado en rodajas   1 diente de ajo, aplastado con
   muy finas   la hoja de un cuchillo
750 g de patatas, peladas y   una pizca de nuez moscada,
   cortadas en rodajas muy finas   rallada
1 cucharadita de sal   30 g de parmesano, recién
225 ml de crema de leche, espesa   rallado

◆ Precaliente el horno a 200 °C (gas 6). Mezcle el hinojo con las
patatas, la sal y la pimienta en un cuenco grande, y extiéndalos en
una fuente refractaria de 2 litros. Tápela con papel de aluminio
bien apretado y hornee 1 hora.

◆ Mezcle la crema, el ajo y la nuez moscada en un cazo de 1 litro y
lleve a ebullición, a fuego vivo. Tire el ajo y vierta la mezcla de crema
sobre el hinojo y las patatas. Espolvoree con el parmesano y hornee
20 minutos más, sin tapar, o hasta que la superficie esté dorada.

Cada ración: unas 215 calorías, 4 g de proteínas, 23 g de hidratos de carbono,
12 g de grasa total (7g de saturadas), 43 mg de colesterol, 375 mg de sodio

◆ ◆

PREPARAR EL HINOJO

El hinojo es una hortaliza de
sabor anisado, de la que se
aprovechan todas sus partes:
bulbo, hojas, tallos y semillas.
El bulbo se degusta más a
menudo, pero los tallos jóvenes
pueden servirse como crudités.
Sus hojas plumosas pueden
añadirse a ensaladas o utilizarse
para rellenar pescados.
También constituyen una
atractiva guarnición.

1 Para prepararlo, lávelo con
agua fría y recorte la base
con un cuchillo grande
de cocinero.

2 Corte los tallos y las hojas
plumosas, y resérvelos para
otro uso si lo desea. Retire las
hojas externas estropeadas o
decoloradas, y córtelo por la
mitad o a cuartos. También
puede retirar el corazón fribroso
central y cortar el bulbo tal
como se indique en la receta.

ESPÁRRAGOS

La mejor forma de preparar los espárragos consiste en cocerlos brevemente, hasta que las yemas queden ligeramente flexibles. Al comprarlos, elija aquéllos cuyas yemas sean secas, compactas y de color púrpura. El grosor de los espárragos no influye en su sabor, pero seleccione manojos de grosor uniforme para que se cuezan de forma homogénea.

ESPÁRRAGOS CON VINAGRETA DE PARMESANO

◆◆◆◆◆◆◆◆◆◆◆◆◆

Preparación: 20 minutos
Cocción: 10-15 minutos
Para 8 guarniciones

1,3 kg de espárragos
125 ml de aceite de oliva o vegetal
60 ml de vinagre de vino tinto
1 cucharada de mostaza de Dijon
1 cucharadita de sal
45 g de parmesano, recién rallado
60 g de jamón serrano o cocido, picado

1 Sostenga firmemente la base de cada espárrago y dóblela; el extremo se romperá por el punto donde empieza a ser duro para comer. Tire los extremos y pele las escamas si están sucias.

2 Ponga a hervir los espárragos con 2 o 3 cm de agua en una sartén honda de 30 cm. Baje el fuego, y cuézalos entre 5 y 10 minutos, o hasta que estén tiernos. Escúrralos bien.

3 Prepare la vinagreta en una fuente para hornear de 33 x 20 cm. Bata juntos el aceite, el vinagre, la mostaza, la sal y 30 g de parmesano.

PREPARAR LOS ESPÁRRAGOS

Los espárragos quizá necesiten una preparación mínima, pero si el extremo de los tallos parece leñoso, simplemente dóblelos y tire el final. Lávelos a fondo bajo un chorro de agua fría. Puede pelar las escamas con un mondador para hortalizas, pero esto sólo es preciso si los tallos parecen sucios.

Los espárragos pueden pelarse para una presentación elegante o si su piel es gruesa y dura, pero aquí se prefiere dejarlos sin pelar, pues la parte externa de los tallos es rica en vitamina C, ácido fólico y tiamina, sustancias que se pierden al pelarlos. Ponga los espárragos, con las yemas hacia arriba, en un vaso con 2 o 3 cm de agua; tápelos holgadamente y colóquelos en la nevera.

4 Agregue los espárragos calientes a la vinagreta y déles la vuelta para recubrirlos. Sírvalos a temperatura ambiente, o tápelos y refrigérelos 2 horas; déles la vuelta ocasionalmente. En el momento de servir, traspase los espárragos y la vinagreta a una fuente de servicio. Esparza por encima el jamón y los 15 g restantes de parmesano.

CADA RACIÓN: UNAS 180 CALORÍAS, 7 g DE PROTEÍNAS, 7 g DE HIDRATOS DE CARBONO, 15 g DE GRASA TOTAL (2 g DE SATURADAS), 4 mg DE COLESTEROL, 460 mg DE SODIO

ESPÁRRAGOS GRATINADOS

Preparación: 25 minutos   *Cocción:* 10-15 minutos, más grill
Para 6 guarniciones

2 cucharadas, más 2 cucharaditas, de aceite de oliva	sal
1 escalonia grande, finamente picada	30 g de parmesano recién rallado
2 rebanadas de pan blanco	1 cucharada de perejil fresco, picado
900 g de espárragos, sin los extremos duros	1 cucharada de zumo de limón recién exprimido

◆ Precaliente el horno a 200 °C (gas 6). Caliente 2 cucharadas de aceite de oliva a fuego moderado-bajo en un cazo de 1 litro. Agregue la escalonia y cueza unos 6 minutos, hasta que esté dorada. Retírela del fuego.

◆ Reduzca el pan a migas finas en un robot provisto de la cuchilla metálica o batidora-mezcladora. Esparza las migas en una placa para hornear y cuézalas de 3 a 6 minutos o hasta que estén doradas. Resérvelas.

◆ Ponga a hervir los espárragos con 2 o 3 cm de agua hirviendo en una sartén a fuego vivo. Baje el fuego a moderado-bajo y cuézalos entre 5 y 10 minutos sin tapar, o hasta que estén tiernos; escúrralos. Póngalos en una fuente para gratinar. Rocíelos con 2 cucharaditas de aceite y precaliente el *grill*.

FUENTES PARA GRATINAR

Pensadas para gratinar u hornear a altas temperaturas, las fuentes para gratinar son poco hondas a fin de que los alimentos se calienten rápidamente y la superficie se dore.

◆ Mezcle las migas con el parmesano, el perejil, el zumo de limón, las escalonias y ¼ de cucharadita de sal en un cuenco mediano. Espárzalos sobre los espárragos y póngalos 3 minutos a unos 12 cm del *grill*, o hasta que las migas estén ligeramente doradas.

Cada ración: unas 130 calorías, 6 g de proteínas, 11 g de hidratos de carbono, 8 g de grasa total (2 g de saturadas), 3 mg de colesterol, 265 mg de sodio

ESPÁRRAGOS FRÍOS CON MAYONESA DE BERROS

Preparación: 20 minutos, más enfriamiento   *Cocción:* 10-15 minutos
Para 6 guarniciones

900 g de espárragos, sin los extremos duros	2 cucharadas de alcaparras en conserva, escurridas y finamente picadas
1 manojo de berros	
125 g de mayonesa	1 cucharada de zumo de limón
2 cucharadas de leche	rodajas de limón para adornar

◆ Ponga a hervir los espárragos a fuego vivo con 2 o 3 cm de agua hirviendo en una sartén de 30 cm. Baje el fuego a moderado-bajo y cueza entre 5 y 10 minutos sin tapar, hasta que estén justo tiernos. Escúrralos, póngalos en la fuente de servicio, tápelos y refrigérelos 2 horas, o hasta que estén fríos.

◆ Prepare la mayonesa de berros. Pique tres cuartas partes de los berros y reserve el resto para el adorno. Mezcle los berros picados, la mayonesa, la leche, las alcaparras y el zumo de limón en un cuenco mediano, y vierta la mayonesa sobre los espárragos fríos. Adorne con las rodajas de limón y los berros reservados.

Cada ración: unas 170 calorías, 4 g de proteínas, 7 g de hidratos de carbono, 15 g de grasa total (2 g de saturadas), 11 mg de colesterol, 235 mg de sodio

ESPÁRRAGOS SALTEADOS CON SÉSAMO

Preparación: 5 minutos   *Cocción:* 10 minutos
Para 4 guarniciones

450 g de espárragos finos, sin los extremos duros	1 cucharada de aceite vegetal
1 cucharada de semillas de sésamo	½ cucharadita de aceite de sésamo
	¼ de cucharadita de sal

◆ Corte los espárragos en diagonal en trozos de 2 o 3 cm. Tueste las semillas de sésamo unos 5 minutos a fuego moderado en una sartén de 26 cm; sacuda con frecuencia, hasta que las semillas estén fragantes y ligeramente doradas. Retírelas de la sartén. Caliente el aceite vegetal y de sésamo a fuego vivo en el mismo recipiente hasta que estén muy calientes.

◆ Agregue los espárragos. Salpiméntelos y cuézalos 5 minutos, removiéndolos constantemente, hasta que estén tiernos y crujientes. Sírvalos espolvoreados con las semillas de sésamo.

Cada ración: unas 70 calorías, 3 g de proteínas, 5 g de hidratos de carbono, 5 g de grasa total (1 g de saturadas), 0 mg de colesterol, 145 mg de sodio

Maíz

Las mazorcas de maíz estan en su mejor momento entre mayo y septiembre, por lo que constituyen una apreciada delicia veraniega. Para realzar su sabor, inserte una ramita de romero o unas hojas de salvia en el hollejo y áselas a la barbacoa para potenciar el sabor dulce. Los granos de maíz tiernos, extraídos de la mazorca, pueden transformarse en un salteado rápido con cebollinos o en un budín de maíz, o mezclarse con habas para preparar el *succotash*, uno de los platos del sur de Estados Unidos más populares. Una vez que el maíz se ha recolectado, el contenido de azúcar de los granos se convierte en fécula; así pues, si desea realzar al máximo su dulzor natural, debe cocerlo después de haberlo adquirido. (Los nuevos híbridos retienen más tiempo los azúcares y pueden guardarse en la nevera varios días.)

1 Corte la mazorca por la base para extraer el hollejo intacto. Retire los hilos de los hollejos y cubra éstos con agua. Déjelos en remojo 20 minutos con un bramante.

2 Mientras, corte 450 g de granos de maíz de las mazorcas y guárdelos en otro cuenco (reserve el maíz restante para otra preparación). Mezcle el maíz con los otros ingredientes.

SUCCOTASH ASADO EN MAZORCAS DE MAÍZ

◆◆◆◆◆◆◆◆◆◆◆◆◆◆◆◆◆◆◆◆◆◆◆

Preparación: 30 minutos   *Asado:* 35 minutos

Para 6 guarniciones

6 mazorcas de maíz con sus hollejos	45 g de mantequilla o margarina, derretida
300 g de habas congeladas (y descongeladas)	¼ de cucharadita de corteza de limón rallada
1 tomate grande, cortado a dados	¼ de cucharadita de pimienta negra molida
125 g de queso Cheddar, ahumado y rallado	½ cucharadita de sal
1 cucharadita de azúcar	

3 Precaliente el horno a 220 °C (gas 7). Escurra los hollejos de maíz y el bramante, y sacuda el exceso de agua. Introduzca cuidadosamente 150 g de la mezcla de maíz en cada hollejo.

4 Cierre los hollejos para envolver el relleno por completo y ate el extremo abierto de cada uno con un trozo de bramante. Recorte el exceso.

5 Coloque los hollejos rellenos en una fuente para hornear y áselos 35 minutos, o hasta que el maíz esté tierno y el relleno caliente. En el momento de servir, ponga los hollejos en una fuente y retire los bramantes.

CADA RACIÓN: UNAS 340 CALORÍAS, 14 g DE PROTEÍNAS, 47 g DE HIDRATOS DE CARBONO, 14 g DE GRASA TOTAL (8 g DE SATURADAS), 37 mg DE COLESTEROL, 500 mg DE SODIO

Maíz cremoso horneado

Preparación: 30 minutos   Horno: 1¼ horas
Para 8 guarniciones

2 mazorcas de maíz medianas, sin los hollejos ni los hilos, o 300 g de maíz congelado (y descongelado)	30 g de harina
	1 cucharadita de sal
	¼ de cucharadita de pimienta negra molida
30 g de mantequilla o margarina	450 ml de crema de leche, ligera
1 cebolla pequeña, muy finamente picada	225 ml de leche
	4 huevos medianos

◆ Precaliente el horno a 170 °C (gas 3). Corte los granos de maíz de las mazorcas. Derrita la margarina a fuego moderado en un cazo de 2 litros. Agregue la cebolla y cuézala unos 10 minutos, removiéndola de vez en cuando, o hasta que esté tierna y dorada.

◆ Espolvoréela con la harina, la sal y la pimienta, y mezcle bien. Vierta gradualmente la crema de leche y cueza, removiendo sin parar, hasta que la mezcla hierva y se espese un poco. Retire el cazo del fuego y agregue el maíz.

◆ Bata los huevos ligeramente con una batidora de varillas en una cacerola de 2 litros o molde para suflé. Incorpore poco a poco la mezcla de maíz. Ponga la cacerola en una fuente grande para hornear y colóquela sobre la rejilla del horno. Vierta agua hirviendo hasta que alcance la mitad de la altura de la cacerola.

◆ Hornee 1¼ horas, o hasta que, al insertar un cuchillo en el centro de la preparación, salga limpio.

Cada ración: unas 210 calorías, 8 g de proteínas, 16 g de hidratos de carbono, 13 g de grasa total (6 g de saturadas), 133 mg de colesterol, 375 mg de sodio

Maíz con hierbas a la barbacoa

Preparación: 25 minutos, más remojo   Barbacoa: 30-40 minutos
Para 8 guarniciones

8 mazorcas de maíz medianas con sus hollejos	varias ramitas de albahaca, romero, salvia o tomillo
8 cucharadas de aceite de oliva	

◆ Prepare la barbacoa. Cubra las mazorcas con sus hollejos con agua fría y déjelas en remojo durante 15 minutos. (El remojo evita que los hollejos se quemen durante el asado a la barbacoa.)

◆ Escurra el maíz. Lleve cuidadosamente un tercio de los hollejos hacia atrás y retire los hilos sedosos.

◆ Pincele las mazorcas con una cucharadita de aceite de oliva. Inserte varias ramitas de hierbas en cada una.

◆ Envuelva de nuevo las mazorcas con los hollejos. Retire 1 tira de hollejo de cada mazorca y, con ella, ate juntas las partes superiores de los hollejos.

◆ Ponga las mazorcas en la barbacoa a fuego moderado y cuézalas entre 30 y 40 minutos, o hasta que estén tiernas al pincharlas con la punta de un cuchillo afilado; no dude en darles la vuelta de vez en cuando.

Cada ración: unas 155 calorías, 4 g de proteínas, 28 g de hidratos de carbono, 5 g de grasa total (1 g de saturadas), 0 mg de colesterol, 5 mg de sodio

Maíz fresco salteado

Preparación: 10 minutos   Cocción: 5 minutos
Para 4 guarniciones

6 mazorcas medianas de maíz, sin hollejos ni hilos sedosos	¼ de cucharadita de pimienta negra molida
30 g de mantequilla o margarina	15 g de cebollinos frescos, picados, o cebollas tiernas, cortadas en rodajas muy finas
½ cucharadita de sal	

Corte los granos de maíz de las mazorcas. Derrita la mantequilla a fuego moderado-alto en una sartén de 26 cm. Agregue los granos de maíz, la sal y la pimienta negra, y cueza 4 minutos, removiendo a menudo, o hasta que el maíz esté tierno. Retírelo del fuego y mézclelo con los cebollinos picados.

Cada ración: unas 225 calorías, 6 g de proteínas, 42 g de hidratos de carbono, 7 g de grasa total (2 g de saturadas), 16 mg de colesterol, 340 mg de sodio

PREPARE SU PROPIO PINCEL DE HIERBAS

Si tiene abundantes hierbas aromáticas en su jardín, puede preparar un pincel de hierbas. Es útil para pincelar con mantequilla o margarina derretida pescados, carnes, aves asadas al *grill* o a la barbacoa, así como pan de ajo, pan italiano y mazorcas de maíz. También puede usarlo para pincelar ensaladas con vinagreta u hortalizas cocidas al vapor. Elija hierbas como romero, salvia y tomillo para componer el pincel.

1 Ate un pequeño ramillete de ramitas de hierbas por el extremo del tallo con un trozo de bramante o ramita.

2 Sumerja en aceite de oliva, mantequilla o margarina derretida y pincele las mazorcas de maíz.

GUISANTES Y TIRABEQUES

Aunque resulta fácil cocer en exceso los guisantes y los tirabeques, es realmente difícil cocerlos poco. Los guisantes frescos, ya procedan de su huerto o del supermercado, son una de las delicias primaverales que bien valen el esfuerzo de desgranarlos; degústelos lo más pronto posible una vez recogidos o comprados porque, al igual que el maíz, los azúcares se convierten rápidamente en fécula. Los guisantes congelados son a veces más dulces que los frescos que han estado demasiado tiempo en la mata. Tanto los tirabeques como los guisantes de azúcar se comen enteros, vainas y semillas; retire simplemente el hilo duro de las vainas.

GUISANTES DULCES DE VERANO

Preparación: 25 minutos   *Cocción:* 8-10 minutos

Para 6 guarniciones

1,1 kg de guisantes frescos o 600 g de guisantes congelados (y descongelados)
60 g de mayonesa
1 cucharada de perejil fresco, picado
1 cucharada de vinagre de estragón

¾ de cucharadita de sal
⅛ de cucharadita de pimienta negra molida
175 g de rabanitos, finamente picados
hojas de lechuga

1 Si usa guisantes frescos, retírelos de las vainas. Ponga a hervir a fuego vivo 175 ml de agua en un cazo de 3 litros. Agregue los guisantes frescos o congelados y devuelva a ebullición.

2 Baje el fuego. Tape y cueza entre 3 y 5 minutos a fuego lento, o hasta que los guisantes estén casi tiernos. Escúrralos con un colador y enjuáguelos con agua fría hasta que se enfríen. Resérvelos.

3 Prepare el aliño. Bata en un cuenco pequeño la mayonesa, el perejil, el vinagre de estragón, la sal y la pimienta con una batidora de varillas, hasta que estén bien amalgamados.

4 Agregue a la salsa los guisantes y los rabanitos picados. Tape y refrigere si no los va a servir enseguida. En el momento de servirlos, forre un cuenco con lechuga y vierta la ensalada por encima.

VINAGRE DE ESTRAGÓN CASERO

Lave una botella de 1 litro, que disponga de tapón de corcho, en agua caliente jabonosa. Hierva la botella en una cacerola grande y el corcho en un cazo pequeño durante 5 minutos, y escúrralos. Introduzca 3 o 4 ramitas de estragón en la botella; empújelas con una broqueta. Ponga a hervir 900 ml de vinagre de vino blanco a fuego vivo en una cacerola no reactiva (esmalte o acero inoxidable). Vierta el vinagre en la botella a través de un embudo, tápela con el corcho y deje que repose 2 semanas en un lugar frío y oscuro.

Cuele el vinagre por un tamiz de malla fina dispuesto sobre una jarra medidora. Tire las ramitas. Devuelva el vinagre a la botella y añada estragón fresco. Este vinagre se conserva hasta 3 meses a una temperatura ambiente fría, si se guarda en un lugar caliente, puede fermentar y desarrollar un aroma desagradable. Si el corcho salta, tire el vinagre.

CADA RACIÓN: UNAS 110 CALORÍAS, 3 g DE PROTEÍNAS, 9 g DE HIDRATOS DE CARBONO, 8 g DE GRASA TOTAL (1 g DE SATURADAS), 5 mg DE COLESTEROL, 370 mg DE SODIO

GUISANTES DE AZÚCAR Y PIMIENTOS AMARILLOS

Preparación: 20 minutos   Cocción: 15 minutos
Para 6 guarniciones

1 cucharada, más 2 cucharaditas, de aceite de oliva o vegetal
1 pimiento amarillo grande, sin membranas ni semillas y cortado en trozos de 5 × 2 cm
2 tallos de apio grandes, cortados en diagonal en rodajas de 5 mm de grosor
sal
pimienta negra molida
450 g de guisantes de azúcar o tirabeques, sin los hilos

◆ Caliente una cucharada de aceite a fuego moderado-alto en una sartén de 30 cm. Agregue el pimiento amarillo, el apio, ¾ de cucharadita de sal y ¼ de cucharadita de pimienta negra, y cueza unos 10 minutos, removiendo a menudo, o hasta que las hortalizas estén tiernas y un poco doradas. Traspáselas a un cuenco.

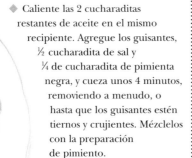

◆ Caliente las 2 cucharaditas restantes de aceite en el mismo recipiente. Agregue los guisantes, ½ cucharadita de sal y ¼ de cucharadita de pimienta negra, y cueza unos 4 minutos, removiendo a menudo, o hasta que los guisantes estén tiernos y crujientes. Mézclelos con la preparación de pimiento.

◆ Traspase las hortalizas a una fuente y, si no las va a servir enseguida, tápelas y refrigérelas para presentarlas más tarde.

Cada ración: unas 75 calorías, 3 g de proteínas, 8 g de hidratos de carbono, 4 g de grasa total (1 g de saturados), 0 mg de colesterol, 460 mg de sodio

PREPARAR TIRABEQUES Y GUISANTES DE AZÚCAR

Lave los tirabeques. Para retirar el hilo de las vainas, arranque el extremo de éstas y extráigalo intacto. Lleve hacia atrás el hilo, de manera que recorra toda la longitud de la vaina. En el caso de los guisantes de azúcar, el hilo aparece a ambos lados de la vaina.

GUISANTES Y JUDÍAS SALTEADOS

Preparación: 15 minutos   Cocción: 8 minutos
Para 4 guarniciones

225 g de judías verdes, sin los extremos
1 cucharadita de sal
2 cucharaditas de aceite vegetal
125 g de tirabeques, sin los hilos
125 g de guisantes de azúcar, sin los hilos
1 diente de ajo, muy finamente picado
1 cucharada de salsa de soja

◆ Ponga a hervir de 2 o 3 cm de agua en una sartén de 30 cm. Añada las judías verdes. Sale y lleve a ebullición. Baje el fuego y cueza a fuego lento y durante 3 minutos con el recipiente destapado. Escurra en un colador y seque la sartén.

◆ Caliente el aceite en la misma sartén a fuego vivo. Agregue las judías y cuézalas 1 minuto o hasta que empiecen a dorarse, removiéndolas a menudo.

◆ Añada los tirabeques, los guisantes de azúcar y el ajo, y cueza 2 o 3 minutos, removiendo, o hasta que los guisantes estén tiernos y crujientes. Acto seguido, retírelos del fuego y mézclelos con la salsa de soja.

Cada ración: unas 60 calorías, 3 g de proteínas, 8 g de hidratos de carbono, 2 g de grasa total (0 g de saturados), 0 mg de colesterol, 295 mg de sodio

GUISANTES SALTEADOS CON CEBOLLAS TIERNAS

Preparación: 30 minutos   Cocción: 15 minutos
Para 6 guarniciones

1,8 kg de guisantes frescos desgranados, o 600 g de guisantes congelados (y descongelados)
30 g de mantequilla o margarina
15 g de menta fresca, picada
1 manojo de cebollas tiernas, cortadas en trozos de 5 mm
½ cucharadita de sal
¼ de cucharadita de pimienta negra molida

◆ Si utiliza guisantes frescos ponga a hervir 225 ml de agua a fuego vivo en un cazo. Agregue los guisantes y llévelos a ebullición. Baje el fuego. Tape y cueza 3 minutos a fuego lento, o hasta que justo empiecen a estar tiernos. Escúrralos y resérvelos.

◆ Derrita la mantequilla a fuego moderado en una sartén de 26 cm. Agregue las cebollas tiernas y cuézalas 2 minutos, o hasta que se ablanden. Incorpore los guisantes frescos o congelados, la sal y la pimienta y cueza entre 3 y 5 minutos, removiendo a menudo, o hasta que los guisantes estén calientes. Retire la preparación del fuego y mézclela con la menta picada. Sirva en un cuenco caliente.

Cada ración: unas 110 calorías, 5 g de proteínas, 14 g de hidratos de carbono, 4 g de grasa total (2 g de saturados), 11 mg de colesterol, 305 mg de sodio

JUDÍAS VERDES

Todas las clases de judías verdes admiten preparaciones sencillas. Puede asarlas en el horno muy caliente, blanquearlas y saltearlas con condimentos orientales, o bien sofreírlas con un poco de aceite de oliva. Sea cual sea la variedad escogida, compre siempre judías firmes, rectas y finas, sin partes dañadas. Para comprobar su frescor, rompa una por la mitad: si se dobla, ya ha pasado su mejor época; si se rompe con facilidad, es tierna y dulce.

JUDÍAS VERDES ASADAS CON VINAGRETA DE ENELDO

❖❖❖❖❖❖❖❖❖❖❖

Preparación: 20 minutos
Asado: 20-30 minutos
Para 8 guarniciones

900 g de judías verdes, preparadas
3 cucharadas de aceite de oliva
sal
2 cucharadas de vinagre de vino blanco
1½ cucharaditas de mostaza de Dijon
½ cucharadita de azúcar
½ cucharadita de pimienta negra molida
2 cucharadas de eneldo fresco, picado

1 Precaliente el horno a 230 °C (gas 8). Mezcle las judías verdes, una cucharada de aceite de oliva y ½ cucharadita de sal en una fuente para asar.

2 Ase las judías entre 20 y 30 minutos, sin tapar, hasta que estén tiernas y ligeramente doradas. Déles dos vueltas mientras se hornean. Entretanto prepare la vinagreta: bata el vinagre, la mostaza, el azúcar, la pimienta y ¼ de cucharadita de sal en un cuenco pequeño.

ENELDO

El eneldo, un miembro de la familia del perejil, es tanto una hierba como una especia. El eneldo fresco tiene unas hojas verdes plumosas y un sabor ligeramente anisado. Con él se preparan mojos a base de yogur, salsas cremosas, sopas y ensaladas, especialmente de pepino y pescado. Pierde rápidamente su sabor al recalentarse, por lo que si se incorpora a platos calientes debe hacerse al final de la cocción. (El eneldo seco, sin embargo, no tiene el mismo sabor.) Las semillas de eneldo son más acres y se utilizan al preparar encurtidos, panes y platos de hortalizas.

3 Incorpore gradualmente las 2 cucharadas restantes de aceite sin dejar de batir, y luego el eneldo. Cuando las judías estén cocidas, mézclelas con la vinagreta. Sírvalas calientes o a temperatura ambiente.

CADA RACIÓN: UNAS 75 CALORÍAS, 1 g DE PROTEÍNAS, 7 g DE HIDRATOS DE CARBONO, 5 g DE GRASA TOTAL (1 g DE SATURADAS), 0 mg DE COLESTEROL, 240 mg DE SODIO

JUDÍAS VERDES
A LA ROMANA

Preparación: 15 minutos
Cocción: 20-25 minutos   *Para* 8 guarniciones

900 g de judías verdes, sin los extremos
125 g de panceta o beicon en lonchas, cortadas
   en tiras de 1 cm
1 cucharada de aceite de oliva
½ cucharadita de sal
40 g de piñones, tostados

◆ Ponga a hervir 2 o 3 cm de agua a fuego
vivo en una cacerola de 5 litros. Agregue
las judías y lleve a ebullición. Baje el fuego
y cueza sin tapar entre 5 y 10 minutos,
hasta que las judías estén tiernas y
crujientes. Escúrralas y seque el recipiente.

◆ Cueza la panceta a fuego moderado
en el mismo recipiente, remueva
constantemente hasta que esté dorada.
Póngala sobre papel de cocina para que
escurra y resérvela.

◆ Añada el aceite de oliva a los fondos de
cocción de la cacerola y caliéntelo a fuego
moderado-alto. Agregue las judías verdes;
sálelas y cuézalas, removiendo a menudo,
hasta que estén tiernas y ligeramente
doradas.

◆ Traspase las judías a una fuente grande,
caliente, y esparza por encima la panceta
y los piñones tostados.

Cada ración: unas 90 calorías, 6 g de proteínas,
7 g de hidratos de carbono, 5 g de grasa total
(1 g de saturadas), 8 mg de colesterol, 365 mg
de sodio

JUDÍAS VERDES CON
AVELLANAS

Preparación: 20 minutos
Cocción: 10-15 minutos   *Para* 6 guarniciones

750 g de judías verdes, sin los extremos
sal
30 g de mantequilla o margarina
75 g de avellanas, tostadas y peladas
   (*véase* pág. 522)
1 cucharadita de corteza de limón, rallada
½ cucharadita de pimienta negra molida

◆ Ponga a hervir 2 o 3 cm de agua a fuego
vivo en una cacerola de 5 litros. Agregue
las judías y 2 cucharaditas de sal, y lleve
a ebullición.

◆ Baje el fuego y cuézalas entre 5 y
10 minutos, sin tapar y con el líquido
apenas agitándose, o hasta que estén tiernas
y crujientes. Escúrralas. Seque el recipiente.

◆ Derrita la mantequilla a fuego
moderado en la cacerola. Agregue
las avellanas y cuézalas 3 minutos,
removiéndolas, o hasta que la mantequilla
empiece a oscurecerse.

◆ Incorpore la corteza de limón,
la pimienta, las judías y ¼ de cucharadita
de sal, y prosiga la cocción 5 minutos.

Cada ración: unas 120 calorías, 3 g de proteínas,
8 g de hidratos de carbono, 10 g de grasa total
(1 g de saturadas), 0 mg de colesterol, 140 mg
de sodio

JUDÍAS VERDES AL SÉSAMO

Preparación: 15 minutos
Cocción: 10-15 minutos   *Para* 8 guarniciones

900 g de judías verdes, sin los extremos
1 cucharada de semillas de sésamo
2 cucharadas de salsa de soja
2 cucharaditas de aceite de sésamo
1 cucharada de jengibre fresco, finamente
   picado, o ¾ de cucharadita de jengibre
   molido

◆ Ponga a hervir 2 o 3 cm de agua a fuego
vivo en una cacerola de 5 litros. Agregue
las judías y lleve a ebullición. Baje el fuego
y cueza entre 5 y 10 minutos, sin tapar y con
el líquido apenas agitándose, o hasta que
las judías estén tiernas y crujientes.

◆ Mientras, tueste las semillas de sésamo
a fuego moderado en un cazo pequeño.
Remueva y sacuda el recipiente a menudo
hasta que estén doradas.

◆ Escurra las judías. Seque el recipiente.
Incorpórelas a la sartén. Agregue la salsa de
soja, el aceite de sésamo y el jengibre; cuézalo.

◆ Espolvoree las judías con las semillas
de sésamo tostadas y sírvalas calientes,
o cúbralas y refrigérelas para presentarlas
frías posteriormente.

Cada ración: unas 45 calorías, 2 g de proteínas,
7 g de hidratos de carbono, 2 g de grasa total
(0 g de saturadas), 0 mg de colesterol, 270 mg
de sodio

JUDÍAS VERDES

Las judías verdes, tanto anchas como finas,
se encuentran disponibles todo el año.
Las judías verdes finas, una variedad
muy delicada y tierna, aunque cara,
se encuentran cada vez más en los
mercados. En nuestras recetas,
puede sustituir una variedad
de judía por otra. Antes de
utilizarlas, retíreles
los extremos
(superior e
inferior) y, en
el caso de las
judías de enrame,
arranque los hilos
largos y fibrosos.

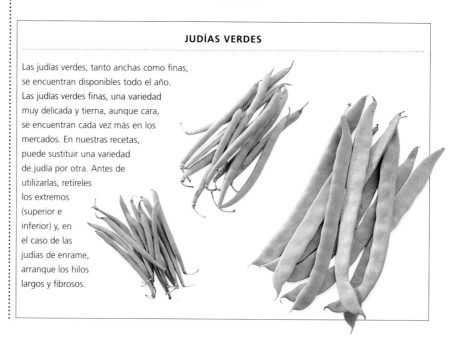

HORTALIZAS DE RAÍZ

Gran parte de los dones de la naturaleza provienen del subsuelo. Además de las patatas, que forman su propia categoría, las zanahorias son quizás una de las hortalizas de raíz más populares. Sin embargo, remolachas, nabos, chirivías, apio nabo, colinabos y aguaturmas resultan, asimismo, deliciosos, tanto si se reducen a puré como si se hornean, asan o glasean.

HORTALIZAS HORNEADAS

❖❖❖❖❖❖❖❖❖❖❖❖

Preparación: 40 minutos
Horno: 1 hora
Para 8 guarniciones

75 g de margarina o mantequilla
450 g de cebollas, cortadas en
**   rodajas de 5 mm de grosor**
2 dientes de ajo, muy finamente
**   picados**
6 zanahorias medianas
**   (unos 450 g), peladas y cortadas**
**   en rodajas finas**
6 chirivías medianas (unos 450 g),
**   peladas, sin el corazón fibroso y**
**   cortadas en rodajas finas**
1 colinabo pequeño (unos 450 g)
**   pelado, cuarteado y finamente**
**   cortado**
3 cucharadas de harina
1½ cucharaditas de sal
¼ de cucharadita de pimienta
**   negra molida**
¼ de cucharadita de nuez
**   moscada, molida**
600 ml de leche
30 g de parmesano recién rallado
perejil picado para adornar

1 Precaliente el horno a
170 °C (gas 5). Derrita 45 g
de margarina en una sartén.
Agregue la cebolla y el ajo,
y cueza entre 15 y 20 minutos,
removiendo a menudo, o hasta
que estén dorados.

COLINABO

El colinabo, un cruce entre
la col y el nabo, tiene una
carne amarillo-naranja
y una piel gruesa, que
a menudo se encera para
evitar que se seque. Se
conserva hasta 2 semanas
en la nevera y puede
prepararse de la misma
forma que prepararía a sus
parientes, los nabos.

2 Mézclelos con las zanahorias,
chirivías y colinabo en una
fuente para hornear de 2 litros
y medio, hasta que estén bien
combinados. Tape y hornee
45 minutos, o hasta que
las hortalizas estén tiernas.

3 Mientras, derrita los 30 g
restantes de margarina a
fuego moderado en un cazo
de 2 litros. Espolvoree con
la harina y los 3 ingredientes
siguientes, y cueza 1 minuto,
removiendo.

4 Vierta gradualmente la leche sobre el cazo y cueza, sin dejar
de remover, hasta que la salsa hierva y se espese ligeramente.

5 Mezcle la salsa con las
hortalizas. Espolvoréelas
con el queso parmesano y
hornee 15 minutos, sin tapar,
o hasta que la salsa burbujee
y esté dorada. Espolvoree con
el perejil antes de servir.

CADA RACIÓN: UNAS 245 CALORÍAS, 7 g DE PROTEÍNAS, 32 g DE HIDRATOS DE CARBONO, 11 g DE GRASA TOTAL (4 g DE SATURADAS), 13 mg DE COLESTEROL, 615 mg DE SODIO

También conocido como *raíz de apio*, el apio nabo es una variedad especial de apio, que se cultiva por su raíz redondeada en vez de por sus tallos. Se encuentra en su mejor momento durante el invierno y tiene un pronunciado sabor a apio y una textura densa y firme, similar a la de los nabos. La carne de los ejemplares grandes puede ser leñosa y dura. El apio nabo se decolora al cortarse, por lo que se rocía con zumo de limón para evitarlo. Puede hervirlo, brasearlo o cortarlo en tiras muy finas para una ensalada.

APIO NABO *RÉMOULADE*

Preparación: 20 minutos, más enfriamiento
Para 6 guarniciones

2 cucharaditas de zumo de limón
750 g de apio nabo
60 g de mayonesa
2 cucharadas de mostaza de Dijon

1 cucharada de perejil fresco, finamente picado
¼ de cucharadita de pimienta negra molida

◆ Ponga el zumo de limón en un cuenco grande. Pele el apio nabo. Con una mandolina, cortador de hoja ajustable o cuchillo muy afilado, córtelo en tiras de 3 mm de grosor. A medida que las corte, vaya añadiéndolas al zumo de limón para evitar que se decoloren.

◆ Mezcle la mayonesa, la mostaza, el perejil y la pimienta en un cuenco pequeño, hasta que estén bien amalgamados. Agréguelos al apio nabo y mézclelos hasta que estén bien amalgamados. Tape y refrigere 1 hora como mínimo.

Cada ración: unas 160 calorías, 2 g de proteínas, 6 g de hidratos de carbono, 15 g de grasa total (2 g de saturadas), 11 mg de colesterol, 340 mg de sodio

PURÉ DE HORTALIZAS DE RAÍZ

Preparación: 15 minutos   *Cocción:* 25 minutos
Para 8 guarniciones

900 g de zanahorias, apio nabo, nabos y/o colinabos
450 g de patatas
sal

45 g de mantequilla o margarina
una pizca de nuez moscada, rallada
¼ de cucharadita de pimienta negra molida

◆ Pele las hortalizas y las patatas, y córtelas en trozos de 2 o 3 cm. Póngalas en una cacerola, cúbralas con agua, añada 2 cucharaditas de sal y lleve a ebullición a fuego vivo. Baje el fuego, tape y cueza 15 minutos a fuego lento, o hasta que estén tiernas. Escúrralas y devuélvalas al recipiente.

◆ Agregue la mantequilla, la nuez moscada rallada, la pimienta negra y ½ cucharadita de sal, y aplaste con un aplastapatatas o con

un instrumento parecido que pueda realizar la misma función hasta que la preparación esté lisa y cremosa.

Cada ración: unas 135 calorías, 2 g de proteínas, 23 g de hidratos de carbono, 5 g de grasa total (2 g de saturadas), 13 mg de colesterol, 250 mg de sodio

HORTALIZAS HORNEADAS RECUBIERTAS CON PASTA

Preparación: 30 minutos   *Horno:* 1¼ horas
Para 6 platos principales

1 calabaza de San Roque mediana (unos 900 g), pelada, sin semillas y cortada en trozos de 4 cm
450 g de patatas rojas, cortadas en trozos de 4 cm
3 chirivías medianas (unos 225 g), peladas y cortadas en trozos de 2-3 cm
1 cebolla roja mediana, cortada en 6 trozos
2 cucharadas de aceite de oliva
¼ de cucharadita de sal
½ cucharadita de estragón seco
400 ml de caldo vegetal
1 cucharada de maicena

½ cucharadita de corteza de limón, rallada
1 manojo pequeño de brécoles (unos 175 g), cortados en 5 trozos de 2-3 cm
275 ml de leche
240 g de harina
1½ cucharaditas de levadura en polvo
½ cucharadita de bicarbonato
½ cucharadita de sal
60 g de grasa blanca vegetal o margarina vegetal
175 ml de suero o crema agria (*véase* pág. 392)

◆ Precaliente el horno a 230 °C (gas 8). Mezcle los 7 primeros ingredientes en una fuente refractaria de 33 × 20 cm, hasta que las hortalizas estén recubiertas con el aceite. Hornéelas destapadas durante 1 hora, hasta que estén tiernas al pincharlas con un tenedor y ligeramente doradas; déles una vuelta.

◆ Cuando las hortalizas lleven 45 minutos cociéndose, ponga a hervir el caldo y la corteza de limón a fuego vivo en un cazo de 3 litros. Agregue los brécoles y lleve de nuevo a ebullición. Baje el fuego; tape y cueza 1 minuto a fuego lento.

◆ Remueva 125 ml de leche con la maicena y mezcle con los brécoles. Cueza, removiendo sin cesar, hasta que la preparación hierva y se espese ligeramente; hiérvala 1 minuto. Vierta los brécoles sobre las hortalizas y remueva hasta que se desprendan los depósitos de la fuente. Retire el recipiente del fuego.

◆ Prepare la cobertura. Mezcle la harina con los 3 ingredientes siguientes en un cuenco grande. Con un mezclador de pastas o dos cuchillos a modo de tijeras, corte la grasa vegetal hasta que se parezca a migas de pan. Añada el suero y remueva hasta que la pasta esté humedecida. Vuélquela en la superficie de trabajo ligeramente enharinada y amase 6 u 8 veces, hasta que adquiera una consistencia homogénea. Extiéndala, formando una lámina de 1 cm de grosor, y recorte 12 redondeles con un cortapastas de 6 cm. Ponga los redondeles sobre la mezcla de hortalizas y hornee, sin tapar, otros 15 minutos, o hasta que la superficie esté dorada.

Cada ración: unas 505 calorías, 13 g de proteínas, 78 g de hidratos de carbono, 18 g de grasa total (5 g de saturadas), 8 mg de colesterol, 790 mg de sodio

ZANAHORIAS Y CHIRIVÍAS GRATINADAS

Preparación: 45 minutos   Horno: 20 minutos
Para 8 guarniciones

450 g de zanahorias, peladas y
  cortadas en diagonal, en trozos
  de 5 mm de grosor
450 g de chirivías, peladas y
  cortadas en diagonal, en trozos
  de 5 mm de grosor
30 g de margarina o mantequilla
1 cebolla pequeña, finamente
  picada
125 g de mayonesa
2 cucharadas de salsa de raiforte
¼ de cucharadita de sal
⅛ de cucharadita de pimienta
  negra molida
1 rebanada de pan blanco de la
  vigilia, desmenuzada en migas
  de 5 mm

◆ Ponga a hervir a fuego vivo 4 cm de agua en una sartén de 30 cm. Agregue las zanahorias y las chirivías, y lleve de nuevo a ebullición. Baje el fuego, tape y cueza 20 minutos, a fuego lento, o hasta que las hortalizas se ablanden. Escúrralas y reserve 60 ml del líquido de cocción. Traspase las hortalizas a una fuente refractaria de 1 litro y medio.

◆ Precaliente el horno a 180 °C (gas 4). Derrita 15 g de margarina en un cazo de 1 litro a fuego moderado. Agregue la cebolla y cuézala, removiendo de vez en cuando, hasta que esté tierna. Retire del fuego.

◆ Mezcle la mayonesa con el raiforte, la sal, la pimienta y el líquido de cocción reservado, y luego con las hortalizas.

◆ Derrita en una sartén pequeña los 15 g restantes de margarina a fuego lento, y mézclela con las migas de pan hasta que estén bien recubiertas. Esparza sobre las hortalizas de la fuente. Hornee 20 minutos, o hasta que las migas estén doradas y las hortalizas bien calientes.

Cada ración: unas 210 calorías, 2 g de proteínas, 21 g de hidratos de carbono, 14 g de grasa total (2 g de saturadas), 8 mg de colesterol, 260 mg de sodio

ZANAHORIAS Y CHIRIVÍAS ASADAS

Preparación: 15 minutos   Asado: 1 hora
Para 8 guarniciones

450 g de zanahorias, peladas y
  cortadas en trozos de 5 cm
450 g de chirivías, peladas y
  cortadas en trozos de 5 cm
225 g de escalonias grandes,
  peladas
1 cucharada de aceite de oliva
⅛ de cucharadita de tomillo seco
½ cucharadita de sal
¼ de cucharadita de pimienta
  negra molida

Precaliente el horno a 220 °C (gas 7). Mezcle las zanahorias, las chirivías y las escalonias con el aceite de oliva, el tomillo, la sal y la pimienta, de manera que queden bien recubiertas, en una fuente grande para hornear. Ase 1 hora, o hasta que las hortalizas estén tiernas al pincharlas con un cuchillo.

Cada ración: unas 105 calorías, 2 g de proteínas, 22 g de hidratos de carbono, 2 g de grasa total (0 g de saturadas), 0 mg de colesterol, 160 mg de sodio

ZANAHORIAS Y PISTACHOS GLASEADOS CON JARABE DE ARCE

Preparación: 30 minutos   Cocción: 30-40 minutos
Para 10 guarniciones

1,3 kg de zanahorias, peladas y
  cortadas en tiras de 8 x 1 cm
60 g de mantequilla o margarina,
  troceada
1 cucharadita de sal
175 ml de jarabe de arce
60 g de pistachos, picados y
  tostados

◆ Ponga a hervir 2 o 3 cm de agua a fuego vivo en una sartén de 30 cm. Agregue las zanahorias, y lleve de nuevo a ebullición. Baje el fuego; tape y cueza entre 8 y 10 minutos a fuego lento, o hasta que las zanahorias estén tiernas y crujientes. Escúrralas.

◆ Seque la sartén y ponga de nuevo las zanahorias. Añada la mantequilla. Sale y cueza, con el recipiente destapado y a fuego moderado, entre 10 y 15 minutos, removiendo de vez en cuando, o hasta que las zanahorias estén doradas y glaseadas.

◆ Vierta el jarabe de arce y lleve a ebullición. Hierva 2 minutos, removiendo con frecuencia, hasta que las zanahorias estén ligeramente cubiertas con el glaseado. Traspáselas a un cuenco y espolvoree con los pistachos.

Cada ración: unas 175 calorías, 3 g de proteínas, 25 g de hidratos de carbono, 8 g de grasa total (3 g de saturadas), 13 mg de colesterol, 315 mg de sodio

CHIRIVÍAS

Aunque las chirivías se encuentran disponibles durante todo el año, están en su mejor momento en invierno. Su textura cremosa es ideal para platos invernales, como sopas y purés, mientras que su sabor dulce, que recuerda al de los frutos secos, las convierte en guarniciones excelentes, ya sean guisadas o asadas. Al comprar chirivías, elíjalas firmes, lisas y de tamaño mediano, sin grandes grietas. Las chirivías grandes y viejas presentan un sabor más fuerte que las jóvenes; además también pueden tener un centro leñoso, que debe retirarse antes de cocerlas.

REMOLACHAS CON VINAGRETA DE ALBAHACA

Preparación: 30 minutos, más enfriamiento   *Cocción: 45 minutos*
Para 8 guarniciones

2,7 kg de remolachas con las
  hojas (unas 12 medianas)
3 cucharadas de vinagre de sidra
2 cucharadas de aceite de oliva
  o vegetal

2 cucharaditas de azúcar
1 cucharadita de sal
15 g de albahaca fresca, picada
½ cebolla pequeña, cortada en
  rodajas finas como el papel

◆ Recorte los tallos y las hojas de las remolachas, y reserve unas hojas para adornar. Cepíllelas, póngalas en una cacerola de 5 litros, cúbralas con agua y lleve a ebullición a fuego vivo. Baje el fuego, tape y cueza 30 minutos a fuego lento, o hasta que las remolachas estén tiernas al pincharlas con un cuchillo.

◆ Escúrralas y deje que se entibien. Pélelas y córtelas en trozos regulares.

◆ Bata el vinagre, el aceite, el azúcar y la sal en un cuenco grande. Agregue la albahaca, la cebolla y las remolachas, y mezcle bien. Sirva a temperatura ambiente, o tape y refrigere para servirlas frías posteriormente. En el momento de servir, forre la fuente con las hojas reservadas y coloque encima las remolachas.

Cada ración: unas 125 calorías, 3 g de proteínas, 21 g de hidratos de carbono, 4 g de grasa total (0 g de saturadas), 0 mg de colesterol, 410 mg de sodio

REMOLACHAS ASADAS CON MANTEQUILLA DE CARDAMOMO ESPECIADA

Preparación: 20 minutos, más enfriamiento   *Asado: 1-1½ horas*
Para 4 guarniciones

1,2 kg de remolachas con las
  hojas (unas 6 medianas)
½ cucharadita de cardamomo
  molido
una pizca de clavo molido

15 g de margarina o mantequilla
¼ de cucharadita de sal
¼ de cucharadita de comino
  molido

◆ Precaliente el horno a 220 °C (gas 7). Recorte los tallos y las hojas de las remolachas, y cepíllelas.

◆ Ponga las remolachas en una fuente grande para asar, tápelas bien con papel de aluminio y áselas entre 1 y 1½ horas, o hasta que estén tiernas al pincharlas con un cuchillo. Resérvelas hasta que se entibien. Pélelas y córtelas en gajos.

◆ Caliente a fuego lento el cardamomo, el comino y los clavos en un cazo de 3 litros, sacudiéndolo de vez en cuando, hasta que las especias estén bien fragantes. Añada la mantequilla y caliéntela hasta que burbujee. Incorpore las remolachas, sale, suba el fuego a moderado y cueza 5 minutos, removiendo a menudo, o hasta que la preparación esté bien caliente.

Cada ración: unas 115 calorías, 3 g de proteínas, 20 g de hidratos de carbono, 3 g de grasa total (1 g de saturadas), 8 mg de colesterol, 310 mg de sodio

NABOS GLASEADOS

Preparación: 10 minutos   *Cocción: 20 minutos*
Para 6 guarniciones

750 g de nabos, pelados y
  cortados en gajos de 2-3 cm
1 cucharadita de sal

30 g de mantequilla o margarina
70 g de azúcar

◆ Ponga los nabos y la sal en una sartén de 30 cm. Cúbralos con agua y lleve a ebullición, a fuego vivo.

◆ Baje el fuego. Tape y cueza entre 7 y 10 minutos, o hasta que los nabos estén tiernos al pincharlos con un tenedor. Escúrralos.

◆ Seque la sartén. Derrita la mantequilla a fuego vivo en la misma sartén. Agregue el azúcar y cueza 2 minutos, removiendo de vez en cuando, o hasta que la mezcla adquiera un tono ambarino. Incorpore los nabos y cuézalos 5 minutos, removiéndolos a menudo, hasta que estén bien recubiertos.

Cada ración: unas 95 calorías, 1 g de proteínas, 16 g de hidratos de carbono, 4 g de grasa total (2 g de saturadas), 11 mg de colesterol, 455 mg de sodio

AGUATURMAS ASADAS

Preparación: 15 minutos   *Asado: 1 hora*
Para 8 guarniciones

900 g de aguaturmas
1 cucharada de aceite de oliva
1 cucharadita de sal

¼ de cucharadita de pimienta
  negra molida
perejil picado para adornar

◆ Precaliente el horno a 220 °C (gas 7). Cepille las aguaturmas y mézclelas con el aceite, la sal y la pimienta en una fuente grande para hornear.

◆ Áselas 1 hora, o hasta que estén tiernas al pincharlas con la punta de un cuchillo. Adórnelas con el perejil picado, y sírvalas.

Cada ración: unas 100 calorías, 2 g de proteínas, 20 g de hidratos de carbono, 2 g de grasa total (0 g de saturadas), 0 mg de colesterol, 270 mg de sodio

---

AGUATURMAS

Este tubérculo de piel marrón es un miembro de la familia de los girasoles. Tiene una textura crujiente y un sabor ligeramente dulce, que recuerda a las nueces; tanto puede servirse crudo, en ensaladas, como cocido. Pélelo o cepille la piel a fondo antes de utilizarlo. Elija tubérculos firmes, sin partes dañadas ni zonas blandas o teñidas de verde.

PATATAS

Las patatas son siempre un alimento satisfactorio, sea cual sea la forma de prepararlas. Aquí presentamos una selección: patatas horneadas a capas, reducidas a puré cremoso, o bien asadas con ajo y hierbas. Para un plato consistente pruebe nuestra torta de patatas y alcachofas, o nuestras sabrosas patatas rellenas.

PATATAS Y BONIATOS ANA

◆◆◆◆◆◆◆◆◆◆◆

Preparación: 45 minutos
Horneado: 25 minutos
Para 10 guarniciones

900 g de patatas blancas
900 g de boniatos de carne anaranjada
60 ml de aceite vegetal
1 cebolla grande, picada
60 g de mantequilla o margarina
sal
pimienta negra molida
ramitas de perejil para adornar

CORTADORES DE HOJA AJUSTABLE

Para cortar hortalizas en rodajas finísimas o en juliana fina, utilice un cortador de hoja ajustable. Éstos van de la clásica mandolina metálica a los modelos ligeros de plástico. Algunos tienen una selección de hojas para diferentes funciones y los mejores pueden cortar rodajas tan finas como el papel. Un escudo de seguridad mantiene los alimentos en su lugar a medida que los desliza sobre la hoja, y protege los dedos.

1 Pele las patatas y boniatos con un cortador de hoja ajustable o cuchillo afilado, y resérvelos por separado.

2 Caliente el aceite en una sartén de hierro colado y mango refractario de 26 cm (o envuelva el mango con papel de aluminio). Agregue la cebolla y cuézala hasta que se ablande. Traspásela a un cuenco.

3 Coloque las patatas en la sartén, encabalgándolas. Esparza por encima la cebolla y 30 g de mantequilla. Espolvoree con ¾ de cucharadita de sal y ¼ de cucharadita de pimienta.

4 Ponga las rodajas de boniato sobre las de patata y esparza por encima la mantequilla restante. Espolvoree con el resto de la sal y la pimienta.

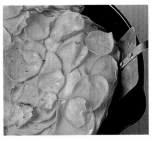

5 Cueza las patatas a fuego moderado unos 15 minutos, o hasta que la capa inferior esté ligeramente dorada. Precaliente el horno a 230 °C (gas 8).

6 Coloque la sartén en la rejilla inferior del horno y hornee 25 minutos, o hasta que las patatas y boniatos estén tiernos al pincharlos con un cuchillo; presiónelos hacia abajo con una espátula de vez en cuando. Para servir, desprenda el contorno de la preparación con la espátula y viértala en una fuente caliente. Adorne con las ramitas de perejil y corte en porciones.

CADA RACIÓN: UNAS 250 CALORÍAS, 3 g DE PROTEÍNAS, 37 g DE HIDRATOS DE CARBONO, 10 g DE GRASA TOTAL (4 g DE SATURADAS), 15 mg DE COLESTEROL, 385 mg DE SODIO

con las patatas reservadas de forma que lleguen a los lados de la sartén. Cueza 10 minutos, o hasta que la base de la preparación esté dorada, y sacuda la sartén de vez en cuando para que el *rösti* se mueva libremente. Invierta con cuidado la preparación sobre una fuente grande. Agregue la cucharada restante de aceite a la sartén y deslice el *rösti* por encima. Cueza 10 minutos más, sacudiendo la sartén de vez en cuando. Colóquela en el horno y entre 20 y 25 minutos, o hasta que las patatas estén tiernas.

Cada ración: unas 475 calorías, 15 g de proteínas, 71 g de hidratos de carbono, 26 g de grasa total (6 g de saturadas), 33 mg de colesterol, 700 mg de sodio

PATATAS ASADAS CON AJO

Preparación: 20 minutos   Asado: 1 hora
Para 10 guarniciones

2 kg de patatas medianas rojas y/o blancas, sin pelar y cuarteadas

2 cebollas rojas medianas, cortadas en 6 gajos

1 cucharada de tomillo fresco, picado, o 1 cucharadita de tomillo seco

60 ml de aceite de oliva

1¼ cucharaditas de sal

½ cucharadita de pimienta negra, molida gruesa

2 dientes de ajo, muy finamente picados

Precaliente el horno a 220 °C (gas 7). Mezcle las patatas con el resto de los ingredientes en una fuente para asar. Áselas 1 hora, dándoles la vuelta de vez en cuando con una espátula metálica, o hasta que estén doradas y tiernas al pincharlas con un tenedor. Sírvalas calientes o a temperatura ambiente.

Cada ración: unas 240 calorías, 4 g de proteínas, 44 g de hidratos de carbono, 6 g de grasa total (1 g de saturadas), 0 mg de colesterol, 275 mg de sodio

RÖSTI DE PATATAS Y ALCACHOFAS

Preparación: 35 minutos   Horno: 20-25 minutos
Para 4 platos principales

4 patatas grandes, para hornear (1,1 kg, aproximadamente)

¾ de cucharadita de sal

¼ de cucharadita de pimienta negra, molida gruesa

2 cucharadas de aceite de oliva

125 g de queso Fontina o Mozzarella, rallados

225 g de alcachofas en lata, enjuagadas, escurridas y cortadas en rodajas finas

◆ Precaliente el horno a 200 °C (gas 6). Pele y ralle las patatas, y séquelas. Salpiméntelas.

◆ Caliente una cucharada de aceite a fuego moderado en una sartén de 26 cm con mango refractario (o envuelva el mango con papel de aluminio). Agregue la mitad de las patatas y extiéndalas con un cuchara de madera para recubrir el fondo de la sartén. Cubra las patatas con la mitad del queso, dejando un borde de 1 cm, y luego con las alcachofas y el resto del queso. Cubra

PURÉ DE PATATAS CLÁSICO

Preparación: 20 minutos   Cocción: 30 minutos
Para 8 guarniciones

1,3 kg de patatas

60 g de mantequilla o margarina

1½ cucharaditas de sal

225 ml de leche caliente

◆ Pele las patatas y córtelas en trozos de 2 o 3 cm. Póngalas en un cazo de 3 litros, cúbralas con agua y lleve a ebullición a fuego vivo. Baje el fuego, tape y cuézalas 15 minutos a fuego lento o hasta que estén tiernas al pincharlas con un tenedor. Escúrralas.

◆ Devuelva las patatas a la sartén. Aplástelas con la mantequilla y sálelas. Vierta gradualmente la leche mientras continúa aplastando las patatas hasta obtener un puré cremoso.

Cada ración: unas 215 calorías, 4 g de proteínas, 36 g de hidratos de carbono, 7 g de grasa total (3 g de saturadas), 20 mg de colesterol, 490 mg de sodio

PURÉS DE PATATAS ESPECIALES

Ajo y limón. Prepare un puré de patatas clásico como se indica arriba. Mientras, caliente en un cazo de 1 litro la mantequilla y la sal de la receta con 2 dientes de ajo finamente picados por espacio de 3 minutos. Agregue las patatas y aplástelas. Incorpore la leche tal como se indica y luego mezcle con 2 cucharadas de perejil finamente picado y una cucharadita de corteza de limón rallada.

Cada ración: unas 215 calorías, 4 g de proteínas, 36 g de hidratos de carbono, 7 g de grasa total (3 g de saturadas), 20 mg de colesterol, 490 mg de sodio

Raiforte. Prepare un puré de patatas clásico tal como se indica arriba, pero añada 2 cucharadas de salsa de raiforte con la leche.

Cada ración: unas 215 calorías, 4 g de proteínas, 36 g de hidratos de carbono, 7 g de grasa total (3 g de saturadas), 20 mg de colesterol, 530 mg de sodio

Chirivía. Prepare un puré de patatas clásico tal como se indica arriba, pero sustituya los 450 g de patatas por 450 g de chirivías peladas y cortadas en trozos de 2 o 3 cm. Utilice sólo 175 ml de leche.

Cada ración: unas 210 calorías, 4 g de proteínas, 35 g de hidratos de carbono, 7 g de grasa total (3 g de saturadas), 19 mg de colesterol, 490 mg de sodio

PATATAS ASADAS RELLENAS

Preparación: 15-25 minutos   *Horno:* 45 minutos
Para 4 guarniciones

4 patatas grandes, para hornear   **selección de rellenos**
(350 g cada una)   *(véase* inferior)

Precaliente el horno a 230 °C (gas 8). Pinche las patatas con un tenedor. Hornéelas directamente en la rejilla del horno durante 45 minutos, o hasta que estén tiernas al pincharlas con un tenedor. Mientras, prepare el relleno. Cuando las patatas estén cocidas, aplaste la parte superior y presiónelas para abrirlas ligeramente; luego, introduzca el relleno.

Para los valores nutritivos, *véase* inferior.

PATATAS FRITAS CASERAS

Preparación: 5 minutos   *Cocción:* 25 minutos
Para 4 guarniciones

750 g de patatas rojas medianas   ½ cucharadita de sal
2 cucharadas de aceite de oliva

◆ Corte las patatas en trozos de 4 cm. Caliente el aceite a fuego moderado-alto en una sartén de 30 cm. Agregue las patatas. Sálelas y cuézalas hasta que estén doradas; remuévalas de vez en cuando.

◆ Baje el fuego a moderado. Tape y prosiga la cocción, dándoles la vuelta una o dos veces, hasta que parezcan tiernas al pincharlas con un tenedor.

Cada ración: unas 205 calorías, 3 g de proteínas, 34 g de hidratos de carbono, 7 g de grasa total (1 g de saturadas), 0 mg de colesterol, 275 mg de sodio

PATATAS ASADAS TROCEADAS

Preparación: 10 minutos   *Horno:* 45 minutos
Para 4 guarniciones

3 patatas medianas para   ½ cucharadita de sal
hornear o boniatos de carne   ⅛ de cucharadita de pimienta
anaranjada   negra molida
1 cucharada de aceite vegetal

◆ Precaliente el horno a 220 °C (gas 7). Corte las patatas en cuartos longitudinales y, luego, cada uno, en 3 trozos a lo largo.

◆ Mezcle las patatas con el aceite, la sal y la pimienta negra en una placa para hornear, hasta que estén uniformemente recubiertas. Hornéelas 45 minutos, o hasta que estén doradas.

Cada ración: unas 195 calorías, 3 g de proteínas, 38 g de hidratos de carbono, 4 g de grasa total (1 g de saturadas), 0 mg de colesterol, 280 mg de sodio

RELLENOS PARA PATATAS ASADAS (CADA UNO PARA 4 PATATAS)

CHILE. Caliente a fuego moderado-alto una sartén antiadherente de 30 cm. Agregue 175 g de buey picado y 1 cebolla pequeña, picada; cueza, sin dejar de remover, hasta que la carne esté dorada y la cebolla tierna. Mezcle con 3 cucharadas de chile en polvo y cueza 1 minuto. Agregue 400 g de tomates de lata, troceados, 175 ml de agua y una cucharadita de azúcar, y cueza 1 minuto más.

Cada ración: unas 435 calorías, 11 g de proteínas, 96 g de hidratos de carbono, 3 g de grasa total (1 g de saturadas), 4 mg de colesterol, 500 mg de sodio

JAMÓN Y HUEVO. Derrita 30 g de mantequilla o margarina a fuego moderado en una sartén antiadherente de 30 cm. Añada 1 pimiento verde mediano, cortado a dados, y 1 cebolla mediana, a dados. Cuézalos hasta que estén tiernos. Mézclelos con 125 g de jamón cocido a dados y 6 huevos medianos, batidos con 60 ml de agua y ¼ de cucharadita de sal y otra de pimienta molida. Mezcle hasta que los huevos estén cocidos.

Cada ración: unas 595 calorías, 24 g de proteínas, 92 g de hidratos de carbono, 15 g de grasa total (5 g de saturadas), 344 mg de colesterol, 645 mg de sodio

HORTALIZAS PICADAS. Corte 1 berenjena pequeña, 1 calabacín mediano y 1 pimiento rojo grande, en trozos de 1 cm. Caliente 2 cucharadas de aceite de oliva a fuego moderado-alto en una sartén antiadherente de 30 cm. Agregue las hortalizas y cuézalas 15 minutos. Mézclelas con 400 g de tomates de lata, ½ cucharadita de orégano seco, 60 ml de agua, una cucharada de vinagre balsámico y una cucharadita de sal, y caliente a fondo.

Cada ración: unas 490 calorías, 10 g de proteínas, 99 g de hidratos de carbono, 7 g de grasa total (1 g de saturadas), 0 mg de colesterol, 760 mg de sodio

ESPINACAS Y FETA. Derrita 30 g de mantequilla o margarina a fuego moderado en un cazo de 2 litros. Mezcle con 2 cucharadas de harina. Vierta 375 ml de leche y lleve a ebullición sin dejar de remover. Mezcle con 1,3 kg de espinacas picadas descongeladas, ¼ de cucharadita de eneldo y pimienta negra molida, y 60 g de queso Feta desmenuzado. Caliente y cubra con 60 g de queso Feta.

Cada ración: unas 590 calorías, 18 g de proteínas, 99 g de hidratos de carbono, 16 g de grasa total (9 g de saturadas), 55 mg de colesterol, 520 mg de sodio

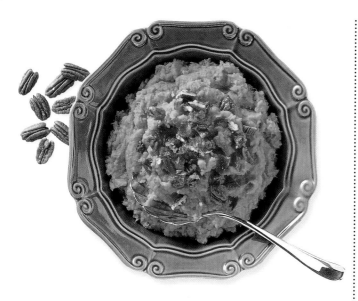

CAZUELA DE BONIATOS

Preparación: 20 minutos   Horno: 60-70 minutos
Para 8 guarniciones

1,8 kg de boniatos de carne anaranjada, pelados y cortados en rodajas de 2 cm de grosor
75 g de azúcar moreno oscuro
sal

¼ de cucharadita de pimienta negra molida
60 g de mantequilla o margarina, cortada en trozos pequeños
60 g de nueces, picadas

◆ Precaliente el horno a 200 °C (gas 6). Distribuya la mitad de las rodajas de boniato en una fuente refractaria de 33 x 20 cm. Espolvoréelas con la mitad del azúcar, ¼ de cucharadita de sal y toda la pimienta. Distribuya por encima 30 g de mantequilla y cubra con el resto de las patatas. Espolvoree con el azúcar restante, ¼ de cucharadita de sal y los 30 g restantes de mantequilla.

◆ Tape con papel de aluminio y hornee 30 minutos. Destape, esparza por encima las nueces y hornee entre 30 y 40 minutos más, o hasta que las patatas estén tiernas. Rocíelas con su almíbar 3 veces.

Cada ración: unas 300 calorías, 4 g de proteínas, 52 g de hidratos de carbono, 9 g de grasa total (2 g de saturadas), 16 mg de colesterol, 225 mg de sodio

CAZUELA DE PATATAS Y BONIATOS

Preparación: 1 hora, más enfriamiento   Horno: 45 minutos
Para 8 guarniciones

900 g de patatas para hornear, sin pelar
900 g de boniatos de carne anaranjada, sin pelar
45 g de mantequilla o margarina
1 cebolla pequeña, finamente picada
3 cucharadas de harina

2 cucharaditas de sal
¼ de cucharadita de pimienta negra, molida gruesa
600 ml de leche
600 g de espinacas congeladas picadas, descongeladas y escurridas

◆ Ponga los boniatos y las patatas en una cacerola de 8 litros; cúbralos con agua y lleve a ebullición a fuego vivo. Baje el fuego; tape y cueza entre 20 y 30 minutos, o hasta que parezcan tiernos al pincharlos con un tenedor. Escúrralos y enfríelos.

◆ Precaliente el horno a 190 °C (gas 5). Derrita la mantequilla a fuego moderado en un cazo de 2 litros. Agregue la cebolla y cuézala hasta que se ablande. Espolvoree con la harina, la sal y la pimienta negra, y vierta gradualmente la leche batiendo con una batidora de varillas, hasta que la salsa hierva. Deje que repose.

◆ Pele patatas y boniatos en rodajas de 5 mm de grosor. Coloque la mitad de ellas en una fuente honda, refractaria, de 2 litros. Cúbralas con las espinacas y vierta la mitad de la salsa por encima. Repita la operación con el resto de las patatas y la salsa. Tape y hornee 30 minutos. Destape y hornee 15 minutos más, o hasta que esté dorada.

Cada ración: unas 335 calorías, 9 g de proteínas, 61 g de hidratos de carbono, 7 g de grasa total (3 g de saturadas), 10 mg de colesterol, 700 mg de sodio

BONIATOS AL PRALINÉ

Preparación: 15 minutos, más enfriamiento   Cocción: 35-40 minutos
Para 10 guarniciones

2,2 kg de boniatos de carne anaranjada, pelados y cortados a tercios, en sentido horizontal
50 g de azúcar

125 g de pacanas
75 g de mantequilla o margarina
125 ml de leche
1¼ cucharaditas de sal

◆ Ponga los boniatos en una cacerola de 8 litros, cúbralos con agua y lleve a ebullición. Baje el fuego, tape y cueza entre 20 y 25 minutos a fuego lento, o hasta que parezcan tiernos al pincharlos con un tenedor. Escúrralos y devuélvalos a la cacerola.

◆ Mientras, engrase una placa para hornear. Caliente el azúcar y 60 ml de agua en un cazo de 1 litro, a fuego lento y sin dejar de remover, hasta que el azúcar se disuelva. Suba el fuego a moderado y hierva rápidamente, sin remover, unos 7 minutos, hasta que el almíbar adquiera un tono marrón dorado.

◆ Trabajando con rapidez, añada las pacanas, 30 g de mantequilla, y mezcle bien. Extienda la mezcla de pacanas, formando una capa fina, sobre una placa de hornear; deje que se enfríe.

◆ Agregue la leche, la sal y los 45 g de restantes mantequilla a los boniatos, y aplástelos hasta que casi estén reducidos a puré. Caliente la mezcla a fuego lento.

◆ En el momento de servir, traspase los boniatos a un cuenco o fuente grande. Rompa la mezcla de pacanas en trozos pequeños y espárzalos sobre los boniatos.

Cada ración: unas 335 calorías, 4 g de proteínas, 51 g de hidratos de carbono, 14 g de grasa total (3 g de saturadas), 18 mg de colesterol, 360 mg de sodio

LA FAMILIA DE LAS CEBOLLAS

Puerros, apio y cebolla constituyen la base de un buen número de guarniciones fragantes y apetitosas. Los puerros pueden macerarse en aceite y hierbas para asarse, posteriormente, al *grill*; de este modo se saca el máximo partido de su sabor fresco y delicado. Las cebollas y el ajo quedan tiernos, suculentos y considerablemente más suaves si se asan o cuecen con una pequeña cantidad de confitura o azúcar en una sartén hasta que queden glaseados. Pruebe cualquiera de estas recetas con carnes o aves asadas.

PUERROS AL *GRILL*

◆◆◆◆◆◆◆◆◆◆◆◆◆◆◆◆◆◆◆◆◆◆◆◆◆◆◆◆◆◆

Preparación: 25 minutos, más maceración   **Grill:** *10 minutos*

Para 6 guarniciones

6 puerros grandes	½ cucharadita de azúcar
sal	½ cucharadita de pimienta,
60 ml de aceite de oliva o vegetal	molida gruesa
2 cucharadas de vinagre de	ramitas de perejil u orégano para
estragón	adornar
1½ cucharaditas de orégano,	
finamente picado	

1 Corte las raíces de la base de los puerros. Haga una hendidura a lo largo, a unos 5 cm de los extremos de las raíces. No los separe del todo.

2 Separe ligeramente las hojas de cada puerro y enjuáguelos con agua fría. (A veces, se deposita tierra entre las hojas.)

3 Ponga a hervir 5 cm de agua a fuego vivo en un cazo de 8 litros. Agregue los puerros y 2 cucharaditas de sal, y lleve de nuevo a ebullición. Baje el fuego; tape y cueza entre 5 y 10 minutos a fuego lento, hasta que los puerros estén tiernos. Escúrralos y sacúdalos para retirar el exceso de agua.

4 Prepare la maceración. Bata el aceite, el vinagre de estragón, el orégano, el azúcar, la pimienta negra y ½ cucharadita de sal en una fuente no metálica. Deje macerar los puerros y déles la vuelta para que queden bien recubiertos. Tape la fuente con película de plástico y refrigere 2 horas, como mínimo. Déles la vuelta de vez en cuando.

5 Precaliente el *grill*. Coloque los puerros en la placa y reserve el líquido de la maceración. Áselos 10 minutos a unos 15 cm de la fuente de calor, o hasta que los puerros estén calientes y ligeramente dorados; déles la vuelta una vez y pincélelos con el líquido reservado.

6 Traspase los puerros a una fuente de servicio grande. Vierta los fondos de cocción sobre los puerros. Sírvalos calientes, o tápelos con película de plástico y refrigérelos para servirlos más tarde. Adórnelos con ramitas de orégano o perejil.

CADA RACIÓN: UNAS 130 CALORÍAS, 1 g DE PROTEÍNAS, 13 g DE HIDRATOS DE CARBONO, 9 g DE GRASA TOTAL (1 g DE SATURADAS), 0 mg DE COLESTEROL, 230 mg DE SODIO

CEBOLLITAS CARAMELIZADAS

*Preparación: 45 minutos,
más enfriamiento*
Cocción: 30 minutos
Para 4 guarniciones

750 g de cebollitas
75 g de sultanas
2 cucharadas de azúcar
2 cucharadas de aceite
**   vegetal**
½ cucharadita de sal

◆ Ponga a hervir las cebollas
y 2 o 3 cm de agua a fuego vivo en una sartén de 30 cm. Baje
el fuego; tape y cueza 15 minutos a fuego lento, o hasta que
las cebollas estén tiernas. Escúrralas, enfríelas bajo el agua fría
y escúrralas de nuevo.

◆ Pele las cebollas; deje un poco del extremo de la raíz para que
mantengan la forma durante la cocción.

◆ Seque la sartén. Cueza las cebollas, las sultanas, el azúcar,
el aceite y la sal a fuego moderado-alto en la misma sartén.
Remueva y sacuda la sartén a menudo. Mantenga la cocción unos
5 minutos, o hasta que las cebollas estén glaseadas y doradas.

Cada ración: unas 210 calorías, 3 g de proteínas, 37 g de hidratos de
carbono, 7 g de grasa total (1 g de saturadas), 0 mg de colesterol, 275 mg
de sodio

CEBOLLITAS GLASEADAS

Preparación: 45 minutos, más enfriamiento   Cocción: 25 minutos
Para 6 guarniciones

900 g de cebollitas
45 g de mantequilla o margarina
2 cucharadas de gelatina de
**   grosellas**

2 cucharaditas de azúcar
¼ de cucharadita de sal

◆ Ponga a hervir las cebollitas con 2 o 3 cm de agua a fuego vivo
en una sartén honda de 30 cm. Baje el fuego; tape y cueza entre
5 y 10 minutos a fuego lento, o hasta que las cebollas estén
tiernas. Escúrralas, enfríelas bajo el agua fría y escúrralas de
nuevo.

◆ Pele las cebollitas; deje parte del extremo de la raíz para que
mantengan la forma durante la cocción. Seque la sartén.

◆ Cueza las cebollitas y el resto de ingredientes a fuego moderado-
alto en la misma sartén. Remueva y sacuda a menudo. Mantenga
la cocción durante unos 5 minutos, o hasta que las cebollas estén
glaseadas y doradas.

Cada ración: unas 130 calorías, 2 g de proteínas, 19 g de hidratos de
carbono, 6 g de grasa total (1 g de saturadas), 0 mg de colesterol, 160 mg
de sodio

CEBOLLAS ASADAS AL HORNO

Preparación: 10 minutos   Asado: 1¼ horas, aproximadamente
Para 12 guarniciones

4 cucharadas de aceite de oliva
**   o vegetal**
2 kg de cebollas grandes, rojas o
**   blancas, cortadas en rodajas**
**   horizontales de 2 cm de grosor**

sal
2 cucharadas de azúcar moreno
1 cucharada de vinagre de sidra

◆ Precaliente el horno a 200 °C (gas 6). Engrase dos placas para
hornear con una cucharada de aceite, y distribuya encima
las rodajas de cebolla.

◆ Mezcle las 2 cucharadas restantes de aceite con una cucharadita
de sal. Pincele las rodajas de cebolla con la mitad de la mezcla de
aceite. Ponga las placas en el horno y ase las cebollas 45 minutos.

◆ Dé la vuelta a las rodajas con una espátula, y pincélelas con
el resto de la mezcla de aceite. Cambie la posición de las dos placas
durante el horneado y ase las cebollas 30 minutos más.

◆ Mezcle el azúcar moreno, el vinagre de sidra y ½ cucharadita
de sal en un cuenco pequeño. Pincele las rodajas de cebolla con
la mezcla de azúcar moreno y áselas 5 minutos más, o hasta
que las cebollas estén tiernas y doradas.

Cada ración: unas 110 calorías, 2 g de proteínas, 19 g de hidratos de
carbono, 4 g de grasa total (1 g de saturadas), 0 mg de colesterol, 275 mg
de sodio

AJO ASADO EN CAZUELA

Preparación: 15 minutos, más enfriamiento   Cocción: 30 minutos
Para unos 225 g

4 cabezas de ajo (unos 350 g),
**   separadas en dientes sin pelar**
1 cucharada de azúcar

1 cucharada de aceite vegetal
½ cucharadita de sal

◆ Ponga a hervir los dientes de ajo y 1,3 litros de agua a fuego vivo
en un cazo de 3 litros.

◆ Baje el fuego; tape y cueza 15 minutos a fuego lento, o hasta
que los dientes de ajo estén tiernos al pincharlos con un tenedor.
Enfríelos bajo el agua fría y escúrralos.

◆ Pele los dientes de ajo. Cueza el ajo, el azúcar, el aceite y la sal
a fuego moderado-alto, en una sartén de 26 cm. Remueva y sacuda
la sartén a menudo. Mantenga la cocción durante unos 5 minutos,
hasta que los dientes de ajo estén caramelizados y dorados.

◆ Utilice los dientes de ajo como condimento para realzar
ensaladas u hortalizas cocidas, acompañar carnes y aves asadas,
o para extender, a modo de mantequilla, sobre el pan.

Cada 100 g: unas 300 calorías, 10 g de proteínas, 56 g de hidratos de
carbono, 7 g de grasa total (1 g de saturadas), 0 mg de colesterol, 500 mg
de sodio

CALABAZAS

Las calabazas se dividen en variedades de invierno y de verano, aunque, en realidad, se encuentran disponibles durante todo el año. Las variedades de invierno, incluidas la calabaza de San Roque, de bellota y la espagueti, tienen pieles duras y semillas, y una carne firme y anaranjada; pueden ser tanto grandes como pequeñas. A diferencia de éstas, las variedades de verano, de piel fina, como los calabacines verdes y amarillos, tienen una carne cremosa y son tiernas y sabrosas cuando son pequeñas. Pueden cocerse de muchas formas: cortarse en rodajas y saltearse en aceite aromatizado con ajo; rallarse y freírse para obtener tortidas doradas; cortarse por la mitad y hornearse con un relleno de pacanas, o asarse con hierbas fragantes.

1 Ralle las zanahorias y los calabacines con un rallador grueso. Seque las hortalizas con papel de cocina.

2 Mezcle las hortalizas ralladas con la harina, el parmesano, la sal, la pimienta y el huevo en un cuenco mediano.

TORTITAS VEGETALES

Preparación: 20 minutos   *Cocción: 5 minutos por tanda*
Para 4 guarniciones

1 zanahoria grande
1 calabacín mediano (300 g)
1 calabacín amarillo mediano (300 g)
40 g de harina
40 g de parmesano recién rallado

⅛ de cucharadita de pimienta negra molida
1 huevo mediano
½ cucharadita de sal
125 ml de aceite vegetal

3 Caliente el aceite a fuego moderado en una sartén de 26 cm. Vierta, con cuidado, ⅛ de la mezcla en la sartén y aplástela ligeramente para formar un redondel de unos 8 cm.

4 Cueza 3 tortitas a la vez durante 5 minutos, o hasta que estén doradas; déles la vuelta, y trasládelas sobre papel de cocina para que escurran. Consérvelas calientes mientras prepara las restantes.

MINI TORTITAS

Prepare unas mini tortitas con una salsa de albahaca para mojar. Para la salsa, mezcle en una batidora-mezcladora 150 ml de crema agria, 40 g de albahaca fresca, una cucharadita de zumo de limón y ¼ de cucharadita de sal y pimienta negra hasta obtener una mezcla homogéna. En el paso 3, deje caer una cucharada de la mezcla en la sartén para cada mini tortita. Cuézalas hasta que estén doradas; déles una vuelta. Para unas 32 mini tortitas.

Cada tortita con una cucharadita de salsa: unas 40 calorías, 1 g de proteínas, 2 g de hidratos de carbono, 3 g de grasa total (2 g de saturadas), 9 mg de colesterol, 75 mg de sodio

CADA RACIÓN: UNAS 245 CALORÍAS, 8 g DE PROTEÍNAS, 15 g DE HIDRATOS DE CARBONO, 18 g DE GRASA TOTAL (4 g DE SATURADAS), 60 mg DE COLESTEROL, 450 mg DE SODIO

CALABAZA DE BELLOTA CON PACANAS CARAMELIZADAS

Preparación: 15 minutos   Horno: 45 minutos
Para 4 guarniciones

2 calabazas de bellota pequeñas
   (450 g cada una)
½ cucharadita de sal
60 g de pacanas o nueces, picadas

50 g de azúcar moreno
30 g de margarina o mantequilla,
   derretida

◆ Precaliente el horno a 190 °C (gas 5). Corte cada calabaza de bellota por la mitad, a lo largo, y tire las semillas. Córtela en rodajas horizontales de 2 o 3 cm. Colóquelas, formando una capa, sobre la placa de hornear, y sálelas. Vierta 2 cucharadas de agua alrededor de la cabaza. Cúbralas bien con papel de aluminio y hornéelas 30 minutos.

◆ Mientras, mezcle las pacanas con el azúcar moreno y la margarina en un cuenco pequeño. Espárzalas sobre las rodajas de calabaza y hornee sin tapar 15 minutos más.

Cada ración: unas 320 calorías, 4 g de proteínas, 49 g de hidratos de carbono, 15 g de grasa total (2 g de saturadas), 0 mg de colesterol, 350 mg de sodio

CINTAS DE CALABACÍN A LA MENTA

Preparación: 10 minutos   Cocción: 3 minutos
Para 4 guarniciones

2 calabacines medianos (225 g
   cada uno)
1 cucharada de aceite de oliva
2 dientes de ajo, cortados por
   la mitad

½ cucharadita de sal
2 cucharadas de menta fresca,
   picada
ramitas de menta para adornar

◆ Recorte los extremos de los calabacines. Con la ayuda de un mondador de hortalizas o cortador de hoja ajustable, corte los calabacines a lo largo para obtener cintas largas y finas (si los calabacines son más anchos que el cortador, córtelos primero por la mitad, a lo largo). Caliente el aceite de oliva con el ajo a fuego moderado en una sartén de 30 cm. Cuando el ajo esté dorado, tírelo.

◆ Suba el fuego. Agregue los calabacines y la sal, y cueza 2 minutos removiendo, o hasta que empiecen a ablandarse. Retire del fuego y mezcle con la menta picada. En el momento de servir, adorne con unas hojas de menta.

Cada ración: unas 50 calorías, 1 g de proteínas, 4 g de hidratos de carbono, 4 g de grasa total (0 g de saturadas), 0 mg de colesterol, 270 mg de sodio

CALABAZA DE SAN ROQUE ASADA AL ROMERO

Preparación: 20 minutos   Asado: 35 minutos
Para 10 guarniciones

60 g de margarina o mantequilla
3 calabazas de San Roque
   medianas (unos 800 g cada una)
1 cebolla mediana, cortada
   a dados

1¾ cucharaditas de sal
1¼ cucharaditas de romero seco,
   machacado
½ cucharadita de pimienta negra
   molida

◆ Precaliente el horno a 200 °C (gas 6). Ponga la margarina en una placa para hornear e introdúzcala en el horno hasta que se derrita. Mientras, corte las calabazas por la mitad, a lo largo. Retire las semillas. Luego, divídalas en trozos de 5 cm, y pélelos.

◆ Retire la placa del horno. Agregue la calabaza, la cebolla, la sal, el romero y la pimienta, y cúbralos bien con la margarina. Extienda la calabaza sobre la placa, formando una sola capa, y ásela 35 minutos, o hasta que se ablande.

Cada ración: unas 145 calorías, 2 g de proteínas, 27 g de hidratos de carbono, 5 g de grasa total (1 g de saturadas), 0 mg de colesterol, 435 mg de sodio

TRES CALABAZAS SALTEADAS

Preparación: 20 minutos   Cocción: 45 minutos
Para 6 guarniciones

1 calabaza espagueti mediana
3 cucharadas de aceite de oliva
1 diente de ajo, aplastado con
   la hoja del cuchillo
1 calabacín pequeño (175 g),
   cortado en trozos de 1 cm
1 calabacín amarillo pequeño
   (175 g), cortado a trozos
   en 1 cm

225 g de tomates cereza, cortados
   por la mitad
2 cucharadas de albahaca fresca,
   finamente picada
¾ de cucharadita de sal
¼ de cucharadita de pimienta
   negra molida
2 cucharadas de piñones tostados

◆ Corte la calabaza espagueti por la mitad, a lo largo, y retire las semillas. Ponga a hervir 2 o 3 cm de agua en una cacerola de 8 litros. Agregue la calabaza, con el lado cortado hacia arriba, y lleve a ebullición. Baje el fuego; tape y cueza 30 minutos a fuego lento, o hasta que esté tierna.

◆ Retire la calabaza de la cacerola y escúrrala. Con la ayuda de 2 tenedores, ráspela suavemente por la mitad y a lo largo para liberar la pulpa. Escurra la pulpa sobre papel de cocina y tire la corteza.

◆ Seque la cacerola. Caliente el aceite a fuego moderado-alto en el mismo recipiente. Agregue el ajo y cuézalo hasta que esté ligeramente dorado; tírelo. Incorpore los calabacines y cuézalos hasta que se ablanden. Añada la calabaza espagueti, los tomates cereza, la albahaca, la sal y la pimienta y caliente bien. Esparza por encima los piñones.

Cada ración: unas 110 calorías, 2 g de proteínas, 9 g de hidratos de carbono, 9 g de grasa total (1 g de saturadas), 0 mg de colesterol, 275 mg de sodio

SETAS

Además de los champiñones blancos cultivados, se conoce todo un mundo de setas silvestres. Algunas exóticas, como las chinas *shiitake*, las setas calabaza grandes y carnosas, y las delicadas orellanas se encuentran cada vez con más frecuencia en los mercados.

ENSALADA TIBIA DE SETAS

◆◆◆◆◆◆◆◆◆◆◆◆◆

Preparación: *20 minutos*
Cocción: *35 minutos*
Para *6 entrantes o guarniciones*

1 manojo de oruga
225 g de setas chinas *shiitake*
3 cucharadas de aceite vegetal
1 cebolla roja grande, cortada en rodajas de 1 cm
1,1 kg de champiñones castaña y/o champiñones blancos pequeños, cortados por la mitad y a lo largo si fuesen grandes
2 cucharadas de salsa de soja
2 cucharadas de vinagre de vino tinto
30 g de piñones tostados (opcional)
ramitas de perejil para adornar

1 Forre una fuente con las hojas de oruga y resérvela. Corte y tire los pies de las setas *shiitake*, y luego los sombreros en tiras de 1 cm de ancho.

2 Caliente una cucharada de aceite a fuego moderado en una sartén de 30 cm. Agregue la cebolla y cuézala hasta que se ablande. Traspásela a un cuenco mediano.

3 Caliente una cucharada de aceite en la sartén. Agregue la mitad de los champiñones y cuézalos hasta que el líquido se evapore. Mezcle con una cucharada de salsa de soja.

4 Traslade los champiñones al cuenco con la cebolla. Repita la operación con los champiñones, el aceite y la soja restantes. Incorpore el vinagre a la mezcla de setas del cuenco, y mezcle. Esparza la mezcla de setas sobre las hojas de oruga y distribuya por encima los piñones, en caso de que los utilice. Adorne con el perejil.

SETAS

Estas setas tienen por lo general un sabor más intenso que el de los champiñones blancos comunes: utilice una selección de ellas para aportar interés a las recetas de setas. Las colmenillas, setas calabaza (*cèpes* en francés) y *shiitake* se encuentran frescas o secas. No tire el agua en que se han remojado pues tiene mucho sabor y puede utilizarse en otras recetas como caldos, sopas y salsas.

Seta calabaza seca (*cèpe*)
Champiñón castaña
Shiitake fresca
Colmenilla seca
Rebozuelos
Champiñón grande
Shiitake seca
Orellana

CADA RACIÓN: UNAS 150 CALORÍAS, 6 g DE PROTEÍNAS, 19 g DE HIDRATOS DE CARBONO, 8 g DE GRASA TOTAL (1 g DE SATURADAS), 0 mg DE COLESTEROL, 360 mg DE SODIO

Strudel de champiñones, espárragos y Gruyère

Preparación: 40 minutos, más enfriamiento   Horno: 25 minutos
Para 6 platos principales

350 g de espárragos
sal
105 g de margarina o mantequilla
450 g de champiñones, cortados
  en rodajas finas
2 cucharaditas de zumo de limón
  recién exprimido

40 g de nueces tostadas,
  finamente picadas
2 cucharadas de pan rallado seco
12 láminas de pasta filo, fresca o
  congelada (y descongelada), de
  unos 40 x 30 cm (unos 225 g)
125 g de Gruyère rallado

◆ Corte los espárragos en trozos de 15 cm. Ponga a hervir 1 cm de agua a fuego moderado-alto en una sartén de 30 cm. Agregue los espárragos y ½ cucharadita de sal, y lleve a ebullición. Baje el fuego a moderado-bajo y cueza entre 4 y 8 minutos, o hasta que estén tiernos. Escúrralos y seque la sartén.

◆ Derrita 15 g de margarina a fuego moderado-alto en la misma sartén. Agregue los champiñones y ½ cucharadita de sal, y cueza hasta que se doren y el líquido se evapore. Agregue el zumo de limón. Cueza 30 segundos más y traspáselos a un plato para que se enfríen.

◆ Precaliente el horno a 190 °C (gas 5). Engrase ligeramente una placa para hornear. Derrita los 90 g de margarina restantes. Mezcle las nueces y el pan rallado en un cuenco pequeño.

◆ Coloque 1 lámina de pasta filo en la superficie de trabajo con el lado corto hacia usted y pincélelo ligeramente con un poco de margarina derretida. Esparza por encima una sexta parte de la mezcla de nueces y pan rallado. Cubra con otra lámina de pasta y pincele con la margarina; procure no romper la pasta.

◆ Distribuya una sexta parte del queso, formando una tira situada a 5 cm del extremo de pasta más cercano a usted, y un borde de

4 cm a ambos lados. Coloque una sexta parte de los espárragos sobre el queso y cubra con una sexta parte de los champiñones. Cubra con la pasta filo para envolver el relleno y levante los lados derecho e izquierdo hacia el centro. Enrolle la pasta como un paquete, como si se tratara de un brazo de gitano.

◆ Coloque el paquete con la juntura hacia abajo sobre la placa. Pincélelo ligeramente con un poco de margarina.

Repita la operación para formar otros 5 paquetes. Hornéelos 25 minutos, o hasta que el centro esté ligeramente dorado e hinchado.

Cada ración: unas 375 calorías, 13 g de proteínas, 28 g de hidratos de carbono, 25 g de grasa total (7 g de saturadas), 21 mg de colesterol, 645 mg de sodio

Ensalada de champiñones asados

Preparación: 15 minutos   Barbacoa/grill: 8-9 minutos
Para 4 entrantes

1 porción de queso parmesano
2 manojos de oruga
2 cucharadas de vinagre
  balsámico
2 cucharadas de aceite de oliva
2 cucharadas de escalonias,
  finamente picadas

2 cucharadas de perejil fresco,
  picado
¼ de cucharadita de sal
⅛ de cucharadita de pimienta
  negra molida
450 g de champiñones grandes,
  sin los pies

◆ Prepare la barbacoa o precaliente el *grill*. Con ayuda de un mondador de hortalizas, corte 30 g de virutas de queso parmesano, y resérvelas. Guarde el queso para otro uso. Coloque la oruga en una fuente.

◆ Pepare el aliño. Bata el vinagre, el aceite, el escalonias, el perejil, la sal y la pimienta en un cuenco pequeño. Coloque los champiñones hacia arriba sobre la rejilla de la barbacoa o del *grill* y póngalo lo más cerca posible de la fuente de calor. Pincele la superficie de los champiñones con una cucharada más de aliño. Cuézalos 4 o 5 minutos, o hasta que estén tiernos.

◆ Córtelos en rodajas y póngalos sobre la oruga. Esparza el resto de aliño sobre la ensalada y cubra con las virutas de queso.

Cada ración: unas 150 calorías, 6 g de proteínas, 14 g de hidratos de carbono, 10 g de grasa total (2 g de saturadas), 6 mg de colesterol, 280 mg de sodio

Setas variadas salteadas

Preparación: 15 minutos   Cocción: 10 minutos
Para 4 guarniciones

30 g de mantequilla o margarina
40 g de escalonias, finamente
  picadas
225 g de champiñones pequeños,
  cuarteados
125 g de setas chinas *shiitake*, sin
  los pies y cortadas en trozos
  de 2-3 cm
125 g de orellanas, cortadas por
  la mitad si fuesen grandes

⅛ de cucharadita de tomillo
  seco
¼ de cucharadita de sal
⅛ de cucharadita de pimienta
  negra molida
1 diente de ajo pequeño,
  finamente picado
1 cucharada de perejil fresco,
  picado

Derrita la mantequilla a fuego moderado-alto en una sartén de 30 cm. Agregue las escalonias y cuézalas 1 minuto, removiendo. Mézclelas con las setas, espolvoree con tomillo, sal y pimienta, y cueza, removiendo a menudo, hasta que las setas estén tiernas y el líquido se haya evaporado. Mézclelas con el ajo y el perejil, y cueza 1 minuto más.

Cada ración: unas 100 calorías, 3 g de proteínas, 10 g de hidratos de carbono, 6 g de grasa total (2 g de saturadas), 16 mg de colesterol, 205 mg de sodio

BERENJENAS

Las berenjenas, ya sean de piel púrpura o de un blanco crema, tienen siempre una textura carnosa y un gusto neutral, lo que hace que absorban los sabores de los ingredientes con que se cuecen. Las berenjenas casan muy bien con sabores pronunciados, como los del ajo, el aceite de oliva y el vinagre balsámico. Compre siempre berenjenas rollizas, de piel brillante y sin máculas, que parezcan pesadas para su tamaño, pues las ligeras pueden ser esponjosas.

BERENJENAS CON AJO A LA ITALIANA

Preparación: 25 minutos   *Grill: 40 minutos*
Para 10 guarniciones

60 ml de aceite de oliva
3 dientes de ajo, cortados en rodajas
15 g de perejil fresco, picado
1½ cucharaditas de sal
½ cucharadita de pimienta negra, machacada

4 berenjenas (350 g cada una) o 10 berenjenas pequeñas (90 g cada una)
1 cucharada de corteza de limón, rallada

1 Caliente el aceite de oliva en un cazo de 1 litro a fuego moderado. Agregue las rodajas de ajo y cuézalas, removiendo hasta que estén doradas. Retire el cazo del fuego y mezcle el contenido con la albahaca, la sal y la pimienta.

2 Precaliente el *grill*. Corte las berenjenas a lo largo y en lonchas de 2 cm de grosor. Entalle ambas caras, formando un dibujo de rombos. (Si utiliza berenjenas pequeñas, córtelas por la mitad y a lo largo, y entalle sólo una cara.)

3 Coloque la mitad de las rodajas de berenjena de manera que formen una capa sobre la placa del *grill*. Pincélelas ligeramente con un poco de la mezcla de aceite del cazo. Áselas a unos 20 cm de la fuente de calor durante 10 minutos. Dé la vuelta a las lonchas y pincélelas con un poco más de aceite. Presione suavemente las rodajas de ajo y la albahaca entre los cortes de la berenjena.

4 Ase las berenjenas 10 minutos más, o hasta que estén tiernas al pincharlas con un tenedor. Traspáselas a una fuente y repita la operación con el resto. Esparza por encima de ellas la corteza de limón. Sírvalas a temperatura ambiente, o cúbralas con película de plástico y refrigérelas para servirlas posteriormente.

CADA RACIÓN: UNAS 135 CALORÍAS, 1 g DE PROTEÍNAS, 9 g DE HIDRATOS DE CARBONO, 11 g DE GRASA TOTAL (1 g DE SATURADAS), 0 mg DE COLESTEROL, 325 mg DE SODIO

LASAÑA DE BERENJENAS

Preparación: 50 minutos, más reposo   Horno: 40 minutos
Para 10 platos principales

2 berenjenas medianas (unos 750 g de cada una), cortadas en rodajas de 5 mm	1½ cucharaditas de sal
5 cucharadas de aceite de oliva o vegetal	1 cucharadita de albahaca seca
1 cebolla mediana, picada	400 g de tomates enlatados
2 cucharaditas de azúcar	12 láminas de lasaña
	30 g de parmesano recién rallado
	225 g de Mozzarella rallado

◆ Precaliente el *grill*. Coloque la mitad de las rodajas de berenjena sobre la placa del horno y pincele ambas caras con 2 cucharadas de aceite. Áselas durante 10 minutos lo más cerca posible de la fuente de calor, o hasta que estén doradas; déles una vuelta. Traslade a una fuente. Repita la operación con el resto de las berenjenas y 2 cucharadas más de aceite. Precaliente el horno a 190 °C (gas 5).

◆ Mientras, prepare la salsa de tomate: caliente la cucharada restante de aceite a fuego moderado en un cazo de 4 litros. Agregue la cebolla y cuézala hasta que se ablande. Incorpore el azúcar, la sal, la albahaca y los tomates con su zumo, y lleve a ebullición a fuego vivo; rompiendo los tomates con el dorso de una cuchara. Baje el fuego y cueza 15 minutos, sin tapar, removiendo de vez en cuando.

◆ Mientras, prepare las láminas de lasaña de acuerdo con las instrucciones del paquete. Extienda 225 ml de salsa de tomate en el fondo de una fuente de servir de 33 x 20 cm. Cubra con la mitad de las láminas de lasaña y el resto de la salsa; luego, con la mitad del parmesano y la mitad de la Mozzarella. Repita la operación con el resto de las láminas de lasaña, la berenjena, la salsa de tomate, el parmesano y la Mozzarella.

◆ Hornee 40 minutos, o hasta que la preparación esté bien caliente. Retírela del horno y deje que repose 10 minutos antes de servir.

Cada ración: unas 325 calorías, 12 g de proteínas, 41 g de hidratos de carbono, 14 g de grasa total (5 g de saturadas), 20 mg de colesterol, 715 mg de sodio

BERENJENAS GUISADAS

Preparación: 25 minutos   Cocción: 30-35 minutos
Para 8 guarniciones

3 cucharadas de aceite de oliva	1 cucharada de vinagre balsámico
1 cebolla grande, cortada en trozos de 2 cm	¾ de cucharadita de sal
2 berenjenas medianas (unos 750 g cada una), cortadas en trozos de 5 cm	250 g de Mozzarella fresca, escurrida y cortada a dados (opcional)
75 g de aceitunas rellenas de pimiento	225 g de tomates, pelados y cortados en trozos de 2 cm
2 cucharadas de azúcar moreno	15 g de hojas de albahaca, picadas gruesas

◆ Caliente una cucharada de aceite a fuego moderado en una sartén antiadherente de 30 cm. Agregue la cebolla y cuézala 10 minutos, removiéndola a menudo, o hasta que esté dorada.

◆ Suba el fuego a moderado. Agregue las 2 cucharadas restantes de aceite y la berenjena, y cueza unos 10 minutos, removiendo a menudo, o hasta que las berenjenas estén doradas. Agregue las aceitunas, los 3 ingredientes siguientes y 125 ml de agua, y lleve a ebullición a fuego vivo. Baje el fuego; tape y cueza entre 10 y 15 minutos más, hasta que la berenjena esté tierna. Retírela del fuego. Mézclela con la Mozzarella si la emplea, los tomates y la albahaca picada.

Cada ración: unas 125 calorías, 2 g de proteínas, 18 g de hidratos de carbono, 6 g de grasa total (1 g de saturadas), 0 mg de colesterol, 290 mg de sodio

---

BERENJENAS

Las berenjenas se presentan en diferentes formas, tamaños y colores, de las pequeñas berenjenas guisante tailandesas y las berenjenas mini blancas a las variedades púrpura occidentales, que pueden tener forma ovalada o redondeada.

Las berenjenas se pueden pelar o no, depende del plato en que se vayan a emplear y de si sus pieles son duras o tiernas. Así, los mojos quedan mejor con berenjenas peladas. Cueza siempre las berenjenas hasta que estén tiernas y cremosas.

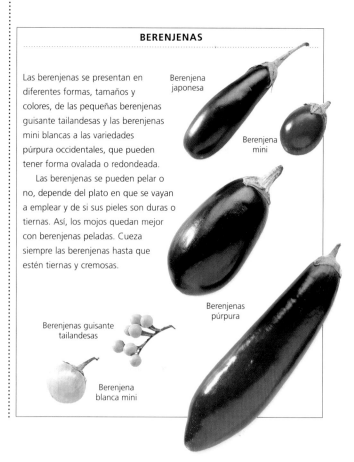

Berenjena japonesa

Berenjena mini

Berenjenas púrpura

Berenjenas guisante tailandesas

Berenjena blanca mini

PIMIENTOS

Los pimientos dulces pueden ser verdes, rojos, amarillos, naranjas e incluso púrpuras. A diferencia de los chiles, los pimientos dulces no son picantes, pues no contienen capsaicina, la sustancia química causante del sabor picante. Si se asan al *grill* o al horno, se intensifica el sabor y se facilita la extracción de la piel. Los pimientos dulces son ideales para rellenar u hornear enteros.

ENSALADA DE PIMIENTOS Y BERENJENAS

❖❖❖❖❖❖❖❖❖❖❖❖❖

Preparación: 30 minutos
Grill: *35 minutos*
Para 8 guarniciones

1 berenjena mediana (unos 750 g)
1 cebolla mediana
sal
2 pimientos amarillos medianos
2 pimientos rojos medianos
60 g de hojas de albahaca, cortadas en tiras finas
2 cucharadas de aceite de oliva o vegetal
1 cucharada de zumo de limón recién exprimido
1 cucharadita de azúcar
½ cucharadita de pimienta negra, molida gruesa
ramitas de perejil para adornar

1 Precaliente el *grill*. Corte la berenjena en rodajas horizontales de 1 cm y, luego, en tiras de 1 cm de ancho. Corte la cebolla por la mitad a partir del extremo de la raíz y luego en gajos finos. Tire el extremo duro de la raíz.

2 Mezcle la berenjena y la cebolla con ½ cucharadita de sal en un cuenco grande. Espárzalas sobre la placa del *grill*. Áselas 20 minutos lo más cerca posible de la fuente de calor, removiéndolas de vez en cuando, o hasta que la berenjena esté dorada.

3 Mientras, corte los pimientos amarillos y rojos en tiras de 1 cm de ancho. Mezcle las tiras de pimiento con ½ cucharadita de sal en un cuenco mediano. Cuando la mezcla de berenjenas esté cocida, devuélvala al cuenco grande.

4 Distribuya las tiras de pimiento sobre la placa del *grill* y áselas lo más cerca posible de la fuente de calor unos 15 minutos, removiéndolas de vez en cuando, o hasta que estén uniformemente doradas. Agréguelas a la berenjena.

5 Mezcle las tiras de albahaca, los 4 ingredientes siguientes y una cucharada de agua con las berenjenas. Vierta la preparación en una fuente y sírvala caliente, o cúbrala y refrigérela para servirla fría posteriormente. Adorne con la albahaca.

CADA RACIÓN: UNAS 80 CALORÍAS, 2 g DE PROTEÍNAS, 12 g DE HIDRATOS DE CARBONO, 4 g DE GRASA TOTAL (0 g DE SATURADAS), 0 mg DE COLESTEROL, 270 mg DE SODIO

BERENJENAS RELLENAS DE CEBADA

Preparación: 1¼ horas *Horno:* 1 hora
Para 6 platos principales

175 g de cebada perlada	2 cucharadas de perejil fresco,
625 ml de caldo de pollo o vegetal	picado
2 cucharadas de aceite de oliva	175 g de queso Cheddar seco,
o vegetal	rallado
1 cebolla grande, picada	800 g de tomates pera enlatados
3 zanahorias medianas, ralladas	2 pimientos rojos medianos
½ cucharadita de sal	2 pimientos verdes medianos
150 g de guisantes congelados	2 pimientos amarillos medianos

◆ Ponga a hervir el caldo y la cebada a fuego vivo en un cazo de 3 litros. Baje el fuego; tape y cueza 1 hora a fuego lento, o hasta que la cebada esté tierna y haya absorbido el líquido.

◆ Mientras, caliente el aceite a fuego moderado-alto en una sartén de 26 cm. Agregue la cebolla y cuézala, removiendo a menudo, hasta que casi esté tierna. Incorpore las zanahorias. Sale y prosiga la cocción 5 minutos, o hasta que las hortalizas estén tiernas y ligeramente doradas.

◆ Cuando la cebada esté tierna, mézclala con las zanahorias, los guisantes, el perejil y 125 g de queso. Reduzca a puré los tomates con un robot eléctrico provisto de cuchilla metálica y viértalos en el fondo de una fuente refractaria de 2 litros y medio.

◆ Precaliente el horno a 180 °C (gas 5). Corte unos sombreros a los pimientos y resérvelos. Retire las membranas y semillas, y corte una base fina a cada pimiento, si fuese necesario, para que se mantengan de pie. Llénelos con la mezcla de cebada. Póngalos sobre los tomates y espolvoréelos con los 50 g restantes de queso.

◆ Hornee 1 hora o hasta que los pimientos estén tiernos al pincharlos con un cuchillo. Cúbralos holgadamente con papel de aluminio durante los últimos 30 minutos en el horno para evitar que se doren en exceso. En el momento de servir, cúbralos con los sombreros reservados.

Cada ración: unas 405 calorías, 15 g de proteínas, 55 g de hidratos de carbono, 15 g de grasa total (7 g de saturadas), 30 mg de colesterol, 695 mg de sodio

PIMIENTOS ROJOS Y AMARILLOS SALTEADOS

Preparación: 15 minutos *Cocción:* 15 minutos
Para 6 guarniciones

2 cucharadas de aceite de oliva	2 pimientos amarillos grandes, sin
o vegetal	membranas ni semillas,
2 pimientos rojos grandes, sin	cortados en tiras de 2-3 cm
membranas ni semillas,	½ cucharadita de orégano seco
cortados en tiras de 2-3 cm	¼ de cucharadita de sal

Caliente el aceite a fuego moderado-alto en una sartén. Agregue las tiras de pimiento, el orégano y la sal y cueza, removiendo a menudo, hasta que los pimientos estén dorados, tiernos y crujientes.

Cada ración: unas 70 calorías, 1 g de proteínas, 7 g de hidratos de carbono, 5 de grasa total (1 g de saturadas), 0 mg de colesterol, 90 mg de sodio

PIMIENTOS ASADOS CON MOJO DE NUECES

Preparación: 20 minutos, más reposo *Grill:* 10 minutos
Para 400 ml

60 g de nueces	1 cucharada de aceite de oliva
½ cucharadita de comino molido	2 cucharadas de vinagre de
4 pimientos rojos mediados,	frambuesas
asados y pelados (*véase*	⅛ de cucharadita de pimienta
inferior)	de Cayena, molida
2 rebanadas de pan blanco duro,	½ cucharadita de sal
desmenuzadas	

Precaliente el horno a 180 °C (gas 4). Extienda las nueces en una fuente para empanadas y hornéelas entre 8 y 10 minutos, hasta que estén tostadas. Tueste las semillas de comino en un cazo de 1 litro, a fuego lento, 1 o 2 minutos, o hasta que estén fragantes. Muela las nueces en un robot con cuchilla metálica. Agregue el comino y los ingredientes restantes y accione el aparato hasta obtener una mezcla homogénea. Traspase a un cuenco. Tape y refrigere si no va a servir enseguida (retire el mojo de la nevera 1 hora antes de servirlo).

Cada 100 ml: unas 180 calorías, 4 g de proteínas, 14 g de hidratos de carbono, 13 g de grasa total (1 g de saturadas), 0 mg de colesterol, 330 mg de sodio

❖❖❖❖❖❖❖❖❖❖❖❖❖❖❖❖❖❖❖❖❖❖❖

PIMIENTOS ASADOS

Precaliente el *grill* y forre la placa con papel de aluminio. Corte los pimientos por la mitad, a lo largo, y retire membranas y semillas. Colóquelos con la piel hacia arriba. Áselos lo más cerca posible de la fuente de calor durante 10 minutos. Envuélvalos con papel de aluminio y deje que reposen 15 minutos. Retire el papel y pélelos.

❖❖❖❖❖❖❖❖❖❖❖❖❖❖❖❖❖❖❖❖❖❖❖

TOMATES

Vale la pena esperar todo el año para degustar unos tomates madurados en el propio huerto o jardín. Aquí preparamos una tarta de queso de cabra y tomates asados al parmesano. Para aquellos que dispongan de una cosecha de tomates verdes al finalizar el verano, hemos incluido una preparación especial. Para realzar al máximo su sabor, consérvelos a temperatura ambiente y no en la nevera, a no ser que estén muy maduros.

TARTA DE QUESO Y TOMATE

◆ ◆ ◆ ◆ ◆ ◆ ◆ ◆ ◆ ◆ ◆ ◆ ◆

Preparación: 30 minutos

Cocción: 35 minutos

Para 6 platos principales

pasta para una tarta de 28 cm (*véase* pág. 487)

1 cucharada de aceite de oliva o vegetal

3 cebollas medianas (unos 450 g), cortadas en rodajas finas .

sal

85 g de queso de cabra, desmenuzado

3 tomates grandes (unos 750 g), cortados en rodajas de 5 mm de grosor

½ cucharadita de pimienta negra molida

40 g de aceitunas negras, deshuesadas y picadas

hojas de albahaca fresca para adornar

1 Prepare la pasta y forre con ella un molde para tarta. Precaliente el horno a 220 °C (gas 7). Forre el molde con papel y llénelo con cuentas para hornear. Hornee 20 minutos y retire el papel y el relleno. Hornee el fondo de tarta 10 minutos más, o hasta que esté dorado. (Si la pasta se hincha durante la cocción, presiónela con el dorso de una cuchara.)

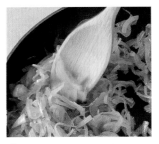

2 Mientras, caliente el aceite a fuego moderado en una sartén de 30 cm. Agregue las cebollas, ¼ de cucharadita de sal y cueza unos 15 minutos, removiendo con frecuencia, o hasta que las cebollas estén tiernas y doradas.

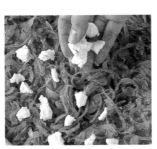

3 Precaliente el *grill*. Distribuya las cebollas formando una capa homogénea sobre la base del fondo de tarta y esparza por encima la mitad del queso de cabra.

4 Coloque las rodajas de tomate de manera que formen círculos concéntricos sobre las cebollas. Espolvoréelas con la pimienta negra, y ¼ de cucharadita de sal y el resto del queso de cabra. Coloque la tarta a unos 15 cm del grill. Ase los tomates 5 minutos, o hasta que el queso se derrita. Esparza por encima las aceitunas y las hojas de albahaca a tiritas. Corte la tarta en porciones en el momento de servirla.

CADA RACIÓN: UNAS 415 CALORÍAS, 8 g DE PROTEÍNAS, 33 g DE HIDRATOS DE CARBONO, 28 g DE GRASA TOTAL (7 g DE SATURADAS), 15 mg DE COLESTEROL, 650 mg DE SODIO

TOMATES CEREZA GRATINADOS

Preparación: 10 minutos
Horno: 20 minutos
Para 6 guarniciones

30 g de migas de pan seco
30 g de parmesano recién rallado
1 diente de ajo, finamente picado
¼ de cucharadita de pimienta
   negra, molida gruesa

1 cucharada de aceite de oliva
900 g de tomates cereza
2 cucharadas de perejil fresco,
   picado

◆ Precaliente el horno a 220 °C (gas 7). Mezcle las migas, el parmesano, el ajo, la pimienta y el aceite de oliva en un cuenco pequeño.

◆ Coloque los tomates cereza en una fuente de servir honda, refractaria. Esparza por encima la mezcla de pan y, luego, el perejil. Hornee 20 minutos, o hasta que la superficie de migas de pan esté bien dorada.

Cada ración: unas 85 calorías, 3 g de proteínas, 9 g de hidratos de carbono, 4 g de grasa total (1 g de saturadas), 3 mg de colesterol, 130 mg de sodio

TOMATES ASADOS AL PARMESANO

Preparación: 10 minutos   *Grill:* 3-4 minutos
Para 4 guarniciones

15 g de mantequilla o margarina
1 diente de ajo pequeño, muy
   finamente picado

30 g de parmesano recién rallado
350 g de tomates pera, cortados
   por la mitad, a lo largo

◆ Precaliente el *grill.* Derrita la mantequilla a fuego lento en un cazo de 1 litro. Agregue el ajo; cuézalo hasta que esté dorado, y retire el recipiente del fuego.

◆ Extienda el parmesano sobre papel sulfurizado. Pase las caras cortadas de los tomates por la mantequilla y, luego, por el parmesano, y póngalos bajo el *grill.* Distribuya el resto del queso sobre los tomates y rocíe con la mantequilla restante.

◆ Ase 3 o 4 minutos lo más cerca posible del *grill,* o hasta que el queso esté bien dorado.

Cada ración: unas 70 calorías, 3 g de proteínas, 4 g de hidratos de carbono, 5 g de grasa total (3 g de saturadas), 13 mg de colesterol, 155 mg de sodio

SÁNDWICHES DE TOMATES VERDES FRITOS

Preparación: 10 minutos   *Cocción:* 20 minutos
Para 4 sándwiches

1 clara de huevo mediana
¼ de cucharadita de sal
60 g de harina de maíz gruesa
pimienta negra molida
3 tomates verdes medianos,
   cortados en rodajas de 1 cm
225 g de lonchas de beicon
4 hojas de lechuga

60 g de mayonesa, de bajo
   contenido en grasas
60 g de yogur desnatado
2 cucharadas de cebollinos
   frescos, picados
8 rebanadas de pan blanco,
   tostadas

◆ Bata las claras y la sal en un plato hondo. Mezcle la harina de maíz con ¼ de cucharadita de pimienta en un trozo de papel sulfurizado. Pase las rodajas de tomate por la mezcla de huevo y déles la vuelta para que queden recubiertas por ambas caras; luego, haga lo mismo por la mezcla de harina de maíz. Coloque las rodajas sobre papel sulfurizado.

◆ Fría el beicon a fuego moderado-bajo en una sartén hasta que esté dorado. Traspáselo sobre papel de cocina para que escurra.

◆ Suba el fuego a moderado-alto. Cueza las rodajas de tomate en los fondos de cocción de la sartén, hasta que estén doradas por ambas caras. Escúrralas sobre papel de cocina.

◆ Mezcle la mayonesa, el yogur, los cebollinos y ¼ de cucharadita de pimienta en un cuenco pequeño. Unte las tostadas con la mezcla de mayonesa. Ponga sobre éstas la lechuga, las rodajas de tomate y el beicon, y cúbralas con las restantes para obtener 4 sándwiches.

Cada sándwich: unas 330 calorías, 12 g de proteínas, 45 g de hidratos de carbono, 13 g de grasa total (3 g de saturadas), 17 mg de colesterol, 645 mg de sodio

---

TOMATES

Los tomates se venden con diferentes formas y tamaños, especialmente en los supermercados y fruterías bien provistos. Los tomates grandes mediterráneos son los más jugosos, y los cereza tienen un sabor dulce todo el año. Los tomates amarillos resultan menos ácidos que los rojos y pueden mezclarse con los primeros para obtener un bonito efecto. Para las salsas, los tomates pera son los mejores, pues tienen la pulpa más carnosa.

Tomates amarillos

Tomates cereza

Tomates mediterráneos

Tomates madurados en mata

Tomates pera

E NSALADAS

9

ENSALADAS CONOCIMIENTOS BÁSICOS

Hace tiempo que las ensaladas dejaron de ser de uso exclusivo de las dietas. Las creaciones actuales son, por el contrario, mezclas inspiradas, de sabores fuertes y colores y texturas variados. Unas hojas de ensalada crujientes constituyen un entrante clásico, mientras que las mezclas de hojas con hortalizas, frutas, queso y carne forman platos sustanciosos.

PREPARAR LOS INGREDIENTES DE LAS ENSALADAS

Los pasos más básicos en la preparación de las ensaladas (lavado y conservación) son esenciales. Puesto que los ingredientes frescos y sin cocer no pueden esconder sus defectos, nada estropea más una ensalada que restos de arena o suciedad. Trocee a mano las hojas de lechuga. La mayoría de las hortalizas pueden cortarse con un día de antelación; las fuertes (col, zanahorias o remolacha cocida) se conservan más tiempo. Para mantener la humedad, envuélvalas con un lienzo limpio y húmedo, métalas en bolsas y guárdelas en la nevera. No pique las hierbas con antelación, pues se oscurecerían.

PELAR TOMATES

1 Practique una incisión profunda en forma de aspa en la base de cada tomate. Sumérjalos en una cacerola con agua hirviendo 10 segundos.

2 Traslade los tomates con la ayuda de una espumadera a un cuenco con agua helada. Pélelos con un cuchillo.

GUARDAR Y PREPARAR LA LECHUGA

Lave y seque con cuidado las hojas de lechuga. Retire cualquier hoja estropeada, así como aquellas que presenten manchas o estén mustias, pues se deterioran con rapidez. Una centrifugadora de ensaladas facilita el secado de las hojas; el modelo provisto de un cordón que se estira es especialmente indicado. No llene en exceso la centrifugadora porque las hojas podrían estropearse. Para mantener la lechuga crujiente, envuelva las hojas, limpias y secas con papel de cocina húmedo en una bolsa para conservar alimentos y ciérrela. La mayor parte de variedades, como la lechuga arrepollada y la romana, se conservan sólo 2 a 3 días. Los cogollos,

la lechuga iceberg y las lechugas de hojas consistentes se mantienen hasta una semana. Las hierbas frescas, como el perejil, el perifollo o el eneldo, son una buena aportación a las ensaladas, pero no las pique con antelación porque se oscurecerán.

Para evitar una ensalada húmeda o un aliño diluido, seque a fondo las hojas una vez enjuagadas y antes de emplearlas. Coloque las hojas sobre un lienzo húmedo y séquelas con otro. (O emplee papel de cocina o una centrifugadora.)

SACAR EL CORAZÓN DE UNA LECHUGA DE CABEZA FIRME

Con la ayuda de un cuchillo pequeño, corte alrededor del núcleo central de la lechuga formando un cono. sostenga firmemente con una mano la lechuga con la cabeza hacia abajo y retuerza el cono entallado.

PREPARAR LAS HOJAS DE LECHUGA

1 Rompa las hojas del extremo de la base. Tire aquellas estropeadas o mustias.

2 Pase brevemente las hojas por agua fría. Remuévalas con cuidado para que se desprenda cualquier resto de arena o suciedad.

ELEGIR LA LECHUGA ADECUADA

Las lechugas pueden distribuirse en diferentes categorías: las de cabeza crujiente y sabor neutro, como la iceberg; las de hojas sueltas, como la arrepollada, que son blandas y delicadas, o tiernas y dulces; las de hojas largas, como la romana o los cogollos, que tienen un sabor fresco y suave. Para obtener más variedad, elija dos tipos de lechuga.

MONTAR LAS ENSALADAS

Al mezclar hojas para ensalada o aliñar una ensalada como plato único, busque el equilibrio entre las diferentes texturas, colores y sabores. Corte o rompa los ingredientes en trozos manejables, pero no demasiado pequeños. También es importante que elija la fuente adecuada. Una variedad de hojas rizadas es más manejable en un cuenco, mientras que unos ingredientes cortados en rodajas siempre lucen más en una fuente plana. Las fuentes y los cuencos enfriados mantienen los ingredientes fríos. Para no acabar con un aliño aguado, las hortalizas deben secarse a fondo. Al preparar una ensalada de arroz, legumbres o patatas, mezcle los ingredientes cocidos todavía calientes con el aliño, para que puedan absorberlo.

CUÁNTO CUNDE UNA LECHUGA

LECHUGA	RENDIMIENTO APROXIMADO*
1 lechuga de cabeza crujiente mediana	550 g de hojas preparadas
1 lechuga arrepollada mediana	250 g de hojas preparadas
1 lechuga romana mediana	450 g de hojas preparadas

* Cuente unos 100 g de hojas preparadas por porción

HOJAS PARA ENSALADAS

Oruga. Muy apreciada por los italianos, esta verdura de hojas perecederas tiene un sabor pimentado, que es más fuerte en las hojas más viejas. Las hojas tienden a ser arenosas y necesitan lavarse a fondo.

Espinacas. Dulces y con un sabor que recuerda a la tierra, las espinacas son deliciosas, tanto crudas como cocidas. Ya sean planas o rugosas, las hojas deben ser crujientes y oscuras, con un sabor fresco. Las espinacas contienen arena, por lo que deben lavarse a fondo.

Lechuga iceberg. Se trata de una variedad de lechuga jugosa, pero de sabor poco pronunciado. Estas hojas son más crujientes que sabrosas. Quedan bien con los aliños cremosos.

Lechuga arrepollada. Es una de las lechugas más caras, aunque se encuentra con facilidad. Tiene un sabor suave; las hojas centrales pueden ser crujientes, y las externas, un poco gruesas.

Lechuga romana. Es una lechuga de hojas largas, gruesas y firmes, y nervaduras centrales consistentes.

Endibia roja. Se trata de una variedad de endibia, con hojas de extremo color carmesí y un sabor ligeramente amargo.

Hierba de los canónigos. Esta hortaliza de hojas tiernas tiene un sabor que recuerda al de las nueces.

Endibia. Las endibias tienen unas hojas muy compactas y un sabor fuerte y ligeramente amargo.

Berros. De color verde pronunciado, las hojas de los berros presentan un sabor pimentado. Pueden servirse solas o acompañadas de otras hojas de hortalizas. También quedan deliciosas en sándwiches, sopas y tortillas.

Achicoria de Treviso. De hojas coloreadas de rojo vino y un sabor ligeramente amargo, esta lechuga italiana aporta contraste en cualquier ensalada. Siguiendo la tradición de Italia, acompáñela con oruga y endibias para obtener una mezcla sabrosa y colorida.

Escarola. La escarola, un miembro de la familia de las endibias, tiene unas hojas finas y rizadas, cuyo color oscila entre el blanco amarillento y el verde pálido, y un sabor delicadamente amargo.

Hoja de roble. Esta variedad de lechuga de hojas sueltas presenta unas hojas crujientes y rizadas, de sabor más pleno que otras variedades de hoja suelta.

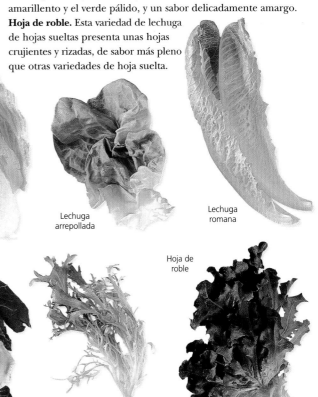

Oruga

Espinacas

Hierba de los canónigos

Endibia roja

Endibia

Berros

Achicoria de Treviso

Lechuga iceberg

Lechuga arrepollada

Escarola

Hoja de roble

Lechuga romana

EL MEJOR ALIÑO PARA LAS ENSALADAS

Los aliños deben realzar pero nunca enmascarar, el sabor y la textura de las hojas que compongan la ensalada. Las lechugas de hojas consistentes, como la romana y la iceberg, soportan aliños cremosos, como el clásico César o el de las Mil Islas. Por el contrario, las hojas delicadas, como las de las lechugas de hojas sueltas, casan mejor con vinagretas sencillas. Para crear un nuevo sabor, puede variar los aceites y los vinagres que utilice en sus aliños. El aceite de oliva virgen es clásico, pero puede sustituir la mitad por aceite de avellanas o nueces, o bien añadir unas gotas de aceite de sésamo. Los vinagres van de los oscuros y maduros balsámicos a las variedades más sutiles, preparadas con champaña, vino, sidra o jerez. Entre otras opciones deliciosas, se encuentran los vinagres de frutas (por ejemplo, de frambuesas o arándanos) o de hierbas frescas (como el de estragón).

La mejor forma de emulsionar una vinagreta consiste en batir primero la mostaza, el vinagre o el zumo de limón y los condimentos, para luego incorporar el aceite, poco a poco y en forma de chorrito fino, sin dejar de batir.

CÓMO PREPARAR RÁPIDAMENTE LAS ENSALADAS

Elija un ingrediente básico y luego realce su sabor con adiciones fáciles, como las siguientes:

Hojas aliñadas. Realce el sabor con hierbas o ramitas de hierbas, picatostes de ajo calientes y virutas de parmesano; aporte cuerpo con carnes asadas, tiras de pollo o dados de jamón ahumado.

Patatas nuevas al vapor. Alíñelas con una vinagreta y realce el sabor con trocitos de beicon, anchoas, alcaparras, aceitunas o queso sabroso desmenuzado, como Feta, azul o de cabra.

Arroz o cuscús. Apórteles interés con uvas, rodajas de pera o manzana, gajos de naranja, orejones de albaricoques o uvas pasas. Los piñones o nueces tostados y las semillas de girasol aportan un sabor crujiente.

ENSALADAS MÁS MAGRAS

Puede preparar ensaladas con aliños más magros sustituyendo la mayonesa por suero, yogur o crema agria. Una salsa de hortalizas picadas a la mexicana, o una vinagreta oriental con vinagre de arroz sazonado, salsa de soja y zumo de frutas, aportan sabor sin grasa. Puede esparcir sobre las ensaladas hortalizas crujientes, pero evite alimentos grasos, como frutos secos y queso. Para una ensalada como plato principal, use pollo, atún en escabeche, gambas o judías.

GUARNICIONES ATRACTIVAS

Las flores comestibles proporcionan un sabor único y un color sorprendente a las ensaladas. Sus frágiles capullos se dejan enteros por lo general (las flores pequeñas de las hierbas deben arrancarse del tallo) y se esparcen sobre la ensalada antes de servirla para que no queden descoloridas por el aliño. Utilice siempre las flores con moderación, ya que algunas tienen un sabor fuerte. Las flores pequeñas de las hierbas, como las de la menta, el tomillo, el orégano o la lavanda, pueden ser muy fuertes; pruébelas antes de utilizarlas. Necesita flores que no hayan sido tratadas con pesticidas u otros productos químicos; nornalmente, las flores de floristería han recibido tratamientos de este tipo. Algunos supermercados venden flores comestibles, aunque también puede obtenerlas cultivándolas en su jardín. Sin embargo, no todas las flores son comestibles y algunas pueden ser peligrosas. Entre las flores no tóxicas, se incluyen los claveles, los pensamientos, la borraja, los geranios, las capuchinas, las rosas, los guisantes de olor, las caléndulas y los acianos. La mayoría de las flores de hierbas aromáticas pueden

utilizarse; entre ellas, se encuentran las de los cebollinos, la mejorana, la menta, el orégano y el tomillo. Pero no sólo las ensaladas se benefician de las flores, puede añadirlas a ponches fríos, tés de hierbas, postres o para adornar sopas, carnes y pescados asados. Las flores como las rosas, los pensamientos y las violetas, a menudo se cristalizan para decorar pasteles.

Flores de orégano

Capuchinas

Flores de cebollino

Claveles

Flores de mejorana

Flores de menta

Flores de tomillo

ENSALADAS VEGETALES

Tanto si las hortalizas proceden del propio huerto como de una granja, mercado o supermercado, una ensalada fría o tibia de hortalizas de colores vibrantes se convierte en una guarnición irresistible. Para obtener la mejor textura, cuézalas hasta que estén tiernas.

ENSALADA DE REMOLACHA Y PERA ASIÁTICA

◆◆◆◆◆◆◆◆◆◆◆◆◆◆◆◆◆◆◆◆◆◆◆◆◆◆

Prep: 20 minutos   Cocción: 40 minutos
Para 6 guarniciones

8 remolachas medianas (1,8 kg, aproximadamente), con sus hojas
1 cucharada de azúcar moreno
1 cucharada de vinagre de vino tinto
1 cucharada de aceite de oliva o vegetal
2 cucharaditas de mostaza de Dijon

½ cucharadita de sal
1 pera asiática grande o manzana Red Delicious, pelada, descorazonada y cortada en gajos finos
1 cucharada de perejil fresco, picado
hojas de lechuga

1 Recorte las protuberancias de las remolachas y cepíllelas. Ponga las remolachas en una cacerola de 4 litros, cúbralas con agua y lleve a ebullición, a fuego vivo. Baje el fuego; tape y cueza 30 minutos a fuego lento, o hasta que las remolachas estén tiernas.

2 Escúrralas y enfríelas bajo el agua fría. Cuando se hayan entibiado, pélelas con un mondador. Córtelas por la mitad, a lo largo o, si son grandes, cuartéelas.

3 Prepare la vinagreta: bata el azúcar, el vinagre de vino tinto, el aceite, la mostaza de Dijon y la sal en un cuenco grande. Agregue las remolachas, la pera asiática y el perejil picado a la vinagreta.

4 Remueva la mezcla de remolachas con la vinagreta. Sirva a temperatura ambiente o tape y refrigere para servir posteriormente. En el momento de presentarla, forre un plato con hojas de lechuga y distribuya la ensalada por encima.

PERA ASIÁTICA

También llamada pera china o manzana pera, esta deliciosa fruta se encuentra disponible en los supermercados durante su estación: nuestro invierno. Pueden tener la piel lisa, o bien matizada con un ligero rubor. A diferencia de las peras normales, son poco ácidas y aromáticas y pueden ser bastante duras, incluso estando maduras. Presentan una textura firme, por lo que pueden cortarse en lonchas muy finas para ser aliñadas; por tanto, son perfectas para utilizar en ensaladas. Son crujientes y jugosas a la vez, tienen un sabor delicado y forman postres ligeros y refrescantes; se mantienen crujientes incluso una vez cocidas.

CADA RACIÓN: UNAS 130 CALORÍAS, 3 g DE PROTEÍNAS, 24 g DE HIDRATOS DE CARBONO, 3 g DE GRASA TOTAL (0 g DE SATURADAS), 0 mg DE COLESTEROL, 350 mg DE SODIO

Ensalada de hortalizas troceadas

Preparación: 20 minutos   Para 4 guarniciones

2 cucharadas de aceite de oliva

2 cucharadas de vinagre de vino tinto

¾ de cucharadita de sal

½ cucharadita de azúcar

¼ de cucharadita de pimienta negra, molida

2 tomates grandes, cortados en gajos finos

1 pimiento amarillo grande, sin membranas ni semillas y cortado en trozos pequeños

1 pepino mediano, sin pelar, cortado a trozos pequeños

½ cebolla roja pequeña, finamente picada

1 cucharada de perejil, perifollo o cilantro, picado

◆ Prepare el aliño: bata el aceite de oliva, el vinagre de vino tinto, la sal, el azúcar y la pimienta en un cuenco pequeño, hasta que estén bien amalgamados.

◆ Agregue las hortalizas y las hierbas picadas al aliño del cuenco, y mecle bien para recubrirlas. Traslade a una fuente de servicio.

Cada ración: unas 110 calorías, 2 g de proteínas, 12 g de hidratos de carbono, 7 g de grasa total (1 g de saturadas), 0 mg de colesterol, 410 mg de sodio

Ensalada tibia de guisantes y zanahorias

Preparación: 15 minutos   Cocción: 10 minutos
Para 4 guarniciones

150 g de guisantes congelados

1 cucharada de aceite vegetal

3 zanahorias medianas, cortadas en rodajas finas

1 cebolla mediana, cortada en rodajas finas

sal

1 cucharada de zumo de limón recién exprimido

1 lechuga romana pequeña, lavada y bien secada

◆ Ponga a hervir agua a fuego vivo en un cazo pequeño. Agregue los guisantes, lleve de nuevo a ebullición y cueza 5 minutos. Escúrralos y resérvelos.

◆ Mientras, caliente el aceite a fuego moderado-alto en una sartén antiadherente de 26 cm. Agregue las zanahorias, la cebolla y ½ cucharadita de sal. Cueza, removiendo a menudo, hasta que las hortalizas estén tiernas y ligeramente doradas. Mezcle los guisantes con las zanahorias y el zumo de limón. Retire del fuego.

◆ Rompa o corte las hojas de lechuga en tiras de 5 mm y mézclelas bien con las hortalizas.

Cada ración: unas 115 calorías, 5 g de proteínas, 17 g de hidratos de carbono, 4 g de grasa total (1 g de saturadas), 0 mg de colesterol, 330 mg de sodio

Judías verdes con semillas de sésamo tostadas

Preparación: 25 minutos   Cocción: 20 minutos
Para 8 guarniciones

3 cucharadas de aceite de oliva

2 cucharadas de zumo de limón recién exprimido

2 cucharaditas de mostaza de Dijon

½ cucharadita de sal

900 g de judías verdes, sin los extremos

1 cucharada de semillas de sésamo, tostadas

◆ Prepare el aliño: bata el aceite de oliva, el zumo de limón, la mostaza y la sal en un cuenco grande, hasta que estén bien amalgamados; resérvelo.

◆ Ponga a hervir 2 o 3 cm de agua a fuego vivo en una cacerola de 8 litros. Agregue las judías y lleve de nuevo a ebullición.

◆ Baje el fuego y cueza entre 5 y 10 minutos a fuego muy lento y sin tapar, hasta que las judías estén tiernas. Traspáselas a un colador para que se escurran.

◆ Agregue las judías calientes al aliño del cuenco y mezcle bien. Tape y refrigere la preparación si no la va a servir enseguida. Antes de llevarla a la mesa, mezcle las judías con las semillas de sésamo.

Cada ración: unas 80 calorías, 2 g de proteínas, 7 g de hidratos de carbono, 6 g de grasa total (1 g de saturadas), 0 mg de colesterol, 180 mg de sodio

◆◆◆◆◆◆◆◆◆◆◆◆◆◆◆◆◆◆◆◆◆◆◆◆◆◆

TOSTAR LAS SEMILLAS DE SÉSAMO

Las semillas de sésamo son las pequeñas semillas ovaladas de una hierba tropical. Tienen un sabor suave a nueces que se realza al tostarlas. Para ello, tuéstelas a fuego moderado bajo en una sartén pequeña durante 1 o 2 minutos. Remueva y sacuda el recipiente a menudo hasta que las semillas estén doradas.

◆◆◆◆◆◆◆◆◆◆◆◆◆◆◆◆◆◆◆◆◆◆◆◆◆◆

ENSALADA DE BERROS, NARANJA Y REMOLACHA

Preparación: 45 minutos   Cocción: 40 minutos
Para 10 guarniciones

10 remolachas medianas (unos 2 kg), preparadas
4 naranjas navel grandes
60 ml de aceite de oliva
60 ml de vinagre de vino tinto
1 cucharada de mostaza de Dijon
1 cucharadita de azúcar
¾ de cucharadita de sal
¼ de cucharadita de pimienta negra molida
350 g de berros, sin los tallos duros
1 cebolla roja mediana, cortada en rodajas finas

◆ Ponga las remolachas en un cazo de 4 litros, cúbralas con agua y lleve a ebullición, a fuego vivo. Baje el fuego; tape y cueza 30 minutos a fuego lento, o hasta que las remolachas estén tiernas.

◆ Mientras, ralle una cucharadita de corteza de naranja y resérvela. Corte la corteza y la membrana de las naranjas y tírelas. Sostenga las naranjas sobre un cuenco grande para recoger el zumo y separe los gajos cortando entre las membranas. Ponga los gajos de naranja en un plato y reserve el zumo.

◆ Prepare el aliño: bata el aceite de oliva, el vinagre de vino tinto, la mostaza de Dijon, el azúcar, la sal, la pimienta negra y la naranja rallada con el zumo del cuenco.

◆ Escurra las remolachas y enfríelas con agua fría. Pélelas y córtelas por la mitad, a lo largo, y luego cada mitad en rodajas de 5 mm de grosor.

◆ Agregue las remolachas, los gajos de naranja, los berros y las rodajas de cebolla al aliño del cuenco, y mezcle bien.

Cada ración: unas 150 calorías, 4 g de proteínas, 23 g de hidratos de carbono, 6 g de grasa total (1 g de saturadas), 0 mg de colesterol, 310 mg de sodio

ENSALADA DE HINOJO, PERAS Y ENDIBIAS

Preparación: 35 minutos
Para 8 guarniciones

60 ml de aceite de oliva virgen
60 ml de vinagre de estragón
1 cucharada de mostaza de Dijon
¾ de cucharadita de sal
¼ de cucharadita de pimienta negra molida
5 peras Bartlett o Red Williams (unos 900 g), sin pelar, descorazonadas y cortadas en 12 trozos
3 bulbos de hinojo (unos 300 g de cada uno)
4 endibias medianas (2 rojas, si es posible)
75 g de nueces, tostadas y picadas

◆ Prepare el aliño: bata el aceite de oliva, el vinagre de estragón, la mostaza de Dijon, la sal y la pimienta en un cuenco pequeño hasta que estén bien amalgamados, y resérvelos.

◆ Coloque los trozos de pera en un cuenco grande. Recorte la base y la parte superior de los hinojos, córtelos por la mitad, a lo largo, y retire el corazón duro central. Corte las mitades de hinojo en sentido horizontal para obtener rodajas finas como el papel. Póngalas en el cuenco con las peras.

◆ Corte 2 endibias (1 amarilla y 1 roja, si utiliza ambos colores) en rodajas horizontales de 2 o 3 cm de grosor. Separe las hojas de las endibias restantes.

◆ Agregue el aliño a la mezcla de hinojo y mezcle bien.

◆ Coloque las hojas de endibia alrededor de un cuenco o fuente honda. Cubra con la ensalada de hinojo y esparza por encima las nueces tostadas.

Cada ración: unas 245 calorías, 4 g de proteínas, 30 g de hidratos de carbono, 15 g de grasa total (2 g de saturadas), 0 mg de colesterol, 320 mg de sodio

ENSALADA DE ESPINACAS Y TANGERINAS

Preparación: 30 minutos
Para 8 guarniciones

4 tangerinas medianas o naranjas navel
350 g de espinacas preparadas, lavadas y bien secas
2 lechugas de hojas sueltas (unos 225 g)
3 cucharadas de aceite de oliva virgen
3 cucharadas de vinagre de sidra
1 cucharadita de azúcar
1 cucharadita de mostaza de Dijon
⅛ de cucharadita de sal
⅛ de cucharadita de pimienta negra, molida gruesa

◆ Ralle la corteza de una tangerina y resérvela. Corte la corteza restante y la membrana de las otras tangerinas. Divídalas por la mitad (de arriba abajo) y luego corte cada una en rodajas horizontales de 5 mm de grosor. Rompa las espinacas y la lechuga en trozos pequeños regulares.

◆ Prepare la vinagreta: bata el aceite de oliva, el vinagre de sidra, el azúcar, la mostaza de Dijon, la sal, la pimienta negra y la corteza de tangerina en un cuenco grande.

◆ Agregue las espinacas, la lechuga y las rodajas de tangerina a la vinagreta, y mezcle bien.

Cada ración: unas 75 calorías, 2 g de proteínas, 8 g de hidratos de carbono, 5 g de grasa total (1 g de saturadas), 0 mg de colesterol, 80 mg de sodio

ENSALADA VERDE
CON VINAGRETA DE POMELO

Preparación: 25 minutos   Para 8 guarniciones

2 pomelos medianos
2 endibias medianas
1 cucharada de vinagre balsámico
1 cucharada de mostaza de Dijon
2 cucharaditas de alcaparras en
    conserva, escurridas

½ cucharadita de azúcar
½ cucharadita de sal
60 ml de aceite de oliva o vegetal
450 g de hojas de ensalada,
    pequeñas y variadas

◆ Ponga el pomelo sobre una tabla y, con un cuchillo pequeño y afilado, corte una rodaja de cada extremo. Coloque el pomelo hacia arriba y corte la corteza y la membrana siguiendo los contornos de la fruta. Repita la operación con el otro pomelo, y tire cortezas y membranas.

◆ Sostenga los pomelos sobre un cuenco pequeño para recoger el zumo y córtelos en secciones entre las membranas. Coloque las secciones de pomelo en un plato y reserve el zumo en un cuenco. Corte las endibias por la mitad, a lo largo, en tiras muy finas.

◆ Prepare la vinagreta: mezcle el vinagre balsámico, la mostaza, las alcaparras, el azúcar, la sal y 2 cucharadas de zumo de pomelo en un cuenco grande (reserve el resto para otro uso). Bata lentamente con el aceite. Agregue las hojas de ensalada, las secciones de pomelo y la endibia, y mezcle bien.

Cada ración: unas 105 calorías, 2 g de proteínas, 10 g de hidratos de carbono, 7 g de grasa total (1 g de saturadas), 0 mg de colesterol, 230 mg de sodio

HORTALIZAS ASADAS
A LA VINAGRETA

Preparación: 15 minutos   Barbacoa: 15-20 minutos
Para 4 guarniciones

6 cucharadas de aceite de oliva
    o vegetal
6 cucharadas de vinagre de vino
    blanco
2 cucharadas de estragón fresco
    picado
1 cucharadita de sal
1 cucharadita de pimienta negra,
    molida gruesa
1 cucharadita de azúcar
4 champiñones grandes (125 g),
    sin los pies
ramitas de estragón para adornar

1 pimiento rojo mediano, sin
    membranas ni semillas y
    cuarteado
1 pimiento amarillo mediano, sin
    membranas ni semillas y
    cuarteado
2 calabacines pequeños (175 g
    cada uno), cortados por
    la mitad, a lo largo
2 berenjenas mini (125 g cada
    una), cortados por la mitad,
    a lo largo

◆ Disponga la barbacoa. Prepare la vinagreta: bata el aceite de oliva, el vinagre de vino blanco, el estragón picado, la sal, la pimienta negra y el azúcar en un cuenco grande.

◆ Limpie los champiñones con un lienzo húmedo. Agréguelos con los pimientos, los calabacines y la berenjena a la vinagreta del cuenco, y mezcle bien.

◆ Coloque las hortalizas sobre la barbacoa a fuego moderado. Áselas hasta que estén tiernas y doradas al pincharlas con un tenedor; déles la vuelta de vez en cuando y pincélelas con parte de la vinagreta del cuenco.

◆ Retire las hortalizas de la barbacoa, corte las setas en rodajas y mezcle todas las hortalizas con la vinagreta restante. Adorne con las ramitas de estragón.

Cada ración: unas 235 calorías, 3 g de proteínas, 14 g de hidratos de carbono, 21 g de grasa total (3 g de saturadas), 0 mg de colesterol, 540 mg de sodio

ENSALADA VERDE CON VINAGRETA
DE FRAMBUESAS

Preparación: 20 minutos   Para 4 guarniciones

1 cucharada de azúcar
3 cucharadas de vinagre de vino
    blanco
1 cucharada de mostaza de Dijon
175 g de frambuesas
60 ml de aceite de oliva virgen

225 g de hojas de ensalada mini
    variadas
125 g de queso Feta, desmenuzado
8 huevos de codorniz o 4 huevos
    pequeños, hervidos y cortados
    por la mitad, a lo largo

◆ Prepare la vinagreta: mezcle el azúcar, el vinagre de vino blanco y la mostaza en un cuenco grande. Añada 85 g de frambuesas a la vinagreta y aplástelas ligeramente con un tenedor. Vierta lentamente el aceite de oliva por encima y mezcle bien.

◆ Agregue las hojas de ensalada a la vinagreta del cuenco y mezcle a fondo. En el momento de servir, distribuya las hojas de ensalada en 4 platos pequeños, esparza por encima el queso Feta y los 90 g de frambuesas restantes; esconda los huevos entre las hojas.

Cada ración: unas 295 calorías, 10 g de proteínas, 12 g de hidratos de carbono, 24 g de grasa total (7 g de saturadas), 185 mg de colesterol, 470 mg de sodio

ENSALADAS DE TOMATE

Ningún sabor capta mejor la esencia del verano que unos tomates madurados en la planta. Rocíelos simplemente con una vinagreta o acompáñelos con queso de cabra y hojas de lechuga para obtener una ensalada colorida. También puede añadirles dados de panceta y pan tostado para preparar una ensalada consistente. Aquí presentamos un método sencillo para preparar tomates caseros secados, que pueden emplearse para enriquecer platos durante todo el año. Los tomates frescos, una vez cortados, desprenden zumos que diluyen los aliños, por lo que deben servirse enseguida.

TOMATES SECOS, QUESO DE CABRA Y ORUGA

◆ ◆ ◆ ◆ ◆ ◆ ◆ ◆ ◆ ◆ ◆ ◆

Preparación: 15 minutos, más la preparación de los tomates secos caseros (opcional)
Para 6 guarniciones

tomates secos caseros (*veáse* derecha), o 24 tomates secados al sol en aceite, escurridos
pimienta negra, molida gruesa
3 rulos de queso de cabra, de unos 90 g cada uno
2 cucharadas de vinagre de vino tinto
1 cucharada de aceite de oliva virgen
½ cucharadita de albahaca seca
¼ de cucharadita de azúcar
2 manojos de oruga o berros

2 Prepare la vinagreta: bata el vinagre, el aceite de oliva, la albahaca, el azúcar y ¼ de cucharadita de pimienta molida en un cuenco pequeño, hasta que estén bien mezclados.

3 Distribuya el queso y la oruga en 6 platos. Coloque los tomates por encima, rocíe con la vinagreta y sirva enseguida.

1 Prepare los tomates secos caseros el día de antes. Esparza 2 cucharadas de pimienta negra en un trozo de papel sulfurizado y pase por encima los rulos de queso; corte cada uno en 6 rodajas.

TOMATES SECOS CASEROS

◆ ◆ ◆ ◆ ◆ ◆ ◆ ◆ ◆ ◆ ◆ ◆

Guárdelos hasta 2 semanas envueltos en una bolsa de plástico cerrada en la nevera, o hasta 6 meses en el congelador. Para 24 unidades.

12 tomates pera (1,3 kg aproximadamente)
2 cucharadas de aceite de oliva virgen
½ cucharadita de albahaca seca
½ cucharadita de tomillo seco
½ cucharadita de sal
¼ de cucharadita de pimienta negra, molida gruesa

1 Precaliente el horno a 130 °C (gas 2). Pele los tomates (*veáse* pág. 314). Córtelos por la mitad, a lo largo, y tire las semillas. Mézclelos con el resto de ingredientes.

2 Póngalos con la cara cortada hacia abajo, en una rejilla sobre una placa de hornear. Hornéelos 5½ horas, o hasta que estén arrugados y secos. Enfríelos por completo.

CADA RACIÓN: UNAS 220 CALORÍAS, 8 g DE PROTEÍNAS, 14 g DE HIDRATOS DE CARBONO, 16 g DE GRASA TOTAL (1 g DE SATURADAS), 44 mg DE COLESTEROL, 365 mg DE SODIO

ENSALADA *PANZANELLA* CON VINAGRETA DE TOMATES

Preparación: 30 minutos   Cocción: 15 minutos
Para 6 platos principales

225 g de panceta o beicon, cortado en trozos de 5 mm

3 cucharadas de aceite de oliva

75 g de pan de pueblo o payés, cortado en dados de 1 cm

2 cucharadas de parmesano recién rallado

pimienta negra molida

175 g de tomates, pelados (*véase pág. 314*) y picados

1 escalonia pequeña, picada

1 cucharada de vinagre de vino tinto

1 cucharada de vinagre balsámico

1 cucharadita de azúcar

1 cucharadita de orégano fresco, picado

2 cucharaditas de mostaza francesa en grano

¼ de cucharadita de sal

450 g de oruga

450 g de tomates cereza y/o tomates pera amarillos, cortados por la mitad o 450 g de tomates, cortados en trozos de 1 cm

◆ Cueza la panceta a fuego moderado en una sartén antiadherente de 30 cm, hasta que esté ligeramente dorada. Trasládela a un cuenco grande con una espumadera.

◆ Vierta la grasa de la sartén, excepto 2 cucharadas, y agregue una cucharada de aceite de oliva. Incorpore los dados de pan y cuézalos unos 10 minutos, removiéndolos a menudo, hasta que estén ligeramente dorados en toda su superficie. Agregue los dados de pan al cuenco con la panceta, junto con el queso parmesano y ¼ de cucharadita de pimienta, y mezcle bien.

◆ Prepare la vinagreta de tomate: mezcle los tomates pelados, la escalonia, el vinagre de vino tinto, el vinagre balsámico, el azúcar, el orégano, la mostaza, la sal, ¼ de cucharadita de pimienta y las 2 cucharadas restantes de aceite en la batidora a velocidad moderada hasta que estén bien amalgamados.

◆ Mezcle la preparación de panceta con la vinagreta de tomate, oruga y tomates cereza.

Cada ración: unas 225 calorías, 10 g de proteínas, 25 g de hidratos de carbono, 11 g de grasa total (2 g de saturadas), 11 mg de colesterol, 615 mg de sodio

ENSALADA DE DOS TOMATES

Preparación: 30 minutos   Cocción: 10 segundos
Para 8 guarniciones

15 g de de albahaca fresca, picada

2 cucharadas de aceite de oliva o vegetal

2 cucharadas de vinagre de vino blanco

1 cucharadita de mostaza de Dijon

¾ de cucharadita de sal

½ cucharadita de azúcar

900 g de de tomates cereza

2 tomates medianos, cortados en rodajas

ramitas de albahaca para adornar

◆ Prepare la vinagreta: bata la albahaca, el aceite, el vinagre, la mostaza de Dijon, la sal y el azúcar en un cuenco grande, hasta que estén bien amalgamados, y resérvela.

◆ Ponga a hervir 3 litros de agua a fuego vivo en un cazo de 5 litros. Llene un cuenco grande con agua helada. Mientras, haga un aspa pequeña en el extremo del pedúnculo de cada tomate cereza.

◆ Agregue la mitad de los tomates al agua hirviendo y blanquéelos 5 segundos. Traspáselos con una espumadera al agua helada para que se enfríen. Repita la operación con el resto de tomates cereza; deje que el agua hierva de nuevo antes de añadirlos.

◆ Escurra los tomates y pélelos con los dedos de uno en uno. Agréguelos a la vinagreta y mezcle bien.

◆ Ponga las rodajas de tomate en una fuente grande y esparza por encima los tomates cereza y la vinagreta. Adorne con las ramitas de albahaca.

Cada ración: unas 55 calorías, 1 g de proteínas, 6 g de hidratos de carbono, 4 g de grasa total (1 g de saturadas), 0 mg de colesterol, 225 mg de sodio

ENSALADA DE TOMATES CEREZA Y LIMÓN

Preparación: 20 minutos   Para 8 guarniciones

2 limones medianos

900 g de tomates cereza rojos, cortados por la mitad

450 g de tomates cereza amarillos, cortados por la mitad

1 cucharada de azúcar

¾ de cucharadita de sal

2 cucharadas de cebollino fresco, picados

2 cucharadas de aceite de oliva virgen

½ cucharadita de pimienta negra, molida gruesa

◆ Retire la corteza y la membrana de los limones, y tírelas. Corte cada limón en rodajas horizontales de menos de 5 mm de grosor.

◆ Mezcle las rodajas de limón, los tomates y el resto de ingredientes en un cuenco mediano.

Cada ración: unas 65 calorías, 1 g de proteínas, 9 g de hidratos de carbono, 4 g de grasa total (1 g de saturadas), 0 mg de colesterol, 210 mg de sodio

Ensaladas de patatas

Las ensaladas de patatas son ideales para servir en meriendas campestres o barbacoas, o como parte de un bufé de carnes frías y ensaladas. Mezcle los trozos de patata con judías verdes asadas y queso azul; con hierbas frescas y apio frío y crujiente, o con aceitunas maduras, vinagre balsámico y queso Feta. No necesita pelar las patatas; las rojas sin pelar aportan color. Para obtener los mejores resultados, mezcle las patatas con el aliño cuando todavía estén calientes y prepárelas con varias horas de antelación; estos pasos permiten que las patatas absorban el aliño y queden más sabrosas. Sirva las ensaladas calientes, o refrigérelas hasta 30 minutos antes de servir.

1 Precaliente el horno a 220 °C (gas 7). Si emplea las cebollas, pélelas a cuartos. Corte las patatas en trozos de 4 cm.

2 Mezcle las escalonias, las patatas, la sal y una cucharada de aceite en una fuente grande para hornear. Áselas 30 minutos.

Ensalada de patatas con judías verdes asadas y queso azul

◆ ◆

Preparación: 25 minutos   Asado: 45 minutos
Para 6 guarniciones

16 escalonias peladas u 8 cebollas blancas, pequeñas
900 g de patatas rojas, sin pelar
1 cucharadita de sal
3 cucharadas de aceite de oliva o vegetal
225 g de judías verdes finas, con los extremos recortados

1 cucharada de zumo de limón recién exprimido
1 cucharadita de mostaza de Dijon
30 g de queso azul danés o queso Dolcellate, desmenuzado

3 Transcurrido ese tiempo, mézclelas con las judías verdes y una cucharada más de aceite. Ase 15 minutos más, o hasta que las hortalizas estén tiernas.

4 Mientras, prepare la vinagreta: bata el zumo de limón, la mostaza de Dijon y el aceite restante en un cuenco grande. Agregue las hortalizas asadas al cuenco y cúbralas con la vinagreta. Sirva la ensalada caliente o tápela y refrigérela para servirla posteriormente. En el momento de llevarla a la mesa, póngala en una fuente y esparza por encima el queso azul desmenuzado.

ENSALADA DE PATATAS ASADAS A LA GRIEGA

Prepare la ensalada tal como se indica, pero añada 75 g de aceitunas negras deshuesadas al mezclar las hortalizas con la vinagreta y 2 o 3 cucharadas de orégano fresco picado, menta o perejil, si lo desea. Elimine el queso azul y, en su lugar, espolvoree con 60 g de queso Feta desmenuzado.

Cada porción: unas 280 calorías, 5 g de proteínas, 39 g de hidratos de carbono, 12 g de grasa total (3 g de saturadas), 8 mg de colesterol, 700 mg de sodio

CADA RACIÓN: UNAS 235 CALORÍAS, 5 g DE PROTEÍNAS, 37 g DE HIDRATOS DE CARBONO, 8 g DE GRASA TOTAL (2 g DE SATURADAS), 3 mg DE COLESTEROL, 455 mg DE SODIO

ENSALADA CLÁSICA DE PATATAS

Preparación: 25 minutos, más enfriamiento
Cocción: 45-50 minutos
Para 8 guarniciones

1,3 kg de patatas, peladas y cortadas por
  la mitad si fuesen grandes
sal
2 tallos de apio grandes, cortados en rodajas
  finas
225 g de mayonesa
125 ml de leche
2 cucharadas de vinagre de vino blanco
1 cucharada de cebolla rallada
1 cucharadita de azúcar
¼ de cucharadita de pimienta negra molida

◆ Ponga las patatas y una cucharadita
de sal en un cazo de 4 litros; cúbralas
con agua y lleve a ebullición, a fuego vivo.
Baje el fuego, tápelas y cuézalas entre
25 y 30 minutos a fuego lento, o hasta que
estén tiernas al pincharlas con un tenedor.
Escúrralas y enfríelas ligeramente. Córtelas
a dados de 2 cm.

◆ Mezcle el apio, la mayonesa, la leche,
el vinagre de vino blanco, la cebolla, el
azúcar, la pimienta negra y 2 cucharaditas
de sal en un cuenco. Agregue las patatas
y mezcle bien. Si no va a servir la ensalada
enseguida, tápela y refrigérela.

**Cada ración: unas 360 calorías, 4 g de proteínas,
37 g de hidratos de carbono, 23 g de grasa total
(4 g de saturadas), 18 mg de colesterol, 740 mg
de sodio**

ENSALADA DE PATATAS MEDITERRÁNEA

Preparación: 15 minutos, más enfriamiento
Cocción: 40-45 minutos
Para 6 guarniciones

900 g de patatas rojas, sin pelar y cortadas por
  la mitad si fuesen grandes
sal
6 tomates secados al sol en aceite, escurridos
125 g de queso Feta, desmenuzado
1 cucharada de albahaca fresca, desmenuzada
75 g de aceitunas negras, deshuesadas y
  finamente picadas
3 cucharadas de aceite de oliva
2 cucharadas de vinagre balsámico
ramitas de perejil para adornar

◆ Ponga las patatas y una cucharadita de
sal en un cazo de 4 litros; cúbralas con agua
y lleve a ebullición. Baje el fuego; tape y
cueza entre 20 y 25 minutos, o hasta que las
patatas parezcan tiernas al pincharlas con un
tenedor. Escúrralas y enfríelas ligeramente.
Córtelas en trozos de 1 cm.

◆ Corte los tomates secados al sol en
rodajas gruesas. Mezcle los tomates,
el queso, la albahaca, las aceitunas, el
aceite de oliva, el vinagre balsámico
y ½ cucharadita de sal en un cuenco
grande. Agregue las patatas y mezcle bien.
Si no las va a servir enseguida, tápelas
y refrigérelas.

**Cada ración: unas 285 calorías, 6 g de proteínas,
35 g de hidratos de carbono, 14 g de grasa total
(4 g de saturadas), 18 mg de colesterol, 575 mg
de sodio**

ENSALADA DE PATATAS CON CEBOLLINOS AL LIMÓN

Preparación: 25 minutos, más enfriamiento
Cocción: 30-35 minutos
Para 12 guarniciones

2,2 kg de patatas nuevas pequeñas
sal
2 limones
3 cucharadas de aceite de oliva
1 cucharadita de azúcar
175 ml de mayonesa
125 ml de leche
75 ml de crema agria
5 tallos de apio grandes, cortados en rodajas
  finas
30 g de cebollinos, picados, o partes verdes
  de cebollas tiernas, picadas

◆ Ponga las patatas y 2 cucharaditas
de sal y agua suficiente para cubrirlas
en una cacerola de 8 litros y lleve
a ebullición. Baje el fuego; tape y cueza
entre 12 y 15 minutos, o hasta que las
patatas estén tiernas al pincharlas con
un tenedor.

◆ Mientras, prepare el aliño de limón:
ralle 1½ cucharaditas de corteza de limón
y exprima 60 ml del zumo. Bata la
corteza y el zumo con el aceite, el azúcar
y 1½ cucharaditas de sal en un cuenco
grande, hasta que estén bien amalgamados.

◆ Escurra las patatas. Agregue las patatas
calientes al aliño y mezcle suavemente con
una cuchara de madera. Deje entibiar
las patatas a temperatura ambiente
durante 30 minutos; remuévalas de vez
en cuando.

◆ Mientras, mezcle la mayonesa con la
leche, la crema agria y ½ cucharadita de
sal en un cuenco, hasta obtener una salsa
homogénea. Agréguela, junto con el apio
y los cebollinos, a las patatas enfriadas y
mezcle con cuidado. Si no la va a servir
enseguida, tápela y refrigérela.

**Cada ración: unas 320 calorías, 5 g de proteínas,
41 g de hidratos de carbono, 16 g de grasa total
(3 g de saturadas), 12 mg de colesterol, 505 mg
de sodio**

ENSALADAS PERFECTAS DE PATATAS

• Las patatas cerosas nuevas y las rojas
son ideales para ensaladas ya que
mantienen su textura firme una vez
cortadas. No utilice patatas apropiadas
para el horno en la preparación de
ensaladas, pues podrían deshacerse.

• Elija patatas de un tamaño uniforme,
para que se cuezan homogéneamente.

• Es importante que las patatas no
queden poco cocidas, pero tampoco
deben hacerse en exceso. Están listas
cuando al pincharlas con la punta de un
cuchillo resultan tiernas. Si se cuecen
excesivamente absorben demasiado aliño
y se rompen.

• Utilice el aliño con mesura porque las
patatas quedan mejor si están sólo
ligeramente recubiertas.

• Prepare siempre las ensaladas de
patatas con ejemplares calientes recién
cocidos. Las patatas frías no absorben
bien los condimentos.

• Si su ensalada de patatas, una vez
sazonada, necesita más sabor, puede
añadir trocitos de beicon cocido y
picado, alcaparras, filetes de anchoa o
tomates secados al sol y troceados.

ENSALADAS DE COL

Una buena ensalada de col al estilo americano (*coleslaw*) no tiene por qué limitarse a una mezcla de col y mayonesa. El apio nabo y los brécoles aportan sabor y textura crujientes, mientras que el cilantro y el aceite de sésamo confieren un toque oriental. Incluso se conocen *coleslaws* sin col: una mezcla crujiente de zanahorias, manzanas y dátiles, especialmente indicada para acompañar carnes asadas al *grill*.

COLESLAW DE APIO NABO

◆◆◆◆◆◆◆◆◆◆◆◆◆◆◆

Preparación: 1 hora, más enfriamiento
Para 10 guarniciones

125 g de mayonesa, de bajo contenido en grasas
60 g de mostaza francesa en grano
60 ml de zumo de limón recién exprimido
1 cucharada de azúcar
1 cucharada de vinagre de vino
¼ de cucharadita de sal
¼ de cucharadita de pimienta negra molida
450 g de apio nabo (si no lo encuentra, utilice otras 3 zanahorias medianas y ¼ de cucharadita de semillas de apio)
3 zanahorias medianas
1 cogollo de col verde pequeño (unos 500 g), cuarteado y sin el corazón

1 Prepare el aliño: bata la mayonesa, la mostaza, el zumo de limón, el azúcar, el vinagre, la sal y la pimienta en un cuenco pequeño.

2 Pele y ralle finamente el apio nabo y las zanahorias. Corte finamente la col y recorte las nervaduras duras. Cuartee la col con un cuchillo de cocinero y recorte y tire el corazón.

3 Ponga las hortalizas en un cuenco grande. Añada el aliño y mezcle bien. Tape y refrigere 1½ horas, como mínimo, para que los sabores se amalgamen.

◆◆

RALLAR Y CORTAR CORRECTAMENTE

• Utilice un cuchillo de acero inoxidable para cortar en tiras la col. El acero al carbono puede reaccionar con los jugos de la col haciendo que las partes cortadas se decoloren (así, la col verde se vuelve negra, y la lombarda, azul).

• Si se cortan o rallan las hortalizas con antelación pierden vitamina C. Si debe hacerlo, ponga las hortalizas en una bolsa de plástico, ciérrela bien y refrigérela.

• Para rallar, utilice la cara gruesa del rallador, el disco para rallar de un robot eléctrico o un cortador de hoja ajustable (derecha), que ralla rápidamente, a la vez que proporciona tiras largas, finas y uniformes.

◆◆

CADA RACIÓN: UNAS 80 CALORÍAS, 2 g DE PROTEÍNAS, 10 g DE HIDRATOS DE CARBONO, 4 g DE GRASA TOTAL (0 g DE SATURADAS), 4 mg DE COLESTEROL, 250 mg DE SODIO

COLESLAW ASIÁTICO

Preparación: 40 minutos   Para 12 guarniciones

75 ml de vinagre de arroz
2 cucharadas de aceite vegetal
2 cucharaditas de aceite de sésamo
¾ de cucharadita de sal
450 g de zanahorias, ralladas

1 col verde rizada (Savoy; 1,1 kg aproximadamente), cortada en tiras finas y sin las nervaduras
4 cebollas tiernas, cortadas en rodajas finas
30 g de cilantro fresco, picado

◆ Prepare la vinagreta: bata el vinagre de arroz, el aceite vegetal, el de sésamo y la sal en un cuenco grande, hasta que estén bien amalgamados.

◆ Agregue las zanahorias, la col, las cebollas tiernas y el cilantro a la vinagreta, y mézclelos bien.

Cada ración: unas 80 calorías, 2 g de proteínas, 12 g de hidratos de carbono, 3 g de grasa total (1 g de saturadas), 0 mg de colesterol, 280 mg de sodio

COLESLAW DE COL Y ESPINACAS

Preparación: 35 minutos, más enfriamiento   Para 12 guarniciones

1 col verde mediana (900 g)
1 lombarda mediana (900 g)
1 cebolla roja mediana
175 g de mayonesa
60 ml de vinagre de sidra
2 cucharadas de azúcar

2 cucharadas de mostaza de Dijon
1 cucharadita de sal
½ cucharadita de pimienta negra, molida gruesa
150 g de hojas de espinacas

◆ Cuartee, recorte el corazón, recorte las nervaduras y corte en tiras finas ambas coles. Póngalas en un cuenco grande. Corte la cebolla roja por la mitad, a lo largo, y luego cada mitad, en sentido horizontal, en tiras finas como el papel. Agréguelas a la col.

◆ Prepare el aliño: bata la mayonesa, el vinagre de sidra, el azúcar, la mostaza de Dijon, la sal y la pimienta negra molida en un cuenco pequeño. Añada el aliño a la mezcla de col y mezcle bien. Cubra el cuenco con película de plástico y refrigere 3 horas, como mínimo, antes de servir, para que los sabores se mezclen.

◆ Mezcle, enjuague las espinacas con agua fría y séquelas con papel de cocina; rómpalas en tiras, cúbralas con película de plástico y refrigérelas hasta el momento de servir.

◆ Antes de servir, agregue la juliana de espinacas a la mezcla de col, y mezcle bien.

Cada ración: unas 160 calorías, 3 g de proteínas, 14 g de hidratos de carbono, 12 g de grasa total (2 g de saturadas), 8 mg de colesterol, 400 mg de sodio

COLESLAW DE ZANAHORIAS Y MANZANAS CON DÁTILES

Preparación: 20 minutos   Para 6 guarniciones

1 cucharada de zumo de limón
1 cucharadita de miel
¼ de cucharadita de menta seca
¼ de cucharadita de sal
450 g de zanahorias ralladas

2 manzanas Granny Smith, peladas, descorazonadas y ralladas
35 g de dátiles, picados
2 cucharadas de perejil, picado

◆ Prepare el aliño: bata el zumo de limón, la miel, la menta y la sal en un cuenco grande hasta que estén bien amalgamados.

◆ Agregue las zanahorias, las manzanas, los dátiles y el perejil, y mezcle bien.

Cada ración: unas 90 calorías, 1 g de proteínas, 23 g de hidratos de carbono, 0 g de grasa total, 0 mg de colesterol, 25 mg de sodio

COLESLAW DE BRÉCOLES Y BERROS

Preparación: 10 minutos   Para 4 guarniciones

450 g de brécoles
75 g de mayonesa
60 ml de vinagre de sidra
4 cucharaditas de azúcar

2 cucharaditas de semillas de apio
75 g de berros, sin los tallos

◆ Recorte los tallos duros y las hojas de los brécoles. Rállelos con la cara gruesa de un rallador. Prepare el aliño: bata la mayonesa, el vinagre de sidra, el azúcar y las semillas de apio en un cuenco grande.

◆ Retire los tallos de los berros. Agregue los berros y el brécol al aliño del cuenco y mezcle bien.

Cada ración: unas 185 calorías, 2 g de proteínas, 14 g de hidratos de carbono, 15 g de grasa total (2 g de saturadas), 11 mg de colesterol, 140 mg de sodio

MÁS VARIANTES

Cada cocinero tiene su receta favorita de *coleslaw*, por lo que las posibilidades son infinitas. Mezcle cualquiera de los siguientes ingredientes con la preparación básica de col y zanahoria ralladas y aliño de mayonesa:

• Carnes, como la panceta o el beicon, cortadas a dados o en tiras finas y cocidas hasta que estén bien crujientes.

• Frutas secas, como albaricoques, sultanas o pasas.

• Frutos secos, como piñones, nueces picadas, cacahuetes sin salar o pacanas picadas.

• Frutas frescas, como manzana o piña.

ENSALADAS DE PASTA

Las ensaladas de pasta se sirven a temperatura ambiente, por lo que son ideales tanto para un pícnic como para una barbacoa. Deguste las ensaladas de pasta el mismo día en que las prepare, porque la pasta continúa absorbiendo el aliño mientras reposa. Una vez que la pasta esté cocida, escúrrala y enjuáguela con agua fría para detener el proceso de cocción y obtener una textura firme.

ENSALADA DE FIDEOS Y CACAHUETES DE SICHUAN

❖❖❖❖❖❖❖❖❖❖❖❖

Preparación: 25 minutos
Cocción: 12 minutos
Para 5 platos principales u 8 guarniciones

450 g de *linguine* o espaguetis
125 g de tirabeques, sin los hilos
80 g de mantequilla de cacahuete, refinada
3 cucharadas de salsa de soja
2 cucharadas de aceite vegetal
1 cucharada de aceite de sésamo
1 cucharada de vinagre de sidra
2 cucharaditas de jengibre fresco, rallado
1 pimiento rojo mediano, sin membranas ni semillas y cortado en tiras finas
cacahuetes tostados y cebolla tierna picada (opcional)

1 Prepare la pasta de acuerdo con las instrucciones del paquete. Escúrrala y reserve 225 ml del agua de cocción. Enjuague la pasta con agua fría y escúrrala bien.

ACEITE DE SÉSAMO

Se obtiene de las semillas de sésamo y tiene un color marrón claro, un olor distintivo y un fuerte sabor a frutos secos. El aceite de semillas de sésamo tostadas tiene un sabor aún más pronunciado y un tono más oscuro. Ambos se encuentran en establecimientos de alimentación especializados en productos orientales.

2 Ponga a hervir 2 o 3 cm de agua en un cazo de 3 litros. Agregue los tirabeques y lleve a ebullición. Baje el fuego y cuézalos 1 minuto, o hasta que estén tiernos y crujientes.

3 Enjuague los tirabeques con agua fría para detener la cocción; escúrralos y córtelos en tiras finas.

4 Prepare el aliño de mantequilla de cacahuete: bata la mantequilla de cacahuete, la salsa de soja, el aceite vegetal, el aceite de sésamo, el vinagre de sidra, el jengibre y el agua reservada en un cuenco hasta que estén bien amalgamados.

5 Agregue la pasta, las tiras de tirabeques y el pimiento, y mezcle bien. Esparza por encima los cacahuetes tostados y la cebolla picada si lo desea. Sirva la ensalada enseguida, o tápela y refrigérela para servirla más tarde. Si la pasta queda demasiado pegajosa, mézclela con un poco de agua caliente hasta que el aliño adquiera la consistencia deseada.

CADA RACIÓN: UNAS 595 CALORÍAS, 21 g DE PROTEÍNAS, 62 g DE HIDRATOS DE CARBONO, 32 g DE GRASA TOTAL (6 g DE SATURADA), 101 mg DE COLESTEROL, 835 mg DE SODIO

ENSALADA DE *ORZO* CON QUESO FETA

Preparación: 20 minutos *Cocción:* 10 minutos

Para 6 guarniciones

175 g de *orzo* (pasta en forma de arroz)

2 cucharadas de zumo de limón

2 cucharadas de aceite de oliva

¾ de cucharadita de sal

½ cucharadita de pimienta negra molida

40 g de aceitunas negras, deshuesadas y picadas

15 g de perejil fresco, picado

1 tomate grande maduro, picado

75 g de queso Feta, desmenuzado

◆ Cueza la pasta de acuerdo con las instrucciones del paquete. Escúrrala y enjuáguela con agua fría, y escúrrala de nuevo.

◆ Prepare la vinagreta: bata el zumo de limón, el aceite de oliva, la sal y la pimienta en un cuenco grande.

◆ Agregue el *orzo* a la vinagreta del cuenco y mezcle bien. Incorpore a continuación las aceitunas y el perejil. Añada el tomate y el queso Feta, y mezcle suavemente.

Cada ración: unas 260 calorías, 9 g de proteínas, 33 g de hidratos de carbono, 10 g de grasa total (3 g de saturadas), 12 mg de colesterol, 530 mg de sodio

ENSALADA DE *TORTELLINI* CON ALCACHOFAS Y PIMIENTOS

Preparación: 25 minutos *Cocción:* 10-15 minutos

Para 6 platos principales

500 g de *tortellini* de queso, frescos

60 ml de vinagre de vino blanco

3 cucharadas de aceite de oliva virgen

1 cucharadita de azúcar

½ cucharadita de sal

¼ de cucharadita de pimienta negra molida

1 pimiento rojo mediano, sin membranas ni semillas y cortado en tiras finas

1 pimiento amarillo mediano, sin membranas ni semillas y cortado en tiras finas

1 tomate mediano, sin semillas y cortado a dados

175 g de corazones de alcachofa enlatados, escurridos y cortados por la mitad

225 g de oruga o berros

◆ Prepare los *tortellini* de acuerdo con las instrucciones del paquete. Escúrralos y enjuáguelos con agua fría, y escúrralos de nuevo.

◆ Prepare el aliño: bata el vinagre de vino blanco, el aceite, el azúcar, la sal y la pimienta negra en un cuenco grande.

◆ Agregue ambos pimientos, el tomate, las alcachofas y los *tortellini* al aliño del cuenco, y mézclelos bien. Tape y refrigere si no va a servir la ensalada enseguida.

◆ Reserve unas hojas de oruga para adornar. Rompa el resto en trozos pequeños y mézclelos con los *tortellini*. Adorne con las hojas de oruga.

Cada ración: unas 350 calorías, 14 g de proteínas, 46 g de hidratos de carbono, 13 g de grasa total (3 g de saturadas), 40 mg de colesterol, 540 mg de sodio

ENSALADA DE MACARRONES

Preparación: 15 minutos *Cocción:* 20 minutos

Para 6 guarniciones

175 g de *tubetti* o *ditalini* secos

3 zanahorias medianas, cortadas a dados

75 g de mayonesa

15 g de eneldo fresco, picado

1 cucharada de zumo de limón recién exprimido

½ cucharadita de sal

½ cucharadita de pimienta negra molida

3 tallos de apio medianos, cortados a dados

150 g de guisantes congelados (descongelados)

◆ Prepare la pasta en una cacerola de 5 litros de acuerdo con las instrucciones del paquete, pero cuézala sólo 8 minutos.

◆ Agregue las zanahorias a la pasta y cueza 3 minutos más. Escúrralas y enjuáguelas con agua fría, y escúrralas de nuevo.

◆ Prepare el aliño: mezcle la mayonesa, el eneldo, el zumo de limón, la sal y la pimienta en un cuenco grande, hasta que estén bien amalgamados.

◆ Agregue las zanahorias y la pasta al aliño, y mezcle bien. Incorpore el apio y los guisantes, y mezcle de nuevo.

Cada ración: unas 225 calorías, 5 g de proteínas, 28 g de hidratos de carbono, 10 g de grasa total (2 g de saturadas), 7 mg de colesterol, 300 mg de sodio

ENSALADAS DE ARROZ

Si va a preparar un pícnic veraniego o montar un bufé para una fiesta, una ensalada de arroz es un plato que vale la pena considerar. Las hortalizas o trozos de frutas frescas o secas aportan variedad. Si mezcla el arroz aún caliente con el aliño, absorberá el máximo de sabor mientras se enfría. Las ensaladas de arroz se degustan preferentemente dos horas después de haberlas preparado, pues el arroz se endurece al refrigerarse.

ENSALADA DE ARROZ Y MAÍZ A LA MENTA

◆◆◆◆◆◆◆◆◆◆◆◆◆◆

Preparación: 20 minutos, más enfriamiento
Cocción: 20 minutos
Para 8 guarniciones

200 g de arroz de grano largo
sal
2 cucharadas de zumo de limón
recién exprimido
2 cucharadas de aceite de oliva
¼ de cucharadita de pimienta
negra molida
3 mazorcas de maíz, sin los
hollejos ni los hilos sedosos
120 g de rabanitos, finamente
picados
120 g de guisantes frescos,
congelados
15 g de menta fresca, picada

1 Prepare el arroz de acuerdo con las instrucciones del paquete y con ½ cucharadita de sal. Mientras, elabore la vinagreta: bata el zumo de limón, el aceite, la pimienta y ¾ de cucharadita de sal en un cuenco grande.

2 Agregue el arroz escurrido a la vinagreta y mezcle a fondo, pero suavemente. Deje que se enfríe 30 minutos; remueva de vez en cuando con un tenedor.

3 Mientras, ponga a hervir 3 litros de agua en una cacerola de 5 litros. Agregue el maíz; cuézalo 5 minutos, escúrralo y deje que se enfríe.

ENSALADAS DE ARROZ CASI INSTANTÁNEAS

Prepare una ensalada de arroz con una vinagreta, más unos restos de carnes u hortalizas, o bien con las siguientes mezclas:

• Atún en lata, tomates a dados, alcaparras, perejil picado y una vinagreta de aceite y zumo de limón.

• Dados de pollo cocido, apio, manzana, nueces picadas y un aliño de mayonesa y limón.

• Judías negras en lata, escurridas y enjuagadas, mezcladas con queso Feta desmenuzado, dados de aguacate y un aliño de aceite de oliva, zumo de limón, ajo y comino molido.

4 Corte los granos de las mazorcas y agréguelas al arroz con los rabanitos picados, los guisantes y la menta fresca picada. Mezcle bien.

CADA RACIÓN: UNAS 160 CALORÍAS, 3 g DE PROTEÍNAS, 28 g DE HIDRATOS DE CARBONO, 4 g DE GRASA TOTAL (1 g DE SATURADAS), 0 mg DE COLESTEROL, 325 mg DE SODIO

Ensalada de arroz blanco y silvestre con uvas y arándanos rojos secos

Preparación: 20 minutos, más enfriamiento   Cocción: 50-60 minutos
Para 8 guarniciones

100 g de arroz silvestre
sal
150 g de arroz de grano largo
60 g de arándanos rojos secos o
  pasas
2 cucharadas de vinagre de vino
  tinto
2 cucharadas de aceite de oliva
½ cucharadita de corteza de
  naranja, rallada
hojas de lechuga (opcional)

¼ de cucharadita de pimienta
  negra molida
300 g de uvas negras sin pepitas,
  cortadas por la mitad
2 tallos de apio medianos,
  cortados en rodajas finas
2 cucharadas de perejil fresco,
  picado
60 g de pacanas, tostadas
  y picadas

◆ Cueza el arroz silvestre de acuerdo con las instrucciones del paquete y ½ cucharadita de sal. Mientras, cueza el arroz de grano largo siguiendo las instrucciones del paquete y ¼ de cucharadita de sal.

◆ Escurra y enjuague ambos arroces con agua hirviendo. Escúrralos de nuevo. Traspáselos al cuenco y resérvelos.

◆ Ponga los arándanos en un cuenco pequeño y cúbralos con agua hirviendo. Deje que reposen 5 minutos y escúrralos.

◆ Prepare el aliño: mezcle el vinagre, el aceite de oliva, la corteza de naranja, la pimienta y ¾ de cucharadita de sal en un cuenco grande.

◆ Agregue el arrroz silvestre, el de grano largo y los arándanos al aliño del cuenco, y mezcle bien. Deje que se enfríe 30 minutos y remueva con un tenedor de vez en cuando.

◆ Agregue las uvas, el apio y el perejil picado, y mezcle bien.

◆ Forre una ensaladera o fuente con hojas de lechuga si lo desea. Vierta la ensalada y esparza por encima las pacanas picadas.

Cada ración: unas 205 calorías, 4 g de proteínas, 32 g de hidratos de carbono, 8 g de grasa total (1 g de saturadas), 0 mg de colesterol, 410 mg de sodio

Ensalada de arroz japonesa

Preparación: 20 minutos, más enfriamiento   Cocción: 20 minutos
Para 8 guarniciones

300 g de arroz de grano largo
sal
3 cucharadas de vinagre de arroz
2 cucharadas de aceite vegetal
1 cucharadita de jengibre fresco,
  pelado y rallado
¼ de cucharadita de pimienta
  negra molida

125 g de judías verdes, sin los
  extremos y cortados en trozos
  de 5 mm
2 zanahorias medianas, ralladas
3 cebollas tiernas, cortados en
  rodajas finas
berros (opcional)

◆ Prepare el arroz de acuerdo con las instrucciones del paquete; utilice ½ cucharadita de sal. Escúrralo y enjuáguelo con agua hirviendo. Escúrralo de nuevo y traspáselo a un cuenco.

◆ Prepare el aliño: bata el vinagre de arroz, el aceite, el jengibre, la pimienta y ½ cucharadita de sal en un cuenco grande.

◆ Agregue el arroz y mezcle bien. Deje que se enfríe 30 minutos; remueva de vez en cuando con un tenedor.

◆ Mientras, ponga a hervir 450 ml de agua y una cucharadita de sal en un cazo de 2 litros. Agregue las judías verdes y cuézalas 5 minutos. Escúrralas y enjuáguelas con agua fría.

◆ Incorpore las judías verdes al arroz con las zanahorias y las cebollas tiernas, y mezcle bien. Si utiliza los berros, colóquelos en el contorno externo de una fuente y la ensalada de arroz en el centro.

Cada ración: unas 175 calorías, 3 g de proteínas, 32 g de hidratos de carbono, 4 g de grasa total (1 g de saturadas), 0 mg de colesterol, 395 mg de sodio

Ensalada de mango y arroz integral

Preparación: 25 minutos, más enfriamiento   Cocción: 1 hora
Para 8 guarniciones

200 g de arroz integral de grano largo
sal
1 lima grande
2 cucharadas de aceite de oliva
¼ de cucharadita de pimienta negra
  molida

1 mango maduro, pelado y cortado
  a dados de 1 cm
15 g de cilantro fresco, picado
2 cebollas tiernas, cortadas en
  rodajas finas

◆ Prepare el arroz moreno siguiendo las instrucciones del paquete y ½ cucharadita de sal. Enjuague el arroz con agua fría y escúrralo bien. Traspáselo a un cuenco y resérvelo. Mientras, ralle ½ cucharadita de corteza de limón y exprima 2 cucharadas de zumo.

◆ Prepare el aliño: bata la corteza de lima, el zumo de limón, el aceite de oliva, la pimienta y ½ cucharadita de sal en un cuenco grande. Agregue el arroz y mezcle bien. Incorpore el mango, el cilantro y las cebollas tiernas, y mezcle bien.

Cada ración: unas 135 calorías, 2 g de proteínas, 24 g de hidratos de carbono, 4 g de grasa total (1 g de saturadas), 0 mg de colesterol, 205 mg de sodio

ENSALADAS DE CEREALES

El trigo y la cebada, enteros o fragmentados (*bulgur*), contribuyen a preparar algunas ensaladas consistentes. Cocidos (o remojados, en el caso del *bulgur*) hasta que estén tiernos pero ligeramente firmes, proporcionan una textura excelente y un delicado sabor a frutos secos a estas ensaladas nutritivas e inusuales. Si los granos de estos cereales no se encuentran disponibles en el supermercado, cómprelos en tiendas de productos naturales.

ENSALADA DE CEBADA CON NECTARINAS

Preparación: 30 minutos   Cocción: 40-50 minutos
Para 12 guarniciones

450 g de cebada perlada
sal
3 o 4 limas medianas
75 ml de aceite de oliva
1 cucharada de azúcar
¾ de cucharadita de pimienta
    negra, molida gruesa
30 g de menta fresca, picada

750 g de nectarinas (unas 4),
    deshuesadas y cortadas en
    trozos de 1 cm
450 g de tomates, sin semillas
    y cortados en trozos de 1 cm
4 cebollas tiernas, cortadas en
    rodajas finas

1 Ponga a hervir 1 litro y medio de agua en un cazo de 4 litros. Agregue la cebada y 1½ cucharaditas de sal y lleve, de nuevo, a ebullición. Baje el fuego; tape y cueza entre 35 y 45 minutos, o hasta que la cebada esté tierna y la mayoría del líquido se haya absorbido. Escurra y enjuague la cebada con agua fría; escúrrala bien otra vez.

2 Mientras, prepare el aliño de lima: ralle una cucharada de corteza y exprima 125 ml de zumo de las limas. Ponga la corteza y el zumo en un cuenco grande. Agregue el aceite de oliva, el azúcar, la pimienta y 1¼ cucharaditas de sal, y bata hasta que estén bien amalgamados.

3 Agregue la cebada, las nectarinas, los tomates, las cebollas tiernas y la menta al aliño, y mezcle con suavidad. Si no va a servir el plato enseguida, tápelo y refrigérelo.

CEBADA

Esta antigua gramínea, tan saludable, se identifica a veces con la cerveza, los panes, los cereales y las sopas, aunque también se utiliza para preparar ensaladas deliciosas y nutritivas. Una vez tierno y cocido, el grano entero tiene sabor a nueces y una textura que lo convierte en el compañero ideal de vinagretas picantes, hierbas, hortalizas crujientes e incluso frutas. La cebada perlada se blanquea 6 veces para retirar el salvado y el hollejo, de forma que pueda cocerse rápidamente.

CADA RACIÓN: UNAS 230 CALORÍAS, 5 g DE PROTEÍNAS, 40 g DE HIDRATOS DE CARBONO, 7 g DE GRASA TOTAL (1 g DE SATURADAS), 0 mg DE COLESTEROL, 405 mg DE SODIO

ENSALADA DE CEBADA, MAÍZ Y HABAS

Preparación: 15 minutos, más enfriamiento   Cocción: 40-50 minutos
Para 6 guarniciones

135 g de cebada perlada	2 cucharadas de vinagre de sidra
sal	1 cucharada de aceite de oliva
150 g de habas congeladas mini	¼ de cucharadita de pimienta
3 mazorcas de maíz, retirados	negra molida
los hollejos y los hilos sedosos	15 g de perejil fresco, picado

◆ Ponga a hervir 600 ml de agua a fuego vivo en un cazo de 2 litros. Agregue la cebada, ½ cucharadita de sal y lleve, de nuevo, a ebullición. Baje el fuego; tape y cueza entre 35 y 45 minutos a fuego lento, o hasta que esté tierna. Escúrrala, enjuáguela con agua fría y escúrrala de nuevo.

◆ Mientras, cueza las habas siguiendo las instrucciones del paquete. Escúrralas, enjuáguelas con agua fría y escúrralas de nuevo.

◆ Ponga a hervir 4 litros de agua en una cacerola de 4 litros. Agregue las mazorcas de maíz y cuézalas 5 minutos. Escúrralas, deje que se enfríen y corte los granos de las mazorcas.

◆ Prepare el aliño: bata el vinagre de sidra, el aceite de oliva, la pimienta negra y ¾ de cucharadita de sal en un cuenco grande. Agregue la cebada, las habas, los granos de maíz y el perejil picado, y mezcle bien.

Cada ración: unas 180 calorías, 6 g de proteínas, 35 g de hidratos de carbono, 3 g de grasa total (0 g de saturadas), 0 mg de colesterol, 320 mg de sodio

ENSALADA DE TRIGO CON ESPINACAS

Preparación: 15 minutos, más remojo   Cocción: 1½ horas
Para 4 platos principales

250 g de granos de trigo	3 cucharadas de aceite de oliva
350 g de espinacas, sin los tallos	1 cucharadita de sal
duros	½ cucharadita de azúcar
1 tomate mediano	½ cucharadita de mostaza
10 tomates secados al sol	de Dijon
(unos 30 g)	¼ de cucharadita de pimienta
2 cucharadas de vinagre de vino	negra, molida gruesa
tinto	150 g de sultanas

◆ Ponga el trigo en un cuenco grande, cúbralo con agua sobrepasándolo 5 cm y deje que repose toda la noche.

◆ Escurra los granos de trigo. Lleve a ebullición 1 litro y medio de agua en un cazo de 4 litros. Agregue los granos de trigo y lleve, de nuevo, a ebullición. Baje el fuego; tape y cueza 1 minuto a fuego lento, o hasta que el trigo esté tierno. Escúrralo.

◆ Mientras, pique las espinacas gruesas. Corte a dados el tomate. Ponga los tomates secados al sol en un cuenco pequeño y vierta, por encima, 225 ml de agua hirviendo. Deje que se ablanden 5 minutos y escúrralos bien. Pique los tomates.

◆ Prepare el aliño: bata el aceite, el vinagre de vino tinto, la sal, el azúcar, la mostaza y la pimienta negra en un cuenco mediano. Agregue las sultanas, los dados de tomates, los tomates secados al sol, las espinacas y los granos de trigo, y mezcle bien.

Cada ración: unas 455 calorías, 12 g de proteínas, 82 g de hidratos de carbono, 12 g de grasa total (1 g de saturadas), 0 mg de colesterol, 625 mg de sodio

TABULÉ DE MENTA Y TOMATE

Preparación: 20 minutos, más reposo y enfriamiento
Para 8 guarniciones

250 g de *bulgur* (trigo	3 cebollas tiernas, picadas
fragmentado)	45 g de perejil fresco, picado
60 ml de zumo de limón	30 g de hojas de menta frescas,
450 g de tomates medianos,	picadas
cortados en trozos de 1 cm	1 cucharada de aceite de oliva
1 pepino mediano (unos 225 g),	¾ de cucharadita de sal
pelado y cortado en trozos	¼ de cucharadita de pimienta
de 1 cm	negra molida

◆ Mezcle bien el *bulgur*, el zumo de limón y 350 ml de agua hirviendo en un cuenco refractario. Deje que repose unos 30 minutos, hasta que haya absorbido el líquido.

◆ Una vez la preparación se haya enfriado, mézclela con los tomates, el pepino, las cebollas tiernas picadas y el resto de los ingredientes. Tape y refrigere 1 hora, como mínimo, para que los sabores se amalgamen.

Cada ración: unas 125 calorías, 4 g de proteínas, 24 de hidratos de carbono, 2 g de grasa total (0 g de saturadas), 0 mg de colesterol, 215 mg de sodio

ENSALADAS DE JUDÍAS

Debido a su textura blanda y sabor suave, las judías absorben los aromas de los aliños con que se mezclan, por lo que son una base excelente para las ensaladas. Si no puede obtener una variedad, simplemente sustitúyala por otra. Para conseguir el mejor sabor y una buena consistencia, así como para reducir el contenido en sodios, enjuague siempre las judías enlatadas antes de utilizarlas. Tenga en la despensa una selección de judías para preparar rápidamente ensaladas deliciosas. Las judías secas llevan más tiempo porque han de cocinarse, pero también son adecuadas para las ensaladas una vez que se han rehidratado y se han cocido.

1 Cueza las judías negras como las judías de careta en el primer paso del caviar texano (pág. 386). Corte las judías verdes en trozos de 4 cm. Ponga a hervir las judías y 2,5 cm de agua en un cazo de 3 litros. Baje el fuego; tape y cueza entre 5 y 10 minutos, o hasta que estén tiernas y crujientes. Escúrralas y pique la cebolla.

ENSALADA DE JUDÍAS FIESTA

Preparación: 20 minutos, más remojo y enfriamiento

Cocción: 20 minutos   **Para 12 guarniciones**

200 g de judías negras secas, remojadas (*véase* pág. 385; el método de 1 hora) y escurridas

450 g de judías verdes

1 cebolla pequeña

60 ml de aceite de oliva o vegetal

1 cucharada de chile en polvo

75 ml de vinagre blanco destilado

1½ cucharaditas de azúcar

1½ cucharaditas de sal

400 g de judías arriñonadas de lata, enjuagadas y escurridas

400 g de judías blancas de lata, enjuagadas y escurridas

400 g de maíz de lata, escurrido

15 g de cilantro o perejil fresco, picado

400 g de fríjoles verdes de lata, enjuagados y escurridos

2 Caliente el aceite a fuego moderado-alto en un cazo de 2 litros. Agregue la cebolla y cueza, removiendo, 10 minutos, o hasta que esté tierna.

3 Incorpore el chile en polvo y cueza, removiendo, 1 minuto. Retire del fuego y mezcle con el vinagre, el azúcar y la sal.

4 Ponga las judías negras, las arriñonadas y las blancas en un cuenco grande. Agregue el maíz, el cilantro, las judías verdes y los fríjoles verdes, y mézclelos con la cebolla. Tape con película de plástico y refrigere 1 hora para amalgamar los sabores.

QUÉ HACER CON LOS RESTOS DE UN MANOJO DE CILANTRO

¿Le queda medio manojo? Añádalo a tortillas, ensaladas de atún o verduras, o utilícelo, en vez de la albahaca, en recetas al *pesto*. Para que no se decolore, píquelo con antelación.

CADA RACIÓN: UNAS 190 CALORÍAS, 9 g DE PROTEÍNAS, 32 g DE HIDRATOS DE CARBONO, 5 g DE GRASA TOTAL (1 g DE SATURADAS), 0 mg DE COLESTEROL, 790 mg DE SODIO

ENSALADA DE JUDÍAS DE CARETA

Preparación: 10 minutos, más enfriamiento   *Cocción:* 20 minutos
Para 8 guarniciones

600 g de judías de careta, enjuagadas y escurridas

1 pimiento rojo grande, sin membranas ni semillas y cortado a dados

75 g de cebolla roja, picada

300 g de guisantes congelados (descongelados)

3 cucharadas de vinagre de sidra

2 cucharadas de aceite de oliva

1 cucharadita de azúcar

1 cucharadita de tomillo fresco, picado, o ¼ de cucharadita de tomillo seco

¾ de cucharadita de sal

¼ de cucharadita de pimienta negra, molida gruesa

1 tomate grande

◆ Mezcle las judías con el resto de los ingredientes, excepto el tomate. Tápelas y refrigérelas 3 horas, como mínimo, para amalgamar los sabores.

◆ Antes de servir, corte el tomate en rodajas de 5 mm. Ponga las rodajas y la ensalada de judías en una fuente grande.

Cada ración: unas 165 calorías, 8 g de proteínas, 25 g de hidratos de carbono, 4 g de grasa total (1 g de saturadas), 0 mg de colesterol, 235 mg de sodio

ENSALADA DE AGUACATE Y JUDÍAS NEGRAS

Preparación: 20 minutos, más remojo
Para 4 guarniciones

2 aguacates pequeños

2 tomates pera medianos

2 naranjas navel medianas

200 g de judías negras secas

1 cucharada de perejil o cilantro fresco, picado,

1 cucharadita de sal

◆ Ponga las judías en un cuenco grande, vierta agua hasta sobrepasarlas en 5 cm y deje que reposen toda la noche. Divida los aguacates por la mitad y tire los huesos. Pele los aguacates. Corte los aguacates y los tomates. Córtelos en trozos regulares.

◆ Corte la corteza y la membrana blanca de las naranjas, y tírelas. Corte las naranjas en rodajas horizontales de 5 mm de grosor. Ponga los aguacates, los tomates, las rodajas de naranja y el resto de ingredientes en un cuenco grande, y mézclelos con una cuchara de madera hasta que estén bien amalgamados.

Cada ración: unas 335 calorías, 15 g de proteínas, 49 g de hidratos de carbono, 20 g de grasa total (3 g de saturadas), 0 mg de colesterol, 580 mg de sodio

ENSALADA DE DOS JUDÍAS Y TOMATES

Preparación: 20 minutos   *Cocción:* 10 minutos
Para 6 guarniciones

350 g de judías verdes finas u otras de su elección, con los extremos recortados

2 cucharadas de aceite de oliva virgen

1 cucharada de zumo de limón recién exprimido

½ escalonia grande, finamente picada

½ cucharadita de mostaza de Dijon

¼ de cucharadita de sal

¼ de cucharadita de pimienta negra, molida gruesa

2 tomates medianos, cortados en 12 gajos

400 g de judías blancas de lata, enjuagadas y escurridas

◆ Ponga a hervir 2 cm de agua a fuego vivo en una sartén de 26 cm. Agregue las judías y lleve de nuevo a ebullición. Baje el fuego y cueza con el recipiente destapado entre 3 y 5 minutos, o hasta que estén tiernas y crujientes. Escúrralas, enjuáguelas con agua fría, escúrralas de nuevo y séquelas con papel de cocina.

◆ Prepare el aliño: bata el aceite de oliva, el zumo de limón, la escalonia picada, la mostaza, la sal y la pimienta en un cuenco grande hasta que estén bien mezclados.

◆ Agregue las judías verdes, los tomates y las judías blancas, y mezcle a fondo.

Cada ración: unas 145 calorías, 6 g de proteínas, 21 g de hidratos de carbono, 5 g de grasa total (1 g de saturadas), 0 mg de colesterol, 115 mg de sodio

ENSALADA DE GARBANZOS

Preparación: 20 minutos   *Para 4 guarniciones*

2 cucharadas de vinagre de vino tinto

2 cucharadas de aceite de oliva

1 cucharadita de mostaza de Dijon

¼ de cucharadita de sal

350 g de tomates pequeños, cortados por la mitad y a octavos

75 g de aceitunas negras, deshuesadas y picadas

1 cebolla tierna, cortada en rodajas finas

400 g de garbanzos enlatados, enjuagados y escurridos

2 cucharadas de orégano, albahaca o perejil fresco, picado

Prepare la vinagreta: mezcle el vinagre, el aceite de oliva, la mostaza y la sal en un cuenco grande. Agregue los gajos de tomate, las aceitunas, las cebollas tiernas, los garbanzos y el orégano, y mezcle bien.

Cada ración: unas 235 calorías, 6 g de proteínas, 24 g de hidratos de carbono, 14 g de grasa total (2 g de saturadas), 0 mg de colesterol, 900 mg de sodio

ENSALADAS MOLDEADAS

Una ensalada brillante y colorida, recubierta de gelatina y adornada con frutas, es una magnífica aportación a cualquier bufé frío. Aromatizadas con especias o hierbas, estas ensaladas se sirven frías y resultan muy refrescantes en verano (prepare en la estación estival un simple *aspic* de tomate). La gelatina ha de disolverse por completo: todos los gránulos deben desaparecer.

ASPIC DE FRUTAS Y VINO ESPECIADO

◆◆◆◆◆◆◆◆◆◆◆◆◆◆

Preparación: 40 minutos, más enfriamiento

Cocción: 30 minutos

Para 16 guarniciones

250 g de de azúcar

3 trozos de canela en rama, de 7-8 cm cada uno

2 cucharaditas de pimienta de Jamaica

½ cucharadita de sal

5 sobres (11 g cada uno) de gelatina en polvo

1 botella (750 ml) de vino blanco dulce

2 cucharadas de jarabe de granadina

2 cucharadas de zumo de limón recién exprimido

6 cerezas marrasquino en conserva

475 g de higos enteros enlatados, escurridos

900 g de mitades de peras en almíbar, escurridas

100 g de cerezas verdes confitadas, cortadas por la mitad para adornar

perejil para adornar

1 Ponga a hervir los 4 primeros ingredientes y 225 ml de agua en un cazo de 2 litros. Baje el fuego y cueza 15 minutos a fuego lento. Vierta las especias. Espolvoree la gelatina sobre 350 ml de agua fría en una jarra para medir y deje que repose 2 minutos para que se ablande. Mézclela con el almíbar y cueza a fuego moderado, removiendo, hasta que la gelatina se disuelva por completo (no deje que hierva). Retire el cazo del fuego.

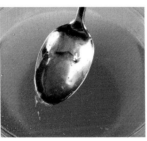

4 Déjela reposar en el agua helada hasta que la siguiente capa esté cuajada pero no firme. Mientras, coloque el cuenco con la mezcla de gelatina en otro mayor de agua helada hasta que al dejarla caer de una cuchara forme un montículo; remuévala. Reserve varias peras para cubrir los contornos del molde.

2 Mezcle el vino blanco, la granadina, el zumo de limón y 350 ml de agua en un cuenco. Agregue la mezcla de gelatina y remueva. Coloque las cerezas marrasquino y la mitad de los higos, formando un diseño atractivo en la base de un molde acanalado de 2 litros y medio.

3 Vierta cuidadosamente 1 cm de la mezcla de gelatina sobre las frutas y coloque el molde en un cuenco grande con agua helada hasta que la gelatina esté cuajada pero no firme (debe notarse pegajosa al tacto). Vierta la cantidad suficiente de gelatina para recubrir las frutas 1 cm.

5 Corte el resto de los higos y las peras, y mézclelos cuidadosamente con la mezcla de gelatina del cuenco. Vierta la mezcla de frutas en el molde con un cucharón; debe endurecerse enseguida (retire el molde del baño de agua helada si la mezcla cuaja demasiado rápidamente).

6 Trabajando con celeridad, coloque las peras reservadas en los extremos acanalados del molde, con la parte redondeada hacia el exterior y la punta hacia abajo. Refrigere 6 horas, como mínimo, o hasta que la gelatina haya cuajado. En el momento de servir, desmolde la ensalada y adórnela.

CADA RACIÓN: UNAS 175 CALORÍAS, 2 g DE PROTEÍNAS, 35 g DE HIDRATOS DE CARBONO, 0 g DE GRASA TOTAL, 0 mg DE COLESTEROL, 75 mg DE SODIO

ASPIC DE ARÁNDANOS ROJOS

Preparación: 30 minutos, más reposo y enfriamiento
Para 16 guarniciones

3 sobres (11 g cada uno) de gelatina en polvo	800 g de melocotones de lata troceados, escurridos y cortados a dados
350 g de arándanos rojos, picados	2 naranjas navel, picadas, sin la membrana ni la corteza
300 g de azúcar	

◆ Espolvoree uniformemente la gelatina sobre 675 ml de agua fría en un cazo de 2 litros y deje que repose 2 minutos para que se ablande un poco. Cueza a fuego moderado, removiendo a menudo, hasta que la gelatina se disuelva por completo (no deje que hierva). Retire el cazo del fuego.

◆ Vierta la mezcla de gelatina en un cuenco grande, agregue 900 ml de agua fría y mezcle. Refrigere unas 2 horas, o hasta que al verterla con una cuchara se abombe ligeramente.

◆ Mientras, ponga los arándanos en un cuenco grande y mézclelos con el azúcar, hasta que se disuelva por completo. Luego incorpore los melocotones y las naranjas, y mezcle bien. Cuando la mezcla de gelatina esté espesa, mézclela con las frutas.

◆ Vierta la mezcla de gelatina en un molde acanalado o para *kugelhopf* de 2 litros. Tape y refrigere 2 horas, o hasta que la gelatina esté cuajada.

◆ En el momento de servir, vuelque el molde sobre una fuente fría.

Cada ración: unas 170 calorías, 2 g de proteínas, 43 g de hidratos de carbono, 0 g de grasa total, 0 mg de colesterol, 35 mg de sodio

ASPIC DE REMOLACHAS Y VINO TINTO

Preparación: 20 minutos, más reposo y enfriamiento
Para 16 guarniciones

450 g de remolachas en conserva, cortadas en rodajas	¼ de cucharadita de sal
4 sobres (11 g cada uno) de gelatina en polvo	1 zanahoria mediana
125 ml de vinagre de sidra	3 cucharadas de eneldo fresco, picado, o 2 cucharaditas de eneldo seco
1 botella (750 ml) de vino tinto	

◆ Escurra el líquido de las remolachas en un cazo de 2 litros. Agregue 500 ml de agua fría y espolvoree la gelatina por encima; deje que repose 2 minutos.

◆ Cueza la mezcla de remolacha a fuego moderado, removiendo a menudo, hasta que la gelatina se disuelva por completo (no deje que hierva). Retire del fuego.

◆ Vierta la mezcla de remolacha en un cuenco grande y mézclela con el vinagre de sidra, la sal y el vino tinto. Refrigere unas 2 horas, o hasta que la mezcla esté lista (cuando al verterla con una cuchara se abombe ligeramente).

◆ Mientras, pique las remolachas y ralle la zanahoria. Cuando la mezcla de gelatina esté lista, agregue las remolachas, las zanahoria y el eneldo. Vierta en un molde de 2 litros y medio. Tape y refrigere la mezcla 6 horas, como mínimo, o hasta que cuaje. En el momento de servir, vuelque la ensalada en una fuente fría.

Cada ración: unas 85 calorías, 2 g de proteínas, 13 g de hidratos de carbono, 0 g de grasa total, 0 mg de colesterol, 170 mg de sodio

ASPIC DE TOMATE

Preparación: 10 minutos, más reposo y enfriamiento
Cocción: 20 minutos   Para 8 guarniciones

900 ml de zumo de tomate	2 cucharadas de zumo de limón
15 g de hojas de apio	1 cucharada de azúcar
6 granos de pimienta de Jamaica enteros	½ cucharadita de salsa tabasco
2 clavos enteros	225 ml de crema agria
2 sobres (11 g cada uno) de gelatina en polvo	2 cucharadas de mayonesa
	2 cucharadas de eneldo fresco, picado

◆ Vierta 125 ml de zumo de tomate en un cuenco y resérvelo. Ponga a hervir el zumo de tomate restante con las hojas de apio, la pimienta de Jamaica y los clavos a fuego vivo en un cazo de 3 litros. Baje el fuego y cueza 15 minutos. Esparza la gelatina sobre el zumo del cuenco y deje que repose 2 minutos para que se ablande.

◆ Cuele la mezcla de zumo caliente sobre la gelatina ablandada, y mezcle hasta que se disuelva. Agregue el zumo de limón, el azúcar y la salsa tabasco, y remueva bien. Vierta en un molde para pan de 22 x 11 cm, o un molde de 1,2 litros.

◆ Tape y refrigere 6 horas, como mínimo, o hasta que la gelatina haya cuajado. En el momento de servir, vuelque el *aspic* en una fuente fría. Mezcle la crema agria, la mayonesa y el eneldo, y acompañe el *aspic* con la salsa.

Cada ración: unas 120 calorías, 3 g de proteínas, 8 g de hidratos de carbono, 9 g de grasa total (4 g de saturadas), 15 mg de colesterol, 480 mg de sodio

DESMOLDAR CON FACILIDAD

Para desmoldar un *aspic*, sumerja la base del molde durante 10 segundos en un cuenco grande con agua caliente, pero no más, pues la gelatina empezaría a derretirse. Coloque una fuente de servicio fría, humedecida con un poco de agua fría, sobre el molde, e invierta ambos a la vez rápidamente. Luego sacuda el molde con firmeza o golpéelo para liberar el contenido. (Si el *aspic* no queda en el centro, puede deslizarlo con facilidad por la fuente humedecida.) Si el *aspic* no queda libre, sostenga el molde por un lado hasta que empiece a desprenderse de la parte superior. También puede dar la vuelta al molde, colocándolo hacia arriba, y pasar un cuchillo de hoja roma entre la mezcla de gelatina y el molde. Pruebe de nuevo.

ENSALADAS DE CARNE COMPLETAS

Los bistés, el jamón serrano y el buey picado armonizan con ensaladas, hortalizas crujientes y aliños especiados, y componen platos muy completos. La menta fresca y el cilantro aportan sabor tailandés, mientras que unas peras jugosas y unas virutas de parmesano contrastan con hojas de sabor amargo, como la achicoria de Treviso.

ENSALADA CÉSAR DE BUEY

◆◆◆◆◆◆◆◆◆◆◆◆◆◆◆◆◆◆◆◆◆◆◆◆◆◆◆◆◆◆

Preparación: 25 minutos, más reposo **Grill:** 12-15 minutos

Para 4 platos principales

450 g de bisté de falda de buey	1 diente de ajo, finamente picado
½ cucharadita de sal	2 cucharadas de parmesano
½ cucharadita de pimienta negra, molida gruesa	recién rallado
3 cucharadas de aceite de oliva	1 lechuga romana mediana
2 cucharadas de mayonesa	1 lechuga hoja de roble
1 cucharada de mostaza de Dijon	1 pepino mediano
1 cucharada de zumo de limón	virutas de parmesano para
½ cucharadita de pasta de anchoas	adornar
	pan crujiente (opcional)

1 Precaliente el *grill.* Coloque el bisté en la placa del *grill* y espolvoréelo con sal y pimienta negra. Ponga la placa lo más cerca posible de la fuente de calor y ase la carne entre 12 y 15 minutos si la desea entre en su punto y poco hecha, o hasta el grado de cocción deseado; déle una vuelta. Trasládela a una fuente y deje que repose 10 minutos.

2 Mientras, prepare el aliño: bata con una batidora de varillas o con un tenedor el aceite de oliva, la mayonesa, la mostaza de Dijon, el zumo de limón, la pasta de anchoas, el ajo picado y el parmesano rallado en un cuenco grande.

3 Lave y seque bien las hojas de lechuga. Rómpalas en trozos pequeños, añádalas al aliño y mezcle con cuidado.

4 Pele varias tiras de piel del pepino. Córtelo en rodajas finas y mézclelas con la lechuga. Distribuya la ensalada en 4 platos. Corte finamente el bisté en lonchas, en sentido contrario a las fibras, y distribúyalas sobre la ensalada. Esparza por encima las virutas de parmesano y sirva con pan crujiente si lo desea.

LA ENSALADA CÉSAR

Aunque la ensalada César se preparaba inicialmente con lechuga romana (en Tijuana, México, en 1924), puede transformarse en diferentes platos mediante la incorporación de carne. Entre otras posibilidades, se pueden emplear pechugas de pollo deshuesadas, asadas y cortadas en lonchas, o langostinos asados.

CADA RACIÓN: UNAS 395 CALORÍAS, 27 g DE PROTEÍNAS, 8 g DE HIDRATOS DE CARBONO, 28 g DE GRASA TOTAL (7 g DE SATURADAS), 65 mg DE COLESTEROL, 655 mg DE SODIO

ENSALADA DE BUEY TAILANDESA

Preparación: 45 minutos   Cocción: 10 minutos
Para 4 platos principales

2 manojos grandes de cilantro
2 manojos grandes de menta
   fresca
60 ml de vinagre de arroz
3 cucharadas de aceite vegetal
4 cucharadas de salsa de pescado
   (*nuoc nam*)
4 cucharaditas de jengibre fresco,
   pelado y rallado
1 chile jalapeño, sin semillas y
   finamente picado
sal

1 zanahoria grande, cortada en
   tiras largas y finas de 5 cm
1 pimiento rojo mediano, sin
   membranas ni semillas, cortado
   en tiras finas y largas de 5 cm
2 cebollas tiernas grandes,
   cortadas en tiras finas y largas
   de 5 cm
450 g de buey, picado
1 diente de ajo, finamente picado
1 lechuga arrepollada, cortada
   en trozos pequeños

◆ Reserve 30 g de las hojas de cilantro. Pique 15 g. Repita la operación con la menta. Prepare el aliño: bata en un cuenco mediano el cilantro picado y la menta, el vinagre de arroz y los 4 ingredientes siguientes con ⅛ de cucharadita de sal. Vierta la mitad del aliño en un cuenco grande y resérvelo. Añada la zanahoria, el pimiento rojo y las cebollas tiernas al aliño del cuenco mediano.

◆ Fría el buey picado en una sartén de 26 cm a fuego moderado-alto, hasta que esté dorado; sepárelo a medida que esté cocido. Deshágase de la grasa.

◆ Añada el ajo y ¼ de cucharadita de sal a la sartén y cueza 1 minuto más removiendo. Agregue la mezcla de zanahorias y remueva. Incorpore la lechuga, el resto del cilantro y la menta al aliño del cuenco grande, y mezcle bien. Distribuya la ensalada en 4 platos y cúbrala con la mezcla de buey.

Cada ración: unas 380 calorías, 20 g de proteínas, 12 g de hidratos de carbono, 27 g de grasa total (8 g de saturadas), 69 mg de colesterol, 840 mg de sodio

ENSALADA QUESADILLA

Preparación: 30 minutos   Cocción: 10 minutos
Para 4 platos principales

2-3 limas
¾ de cucharadita de chile en
   polvo
½ cucharadita de cilantro molido
½ cucharadita de azúcar
4 cucharaditas de aceite de oliva
1 lechuga romana, cortada, en
   sentido horizontal, en tiras
   de 2 cm de ancho
350 g de tomates cereza, cortados
   por la mitad

1 aguacate pequeño, pelado y
   cortado en rodajas de 1 cm
125 g de jamón ahumado en
   lonchas, cortado en tiras de
   1 cm
2 cebollas tiernas, cortadas en
   rodajas finas
8 tortillas de harina (de unos
   15 cm cada una)
175 g de queso Cheddar rallado
¾ de cucharadita de chiles secos

◆ Prepare la vinagreta: ralle ¼ de cucharadita de corteza de lima y exprima 3 cucharadas de su zumo. Bata la corteza y el zumo de lima, el chile en polvo, el cilantro molido y el azúcar en un cuenco grande. Vierta el aceite en forma de chorrito fino y bata hasta que estén bien mezclados. Agregue la lechuga, los tomates cereza,

el aguacate, las tiras de jamón ahumado y las cebollas tiernas, y mezcle bien. Distribuya la preparación en 4 platos.

◆ Caliente una sartén de 26 cm a fuego moderado. Coloque 1 tortilla en la sartén y esparza por encima un cuarto del queso; cubra con la segunda tortilla, presionando ligeramente. Cueza la quesadilla unos 2 minutos, o hasta que esté ligeramente dorada y el queso se derrita; déle una vuelta.

◆ Traspásela a una tabla para trinchar. Córtela en 8 porciones y resérvelas al calor. Repita la operación con el resto del queso y las tortillas. En el momento de servir, distribuya las quesadillas entre la ensalada.

Cada ración: unas 610 calorías, 27 g de proteínas, 54 g de hidratos de carbono, 35 g de grasa total (11 g de saturadas), 62 mg de colesterol, 950 mg de sodio

ENSALADA DE JAMÓN Y PERAS CON PARMESANO Y PACANAS

Preparación: 25 minutos   Para 3 platos principales

1 trozo de parmesano
1 cucharada de vinagre de vino
   tinto
1 cucharadita de mostaza
   de Dijon
¼ de cucharadita de pimienta
   negra molida
2 cucharadas de aceite de oliva
1 achicoria de Treviso (*radicchio*),
   de unos 125 g, troceada

1 endibia, separada en hojas
1 manojo de oruga
2 peras maduras, peladas,
   cuarteadas y cortadas a octavos
125 g de jamón serrano, en
   lonchas finas
30 g de pacanas, tostadas y
   troceadas

◆ Corte virutas del queso con ayuda de un mondador de hortalizas y resérvelas. Prepare la vinagreta: bata el vinagre, la mostaza y la pimienta en un cuenco grande y vierta lentamente el aceite en forma de chorrito.

◆ Agregue a la vinagreta la achicoria de Treviso, las hojas de oruga y las peras, y mezcle bien. Distribuya la ensalada en 3 platos y cubra con el jamón serrano. Esparza por encima las virutas de parmesano y las pacanas.

Cada ración: unas 365 calorías, 18 g de proteínas, 23 g de hidratos de carbono, 23 g de grasa total (6 g de saturadas), 26 mg de colesterol, 845 mg de sodio

Ensaladas de ave completas

Utilice pechugas de pollo deshuesadas o compre un pollo asado para estas sencillas ensaladas. Hemos incorporado ingredientes exóticos como la lima, el mango y el jengibre fresco, así como queso Feta para complementar el sabor delicado del pollo. Estas ensaladas pueden servirse como plato principal y resultan deliciosas.

Ensalada de pollo y mango al curry

◆◆◆◆◆◆◆◆◆◆◆◆◆◆

Preparación: 25 minutos, más enfriamiento
Cocción: 15 minutos
Para 4 platos principales

450 g de pechugas de pollo deshuesadas
sal
1 cucharadita de curry en polvo
75 g de yogur desnatado
60 g de mayonesa
2 cucharadas de mango *chutney*
2 cucharadas de zumo de lima recién exprimido
¼ de cucharadita de pimienta negra molida
1 mango maduro y grande, cortado a dados
3 tallos de apio, cortados en rodajas finas
15 g de cilantro fresco, picado
hojas de lechuga
2 cucharadas de almendras tostadas, fileteadas (opcional)

1 Ponga el pollo en un cazo de 3 litros, sálelo, cúbralo con 2 o 3 cm de agua y lleve a ebullición a fuego vivo. Baje el fuego y cuézalo 10 minutos a fuego lento, o hasta que esté bien cocido. Deje que se enfríe 30 minutos en el líquido.

2 Mientras, tueste el curry en polvo a fuego lento en un cazo de 1 litro. Remueva sin cesar con una cuchara de madera. Espere 1 minuto, o hasta que esté bien fragante; evite que se queme.

3 Prepare el aliño: bata el curry en polvo, el yogur, la mayonesa, el *chutney*, el zumo de lima, la pimienta y ½ cucharadita de sal en un cuenco grande.

◆◆◆◆◆◆◆◆◆◆◆◆◆◆◆◆◆◆◆◆◆◆◆◆

PREPARAR UN MANGO

Corte el mango por la mitad, a lo largo, y retírele el hueso. Con un mondador, retire la piel del fruto hasta unos 2-3 cm y gire la piel hacia arriba. Acabe de retirar la piel con unos cuantos tirones y corte el fruto como desee.

4 Escurra el pollo y córtelo en trozos regulares. Mezcle el aliño con los ingredientes. Forre una fuente con las hojas de lechuga; distribuya la ensalada y esparza las almendras si decide emplearlas.

◆◆◆◆◆◆◆◆◆◆◆◆◆◆◆◆◆◆◆◆◆◆◆◆◆◆

CADA RACIÓN: UNAS 310 CALORÍAS, 28 g DE PROTEÍNAS, 18 g DE HIDRATOS DE CARBONO, 14 g DE GRASA TOTAL (3 g DE SATURADAS), 90 mg DE COLESTEROL, 560 mg DE SODIO

ENSALADA TIBIA DE POLLO, ESPINACAS Y FETA

Preparación: 20 minutos   Cocción: 20 minutos
Para 4 platos principales

5 cucharadas de aceite de oliva
   o vegetal
1 pimiento rojo mediano, sin
   membranas ni semillas, cortado
   en tiras anchas de 5 mm
1 pimiento amarillo mediano, sin
   membranas ni semillas,
   cortado en tiras anchas
   de 5 mm
3 cucharadas de vinagre de vino
   blanco

750 g de pechugas de pollo,
   deshuesadas y peladas, cortadas
   en tiras horizontales de
   2-3 cm de ancho
sal
1 cucharadita de azúcar
½ cucharadita de pimienta negra,
   molida gruesa
350 g de espinacas, sin los tallos
   duros
125 g de queso Feta

◆ Caliente 3 cucharadas de aceite en una sartén de 30 cm a fuego moderado-alto. Agregue las tiras de pimiento y cuézalas unos 10 minutos, removiendo con frecuencia, o hasta que estén tiernas y ligeramente doradas. Traspáselas con una espumadera a un cuenco grande de servicio.

◆ Agregue las tiras de pollo y ½ cucharadita de sal al aceite que queda en la sartén y cueza 10 minutos, removiendo a menudo, hasta que el pollo pierda el color rosado. Traslade con una espumadera al cuenco con los pimientos.

◆ Prepare el aliño: retire la sartén del fuego. Agregue el vinagre, el azúcar, el resto del aceite, la pimienta negra y ¼ de cucharadita de sal, y remueva hasta que se desprendan los depósitos marrones.

◆ Agregue la mezcla de vinagre y las espinacas al cuenco con el pollo, y mezcle con cuidado. Desmenuce el queso por encima y sirva enseguida.

Cada ración: unas 460 calorías, 45 g de proteínas, 10 g de hidratos de carbono, 27 g de grasa total (8 g de saturadas), 147 mg de colesterol, 825 mg de sodio

ENSALADA DE POLLO CON FIDEOS AL SÉSAMO

Preparación: 25 minutos   Cocción: 12-15 minutos
Para 4 platos principales

350 g de *linguine* o espaguetis
175 g de tirabeques sin los hilos,
   cortados a tercios
65 g de mantequilla de
   cacahuetes, refinada
3 cucharadas de vinagre de arroz
3 cucharadas de salsa de soja
1 cucharada de azúcar moreno
1 cucharada de jengibre fresco,
   pelado y finamente picado

1 cucharada de aceite de sésamo
¼ de cucharadita de pimienta
   de Cayena, molida
1 diente de ajo pequeño,
   aplastado
2 zanahorias medianas, ralladas
½ col lombarda pequeña (150 g),
   cortada en tiras finas
175 g de pollo asado, deshuesado
   y separado en tiras

◆ Prepare la pasta siguiendo las instrucciones del paquete. Agregue los tirabeques en el último minuto de coción. Escurra y enjuague con agua fría; escurra de nuevo, y reserve.

◆ Prepare la salsa de mantequilla de cacahuete: bata en un cuenco pequeño la mantequilla de cacahuete, los 7 ingredientes siguientes y 175 ml de agua del grifo muy caliente, hasta que estén bien amalgamados. Mezcle en un cuenco grande la pasta con los tirabeques, las zanahorias, la col lombarda y el pollo. Si no va a servir la ensalada enseguida, tápela y refrigérela. Si los fideos quedan demasiado pegajosos después del reposo, mézclelos con un poco de agua caliente, hasta que el aliño adquiera la consistencia deseada.

Cada ración: unas 615 calorías, 34 g de proteínas, 86 g de hidratos de carbono, 15 g de grasa total (3 g de saturadas), 44 mg de colesterol, 1.095 mg de sodio

ENSALADA DE PAVO AHUMADO, ESPINACAS Y GARBANZOS

Preparación: 25 minutos   Para 4 platos principales

60 ml de zumo de limón
3 cucharadas de aceite de oliva
½ cucharadita de azúcar
½ cucharadita de comino molido
¼ de cucharadita de pimienta
   negra molida
1 diente de ajo pequeño,
   finamente picado
3 nectarinas medianas,
   deshuesadas y cortadas
   en trozos de 5 mm

400 g de garbanzos de lata,
   enjuagados y escurridos
225 g de pavo ahumado en
   lonchas, cortados en tiras de
   5 × 1 cm
350 g de espinacas, sin los tallos
   duros y con las hojas cortadas
   en trozos de 5 cm

Prepare la vinagreta: bata el zumo de limón, el aceite de oliva, el azúcar, el comino, la pimienta y el ajo en una ensaladera grande, hasta que estén bien amalgamados. Agregue las nectarinas, los garbanzos, el pavo y las espinacas, y mezcle bien.

Cada ración: unas 330 calorías, 20 g de proteínas, 35 g de hidratos de carbono, 14 g de grasa total (2 g de saturadas), 26 mg de colesterol, 920 mg de sodio

ENSALADAS DE PESCADO COMPLETAS

Con el salmón y el atún se preparan ensaladas elegantes, tanto tibias como frías. El atún asado con tomillo es un fragante plato mediterráneo, mientras que el atún de lata, acompañado con hortalizas, es un plato tradicional de la Toscana. El salmón con espárragos es una preparación típica primaveral.

1 Prepare el aliño de limón y alcaparras: combine los 8 primeros ingredientes en un cuenco. Incorpore el aceite de oliva, en forma de chorrito fino, bata hasta que la preparación se espese. Resérvela.

2 Ponga a hevir 2 o 3 cm de agua en una sartén de 26 cm. Agregue el salmón y los 2 ingredientes siguientes, y lleve a ebullición. Baje el fuego; tape y cueza 8 minutos, con el líquido apenas agitándose.

3 Escurra el salmón y enfríelo. Mientras, ponga a hervir las patatas, cubiertas con agua, a fuego vivo en un cazo de 3 litros. Baje el fuego; tape y cueza entre 15 y 20 minutos a fuego lento, o hasta que estén tiernas al pincharlas con un tenedor. Escúrralas, córtelas por la mitad si son pequeñas o cuartéelas si son grandes. Estando aún tibias las patatas, mézclelas con 60 ml del aliño en un cuenco mediano.

ENSALADA DE SALMÓN Y ESPÁRRAGOS

◆◆◆◆◆◆◆◆◆◆◆◆◆◆◆

Preparación: 30 minutos
Cocción: 30 minutos
Para 4 platos principales

75 ml de zumo de limón

1 cucharadita de corteza de limón

2 cucharadas de alcaparras en conserva, enjuagadas y escurridas

2 cucharadas de mostaza en grano de Dijon

2 cucharadas de eneldo fresco, picado

1 cucharadita de azúcar

¼ de cucharadita de pimienta negra molida

75 ml de aceite de oliva

450 g de filete de salmón, sin piel ni espinas

1 limón grande, cortado en rodajas

1 cucharadita de pimienta negra en grano

450 g de patatas nuevas, sin pelar

450 g de espárragos, sin los extremos duros y cortados en trozos de 5 cm

1 lechuga mediana, troceada de forma regular

2 huevos duros medianos, cuarteados

4 Ponga a hervir 2 o 3 cm de agua y los espárragos en un cazo de 2 litros. Baje el fuego y cueza 5 minutos, sin tapar y a fuego lento, o hasta que estén tiernos y crujientes. Escúrralos y enfríelos un poco.

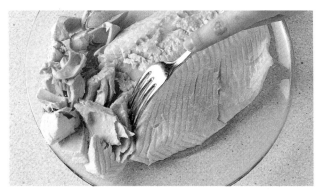

5 Separe el salmón con ayuda de un tenedor en trozos de 2 o 3 cm. Agregue los espárragos a las patatas del cuenco y mézclelos con 60 ml del aliño. Reparta la lechuga en 4 platos y coloque encima la mezcla de patatas, huevos y salmón. Rocíe con el resto del aliño.

CADA RACIÓN: UNAS 470 CALORÍAS, 31 g DE PROTEÍNAS, 32 g DE HIDRATOS DE CARBONO, 25 g DE GRASA TOTAL (4 g DE SATURADAS), 164 mg DE COLESTEROL, 750 mg DE SODIO

ACEITUNAS

Unas pocas aceitunas bastan para realzar ensaladas verdes, de mariscos o de carne, así como salsas para pastas. Las aceitunas negras tienen un sabor más pronunciado. Pruébelas antes, pues su contenido en sal varía. Las aceitunas compradas a granel se conservan 2 o 3 días; las que se mantienen en salmuera pueden guardarse hasta un año o más sin abrir.

ENSALADA NIZARDA DE ATÚN FRESCO

Preparación: 25 minutos   Grill: *8-10 minutos*
Para 4 platos principales

4 tomates pera medianos, pelados (*véase* pág. 314), sin semillas y cortados a dados	½ cucharadita de pimienta negra molida
6 aceitunas negras, deshuesadas y picadas	2 cucharadas de aceite de oliva
3 filetes de anchoas, picados	4 rodajas de atún, de 2-3 cm de grosor y unos 175 g cada una
2 cucharadas de alcaparras en conserva, escurridas y picadas	2 cucharadas de vinagre de sidra
2 cucharadas de perejil fresco, picado	¼ de cucharadita de sal
1 cucharadita de tomillo seco	1 escarola o escarola de Batavia (sólo las hojas internas)
	125 g de berros

◆ Precaliente el *grill*. Mezcle los 5 primeros ingredientes en un cuenco mediano, y resérvelos. Mezcle la pimienta, el tomillo y una cucharada de aceite en un cuenco, y frote con ello el atún. Engrase la placa del *grill* y ponga encima el pescado. Áselo entre 8 y 10 minutos lo más cerca posible de la fuente de calor, o hasta que tenga un tono rosado pálido en el centro si lo desea en su punto; déle una vuelta.

◆ Mientras, bata el vinagre, la cucharada restante de aceite y ¼ de cucharadita de sal en un cuenco grande. Agregue la escarola y los berros, y mezcle bien. Distribuya la ensalada en 4 platos y ponga encima el atún. Esparza la mezcla de tomates sobre el atún.

Cada ración: unas 400 calorías, 45 g de proteínas, 16 g de hidratos de carbono, 18 g de grasa total (4 g de saturadas), 67 mg de colesterol, 700 mg de sodio

ENSALADA TIBIA DE SALMÓN

Preparación: 30 minutos   *Cocción: 8 minutos*
Para 4 platos principales

1 trozo de filete de salmón (unos 450 g), despellejado y sin espinas	2 cucharadas de vinagre balsámico
1 manojo de cebollas tiernas (unos 125 g)	2 cucharaditas de azúcar moreno
4 naranjas navel grandes	1 cucharada de aceite de oliva
2 cucharadas de salsa de soja ligera	2 cogollos de lechugas arrepolladas, desmenuzados
	2 tomates pera pequeños, cortados a dados

◆ Con el cuchillo casi en paralelo a la superficie de corte, divida el salmón en lonchas de unos 5 mm de grosor. Corte las cebollas tiernas en trozos de 2 o 3 cm.

◆ Corte la corteza y las membranas de 3 naranjas, y tírelas. Sostenga 1 naranja encima de un tamiz colocado sobre una jarra medidora; divídala en gajos, deje que caigan sobre el tamiz, y resérvelos. Exprima el zumo de las membranas sobre la jarra medidora. Exprima el zumo de la naranja restante hasta obtener 175 ml en total. Mezcle con la salsa de soja, el vinagre y el azúcar.

◆ Caliente el aceite de oliva a fuego moderado-alto en una sartén antiadherente de 30 cm. Agregue las lonchas de salmón por tandas y cuézalas 1 o 2 minutos, hasta que estén doradas; déles cuidadosamente una vuelta. Traspáselas a una fuente.

◆ Cueza las cebollas tiernas en los fondos de cocción de la sartén hasta que estén doradas; muévalas a menudo. Mézclelas con el zumo de fruta. Lleve a ebullición y hierva 1 minuto. Al servir, distribuya la lechuga, los gajos de naranja y el salmón en 4 platos. Esparza la mezcla de cebollas tiernas y dados de tomate por encima.

Cada ración: unas 275 calorías, 25 g de proteínas, 28 g de hidratos de carbono, 8 g de grasa total (1 g de saturadas), 58 mg de colesterol, 395 mg de sodio

ENSALADA TOSCANA DE JUDÍAS Y ATÚN

Preparación: 25 minutos, más enfriamiento   *Cocción: 10 minutos*
Para 4 platos principales

2 cucharadas, más 60 ml, de aceite de oliva	¼ de cucharadita de pimienta negra molida
125 g de pan italiano, cortado a dados de 2-3 cm	350 g de atún blanco enlatado en salmuera, escurrido y cortado en trozos grandes
2 dientes de ajo grandes, aplastados con la hoja de un cuchillo	400 g de judías blancas en conserva, enjuagadas y escurridas
225 g de judías verdes, sin los extremos	2 tomates medianos, cortados a octavos
2 cucharadas de alcaparras en conserva, escurridas y picadas	1 lechuga, troceada
1 cucharadita de azúcar	½ escarola pequeña, troceada
60 ml de vinagre de vino tinto	1 cebolla roja pequeña, cortada por la mitad y en rodajas finas
1 cucharadita de mostaza de Dijon	

◆ Prepare los picatostes: caliente 2 cucharadas de aceite de oliva a fuego moderado en una sartén antiadherente de 30 cm. Agregue los dados de pan y el ajo, y cueza, removiendo de vez en cuando, hasta que el pan esté ligeramente dorado. Retire la sartén del fuego y tire el ajo.

◆ Ponga a hervir 2 o 3 cm de agua en un cazo de 2 litros. Agregue las judías verdes y lleve de nuevo a ebullición, a fuego vivo. Baje el fuego y cueza entre 5 y 10 minutos con el recipiente destapado, hasta que las judías estén tiernas y crujientes. Escúrralas y enjuáguelas con agua fría para entibiarlas. Prepare la vinagreta: bata el vinagre, las alcaparras, el azúcar, la mostaza, la pimienta y los 60 ml restantes de aceite en un cuenco grande. Agregue el resto de los ingredientes, las judías verdes y los picatostes, y mezcle bien.

Cada ración: unas 525 calorías, 34 g de proteínas, 45 g de hidratos de carbono, 24 g de grasa total (4 g de saturadas), 35 mg de colesterol, 1.125 mg de sodio

ENSALADAS DE MARISCO COMPLETAS

Las ensaladas preparadas con cangrejos, langostinos y bogavantes son siempre platos elegantes, apropiados para agasajar a sus invitados; además, son rápidos de preparar y requieren un tiempo mínimo de cocción. Puede sustituirlos por otros mariscos; así es posible reemplazar la carne de cangrejo por langostinos cocidos o palitos de *surimi* (imitación de carne de cangrejo).

ENSALADA DE CANGREJO A CAPAS

◆◆◆◆◆◆◆◆◆◆◆◆◆◆◆◆◆◆◆◆◆◆◆◆◆◆◆◆◆

Preparación: 30 minutos **Cocción: 5 minutos**
Para 4 platos principales

225 ml de caldo de pollo	2 cucharadas de mayonesa
100 g de cuscús	⅛ de cucharadita de pimienta negra molida
1 tomate mediano	1 aguacate mediano, cortado por la mitad, a lo largo, deshuesado y en lonchas finas
1 pepino mediano	
2 cucharadas de aceite vegetal	
1 cebolla pequeña, finamente picada	225 g de hojas para ensalada variadas
2 cucharadas de vino blanco seco	
450 g de carne de cangrejo blanca y en lata, desmenuzada	2 cucharaditas de vinagre de vino blanco
1 cucharada de perejil fresco, picado	¼ de cucharadita de sal

1 Ponga a hervir el caldo a fuego vivo en un cazo de 1 litro. Mézclelo con el cuscús; tape y retire del fuego. Deje reposar 5 minutos. Destape y ahueque el cuscús con un tenedor. Deje que se entibie.

3 Mezcle la carne de cangrejo, la mezcla de cebolla, el perejil, la mayonesa y la pimienta negra. Ponga la lata sobre un plato y vierta dentro un cuarto de la mezcla de cuscús. Presione suavemente con el dorso de una cuchara.

VARIANTE: MOLDE DE ENSALADA DE CANGREJO

Prepare la ensalada de cangrejo como arriba, pero móntela en un molde para suflé de 1 litro y medio o en un cuenco cubierto con una película de plástico. Llénelo de manera homogénea con la mezcla de cangrejo y presione firmemente con una cuchara. Distribuya por encima las rodajas de aguacate. Cubra con el cuscús y presione con firmeza. Vuelque con cuidado en una fuente. Aliñe las hojas para ensalada como en el paso 5 y distribúyalas alrededor de la ensalada.

2 Retire la base y la tapa de una lata vacía de unos 7 u 8 cm de diámetro y 7 u 8 cm de altura, para obtener un cilindro vacío. Lávela y séquela bien. Quítele las semillas al tomate y al pepino, y córtelos a dados. Mezcle el cuscús, el tomate y el pepino a fuego moderado-alto. Resérvelos. Caliente una cucharada de aceite en una sartén pequeña. Agregue la cebolla y cueza, removiendo de vez en cuando, hasta que esté ligeramente dorada. Mezcle con el vino.

4 Cubra el cuscús con un cuarto de las lonchas de aguacate y, luego, con un cuarto de la mezcla de cangrejo. Presione suavemente la preparación con el dorso de una cuchara y levante poco a poco la lata. Repita la operación con los 3 platos restantes.

5 Mezcle las hojas de ensalada con el vinagre, la cucharada restante de aceite y la sal en un cuenco. Distribuya las hojas alrededor de la ensalada.

CADA RACIÓN: UNAS 450 CALORÍAS, 27 g DE PROTEÍNAS, 36 g DE HIDRATOS DE CARBONO, 22 g DE GRASA TOTAL (4 g DE SATURADAS), 76 mg DE COLESTEROL, 545 mg DE SODIO

ENSALADA DE LANGOSTINOS Y BERROS

Preparación: 45 minutos   Cocción: 1-2 minutos
Para 4 platos principales

450 g de langostinos grandes, pelados y sin el conducto intestinal (*véase* pág. 90)	2 naranjas navel medianas
sal	1 lima grande
600 g de jícama o *mouli* (rábano blanco japonés), cortado en tiras de 4 x 5 cm	15 g de hojas frescas de cilantro
	60 g de mayonesa
	1 cucharadita de azúcar
225 g de berros (unos 2 manojos), sin los tallos duros	¼ de cucharadita de pimienta de Cayena
	225 g de yogur desnatado

◆ Corte los langostinos por la mitad en sentido horizontal y enjuáguelos con agua fría. Ponga a hervir 7 u 8 cm de agua a fuego vivo en un cazo de 3 litros. Agregue los langostinos y una cucharadita de sal, y lleve de nuevo a ebullición. Cueza 1 minuto, o hasta que los langostinos estén completamente opacos. Escúrralos y enjuáguelos. Escurra de nuevo y refrigere.

◆ Mezcle la jícama y los berros en una ensaladera grande. Corte la corteza y la membrana de las naranjas, y tírela. Corte las secciones entre membranas y añádalas (sin el zumo) al cuenco.

◆ Prepare el aliño de yogur: ralle una cucharadita de corteza y exprima 2 cucharadas de zumo de lima. Ponga la corteza y el zumo de lima, el cilantro, la mayonesa, el azúcar, la pimienta de Cayena y ½ cucharadita de sal durante 30 segundos en el robot provisto de la cuchilla eléctrica o batidora-mezcladora a velocidad media, hasta que estén bien amalgamados. Agregue el yogur y pulse hasta que sólo esté mezclado. Justo antes de servir, incorpore los langostinos a la ensaladera. Vierta el aliño y mezcle bien.

Cada ración: unas 320 calorías, 24 g de proteínas, 29 g de hidratos de carbono, 13 g de grasa total (2 g saturadas), 185 mg de colesterol, 720 mg de sodio

ENSALADA DE MARISCO ITALIANA

Preparación: 50 minutos, más enfriamiento   Cocción: 20 minutos
Para 8 platos principales

450 g de vieiras	75 ml de aceite de oliva
900 g de calamares preparados	2 cucharadas de mostaza de Dijon
900 g de langostinos grandes pelados, sin el conducto intestinal (*véase* pág. 90)	½ cucharadita de pimienta negra, molida gruesa
1 diente de ajo pequeño, finamente picado	150 g de aceitunas negras, deshuesadas y picadas
150 ml de zumo de limón recién exprimido	4 tallos de apio grandes, cortados en rodajas
	15 g de hojas de perejil

◆ Enjuague las vieiras con agua fría para retirar cualquier resto de arena. Arranque el músculo duro en forma de media luna situado a un lado de cada vieira. Enjuague los calamares y corte las bolsas en anillos de 2 cm de grosor. Corte los tentáculos en varios trozos si fuesen grandes. Ponga a hervir 6 cm de agua a fuego vivo en un cazo de 5 litros. Agregue los langostinos y lleve

de nuevo a ebullición. Baje el fuego y cueza 1 o 2 minutos, hasta que estén opacos. Traspase los langostinos a un colador con la ayuda de una espumadera y deje que escurran. Póngalos en un cuenco.

◆ Agregue las vieiras al agua hirviendo y lleve de nuevo a ebullición. Baje el fuego a moderado y cueza 2 o 3 minutos, o hasta que las vieiras estén completamente opacas. Traspáselas con una espumadera al cuenco con los langostinos. Agregue los calamares al agua hirviendo y lleve otra vez a ebullición. Los calamares deben estar tiernos y opacos cuando el agua vuelva a hervir. En caso contrario, cuézalos entre 30 y 60 segundos más. Escúrralos bien con un colador y mézclelos con los langostinos y las vieiras.

◆ Prepare el aliño: bata el ajo y los 4 ingredientes siguientes en un cuenco pequeño y agréguelo a los mariscos con las aceitunas, el apio y el perejil; mezcle bien. Tape y refrigere 3 horas, como mínimo, para que los sabores se amalgamen.

Cada ración: unas 390 calorías, 47 g de proteínas, 10 g de hidratos de carbono, 17 g de grasa total (2 g de saturadas), 463 mg de colesterol, 795 mg de sodio

ENSALADA DE MANGO Y BOGAVANTE

Preparación: 30 minutos   Cocción: 12 minutos
Para 4 platos principales

2 bogavantes vivos, de 600-750 g cada uno, o 225 g de carne de bogavante, cocida	⅛ de cucharadita de pimienta negra molida
1 pepino mediano, pelado y cortado a dados	2 cucharadas de aceite de oliva
	1 mango pelado y cortado a dados (*véase* pág. 339)
sal	1 cucharada de menta picada
1 naranja navel mediana	125 g de hojas de ensalada variadas
2 cucharadas de zumo de limón	

◆ Hierva los bogavantes vivos y retire la carne de los caparazones (*véase* pág. 92). Pique la carne y resérvela. Mezcle el pepino con ¼ de cucharadita de sal en un cuenco pequeño; póngalo en un colador y deje que escurra.

◆ Prepare el aliño: pele unas tiras de corteza de naranja con un mondador para hortalizas y luego corte una cucharada en tiritas muy finas. Exprima 2 cucharadas de zumo. Bata el zumo de naranja y limón, la pimienta y ½ cucharadita de sal en un cuenco pequeño. Agregue el aceite de oliva poco a poco, y mezcle con la corteza.

◆ Mezcle 2 cucharadas del aliño con el bogavante en un cuenco pequeño. Seque el pepino y mézclelo con el mango, la menta y 2 cucharadas de aliño en otro cuenco. Distribuya las hojas en 4 platos y ponga en el centro la mezcla de mango y encima la de bogavante. Rocíe las hojas con el resto del aliño.

Cada ración: unas 185 calorías, 13 g de proteínas, 18 g de hidratos de carbono, 7 g de grasa total (1 g de saturadas), 41 mg de colesterol, 620 mg de sodio

ALIÑOS PARA ENSALADAS

Los aliños que aquí proponemos para las ensaladas son frescos, deliciosos y rápidos de preparar, a la vez que proporcionan infinitas combinaciones. Desde un cremoso aliño de suero y cebollinos pasando por una vinagreta clásica, aromatizada con mostaza de Dijon y escalonias, hay un amplio abanico de posibilidades apropiadas para cualquier ensalada. Estos aliños pueden prepararse con 1 o 2 días de antelación y refrigerarse en un frasco de cierre hermético. Si se preparan con antelación, hay que dejar que reposen a temperatura ambiente para que desarrollen todo su sabor. Agite bien el frasco antes de aliñar las ensaladas.

VINAGRETA DE MOSTAZA Y ESCALONIAS

Preparación: 10 minutos   *Para unos 175 ml*

6 cucharadas de aceite de oliva
⅓ de taza de vinagre de vino tinto
4 cucharaditas de mostaza de Dijon
1 cucharada de escalonias, finamente picadas

½ cucharadita de sal
½ cucharadita de pimienta negra, molida gruesa
½ cucharadita de azúcar

Bata todos los ingredientes en un cuenco pequeño.

Cada 100 ml: unas 430 calorías, 1 g de proteínas, 6 g de hidratos de carbono, 47 g de grasa total (6 g de saturadas), 0 mg de colesterol, 840 mg de sodio

VINAGRETA JAPONESA AL MISO

Preparación: 10 minutos   *Para unos 225 ml*

2 cucharadas de miso (pasta fermentada de judías de soja; *véase* pág. 58)
125 ml de vinagre de arroz

60 ml de aceite de oliva
1 cucharada de jengibre fresco, pelado y finamente picado
1 cucharada de azúcar

Mezcle el miso con el vinagre de arroz en un cuenco pequeño, hasta que estén bien amalgamados. Póngalos en el recipiente de la batidora eléctrica con el resto de los ingredientes y accione el aparato hasta obtener una salsa homogénea.

Cada 100 ml: unas 265 calorías, 2 g de proteínas, 10 g de hidratos de carbono, 25 g de grasa total (3 g de saturadas), 0 mg de colesterol, 550 mg de sodio

VARIANTES DE VINAGRETA

Vinagreta de queso azul. Prepare la vinagreta de mostaza y escalonias. Añada 60 g de queso azul desmenuzado. Para unos 225 ml.

Cada 100 ml: unas 420 calorías, 6 g de proteínas, 5 g de hidratos de carbono, 43 g de grasa total (9 g de saturadas), 18 mg de colesterol, 995 mg de sodio

Vinagreta balsámica. Prepare la vinagreta de mostaza y escalonias. Utilice vinagre balsámico en vez de vinagre de vino tinto. Para unos 175 ml.

Cada 100 ml: unas 475 calorías, 1 g de proteínas, 14 g de hidratos de carbono, 47 g de grasa total (6 g de saturadas), 0 mg de colesterol, 845 mg de sodio

VINAGRES DE HIERBAS

Lave varias botellas que dispongan de tapones de corcho de entre 675 y 900 ml de capacidad (o frascos con cierres), en agua caliente jabonosa. Para esterilizarlos, ponga las botellas en una cacerola grande y los corchos en un cazo pequeño; cúbralos con agua y lleve a ebullición a fuego vivo. Hierva 15 minutos y escurra.

Introduzca 3 o 4 ramitas de las hierbas elegidas (lavadas y secadas) y el resto de ingredientes (*véase* inferior) en cada botella; quizá necesite una broqueta para empujarlas hacia abajo. Por cada botella, ponga a hervir entre 675 y 900 ml de vinagre en un recipiente no reactivo. Vierta a través de un embudo dispuesto en la botella. Tape con el corcho y deje que repose en un lugar frío y oscuro unas 2 semanas (no es necesario refrigerar). Cuélelo con un tamiz fino dispuesto sobre una jarra medidora. Tire las hierbas y las frutas, devuelva el vinagre a la botella y agregue ramitas de hierbas frescas si lo desea. Puede guardar estos vinagres a temperatura ambiente hasta 3 meses. Si el corcho explota, tire el vinagre.

Ajo y cebollinos. Vinagre de arroz, 2 o 3 dientes de ajo pelados, cebollinos.

Pimienta y eneldo. Vinagre de sidra, una cucharada de granos de pimienta negra, ramitas de eneldo.

Romero y salvia. Vinagre de vino tinto, salvia y ramitas de romero.

Menta y frambuesas (inferior, izquierda). Vinagre de vino blanco, 350 ml de frambuesas frescas, ramitas de menta.

Cilantro y chile (inferior, centro). Vinagre blanco destilado, entre 1 y 4 chiles frescos, ramitas de cilantro.

Tomillo y limón (extremo derecha). Vinagre de vino blanco, tiras de corteza de limón, ramitas de tomillo.

Aliño de perejil

Aliño de lima y miel

Aliño de suero y cebollinos

Aliño de limón

Aliño César cremoso

Aliño *tahina*

ALIÑO DE PEREJIL

Preparación: 10 minutos   **Para** *unos 175 ml*

125 g de mayonesa
30 g de hojas de perejil fresco
60 ml de crema agria
1 cucharada de vinagre de vino tinto
1 cucharadita de pasta de anchoas
¼ de cucharadita de pimienta negra molida

Bata todos los ingredientes en una batidora, hasta que estén bien amalgamados, y raspe las paredes del recipiente si es necesario.

Cada 100 ml: unas 550 calorías, 4 g de proteínas, 5 g de hidratos de carbono, 59 g de grasa total (12 g de saturadas), 54 mg de colesterol, 865 mg de sodio

ALIÑO DE LIMA Y MIEL

Preparación: 5 minutos   **Para** *unos 125 ml*

75 ml de zumo de lima recién exprimido
4 cucharaditas de miel
1 cucharada de vinagre de arroz
⅛ de cucharadita de sal

Bata todos los ingredientes en un cuenco pequeño, hasta que se encuentren bien amalgamados.

Cada 100 ml: unas 85 calorías, 0 g de proteínas, 24 g de hidratos de carbono, 0 g de grasa total, 0 mg de colesterol, 215 mg de sodio

ALIÑO DE SUERO Y CEBOLLINOS

Preparación: 5 minutos   **Para** *unos 175 ml*

225 ml de suero o yogur desnatado
2 cucharadas de vinagre blanco destilado
2 cucharadas de cebollino fresco, picado
1 cucharada de mayonesa, de bajo contenido en grasas
¼ de cucharadita de sal
¼ de cucharadita de pimienta negra, molida gruesa

Bata todos los ingredientes en un cuenco pequeño hasta que estén bien amalgamados.

Cada 100 ml: unas 53 calorías, 2 g de proteínas, 5 g de hidratos de carbono, 3 g de grasa total (1 g de saturadas), 6 mg de colesterol, 380 mg de sodio

ALIÑO DE LIMÓN

Preparación: 5 minutos   **Para** *unos 175 ml*

60 ml de zumo de limón recién exprimido
½ cucharadita de sal
¼ de cucharadita de pimienta negra molida
125 ml de aceite de oliva

Bata el zumo de limón, la sal y la pimienta en un cuenco pequeño. Agregue gradualmente el aceite por medio de un chorrito, sin dejar de remover.

Cada 100 ml: unas 550 calorías, 0 g de proteínas, 3 g de hidratos de carbono, 62 g de grasa total (8 g de saturadas), 0 mg de colesterol, 610 mg de sodio

ALIÑO CÉSAR CREMOSO

Preparación: 10 minutos   **Para** *unos 300 ml*

75 ml de aceite de oliva
40 g de parmesano, rallado
60 ml de zumo de limón recién exprimido
60 g de mayonesa
1 cucharadita de pasta de anchoas
½ cucharadita de de pimienta negra, molida gruesa
1 diente de ajo pequeño, finamente picado

Bata todos los ingredientes en un cuenco pequeño, hasta que estén bien amalgamados.

Cada 100 ml: unas 285 calorías, 5 g de proteínas, 3 g de hidratos de carbono, 29 g de grasa total (6 g de saturadas), 11 mg de colesterol, 490 mg de sodio

ALIÑO *TAHINA*

Preparación: 10 minutos   **Para** *unos 175 ml*

125 g de *tahina* (pasta de sésamo)
2 cucharadas de zumo de limón recién exprimido
4 cucharaditas de salsa de soja
1 cucharada de miel (opcional)
½ cucharadita de pimienta negra molida
½ diente de ajo, muy finamente picado

Bata todos los ingredientes en un cuenco pequeño, hasta que estén bien amalgamados.

Cada 100 ml: unas 265 calorías, 8 g de proteínas, 13 g de hidratos de carbono, 23 g de grasa total (3 g de saturadas), 0 mg de colesterol, 795 mg de sodio

P ASTA 10

PASTA

La pasta es deliciosa, nutritiva y fácil de preparar, por lo que constituye la cocina rápida por excelencia de nuestro atareado estilo de vida. La gran variedad de formas, tamaños y sabores hacen de la pasta una opción muy atractiva. A continuación, le ofrecemos una pequeña guía que le ayudará a obtener magníficos resultados.

COMPRA Y CONSERVACIÓN

Para conseguir un sabor y una textura óptimos, compre pasta elaborada con trigo duro o harina de sémola (la harina de sémola se muele más toscamente que la de trigo duro). La pasta de calidad tiene un color amarillo claro, es pesada y presenta una textura lisa. Si se conserva en un lugar frío, seco y oscuro, se mantiene hasta un año (la pasta integral, 6 meses). Guarde la pasta fresca comercial en la nevera, de acuerdo con las instrucciones del paquete, o hasta una semana, o congélela como máximo un mes.

PASTA CASERA

La pasta se puede preparar con facilidad en casa. Aunque la masa se puede extender con un rodillo, una máquina para pasta facilita el trabajo. La máquina adelgaza la masa gradualmente pasándola a través de un rodillo controlado por una manivela; así, se obtiene una textura homogénea y agradable. Sujete las tiras largas de pasta a medida que vayan saliendo de la máquina para que no se doblen y peguen. Corte los trozos demasiado largos en porciones manejables. Puede refrigerar la pasta casera bien tapada hasta 3 días o congelarla durante 1 mes. No la descongele antes de cocinarla.

1 Ponga la máquina en la posición más amplia y pase por ella un trozo de pasta. Dóblela formando tercios y pásela de nuevo. Repita el doblado y extendido entre 8 y 10 veces más, hasta que quede homogénea.

2 Continúe extendiendo la pasta, ahora sin doblar; reduzca el grosor 1 punto cada vez, hasta que alcance el requerido. Córtela con las cuchillas y trocéela según la longitud que precise.

LOS SECRETOS DE UNA PASTA PERFECTA

Empiece con mucha agua. Utilice 4 litros de agua, como mínimo, por cada 450 g de pasta. Añada la pasta y la sal cuando el agua hierva rápidamente. (Si el agua deja de hervir al agregar la pasta, tape el recipiente y lleve de nuevo a ebullición.)

Remueva con frecuencia. Al remover con cierta constancia, se consigue una cocción uniforme y se evita que la pasta se pegue entre sí o al fondo del recipiente.

Compruebe la cocción pronto y a menudo. Los tiempos de cocción que aparecen en los paquetes son sólo una guía; no se trata, por tanto, de reglas fijas. Empiece a comprobar al poco rato de haber echado la pasta.

Compruebe la textura. La pasta bien cocida debe notarse dura al morderse. Esta textura se describe en italiano como *al dente*. Alcanzado este punto, la pasta no tendrá un gusto a harina cruda, pero revelará un centro de color blanco tiza. El calor residual hará que la pasta continúe cociendo hasta que se escurra y se mezcle con la salsa, por lo que debe calcular el tiempo de cocción en consecuencia.

Evite una salsa aguada. Escurra la pasta cocida sacudiendo el exceso de agua a través del colador. A no ser que se indique en la receta, no la enjuague nunca. (Excepto en el caso de la lasaña, la pasta sólo se enjuaga si se utiliza como ensalada fría.)

Sírvala caliente. La pasta se enfría con rapidez y, por ejemplo, los fideos absorben líquido (las salsas cremosas pueden desaparecer prácticamente). Para obtener los mejores resultados, llame a los comensales a la mesa mientras usted mezcla y sirve la pasta en platos precalentados.

SALAR O NO SALAR

Casi todas las recetas de pasta sugieren que se añada sal al agua de cocción. Los puristas lo hacen así. Sin embargo, muchas personas prefieren no añadir demasiado sodio a su dieta. La cantidad de sal (recomendamos 2 cucharaditas por cada 450 g de pasta) agregada al agua no es absorbida del todo por la pasta; sólo resulta sazonada. Al escurrir la pasta, también se escurre gran parte del sodio (sólo un 10 % es retenido por la pasta). Las cantidades de sodio que aparecen en nuestras recetas están basadas en pasta cocida en agua salada. Tenga en cuenta que si sala el agua en que se cuece la pasta, ésta tendrá un sabor más pronunciado.

FRESCA CONTRA SECA

No hay duda de que la pasta fresca y tierna es una delicia, pero no es de calidad superior a la seca; es simplemente diferente. Los espaguetis y los fideos frescos, típicos de la cocina del norte de Italia, tienen una textura más fina y rica porque se preparan con huevos; armonizan mejor con salsas delicadas. La pasta seca, apreciada en el sur de Italia, se prepara con harina y agua, y es más económica, baja en grasas y la mejor elección para salsas fuertes y muy aromatizadas.

PARA UNA PASTA MÁS NUTRITIVA

Si conserva la pasta en un recipiente de cristal o plástico transparente, o bien la deja abierta, la expone a la luz. De esta manera, se destruye la riboflavina, una vitamina B que es el nutriente clave de la pasta. Guarde la pasta en un recipiente opaco o en una alacena cerrada, o compre pasta en paquetes de cartón, que la mantienen al abrigo de la luz.

COCER LA PASTA LARGA

1 Introduzca la pasta en agua hirviendo. Empuje los extremos a medida que se vayan ablandando hasta que quede sumergida por completo. Tape el recipiente hasta que el agua hierva de nuevo.

2 Para evitar que la pasta se pegue al fondo del recipiente, remuévala a menudo. Una cuchara para espaguetis facilita la separación, el escurrido y el servicio.

SOLUCIONAR LOS DILEMAS QUE PRESENTA LA PASTA

¿Cuánta preparo? Normalmente, los paquetes indican unos 75 g por persona, pero una cantidad más generosa para un plato principal sería de 125 g de pasta seca o 90 g de pasta fresca por ración. Si va a preparar un plato consistente puede emplear menos. El volumen depende de la forma: 100 g de macarrones secos, *ziti o fusilli* son más voluminosos que la misma cantidad de espaguetis, tallarines y *linguine*.

¿Cómo se conservan los restos de pasta? Mézclala con una pequeña cantidad de aceite y guárdela en una bolsa de plástico.

¿Cuál es la mejor manera de recalentar la pasta? Caliéntela en el microondas, en un recipiente apto o en un cuenco de vidrio, unos 2 minutos a potencia alta. También puede ponerla en un colador, sostenerlo bajo el chorro del agua caliente y, cuando la pasta esté caliente, mezclarla con la salsa.

¿Qué puedo hacer con los restos de pasta? Ponga capas de pasta con capas de hortalizas salteadas y salsa de tomate en una fuente para gratinar; espolvoree con parmesano y hornee. También puede utilizarla como relleno de tortillas o *frittatas*, o mézclala con un aliño para ensaladas y una selección de hortalizas crujientes a modo de plato rápido.

¿Qué puedo hacer para que las placas de lasaña no se peguen? Enjuague las placas bajo el chorro del agua fría y luego devuélvalas al recipiente y cúbralas con agua fría. Escúrralas sobre un lienzo antes de utilizarlas.

CONOZCA LA PASTA

Actualmente, la pasta presenta una amplia variedad de formas y tamaños. Cada tipo tiene una textura especial y su propio tiempo de cocción. Algunas clases se conocen con nombres italianos divertidos que reflejan su forma. Así *ditalini* significa «daditos»; *penne*, «plumas»; *orecchiette*, «orejitas», y *linguine* «lengüitas». Una forma puede tener varios nombres en diferentes regiones, del mismo modo que un nombre puede referirse a varios tipos distintos de pasta.

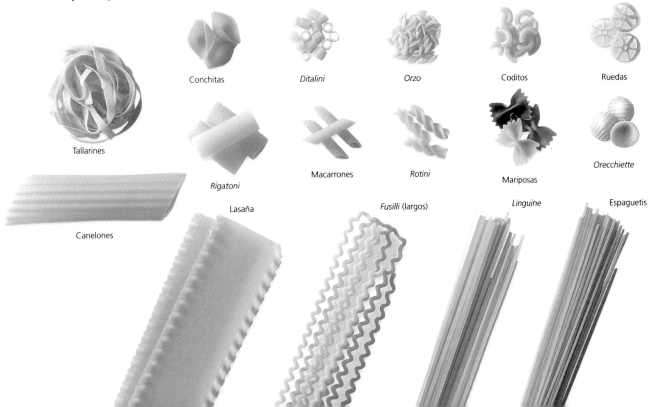

Tallarines

Conchitas

Ditalini

Orzo

Coditos

Ruedas

Canelones

Rigatoni

Lasaña

Macarrones

Rotini

Mariposas

Fusilli (largos)

Orecchiette

Linguine

Espaguetis

LOS COMPAÑEROS DE LA PASTA

Formas pequeñas y fideos muy finos. Letras del alfabeto, estrellitas, *ditalini*, *orzo* y fideos muy finos son excelentes en sopas, particularmente en caldos caseros.

Fideos largos y finos. Espaguetis y *linguine* van bien con salsas de tomate, pescados o mariscos. Utilice la salsa necesaria para que la pasta quede húmeda y resbale.

Formas medianas, vacías y sólidas. *Rigatoni*, *ziti* y formas similares quedan bien en platos horneados, ya que sus paredes gruesas soportan una cocción prolongada. También son adecuadas para salsas de carne consistentes y hortalizas asadas al *grill*.

Pasta ancha y plana. Las pastas como mariposas, tallarines y *fettuccini* quedan muy bien con salsas consistentes preparadas con crema de leche, mantequilla o varios quesos.

Formas curvadas y acanaladas. Macarrones, mariposas, *fusilli*, *orecchiette* y conchas son pastas pensadas para salsas de consistencia algo gruesa, que contengan hortalizas picadas, aceitunas o trozos de queso. Son también muy adecuadas para ensaladas de pasta porque se adhieren al resto de los ingredientes y soportan vinagretas y aliños cremosos.

Formas grandes. Canelones y *lumache* se utilizan únicamente como continentes de rellenos de hortalizas, carnes y/o mezclas de queso.

PLATOS DE PASTA CASI INSTANTÁNEOS

• Mezcle dados de pan, guisantes congelados (agréguelos al agua de cocción de la pasta antes de escurrirla para descongelarlos), romero fresco picado, queso parmesano y aceite de oliva con macarrones.

• Sazone unos *rigatoni* con pimientos asados y cortados en tiras, corazones de alcachofas en aceite cuarteados, dados de Mozzarella ahumada y una generosa cantidad de perejil fresco picado. Mezcle estos ingredientes con un poco de caldo de pollo.

• Saltee gambas, langostinos o vieiras en aceite de oliva caliente, unas migas de pan fresco y pimienta de Cayena machacada. Sazone con ello unos espaguetis.

• Mezcle *rotini* con trocitos de pavo asado, unos cuantos piñones, sultanas, pimienta de Cayena y un poco de aceite de oliva.

• Cueza *farfalle* con queso Ricotta, nueces troceadas y tostadas, una cucharada de leche y queso parmesano recién rallado.

• Cueza unos *tortellini* de queso en caldo de pollo hasta que estén casi tiernos. Mézclelos con hojas de espinacas hasta que queden mustias. Sírvalos en platos hondos con queso parmesano recién rallado.

• Caliente unos garbanzos enlatados y escurridos, y unos dados de salami en un poco de caldo de pollo y mézclelos a continuación con unas ruedas. Agregue aceite de oliva, parmesano recién rallado y pimienta negra machacada.

CONOZCA LA PASTA ORIENTAL

A diferencia de la mayoría de pastas occidentales, que se preparan con harina de trigo, la pasta oriental se elabora con diferentes harinas, incluidas la de arroz y féculas vegetales, como la de patata, ñame y judías de soja. La versatilidad de estas pastas deliciosas se encuentra limitada sólo por la imaginación. Pueden acompañar carnes o pescados, o formar ensaladas con vinagretas al estilo oriental y otros ingredientes, como hortalizas crujientes, hierbas frescas o mariscos; también pueden agregarse a un caldo para obtener una sopa nutritiva. Los fideos más finos se ablandan en agua caliente y el resto se hierve como si se tratara de espaguetis.

Soba. Estos fideos finos, de un color marrón grisáceo, se preparan con alforfón; se sirven fríos con una salsa para mojar o en una sopa caliente.

Fideos de arroz planos. Se preparan con harina de arroz y se hierven o saltean. Se utilizan tanto en sopas como en ensaladas.

Fideos de arroz finos. Estos fideos planos pueden ablandarse en agua caliente para entrar en la composición de sopas y ensaladas, o freírse con abundante aceite, lo que hace que se hinchen y formen hilos crujientes, que se utilizan en la preparación de ensaladas.

Fideos transparentes. Una vez ablandados, estos fideos finos y translúcidos, elaborados con harina de judías mungo, quedan transparentes y escurridizos. Se utilizan en salteados orientales, sopas y ensaladas.

Fideos de huevo chinos. Se elaboran con harina de trigo y tienen una textura y sabor similares a los fideos de huevo occidentales. Se pueden adquirir tanto frescos como secos y con diferentes anchuras, y se añaden a sopas o se sirven junto con carne. También se saltean y se degustan fríos con un aliño de sésamo.

Fideos *udon*. Estos fidelos largos, finos y de textura consistente se preparan con harina de trigo y tanto pueden ser planos como redondos. Entran, generalmente, en la composición de sopas.

Soba

Fideos *udon*

Fideos de arroz finos

Fideos de huevo chinos

Fideos de arroz planos

Fideos transparentes

Salsas de tomate para pastas

Con unos pocos ingredientes o la técnica de cocción adecuada, una simple salsa de tomate puede constituir la base de un plato sensacional. Aquí hemos asado tomates pera y ajo para obtener una salsa increíblemente sabrosa. También presentamos una salsa de tomate fresco con trozos de Mozzarella; una salsa de tomate a la crema, y una *marinara* con diferentes variantes.

Salsa de tomates asados

◆◆◆◆◆◆◆◆◆◆◆◆◆◆◆◆◆◆◆◆◆◆◆◆◆◆

Preparación: 20 minutos, más enfriamiento　**Asado: 50-60 minutos**

Para 4 platos principales

750 g de tomates pera medianos, maduros

6 dientes de ajo medianos, sin pelar

2 cucharadas de aceite de oliva

¾ de cucharadita de sal

¼ de cucharadita de pimienta negra, molida gruesa

450 g de macarrones o tirabuzones cocidos

queso Pecorino Romano o parmesano rallado (opcional)

1 Precaliente el horno a 230 °C (gas 8). Corte cada tomate por la mitad, a lo largo. Mezcle los tomates y los dientes de ajo con una cucharada de aceite de oliva en una fuente para asar de 37 x 29 cm. Ase los tomates entre 50 y 60 minutos, o hasta que estén bien dorados y los dientes de ajo se hayan ablandado.

2 Deje que la mezcla se enfríe 20 minutos en la fuente. Cuando los tomates y el ajo se hayan enfriado, pele los tomates sobre un cuenco para recoger todo el jugo. Estruje el ajo en el mismo cuenco.

3 Rompa los tomates y el ajo con el dorso de una cuchara. Sazone con la sal, la pimienta y la cucharada restante de aceite. En el momento de servir, mezcle la salsa con la pasta cocida. Esparza por encima el queso rallado si lo desea.

AJO

- Elija cabezas de ajo duras, gordezuelas y con pieles secas. Evite las cabezas húmedas, así como aquellas que se venden refrigeradas.

- Guarde el ajo en un recipiente abierto y en un lugar frío y seco hasta 2 meses. Si un diente empieza a germinar, córtelo por la mitad y retire el germen de color verde de centro.

- Para pelarlos con facilidad, aplaste los dientes con la hoja plana de un cuchillo de cocinero para desprender la piel.

- Al saltear ajo, remuévalo a menudo para que no se dore en exceso ni adquiera un sabor amargo.

- El ajo crudo es acre (y el sabor que proporciona a una preparación aumenta a medida que reposa); si lo asa o blanquea, suavizará su sabor.

CADA RACIÓN: UNAS 560 CALORÍAS, 18 g DE PROTEÍNAS, 102 g DE HIDRATOS DE CARBONO, 10 g DE GRASA TOTAL (1 g DE SATURADAS), 0 mg DE COLESTEROL, 545 mg DE SODIO

SALSA VERANIEGA DE TOMATES Y MOZZARELLA

Preparación: 15 minutos, más reposo
Para 4 platos principales

600 g de tomates maduros, cortados en trozos de 1 cm
225 g de queso fresco Mozzarella, cortado en trozos de 1 cm
60 g de hojas de albahaca frescas
1 cucharada de aceite de oliva
1 cucharadita de sal
1 cucharada de vinagre de vino blanco
¼ de cucharadita de pimienta negra molida
450 g de macarrones o *rigatoni* cocidos

Mezcle en un cuenco mediano los tomates con su zumo y el resto de los ingredientes. Deje reposar la salsa 15 minutos para que desarrolle su sabor. En el momento de servir, mezcle la pasta con la salsa.

Cada ración: unas 665 calorías, 28 g de proteínas, 99 g de hidratos de carbono, 18 g de grasa total (8 g de saturadas), 44 mg de colesterol, 885 mg de sodio

SALSA *MARINARA*

Preparación: 10 minutos   *Cocción:* 35 minutos
Para 4 platos principales

2 cucharadas de aceite de oliva
1 cebolla pequeña, picada
1 diente de ajo, muy finamente picado
800 g de tomates enlatados
175 g de tomate concentrado
2 cucharadas de albahaca, picada, o perejil fresco (opcional)
450 g de espaguetis cocidos u otra pasta larga y fina

Caliente el aceite a fuego moderado en un cazo de 3 litros. Agregue la cebolla y el ajo, y cuézalos hasta que se ablanden. Incorpore los tomates con su zumo, el tomate concentrado y la albahaca, si la utiliza. Lleve a ebullición a fuego vivo; rompa los tomates con el dorso de una cuchara. Baje el fuego, tape parcialmente el recipiente y cueza 20 minutos, removiendo de vez en cuando. En el momento de servir, mezcle la pasta cocida con la salsa o utilice ésta con la receta que prefiera.

Cada ración: unas 570 calorías, 18 g de proteínas, 104 g de hidratos de carbono, 9 g de grasa total (1 g de saturadas), 0 mg de colesterol, 1.130 mg de sodio

VARIACIONES DE LA SALSA *MARINARA*

Nuestra salsa *marinara* es tan versátil que vale la pena doblar las proporciones de la receta. Cuézala en una cacerola de 5 litros durante 30 minutos en vez de 20, y congele la mitad para otro uso. Añada cualquiera de los siguientes ingredientes:

- 225 g de champiñones, en rodajas y salteados

- 225 g de salchichas (peladas), desmenuzadas y cocidas

- 2 pimientos verdes o rojos, en rodajas y salteados

SALSA CREMOSA DE TOMATES CON GUISANTES

Preparación: 10 minutos   *Cocción:* 10 minutos
Para 4 platos principales

1 cucharada de aceite de oliva
1 cebolla mediana, picada
800 g de tomates enlatados, picados
300 g de guisantes congelados (descongelados)
15 g de hojas de albahaca fresca, picada
125 ml de crema de leche espesa
½ cucharadita de sal
¼ de cucharadita de copos de chile seco
450 g de conchas o tirabuzones, cocidos

◆ Caliente el aceite a fuego moderado en una sartén antiadherente de 30 cm. Agregue la cebolla y cuézala hasta que se ablande.

◆ Incorpore los tomates con su zumo y el resto de los ingredientes, excepto la pasta. Caliente bien, removiendo continuamente. En el momento de servir, mezcle la salsa con la pasta cocida.

Cada ración: unas 665 calorías, 21 g de proteínas, 108 g de hidratos de carbono, 17 g de grasa total (8 g de saturadas), 41 mg de colesterol, 790 mg de sodio

SALSA DE TOMATE A LA SALVIA

Preparación: 15 minutos   *Cocción:* 1 hora
Para 6 platos principales

2 cucharadas de aceite de oliva
1 cebolla pequeña, finamente picada
1,3 kg de tomates pera maduros, pelados (*véase* pág. 314) y picados
125 ml de caldo de pollo
75 ml de vino blanco seco
30 g de mantequilla
1 cucharada de salvia fresca, picada
1 cucharadita de sal
750 g de espaguetis cocidos u otra pasta larga y fina

◆ Caliente el aceite de oliva a fuego moderado-bajo en una sartén de 26 cm. Agregue la cebolla picada y cueza entre 15 y 20 minutos, o hasta que esté muy tierna y ligeramente dorada.

◆ Mezcle con los tomates y su zumo, el caldo de pollo y el vino. Lleve a ebullición, a fuego vivo.

◆ Baje el fuego y cueza 30 minutos a fuego lento, removiendo; aplaste los tomates con el dorso de una cuchara.

◆ Destape y cueza 25 minutos más, removiendo de vez en cuando, o hasta que la salsa se haya reducido y espesado ligeramente. Mézclela con la mantequilla, la salvia y la sal, y remueva hasta que la mantequilla se derrita. En el momento de servir, mezcle la pasta con la salsa.

Cada ración: 420 calorías, 12 g de proteínas, 60 g de hidratos de carbono, 11 g de grasa total (3 g de saturadas), 12 mg de colesterol, 580 mg de sodio

SALSAS A BASE DE ACEITE PARA PASTAS

Una botella de aceite de oliva de calidad es muy útil para preparar un buen número de sencillas salsas para pasta. Agregue unos pocos ingredientes, como brotes de brécol, anchoas, tomates secos o aceitunas negras, y obtendrá una salsa espléndida en un abrir y cerrar de ojos. Prepare nuestro clásico *pesto* italiano con abundante albahaca fresca. Estas salsas son tan sencillas que es esencial emplear ingredientes de calidad, para que puedan brillar sus sabores puros.

LINGUINE CON BROTES DE BRÉCOL Y ANCHOAS

◆◆◆◆◆◆◆◆◆◆◆◆◆

Preparación: 5 minutos
Cocción: 15 minutos
Para 4 platos principales

450 g de *linguine* o espaguetis
900 g de brotes de brécoles o berzas
2 cucharaditas de sal
3 cucharadas de aceite de oliva
3 dientes de ajo, aplastados con la hoja de un cuchillo
60 g de filetes de anchoa enlatados, escurridos
¼ de cucharadita de copos de chile seco
75 g de sultanas

1 Prepare la pasta siguiendo las instrucciones del paquete. Escúrrala y reserve 60 ml del agua de cocción. Devuelva la pasta a la cacerola y resérvela al calor. Mientras, recorte los extremos de los brotes de brécol. Ponga a hervir 4 litros de agua a fuego vivo en una cacerola de 5 litros. Agregue los brécoles, sale y lleve de nuevo a ebullición. Hierva 2 minutos y escúrralos. Seque la cacerola.

2 Caliente el aceite en la misma cacerola. Añada el ajo y cuézalo hasta que esté dorado. Incorpore las anchoas con su aceite y los copos de chile, y cueza, hasta que las anchoas se deshagan.

3 Añada los brotes de brécol y las pasas a la mezcla de la cacerola y cueza, removiendo, hasta que los brécoles estén bien calientes y cubiertos con el aceite.

ACEITE DE OLIVA

El aceite fragante que se obtiene al prensar aceitunas maduradas en el árbol es apreciado en todo el mundo culinario, tanto para cocinar como para aliñar ensaladas. El aceite de oliva se clasifica en distintas categorías en función del color y el sabor. El aceite de oliva extra virgen tiene un tono verdoso y un aroma y gusto afrutado; además, el de menor acidez es el más fino. El aceite de oliva virgen es ligeramente menos ácido, y el de oliva común es una mezcla de aceites virgen y refinados. El aceite de oliva se conserva en un lugar frío y oscuro hasta 6 meses.

4 Agregue la pasta y el agua de cocción reservada, y mezcle bien.

CADA RACIÓN: UNAS 660 CALORÍAS, 27 g DE PROTEÍNAS, 111 g DE HIDRATOS DE CARBONO, 14 g DE GRASA TOTAL (2 g DE SATURADAS), 12 mg DE COLESTEROL, 1.075 mg DE SODIO

PESTO

Preparación: 10 minutos   Para 4 platos principales

125 g de hojas de albahaca fresca

60 ml de aceite de oliva

60 g de parmesano recién rallado

2 cucharadas de piñones o
   nueces, picados

½ cucharadita de sal

450 g de *fusilli* o *linguine*, cocidos

hojas de albahaca fresca para
   adornar

Ponga todos los ingredientes, excepto la pasta y unas pocas hojas de albahaca, en el recipiente de un robot eléctrico provisto de cuchilla metálica, o en la batidora-mezcladora a velocidad media, y vaya añadiendo 60 ml de agua hasta obtener una salsa homogénea. En el momento de servir, mezcle la pasta cocida con la salsa y adorne con las hojas reservadas.

Cada ración: unas 590 calorías, 18 g de proteínas, 86 g de hidratos de carbono,
19 g de grasa total (4 g de saturadas), 5 mg de colesterol, 500 mg de sodio

SALSA DE AJO Y ACEITE

Preparación: 10 minutos   Cocción: 10 minutos
Para 4 platos principales

60 ml de aceite de oliva

1 diente de ajo grande, muy
   finamente picado

2 cucharadas de perejil fresco,
   finamente picado

30 g de parmesano recién rallado

¼ de cucharadita de sal

¼ de cucharadita de pimienta
   negra molida

450 g de espaguetis o *linguine*,
   cocidos

2 cucharadas de piñones tostados
   (opcional)

◆ Caliente el aceite de oliva a fuego moderado en un cazo de 1 litro. Agregue el ajo y cuézalo hasta que esté dorado. Retire el recipiente del fuego y mezcle su contenido con el perejil, el queso parmesano, la sal y si lo desea la pimienta.

◆ En el momento de servir, mezcle la pasta cocida con la salsa y esparza por encima los piñones.

Cada ración: unas 555 calorías, 16 g de proteínas, 85 g de hidratos de carbono,
16 g de grasa totasl (3 g de saturadas), 2 mg de colesterol, 310 mg de sodio

SALSA DE ESPINACAS, GARBANZOS Y PASAS

Preparación: 15 minutos   Cocción: 10 minutos
Para 4 platos principales

3 cucharadas de aceite de oliva

4 dientes de ajo, muy finamente
   picados

350 g de espinacas, sin los tallos
   duros

400 g de garbanzos de lata,
   enjuagados y escurridos

75 g de sultanas

¼ de cucharadita de sal

¼ de cucharadita de copos
   de chile seco

125 ml de caldo de pollo

450 g de macarrones o
   tirabuzones, cocidos

Caliente el aceite a fuego moderado en una sartén antiadherente de 30 cm. Agregue el ajo y cuézalo hasta que esté dorado. Suba el fuego y agregue las espinacas, los garbanzos, las pasas, la sal y los copos de chile, y cueza hasta que las espinacas estén mustias. Vierta el caldo de pollo y caliente. Al servir, mezcle la pasta cocida con la salsa.

Cada ración: unas 700 calorías, 23 g de proteínas, 122 g de hidratos de carbono,
14 g de grasa total (2 g de saturadas), 0 mg de colesterol, 740 mg de sodio

SALSA DE ACEITUNAS Y TOMATES SECADOS AL SOL

Preparación: 15 minutos   Cocción: 15 minutos
Para 4 platos principales

2 cucharadas de aceite de oliva

3 dientes de ajo, muy finamente
   picados

30 g de tomates secados al sol,
   picados

400 ml de caldo de pollo

15 g de hojas de perejil, picadas

75 g de aceitunas negras,
   deshuesadas

450 g de espaguetis o tirabuzones,
   cocidos

60 g de queso de cabra,
   desmenuzado

Caliente el aceite a fuego moderado en una sartén antiadherente de 30 cm. Agregue el ajo y cuézalo 30 segundos. Incorpore los tomates secados al sol y el caldo de pollo. Lleve a ebullición, a fuego vivo. Baje el fuego y cueza 10 minutos a fuego lento. Agregue las aceitunas y el perejil, y mezcle bien. Al servir, mezcle la pasta cocida con la salsa y esparza por encima el queso de cabra.

Cada ración: 580 calorías,
19 g de proteínas, 92 g de hidratos
de carbono, 15 g de grasa total
(4 g de saturadas), 14 mg de
colesterol, 745 mg
de sodio

SALSAS CREMOSAS PARA PASTAS

Las salsas cremosas para pastas, además de ser consistentes y satisfactorias, son muy fáciles de preparar: mientras hierve el agua y se cuece la pasta se puede elaborar la salsa. Para mantener las grasas y el contenido calórico dentro de límites razonables, hemos empleado crema de leche ligera en todas las recetas, excepto en la salsa Alfredo clásica, que precisa una crema de leche espesa. Estas salsas pueden realzarse con diferentes gustos y texturas, como los de las hortalizas, los quesos fuertes y las hierbas frescas.

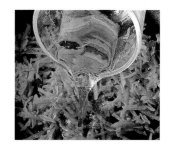

1 Ralle la zanahoria. Ponga a hervir la zanahoria y 125 ml de agua a fuego moderado-alto en una sartén antiadherente de 26 cm. Hierva 5 minutos, o hasta que la zanahoria esté tierna.

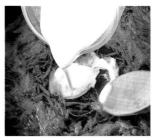

SALSA DE SALMÓN AHUMADO A LA CREMA

◆◆◆◆◆◆◆◆◆◆◆◆◆◆◆◆◆◆◆◆◆◆◆

Preparación: 10 minutos   Cocción: 10 minutos
Para 4 platos principales

1 zanahoria grande	¼ de cucharadita de pimienta negra molida
225 g de salmón ahumado, cortado en lonchas	1 cucharada de eneldo fresco, picado
75 ml de vermut seco o vino blanco seco	450 g de mariposas o conchas medianas, cocidas
225 ml de crema de leche ligera	ramitas de eneldo para adornar
½ cucharadita de sal	

2 Mientras, corte el salmón en trozos de 5 cm. Agregue el vermut a la mezcla de zanahorias de la sartén y hierva 1 minuto. Vierta la crema, la sal y la pimienta, y lleve a ebullición, removiendo. Cueza 1 minuto a fuego lento.

3 Retire el recipiente del fuego y mezcle su contenido con el salmón y el eneldo. En el momento de servir, mezcle la pasta cocida con la mezcla de salmón y adorne con las ramitas de eneldo.

SALMÓN AHUMADO

Para ahumar el salmón, debe seguirse un proceso largo y lento. Primero, el pescado se cura, frotándolo con sal (y, a veces, con azúcar y especias) durante varias horas, o se somete a una salmuera. Luego se ahuma a una temperatura de 32 °C o inferior. El sabor y la textura dependen de la variedad de salmón, el curado, la duración y la temperatura del proceso de ahumado, y la madera empleada para ahumarlo (generalmente, roble en Escocia, enebro en Noruega y aliso en la costa americana noroeste del Pacífico).

CADA RACIÓN: UNAS 595 CALORÍAS, 27 g DE PROTEÍNAS, 90 g DE HIDRATOS DE CARBONO, 11 g DE GRASA TOTAL (5 g DE SATURADAS), 35 mg DE COLESTEROL, 860 mg DE SODIO

Salsa Alfredo ligera

Preparación: 15 minutos   *Cocción:* 15 minutos
Para 4 platos principales

450 g de tallarines secos
1 manojo de brécoles, separados
  en ramitos (opcional)
2 cucharaditas de aceite vegetal
1 cebolla pequeña, cortada
  a dados
1 diente de ajo, muy finamente
  picado

450 ml de leche descremada
225 ml de caldo de pollo
3 cucharadas de harina
½ cucharadita de sal
¼ de cucharadita de pimienta
  negra, molida gruesa
125 g de parmesano recién
  rallado

◆ Prepare la pasta siguiendo las instrucciones del paquete.
Si utiliza los brécoles, añádalos a la pasta al cabo de 9 minutos
y cuézalos 3 minutos más. Escúrralos.

◆ Mientras, caliente el aceite en una sartén antiadherente de
30 cm a fuego moderado. Agregue la cebolla y el ajo, y cuézalos
hasta que estén dorados.

◆ Bata la leche, el caldo de pollo, la harina, la sal y la pimienta
hasta que estén bien amalgamados. Agregue la mezcla de leche
a la cebolla y el ajo de la sartén y cuézalos, removiendo de vez en
cuando, hasta que la salsa hierva y se espese. Agregue el parmesano
y mezcle. En el momento de servir, mezcle la pasta y los brécoles
con la salsa.

**Cada ración: unas 495 calorías, 23 g de proteínas, 78 g de hidratos de carbono,
11 g de grasa total (3 g de saturadas), 17 mg de colesterol, 850 mg de sodio**

Salsa Alfredo clásica

Preparación: 5 minutos   *Cocción:* 10 minutos
Para 6 platos principales

450 ml de crema de leche, espesa
125 g de parmesano recién
  rallado
30 g de mantequilla o margarina

½ cucharadita de sal
¼ de cucharadita de pimienta
  negra, machacada
450 g de tallarines cocidos

◆ Ponga a hervir la crema de leche a fuego moderado-alto en
un cazo de 2 litros; remueva a menudo. Baje el fuego a moderado
y mezcle gradualmente con 60 g de queso parmesano.

◆ Agregue la mantequilla de 15 en 15 g, remueva y salpimiente.
En el momento de servir, mezcle la salsa con la pasta cocida
y esparza por encima el resto del queso parmesano.

**Cada ración: unas 605 calorías, 17 g de proteínas, 45 g de hidratos de carbono,
41 g de grasa total (23 g de saturadas), 133 mg de colesterol, 650 mg de sodio**

Salsa de champiñones

Preparación: 10 minutos   *Cocción:* 20 minutos
Para 4 platos principales

2 cucharadas de aceite de oliva
  o vegetal
750 g de champiñones, cortados
  en rodajas finas

225 ml de crema de leche, ligera
2 cucharadas de salsa de soja
450 g de *linguine* o tallarines,
  cocidos

◆ Caliente el aceite a fuego vivo en una sartén de 30 cm. Agregue
los champiñones y cuézalos 15 minutos, removiéndolos con
frecuencia, o hasta que estén dorados y el líquido se haya evaporado.

◆ Mézclelos con la crema y la salsa de soja y cueza unos 3 minutos,
removiendo constantemente, hasta que la salsa se reduzca un poco.
En el momento de servir, mezcle la pasta cocida con la salsa.

**Cada ración: unas 515 calorías, 18 g de proteínas, 75 g de hidratos de carbono,
19 g de grasa total (5 g de saturadas), 22 mg de colesterol, 675 mg de sodio**

Salsa de nueces y queso azul

Preparación: 5 minutos   *Cocción:* 10-15 minutos
Para 6 platos principales

225 ml de crema de leche ligera
175 ml de caldo de pollo
125 g de queso Gorgonzola o
  azul, desmenuzado
60 g de nueces, picadas y tostadas

¼ de cucharadita de pimienta
  negra, molida gruesa
450 g de mariposas o tirabuzones,
  cocidos

◆ Ponga a hervir la crema y el caldo a fuego moderado-alto en
un cazo de 2 litros. Baje el fuego a moderado y cueza 5 minutos.
Agregue el queso Gorgonzola y la pimienta, y prosiga la cocción,
removiendo y batiendo constantemente, hasta que el queso se haya
derretido.

◆ En el momento de servir, mezcle la pasta cocida con la salsa
y esparza por encima las nueces tostadas.

**Cada ración: unas 470 calorías, 17 g de proteínas, 61 g de hidratos de carbono,
18 g de grasa total (7 g de saturadas), 31 mg de colesterol, 505 mg de sodio**

SALSAS DE MARISCO PARA PASTAS

El sabor delicado de pescados y mariscos, ya sean unas almejas de carne tierna o unos dados carnosos de pez espada, armoniza a la perfección con la pasta. Para estas recetas se emplea un número limitado de ingredientes (aceitunas, alcaparras, corteza de naranja), que aportan sus sabores vivos y distintivos. Al igual que con todos los platos de pescado y marisco, es esencial que la cocción no sea excesiva, por lo que estas salsas son rápidas de preparar. Para no interferir los sabores del pescado, no añada queso a estas salsas.

SALSA DE CHIRLAS

◆◆◆◆◆◆◆◆◆◆◆◆◆◆◆◆◆◆◆◆◆◆◆◆◆◆◆

Preparación: 15 minutos   *Cocción: 15 minutos*
Para 4 platos principales

250 g de chirlas o coquinas frescas

125 ml de vino blanco seco

60 ml de aceite de oliva

1 diente de ajo grande, muy finamente picado

¼ de cucharadita de copos de chile seco

15 g de perejil fresco, picado

450 g de *linguine* o espaguetis, cocidos

1 Frote las chirlas bajo un chorro de agua fría con un cepillo de cerdas gruesas para retirar cualquier resto de arena. Tire las conchas que no se cierren al golpearlas ligeramente. Mezcle las conchas y el vino en una cacerola de 5 litros. Tape y cueza 5 minutos, a fuego vivo. Traspase las chirlas abiertas a un cuenco con una espumadera.

2 Tape y cueza las que no se hayan abierto entre 3 y 5 minutos más; retírelas a medida que se vayan abriendo. Tire las que permanezcan cerradas.

3 Retire las chirlas de sus conchas y píquelas. Cuele el líquido de cocción a través de un tamiz forrado con papel de cocina dispuesto sobre un cuenco, y resérvelo.

4 Seque la cacerola. Agregue el aceite de oliva, el ajo y los copos de chile, y cueza a fuego moderado, removiendo de vez en cuando, hasta que el ajo empiece a dorarse.

5 Añada el perejil picado, las chirlas y el caldo de cocción reservado y mezcle bien. Caliente la salsa justo por debajo del punto de ebullición y mézclela con la pasta cocida.

SALSA DE MEJILLONES

Sustituya las chirlas por 900 g de mejillones frescos. Frote y retire las barbas a los mejillones (*véase* pág. 88). Prepárelos como en la receta anterior, pero en el paso 3 no los pique. Si lo prefiere, puede dejar los mejillones en sus conchas. Para obtener más sabor, añada cualquiera de los siguientes ingredientes: corteza rallada de una naranja o un limón, 30 g de hojas de albahaca frescas, 4 tomates pera picados. También puede espolvorear el plato, una vez acabado, con migas de pan gruesas ligeramente tostadas.

Cada ración: unas 640 calorías, 27 g de proteínas, 88 g de hidratos de carbono, 17 g de grasa total (2 g de saturadas), 48 mg de colesterol,

CADA RACIÓN: UNAS 600 CALORÍAS, 22 g DE PROTEÍNAS, 87 g DE HIDRATOS DE CARBONO, 16 g DE GRASA TOTAL (2 g DE SATURADAS), 18 mg DE COLESTEROL, 150 mg DE SODIO

SALSA DE MARISCO FRA DIAVOLO

Preparación: 20 minutos   Cocción: 1 hora
Para 6 platos principales

1 cucharada de aceite de oliva	12 mejillones, cepillados y sin
1 diente de ajo grande, muy	las barbas (*véase* pág. 88)
finamente picado	225 g de langostinos medianos,
¼ de cucharadita de copos	pelados, sin el conducto
de chile secos	intestinal (*véase* pág. 90) y con
800 g de tomates enlatados	la cola, si lo desea
½ cucharadita de sal	15 g de perejil fresco, picado
225 g de calamares preparados,	450 g de *linguine* o espaguetis,
cortados en anillos de 5 mm	cocidos
de grosor	

◆ Caliente el aceite a fuego moderado en un cazo de 4 litros.
Agregue el ajo picado y los copos de chile seco, y cueza
30 segundos, o hasta que estén muy fragantes. Añada los tomates
con su zumo y la sal, y rómpalos con el dorso de una cuchara.
Lleve a ebullición, a fuego vivo; agregue los calamares y lleve
de nuevo a ebullición. Baje el fuego; tape y cueza 30 minutos
a fuego lento. Destape y cueza 15 minutos más, a fuego lento.

◆ Suba el fuego. Incorpore los mejillones; tape y cueza 3 minutos.
Agregue los langostinos; tape y prosiga la cocción 2 minutos más,
o hasta que los mejillones y los langostinos estén opacos. Tire
los mejillones que no se abran y mezcle con el perejil. En el
momento de servir, mezcle la pasta cocida con la salsa.

**Cada ración: unas 420 calorías, 27 g de proteínas, 65 g de hidratos de
carbono, 5 g de grasa total (1 g de saturadas), 162 mg de colesterol, 635 mg
de sodio**

SALSA DE ATÚN, ACEITUNAS Y ALCAPARRAS

Preparación: 20 minutos   Cocción: 10 minutos
Para 6 platos principales

2 cucharadas de aceite de oliva	350 g de atún enlatado y en
1 diente de ajo grande, muy	salmuera, escurrido
finamente picado	60 g de aceitunas negras,
450 g de tomates, cortados	deshuesadas y picadas
a dados de 1 cm	2 cucharadas de alcaparras
¼ de cucharadita de sal	enlatadas, escurridas y picadas
¼ de cucharadita de pimienta	450 g de macarrones o
negra molida	tirabuzones, cocidos
20 g de perejil, picado	

Caliente el aceite a fuego moderado en una sartén de 26 cm.
Agregue el ajo y cueza 30 segundos, o hasta que esté muy fragante.
Incorpore los tomates con su zumo, la sal y la pimienta. Cueza
5 minutos, removiendo de vez en cuando. Agregue el atún y
rómpalo en trozos con el dorso de una cuchara, y espere a que
esté caliente. Mezcle la salsa con las aceitunas, el perejil y
las alcaparras. Al servir, mezcle la pasta cocida con la salsa.

**Cada ración: unas 430 calorías, 25 g de proteínas, 61 g de hidratos de
carbono, 9 g de grasa total (1 g de saturadas), 23 mg de colesterol, 575 mg
de sodio**

SALSA DE PEZ ESPADA CON MENTA Y NARANJA A LA SICILIANA

Preparación: 15 minutos, más reposo
Barbacoa/grill: 8-10 minutos   Para 6 platos principales

2 tomates grandes, cortados	sal y pimienta negra, molida
a dados de 1 cm	gruesa
15 g de menta fresca, picada	1 cucharadita de corteza
1 cucharada de vinagre de vino	de naranja, rallada
tinto	1 rodaja de pez espada (unos
1 diente de ajo pequeño, muy	450 g), de 2,5 cm de grosor
finamente picado	450 g de macarrones o mariposas,
3 cucharadas de aceite de oliva	cocidos

◆ Mezcle los tomates con su zumo, la menta, el vinagre, el ajo,
2 cucharadas de aceite de oliva, ¾ de cucharadita de sal
y ¼ de cucharadita de pimienta, y déjelos reposar 30 minutos.

◆ Prepare la barbacoa o precaliente el *grill*. Mezcle la corteza
de naranja, la cucharada restante de aceite de oliva, ¼ de
cucharadita de sal y ¼ de cucharadita de pimienta, hasta que estén
bien amalgamados, y pincele con ello ambas caras de la rodaja de
pescado.

◆ Ponga el pescado en la barbacoa o *grill* a fuego moderado-alto,
y áselo lo más cerca posible de la fuente de calor entre 8-10 minutos,
o hasta que esté compacto; déle una vuelta.

◆ Traspase el pescado a una tabla para picar y córtelo en dados
de 2 cm. Agréguelo a la mezcla de tomate del cuenco y
acompáñelo con la pasta.

**Cada ración: unas 445 calorías, 25 g de proteínas, 59 g de hidratos de
carbono, 11 g de grasa total (2 g de saturadas), 29 mg de colesterol, 505 mg
de sodio**

SALSAS DE CARNE PARA PASTAS

Los platos de pasta más nutritivos son aquellos preparados con una salsa de carne espesa. La salsa boloñesa clásica, enriquecida con vino tinto, crema y tomates, es un plato que nunca decepciona. Para una preparación fuera de lo común, pruebe nuestra salsa siciliana con cerdo y pasas. Ambas recetas deben cocerse lenta y largamente, para que desarrollen todo su sabor. Rápidas, aunque también deliciosas, son nuestra salsa de salchichas y calabaza, y la salsa *amatriciana*, otra salsa clásica italiana realzada con ajo y pimienta.

1 Caliente el aceite de oliva en una cacerola de 5 litros. Agregue la cebolla, el apio y la zanahoria, y cueza 10 minutos, removiendo de vez en cuando, o hasta que esté tierna.

2 Agregue la carne picada a las hortalizas de la cacerola y cueza removiendo a menudo, para romper la carne, hasta que ésta ya no esté rosada.

3 Vierta el vino tinto y lleve a ebullición, a fuego vivo. Agregue los tomates con su zumo, la sal, la pimienta y la nuez moscada.

4 Deje que la preparación hierva de nuevo. Baje el fuego y cueza lentamente, durante 1 hora, removiendo de vez en cuando. Agregue la crema y caliéntela, removiendo. En el momento de servir, mezcle la mitad de la salsa con la pasta. (Enfríe el resto, y congélela para otra ocasión.) Acompañe con queso parmesano recién rallado si lo desea.

SALSA BOLOÑESA CLÁSICA

◆◆◆◆◆◆◆◆◆◆◆◆◆◆◆◆◆◆◆◆◆◆◆◆

Preparación: 10 minutos   Cocción: 1½ horas
Para 6 platos principales, más salsa adicional

2 cucharadas de aceite de oliva
1 cebolla mediana, finamente picada
1 zanahoria, finamente picada
1 tallo de apio, finamente picado
750 g de buey picado, o 225 g de buey, 225 g de ternera y 225 g de cerdo, picados
60 ml de vino tinto seco
800 g de tomates enlatados, picados (se reserva el zumo)

2 cucharaditas de sal
¼ de cucharadita de pimienta negra molida
⅛ de cucharadita de nuez moscada, rallada
60 ml de crema de leche espesa
450 g de espaguetis o tallarines, cocidos
parmesano recién rallado (opcional)

SOBRE LA BOLOÑESA

Conocida en Italia como *il ragù*, la salsa boloñesa es una de las pocas recetas italianas que tiene una versión oficial. Sin embargo, todos los cocineros preparan su propia variante. Saltee un poco de parmesano picado o higadillos de pollo con la carne. Mezcle los tomates con un poco de corteza de limón o setas calabaza secas, o añada hierbas frescas picadas, como perejil o mejorana, al finalizar la cocción.

CADA RACIÓN: UNAS 475 CALORÍAS, 21 g DE PROTEÍNAS, 62 g DE HIDRATOS DE CARBONO, 15 g DE GRASA TOTAL (5 g DE SATURADAS), 47 mg DE COLESTEROL, 585 mg DE SODIO

SALSA DE SALCHICHAS Y CALABAZA

Preparación: 15 minutos   Cocción: 20 minutos
Para 6 platos principales

450 g de tirabuzones secos u otra
   pasta corta
1 calabaza de San Roque,
   mediana (unos 850 g)
350 g de salchichas, peladas y
   desmenuzadas
¼ de cucharadita de sal

¼ de cucharadita de pimienta
   negra molida
20 g de hojas de albahaca, picadas
30 g de queso parmesano recién
   rallado
hojas de albahaca para adornar

◆ Prepare la pasta de acuerdo con las instrucciones del paquete. Escúrrala y reserve 175 ml del agua de cocción. Devuelva la pasta al recipiente y manténgala caliente.

◆ Mientras, corte la calabaza en trozos grandes; pélela y córtela a dados de 1 cm, y resérvelos.

◆ Cueza las salchichas a fuego moderado-alto en una sartén antiadherente de 30 cm, removiendo con frecuencia, durante unos 7 minutos o hasta que estén doradas. Rompa la carne. Traspase con una espumadera a un cuenco y tire la grasa de la sartén, excepto 2 cucharadas.

◆ Agregue la calabaza, la sal y la pimienta a los fondos de cocción de la sartén. Baje el fuego a moderado, tape y cueza unos 10 minutos, removiendo de vez en cuando, o hasta que la calabaza esté tierna.

◆ En el momento de servir, añada la albahaca picada, el parmesano, la carne de las salchichas y el agua de cocción reservada a la salsa. Mezcle la salsa con la pasta y adorne con las hojas de albahaca.

Cada ración: unas 545 calorías, 19 g de proteínas, 72 g de hidratos de carbono, 10 g de grasa total (6 g de saturadas), 47 mg de colesterol, 770 mg de sodio

SALSA *AMATRICIANA*

Preparación: 10 minutos   Cocción: 45 minutos   Para 4 platos principales

1 cucharada de aceite de oliva
125 g de panceta, picada
1 cebolla pequeña, finamente
   picada
1 diente de ajo, muy finamente
   picado

¼ de cucharadita de copos
   de chile seco
800 g de tomates enlatados
450 g de espaguetis o *rigatoni*,
   cocidos
15 g de perejil fresco, picado

◆ Caliente el aceite a fuego moderado en una cacerola de 5 litros. Agregue la panceta y cuézala 5 minutos, removiéndola a menudo, o hasta que esté ligeramente dorada.

◆ Agregue la cebolla y cuézala 3 minutos, o hasta que se ablande. Incorpore el ajo y los copos de chile, y cueza 15 segundos. Vierta los tomates con su zumo. Lleve a ebullición, a fuego vivo. Rompa los tomates con el dorso de una cuchara.

◆ Baje el fuego y cueza a fuego lento y con el recipiente destapado, durante 30 minutos; remueva de vez en cuando. Al servir, mezcle la pasta cocida con la salsa y el perejil.

Cada ración: unas 545 calorías, 23 g de proteínas, 97 g de hidratos de carbono, 8 g de grasa total (1 g de saturadas), 14 mg de colesterol, 805 mg de sodio

SALSA DE CARNE SICILIANA

Preparación: 15 minutos   Cocción: 1¾ horas   Para 6 platos principales

2 cucharadas de aceite vegetal
750 g de paletilla de cerdo,
   cortada a dados de 4 cm
450 g de cebollas, cortadas en
   rodajas de 1 cm de grosor
4 zanahorias medianas, cortadas
   a dados

800 g de tomates enlatados
1 cucharada de azúcar
1 cucharadita de sal
40 g de pasas
2 cucharadas de perejil fresco,
   picado
450 g de *rigatoni* o *ziti*, cocidos

◆ Caliente una cucharada de aceite a fuego moderado-alto en una cacerola de 5 litros. Agregue los dados de cerdo por tandas y cuézalos hasta que se doren. Traspáselos a un cuenco a medida que se vayan cociendo.

◆ Añada la cucharada restante de aceite a los fondos de cocción de la cacerola, e incorpore las cebollas y las zanahorias. Cuézalas hasta que estén ligeramente doradas. Devuelva el cerdo a la cacerola, así como los tomates y sus zumos, el azúcar y la sal. Lleve a ebullición, a fuego vivo. Rompa los tomates con una cuchara.

◆ Baje el fuego; tape y cueza 1¼ horas a fuego lento, o hasta que el cerdo esté muy tierno. Con la ayuda de 2 tenedores, separe en hebras la carne del cerdo. Agregue las pasas y el perejil a la salsa de la cacerola; baje el fuego, tape y cueza 5 minutos a fuego lento. En el momento de servir, mezcle la pasta cocida con la salsa.

Cada ración: unas 565 calorías, 38 g de proteínas, 81 g de hidratos de carbono, 10 g de grasa total (2 g de saturadas), 57 mg de colesterol, 750 mg de sodio

PASTA CASERA

No es difícil preparar la pasta en casa; además, los resultados son tan deliciosos como atractivos. Utilice una máquina para pasta si la tiene, o siga nuestras fáciles instrucciones para modelar *tortelli*, *pappardelle* especiados con limón o pimienta, o unos bonitos cuadrados de hierbas.

TORTELLI DE JAMÓN Y QUESO

◆◆◆◆◆◆◆◆◆◆◆◆◆◆◆◆◆◆◆◆◆◆◆◆◆◆

Preparación: 1½ horas, más reposo   Cocción: 15 minutos
Para 6 platos principales

pasta de espinacas (*véase inferior*)	⅛ de cucharadita de pimienta negra molida
425 g de queso Ricotta	2 huevos medianos
225 g de jamón cocido, cortado a dados	harina para enharinar
⅛ de cucharadita de nuez moscada, molida	1 cucharadita de sal
	90 g de mantequilla o margarina
	60 g de parmesano recién rallado

1 Prepare la pasta de espinacas. Elabore el relleno: mezcle el queso Ricotta con el jamón cocido, la nuez moscada, la pimienta negra y el huevo en un cuenco pequeño, hasta que estén bien amalgamados; tape y refrigere. Cuando la pasta haya reposado 30 minutos, córtela por la mitad y cubra con película de plástico. Extienda el resto con un rodillo enharinado sobre una superficie ligeramente enharinada y forme un rectángulo de 50 × 45 cm.

2 Recorte los extremos y corte la pasta en 6 tiras longitudinales de 6 cm de ancho. Córtelas a continuación en 5 tiras horizontales, para obtener 30 rectángulos de 10 × 6 cm. Tápelos con película de plástico mientras monta los *tortelli*.

PASTA DE ESPINACAS

Hierva 125 g de hojas de espinacas, sin los tallos duros, en un cazo de 2 litros con 5 mm de agua. Baje el fuego y cuézalas 1 minuto. Escúrralas y enjuáguelas con agua fría. Exprímalas y píquelas finamente. Coloque las espinacas en un cuenco grande y mézclelas con 4 huevos medianos y una cucharadita de sal. Incorpore gradualmente 450 g de harina para obtener una pasta. Amásela unas 20 veces sobre una superficie bien enharinada, hasta que esté lisa y no la note pegajosa. Tápela con película de plástico y deje que repose 30 minutos.

Cada ración: unas 265 calorías, 11 g de proteínas, 45 g de hidratos de carbono, 4 g de grasa total (1 g de saturadas), 142 mg de colesterol, 415 mg de sodio

3 Forre 2 placas grandes para hornear con papel y espolvoréelas con harina. Coloque una cucharadita colmada del relleno de jamón y queso sobre los rectángulos de pasta, de manera que quede una tira longitudinal de 5 cm. Bata el huevo restante en un cuenco.

4 Doble un lado alargado de pasta sobre el relleno. Pincele ligeramente el otro extremo alargado con el huevo y dóblelo sobre el relleno. Pince ambos extremos para sellar el relleno. Coloque los *tortelli*, formando una capa sobre las placas.

5 Repita la operación con el resto de la pasta y del relleno. Tape las placas con película de plástico y deje que los *tortelli* se sequen 30 minutos; déles una vuelta.

6 Para cocerlos, ponga a hervir 6 litros de agua y sal a fuego vivo en una cacerola de 8 litros. Agregue los *tortelli* y remueva con cuidado para separarlos, y lleve de nuevo el agua a ebullición. Baje el fuego a moderado y cuézalos 10 minutos, o hasta que estén *al dente*. Escúrralos, mézclelos con cuidado con la mantequilla derretida y la mitad del parmesano. En el momento de servir, espolvoréelos con el resto del queso.

CADA RACIÓN: UNAS 605 CALORÍAS, 32 g DE PROTEÍNAS, 48 g DE HIDRATOS DE CARBONO, 30 g DE GRASA TOTAL (15 g DE SATURADAS), 299 mg DE COLESTEROL, 1.030 mg DE SODIO

PASTA BÁSICA

❖ ❖ ❖ ❖ ❖ ❖ ❖ ❖ ❖ ❖ ❖ ❖ ❖ ❖

Preparación: 25 minutos, más reposo
Para unos 450 g de pasta, cantidad suficiente para 8 guarniciones
o 4 platos principales

Siga los pasos o mezcle los ingredientes en un robot eléctrico provisto de cuchilla metálica entre 10 y 15 segundos para obtener una bola homogénea (no la amase). Tápela y deje que repose 30 minutos.

335 g de harina,
aproximadamente
1 cucharada de aceite de oliva

1 cucharadita de sal
2 huevos medianos

1 Mezcle 335 g de harina con el aceite de oliva, la sal, los huevos y 60 ml de agua para obtener una pasta firme.

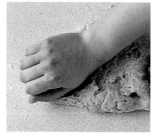

2 Amase la pasta unas 20 veces sobre una superficie ligeramente enharinada, o hasta que quede homogénea y no la note pegajosa. Tápela con película de plástico y deje que repose 30 minutos para que pueda extenderla con facilidad.

Por guarnición: unas 150 calorías, 5 g de proteínas, 25 g de hidratos de carbono, 3 g de grasa total (1 g de saturadas), 53 mg de colesterol, 335 mg de sodio

CUADRADOS DE HIERBAS

Preparación: 30 minutos, más reposo   *Cocción:* 5-8 minutos
Para 8 guarniciones o 4 platos principales

❖ Prepare la pasta básica (*véase* superior).

❖ Una vez que la pasta haya reposado 30 minutos, córtela por la mitad. Siga las instrucciones de la máquina y extiéndala lo más fina posible. También puede poner la mitad de la pasta sobre una superficie enharinada (guarde el resto cubierto con papel de plástico) y extiéndala formando un cuadrado de 30 cm de lado con el rodillo enharinado. Tape con película de plástico. Repita la operación con el resto de la pasta, pero no la cubra con película de plástico.

❖ Cubra la superficie de una tira de pasta, o el cuadrado de pasta no tapado, con trozos pequeños de hierbas, como perejil, eneldo, perifollo o estragón sin los tallos. Retire la película de plástico del primer trozo de pasta y póngalo con cuidado sobre la pasta cubierta con hierbas.

❖ Pase la tira de pasta a través de los rodillos de la máquina para pasta o extiéndala con un rodillo enharinado formando un cuadrado de 40 cm de lado. Corte la pasta en sentido horizontal para obtener 8 tiras de 5 cm de ancho, y luego, a lo largo, en 8 trozos, para conseguir 64 cuadrados de 5 cm. Espolvoree los cuadrados de pasta con harina, para que no se peguen.

❖ Forre una placa para hornear con papel antiadherente y espolvoree con harina. Coloque los cuadrados de pasta sobre la placa, intercalándolos con papel. Si no va a cocer la pasta enseguida, cúbrala con película de plástico y refrigérela.

❖ Para cocerla, ponga a hervir 6 litros de agua y 2 cucharaditas de sal a fuego vivo en una cacerola de 8 litros. Agregue la pasta y remuévala con cuidado para separarla. Lleve de nuevo el agua a ebullición. Baje el fuego a moderado y cuézala entre 3 y 5 minutos, o hasta que esté *al dente*.

❖ Escurra la pasta y mézclela con el aceite de oliva o la mantequilla. También puede servirla flotando sobre un caldo de pollo.

PAPPARDELLE AL LIMÓN Y LA PIMIENTA

Preparación: 25 minutos, más reposo   *Cocción:* 5-8 minutos
Para 8 guarniciones o 4 platos principales

❖ Prepare la pasta básica, pero añada una cucharada de corteza de limón finamente rallada y ½ cucharadita de pimienta molida a la pasta.

❖ Cuando la pasta haya reposado 30 minutos, córtela por la mitad. Siga las instrucciones de la máquina y extiéndala, de manera que adquiera un grosor mínimo. O bien, ponga la pasta sobre una superficie enharinada (guarde el resto envuelto con película de plástico) y extiéndala para formar un cuadrado de 30 cm con la ayuda de un rodillo enharinado.

❖ Corte la pasta en 12 tiras de 2 o 3 cm de ancho. Espolvoréelas con harina para evitar que se peguen.

❖ Forre una placa de horno con papel antiadherente y espolvoree con harina. Coloque las tiras de pasta sobre la placa; cúbralas con película de plástico a medida que forma capas. Repita la operación con el resto de la pasta. Si no va a cocer la pasta enseguida, cúbrala con película de plástico y refrigérela.

❖ Para cocerla, ponga a hervir 6 litros de agua y 2 cucharaditas de sal a fuego vivo en una cacerola de 8 litros. Agregue la pasta y remuévala con cuidado para separarla, lleve de nuevo a ebullición. Baje el fuego a moderado y cuézala entre 3 y 5 minutos, o hasta que esté *al dente*.

❖ Escurra bien la pasta y sírvala con aceite de oliva o mantequilla.

PASTAS RELLENAS Y HORNEADAS

Siempre populares en los menús hogareños y apropiadas para invitar sin demasiadas complicaciones, las pastas horneadas se aprecian por sus salsas sabrosas y fragantes, y sus deliciosos hilos de queso derretido. Es esencial no cocer la pasta en exceso, para que no quede blanda y pastosa durante el horneado.

CANELONES DE QUESO Y CALABACÍN

◆◆◆◆◆◆◆◆◆◆◆◆◆◆◆◆◆◆◆◆◆◆◆

Preparación: 40 minutos *Horno:* 40 minutos
Para 7 platos principales

14 tubos de canelones	125 g de queso Provolone rallado
2 calabacines pequeños (unos 350 g)	2 huevos medianos
1 cebolla pequeña	salsa *marinara* (*véase* pág. 352)
2 cucharadas de aceite de oliva	1 cucharada de albahaca o perejil fresco, picado
425 g de queso Ricotta	ramitas de albahaca para adornar
125 g de Mozzarella rallado	pan italiano (opcional)

1 Prepare los tubos de canelones siguiendo las instrucciones del paquete, pero no sale el agua. Escúrralos. Mientras, ralle los calabacines y pique finamente la cebolla.

2 Caliente el aceite en una sartén de 26 cm. Agregue los calabacines y la cebolla, y cueza, removiendo a menudo, hasta que estén dorados y todo el líquido se haya evaporado. Retire del fuego.

3 Prepare el relleno: mezcle los quesos Ricotta, Provolone y Mozzarella y los huevos en un cuenco grande, hasta que estén bien amalgamados. Mézclelos con los calabacines y reserve.

4 Precaliente el horno a 190 °C (gas 5). Mida y reserve 125 g de salsa *marinara*. Distribuya el resto en el fondo de una fuente refractaria de 33 × 20 cm o en una cacerola poco honda de 3½-4 litros de capacidad; forme una capa uniforme.

5 Introduzca el relleno dentro de los tubos de los canelones hervidos, o bien ponga el relleno en una manga pastelera con boquilla y llene los canelones. Póngalos sobre la salsa, formando una capa. Asegúrese de que no tocan las paredes de la fuente.

6 Vierta el resto de la salsa sobre los canelones. Cubra con papel de aluminio y hornee 40 minutos, o hasta que la pasta esté bien caliente y la salsa burbujee. En el momento de servir, esparza por encima la albahaca picada. Adorne con ramitas de albahaca. Sirva los canelones con pan italiano, si lo desea.

CADA RACION: UNAS 485 CALORÍAS, 23 g DE PROTEÍNAS, 41 g DE HIDRATOS DE CARBONO, 26 g DE GRASA TOTAL (12 g DE SATURADAS), 115 mg DE COLESTEROL, 1.010 mg DE SODIO

RIGATONI Y GUISANTES HORNEADOS

Preparación: 35 minutos   *Horno:* 30-35 minutos
Para 8 platos principales

450 g de *rigatoni* o macarrones
   rayados, secos
sal
105 g de margarina o mantequilla
30 g de harina
675 ml de leche
125 g de queso parmesano recién
   rallado

300 g de guisantes congelados,
   descongelados
400 g de tomates enlatados,
   picados
30 g de hojas de albahaca frescas,
   cortadas a tiras
30 g de migas de pan seco

◆ Prepare la pasta siguiendo las instrucciones del paquete y sale el agua con 2 cucharaditas de sal. Escúrrala, devuélvala a la cacerola y resérvela al calor. Precaliente el horno a 180 °C (gas 4). Mientras, derrita 75 g de margarina en un cazo de 2 litros a fuego lento. Agregue la harina y cueza 2 minutos removiendo. Vierta la leche gradualmente mientras bate con una batidora de varillas. Aumente el fuego a moderado y cueza unos 15 minutos removiendo a menudo hasta que la salsa hierva y se espese ligeramente. Mézclela con una cucharadita de sal y 90 g de parmesano.

◆ Vierta la salsa sobre los *rigatoni* y mezcle bien. Agregue los guisantes, los tomates con su zumo y la albahaca. Vierta la mezcla de pasta en una fuente refractaria de 33 × 20 cm o una cacerola poco honda de 3½ - 4 litros de capacidad. Derrita el resto de la margarina en un cazo pequeño a fuego lento. Retire del fuego y mezcle con las migas de pan y los 35 g de parmesano restantes. Esparza sobre la pasta y hornéela de 30 a 35 minutos.

Cada ración: unas 485 calorías, 19 g de proteínas, 60 g de hidratos de carbono, 19 g de grasa total (7 g de saturadas), 24 mg de colesterol, 870 mg de sodio

MACARRONES Y QUESO CON BAJO CONTENIDO EN GRASAS

Preparación: 30 minutos   *Horno:* 20 minutos
Para 6 platos principales

350 g de macarrones o coditos
450 g de requesón granulado,
   desnatado
2 cucharadas de harina
450 ml de leche descremada
125 g de queso Cheddar curado,
   rallado

1 cucharadita de sal
¼ de cucharadita de pimienta
   negra molida
¼ de cucharadita de nuez
   moscada, rallada
30 g de parmesano recién
   rallado

◆ Prepare los macarrones siguiendo las instrucciones del paquete, pero no sale el agua; escúrralos. Precaliente el horno a 190 °C (gas 5). Rocíe una cacerola poco honda de 2 litros y medio de capacidad con un aerosol de cocción antiadherente, o pincélela con un poco de aceite. Bata el requesón descremado en el robot eléctrico con la cuchilla metálica hasta que esté homogéneo. (Puede mezclar el requesón con 60 ml de leche en la batidora a velocidad alta.)

◆ Bata la harina con 60 ml de leche en un cazo de 2 litros hasta que la mezcla esté lisa. Vierta gradualmente el resto de la leche

hasta que los ingredientes estén bien amalgamados. Cueza a fuego moderado, removiendo a menudo, hasta que la mezcla se espese ligeramente y empiece a hervir. Retire el recipiente del fuego y mezcle su contenido con el requesón descremado, el queso Cheddar, la sal, la pimienta y la nuez moscada rallada.

◆ Vierta los macarrones en la cacerola y la salsa de queso por encima. Hornee 20 minutos con el recipiente destapado. Retire la cacerola del horno y precaliente el *grill*. Esparza el parmesano por encima. Coloque la cacerola lo más cerca posible de la fuente de calor y gratine 2 o 3 minutos, hasta que la superficie esté dorada y burbujeante.

Cada ración: unas 400 calorías, 26 g de proteínas, 51 g de hidratos de carbono, 9 g de grasa total (6 g de saturadas), 28 mg de colesterol, 900 mg de sodio

PASTA ESTILO TEX-MEX

Preparación: 35 minutos   *Horno:* 15 minutos
Para 4 platos principales

225 g de ruedas o tirabuzones
225 g de chorizo, cortado en
   rodajas finas
1 pimiento verde grande, sin
   membranas ni semillas,
   cortado a dados
1 cebolla grande, cortada a dados
800 g de tomates enlatados

1 calabacín pequeño (unos 175 g),
   cortado a dados
450 g de maíz de lata, escurrido
125 g de chiles verdes en lata,
   picados y con el líquido
   reservado
60 g de queso Cheddar,
   rallado

◆ Prepare la pasta siguiendo las instrucciones del paquete, pero no sale el agua. Mientras, precaliente el horno a 200 °C (gas 6). Cueza las salchichas, el pimiento verde y la cebolla a fuego moderado-alto, en una sartén de 26 cm hasta que las hortalizas se ablanden; remueva a menudo. Tire la grasa del recipiente.

◆ Agregue los tomates, el calabacín, el maíz, los chiles y su líquido, y lleve a ebullición. Baje el fuego y cueza 5 minutos. Agregue la pasta y mezcle. Vierta la preparación en una cacerola poco profunda de 2 litros de capacidad o en una fuente refractaria de 30 × 18 cm. Espolvoree con el queso rallado y hornee 15 minutos o hasta que la superficie esté dorada.

Cada ración: unas 445 calorías, 31 g de proteínas, 86 g de hidratos de carbono, 29 g de grasa total (11 g de saturadas), 13 mg de colesterol, 1.305 mg de sodio

LASAÑA

Una fuente de lasaña caliente y burbujeante tiene un encanto intemporal. Presentamos, a continuación, recetas de lasaña para todos los gustos, desde una versión consistente con buey y salchichas a unos tentadores rollitos rellenos de queso. Puesto que la lasaña se congela perfectamente, es un plato ideal para preparar con antelación.

ROLLITOS DE LASAÑA A LOS TRES QUESOS

❖ ❖ ❖ ❖ ❖ ❖ ❖ ❖ ❖ ❖ ❖ ❖

Preparación: 35 minutos
Horno: 35-40 minutos
Para 8 platos principales

6 láminas de lasaña
800 g de tomates enlatados
225 ml de puré de tomate
425 g de queso Ricotta
175 g de queso Mozzarella
** semigraso, rallado**
45 g de parmesano, recién rallado
½ cucharadita de pimienta negra
** molida**
4 cucharadas de albahaca fresca,
** picada**
2 cucharaditas de aceite de oliva
1 cebolla mediana, picada
1 calabacín mediano (unos 125 g),
** cortado a dados**
1 tomate pequeño, cortado
** a dados**
1 cucharada de alcaparras en
** conserva, escurridas y picadas**

1 Prepare las láminas de lasaña según las instrucciones del paquete. Escúrralas y enjuáguelas con agua fría. Devuelva las láminas a la cacerola y cúbralas con agua fría. Mientras, mezcle los tomates y el puré en una fuente refractaria de 3 litros y rómpalos con el dorso de una cuchara. Prepare el relleno: mezcle todos los quesos, la pimienta y 3 cucharadas de albahaca picada en un cuenco grande.

2 Precaliente el horno a 190 °C (gas 5). Escurra la lasaña y corte las láminas por la mitad, a lo largo. Extienda el relleno por encima, repartiéndolo uniformemente, y enrolle las placas como si fuera un brazo de gitano. Corte cada rollo por la mitad.

3 Coloque los rollitos de lasaña con el lado cortado hacia arriba sobre la salsa de la fuente; tape con papel de aluminio y hornee entre 35 y 40 minutos, o hasta que la preparación esté bien caliente.

4 Mientras, prepare la guarnición. Caliente el aceite en una sartén de 26 cm. Agregue la cebolla y cuézala hasta que esté tierna. Incorpore los calabacines y cuézalos hasta que estén tiernos.

5 Agregue los dados de tomate, las alcaparras y la cucharada restante de albahaca. Al servir, distribuya la salsa y los rollitos de lasaña en 6 platos y reparta las hortalizas por encima.

CADA RACIÓN: UNAS 290 CALORÍAS, 18 g DE PROTEÍNAS, 32 g DE HIDRATOS DE CARBONO, 11 g DE GRASA TOTAL (5 g DE SATURADAS), 30 mg DE COLESTEROL, 680 mg DE SODIO

LASAÑA DE BUEY Y SALCHICHAS

Preparación: 1 hora, más reposo **Horno:** *45 minutos*
Para 10 platos principales

12 láminas secas de lasaña	1 cucharadita de azúcar
225 g de salchichas picantes, peladas	¾ de cucharadita de hierbas secas variadas
225 g de buey, picado	425 g de queso Ricotta
1 cebolla mediana, picada	1 huevo mediano
800 g de tomates enlatados	15 g de perejil fresco, picado
2 cucharadas de tomate concentrado	225 g de queso Mozzarella semigraso, rallado
1 cucharadita de sal	

◆ Prepare las láminas de lasaña siguiendo las instrucciones del paquete, pero no sale el agua. Escúrralas y enjuáguelas con agua fría. Devuélvalas a la cacerola. Cúbralas con agua fría y deje que reposen.

◆ Mientras, prepare la salsa de carne: cueza las salchichas, el buey picado y la cebolla a fuego vivo en una cacerola de 4 litros; hasta que la carne esté dorada; remueva a menudo para romper las salchichas. Tire la grasa. Agregue los tomates con su zumo y los 4 ingredientes siguientes. Lleve a ebullición y rompa los tomates con el dorso de una cuchara. Baje el fuego; tape y cueza 30 minutos a fuego lento, removiendo de vez en cuando. Reserve la preparación.

◆ Precaliente el horno a 190 °C (gas 5). Mezcle el queso Ricotta, con el huevo y el perejil en un cuenco mediano. Escurra las láminas de lasaña sobre un lienzo limpio.

◆ Coloque la mitad de las láminas de lasaña encabalgándolas ligeramente en el fondo de una fuente refractaria de 33 x 20 cm. Cubra con la mezcla de Ricotta. Esparza por encima la mitad de la Mozzarella y cúbrala con la mitad de la salsa. Coloque encima las láminas de lasaña restantes, la salsa de carne y el resto de la Mozzarella. Cubra con papel de aluminio y hornee 30 minutos.

◆ Destape y hornee 15 minutos más, o hasta que la salsa esté dorada y burbujeante. Deje reposar 15 minutos antes de servir.

Cada ración: unas 400 calorías, 23 g de proteínas, 27 g de hidratos de carbono, 22 g de grasa total (10 g de saturadas), 90 mg de colesterol, 785 mg de sodio

LASAÑA DE CHAMPIÑONES

Preparación: 1 hora, más reposo **Horno:** *50 minutos*
Para 12 platos principales

15 g de setas calabaza secas	750 g de champiñones, cortados en rodajas
16 láminas secas de lasaña	2 cucharadas de perejil fresco, picado
1,2 litros de leche	425 g de queso Ricotta
75 g de mantequilla o margarina	
40 g de harina	300 g de espinacas, congeladas picadas, descongeladas y exprimidas
una pizca de nuez moscada, rallada sal y pimienta negra molida	
75 g de escalonias, finamente picadas	125 g de parmesano recién rallado

◆ Ponga las setas y 175 ml de agua caliente en un cuenco, y deje que reposen 30 minutos. Saque las setas del cuenco con una espumadera y enjuáguelas para retirar cualquier resto de tierra. Píquelas y resérvelas. Cuele el líquido a través de una muselina dispuesta sobre un tamiz, y resérvelo. Mientras, prepare las láminas de lasaña siguiendo las instrucciones del paquete, pero no sale el agua. Escúrralas y enjuáguelas con agua fría. Devuélvalas a la cacerola y cúbralas con agua fría. Deje que reposen.

◆ Prepare la salsa bechamel. Ponga a hervir la leche a fuego moderado-alto en un cazo de 3 litros. Mientras, derrita 45 g de mantequilla a fuego moderado en un cazo de 4 litros. Agregue la harina y cueza 1 minuto, removiendo. Vierta gradualmente la leche, batiendo con una batidora de varillas, así como la nuez moscada, ½ cucharadita de sal y ⅛ de cucharadita de pimienta. Lleve a ebullición; baje el fuego y cueza 5 minutos a fuego lento, removiendo. Retire del fuego.

◆ Derrita el resto de la mantequilla a fuego moderado-alto en una sartén de 30 cm. Agregue las escalonias y cuézalas 1 minuto. Incorpore los champiñones, ½ cucharadita de sal y ⅛ de cucharadita de pimienta, y cueza 10 minutos, o hasta que el líquido se haya evaporado. Mezcle con las setas calabaza y su líquido, y cueza hasta que éste se haya evaporado. Retire del fuego y mezcle con el perejil.

◆ Precaliente el horno a 190 °C (gas 5). Mezcle el queso Ricotta, las espinacas, 30 g de parmesano, ½ cucharadita de sal, ¼ de cucharadita de pimienta y 125 ml de bechamel. Escurra las láminas de lasaña sobre lienzos limpios.

◆ Extienda 125 ml de salsa bechamel en una fuente refractaria de 13 x 20 cm. Coloque encima 4 láminas de lasaña, encabalgándolas ligeramente. Cubra con la mitad de la mezcla de setas, 225 ml de bechamel, 30 g de parmesano y 4 láminas de lasaña. Agregue toda la mezcla de Ricotta, 4 láminas de lasaña, el resto de las setas, 225 ml de bechamel y 30 g de parmesano. Cubra con las láminas restantes de lasaña, la bechamel y el parmesano. Tape con papel de aluminio y hornee 30 minutos.

◆ Destape y hornee 20 minutos más, o hasta que la salsa burbujee y la superficie esté ligeramente dorada. Deje reposar 15 minutos antes de servir.

Cada ración: unas 355 calorías, 18 g de proteínas, 36 g de hidratos de carbono, 16 g de grasa total (9 g de saturadas), 51 mg de colesterol, 580 mg de sodio

FIDEOS ORIENTALES

Con tan sólo unos pocos ingredientes especiales, es sorprendentemente fácil recrear los sabores exóticos de platos de fideos orientales. Los comercios especializados en productos de Oriente y muchos supermercados tienen los ingredientes necesarios para estas recetas. Si no encuentra fideos de arroz, puede sustituirlos por espaguetis o *linguine*.

PASTEL DE FIDEOS A LA CANTONESA

◆◆◆◆◆◆◆◆◆◆◆◆◆

Preparación: 25 minutos
Cocción: 35-45 minutos
Para 6 platos principales

450 g de fideos de huevo chinos o espaguetis

350 g de solomillo de cerdo, cortado en lonchas muy finas

2 cucharadas de jerez seco

4 cucharadas de salsa de soja

2 cucharadas, más 4 cucharaditas, de aceite vegetal

1 pimiento rojo grande, sin membranas ni semillas, cortado en trozos de 2-3 cm

4 cebollas tiernas y grandes, cortadas en trozos de 4 cm

350 g de *bok choy* (col china), cortada, en sentido horizontal, en trozos de 4 cm

125 g de tirabeques, sin los hilos

2 cucharaditas de maicena

2 cucharadas de jengibre fresco, finamente picado y pelado

425 g de setas de paja de arroz chinas enlatadas, escurridas

1 Prepare los fideos siguiendo las instrucciones del paquete, pero no sale el agua. Escúrralos. Mientras, mezcle las lonchas de carne, el jerez y 2 cucharadas de salsa de soja en una fuente para hornear de 30 x 18 cm, y resérvela. Caliente una cucharada de aceite a fuego moderado en una sartén antiadherente de 30 cm. Ponga los fideos en la sartén, formando una torta de 30 cm. Cuézalos entre 5-8 minutos, o hasta que estén dorados por la parte inferior.

COBERTURA DE TOFÚ

Si prefiere una versión ligera y vegetariana de este pastel de fideos, sustituya 450 g de tofú (queso de soja) firme por la carne. Corte el tofú a dados de 2 o 3 cm. Siga las instrucciones de la carne, pero cueza el tofú unos 5 minutos en el paso 5.

2 Invierta los fideos sobre una fuente. Deslícelos, a continuación, en la sartén, y cuézalos por la otra cara entre 5-8 minutos más, o hasta que. Trasládelos a una fuente grande, caliente, y resérvelos al calor.

4 Páselo al cuenco con la carne de cerdo. Caliente 2 cucharaditas de aceite, y añada el *bok choy* y los tirabeques, y cuézalos hasta que estén tiernos y crujientes. Trasládelos al cuenco con la mezcla de cebolla.

3 Mientras los fideos se cuecen, caliente 2 cucharaditas de aceite en una cacerola de 5 litros. Agregue el pimiento rojo y las cebollas tiernas, y cuézalos hasta que estén tiernos y crujientes.

5 Mezcle la maicena, 225 ml de agua y el resto de la salsa de soja en un cuenco pequeño. Caliente la cucharada restante de aceite en la misma cacerola. Añada la mezcla de cerdo y jengibre, y cueza hasta que la carne pierda el tono rosado. Devuelva las hortalizas a la cacerola, mézclalas con la maicena y las setas. Cueza a fuego moderado-alto, sin dejar de remover, hasta que la mezcla hierva y se espese ligeramente. Viértala sobre el pastel de fideos y córtelo en porciones.

CADA RACIÓN: UNAS 465 CALORÍAS, 25 g DE PROTEÍNAS, 64 g DE HIDRATOS DE CARBONO, 11 g DE GRASA TOTAL (2 g DE SATURADAS), 33 mg DE COLESTEROL, 945 mg DE SODIO

SOPA DE FIDEOS JAPONESA

Preparación: 25 minutos   Cocción: 20 minutos
Para 4 platos principales

1 cucharada de aceite vegetal
175 g de tofú firme, cortado en trozos de 2-3 cm
3 cebollas tiernas, cortadas en rodajas finas, diagonales
1 cucharada de jengibre fresco, pelado y rallado
25 g de sopa *shiro miso* instantánea (sopa de pasta de judías de soja blancas), o 1½ cubitos de caldo vegetal
225 g de fideos *udon* (fideos gruesos, de harina de arroz) o *linguine*

1 zanahoria grande, cortada a tercios en sentido horizontal, y luego en sentido vertical en tiras finas como cerillas
1 pimiento rojo mediano, sin membranas ni semillas, cortado en tiras finas
3 tiras (cada una de 7 × 1 cm) de corteza de limón
¼ de cucharadita de copos de chile seco
1 manojo pequeño de berros, sin los tallos duros

◆ Caliente el aceite vegetal a fuego moderado-alto en una sartén antiadherente de 26 cm. Agregue el tofú, las judías verdes y el jengibre, y cueza 5 minutos o hasta que esté dorado. Resérvelo.

◆ Ponga a hervir 2 litros de agua a fuego vivo en un cazo de 4 litros. Agregue la sopa preparada, los 5 ingredientes siguientes y la mezcla de tofú, y lleve a ebullición. Baje el fuego y cueza a fuego lento entre 8 y 10 minutos, o hasta que los fideos estén cocidos (los *linguine* necesitan un poco más de tiempo). Agregue los berros y cuézalos hasta que empiecen a estar mustios. Sirva enseguida (los fideos *udon* absorben el líquido rápidamente).

Cada ración: unas 355 calorías, 17 g de proteínas, 54 g de hidratos de carbono, 9 g de grasa total (2 g de saturadas), 0 mg de colesterol, 540 mg de sodio

FIDEOS Y POLLO A LA TAILANDESA

Preparación: 25 minutos   Cocción: 35 minutos
Para 4 platos principales

225 g de fideos de arroz secos o *linguine*
1 tallo fresco de hierba limonera
4 cebollas tiernas grandes
2 pechugas de pollo grandes, peladas y deshuesadas (unos 450 g)
1 cucharada de aceite vegetal
300 g de champiñones, cortados en rodajas

1 cucharada de jengibre fresco, finamente picado
2 cucharaditas de pasta de curry roja
2 cucharadas de salsa de soja
400 ml de leche de coco de lata
1 pimiento rojo mediano
2 cucharadas de cilantro fresco, picado

◆ Prepare los fideos de arroz o *linguine* siguiendo las instrucciones del paquete, y escúrralos. Devuélvalos a la cacerola y resérvelos al calor. (Si el paquete no lleva instrucciones, cuézalos como si se tratara de pasta común unos 5 minutos, o hasta que estén tiernos.) Mientras, retire la capa externa de la hierba limonera. Recorte y corte 15 cm a partir del extremo del bulbo y tire la parte superior. Corte el tallo por la mitad, a lo largo. Corte 2 cebollas tiernas en trozos de 2 o 3 cm, y reserve 2 para adornar. Corte las pechugas de pollo en tiras anchas de 2 o 3 cm.

◆ Caliente el aceite a fuego moderado-alto en una sartén antiadherente de 30 cm. Agregue los champiñones y las cebollas, y cuézalos hasta que estén dorados. Traspáselos a un cuenco.

◆ Agregue el jengibre y la pasta de curry roja a la sartén, y cueza 1 minuto, removiendo. Incorpore la hierba limonera, las tiras de pollo, la salsa de soja, la leche de coco y 225 ml de agua, y lleve a ebullición. Baje el fuego; tape y cueza 10 minutos a fuego lento, o hasta que el pollo pierda su color rosado.

◆ Mientras cuece el pollo, corte el pimiento rojo y las cebollas tiernas reservadas en tiras finas como el papel, de 7 u 8 cm de longitud. Retire la hierba limonera del pollo y tírela. Mézclelo con los champiñones y el cilantro, y caliente bien. En el momento de servir, ponga los fideos en un cuenco grande y cúbralos con la mezcla de pollo. Adorne con las tiras de pimiento rojo y cebolla tierna.

Cada ración: unas 450 calorías, 35 g de proteínas, 52 g de hidratos de carbono, 11 g de grasa total (4 g de saturadas), 81 mg de colesterol, 660 mg de sodio

PAD THAI

Preparación: 25 minutos, más remojo   Cocción: 5 minutos
Para 4 platos principales

225 g de fideos de arroz finos, o pasta de cabello de ángel
60 ml de zumo de lima
60 ml de salsa de pescado (*nuoc nam*)
2 cucharadas de azúcar
1 cucharada de aceite vegetal
225 g de gambas medianas, peladas y sin el conducto intestinal (*véase* pág. 90), cortadas por la mitad a lo largo
2 dientes de ajo, picados

¼ de cucharadita de copos de chile seco
3 huevos medianos, ligeramente batidos
175 g de brotes de soja, enjuagados
60 g de cacahuetes tostados, sin salar, picados
3 cebollas tiernas, cortadas en rodajas finas
30 g de hojas de cilantro fresco
gajos de lima

◆ Ponga los fideos de arroz, si los usa, en un cuenco grande y cúbralos con agua caliente; deje que reposen 20 minutos. Escúrralos y córtelos en trozos de 10 cm. Si utiliza cabello de ángel, córtelo por la mitad y cuézalo siguiendo las instrucciones del paquete; enjuáguelo con agua fría. Mezcle el zumo de lima, la salsa de pescado y el azúcar en un cuenco pequeño. Tenga a mano el resto de los ingredientes antes de empezar a cocinarlos.

◆ Caliente el aceite a fuego vivo en una sartén de 30 cm. Agregue los langostinos, el ajo y los copos de chile, y cueza, removiendo 1 minuto. Incorpore los huevos y cuézalos 20 segundos, sin dejar de remover, o hasta que estén justo cuajados. Agregue los fideos y cuézalos 2 minutos, removiendo. Vierta la mezcla de zumo de lima, la mitad de los brotes de soja, la mitad de los cacahuetes y de las cebollas tiernas, y cueza 1 minuto, removiendo. Traspase los fideos a una fuente. Cúbralos con el resto de los brotes de soja, los cacahuetes y las cebollas tiernas. Esparza por encima el cilantro y acompañe con gajos de lima.

Cada ración: unas 440 calorías, 28 g de proteínas, 47 g de hidratos de carbono, 16 g de grasa total (3 g de saturadas), 297 mg de colesterol, 1.170 mg de sodio.

CEREALES

Y LEGUMBRES

11

CEREALES Y LEGUMBRES

Los cereales y las legumbres, alimentos básicos y fuentes de proteínas de muchas culturas del mundo, desempeñan un papel muy importante en la cocina mediterránea; además, son económicos, pobres en grasas, ricos en nutrientes y, si se sirven juntos, forman un plato completo de proteínas. Cuando se planifican las comidas, pocos alimentos resultan tan versátiles como éstos: se pueden preparar tanto platos robustos y saciantes como guarniciones y ensaladas deliciosas, gracias a sus sabores pronunciados.

COMPRA Y CONSERVACIÓN

Los cereales y las legumbres se conservan un año o más, pero poco a poco son menos sabrosos y se secan a medida que transcurre el tiempo. Para obtener los mejores resultados, cómprelos en pequeñas cantidades y utilícelos en el plazo de 6 meses. Evite aquellos paquetes cuyo contenido parezca polvoriento o mohoso. Guarde los cereales y las legumbres en recipientes herméticos y en un lugar frío y seco. El salvado que se encuentra en el arroz integral y en otros cereales sin tratar los hace más perecederos, por lo que es preferible congelarlos si desea guardarlos más tiempo.

Las legumbres cocidas pueden refrigerarse, tapadas herméticamente en la nevera unos 4 o 5 días, o congelarse 6 meses (descongélelas a temperatura ambiente durante 1 hora). Los cereales cocidos pueden refrigerarse hasta 5 días. Puesto que se conservan muy bien, es una buena idea cocinar el doble para utilizarlo posteriormente en ensaladas, sopas, *pilafs* y salteados rápidos. El arroz cocido se endurece al refrigerarse, pero se recalienta muy bien en el microondas.

REMOJAR LAS LEGUMBRES

Hay dos razones para remojar las legumbres secas en agua antes de cocinarlas. La primera es que dicho proceso las ablanda y les devuelve su humedad, a la vez que reduce el tiempo de cocción. La segunda es que el remojo facilita que algunos de los oligosacáridos (azúcares complejos que el cuerpo humano no puede asimilar), que favorecen la formación de gases, se disuelvan en el agua, lo que agiliza la digestión. Tire siempre el agua en que ha remojado las legumbres y cuézalas en agua limpia.

Para remojar las legumbres, cúbralas con agua sobrepasándolas 5 cm. (Recuerde que las legumbres triplican el tamaño, por lo que debe ponerlas en una cacerola o cuenco grande.) El tiempo de remojo habitual es de toda una noche u 8 horas. Sin embargo, si se dejan demasiadas horas en agua pueden empezar a fermentar, por lo que debe seguir las instrucciones de la receta o del paquete. Cuando el factor tiempo es importante, puede utilizar el método de remojo rápido. Para ello, hierva simplemente el agua y las legumbres durante 3 minutos, y retire el recipiente del fuego. Tápelo y deje que repose 1 hora, y tire el líquido de remojo.

POR QUÉ DEBEN ENJUAGARSE

Por lo general, no es necesario enjuagar el arroz envasado antes de cocerlo. Ello es debido a que ya se ha limpiado durante el proceso de molido, con lo que ha perdido la cobertura de almidón, que contiene nutrientes tales como tiamina, niacina y hierro. Sin embargo, se debe enjuagar el arroz silvestre y algunas variedades importadas, como el arroz *basmati* o jazmín tailandés, que pueden contener piedrecitas o partículas de suciedad.

En cuanto a las legumbres, hay que retirar las piedrecitas, las ramitas o los ejemplares arrugados, y a continuación enjuagarlas con agua fría antes de cocerlas. Las legumbres también deben enjuagarse; de este modo se obtiene una mejor textura y presentación del plato acabado.

LAS CLAVES DEL ÉXITO

• Para obtener una textura muy ligera, deje que el arroz hervido repose 5 minutos antes de ahuecarlo y servirlo.
• Para realzar el sabor del arroz, cuézalo con caldo.
• No destape el arroz al cocerlo, pues si el calor y el vapor se escapan del recipiente se consigue una textura pulposa.
• No añada sal ni ningún ingrediente ácido por ejemplo, tomates, vinagres, vino o zumo de cítricos a las legumbres al cocerlas, ya que pueden endurecer las pieles y alargar el tiempo de cocción. Hay que añadirlos cuando ya estén cocidas.
• Compruebe el punto de cocción del arroz y las legumbres, pues el grado de humedad y la variedad pueden modificar el tiempo de cocción. El arroz debe quedar blando y esponjoso, y las legumbres han de presentar una textura cremosa, pero sin que resulten reducidas a puré.
• Deje que las legumbres cocidas se enfríen en el líquido de cocción para evitar que se resequen.

MÉTODOS DE COCCIÓN DEL ARROZ

Se conocen dos métodos básicos para cocer el arroz: la inmersión y la absorción. Por el primer método, el arroz se hierve como la pasta, en una gran cantidad de agua salada, hasta que está cocido, y luego se escurre; la desventaja de este método es que los nutrientes se pierden con el agua de cocción. En el otro: el arroz se cuece en una cantidad de líquido calculada para que quede absorbida en su totalidad, por lo que no se pierden los nutrientes. (Los aparatos eléctricos para cocer arroz utilizan el método de absorción y avisan una vez que está cocido.) El tiempo de cocción y el líquido necesario varían de acuerdo con la variedad de arroz elegido (*véase* recuadro, pág. 371). En el caso del arroz blanco de grano largo, mezcle 400 g de arroz con 450 ml de líquido de cocción, una cucharadita de sal (opcional) y una cucharada de mantequilla (opcional) en una cacerola de 2 o 3 litros. Lleve a ebullición, baje el fuego, tape y cueza entre 18 y 20 minutos. Retire el recipiente del fuego y deje que el arroz repose tapado por espacio de 5 minutos.

VARIEDADES DE ARROZ

Arroz de grano largo. Granos de arroz alargados, finos y pulidos. Al cocerse, los granos quedan secos y se separan con facilidad.

Arroz precocido. Arroz que se ha precocido al vapor. Los granos se mantienen firmes y separados una vez cocido.

Arroz instantáneo. Arroz cocido total o parcialmente y que luego se ha deshidratado. Se cuece en minutos, y se conserva seco y con una buena consistencia.

Arroz *arborio*. Es el arroz tradicional para preparar el *risotto* italiano. Este arroz de grano casi redondo tiene un elevado contenido en almidón y adquiere una textura húmeda y cremosa al cocerse. Las variedades Vialone Nano y Carnaroli presentan un contenido similar en almidón.

Arroz integral. Es la variedad de arroz menos procesada. Se le retira la envoltura externa, pero conserva las capas internas de salvado, altamente nutritivas y llenas de fibra. Esto le proporcionan un color ligeramente tostado, un sabor a nueces y una buena textura.

Arroz *basmati*. Se trata de un arroz de grano largo, originario de la India, muy apreciado por su perfume fragante, su sabor delicado y textura ahuecada. Una vez cocido, los granos, finos y largos, se alargan aún más, lo que lo hace ideal para *pilafs*.

Arroz silvestre. No es un arroz, sino la semilla de una hierba acuática. Sus granos largos y de color marrón oscuro tienen un sabor que recuerda a los frutos secos. Enjuáguelo antes de cocinarlo.

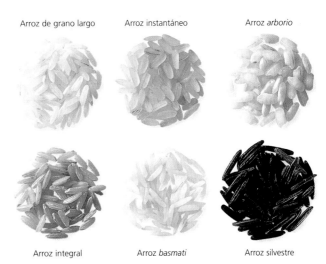

Arroz de grano largo   Arroz instantáneo   Arroz *arborio*

Arroz integral   Arroz *basmati*   Arroz silvestre

¿QUÉ ES EL ARROZ GLUTINOSO?

El arroz glutinoso o pegajoso es un arroz de grano corto, procedente de Asia, que tiene un sabor dulce y una textura blanda por su alto contenido en almidón. Se utiliza en los *dim sum* chinos, el *sushi* japonés y algunos postres. Puede comprarse en los establecimientos de alimentación que expenden productos orientales.

TIEMPOS DE COCCIÓN DEL ARROZ

VARIEDAD DE ARROZ (200g)	CANTIDAD DE LÍQUIDO	TIEMPO DE COCCIÓN	CANTIDAD OBTENIDA
Grano largo	400–450 ml	18–20 min	600 g
Grano corto-mediano	350–400 ml	18–20 min	600 g
Integral	450–575 ml	45–50 min	600–800 g
Silvestre	450–575 ml	45–60 min	450 g

LOS CEREALES

Cuscús. Granos de sémola precocida. En la cocina norteafricana, se cuece al vapor y se acompaña con carnes y hortalizas especiadas para preparar el plato del mismo nombre.

Bulgur. Granos de trigo sometidos a vapor, secados y aplastados, de consistencia tierna y buena textura. Es un alimento muy común en Oriente Medio, donde se emplea para preparar el tabulé.

Cebada. Se trata de un cereal muy antiguo, que se utiliza en el desayuno y para preparar panes, ensaladas y sopas. La cebada perlada se somete a un proceso de pulido para retirar la envoltura externa. La cebada perlada de coccion rápida se precuece al vapor.

Granos de trigo. Los granos de trigo no procesados tienen una buena textura y se emplean para preparar ensaladas, *pilafs*, gachas para los desayunos u hornear.

Quinoa. La quinoa, el alimento básico de los incas, es rica en proteínas y nutrientes vitales. Sus semillas se cuecen rápidamente; tienen un sabor que recuerda a la tierra y una textura esponjosa.

Harina de maíz. Se obtiene del maíz seco (blanco o amarillo) y molido. Se utiliza para hornear y se cuece para preparar la polenta, un plato típico del norte de Italia. Los granos de maíz molidos a la piedra contienen todavía el germen del maíz y tienen el mejor sabor. Guarde la harina de maíz en la nevera o el congelador.

Cuscús   *Bulgur*   Cebada

Granos de trigo   Quinoa   Harina de maíz

Alforfón. Tiene unos granos que pueden cocerse como el arroz. Los tostados se denominan *kasha*. La harina se alforfón, o trigo sarraceno, se utiliza para preparar los *blinis*.

LAS LEGUMBRES

Judías negras. Las judías negras son un alimento básico en las cocinas de Sudamérica, Centroamérica, México y países caribeños. Tienen un sabor ligeramente dulce y son muy apreciadas como base para la sopa de judías negras, junto con arroz o como relleno para los burritos mexicanos.

Judías blancas. Se utilizan para preparar las judías horneadas enlatadas. Crudas son ideales para preparar platos de cocción lenta, como las cazuelas, ya que mantienen bien su forma.

Guisantes amarillos y verdes partidos. Estos guisantes, previamente pelados y partidos por la mitad, tienen un sabor ligeramente dulce, que armoniza bien con el jamón. Pueden cocerse formando un puré blando.

Judías *borlotti*. Estas judías gordezuelas tienen un color cremoso, recorrido por venas rojas, pero adquieren una tonalidad uniforme durante la cocción. Presentan un sabor ligeramente amargo y dulce a la vez.

Judías rosas. Estas judías de color marrón rojizo son muy populares en los estados de la costa oeste de Estados Unidos, donde se emplean para preparar chile y fríjoles refritos. Se pueden utilizar igual que las judías pintas.

Fríjoles. Estas judías de un tono verde pálido tienen un sabor delicado. Son populares para su uso en sopas, como guarnición y en ensaladas. Pueden sustituirse por judías blancas en la mayoría de las recetas.

Judías de careta. Son judías ovaladas, de color beige pálido, con un ojo negro circular. Se emplean en sopas y ensaladas. Tienen un sabor consistente y una textura harinosa.

Garbanzos. Se emplean para preparar el *hummous*, un mojo cremoso de Oriente Medio. Se utilizan ampliamente en las cocinas española, italiana e india. Su tiempo de cocción puede variar, por lo que siempre debe verificarse el punto de cocción.

Judías arriñonadas. Estas judías de tamaño medio tienen una piel de color rojo oscuro, una carne pálida y un sabor dulce y consistente.

Judías blancas alargadas o *cannellini*. Tienen una textura cremosa y un sabor suave. Estas judías son muy empleadas en la cocina italiana, donde se utilizan en la preparación de sopas o platos de pasta, o se mezclan con atún para las ensaladas.

Judías pintas. Estas judías de un tono rosado pálido están pinceladas con trazos de un color marrón rojizo. Se utilizan mucho en Sudamérica, México y Centroamérica, donde entran en la preparación de sopas, guisos o en los fríjoles refritos mexicanos. Se pueden emplean igual que las judías rosas.

Habas (secas). Las habas secas, planas y de uno tono marrón claro recuerdan a las judías manteras. Tienen una piel dura, que debe retirarse blanqueándolas antes de cocerlas. Se utilizan en los países mediterráneos y en Oriente Medio para preparar sopas y ensaladas.

Judías manteras. Estas grandes judías ovaladas de color crema mantienen bien su forma una vez cocidas. Se sirven a menudo solas o en ensaladas.

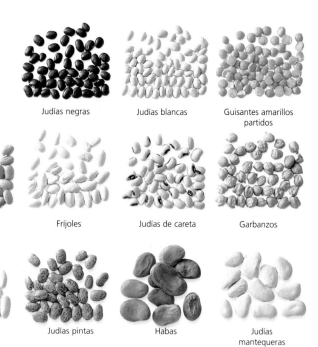

Judías negras   Judías blancas   Guisantes amarillos partidos

Judías *borlotti*   Judías rosas   Fríjoles   Judías de careta   Garbanzos

Judías arriñonadas   Judías blancas alargadas   Judías pintas   Habas   Judías manteras

LAS LENTEJAS

Las lentejas, uno de los cultivos más antiguos, están llenas de proteínas y se cuecen de muchas formas, desde los *dal* indios (un plato especiado con lentejas, tomates, cebollas y condimentos) hasta un amplio abanico de guisos y ensaladas. No necesitan precocerse y se cuecen más rápidamente que el resto de las legumbres.

Lentejas del Puy. Se considera que tienen el mejor sabor. Además, puesto que son muy pequeñas, se cuecen con rapidez, mantienen bien su forma y tienen un sabor que recuerda a las nueces.

Lentejas rojas. Son una variedad pequeña y roja. Una vez cocidas, adquieren un color amarillo y quedan muy blandas. Se utilizan para preparar los *dal* indios.

Lentejas verdes. Son muy populares en la cocina europea. Presentan una textura firme y un sabor pronunciado.

Lentejas marrones. Son la variedad más común. Tienen una textura firme y un sabor suave.

Lentejas del Puy   Lentejas rojas   Lentejas verdes   Lentejas marrones

ARROZ

El arroz, quizás uno de los alimentos más versátiles, constituye la base de muchos platos tradicionales de todo el mundo. Aquí presentamos recetas que reflejan las cocinas de España, México, China, la India y Oriente Medio. Nuestras ideas para arroces aromatizados de la página 376 ilustran cómo puede transformarse un simple arroz blanco mediante la adición de hierbas o especias.

PAELLA VEGETAL

◆ ◆

Preparación: 40 minutos, más reposo   Horno: 50 minutos
Para 8 platos principales

1 berenjena pequeña (unos 450 g), cortada por la mitad, a lo largo, y luego en rodajas horizontales de 1 cm de grosor

2 cucharadas, más 60 ml, de aceite de oliva o vegetal

1 cebolla mediana, cortada a dados

225 g de champiñones, cortados por la mitad o a cuartos

2 calabacines pequeños (unos 350 g), cortados en trozos de 2-3 cm

2 tomates medianos, cortados en trozos de 2 cm

80 ml de caldo vegetal

450 g de arroz de cocción rápida

400 g de corazones de alcachofa enlatados, escurridos

¼ de cucharadita de sal

½ cucharadita de hebras de azafrán

400 g de garbanzos enlatados, enjuagados y escurridos

300 g de guisantes congelados

40 g de aceitunas rellenas de pimiento, enjuagadas y escurridas

½ cucharadita de tomillo fresco, picado

AZAFRÁN

El azafrán, la especia más cara, corresponde a los estigmas de color amarillo anaranjado de la flor de un crocos, que se recogen a mano y seguidamente se secan. Se encuentra disponible en forma de hebras o polvo y debe usarse con moderación, pues un exceso aporta a los alimentos un sabor a medicina. Utilice preferentemente las hebras, ya que el azafrán en polvo pierde sabor con el almacenaje. Su color dorado y sabor distintivo son tradicionales en la paella, la bullabesa y el *risotto* a la milanesa.

1 Precaliente el horno a 230 °C (gas 8). Pincele las rodajas de berenjena por ambas caras con 2 cucharadas de aceite, hornéelas durante 15 minutos dándoles una vuelta. Resérvelas. Reduzca la temperatura del horno a 180 °C (gas 4).

2 Mientras, caliente los 60 ml de aceite restante en una sartén de 30 cm a fuego moderado-alto. Agregue la cebolla y cuézala removiendo ocasionalmente hasta que esté tierna.

3 Añada los champiñones y cuézalos removiendo de vez en cuando hasta que estén tiernos y dorados. Agregue los calabacines y cueza 1 minuto.

4 Añada los tomates, el caldo vegetal, el arroz, los corazones de alcachofas, la sal, el azafrán, la pimienta y la berenjena y lleve a ebullición a fuego vivo. Transfiera la mezcla de arroz a una cacerola plana de 4 litros. Hornee sin tapar unos 50 minutos, o hasta que el arroz esté tierno y el líquido se haya evaporado.

5 Retire la cacerola del horno y añada los guisantes, los garbanzos, las aceitunas y el tomillo. Deje reposar la paella 10 minutos para que se calienten los últimos ingredientes.

CADA RACIÓN: UNAS 475 CALORÍAS, 12 g DE PROTEÍNAS, 78 g DE HIDRATOS DE CARBONO, 13 g DE GRASA TOTAL (2 g DE SATURADAS), 0 mg DE COLESTEROL, 715 mg SODIO

ARROZ CON POLLO

Preparación: 15 minutos, más reposo   *Cocción:* 40 minutos
Para 4 platos principales

1 cucharada de aceite vegetal
750 g de muslos de pollo, deshuesados
1 cebolla mediana, picada
1 pimiento mediano, sin membranas ni semillas, cortado en trozos de 1 cm
1 diente de ajo, muy finamente picado
⅛ de cucharadita de pimienta de Cayena, molida

200 g de arroz de grano largo
1 tira de corteza de limón (de 7 x 1 cm)
¼ de cucharadita de orégano seco
400 ml de caldo de pollo
150 g de guisantes congelados
60 g de aceitunas rellenas de pimiento, picadas
15 g de cilantro fresco, picado
gajos de limón para adornar

◆ Caliente el aceite a fuego moderado-alto en una cacerola de 5 litros. Agregue los muslos de pollo y cuézalos entre 8 y 10 minutos o hasta que estén bien dorados; déles una vuelta. Traspáselos a un cuenco. Baje el fuego a moderado y agregue la cebolla y el pimiento; cuézalos 5 minutos, o hasta que se ablanden. Agregue el ajo y la pimienta de Cayena, y prosiga la cocción 30 segundos más. Incorpore el arroz y cueza 1 minuto, removiendo. Añada la corteza de limón, el orégano y el caldo, más 50 ml de agua. Devuelva el pollo a la cacerola y lleve a ebullición, a fuego vivo. Baje el fuego; tape y cueza 20 minutos a fuego lento, o hasta que, al pinchar los muslos con un cuchillo, los jugos salgan claros.

◆ Agregue los guisantes. Tape y deje que se calienten. Retire la cacerola del fuego y espere 5 minutos. Vierta el contenido en una fuente de servicio y adorne con las aceitunas, el cilantro y los gajos de limón.

Cada ración: unas 440 calorías, 27 g de proteínas, 52 g de hidratos de carbono, 14 g de grasa total (3 g de saturadas), 77 mg de colesterol, 450 mg de sodio

ARROZ FRITO CHINO

Preparación: 5 minutos   *Cocción:* 30 minutos
Para 4 platos principales

200 g de arroz de grano largo
½ cucharadita de sal
3 cucharadas de aceite vegetal
125 g de jamón cocido, cortado a dados

75 g de guisantes congelados (descongelados)
1 cucharada de cebolla tierna, picada
6 huevos medianos

◆ Prepare el arroz siguiendo las instrucciones del paquete. Mientras, bata ligeramente los huevos y la sal hasta que estén bien amalgamados, y resérvelos.

◆ Caliente 2 cucharadas de aceite a fuego moderado en una sartén antiadherente de 30 cm. Agregue el arroz y remueva con

cuidado, hasta que esté bien recubierto con el aceite. Apártelo a un lado de la sartén.

◆ Agregue la cucharada restante de aceite a la sartén y caliéntelo 1 minuto a fuego vivo. Vierta los huevos y cuézalos, removiendo sin cesar, hasta que los huevos tengan el tamaño de unos guisantes pequeños y se separen de las paredes de la sartén.

◆ Mezcle el arroz con los huevos, agregue el jamón y los guisantes y caliéntelos. Esparza por encima la cebolla tierna.

Cada ración: unas 430 calorías, 21 g de proteínas, 41 g de hidratos de carbono, 20 g de grasa total (5 g de saturadas), 335 mg de colesterol, 755 mg de sodio.

JAMBALAYA

Preparación: 20 minutos   *Cocción:* 45 minutos
Para 6 platos principales

225 g de salchichas picantes, pinchadas con un tenedor
1 cebolla mediana, finamente picada
1 pimiento verde mediano, sin membranas ni semillas, cortado a dados
1 tallo de apio mediano, cortado a dados
1 diente de ajo, muy finamente picado
⅛ de cucharadita de pimienta de Cayena, molida

300 g de arroz de grano largo
⅛ de cucharadita de tomillo seco
¼ de cucharadita de sal
400 ml de caldo de pollo
400 g de tomates enlatados, escurridos y picados
450 g de langostinos medianos, pelados y sin el conducto intestinal (*véase* pág. 90)
2 cebollas tiernas, cortadas en rodajas finas
salsa tabasco (opcional)

◆ Cueza las salchichas a fuego moderado en una cacerola de 5 litros durante 10 minutos, o hasta que estén uniformemente doradas. Póngalas sobre papel absorbente para que escurran y deje que se enfríen. Corte las salchichas en trozos de 1 cm.

◆ Agregue la cebolla, el pimiento verde y el apio a la cacerola, y cuézalos 10 minutos, o hasta que se ablanden. Incorpore el ajo y la pimienta de Cayena, y cueza 30 segundos sin dejar de remover.

◆ Incorpore el arroz y cuézalo 1 minuto, removiendo. Agregue el tomillo, la sal, el caldo y 350 ml de agua. Devuelva las salchichas a la cacerola y lleve a ebullición, a fuego vivo. Baje el fuego, tape y cueza 15 minutos a fuego lento.

◆ Agregue los tomates; tape y cueza 5 minutos. Incorpore los langostinos, tape y cueza otros 5 minutos, o hasta que estén opacos.

◆ Traspase la mezcla a una fuente de servicio y esparza por encima las cebollas tiernas. Acompañe con la salsa tabasco si lo desea.

Cada ración: unas 385 calorías, 22 g de proteínas, 45 g de hidratos de carbono, 13 g de grasa total (4 g de saturadas), 152 mg de colesterol, 710 mg de sodio

ARROZ AL COMINO CON JUDÍAS DE CARETA

Preparación: 10 minutos, más reposo   Cocción: 30 minutos
Para 6 guarniciones

1 cucharada de aceite vegetal
1 cebolla mediana, finamente picada
1 diente de ajo, muy finamente picado
2 cucharaditas de semillas de comino
300 g de arroz de grano largo

400 ml de caldo de pollo o vegetal
¼ de cucharadita de sal
400 g de judías de careta, enjuagadas y escurridas
2 cucharadas de cilantro fresco, picado
gajos de lima

◆ Caliente el aceite a fuego moderado en una cacerola de 3 litros. Agregue la cebolla y cuézala 5 minutos, o hasta que se ablande. Añada el ajo y las semillas de hinojo y cueza hasta que estén fragantes. Incorpore el arroz y cuézalo 1 minuto, sin dejar de remover.

◆ Vierta el caldo de pollo, más 375 ml de agua y sal. Lleve a ebullición, a fuego vivo. Baje el fuego; tape y cueza 15 minutos a fuego lento.

◆ Mezcle el arroz con las judías de careta. Tape y cueza 4 minutos más. Retire el recipiente del fuego y deje que repose 5 minutos. Vierta la mezcla en una fuente y esparza por encima el cilantro. Acompañe con gajos de lima.

Cada ración: unas 265 calorías, 8 g de proteínas, 51 g de hidratos de carbono, 4 g de grasa total (1 g de saturadas), 5 mg de colesterol, 580 mg de sodio

ARROZ INDIO ESPECIADO

Preparación: 2 minutos, más reposo   Cocción: 25 minutos
Para 4 guarniciones

1 cucharada de aceite vegetal
1 trozo de canela en rama, de 7-8 cm de largo
10 granos de pimienta negra

6 cápsulas de cardamomo
4 clavos
200 g de arroz de grano largo
½ cucharadita de sal

◆ Caliente el aceite a fuego moderado en una cacerola de 2 litros. Agregue la canela en rama, los granos de pimienta, el cardamomo y los clavos, y cueza, removiendo a menudo, hasta que las especias empiecen a oscurecerse. Añada el arroz y cuézalo 1 minuto, sin dejar de remover.

◆ Sale y vierta 450 ml de agua. Lleve el arroz a ebullición, a fuego vivo. Baje el fuego; tape y cueza 20 minutos a fuego lento. Retire el arroz del fuego y deje que repose 5 minutos. Ahuéquelo con un tenedor.

Cada ración: unas 205 calorías, 3 g de proteínas, 38 g de hidratos de carbono, 4 g de grasa total (1 g de saturadas), 0 mg de colesterol, 270 mg de sodio

PILAF DE ARROZ PERSA

Preparación: 10 minutos, más reposo   Cocción: 30 minutos
Para 4 guarniciones

15 g de mantequilla o margarina
1 cebolla pequeña, finamente picada
200 g de arroz de grano largo
400 ml de caldo de pollo o vegetal
40 g de pasas
una pizca de canela, molida

⅛ de cucharadita de pimienta negra molida
½ cucharadita de corteza de naranja, rallada
60 g de piñones, tostados
15 g de perejil fresco, picado

◆ Derrita la mantequilla a fuego moderado en una cacerola de 2 litros.

◆ Agregue la cebolla picada y cuézala 4 minutos removiendo a menudo hasta que se ablande. Incorpore el arroz y cuézalo 1 minuto, removiendo.

◆ Vierta el caldo de pollo y 50 ml de agua, las pasas, la canela molida y la pimienta negra. Lleve a ebullición a fuego vivo. Baje el fuego, tape y cueza 20 minutos a fuego lento.

◆ Saque el arroz del fuego y déjelo reposar 5 minutos. Agregue la corteza de naranja y ahueque el arroz con un tenedor. Mézclelo con los piñones y el perejil.

Cada ración: unas 285 calorías, 7 g de proteínas, 49 g de hidratos de carbono, 8 g de grasa total (2 g de saturadas), 10 mg de colesterol, 475 mg de sodio

EL MUNDO DEL ARROZ

Hay más de 40.000 variedades de arroz y más de la mitad de la población mundial come arroz como plato básico. Se encuentran especialidades en todo el mundo. En la India y en Oriente Medio, el arroz *pilaf* se prepara dorando el arroz en mantequilla o aceite caliente antes de cocerlo en un caldo, para que los granos se mantengan separados. Los cocineros japoneses prefieren una variedad de arroz más feculenta, mientras que, en el norte de Tailandia, el arroz está tan cohesionado que puede comerse con las manos. En China el arroz se sirve, a modo de desayuno, en una preparación denominada *congee*.

Rijsttafel, una palabra holandesa que significa «mesa de arroz», es una adaptación de una comida indonesia muy popular en Holanda: consiste en una fuente de arroz caliente, especiado, acompañado de varias guarniciones, entre las que se encuentran mariscos y carnes fritas, curries y encurtidos. En España y México, se prepara el arroz con pollo, aromatizado generalmente con tomates, pimientos, cebollas, guindillas y guisantes. La paella española contiene, por lo general, una mezcla de pollo, mariscos, salchichas, cerdo y hortalizas, a los que el azafrán aporta su color dorado. La *jambalaya*, una versión de la paella que se prepara en Nueva Orleans, puede incluir jamón y langostinos, y utiliza la pimienta de Cayena en vez del azafrán. El «arroz sucio» también tiene su origen en Nueva Orleans; queda «sucio» debido a que en su composición entran higadillos de pollo.

ARROCES AROMATIZADOS

ARROZ CON CILANTRO Y NARANJA. Ponga a hervir a fuego vivo, 200 g de arroz de grano largo, 225 g de caldo de pollo o vegetal, 175 ml de agua y ¼ de cucharadita de sal en un cazo de 2 litros. Baje el fuego; tape y cueza entre 18 y 20 minutos a fuego lento, hasta que el arroz esté tierno y haya absorbido el líquido. Mézclelo con 2 cucharadas de cilantro fresco picado y ½ cucharadita de corteza de naranja rallada. Para 4 guarniciones.

Cada ración: unas 180 calorías, 4 g de proteínas, 38 g de hidratos de carbono, 1 g de grasa total (0 g de saturadas), 5 mg de colesterol, 400 mg de sodio

ARROZ VERDE. Ponga a hervir a fuego vivo, 200 g de arroz de grano largo, 225 ml de caldo de pollo o vegetal, 175 ml de agua y ¼ de cucharadita de sal en una cacerola de 2 litros. Baje el fuego; tape y cueza 15 minutos a fuego lento. Agregue 300 g de espinacas congeladas picadas, descongeladas y exprimidas; tape y cueza 5 minutos. Añada 60 g de queso Feta desmenuzado. Para 4 guarniciones.

Cada ración: unas 235 calorías, 8 g de proteínas, 42 g de hidratos de carbono, 4 g de grasa total (2 g de saturadas), 17 mg de colesterol, 620 mg de sodio

Arroz con nueces y perejil

Arroz con sésamo y soja

ARROZ CON LIMÓN Y PEREJIL. Ponga a hervir a fuego vivo 200 g de arroz de grano largo con 225 ml de caldo de pollo o vegetal, 175 ml de agua y ¼ de cucharadita de sal en una cacerola de 2 litros. Baje el fuego, tape y cueza entre 18 y 20 minutos a fuego lento, o hasta que el arroz esté tierno y haya absorbido el líquido. Mézclelo con 2 cucharadas de perejil fresco picado y una cucharadita de corteza de limón rallada, hasta que estén bien amalgamados. Para 4 guarniciones.

Cada ración: unas 180 calorías, 4 g de proteínas, 38 g de hidratos de carbono, 1 g de grasa total (0 g de saturadas), 5 mg de colesterol, 405 mg de sodio

ARROZ CON NUECES Y PEREJIL. Ponga a hervir a fuego vivo 200 g de arroz de grano largo con 225 ml de caldo de pollo o vegetal, 175 ml de agua y ¼ de cucharadita de sal en una cacerola de 2 litros. Baje el fuego; tape y cueza entre 18 y 20 minutos a fuego lento, o hasta que el arroz esté tierno y haya absorbido el líquido. Mézclelo con 30 g de nueces picadas tostadas, 2 cucharadas de perejil fresco picado y 15 g de mantequilla o margarina, hasta que los ingredientes estén bien amalgamados. Para 4 guarniciones.

Cada ración: unas 250 calorías, 5 g de proteínas, 39 g de hidratos de carbono, 8 g de grasa total (1 g de saturada), 13 mg de colesterol, 435 mg de sodio

ARROZ CON SÉSAMO Y SOJA. Ponga a hervir 200 g de arroz de grano largo, 225 ml de caldo de pollo o vegetal, 175 ml de agua y ¼ de cucharadita de sal a fuego vivo. Baje el fuego; tape y cueza entre 18 y 20 minutos, a fuego lento, o hasta que el arroz esté tierno y haya absorbido el líquido. Mézclelo con 2 cebollas tiernas picadas, 2 cucharaditas de salsa de soja y ¼ de cucharadita de aceite de sésamo. Para 4 guarniciones.

Cada ración: unas 180 calorías, 4 g de proteínas, 38 g de hidratos de carbono, 1 g de grasa total (0 g de saturadas), 13 mg de colesterol, 575 mg de sodio

ARROZ CON QUESO CHEDDAR. Ponga a hervir, a fuego vivo, 200 g de arroz de grano largo con 225 ml de caldo de pollo o vegetal, 175 ml de agua y ¼ de cucharadita de sal en una cacerola de 2 litros. Baje el fuego, tape y cueza entre 18 y 20 minutos a fuego lento, o hasta que el arroz esté tierno y haya absorbido el líquido. Mézclelo con 60 g de queso Cheddar rallado, 2 cucharaditas de chile verde suave, en conserva y escurrido, y 3 cebollas tiernas, cortadas en rodajas finas. Para 4 guarniciones.

Cada ración: unas 240 calorías, 8 g de proteínas, 38 g de hidratos de carbono, 6 g de grasa total (3 g de saturadas), 21 mg de colesterol, 505 mg de sodio

ARROZ CON COCO. Ponga a hervir, a fuego vivo, 200 g de arroz de grano largo, 225 ml de caldo de pollo o vegetal, 175 ml de agua y ¼ de cucharadita de sal en una cacerola de 2 litros. Baje el fuego; tape y cueza entre 18 y 20 minutos a fuego lento, o hasta que el arroz esté tierno y haya absorbido el líquido. Mézclelo con 125 ml de leche de coco sin endulzar, ½ cucharadita de corteza de lima rallada y una pizca de pimienta de Cayena. Para 4 guarniciones.

Cada ración: unas 245 calorías, 5 g de proteínas, 39 g de hidratos de carbono, 8 g de grasa total (7 g de saturadas), 5 mg de colesterol, 405 mg de sodio

ARROZ AL LIMÓN Y AL PARMESANO. Ponga a hervir, a fuego vivo, 200 g de arroz de grano largo, 225 ml de caldo de pollo o vegetal, 175 ml de agua y ¼ de cucharadita de sal en una cacerola de 2 litros. Baje el fuego, tape y cueza entre 18 y 20 minutos a fuego lento, o hasta que el arroz esté tierno y haya absorbido el líquido. Mézclelo con 30 g de parmesano recién rallado, una cucharadita de corteza de limón rallada y ¼ de cucharadita de pimienta negra molida. Para 4 guarniciones.

Cada ración: unas 205 calorías, 7 g de proteínas, 38 g de hidratos de carbono, 3 g de grasa total (1 g de saturadas), 10 mg de colesterol, 520 mg de sodio

RISOTTO

Un buen *risotto* cremoso, una especialidad del norte de Italia, basa su calidad en un arroz de grano corto con elevado contenido en almidón, denominado *arborio*, y una buena dosis de paciencia. Los granos de arroz se saltean primero y luego se les añade caldo progresivamente, hasta que lo absorbe. Un *risotto* perfecto se presenta tierno y ligeramente *al dente*.

RISOTTO
PRIMAVERA

◆◆◆◆◆◆◆◆◆◆◆◆◆

Preparación: 30 minutos
Cocción: 55 minutos
Para 4 platos principales

400 ml de caldo de pollo o vegetal

2 cucharadas de aceite de oliva

3 zanahorias medianas, cortadas a dados

350 g de espárragos, sin los extremos duros y cortados en trozos de 5 cm

175 g de tirabeques sin los hilos y cortados por la mitad, en sentido horizontal

½ cucharadita de pimienta negra, molida gruesa

sal

1 cebolla pequeña, picada

400 g de arroz *arborio* (arroz italiano de grano corto o de Calasparra)

125 ml de vino blanco seco

60 g de queso parmesano recién rallado

15 g de albahaca o perejil fresco, picados

1 Ponga a hervir el caldo y 800 ml de agua a fuego vivo en un cazo de 2 litros. Baje el fuego para que el líquido apenas se agite y tape. Caliente a fuego moderado una cucharada de aceite de oliva en una cacerola de 4 litros. Agregue las zanahorias y cuézalas 10 minutos. Incorpore los espárragos, los tirabeques, la pimienta y ¼ de cucharadita de sal; tape y cueza unos 5 minutos, o hasta que estén tiernos y crujientes. Traspase las hortalizas a un cuenco y resérvelas.

2 Caliente la cucharada restante de aceite en la misma cacerola. Agregue la cebolla y cuézala hasta que esté tierna. Incorpore el arroz y ¼ de cucharadita de sal, y cueza, removiendo, hasta que el arroz esté opaco.

3 Vierta el vino blanco y cueza, removiendo continuamente, hasta que el vino se haya absorbido. Agregue unos 125 ml de caldo caliente al arroz y mezcle hasta que el líquido se absorba.

4 Continúe añadiendo caldo caliente, 125 ml cada vez sin dejar de remover, durante unos 25 minutos en total, o hasta que todo el líquido se haya sido absorbido y el arroz esté tierno, pero entero.

5 Cuando el *risotto* esté cocido (debe estar cremoso), mézclelo con las hortalizas, y caliéntelas. Remuévalo a continuación con el parmesano y la albahaca. Sírvalo de inmediato y bien caliente.

CONSEJOS

• Sirva el *risotto* enseguida, pues continúa absorbiendo líquido mientras reposa.

• Utilice una cacerola de fondo grueso, que se caliente uniformemente, y cueza el arroz a una temperatura lenta y constante.

• Mantenga el caldo a una temperatura caliente y uniforme, por debajo del punto de ebullición; de lo contrario, se cocería muy lento y se apelmazaría.

CADA RACIÓN: UNAS 645 CALORÍAS, 18 g DE PROTEÍNAS, 107 g DE HIDRATOS DE CARBONO, 12 g DE GRASA TOTAL (4 g DE SATURADAS), 18 mg DE COLESTEROL, 965 mg DE SODIO

RISOTTO CON LANGOSTINOS Y GUISANTES

Preparación: 35 minutos *Cocción:* 35 minutos
Para 4 platos principales

450 g de langostinos medianos
400 ml de caldo de pollo o vegetal
15 g de mantequilla o margarina
⅛ de cucharadita de pimienta negra molida
½ cucharadita de sal
1 cucharada de aceite de oliva
1 cebolla pequeña, finamente picada
400 g de arroz *arborio* (arroz italiano
   de grano corto o de Calasparra)
125 ml de vino blanco seco
150 g de guisantes mini congelados
15 g de perejil fresco, picado

◆ Pele y retire el conducto intestinal
de los langostinos (*véase* pág. 90) y reserve
los caparazones. Hierva en una cacerola
de 3 litros y a fuego vivo el caldo, 900 ml de
agua y los caparazones reservados. Baje
el fuego y cueza 20 minutos a fuego lento.
Cuele el caldo y, si fuese necesario, añádale
agua hasta obtener 1,2 litros. Devuelva
el caldo a la cacerola limpia y llévelo a
ebullición, a fuego vivo. Baje el fuego para
que el líquido apenas se agite y tápelo.

◆ Derrita la mantequilla a fuego moderado-
alto en una cacerola de 4 litros. Agregue
los langostinos, la pimienta y la sal, y
cuézalos 2 minutos, removiendo, o hasta
que los langostinos estén opacos. Páselos
al cuenco.

◆ Caliente el aceite a fuego moderado en
la misma cacerola. Agregue la cebolla y
cuézala 5 minutos, o hasta que esté tierna.
Añada el arroz y cuézalo, removiendo, hasta
que los granos estén opacos. Vierta el vino
y cuézalo hasta que se absorba. Agregue
125 ml de caldo caliente, pero no hirviendo,
y mezcle hasta que se absorba.

◆ Prosiga la cocción, añadiendo cada vez
125 ml de caldo y removiendo tras cada
adición durante unos 25 minutos, o hasta
que todo el líquido se haya absorbido
y el arroz esté tierno y cremoso, pero firme
todavía. Mézclelo con los guisantes y
los langostinos cocidos. Espolvoree con
el perejil.

Cada ración: unas 645 calorías, 30 g de proteínas,
100 g de hidratos de carbono, 8 g de grasa total
(3 g de saturadas), 191 mg de colesterol, 565 mg
de sodio

RISOTTO DE SETAS

Preparación: 20 minutos, más reposo
Cocción: 50 minutos *Para 4 platos principales*

15 g de setas calabaza secas
400 ml de caldo de pollo o vegetal
30 g de mantequilla o margarina
450 g de champiñones pequeños, cortados
   en rodajas
¼ de cucharadita de pimienta negra molida
½ cucharadita de sal
una pizca de tomillo seco
1 cucharada de aceite de oliva
1 cebolla pequeña, finamente picada
400 g de arroz *arborio* (arroz italiano de grano
   corto o de Calasparra)
125 ml de vino blanco seco
60 g de parmesano recién rallado
2 cucharadas de perejil fresco, picado

◆ Mezcle en un cuenco pequeño las setas
calabaza con 175 ml de agua hirviendo.
Retire las setas con una espumadera;
enjuáguelas y píquelas. Cuele el líquido del
remojo con un colador forrado con papel
de cocina. Ponga a hervir a fuego vivo,
el caldo, 750 ml de agua y el líquido de
las setas en un cazo de 2 litros. Baje el
fuego, para que el líquido apenas se agite,
y tape.

◆ Derrita la mantequilla a fuego
moderado en una cacerola de 4 litros.
Agregue los champiñones, la pimienta,
la sal y el tomillo, y cueza 10 minutos,
removiendo. Incorpore las setas calabaza
y traslade la mezcla de setas a un cuenco
con ayuda de una espumadera.

◆ Caliente el aceite a fuego moderado
en la misma cacerola, y cueza la cebolla
5 minutos. Añada el arroz y remueva, hasta
que los granos estén opacos. Vierta el vino y
cueza hasta que se absorba. Agregue 125 ml
de caldo caliente, pero no hirviendo, y
remueva hasta que lo vaya absorbiendo.

◆ Prosiga la cocción, añadiendo 125 ml
de caldo cada vez y removiendo tras cada
adición durante unos 25 minutos, o hasta
que todo el líquido se haya absorbido y el
arroz esté tierno y cremoso, pero todavía
entero. Agregue la mezcla de setas y
parmesano; caliente y mezcle con el perejil.

Cada ración: unas 645 calorías, 17 g de proteínas,
102 g de hidratos de carbono, 14 g de grasa total
(5 g de saturadas), 34 mg de colesterol, 600 mg
de sodio

RISOTTO DE CALABAZA A LA SALVIA

Preparación: 20 minutos *Cocción:* 50 minutos
Para 4 platos principales

1 calabaza de San Roque mediana (900 g)
400 ml de caldo de pollo o vegetal
30 g de mantequilla o margarina
¼ de cucharadita de pimienta negra molida
3 cucharadas de salvia fresca, picada
¼ de cucharadita de sal
1 cucharada de aceite de oliva
1 cebolla pequeña, finamente picada
¼ g de arroz *arborio* (arroz italiano de grano
   corto o de Calasparra)
75 ml de vino blanco seco
50 g de parmesano recién rallado

◆ Trocee la calabaza y corte y tire la
corteza. Divida la mitad en trozos de 1 cm
y ralle el resto. Ponga a hervir a fuego vivo,
el caldo y 800 ml de agua en un cazo de
2 litros. Baje el fuego para que el líquido
apenas se agite y tape el recipiente.

◆ Derrita la mantequilla a fuego moderado
en una cacerola de 4 litros. Agregue los
trozos de calabaza, la pimienta, 2 cucharadas
de salvia y la sal. Cueza 10 minutos,
removiendo a menudo, o hasta que la
calabaza esté tierna (añada entre
2 y 4 cucharadas de agua si la calabaza se
pega al recipiente antes de ablandarse).
Trasládela a un cuenco pequeño.

◆ Añada el aceite, la cebolla y la calabaza
rallada a la misma cacerola y cueza,
removiendo con frecuencia, hasta que las
hortalizas estén tiernas. Incorpore el arroz y
cuézalo, removiendo a menudo, hasta que
los granos se vuelvan opacos. Vierta el
vino y cueza hasta que se absorba. Vierta
125 ml de caldo caliente, pero no hirviendo,
y remueva hasta que lo haya absorbido.

◆ Prosiga la cocción, añadiendo cada vez
125 ml de caldo y removiendo bien tras cada
adición durante unos 25 minutos, o hasta
que todo el líquido se haya absorbido y el
arroz esté tierno y cremoso, pero todavía
entero. (Añada 125 ml de agua si fuese
necesario.) Agregue los trozos de calabaza,
el parmesano y el resto de la salvia,
y caliéntelo.

Cada ración: unas 690 calorías, 17 g de proteínas,
119 g de hidratos de carbono, 14 g de grasa total
(5 g de saturadas), 34 mg de colesterol, 470 mg
de sodio

CUSCÚS

La sémola granulosa denominada cuscús, y originaria del norte de África, se transforma rápidamente en una ensalada refrescante, que puede servirse como plato principal, o en una guarnición exótica para el pollo, el buey o el cordero. La versión envasada que se vende en los supermercados está lista en 5 minutos (tradicionalmente, el cuscús se remoja, se cuece al vapor y se seca varias veces).

ENSALADA DE CUSCÚS Y FRUTOS SECOS

Preparación: 20 minutos   Cocción: 5 minutos
Para 8 guarniciones

300 g de cuscús	½ cucharadita de azúcar
75 g de dátiles deshuesados	¼ de cucharadita de sal
1 manojo de perejil	150 g de pasas o sultanas
1 naranja grande	2 cucharadas de jengibre
2 cucharadas de aceite de oliva	cristalizado, picado
o vegetal	175 g de anacardos salados
2 cucharadas de vinagre de sidra	

1 Prepare el cuscús, siguiendo las instrucciones del paquete. Corte cada dátil en trozos de 3 cm. Reserve unas ramitas de perejil para adornar.

2 Pique finamente con un cuchillo de cocinero el perejil restante hasta obtener 3 cucharadas y resérvelo.

3 Prepare el aliño de naranja: ralle la corteza y exprima el zumo de la naranja. Bata el zumo y la corteza con el aceite, el vinagre de sidra, el azúcar y la sal en un cuenco grande, hasta que estén bien amalgamados.

4 Agregue el cuscús, los dátiles, el perejil picado, las pasas, el jengibre y los anacardos, y mézclelos bien con el aliño. Adorne con las hojas de perejil. Tape y refrigere si no lo va a servir enseguida.

DÁTILES

Con un contenido mínimo del 50 % de azúcar, los dátiles son los frutos más dulces. Se venden blandos, semiblandos o secos, según el estado de blandura que presenten al madurar: el *Deglet Noor*, una de las variedades más habituales, es un dátil mediano semiblando, mientras que el *Medjool*, un dátil muy grande, es el más conocido entre las variedades blandas. Los dátiles se venden tanto frescos como secos; la mayoría de los que se ofrecen en los supermercados han sido secados y parcialmente hidratados. Al comprarlos, evite los que estén demasiado arrugados (aunque una piel arrugada es normal) y los que presenten moho o cristales de azúcar en la piel. Los dátiles se conservan hasta 1 año en un recipiente herméticamente cerrado y hasta 5 años en la nevera.

Los dátiles se usan con frecuencia en pastelería (puede sustituir las pasas por dátiles picados), y quedan muy bien en ensaladas, *pilafs*, rellenos para pollo y guisos de cordero.

Medjool

Deglet Noor

CADA RACIÓN: UNAS 410 CALORÍAS, 9 g DE PROTEÍNAS, 60 g DE HIDRATOS DE CARBONO, 17 g DE GRASA TOTAL (4 g DE SATURADAS), 8 mg DE COLESTEROL, 370 mg DE SODIO

CUSCÚS AROMATIZADOS

El cuscús adquiere rápidamente diferentes aromas, lo que permite variar su gusto. Pruebe cualquiera de los siguientes:

Cuscús a la lima. Prepare el cuscús de acuerdo con las instrucciones del paquete, pero añada al agua antes de hervirla una cucharada de zumo de lima fresco y ½ cucharadita de corteza de lima rallada. Para 4 guarniciones.

Cada ración: unas 210 calorías, 6 g de proteínas, 36 g de hidratos de carbono, 5 g de grasa total (1 g de saturadas), 0 mg de colesterol, 245 mg de sodio

Cuscús a la marroquí. Prepare 175 g de cuscús según las instrucciones del paquete, pero añada al agua antes de hervirla, 40 g de sultanas, ¼ de cucharadita de canela molida, ¼ de cucharadita de cúrcuma molida y ¼ de cucharadita de comino molido. Para 4 guarniciones.

Cada ración: unas 245 calorías, 6 g de proteínas, 44 g de hidratos de carbono, 5 g de grasa total (1 g de saturadas), 0 mg de colesterol, 255 mg de sodio

Cuscús de cebolla tierna y tomates secos. Prepare 175 g de cuscús según las instrucciones del paquete, pero añada al agua, antes de hervirla, 1 cebolla tierna mediana, finamente picada, y 5 tomates secados al sol, picados. Para 4 guarniciones.

Cada ración: unas 225 calorías, 6 g de proteínas, 37 g de hidratos de carbono, 6 g de grasa total (1 g de saturadas), 0 mg de colesterol, 270 mg de sodio

Cuscús a la lima

Cuscús marroquí

Cuscús de cebolla tierna y tomates secos

CUSCÚS FRAGANTE DE HORTALIZAS

Preparación: 10 minutos, más reposo   Cocción: 15 minutos
Para 4 guarniciones

1 cucharada de aceite de oliva o vegetal	**sal y pimienta negra recién molida**
3 cebollas tiernas, finamente picadas	**⅛ de cucharadita de canela molida**
2 zanahorias medianas, peladas y cortadas a dados	**400 ml de caldo de pollo**
	175 g de cuscús
	½ cucharadita de corteza de naranja, rallada (opcional)

◆ Caliente el aceite a fuego moderado-alto en una cacerola de 3 litros. Añada las cebollas tiernas, zanahorias, ¼ de cucharadita de sal y ¼ de cucharadita de pimienta y cueza, removiendo de vez en cuando, hasta que las zanahorias estén tiernas y crujientes. Mezcle con la canela.

◆ Añada el caldo de pollo a las hortalizas, remueva con una cuchara de madera y lleve a ebullición a fuego vivo. Agregue el cuscús y remueva hasta que los ingredientes estén bien mezclados. Tape la cacerola, retírela del fuego y déjela reposar 5 minutos.

◆ Ahueque la mezcla de cuscús con un tenedor. Mezcle con la corteza de naranja si lo desea.

Cada ración: unas 235 calorías, 7 g de proteínas, 40 g de hidratos de carbono, 5 g de grasa total (1 g de saturadas), 8 mg de colesterol, 585 mg de sodio

ENSALADA DE CUSCÚS CON RABANITOS

Preparación: 15 minutos   Cocción: 5 minutos
Para 8 guarniciones

300 g de cuscús	**150 g de guisantes congelados (descongelados)**
400 ml de caldo vegetal	**3 cucharadas de aceite de oliva**
1 manojo de rabanitos, picados	**1 cucharadita de corteza de limón, rallada**
150 g de maíz congelado (descongelado)	
½ cucharadita de sal	

◆ Prepare el cuscús de acuerdo con las instrucciones del paquete, pero utilice caldo vegetal más agua para alcanzar la cantidad de líquido que indican las instrucciones del paquete; además no emplee mantequilla, margarina o sal.

◆ Mezcle los rabanitos picados, el maíz, los guisantes, el aceite de oliva, la corteza de limón y la sal en un cuenco grande. Agregue el cuscús y remueva hasta que los ingredientes estén bien combinados. Tape la ensalada y refrigérela si no la va a servir enseguida.

Cada ración: unas 220 calorías, 6 g de proteínas, 36 g de hidratos de carbono, 5 g de grasa total (1 g de saturadas), 0 mg de colesterol, 180 mg de sodio

HARINA DE MAÍZ

La harina de maíz obtenida a través de los granos de maíz secados y molidos es el ingrediente clave de la polenta, unas gachas sedosas de harina de maíz, típicas del norte de Italia. Puede servirse como guarnición, al igual que si se tratara de puré de patatas; intercalarse con capas de queso, o bien enfriarse y cortarse en lonchas que, a continuación, se asan o fríen. El pan de cuchara, una especie de suflé americano, es la versión sureña de las gachas de maíz. Añada siempre gradualmente la harina de maíz al líquido y remueva a fondo para evitar grumos.

POLENTA CON SETAS

◆◆◆◆◆◆◆◆◆◆◆◆

Preparación: 15 minutos, más reposo
Cocción: 35 minutos
Para 3 platos principales

15 g de setas calabaza, secas
225 g de setas chinas *shiitake*
225 g de champiñones pequeños
2 cucharadas de aceite de oliva
1 cebolla mediana, picada
30 g de mantequilla o margarina
1 cucharadita de orégano fresco, muy finamente picado, o ¼ de cucharadita de orégano seco
¼ de cucharadita de pimienta negra molida
½ cucharadita de sal
450 ml de leche
125 g de harina de maíz molida
30 g de parmesano recién rallado
ramitas de romero para adornar

UNA POLENTA PERFECTA

Éste es el método que utilizamos para obtener una polenta sin grumos. Vierta un tercio del líquido frío que indique la receta en la cacerola donde vaya a cocinarla; luego incorpore gradualmente la polenta, sin dejar de batir. Hierva en otro recipiente el líquido restante. Añada el líquido caliente a la mezcla de harina de maíz, batiendo continuamente.

1 Mezcle las setas calabaza y 225 ml de agua hirviendo y deje que reposen 30 minutos. Mientras, corte los pies de las setas *shiitake* y recorte los de los champiñones. Enjuague y corte en rodajas gruesas ambos tipos de setas. Caliente una cucharada de aceite de oliva a fuego moderado en una sartén de 30 cm. Agregue la cebolla y cuézala 5 minutos, o hasta que se ablande; traspásela a un cuenco pequeño. Caliente la mantequilla y el resto del aceite a fuego moderado en la misma sartén.

4 Prepare la polenta. Vierta 300 ml de leche y la sal en un cazo de 3 litros. Vierta gradualmente la harina de maíz, sin dejar de batir, hasta obtener una mezcla homogénea. Ponga a hervir los 150 ml restantes de leche y 450 ml de agua a fuego vivo, y bata con la mezcla de harina de maíz. Lleve de nuevo a ebullición, a fuego moderado-alto, sin dejar de batir. Baje el fuego.

2 Agregue las setas *shiitake* y los champiñones, el orégano y la pimienta, y cueza 10 minutos, removiendo. Mientras, escurra las setas calabaza con un tamiz y reserve 175 ml del líquido. Enjuague las setas y píquelas.

3 Devuelva la cebolla a la cacerola. Agregue las setas calabaza y el líquido al recipiente, y lleve a ebullición. Hierva 1 minuto. Retire de la sartén y guarde al calor.

5 Cueza la polenta, removiendo constantemente, durante 5 minutos, o hasta que se espese. Agregue el parmesano y mezcle bien. Sirva la polenta cubierta con la mezcla de setas y adorne con el orégano.

CADA RACIÓN: UNAS 545 CALORÍAS, 16 g DE PROTEÍNAS, 65 g DE HIDRATOS DE CARBONO, 26 g DE GRASA TOTAL (10 g DE SATURADAS), 49 mg DE COLESTEROL, 690 mg DE SODIO

TRIÁNGULOS DE POLENTA AL ROMERO

Preparación: 15 minutos, más reposo
Grill: 5-10 minutos
Para 8 guarniciones

1½ cucharaditas de sal
185 g de harina de maíz molida
675 ml de leche
15 g de mantequilla o margarina
ramitas de romero para adornar

½ cucharadita de romero fresco, finamente picado, o ¼ de cucharadita de romero seco, machacado

◆ Forre 2 tarteras circulares de 2 cm de altura con papel de aluminio y engráselo. Vierta 300 ml de agua y la sal en un cazo de 3 litros y deje caer gradualmente la harina de maíz.

◆ Ponga a hervir la leche a fuego moderado-alto en un cazo de 2 litros y viértala sobre la harina de maíz, sin dejar de batir. Lleve a ebullición, a fuego moderado-alto, batiendo continuamente. Baje el fuego y prosiga la cocción, removiendo sin cesar, entre 3 y 5 minutos, o hasta que la mezcla se espese.

◆ Vierta la mezcla en los moldes y deje reposar 10 minutos. Si no la va a servir enseguida, cúbrala y refrigérela.

◆ Precaliente el *grill* unos 20 minutos antes de servir el plato. Engrase la placa del *grill*. Corte cada círculo de polenta en 8 triángulos y colóquelos sobre la placa del *grill*.

◆ Derrita la mantequilla con el romero a fuego moderado en un cazo pequeño. Pincele los triángulos de polenta con la mezcla de mantequilla y adorne cada uno con una ramita de romero pequeña. Ase a unos 15 cm de la fuente de calor por espacio de entre 5 y 10 minutos, o hasta que estén ligeramente dorados y bien calientes.

Cada ración: unas 165 calorías, 5 g de proteínas, 24 g de hidratos de carbono, 5 g de grasa total (2 g de saturadas), 17 mg de colesterol, 460 mg de sodio

PAN DE CUCHARA

Preparación: 15 minutos, más reposo   Horno: 40 minutos
Para 8 guarniciones

750 ml de leche
½ cucharadita de sal
¼ de cucharadita de pimienta negra molida
125 g de harina de maíz amarilla, molida

60 g de mantequilla o margarina, troceada
3 huevos medianos, separadas las claras de las yemas

◆ Precaliente el horno a 200 °C (gas 6). Engrase una fuente de servicio refractaria poco profunda de 1 litro y medio de capacidad. Ponga a hervir la leche, la sal y la pimienta a fuego moderado-alto en un cazo de 4 litros. Retire del fuego e incorpore gradualmente la harina de maíz, sin dejar de batir. Bata la mantequilla con la mezcla, hasta que esté derretida. Deje que repose 5 minutos.

◆ Incorpore las yemas de huevo, batiendo bien. Bata las claras a punto de nieve en un cuenco con una batidora eléctrica a velocidad alta. Incorpore la mitad de las claras a la mezcla de harina de maíz, y luego el resto. Vierta la preparación en la fuente. Hornee entre 35 y 40 minutos, o hasta que haya cuajado. Sírvalo enseguida.

Cada ración: unas 200 calorías, 7 g de proteínas, 18 g de hidratos de carbono, 11 g de grasa total (5 g de saturadas), 108 mg de colesterol, 270 mg de sodio

POLENTA A LOS TRES QUESOS

Preparación: 45 minutos, más reposo   Horno: 20 minutos
Para 10 platos principales

salsa de tomate (*véase* inferior)
450 ml de crema de leche ligera
1 cucharadita de sal
½ cucharadita de pimienta negra molida
15 g de mantequilla o margarina

375 g de harina de maíz amarilla, molida
125 g de Mozzarella, rallado
125 g de Fontina, rallado
125 g de parmesano, rallado

◆ Prepare la salsa de tomate y resérvela al calor. Mientras, disponga la crema, la sal, la pimienta y 225 ml de agua en una cacerola refractaria de 5 litros. Incorpore gradualmente la harina de maíz, hasta obtener una mezcla homogénea. Agregue, batiendo, 1 litro y medio de agua hirviendo a fuego moderado-alto. Baje el fuego y cueza unos 5 minutos, removiendo constantemente, hasta que la polenta esté muy espesa. Incorpore la mantequilla y mezcle hasta que se haya derretido. Retire del fuego.

◆ Precaliente el horno a 220 °C (gas 7). Engrase una fuente refractaria de servicio de 33 x 20 cm. Mezcle los quesos en un cuenco mediano. Extienda un tercio de la polenta en la fuente. Reserve 60 g de la mezcla de quesos para la cobertura y cubra la polenta con la mitad del queso restante. Cubra con un tercio de polenta, el resto del queso y luego el resto de la polenta. Espolvoree por encima con los 60 g de queso reservados.

◆ Hornee 20 minutos, o hasta que la superficie esté dorada. Retire del horno y deje reposar 10 minutos para facilitar el servicio.

◆ Corte la polenta en 2 tiras longitudinales y luego cada una en 5 trozos. Acompañe con la salsa de tomate.

Cada ración: unas 500 calorías, 17 g de proteínas, 50 g de hidratos de carbono, 26 g de grasa total (11 g de saturadas), 51 mg de colesterol, 1.355 mg de sodio

---

SALSA DE TOMATE

Derrita 30 g de mantequilla o margarina a fuego moderado en una cacerola de 4 litros. Agregue 3 tallos de apio grandes, cortados a dados, y 3 zanahorias grandes, cortadas a dados; mezcle bien con la grasa. Tape y cueza 20 minutos, removiendo de vez en cuando, hasta que las hortalizas estén muy tiernas. Añada 1,2 litros de salsa de tomate preparada y lleve a ebullición. Baje el fuego; tape y cueza 15 minutos a fuego lento.

OTROS CEREALES

Además de los populares arroz y cuscús, hay una amplia variedad de cereales por descubrir. Tanto si desea preparar una guarnición saludable como un almuerzo apetitoso, su elección puede oscilar desde la quinoa (*véase* recuadro, inferior), el *bulgur*, la cebada perlada y el trigo, pues todos ellos le ofrecen unos sabores y texturas únicos. Estos deliciosos cereales son aún más apetitosos cuando se realzan con diferentes ingredientes sabrosos como frutos secos y hierbas frescas, frutas secas y hortalizas troceadas.

QUINOA CON MAÍZ

◆◆◆◆◆◆◆◆◆◆◆◆◆◆◆◆◆◆◆◆◆◆◆◆◆◆◆◆◆

Preparación: 10 minutos   Cocción: 20 minutos

Para 6 guarniciones

175 g de quinoa	**15 g de mantequilla o margarina**
sal	**¼ de cucharadita de pimienta**
3 mazorcas de maíz medianas, sin	**negra molida**
el hollejo ni los hilos sedosos	**½ cucharadita de corteza de**
4 cebollas tiernas	**limón, rallada**

1 Enjuague a fondo la quinoa con agua fría en un colador de malla fina. Póngala en un cazo de 2 litros con ½ cucharadita de sal y 400 ml de agua, y lleve a ebullición, a fuego vivo.

2 Baje el fuego; tape y cueza 15 minutos a fuego lento, o hasta que haya absorbido el agua. Mientras, corte los granos de maíz de las mazorcas y divida las cebollas tiernas en rodajas finas.

3 Derrita la mantequilla en una sartén. Agregue el maíz, las cebollas tiernas, la pimienta y ¼ de cucharadita de sal. Cueza 3 minutos, hasta que la preparación esté tierna y crujiente. Añada la quinoa y la corteza de limón. Cueza hasta que todo esté bien mezclado.

UN CEREAL CON ALTO CONTENIDO PROTEÍNICO

La quinoa, originaria de la cordillera de los Andes, en Sudamérica, fue cultivada por los antiguos incas. A diferencia de cualquier otro cereal o vegetal, la quinoa es una proteína completa (contiene los 8 aminoácidos esenciales). Además tiene un elevado contenido en hierro.

Se vende en establecimientos especializados en productos naturales; se cuece rápidamente y tiene una textura ligera y esponjosa. Puede cocerse siguiendo cualquiera de los métodos apropiados para el arroz. Enjuáguela bien antes de utilizarla para retirar la saponina, una cobertura amarga, de sabor jabonoso, que actúa como insecticida natural.

Dore la quinoa en una sartén seca por espacio de 5 minutos antes de cocerla para proporcionarle un delicioso sabor tostado. Si la va a servir como ensalada, cuézala con hortalizas crudas picadas y una vinagreta. También se puede servir con fruta y un poco de azúcar o miel, como un desayuno de cereales.

CADA RACIÓN: UNAS 165 CALORÍAS, 5 g DE PROTEÍNAS, 29 g DE HIDRATOS DE CARBONO, 4 g DE GRASA TOTAL (2 g DE SATURADAS), 5 mg DE COLESTEROL, 300 mg DE SODIO

PILAF DE BULGUR

Preparación: 10 minutos, más reposo *Cocción:* 30 minutos
Para 6 guarniciones

30 g de mantequilla o margarina
1 cebolla mediana, muy finamente picada
150 g de *bulgur* (trigo fragmentado)
400 ml de caldo de pollo o vegetal
1 trozo de canela en rama de 7-8 cm

400 g de garbanzos de lata, enjuagados y escurridos
60 g de orejones de albaricoques, picados
¼ de cucharadita de sal
⅛ de cucharadita de pimienta negra molida
15 g de perejil fresco, picado

◆ Derrita la mantequilla a fuego moderado en un cazo de 3 litros. Agregue la cebolla picada y cuézala 5 minutos, removiéndola a menudo, o hasta que esté tierna. Agregue el *bulgur* y cueza otros 2 minutos, removiendo.

◆ Vierta el caldo y agregue la canela en rama, los garbanzos, los albaricoques, la sal y la pimienta, y lleve a ebullición.

◆ Baje el fuego; tape y cueza 15 minutos a fuego lento. Retire del fuego y deje que repose 5 minutos. Mezcle el *pilaf* con el perejil y ahuéquelo con un tenedor.

Cada ración: unas 220 calorías, 7 g de proteínas, 37 g de hidratos de carbono, 6 g de grasa total (2 g de saturadas), 16 mg de colesterol, 350 mg de sodio

TRIGO Y PACANAS CON MANTEQUILLA DE AVELLANA

Preparación: 10 minutos, más remojo *Cocción:* 1¼ horas
Para 6 guarniciones

175 g de granos de trigo
30 g de mantequilla o margarina
1 cebolla mediana, finamente picada

sal y pimienta negra recién molida
60 g de pacanas, picadas
2 cucharadas de perejil fresco, picado

◆ Remoje desde la vigilia los granos de trigo en un cuenco mediano, cubriéndolos por completo con agua, que deberá sobrepasarlos 5 cm.

◆ Escurra los granos de trigo y póngalos en un cazo de 3 litros con 675 ml de agua; lleve a ebullición, a fuego vivo.

◆ Baje el fuego; tape y cueza 1 hora a fuego lento, o hasta que los granos de trigo estén tiernos, pero todavía firmes. Escúrralos y seque el recipiente.

◆ Derrita la mantequilla en el mismo cazo que antes ha utilizado a fuego moderado. Agregue la cebolla finamente picada y cuézala 5 minutos, removiendo con frecuencia, o hasta que esté tierna.

◆ Agregue ½ cucharadita de sal, ⅛ de cucharadita de pimienta y las pacanas picadas. Cueza unos 3 minutos, removiendo de vez en cuando, o hasta que las pacanas estén ligeramente tostadas y la mantequilla empiece a adquirir una ligera tonalidad parecida al color de la avellana.

◆ Agregue los granos de trigo y una cucharada de agua a la mezcla de pacanas, y mézclelos bien. Caliente la preparación, removiéndola. Retírela del fuego y mézclela con el perejil.

Cada ración: unas 235 calorías, 6 g de proteínas, 31 g hidratos de carbono, 11 g de grasa total (2 g de saturadas),11 mg de colesterol, 225 mg de sodio

PILAF DE CEBADA Y CHAMPIÑONES

Preparación: 15 minutos *Cocción:* 55 minutos
Para 6 guarniciones

200 g de cebada perlada
1 cebolla mediana, finamente picada
2 tallos de apio medianos, cortados en rodajas de 5 mm de grosor
350 g de champiñones, cortados en rodajas

400 ml de caldo de pollo o vegetal
½ cucharadita de sal
⅛ de cucharadita de pimienta negra molida
30 g de mantequilla o margarina
⅛ de cucharadita de tomillo seco
15 g de perejil fresco, picado

◆ Tueste la cebada a fuego moderado en una cacerola de 3 litros, sacudiéndola de vez en cuando, por espacio de 4 minutos, o hasta que empiece a dorarse. Trasládela a un cuenco.

◆ Derrita la mantequilla a fuego moderado en la misma cacerola. Agregue la cebolla y el apio, y cuézalos 5 minutos, o hasta que se ablanden. Incorpore los champiñones y cuézalos unos 10 minutos, o hasta que estén tiernos y el líquido se haya evaporado.

◆ Añada la cebada, el caldo y 200 ml de agua, la sal, la pimienta y el tomillo. Lleve a ebullición, a fuego vivo. Baje el fuego; tape y cueza 30 minutos a fuego lento, o hasta que la cebada esté tierna. Retire del fuego y mezcle con el perejil.

Cada ración: unas 190 calorías, 6 g de proteínas, 32 g de hidratos de carbono, 5 g de grasa total (2 g de saturadas), 16 mg de colesterol, 530 mg de sodio

LEGUMBRES SECAS

Las legumbres secas son apreciadas en todo el mundo por su contenido nutritivo y versatilidad. Remoje las legumbres secas antes de cocerlas durante toda una noche, o siga el método rápido (1 hora) que empleamos en la receta del *cassoulet*. Para facilitar la digestión es preferible escurrir las legumbres remojadas y, luego, cocerlas con agua limpia. El tiempo de cocción varía de acuerdo con el tiempo de almacenaje y la variedad.

CASSOULET

◆◆◆◆◆◆◆◆◆◆◆◆◆

Preparación: 45 minutos,
más reposo
Horno: 1½ horas
Para 12 platos principales

450 g de judías blancas alargadas
125 g de cerdo salado, cortado
    a dados
900 g de paletilla de cerdo,
    deshuesada, cortada en trozos
    de 4 cm
450 g de cordero para guisar,
    cortado en trozos de 4 cm
4 ramitas de perejil
2 hojas de laurel
6 clavos
450 g de salchichas de cerdo
    ahumadas, cortadas en trozos
    de 4 cm
6 zanahorias grandes, troceadas
3 tallos de apio, cortados en
    rodajas finas
2 cebollas medianas, cortadas
    a cuartos
175 g de tomate concentrado
225 ml de vino blanco seco
    o caldo de pollo
1½ cucharaditas de sal
½ cucharadita de tomillo seco
pan crujiente (opcional)

1 Enjuague las judías y tire las piedras y los ejemplares arrugados. Póngalas en un cuenco grande y cúbralas con agua, que deberá sobrepasarlas 5 cm; deje que reposen toda la noche. (Si desea remojarlas con el método rápido ponga a hervir las judías a fuego vivo con 1 litro y medio de agua en una cacerola de 4 litros y deje que cuezan 3 minutos. Retírelas del fuego, tápelas y deje que reposen 1 hora.) Escúrralas. Ponga a hervir las judías y 1,2 litros de agua a fuego vivo en una cacerola de 4 litros. Baje el fuego; tape y cueza 30 minutos a fuego lento.

4 Ate el perejil, las hojas de laurel y los clavos en una bolsa de muselina. Devuelva las carnes a la cacerola. Añada la bolsa con las especias, las judías con su líquido, las salchichas y los 7 ingredientes siguientes.

2 Mientras, cueza el cerdo salado a fuego moderado, en una cacerola de 8 litros hasta que la grasa se derrita. Traspáselo a un cuenco y vierta toda la grasa, excepto 2 cucharadas.

5 Lleve a ebullición, a fuego vivo, removiendo. Tape y hornee 1½ horas, removiendo de vez en cuando, o hasta que la carne y las judías estén tiernas al pincharlas con un tenedor. En el momento de servir, tire la bolsa de las especias y espume la grasa del *cassoulet*.(El *cassoulet* se espesa durante el reposo. Mézclelo con suficiente agua caliente como para que alcance la consistencia deseada.) Sírvalo en platos hondos, acompañado con pan crujiente si lo desea.

3 Precaliente el horno a 180 °C (gas 4). Cueza por tandas el cerdo y el cordero en la grasa de la cacerola a fuego moderado-alto, hasta que estén dorados, y traspáselos al cuenco con el cerdo salado.

RAMILLETE DE HIERBAS

El ramillete de hierbas aromáticas tradicional está compuesto por ramitas de tomillo y perejil y 1 o 2 hojas de laurel, atadas en una bolsa de muselina o simplemente con un bramante. El ramillete se tira siempre al finalizar la cocción. Para facilitar esta operación, ate un extremo del bramante al asa de la cacerola.

CADA RACIÓN: UNAS 415 CALORÍAS, 41 g DE PROTEÍNAS, 34 g DE HIDRATOS DE CARBONO, 17 g DE GRASA TOTAL (6 g DE SATURADAS), 95 mg DE COLESTEROL, 975 mg DE SODIO

Caviar texano

Preparación: 20 minutos, más reposo
Cocción: 45 minutos   *Para 10 guarniciones*

450 g de judías de careta	30 g de perejil fresco, picado
125 ml de vinagre de sidra	3 cebollas tiernas, muy finamente
60 ml de aceite de oliva o vegetal	picadas
1 cucharada de sal	2 tallos de apio medianos,
2 cucharaditas de azúcar	cortados en rodajas finas
¼ de cucharadita de pimienta de	1 huevo duro mediano, picado,
Cayena, molida	para adornar
1 diente de ajo pequeño, muy	
finamente picado	

◆ Enjuague las judías con agua fría y tire las arrugadas y cualquier piedrecita. Cúbralas con agua hasta sobrepasarlas 5 cm y déjelas en remojo toda la noche. Escurra las judías y póngalas en una cacerola con 1,3 litros de agua, y llévelas a ebullición, a fuego vivo. Baje el fuego; tape y cuézalas 40 minutos a fuego lento, o hasta que estén tiernas. Escúrralas a continuación.

◆ Prepare el aliño: bata el vinagre con el aceite, la sal, el azúcar, la pimienta de Cayena y el ajo en un cuenco mediano. Añada las judías de careta, el perejil, las cebollas tiernas y el apio, y mezcle con cuidado. Tape el cuenco y refrigere el contenido durante 2 horas, como mínimo, para amalgamar los sabores, removiendo de vez en cuando. En el momento de servir, adorne con el huevo.

Cada ración: unas 185 calorías, 12 g de proteínas, 31 g de hidratos de carbono, 8 g de grasa total (1 g de saturadas), 21 mg de colesterol, 675 mg de sodio

Cazuela de las tres judías

Preparación: 20 minutos, más reposo   *Cocción: 2¾ horas,*
aproximadamente   *Para 8 platos principales*

125 g de judías blancas alargadas	110 g de melaza oscura
125 g de judías arriñonadas	50 g de azúcar moreno oscuro
125 g de judías pintas	1 cucharada de salsa Worcester
2 cucharadas de aceite vegetal	2 cucharaditas de sal
450 g de paletilla de cerdo,	1 cucharadita de semillas de
deshuesada, cortada en trozos	mostaza
de 2-3 cm	1 cebolla mediana, cortada en
135 g de ketchup de tomate	rodajas finas

◆ Enjuague todas las judías con agua fría y tire los ejemplares arrugados y cualquier piedrecita o cuerpo extraño. Cúbralas con agua, sobrepasándolas 5 cm, y déjelas reposar toda la noche. (O, si desea acelerar el proceso, ponga a hervir las judías y 1,3 litros de agua a fuego vivo en una cacerola de 5 litros, y déjelas hervir 3 minutos. Retire del fuego; tape y deje que repose 1 hora.) Escurra las judías y enjuáguelas.

◆ Precaliente el horno a 180 °C (gas 4). Caliente el aceite a fuego moderado-alto en una cacerola de 5 litros. Agregue el cerdo y cuézalo hasta que esté bien dorado. Añada las judías y 850 ml de agua a la cacerola, y lleve a ebullición, a fuego vivo. Tape y hornee 1 hora. Mezcle con el ketchup de tomate y el resto de ingredientes; tape y hornee 1 hora más, removiendo de vez en cuando. Destape y hornee entre 45 y 50 minutos, o hasta que las judías estén tiernas; remueva de vez en cuando.

Cada ración: unas 225 calorías, 21 g de proteínas, 44 g de hidratos de carbono, 5 g de grasa total (1 g de saturadas), 28 mg de colesterol, 790 mg de sodio

Hoppin' John

Preparación: 15 minutos   *Cocción: 1 hora*
Para 8 platos principales

450 g de judías de careta	800 ml de caldo de pollo
1 cucharada de aceite vegetal	¼ de cucharadita de copos
2 tallos de apio medianos, picados	de chile seco
1 cebolla grande, picada	1 hoja de laurel
1 pimiento rojo mediano, sin	sal
membranas ni semillas, y picado	400 g de arroz de grano largo
2 dientes de ajo, muy finamente	salsa Tabasco (opcional)
picados	
350 g de codillo de jamón,	
ahumado	

◆ Enjuague las judías con agua fría y tire cualquier piedrecita y los ejemplares arrugados. Póngalas en un cuenco; cúbralas con agua, sobrepasándolas 5 cm, y deje que reposen toda la noche. Escúrralas y enjuáguelas. Caliente el aceite a fuego moderado-alto en una cacerola de 4 litros; agregue los 3 ingredientes siguientes y cuézalos 10 minutos, o hasta que se doren. Añada el ajo y cuézalo 30 segundos. Agregue las judías de careta, el codillo, los 3 ingredientes siguientes, ½ cucharadita de sal y 900 ml de agua. Lleve a ebullición, a fuego vivo. Baje el fuego; tape y cueza 40 minutos a fuego lento, o hasta que las judías estén tiernas.

◆ Mientras, prepare el arroz de acuerdo con las instrucciones del paquete, pero utilice una cucharadita de sal y no añada ni mantequilla ni margarina. Retire el codillo y la hoja de laurel de las judías. Mezcle en un cuenco grande las judías con el arroz y acompañe con la salsa de tabasco si lo desea.

Cada ración: unas 355 calorías, 20 g de proteínas, 77 g de hidratos de carbono, 3 g de grasa total (1 g de saturadas), 11 mg de colesterol, 525 mg de sodio

¿QUÉ QUIERE DECIR?

Hoppin' John es un plato americano de judías de careta y arroz, que se degusta tradicionalmente el primer día del año. Dice la tradición que su nombre se atribuye a la costumbre de invitar a los comensales con la siguiente frase: «*Hop in, John*». Otra historia atribuye el nombre al ritual del Año Nuevo, durante el cual los niños saltaban alrededor de la mesa antes de comer.

LEGUMBRES EN CONSERVA

Tenemos toda una gama de legumbres en conserva a nuestro alcance, desde los sabrosos garbanzos a las dulces judías negras. Disponga siempre de una selección de legumbres en conserva en su despensa, pues puede convertirlas en un santiamén en una comida apetitosa, ya sea horneándolas a la manera de las empanadas griegas o como relleno de unos burritos mexicanos vegetarianos. Para obtener la mejor textura y apariencia, enjuague bien las legumbres antes de utilizarlas.

EMPANADA GRIEGA DE JUDÍAS Y ESPINACAS

◆◆◆◆◆◆◆◆◆◆◆◆◆◆◆◆◆◆◆◆◆◆◆◆◆◆◆◆◆◆

Preparación: 40 minutos   Horno: 30 minutos
Para 8 platos principales

1,2 kg de judías blancas alargadas
2 cucharadas de aceite de oliva
  o vegetal
750 g de berzas rizadas, sin los
  tallos duros y picadas
600 g de escarola de Batavia,
  picada
350 g de espinacas, sin los tallos
  duros y las hojas picadas
½ cucharadita de sal
½ cucharadita de pimienta negra
  molida

2 cucharadas de eneldo
  fresco, finamente picado,
  o 1 cucharadita de eneldo seco
225 g de queso Feta, desmenuzado
5 láminas de pasta filo, fresca o
  congelada (y descongelada), de
  40 × 30 cm cada una
30 g de mantequilla o margarina,
  derretida
ramitas de eneldo o eneldo
  fresco, picado, para adornar

1 Enjuague y escurra 800 g de judías. Aplástelas con un aplastapatatas en un cuenco mediano. Extiéndalas uniformemente en una fuente refractaria de 33 × 20 cm. Enjuague y escurra los 400 g restantes de judías y resérvelas. Caliente el aceite a fuego vivo en una cacerola de 8 litros. Agregue un tercio de las verduras y cuézalas hasta que se ablanden. Salpiméntelas mientras se cuecen y retírelas luego del fuego. Repita la operación con el resto.

2 Agregue las judías escurridas, el eneldo fresco picado y el queso Feta a la cacerola. Distribuya la mezcla sobre el puré de judías de la fuente. Precaliente el horno a 190 °C (gas 5).

3 Coloque una lámina de pasta filo sobre la mezcla de verduras de la fuente y pincélela ligeramente con un poco de mantequilla derretida.

4 Prosiga cubriendo la fuente con otras 3 capas de pasta filo, y pincélelas ligeramente con un poco de mantequilla derretida. Cubra con las hojas de eneldo colocadas de forma decorativa y tápelas con la última lámina de pasta filo, que debe presionarse ligeramente, de forma que las hojas de eneldo se adivinen a través de ella. Pincele un poco la capa superior de pasta filo con el resto de la mantequilla derretida.

5 Esconda los extremos de la pasta. Hornee unos 30 minutos, o hasta que el relleno esté caliente y la pasta filo aparezca ligeramente dorada. Adorne con el eneldo picado y córtela en porciones cuadradas.

CADA RACIÓN: UNAS 345 CALORÍAS, 18 g DE PROTEÍNAS, 39 g DE HIDRATOS DE CARBONO, 14 g DE GRASA TOTAL (6 g DE SATURADAS), 33 mg DE COLESTEROL, 1.035 mg DE SODIO

Cazuela de arroz, judías y garbanzos

Preparación: 15 minutos   Cocción: 30 minutos
Para 5 platos principales

150 g de arroz de grano largo
1 cucharada de aceite vegetal
1 pimiento verde mediano, sin membranas ni semillas, cortado en trozos de 1 cm
1 pimiento rojo mediano, sin membranas ni semillas, cortado en trozos de 1 cm
1 cebolla mediana, picada
400 g de judías blancas alargadas, enjuagadas y escurridas

400 g de garbanzos en conserva, enjuagados y escurridos
400 g de judías arriñonadas en conserva, enjuagadas y escurridas
400 g de judías pintas en conserva, enjuagadas y escurridas
400 g de tomates enlatados
125 ml de salsa barbacoa embotellada

◆ Prepare el arroz de acuerdo con las instrucciones del paquete. Caliente el aceite a fuego moderado en una sartén de 30 cm. Agregue los pimientos y la cebolla, y cuézalos hasta que estén tiernos.

◆ Añada todas las judías, los tomates, la salsa barbacoa y 225 ml de agua a la sartén, y mezcle bien. Lleve a ebullición, a fuego vivo. Baje el fuego; tape y cueza 15 minutos a fuego lento.

◆ Una vez que el arroz esté cocido, agréguelo a las judías y mézclelos bien.

Cada ración: unas 460 calorías, 20 g de proteínas, 85 g de hidratos de carbono, 6 g de grasa total (1 g de saturadas), 0 mg de colesterol, 1.180 mg de sodio

Burritos de maíz, arroz y judías arriñonadas

Preparación: 25 minutos   Horno: 15 minutos
Para 4 platos principales

200 g de arroz de grano largo
400 g de judías arriñonadas en conserva, enjuagadas y escurridas
400 g de maíz en lata, escurrido
125 g de chiles verdes suaves en conserva, escurridos y picados

125 g de queso Cheddar, rallado
15 g de cilantro fresco, picado
8 tortillas de maíz, de 15-18 cm
350 g de salsa mexicana embotellada

◆ Precaliente el horno a 220 °C (gas 7). Prepare el arroz de acuerdo con las instrucciones del paquete.

◆ Mientras, mezcle las judías, el maíz, los chiles verdes, el Cheddar rallado y el cilantro en un cuenco grande.

◆ Cuando el arroz esté cocido, mézclelo con la preparación anterior y distribuya unas 4 cucharadas de la mezcla en el centro de cada tortilla.

◆ Vierta una cucharada de salsa sobre la preparación comentada anteriormente. Asimismo, doble los lados de la tortilla sobre la mezcla, de forma que los extremos de la misma, al doblarse se solapen ligeramente.

◆ Engrase una fuente refractaria de 33 x 20 cm. Coloque los burritos con la juntura hacia abajo en la fuente. Esparza el resto del relleno, formando una tira a lo largo del centro de los burritos, y cubra con el resto de la salsa. Tape holgadamente con papel de aluminio y hornee 15 minutos, o hasta que los burritos estén bien calientes.

Cada ración: unas 690 calorías, 24 g de proteínas, 115 g de hidratos de carbono, 15 g de grasa total (6 g de saturadas), 25 mg de colesterol, 1.360 mg de sodio

Picadillo de judías pintas y hortalizas

Preparación: 15 minutos   Cocción: 30 minutos
Para 4 platos principales

750 g de patatas, peladas y cortadas a dados de 1 cm
2 cucharadas de aceite vegetal
125 g de beicon, cortado en trozos de 1 cm
1 pimiento rojo grande, sin membranas ni semillas, cortado en trozos de 1 cm

400 g de judías pintas en conserva, enjuagadas y escurridas
4 huevos medianos
sal y pimienta negra molida (opcional)

◆ Ponga a hervir las patatas cubiertas con agua a fuego vivo en una cacerola de 3 litros. Baje el fuego, tape y cuézalas 4 minutos, o hasta que casi estén tiernas. Escúrralas.

◆ Caliente el aceite a fuego moderado-alto en una sartén de 30 cm. Agregue el beicon, el pimiento y las patatas, y cuézalos unos 15 minutos, removiendo de vez en cuando, o hasta que las hortalizas estén casi tiernas y doradas. Mézclelas con las judías pintas, y caliéntelo.

◆ Mientras, ponga a hervir 4 cm de agua a fuego vivo en una sartén de 26 cm. Baje el fuego a moderado-bajo. Casque 1 huevo en una taza y deslice cuidadosamente el huevo en el agua cuando ésta apenas se agite. Repita la operación con los 3 huevos restantes.

◆ Cueza los huevos entre 3 y 5 minutos, o hasta el punto de cocción deseado. Una vez cocidos, retírelos del fuego, de uno en uno, con una espumadera. Escurra cada huevo (todavía sobre la espumadera) en papel absorbente. Sirva los huevos escalfados sobre el picadillo. Salpimiéntelos si lo desea.

Cada ración: unas 420 calorías, 21 g de proteínas, 51 g de hidratos de carbono, 15 g de grasa total (4 g de saturadas), 229 mg de colesterol, 795 mg de sodio

LENTEJAS

Las lentejas, unas legumbres de forma plana circular, pueden ser marrones, rojas, verdes o amarillas. Son deliciosas y económicas, están llenas de nutrientes y, a diferencia del resto de las legumbres secas, no necesitan un largo remojo y una cocción prolongada. Las lentejas pueden servirse en menos de una hora en forma de guarnición al estilo indio, como ensalada caliente, guisadas o como una elegante guarnición a la francesa.

LENTEJAS A LA INDIA

◆◆◆◆◆◆◆◆◆◆◆◆◆◆◆◆◆◆◆◆◆◆◆◆◆

Preparación: 20 minutos   Cocción: 35-45 minutos

Para 6 guarniciones

450 g de boniatos	175 g de lentejas, enjuagadas
1 cebolla mediana	400 ml de caldo de pollo o vegetal
1 cucharada de aceite vegetal	¼ de cucharadita de sal
1 cucharada de jengibre fresco, pelado y finamente picado	225 g de yogur desnatado al natural
1 diente de ajo grande, muy finamente picado	15 g de menta o cilantro fresco, picada
1½ cucharaditas de semillas de comino	hojas de menta o cilantro para adornar
⅛ de cucharadita de pimienta de Cayena, molida	

1 Pele los boniatos y córtelos en trozos de 2 cm, y resérvelos. Pique finamente la cebolla.

2 Caliente el aceite a fuego moderado en un cazo de 3 litros. Agregue la cebolla y cuézala 5 minutos, removiendo de vez en cuando, hasta que se ablande.

3 Agregue el jengibre, el ajo, las semillas de comino y la pimienta de Cayena, y cueza 30 segundos, sin dejar de remover. Añada los boniatos, las lentejas, el caldo, la sal y 225 ml de agua, y lleve a ebullición, a fuego vivo.

4 Baje el fuego; tape y cueza entre 20 y 30 minutos a fuego lento, removiendo de vez en cuando, hasta que las lentejas estén cocidas. Mezcle el yogur y la menta picada en un cuenco pequeño, y acompáñelos con las lentejas.

SOPA INDIA DE LENTEJAS

Siga las instrucciones de las lentejas a la india, pero corte los boniatos a dados de 1 cm y utilice 800 ml de caldo. Cueza 45 minutos a fuego lento, o hasta que las lentejas estén muy tiernas. Aplástelas parcialmente con un aplastapatatas, si lo desea, o bien redúzcalas a puré mediante el robot eléctrico provisto de cuchilla metálica o una batidora-mezcladora. Recaliente a fuego lento en caso necesario. Adorne con rodajas de limón.

Cada ración: unas 185 calorías, 10 g de proteínas, 34 g de hidratos de carbono, 5 g de grasa total (1 g de saturadas), 13 mg de colesterol, 705 mg de sodio

CADA RACIÓN: UNAS 175 CALORÍAS, 9 g DE PROTEÍNAS, 33 g DE HIDRATOS DE CARBONO, 4 g DE GRASA TOTAL (1 g DE SATURADAS), 8 mg DE COLESTEROL, 415 mg DE SODIO

ENSALADA TIBIA DE LENTEJAS

Preparación: 10 minutos   *Cocción:* 30-40 minutos
Para 4 guarniciones

175 g de lentejas
1 hoja de laurel
1 zanahoria pequeña, cortada
en tiras
1 cucharada de menta fresca,
picada, o 1 cucharadita de
menta seca

2 cucharadas de zumo de limón
recién exprimido
2 cucharadas de aceite de oliva
¾ de cucharadita de sal
¼ de cucharadita de pimienta
negra molida

◆ Enjuague las lentejas con agua fría y tire las piedras y los ejemplares arrugados.

◆ Ponga las lentejas en una cacerola de 2 litros con la hoja de laurel, y cúbralas con agua, sobrepasándolas 5 cm. Lleve a ebullición, a fuego vivo. Baje el fuego a moderado-bajo; tape y cueza entre 20 y 30 minutos, o hasta que estén casi tiernas.

◆ Cuando estén cocidas, escúrralas y tire la hoja de laurel. Mezcle las lentejas, la zanahoria, la menta, el zumo de limón, el aceite, la sal y la pimienta en un cuenco mediano, hasta que estén bien amalgamados.

Cada ración: unas 140 calorías, 8 g de proteínas, 21 g de hidratos de carbono, 7 g de grasa total (1 g de saturadas), 0 mg de colesterol, 410 mg de sodio

LENTEJAS Y PASTA

Preparación: 15 minutos   *Cocción:* 50 minutos
Para 4 platos principales

175 g de lentejas
30 g de panceta o jamón cocido,
picados
1 cebolla pequeña, picada
1 zanahoria mediana, picada
1 tallo de apio mediano, picado
1 diente de ajo, picado
1 cucharada de aceite de oliva

¾ de cucharadita de sal
¼ de cucharadita de pimienta
negra molida
150 g de *ditalini* u otra pasta
pequeña
15 g de perejil fresco, picado
ramitas de perejil para adornar

◆ Enjuague las lentejas con agua fría y tire los ejemplares estropeados y cualquier piedrecita. Pique finamente la panceta, la cebolla, la zanahoria, el apio y el ajo.

◆ Caliente el aceite de oliva en una cacerola de 3 litros a fuego moderado. Agregue la mezcla de panceta y hortalizas, y cueza 10 minutos, removiendo a menudo, hasta que se ablande.

◆ Agregue las lentejas y 675 ml de agua; lleve a ebullición. Baje el fuego a bajo, tape y cueza 15 minutos. Añada la sal y la pimienta; tape y no cueza más de 15 minutos, o hasta que las lentejas estén tiernas.

◆ Mientras, cueza la pasta siguiendo las instrucciones del paquete y, seguidamente, escúrrala. Mezcle la pasta y el perejil picado con las lentejas. Adorne con las ramitas de perejil y sirva enseguida.

Cada ración: unas 235 calorías, 14 g de proteínas, 44 g de hidratos de carbono, 5 g de grasa total (1 g de saturadas), 4 mg de colesterol, 535 mg de sodio

LENTEJAS CON ESCALONIAS Y BRANDY A LA FRANCESA

Preparación: 10 minutos   *Cocción:* 30-35 minutos
Para 6 guarniciones

175 g de lentejas del Puy
sal
30 g de mantequilla o margarina
50 g de escalonias, finamente
picadas

2 cucharadas de brandy
¼ de cucharadita de pimienta
negra molida
15 g de perejil fresco, picado

◆ Enjuague las lentejas con agua fría y tire los ejemplares estropeados y cualquier resto de piedrecitas.

◆ Ponga a hervir las lentejas y 450 ml de agua a fuego vivo en una cacerola de 2 litros. Baje el fuego; tape y cueza entre 20 y 25 minutos a fuego lento, o hasta que casi estén tiernas. Añada ½ cucharadita de sal a media cocción. Escúrralas y seque bien el recipiente.

◆ Derrita la mantequilla a fuego moderado en la misma cacerola. Agregue las escalonias picadas y cuézalas 3 minutos, o hasta que se ablanden. Vierta el brandy y cueza 1 minuto más, hasta que se evapore. Agregue las lentejas cocidas, la pimienta negra y ¼ de cucharadita de sal, y caliente a fondo. Mezcle con el perejil picado.

Cada ración: unas 100 calorías, 6 g de proteínas, 14 g de hidratos de carbono, 4 g de grasa total (2 g de saturadas), 11 mg de colesterol, 315 mg de sodio

LENTEJAS PARA LA SUERTE

En Italia, las lentejas son parte indispensable del día de Fin de Año. Se asocian con el dinero porque se parecen a las monedas pequeñas y simbolizan la prosperidad para el año siguiente. En la Toscana, las lentejas guisadas se acompañan con *cotechino*, una salchicha de cerdo ligeramente especiada, que se hierve y se corta en rodajas. Más al norte, en Bolonia y Módena, las lentejas acompañan al *zampone*, un pie de cerdo deshuesado y relleno con la misma mezcla de la salchicha *cotechino*.

12

PANES Y PASTELES RÁPIDOS

PANES RÁPIDOS

Los panes rápidos son muy fáciles de preparar. Las mezclas para *muffins* y panes para el té, o las masas para galletas y *scones* se mezclan con rapidez. Pero lo mejor de todo es que no necesitan tiempo para fermentar, ya que se utiliza bicarbonato sódico o levadura en polvo, en vez de levadura de panadero.

¿QUÉ ES LO QUE LOS HACE SUBIR?

Bicarbonato sódico. Una vez mezclado con un ingrediente ácido (por ejemplo, yogur o suero), desprende dióxido de carbono, lo que provoca que la mezcla se levante. Puesto que empieza a actuar tan pronto como se ha humedecido, la preparación debe hornearse una vez mezclada. Guarde el bicarbonato en un recipiente hermético y en un lugar frío y seco hasta un año.

Levadura en polvo o química. Consiste en una mezcla de bicarbonato y un ácido (generalmente, crémor tártaro), que desprende un poco de gas cuando su humedece y libera el resto durante el horno. Se conserva en condiciones si se guarda hasta 6 meses en un lugar frío y seco. Si no está seguro de si se encuentra activo todavía, mezcle ½ cucharadita con 60 ml de agua caliente. Si la mezcla burbujea, la levadura puede emplearse todavía con resultados exitosos.

LECHE AGRIA

Si no dispone de suero, es fácil preparar leche «agria» para sustituir el suero de las recetas. Ponga una cucharada de zumo de limón recién exprimido o vinagre blanco destilado en una jarra medidora, y luego vierta la leche suficiente para alcanzar los 225 ml; mezcle a continuación. Deje que la mezcla repose unos 5 minutos para que se espese antes de utilizarla.

MEZCLAR CORRECTAMENTE

• Asegúrese de que el agente levantador es fresco (*véase* superior).
• A no ser que incorpore la margarina o la mantequilla fría y cortada a trozos, trabaje con los productos a temperatura ambiente.
• Mezcle los ingredientes húmedos con los secos sólo hasta que la harina esté humedecida. Si quedan grumos en la mezcla, desaparecerán durante el horno.
• Si empieza con todos los productos a la vez, mezcle la grasa sólida con los ingredientes secos hasta que se formen una especie de migas gruesas. Después incorpore el líquido, removiendo hasta que la masa se cohesione. La masa para *scones* se amasa a veces brevemente para obtener una mejor textura.
• No trabaje demasiado la mezcla o masa, o el resultado será un pan con agujeros, denso y duro.

HORNEAR MEJOR

• Al preparar un pan rápido, llene dos tercios del molde. Para obtener un horneado uniforme, alise la superficie de la mezcla con una espátula de goma.
• Ocupe tres cuartas partes del molde en el caso de los *muffins*. Llene de agua hasta la mitad los recipientes vacíos para evitar que el molde se abarquille.
• Hornee siempre los panes rápidos en el centro del horno. Si va a cocer más de dos panes a la vez, deje espacio entre los moldes, para que el aire caliente pueda circular.
• El pan acabado tiene, por lo general, un centro cuarteado, típico de los panes rápidos, lo que les confiere, sin duda alguna, cierto encanto casero.

COMPROBAR LA COCCIÓN

Inserte un palillo para cóctel en el centro del pan; debe salir limpio y sin ninguna adherencia. En caso contrario, hornee el pan unos pocos minutos más, y pruebe de nuevo mediante el mismo método.

ENFRIAR, GUARDAR Y RECALENTAR

• Deje que los panes rápidos se enfríen entre 10 y 15 minutos en su molde, para que puedan asentarse. Luego, trasládelos a una rejilla metálica para que se enfríen por completo.
• Deje que los *muffins* se enfríen en el molde durante 5 minutos, pues de lo contrario sería difícil retirarlos enteros; luego, enfríelos sobre una rejilla.
• Cuanto más rica sea una mezcla, más tiempo se mantendrá jugosa. Los panes ricos y densos quedan mejor si se hornean la vigilia. Los sabores se desarrollan y son más fáciles de cortar. La mayoría de *muffins, scones* y panes de maíz resultan más sabrosos si se degustan el día que se preparan.
• Para guardar panes rápidos y *muffins*, enfríelos y envuélvalos en película de plástico, y en papel de aluminio y guárdelos a temperatura ambiente. Se mantienen frescos hasta 3 días.
• Los panes rápidos y los *muffins* se congelan bien. Envuélvalos apretados, expeliendo el aire. Congele los panes rápidos hasta 3 meses y los *muffins* hasta 1 mes. Descongélelos, envueltos, a temperatura ambiente.
• Recaliente los *scones, los muffins*, los panes y los pasteles rápidos envueltos en papel de aluminio a 200 °C. Los *muffins* y los *scones* tardan 10 minutos; los panes y los pasteles rápidos, 20 minutos.
• Los *muffins* se recalientan bien en el microondas. Envuélvalos en un paño de cocina y póngalos en el microondas 20 segundos. Tenga en cuenta que los ingredientes azucarados quedan muy calientes, por lo que pueden resultar duros si se recalientan demasiado.
• Los *muffins*, los *scones* y los panes rápidos de la vigilia quedan bien cortados por la mitad y tostados bajo el *grill*.

PANES PARA EL TÉ

Los panes para el té no son sólo para meriendas, también pueden servirse para alegrar los desayunos. Para obtener una textura tierna, mezcle los componentes (utilice levadura en polvo o bicarbonato, no levadura de panadero), hasta que estén bien amalgamados. Una vez horneados, deje que reposen brevemente en el molde para que se asienten y luego vuélquelos sobre una rejilla metálica para que se enfríen. De esta forma, se evita que el vapor se condense y el pan quede húmedo.

PAN DE ALBARICOQUE

◆ ◆ ◆ ◆ ◆ ◆ ◆ ◆ ◆ ◆ ◆ ◆

Preparación: 25 minutos, más enfriamiento
Horno: 60-70 minutos
Para 1 pan, 12 raciones

175 g de orejones de albaricoque
60 g de pacanas
1½ cucharaditas de levadura en polvo
1 cucharadita de bicarbonato
375 g de harina
250 g de azúcar
175 g de mantequilla o margarina
225 g de crema agria
3 huevos medianos, batidos
2 cucharaditas de esencia de vainilla

1 Precaliente el horno a 180 °C (gas 4). Engrase un molde metálico, para pan de 23 x 12 cm. Pique los albaricoques y las pacanas. Mezcle la levadura en polvo, el bicarbonato, 300 g de harina y 200 g de azúcar en un cuenco grande. Con la ayuda de un mezclador de pastas o dos cuchillos a modo de tijera, mezcle 125 g de mantequilla con la harina hasta que obtenga migas gruesas.

2 Agregue la crema agria, los huevos y la vainilla, y mezcle hasta que la mezcla esté húmeda. Incorpore las pacanas y los albaricoques, y mezcle. Viértala en el molde.

3 Prepare las migas: mezcle con las yemas de los dedos los 75 g restantes de harina, 50 g de azúcar y 50 g de mantequilla ablandada, hasta que resulten migas gruesas.

OREJONES DE ALBARICOQUE

Los albaricoques deshuesados y sin pelar se secan para obtener una fruta de sabor dulce y pronunciado, muy rica en hierro y niacina. Se tratan, por lo general, con dióxido de azufre para conservar su vivo color anaranjado (inferior, derecha). Los orejones de albaricoque de las tiendas especializadas en productos naturales pueden tener un color marrón (inferior, izquierda) si no han sido tratados. Los orejones de albaricoque procedentes de California son más firmes y ácidos que los enteros y deshuesados de Turquía, que resultan más dulces, blandos y de sabor más suave.

Al picar orejones de albaricoque, sumerja a menudo la hoja del cuchillo en agua caliente, para que la fruta no se adhiera, o trocéelos con tijeras de cocina.

4 Esparza las migas sobre el pan. Hornéelo entre 60 y 70 minutos, o hasta que al insertar una broqueta en el centro ésta salga limpia. Ponga a enfriar el molde sobre una rejilla metálica durante 10 minutos, y luego vuelque el pan. Deje que se enfríe por completo sobre la rejilla.

CADA RACIÓN: UNAS 375 CALORÍAS, 4 g DE PROTEÍNAS, 50 g DE HIDRATOS DE CARBONO, 19 g DE GRASA TOTAL (8 g DE SATURADAS), 39 mg DE COLESTEROL, 310 mg DE SODIO

PAN DE ARÁNDANOS Y LIMÓN

Preparación: 20 minutos, más enfriamiento   Horno: 65 minutos
Para 1 pan, 12 raciones

300 g de harina
2 cucharaditas de levadura
   en polvo
½ cucharadita de sal
125 g de mantequilla o margarina,
   ablandada

265 g de azúcar
2 huevos medianos
125 ml de leche
225 g de arándanos
60 ml de zumo de limón recién
   exprimido

◆ Precaliente el horno a 180 °C (gas 4). Engrase y enharine un molde metálico para pan de 23 x 12 cm. Mezcle la harina, la levadura en polvo y la sal en un cuenco mediano. Bata en otro cuenco la mantequilla y 200 g de azúcar con una batidora eléctrica a velocidad lenta, hasta que estén amalgamadas. Aumente la velocidad a media y continúe batiendo durante 5 minutos, hasta que la mezcla esté ligera y cremosa.

◆ Baje la velocidad y añada los huevos, uno cada vez, batiendo bien tras cada adición, hasta que estén bien incorporados; raspe las paredes del cuenco con una espátula de goma si es necesario. También puede batir la mezcla de harina y leche con la de huevos hasta que estén bien amalgamadas. Incorpore los arándanos con cuidado y vierta la preparación en el molde.

◆ Hornee el pan 65 minutos, o hasta que al insertar un palillo en el centro ése salga limpio. Coloque una hoja de papel sulfurizado bajo una rejilla metálica. Deje que el molde se enfríe sobre la rejilla durante 10 minutos. Desmolde el pan y colóquelo sobre la rejilla.

◆ Pinche la parte superior y los lados del pan caliente con una broqueta. Prepare el glaseado de limón: mezcle el zumo de limón y los 65 g restantes de azúcar en un cuenco pequeño. Pincele con ello la superficie y las paredes del pan. Deje que se enfríe por completo sobre la rejilla.

Cada ración: unas 255 calorías, 4 g de proteínas, 41 g de hidratos de carbono, 9 g de grasa total (4 g de saturadas), 59 mg de colesterol, 275 mg de sodio

◆◆◆◆◆◆◆◆◆◆◆◆◆◆◆◆◆◆◆◆◆◆◆◆◆◆◆

CÓMO APLICAR UN GLASEADO

Además de aportar sabor a los panes de té, pasteles o tartas, los glaseados les confieren un acabado liso y brillante, que los mantiene jugosos. Los glaseados pueden ser tan sencillos como una confitura derretida o una mezcla de azúcar y líquido. Para acentuar el sabor, pinche el pan o el pastel con una broqueta, y luego aplique el glaseado con un pincel.

◆◆◆◆◆◆◆◆◆◆◆◆◆◆◆◆◆◆◆◆◆◆◆◆◆◆◆

PAN DE NUECES Y DÁTILES

Preparación: 20 minutos, más enfriamiento   Horno: 1½ horas
Para 1 pan, 16 raciones

300 g de harina
150 g de azúcar
1 cucharadita de levadura en polvo
½ cucharadita de sal
225 g de mantequilla o margarina

175 g de nueces, picadas
225 g de dátiles deshuesados
225 ml de leche
2 huevos medianos, ligeramente
   batidos

◆ Precaliente el horno a 190 °C (gas 5). Engrase un molde metálico para pan de 23 x 12 cm. Mezcle la harina, el azúcar, la levadura en polvo y la sal en un cuenco grande. Con ayuda de un mezclador de pastas o dos cuchillos a modo de tijera, incorpore la mantequilla hasta que la mezcla tenga la apariencia de unas migas gruesas. Agregue las nueces y los dátiles picados, la leche y los huevos hasta que la mezcla de harina esté húmeda. Viértala en el molde.

◆ Hornee 1½ horas, o hasta que al insertar un palillo en el centro, éste salga limpio. Deje que el molde se enfríe 10 minutos sobre una rejilla metálica, desmóldelo y déjelo enfriar por completo.

Cada ración: unas 325 calorías, 5 g de proteínas, 36 g de hidratos de carbono, 20 g de grasa total (6 g de saturadas), 50 mg de colesterol, 245 mg de sodio

PAN DE PLÁTANO

Preparación: 20 minutos, más enfriamiento   Horno: 50-55 minutos
Para 1 pan, 12 raciones

300 g de harina
¾ de cucharadita de bicarbonato
   sódico
½ cucharadita de sal
90 g de mantequilla o margarina,
   ablandada

150 g de azúcar
2 huevos medianos
2 plátanos grandes y maduros
   (unos 150 g), aplastados
60 g de nueces, picadas

◆ Precaliente el horno a 180 °C (gas 4). Engrase y enharine un molde metálico para pan de 23 x 12 cm. Mezcle la harina, el bicarbonato y la sal en un cuenco mediano. Bata en un cuenco grande el azúcar, la mantequilla y los huevos con una batidora eléctrica a velocidad lenta, hasta que estén justo amalgamados. Aumente la velocidad a alta y bata unos 5 minutos, o hasta que la preparación resulte ligera y cremosa.

◆ Baje la velocidad a lenta. Agregue los plátanos aplastados y 60 ml de agua, y bata hasta que estén bien amalgamados. Incorpore a los plátanos la mezcla de harina y bata hasta que estén mezclados; raspe de vez en cuando las paredes del recipiente con una espátula de goma. Agregue las nueces, y vierta la preparación en el molde.

◆ Hornee entre 50 y 55 minutos, hasta que, al insertar un palillo en el centro del pan, salga limpio. Deje que el molde se enfríe sobre una rejilla durante 10 minutos; desmolde el pan y deje que se enfríe por completo sobre la rejilla.

Cada ración: unas 235 calorías, 4 g de proteínas, 34 g de hidratos de carbono, 10 g de grasa total (3 g de saturadas), 52 mg de colesterol, 245 mg de sodio

PASTELES RÁPIDOS

Nuestros pasteles rápidos, que sólo se mezclan y hornean, son ideales para acompañar el café de media mañana o la merienda. Si desea servirlos calientes, preséntelos con una crema o crema batida para obtener un postre satisfactorio y sin muchas calorías. Los rellenos y las coberturas permiten sacar el mejor partido de las frutas estacionales, e incluso una variante para los amantes del chocolate. Nuestros pasteles caseros tientan a todos los gustos.

PASTEL DE MANZANAS Y NUECES CON *STREUSEL*

◆◆◆◆◆◆◆◆◆◆◆◆◆◆◆◆◆◆◆◆◆◆◆◆◆◆◆◆

Preparación: 30 minutos, más enfriamiento   *Horno: 45-50 minutos*

Para 18 raciones

125 g de nueces, picadas	330 g de azúcar
50 g de azúcar moreno	450 g de crema agria
1 cucharadita de canela molida	1 cucharada de levadura en polvo
475 g de harina	2 cucharaditas de bicarbonato sódico
285 g de mantequilla o margarina, ablandada	2 cucharaditas de esencia de vainilla
3 manzanas Golden Delicous medianas	4 huevos medianos

1 Prepare las migas: amase las nueces, el azúcar moreno, la canela, 100 g de harina y 60 g de mantequilla en un cuenco, hasta obtener unas migas gruesas.

2 Pele, descorazone y corte las manzanas en lonchas finas: mézclelas con 30 g de azúcar en un cuenco mediano. Precaliente el horno a 180 °C (gas 4). Engrase una fuente para hornear de 35 x 24 cm.

3 Bata con una batidora eléctrica a velocidad media los 225 g de mantequilla y los 300 g de azúcar restantes, hasta que la mezcla esté ligera y esponjosa. Agregue la crema agria, la levadura en polvo, el bicarbonato, la vainilla, los huevos y los 375 g de harina restantes.

4 Bata la mezcla a velocidad lenta, hasta que esté bien amalgamada; raspe las paredes del cuenco. Aumente la velocidad a moderada y bata 1 minuto más. Extienda la mezcla en la fuente y distribuya por encima las rodajas de manzana.

5 Esparza por encima las migas. Hornee entre 45 y 50 minutos, o hasta que el pastel se separe de las paredes. Déjelo enfriar 10 minutos sobre una rejilla si desea servirlo caliente. O bien, enfríelo para servirlo.

¿QUÉ QUIERE DECIR?

La palabra alemana *streusel* significa «espolvorear» o «esparcir». Se aplica a las coberturas dulces de pasteles, empanadas o panes dulces. Los *streusels* se preparan con una mezcla de harina, mantequilla o margarina, azúcar y, con frecuencia, frutos secos y especias, como nueces y canela.

CADA RACIÓN: UNAS 395 CALORÍAS, 5 g DE PROTEÍNAS, 43 g DE HIDRATOS DE CARBONO, 23 g DE GRASA TOTAL (9 g DE SATURADAS), 93 mg DE COLESTEROL, 400 mg DE SODIO

PASTEL DE RUIBARBO

Preparación: 20 minutos, más enfriamiento   Horno: 45 minutos
Para 15 raciones

100 g de azúcar moreno claro	½ cucharadita de sal
420 g de harina	2 huevos medianos
1 cucharadita de canela molida	225 ml de suero o leche agria
150 g de mantequilla o margarina	(*véase* pág. 392)
200 g de azúcar blanquilla	2 cucharaditas de esencia
1 cucharadita de levadura	de vainilla
en polvo	600 g de ruibarbo, cortado en
1 cucharadita de bicarbonato	trozos de 2-3 cm
sódico	

◆ Prepare la cobertura de *streusel*: mezcle en un cuenco pequeño el azúcar moreno, 120 g de harina, la canela y 90 g de mantequilla con las yemas de los dedos, hasta que obtenga migas gruesas. Deje que repose. Precaliente el horno a 190 °C (gas 5).

◆ Engrase y enharine un molde metálico para hornear de 33 x 20 cm. Mezcle los 300 g restantes de harina, el azúcar y los 3 ingredientes siguientes en un cuenco grande. Con la ayuda de un mezclador de pasta o dos cuchillos a modo de tijeras, incorpore los 60 g restantes de mantequilla, hasta que resulten migas gruesas.

◆ Bata en un cuenco pequeño los huevos, el suero y la vainilla con un tenedor o batidora de varillas. Mezcle con la harina hasta que ésta esté humedecida. Vierta la preparación en el molde.

◆ Distribuya los trozos de ruibarbo en el molde. Esparza por encima la cobertura de *streusel*. Hornee durante 45 minutos, o hasta que al insertar un palillo en el centro salga limpio.

◆ Deje que el molde se enfríe sobre una rejilla durante 10 minutos si desea servirlo caliente, o enfríelo si lo va a servir después.

Cada ración: unas 250 calorías, 4 g de proteínas, 40 g de hidratos de carbono, 9 g de grasa total (4 g de saturadas), 47 mg de colesterol, 370 mg de sodio

PASTEL DE MELOCOTÓN Y JENGIBRE

Preparación: 25 minutos, más enfriamiento   Horno: 1¼ horas
Para 15 raciones

450 g de harina	450 ml de crema agria
1½ cucharaditas de bicarbonato	3 huevos medianos
sódico	2 cucharaditas de esencia
1½ cucharaditas de levadura	de vainilla
en polvo	90 g de jengibre cristalizado,
½ cucharadita de sal	finamente picado
300 g de azúcar blanquilla	4 melocotones medianos (unos
175 g de mantequilla o margarina,	750 g) pelados, deshuesados
ablandada	y cortados en gajos de 1 cm

◆ Precaliente el horno a 180 °C (gas 4). Engrase y enharine una fuente metálica para hornear de 33 x 20 cm. Mezcle la harina, el bicarbonato, la levadura y la sal en un cuenco mediano. Bata el azúcar y la mantequilla en un cuenco grande con una batidora eléctrica a velocidad lenta, hasta que estén bien amalgamados.

◆ Aumente la velocidad y bata 2 minutos; raspe de vez en cuando las paredes del cuenco con una espátula de goma. Agregue la crema agria, los huevos y la vainilla, y bata otro minuto, o hasta que todo esté bien mezclado.

◆ Reduzca la velocidad. Agregue la mezcla de harina y bata hasta que esté incorporada. Aumente la velocidad y bata 2 minutos; raspe de vez en cuando las paredes del cuenco. Mezcle con el jengibre.

◆ Extienda la mezcla en la fuente. Coloque encima los gajos de melocotón, formando 3 hileras. Hornee 1½ horas, o hasta que al insertar un palillo éste salga limpio. Deje que el molde se enfríe sobre una rejilla metálica durante 10 minutos si desea servir el pastel caliente, o enfríelo por completo para servirlo más tarde.

Cada ración: unas 325 calorías, 5 g de proteínas, 48 g de hidratos de carbono, 12 g de grasa total (4 g de saturadas), 78 mg de colesterol, 390 mg de sodio

PASTEL DE CHOCOLATE Y CEREZAS

Preparación: 30 minutos, más enfriamiento   Horno: 70 minutos
Para 16 raciones

100 g de pepitas de chocolate negro	1½ cucharaditas de levadura en
1 cucharada de cacao	polvo
2 cucharaditas de canela molida	2 cucharaditas de esencia
330 g de azúcar blanquilla	de vainilla
175 g de mantequilla o margarina,	½ cucharadita de sal
ablandada	450 ml de crema agria
450 g de harina	3 huevos medianos
1½ cucharaditas de bicarbonato	125 g de cerezas secas
sódico	azúcar lustre para decorar

◆ Precaliente el horno a 170 °C (gas 3). Engrase y enharine un molde de corona para *kugelhopf*. Mezcle las pepitas de chocolate, el cacao, la canela y 65 g de azúcar en un cuenco pequeño; resérvelo.

◆ Bata la mantequilla y los 265 g restantes de azúcar en un cuenco grande con la batidora eléctrica a velocidad lenta, hasta que estén mezclados. Aumente la velocidad a media y bata 2 minutos, o hasta que la preparación resulte ligera y cremosa; raspe de vez en cuando las paredes con una espátula de goma.

◆ Baje la velocidad. Agregue la harina y los 6 ingredientes siguientes y bata hasta que estén bien incorporados. Aumente la velocidad y bata 2 minutos; raspe las paredes del cuenco. Mezcle con las cerezas secas.

◆ Extienda un tercio de la mezcla en el molde. Esparza por encima la mitad de la preparación de chocolate. Cubra con la mitad restante de la mezcla de pastel, esparza por encima el resto de chocolate y cubra, por último, con el resto de la mezcla del pastel.

◆ Hornee 70 minutos, o hasta que al insertar un palillo en el centro salga limpio. Deje que el pastel se enfríe durante 10 minutos sobre una rejilla. Inviértalo sobre la rejilla para enfriarlo por completo. En el momento de servir, espolvoréelo con el azúcar lustre

Cada ración: unas 345 calorías, 5 g de proteínas, 50 g de hidratos de carbono, 14 g de grasa total (5 g de saturadas), 72 mg de colesterol, 360 mg de sodio

MUFFINS

Si desea preparar un tentempié que pueda hornearse en minutos, piense en unos *muffins* fragantes. Es posible añadir a la preparación básica un gran número de extras, tales como bayas y manzanas jugosas, e incluso pepitas de chocolate. Para obtener una textura blanda, no mezcle demasiado los ingredientes secos y húmedos (remuévalos tan sólo hasta humedecer la harina). Luego agregue suavemente los ingredientes adicionales y hornee la preparación.

MUFFINS DE MANZANA Y SUERO

◆◆◆◆◆◆◆◆◆◆◆◆◆

Preparación: 20 minutos
Horno: 25 minutos
Para 12

2 manzanas Golden Delicious medianas
300 g de harina
100 g de azúcar moreno claro
2 cucharaditas de levadura en polvo
1 cucharadita de bicarbonato
½ cucharadita de sal
225 ml de leche o leche agria (*véase* pág. 392)
60 ml de aceite vegetal
2 cucharaditas de esencia de vainilla
1 huevo mediano
60 g de nueces, picadas (opcional)
1 cucharada de azúcar blanquilla
1 cucharadita de canela molida

1 Precaliente el horno a 200 °C (gas 6). Engrase un molde para 12 *muffins* de tamaño estándar. Pele, descorazone y pique las manzanas. Mezcle la harina, el azúcar moreno, la levadura, el bicarbonato y la sal en un cuenco grande. Bata en un cuenco pequeño el suero, el aceite, la esencia de vainilla y el huevo con un tenedor o batidora de varillas, hasta que estén bien mezclados.

2 Mezcle la preparación de harina con la de suero hasta que esté humedecida (la mezcla queda grumosa). Incorpore las manzanas y las nueces si las utiliza. Reparta la preparación en los agujeros de la placa.

3 Mezcle el azúcar blanquilla y la canela en una taza y espolvoree con ello los *muffins*. Hornee 25 minutos, o hasta que al insertar un palillo en el centro ése salga limpio. Retire los *muffins* de la placa y sírvalos calientes, o enfríelos sobre una rejilla metálica y recaliéntelos.

PLACAS PARA *MUFFINS*

Una placa para *muffins* de tamaño estándar tiene 12 agujeros, que miden unos 7 cm de ancho por 3 cm de profundidad. También se encuentra disponible una versión de 12 agujeros, de 4,5 cm de ancho y 2 cm de profundidad.

Llene las placas para *muffins* de ⅔ o ¾ de su capacidad con la preparación, para que ésta pueda subir. (Si no utiliza todas las cavidades, llene las vacías con agua hasta la mitad, para que la placa no se abarquille en el horno.) Hornee los *muffins* tan pronto como la mezcla esté lista, antes de que la levadura pierda parte de su poder. Desmolde los *muffins* sobre una rejilla inmediatamente después de haberlos retirado del horno, pues si permanecen en la placa se humedecen, ya que el vapor queda atrapado.

CADA *MUFFIN*: UNAS 210 CALORÍAS, 4 g DE PROTEÍNAS, 30 g DE HIDRATOS DE CARBONO, 8 g DE GRASA TOTAL (1 g DE SATURADAS), 19 mg DE COLESTEROL, 305 mg DE SODIO

MUFFINS BÁSICOS

Preparación: 10 minutos   Horno: 20-25 minutos
Para 12 unidades

375 g de harina
65 g de azúcar blanquilla
1 cucharada de levadura en polvo
½ cucharadita de sal
1 huevo mediano
225 ml de leche
75 g de mantequilla o margarina, derretida
1 cucharadita de esencia de vainilla

◆ Precaliente el horno a 200 °C (gas 6).
Engrase una placa estándar para *muffins*,
de 12 cavidades. Mezcle la harina, el azúcar,
la levadura y la sal en un cuenco grande.
Con una batidora de varillas o un tenedor,
mezcle el huevo, la leche, la margarina
derretida y la esencia de vainilla en un cuenco
mediano; incorpórelos a la preparación de
harina y remueva hasta que esté justo
humedecida (la preparación queda grumosa).

◆ Distribuya la mezcla en las cavidades
de la placa. Hornee entre 20 y 25 minutos,
o si inserta un palillo en el centro
de un *muffin*, que éste salga limpio.
Retírelos de la placa y sírvalos calientes,
o bien desmóldelos y deje que se enfríen
sobre una rejilla metálica para servirlos
posteriormente. Recaliéntelos si lo desea.

Cada *muffin*: unas 175 calorías, 4 g de proteínas,
25 g de hidratos de carbono, 6 g de grasa total
(3 g de saturadas), 34 mg de colesterol, 285 mg
de sodio

INGREDIENTES EXTRA PARA LOS *MUFFINS*

Prepare la receta básica para *muffins* y agregue
cualquiera de los siguientes ingredientes:

Muffins de arándanos o frambuesas.
Añada 150 g de arándanos o frambuesas.

Muffins de pepitas de chocolate.
Agregue 150 g de pepitas de chocolate negro.

Muffins de nueces o pacanas. Incorpore
60 g de nueces o pacanas tostadas y picadas.
Espolvoréelos con un poco de azúcar antes de
hornearlos.

Muffins de naranja. Añada una cucharadita
de corteza de naranja rallada a los ingredientes
secos. Espolvoree con un poco de azúcar antes
de hornear.

MUFFINS DE ZANAHORIA Y CEREALES

Preparación: 15 minutos, más reposo
Horno: 30 minutos   Para 12 unidades

1 huevo mediano
225 ml de leche
60 ml de aceite vegetal
55 g de cereales para el desayuno, integrales
110 g de zanahorias, finamente ralladas
165 g de harina
65 g de azúcar blanquilla
1 cucharada de levadura en polvo
½ cucharadita de sal
¼ de cucharadita de canela molida
150 g de pasas

◆ Precaliente el horno a 200 °C (gas 6).
Engrase una placa estándar, para *muffins*
de 12 cavidades.

◆ Mezcle en un cuenco mediano el huevo,
la leche, el aceite, los cereales y las
zanahorias ralladas con un tenedor, hasta
que estén bien amalgamados y deje que
reposen 10 minutos. Mezcle la harina,
el azúcar, la levadura en polvo, la sal
y la canela en un cuenco. Mezcle ambas
preparaciones hasta que la harina esté justo
humedecida (quedan grumos). Agregue
las pasas.

◆ Distribuya la preparación en la placa.
Hornee 30 minutos, o hasta que al insertar
un palillo en el centro de un *muffin*, éste
salga limpio. Retire los *muffins* de la placa y
sírvalos calientes, o bien desmóldelos y deje
que se enfríen sobre una rejilla metálica
para servirlos más tarde. Recaliéntelos si
lo desea.

Cada *muffin*: unas 190 calorías, 4 g de proteínas,
34 g de hidratos de carbono, 6 g de grasa
total (1 g de saturadas), 21 mg de colesterol,
350 mg de sodio

MUFFINS DE ARÁNDANOS Y MAÍZ

Preparación: 15 minutos   Horno: 20-25 minutos
Para 12 unidades

150 g de harina
125 g de harina de maíz amarilla, molida
100 g de azúcar
2 cucharaditas de levadura en polvo
1 cucharadita de bicarbonato sódico
½ cucharadita de sal
225 ml de suero o leche agria (*véase* pág. 392)
60 ml de aceite vegetal
2 cucharaditas de esencia de vainilla
1 huevo mediano
225 g de arándanos o 155 g de frambuesas

◆ Precaliente el horno a 200 °C (gas 6).
Engrase una placa estándar para *muffins*
de 12 cavidades.

◆ Mezcle los 6 primeros ingredientes en
un cuenco grande. Bata en un cuenco
pequeño el suero, el aceite vegetal,
la esencia de vainilla y el huevo con un
tenedor o batidora de varillas, hasta que
estén bien amalgamados. Mezcle con la
preparación de harina hasta que esté justo
humedecida (quedan grumos). Agregue
las bayas.

◆ Distribuya la mezcla en la placa. Hornee
entre 20 y 25 minutos, o hasta que al
insertar un palillo en el centro de un *muffin*,
éste salga limpio. Retire los *muffins* de la
placa y sírvalos calientes, o bien enfríelos
sobre una rejilla para servirlos luego.
Recaliéntelos si lo desea.

Cada *muffin*: unas 175 calorías, 3 g de proteínas,
29 g de hidratos de carbono, 5 g de grasa total
(1 g de saturadas), 19 mg de colesterol, 305 mg
de sodio

Muffins de
zanahoria
y cereales

Muffins de
arándanos
y maíz

Muffins de pepitas
de chocolate

PAN DE MAÍZ

El pan de maíz queda mejor si de degusta recién horneado y caliente. Es el acompañamiento americano clásico del chile con carne, pero también de muchos otros platos. Aunque un pan de maíz caliente es delicioso, se pueden añadir otros productos, como queso, chiles y granos de maíz, para obtener un pan especial. A fin de variar la presentación, hornéelo en forma de mazorcas de maíz.

PAN DE MAÍZ CON CHEDDAR Y CHILES VERDES

◆◆◆◆◆◆◆◆◆◆◆◆◆◆◆◆◆◆◆◆◆◆◆◆◆◆

Preparación: 20 minutos   Horno: 25-30 minutos

Para 15 raciones

225 g de queso Cheddar
225 g de harina
185 g de harina de maíz amarilla, molida
50 g de azúcar
1 cucharada de levadura en polvo
½ cucharadita de sal
240 g de maíz en lata cremoso

125 g de chiles verdes suaves en conserva, escurridos y picados
1 cebolla pequeña, rallada
2 huevos medianos
175 ml de leche
60 g de mantequilla o margarina, derretida

1 Precaliente el horno a 200 °C (gas 6). Engrase un molde metálico de 33 x 20 cm. Ralle el queso Cheddar. Mezcle la harina y los 4 ingredientes siguientes en un cuenco grande.

2 Bata el queso Cheddar, el maíz, los chiles, la cebolla, los huevos, la leche y la mantequilla derretida en un cuenco, hasta que estén amalgamados, y mézclelos con la preparación de harina hasta que esté humedecida (quedan grumos).

3 Extienda la preparación en el molde. Hornee entre 25 y 30 minutos, o hasta que al insertar un palillo en el centro, salga limpio. Corte el pan en 3 tiras, y luego cada una en 5 trozos. Sírvalo caliente o deje que se enfríe para presentarlo más tarde.

EL PAN AMERICANO

El pan de maíz es el pan clásico americano. Los americanos nativos preparaban cientos de panes planos utilizando maíz molido. Posteriormente, los colonos desarrollaron sus propias variantes. Los sureños lo prefieren sin endulzar y utilizan harina de maíz blanca en vez de amarilla. Para obtener una costra crujiente, lo hornean en un molde poco profundo, o mejor aún, en una sartén de hierro colado, precalentada y engrasada. En el norte, el pan de maíz es más dulce y esponjoso, y se utiliza harina de maíz amarilla. Los cocineros del suroeste emplean a menudo harina de maíz azul en la mezcla.

Una elevada proporción de harina da un pan de maíz más ligero, mientras que si se emplea más harina de maíz se obtiene un pan más denso y seco, con un sabor más intenso. El suero que aparece con frecuencia en las recetas de todas las regiones proporciona una textura blanda al pan acabado.

CADA RACIÓN: UNAS 225 CALORÍAS, 8 g DE PROTEÍNAS, 28 g DE HIDRATOS DE CARBONO, 9 g DE GRASA TOTAL (5 g DE SATURADAS), 55 mg DE COLESTEROL, 455 mg DE SODIO

PAN DE MAÍZ Y BONIATO

Preparación: 30-35 minutos, más enfriamiento   Horno: 10-15 minutos
Para 15 unidades

250 g de boniatos pelados,
   cortados a cuartos
190 g de harina
125 g de harina de maíz amarilla,
   molida
2½ cucharaditas de levadura
   en polvo

1 cucharadita de sal
60 g de mantequilla o margarina
280 ml de leche
165 g de azúcar moreno
1 huevo mediano

◆ Ponga los boniatos en un cazo de 3 litros, cúbralos con agua y
llévelos a ebullición, a fuego vivo. Baje el fuego; tape y cueza entre
15 y 20 minutos a fuego lento, o hasta que estén tiernos al pincharlos
con un tenedor. Escúrralos bien.

◆ Mientras, precaliente el horno a 200 °C (gas 6). Engrase
generosamente 15 cavidades en forma de mazorca de maíz (3 placas
de 5 cavidades cada una), o un molde metálico de 28 × 19 cm.

◆ Mezcle la harina y los 3 ingredientes siguientes en un cuenco
grande. Con un mezclador de pastas o dos cuchillos a modo de
tijeras, corte la mantequilla que ha incorporado a la mezcla hasta
que la preparación tenga el aspecto de unas migas gruesas.

◆ Aplaste los boniatos con la leche y el azúcar moreno en un
cuenco grande con un aplastapatatas hasta obtener una mezcla
homogénea, a la que se añade el huevo. Mezcle con la preparación
de harina hasta que estén justo amalgamados. Vierta la preparación
en el molde.

◆ Hornee entre 10 y 15 minutos, o hasta que al insertar un
palillo en el centro, éste salga limpio (si utiliza un molde córtelo
en 14 raciones). Preséntelo caliente, o enfríelo sobre una rejilla
metálica y recaliéntelo antes de servir si lo desea.

Cada ración: unas 160 calorías, 3 g de proteínas, 26 g de hidratos de
carbono, 5 g de grasa total (2 g de saturadas), 27 mg de colesterol, 295 mg
de sodio

MOLDES EN FORMA DE MAZORCA DE MAÍZ

El secreto de preparar un pan en forma
de mazorca de maíz estriba en utilizar
una placa especial de hierro colado,
con cavidades en forma de
mazorca. Puede encontrar estos
moldes en tiendas especializadas.
Engrase los moldes
generosamente, para evitar
que la mezcla se pegue y
conseguir una costra dorada
y crujiente. Desprenda los panes
de la placa con ayuda de un tenedor.

PAN DE MAÍZ EN SARTÉN

Preparación: 10 minutos   Horno: 25-30 minutos
Para 8 raciones

190 g de harina
155 g de harina de maíz amarilla,
   molida
1 cucharada de levadura en polvo
2 cucharaditas de azúcar
1 cucharadita de sal

225 ml de leche
2 huevos medianos
240 g de maíz cremoso en lata
60 g de mantequilla o margarina,
   derretida

◆ Precaliente el horno a 220 °C (gas 7). Engrase generosamente
una sartén de hierro colado de 26 cm, provista de mango refractario,
o un molde metálico cuadrado de 20 cm de lado. Mezcle la harina,
la harina de maíz, la levadura en polvo, el azúcar y la sal en un
cuenco grande.

◆ Mezcle en un cuenco mediano los huevos, la leche, el maíz y
la mantequilla derretida con un tenedor. Agregue esta preparación
a la de harina hasta que estén mezcladas, pero no mezcle en exceso.

◆ Vierta la mezcla en la sartén y hornee entre 25 y 30 minutos,
o hasta que al insertar un palillo en el centro del pan, salga limpio.
Sírvalo caliente, o bien despréndalo con un cuchillo, retírelo del
recipiente y déjelo que se enfríe sobre una rejilla para servirlo más
tarde.

Cada ración: unas 260 calorías, 7 g de proteínas, 39 g de hidratos de carbono,
9 g de grasa total (3 g de saturadas), 73 mg de colesterol, 635 mg de sodio

---

PAN DE MAÍZ SUREÑO

Preparación: 10 minutos   Horno: 25 minutos
Para 8 raciones

60 g de mantequilla o margarina
185 g de harina de maíz blanca
   o amarilla, molida
150 g de harina
2 cucharaditas de levadura
   en polvo

¼ de cucharadita de bicarbonato
   sódico
1 cucharadita de sal
2 huevos medianos
400 ml de suero o leche agria
   (*véase* pág. 392)

◆ Precaliente el horno a 230 °C (gas 8). Ponga la mantequilla
en una sartén de hierro colado de 26 cm, provista de un mango
refractario, o un molde cuadrado metálico de 22 cm de lado.
Introduzca el recipiente en el horno entre 3 y 5 minutos, hasta
que la mantequilla se derrita.

◆ Mientras, mezcle la harina de maíz, la harina, la levadura en
polvo, el bicarbonato y la sal en un cuenco grande. Bata juntos
los huevos y el suero en un cuenco mediano. Agregue la mantequilla
derretida a la mezcla de suero y mezcle con la preparación de harina
hasta que esté humedecida (quedan grumos; no mezcle en exceso).

◆ Vierta la preparación en la sartén. Hornee 25 minutos, o hasta
que al insertar un palillo en el centro, éste salga limpio. Sirva caliente.

Cada ración: unas 240 calorías, 7 g de proteínas, 34 g de hidratos de carbono,
7 g de grasa total (2 g de saturadas), 71 mg de colesterol, 565 mg de sodio

Scones

Unos *scones* ligeros
y esponjosos, recién
horneados, alegran
cualquier merienda.
Nuestros *scones* de suero
clásicos son
maravillosamente sencillos
de preparar, aunque
también pueden encantarle
nuestras variantes
aromatizadas con hierbas
frescas, queso o beicon
ahumado. Pruebe también
los *scones* integrales, de
harina de avena y boniato.

Scones de suero

◆◆◆◆◆◆◆◆◆◆◆◆◆

Preparación: 10 minutos
Horno: 12-14 minutos
Para 13 unidades

240 g de harina sin tamizar
1½ cucharaditas de levadura
  en polvo
½ cucharadita de bicarbonato
  sódico
60 g de grasa blanca vegetal
175 ml de suero o leche agria
  (*véase* pág. 392)

1 Precaliente el horno a 230 °C (gas 8). Mezcle la harina y los 3 ingredientes siguientes en un cuenco grande. Con un mezclador de pastas o dos cuchillos, corte la grasa vegetal que ha incorporado a la mezcla hasta obtener una especie de migas gruesas.

2 Añada el suero, y mezcle hasta que la preparación esté humedecida. Vuelque la pasta sobre la superficie de trabajo ligeramente enharinada y amase unas 6 u 8 veces, o hasta que esté lisa. Extiéndala con un rodillo; déle 2 cm de grosor.

3 Corte los *scones* con un cortapastas de 5 cm. Junte los recortes, amáselos, extiéndalos y corte más *scones*. Póngalos sobre una placa de horno sin engrasar a una distancia de 2 o 3 cm. Hornéelos entre 12 y 14 minutos, o hasta que estén ligeramente dorados. Sírvalos calientes.

CONSEJOS PARA PREPARAR LOS *SCONES*

Para obtener unos *scones* ligeros, trabaje la pasta el mínimo posible. Al cortarlos con el cortapastas, practique un corte limpio y no le dé la vuelta al cortador, pues de lo contrario sellaría el corte y los *scones* no subirían bien.
  Si no dispone de un cortapastas, corte la pasta en cuadrados con un cuchillo afilado. O incluso, más sencillo: sirva cualquiera de estas recetas como un *scone* gigante, que cortará en triángulos. Para preparar un *scone* gigante, siga las instrucciones de nuestros *scones* de romero y aceite de oliva (*véase* pág. 404). Coloque el *scone* gigante en una placa para hornear engrasada, pincélelo con leche y entállelo, marcando 12 triángulos. Hornee unos 10 minutos más que en el caso de los *scones* individuales. Deje que se enfríe ligeramente sobre una rejilla metálica y sírvalo caliente.

SCONES SALADOS

Scones de Cheddar. Reduzca la cantidad de aceite vegetal a 30 g. Agregue 125 g de queso Cheddar rallado a la mezcla de harina y grasa vegetal.

Scones de beicon y pimienta negra. Añada ½ cucharadita de pimienta negra molida a la mezcla de harina. Una vez que haya cortado la grasa vegetal, agregue 3 lonchas de beicon frito y picado a la mezcla de harina.

Scones de perejil y cebollinos. Una vez que haya cortado la grasa vegetal, agregue 2 cucharadas de perejil fresco picado y 2 cucharadas de cebollinos frescos picados.

Scone de perejil
y cebollinos

CADA *SCONE*: UNAS 100 CALORÍAS, 2 g DE PROTEÍNAS, 14 g DE HIDRATOS DE CARBONO, 4 g DE GRASA TOTAL (1 g DE SATURADAS), 1 mg DE COLESTEROL, 200 mg DE SODIO

SCONES INTEGRALES AL SÉSAMO

Preparación: 15 minutos   *Horno:* 12-15 minutos
Para 12 unidades

2 cucharadas de semillas de sésamo
150 g de harina integral
150 g de harina común
1 cucharada de levadura en polvo
¾ de cucharadita de sal
60 g de mantequilla o margarina
175 ml, más 3 cucharadas, de leche

◆ Tueste las semillas de sésamo en una sartén pequeña a fuego moderado durante unos 5 minutos, o hasta que estén ligeramente doradas; remueva de vez en cuando.

◆ Precaliente el horno a 220 °C (gas 7). Reserve una cucharadita de semillas de sésamo. Mezcle la harina integral, la harina, la levadura en polvo, la sal y el resto de semillas de sésamo en un cuenco grande. Con la ayuda de un mezclador de pastas o dos cuchillos a modo de tijeras, corte la mantequilla después de incorporarla a la mezcla hasta que ésta tenga el aspecto de unas migas gruesas.

◆ Agregue 175 ml, más 2 cucharadas, de leche hasta que la mezcla forme una pasta blanda que se separe de las paredes del cuenco.

◆ Vuelque la pasta en la superficie de trabajo ligeramente enharinada y amásela 6 u 8 veces, o hasta que esté lisa. Extiéndala con un rodillo enharinado; déle 1 cm de grosor.

◆ Corte *scones* con un cortapastas de 6 cm. Reúna los recortes, amáselos de nuevo, extiéndalos y corte de nuevo más *scones*. Trasládelos con una espátula metálica sobre una placa para horno sin engrasar.

◆ Pincele la superficie de los *scones* con la cucharada de leche restante y esparza por encima las semillas de sésamo reservadas.

◆ Hornee los *scones* entre 12 y 15 minutos, o hasta que estén dorados. Sírvalos calientes o enfríelos sobre una rejilla metálica.

Cada *scone*: unas 125 calorías, 3 g de proteínas, 16 g de hidratos de carbono, 5 g de grasa total (2 g de saturadas), 14 mg de colesterol, 310 mg de sodio

SCONES DE AVENA

Preparación: 15 minutos   *Horno:* 12-15 minutos
Para 20 unidades

80 g de copos de avena
525 g de harina
70 g de azúcar moreno claro
4 cucharaditas de levadura en polvo
1½ cucharaditas de sal
½ cucharadita de bicarbonato sódico
125 g de mantequilla o margarina
175 g de pacanas, picadas
½ cucharadita de jarabe de arce (opcional)
350 ml, más 2 cucharadas, de suero o leche agria (*véase* pág. 392)

◆ Precaliente el horno a 230 °C (gas 8). Reserve 2 cucharadas de copos de avena. Mezcle en un cuenco grande la harina, los 4 ingredientes siguientes y los copos restantes. Con un mezclador de pastas o dos cuchillos a modo de tijeras, corte la mantequilla después de incorporarla a la mezcla hasta que ésta tenga el aspecto de migas gruesas. Agregue a continuación las pacanas picadas.

◆ Incorpore el jarabe de arce, si lo utiliza, a los 350 ml de suero; mezcle esta preparación con la de harina, hasta obtener una pasta blanda que se separe de las paredes del cuenco.

◆ Vuelque la pasta en la superficie de trabajo ligeramente enharinada y amásela 6 u 8 veces, hasta que esté lisa. Extiéndala con un rodillo enharinado; déle 1 cm de grosor.

◆ Corte los *scones* con un cortapastas de 7 u 8 cm. Reúna los recortes, amáselos, extiéndalos y córtelos de nuevo. Traspase los *scones* con una espátula metálica a 2 placas de horno grandes sin engrasar y a una distancia de 2 o 3 cm.

◆ Pincele los *scones* con las 2 cucharadas restantes de suero y esparza por encima los copos reservados.

◆ Hornee los *scones* entre 12 y 15 minutos, hasta que estén dorados, intercambie las placas a media cocción. Sirva los *scones* calientes o enfríelos sobre una rejilla.

Cada *scone*: unas 220 calorías, 5 g de proteínas, 27 g de hidratos de carbono, 11 g de grasa total (3 g de saturadas), 14 mg de colesterol, 365 mg de sodio

SCONES DE BONIATO

Preparación: 30 minutos, más enfriamiento
Horno: 12-15 minutos   *Para* 20 unidades

450 g de boniatos, pelados y cortados a dados de 5 cm
600 g de harina
100 g de azúcar moreno claro
5 cucharaditas de levadura en polvo
1 cucharadita de sal
150 g de mantequilla o margarina
75 ml de leche

◆ Ponga los boniatos en un cazo, cúbralos con agua y lleve a ebullición. Baje el fuego; tape y cueza entre 12 y 15 minutos a fuego lento, o hasta que estén tiernos. Escúrralos bien.

◆ Ponga los boniatos en un cuenco mediano y aplástelos con un aplastapatatas. Deje que se enfríen.

◆ Precaliente el horno a 220 °C (gas 7). Mezcle la harina, el azúcar moreno, la levadura en polvo y la sal en un cuenco grande. Con la ayuda de un mezclador de pastas o dos cuchillos a modo de tijeras, corte la mantequilla después de incorporarla a la mezcla hasta que ésta tenga el aspecto de migas gruesas.

◆ Agregue a la preparación anterior la leche y los boniatos aplastados y fríos, y mezcle hasta que estén combinados.

◆ Vuelque la pasta en una superficie ligeramente enharinada y forme un cuadrado de 20 cm de lado. Corte la pasta por la mitad, y luego cada una en 10 porciones iguales. Traspase los *scones* con una espátula metálica a 2 placas grandes para horno sepárelos 2 o 3 cm.

◆ Coloque las placas en el horno y hornee los *scones* entre 12 y 15 minutos hasta que estén bien dorados; intercambie la posición de las placas a media cocción. Sirva los *scones* calientes o enfríelos sobre rejillas.

Cada *scone*: unas 175 calorías, 3 g de proteínas, 28 g de hidratos de carbono, 6 g de grasa total (2 g de saturadas), 17 mg de colesterol, 300 mg de sodio

PANES DE SODA Y MÁS *SCONES*

Aunque en la actualidad el auténtico pan de soda, cocido en una olla de hierro colado suspendida sobre el hogar, raramente se prepara, esta versión todavía forma parte de las tradiciones irlandesas. Aparece en muchas comidas, y la incorporación de pasas y semillas de alcaravea la hace especial. Los *scones* preparados con una pasta similar, amasada muy ligeramente, tienen una textura más rica, especialmente si se acompañan con crema cuajada y confitura de fresas.

PAN DE SODA INTEGRAL

◆◆◆◆◆◆◆◆◆◆◆◆◆◆◆◆◆◆◆◆◆◆◆◆◆◆◆◆◆◆

Preparación: 15 minutos, más enfriamiento   Horno: 1 hora
Para 1 pan, 12 porciones

225 g de harina común, más un
  poco para espolvorear
225 g de harina integral
80 g de copos de avena
50 g de azúcar blanquilla
1 cucharada de levadura en polvo
1½ cucharaditas de sal
225 g de sultanas

1 cucharadita de bicarbonato
  sódico
90 g de mantequilla o margarina
2 cucharaditas de semillas
  de alcaravea
350 ml de suero o leche agria
  (*véase* pág. 392)

1 Precaliente el horno a 180 °C (gas 4). Mezcle la harina, los 6 ingredientes siguientes en un cuenco grande. Con un mezclador de pasta, corte la mantequilla después de incorporarla a la mezcla hasta obtener migas gruesas.

2 Agregue las pasas y las semillas de alcaravea. Incorpore el suero y mezcle sólo hasta que la harina esté humedecida (la pasta queda pegajosa). Engrase una placa de horno.

3 Vuelque la pasta en una superficie bien enharinada. Amásela con las manos enharinadas entre 8 y 10 veces (pero no demasiado, pues el pan quedaría duro). Forme con ella una bola y póngala en la placa del horno.

4 Espolvoree la bola con harina normal. Haga en el centro una cruz de 10 cm de largo y 5 cm de profundidad. Hornee 1 hora, o hasta que al insertar un palillo en el centro, éste salga limpio. Retire el pan del horno y deje que se enfríe.

EL SUERO

Antiguamente, el suero era el líquido que quedaba después de batir la crema para transformarla en mantequilla. En la actualidad, el suero se produce comercialmente mediante la adición de unos cultivos bactéricos especiales a la leche descremada. Éstos convierten los azúcares naturales de la leche en un ácido, de lo que resulta una leche más espesa y con un sabor más ácido. Puede sustituir el suero por yogur o leche agriada con zumo de limón o vinagre (*véase* pág. 392).

El suero es un ingrediente tradicional del pan de soda irlandés, y a menudo se emplea en otros panes para el té. Su acidez provoca que la levadura en polvo o el bicarbonato sódico desprenda dióxido de carbono, lo que hace que el pan suba. Las tortitas, los panes dulces y *scones* quedan más tiernos. Si añade suero a las sopas frías y aliños de ensaladas, obtendrá un efecto cremoso con menos grasa.

CADA RACIÓN: UNAS 300 CALORÍAS, 8 g DE PROTEÍNAS, 54 g DE HIDRATOS DE CARBONO, 7 g DE GRASA TOTAL (3 g DE SATURADAS), 15 mg DE COLESTEROL, 595 mg DE SODIO

SCONES A LA CREMA

Preparación: 15 minutos   *Horno:* 15-20 minutos
Para 8 unidades

525 g de harina
2 cucharadas de levadura en polvo
½ cucharadita de sal
100 g, más 1 cucharada, de azúcar

90 g de mantequilla o margarina
2 huevos medianos, batidos
225 ml, más 1 cucharada, de crema de leche ligera

◆ Precaliente el horno a 200 °C (gas 6). Engrase una placa para hornear grande.

◆ Mezcle la harina, la levadura en polvo, la sal y 100 g de azúcar en un cuenco grande. Con la ayuda de un mezclador de pastas o dos cuchillos a modo de tijeras, corte la mantequilla después de incorporarla a la mezcla, hasta que ésta tenga el aspecto de migas gruesas.

◆ Mezcle la preparación anterior con los huevos y 225 ml de crema de leche ligera, hasta que todo esté amalgamado.

◆ Vierta la pasta en la superficie de trabajo enharinada (la pasta queda pegajosa). Con las manos enharinadas, forme un círculo de 23 cm.

◆ Pincele la pasta con la cucharada de crema restante y espolvoree por encima el azúcar sobrante. Córtela en 8 triángulos con un cuchillo afilado. Traslade los *scones* con una espátula a la placa y colóquelos a una distancia de 7 u 8 cm entre sí.

◆ Hornéelos entre 15-20 minutos, hasta que estén dorados. Sírvalos calientes, o retírelos de la placa y enfríelos sobre una rejilla para recalentarlos posteriormente.

Cada *scone*: unas 365 calorías, 8 g de proteínas, 54 g de hidratos de carbono, 14 g de grasa total (6 g de saturadas), 89 mg de colesterol, 630 mg de sodio

---

SCONES ENRIQUECIDOS

Scones de nueces y limón.
Prepare la receta de los *scones* a la crema como anteriormente, pero añada una cucharadita de corteza de limón rallada a la mezcla de harina; agregue 125 g de nueces picadas a los huevos y la crema de leche.

Scones de pasas. Prepare los *scones* a la crema como anteriormente, pero añada 90 g de pasas a los huevos y la crema de leche.

Scone de nueces y limón

Scone de pasas

SCONES DE ROMERO Y ACEITE DE OLIVA

Preparación: 15 minutos, más enfriamiento   *Horno:* 20-25 minutos
Para 12 unidades

450 g de harina
60 g de mantequilla o margarina, cortada en 4 trozos
1 cucharada de azúcar
1 cucharada de levadura en polvo
2 cucharaditas de romero fresco o ¼ de cucharadita de romero seco, machacado

1 cucharadita de bicarbonato sódico
½ cucharadita de sal
60 ml, más 1 cucharada, de aceite de oliva
225 ml de leche
1 huevo mediano
75 g de aceitunas negras carnosas, deshuesadas y picadas

◆ Precaliente el horno a 220 °C (gas 7). Engrase ligeramente una fuente grande para hornear. Mezcle la harina, la mantequilla, el azúcar, la levadura en polvo, el romero picado, el bicarbonato sódico, la sal y 60 ml de aceite de oliva en un robot eléctrico provisto de cuchilla metálica; mezcle hasta que el aspecto de la mezcla se asemeje a migas gruesas.

◆ Mezcle la leche y el huevo en un cuenco pequeño. Viértalos por el tubo de alimentación en la mezcla de harina; pulse el aparato hasta que los componentes estén amalgamados. Vuelque la pasta en la superficie de trabajo ligeramente enharinada; presione las aceitunas contra la pasta con las manos enharinadas. Ponga la pasta sobre la placa de horno y forme con ella un círculo de 25 cm (la pasta queda pegajosa).

◆ Corte 12 triángulos iguales con un cuchillo enharinado, pero no los separe. Pincele la superficie con la cucharada restante de aceite de oliva. Hornee los *scones* entre 20 y 25 minutos, o hasta que estén dorados. Retírelos de la placa y deje que se enfríen ligeramente sobre una rejilla para servirlos calientes.

Cada *scone*: unas 230 calorías, 4 g de proteínas, 25 g de hidratos de carbono, 12 g de grasa total (3 g de saturadas), 32 mg de colesterol, 475 mg de sodio

---

PAN DE CERVEZA

Preparación: 10 minutos, más enfriamiento   *Horno:* 40 minutos
Para 1 pan, 12 raciones

450 g de harina
50 g de azúcar moreno claro
1 cucharada de levadura en polvo
¾ de cucharadita de sal

350 ml de cerveza lager
60 g de mantequilla o margarina, derretida

◆ Precaliente el horno a 190 °C (gas 5). Engrase un molde para pan de 23 x 12 cm. Mezcle la harina, el azúcar moreno, la levadura en polvo y la sal en un cuenco grande. Mezcle con la cerveza y la mantequilla derretida, hasta que la preparación esté humedecida (quedan grumos).

◆ Traspase la mezcla al molde y hornee 40 minutos, o hasta que esté dorada y al insertar un palillo, éste salga limpio. Deje que se enfríe 5 minutos sobre una rejilla, desmolde y déjelo enfriar por completo.

Cada ración: unas 170 calorías, 3 g de proteínas, 28 g de hidratos de carbono, 4 g de grasa total (2 g de saturadas), 11 mg de colesterol, 305 mg de sodio

PANES DE LEVADURA CONOCIMIENTOS BÁSICOS

Docenas de panes sabrosos, panecillos, pasteles y panes planos utilizan levadura de panadero como agente levantador. La mayoría de panes de levadura se mezclan, se amasan y se les da forma en menos de 1 hora; el resto consiste en dejar que fermenten. Los gránulos de levadura seca, fácil de mezclar, hacen que el proceso tradicional se acorte considerablemente.

TIPOS DE LEVADURA

La levadura es un pequeño organismo vivo que provoca la fermentación. Hace que el pan suba al transformar los azúcares naturales de la harina en burbujas de gas de dióxido de carbono; éstas se expanden durante el horneado y confieren a la masa un sabor a levadura.

Levadura seca. Son los gránulos deshidratos de la levadura de panadero y es el tipo que se utiliza más frecuentemente en el horneado. Los gránulos de levadura seca, fácil de mezclar, son de alta actividad, lo que hace que la pasta suba aproximadamente un 50 % más rápidamente. Pueden reemplazar la levadura seca en cantidades iguales. Guarde ambos tipos en un lugar frío y seco hasta abrirlos, y luego consérvelos en la nevera.

Levadura fresca. Húmeda y desmenuzable, la levadura fresca tiene un tiempo más corto de vida. Se encuentra disponible en algunas panaderías. Guárdela en la nevera hasta 2 semanas (o hasta su fecha de caducidad), o congélela hasta 3 meses. Utilice enseguida la levadura fresca descongelada.

DESMITIFICAR LA LEVADURA

• La levadura debe poder utilizarse hasta su fecha de caducidad.
• Puesto que la levadura actúa mejor en un ambiente moderadamente cálido, tenga todos los ingredientes a temperatura ambiente antes de empezar a trabajar.
• Para activar la levadura, mézclela con un líquido caliente. Si el líquido está demasiado caliente puede matarla, mientras que si está demasiado frío, se lentificara el proceso. Utilice un termómetro.
• Las pastas de levadura requieren un ambiente caliente para subir, entre 27 y 29 °C para que la levadura pueda crecer y la pasta expandirse. Evite zonas con corrientes de aire, pues la levadura puede subir de forma desigual. La pasta se levanta con éxito en un horno apagado. Colóquela en un cuenco cubierto sobre una rejilla y sitúe debajo un cuenco con agua caliente.
• Puesto que el azúcar facilita el crecimiento de la levadura, se añade, por lo general, al líquido. La grasa lentifica el crecimiento, por lo que las pastas con mayor contenido en grasa tardan más tiempo en subir. La sal inhibe la subida, pero un poco ayuda a controlar la fermentación de la levadura.
• A veces, se incorpora un poco de levadura extra para que la pasta suba con mayor rápidez, pero ello produce un pan más poroso. Las recetas para la prepración de pan batido emplean en ocasiones más levadura que las de otros tipos.

CONOZCA LOS DIFERENTES TIPOS DE HARINA

Se pueden utilizar diferentes harinas para preparar panes. Las harinas presentan distintos contenidos en gluten, una proteína que proporciona al pan fuerza y elasticidad. Los panes se elaboran, generalmente, con harina de fuerza, que se obtiene a partir del trigo duro. Las harinas integrales, las molidas a la piedra y las de centeno se emplean a menudo mezcladas con harina de trigo normal para obtener un pan más ligero. La harina de maíz, la de avena y la de sémola también pueden añadirse para variar una pasta básica.

Guarde la harina de fuerza en un recipiente hermético, en un lugar frío y seco, hasta 12 meses, y las variedades integrales hasta 3 meses. Si desea guardarlas más tiempo, hágalo en el congelador.

Harina de fuerza. Obtenida a partir del trigo duro molido, con un elevado contenido en proteínas y gluten, proporciona una pasta elástica, muy apropiada para preparar pan.

Harina de centeno. Esta harina tiene un bajo contenido en gluten, por lo que se consigue una pasta ligeramente menos elástica que con la harina de trigo; en consecuencia, a menudo ambas se mezclan.

Harina molida a la piedra. Se obtiene siguiendo el viejo método de molido entre dos piedras, en vez de los procedimientos modernos. Tiene mejor sabor que las otras harinas, pero no se conserva tan bien.

Harina integral. Se obtiene moliendo el grano entero, y no se le añade ni quita nada, por lo que es la harina más nutritiva.

Harina de fuerza   Harina de centeno

Harina molida a la piedra   Harina integral

AMASAR

Un amasado fuerte y prolongado desarrolla la harina de la pasta, lo que proporciona un pan de textura uniforme, sin agujeros o partes densas. Amase la pasta entre 5 y 10 minutos; añada tanta harina como pueda absorber, aunque un exceso forma un pan seco y pesado. La pasta está lista cuando es homogénea y elástica, y aparecen unas pequeñas ampollas. Puede utilizar un robot eléctrico o una mezcladora para amasar, pero no llene el aparato en exceso, pues el motor podría estropearse.

Ponga la pasta en una superficie de trabajo enharinada. Con la palma de la mano, empuje la pasta hacia abajo, lejos de usted, como si la estirara. Déle un cuarto de vuelta; dóblela y luego aplánela, y estírela de nuevo. Repita la operación hasta obtener una pasta homogénea, con pequeñas ampollas.

LEVAR Y DAR FORMA

1 La pasta debe subir hasta que doble el tamaño. Para comprobarlo, presione con un dedo 1 cm en el centro. Si queda la marca, la pasta ha subido lo suficiente. Si se llena, la pasta necesita más tiempo.

2 Aplaste la pasta hacia abajo y presione con el puño (esto distribuye el dióxido de carbono, por lo que se obtiene un pan de textura más fina). Luego lleve los extremos de la pasta hacia el centro.

Para facilitar la manipulación de la pasta, póngala sobre una superficie enharinada y deje que repose 15 minutos. Para conseguir un pan redondo, esconda suavemente los extremos bajo la pasta, a fin de darle forma redondeada. Colóquela en una placa de horno y aplánela ligeramente. Una vez que le haya dado forma, deje que suba otra vez, hasta que casi haya doblado el tamaño.

Para obtener un pan rectangular, extienda la pasta, formando un rectángulo. Enróllela sobre sí misma a partir del extremo más estrecho. Alise la juntura y los extremos para sellarla, y esconda los extremos hacia abajo. Coloque la pasta.

FORMAR LA CORTEZA

• Para obtener una corteza blanda y tierna, pincele el pan crudo con leche, suero, crema o mantequilla o margarina derretida.
• Para conseguir una corteza crujiente, pincele o vaporice el pan con agua de vez en cuando durante el horneado.
• Para proporcionar brillo y color, pincele el pan con huevo batido, mezclado con un poco de agua.

HORNEAR MEJOR

• Algunos panes se entallan antes de ser horneados. Esto permite que el dióxido de carbono se escape, evitando la formación de grietas.
• Hornee los panes en el centro del horno. Si hornea varios a la vez, deje un espacio de 5 cm entre molde y molde.
• Si la superficie del pan está demasiado oscura, cúbralo holgadamente con papel de aluminio.
• El pan horneado a la piedra se cuece de forma uniforme y queda muy crujiente. También puede utilizar baldosas de terracota sin esmaltar; pero asegúrese de que no llevan plomo.

COMPROBAR LA COCCIÓN

El pan está cocido cuando se separa de las paredes del molde, está bien dorado y suena a hueco al golpear suavemente la base con los nudillos. Compruebe también los lados del pan; deben parecer firmes y crujientes al ejercer cierta presión.

ENFRIADO Y CONSERVACIÓN

• El pan enfriado puede cortarse en lonchas limpias. La mayoría de panes deben retirarse del molde enseguida y enfriarse con la cara superior hacia arriba sobre una rejilla metálica; guárdelo al abrigo de las corrientes de aire, que podrían encogerlo. El proceso de enfriamiento dura unas 3 horas.
• Asegúrese de que el pan está completamente frío antes de envolverlo o congelarlo, pues, de lo contrario, podría formarse una condensación dentro de la envoltura, lo que lo estropea con rapidez.
• Guarde los panes bien envueltos. Los panes blandos se conservan frescos en bolsas de plástico, mientras que los de corteza se mantienen crujientes en bolsas de papel.
• Guarde siempre los panes a temperatura ambiente, no en la nevera, donde se endurecen con mayor rapidez. La mayoría de panes se conservan en buenas condiciones hasta 5 días.
• Para recuperar un pan duro, caliéntelo en el horno a 180 °C, entre 5 y 7 minutos. O bien, utilícelo para preparar un budín de pan, picatostes o pan rallado.
• La mayoría de panes se congelan bien hasta 3 meses. Enfríelos por completo y luego póngalos en una bolsa para congelar, presionando el aire hacia afuera; o bien, envuélvalos apretados en papel de aluminio grueso. Para descongelarlos, déjelos a temperatura ambiente durante 1 hora, o envuelva el pan congelado en papel de aluminio con una abertura en la parte superior, para que el vapor pueda escaparse, y caliéntelo en el horno a 150 °C unos 20 minutos.

PROBLEMAS MÁS COMUNES

La pasta rebosa las paredes del molde. Para corregirlo, vuelque la pasta en una superficie enharinada y amásela 2 o 3 minutos. Tápela y deje que repose 15 minutos. Déle forma, de lo contrario podría colapsarse en el horno o presentar una textura pesada.

El pan es demasiado pálido. Coloque el pan desmoldado en la rejilla del horno y hornéelo de 5 a 10 minutos más.

El pan queda seco y desmenuzable. La pasta tenía demasiada harina o subió demasiado.

El pan se desborda en el horno. La pasta sobrepasó las paredes del molde. Evítelo.

El pan presenta grietas. La pasta tenía demasiada harina o había demasiada pasta en el molde.

Agujeros en el pan. El pan se amasó poco; es casi imposible amasarlo en exceso a mano. El tiempo de fermentación fue demasiado largo o ésta se produjo en un lugar demasiado cálido.

PANES DE LEVADURA BÁSICOS

Nada puede compararse a un pan casero. Lo cierto es que hay algo gratificante en el proceso de mezclado y amasado, y en las degustación. La combinación de levadura, líquido y harina se encuentra en todos los panes de levadura; pero, además de ello, la elección de las harinas y de los ingredientes extra aporta posibilidades asombrosas de variación.

PAN DE CEBOLLA GIGANTE

◆◆◆◆◆◆◆◆◆◆◆◆◆

Preparación: 1 hora, más subida y enfriamiento
Horno: 1¾ horas, aproximadamente
Para 1 pan, 20 raciones

175 g de mantequilla
   o margarina
1,1 kg de cebollas, picadas
sal
2 sobres (7 g cada uno) de gránulos de levadura seca, fácil de mezclar
1,3 kg, aproximadamente, de harina de fuerza
450 ml de leche
80 g de melaza clara o jarabe de melaza dorado
4 huevos medianos

1 Derrita 45 g de mantequilla a fuego moderado-alto en una sartén grande. Agregue las cebollas y una cucharadita de sal; cuézalas unos 30 minutos, removiendo a menudo, hasta que estén bien tiernas y doradas. Retire del fuego. Mezcle la levadura, los 300 g de harina y 4 cucharaditas de sal en un cuenco grande. Caliente la leche, la melaza y los 125 g restantes de mantequilla en un cazo a fuego muy lento, hasta que estén tibios (47-52 °C); no es preciso que la mantequilla se derrita.

2 Bata el líquido con la mezcla de harina con una batidora eléctrica a velocidad lenta, hasta que estén amalgamados. Aumente la velocidad a media y bata 2 minutos; raspe las paredes del recipiente con una espátula de goma. Añada 3 huevos batidos y 450 g de harina para obtener una masa más espesa; bátala 2 minutos más. Reserve 50 g de cebollas. Incorpore las cebollas restantes con una cuchara de madera y luego 480 g de harina para obtener una pasta blanda. Vuélquela en una superficie ligeramente enharinada.

3 Amase la pasta unos 10 minutos, hasta que esté lisa y elástica. Agregue unos 70 g de harina durante el amasado. Forme una bola con la pasta, póngala en un cuenco y voltéela para engrasar la parte superior.

7 Bata ligeramente el huevo restante en un cuenco. Cuando el pan se haya horneado 40 minutos, pincele la superficie con el huevo batido y esparza por encima las cebollas reservadas. Hornee el pan entre 20 y 25 minutos más, o hasta que esté dorado y al golpear ligeramente la base con los dedos suene hueca. Deje que el pan se enfríe dentro del molde sobre una rejilla metálica durante 10 minutos. Retire, a continuación, la base desmontable. Deje que se enfríe por completo sobre la rejilla.

4 Cubra la pasta y deje que fermente en un lugar cálido (27-30 °C) unos 30 minutos, hasta que doble el tamaño. Para comprobar la subida, hunda 2 dedos 1 cm en la pasta; las marcas deben permanecer.

5 Precaliente el horno a 180 °C (gas 4). Engrase un molde de corona de base desmontable de 25 cm. Aplaste la pasta, presionándola con el puño en el centro. Vuélquela en la superfice de trabajo enharinada.

6 Divida la pasta por la mitad. Forme con cada mitad una tira de pasta de 45 cm de longitud. Trence ambas tiras. Coloque la pasta en el molde y esconda debajo los extremos. Hornee el pan 40 minutos.

CADA RACIÓN: UNAS 300 CALORÍAS, 8 g DE PROTEÍNAS, 47 g DE HIDRATOS DE CARBONO, 9 g DE GRASA TOTAL (4 g DE SATURADAS), 65 mg DE COLESTEROL, 635 mg DE SODIO

PAN DE NUECES Y AVENA

Preparación: 25 minutos, más subida y enfriamiento   Horno: 35-40 minutos
Para 1 pan, 12 raciones

1 sobre (7 g) de gránulos de levadura seca, fácil de mezclar	30 g de mantequilla o margarina
150 g de azúcar moreno claro	1 huevo mediano
1½ cucharaditas de sal	80 g de copos de avena
675 g aproximadamente, de harina de fuerza	125 g de nueces, picadas
	1 cucharada de leche

◆ Mezcle la levadura, el azúcar moreno, la sal y 225 g de harina en un cuenco grande. Caliente la mantequilla y 300 ml de agua en un cazo a fuego lento hasta que esté muy caliente (47-52 °C); no es preciso que se derrita.

◆ Con la batidora eléctrica a velocidad lenta, bata el líquido con la mezcla de harina, hasta que estén amalgamados. Aumente la velocidad a media y bata 2 minutos; raspe las paredes del cuenco con una espátula de goma.

◆ Bata la mezcla con el huevo y 150 g de harina para obtener una pasta espesa; bátala 2 minutos más, raspando a menudo las paredes del cuenco. Reserve una cucharada de copos de avena para la superficie del pan. Incorpore con una cuchara de madera las nueces picadas, 225 g de harina y los copos de avena restantes para obtener una pasta blanda.

◆ Vuelque la pasta en la superficie de trabajo ligeramente enharinada y amásela 10 minutos, hasta que esté lisa y elástica; incorpore unos 75 g más de harina durante el amasado. Engrase una placa de horno. Forme una bola de pasta de 12 o 13 cm.

◆ Coloque la bola sobre la placa de horno y cúbrala holgadamente con película de plástico; deje que fermente en un sitio cálido (27-29 °C) durante unos 30 minutos, o hasta que doble el tamaño.

◆ Precaliente el horno a 180 °C (gas 4). Con un cuchillo afilado o una cuchilla, practique tres incisiones en el pan. Pincélelo con leche y esparza por encima los copos de avena reservados.

LEVADURA Y TEMPERATURA

La levadura es el organismo vivo que provoca que la pasta suba. Un líquido caliente activa la levadura, lo que permite que se inicie la fermentación. Un líquido demasiado caliente la mata, pero si no lo está, quizá la levadura no inicie su actividad. La levadura fresca y la seca se mezclan con un líquido caliente entre 39 y 44 °C y un poco de azúcar antes de mezclarse con la harina, y la mezcla se deja reposar hasta que forma una espuma. Los gránulos de levadura seca, fácil de mezclar, se añaden directamente a los ingredientes secos y se disuelven con un líquido entre 47 y 52 °C. Para obtener unos resultados más precisos, compruebe la temperatura del líquido con un termómetro. Lea siempre las instrucciones de los sobres de gránulos de levadura seca rápidos, pues algunos panes necesitan 2 fermentaciones.

◆ Hornee entre 35 y 40 minutos, o hasta que el pan esté dorado y la base suene a hueca al golpearla ligeramente. Retire el pan de la placa y deje que se enfríe sobre una rejilla durante 30 minutos para servirlo caliente, o bien deje que se enfríe por completo para servirlo posteriormente.

Cada ración: unas 320 calorías, 9 g de proteínas, 50 g de hidratos de carbono, 10 g de grasa total (1 g de saturadas), 23 mg de colesterol, 300 mg de sodio

PAN DE ACEITUNAS Y PIMIENTO ROJO

Preparación: 35 minutos, más subida y enfriamiento   Horno: 35 minutos
Para 1 pan, 12 raciones

45 g de harina de fuerza	150 ml de leche
1 cucharadita de sal	75 g de aceitunas negras carnosas, picadas
1 sobre de gránulos de levadura seca, fácil de mezclar	½ pimiento rojo, cortado en tiras muy finas
1 cucharadita de azúcar	1 cucharadita de sal gema
25 g de mantequilla o margarina	

◆ Mezcle la harina, la sal, la levadura y el azúcar en un cuenco grande. Frótelas con la mantequilla ayudándose con los dedos.

◆ Caliente la leche y 175 ml de agua a fuego lento en un cazo pequeño hasta que esté caliente (47-52 °C). Haga un hueco en el centro de la mezcla de harina y vierta dentro el líquido, mezclando hasta que estén bien amalgamados y obtenga una pasta blanda.

◆ Vuelque la pasta en la superficie de trabajo ligeramente enharinada y amásela 10 minutos, hasta que esté lisa y elástica. Incorpore las aceitunas y las tiras de pimiento durante el amasado.

◆ Forme una pasta con la bola, colóquela en un cuenco grande engrasado y voltéela para engrasar la superficie. Cúbrala holgadamente con película de plástico y deje que suba en un lugar cálido (27-29 °C) durante 1 hora, o hasta que haya doblado el tamaño y presente una textura esponjosa.

◆ Aplástela en el centro con el puño. Póngala en la superficie de trabajo ligeramente enharina y amásela de nuevo 3 o 4 minutos, o hasta que esté lisa. Cúbrala holgadamente con película de plástico y deje que repose 15 minutos para facilitar el moldeado.

◆ Forme una bola con la pasta y póngala en una placa de horno ligeramente engrasada. Con un cuchillo afilado o una cuchilla haga 3 cortes de unos 5 mm de profundidad. Cubra con una película de plástico aceitada y deje que fermente en un lugar cálido durante 1 hora, o hasta que haya doblado el tamaño. Espolvoree el pan con la sal gema.

◆ Precaliente el horno a 220 °C (gas 7). Hornee el pan 20 minutos. Reduzca la temperatura del horno a 180 °C (gas 4) y hornéelo 15 minutos más, o hasta que al golpear ligeramente la base suene hueca. Traspáselo a una rejilla para enfriarlo.

Cada ración: unas 180 calorías, 6 g de proteínas, 33 g de hidratos de carbono, 3 g de grasa total (1 g de saturadas), 2 mg de colesterol, 385 mg de sodio

PAN INTEGRAL

Preparación: 25 minutos, más subida y enfriamiento   **Horno:** *50-60 minutos*
Para 1 pan, 16 raciones

200 g de harina de centeno

60 g de salvado sin tratar

75 g de germen de trigo

**550 g, aproximadamente, de
harina de fuerza integral**

**2 sobres (7 g cada uno) de
gránulos de levadura seca, fácil
de mezclar**

3 cucharadas de azúcar

1 cucharada de sal

175 ml de leche

125 g de mantequilla o margarina

**110 g de melaza oscura o jarabe
de melaza dorado**

2 huevos medianos

**2 cucharadas de harina de maíz
amarilla, molida**

**1 cucharadita de semillas
de alcaravea**

◆ Mezcle las harinas de centeno, el salvado, el germen de trigo
y 375 g de harina de fuerza integral en un cuenco grande. Mezcle
la levadura, el azúcar, la sal y 375 g de la mezcla de harina en otro
cuenco grande. Caliente la leche, la mantequilla, la melaza y 225 ml
de agua a fuego muy lento, en un cazo de 2 litros hasta que esté
caliente (47-52 °C); no es necesario que la mantequilla se derrita.

◆ Incorpore, gradualmente, el líquido a la mezcla de levadura con
una batidora eléctrica a velocidad baja, hasta que estén amalgamados.
Aumente la velocidad a media y bata 2 minutos; raspe de vez en
cuando las paredes del cuenco con una espátula de goma.

◆ Separe 1 huevo y reserve la clara tapada en la nevera. Bata
el huevo restante, la yema de huevo y 300 g de la mezcla de harina
con la de levadura unos 2 minutos; raspe las paredes del cuenco.
Agregue con una cuchara el resto de la mezcla de harina y 112 g de
harina integral para formar una pasta blanda.

◆ Espolvoree ligeramente la superficie de trabajo con la harina
integral, y amase la pasta unos 10 minutos, hasta que esté lisa y
elástica; agregue unos 60 g más de harina integral durante el amasado.
Forme una bola con la pasta, colóquela en un cuenco grande
engrasado y voltéela para engrasar la superficie. Cúbrala
holgadamente con una película de plástico y deje que fermente en un
lugar cálido (27-29 °C) durante 1 hora, o hasta que doble de tamaño.

◆ Aplaste la pasta y póngala en una superficie enharinada con
harina integral. Cúbrala con película de plástico y deje que repose
15 minutos. Espolvoree la placa de hornear con harina de maíz.

◆ Forme con la pasta un pan ovalado de 25 x 12 cm; esconda
los extremos bajo el pan y colóquelo sobre una placa de horno.
Cúbralo holgadamente con película de plástico y deje que fermente
en un lugar cálido durante 1 hora, hasta que doble el tamaño.

◆ Precaliente el horno a 180 °C (gas 4). Con un cuchillo haga
3 incisiones diagonales en el pan. Bata la clara reservada con una
cucharada de agua y pincele el pan. Esparza por encima las semillas
de alcaravea. Hornee el pan entre 50 y 60 minutos, o hasta que al
golpear ligeramente la base, suene hueca. Retire el pan de la placa
y deje que se enfríe sobre una rejilla.

**Cada ración: unas 270 calorías, 9 g de proteínas, 45 g de hidratos de carbono,
8 g de grasa total (3 g de saturadas), 45 mg de colesterol, 485 mg de sodio**

PAN DE MIEL

Preparación: 20 minutos, más subida y enfriamiento   **Horno:** *30 minutos*
Para 1 pan, 12 raciones

**2 sobres (7 g cada uno) de
gránulos de levadura seca, fácil
de mezclar**

375 g de harina integral

1½ cucharaditas de sal

170 g de miel

60 ml de aceite vegetal

1 huevo mediano

**600 g, aproximadamente,
de harina de fuerza**

◆ Mezcle la levadura, la harina integral y la sal en un cuenco grande.

◆ Con una batidora eléctrica a velocidad lenta, incorpore
gradualmente 400 ml de agua del grifo muy caliente (47-52 °C) a
la mezcla de harina, hasta que esté amalgamada. Aumente la
velocidad a media, bata 2 minutos y raspe de vez en cuando
las paredes del cuenco con una espátula de goma.

◆ Incorpore, batiendo, la miel, el aceite vegetal, el huevo y 150 g de
harina para obtener una masa espesa; bátala 2 minutos más, raspando
el cuenco a menudo. Agregue 375 g de harina normal, removiendo
con una cuchara de madera, hasta obtener una pasta blanda.

◆ Ponga la pasta en la superficie de trabajo enharinada y amásela
unos 10 minutos, hasta que quede elástica y homogénea;
incorpore unos 75 g más de harina normal. Cúbrala holgadamente
con película de plástico y deje que repose 10 minutos para facilitar
el moldeado. Forme con la pasta un pan ovalado de 25 x 12 cm
y colóquelo en una placa grande de horno, engrasada.

◆ Cubra holgadamente el pan con película de plástico y deje que
fermente en un lugar cálido (27-29 °C) durante unos 30 minutos, o
hasta que doble el tamaño. Con ayuda de un cuchillo afilado o una
cuchilla, haga tres incisiones diagonales de 7 u 8 cm en el pan.

◆ Precaliente el horno a 190 °C (gas 5). Espolvoree ligeramente
el pan con harina normal. Hornéelo 30 minutos, o hasta que la base
suene hueca al golpearla ligeramente. Retire el pan de la placa y
deje que se enfríe en una rejilla.

**Cada ración: unas 335 calorías, 9 g de proteínas, 63 g de hidratos de carbono,
6 g de grasa total (1 g de saturadas), 18 mg de colesterol, 275 mg de sodio**

PAN DE SUERO

Preparación: 20 minutos, más subida y enfriamiento   Horno: 25-30 minutos
Para 2 panes, 12 raciones cada uno

1 sobre (7 g) de gránulos de levadura seca, fácil de mezclar	50 g de azúcar
2 cucharaditas de sal	400 ml de suero o leche agria (*véase* pág. 392)
unos 700 g de harina de fuerza	125 g de mantequilla o margarina

◆ Mezcle la levadura, la sal y 300 g de harina en un cuenco grande. Caliente el azúcar, el suero y 90 g de mantequilla a fuego moderado-bajo, en un cazo de 1 litro hasta que esté muy caliente (47-52 °C). No es preciso que la mantequilla se derrita.

◆ Con una batidora eléctrica a velocidad lenta, bata gradualmente la mezcla de suero con la de harina, hasta que estén amalgamadas. Aumente la velocidad a media y bata 2 minutos más; raspe el cuenco a menudo con una espátula de goma.

◆ Incorpore, batiendo, 150 g de harina para obtener una masa espesa. Bátala 2 minutos más, raspando a menudo el cuenco. Incorpore 220 g de harina con una cuchara de madera para obtener una pasta dura.

◆ Vuelque la pasta en una superficie de trabajo ligeramente enharinada y amásela 10 minutos, hasta que quede elástica y homogénea. Incorpore 30 g más de harina durante el amasado.

◆ Forme una bola con la pasta y póngala en un cuenco grande engrasado. Voltéela para que quede bien engrasada. Cúbrala holgadamente con película de plástico y déjela fermentar en un lugar caliente (27-29 °C) durante 1 hora, o hasta que haya doblado el tamaño.

◆ Aplaste la pasta. Vuélquela en una superficie ligeramente enharinada y córtela por la mitad. Cúbrala holgadamente con película de plástico y deje que repose unos 15 minutos.

◆ Engrase dos moldes para pan de 21 × 11 cm. Dé a cada trozo forma de pan (*véase* pág. 406), y colóquelos en los moldes con la parte de la juntura hacia abajo. Cúbralos holgadamente con película de plástico y deje que fermenten en un lugar cálido durante 1 hora, o hasta que doblen el tamaño.

◆ Precaliente el horno a 190 °C (gas 5). Derrita las 2 cucharadas restantes de mantequilla. Con un cuchillo afilado o la hoja de una cuchilla, entalle cada pan por la mitad, a lo largo, hasta unos 5 mm de profundidad. Pincele las entallas con la mantequilla derretida.

◆ Hornee los panes entre 25 y 30 minutos, o hasta que estén dorados y sus bases suenen a hueco al golpearlas ligeramente. Desmolde los panes y enfríelos sobre una rejilla.

Cada ración: unas 135 calorías, 3 g de proteínas, 20 g de hidratos de carbono, 4 g de grasa total (2 g de saturadas), 12 mg de colesterol, 240 mg de sodio

PAN AGRIO

Preparación: 20 minutos, más subida y enfriamiento   Horno: 25-30 minutos
Para 2 panes, 16 raciones cada uno

2 sobres (7 g cada uno) de gránulos de levadura seca, fácil de mezclar	2 cucharaditas de sal
2 cucharadas de azúcar	1 kg, aproximadamente, de harina de fuerza
	450 g de yogur desnatado

◆ Mezcle la levadura, el azúcar, la sal y 900 g de harina. Caliente el yogur y 150 ml de agua a fuego moderado, en un cazo de 2 litros hasta que esté muy caliente (47-52 °C). Agregue a la mezcla de harina y mezcle hasta que la pasta forme una bola.

◆ Vuelque la pasta en una superficie de trabajo ligeramente enharinada y amásela unos 10 minutos, hasta que quede elástica y homogénea, incorpore unos 150 g de harina durante el amasado. Corte la pasta por la mitad, cúbrala y deje que repose 10 minutos para facilitar el moldeado. Engrase 2 placas de hornear.

◆ Forme con cada porción un pan redondo de 12 o 13 cm y coloque cada pan sobre una placa de horno. Cúbralos holgadamente con película de plástico y deje que fermente en un lugar cálido (27-29 °C) durante unos 45 minutos, o hasta que hayan doblado el tamaño. Precaliente el horno a 200 °C (gas 6).

◆ Con la ayuda de un cuchillo afilado o una cuchilla, haga 3 incisiones paralelas en cada pan y pincélelos con agua. Hornéelos entre 25-30 minutos (intercambie la posición de las placas al cabo de 15 minutos), o hasta que al golpear las bases, éstas suenen a hueco. Retire los panes de las placas y deje que se enfríe sobre una rejilla.

Cada ración: unas 105 calorías, 4 g de proteínas, 21 g de hidratos de carbono, 1 g de grasa total (0 g de saturadas), 1 mg de colesterol, 145 mg de sodio

EL PRIMER FERMENTO

Los panaderos de Europa y del Mediterráneo oriental empleaban fermentos naturales miles de años antes de que aparecieran las levaduras comerciales. Los fermentos caseros —preparados con harina, agua y, a veces, azúcar— se utilizaban para que el pan subiera. Estas mezclas atraían las levaduras presentes en el aire, y al cabo de varios días, empezaban a fermentar. Es esta fermentación la que aporta al pan su sabor agrio característico. En la actualidad, el pan agrio es todavía popular en muchos países tales como Francia, Alemania y Estados Unidos. Si desea recrear el sabor agrio original de estos panes, prepare nuestra receta, aunque utilice levadura comercial.

PANES RELLENOS SALADOS

Nuestro trío de panes rellenos hace que los panes caseros alcancen alturas culinarias. Las recetas son razonablemente rápidas y fáciles de preparar: sólo tiene que mezclar la pasta como siempre y extenderla formando un rectángulo, para luego esparcir por encima aceitunas negras picadas, nueces, tomates secados al sol, guindilla o Mozzarella. Enrolle el pan como si se tratara de un brazo de gitano y deje que fermente antes de hornearlo; obtendrá un pan realmente sorprendente.

PAN DE NUECES Y ACEITUNAS

◆◆◆◆◆◆◆◆◆◆◆◆◆◆◆◆◆◆◆◆◆◆◆◆◆◆◆◆◆◆

Preparación: 30 minutos, más subida y enfriamiento *Horno:* 35-40 minutos

Para 1 pan, 16 raciones

125 g de nueces

1 sobre (7 g) de gránulos de levadura seca, fácil de mezclar

1 cucharadita de sal

1 cucharadita de azúcar blanquilla

½ cucharadita de pimienta negra, molida

675 g, aproximadamente, de harina de fuerza, más harina adicional para espolvorear

3 cucharadas de aceite de oliva virgen

115 g de aceitunas negras carnosas, deshuesadas y picadas

1 Pique las nueces. Tuéstelas en una sartén de 26 cm a fuego moderado, removiéndolas con frecuencia. Retire la sartén del fuego. Mezcle la levadura, la sal, el azúcar, la pimienta y 300 g de harina en un cuenco grande.

2 Caliente el aceite y 350 ml de agua a fuego muy lento en un cazo de 1 litro hasta que esté muy caliente (47-52 °C). Mezcle este líquido con la preparación de harina, hasta que estén bien amalgamados. Agregue 300 g de harina y mezcle hasta obtener una pasta blanda. Ponga la pasta en una superficie de trabajo ligeramente enharinada y amásela 5 minutos, o hasta que quede homogénea y elástica; incorpore unos 75 g más de harina durante el amasado. Forme una bola con la pasta. Cúbrala holgadamente con película de plástico y deje que repose 10 minutos.

3 Engrase una placa grande para hornear. Extienda la pasta con un rodillo enharinado sobre una superficie de trabajo también enharinada; forme un rectángulo de 45 × 30 cm. Esparza por encima las aceitunas picadas y las nueces tostadas, y empezando por el lado más estrecho, enróllelo bien apretado, como si se tratara de un brazo de gitano. Pince los extremos para sellarlos.

4 Coloque el pan sobre la placa con la juntura hacia abajo y esconda debajo ambos extremos. Con un cuchillo afilado, hágale unas incisiones paralelas de 3 mm de profundidad. Cúbralo con película de plástico y deje que fermente en un lugar cálido (27-29 °C) unos 15 minutos.

5 Mientras, precaliente el horno a 200 °C (gas 6). Hornee el pan de 35-40 minutos, o hasta que la base suene a hueco al golpearla ligeramente. Enfríelo sobre una rejilla para servirlo caliente; o bien, enfríelo por completo para servirlo posteriormente.

CADA RACIÓN: UNAS 210 CALORÍAS, 5 g DE PROTEÍNAS, 27 g DE HIDRATOS DE CARBONO, 9 g DE GRASA TOTAL (1 g DE SATURADAS), 0 mg DE COLESTEROL, 250 mg DE SODIO

PAN DE TOMATE Y ACEITUNAS

Preparación: 35 minutos, más subida y enfriamiento   Horno: 1 hora
Para 1 pan, 20 raciones

2 sobres (7 g cada uno) de
   gránulos de levadura, fácil
   de mezclar
200 g de azúcar
1 cucharadita de sal
1,2 kg, aproximadamente, de
   harina de fuerza
350 ml de leche
225 g de mantequilla o margarina

3 huevos medianos
75 g de aceitunas negras carnosas,
   deshuesadas y picadas
240 g de tomates secados al sol
   en aceite, escurridos y picados
1 cucharada de romero fresco,
   picado, o 1 cucharadita de
   romero seco, aplastado
sal gruesa (opcional)

◆ Mezcle la levadura, el azúcar, la sal y 300 g de harina en un cuenco grande. Caliente la leche y la mantequilla a fuego lento, en un cazo de 1 litro hasta que esté muy caliente (47-52 °C). No es preciso que la mantequilla se derrita.

◆ Con la batidora eléctrica a velocidad lenta, bata gradualmente el líquido con la mezcla de harina hasta, que estén amalgamados. Aumente la velocidad a media y bata 2 minutos más; raspe de vez en cuando las paredes del cuenco con una espátula de goma. Separe 1 huevo y reserve la clara tapada en la nevera. Incorpore los huevos restantes, la yema y 225 g de harina para obtener una masa espesa. Bátala 2 minutos más, raspando a menudo las paredes del cuenco. Agregue 600 g más de harina para obtener una pasta blanda.

◆ Vuelque la pasta en una superficie ligeramente enharinada y amásela unos 10 minutos, o hasta que quede homogénea y elástica; incorpore 75 g más de harina durante el amasado. Forme una bola con la pasta, cúbrala holgadamente con película de plástico y deje que repose unos 10 minutos para facilitar el moldeado.

◆ Mientras, prepare el relleno: mezcle las aceitunas, los tomates secados al sol y el romero en un cuenco pequeño.

◆ Engrase un molde de corona. Extienda la pasta con un rodillo enharinado en una superficie también enharinada, para formar un rectángulo de 50 × 45 cm. Extienda el relleno sobre la pasta; deje un borde de 2 o 3 cm. Empezando por un extremo alargado, enrolle la pasta bien apretada, como si fuera un brazo de gitano, y pince las junturas para sellarlas. Ponga el rollo, con la juntura hacia abajo, en el molde de corona y presione ambos extremos para sellarlos. Cubra holgadamente con película de plástico y deje que el pan fermente en un lugar cálido (27-29 °C) durante 1 hora, o hasta que haya doblado el tamaño.

◆ Precaliente el horno a 180 °C (gas 5). Bata con un tenedor la clara reservada y 2 cucharadas de agua en un cuenco. Pincele el pan con esta mezcla y espolvoréelo con la sal gruesa, si la utiliza. Hornéelo 1 hora, o hasta que al golpear ligeramente la base con los nudillos, suene hueca. Cuando el pan esté dorado (al cabo de unos 20 minutos), cúbralo holgadamente con papel de aluminio para evitar que se dore en exceso. Deje que se enfríe 10 minutos en el molde y sobre una rejilla; desmóldelo y deje que se enfríe en la rejilla.

Cada ración: unas 350 calorías, 7 g de proteínas, 50 g de hidratos de carbono, 13 g de grasa total (6 g de saturadas), 58 mg de colesterol, 325 mg de sodio

PAN DE QUESO Y GUINDILLA

Preparación: 20 minutos, más subida y enfriamiento   Horno: 45 minutos
Para 1 pan, 16 raciones

1 sobre (7 g) de gránulos de
   levadura seca, fácil
   de mezclar
1 cucharada de azúcar
1 cucharadita de sal
640 g, aproximadamente, de
   harina de fuerza
225 ml de leche

125 g de mantequilla o margarina
2 huevos medianos
90 g de guindilla picada
225 g de Mozzarella, rallado
½ cucharadita de orégano seco,
   rallado
½ cucharadita de pimienta negra,
   molida

◆ Mezcle la levadura, el azúcar, la sal y 150 g de harina en un cuenco grande. Caliente la leche y la mantequilla a fuego lento en un cazo de 1 litro hasta que estén muy calientes (47-52 °C). No es necesario que la mantequilla se derrita.

◆ Con la batidora de varillas a velocidad lenta, bata gradualmente el líquido con la mezcla de harina, hasta que estén amalgamados. Bata ligeramente los huevos en un cuenco; reserve una cucharada de huevo batido, tapado y en la nevera. Bata los restantes con la preparación anterior. Aumente la velocidad a media y bata 2 minutos; raspe a menudo las paredes del cuenco con una espátula de goma. Agregue 150 g de harina a la masa y bata 2 minutos más; raspe el cuenco ocasionalmente. Con la ayuda de una cuchara de madera, incorpore, removiendo, 300 g de harina para obtener una pasta blanda.

◆ Amásela unos 10 minutos, o hasta que quede homogénea y elástica; incorpore unos 30 g más de harina durante el amasado. Forme una bola con la pasta. Cúbrala holgadamente con película de plástico y deje que repose 10 minutos para facilitar el moldeado.

◆ Mientras, prepare el relleno: mezcle la guindilla, el queso y el orégano en un cuenco pequeño.

◆ Engrase un molde redondo de 23 cm. Extienda la pasta con un rodillo enharinado; forme un rectángulo de 58 × 15 cm. Distribuya homogéneamente el relleno, y enróllelo por la parte más larga, apretando como si se tratara de un brazo de gitano; pince los puntos de unión para sellarlos. Coloque el rollo, con la juntura hacia abajo, en el molde para formar un anillo, de manera que los extremos se solapen ligeramente. Píncelos para sellarlos y esconda debajo el punto de unión. Cubra holgadamente con una película de plástico y deje que fermente en un lugar cálido (27-29 °C) unos 30 minutos, o hasta que haya doblado el tamaño.

◆ Precaliente el horno a 190 °C (gas 5). Pincele el pan con el huevo batido reservado, espolvoréelo con pimienta y hágale varios cortes por encima. Hornéelo 45 minutos, o hasta que esté dorado y la base suene hueca al golpearla ligeramente. Desmolde el pan enseguida. Deje que se enfríe sobre una rejilla durante 15 minutos, como mínimo, para facilitar el corte; o bien, enfríelo por completo sobre la rejilla y refrigérelo para recalentarlo más tarde.

Cada ración: unas 260 calorías, 9 g de proteínas, 26 g de hidratos de carbono, 13 g de grasa total (7 g de saturadas), 57 mg de colesterol, 410 mg de sodio

PANECILLOS Y PALITOS

Los panecillos caseros ocupan un lugar de honor en la mesa cuando se celebra un almuerzo especial. Prepararlos es fácil y divertido; moldee la pasta de levadura básica en forma de pequeños círculos, espirales o nudos, o trence dos tiras para formar palitos. Si los pincela con huevo antes de hornearlos, obtendrá un apetitoso brillo dorado.

PANECILLOS EN FORMA DE CARACOLA

❖❖❖❖❖❖❖❖❖❖❖❖❖

Preparación: 30 minutos, más subida y enfriamiento
Horno: 15-20 minutos
Para 12 unidades

1 sobre (7 g) de gránulos de levadura seca, fácil de mezclar
2 cucharadas de azúcar
1½ cucharaditas de sal
450 g de harina de fuerza, más 2-3 cucharadas
225 ml de leche
45 g de mantequilla o margarina
1 huevo mediano, batido con 1 cucharadita de agua
sal gruesa

1 Mezcle la levadura, el azúcar, la sal y 450 g de harina en un cuenco. Caliente la leche y la mantequilla a fuego lento, en un cazo de 1 litro hasta que estén muy calientes (47-52 °C). No es preciso que la mantequilla se derrita. Mezcle el líquido con la mezcla de harina con una cuchara de madera; añada de 2 o 3 cucharadas más de harina para obtener una pasta blanda y amásela 5 minutos, o hasta que quede elástica y homogénea en una superficie ligeramente enharinada. Forme con ella una bola.

2 Ponga la pasta en un cuenco engrasado y voltéela. Cúbrala y deje que fermente en un lugar tibio (27-29 °C) unos 30 minutos, o hasta que haya doblado el tamaño. Precaliente el horno a 190 °C (gas 5).

3 Aplaste la pasta, córtela en 12 porciones iguales y redondéela; forme una tira de 30 cm. Enróllela en espiral y esconda el extremo debajo. Ponga las caracolas en una placa engrasada, separadas 5 cm.

MÁS PANECILLOS

Una vez que haya preparado la pasta básica, puede modelar otras formas con facilidad. Pruebe cualquiera de las siguientes variantes (fotografiadas arriba con las caracolas), o prepare las tres con una misma tanda de pasta.

Nudos. Prepare la pasta como en los pasos 1 y 2 de la receta anterior; corte 12 porciones iguales, y enróllelas formando una tira de

23 cm; ate cada tira en forma de nudo. Coloque los panecillos a una distancia de 5 cm entre sí en una placa engrasada. Espolvoréelos con harina (suprima la mezcla de huevo y sal). Hornee como se indica.

Panecillos de semillas de amapola. Prepare la pasta como en los pasos 1 y 2 de la receta de los panecillos en forma de caracola y córtela en 12 porciones iguales. Ponga 3 cucharadas de semillas de amapola

en un plato. Forme una bola con cada porción; pincele la superficie con un poco de la mezcla de huevo batido (no utilice la sal gruesa). Pase los panecillos con la parte del huevo hacia abajo sobre las semillas de amapola. Coloque los panecillos con la parte de las semillas hacia arriba en una fuente engrasada, separadas 5 cm. Con un cuchillo, haga una X sobre la superficie de cada panecillo. Hornee siguiendo las instrucciones anteriores.

4 Pincele los panecillos con un poco de la mezcla de huevo y espolvoréelos ligeramente con sal. Hornee entre 15 y 20 minutos, o hasta que estén dorados. Sírvalos calientes, o deje que se enfríen para servir luego.

CADA PANECILLO: UNAS 165 CALORÍAS, 5 g DE PROTEÍNAS, 26 g DE HIDRATOS DE CARBONO, 4 g DE GRASA TOTAL (2 g DE SATURADAS), 29 mg DE COLESTEROL, 495 mg DE SODIO

PALITOS DE HINOJO

Preparación: 30 minutos, más subida y enfriamiento
Horno: 25 minutos   Para 24 unidades

1 sobre (7 g) de gránulos de
levadura seca, fácil de mezclar
1 cucharadita de semillas de
hinojo, machacadas
1 cucharadita de sal

1 cucharadita de pimienta negra,
machacada
300 g de harina de fuerza
125 g de grasa blanca vegetal
1 huevo mediano

◆ Mezcle la levadura, las semillas de hinojo, la sal, la pimienta y
150 g de harina en un cuenco. Caliente la grasa vegetal y 125 ml de
agua a fuego lento en un cazo de 1 litro hasta que estén calientes
(47-52 °C). No es preciso que la grasa se derrita.

◆ Bata gradualmente el líquido con la mezcla de harina con
la batidora eléctrica a velocidad lenta, hasta que estén amalgamados.
Aumente la velocidad a media y bata 3 minutos; raspe ocasionalmente
las paredes del cuenco con una espátula de goma. Agregue los 150 g
restantes de harina con una cuchara de madera, hasta obtener una
pasta blanda. Amase la pasta en el cuenco durante 2 o 3 minutos, o
hasta que quede elástica y homogénea. Cúbrala holgadamente con
película de plástico y deje que fermente en un lugar tibio (27-29 °C)
unas 2 horas, hasta que doble el tamaño.

◆ Precaliente el horno a 180 °C (gas 4). Engrase 2 placas de horno.
y en una superficie ligeramente enharinada, corte la pasta a
cuartos, y luego cada uno en 12 porciones iguales. Enrolle cada
porción hasta formar una tira de 30 cm de longitud. Trence
2 tiras de pasta de forma muy apretada y ponga el palito
sobre la placa de horno. Repita la operación para obtener
24 palitos en total. Espácielos 2 o 3 cm.

◆ Bata el huevo en un cuenco pequeño y pincele con él
los palitos. Hornéelos 25 minutos, o hasta que estén dorados y
crujientes; intercambe la posición de las placas a media cocción.
Retire los palitos de las placas y deje que se enfríen en rejillas.
Guárdelos bien tapados en un recipiente hermético.

**Cada palito: unas 75 calorías, 1 g de proteínas, 8 g de hidratos de carbono,
5 g de grasa total (1 g de saturadas), 9 mg de colesterol, 90 mg de sodio**

PANECILLOS DE PATATA

Preparación: 1½ horas, más subida y enfriamiento
Horno: 25-30 minutos   Para 24 unidades

450 g de patatas, peladas y cortadas
en trozos de 2-3 cm
2 sobres (7 g cada uno) de gránulos
de levadura, fácil de mezclar
2 cucharadas de azúcar blanquilla

1 cucharada de sal
1,4 kg, aproximadamente,
de harina de fuerza
60 g de mantequilla o margarina
2 huevos medianos

◆ Ponga las patatas en un cazo de 2 litros, cúbralas con 900 ml de agua
y lleve a ebullición, a fuego vivo. Baje el fuego; tape y cueza 15 minutos
a fuego lento, o hasta que las patatas parezcan tiernas al pincharlas con
un tenedor. Escúrralas y reserve 225 ml del agua de cocción. Devuelva
las patatas al cazo y aplástelas hasta reducirlas a puré.

◆ Mezcle la levadura, el azúcar, la sal y 450 g de harina en un cuenco
grande. Caliente a fuego muy lento en un cazo de 1 litro la mantequilla,
225 ml de agua y el agua reservada de las patatas, hasta que estén
calientes (47-52 °C). No es preciso que la mantequilla se derrita.

◆ Con la batidora eléctrica a velocidad lenta, bata gradualmente
el líquido con la mezcla de harina, hasta que estén amalgamados.
Aumente la velocidad a media y bata 2 minutos más; raspe de vez en
cuando las paredes del cuenco con una espátula de goma. Separe
1 huevo y reserve la clara tapada en la nevera. Bata gradualmente
el huevo restante, la yema y 150 g de harina con la mezcla de harina
para obtener una masa espesa; bátala 2 minutos más y raspe
a menudo las paredes del cuenco.

◆ Incorpore el puré de patatas; mezclándolo con una cuchara de
madera, y a continuación, 750 g de harina, de 150 g en 150 g, para
obtener una pasta blanda. (Quizá desee trasladar la preparación
a un cuenco más grande para facilitar la mezcla.)

◆ Amase las pasta unos 10 minutos, o hasta que quede elástica y
homogénea; incorpore unos 110 g más de harina. Divida la pasta en
24 porciones iguales, cúbralas con película de plástico y deje que
reposen 15 minutos para facilitar el moldeado. Engrase una fuente
metálica para asar de 38 x 28 cm.

◆ Forme unas bolas con la pasta y póngalas en la fuente. Cubra el
recipiente holgadamente con película de plástico y deje que fermente
en un lugar cálido (27-29 °C) unos 40 minutos, o hasta que hayan
doblado el tamaño. (Si lo desea, puede taparlas y refrigerarlas toda
la noche. Cuando vaya a hornearlas, deje que fermenten en un lugar
caliente, todavía tapadas, unos 30 minutos, o hasta que hayan doblado
el tamaño.)

◆ Precaliente el horno a 200 °C (gas 6). Bata la clara reservada con
un tenedor. Pincele los panecillos con la clara. Hornéelos entre 25 y
30 minutos, o hasta que estén dorados y al golpear ligeramente la
base suene hueca. Deje que se enfríen 10 minutos y sírvalos calientes,
o sáquelos de la fuente y enfríelos sobre una rejilla para servirlos
luego; recaliéntelos si lo desea. En el momento de servirlos, separe
los panecillos unos de otros.

**Cada panecillo: unas 215 calorías, 6 g de proteínas, 41 g de hidratos de carbono,
3 g de grasa total (1 g de saturadas), 23 mg de colesterol, 295 mg de sodio**

Panes planos

Los panes planos rústicos y tradicionales son apreciados en todo el mundo. La *focaccia*, una especialidad italiana, es un gran pan de levadura, aplanado, que se rocía con aceite de oliva y que, a veces, se espolvorea con ingredientes salados antes de hornearlo. El pan *pitta* procede de Oriente Medio y consiste en una especie de bolsa de pan blanda, de sabor suave. Pártala por la mitad para preparar sándwiches o sírvala para acompañar entrantes, sopas o ensaladas.

Focaccia de cebollas

◆◆◆◆◆◆◆◆◆◆◆◆◆◆◆◆◆◆◆◆◆◆◆◆◆◆

Preparación: 30 minutos, más subida   Horno: 20-25 minutos   Para 8 raciones

1 sobre (7 g) de gránulos de levadura seca, fácil de mezclar

1 cucharadita de sal

300 g, aproximadamente, de harina de fuerza

4 cucharadas de aceite de oliva

125 g de harina de fuerza, integral

1 cucharada de harina de maíz amarilla, molida

1 cebolla roja, cortada en rodajas finas

2 cucharadas de parmesano recién rallado

1 cucharada de romero fresco o 1 cucharadita de romero seco

¼ de cucharadita de pimienta negra, machacada

sal gruesa (opcional)

1 Mezcle la levadura, una cucharadita de sal y 150 g de harina normal. Caliente 2 cucharadas de aceite y 225 ml de agua en un cazo de 1 litro hasta que estén calientes (47-52 °C). Con la batidora eléctrica a velocidad lenta, bata el líquido con la mezcla de harina, hasta que estén amalgamados. Aumente la velocidad a media y bata 2 minutos. Agregue 75 g de harina normal y bata 2 minutos. Incorpore la harina de fuerza integral, removiendo con una cuchara, hasta obtener una pasta blanda.

2 Amase la pasta en el cuenco durante 8 minutos, tras incorporar 75 g de harina normal. Cubra el cuenco con una película de plástico y deje que repose 15 minutos. Engrase un molde metálico de 33 × 20 cm, y espolvoréelo con la harina de maíz.

3 Extienda la pasta en el molde, empujándola hacia los extremos. Cubra con película de plástico y deje que fermente en un lugar cálido (27-29 °C) durante 30 minutos. Caliente una cucharada de aceite en una sartén de 26 cm y cueza la cebolla hasta que se ablande. Precaliente el horno a 200 °C (gas 6). Con el dedo haga en la pasta agujeros profundos, distanciados unos 2 o 3 cm, llegue casi a los extremos del molde. Rocíe con la cucharada restante de aceite.

4 Distribuya la cebolla sobre la pasta y esparza el resto de los ingredientes. Hornee entre 20 y 25 minutos, hasta que esté dorada. Deje que se enfríe el pan dentro del molde sobre la rejilla durante 10 minutos para servirlo caliente, o sáquelo del molde y enfríelo para servirlo más tarde.

OTRAS COBERTURAS

Pimiento. Caliente una cucharada de aceite de oliva a fuego moderado en una sartén de 26 cm; agregue 2 pimientos rojos o amarillos cortados en rodajas y ¼ cucharadita de sal, y cueza unos 15 minutos, removiendo a menudo, o hasta que los pimientos estén tiernos.

Tomates secos y aceitunas. Mezcle 6 tomates secados al sol en aceite y cortados con 50 g de aceitunas negras, deshuesadas y picadas.

CADA RACIÓN: UNAS 235 CALORÍAS, 6 g DE PROTEÍNAS, 36 g DE HIDRATOS DE CARBONO, 8 g DE GRASA TOTAL (1 g DE SATURADAS), 1 mg DE COLESTEROL, 300 mg DE SODIO

Focaccia de sémola con hinojo y sultanas

Preparación: 20 minutos, más subida y enfriamiento   *Horno:* 25 minutos
Para 12 raciones

1 sobre (7 g) de gránulos de levadura, fácil de mezclar	60 ml, más 2 cucharadas, de aceite de oliva
2 cucharadas de azúcar	115 g de sultanas
2 cucharaditas de sal	1 cucharada de semillas de hinojo, machacadas
240 g, más 2 cucharadas, de harina de sémola (*véase* inferior)	unos 225 g de harina de fuerza

◆ Mezcle la levadura, el azúcar, la sal y 240 g de harina de sémola en un cuenco grande. Caliente 60 ml de aceite y 225 ml de agua a fuego muy lento en un cazo de 1 litro hasta que estén calientes (47-52 °C).

◆ Con la batidora eléctrica a velocidad lenta, bata gradualmente el líquido con la mezcla de harina, hasta que estén amalgamados; raspe a menudo las paredes del cuenco con una espátula de goma. Aumente la velocidad a media y bata 2 minutos; raspe el cuenco a menudo. Incorpore las sultanas, el hinojo y 150 g de harina normal y mezcle con una cuchara de madera para obtener una pasta blanda.

◆ Amase la pasta unos 8 minutos o hasta que quede elástica y homogénea; incorpore unos 75 g más de harina normal. Forme una bola con la pasta, cúbrala con película de plástico y deje que repose 15 minutos.

◆ Engrase un molde para brazo de gitano de 39 x 27 cm. Espolvoréelo con las 2 cucharadas restantes de harina de sémola. Extienda la pasta con un rodillo enharinado; forme un rectángulo de 38 x 25 cm. Colóquelo en el molde y estire la pasta hacia los extremos. Cubra holgadamente con película de plástico y deje que la pasta fermente en un lugar cálido (27-29 °C) unos 30 minutos, o hasta que haya doblado el tamaño.

◆ Precaliente el horno a 200 °C (gas 6). Haga en la pasta unas depresiones con los dedos, espaciándolas 2 o 3 cm. Rocíe con las 2 cucharadas restantes de aceite y hornee 25 minutos, o hasta que la *focaccia* esté dorada. Retírela del molde y póngala a enfriar sobre una rejilla.

Cada ración: unas 220 calorías, 4 g de proteínas, 35 g de hidratos de carbono, 7 g de grasa total (1 g de saturadas), 0 mg de colesterol, 360 mg de sodio

HARINA DE SÉMOLA

La harina de sémola es una harina con alto contenido en proteínas y gluten, obtenida al moler trigo duro. La harina de sémola tiene un sabor que recuerda a los frutos secos y una textura parecida a la harina de maíz. Se utiliza para preparar pastas secas comerciales y también para panes y ñoquis. Se conoce también como harina de trigo blanda (tipo 00). Se vende en comercios especializados en productos italianos y en algunos supermercados.

Pittas integrales

Preparación: 1¾ horas, más reposo, enfriamiento y subida
Horno: 5 minutos por tanda   *Para* 16 unidades

300 g de patatas, peladas y cortadas en trozos de 2-3 cm	80 g de harina de fuerza, integral
1 sobre (7 g) de gránulos de levadura seca, fácil de mezclar	485 g, aproximadamente, de harina de fuerza
1 cucharadita de sal	225 g de yogur desnatado
	1 cucharada de miel

◆ Ponga las patatas en un cazo de 2 litros, cúbralas con agua y lleve a ebullición. Baje el fuego; tape y cueza 15 minutos a fuego lento o hasta que las patatas parezcan tiernas al pincharlas con un tenedor.

◆ Escúrralas y devuélvalas al recipiente. Aplástelas con un aplastapatatas y deje que se enfríen a temperatura ambiente.

◆ Mezcle la levadura, la sal, la harina integral y 110 g de harina normal en un cuenco grande. Caliente el yogur, la miel y 60 ml de agua a fuego moderado-bajo en un cazo de 1 litro hasta que estén calientes (47-52 °C). Incorpore a la preparación de harina y mezcle hasta que estén bien amalgamados.

◆ Agregue las patatas y 225 g de harina normal para obtener una pasta blanda. Amásela en el cuenco y forme una bola. Cúbrala holgadamente con película de plástico y refrigérela toda la noche.

◆ Cuando vaya a hornearla, póngala en una superficie ligeramente enharinada y amásela unos 10 minutos, o hasta que quede elástica y homogénea; agregue unos 150 g de harina normal durante el amasado.

◆ Corte la pasta en 16 porciones iguales y forme una bola con cada una. Cúbralas holgadamente con película de plástico y deje que fermenten en un lugar cálido (27-29 °C) unos 40 minutos, o hasta que hayan doblado el tamaño.

◆ Precaliente el horno a 230 °C (gas 8). Ponga la rejilla del horno en el centro. Con el rodillo enharinado y trabajando con 4 bolas de pasta a la vez, aplánelas en una superficie ligeramente enharinada para formar un redondel de 15 cm; procure que tengan un grosor homogéneo. (Si la pasta es demasiado gruesa o demasiado fina, las *pittas* no subirán uniformemente en el horno.) Retire el exceso de harina con un pincel.

◆ Caliente una placa grande de horno entre 5 y 7 minutos. Ponga 4 redondeles sobre la placa y hornee 5 minutos, o hasta que las *pittas* estén hinchadas y doradas. Deje que se enfríen en una rejilla. Repita la operación con el resto de la pasta; caliente la placa para cada tanda.

Cada *pitta*: unas 135 calorías, 4 g de proteínas, 28 g de hidratos de carbono, 1 g de grasa total (0 g de saturadas), 1 mg de colesterol, 145 mg de sodio

PIZZAS CASERAS

La pizza es un plato al que recurrimos en el momento de aplacar grandes apetitos. Nos ofrece un amplio abanico para la creatividad; ejemplo de ello son nuestras coberturas, que incluyen ingredientes tales como alcachofas maceradas, berenjenas y queso blando de cabra. También presentamos una pizza cocida a la barbacoa, con una costra muy crujiente y un sabor ligeramente ahumado. Además se pueden añadir otros condimentos a la pasta para obtener una variante sencilla y deliciosa.

PIZZA DE QUESO Y ALCACHOFAS

◆◆◆◆◆◆◆◆◆◆◆◆◆

Preparación: 40 minutos, más reposo
Horno: 25-30 minutos
Para 4 platos principales

pasta básica para pizza
(*véase* pág. 418)
harina de maíz amarilla, molida, para espolvorear
15 g de hojas de albahaca fresca
175 g de corazones de alcachofas, macerados
1 berenjena pequeña (unos 350 g), cortada por la mitad, a lo largo, y luego, en sentido horizontal, en rodajas de 5 mm de grosor
2 tomates pequeños, cortados en trozos finos
175 g de queso de cabra cremoso, troceado, o Mozzarella en rodajas finas

1 Prepare la pasta básica de pizza como en el paso 1. Espolvoree 2 placas grandes para hornear con harina de maíz. Forme dos bolas y coloque una en cada placa a unos 7 y 8 cm de distancia de los extremos. Cubra con película de plástico y deje que repose unos 15 minutos. Mientras, precaliente el *grill*. Reserve unas hojas de albahaca para adornar y corte el resto en tiras finas. Escurra los corazones de alcachofa y reserve el líquido. Córtelos por la mitad, a lo largo.

2 Mezcle las rodajas de berenjena con 2 cucharadas del líquido reservado de las alcachofas en una placa de horno, y luego extiéndalas formando una capa. Áselas al *grill* entre 7 y 10 minutos, dándoles una vuelta, hasta que estén tiernas y doradas. Retire las rodajas de berenjena del *grill*. Precaliente el horno a 220 °C (gas 7). Mezcle en un cuenco las berenjenas, las alcachofas, los tomates y la mitad de la albahaca picada con el resto del líquido de las alcachofas.

3 Aplane sobre la placa de horno una bola de pasta, trabajando desde el centro hasta los extremos, hasta obtener un círculo de 26 cm. (La pasta se extiende hacia los extremos hasta que se forme el reborde.) Si se encoge, deje que repose unos pocos minutos.

BASES AROMATIZADAS

◆◆◆◆◆◆◆◆◆◆◆◆◆

Para variar la pasta de pizza básica de la página 418, añada cualquiera de los siguientes ingredientes:

• una cucharadita de granos de pimienta negra machacados o semillas de hinojo machacadas

• una cucharada de romero fresco, finamente picado, o una cucharadita de romero seco, desmenuzado

• 50 g de aceitunas negras carnosas, deshuesadas

4 Esparza la mitad de la mezcla de berenjena y el queso de cabra en la base de la pizza; deje un reborde libre de 2 o 3 cm.

5 Haga un reborde en la pasta. Repita la operación con la segunda pizza. Tápelas y déjelas reposar 15 minutos. Hornéelas 15 minutos; intercambie la posición de las placas. Cuézalas hasta que la pasta esté dorada. Espolvoréelas con la albahaca restante y las hojas reservadas.

CADA RACIÓN: UNAS 435 CALORÍAS, 18 g DE PROTEÍNAS, 56 g DE HIDRATOS DE CARBONO, 16 g DE GRASA TOTAL (9 g DE SATURADAS), 33 mg DE COLESTEROL, 695 mg DE SODIO

PASTA BÁSICA PARA PIZZA

◆ ◆ ◆ ◆ ◆ ◆ ◆ ◆ ◆ ◆ ◆ ◆ ◆

300 g de harina de fuerza
1 sobre (7 g) de gránulos de
levadura seca, fácil de mezclar

¾ de cucharadita de sal
2 cucharaditas de aceite de oliva
harina de maíz amarilla, molida

1 Mezcle la harina, la levadura y la sal en un cuenco grande. Incorpore, removiendo, 175 ml de agua muy caliente del grifo (47-52 °C) y el aceite hasta que la pasta esté amalgamada y se separe de las paredes del cuenco, amásela 5 minutos.

2 Espolvoree 2 placas para hornear con la harina de maíz. Forme con la pasta 1, 2 o 4 bolas. Colóquelas en una placa. Tápelas con película de plástico y deje que reposen 15 minutos.

3 Dé forma a la pizza. Para 1 pizza grande, extienda la bola de pasta, forme un rectángulo de 35 x 24 cm y añada la cobertura. Lleve hacia arriba los extremos de la pasta y dóblelos para obtener un reborde de 2 o 3 cm. Para dos pizzas de 26 cm, extienda 1 bola, forme un círculo de 26 cm, añada la cobertura y moldee un reborde de 2 o 3 cm. Para 4 pizzas de 15 cm, extienda una bola y forme un círculo de 15 cm. Añada la cobertura y trabaje un reborde de 1 cm. Repita la operación para obtener otras 3 pizzas.

PIZZA *BISTRO*

Preparación: 55 minutos, más reposo   Horno: 20-30 minutos
Para 4 platos principales

2 pimientos rojos medianos,
asados y pelados (*véase* pág. 310),
o 200 g de pimientos rojos
asados y en conserva,
escurridos
pasta básica para pizza (*véase*
superior)
1 cucharadita de aceite de oliva

450 g de espárragos finos,
recortados
¼ de cucharadita de sal
175 g de Mozzarella ahumado,
rallado
¼ de cucharadita de pimienta
negra molida

◆ Prepare los pimientos asados, córtelos en tiras y resérvelos. Prepare la pasta para pizza siguiendo los pasos 1 y 2; forme 1, 2 o 4 bolas. Mientras reposa, corte los espárragos en trozos de 5 cm y mézclelos en un cuenco con el aceite de oliva y la sal.

◆ Extienda la pasta tal como se indica en el paso 3; cúbrala con Mozzarella, tiras de pimiento rojo y espárragos. Espolvoree con la pimienta negra y deje que repose 15 minutos. Mientras, precaliente el horno a 220 °C (gas 7). Hornee entre 20 y 30 minutos, o hasta que la base esté dorada.

Cada ración: unas 425 calorías, 18 g de proteínas, 50 g de hidratos de carbono, 14 g de grasa total (6 g de saturadas), 33 mg de colesterol, 740 mg de sodio

PIZZA DEL HUERTO

Preparación: 30 minutos, más reposo   Horno: 20-30 minutos
Para 4 platos principales

pasta básica para pizza
(*véase* izquierda)
1 cucharada de aceite vegetal
1 calabacín pequeño (unos 175 g),
cortado a dados
1 calabacín amarillo pequeño
(unos 175 g), cortado a dados
½ cucharadita de orégano seco

300 g de espinacas congeladas,
picadas, descongeladas y
exprimidas
1 tomate grande, sin semillas
y cortado a dados
¼ de cucharadita de pimienta
negra molida
225 g de Mozzarella rallado

Prepare la pasta de pizza como en los pasos 1 y 2; forme 1, 2 o 4 bolas. Mientras reposa, caliente el aceite a fuego moderado-alto en una sartén grande; agregue los calabacines y cuézalos hasta que estén tiernos. Mézclelos con las espinacas, el tomate, el orégano y la pimienta, y retire del fuego. Extienda la pasta como en el paso 3 y cúbrala con la mezcla de verduras y Mozzarella. Deje que repose 15 minutos. Precaliente el horno a 220 °C (gas 7). Hornee entre 20 y 30 minutos, o hasta que la base esté dorada.

Cada ración: unas 450 calorías, 24 g de proteínas, 55 g de hidratos de carbono, 16 g de grasa total (7 g de saturadas), 32 mg de colesterol, 730 mg de sodio

PIZZA A LA BARBACOA

Preparación: 15 minutos, más reposo   Barbacoa: 5-10 minutos
Para 4 platos principales

pasta básica para piza (*véase*
superior, izquierda)
2 cucharadas de aceite de oliva
225 g de Mozzarella fresco,
cortado en lonchas finas

12 hojas de albahaca
2 tomates pequeños, cortados
en rodajas finas
sal y pimienta negra molida

◆ Prepare la barbacoa. Prepare la pasta de pizza como en el paso 1. Deje que repose 15 minutos y extiéndala, formando 2 círculos de 26 cm o 4 de 15 cm en la superficie de trabajo como en los pasos 2 y 3, pero no añada la cobertura ni forme los rebordes.

◆ Ponga las bases de pizza en la rejilla de la barbacoa y cuézalas a fuego moderado entre 2 y 5 minutos, o hasta que la cara inferior esté dorada y aparezcan marcas del *grill*. Dé la vuelta a las bases con unas pinzas y pincélelas ligeramente con aceite de oliva. Cúbralas con el queso Mozzarella y, a continuación, la albahaca y las rodajas de tomate. Ase entre 3 y 5 minutos más o hasta que el queso empiece a derretirse. Traspase las pizzas a los platos y rocíelas con el resto del aceite de oliva; espolvoréelas con sal y pimienta.

Cada ración: unas 470 calorías, 18 g de proteínas, 49 g de hidratos de carbono, 22 g de grasa total (9 g de saturadas), 44 mg de colesterol, 750 mg de sodio

PIZZAS RÁPIDAS CASERAS

Le proponemos a continuación algunas recetas para preparar pizzas cuando se dispone de poco tiempo. Pruebe nuestra sencilla pizza de albahaca y Feta, realzada con una refrescante cobertura de ensaladas, o para que le resulte aún más fácil, emplee una base para pizza preparada, que puede adquirir en el supermercado. Así, podrá canalizar toda su energía en la creacion de coberturas tentadoras, como cebollas caramelizadas con Gruyère y salmón ahumado con queso crema, tal como le sugerimos. Las bases para pizza preparadas y nuestras bases instantáneas alternativas (*véase* recuadro, inferior) no son tan crujientes como las que se obtienen con una pasta para pizza, por lo que si desea evitar que la base quede humedecida, debe servir las pizzas enseguida.

1 Precaliente el horno a 220 °C (gas 7). Prepare la pasta básica para pizza. Corte la pasta por la mitad y extienda cada una con un rodillo enharinado; forme 2 rectángulos de 28 × 15 cm cada uno.

2 Coloque los rectángulos en 2 placas engrasadas. Esparza sobre la base la albahaca y la mitad del queso Feta. Hornee entre 12 y 15 minutos; intercambie la posición de las placas cuando las costras ya empiecen a dorarse.

PIZZA DE FETA Y ALBAHACA, CON COBERTURA DE ENSALADA

Preparación: 30 minutos, más reposo **Horno:** *12-15 minutos*

Para 2 platos principales

pasta básica para pizza
  (*véase* pág. 418)
30 g de hojas de albahaca fresca, picadas
30 g de queso Feta, desmenuzado
60 g de mayonesa ligera
2 cucharadas de leche

¼ de cucharadita de pimienta negra molida
1 cogollo pequeño de lechuga romana (unos 350 g)
1 cebolla roja pequeña
30 g de parmesano recién rallado

3 Mientras, prepare el aliño: bata en un cuenco grande con un tenedor la mayonesa, la leche, la pimienta y el queso Feta restante.

4 Corte en tiras muy finas la lechuga y la cebolla, y mézclelas con el aliño. Distribuya la ensalada sobre las pizzas y espolvoree con el parmesano.

BASES INSTANTÁNEAS

Puede preparar una pizza rápida utilizando las bases para pizza preparadas de los supermercados, o bien una base de pan italiano con cualquiera de nuestras coberturas. Sin embargo, también es posible emplear otras clases de panes para obtener una base para pizza instantánea. Pruebe con *pittas* integrales, tortillas mexicanas de harina, *matzoh* o *muffins* tostados. Añada las coberturas y hornee la pizza a 230 °C (gas 8) unos 10 minutos, hasta que esté bien caliente.

CADA RACIÓN: UNAS 570 CALORÍAS, 21 g DE PROTEÍNAS, 77 g DE HIDRATOS DE CARBONO, 18 g DE GRASA TOTAL (5 g DE SATURADAS), 29 mg DE COLESTEROL, 1.005 mg DE SODIO

Pizza de Gruyère y cebollas caramelizadas

Preparación: 40 minutos   Horno: 10-12 minutos
Para 4 platos principales

750 g de cebollas
1 cucharada de aceite de oliva
30 g de hojas de albahaca fresca, picadas
1 pan grande italiano (unos 450 g)
150 g de Gruyère rallado

◆ Precaliente el horno a 230 °C (gas 8). Corte el pan italiano por la mitad, a lo largo, y cada mitad en dos, en sentido horizontal.

◆ Corte las cebollas en rodajas de 5 mm. Caliente el aceite de oliva a fuego moderado en una sartén antiadherente de 30 cm. Agregue las cebollas y mézclelas con el aceite.

◆ Cuézalas unos 25 minutos, removiéndolas de vez en cuando, o hasta que adquieran un tono dorado oscuro y estén muy tiernas. Retire la sartén del fuego y mezcle con la albahaca.

◆ Ponga el pan en una placa grande de horno sin engrasar. Esparza las cebollas y espolvoree con el queso. Hornee entre 10 y 12 minutos, o hasta que el queso se haya derretido.

Cada ración: unas 540 calorías, 25 g de proteínas, 65 g de hidratos de carbono, 22 g de grasa total (7 g de saturadas), 41 mg de colesterol, 735 mg de sodio

PIZZAS INDIVIDUALES

CHAMPIÑONES Y QUESO. Precaliente el horno a 230 °C (gas 8). Ralle 30 g de queso Cheddar y 30 g de Mozzarella, y mézclelos en un cuenco pequeño. Coloque una base de pizza pequeña en una placa de horno sin engrasar (*véase* superior). Extienda por encima una cucharada de salsa para espaguetis en conserva o salsa para pizza, y esparza por encima la mitad de la mezcla de queso. Cubra con 15 g de champiñones cortados en rodajas muy finas, el resto de la mezcla de queso y una cucharadita de perejil fresco picado. Hornee 10 minutos, o hasta que el queso se haya derretido y esté burbujeante. Para 1 ración.

Cada ración: unas 500 calorías, 27 g de proteínas, 55 g de hidratos de carbono, 20 g de grasa total (9 g de saturadas), 42 mg de colesterol, 990 mg de sodio

ALBAHACA, ACEITUNAS Y TOMATES.-Precaliente el horno a 230 °C (gas 6). Coloque una base de pizza pequeña en una placa de horno sin engrasar. Distribuya encima 1 tomate pera, cortado en rodajas muy finas, y espolvoree con 60 g de Mozzarella rallado. Cubra con 2 cucharadas de albahaca fresca picada, 2 cucharadas de aceitunas negras deshuesadas y $\frac{1}{8}$ de cucharadita de pimienta negra machacada. Hornee 10 minutos, o hasta que el queso se haya derretido y esté burbujeante. Para 1 ración.

Cada ración: unas 500 calorías, 24 g de proteínas, 57 g de hidratos de carbono, 21 g de grasa total (8 g de saturadas), 46 mg de colesterol, 980 mg de sodio

PIMIENTO Y GUINDILLA. Precaliente el horno a 230 °C (gas 8). Coloque una base pequeña para pizza sobre una placa de horno sin engrasar. Extienda por encima una cucharada de salsa para espaguetis o pizza en conserva y espolvoree con 30 g de Mozzarella rallado. Cubra con 25 g de guindilla en rodajas y $\frac{1}{4}$ de pimiento verde en rodajas finas. Espolvoree con otros 30 g de queso Mozzarella rallado. Hornee 10 minutos, o hasta que el queso se haya derretido y burbujee. Para 1 ración.

Cada ración: unas 590 calorías, 28 g de proteínas, 55 g de hidratos de carbono, 30 g de grasa total (11 g de saturadas), 46 mg de colesterol, 1.360 mg de sodio

SALMÓN AHUMADO. Precaliente el horno a 230 °C (gas 8). Coloque una base para pizza pequeña sobre una placa de horno sin engrasar y hornee 8 minutos. Cubra la base caliente con 2 cucharadas de queso crema. Añada con 45 g de salmón ahumado cortado en trocitos pequeños, una cucharada de cebolla roja finamente picada y una cucharadita de alcaparras en conserva escurridas. Adorne con perejil fresco. Para 1 ración.

Cada ración: unas 455 calorías, 22 g de proteínas, 52 g de hidratos de carbono, 19 g de grasa total (6 g de saturadas), 42 mg de colesterol, 1.135 mg de sodio

Albahaca, aceitunas y tomate

Champiñones y queso

Salmón ahumado

Pimiento y guindilla

PANES BATIDOS

Los panes batidos, dulces o salados, son los panes de levadura más fáciles de preparar. La pasta simplemente se bate en vez de amasarse, y se coloca en una cacerola o molde, por lo que no debe dársele forma. Para obtener los mejores resultados, bata la pasta (que ha de quedar más pegajosa que la pasta de levadura estándar) hasta que esté bien firme; si inserta una cuchara, ésta debe mantenerse derecha.

PAN BATIDO DE CEBOLLA AL ENELDO

◆◆◆◆◆◆◆◆◆◆◆◆◆◆◆◆◆◆◆◆◆◆◆◆◆

Preparación: 35 minutos, más subida y enfriamiento
Horno: 30-35 minutos   *Para* 2 panes, 8 raciones cada uno

1 manojo grande de cebollas tiernas, picadas	30 g de mantequilla o margarina
2 cucharadas de perejil fresco, picado	2 cucharadas de azúcar
	2 cucharaditas de sal
1 cucharada de eneldo fresco, picado, o 1 cucharadita de eneldo seco	60 g de harina de maíz amarilla molida, más harina adicional para espolvorear
1 sobre (7 g) de gránulos de levadura seca, fácil de mezclar	600 g de harina de fuerza
	350 ml de suero o leche agria (*véase* pág. 392)

1 Derrita la mantequilla a fuego moderado en una sartén de 26 cm, agregue las cebollas tiernas picadas y cuézalas 5 minutos, removiendo con frecuencia, o hasta que estén tiernas. Retire el recipiente del fuego y mezcle el contenido con el perejil y el eneldo. Mezcle la levadura, el azúcar, la sal, 60 g de harina de maíz y 300 g de harina en un cuenco. Caliente el suero y 60 ml de agua a fuego lento en un cazo hasta que el líquido esté caliente (47-52 °C).

2 Con la batidora eléctrica a velocidad baja, bata gradualmente el líquido con la mezcla de harina, hasta que estén amalgamados. Aumente la velocidad a media y bata 2 minutos.

3 Incorpore, batiendo, 75 g de harina para obtener una masa espesa. Bata 2 minutos más; raspe las paredes del cuenco con una espátula de goma. Incorpore la mezcla de cebolla y los 225 g de harina restante, mezclando con una cuchara de madera, hasta obtener una pasta firme. Cubra el cuenco con película de plástico y deje que repose 1 hora en un lugar cálido (27-29 °C) hasta que la pasta haya doblado su volumen. Engrase 2 cacerolas redondas de 1 litro y medio, y espolvoréelas uniformemente con la harina de maíz.

4 Remueva la pasta con una cuchara de madera, trabajando hacia abajo, y divídala por la mitad entre las 2 cacerolas. Cubra holgadamente con película de plástico y deje que la pasta fermente en un lugar caliente unos 45 minutos, o hasta que haya doblado su tamaño.

5 Precaliente el horno a 190 °C (gas 5). Espolvoree ligeramente los panes con harina de maíz. Hornéelos entre 30 y 35 minutos, o hasta que, al golpear ligeramente la base de los panes, suene hueca. Retire los panes de las cacerolas y enfríelos sobre una rejilla.

¿QUÉ QUIERE DECIR?

◆◆◆◆◆◆◆◆◆◆◆◆◆◆◆◆◆◆◆◆◆◆◆◆◆

Los panes batidos suponen una forma rápida de disfrutar de los panes de levadura. Puesto que no requieren amasado, la masa, blanda y pegajosa, debe batirse con vigor para que desarrolle el gluten, que aporta al pan su estructura y facilita la fermentación. Los panes batidos tienen una apariencia rústica. Aunque la textura de sus migas no es tan fina como la del pan amasado, su sabor es delicioso.

CADA RACIÓN: UNAS 155 CALORÍAS, 5 g DE PROTEÍNAS, 29 g DE HIDRATOS DE CARBONO, 2 g DE GRASA TOTAL (2 g DE SATURADAS), 9 mg DE COLESTEROL, 315 mg DE SODIO

PAN BATIDO CON DOS QUESOS

Preparación: 25 minutos, más subida y enfriamiento
Horno: 35 minutos
Para 1 pan, 12 raciones

1 sobre (7 g) de gránulos de levadura seca, fácil de mezclar
175 g de queso Cheddar curado, rallado
30 g de parmesano recién rallado
1 cucharada de azúcar
½ cucharadita de sal
375 g de harina de fuerza
2 huevos medianos
¼ cucharadita de semillas de amapola

◆ Mezcle la levadura, los quesos, el azúcar, la sal y 225 g de harina en un cuenco grande.

◆ Bata gradualmente con la batidora eléctrica a velocidad lenta 175 ml de agua muy caliente del grifo (47-52 °C) con la mezcla de harina, hasta que estén bien amalgamados. Separe 1 huevo y reserve la clara tapada en la nevera. Bata el huevo restante y la yema con la masa.

◆ Aumente la velocidad a media y bata 3 minutos; raspe las paredes del cuenco con una espátula de goma. Mezcle los restantes 150 g de harina con una cuchara de madera, hasta obtener una masa firme, que se separe de las paredes del cuenco.

◆ Tape el cuenco holgadamente con película de plástico y deje que la pasta fermente en un lugar cálido (27-29 °C) durante 20 minutos. Remueva la pasta con una cuchara de madera, trabajándola hacia abajo, y viértala en la cacerola. Tápela de manera holgada con película de plástico y deje que fermente en un lugar cálido 15 minutos.

◆ Precaliente el horno a 180 °C (gas 4). Bata la clara reservada con un tenedor y pincele la superficie del pan. Espolvoréela con las semillas de amapola. Hornee 35 minutos, o hasta que, al golpear ligeramente la base del pan, suene hueca. Retire el pan de la cacerola y deje que se enfríe sobre una rejilla.

Cada ración: unas 175 calorías, 8 g de proteínas, 20 g de hidratos de carbono, 6 g de grasa total (4 g de saturadas), 52 mg de colesterol, 225 mg de sodio

PAN BATIDO DE AVENA

Preparación: 20 minutos, más subida y enfriamiento
Horno: 40 minutos
Para 2 panes, 12 raciones cada uno

2 sobres (7 g cada uno) de gránulos de levadura seca, fácil de mezclar
2 cucharaditas de sal
750 g de harina de fuerza
80 g de copos de avena
80 g de melaza clara o jarabe de melaza dorado
15 g de mantequilla o margarina, más 10 g (opcional) para glasear

◆ Mezcle la levadura, la sal y 300 g de harina en un cuenco grande. Mezcle los copos de avena, la melaza, 15 g de mantequilla y 550 ml de agua en un cazo de 2 litros. Caliente el contenido a fuego lento (47-52 °C). No es preciso que la mantequilla se derrita.

◆ Con la batidora eléctrica a velocidad lenta, bata el líquido con la mezcla hasta que estén amalgamados. Aumente la velocidad a media y bata 2 minutos. Incorpore, batiendo, 75 g de harina para obtener una masa espesa, y bátala 2 minutos más; raspe a menudo las paredes del cuenco con una espátula metálica. Con la ayuda de la cuchara de madera, incorpore los 375 g restantes de harina para obtener una pasta espesa, que se separe de las paredes del cuenco.

◆ Cubra holgadamente el cuenco con película de plástico y deje que la pasta fermente en un lugar cálido (27-29 °C) durante 1 hora, hasta que haya doblado su tamaño. Engrase dos cacerolas redondas de 2 litros poco profundas. Remueva la pasta con una cuchara de madera, trabajando hacia abajo, y divídala por la mitad entre las dos cacerolas. Con los dedos engrasados, voltéelas para formar una bola y engrasarlas. Tápelas holgadamente con película de plástico y deje que fermenten en un lugar caliente durante 45 minutos, o hasta que hayan doblado su tamaño.

◆ Precaliente el horno a 180 °C (gas 4). Hornee 40 minutos, o hasta que suenen a hueco al golpearles la base. Si desea obtener una costra blanda, frote las superficies con los 10 g restantes de mantequilla ablandada y deje que enfríen sobre rejillas.

Cada ración: unas 135 calorías, 4 g de proteínas, 27 g de hidratos de carbono, 1 g de grasa total (0 g de saturadas), 2 mg de colesterol, 185 mg de sodio

PAN BATIDO DE PASAS

Preparación: 20 minutos, más subida y enfriamiento
Horno: 50 minutos
Para 1 pan, 20 raciones

2 sobres (7 g cada uno) de gránulos de levadura seca, fácil de mezclar
150 g de azúcar
1 cucharadita de sal
750 g de harina de fuerza
350 ml de leche
90 g de mantequilla o margarina, troceada
2 huevos medianos
200 g de pasas

◆ Mezcle la levadura, el azúcar, la sal y 300 g de harina en un cuenco grande. Caliente la leche y la mantequilla a fuego lento, en un cazo de 1 litro hasta que estén calientes (47-52 °C). No es preciso que la mantequilla se derrita.

◆ Con la batidora eléctrica a velocidad lenta, bata gradualmente el líquido con la mezcla de harina, hasta que estén amalgamados. Aumente la velocidad a media y bata 2 minutos. Incorpore, batiendo, los huevos y 225 g de harina, y bata 2 minutos más; raspe el cuenco a menudo con una espátula de goma. Agregue las pasas y los 225 g restantes de harina y remueva hasta obtener una pasta espesa, que se separe de las paredes del recipiente.

◆ Cubra holgadamente el cuenco con película de plástico y deje que la pasta fermente en un lugar caliente (27-29 °C) entre 1 y 1½ horas, o hasta que haya doblado su tamaño.

◆ Engrase un molde corona. Remueva la pasta con una cuchara de madera, trabajándola hacia abajo, y traspásela al molde. Cúbralo holgadamente con película de plástico y deje que fermente en un lugar cálido entre 45 y 60 minutos, o hasta que la pasta haya doblado su tamaño.

◆ Precaliente el horno a 180 °C (gas 4). Hornee 50 minutos, o hasta que el pan esté dorado y al golpear ligeramente la base suene a hueco. Desmóldelo y enfríelo sobre una rejilla.

Cada ración: unas 215 calorías, 5 g de proteínas, 39 g de hidratos de carbono, 5 g de grasa total (2 g de saturadas), 34 mg de colesterol, 165 mg de sodio

PASTAS DANESAS Y BOLLOS DULCES

Uno de los placeres más sencillos de la vida consiste en desayunar una taza de café acompañada con una pasta o bollo dulce caliente. Las pastas dulces y los bollos aromatizados con especias se conservan bien si se congelan.

PASTAS DANESAS FÁCILES

◆◆◆◆◆◆◆◆◆◆◆◆◆◆

Preparación: 1 hora, más reposo y enfriamiento desde la vigilia
Horno: 30 minutos
Para 18 unidades

4½ cucharaditas de gránulos de levadura seca
1 cucharadita, más 70 g, de azúcar
600 g de harina de fuerza
½ cucharadita de sal
175 g de mantequilla, troceada
4 huevos medianos
125 ml, más 2 cucharadas, de crema de leche, espesa
350 g, más 2 cucharadas, de confitura de cerezas o albaricoques, o relleno danés (*véase* inferior)
60 g de azúcar lustre

1 Mezcle la levadura y una cucharadita de azúcar con 125 ml de agua caliente (47-52 °C), en un cuenco mediano y deje que la mezcla repose durante 5 minutos, hasta que esté espumosa. Mezcle la harina, los 70 g restantes de azúcar y la sal en un cuenco grande. Con un mezclador de pasta, corte la mantequilla, después de incorporarla a la mezcla, hasta que ésta tenga el aspecto de migas gruesas. Bata 3 huevos y 125 ml de crema de leche con la mezcla de harina, hasta que esté humedecida. Tape y refrigere la pasta toda la noche.

4 Bata en una taza el huevo restante con 1 cucharada de agua, y pincele con ello las pastas. Hornéelas 30 minutos; intercambie la posición de las placas en el horno a media cocción. Traslade las placas sobre rejillas dispuestas encima de papel sulfurizado y deje que se enfríen. Mezcle el azúcar lustre con las 2 restantes cucharadas de crema de leche para obtener un glaseado espeso, que verterá sobre las pastas.

2 Precaliente el horno a 180 °C (gas 4). Engrase 2 placas grandes de horno. Divida la pasta por la mitad y extienda una parte sobre una superficie de trabajo enharinada; forme un cuadrado de 30 cm de lado. Córtelo en 8 cuadrados de 10 cm.

3 Ponga una cucharada del relleno en el centro de cada cuadrado. Haga un corte de 5 cm en todas las esquinas; doble una esquina sí y otra no, llevándolas hacia el centro. Traspase las pastas a una placa y repita la operación con el resto.

◆◆◆◆◆◆◆◆◆◆◆◆◆◆◆◆◆◆◆◆

SOBRES

Prepare las pastas como en los pasos 1 y 2 de la receta anterior. Coloque una cucharada de confitura en el centro de cada cuadrado de 10 cm. Doble una esquina 5 cm para cubrir la confitura y doble la esquina opuesta. Coloque los sobres en placas de horno y repita la operación con el resto de pasta y confitura. Siga como en el paso 4.

◆◆◆◆◆◆◆◆◆◆◆◆◆◆◆◆◆◆◆◆

RELLENOS DANESES

Almendras. Bata con una batidora eléctrica a velocidad baja entre 220 y 225 g de mazapán, 60 g de mantequilla o margarina ablandada, 1 huevo mediano y ½ cucharadita de corteza de limón rallada, hasta obtener una mezcla homogénea.

Queso. Bata con una batidora eléctrica a velocidad baja 225 g de queso crema, 40 g de azúcar lustre, 1½ cucharaditas de esencia de vainilla y la yema de un huevo mediano, hasta obtener una mezcla homogéna.

CADA PASTA: UNAS 285 CALORÍAS, 5 g DE PROTEÍNAS, 41 g DE HIDRATOS DE CARBONO, 12 g DE GRASA TOTAL (6 g DE SATURADAS), 80 mg DE COLESTEROL, 165 mg DE SODIO

BOLLOS DE PASAS

Preparación: 45 minutos, más subida y enfriamiento   *Horno: 20-25 minutos*
Para 25 unidades

2 sobres (7 g cada uno) de gránulos de levadura seca, fácil de mezclar	sal
	125 g de mantequilla o margarina
	2 huevos medianos
1½ cucharaditas de cardamomo, molido	75 g de sultanas
	75 g de frutas secas, variadas
710 g, aproximadamente, de harina de fuerza	100 g de azúcar
	120 g de azúcar lustre

◆ Mezcle la levadura, el cardamomo, 225 g de harina y 1½ cucharaditas de sal en un cuenco grande. Caliente la mantequilla y 225 ml de agua a fuego lento en un cazo de 1 litro (47-52 °C). No es preciso que la mantequilla se derrita.

◆ Con la batidora eléctrica a velocidad baja, bata gradualmente el líquido con la mezcla de harina, hasta que estén amalgamados. Aumente la velocidad a media y bata 2 minutos; raspe de vez en cuando las paredes del cuenco con una espátula de goma. Separe 1 huevo y reserve la clara tapada en la nevera.

◆ Bata el huevo restante, la yema y 75 g de harina con la mezcla de harina, y bátala 2 minutos más; raspe a menudo las paredes del cuenco. Agregue 375 g de harina y mézclela con la masa, con una cuchara de madera, hasta obtener una pasta blanda.

◆ Amase la pasta en superficie ligeramente enharinada 10 minutos, o hasta que quede elástica y homogénea; incorpore unos 35 g más de harina si es necesario, para evitar que la pasta se pegue a la superficie de trabajo. Forme una bola y póngala en un cuenco engrasado; voltéela para que quede bien recubierta. Cubra holgadamente el cuenco con una película de plástico y deje que la pasta fermente en un lugar cálido (27-29 °C) durante 1 hora aproximadamente, o hasta que haya doblado su tamaño.

◆ Aplaste la pasta y amásela con las pasas y las frutas. Córtela en 25 porciones iguales y deje que repose 15 minutos.

◆ Forme bolas con las porciones de pasta, y póngalas en una placa, de horno ligeramente engrasada. Cúbralas holgadamente con película de plástico y deje que fermente unos 40 minutos, hasta que hayan doblado el tamaño.

◆ Precaliente el horno a 190 °C (gas 5). Bata la clara de huevo reservada con ⅛ de cucharadita de sal y pincele los bollos. Hornéelos entre 20 y 25 minutos, o hasta que estén dorados y la base suene ligeramente a hueca. Traspáselos a una rejilla para que se enfríen.

◆ Cuando estén fríos, prepare el glaseado. Mezcle el azúcar lustre con 4 cucharadas de agua, hasta que estén bien amalgamados. Traspase el glaseado a una bolsa de plástico, corte un extremo y practique unas cruces sobre los bollos con el glaseado.

Cada bollo: unas 170 calorías, 3 g de proteínas, 30 g de hidratos de carbono, 4 g de grasa total (2 g de saturadas), 28 mg de colesterol, 190 mg de sodio

BOLLOS PEGAJOSOS A LA ANTIGUA

Preparación: 70 minutos, más subida y enfriamiento   *Horno: 25-30 minutos*
Para 20 unidades

2 sobres (7 g cada uno) de gránulos de levadura seca, fácil de mezclar	400 ml de leche
	270 g de mantequilla o margarina
150 g de azúcar	3 huevos medianos
2 cucharaditas de sal	225 g de nueces, picadas
2 cucharaditas de canela molida (opcional)	200 g de sultanas
	300 g de azúcar moreno oscuro
1,1 kg, aproximadamente, de harina de fuerza	2 cucharadas de jarabe de melaza dorado
	90 g de azúcar lustre

◆ Mezcle la levadura, el azúcar, la sal, el cardamomo y 450 g de harina en un cuenco grande. Caliente la leche y 90 g de mantequilla a fuego lento en un cazo de 2 litros (47-52 °C). No es necesario que la mantequilla se derrita.

◆ Con la batidora eléctrica a velocidad lenta, bata gradualmente el líquido con la mezcla de harina, hasta que estén amalgamados; raspe a menudo las paredes del cuenco. Incorpore los huevos sin dejar de batir. Suba la velocidad a media y bata 3 minutos. Incorpore 600 g de harina, con una cuchara de madera, hasta obtener una pasta blanda.

◆ Amase la pasta 10 minutos en una superficie ligeramente enharinada, o hasta que quede lisa y elástica; agregue unos 75 g más de harina, y haga una bola. Cúbrala holgadamente con película de plástico y deje que repose 15 minutos. Mientras, prepare el relleno: derrita 90 g de mantequilla a fuego lento en un cazo de 1 litro y resérvela. Mezcle las nueces, las sultanas y 200 g de azúcar moreno en un cuenco mediano. Engrase una fuente para asar de 38 x 28 cm.

◆ Corte la pasta por la mitad. Extienda la mitad de la pasta sobre una superficie enharinada con un rodillo también enharinado; forme un rectángulo de 45 x 30 cm. Pincele la pasta con la mitad de la mantequilla derretida y cúbrala con la mitad del relleno. Enróllela por un extremo alargado, como si se tratara de un brazo de gitano, y pince los extremos para sellarlos. Corte el rollo obtenido con un cuchillo de sierra en 10 porciones horizontales. Repita la operación con el resto de la pasta.

◆ Coloque los bollos, con la parte cortada hacia abajo, sobre la fuente. Cúbralos con película de plástico y deje que fermente en un lugar cálido (27-29 °C) unos 30 minutos o hasta que hayan doblado su tamaño. Precaliente el horno a 180 °C (gas 4). Hornéelos entre 25-30 minutos o hasta que estén dorados.

◆ Prepare el glaseado: caliente el jarabe de melaza, los 100 g restantes de azúcar y los 90 g de mantequilla sobrantes a fuego moderado, en un cazo de 1 litro, hasta que la mantequilla se derrita y el azúcar se disuelva; espárzalo sobre los bollos. Deje que se enfríen. Una vez estén fríos, mezcle el azúcar lustre con 1 cucharada de agua, y viértalos sobre los bollos con una cuchara.

Cada bollo: unas 495 calorías, 9 g de proteínas, 74 g de hidratos de carbono, 19 g de grasa total (5 g de saturadas), 62 mg de colesterol, 365 mg de sodio

TRENZAS Y ROSCONES

Estos panes, oportunos para una ocasión especial, se realzan con chocolate, manzanas y otros rellenos sabrosos antes de darles forma y hornearlos. Acompañan el café del desayuno o el té de la merienda, y son también muy apropiados para un regalo.

ROSCÓN DE DÁTILES Y NUECES

◆◆◆◆◆◆◆◆◆◆◆◆

Preparación: 1 hora, más subida y enfriamiento

Horno: 40 minutos

Para: 1 roscón, 16 raciones

2 sobres (7 g cada uno) de gránulos de levadura seca, fácil de mezclar

70 g de azúcar

1 cucharadita de sal

675 g, aproximadamente, de harina de fuerza

225 ml de leche

90 g de mantequilla o margarina

3 huevos medianos

125 g de nueces, picadas

150 g de dátiles deshuesados, picados

70 g de azúcar moreno

2 cucharaditas de canela molida

175 g de confitura de albaricoque, derretida

1 Mezcle los 3 primeros ingredientes y 150 g de harina en un cuenco grande. Caliente la leche y 60 g de mantequilla a fuego lento, en un cazo de 1 litro (47-52 °C); no es preciso que la mantequilla se derrita. Con la batidora eléctrica a velocidad lenta, bata el líquido con la mezcla de harina, hasta que estén amalgamados. Aumente la velocidad a media y bata 2 minutos; raspe de vez en cuando las paredes del cuenco. Separe 1 huevo y reserve la yema tapada en la nevera. Bata los 2 huevos restantes, la clara y 150 g de harina con la mezcla de harina para obtener una masa espesa.

2 Bátala 2 minutos. Agregue 300 g de harina, con una cuchara de madera, para obtener una pasta blanda. Amásela unos 10 minutos, hasta que quede elástica; añada unos 75 g más de harina. Forme una bola, colóquela en un cuenco engrasado y voltéela para que se engrase. Cubra con película de plástico y deje que fermente en un lugar tibio (27-29 °C) durante 30 minutos. Engrase un molde de paredes desmontables de 25 x 6 cm.

3 Precaliente el horno a 180 °C (gas 4). Derrita los 30 g restantes de mantequilla a fuego lento en un cazo de 2 litros. Retírelo del fuego y mezcle con las nueces y los 3 ingredientes siguientes.

4 Aplaste la pasta, cúbrala y déjela reposar 10 minutos. Extiéndala con un rodillo enharinado para formar un rectángulo de 45 x 25 cm; pincélelo con la confitura, de la que habrá reservado 2 cucharadas.

5 Distribuya la mezcla de nueces sobre la pasta, presionando ligeramente con un rodillo. Enrolle la pasta, empezando por un extremo alargado, como si se tratara de un brazo de gitano, y córtela por la mitad, a lo largo.

6 Manteniendo los lados cortados hacia arriba, trence ambas mitades de pasta; colóquelas dentro del molde, formando un anillo, y esconda los extremos debajo para sellar el roscón. Hornéelo 25 minutos.

7 Bata con un tenedor la yema reservada y una cucharadita de agua en una taza. Cuando el roscón se haya horno 25 minutos, pincélelo con la mezcla y hornéelo 15 minutos más. Deje que el molde se enfríe sobre una rejilla 5 minutos. Desprenda cuidadosamente los lados del molde y pincele el pan caliente con las 2 cucharadas restantes de confitura. Deje que se enfríe ligeramente sobre una rejilla para servirlo caliente. También puede enfriarlo por completo sobre la rejilla para servirlo más tarde; recaliéntelo si lo desea.

CADA RACIÓN: UNAS 320 CALORÍAS, 7 g DE PROTEÍNAS, 51 g DE HIDRATOS DE CARBONO, 11 g DE GRASA TOTAL (3 g DE SATURADAS), 54 mg DE COLESTEROL, 205 mg DE SODIO

TRENZA DE MANZANA

Preparación: 30 minutos, más subida y enfriamiento   *Horno:* 30 minutos
Para 1 trenza, 12 raciones

75 g de mantequilla o margarina	¼ de cucharadita de sal
2 manzanas ácidas, peladas, deshuesadas y cortadas a dados	420 g, aproximadamente, de harina de fuerza
40 g de pasas	75 ml, más 4 cucharaditas, de leche
½ de cucharadita de canela molida	1 huevo mediano
100 g de azúcar	75 g de azúcar lustre
1 sobre (7 g) de gránulos de levadura seca, fácil de mezclar	

◆ Derrita la mantequilla a fuego moderado-alto en una sartén de 26 cm; añada los 3 ingredientes siguientes y 50 g de azúcar. Cueza 10 minutos, o hasta que las manzanas estén tiernas, y resérvelas. Mezcle la levadura, la sal, 75 g de harina y 50 g de azúcar en un cuenco grande. Caliente 75 ml de leche, los 45 g restantes de mantequilla y 2 cucharadas de agua a fuego lento en un cazo de 1 litro (47-52 °C). No es preciso que la mantequilla se derrita.

◆ Con una batidora eléctrica a velocidad lenta, bata gradualmente el líquido con la mezcla de harina, hasta que estén bien amalgamados. Aumente la velocidad a media y bata 2 minutos, raspando el cuenco. Incorpore el huevo y 75 g de harina para obtener una pasta espesa y bátala 2 minutos; raspe el cuenco a menudo. Agregue 225 g de harina para obtener una pasta blanda. Amásela sobre una superficie de trabajo enharinada y las manos enharinadas unos 10 minutos, o hasta que quede homogénea y elástica; incorpore unos 35 g más de harina. Forme con ella una bola, tápela y deje que repose 10 minutos.

◆ Extienda la pasta con un rodillo enharinado formando un rectángulo de 35 × 25 cm sobre una placa de horno grande engrasada (coloque debajo una toalla húmeda para evitar que se desplace). Forme una trenza (*véase* inferior). Cúbrala y deje que fermente en un lugar tibio (27-29 °C) 40 minutos o hasta que haya doblado el tamaño. Precaliente el horno a 180 °C (gas 4). Hornee la trenza 30 minutos, o hasta que esté dorada. Deje que se enfríe sobre la rejilla. Mezcle el azúcar lustre y las 4 cucharadas restantes de leche en una taza, y rocíe con ello la trenza para glasearla.

Cada ración: unas 230 calorías, 4 g de proteínas, 41 g de hidratos de carbono, 6 g de grasa total (2 g de saturadas), 32 mg de colesterol, 110 mg de sodio

◆◆◆◆◆◆◆◆◆◆◆◆◆◆◆◆◆◆◆◆◆◆◆◆◆◆◆◆◆◆◆◆◆

FORMAR UNA TRENZA

Corte la pasta que queda a ambos lados del relleno en tiras de 2 o 3 cm y altérnelas; el final de cada tira debe quedar cubierto por el de la siguiente. Pince la última tira con la base de la trenza para sellarla.

◆◆◆◆◆◆◆◆◆◆◆◆◆◆◆◆◆◆◆◆◆◆◆◆◆◆◆◆◆◆◆◆◆

TRENZA DE CHOCOLATE Y ALMENDRAS

Preparación: 55 minutos, más subida y enfriamiento   *Horno:* 50 minutos
Para 1 trenza, 16 raciones

1 sobre (7 g) de gránulos de levadura seca, fácil de mezclar	175 ml de leche
½ cucharadita de sal	105 g de mantequilla o margarina
800 g, aproximadamente, de harina de fuerza	3 huevos medianos
100 g, más 2 cucharadas, de azúcar	225 g de queso crema ablandado
	200-225 g de mazapán
	125 g de chocolate negro o de leche, picado

◆ Mezcle la levadura, la sal, 150 g de harina y 100 g de azúcar en un cuenco grande. Caliente la leche, 75 g de mantequilla y 60 ml de agua a fuego lento en un cazo de 1 litro hasta que esté muy caliente (47-52 °C); no es preciso que la mantequilla se derrita. Con la batidora eléctrica a velocidad lenta, bata el líquido con la mezcla de harina hasta que estén amalgamados. Aumente la velocidad a media y bata 2 minutos, raspe a menudo las paredes del cuenco. Incorpore, sin dejar de batir, 2 huevos y 300 g de harina, y bata 2 minutos más. Incorpore 225 g de harina para obtener una pasta blanda.

◆ Vuelque la pasta sobre la superficie de trabajo enharinada. Amásela 10 minutos, con las manos enharinadas, hasta que quede homogénea y elástica; incorpore unos 75 g más de harina. Forme una bola, póngala en un cuenco grande engrasado y voltéela para que se engrase. Tápela y deje que fermente en un lugar caliente (27-29 °C) 1 hora, o hasta que haya doblado su tamaño.

◆ Prepare el relleno. Separe el huevo restante y reserve la clara tapada en la nevera. Bata el queso crema, el mazapán y la yema de huevo en un cuenco grande, con la batidora a velocidad lenta, hasta que la mezcla quede homogénea. Agregue 90 g de chocolate, y refrigérela.

◆ Prepare la cobertura de *streusel*. Mezcle 75 g de harina, las 2 cucharadas restantes de azúcar y los 30 g restantes de mantequilla en un cuenco, y mézclelo con las yemas de los dedos hasta obtener una especie de migas gruesas. Refrigere. Aplaste la pasta. Vuélquela sobre una superficie de trabajo ligeramente enharinada; tápela y deje que repose 15 minutos.

◆ Extienda la pasta con el rodillo enharinado y forme un rectángulo de 40 × 30 cm sobre una placa de horno grande engrasada (coloque debajo una toalla húmeda para evitar que se desplace). Extienda el relleno, formando una tira ancha de 10 cm a lo largo del centro de la pasta. Modele la trenza (*véase* izquierda). Tápela y deje que fermente en un lugar cálido (27-29 °C) durante 30 minutos.

◆ Precaliente el horno a 170 °C (gas 3). Bata ligeramente la clara reservada y una cucharada de agua, y píncele con ello la trenza. Esparza la cobertura de *streusel* a lo largo. Hornéela 50 minutos, o hasta que esté dorada, tápela con papel de aluminio al cabo de 30 minutos para evitar que se dore en exceso. Enfríela por completo sobre una rejilla. Derrita los 30 g restantes de chocolate a fuego lento en un cazo y vierta sobre la trenza enfriada.

Cada ración: unas 380 calorías, 8 g de proteínas, 49 g de hidratos de carbono, 17 g de grasa total (7 g de saturadas), 71 mg de colesterol, 190 mg de sodio

PANES DULCES

Nuestros panes dulces, realzados con varios sabores y texturas, como pacanas, corteza de naranja, queso crema y confitura, constituyen unos tentempiés muy tentadores. Todas las recetas pueden prepararse con antelación; para ello envuelva bien el pan dulce y congélelo hasta un mes (puede córtarlo por la mitad o en porciones antes de congelarlo). Descongele el pan dulce, todavía envuelto, a temperatura ambiente, y recaliéntelo, si lo desea, antes de servirlo.

ESPIRAL DE ALBARICOQUE Y PACANAS

◆◆◆◆◆◆◆◆◆◆◆◆◆◆◆◆◆◆◆◆◆◆◆◆◆◆◆◆◆◆

Preparación: 50 minutos, más subida y enfriamiento   *Horno: 30 minutos*
Para 12 raciones

90 g de mantequilla o margarina	1 cucharadita de sal
175 g de pacanas, finamente picadas	675 g, aproximadamente, de harina de fuerza
70 g de azúcar moreno	225 ml de leche
1 cucharadita de canela molida	2 huevos medianos
2 sobres (7 g cada uno) de gránulos de levadura seca, fácil de mezclar	175 g de confitura de albaricoque, derretida
70 g de azúcar	1 yema de huevo mediana

1 Engrase un molde de base desmontable. Prepare el relleno; derrita 30 g de mantequilla a fuego lento en un cazo de 2 litros. Retire el cazo del fuego y mezcle el contenido con las pacanas picadas, el azúcar moreno y la canela molida, hasta que estén bien amalgamados; reserve la preparación. Caliente la leche y los 60 g restantes de mantequilla a fuego lento en un cazo de 1 litro hasta que esté caliente (47-52 °C). No es preciso que la mantequilla se derrita.

2 Con una batidora eléctrica a velocidad lenta, bata, gradualmente, el líquido con la mezcla de harina, hasta que estén amalgamados. Aumente la velocidad a media y bata 2 minutos. Agregue los huevos enteros y mezcle hasta que estén amalgamados. Incorpore 450 g de harina, con una cuchara de madera, hasta obtener una pasta blanda. Vuelque la pasta sobre una superficie de trabajo ligeramente enharinada y amásela 10 minutos o hasta que esté homogénea y elástica; agregue unos 75 g más de harina. Tápela y deje que repose 10 minutos.

3 Extienda la pasta con un rodillo enharinado y forme un rectángulo de 45 x 25 cm. Esparza el relleno uniformemente sobre la pasta y presiónelo con el rodillo.

4 Corte la pasta, en sentido longitudinal, en tiras de 5 cm de ancho. Enrolle una tira de pasta en torno a sí misma y póngala en el centro del molde con la cara cortada hacia abajo. Coloque la siguiente alrededor de la primera para formar una espiral. Cubra con película de plástico y deje que fermente en un lugar cálido (27-29 °C) unos 30 minutos, o hasta que la pasta haya doblado su tamaño.

5 Precaliente el horno a 180 °C (gas 4). Bata la yema en un cuenco pequeño con un tenedor. Pincele uniformemente el pan con la yema. Hornéelo 30 minutos, o hasta que esté dorado. Deje que el molde se enfríe sobre una rejilla durante 5 minutos y pincele el pan con la confitura restante derretida. Retire con cuidado las paredes del molde y sirva el pan caliente; o bien, enfríelo sobre la rejilla para servirlo posteriormente, y recaliéntelo si lo desea.

CADA RACIÓN: UNAS 410 CALORÍAS, 8 g DE PROTEÍNAS, 58 g DE HIDRATOS DE CARBONO, 17 g DE GRASA TOTAL (4 g DE SATURADAS), 72 mg DE COLESTEROL, 270 mg DE SODIO

PAN DULCE DE NARANJA AL CARDAMOMO

Preparación: 35 minutos, más subida y enfriamiento   *Horno:* 50 minutos
Para 1 pan, 20 raciones

1 naranja grande	235 g de miel
2 sobres (7 g cada uno) de	60 g de mantequilla o margarina
gránulos de levadura seca, fácil	3 huevos medianos
de mezclar	1½ cucharaditas de cardamomo
1 cucharadita de sal	molido
1,1 kg, aproximadamente, de	1 cucharada de leche
harina de fuerza	60 g de almendras, fileteadas
300 ml de suero o leche agria	
(*véase* pág. 392)	

◆ Engrase un molde de base desmontable de 25 x 6 cm. Ralle 2 cucharaditas de corteza de naranja y exprima 60 ml de zumo. Mezcle la levadura, la sal y la harina en un cuenco grande. Caliente el suero, la leche, la mantequilla y el zumo de naranja a fuego medio en un cazo de 2 litros hasta que esté caliente (47-52 °C). No es preciso que la mantequilla se derrita.

◆ Bata, gradualmente, el líquido con la mezcla de harina con la batidora eléctrica a velocidad lenta, hasta que estén amalgamados. Aumente la velocidad a media y bata 2 minutos; raspe de vez en cuando el cuenco con una espátula de goma.

◆ Bata ligeramente los huevos en un cuenco con un tenedor y reserve una cucharada tapada en la nevera. Agregue el resto de los huevos batidos con el cardamomo, la corteza de naranja y 225 g de harina a la mezcla de harina, y bata 2 minutos; raspe el cuenco a menudo. Incorpore 525 g de harina, con una cuchara de madera, para obtener una pasta blanda.

◆ Vuelque la pasta sobre una superficie de trabajo ligeramente enharinada y amásela 10 minutos, hasta que quede elástica y homogénea; agregue unos 75 g más de harina durante el amasado. Forme una bola con la pasta, colóquela en el centro del molde y voltéela para engrasarla. Cúbrala holgadamente con película de plástico y deje que fermente un lugar cálido (27-29 °C) durante 1 hora aproximadamente, o hasta que haya doblado su tamaño.

◆ Precaliente el horno a 180 °C (gas 4). Bata, con un tenedor, la leche y el huevo reservado. Pincele la parte superior del pan con un poco de la mezcla de huevo. Esparza por encima las almendras fileteadas y pincélelas con un poco más de huevo. Hornee 50 minutos, o hasta que al golpear ligeramente la base del pan suene a hueca; tape el pan con papel de aluminio al cabo de unos 20 minutos para evitar que se dore en exceso. Retire las paredes del molde y deje que se entibie sobre una rejilla 30 minutos si lo desea servir caliente, o enfríelo por completo para servirlo posteriormente.

Cada ración: unas 250 calorías, 7 g de proteínas, 45 g de hidratos de carbono, 5 g de grasa total (1 g de saturadas), 39 mg de colesterol, 160 mg de sodio

---

ESPIRALES DE QUESO CREMA

Preparación: 50 minutos, más subida y enfriamiento   *Horno:* 30-35 minutos
Para 2 panes, 12 raciones cada uno

2 sobres (7 g cada uno) de	60 ml de leche
gránulos de levadura seca, fácil	1 huevo mediano
de mezclar	450 g de queso crema, ablandado
70 g de azúcar	65 g de azúcar lustre
¾ de cucharadita de sal	1 cucharada de corteza de
525 g, aproximadamente, de	naranja, rallada
harina de fuerza	2 yemas de huevo medianas
60 g de mantequilla o margarina	

◆ Mezcle la yema de huevo, el azúcar, la sal y 150 g de harina en un cuenco grande. Caliente la mantequilla, la leche y 125 ml de agua a fuego lento en un cazo de 1 litro hasta que estén calientes (47-52 °C). No es preciso que la mantequilla se derrita.

◆ Con la batidora a velocidad lenta, bata el líquido con la mezcla de harina, hasta que estén amalgamados. Aumente la velocidad a media y bata 2 minutos; raspe de vez en cuando las paredes del cuenco. Incorpore, batiendo, el huevo entero y 135 g de harina para obtener una masa espesa; bátala 2 minutos. Añada 165 g de harina con una cuchara de madera hasta obtener una pasta blanda.

◆ Amase la pasta sobre unos 8 minutos, o hasta que quede homogénea y elástica; añada unos 75 g más de harina durante el amasado. Forme una bola con la pasta, colóquela en un cuenco grande engrasado y voltéela para engrasarla. Cúbrala holgadamente con película de plástico y deje que fermente en un lugar cálido (27-29 °C) durante 1 hora, o hasta que haya doblado su tamaño.

◆ Prepare el relleno. Bata en un cuenco el queso crema, el azúcar lustre, la corteza de naranja rallada y las yemas de huevo con la batidora a velocidad lenta, hasta que estén bien amalgamados. Refrigere hasta el momento de emplear.

◆ Aplaste la pasta y vuélquela sobre una superficie de trabajo ligeramente enharinada. Córtela por la mitad, tápela y deje que repose 15 minutos. Extienda la mitad de la pasta con un rodillo enharinado; forme un rectángulo de 33 x 20 cm. Esparza por encima la mitad del relleno; deje libres 2 o 3 cm en los extremos.

◆ Enrolle la pasta como si se tratara de un brazo de gitano. Pince los extremos para sellarlos y escóndalos debajo de la pasta. Repita la operación con el resto de la pasta y el relleno. Coloque los panes separándolos 7 y 8 cm sobre la placa de horno. Con un cuchillo haga varias incisiones en la superficie. Cúbralos holgadamente con película de plástico y deje que fermente en un lugar caliente (27-29 °C) unos 45 minutos, o hasta que hayan doblado su tamaño.

◆ Precaliente el horno a 180 °C (gas 4). Hornee entre 30 y 35 minutos, o hasta que los panes estén dorados y, al golpear ligeramente, la base suene hueca. Retire los panes de la placa y deje que se enfríen sobre rejillas para servirlos calientes; o bien, enfríelos por completo y refrigérelos para servirlos más tarde.

Cada ración: unas 195 calorías, 4 g de proteínas, 19 g de hidratos de carbono, 11 g de grasa total (6 g de saturadas), 53 mg de colesterol, 170 mg de sodio

SÁNDWICHES 13

SÁNDWICHES

Los sándwiches, ya sean para un tentempié, un almuerzo o una cena informal, constituyen la preparación más rápida y fácil por excelencia. A continuación, le ofrecemos una guía para elegir el pan, preparar rellenos sabrosos y escoger los ingredientes indicados si cuida su peso, así como la forma de prepararlos si van destinados a una merienda campestre.

PUEDE LLEVARLO DONDE QUIERA

Preparar un sándwich para el almuerzo de un colegial o el trabajo es práctico y económico; además, puede controlar la dieta. Envuélvalo con cuidado, pues podría aguarse, o incluso correr el riesgo de que algún ingrediente se estropease.

Ahorre tiempo trabajando en cadena. Si prepara varios sándwiches a la vez, utilice la técnica de producción en cadena. Coloque las rebanadas de pan en hileras, úntelas y cubra con los rellenos.

Envolver. Para mantener los sándwiches frescos y jugosos, envuélvalos con película de plástico, papel sulfurizado, bolsas de plástico o papel de aluminio tan pronto como los haya preparado.

Vigile los ingredientes acuosos. La lechuga, los tomates cortados en rodajas o los pepinos pueden aguar el pan. Para obtener los mejores resultados, prescinda de dichos ingredientes, o envuélvalos por separado y agréguelos al bocadillo en el momento en que vaya a ser consumido.

Elegir el pan adecuado. Algunos panes pesados, de textura densa, son muy apropiados para contener rellenos sin el peligro de que queden aguados. De hecho, quedan mejor si absorben el aliño. Entre los mejores, se encuentra la *focaccia*, la chapata italiana, los panecillos, las *baguettes* consistentes y el pan de sémola.

Sándwiches más seguros. Para evitar el crecimiento de bacterias peligrosas, como la salmonela, no deje que los rellenos que contienen pollo, carne, pescado o huevos se mantengan a temperatura ambiente más de 2 horas.

SÁNDWICHES MÁS MAGROS

Seleccione las pastas para untar. Evite preparaciones cargadas de grasa. Puede realzar el sabor con hierbas picadas o con un poco de salsa chile, aunque también puede emplear condimentos bajos en grasas, como mostaza o *chutney*. Cree su propia pasta para untar con tomates secados al sol reducidos a puré o ajo asado.

Sea avaro con el queso. Si debe añadirlo, elija variedades bajas en grasa. Puede obtenerse una pasta con una textura «cremosa» mezclando yogur desnatado con mostaza.

Elija proteínas magras. No emplee preparaciones grasas como salchichón o carne de vaca enlatada; opte, por el contrario, por pollo o pavo sin piel, gambas o atún al natural.

Escoja alimentos con sabor y sin grasa. Entre las opciones más atractivas, se encuentran los pimientos asados, los corazones de alcachofa en conserva, los pimientos asados en conserva y las alcaparras. En vez de hojas de lechuga de sabor pobre, como la iceberg, utilice berros u oruga.

COMBINACIONES IRRESISTIBLES

• *Hummus*, tomates y pepino en rodajas y salsa de chile en pan *pitta* integral caliente.

• Tomates amarillos y rojos maduros en rodajas, mayonesa, sal marina y pimienta recién molida sobre rebanadas de pan blanco sin la corteza.

• Pasta de aceitunas, pimientos asados, huevos duros en rodajas, oruga y anchoas en una *baguette*.

• Sándwich a la parrilla preparado con champiñones y espinacas salteados con aceite de oliva y queso Fontina en pan chapata.

• Pavo ahumado, queso crema con cebollas tiernas y condimento de arándanos o *chutney* sobre pan de nueces y pasas tostado.

• Aguacate aplastado con cebolla roja en rodajas, tomate, pepino, brotes de alfalfa y mayonesa con pan de varios cereales.

• Berenjena asada, oruga y queso de cabra sobre *focaccia*.

• Lonchas de cerdo, cebollas caramelizadas y mostaza picante sobre pan de varios cereales o panecillo.

EL PAN IDEAL

Hay una amplia selección de panes que proporcionan opciones deliciosas para los amantes de los sándwiches. La mayoría de los panes pueden rellenarse virtualmente con cualquier ingrediente, desde las carnes como el rosbif y los salchichones, a los rellenos delicados, como los de ensalada de huevo o salmón ahumado. Las salchichas a la parrilla y otros ingredientes aceitosos piden panes consistentes. Para obtener aún más sabor, elija panes con aceitunas, nueces o hierbas. Para mejorar el pan de la vigilia, tueste las rebanadas y extienda sobre ellas un condimento o mostaza.

Blanco

Centeno

Sémola

Chapata

Integral

Pan agrio

Focaccia

Panecillo

Pitta

SÁNDWICHES CALIENTES

Cuando no hay tiempo para cocinar, un sencillo sándwich es la solución. Estas variantes americanas sobre un tema inglés tradicional llevan diferentes rellenos que combinan los sabores del Mediterráneo con los de California. Coronados con queso derretido o una salsa barbacoa especiada, los sándwiches calientes pueden solucionar una cena rápida o el *brunch* de fin de semana. Para un sabor neoyorquino, prepare nuestro sándwich Reubens de lujo, también delicioso servido frío.

SÁNDWICHES DE *SALTIMBOCCA* DE POLLO

❖❖❖❖❖❖❖❖❖❖❖❖❖❖❖❖❖❖❖❖❖❖❖

Preparación: 15 minutos   Grill: 3-5 minutos
Para 4 platos principales

1 cucharada de harina
pimienta negra molida
4 pechugas de pollo, deshuesadas
1 cucharada de aceite vegetal
60 g de mayonesa
2 cucharadas de albahaca fresca, picada

4 rebanadas de pan italiano o de campo, de 2 cm de grosor
4 lonchas finas de jamón serrano o cocido
1 tomate, cortado en rodajas finas
60 g de Mozzarella o queso Provolone, rallado

1 Mezcle la harina y ¼ de cucharadita de pimienta sobre papel sulfurizado y cubra con ello el pollo. Caliente el aceite a fuego moderado-alto en una sartén de 30 cm; añada el pollo y cuézalo unos 10 minutos, o hasta que esté tierno y dorado y al pincharlo con la punta de un cuchillo, los jugos salgan transparentes: déle una vuelta.

2 Mientras, precaliente el *grill*. Mezcle la mayonesa, la albahaca y ⅛ de cucharadita de pimienta en un cuenco, y extiéndala sobre las rebanadas de pan. Colóquelas en la placa de horno.

3 Disponga la placa de horno lo más cerca posible del *grill*. Ase el pan 1 o 2 minutos, o hasta que la mezcla de mayonesa burbujee y esté ligeramente dorada. Retire la placa del horno y mantenga el *grill* encendido. Coloque 1 loncha de jamón serrano sobre cada rebanada, cubra con el pollo y luego con el tomate cortado en rodajas. Esparza por encima queso Mozzarella rallado. Ase los sándwiches 2 o 3 minutos al *grill*, hasta que el queso se haya derretido.

APORTAR SABOR

La mayonesa es una adición popular para cualquier clase de sándwich; además, pueden realizarse infinitas variaciones. Aquí hemos empleado albahaca para obtener un sabor fresco italiano, pero se puede experimentar un amplio abanico de sabores:

• La mostaza en grano aporta más textura. Para acompañar carne o queso, es apropiada la mostaza aromatizada con hierbas o miel.

• Algunas pastas o mojos para untar, como el *hummus,* quedan deliciosos con verduras crujientes.

• Las pastas de aceitunas, como la *tapenade* francesa, tienen mucho sabor y quedan especialmente bien con atún, queso Mozzarella fresco o pimientos asados.

• Un poco de *pesto* es el compañero ideal para un sándwich de tomate y Mozzarella sobre una panecillo de pan chapata crujiente. También puede probar con beicon, pavo asado o mayonesa con huevos.

CADA RACIÓN: UNAS 455 CALORÍAS, 42 g DE PROTEÍNAS, 19 g DE HIDRATOS DE CARBONO, 23 g DE GRASA TOTAL (6 g DE SATURADAS), 124 mg DE COLESTEROL, 585 mg DE SODIO

Sándwiches California

Preparación: 10 minutos   Cocción: 8 minutos
Para 2 platos principales

4 rebanadas de pan blanco o de
campo, de 2 cm de grosor
125 g de queso Cheddar, cortado
en lonchas finas
125 g de pavo asado, cortado en
lonchas finas

1 tomate mediano, cortado en
rodajas finas
½ aguacate, cortado en rodajas
finas
1 cucharada de mostaza de Dijon
15 g de mantequilla o margarina

◆ Extienda las lonchas de queso, el pavo, el tomate y el aguacate
sobre 2 rebanadas de pan. Unte las 2 rebanadas restantes con la
mostaza y colóquelas sobre el relleno, con la cara de la mostaza
hacia abajo, para obtener 2 sándwiches. Presiónelos ligeramente
para que se cohesionen.

◆ Derrita la mantequilla a fuego moderado en una sartén de
26 cm. Agregue los sándwiches; tápelos y cuézalos cuidadosamente,
hasta que estén dorados por ambos lados. Déles una vuelta con
una espátula metálica.

◆ En el momento de servir, córtelos por la mitad con un cuchillo
de sierra.

Cada ración: unas 640 calorías, 39 g de proteínas, 44 g de hidratos de carbono,
34 g de grasa total (15 g de saturadas), 114 mg de colesterol, 1.015 mg de sodio

Sándwiches de buey con salsa barbacoa

Preparación: 10 minutos   Cocción: 30 minutos
Para 4 platos principales

450 g de redondo de buey
2 pimientos rojos, medianos
1 cebolla grande
30 ml de aceite de oliva o vegetal
1 cucharada de chile en polvo
225 ml de salsa de tomate en
conserva

2 cucharadas de salsa Worcester
2 cucharadas de vinagre de sidra
1 cucharada de azúcar moreno
4 bollos para hamburguesa,
partidos por la mitad

◆ Sosteniendo el cuchillo casi en paralelo a la tabla de cortar, corte
la carne en lonchas finas como el papel y traspásela a un cuenco.
Lave la tabla, retire las membranas y semillas del pimiento y córtelo
en tiras de 1 cm de ancho. Corte la cebolla en rodajas de 5 mm.

◆ Caliente una cucharada de aceite a fuego vivo, en una sartén de
30 cm, agregue la carne y cuézala 2 o 3 minutos, removiéndola con
frecuencia, hasta que pierda el color rosado. Trasládela al cuenco.

◆ Caliente la cucharada restante de aceite a fuego vivo en los
fondos de cocción de la sartén; agregue los pimientos y la cebolla,
y cueza, removiendo con frecuencia, hasta que estén tiernos,
crujientes y ligeramente dorados.

◆ Espolvoree las hortalizas con el chile en polvo y cuézalas
1 minuto más, removiendo. Agregue la salsa de tomate, la salsa
Worcester, el vinagre de sidra, el azúcar moreno y 175 ml de agua,
y lleve a ebullición, a fuego vivo.

◆ Baje el fuego; tape y cueza 15 minutos, o hasta que las hortalizas
estén muy tiernas. Devuelva la carne a la sartén y caliéntela. Sirva
las lonchas de carne con la salsa en bollos para hamburguesas.

Cada ración: unas 455 calorías, 36 g de proteínas, 39 g de hidratos de carbono,
18 g de grasa total (5 g de saturadas), 50 mg de colesterol, 730 mg de sodio

Reubens de lujo

Preparación: 10 minutos   Cocción: 8 minutos
Para: 4 platos principales

225 g de chucrut en conserva
4 cucharadas de salsa Mil Islas
embotellada
4 rebanadas de pan de centeno
225 g de pavo asado, cortado en
lonchas

225 g de carne de vaca enlatada,
cortada en lonchas
60 g de queso Emmental, cortado
en lonchas finas
30 g de mantequilla o margarina
encurtidos y patatas *chips* (opcional)

◆ Escurra el chucrut en un tamiz y enjuáguelo con agua fría
del grifo. Escúrralo, presionándolo, para retirar la mayor cantidad
posible de agua.

◆ Extienda una cucharada de la salsa sobre una rebanada de pan
de centeno. Cubra con la mitad del pavo, la mitad de la carne de
vaca, la mitad del chucrut, del queso y una cucharada más de salsa.
Tape con otra rebanada de pan de centeno. Repita la operación
para preparar otro sándwich.

◆ Derrita 15 g de mantequilla a fuego medio en una sartén
antiadherente de 30 cm. Agregue los sándwiches; tápelos y cuézalos
hasta que estén dorados por ambas caras y el queso se derrita.
Déles la vuelta una vez; añada 15 g de mantequilla a la sartén.

◆ En el momento de servir, corte cada bocadillo por la mitad con
un cuchillo afilado. Póngalos en 4 platos acompañados de los
encurtidos y las patatas *chips*, si lo desea.

Cada ración: unas 390 calorías, 36 g de proteínas, 23 g de hidratos de
carbono, 17 g de grasa total (4 g de saturadas), 132 mg de colesterol,
1.375 mg de sodio

QUÉ QUIERE DECIR

La carne de vaca enlatada, el queso Emmental, el chucrut y el
pan de centeno son los ingredientes originales del sándwich
Reuben, que fue inventado en 1914 por Arthur Reuben,
propietario de la tienda Reuben´s de Nueva York. El Reuben
alcanzó la fama cuando un cocinero de Omaha presentó
su versión en el concurso National Sandwich Idea de 1956
y obtuvo el primer premio. Los Reubens pueden servirse fríos
o freírse en una sartén como el nuestro; en este último caso,
se convierten en sándwiches lo bastante sustanciosos como
para que uno alimente a dos personas.

SÁNDWICHES ABIERTOS

Estos sándwiches pueden haber nacido en un bufé sueco, aunque sus posibilidades en cuanto a recubrimientos creativos son infinitas. Entre las especialidades sustanciosas que pueden servir como plato principal se encuentran las de bisté con champiñones, berenjenas con Mozzarella y una combinación clásica de salmón ahumado y eneldo.

SÁNDWICHES ABIERTOS DE BERENJENA Y MOZZARELLA

◆◆◆◆◆◆◆◆◆◆◆◆

Preparación: 15 minutos
Grill: 10-12 minutos
Para 4 platos principales

1 berenjena mediana (unos
  600 g), cortada en rodajas
  de 5 mm de grosor
60 ml de aceite de oliva o vegetal
225 g de pan italiano o de sémola
250 g de queso Mozzarella fresco,
  escurrido, o 225 g de queso
  Mozzarella
1 cucharadita de orégano seco
¼ de cucharadita de copos
  de chile seco
¼ de cucharadita de sal
8 tomates secados al sol en aceite,
  escurridos
1 manojo pequeño de albahaca

1 Precaliente el *grill*. Coloque las rodajas de berenjena en la placa del *grill* y utilice la mitad del aceite para pincelar ambas caras. Áselas entre 10 y 12 minutos, o hasta que estén tiernas y doradas; déles una vuelta.

2 Corte en diagonal ambos extremos del pan y resérvelos para otro uso. Corte el resto del pan en 8 rebanadas diagonales. Corte el queso en lonchas finas. Mezcle con un tenedor el orégano, los copos de chile seco, la sal y el resto del aceite en un cuenco pequeño. Pincele el pan con esta mezcla y cúbralo con las berenjenas asadas, las rodajas de Mozzarella y los tomates secados al sol. Coloque las hojas de albahaca entre las lonchas de queso.

COBERTURAS RÁPIDAS PARA SÁNDWICHES

Una selección de sándwiches abiertos alegra siempre cualquier fiesta. Pruebe nuestras fáciles ideas:

• Gambas sobre mayonesa al eneldo

• Queso asado al *grill* (Fontina, Cheddar curado) sobre encurtidos o tomate

• Lonchas crujientes de beicon cocido sobre guacamole

• Sardinas con cebolla roja, finamente picada, y perejil sobre mayonesa mezclada con mostaza en grano.

• Jamón serrano e higos frescos, finamente cortados, sobre queso Mascarpone (superior).

• Trozos de pera y de queso Stilton sobre una capa de berros (superior).

CADA RACIÓN: UNAS 560 CALORÍAS, 20 g DE PROTEÍNAS, 53 g DE HIDRATOS DE CARBONO, 31 g DE GRASA TOTAL (10 g DE SATURADAS), 44 mg DE COLESTEROL, 825 mg DE SODIO

SÁNDWICHES DE SALMÓN AHUMADO Y QUESO CREMA CON ENELDO Y ALCAPARRAS

Preparación: 20 minutos   Para 4 platos principales

90 g de queso crema, ablandado
1 cucharada de escalonias, finamente picadas
1 cucharada de alcaparras en conserva, escurridas y picadas
1 cucharada de eneldo fresco, picado
1 cucharadita de zumo de limón

4 rebanadas de pan de centeno
175 g de salmón ahumado, cortado en lonchas finas
pimienta negra molida
4 cucharaditas de caviar de salmón (opcional)
ramitas de eneldo para adornar

Prepare el queso crema con eneldo y alcaparras: mezcle el queso crema y los 4 ingredientes siguientes en un cuenco pequeño, hasta que estén amalgamados. Extienda la mezcla de queso sobre el pan y cubra con el salmón. Espolvoree con la pimienta. En el momento de servir, coloque una cucharadita de caviar de salmón sobre cada sándwich, si lo desea, y adorne con ramitas de eneldo.

Cada ración: unas 205 calorías, 12 g de proteínas, 16 g de hidratos de carbono, 10 g de grasa total (5 g de saturadas), 33 mg de colesterol, 690 mg de sodio

SÁNDWICHES ABIERTOS DE ESPINACAS Y QUESO DE CABRA

Preparación: 20 minutos   Grill: 4-5 minutos
Para 4 platos principales

1 cucharada de aceite de oliva
1 diente de ajo, picado
350 g de tomates pera, cortados a dados
½ cucharadita de sal
¼ de cucharadita de pimienta negra molida

300 g de espinacas, enjuagadas y escurridas
4 rebanadas grandes de pan blanco de 10 x 8 cm y 1 cm de grosor
60 g de queso de cabra, desmenuzado

◆ Precaliente el *grill*. Caliente el aceite de oliva a fuego medio-alto en una cacerola. Agregue el ajo picado y cuézalo, removiendo unos 15 segundos, o hasta que esté fragante. Agregue los dados de tomate, la sal y la pimienta, y prosiga la cocción unos 2 minutos, o hasta que los tomates estén jugosos y ligeramente ablandados. Añada las espinacas y cuézalas, removiendo, hasta que estén mustias.

◆ Ponga el pan sobre una placa de horno y colóquelo lo más cerca posible del *grill*. Áselo 1 minuto por cara, o hasta que esté ligeramente tostado. Esparza la mezcla de espinacas sobre el pan tostado y cubra con el queso desmenuzado. Coloque bajo el *grill* 4 o 5 minutos, o hasta que el queso empiece a dorarse.

Cada ración: unas 195 calorías, 9 g de proteínas, 22 g de hidratos de carbono, 9 g de grasa total (4 g de saturadas), 11 mg de colesterol, 560 mg de sodio

SÁNDWICHES ABIERTOS DE CARNE Y CHAMPIÑONES

Preparación: 15 minutos   Cocción: 25-30 minutos
Para 4 platos principales

30 g de mantequilla o margarina, ablandada
1 cucharada, más 1 cucharadita, de estragón fresco, picado
pimienta negra molida
225 g de pan francés, cortado por la mitad, en sentido horizontal
600 g de redondo de buey

3 cucharaditas de aceite vegetal
sal
1 cebolla mediana, cortada en rodajas finas
350 g de champiñones, cortados en rodajas
una pizca de tomillo seco
75 ml de vino tinto seco

◆ Mezcle la mantequilla, una cucharada de estragón y ⅛ de cucharadita de pimienta en un cuenco pequeño, hasta que estén amalgamados. Extienda la pasta de mantequilla sobre el pan. Corte cada mitad en 4 trozos y coloque 2 trozos en cada uno de los 4 platos.

◆ Seque la carne con papel de cocina. Caliente 2 cucharaditas de aceite a fuego moderado-alto en una sartén de 26 cm. Agregue la carne, espolvoréela con ¼ de cucharadita de sal y ⅛ de pimienta, y cuézala 12 minutos; déle la vuelta si la desea entre en su punto y poco hecha, o continúe hasta el grado de cocción que prefiera. Traspase el bisté sobre la tabla de cortar y resérvelo al calor.

◆ Baje el fuego. Agregue la cucharadita restante de aceite a los fondos de cocción de la sartén, incorpore la cebolla y cuézala 5 minutos, removiéndola a menudo, o hasta que esté tierna y dorada.

◆ Mezcle con los champiñones, el tomillo, ½ cucharadita de sal y ⅛ de cucharadita de pimienta. Aumente el calor a moderado-alto y cueza 8 minutos más, o hasta que los champiñones estén tiernos y el líquido se haya evaporado. Vierta el vino y llévelo a ebullición; hiérvalo 2 minutos.

◆ Sosteniendo el cuchillo casi en paralelo a la tabla de trinchar, corte la carne en lonchas finas y colóquelas sobre el pan. Cubra con la mezcla de champiñones y espolvoree con la cucharadita restante de estragón.

Cada ración: unas 540 calorías, 45 g de proteínas, 38 g de hidratos de carbono, 22 g de grasa total (7 g de saturadas), 78 mg de colesterol, 890 mg de sodio

SÁNDWICHES «HÉROE»

Aunque el tipo de sándwich americano denominado «héroe» tiene otros nombres, su concepto básico es siempre el mismo: corte un pan crujiente, panecillo o *baguette* por la mitad, a lo largo, y rellénelo con diferentes ingredientes; el delicioso resultado satisface el apetito más voraz. Los rellenos tipo «héroe» pueden ser tanto calientes como fríos. Nuestro surtido incluye unas ostras fritas crujientes con mayonesa de hierbas; salchichas salteadas con pimientos y cebollas, y una extravagante combinación italiana de queso y carne rociada con una vinagreta de vino tinto. Los sándwiches fríos son ideales para meriendas campestres.

1 Ponga el termómetro de freír en un cazo, y caliente 5 cm de aceite a 19 °C. Mezcle la mayonesa, los 3 ingredientes siguientes y ¼ de cucharadita de salsa tabasco en un cuenco.

2 Mezcle las migas de *cracker* y la pimienta de Cayena en un trozo de papel sulfurizado. Cubra 6 ostras con la mezcla.

PO' BOY DE OSTRAS

◆◆◆◆◆◆◆◆◆◆◆◆◆◆◆◆◆◆◆◆◆◆◆◆◆◆◆◆◆◆

Preparación: 20 minutos   Cocción: 30 segundos por tanda
Para 4 platos principales

aceite vegetal para freír	75 cm de galletas *cracker*, finamente molidas
60 g de mayonesa	¼ de cucharadita de pimienta de Cayena, molida
1 cucharada de escalonias, finamente picadas	24 ostras, retiradas de sus conchas y escurridas (*véase* pág. 89)
1 cucharada de perejil fresco, picado	
1 cucharada de alcaparras en conserva, escurridas y picadas	4 panecillos (de unos 15 cm de longitud), cortados por la mitad y ligeramente tostados
¼ de cucharadita de salsa tabasco, más salsa adicional para acompañar	60 g de lechuga iceberg, cortada en tiras muy finas

3 Sumerja las ostras en el aceite. Fríalas unos 30 segundos, o hasta que estén doradas, y escúrralas sobre papel de cocina. Empane y cueza las ostras restantes, 6 cada vez.

4 Extienda la mezcla sobre las mitades inferiores de los panecillos. Cúbralos con la lechuga y las ostras, y las caras superiores de los panecillos. Acompañe con la salsa tabasco.

BOCADILLO DE ALMEJAS

El bocadillo de almejas es a Nueva Inglaterra lo que el *Po'Boy* de ostras es a Luisiana. Siga la receta anterior, pero utilice 4 panecillos para *frankfurter* y 24 almejas retiradas de sus conchas en vez de las ostras. Acompañe los bocadillos con salsa tártara (*véase* pág. 119) en sustitución de la mezcla de mayonesa de la receta anterior.

Cada ración: unas 435 calorías, 13 g de proteínas, 48 g de hidratos de carbono, 21 g de grasa total (3 g de saturadas), 23 mg de colesterol, 370 mg de sodio

CADA RACIÓN: UNAS 675 CALORÍAS, 34 g DE PROTEÍNAS, 57 g DE HIDRATOS DE CARBONO, 33 g DE GRASA TOTAL (6 g DE SATURADAS), 8 mg DE COLESTEROL, 710 mg DE SODIO

«HÉROES» DE TOMATE Y BRIE

Preparación: 20 minutos   Para 8 platos principales

190 g de tomates secados al sol en aceite, escurridos y finamente picados

2 cucharadas de aceite de oliva extra virgen

2 cucharadas de vinagre de vino blanco

60 g de hojas de albahaca fresca

2 panes alargados italianos, por ejemplo chapata (unos 225 g cada uno)

450 g de queso Brie, cortado en lonchas, con la corteza

2 tomates medianos, cortados en rodajas

◆ Bata con un tenedor o batidora de varillas, los tomates secados al sol, el aceite de oliva y el vinagre en un cuenco pequeño.

◆ Corte los panes por la mitad, en sentido horizontal. Extienda la mezcla de tomates secados al sol por el pan. Coloque el Brie sobre las mitades inferiores y cubra con las rodajas de tomate y las hojas de albahaca.

◆ Cubra con la mitad superior de los panes. Si no los va a servir enseguida, envuélvalos con película de plástico y refrigérelos. En el momento de servir, corte cada sándwich en 4 trozos.

Cada ración: unas 430 calorías, 18 g de proteínas, 36 g de hidratos de carbono, 25 g de grasa total (11 g de saturadas), 56 mg de colesterol, 750 mg de sodio

«HÉROES» DE SALCHICHA, PIMIENTO Y CEBOLLA

Preparación: 10 minutos   Cocción: 30 minutos   Para 4 platos principales

450 g de salchichas, pinchadas uniformemente con un tenedor

2 cebollas medianas, cortadas por la mitad, a lo largo, y luego en rodajas de 1 cm

2 pimientos verdes, sin membranas ni semillas,

y cortados en tiras de 1 cm de ancho

4 panecillos crujientes (cada uno de 15 cm de largo), cortados por la mitad, en sentido horizontal

◆ Ponga a hervir las salchichas y 60 ml de agua a fuego vivo en una sartén de 26 cm. Baje el fuego; tape y cueza 5 minutos. Destape la sartén, aumente el fuego y cueza, removiendo, hasta que las salchichas estén doradas y bien cocidas. Escúrralas sobre papel de cocina.

◆ Tire los fondos de cocción de la sartén, excepto una cucharada. Añada a la sartén las cebollas y los pimientos, y cuézalos 15 minutos, removiéndolos con frecuencia, o hasta que se ablanden.

◆ Corte las salchichas diagonalmente, en porciones de 1 cm de grosor; agréguelas a la sartén con 75 ml de agua y remueva hasta que se desprendan los depósitos marrones depositados en la sartén. En el momento de servir, distribuya la mezcla de salchichas y hortalizas en los panecillos.

Cada ración: unas 585 calorías, 21 g de proteínas, 41 g de hidratos de carbono, 37 g de grasa total (11 g de saturadas), 89 mg de colesterol, 1.360 mg de sodio

«HÉROES» DE *ANTIPASTO*

Preparación: 15 minutos   Para 6 platos principales

60 ml de aceite de oliva extra virgen

2 cucharadas de vinagre de vino tinto

1 cucharadita de azúcar

¾ de cucharadita de orégano seco

¼ de cucharadita de copos de chile seco

2 panes de sémola (de 40 cm de largo)

½ cogollo de escarola, picada

½ endibia roja pequeña, picada

175 g de Mozzarella o queso Provolone, cortado en lonchas

225 g de salami, cortado en lonchas

225 g de jamón cocido, cortado en lonchas

2 tomates medianos, cortados en rodajas

100 g de pimientos rojos en conserva, escurridos

◆ Prepare el aliño: bata con un tenedor o batidora de varillas el aceite de oliva, el vinagre, el azúcar, el orégano y los copos de chile seco hasta que estén bien amalgamados.

◆ Corte los panes por la mitad, a lo largo. Esparza el aliño por el pan. Coloque sobre las mitades inferiores la escarola y la endibia roja. Cubra con el Provolone, el salami, el jamón, los tomates y los pimientos asados. Tape con la parte superior de los panes. Si no los va a servir enseguida, envuélvalos con película de plástico y refrigérelos. Al servir, corte cada sándwich en 3 trozos.

Cada ración: unas 600 calorías, 30 g de proteínas, 45 g de hidratos de carbono, 33 g de grasa total (11 g de saturadas), 63 mg de colesterol, 1.870 mg de sodio

¿QUÉ QUIERE DECIR?

Para la mayoría de los americanos, un sándwich «héroe» significa un pan grande italiano o francés, cortado por la mitad y rellenado con lonchas de carne y queso, pimientos, encurtidos, lechuga y cualquier otro ingrediente. Sin embargo, esta preparación tiene otros nombres en diferentes partes del país: en Nueva York se llama «submarino», en Filadelfia *hoagie* y en Nueva Orleans *po'boy*. En Miami, existe una versión, denominada «sándwich cubano», que lleva cerdo y encurtidos. Entre otros rellenos populares, se encuentran las albóndigas de carne y salsa de tomate, las berenjenas con parmesano, y las chuletas de ternera empanadas y fritas con Mozzarella y salsa de tomate.

SÁNDWICHES PARA EL TÉ

Estos pequeños sándwiches de pan blanco sin corteza y con un relleno dulce o salado se degustan en uno o dos bocados. Son ideales para meriendas o bufés fríos; además pueden prepararse por la mañana y refrigerarse hasta el momento de servirse. Prepare nuestros sándwiches en forma de corazón rellenos de gambas, de berros y de pepino, o unas simples espirales.

SÁNDWICHES DE GAMBAS PARA EL TÉ

◆◆◆◆◆◆◆◆◆◆◆◆◆

Preparación: 30 minutos

Cocción: 2 minutos

Para 24 unidades

225 g de gambas crudas, peladas y sin el conducto intestinal (*véase* pág. 90)

1 tallo de apio pequeño, picado

60 g de mayonesa

¼ de cucharadita de sal

3 gotas de salsa tabasco

12 rebanadas muy finas de pan de molde blanco

1 Ponga a hervir 450 ml de agua a fuego vivo. Agregue las gambas, lleve de nuevo a ebullición removiendo, de vez en cuando. Hierva 1 minuto, o hasta que las gambas estén opacas.

2 Escurra las gambas. Pique finamente las gambas y el apio en un robot eléctrico. Agregue la mayonesa, la sal y la salsa tabasco, y mezcle hasta que estén bien amalgamados; raspe las paredes del recipiente con una espátula de goma.

3 Con un cortapastas de 5 x 3,5 cm en forma de corazón, corte 4 corazones en cada rebanada de pan. Extienda la mitad del relleno sobre ellos: 2 cucharaditas por sándwich. Cubra con los corazones restantes.

4 Si no va a servir los sándwiches enseguida, forre una placa para hornear con un paño de cocina húmedo. Coloque los sándwiches en la placa y cúbralos con un paño de cocina húmedo para evitar que el pan se seque. Cubra holgadamente con película de plástico y refrigere hasta el momento de servir.

◆◆◆◆◆◆◆◆◆◆◆◆◆◆◆◆◆◆◆◆◆◆◆◆◆◆◆◆◆◆◆◆◆◆◆◆◆

ESPIRALES DE SÁNDWICHES

1 Recorte las costras de un pan de molde blanco o integral y córtelo en rebanadas longitudinales de 5 mm de grosor. Aplánelas ligeramente con un rodillo y luego extienda por encima 2 cucharadas de su relleno favorito (aquí hemos empleado un queso blando con ajo y hierbas). Enrolle la rebanada a partir de un extremo corto, como si se tratara de un brazo de gitano.

2 Corte cada rollo en sentido horizontal para obtener espirales.

◆◆◆◆◆◆◆◆◆◆◆◆◆◆◆◆◆◆◆◆◆◆◆◆◆◆◆◆◆◆◆◆◆◆◆◆◆

CADA SÁNDWICH: UNAS 50 CALORÍAS, 2 g DE PROTEÍNAS, 5 g DE HIDRATOS DE CARBONO, 2 g DE GRASA TOTAL (0 g DE SATURADAS), 16 mg DE COLESTEROL, 105 mg DE SODIO

SÁNDWICHES DE PEPINO Y BERROS PARA EL TÉ

Preparación: 30 minutos, más enfriamiento
Para 16 unidades

125 g de pepino sin semillas, sin pelar
¼ de cucharadita de sal
½ manojo de berros
1 cucharada de mayonesa
8 lonchas muy finas de pan de molde integral
30 g de mantequilla o margarina, derretida

◆ Corte 16 rodajas de pepino, finas como el papel, para adornar; envuélvalas con película de plástico y refrigérelas. Pele el resto del pepino en rodajas igualmente finas. Espolvoréelas con sal en un cuenco pequeño y deje que repose 30 minutos, removiendo de vez en cuando.

◆ Mientras, retire los tallos de los berros. Reserve 16 hojas pequeñas para adornar; envuélvalas con película de plástico y refrigérelas. Pique finamente el resto de las hojas de los berros. Mézclelas con la mayonesa en otro cuenco pequeño.

◆ Recorte las costras del pan y enmanteque una cara. Exprima con las manos las rodajas de pepino para retirar el agua, y séquelas.

◆ Extienda la mezcla de berros sobre 4 rebanadas de pan y cubra con el pepino y, a continuación, con el pan restante. Cuartee diagonalmente los sándwiches.

◆ Si no los va a servir enseguida, forre una placa para hornear con un lienzo de cocina húmedo. Coloque encima los sándwiches y cúbralos con otro lienzo húmedo para evitar que se sequen. Cubra la placa con película de plástico y refrigere hasta el momento de servir.

◆ En el momento de servir, adorne cada sándwich con una rodaja de pepino y una de berro.

Cada sándwich: unas 45 calorías, 1 g de proteínas, 5 g de hidratos de carbono, 3 g de grasa total (0 g de saturadas), 5 mg de colesterol, 115 mg de sodio

SÁNDWICHES DE DÁTILES Y NUECES PARA EL TÉ

Preparación: 20 minutos   Para 12 unidades

90 g de queso crema, ablandado
40 g de dátiles deshuesados, finamente picados
30 g de nueces tostadas, finamente picadas
¼ de cucharadita de corteza de naranja, rallada
6 rebanadas muy finas de pan de molde integral, sin las costras

Mezcle el queso crema, los dátiles, las nueces y la corteza de naranja en un cuenco pequeño, hasta que estén bien amalgamados. Extienda uniformemente la preparación sobre 3 rebanadas de pan. Cubra con las restantes. Corte cada sándwich a cuartos o a triángulos. Si no los va a servir enseguida, tápelos con un lienzo de cocina húmedo y, luego, con película de plástico, y refrigérelos hasta el momento de servir.

Cada sándwich: unas 70 calorías, 2 g de proteínas, 7 g de hidratos de carbono, 4 g de grasa total (2 g de saturadas), 8 mg de colesterol, 75 mg de sodio

SÁNDWICHES DE HUEVOS Y ENELDO

Preparación: 20 minutos   Para 18 unidades

3 huevos duros, medianos
60 g de mayonesa
2 cucharadas de eneldo fresco, picado
¼ de cucharadita de corteza de limón, rallada
¼ de cucharadita de pimienta negra molida
12 rebanadas, muy finas, de pan de molde blanco o integral, sin las costras

Aplaste los huevos con un tenedor en un cuenco mediano; agregue la mayonesa, el eneldo, la corteza de limón y la pimienta negra. Extienda uniformemente la preparación sobre 6 rebanadas de pan y cúbralas con el resto. Corte los sándwiches en sentido horizontal, formando 3 rectángulos. Si no los va a servir enseguida, cúbralos con un lienzo de cocina húmedo y luego con película de plástico, y refrigérelos hasta el momento de presentarlo.

Cada sándwich: unas 70 calorías, 2 g de proteínas, 7 g de hidratos de carbono, 4 g de grasa total (1 g de saturadas), 37 mg de colesterol, 105 mg de sodio

SÁNDWICHES DE CHEDDAR Y *CHUTNEY* PARA EL TÉ

Preparación: 15 minutos   Para 16 unidades

45 g de mantequilla o margarina, ablandada
3 cucharadas de *chutney* de mango
8 rebanadas muy finas de pan de molde, blanco o integral
125 g de queso Cheddár, rallado

Mezcle en un cuenco pequeño la mantequilla y el *chutney*. Recorte las costras del pan. Extienda uniformemente la mezcla de *chutney* sobre las rebanadas de pan. Esparza el queso sobre 4 rebanadas y cúbralas con el pan restante. Corte los sándwiches a cuartos o a triángulos. Si no los va a servir enseguida, cúbralos con un lienzo de cocina húmedo y luego con película de plástico, y refrigérelos hasta el momento de presentarlos.

Cada sándwich: unas 80 calorías, 3 g de proteínas, 7 g de hidratos de carbono, 5 g de grasa total (2 g de saturadas), 13 mg de colesterol, 120 mg de sodio

CLUB SÁNDWICHES

Un club sándwich consiste, por lo general, en tres rebanadas de pan o tostadas, que permiten intercalar un gran número de rellenos. Nuestra selección incluye un *antipasto* italiano, una mezcla de hortalizas y una versión especiada del sudoeste de Estados Unidos del club sándwich clásico. Si estos grandes sándwiches le parecen difíciles de manejar, pínchelos con palillos de cóctel para que las capas se mantengan juntas.

PAN ITALIANO

◆◆◆◆◆◆◆◆◆◆◆◆◆◆◆◆◆◆◆◆◆◆◆◆◆◆◆◆

Preparación: 25 minutos, más enfriamiento   Cocción: 20 minutos
Para 6 platos principales

60 ml de aceite de oliva o vegetal
2 cebollas medianas, cortadas en rodajas de 1 cm
1 pan integral (de unos 30 cm de largo, 13 cm de ancho y 14 cm de alto)
3 cucharadas de vinagre de vino tinto
1 manojo de oruga
175 g de salami, cortado en lonchas finas

225 g de Mozzarella fresco, cortado en lonchas finas
2 pimientos rojos, asados y pelados (*véase* pag. 310), o 200 g de pimientos rojos asados en conserva, escurridos
2 tomates medianos, cortados en rodajas
150 g de guindilla en salmuera, cortada en tiras y escurrida

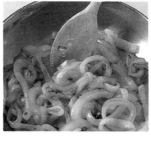

1 Caliente 15 cm de aceite en una sartén. Agregue las cebollas y cuézalas 20 minutos, removiéndolas de vez en cuando, o hasta que estén tiernas. Resérvelas y corte el pan, en sentido horizontal, formando 3 rebanadas.

2 Bata con un tenedor o batidora de varillas, el vinagre y los 45 ml restantes de aceite en un cuenco grande. Pincele los lados cortados del pan con el aceite. Agregue la oruga al resto del aliño y mezcle bien.

3 Para montar el bocadillo, coloque la mitad de la oruga en el fondo del pan, cubra con la mitad del salami, todo el queso y todos los pimientos asados.

4 Cubra con la rebanada central y coloque encima las rodajas de tomate, las tiras de guindilla, el salami y la oruga. Tape con la parte superior del pan. Para facilitar el corte, envuelva el pan, bien apretado, con película de plástico, y refrigérelo 1 hora para que los jugos de los ingredientes humedezcan el pan con su sabor. En el momento de servir, retire la película de plástico y corte el sándwich en porciones. Acompáñelo con cuchillo y tenedor.

CONOCER LOS SALAMIS

Los salamis italianos, habituales tanto en los entrantes o *antipasto* y en gran cantidad de bocadillos, son una de las preparaciones cárnicas más tentadoras. El salami se prepara con cerdo o buey sazonado, curado y secado al aire. Algunos de los más conocidos son el genovés (sazonado con granos de pimienta negra y vino tinto), el *cotto* (sazonado con pimienta blanca en grano) y variedades sazonadas con ajo, hierbas, chile o hinojo. Los salamis tienen un elevado contenido en grasa, pero unas lonchas aportan un gran sabor. Una vez cortado, envuélvalo con película de plástico y guárdelo en la nevera hasta 3 semanas.

Salami con gindilla   Salami francés de hierbas   Salami plano romano

---

CADA RACIÓN: UNAS 505 CALORÍAS, 21 g DE PROTEÍNAS, 38 g DE HIDRATOS DE CARBONO, 29 g DE GRASA TOTAL (10 g DE SATURADAS), 52 mg DE COLESTEROL, 1.390 mg DE SODIO

CLUB SÁNDWICH SALUDABLE

Preparación: 25 minutos   Cocción: 2 minutos
Para 4 platos principales

1 cucharadita de miel
⅛ de cucharadita de pimienta
  negra molida
2 cucharadas de aceite de oliva
2 cucharaditas, más 1 cucharada,
  de zumo de limón recién
  exprimido
3 zanahorias medianas, ralladas
125 g de brotes de alfalfa
1 diente de ajo, finamente picado
½ cucharadita de comino molido

una pizca de pimienta de Cayena,
  molida
400 g de garbanzos en conserva,
  enjuagados y escurridos
12 rebanadas de pan de varios
  cereales, ligeramente tostadas
  si lo desea
1 tomate grande, cortado
  en rodajas finas
1 manojo de berros, sin los tallos
  duros

◆ Mezcle la miel, la pimienta, una cucharada de aceite de oliva y
2 cucharaditas de zumo de limón en un cuenco mediano. Agregue
las zanahorias y los brotes de alfalta, y mezcle bien.

◆ Caliente la cucharada restante de aceite de oliva con el ajo,
el comino y la pimienta de Cayena, en un cazo de 2 litros y cueza
30 segundos, o hasta que la mezcla esté bien fragante.

◆ Añada los garbanzos y retire el cazo del fuego. Vierta la cucharada
restante de zumo de limón y una cucharada de agua, y aplaste con
un aplastapatatas hasta que todo esté bien amalgamado.

◆ Extienda la mezcla de garbanzos sobre las 8 rebanadas de pan.
Cubra 4 rebanadas con los tomates y los berros. Tape las otras
4 rebanadas con la mezcla de zanahorias. Coloque las rebanadas
con garbanzos y tomates, con el relleno hacia arriba sobre las
rebanadas de zanahoria. Cubra con el pan restante para obtener un
sándwich a capas. En el momento de servir, córtelos por la mitad.

**Cada ración: unas 405 calorías, 15 g de proteínas, 64 g de hidratos de carbono,
12 g de grasa total (2 g de saturadas), 0 mg de colesterol, 695 mg de sodio**

BROTES

Bajos en calorías y ricos en nutrientes, los brotes aportan un sabor crujiente
a bocadillos, salteados orientales y ensaladas. Entre los más comunes se
encuentran los de alfalfa, finos como hebras y que tienen un sabor que
recuerda vagamente a las nueces; los brotes de judías mungo o de soja, más
largos, crujientes y de sabor más suave. Los brotes de alfalfa quedan mejor
crudos; los de judías mungo pueden usarse crudos o ligeramente escaldados.
Los brotes de mostaza, con sus hojas superiores, son de un sabor pimentado
y deben comerse crudos. Los brotes de lenteja tienen una semilla
grande y un brote pequeño. Todos los brotes se estropean enseguida,
por lo que deben emplearse pocos días después de haberlos comprado.

| Brotes de judías | Brotes de | Brotes de | Brotes de |
| mungo o soja | mostaza | lentejas | alfalfa |

ROSBIF CLUB WALDORF

Preparación: 20 minutos, más reposo   Para 4 platos principales

4 lonchas muy finas de cebolla
  roja
2 tallos de apio
½ manzana Golden Delicious
½ cucharadita de zumo de limón
60 g de mayonesa de bajo
  contenido en grasas
2 cucharadas de crema agria

1 cucharada de salsa de rábano
12 rebanadas de pan de centeno,
  ligeramente tostadas, si lo desea
225 g de rosbif poco hecho,
  finamente cortado
1 manojo de berros, sin los
  extremos duros

◆ Ponga la cebolla roja en un cuenco pequeño y cúbrala con agua
helada; deje que repose 15 minutos y escúrrala. Mientras, pique
finamente el apio. Pele, descorazone y pique finamente la manzana.

◆ Mezcle el apio, la manzana, el zumo de limón, 2 cucharadas de
mayonesa y una cucharada de crema agria en otro cuenco pequeño.
Mezcle en una taza la salsa de raiforte, las 2 cucharadas restantes
de mayonesa y la cucharada sobrante de crema agria.

◆ Extienda uniformemente la mezcla de raiforte sobre 4 rebanadas
de pan. Cubra con el rosbif, la cebolla roja y los berros.

◆ Extienda uniformemente la mezcla de apio sobre 4 rebanadas
de pan y colóquelas sobre la capa de rosbif. Tape con el pan restante.
En el momento de servir, corte cada sándwich por la mitad.

**Cada ración: unas 445 calorías, 27 g de proteínas, 52 g de hidratos de carbono,
14 g de grasa total (4 g de saturadas), 59 mg de colesterol, 765 mg de sodio**

CLUB SÁNDWICH DE PAVO DEL SUDOESTE

Preparación: 20 minutos   Para 4 platos principales

60 g de mayonesa de bajo
  contenido en grasas
1 cucharada de salsa chile
12 rebanadas de pan agrio o de
  campo, ligeramente tostadas
  si lo desea

60 g de ramitas de cilantro
1 tomate grandes cortado
  en rodajas finas
8 lonchas de beicon, recortadas,
  cocidas y escurridas

◆ Mezcle la mayonesa y la salsa chile en un cuenco pequeño.
Extienda uniformemente la mezcla de mayonesa sobre 8 rebanadas
de pan; cubra 4 rebanadas homogéneamente con el pavo y luego
el cilantro. Tape las otras 4 rebanadas con el tomate y el beicon.

◆ Coloque las rebanadas de tomate y beicon sobre las de pavo y
cilantro, y tape con las 4 restantes. En el momento de servir, corte
cada sándwich por la mitad.

**Cada ración: unas 410 calorías, 28 g de proteínas, 43 g de hidratos de carbono,
13 g de grasa total (3 g de saturadas), 63 mg de colesterol, 760 mg de sodio**

POSTRES

14

Postres CONOCIMIENTOS BÁSICOS

Cualquier persona que haya degustado un suflé caliente y esponjoso, unas natillas perfectas o una tierna mantecada con frutas sabe que la preparación de los postres es todo un arte. Los siguientes trucos le ayudarán a dominar los métodos correctos. Después de todo, cualquier ocasión es mucho más dulce cuando hace su aparición un postre espectacular.

COCINAR CON FRUTAS

Elegir las mejores frutas. Escoja frutas maduras (no blandas) de la temporada. Al seleccionarlas, tenga en cuenta que cuanto más pesada la sienta en su mano más sabrosa y jugosa será. Huélala: si no desprende aroma, tendrá poco sabor. Pálpela: la fruta debe ceder ligeramente a la presión del dedo. Para que las frutas maduren, guárdelas a temperatura ambiente en un lugar oscuro, o avance el proceso colocándolas en una bolsa de papel que contenga una lima.

Razones por las que deben enjuagarse. En la piel de las frutas, pueden haber restos de pesticidas, las ceras que las recubren e incluso bacterias, por lo que deben lavarse a fondo antes de emplearlas. (No se olvide que debe cepillar a fondo las cortezas de los cítricos antes de rallarlas.) No remoje nunca las frutas en agua, pues pierden sabor y pueden pudrirse. Lávelas rápidamente con agua del grifo y séquelas enseguida. A no ser que estén muy sucias, no lave las bayas blandas, como las moras y las frambuesas, ya que podrían quedar aguadas.

Una cucharada de azúcar. El dulzor natural de las frutas puede variar en gran medida en función de si están maduras, de su variedad y de las condiciones de cultivo, por lo que quizá tenga que ajustar la cantidad de azúcar que se indica en cada receta. Pruebe simplemente la fruta o la mezcla de frutas antes de cocerlas y ajuste el azúcar en consecuencia.

Evitar la decoloración. Los taninos y las enzimas de frutas como las manzanas, los melocotones, las peras y los plátanos pueden volverse de un tono marrón al exponerse al aire. Para evitarlo, frote la fruta con un limón cortado o colóquela brevemente en un cuenco con agua a la que habrá añadido 2 cucharadas de zumo de limón.

Cuézalas lentamente. Cuando desee conservar la forma y la textura de una fruta, cuézala lentamente hasta que esté justo tierna. Si la escalfa, mantenga el agua por debajo del punto de ebullición. Saltee las frutas sólo hasta que empiecen a ablandarse y desprender sus zumos.

CREMAS Y NATILLAS CREMOSAS

No bata los huevos en exceso. Si los bate demasiado, la crema puede quedar espumosa y burbujear mientras se cuece en el horno. Bata los huevos sólo hasta que las yemas y las claras estén amalgamadas.

Una cocción lenta. Las cremas y las natillas, ya sean horneadas o cocidas sobre el fuego, requieren un fuego lento, para que no se

separen. A fin de que las cremas cocidas al fuego queden sedosas, cuézalas a fuego lento y remuévalas continuamente para evitar que hiervan (y en consecuencia se corten). Cueza las cremas en el horno al baño María (dentro de un recipiente con agua caliente). Este método las aísla del calor directo del horno, de forma que se cuecen homogéneamente, sin separarse.

¿Cuándo están listas? Las cremas horneadas en exceso pueden separarse y aguarse. La crema está lista cuando el centro todavía tiembla; quedará firme al enfriarse. Para comprobarlo, inserte un cuchillo en la crema a una profundidad de 1 cm y a unos 2 o 3 cm de distancia del centro; debe salir limpio. Una crema cocida al fuego está lista cuando es lo suficientemente espesa como para recubrir el dorso de una cuchara. Pase el dedo por la cuchara; ha de dejar un camino (*véase* pág. 474).

SUFLÉS EXITOSOS

• Es más fácil separar los huevos cuando están fríos, por lo que es preferible hacerlo inmediatamente después de sacarlos de la nevera; sin embargo, deje reposar las claras a temperatura ambiente unos 30 minutos antes de batirlas porque así aumentan al máximo de volumen.

• Batir las claras de los huevos perfectamente es esencial para obtener texturas ligeras y esponjosas; bata las claras hasta que estén a punto de nieve, pero no secas.

• La mejor forma de mezclar consiste en agregar un tercio de las claras batidas a la preparación para aligerarla. Agregue luego el resto, la mitad cada vez; incorpórelas a la mezcla con una espátula de goma.

• Los suflés precisan un calor rápido y uniforme para subir, por lo que es preciso calentar el horno a la temperatura correcta antes de que comience el horneado. Abra la puerta del horno sólo al introducir el suflé, y no vuelva a hacerlo mientras dure la cocción.

• Asegúrese de colocar el molde para suflé en un nivel bajo del horno, para que tenga suficiente espacio para subir.

• ¿Cuándo está cocido un suflé? Debe estar hinchado y dorado, y con una textura blanda y ligeramente cuajada.

• Para obtener una presentación espectacular, indique a sus comensales que se sienten a la mesa *antes* de retirar el suflé del horno. El aire frío empezará a hacerlo bajar entre 3 y 5 minutos después.

Preparar los moldes para suflé	**Incorporar las claras de huevo**

Utilice mantequilla, margarina o aerosol de cocina antiadherente para engrasarlos; espolvoréelos con suficiente azúcar como para recubrir las paredes.	Agregue un tercio de las claras batidas a la preparación con la ayuda de una espátula de goma. Luego añada el resto, incorporando la mitad cada vez.

442 ◆ POSTRES/CONOCIMIENTOS BÁSICOS

PREPARAR LA PASTA *CHOUX*

Esta pasta ligera y aérea se utiliza para elaborar palos y lionesas.

Incorporar la harina durante el punto de ebullición. Ponga a hervir el agua con la mantequilla a fuego vivo y agregue la harina en cuanto el agua hierva. No deje que el agua cueza lentamente, pues obtendría una pasta seca.

Sobre los huevos. Para obtener los mejores resultados, utilice huevos a temperatura ambiente (se mezclarán y subirán mejor). Añada los huevos a la mezcla de uno en uno; bata bien tras cada adición para que se incorporen a fondo.

Hornee enseguida. Forme y hornee la pasta *choux* mientras todavía esté caliente para obtener la máxima expansión y ligereza.

Dore la pasta. Las lionesas y las preparaciones de pasta *choux* que no se han horneado por completo quedan crudas por dentro y pueden desmoronarse. No las saque hasta que no estén doradas.

Prepárelas con antelación. Las lionesas sin rellenar se pueden congelar exitosamente en bolsas de plástico; recaliéntelas en el horno.

Las lionesas producen –y retienen– gran cantidad de vapor al hornearse. Para que se sequen y presenten un tono dorado, practique una pequeña incisión a un lado tan pronto como las saque del horno.

SOBRE LA PASTA HOJALDRADA

• Al comprar pasta hojaldrada congelada, compruebe los ingredientes en el paquete. Las mejores marcas contienen sólo harina, mantequilla, sal y agua.

• La pasta hojaldrada congelada se descongela muy rápidamente, por lo que es muy útil para preparaciones de última hora. Deje que se descongele entre 10 y 20 minutos.

• Al cortar la pasta hojaldrada, asegúrese de que el cuchillo o rueda está muy afilado. Corte siempre con un corte limpio hacia abajo, nunca formando ángulo, pues la pasta podría subir de forma desigual durante el horneado.

• Si no quiere que la pasta hojaldrada suba demasiado, pínchela en varias partes con un tenedor antes de hornearla.

• Guarde los recortes de pasta hojaldrada; pueden extenderse de nuevo y utilizarse para preparar postres rápidos (*véase* pág. 466).

• La pasta hojaldrada necesita un calor vivo al empezar a hornearse; éste derrite la mantequilla a la vez que convierte el agua de la pasta en vapor, lo que hace que la pasta suba. Para asegurarse de que el horno esté bien caliente, precaliéntelo con 20 minutos de antelación.

ACERCA DE LA PASTA FILO

• La pasta filo, frágil y fina como el papel, se seca rápidamente y no puede utilizarse, por lo que debe conservarse tapada con película de plástico hasta el momento de emplearla. Cualquier resto de pasta no usada puede refrigerarse bien envuelta hasta 2 semanas.

• La pasta filo congelada se conserva entre 3 y 6 meses. Descongélela durante la noche en la nevera y nunca la recongele, pues queda seca, quebradiza y desmenuzable.

• La pasta filo fresca se encuentra en establecimientos especializados en productos griegos y de Oriente Medio, y puede refrigerarse bien envuelta hasta 5 días, o congelarla hasta 3 meses.

• Antes de hornearla, pincele las capas de pasta filo con una capa fina de mantequilla o margarina derretida, ya que aporta sabor y consigue una costra dorada y crujiente, a la vez que evita que se seque.

• Deje que la pasta filo se hornee hasta que esté bien dorada, pues ello le proporciona un sabor tostado y una costra crujiente maravillosa.

• Los fondos y coberturas de pasta filo pueden hornearse con 1 día de antelación. Guárdelos en un recipiente herméticamente cerrado y vuélvalos a dejar crujientes (si es necesario) colocándolos en el horno antes de rellenarlos y servirlos.

SOBRE LA GELATINA

• ¿Qué es exactamente la gelatina? Es un agente sin olor, sabor ni color, derivado de los huesos del buey y la ternera, aunque algunas gelatinas pueden ser un subproducto de la piel del cerdo.

• Para obtener los mejores resultados, mídala correctamente. Con demasiada gelatina, la mezcla queda gomosa, mientras que una cantidad inferior a la necesaria hace que no cuaje bien.

• Para ablandar la gelatina, espolvoréela sobre una pequeña cantidad de agua fría y déjela sin remover durante 5 minutos, o hasta que se ablande, se hinche y adquiera una consistencia esponjosa, que se derretirá suavemente al calentarse. La mezcla a la que se añade la gelatina derretida debe estar lo suficientemente caliente como para evitar que la gelatina cuaje enseguida y forme grumos.

• Derrita por completo la gelatina al calentarla, pero no deje que hierva en ningún caso, pues de lo contrario disminuye la eficacia del cuajado. Es esencial que la remueva para que la mezcla no forme grumos o se separe.

• Al añadir frutas, procure que los trozos sean pequeños, pues la gelatina separa los grandes. La piña cruda, el kiwi y la papaya contienen unas enzimas que rompen la gelatina.

• Para enfriar rápidamente la gelatina, coloque el cuenco sobre otro más grande con agua helada y remueva frecuentemente con una espátula de goma hasta que la mezcla empiece a cohesionarse pero no forme grumos. (No intente acortar este proceso en el congelador, pues la preparación podría cristalizar.)

• Los postres de gelatina cuajados deben desprenderse del molde; sumerja para ello la base del molde en un cuenco de agua caliente y déjelo 10 segundos (no más, pues la gelatina puede derretirse). Coloque una fuente de servicio sobre el molde e inviértalo rápidamente; después, sacúdalo para desprender el postre.

• ¿Cuánta gelatina? 1 sobre = 11 g de gelatina en polvo; 1 sobre cuaja 450 ml.

Para comprobar que la gelatina se ha disuelto por completo, retire un poco con una cuchara. No deben aparecer cristales.

OBTENER EL MÁXIMO PARTIDO DE LOS MERENGUES

El merengue consiste en una mezcla de claras de huevo batidas y azúcar. Hay dos tipos de merengues: blandos y duros. Su consistencia depende de la proporción de azúcar con respecto a las claras. El merengue blando tiene menos azúcar y se utiliza a menudo como cobertura para tartas. El merengue duro tiene más azúcar y se extiende con una manga pastelera con boquilla; se obtienen formas como discos o conchas (para albergar frutas o rellenos cremosos), se hornea hasta que adquiere un acabado crujiente y quebradizo.

Las claras de huevo bien batidas deben formar picos firmes, pero no secos. Al levantar la batidora de varillas del cuenco, los picos deben mantener la forma.

Si las claras no se han batido correctamente, quedarán demasiado blandas y almibaradas, y no mantendrán la forma durante el proceso de horneado.

Para batirlas mejor y para que alcancen una textura ligera y esponjosa es importante agregar gradualmente el azúcar a las claras –2 cucharadas a la vez– y asegurarse de que está incorporado por completo. Continúe batiendo vivamente hasta que la mezcla forme picos firmes y brillantes. Para comprobar que el azúcar se ha disuelto por completo realice la prueba de la derecha.

Coja un poco de merengue entre dos dedos para asegurarse de que todo el azúcar se ha disuelto; debe sentirlo homogéneo al tacto.

Trucos de cocinero

• No prepare los merengues un día húmedo o lluvioso pues absorberían demasiada humedad del aire y adquirirían una textura mojada (exudan pequeñas gotas de humedad).

• Si les añade ingredientes tales como frutos secos, incorpórelos con cuidado para evitar que las claras pierdan volumen.

• Para aportar al merengue una textura más crujiente y un brillo atractivo, espolvoréelo con azúcar extrafino antes de hornearlo.

• ¿Están listos? Un merengue blando está listo cuando forma picos dorados; un merengue duro está preparado cuando al golpearlo suena ligeramente a hueco.

• Deje que los merengues secos se enfríen completamente en el horno para obtener resultados crujientes. Adquieren una textura gomosa si se retiran demasiado pronto.

• Los fondos de merengue quedan mejor si se sirven al cabo de unas horas de horno; los merengues secos pueden conservarse en un recipiente hermético cerrado hasta una semana.

TODO SOBRE LOS HELADOS

COMERCIALES

• Un recipiente pegajoso indica, por lo general, que el helado se ha descongelado, ha rezumado y se ha vuelto a congelar; elija otro embalaje.

• Para facilitar el servicio, ablande el helado unos 30 minutos en la nevera. Para obtener resultados más rápidos, ponga un helado duro como la piedra en el microondas en la posición media-baja unos 30 segundos.

• El contenedor debe estar bien sellado para evitar que el helado absorba olores de otros alimentos, o forme cristales. Es una buena idea colocar una hoja de película de plástico directamente sobre la superficie para que el helado no entre en contacto con el aire. Selle el recipiente de nuevo una vez que lo haya abierto.

• Los helados de yogur o de bajo contenido en grasas se derriten con mayor rapidez que las variedades grasas. Enfríe, por tanto, los cuencos de servicio o forme bolas en el último minuto, pues de lo contrario pueden transformarse en un líquido lechoso al contacto con empanadas o preparaciones calientes.

CASEROS

• Para obtener la textura más cremosa (y el máximo volumen), prepare y enfríe la mezcla la vigilia del día en que vaya a servirlo (la mezcla enfriada se congela más rápidamente).

• Llene las heladoras hasta dos tercios de su capacidad, ya que la mezcla se expande al congelarse y necesita espacio para incorporar aire.

• Una mezcla recién congelada se descongela con rapidez, por lo que debe manejarse el mínimo posible antes de colocarla en el congelador.

• Si utiliza una heladora antigua manual, agregue más sal y hielo de los necesarios (cuanto más rápido sea el proceso de congelado, más cremosa será la textura del helado).

CÓMO EVITAR LOS PROBLEMAS MÁS COMUNES

Mezclas apelmazadas. La preparación quizá estaba demasiado caliente al iniciar el proceso de congelación. Esto aumenta el tiempo de batido, lo que proporciona una textura menos lisa. ¿Cómo evitarlo? Asegúrese de que la mezcla se ha enfriado por completo (lentamente en la nevera o más rápidamente en un baño de agua helada) antes de empezar a mezclarla.

Textura granulosa. Factores que impiden una textura homogénea: una medición poco fiable (no añada más agua o alcohol extra a la mezcla); mezclado demasiado lento (para evitarlo, añada hielo y sal cuando sea necesario a las heladoras antiguas para mantener la mezcla fría); el helado congelado se ha guardado demasiado tiempo en el congelador.

Sabor apagado. El factor más habitual se debe a que falta agente endulzante. (Si se trata de un sorbete, también es posible que no se añadiera suficiente zumo de limón para realzar el sabor.) Para evitarlo, pruebe la mezcla antes de congelarla y endúlcela si es necesario. Puede realzar el sabor dejando que el helado madure en el congelador hasta 4 horas antes de servirlo; esto hace que desarrolle al máximo la textura y el sabor.

Cristales de hielo. Aparecen en los helados que se han conservado demasiado tiempo (esta circunstancia también provoca una consistencia densa y pesada). Para evitar la formación de cristales de hielo, agregue 1 sobre de gelatina por cada 1,4 litros de líquido en la base del helado. Déjela ablandar en 60 ml de líquido y luego caliéntelo hasta que la gelatina se derrita y se mezcle con el resto del líquido.

Ensaladas de frutas

Cuando una fruta está en el mejor momento de la temporada, no hay manera más apropiada de presentarla que en una ensalada de frutas colorida. Elija frutas bien maduras y luego trátelas sencillamente: un poco de azúcar realza el sabor, mientras que un toque ácido (como vino o zumo de cítricos) les aporta vida. El resultado es una manera ligera de redondear tanto un almuerzo sencillo como una fiesta especial.

Ambrosía

◆◆◆◆◆◆◆◆◆◆◆◆◆

Preparación: 40 minutos
Horno: 15 minutos
Para 10 raciones

1 coco fresco
1 piña madura
6 naranjas navel

1 Precaliente el horno a 180 °C (gas 4). Prepare el coco: con un martillo, un destornillador o un punzón, pinche los dos ojos del coco. Escurra el líquido y tírelo. Hornee el coco 15 minutos.

2 Retire el coco del horno y envuélvalo con un lienzo caliente. Rómpalo en trozos grandes con un martillo. Separe con un cuchillo para mondar la carne de la corteza.

3 Pélelo con un cuchillo y ralle gruesamente unos 150 g de coco fresco y reserve el resto para otro día.

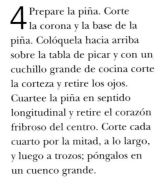

4 Prepare la piña. Corte la corona y la base de la piña. Colóquela hacia arriba sobre la tabla de picar y con un cuchillo grande de cocina corte la corteza y retire los ojos. Cuartee la piña en sentido longitudinal y retire el corazón fribroso del centro. Corte cada cuarto por la mitad, a lo largo, y luego a trozos; póngalos en un cuenco grande.

5 Prepare las naranjas. Corte los extremos de las naranjas y colóquelas de pie sobre la tabla de picar; retire la piel con la membrana blanca.

6 Sostenga las naranjas sobre la piña del cuenco, córtelas a gajos y agréguelas al recipiente. Exprima el zumo de las membranas sobre el cuenco y tírelas. Añada el coco y mezcle las frutas con cuidado.

CADA RACIÓN: UNAS 105 CALORÍAS, 1 g DE PROTEÍNAS, 19 g DE HIDRATOS DE CARBONO, 4 g DE GRASA TOTAL (3 g DE SATURADAS), 0 mg DE COLESTEROL, 25 mg DE SODIO

PONCHE DE VINO Y FRUTAS

Preparación: 10-15 minutos   *Para* 4 raciones

75 ml de vino blanco (para las fresas) o vino tinto (para los melocotones)

30 g de azúcar

350 g de fresas, sin los pedúnculos y cortadas por la mitad, o 350 g de melocotones, pelados y cortados en rodajas

Mezcle, removiendo, el vino blanco o tinto y el azúcar en un cuenco, hasta que el azúcar se disuelva. Coloque las fresas o los melocotones en 4 copas de cristal, y vierta la mezcla de vino por encima.

Cada ración: unas 60 calorías, 0 g de proteínas, 12 g de hidratos de carbono, 0 g de grasa total, 0 mg de colesterol, 0 mg de sodio

FRUTAS CON CREMA DE MARSALA Y TORTILLAS

Preparación: 25 minutos   *Cocción:* 6-8 minutos
Para 4 raciones

70 g de azúcar
½ cucharadita de canela molida
2 tortillas mexicanas de harina (17-18 cm) cada una
aceite vegetal
350 g de fresas

2 kiwis medianos
2 melocotones medianos
125 g de crema de leche, espesa
15 g de azúcar lustre
1 cucharada de marsala o jerez dulce

◆ Mezcle el azúcar y la canela en un cuenco pequeño. Corte cada tortilla en 6 triángulos. Caliente 5 mm de aceite a fuego medio en una sartén de 26 cm; agregue unas pocas tortillas a la vez y cuézalas, dándoles una vuelta, hasta que estén doradas. Escúrralas sobre papel de cocina y mézclelas enseguida con la mezcla de azúcar; resérvelas. Si no las va a servir de inmediato, guárdelas en un recipiente herméticamente cerrado.

◆ Retire los pedúnculos de las fresas y córtelas por la mitad. Pele los kiwis y córtelos en trozos pequeños. Pele y corte en rodajas los melocotones. Coloque las frutas en 4 cuencos de postre.

◆ Prepare la salsa de marsala. Bata la crema espesa y el azúcar lustre con la batidora eléctrica a velocidad media, hasta que forme picos blandos; incorpore, a continuación, el marsala. Vierta la crema de marsala a un lado de las frutas y acompañe con los triángulos de tortilla.

Cada ración: unas 325 calorías, 3 g de proteínas, 47 g de hidratos de carbono, 15 g de grasa total (7 g de saturadas), 41 mg de colesterol, 100 mg de sodio

ENSALADA DE MANGO Y ARÁNDANOS

Preparación: 15 minutos   *Para* 6 raciones

1 cucharada de azúcar
1 cucharada de ron oscuro
1 cucharada de zumo de lima recién exprimido

2 mangos grandes, pelados y cortados a dados
400 g de arándanos negros

Mezcle el azúcar, el ron y el zumo de lima en un cuenco. Agregue los mangos y los arándanos, y mezcle bien para cubrirlos.

Cada ración: unas 95 calorías, 1 g de proteínas, 24 g de hidratos de carbono, 0 g de grasa total, 0 mg de colesterol, 5 mg de sodio

CESTO DE FRUTAS VERANIEGAS

Preparación: 80 minutos   *Para* 16 raciones

1 sandía oblonga, de unos 9 kg, enfriada
2 naranjas navel grandes
100 g de azúcar
1 piña mediana
350 g de fresas
4 kiwis grandes

2 nectarinas medianas
225 g de uvas negras, sin pepitas
alambre de florista, ramitas de hierbas, hilo de pescar de nailon y pequeñas flores no tóxicas, tales como rositas y *gypsofila* (opcional)

◆ Prepare el cesto de sandía. Con un cuchillo afilado, corte un sombrero de 5 cm de la parte superior de la sandía. Retire la pulpa de ambas secciones y córtela en trozos pequeños regulares. Coloque 1,5 kg de trozos de sandía en un cuenco grande (reserve el resto para otro uso). Corte una pequeña base en la corteza de la sandía para que pueda mantenerse de pie. Haga un corte en forma de zigzag a lo largo del borde de la sandía.

◆ Retire la corteza de 1 naranja con un mondador de hortalizas. Pique en la picadora o robot eléctrico la corteza con azúcar. Extraiga la membrana blanca de la naranja, y la corteza y la membrana de la otra. Corte las naranjas en secciones. Corte la corona y la base de la piña. Quítele la corteza y retírele los ojos. Cuartee la piña en sentido longitudinal, y retire el corazón fibroso del centro. Corte la piña en trozos regulares. Retire el pedúnculo de las fresas y córtelas por la mitad si son grandes. Pele los kiwis y córtelos en trozos regulares. Corte las nectarinas a triángulos.

◆ Coloque las frutas en el cuenco con la sandía. Añada las uvas y el azúcar a la naranja, y mezcle bien. Llene el cesto de sandía con esta mezcla; tape con película de plástico y refrigere hasta el momento de servir.

◆ Mientras, prepare un asa para el cesto, si lo desea. Corte el alambre de florista en tres trozos de 45 cm. Envuélvalos por completo con ramitas de hierbas y asegúrelas con hilo de pescar o de nailon. Inserte las flores entre las ramitas. Envuelva con papel de cocina húmedo y película de plástico, y refrigere. En el momento de servir, una los alambres e introduzca los extremos en el cesto de sandía.

Cada ración: unas 115 calorías, 2 g de proteínas, 29 g de hidratos de carbono, 1 g de grasa total (0 g de saturadas), 0 mg de colesterol, 5 mg de sodio

COMPOTAS Y FRUTAS ESCALFADAS

El escalfado es un sistema fácil y clásico de transformar frutas frescas firmes o secas en un postre suculento. La fruta se cuece lentamente en un almíbar de azúcar. A continuación, el líquido del escalfado se reduce para crear un almíbar más concentrado, que acompañará a las frutas. En estas recetas hemos aportado al almíbar especias, hierbas y corteza de cítricos para complementar diferentes frutas. Si le quedan frutas, sírvalas para desayunar.

PERAS Y NARANJAS ESCALFADAS CON MIEL

◆◆◆◆◆◆◆◆◆◆◆◆◆◆◆◆◆◆◆◆◆◆◆◆◆◆

Preparación: 30 minutos, más enfriamiento   *Cocción: 35-45 minutos*
Para 8 raciones

165 g de miel	**1,9 kg de peras, firmes y maduras**
50 g de azúcar	**4 naranjas navel pequeñas**
2 cucharadas de zumo de limón recién exprimido	**1 limón pequeño, cortado en rodajas**
6 clavos enteros	**hojas de menta para decorar**

1 Mezcle la miel, el azúcar, el zumo de limón, los clavos y 900 ml de agua en una cacerola de 5 litros. Pele las peras. Retire la base de las peras con un vaciador de melón, pero no saque los rabillos. Mézclelas enseguida con la preparación de miel, de forma que queden bien cubiertas. Lleve a ebullición, a fuego vivo.

2 Baje el fuego, tape y cueza entre 10 y 20 minutos a fuego lento, hasta que las peras parezcan tiernas al pincharlas con un cuchillo. Traspáselas con una espumadera a un cuenco grande. Mientras, retire la corteza y la membrana blanca de las naranjas con un cuchillo mondador, y tírelas.

3 Agregue las naranjas al líquido del escalfado y llévelo a ebullición, a fuego vivo. Baje el fuego a medio-bajo, y cueza sin tapar durante 5 minutos; déles la vuelta de vez en cuando.

4 Traspase las naranjas al cuenco con las peras mediante una espumadera. Vuelva a hervir el líquido de escalfado a fuego medio-alto y cuézalo 10 minutos, sin tapar, para reducirlo ligeramente. Tape y refrigere por espacio de 3 horas, o hasta que estén bien frías; déle la vuelta a las frutas de vez en cuando. En el momento de servir, agregue las rodajas de limón y decore con ramitas de menta.

MIEL

La miel, uno de los primeros endulzantes utilizados por el hombre, procede de las abejas, que la fabrican a partir del néctar de las flores. Se vende de tres formas: panal de miel completo, con la cera del panal, que también puede comerse; miel finamente cristalizada, y miel líquida, sin cristales. El sabor de la miel varía según la flor de procedencia; por lo general, cuanto más oscuro sea el color, más fuerte será el sabor. Guárdela tapada en un lugar fresco y oscuro para conservarla indefinidamente. Si cristaliza, puede licuarse colocando el frasco abierto en un cuenco con agua caliente. Si debe medir una cantidad de miel para cocinar, aceite la jarra medidora o cuchara, para que la miel pueda caer con facilidad.

CADA RACIÓN: UNAS 260 CALORÍAS, 2 g DE PROTEÍNAS, 67 g DE HIDRATOS DE CARBONO, 1 g DE GRASA TOTAL (0 g DE SATURADAS), 0 mg DE COLESTEROL, 0 mg DE SODIO

COMPOTA DE FRUTAS OTOÑALES

Preparación: 20 minutos, más enfriamiento
Cocción: 35-40 minutos
Para 8 raciones

1 naranja mediana
1 limón mediano
4 manzanas Golden Delicious, peladas,
    descorazonadas y cortadas en 16 trozos
225 g de frutas secas variadas (incluidas
    ciruelas pasas deshuesadas)
125 g de higos secos
40 g de guindas secas o arándanos rojos secos
100 g de azúcar
1 trozo de canela en rama (7-8 cm)

◆ Pele con un mondador de hortalizas la corteza de la naranja y el limón en tiras de 2 o 3 cm de ancho. Exprima 2 cucharadas de zumo de limón.

◆ Ponga a hervir las cortezas de naranja y limón, el zumo de limón, las manzanas, las frutas secas, los higos, las guindas secas, el azúcar, la canela en rama y 675 ml de agua en un cazo de 4 litros a fuego vivo, hasta que el azúcar se disuelva. Baje el fuego; tape y cueza entre 15 y 20 minutos a fuego lento, hasta que las manzanas estén tiernas. Deje que se enfríe ligeramente.

◆ Vierta la mezcla de frutas en el cuenco; tápelos y refrigere 4 horas, como mínimo, para que se mezclen los sabores. Sirva la compota fría o a temperatura ambiente.

Cada ración: unas 225 calorías, 1 g de proteínas, 55 g de hidratos de carbono, 0 g de grasa total, 0 mg de colesterol, 40 mg de sodio

MELOCOTONES ESCALFADOS A LAS HIERBAS

Preparación: 20 minutos, más enfriamiento
Cocción: 35-40 minutos
Para 8 raciones

4 limones grandes
100 g de azúcar
1 hoja de laurel
3 ramitas de tomillo
1,3 kg de melocotones, firmes y maduros
2 cucharadas de confitura de melocotón
1 limón, cortado en rodajas finas para decorar

◆ Ralle la corteza de 1 limón grande. Exprima 125 ml de zumo de limón.

◆ Mezcle la corteza y el zumo de limón, el azúcar, la hoja de laurel, 2 ramitas de tomillo y 1 litro de agua en una cacerola de 5 litros.

◆ Pele los melocotones y agréguelos, a medida que los pele, a la cacerola; déles la vuelta para evitar que se oscurezcan.

◆ Ponga a hervir los melocotones con el líquido a fuego vivo; remueva para disolver el azúcar. Baje el fuego; tape y cueza entre 5 y 10 minutos a fuego lento, o hasta que los melocotones estén tiernos. Traspáselos a un cuenco grande con una espumadera.

◆ Vuelva a hervir el líquido de ebullición a fuego vivo y cuézalo sin tapar unos 15 minutos, o hasta que se haya reducido a unos 350 ml. Mézclelo con la confitura de melocotón hasta que esté desleída. Vierta el almíbar caliente sobre los melocotones del cuenco y deje que se enfríen ligeramente.

◆ Tape y refrigere unas 4 horas, como mínimo, o hasta que los melocotones estén bien fríos; déles la vuelta de vez en cuando.

◆ Tire la hoja de laurel y sirva los melocotones con el almíbar, las rodajas de limón y la ramita restante de tomillo.

Cada ración: unas 140 calorías, 1 g de proteínas, 38 g de hidratos de carbono, 0 g de grasa total, 0 mg de colesterol, 0 mg de sodio

PERAS ESCALFADAS AL LIMÓN Y ANÍS

Preparación: 20 minutos, más enfriamiento
Cocción: 40-50 minutos
Para 8 raciones

2 limones medianos
2 kg de peras, firmes y maduras
200 g de azúcar
2 cucharadas de anís estrellado entero, o
    2 trozos de canela en rama (7-8 cm cada uno)
1 naranja navel pequeña, cortada en rodajas
    finas para decorar

◆ Exprima el zumo de 1 limón en una cacerola de 8 litros. Corte en lonchas finas el limón restante. Pele las peras y retire la base con un vaciador de melón, pero no saque los rabillos.

◆ Agregue las peras, las rodajas de limón, el anís estrellado y 1,3 litros de agua a la cacerola. Lleve a ebullición, a fuego vivo, y remueva para disolver el azúcar. Baje el fuego, tape y cueza entre 10 y 20 minutos, con el líquido apenas agitándose, o hasta que las peras estén tiernas. Traspáselas a un cuenco grande con una espumadera.

◆ Ponga a hervir el líquido de escalfado a fuego vivo y cueza 15 minutos sin tapar, o hasta que se haya reducido a unos 675 ml. Vierta el almíbar caliente sobre las peras y deje que se entibie. Tápelas y refrigérelas 4 horas, como mínimo, dándoles la vuelta de vez en cuando, o hasta que estén bien frías. Acompañe las peras con el almíbar y decore con las rodajas de naranja.

Cada ración: unas 250 calorías, 1 g de proteínas, 65 g de hidratos de carbono, 1 g de grasa total (0 g de saturadas), 0 mg de colesterol, 0 mg de sodio

ANÍS ESTRELLADO

El anís estrellado, una vaina con semillas en forma de estrella de un tipo de magnolia, tiene un sabor suavemente anisado y es un ingrediente habitual en la cocina china. Por lo general, se utiliza entero debido a su atractiva apariencia. Se vende en los comercios especializados en productos orientales y en algunos supermercados.

MANTECADAS DE FRUTAS

Estas preparaciones pueden parecer extravagantes, pero son simplemente unos pequeños pasteles o galletas, realzados con frutas dulces y jugosas, y una crema batida. Presentamos un postre clásico primaveral, la mantecada de fresas, una versión de arándanos negros y melocotones, y una mantecada gigante con una mezcla de bayas. Sirva estos postres tan pronto como los haya montado.

MANTECADAS DE MELOCOTÓN Y ARÁNDANOS

◆◆◆◆◆◆◆◆◆◆◆◆◆

Preparación: 30 minutos
Horno: 16-22 minutos
Para 8 raciones

2 cucharadas de zumo del limón recién exprimido

1 cucharada de maicena

600 g de arándanos negros

200 g, más 3 cucharadas, de azúcar

900 g de melocotones medianos, pelados (*véase* derecha) y cortados en 8 trozos

450 g de harina

4½ cucharaditas de levadura en polvo

¾ de cucharadita de sal

150 g de mantequilla o margarina fría

225 ml, más 2 cucharaditas, de leche

225 ml de crema de leche, espesa

1 Mezcle los dos primeros ingredientes en un cazo de 3 litros. Agregue los arándanos y 140 g de azúcar, y lleve a ebullición, a fuego moderado-alto. Baje el fuego a medio y cueza 1 minuto. Añada los melocotones; mezcle y reserve.

4 Corte la pasta con un cortapastas redondo de 8 cm. Coloque las mantecadas a una distancia de 2 o 3 cm en una placa grande para hornear, sin engrasar.

2 Precaliente el horno a 220 °C (gas 7). Mezcle la harina, la levadura, la sal y 70 g de azúcar. Con un mezclador para pastas o dos cuchillos a modo de tijeras, incorpore 135 g de mantequilla hasta obtener migas gruesas.

5 Reúna los recortes de pasta y recorte más mantecadas hasta obtener 8. Derrita los 15 g restantes de mantequilla y pincele con ello las mantecadas. Espolvoréelas con una cucharada de azúcar y hornéelas entre 16 y 22 minutos. Bata la crema de leche y las 2 cucharadas restantes de azúcar con una batidora eléctrica a velocidad media, hasta que forme picos blandos. Corte las mantecadas calientes por la mitad, distribuya parte de las frutas por encima y cubra con la crema batida; luego disponga más frutas.

3 Vierta leche hasta que la mezcla forme una pasta blanda que se separe de las paredes del cuenco. Amásela ligeramente entre 6 y 8 veces sobre una superficie enharinada. Enharínese las manos y extienda la masa; déle 2 cm de grosor.

PELAR MELOCOTONES

Sumerja los melocotones en agua hirviendo durante 30 segundos. Traspáselos con una espumadera a un cuenco grande con agua fría que deberá cubrirlos, y deje que se enfríen. Pele la piel con los dedos o con un cuchillo pequeño afilado. Si lo desea, frote los melocotones cortados con zumo de limón para que no se decoloren.

CADA RACIÓN: UNAS 610 CALORÍAS, 8 g DE PROTEÍNAS, 89 g DE HIDRATOS DE CARBONO, 27 g DE GRASA TOTAL (13 g DE SATURADAS), 85 mg DE COLESTEROL, 670 mg DE SODIO

PASTEL DE BAYAS Y CREMA

Preparación: 25 minutos, más enfriamiento   *Horno:* 25-30 minutos

Para 10 raciones

125 g de mantequilla o margarina, ablandada	2 huevos medianos
200 g, más 1 cucharada, de azúcar blanquilla	400 g de arándanos negros
180 g de harina	175 g de fresas, sin los pedúnculos y cortadas por la mitad
125 ml de leche	160 g de frambuesas
1½ cucharaditas de levadura en polvo	145 g de moras
1 cucharadita de esencia de vainilla	60 g de confitura de fresas, derretida
¼ de cucharadita de sal	225 g de crema de leche, espesa

◆ Precaliente el horno a 180 °C (gas 4). Engrase y enharine 2 moldes para bizcocho de 20 cm de diámetro.

◆ Con la batidora eléctrica a velocidad lenta, bata la mantequilla y 200 g de azúcar hasta que estén amalgamadas. Aumente la velocidad y bata unos 5 minutos, hasta que la mezcla esté ligera y esponjosa. Baje la velocidad a lenta y añada la harina, la leche, la levadura en polvo, la esencia de vainilla, la sal y los huevos; bata hasta que todo esté bien amalgamado y raspe con frecuencia las paredes del cuenco con una espátula de goma. Aumente la velocidad y bata 2 minutos más; raspe el cuenco de vez en cuando.

◆ Distribuya la mezcla en los moldes. Hornee entre 25 y 30 minutos, o hasta que al insertar un palillo en el centro de los pasteles salga limpio. Enfríe los moldes sobre rejillas metálicas durante 10 minutos. Desmolde los pasteles y deje que se enfríen por completo sobre la rejilla. Mientras, mezcle cuidadosamente en un cuenco grande todas las bayas con la confitura de fresas.

◆ Bata la crema con la cucharada restante de azúcar mediante una batidora eléctrica a velocidad media, hasta que forme picos duros.

◆ Coloque un pastel en una fuente y cúbralo con la mitad de la crema batida y la mitad de la mezcla de frutas. Ponga encima el segundo pastel y cubra con el resto de crema y frutas.

Cada ración: unas 385 calorías, 4 g de proteínas, 50 g de hidratos de carbono, 20 g de grasa total (10 g de saturadas), 103 mg de colesterol, 265 mg de sodio

MANTECADA DE FRESAS CLÁSICA

Preparación: 30 minutos, más enfriamiento   *Horno:* 30-35 minutos

Para 12 raciones

225 ml de leche	1 cucharada de levadura en polvo
60 g de mantequilla o margarina	½ cucharadita de sal
4 huevos medianos	1 kg de fresas
370 g de azúcar	450 ml de crema de leche, espesa
1½ cucharaditas de esencia de vainilla	30 g de azúcar lustre
265 g de harina	hojas de menta para decorar

◆ Precaliente el horno a 180 °C (gas 4) y engrase un molde metálico de 33 × 20 cm. Caliente la leche y la mantequilla en un cazo de 1 litro a fuego medio, hasta que la mantequilla se derrita; resérvela.

◆ Con la batidora eléctrica a velocidad alta, bata los huevos, 300 g de azúcar y una cucharadita de esencia de vainilla en un cuenco grande durante 2 o 3 minutos, o hasta que la mezcla esté muy espesa y adquiera un color limón. Baje la velocidad y añada la mantequilla, la levadura en polvo y la sal; bata 1 minuto, raspando con frecuencia las paredes del cuenco con una espátula de madera. Agregue la mezcla de leche caliente y bata 1 minuto más, o hasta que la preparación quede homogénea.

◆ Vierta la mezcla en el molde. Hornee entre 30 y 35 minutos, o hasta que el pastel esté dorado y la superficie ceda a una presión ligera. Deje que el molde se enfríe sobre una rejilla metálica.

◆ Retire los pedúnculos a las fresas y córtelas finamente. Mézclelas con los 70 g de restantes azúcar.

◆ Corte el pastel en 3 tiras longitudinales y luego cada una en 4 trozos horizontales. Bata la crema, el azúcar lustre y la ½ cucharadita de esencia de vainilla restante en un cuenco pequeño, hasta que se formen picos blandos.

◆ En el momento de servir, coloque un trozo de pastel en un plato de postre, cúbralo con algunas fresas y su almíbar, y a continuación con crema batida. Decore con hojas de menta.

Cada ración: unas 420 calorías, 6 g de proteínas, 53 g de hidratos de carbono, 21 g de grasa total (12 g de saturadas), 139 mg de colesterol, 300 mg de sodio

¿QUÉ QUIERE DECIR?

La mantecada de fresas es un postre americano clásico que se originó en Nueva Inglaterra alrededor del 1850. La versión más tradicional se prepara con *scones* esponjosos y calientes, partidos por la mitad, enmantecados y rellenos con frutas. Las variaciones son infinitas. El *scone* puede ser grande o individual, dulce, enmantecado o no. Quizá no sea un *scone*, sino un bizcocho, fondo de tarta o incluso un pan dulce. Los melocotones y las bayas pueden convertirse en rellenos deliciosos cubiertos con crema batida o helado.

FRUTAS HORNEADAS CON COBERTURA DE MIGAS Y *SCONES*

Estos postres populares son rápidos de preparar y no requieren ingredientes especiales; elija sólo frutas maduras de calidad. Para prepararlas sólo precisa dedicar unos minutos al relleno de frutas y mezclar la cobertura de migas o *scones*; después se introduce el postre en el horno. Para aportar un toque moderno al tema tradicional, prepare nuestro postre de nectarinas y cerezas recubiertas con pasta de avena crujiente, que emplea una sabrosa mezcla de avena en vez de la cobertura tradicional.

FRESAS Y RUIBARBO HORNEADOS CON *SCONES* ESPECIADOS

◆◆◆◆◆◆◆◆◆◆◆◆◆◆

Preparación: 20 minutos, más enfriamiento

Horno: 20 minutos

Para 8 raciones

600 g de ruibarbo, cortado en trozos de 2-3 cm

150 g, más 1 cucharadita, de azúcar

1 cucharada de maicena

350 g de fresas, sin los pedúnculos y cuarteadas

225 g de harina

1½ cucharaditas de levadura en polvo

½ cucharadita de bicarbonato sódico

¼ de cucharadita de sal

¼ de cucharadita de canela molida

⅛ de cucharadita de nuez moscada, molida

60 g de mantequilla o margarina

175 ml, más 1 cucharada, de crema de leche, espesa

1 Ponga a hervir el ruibarbo y 100 g de azúcar a fuego vivo en un cazo de 3 litros, remueva sin parar. Baje el fuego a moderado-bajo y cueza unos 8 minutos, o hasta que el ruibarbo esté tierno.

4 Amase la pasta entre 6 y 8 veces, o hasta que quede homogénea. Extiéndala con un rodillo enharinado; déle 1 cm de grosor. Corte los *scones* con un cortapastas de forma estrellada.

2 Mezcle la maicena y 60 ml de agua en una taza. Agréguela junto con las fresas al ruibarbo cocido y cueza unos 2 minutos más, o hasta que la preparación se haya espesado ligeramente. Resérvela al calor.

5 Reúna los recortes, extiéndalos y corte 8 estrellas en total. Vierta la mezcla de ruibarbo caliente en una fuente de servicio refractaria, poco profunda y de 2 litros. Coloque los *scones* sobre la mezcla de ruibarbo.

3 Precaliente el horno a 200 °C (gas 6). Prepare los *scones:* mezcle la harina, los 5 ingredientes siguientes y 50 g de azúcar en un cuenco. Con un mezclador de pastas o dos cuchillos a modo de tijeras, incorpore la mantequilla hasta que la mezcla tenga el aspecto de migas gruesas. Agregue 175 ml de crema y mezcle hasta obtener una pasta blanda que se separe de las paredes del cuenco. Vuélquela sobre una superficie de trabajo ligeramente enharinada.

6 Pincele los *scones* con la cucharada restante de crema y espolvoréelos con la cucharadita sobrante de azúcar. Coloque un trozo de papel de aluminio bajo la fuente y levante los extremos para recoger cualquier líquido de cocción. Hornee 20 minutos, o hasta que los *scones* estén dorados y la mezcla de ruibarbo burbujee. Deje que el postre se enfríe unos 15 minutos sobre una rejilla y sírvalo caliente.

CADA RACIÓN: UNAS 315 CALORÍAS, 4 g DE PROTEÍNAS, 43 g DE HIDRATOS DE CARBONO, 15 g DE GRASA TOTAL (8 g DE SATURADAS), 49 mg DE COLESTEROL, 315 mg DE SODIO

POSTRE DE MANZANAS

Preparación: 30 minutos, más enfriamiento *Horno:* 30-35 minutos
Para 8 raciones

1 naranja grande	½ cucharadita de sal
1,1 kg de manzanas Golden	¼ de cucharadita de nuez
Delicious, peladas,	moscada, molida
descorazonadas y cortadas	120 g de azúcar moreno claro
en rodajas de 2-3 cm	2 cucharadas, más 50 g, de harina
75 g de cerezas o uvas pasas secas	40 g de copos de avena
1 cucharadita de canela molida	45 g de mantequilla o margarina

◆ Precaliente el horno a 220 °C (gas 7). Ralle ½ cucharadita de corteza y exprima 75 ml de zumo. Mezcle la corteza y el zumo de naranja con los 4 ingredientes siguientes, 70 g de azúcar moreno y 2 cucharadas de harina en una fuente refractaria de 2 litros.

◆ Prepare la cobertura. Mezcle los copos de avena y los restantes 50 g de harina y 50 g de azúcar moreno en un cuenco pequeño. Con un mezclador de pastas o dos cuchillos a modo de tijeras, incorpore la mantequilla hasta que la mezcla tenga el aspecto de migas gruesas. Espárzala sobre las manzanas.

◆ Hornee entre 30 y 35 minutos, o hasta que las manzanas estén tiernas y la cobertura quede ligeramente dorada; cubra la preparación con papel de aluminio para evitar que se oscurezca. Déjela sobre una rejilla para servirla caliente, o bien enfríela por completo para servirla más tarde recalentada si lo desea.

Cada ración: unas 260 calorías, 2 g de proteínas, 53 g de hidratos de carbono, 5 g de grasa total (2 g de saturadas), 12 mg de colesterol, 190 mg de sodio

POSTRE DE NECTARINAS Y CEREZAS RECUBIERTAS CON PASTA DE AVENA CRUJIENTE

Preparación: 30 minutos, más enfriamiento *Horno:* 1-1¼ horas
Para 12 raciones

100 g de azúcar	1 huevo mediano
3 cucharadas de maicena	2 cucharaditas de esencia
1,3 kg de nectarinas maduras,	de vainilla
cortadas en 6 trozos	120 g de copos de avena
750 g de cerezas, deshuesadas	115 g de harina
2 cucharadas de zumo de limón	¼ de cucharadita de sal
120 g de mantequilla o margarina	¼ de cucharadita de bicarbonato
140 g de azúcar moreno claro	sódico

◆ Precaliente el horno a 190 °C (gas 5). Bata el azúcar y la maicena con un tenedor en un cuenco. Agregue las nectarinas, las cerezas y el zumo de limón, y mezcle hasta que las frutas estén bien recubiertas. Distribuya la mezcla en una fuente de 33 × 20 cm, y esparza por encima 30 g de mantequilla.

◆ Cubra con papel de aluminio y hornee entre 40 y 50 minutos. Mientras, prepare la cobertura de avena; bata el azúcar moreno y los 90 g restantes de mantequilla hasta que la mezcla quede homogénea. Agregue el huevo y la esencia de vainilla, y bata los ingredientes hasta que la preparación resulte ligera y cremosa.

◆ Añada los copos de avena y el resto de los ingredientes con una cuchara de madera. Tape y refrigere hasta el momento de utilizar.

◆ Vierta cucharadas de esta preparación sobre las frutas horneadas y hornee de nuevo entre 20 y 25 minutos sin tapar, hasta que la cobertura esté dorada. Deje que se enfríe ligeramente sobre una rejilla para servir caliente, o bien enfríe por completo y recaliente si es necesario.

Cada ración: unas 325 calorías, 5 g de proteínas, 58 g de hidratos de carbono, 10 g de grasa total (4 g de saturadas), 40 mg de colesterol, 170 mg de sodio

POSTRE DE CIRUELAS

Preparación: 20 minutos, más enfriamiento *Horno:* 45-55 minutos
Para 10 raciones

1,1 kg de ciruelas maduras, cortadas	½ cucharadita de bicarbonato
a cuartos	sódico
2 cucharadas, más 240 g, de harina	½ cucharadita de sal
100 g de azúcar	60 g de grasa blanca vegetal
1½ cucharaditas de levadura en polvo	175 ml de suero o leche agria

◆ Precaliente el horno a 200 °C (gas 6). Mezcle las ciruelas con 2 cucharadas de harina y azúcar, y distribúyalas en una fuente de servicio refractaria de 2 litros. Cubra con papel de aluminio y hornee entre 25 y 30 minutos, o hasta que las ciruelas estén tiernas.

◆ Prepare la cobertura de *scones*. Mezcle los 240 g restantes de harina y los 3 ingredientes siguientes en un cuenco grande. Con un mezclador de pastas o dos cuchillos a modo de tijeras, corte la grasa vegetal hasta obtener migas gruesas. Agregue el suero y mezcle hasta que la preparación esté humedecida. Amase la pasta en una superficie ligeramente enharinada y entre 6 y 8 veces, o hasta que quede homogénea. Extiéndala con un rodillo, déle 1 cm de grosor y corte 12 redondeles con un cortapastas de 6 cm; colóquelos sobre las ciruelas.

◆ Hornee sin tapar entre 20 y 25 minutos más, o hasta que la cobertura esté dorada. Deje que se enfríe ligeramente sobre una rejilla para servir caliente; o bien, enfríe por completo para servir posteriormente y recaliente si lo desea.

Cada ración: unas 250 calorías, 4 g de proteínas, 45 g de hidratos de carbono, 7 g de grasa total (2 g de saturadas), 1 mg de colesterol, 260 mg de sodio

MÁS COBERTURAS

Las coberturas son siempre populares y pueden adaptarse con facilidad para acomodarse a los diferentes gustos. Pruebe cualquiera de las siguientes:

• Para especiar el postre de manzanas (*véase* izquierda), sustituya las cerezas secas por 2 trozos (50 g) de rizoma de jengibre en almíbar, escurrido y picado. También puede cambiar la base de manzana por ruibarbo.

• Para aportar una textura crujiente a cualquier cobertura, agregue un poco de coco seco o frutos secos picados (las nueces, las avellanas y las pacanas funcionan bien).

POSTRES DE FRUTAS HORNEADAS

El horno realza el sabor de muchas frutas, a la vez que les proporciona una textura deliciosamente suave. Aquí hemos envuelto unas manzanas con pasta, hemos aportado a las peras un toque italiano al aromatizarlas con marsala dulce y limón, y hemos realzado unas ciruelas maduras con unas migas de almendras. Estos postres quedan mejor si se sirven calientes, acompañados con crema de leche ligera o helado.

MANZANAS ENVUELTAS CON PASTA A LA ANTIGUA

◆◆◆◆◆◆◆◆◆◆◆◆◆◆◆◆◆◆◆◆◆◆◆◆◆◆

Preparación: 40 minutos Horno: 35-40 minutos
Para 6 raciones

375 g de harina	30 g de mantequilla o margarina
1 cucharadita de sal	1½ cucharaditas de canela molida
8 cucharadas de azúcar moreno claro	6 manzanas Golden Delicious pequeñas (unos 175 g cada una)
225 g de grasa blanca vegetal, cortada a dados	1 huevo mediano batido
75 g de frutas secas variadas, picadas	6 clavos enteros

1 Mezcle la harina, la sal y 2 cucharadas de azúcar moreno en un cuenco grande. Con un mezclador de pastas o dos cuchillos a modo de tijeras, incorpore la grasa a la harina hasta que la mezcla tenga el aspecto de migas gruesas. Agregue de 5 o 6 cucharadas de agua fría y mezcle hasta que la pasta se cohesione; resérvela. Mezcle las frutas secas, la mantequilla, 4 cucharadas de azúcar moreno y una cucharadita de canela en un cuenco pequeño. Precaliente el horno a 200 °C (gas 6).

2 Pele las manzanas. Descorazónelas, pero no las vacíe de un extremo a otro. Presione las frutas secas en las cavidades. Engrase un molde para brazo de gitano lo suficientemente amplio como para que las manzanas formen una sola capa.

3 Reserve 40 g de pasta y extienda la restante sobre una superficie de trabajo enharinada; utilice una regla para dar a la pasta la forma de un rectángulo de 54 x 36 cm. Corte la pasta en seis cuadrados de 18 cm.

4 Mezcle las 2 cucharadas de azúcar moreno y ½ cucharadita de canela en un papel sulfurizado. Pase una manzana por la mezcla; y colóquela en el centro de un cuadrado de pasta; pincele los extremos con huevo batido.

5 Lleve la pasta hacia arriba y presiónela contra la manzana; selle los bordes. Coloque la manzana sobre el molde. Repita la operación con el resto de manzanas, la mezcla de azúcar y los cuadrados de pasta, pincele con más huevo batido.

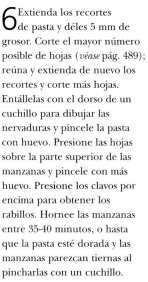

6 Extienda los recortes de pasta y déles 5 mm de grosor. Corte el mayor número posible de hojas (*véase* pág. 489); reúna y extienda de nuevo los recortes y corte más hojas. Entállelas con el dorso de un cuchillo para dibujar las nervaduras y pincele la pasta con huevo. Presione las hojas sobre la parte superior de las manzanas y pincele con más huevo. Presione los clavos por encima para obtener los rabillos. Hornee las manzanas entre 35-40 minutos, o hasta que la pasta esté dorada y las manzanas parezcan tiernas al pincharlas con un cuchillo.

CADA RACIÓN: UNAS 730 CALORÍAS, 7 g DE PROTEÍNAS, 90 g DE HIDRATOS DE CARBONO, 40 g DE GRASA TOTAL (11 g DE SATURADAS), 47 mg DE COLESTEROL, 435 mg DE SODIO

CIRUELAS HORNEADAS CON MIGAS DE ALMENDRAS

Preparación: 15 minutos   Horno: 25-35 minutos
Para 6 raciones

70 g de ciruelas maduras, cortadas por la mitad	40 g de harina
60 g de almendras, fileteadas	45 g de mantequilla o margarina, ablandada
70 g de azúcar moreno	helado de vainilla (opcional)

Precaliente el horno a 220 °C (gas 7). Coloque las ciruelas, con el corte hacia arriba, formando una capa en una fuente refractaria poco profunda. Mezcle las almendras y los 3 ingredientes siguientes en un cuenco con las yemas de los dedos, hasta que la mezcla se cohesione. Espárzala sobre las ciruelas. Hornee entre 25 y 35 minutos. Sírvalas calientes y acompañadas con helado si lo desea.

Cada ración: unas 205 calorías, 3 g de proteínas, 31 g de hidratos de carbono, 9 g de grasa total (2 g de saturadas), 16 mg de colesterol, 70 mg de sodio

CLAFOUTIS

Preparación: 20 minutos   Horno: 40-45 minutos
Para 12 raciones

450 g de cerezas negras, deshuesadas	2 cucharadas de Amaretto (licor de almendras)
100 g de harina	450 ml de crema de leche, ligera
70 g de azúcar	azúcar lustre para decorar
4 huevos medianos	

◆ Precaliente el horno a 180 °C (gas 4). Engrase una fuente de cerámica redonda de 25 × 4 cm, y coloque en ella las cerezas. Mezcle la harina, el azúcar, los huevos, el licor y 225 ml de crema con la batidora eléctrica a velocidad lenta durante 30 segundos. Con el motor todavía en marcha, agregue gradualmente los 225 ml restantes de crema y mezcle 30 segundos más.

◆ Vierta la mezcla de huevos sobre las cerezas y hornee entre 40 y 45 minutos, o hasta que la crema haya cuajado y al insertar la punta de un cuchillo 2 o 3 cm salga limpia (el centro temblará). Sirva el postre caliente, espolvoreado con azúcar lustre.

Cada ración: unas 160 calorías, 4 g de proteínas, 20 g de hidratos de carbono, 7 g de grasa total (3 g de saturadas), 86 mg de colesterol, 40 mg de sodio

---

DESHUESADOR DE CEREZAS

Esta herramienta metálica, ya sea de aluminio o de acero inoxidable, facilita la tarea de deshuesar cerezas, a la vez que proporciona unos resultados más limpios que si se utiliza un cuchillo. También puede emplearse para deshuesar aceitunas.

PLÁTANOS HORNEADOS DEL CARIBE

Preparación: 10 minutos   Horno: 15 minutos
Para 4 raciones

2 cucharadas de ron oscuro	2 cucharadas de azúcar moreno
½ cucharadita de corteza de lima, rallada	30 g de mantequilla o margarina, derretida
4 plátanos grandes maduros, cortados en rodajas de 1 cm	50 g de copos de coco helado de vainilla (opcional)

◆ Precaliente el horno a 220 °C (gas 7). Mezcle el ron y la corteza de lima en una tartera de 23 cm o fuente de servicio refractaria. Añada los plátanos y cúbralos con la mezcla.

◆ Mezcle el azúcar moreno y la mantequilla derretida en un cuenco pequeño, y agregue el coco. Esparza uniformemente la mezcla de coco sobre los plátanos. Hornee 15 minutos, o hasta que el coco esté dorado. Sirva caliente y con helado si lo desea.

Cada ración: unas 280 calorías, 2 g de proteínas, 46 g de hidratos de carbono, 10 g de grasa total (6 g de saturadas), 16 mg de colesterol, 100 mg de sodio

PERAS HORNEADAS CON MARSALA

Preparación: 25 minutos, más enfriamiento   Horno: 40-50 minutos
Para 8 raciones

1 limón mediano	125 ml de marsala
8 peras Conferencia, firmes	30 g de mantequilla o margarina, derretida
2 cucharaditas, más 70 g, de azúcar	

◆ Precaliente el horno a 230 °C (gas 8). Con un mondador de hortalizas o cuchillo pequeño, retire la corteza del limón, formando tiras de 6 × 1 cm; exprima el zumo.

◆ Descorazone con un vaciador de melón o cuchillo pequeño las peras sin pelar, pero no saque los rabillos. Pincele el interior de las peras con el zumo de limón y luego espolvoree el interior con 2 cucharaditas de azúcar.

◆ Mezcle las tiras de corteza de limón, el marsala y 75 ml de agua en una fuente de servicio refractaria de 1½ - 2 litros. Coloque los 70 g restantes de azúcar sobre un trozo de papel sulfurizado.

◆ Pincele las peras con mantequilla derretida y luego páselas por el azúcar para recubrirlas con el mismo. Ponga las peras, con las bases hacia arriba, en la fuente y coloque alrededor de ellas cualquier resto de azúcar depositado sobre el papel.

◆ Hornee las peras, rocíelas de vez en cuando con el almíbar de la fuente, entre 40 y 50 minutos, o hasta que parezcan tiernas al pincharlas con un tenedor. Deje que se entibien para servirlas calientes, o bien enfríelas por completo, tápelas y refrigérelas hasta 1 día. Recaliéntelas para servirlas calientes.

Cada ración: unas 170 calorías, 1 g de proteínas, 34 g de hidratos de carbono, 3 g de grasa total (2 g de saturadas), 16 mg de colesterol, 30 mg de sodio

BUDINES DE ARROZ

Los budines de arroz, cremosos y suaves, se preparan con los ingredientes más sencillos; básicamente, arroz, leche y azúcar. El arroz de grano corto, como el italiano *arborio* o el español de Calasparra, proporcionan una textura cremosa, aunque también puede emplear arroz de grano largo. No utilice, sin embargo, el arroz de cocción fácil, porque no queda tan blando. Estos budines pueden servirse tanto fríos como calientes.

BUDÍN DE ARROZ CON CEREZAS SECAS A LA VAINILLA

❖❖❖❖❖❖❖❖❖❖❖❖

Preparación: 15 minutos,
más enfriamiento
Cocción: 1½ horas
Para 12 raciones

½ **vaina de vainilla o 1 cucharada**
   de esencia de vainilla
1,3 **litros de leche**
150 **g de azúcar**
150 **g de arroz** *arborio* **o de**
   Calasparra, o arroz de grano
   largo
75 **g de cerezas secas o uvas pasas**
2 **cucharadas de ron oscuro**
¼ **de cucharadita de sal**
125 **ml de crema de leche, espesa**

1 Corte la vaina de vainilla por la mitad, a lo largo. Raspe y reserve las semillas del interior. Coloque las mitades y las semillas en un cazo de 4 litros (Si emplea esencia de vainilla, mézclela con el ron en el paso 3.)

2 Agregue la leche y el azúcar al cazo, y lleve a ebullición, a fuego moderado-alto; remueva de vez en cuando. Agregue el arroz y lleve de nuevo a ebullición. Baje el fuego.

3 Tape y cueza a fuego muy lento 1¼ horas, removiendo de vez en cuando, o hasta que el arroz esté muy cremoso. Tire las vainas. Traspase el arroz a un cuenco grande de servicio y mézclelo con las cerezas, el ron y la sal.

VAINAS DE VAINILLA

La vainilla es la vaina seca de una orquídea nativa de Centroamérica, que imparte su aroma familiar a un buen número de preparaciones dulces. La vaina se parte antes de emplearla y se raspan las semillas; tanto la vaina como las semillas se agregan al plato. La esencia pura de vainilla proporciona el mismo sabor y es más fácil de utilizar. La vainillina es una imitación de la vainilla, y el sabor a vainilla se basa en la vainillina sintética, que tiene un sabor más pronunciado y puede dejar un regusto fuerte. Puede preparar azúcar de vainilla, colocando una vaina partida por la mitad en un recipiente con entre 200 y 400 g de azúcar; deje que repose 24 horas antes de utilizarlo. Recubra con azúcar cada vez que utilice un poco; la vaina dura hasta 1 año.

4 Deje que se entibie, tápelo y refrigérelo 4 horas, como mínimo. Unas 2 horas antes de servirlo, bata la crema hasta que forme picos blandos, y agréguela, la mitad cada vez, al budín de arroz.

CADA RACIÓN: UNAS 230 CALORÍAS, 5 g DE PROTEÍNAS, 33 g DE HIDRATOS DE CARBONO, 8 g DE GRASA TOTAL (5 g DE SATURADAS), 30 mg DE COLESTEROL, 110 mg DE SODIO

BUDÍN DE RESTOS DE ARROZ

Preparación: 15 minutos   *Coccion:* 25 minutos

Para 4 raciones

450 ml de leche

200 g de arroz cocido

1 trozo de canela en rama (8 cm)
o ⅛ de cucharadita de canela
molida

2 cucharadas de azúcar

40 g de uvas pasas o cerezas
secas (opcional)

◆ Ponga a hervir la leche, el arroz, la canela en rama y el azúcar
en un cazo de 3 litros a fuego vivo. Baje el fuego a moderado-bajo
y cueza lentamente durante 20 minutos, removiendo de vez en
cuando. Mezcle con las pasas, si las utiliza, durante los últimos
5 minutos de cocción.

◆ Retire del fuego y tire la canela. Sirva caliente, o tape y refrigere
para servir frío más tarde.

**Cada ración: unas 150 calorías, 5 g de proteínas, 23 g de hidratos de carbono,
4 g de grasa total (3 g saturadas), 17 mg de colesterol, 60 mg de sodio**

BUDÍN DE ARROZ Y COCO

Preparación: 5 minutos, más reposo   *Cocción:* 35 minutos

Para 6 personas

40 g de arroz de grano largo

½ cucharadita de sal

425 ml de leche de coco, de lata

70 g de azúcar

copos de coco tostados
(opcional)

Ponga a hervir el arroz, la sal y 450 ml de agua en un cazo de
3 litros a fuego moderado-alto. Baje el fuego; tape y cueza
15 minutos a fuego lento. Agregue la leche de coco y el azúcar.
Cueza sin tapar 10 minutos más; remueva de vez en cuando.
Retire del fuego y deje que repose 20 minutos. Sirva caliente,
o tape y refrigere para servir frío más tarde. Antes de servir,
esparza los copos de coco por encima si lo desea.

**Cada ración: unas 280 calorías, 3 g de proteínas, 32 g de hidratos de carbono,
17 g de grasa total (15 g de saturadas), 0 mg de colesterol, 190 mg de sodio**

LECHE DE COCO

La leche de coco en lata (no debe confundirse con el líquido
lechoso del coco fresco) es una mezcla tamizada de carne
de coco y agua reducida a pasta. Es un ingrediente básico
en muchas cocinas orientales y aporta su sabor exótico y
pronunciado a sopas, salsas, carnes y curries de mariscos
y pescados. La crema de coco en forma de pasta se vende
en tabletas y debe reconstituirse con agua hirviendo antes
de emplearla. La crema de coco líquida, una mezcla de
leche de coco con azúcar y estabilizantes, se emplea en
postres y bebidas. Una vez abierta, la leche de coco en lata
debe refrigerarse en un frasco hermético durante 1 semana
o congelarse hasta 6 meses en la nevera.

BUDÍN CREMOSO DE ARROZ AL CARDAMOMO

Preparación: 5 minutos   *Cocción:* 1¼ horas

Para 6 raciones

900 ml de leche

70 g de arroz de grano largo

70 g de azúcar

5 vainas de cardamomo

½ cucharadita de sal

2 yemas de huevo medianas

75 ml de crema de leche, espesa

◆ Ponga a hervir la leche, el arroz, el azúcar, el cardamomo
y la sal en una cacerola de 5 litros a fuego moderado-alto;
remueva de vez en cuando. Baje el fuego, tape y cueza 1 hora
a fuego lento; remueva ocasionalmente.

◆ Bata las yemas con la crema en un cuenco mediano. Incorpore
gradualmente 200 g de budín de arroz caliente y mezcle bien.
Devuelva la mezcla a la cacerola y cueza unos 3 minutos a fuego
lento, removiendo sin parar, o hasta que la mezcla empiece a
burbujear. Vierta en un cuenco de servicio. Sirva caliente, o tape
y refrigere para servir frío más tarde.

**Cada ración: unas 245 calorías, 7 g de proteínas, 28 g de hidratos de carbono,
12 g de grasa total (7 g de saturadas), 11 mg de colesterol, 265 mg de sodio**

BUDÍN HORNEADO DE ARROZ Y CREMA

Preparación: 20 minutos, más enfriamiento   *Horno:* 1¼ horas

Para 8 raciones

100 g de arroz de grano largo

4 tiras de corteza de naranja
de 8 × 2 cm cada una

½ cucharadita de sal

3 huevos medianos

100 g de azúcar

675 ml de leche

1 cucharadita de esencia
de vainilla

◆ Precaliente el horno a 180 °C (gas 4). Ponga a hervir el arroz,
la corteza de naranja, la sal y 450 ml de agua en un cazo de 2 litros
a fuego medio-alto. Baje el fuego; tape y cueza 15 minutos a fuego
lento. Tire la corteza de naranja.

◆ Bata los huevos con el azúcar en un cuenco grande, hasta
que estén bien mezclados, y agregue la leche y la esencia de
vainilla sin dejar de batir. Añádalos al arroz caliente; mezcle
y vierta la preparación en una fuente de servicio refractaria; reparta
bien la mezcla. Póngala en una fuente grande para hornear y vierta
cuidadosamente agua hirviendo en ella, hasta que alcance la mitad
de la altura.

◆ Hornee 1¼ horas, o hasta que al insertar un cuchillo entre
el centro y el extremo de la fuente salga limpio. Retire la fuente
de la de mayor tamaño y deje que se enfríe 30 minutos sobre una
rejilla. Sirva el budín caliente o tápelo, y refrigérelo para servirlo
frío más tarde.

**Cada ración: unas 180 calorías, 6 g de proteínas, 27 g de hidratos de carbono,
5 g de grasa total (3 g de saturadas), 92 mg de colesterol, 205 mg de sodio**

BUDINES HORNEADOS

Los budines horneados deben gran parte de su encanto a su simplicidad. Hemos incluido un budín de *toffee* con una cobertura pegajosa de azúcar moreno; un budín de naranja delicado, que aporta su propia salsa, y un budín consistente de chocolate. Sírvalos calientes para realzarlos al máximo.

BUDÍN DE *TOFFEE*

◆◆◆◆◆◆◆◆◆◆◆◆

Preparación: 20 minutos,
más reposo y enfriamiento
Horno: 30 minutos
Para 12 raciones

150 g de dátiles deshuesados, picados
1 cucharadita de bicarbonato sódico
150 g de mantequilla o margarina, ablandada
200 g de azúcar
1 huevo mediano
1 cucharadita de esencia de vainilla
300 g de harina
1 cucharadita de levadura en polvo
225 g de azúcar moreno
60 ml de crema batida
crema batida (opcional)

QUÉ QUIERE DECIR?

La palabra «budín» describe a menudo un postre blando y cremoso preparado sobre el fuego con leche, azúcar y huevos, y espesado con una fécula, como harina, arroz o maicena. Se aplica también a un amplio espectro de platos dulces, como los budines de pan y los postres horneados o cocidos al vapor, como el budín de Navidad y el que presentamos en esta página. Algunos budines también son salados, como el budín de carne y riñones, y el budín de Yorkshire (*véase* pág. 184), el acompañamiento tradicional del rosbif.

1 Precaliente el horno a 180 °C (gas 4). Engrase una fuente de servicio refractaria de 33 x 20 cm. Mezcle los dátiles, el bicarbonato y 350 ml de agua hirviendo en un cuenco y deje que repose 15 minutos.

2 Bata en un cuenco la mantequilla con la batidora eléctrica, hasta que esté cremosa. Incorpore, batiendo, el azúcar, y luego el huevo y la esencia de vainilla; bata hasta que estén bien amalgamados.

3 Agregue, a continuación, batiendo a velocidad lenta, la harina y la levadura en polvo. Incorpore la mezcla de dátiles y bata hasta que todo esté bien mezclado (la preparación será un poco líquida). Viértala en la fuente y hornee 30 minutos, o hasta que esté dorada y al insertar un palillo en el centro salga limpio. Mientras, ponga a hervir el azúcar moreno, la crema y los 60 g restantes de mantequilla a fuego moderado en un cazo de 2 litros; hierva 1 minuto. Reserve y precaliente el *grill*.

4 Extienda uniformemente la mezcla de azúcar moreno sobre el budín caliente. Colóquelo lo más cerca posible del *grill* durante 30 segundos, o hasta que la superficie burbujee. Deje que la fuente se enfríe 15 minutos sobre una rejilla. Sirva caliente y acompañado con crema batida si lo desea.

CADA RACIÓN: UNAS 355 CALORÍAS, 3 g DE PROTEÍNAS, 61 g DE HIDRATOS DE CARBONO, 12 g DE GRASA TOTAL (7 g DE SATURADAS), 52 mg DE COLESTEROL, 270 mg DE SODIO

BUDÍN DE CHOCOLATE

Preparación: 25 minutos   *Horno:* 40 minutos
Para 8 raciones

225 ml de leche
4 huevos medianos, separados
100 g, más 2 cucharadas,
  de azúcar
50 g de harina
90 g de chocolate derretido

1 cucharadita de esencia
  de vainilla
¼ de cucharadita de sal
azúcar lustre para decorar
helado de vainilla o crema batida
  (opcional)

◆ Precaliente el horno a 180 °C (gas 4). Engrase una fuente cuadrada de vidrio refractario de 20 cm de lado.

◆ Ponga a hervir la leche a fuego medio-alto en un cazo de 2 litros. Mientras, bata las yemas con 100 g de azúcar en un cuenco mediano, hasta que estén amalgamadas. Incorpore la harina, batiendo, y luego gradualmente la leche caliente.

◆ Devuelva la mezcla al cazo y lleve a ebullición, a fuego medio-alto; bata sin parar. Baje el fuego y cueza 1 minuto, batiendo. Retire del fuego e incorpore, batiendo, el chocolate derretido, la esencia de vainilla y la sal.

◆ Con la batidora eléctrica a velocidad alta, bata las claras hasta que formen picos firmes, e incorpore, batiendo, las 2 cucharadas de azúcar. Bata un tercio de las claras con la mezcla de chocolate, hasta que quede homogénea, y luego incorpore las claras restantes (la mezcla queda firme). Espárzala uniformemente dentro de la fuente.

◆ Coloque la fuente dentro de otra fuente grande para asar y vierta dentro de esta última el agua hirviendo suficiente como para alcanzar la mitad de la fuente que contiene el postre. Hornee 40 minutos, o hasta que la preparación esté firme. Tamice con azúcar lustre por encima. Sirva caliente y acompañado con helado si lo desea.

Cada ración: unas 190 calorías, 6 g de proteínas, 25 g de hidratos de carbono, 9 g de grasa total (4 g de saturadas), 111 mg de colesterol, 115 mg de sodio

◆◆◆◆◆◆◆◆◆◆◆◆◆◆◆◆◆◆◆◆◆◆◆◆◆◆◆◆◆

DERRETIR EL CHOCOLATE

Puede derretir el chocolate en un cazo de fondo grueso o un hervidor doble directamente sobre el fuego. El recipiente debe estar completamente seco, pues la humedad daría al chocolate una consistencia granulosa. Derrítalo a fuego lento, removiendo sin parar. Para derretirlo en el microondas, coloque entre 30 y 125 g de chocolate en un cuenco para microondas y cueza a temperatura media durante 1 minuto y medio o 2 minutos.

El chocolate derretido en el microondas mantiene su forma, por lo que no se derrite hasta que se remueve (superior).

◆◆◆◆◆◆◆◆◆◆◆◆◆◆◆◆◆◆◆◆◆◆◆◆◆◆◆◆◆

BUDÍN INDIO

Preparación: 30 minutos, más enfriamiento   *Horno:* 2 horas
Para 8 raciones

90 g de harina de maíz amarilla,
  molida gruesa
900 ml de leche
165 g de melaza clara o almíbar
  de melaza dorado
60 g de mantequilla o margarina,
  cortada a dados

50 g de azúcar
1 cucharadita de jengibre, molido
1 cucharadita de canela, molida
½ cucharadita de sal
¼ de cucharadita de nuez
  moscada, molida
helado de vainilla

◆ Precaliente el horno a 180 °C (gas 4). Engrase una fuente de servicio refractaria de vidrio o cerámica de 1 litro y medio. Mezcle la harina de maíz y 225 ml de leche en un cuenco pequeño. Ponga a hervir los 675 ml de leche restantes a fuego vivo en un cazo de 4 litros. Agregue el maíz; mezcle y lleve a ebullición. Baje el fuego y cueza 20 minutos, removiendo a menudo. Retire del fuego y mezcle con la melaza y los 6 ingredientes siguientes.

◆ Vierta la preparación en la fuente y cúbrala con papel de aluminio. Ponga la fuente en otra fuente grande para asar y vierta agua hirviendo hasta que alcance la mitad de la altura de la fuente que contiene el postre. Hornee 1 hora. Retire el papel y prosiga el horneado otra hora. Retire la fuente del baño María y deje que se enfríe sobre una rejilla. Sirva el budín caliente y acompañado con helado.

Por ración (sin el helado): 245 calorías, 5 g de proteínas, 34 g de hidratos de carbono, 10 g de grasa total (5 g de saturadas), 18 mg de colesterol, 265 mg de sodio

BUDÍN DE NARANJA

Preparación: 20 minutos   *Horno:* 40 minutos
Para 6 raciones

150 g de azúcar
40 g de harina
⅛ de cucharadita de sal
225 ml de leche
3 huevos medianos, separados
60 ml de zumo de limón

60 g de mantequilla o margarina,
  derretida
60 ml de zumo de naranja
2 cucharaditas de corteza de
  naranja, rallada

◆ Precaliente el horno a 180 °C (gas 4). Engrase una fuente de servicio cuadrada de vidrio refractario. Bata el azúcar, la harina, y la sal en un cuenco grande, hasta que estén amalgamados. Incorpore, batiendo, la leche, las yemas y los 4 ingredientes siguientes, hasta que la mezcla quede homogénea. Bata en un cuenco pequeño las claras hasta que formen picos blandos. Incorpore una cuarta parte de la mezcla de naranja a las claras y agregue éstas al resto de la preparación hasta que estén distribuidas homogéneamente.

◆ Vierta la preparación en la fuente y colóquela dentro de una fuente grande para asar; vierta cuidadosamente agua hirviendo en la segunda hasta alcanzar la mitad de la altura de la primera. Hornee 40 minutos, o hasta que la superficie esté dorada y cuajada (el postre se separa formando capas). Sírvalo caliente.

Cada ración: unas 250 calorías, 5 g de proteínas, 33 g de hidratos de carbono, 11 g de grasa total (5 g de saturadas), 133 mg de colesterol, 185 mg de sodio

CREMAS HORNEADAS

La crema quemada y los flanes deben su textura sedosa a una crema base espesa. Puede obtener resultados deliciosos con relativa facilidad, pero debe cuidar que la preparación no se hornee en exceso, pues podría quedar aguada y empezar a separarse. Las cremas están listas cuando sus centros están ligeramente blandos (quedan firmes cuando se enfrían). Puede aportar a las cremas una amplia gama de sabores, aquí hemos empleado azúcar moreno, vainilla, chocolate y calabaza.

CREMA QUEMADA CON AZÚCAR MORENO

◆◆◆◆◆◆◆◆◆◆◆◆◆◆◆◆◆◆◆◆◆◆◆◆◆

Preparación: 20 minutos, más enfriamiento   *Horno:* 1 hora
Para 12 raciones

675 ml de crema de leche, ligera	9 yemas de huevo medianas
60 g de mantequilla	1½ cucharaditas de esencia
150 g, más 2 cucharadas, de	de vainilla
azúcar moreno claro	fresas para decorar

1 Precaliente el horno a 170 °C (gas 3). Caliente la crema en un cazo de 2 litros, hasta que aparezcan burbujas pequeñas.

2 Mientras, ponga a hervir la mantequilla y 150 g de azúcar moreno en un cazo de 3 litros a fuego medio; hierva 2 minutos, removiendo constantemente. Incorpore gradualmente la crema caliente sin dejar de batir, hasta que la mezcla quede homogénea. Retírela del fuego. Bata las yemas y la esencia de vainilla en un cuenco pequeño con una batidora de varillas.

3 Bata lentamente la mezcla de crema con la de yemas hasta que ambas estén bien amalgamadas. Vierta la mezcla en 12 moldes de 125 ml. Colóquelos en una fuente para asar.

4 Vierta cuidadosamente agua hirviendo en la fuente hasta llegar a la mitad de la altura de los moldes. Hornee 1 hora, o hasta que estén justo cuajados (la preparación queda blanda en el centro). Retire los moldes de la fuente y deje que se enfríen sobre una rejilla. Refrigérelos 2 horas, como mínimo.

5 Precaliente el *grill* hasta 4 horas antes de servir. Coloque las 2 cucharadas de azúcar moreno restantes en un tamiz pequeño y presione el azúcar con el dorso de una cuchara sobre las cremas enfriadas.

6 Coloque los moldes sobre la placa del *grill*, lo más cerca posible de la fuente de calor, por espacio de 3 o 4 minutos, o hasta que el azúcar se derrita. Refrigere la crema hasta el momento de servirla. El azúcar moreno derretido forma una costra crujiente sobre las cremas. Sirva en un plazo de 4 horas, o hasta que la costra haya perdido su textura crujiente. En el momento de servir, coloque los moldes en una fuente con las fresas.

CADA RACIÓN: UNAS 220 CALORÍAS, 4 g DE PROTEÍNAS, 19 g DE HIDRATOS DE CARBONO, 15 g DE GRASA TOTAL (7 g DE SATURADAS), 193 mg DE COLESTEROL, 80 mg DE SODIO

BAÑO MARÍA

Algunas preparaciones de textura delicada, como cremas y pasteles de queso, se hornean con frecuencia en un baño con agua caliente, denominado baño María. El agua difunde el calor del horno, de forma que la crema no se cuece en exceso ni se separa. Para preparar un baño María, coloque el molde o moldes en una fuente más grande, y llénela parcialmente con agua hirviendo. La fuente debe ser lo suficientemente amplia como para poder contener la preparación y que queden algunos centímetros por los lados; utilice una fuente grande para asar u hornear.

FLAN CON BAJO CONTENIDO EN GRASAS

Preparación: 15 minutos, más enfriamiento   *Horno:* 30 minutos
Para 8 raciones

300 g de azúcar	900 ml de leche semidescremada
3 huevos medianos	1 cucharadita de esencia
3 claras de huevo medianas	de vainilla

◆ Precaliente el horno a 180 °C (gas 4). Engrase 8 moldes refractarios de 225 ml. Caliente 200 g de azúcar y 2 cucharadas de agua a fuego medio, en un cazo de 2 litros hasta que el azúcar se derrita y adquiera un tono acaramelado. Viértalo enseguida en los moldes.

◆ Bata con un tenedor o una batidora de varillas los huevos, las claras y los 100 g de azúcar restantes hasta que estén bien amalgamados. Incorpore, batiendo, la leche y la esencia de vainilla, y vierta la mezcla en los moldes. Retire la espuma de la superficie. Coloque los moldes en una fuente grande para asar. Vierta cuidadosamente agua hirviendo hasta que alcance la mitad de la altura de los moldes. Hornee 30 minutos, o hasta que los centros estén justo cuajados. Retire los moldes de la fuente y deje que se enfríen sobre una rejilla. Refrigérelos 3 horas, o hasta que estén bien fríos.

◆ En el momento de servir, desmolde cuidadosamente los flanes, pasando antes un cuchillo-paleta por ellos e invirtiéndolos en platos de postre. Vierta el almíbar de los moldes sobre los flanes.

Cada ración: unas 235 calorías, 8 g de proteínas, 44 g de hidratos de carbono, 3 g de grasa total (1 g de saturadas), 85 mg de colesterol, 110 mg de sodio

CREMAS DE CHOCOLATE

Preparación: 15 minutos, más enfriamiento   *Horno:* 30-35 minutos
Para 6 raciones

90 g de chocolate negro	2 yemas de huevo medianas
600 ml de leche	50 g de azúcar
2 huevos medianos	1 cucharadita de esencia de vainilla

◆ Precaliente el horno a 180 °C (gas 4). Derrita el chocolate y 60 ml de leche a fuego lento en un cazo de 3 litros; remueva con frecuencia. Retire del fuego. Ponga a hervir los 540 ml restantes de leche a fuego medio-alto en un cazo de 2 litros y mezcle con la preparación de chocolate. Bata los huevos, las yemas, el azúcar y la esencia de vainilla en un cuenco grande, hasta que estén bien amalgamados. Vierta gradualmente la mezcla de chocolate sin dejar de batir y repártalos en 6 moldes refractarios individuales de 175 ml. Póngalos en una fuente grande para hornear.

◆ Vierta agua hirviendo en la fuente hasta llegar a la mitad de la altura de los moldes. Cubra la fuente con papel de aluminio y tápela holgadamente. Hornee entre 30 y 35 minutos, o hasta que al insertar un cuchillo entre el centro y los extremos del molde, la hoja salga limpia.

◆ Retire los moldes de la fuente y deje que se enfríen sobre una rejilla. Refrigérelos 3 horas, o hasta que estén bien fríos. Sirva las cremas en los recipientes.

Cada ración: unas 210 calorías, 7 g de proteínas, 22 g de hidratos de carbono, 11 g de grasa total (6 g de saturadas), 156 mg de colesterol, 75 mg de sodio

FLAN DE CALABAZA

Preparación: 15 minutos, más enfriamiento   *Horno:* 50 minutos
Para 12 raciones

220 g de azúcar	¾ de cucharadita de canela, molida
8 huevos medianos	¼ de cucharadita de jengibre,
450 ml de leche	molido
225 g de puré de calabaza, de lata	¼ de cucharadita de nuez
350 ml de leche evaporada	moscada, molida

◆ Precaliente el horno a 170 °C (gas 3). Derrita 70 g de azúcar en una sartén de 26 cm a fuego medio, removiendo sin parar, hasta que adquiera un color acaramelado. Vierta inmediatamente en un molde para pan de 23 x 12 cm, y sacúdalo para que la base quede bien recubierta.

◆ Bata en un cuenco grande los huevos y los 150 g restantes de azúcar con un tenedor o batidora de varillas, hasta que estén bien amalgamados. Agregue la leche, la calabaza, la leche evaporada, la canela, al jengibre y la nuez moscada, hasta que todo esté bien mezclado. Vierta la mezcla en el molde.

◆ Coloque el molde en una fuente grande para hornear. Vierta cuidadosamente agua hirviendo en la fuente, hasta alcanzar la mitad de la altura del molde. Hornee unos 50 minutos, o hasta que al insertar un cuchillo en el centro del flan, éste salga limpio.

◆ Retire el molde de la fuente y deje que se enfríe sobre una rejilla. Refrigere el flan unas 3 horas, o hasta que esté bien frío.

◆ En el momento de servir, pase un cuchillo-paleta por las paredes del flan para desprenderlo del molde, e inviértalo en una fuente de servicio grande fría; deje que el almíbar del molde caiga sobre el flan.

Cada ración: unas 190 calorías, 8 g de proteínas, 25 g de hidratos de carbono, 7 g de grasa total (3 g de saturadas), 156 mg de colesterol, 95 mg de sodio

Suflés

Los suflés, servidos a modo de postre, resultan siempre presentaciones espectaculares, ya sean horneados en pequeños moldes individuales o en uno grande. A pesar de la fama que los acompaña, son sorprendentemente fáciles de preparar. Siga nuestras instrucciones y obtendrá resultados aéreos y ligeros. Sirva los suflés tan pronto como los haya retirado del horno, para que no se deshinchen.

Suflés de albaricoque

◆◆◆◆◆◆◆◆◆◆◆◆◆

*Preparación: 20 minutos,
más enfriamiento*
Horno: 12-15 minutos
Para 6 raciones

175 g de orejones de albaricoques
175 ml de zumo de naranja
2 cucharadas, más 50 g, de azúcar
6 claras de huevo medianas
½ cucharadita de crémor tártaro
**1 cucharadita de esencia
de vainilla**

1 Ponga a hervir los albaricoques y el zumo de naranja a fuego vivo en un cazo pequeño. Baje el fuego; tape y cueza 10 minutos a fuego lento, o hasta que los albaricoques se hayan ablandado. Bata los albaricoques con su líquido en el robot o batidora eléctrica hasta reducirlos a puré. Póngalos en un cuenco grande y deje que se enfríen a temperatura ambiente. Precaliente el horno a 190 °C (gas 5). Engrase 6 moldes para suflé o refractarios de 175 ml y espolvoréelos con 2 cucharadas de azúcar.

2 Bata las claras y el crémor tártaro en un cuenco, hasta que formen picos blandos. Incorpore, batiendo, la esencia de vainilla y, sin dejar de batir, a velocidad alta, los 50 g restantes de azúcar, hasta que la mezcla forme picos firmes.

3 Agregue un tercio de las claras a la mezcla de albaricoques; incorpórelas con una espátula de goma, con el fin de aligerar la mezcla. Agregue el resto de las claras, la mitad cada vez. Vierta la mezcla de suflé en los moldes.

SUFLÉ DE PERAS FRESCAS

Prepare el suflé de albaricoques tal como se indica, pero en vez de la mezcla de albaricoques y naranja del paso 1, elabore un puré de peras. Pele y corte a trozos 5 peras maduras (650 g). Mézclelas con una cucharada de zumo de limón en un cazo de 2 litros y cuézalas 15 minutos, a fuego vivo, o hasta que estén muy tiernas. Destápelas y cuézalas entre 10 y 15 minutos más, removiéndolas de vez en cuando, hasta que casi estén secas. Traspáselas a un robot o batidora eléctrica provista de cuchilla metálica, y redúzcalas a puré. Póngalas en un cuenco grande y enfríelas a temperatura ambiente. Siga el resto de la receta como se indica.

Cada ración: unas 165 calorías, 4 g de proteínas, 39 g de hidratos de carbono, 1 g de grasa total (0 g de saturadas), 0 mg de colesterol, 55 mg de sodio

4 Con ayuda de un cuchillo-paleta pequeño, colocado de modo que forme un ángulo de 45° sobre la mezcla, modele un pequeño domo sobre cada suflé. Coloque los moldes en una fuente para hornear. (Si no los va a servir enseguida puede refrigerarlos hasta 3 horas antes de hornearlos.) Hornee los suflés entre 12 y 15 minutos, hasta que estén hinchados y dorados. Sírvalos enseguida.

CADA RACIÓN: UNAS 150 CALORÍAS, 5 g DE PROTEÍNAS, 34 g DE HIDRATOS DE CARBONO, 0 g DE GRASA TOTAL, 0 mg DE COLESTEROL, 60 mg DE SODIO

SUFLÉS DE CHOCOLATE

Preparación: 20 minutos, más enfriamiento   *Horno: 30 minutos*
Para 6 raciones

50 g de harina	**175 g de chocolate negro,**
1 cucharada de café expreso	**troceado**
instantáneo, en polvo	**2 cucharaditas de esencia**
250 g, más 2 cucharadas, de azúcar	**de vainilla**
225 ml de leche	**¼ de cucharadita de sal**
45 g de mantequilla, ablandada	**azúcar lustre para decorar**
6 huevos medianos, separados	

◆ Mezcle la harina, de café en polvo y 250 g de azúcar en un cazo de 3 litros, incorpore gradualmente la leche hasta que estén mezclados. Deje que cuezan a fuego medio, removiendo sin parar, hasta que la mezcla hierva y se espese; déjela hervir 1 minuto y retírela del fuego.

◆ Agregue a la preparación la mantequilla y el chocolate y mezcle para que se derritan. Incorpore las yemas de huevo y la esencia de vainilla sin dejar de batir. Deje que se entibie. Precaliente el horno a 180 °C (gas 4). Engrase 6 moldes para suflé o refractarios de 225 ml, y espolvoréelos ligeramente con las 2 cucharadas de azúcar restantes.

◆ Bata las claras y la sal con la batidora eléctrica a velocidad alta, hasta que formen picos firmes. Incorpore ⅓ de las claras a la mezcla de chocolate, ayudándose con una espátula de goma, y a continuación agregue el resto de las claras. Vierta la mezcla en moldes para suflé y hornéela 30 minutos (los centros quedan esponjosos). Cuando estén cocidos, espolvoréelos con azúcar lustre y sírvalos enseguida.

Cada ración: unas 485 calorías, 11 g de proteínas, 60 g de hidratos de carbono, 27 g de grasa total (10 g de saturadas), 235 mg de colesterol, 240 mg de sodio

SUFLÉS DE FRAMBUESAS

Preparación: 25 minutos, más enfriamiento   *Horno: 20 minutos*
Para 4 raciones

45 g de mantequilla	**2 cucharadas de licor a la naranja**
3 cucharadas de harina	**4 claras medianas**
⅛ de cucharadita de sal	**480 g de frambuesas**
175 ml de leche	**80 g de gelatina de grosellas**
7 cucharadas de azúcar	**1 cucharadita de maicena**
3 yemas medianas	**azúcar lustre para decorar**

◆ Derrita la mantequilla a fuego lento en un cazo de 2 litros. Agregue la harina y la sal, y mezcle bien. Incorpore gradualmente la leche y cueza removiendo sin parar, hasta que la mezcla hierva y se espese ligeramente; hiérvala 1 minuto y retírela del fuego.

◆ Incorpore 3 cucharadas de azúcar, batiendo con una batidora de varillas, y a continuación las yemas. Deje que se entibie y agregue el licor de naranja. Precaliente el horno a 190 °C (gas 5). Engrase 4 moldes para suflé o refractarios de 300 ml, y espolvoréelos ligeramente con 2 cucharadas de azúcar. Con

la batidora eléctrica a velocidad alta, bata las claras en un cuenco grande, hasta que formen picos firmes. Incorpore ⅓ de las claras batidas a la mezcla de yemas con una espátula de goma o cuchara metálica, y a continuación el resto de las claras. Mezcle con 115 g de frambuesas. Vierta la preparación en los moldes y colóquelos en una fuente grande para hornear. Hornéelos 20 minutos, o hasta que, al insertar un cuchillo, la hoja salga limpia.

◆ Mientras, prepare la salsa de frambuesas; reserve 80 g para adornar. Tamice las restantes para retirar las semillas. Caliente el puré de frambuesas, la gelatina de grosellas y las 2 cucharadas restantes de azúcar en un cazo de 1 litro a fuego moderado, hasta que la mezcla hierva y se espese; deje que hierva 1 minuto. Reserve la salsa al calor. Una vez que los suflés estén cocidos, espolvoréelos con el azúcar lustre y sírvalos enseguida, acompañados con la salsa y las bayas reservadas.

Cada ración: unas 370 calorías, 9 g de proteínas, 50 g de hidratos de carbono, 14 g de grasa total (6 g de saturadas), 190 mg de colesterol, 250 mg de sodio

SUFLÉ DE AVELLANAS

Preparación: 25 minutos, más enfriamiento   *Horno: 45 minutos*
Para 6 raciones

75 g de avellanas, tostadas y	**40 g de harina**
peladas (*véase* pág. 522)	**4 yemas medianas**
100 g, más 2 cucharadas,	**2 cucharadas de licor de avellanas**
de azúcar	**¼ de cucharadita de sal**
350 ml de leche	**6 claras medianas**
60 g de mantequilla	**azúcar lustre para decorar**

◆ Muela las avellanas con 50 g de azúcar en un robot eléctrico con cuchilla metálica, hasta que estén finamente molidas.

◆ Ponga a hervir la leche a fuego medio-alto en un cazo de 1 litro. Mientras, derrita la mantequilla a fuego muy lento en un cazo de 3 litros; agregue la harina y cueza 2 minutos, removiendo sin parar. Incorpore la leche sin dejar de batir, y lleve a ebullición. Cueza 1 minuto, batiendo continuamente. Retire del fuego y agregue las yemas, 1 cada vez, mezclando bien. Mezcle con las avellanas, el licor y la sal, y entibie la mezcla. Precaliente el horno a 190 °C (gas 5). Engrase un molde para suflé de 2 litros y espolvoréelo ligeramente con 3 cucharadas de azúcar.

◆ Bata las claras en un cuenco grande con una batidora eléctrica a velocidad alta, hasta que se formen picos blandos. Espolvoree por encima con 50 g de azúcar y siga batiendo la mezcla hasta que forme picos al levantar las varillas. Agregue ¼ de claras a la mezcla de avellanas y mezcle, y luego remueva suavemente con el resto. Vierta la preparación en el molde. Hornee 45 minutos, o hasta que el suflé haya cuajado. Una vez que esté listo, espolvoréelo con el azúcar lustre y sírvalo enseguida.

Cada ración: unas 330 calorías, 9 g de proteínas, 28 g de hidratos de carbono, 20 g de grasa total (7 g de saturadas), 171 mg de colesterol, 265 mg de sodio

Pastas *choux*

Esta pasta, tan especial y rica en huevos, se cuece dos veces: primero, se mezcla sobre el fuego y, a continuación, se mete en el horno, donde se hincha espectacularmente. La pasta crujiente obtenida, a la vez ligera y aérea, se rellena con cremas, nata o *mousses*.

Anillo de lionesas relleno de chocolate

❖❖❖❖❖❖❖❖❖❖❖❖

Preparación: 40 minutos, más reposo y enfriamiento
Horno: 40 minutos
Para 12 raciones

pasta *choux* (*véase* pág. 464)
350 g de chocolate negro
60 ml, más 1½ cucharaditas, de leche
45 g de mantequilla o margarina
2 huevos medianos
450 ml de crema de leche, espesa
1½ cucharaditas de jarabe de melaza dorado
350 g de fresas

1 Precaliente el horno a 200 °C (gas 6). Engrase y enharine ligeramente una placa para hornear. Invierta un plato de 17 a 18 cm de diámetro sobre la placa y trace un círculo en la harina. Prepare la pasta *choux*.

3 Mientras, prepare el relleno de *mousse* de chocolate. Caliente 250 g de chocolate negro (reserve los 100 g restantes para el glaseado), 60 ml de leche y 30 g de harina a fuego lento en un cazo de 3 litros, removiendo de vez en cuando, hasta obtener una mezcla lisa. Añada los huevos de uno en uno, removiendo constantemente con una batidora de varillas.

2 Con dos cucharas, deje caer 12 montoncitos de pasta *choux* dentro del círculo para formar un anillo. Alise las superficies con un dedo húmedo. Hornee 40 minutos, o hasta que la pasta esté dorada. Apague el horno y deje que el anillo repose dentro por espacio de 15 minutos. Sáquelo del horno y deje que se enfríe.

4 Continúe batiendo la mezcla de chocolate unos 5 minutos más, hasta que se haya espesado ligeramente. Traspásalas a un cuenco, cubra la superficie con película de plástico y refrigere 30 minutos para enfriarla.

5 Bata la crema de leche con la batidora eléctrica, hasta que forme picos blandos. Incorpore la crema batida a la mezcla de chocolate con una espátula de goma, agregando la mitad cada vez.

6 Con un cuchillo de sierra, corte el anillo enfriado por la mitad, en sentido horizontal. Distribuya el relleno de chocolate sobre la base del anillo. Cúbralo con la parte superior y refrigere hasta el momento de servir. Prepare el glaseado: caliente los 100 g de chocolate restantes, los 15 g de mantequilla restantes, 1½ cucharadas de leche y el jarabe de melaza, a fuego lento y removiendo ocasionalmente, hasta obtener una salsa homogénea que verterá sobre el anillo. Rellene el centro con las fresas.

CADA RACIÓN: UNAS 445 CALORÍAS, 7 g DE PROTEÍNAS, 31 g DE HIDRATOS DE CARBONO, 34 g DE GRASA TOTAL (15 g DE SATURADAS), 184 mg DE COLESTEROL, 235 mg DE SODIO

LIONESAS RELLENAS DE HELADO DE VAINILLA Y SALSA *FUDGE*

Preparación: 30 minutos, más reposo y enfriamiento
Horno: 40-45 minutos   Para 8 raciones

pasta *choux* (*véase* inferior, derecha)
salsa *fudge* caliente (*véase* pág. 482)
1 litro de helado de vainilla

◆ Precaliente el horno a 200 °C (gas 6). Engrase y enharine una placa grande para hornear. Prepare la pasta *choux*. Deje caer la pasta, formando 2 montoncitos grandes y redondeados (de unas 4 cucharadas cada uno); sepárelos unos 8 cm uno de otro sobre la placa. Alise ligeramente la superficie con un dedo humedecido.

◆ Hornee las lionesas entre 40 y 45 minutos, o hasta que estén doradas. Retírelas del horno y practique con la punta de un cuchillo un agujero pequeño a un lado de cada lionesa, para que el vapor pueda escaparse. Apague el horno y vuelva a poner en él las lionesas durante 10 minutos. Traspáselas a una rejilla para que se enfríen.

◆ Córtelas, una vez frías, por la mitad, en sentido horizontal, con un cuchillo de sierra, y tire cualquier parte interna húmeda.

◆ Prepare la salsa *fudge* caliente. En el momento de servir, ponga una bola de 125 g de helado de vainilla en la mitad inferior de cada lionesa y coloque de nuevo las partes superiores. Vierta la salsa *fudge* caliente sobre las lionesas rellenas.

Cada ración: unas 610 calorías, 9 g de proteínas, 55 g de hidratos de carbono, 43 g de grasa total (21 g de saturadas), 209 mg de colesterol, 330 mg de sodio

PALOS

Preparación: 1 hora, más reposo y enfriamiento   Horno: 40 minutos
Para unas 24 unidades

675 ml de leche
6 yemas medianas
200 g de azúcar
30 g de maicena
4 cucharaditas de esencia de vainilla

pasta *choux* (*véase* derecha)
90 g de chocolate negro
3 cucharadas de crema de leche, espesa

◆ Prepare la crema pastelera. Ponga a hervir la leche a fuego vivo en un cazo de 4 litros. Mientras, bata las yemas con el azúcar en un cuenco grande, hasta que queden homogéneas, y agregue la maicena, sin dejar de remover. Vierta, gradualmente, la leche caliente sobre la mezcla de yemas y bata bien.

◆ Devuelva la mezcla al cazo y cuézala a fuego vivo, sin dejar de batir, hasta que hierva y espese. Baje el fuego y cueza 2 minutos.

◆ Retire el cazo del fuego y mezcle la crema con la esencia de vainilla. Vierta la crema en una fuente poco honda. Presione una película de plástico contra la superficie para evitar que se forme una capa mientras se enfría. Refrigere la crema 2 horas, como mínimo, o toda la noche. Precaliente el horno a 200 °C (gas 6). Engrase y enharine una placa grande para hornear.

◆ Prepare la pasta *choux*. Introdúzcala en una manga pastelera provista de una boquilla redonda de 1 cm. Extienda la pasta formando tiras de 8 cm de largo y 2 cm de ancho, a una distancia de 2 o 3 cm unas de otras, sobre la placa para obtener 24 palos. Pase un dedo humedecido por los extremos de los palos para alisarlos. Horneélos 40 minutos, o hasta que estén dorados, y traspáselos a una rejilla para que se enfríen.

◆ Con la ayuda de un cuchillo de sierra, córtelos, una vez fríos, por la mitad, en sentido horizontal, pero sin cortar el otro extremo, o practique con un cuchillo afilado un agujero a cada lado. Bata la crema pastelera e introdúzcala en una manga pastelera provista de una boquilla redonda de 5 mm. Llene los palos con la crema (reserve el resto para otro uso).

◆ Ponga el chocolate y la crema de leche en un cazo de 1 litro y derrítalos a fuego muy lento, removiendo con frecuencia; retire del fuego. Sumerja la cara superior de cada palo en la mezcla de chocolate y alísela con un cuchillo-paleta pequeño si es necesario. Deje reposar hasta que el chocolate cuaje.

Cada palo: unas 160 calorías, 4 g de proteínas 18 g de hidratos de carbono, 9 g de grasa total (4 g de saturadas), 106 mg de colesterol, 95 mg de sodio

PASTA *CHOUX*

◆ ◆ ◆ ◆ ◆ ◆ ◆ ◆ ◆ ◆ ◆ ◆ ◆

125 g de mantequilla
¼ de cucharadita de sal

150 g de harina
4 huevos medianos

1 Caliente la mantequilla, la sal y 225 ml de agua en un cazo de 3 litros, a fuego moderado, hasta que la mantequilla se derrita y la mezcla hierva. Retire del fuego. Incorpore la harina, removiéndola vigorosamente con una cuchara de madera, hasta que la mezcla forme una bola que se separe de las paredes del cuenco.

2 Deje que se enfríe ligeramente. Agregue los huevos a la mezcla de harina, uno cada vez, batiendo bien tras cada adición, hasta que la mezcla quede homogénea y satinada. Déle forma y hornéela siguiendo las instrucciones de la receta que esté realizando.

PASTAS HOJALDRADAS

Docenas de hojas de pasta fina como el papel y mantequilla le confieren una consistencia aérea y un gran número de capas. La pasta hojaldrada se vende, tanto fresca como congelada, por lo que estas elegantes recetas pueden prepararse con rapidez. Esta pasta rica y delicada casa a la perfección con un relleno fragante de manzanas al estilo francés, y horneada en forma de pequeñas limosneras es un postre menos formal.

HOJALDRE DE MANZANAS Y ALMENDRAS

◆◆◆◆◆◆◆◆◆◆◆◆◆◆

Preparación: 30 minutos, más enfriamiento
Horno: 25-30 minutos
Para 10 raciones

1 huevo mediano
125 g de mazapán
2 cucharaditas de esencia de vainilla
450 g de manzanas Golden Delicious, peladas, descorazonadas y cortadas en rodajas finas
2 cucharaditas de harina
500 g de pasta hojaldrada fresca o congelada (descongelada)
2 cucharaditas de azúcar

1 Bata el huevo en un cuenco mediano con un tenedor. Traspase una cucharada de huevo a una taza y mézclelo con 1 cucharada de agua; resérvelo. Agregue el mazapán y la esencia de vainilla al huevo del cuenco y rompa el mazapán con un tenedor, a la vez que lo mezcla con el huevo. Mezcle las rodajas de manzana con la harina en un cuenco grande. Coloque la mitad de la pasta sobre la superficie de trabajo ligeramente enharinada. Extiéndala con el rodillo, también enharinado, y forme un cuadrado de unos 32 cm de lado.

2 Invierta un cuenco redondo de 28 cm sobre la pasta para formar un círculo. Con un cuchillo afilado, corte la pasta dejando un borde de unos 2 cm alrededor; reserve los recortes. Traspase la pasta a una fuente grande para hornear.

3 Extienda por encima la mezcla de mazapán para recubrir un círculo de 28 cm y coloque en la parte superior las manzanas. Extienda el resto de la pasta sobre una superficie de trabajo ligeramente enharinada, córtela y entállela como en los pasos 1 y 2.

4 Precaliente el horno a 190 °C (gas 5). Pincele el extremo de la pasta con un poco de la mezcla de huevo. Coloque el segundo círculo de pasta sobre las manzanas y presione los extremos para sellarlos.

5 Corte triángulos de 1 cm a partir del extremo de la pasta con la punta de un cuchillo afilado; sepárelos unos 5 cm. Tire los triángulos.

6 Haga unas líneas curvadas en la superficie de la pasta; empiece por el centro y trabaje hacia el extremo (no corte la pasta por completo). Pincele la pasta con el resto de la mezcla de huevo y espolvoree con el azúcar. (El postre puede prepararse hasta este punto y refrigerarse hasta 4 horas antes de hornearlo.) Hornéelo entre 25 y 30 minutos, o hasta que la pasta esté dorada. Deje que se enfríe unos 30 minutos, como mínimo, sobre una rejilla antes de servir.

CADA RACIÓN: UNAS 335 CALORÍAS, 6 g DE PROTEÍNAS, 41 g DE HIDRATOS DE CARBONO, 17 g DE GRASA TOTAL (3 g DE SATURADAS), 21 mg DE COLESTEROL, 170 mg DE SODIO

LIMOSNERAS DE FRUTAS

Preparación: 35 minutos, más enfriamiento **Horno:** 20-25 minutos

Para 8 raciones

125 g de ciruelas deshuesadas, picadas

125 g de orejones de albaricoques, picados

175 ml de zumo de manzana

1 cucharada de harina

½ cucharadita de canela, molida

1 manzana Golden Delicious mediana, pelada, descorazonada y cortada en trozos de 1 cm

50 g, más 1 cucharada, de azúcar

500 g de pasta hojaldrada congelada (descongelada)

◆ Ponga a hervir las ciruelas, los albaricoques y el zumo de manzana a fuego vivo en un cazo de 1 litro. Baje el fuego y cueza entre 8 y 10 minutos, con el líquido apenas agitándose, hasta que las frutas se ablanden y lo hayan absorbido. Deje enfriar por completo y traspase a un cuenco grande. Agregue la harina, la canela, los trozos de manzana y 50 g de azúcar, y mezcle.

◆ Precaliente el horno a 220 °C (gas 7). Extienda la mitad de la pasta con un rodillo enharinado y forme un cuadrado de 30 cm de lado, y refrigere el resto.

◆ Recorte los extremos de pasta con una rueda pastelera o cuchillo, y luego corte el cuadrado en cuatro de 15 cm de lado. Distribuya ⅛ de la mezcla de frutas en el centro de cada uno.

◆ Pincele los extremos de un cuadrado de pasta con un poco de agua. Lleve los extremos de la pasta sobre las frutas y retuérzalos, para sellar el relleno y obtener una limosnera. Lleve hacia el exterior los extremos de la pasta. Repita la operación para obtener otras.

◆ Repita las operaciones con la pasta restante, las frutas y más agua para preparar otras 4 limosneras. Colóquelas sobre 2 placas grandes de horno sin engrasar a una distancia de 5 cm. (Si lo desea, puede refrigerarlas para hornearlas más tarde el mismo día.)

◆ Pincele las superficies de las limosneras con agua y espolvoréelas con la cucharada de azúcar restante. Hornee entre 20 y 25 minutos, o hasta que las limosneras estén hinchadas y doradas. Sírvalas calientes o traspáselas a una rejilla para que se enfríen.

Cada ración: unas 415 calorías, 5 g de proteínas, 65 g de hidratos de carbono, 17 g de grasa total (4 g de saturadas), 0 mg de colesterol, 205 mg de sodio

POSTRES RÁPIDOS CON PASTA HOJALDRADA

Es interesante tener en casa pasta hojaldrada congelada, pues resulta ideal para preparar postres sorprendentes en un santiamén. Al trabajar con pasta hojaldrada, recuerde que debe cortar limpiamente los extremos para que suba bien. Utilice un cortapastas de extremos muy cortantes, un cuchillo muy afilado o una rueda para pasta a fin de cortarla limpiamente hacia abajo. Si fuese necesario, recorte los extremos de la pasta una vez extendida. El método que presentamos a continuación es fácil y se adapta a muchas ideas.

Extienda la pasta descongelada sobre una superficie de trabajo ligeramente enharinada. Con un cortapastas metálico, corte corazones, estrellas u otras formas o, utilizando un cuchillo afilado o rueda para pasta, recorte los extremos de pasta y luego córtela en cuadrados, rectángulos o triángulos. Colóquelos sobre una placa de horno sin engrasar y pínchelos varias veces con un tenedor.

Si lo desea, espolvoree la pasta con un poco de azúcar o unos pocos terrones de azúcar machacados. También puede pincelarla (pero sólo la parte superior) con una clara de huevo batida con una cucharada de agua (si la mezcla de huevo cae por los lados, la pasta no sube); luego espolvoréela con pistachos finamente picados u otros frutos secos. Hornee entre 10 y 15 minutos a 190 °C (gas 5), hasta que la pasta esté hinchada y dorada. Deje que se enfríe sobre una rejilla.

Con un cuchillo de sierra, corte cada pasta cuidadosamente por la mitad o a tercios. Llénelas con crema batida endulzada (aromatizada con un poco de licor o esencia de vainilla si lo desea), helado, bayas, otras frutas o queso crema al marsala (*véase* inferior). Puede acompañarlas con cualquiera de las salsas de la página 482.

Queso crema al marsala. Con una batidora eléctrica a velocidad lenta, bata en un cuenco mediano 225 g de queso crema ablandado con 60 g de azúcar lustre tamizado, hasta obtener una crema homogénea. Agregue, gradualmente, 60 ml de marsala; mezcle y reserve. Con la batidora eléctrica a velocidad media, bata en un cuenco pequeño 225 ml de crema de leche espesa, hasta que forme picos firmes. Mezcle ambas cremas. Para unos 350 g.

Cada 100 g: unas 550 calorías, 7 g de proteínas, 21 g de hidratos de carbono, 48 g de grasa total (27 g de saturadas), 165 mg de colesterol, 205 mg de sodio

Corazones de pasta hojaldrada, rellenos con queso crema batido y acompañados con salsa *fudge* caliente

Rectángulos de pasta hojaldrada, recubiertos de frutos secos y rellenos con kiwis, rodajas de plátano y crema batida

PASTAS FILO

La pasta filo, ya sea fresca o congelada, proporciona postres espectaculares, como nuestras delicadas tulipas de pasta filo, rellenas de bayas y Ricotta. Para nuestras recetas, son precisas unas láminas de pasta grandes; elija presentaciones de 30 cm de longitud, como mínimo. La pasta filo se seca enseguida, por lo que debe mantenerse tapada hasta el momento de ser empleada. Envuelva los restos y refrigérelos hasta 2 semanas; no recongele la pasta filo, pues quedará seca y quebradiza.

TULIPAS DE PASTA FILO RELLENAS DE MIEL, RICOTTA Y BAYAS

◆◆◆◆◆◆◆◆◆◆◆◆◆◆◆◆◆◆◆◆◆◆◆◆◆◆◆

Preparación: 45 minutos, más escurrido y enfriamiento
Horno: 12 minutos   Para 6 raciones

900 g de queso Ricotta	1 cucharadita de corteza
6 láminas (de unos 40 x 30 cm)	de naranja rallada
de pasta filo (unos 125 g),	145 g de arándanos negros
descongelada si es congelada	125 g de frambuesas
30 g de mantequilla o margarina,	145 g de moras
derretida	azúcar lustre para decorar
80 g de miel	

1 Bata el queso Ricotta en un robot eléctrico provisto de cuchilla metálica durante 1 minuto, o hasta que quede homogéneo. Doble una muselina o paño de cocina sobre un tamiz mediano colocado encima de un cuenco. Ponga el queso sobre la muselina, cubra con película de plástico y reserve en la nevera durante 2 horas, como mínimo, o toda la noche, para que escurra (el líquido caerá en el cuenco y el queso se espesará).

2 Mientras, precaliente el horno a 190 °C (gas 5). Coloque las hojas de pasta, unas sobre otras, sobre la superficie de trabajo. Córtelas con un cuchillo por la mitad, a lo largo, y luego otra vez por la mitad, en sentido horizontal (obtendrá 24 piezas de 20 x 15 cm).

3 Mantenga la pasta cubierta con película de plástico para evitar que se seque mientras monta las tulipas. Pincele ligeramente 6 cuencos o moldes refractarios de porcelana, de 300 ml, con mantequilla derretida. Coloque 2 trozos de pasta filo, una encima de la otra, sobre la superficie de trabajo; pincele la superior con un poco de mantequilla derretida. Colóquelos en un molde refractario.

4 Repita la operación con 2 trozos más de filo colocándolos sobre la pasta anterior, pero en sentido contrario. Deje caer los extremos para que formen un borde decorativo. Repita la operación con el resto de pasta y mantequilla derretida para obtener 6 tulipas en total.

5 Ponga los moldes en una placa para hornear y hornee unos 12 minutos, o hasta que la pasta filo esté crujiente y dorada.

6 Deje enfriar las tulipas en los moldes y sobre rejillas unos 15 minutos, y luego retírelas con cuidado de los recipientes. (Las tulipas de pasta filo pueden prepararse con un día de antelación y guardarse en un contenedor herméticamente cerrado.) Inmediatamente antes de servir, retire el queso de la nevera y tire el líquido del cuenco.

7 Mezcle el queso con la miel y la corteza de naranja. Mezcle las frambuesas y las moras en un cuenco. Distribuya la mezcla de Ricotta en las tulipas y cubra con las bayas. Espolvoree con azúcar lustre y sirva enseguida.

CADA RACIÓN: UNAS 435 CALORÍAS, 19 g DE PROTEÍNAS, 36 g DE HIDRATOS DE CARBONO, 25 g DE GRASA TOTAL (14 g DE SATURADAS), 97 mg DE COLESTEROL, 260 mg DE SODIO

STRUDEL DE PERAS ESPECIADO

Preparación: 30 minutos, más enfriamiento   Horno: 40 minutos
Para 16 raciones

800 g de peras grandes, peladas y finamente cortadas en rodajas	**90 g de migas de pan seco**
75 g de dátiles deshuesados, cortados a dados	**12 láminas de pasta filo (cada una de unos 40 × 30 cm), descongeladas si son congeladas (unos 225 g)**
70 g de azúcar	
½ cucharadita de canela, molida	**125 g de mantequilla o margarina, derretida**
¼ de cucharadita de jengibre, molido	
⅛ de cucharadita de sal	**azúcar lustre para decorar**

◆ Engrase una placa grande para hornear. Mezcle las peras con los 5 ingredientes siguientes y 30 g de migas de pan en un cuenco grande.

◆ Recorte dos trozos de papel sulfurizado de 60 cm de longitud; encabalgue unos 5 cm dos extremos largos de papel. Coloque 1 lámina de pasta filo sobre el papel sulfurizado y pincélela con un poco de mantequilla derretida, luego espolvoréela con unas pocas migas de pan. (Mantenga tapado el resto de la pasta.) Continúe colocando capas de pasta, pincelando cada una con un poco de mantequilla y espolvoreando láminas alternas con las migas de pan.

◆ Precaliente el horno a 190 °C (gas 5). Empezando por un lado alargado, distribuya las peras a 1 cm de los extremos para recubrir la mitad del rectángulo. Enrolle la pasta filo sobre sí misma; comience por el lado de las peras, como si se tratara de un brazo de gitano.

◆ Coloque el rollo de pasta, con la juntura hacia abajo, sobre la placa de horno y esconda los extremos por debajo. Pincélela con el resto de mantequilla. Haga 16 cortes diagonales en la superficie. Hornee 40 minutos, y tápelo con papel de aluminio durante los últimos 20 minutos, para evitar que se dore en exceso.

◆ Enfríe la pasta en una rejilla metálica por espacio de 30 minutos. Espolvoree el *strudel* enfriado con azúcar lustre. Sírvalo caliente o frío.

Cada ración: unas 175 calorías, 2 g de proteínas, 27 g de hidratos de carbono, 7 g de grasa total (2 g de saturadas), 17 mg de colesterol, 195 mg de sodio

BAKLAVA DE MIEL Y LIMÓN

Preparación: 30 minutos, más enfriamiento   Horno: 1¼ horas
Para 24 raciones

450 g de nueces	**150 g de mantequilla o margarina, derretida**
1 cucharadita de canela, molida	
¼ de cucharadita de clavos, molidos	**325 g de miel**
200 g de azúcar	**1 trozo de canela en rama (7-8 cm)**
450 g de pasta filo (cada lámina de 40 × 30 cm), descongelada si es congelada	**4 cucharaditas de zumo de limón recién exprimido**

◆ Engrase una fuente refractaria de 33 × 20 cm. Coloque los 3 primeros ingredientes y 100 g de azúcar en un robot eléctrico provisto de cuchilla metálica. Accione el aparato hasta que las nueces estén picadas; resérvelas. Precaliente el horno a 150 °C (gas 2).

◆ Corte las láminas de pasta filo en rectángulos de 33 × 20 cm, y tire los recortes. Coloque una lámina en la fuente y pincélela con mantequilla derretida (reserve el resto de pasta cubierta con película de plástico para evitar que se seque). Repita la operación con otras 5 láminas y espolvoréelas con unos 125 g de la mezcla de nueces.

◆ Coloque una lámina de pasta filo en la fuente sobre las nueces y pincele con un poco de mantequilla. Repita la operación con las otras 5 láminas de pasta y espolvoree con unos 125 g de la mezcla de nueces. Repita la operación 2 veces más; finalice con una capa de nueces. Coloque, al final, una capa de pasta filo sobre las nueces y pincélela con un poco de mantequilla. Repita hasta emplear todas las capas y el resto de mantequilla.

◆ Con la ayuda de un cuchillo afilado, corte las capas de pasta casi hasta llegar al final para obtener 24 porciones; para ello, corte 3 tiras longitudinales y cada una en sentido horizontal para conseguir 4 rectángulos. Luego corte diagonalmente cada rectángulo en 2 triángulos. Hornee 1¼ horas, o hasta que esté dorado.

◆ Prepare el almíbar. Unos 15 minutos antes de que el *baklava* esté cocido, ponga a hervir la miel, la canela, 1 taza de agua y los 100 g de azúcar restantes a fuego medio en un cazo pequeño; hierva 5 minutos, removiendo a menudo. Baje el fuego; agregue el zumo de limón y cueza 5 minutos más a fuego lento. Tire la canela y vierta el almíbar caliente sobre el *baklava* también caliente.

◆ Deje que el molde se enfríe sobre una rejilla durante 1 hora, como mínimo. Deje que repose a temperatura ambiente hasta el momento de llevarlo a la mesa. Para servirlo, corte las capas hasta el final.

Cada ración: unas 305 calorías, 4 g de proteínas, 34 g de hidratos de carbono, 18 g de grasa total (3 g de saturadas), 13 mg de colesterol, 150 mg de sodio

MILHOJAS DE FILO

Apile 6 láminas (de 40 x 20 cm cada una) de pasta filo (fresca, o congelada y descongelada; unos 125 g), pincelando ligeramente las capas alternas con mantequilla derretida. Con una rueda para pizza o cuchillo, corte las láminas por la mitad, a lo largo, y luego, en sentido horizontal, en 6 tiras. Hornee a 190 °C (gas 5) durante 10 minutos.

Unte 4 rectángulos con la mitad de la receta de queso crema al marsala (*véase* pág. 466) o crema batida endulzada; cubra, con unas bayas mezcladas con confitura y otros 4 rectángulos, el resto del queso y más mezcla de bayas. Espolvoree los rectángulos restantes con azúcar lustre y colóquelos encima para obtener las milhojas.

CRÊPES Y BLINTZES

Las *crêpes* y los *blintzes* finos enrollados en torno a un relleno dulce resultan postres exquisitos. Puede congelar las *crêpes* hasta 4 meses, intercalándolas entre trozos de papel sulfurizado. Descongélalas 1 hora antes de utilizarlas. Los *blintzes*, una especie de panqueques, se rellenan con queso y frutas, y son, en realidad, *crêpes* que tan sólo se doran por una cara.

CRÊPES DE MANZANAS AL CALVADOS

◆◆◆◆◆◆◆◆◆◆◆◆◆◆

Preparación: 50 minutos, más enfriamiento de la masa
Horno: 5 minutos
Para 6 raciones

**masa para *crêpes* básica
  (*véase* pág. 82)**
75 g de mantequilla o margarina
**750 g de manzanas Golden
  Delicious, peladas,
  descorazonadas y cortadas
  a dados**
115 g de azúcar
**60 g de Calvados u otro
  aguardiente de manzana**

1 Prepare la masa básica para *crêpes*. Precaliente el horno a 200 °C (gas 6). Derrita 60 g de mantequilla a fuego moderado-alto en una sartén de 30 cm. Mézclela con las manzanas y 100 g de azúcar; tape y cueza 10 minutos, o hasta que estén tiernas.

2 Destape y prosiga la cocción otros 10 minutos, hasta que las manzanas empiecen a caramelizarse. Mézclelas con el Calvados y retire del fuego.

3 Distribuya el relleno a lo largo del centro de cada *crêpe*. Enróllelas y póngalas en una fuente de hornear poco profunda. Esparza por encima los 15 g de mantequilla restantes y espolvoree con los 15 g de azúcar sobrantes. Hornee 5 minutos.

CRÊPES RELLENAS DE PERAS Y CIRUELAS

Relleno de peras. Derrita 60 g de mantequilla o margarina a fuego moderado-alto en una sartén de 30 cm. Agregue 750 g de peras Conferencia maduras, peladas y cortadas a dados (unas ocho), y cuézalas entre 10 y 15 minutos sin tapar; removiendo. Mézclelas con 50 g de azúcar moreno, $\frac{1}{4}$ de cucharadita de canela molida y 2 tiras (7-8 cm cada una) de corteza de limón; cuézalas otro minuto. Tire la corteza de limón. Rellene y hornee las *crêpes* tal como se indica en el paso 3. Para 6 raciones.

Cada ración, incluida la *crêpe*: unas 390 calorías, 7 g de proteínas, 56 g de hidratos de carbono, 17 g de grasa total (8 g de saturadas), 146 mg de colesterol, 370 mg de sodio

Relleno de ciruelas. Derrita 45 g de mantequilla o margarina en una sartén de 30 cm a fuego moderado-alto. Agregue 1,1 kg de ciruelas maduras, deshuesadas y cuarteadas (unas diez), 150 g de azúcar y una pizca de clavo molido. Deje que cuezan entre 10 y 15 minutos, removiendo de vez en cuando, o hasta que las ciruelas estén tiernas. Llene y hornee las *crêpes* tal como se indica en el paso 3. Para 6 raciones.

Cada ración, incluida la *crêpe*: unas 395 calorías, 8 g de proteínas, 60 g de hidratos de carbono, 15 g de grasa total (7 g de saturadas), 141 mg de colesterol, 345 mg de sodio

CADA RACIÓN: UNAS 465 CALORÍAS, 7 g DE PROTEÍNAS, 65 g DE HIDRATOS DE CARBONO, 19 g DE GRASA TOTAL (8 g DE SATURADAS), 152 mg DE COLESTEROL, 390 mg DE SODIO

CRÊPES SUZETTE

Prepare las *crêpes* básicas (*véase* pág. 82). Derrita 60 g de mantequilla o margarina con 75 ml de zumo de naranja, 2 cucharadas de azúcar y ¼ de cucharadita de corteza de naranja rallada en una sartén de 30 cm a fuego lento. Doble cada *crêpe* a cuartos y póngalos sobre la salsa dándoles la vuelta para cubrirlos. Cueza 10 minutos a fuego lento. Vierta 60 ml de licor a la naranja sobre ellas (pero no mezcle).

Caliente de 1-2 minutos. Con una cerilla larga, encienda el licor con cuidado. Cuando las llamas se hayan apagado, transfiera las *crêpes* a los platos.
Para 6 raciones

Cada ración: 275 calorías, 7 g de proteínas, 22 g de hidratos de carbono, 16 g de grasa total (8 g de saturadas), 146 mg de colesterol, 365 mg de sodio

BLINTZES DE QUESO

Preparación: 40 minutos, más enfriamiento   Cocción: 20 minutos
Para 6 raciones

crêpes básicas (*véase* pág. 82)
450 g de queso crema, ablandado
225 g de requesón granulado
3 cucharadas de azúcar lustre
¾ de cucharadita de esencia
  de vainilla

1 huevo mediano
salsa de arándanos negros
  (*véase* pág. 482)
30 g de mantequilla o margarina
  (opcional)

◆ Prepare el relleno tal como se indica en los pasos 1 y 2 de las *crêpes* básicas. Mientras la mezcla se enfría, prepare el relleno: bata en un cuenco con la batidora eléctrica a velocidad media, el queso crema, el requesón, el azúcar lustre y la esencia de vainilla, hasta obtener una mezcla homogénea. Tápela y refrigérela hasta el momento de servirla.

◆ Cueza las *crêpes* tal como se indica en los pasos 3 y 4 de las *crêpes* básicas, pero sólo la cara inferior. Apile las cocidas con la cara dorada hacia arriba entre capas de papel sulfurizado. Prepare la salsa. Distribuya el relleno en el centro de la cara dorada de cada *crêpe*. Doble los lados derecho e izquierdo sobre el relleno y solape los finales para obtener un paquete.

◆ Derrita 30 g de mantequilla a fuego moderado en una sartén de 26 cm. Agregue 6 *blintzes*, colocándolos con la juntura hacia abajo, y cuézalos hasta que ambas caras estén doradas. Traspáselos a los platos. Haga lo mismo con el resto de mantequilla y *blintzes*. Acompáñelos con la salsa de arándanos negros y crema agria, si lo desea.

Cada ración: unas 595 calorías, 18 g de proteínas, 38 g de hidratos de carbono, 42 g de grasa total (24 g de saturadas), 261 mg de colesterol, 715 mg de sodio

CRÊPES CON FRESAS Y CREMA

Preparación: 30 minutos, más enfriamiento   Cocción: 20 minutos
Para 6 raciones

crêpes básicas (*véase* pág. 82)
60 g de azúcar
350 g de fresas, sin los
  pedúnculos y cortadas
  en rodajas finas

1-2 cucharadas de licor de naranja
225 ml de crema de leche, espesa
1 cucharada de margarina o
  mantequilla, derretida
azúcar lustre para decorar

◆ Prepare las *crêpes* básicas, pero añada 15 g de azúcar a la mezcla en el paso 1. Mientras la preparación se enfría, mezcle las fresas, el licor y 30 g de azúcar en un cuenco mediano. Deje que repose 20 minutos, para que el azúcar se disuelva y las bayas se maceren.

◆ Con la batidora eléctrica a velocidad media, bata la crema con los 15 g de azúcar restantes, hasta que forme picos blandos. Viértala en un cuenco de servicio.

◆ Escurra el almíbar de las fresas en un cuenco pequeño. Mézclelo con la mantequilla derretida y pincele con ello las *crêpes*. Doble cada *crêpe* a cuartos y espolvoréelas ligeramente con azúcar lustre. Ponga las fresas en un cuenco de servicio pequeño. Sirva las *crêpes* acompañadas de las fresas y la crema batida.

Cada ración: unas 365 calorías, 8 g de proteínas, 27 g de hidratos de carbono, 25 g de grasa total (14 g de saturadas), 184 mg de colesterol, 315 mg de sodio

CRÊPES DE AZÚCAR MORENO

Preparación: 25 minutos, más enfriamiento   Cocción: 3-6 minutos
Para 6 porciones

crêpes básicas (*véase* pág. 82)
30 g de mantequilla o margarina

12 cucharaditas colmadas
  de azúcar moreno

◆ Prepare las *crêpes* básicas. Presione una cucharadita colmada de azúcar moreno a través de un tamiz dispuesto sobre una *crêpe*. Doble la *crêpe* a cuartos. Repita la operación con el resto de *crêpes* y azúcar moreno.

◆ Derrita 10 g de mantequilla a fuego medio-alto en una sartén de 26 cm; remueva la base de la sartén para recubrirla con la grasa. Agregue 4 *crêpes* y cuézalas entre 30 y 60 segundos por cara, hasta que estén calientes. Traspáselos a 2 platos de postre. Repita la operación con el resto de mantequilla y *crêpes* en otras 2 tandas.

Cada ración: unas 225 calorías, 7 g de proteínas, 22 g de hidratos de carbono, 12 g de grasa total (6 g de saturadas), 136 mg de colesterol, 325 mg de sodio

BUDINES DE PAN

Los budines de pan son saciantes y fáciles de preparar; consisten simplemente en pan horneado con una crema de huevos, leche y azúcar. Los cocineros bien organizados los preparan con restos de pan de la vigilia, pues el pan seco se remoja mejor en la mezcla de huevos y presenta mejor sabor que el fresco. Nuestro budín de pan y mantequilla es un plato casero popular, pero hemos introducido unas variantes empleando diferentes tipos de pan e ingredientes adicionales. Por lo general, se les añade pasas y sultanas, aunque también pueden incorporarse otras frutas; en nuestros ejemplos, empleamos manzanas y cerezas secas. Para una presentación más lujosa, nuestro budín de pan blanquinegro transforma este antiguo postre en una fiesta para los amantes del chocolate.

BUDÍN DE PAN BLANQUINEGRO

◆◆◆◆◆◆◆◆◆◆◆◆◆◆◆◆◆◆◆◆◆◆◆◆◆◆◆◆◆

Preparación: 30-40 minutos, más reposo y enfriamiento
Horno: 1¼ horas **Para 16 raciones**

450 g de rebanadas de pan de molde blanco, seco	**9 huevos medianos**
900 ml de leche	**90 g de chocolate negro, rallado**
100 g de azúcar	**90 g de chocolate blanco, rallado**
1 cucharada de esencia de vainilla	**salsa de chocolate blanco**
½ cucharadita de sal	**(opcional, *véase* inferior)**

SALSA DE CHOCOLATE BLANCO

Ponga 90 g de chocolate blanco, finamente rallado en un cuenco grande, y resérvelo. Bata en un cuenco pequeño, con la batidora de varillas, 4 yemas medianas y 50 g de azúcar, hasta que estén bien amalgamados. Ponga a hervir, a fuego vivo, 225 ml de leche y 75 ml de crema de leche espesa en un cazo de 2 litros, de fondo grueso. Vierta una pequeña cantidad de la mezcla de leche caliente sobre los huevos. Vierta lentamente la mezcla de huevos sobre la leche del cazo, removiendo con rapidez para evitar la formación de grumos. Baje el fuego y cueza unos 5 minutos, removiendo sin cesar, o hasta que la mezcla se espese ligeramente y cubra bien el dorso de la cuchara. (La mezcla debe alcanzar los 67 °C aproximadamente, pero no debe hervir, pues se cortaría.) Vierta la mezcla sobre el chocolate blanco del cuenco y mezcle para combinarlo (el chocolate blanco no se derretirá por completo). Traspase la salsa a una jarrita o salsera y sírvala caliente, o refrigérela para servirla fría. Para unos 600 ml.

Cada 100 ml: unas 280 calorías, 5 g de proteínas, 20 g de hidratos de carbono, 20 g de grasa total (12 g de saturadas), 191 mg de colesterol, 50 mg de sodio

1 Precaliente el horno a 170 °C (gas 3). Coloque las rebanadas de pan en una placa grande para hornear y tuéstelas ligeramente en el horno entre 20 y 30 minutos; déles una vuelta. Engrase una fuente refractaria de vidrio o cerámica.

2 Ponga las rebanadas de pan en la fuente, encabalgándolas. Bata en un cuenco, la leche, el azúcar, la esencia de vainilla, la sal y los huevos hasta que estén amalgamados. Incorpore, batiendo, los chocolates rallados.

3 Vierta la mezcla de leche sobre el pan y deje que repose 30 minutos; remójelo con el líquido. Hornee, con el recipiente tapado, durante 1 hora. Destape y hornee 15 minutos más. Deje que se enfríe 30 minutos sobre una rejilla. Prepare la salsa si la utiliza. Sírvalo caliente o refrigérelo para servirlo más tarde.

CADA RACIÓN: UNAS 240 CALORÍAS, 9 g DE PROTEÍNAS, 28 g DE HIDRATOS DE CARBONO, 10 g DE GRASA TOTAL (5 g DE SATURADAS), 128 mg DE COLESTEROL, 285 mg DE SODIO

BUDÍN DE PAN Y MANTEQUILLA

Preparación: 15 minutos, más reposo y enfriamiento
Horno: 55-60 minutos *Para* 6 raciones

60 g de mantequilla o margarina, ablandada

12 rebanadas de pan blanco, seco

¾ de cucharadita de canela, molida

675 ml de leche

70 g de azúcar

1½ cucharaditas de esencia de vainilla

¼ de cucharadita de sal

4 huevos medianos

◆ Precaliente el horno a 170 °C (gas 3). Engrase una fuente cuadrada de vidrio refractario de 20 cm de lado. Extienda la mantequilla por el pan. Encabalgue ligeramente 4 rebanadas de pan, formando una capa en el molde, y espolvoréelas con ¼ de cucharadita de canela. Repita la operación y prepare 2 capas más.

◆ Bata el resto de los ingredientes en un cuenco pequeño con un tenedor o batidora de varillas. Vierta la mezcla sobre el pan y deje que repose 10 minutos. Hornee entre 55 y 60 minutos, o hasta que al insertar un cuchillo en el centro del budín salga limpio. Deje que el budín se enfríe sobre una rejilla durante 30 minutos. Sírvalo caliente, o refrigérelo para servirlo frío más tarde.

Cada ración: unas 270 calorías, 9 g de proteínas, 30 g de hidratos de carbono, 13 g de grasa total (5 g de saturadas), 135 mg de colesterol, 385 mg de sodio

BUDÍN LIGERO DE PAN Y CEREZAS

Preparación: 20 minutos, más reposo y enfriamiento
Horno: 1½ horas *Para* 12 raciones

125 g de cerezas secas

350 g de pan italiano

1,3 l de leche semidescremada

150 g de azúcar moreno claro

1 cucharada de esencia de vainilla

2 cucharaditas de canela, molida

4 claras de huevo medianas

3 huevos medianos

azúcar lustre para decorar

◆ Ponga a hervir las cerezas secas y 175 ml de agua en un cazo de 2 litros. Baje el fuego; tape y cueza 10 minutos a fuego lento.

◆ Mientras, engrase una fuente de servicio refractaria poco profunda de 3 litros de capacidad. Corte el pan en rebanadas de 2 o 3 cm de grosor. Bata la leche y los 5 ingredientes siguientes en un cuenco grande con la batidora de varillas. Escurra las cerezas y añada el líquido a la mezcla de huevos; reserve las cerezas. Agregue las rebanadas a la mezcla de huevos y deje que repose 10 minutos; déles la vuelta con cuidado para que se remojen uniformemente.

◆ Precaliente el horno a 180 °C (gas 4). Cubra el fondo de la fuente, formando una capa de rebanadas de pan; esparza por encima las cerezas, de las que habrá reservado 40 g. Cubra con el pan restante, encabalgando las rebanadas, y vierta por encima el resto de la mezcla de huevos restante en el cuenco.

◆ Hornee el budín de pan durante 1½ horas, o hasta que al insertar un cuchillo en el centro, éste salga limpio. Cubra holgadamente el budín con papel de aluminio durante los últimos 10 o 15 minutos de horno si la superficie se dora con demasiada rapidez.

◆ Esparza sobre el budín el resto de cerezas y espolvoree con el azúcar lustre. Deje que se enfríe sobre una rejilla por espacio de 30 minutos. Sírvalo caliente, o refrigérelo para servirlo frío más tarde.

Cada ración: unas 240 calorías, 10 g de proteínas, 42 g de hidratos de carbono, 4 g de grasa total (1 g de saturado), 58 mg de colesterol, 270 mg de sodio

BUDÍN DE PAN Y MANZANAS

Preparación: 40 minutos, más reposo y enfriamiento
Horno: 1¼ - 1½ horas *Para* 12 raciones

225 g de pan de huevo como *brioche* o *challah*, cortado a dados de 2-3 cm

45 g de mantequilla o margarina

1,3 kg de manzanas Golden Delicious, peladas, descorazonadas y cortadas en rodajas

1 cucharadita de canela, molida

240 g, más 1 cucharada, de azúcar

2 cucharadas de maicena

125 ml, más 1 litro de leche

5 huevos medianos

1½ cucharaditas de esencia de vainilla

◆ Precaliente el horno a 180 °C (gas 4). Extienda los dados de pan en una placa para hornear y hornéelos entre 15 y 20 minutos, o hasta que estén ligeramente tostados. Mientras, derrita la mantequilla a fuego moderado-alto en una sartén de 30 cm. Agregue las mezclas y ½ cucharadita de canela; tape y cueza 10 minutos. Destape y mezcle con 100 g de azúcar. Cueza entre 5 y 10 minutos, removiendo a menudo, hasta que las manzanas estén ligeramente caramelizadas. Mezcle en una taza la maicena y 125 ml de leche, y amalgame con las manzanas. Baje el fuego y cueza 1 minuto, removiendo sin parar.

◆ Coloque la mitad del pan en una fuente de 33 x 20 cm, y cúbralo con la mezcla de manzanas; tape con el resto del pan. Bata en un cuenco grande los huevos, la esencia de vainilla, los 140 g de azúcar y el litro de leche restante con un tenedor o batidora de varillas, hasta que estén bien amalgamados; vierta sobre el pan. Deje que repose 10 minutos; presione el pan contra el líquido. Mezcle en una taza la cucharada de azúcar restante con la ½ cucharadita de canela sobrante, y espolvoree sobre el pan.

◆ Ponga la fuente en otra fuente grande para asar. Vierta agua hirviendo en la segunda hasta que alcance la mitad de la altura de la primera. Hornee entre 1¼ y 1½ horas, o hasta que al insertar un cuchillo en el centro, éste salga limpio. Deje que se enfríe unos 30 minutos sobre una rejilla y sirva caliente.

Cada ración: 325 calorías, 8 g de proteínas, 53 g de hidratos de carbono, 10 g de grasa total (5 g de saturadas), 120 mg de colesterol, 205 mg de sodio

POSTRES DE CREMAS COCIDAS

Nuestras cremas cocidas pueden servirse como un postre sencillo o emplearse para formar la base de preparaciones festivas, como el *trifle* de peras y frambuesas realzado con licor de almendras. También presentamos una delicada crema de azúcar moreno, más un método infalible para preparar una crema básica. El secreto para obtener una crema perfecta consiste en cocerla suavemente a fuego lento; no deje que hierva, pues se cortaría.

TRIFLE DE PERAS Y FRAMBUESAS

◆◆◆◆◆◆◆◆◆◆◆◆◆◆◆◆◆◆◆◆◆◆◆◆◆◆◆◆◆

Preparación: 1 hora, más enfriamiento   **Cocción:** *10 minutos*
Para 16 raciones

500 ml de leche	**300 g de frambuesas, frescas o**
150 g, más 3 cucharadas, de	**congeladas (y descongeladas)**
azúcar	**225 ml de crema de leche, espesa**
30 g de maicena	**300-350 g de bizcochos de**
⅛ de cucharadita de sal	**soletilla, cortados a dados**
6 yemas medianas	**de 2-3 cm**
60 ml de licor aromatizado con	**8 almendrados desmenuzados**
almendras (Amaretto)	**frambuesas frescas para**
1,3 kg de mitades de peras,	**decorar**
enlatadas y en almíbar	

1 Ponga a hervir 400 ml de leche y 150 g de azúcar a fuego medio en un cazo de 3 litros. Retire del fuego. Bata en un cuenco la maicena, la sal y los 125 ml de leche restantes, hasta obtener una mezcla homogénea, a la que incorporá las yemas de huevo.

2 Mezcle una pequeña cantidad de la mezcla de leche caliente con la de yemas; amalgame gradualmente la mezcla de yemas con la de leche. Cueza a fuego medio, removiendo sin parar, hasta que la mezcla hierva y se espese.

3 Retire la crema del fuego y mézclela con el licor. Vierta la crema en un cuenco limpio y presione con una película de plástico para evitar la formación de una capa sobre la crema mientras se enfría. Refrigérela 3 horas, como mínimo.

4 Escurra las mitades de pera y reserve 75 ml del almíbar. Bata, con la batidora eléctrica a velocidad lenta, las frambuesas y el almíbar de las peras en un cuenco. Bata la crema de leche con la batidora a velocidad media, e incorpore gradualmente las 3 cucharadas de azúcar restante, hasta obtener unos picos blandos. Reserve 225 ml de la crema de leche batida para decorar.

5 Mezcle suavemente el resto de la crema batida con la crema enfriada. Coloque la mitad de los dados de bizcocho de soletilla en el fondo de un cuenco y cúbralos con la mitad de la mezcla de frambuesas.

6 Coloque la mitad de las peras sobre la mezcla de frambuesas. Reserve 2 cucharadas de almendrados desmenuzados para decorar y esparza el resto sobre el cuenco.

7 Extienda la mitad de la crema sobre los almendrados desmenuzados. Repita las capas. Decore el postre con la crema de leche batida, las frambuesas frescas y las migas reservadas. Tape y refrigere 2 horas, como mínimo, o hasta 24 horas para amalgamar los sabores.

CADA RACIÓN: UNAS 370 CALORÍAS, 6 g DE PROTEÍNAS, 53 g DE HIDRATOS DE CARBONO, 12 g DE GRASA TOTAL (5 g DE SATURADAS), 105 mg DE COLESTEROL, 105 mg DE SODIO

CREMA DE CHOCOLATE

Preparación: 10 minutos, más enfriamiento   *Cocción:* 20 minutos
Para 8 raciones

150 g de azúcar	2 cucharaditas de esencia
40 g de maicena	de vainilla
½ cucharadita de salsa	90 g de chocolate negro,
845 ml de leche	derretido
5 yemas de huevo medianas	crema de leche batida (opcional)
30 g de mantequilla o margarina	

◆ Mezcle el azúcar, la maicena y la sal en un cazo de 3 litros y vierta la leche gradualmente, sin dejar de remover. Cueza a fuego medio, removiendo continuamente hasta que la mezcla hierva y se espese; hierva 1 minuto, removiendo. Bata ligeramente las yemas en un cuenco pequeño con un tenedor o batidora de varillas. Bata una pequeña cantidad de la mezcla de leche caliente con la de yemas.

◆ Vierta gradualmente la mezcla de yemas sobre la leche del cazo y remueva rápidamente, para que no se formen grumos. Cueza unos 2 minutos a fuego lento, removiendo constantemente, o hasta que la crema esté muy espesa (la mezcla deberá alcanzar los 67 °C).

◆ Retire del fuego y mezcle con la esencia de vainilla, la mantequilla y el chocolate derretido. Vierta la preparación en un cuenco poco profundo y presione con una película de plástico para evitar la formación de una capa durante el enfriado de la crema. Refrigérela 4 horas, como mínimo, hasta que esté bien cuajada. Acompáñela con crema de leche batida si lo desea.

Cada ración: unas 280 calorías, 6 g de proteínas, 32 g de hidratos de carbono, 15 g de grasa total (6 g de saturadas), 157 mg de colesterol, 225 mg de sodio

LA CREMA PERFECTA

Esta salsa clásica, denominada crema inglesa, acompaña a la perfección tartas, empanadas, bizcochos o frutas. Ponga a hervir 300 ml de leche en un cazo de 2 litros. Mientras, bata 4 yemas medianas con 50 g de azúcar en un cuenco mediano, hasta obtener una preparación homogénea. Vierta gradualmente la leche caliente sobre la mezcla de yemas, sin dejar de batir. Devuelva la mezcla al cazo y cuézala a fuego medio, removiendo constantemente (no la deje hervir), hasta que la crema se espese ligeramente y cubra el dorso de la cuchara de madera. (Si desliza un dedo sobre la cuchara cubierta de crema, deberá dejar un trazo.)

Retire la crema del fuego y tamícela sobre un cuenco limpio. Mézclala con una cucharadita de esencia de vainilla, una cucharada de licor o brandy, o ½ cucharadita de corteza de limón rallada. Refrigérela si no la va a servir enseguida. Para 350 ml.

CREMA DE AZÚCAR MORENO

Preparación: 10 minutos, más enfriamiento   *Cocción:* 1 hora
Para 6 raciones

4 huevos medianos	una pizca de sal
100 g de azúcar moreno oscuro	675 ml de leche
2 cucharaditas de esencia de vainilla	

◆ Bata los huevos con el azúcar, la esencia de vainilla y la sal en un cuenco grande con una batidora de varillas, hasta que el azúcar se disuelva. Incorpore la leche, batiendo.

◆ Doble por la mitad un lienzo de cocina para cubrir la base de una sartén de 30 cm; ponga 6 moldes cerámicos o de vidrio refractario de 175 ml en la sartén. Vierta la mezcla de leche en los moldes y ponga agua fría en la sartén hasta que alcance la mitad de altura de los moldes.

◆ Ponga a hervir el agua a fuego medio (precisará unos 45 minutos). Tape la sartén y retírela del fuego; deje que repose 15 minutos. Retire los moldes de la sartén y refrigérelos 2 horas, como mínimo, hasta que estén bien fríos, o desde la vigilia.

Cada ración: unas 200 calorías, 8 g de proteínas, 24 g de hidratos de carbono, 7 g de grasa total (4 g de saturadas), 159 mg de colesterol, 145 mg de sodio

CREMA DE LIMÓN

Preparación: 10 minutos, más enfriamiento   *Cocción:* 15 minutos
Para 6 raciones

140 g de azúcar	600 ml de leche
30 g de maicena	2 yemas de huevo medianas
1 cucharadita de corteza	75 ml de zumo de limón recién
de limón, rallada	exprimidos
una pizca de sal	bayas variadas (opcional)

◆ Mezcle el azúcar, la maicena, la corteza de limón y la sal con la batidora de varillas en un cazo de 2 litros, hasta que estén bien amalgamados. Agregue un poco de leche, mezcle e incorpore el resto, removiendo.

◆ Cuézala a fuego medio-alto, batiendo sin cesar, hasta que hierva y se espese. Hiérvala 1 minuto, batiéndola. Retírela del fuego.

◆ Bata las yemas y el zumo de limón en un cuenco. Añada a las yemas la mitad de la leche caliente, batiendo. Vierta de nuevo la mezcla de yemas en la leche del cazo y remueva rápidamente para evitar la formación de grumos. Cueza unos 2 minutos a fuego lento, removiendo, hasta que la crema se espese (debe alcanzar los 67 °C).

◆ Vierta la crema en un cuenco poco profundo. Presione una película de plástico contra la superficie de la crema para evitar la formación de una capa mientras se enfría. Refrigere la crema 2 horas, como mínimo, hasta que esté fría y cuajada. Acompáñela con una mezcla de bayas si lo desea.

Cada ración: unas 190 calorías, 4 g de proteínas, 33 g de hidratos de carbono, 5 g de grasa total (3 g de saturadas), 85 mg de colesterol, 90 mg de sodio

POSTRES DE GELATINA

La gelatina es un ingrediente mágico, que tiene el poder de transformar cremas o mezclas de frutas en *mousses* aterciopeladas o atractivos postres moldeados. Hemos incluido una crema cocida italiana, delicadamente aromatizada; dos *mousses* muy diferentes, y una elegante carlota de frambuesas. Tenga siempre en cuenta las reglas de oro: disuelva siempre la gelatina por completo al calentarla y no deje que una mezcla de gelatina hierva.

NATA COCIDA CON SALSA DE FRAMBUESAS

◆ ◆ ◆ ◆ ◆ ◆ ◆ ◆ ◆ ◆ ◆ ◆ ◆

Preparación: 20 minutos,
más enfriamiento
Cocción: 15 minutos
Para 8 raciones

1 sobre (11 g) de gelatina en
    polvo
225 ml de leche
½ vaina de vainilla
    o 1½ cucharaditas de esencia
    de vainilla
400 ml de crema de leche, espesa
50 g de azúcar
1 tira (8 × 3 cm) de corteza
    de limón
1 trozo de canela en rama
    (7-8 cm)
300 g de frambuesas, frescas o
    congeladas (descongeladas)
2 cucharadas de gelatina de
    frambuesas
1 cucharadita de maicena
frambuesas y hojas de menta para
    decorar

1 Espolvoree la gelatina sobre la leche en una jarra medidora y deje que repose 5 minutos. Mientras, corte con un cuchillo la vaina de vainilla por la mitad, a lo largo, y raspe y reserve las semillas.

2 Ponga a hervir las mitades de vainilla y las semillas, la crema y los 3 ingredientes siguientes en un cazo de 1 litro a fuego vivo; remueva de vez en cuando. (Si utiliza esencia de vainilla, agréguela una vez que haya retirado la corteza de limón.) Baje el fuego y cueza 5 minutos a fuego muy lento, removiendo de vez en cuando.

3 Incorpore la mezcla de leche al cazo y caliente 2 o 3 minutos, removiendo sin parar, hasta que la gelatina se haya disuelto por completo (no deje que hierva). Retire la corteza de limón, la canela en rama y la vaina de vainilla. Vierta la mezcla en un cuenco mediano, dispuesto en otro más grande con agua helada.

4 Remueva la mezcla entre 10 y 12 minutos, o hasta que empiece a formar una especie de montículo cuando la deje caer de la espátula. Retírela enseguida del baño de agua helada.

5 Vierta la preparación en 8 moldes de cerámica o refractarios de 125 ml de capacidad. Refrigere 4 horas, como mínimo, o toda la noche.

6 Prepare la salsa. Pase las frambuesas por un tamiz, dispuesto sobre un cazo de 2 litros. Mezcle con la gelatina de grosellas y la maicena. Lleve a ebullición; remueva y hierva 1 minuto. Traspase la mezcla al cuenco; tape y refrigere.

7 Para desmoldar el postre, pase un cuchillo redondo alrededor de cada molde; luego golpee el molde para que el postre se desprenda; vuélquelo invertido sobre un plato de postre. Rodéelo con un poco de la salsa y decórelo.

CADA RACIÓN: UNAS 260 CALORÍAS, 3 g DE PROTEÍNAS, 18 g DE HIDRATOS DE CARBONO, 21 g DE GRASA TOTAL (13 g DE SATURADAS), 75 mg DE COLESTEROL, 35 mg DE SODIO

MOUSSE DE CAPUCHINO

Preparación: 30 minutos, más enfriamiento   Cocción: 2-3 minutos
Para 8 raciones

1 sobre (11 g), más 1 cucharadita, de gelatina en polvo
200 ml de leche
225 ml de café expreso recién preparado, o 2 cucharadas de café expreso instantáneo, disuelto en 225 ml de agua hirviendo

100 g, más 1 cucharadita, de azúcar
2 cucharadas de licor de café
300 ml de crema de leche, espesa
granos de café recubiertos de chocolate para decorar

◆ Espolvoree la gelatina sobre 75 ml de leche en un cazo de 1 litro y deje que repose 5 minutos. Agregue luego el café y mezcle bien. Caliente la mezcla a fuego lento 2 o 3 minutos, removiendo sin cesar, hasta que la gelatina se haya disuelto por completo (no deje que hierva). Retírela del fuego y mézcla con 100 g de azúcar, hasta que se disuelva. Mezcle con el licor y los 125 ml de leche restantes. Traspase la mezcla a un cuenco grande.

◆ Coloque el cuenco en otro más grande con agua helada y remueva a menudo, hasta que la mezcla forme una especie de montículo cuando la deje caer de la cuchara. Retírela enseguida del baño de agua. Mientras, bata en un cuenco mediano 225 ml de crema de leche con la batidora eléctrica a velocidad media, hasta que la crema forme picos blandos. Agregue un tercio de la crema a la mezcla de expreso y remueva hasta que esté bien incorporada. Incopore el resto de crema batida. Distribuya la mezcla en 8 tazas de café o moldes de porcelana de 175 ml. Tape y refrigere 4 horas, como mínimo, para que el postre esté bien frío, o toda la noche.

◆ En el momento de servir, bata en un cuenco mediano con la batidora eléctrica los 75 ml de crema de leche restantes con la canela y la cucharadita de azúcar restante, y vierta una cucharada sobre cada *mousse*; decórela con los granos de café.

Cada ración: unas 220 calorías, 3 g de proteínas, 17 g de hidratos de carbono, 16 g de grasa total (10 g de saturadas), 58 mg de colesterol, 30 mg de sodio

MOUSSE DE MANGO

Preparación: 20 minutos, más enfriamiento   Cocción: 3 minutos
Para 8 raciones

1 sobre (11 g) de gelatina en polvo
2 mangos grandes, maduros

425 ml de leche de coco de lata
125 ml de zumo de lima

◆ Pele los mangos y córtelos en trozos pequeños. Espolvoree la gelatina sobre 60 ml de agua helada en un cazo de 1 litro y deje que repose 5 minutos. Mientras, mezcle los trozos de mango, la leche de coco y el zumo de lima en la batidora-mezcladora a velocidad media, hasta obtener una mezcla homogénea.

◆ Caliente la mezcla de gelatina a fuego lento; remueva sin cesar 2-3 minutos, o hasta que la gelatina se haya disuelto por completo (no deje que hierva). Agréguela a la mezcla de mango de la batidora-mezcladora y amalgámelas. Vierta la preparación en 8 moldes de porcelana o refractarios de 125 ml. Tape y refrigere las *mousses* 4 horas, o toda la noche.

Cada ración: unas 225 calorías, 3 g de proteínas, 16 g de hidratos de carbono, 19 g de grasa total (16 g de saturadas), 0 mg de colesterol, 5 mg de sodio

CARLOTA DE FRAMBUESAS

Preparación: 25 minutos, más enfriamiento   Cocción: 4 minutos
Para 8 raciones

1 cucharada, más 50 g, de azúcar
2 cucharadas de licor de naranja
160 g de bizcochos de soletilla
1 sobre (11 g) de gelatina en polvo

3 cucharadas de zumo de limón
600 g de frambuesas, frescas o congeladas (descongeladas)
225 ml de crema de leche, espesa
frambuesas frescas para adornar

◆ Forre un molde para pan, de 23 x 12 cm con película de plástico. Ponga a hervir una cucharada de azúcar y 2 cucharadas de agua en un cazo de 1 litro, sin dejar de remover para que el azúcar se disuelva. Retire del fuego y mezcle con el licor de naranja.

◆ Pincele ligeramente las caras planas de los bizcochos de soletilla con la mezcla de licor. Forre la base y las paredes alargadas del molde con los bizcochos; coloque contra el molde las caras planas (no cubrirán la base por completo).

◆ Espolvoree la gelatina sobre 60 ml de agua fría dispuesta en un cazo limpio de 1 litro, y deje que repose 5 minutos. Caliéntela a fuego lento 2 o 3 minutos, removiendo sin cesar, hasta que la gelatina se haya disuelto por completo (no deje que hierva). Retírela del fuego y mézcla con el zumo de limón.

◆ Bata las frambuesas con la batidora eléctrica a velocidad media, y hágalas pasar a través de un tamiz dispuesto sobre un cuenco grande; mézclelas con la gelatina y los 50 g de azúcar restantes. Coloque el cuenco sobre otro más grande con agua helada. Remueva a menudo, hasta que la mezcla forme un pequeño montículo cuando la deje caer de la cuchara; retírela enseguida del baño de agua.

◆ Bata en un cuenco pequeño la crema de leche con la batidora eléctrica a velocidad media, hasta que forme picos blandos. Mezcle 1/3 de la crema con la mezcla de frambuesas, hasta que la haya incorporado por completo, y luego agregue suavemente el resto de la misma. Vierta sobre el molde forrado con los bizcochos. Tape y refrigere los moldes 4 horas, hasta que estén bien fríos.

◆ En el momento de servir, corte los bizcochos, nivelándolos con el relleno de frambuesas, y tire los recortes. Desmolde la carlota en una fuente de servicio y retire la película de plástico. Decore con frambuesas frescas.

Cada ración: unas 265 calorías, 4 g de proteínas, 36 g de hidratos de carbono, 12 g de grasa total (7 g de saturadas), 41 mg de colesterol, 190 mg de sodio

MERENGUES

El merengue, una mezcla de claras de huevo batidas a punto de nieve y azúcar, puede hornearse de diferentes formas. Para asegurarse de que el azúcar se disuelve por completo –necesario para que sea homogéneo–, agréguelo gradualmente y continúe batiendo la mezcla hasta que al levantar las varillas los picos de merengue se mantengan firmes y de pie. Evite preparar el merengue un día húmedo, porque absorbería la humedad del aire. Si no lo va a usar enseguida, guárdelo hasta una semana en un recipiente herméticamente cerrado y a temperatura ambiente.

DACQUOISE DE AVELLANAS

◆◆◆◆◆◆◆◆◆◆◆◆◆◆◆◆◆◆◆◆◆◆◆◆◆◆

Preparación: 1½ horas, más enfriamiento

Horno: 45 minutos, más secado en el horno **Para 12 raciones**

125 g de avellanas, tostadas y peladas (*véase* pág. 522)	1 cucharadita de esencia de vainilla
2 cucharadas de maicena	90 g de chocolate negro, derretido y ligeramente tibio
180 g, más 4 cucharadas, de azúcar lustre	1 cucharada de café expreso instantáneo
6 claras medianas	virutas de chocolate para decorar
½ cucharadita de crémor tártaro	(*véase* pág. 551)
675 ml de crema de leche, espesa	

1 Precaliente el horno a 150 °C (gas 2). Forre 2 placas de horno con papel de aluminio. Con un palillo y de un molde de 20 cm invertido, dibuje 2 círculos sobre cada papel. Pique las avellanas, la maicena y 90 g de azúcar lustre en el robot eléctrico provisto de cuchilla metálica, hasta que las avellanas estén molidas.

2 Con la batidora eléctrica a velocidad elevada, bata las claras y el crémor tártaro en un cuenco grande, hasta que formen picos blandos. Espolvoree por encima con 90 g de azúcar lustre, 2 cucharadas a la vez, batiendo bien tras cada adición, hasta que el azúcar se disuelva y las claras formen picos duros y brillantes.

3 Mezcle la preparación de avellanas y las claras con una espátula de goma. Extienda un cuarto del merengue dentro de cada círculo con un cuchillo-paleta. Hornee los merengues 45 minutos. Apague el horno y deje que se sequen dentro durante 1 hora.

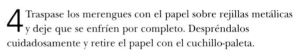

4 Traspase los merengues con el papel sobre rejillas metálicas y deje que se enfríen por completo. Despréndalos cuidadosamente y retire el papel con el cuchillo-paleta.

5 Prepare la crema de chocolate. Con la batidora eléctrica a velocidad media, bata 350 ml de crema de leche espesa, una cucharada de azúcar lustre y ½ cucharadita de esencia de vainilla en un cuenco pequeño, hasta que forme picos blandos. Incorpore la mitad de la crema al chocolate derretido tibio mediante una espátula de goma. Agregue el resto de la crema. Reserve 75 ml de crema de chocolate.

6 Prepare la crema de café. Disuelva el café instantáneo con 30 ml de crema de leche espesa en una taza. Bata los 295 ml de crema restantes y las 3 cucharadas de azúcar lustre sobrantes en un cuenco pequeño hasta que la crema forme picos blandos. Agregue la mezcla de café y bata hasta que forme picos duros.

7 Coloque una capa de merengue en una fuente y extienda por encima la mitad de la crema de chocolate. Cubra con otra capa de merengue y la mitad de la crema de café. Repita las capas; finalice con una de crema de café. Distribuya los 75 ml de crema de chocolate reservada por encima. Refrigere la *dacquoise* 5 horas, como mínimo, o toda la noche para que pueda cortarse con facilidad. Prepare las virutas de chocolate. Antes de servir, adórnela con las virutas.

CADA RACIÓN: UNAS 365 CALORÍAS, 5 g DE PROTEÍNAS, 24 g DE HIDRATOS DE CARBONO, 30 g DE GRASA TOTAL (16 g DE SATURADAS), 82 mg DE COLESTEROL, 50 mg DE SODIO

Nidos de merengue con fresas y limón

Preparación: 35 minutos, más enfriamiento
Horno: 2½ horas, más secado en el horno   Para 6 raciones

3 limones grandes	¼ de cucharadita de crémor
1 cucharada de maicena	tártaro
90 g de mantequilla	125 ml de crema de leche, espesa
250 g de azúcar	350 g de fresas, sin los
4 huevos medianos, separados	pedúnculos y cuarteadas
1 cucharada de confitura de fresas	

◆ Prepare la pasta de limón: ralle una cucharada de corteza y exprima 125 ml de zumo. Bata, en un cuenco mediano, la maicena, la corteza y el zumo de limón con la batidora de varillas, hasta obtener una mezcla homogénea. Agregue la mantequilla y 150 g de azúcar, y lleve a ebullición a fuego medio. Hierva 1 minuto sin dejar de remover.

◆ Bata ligeramente las yemas en un cuenco pequeño. Bata una pequeña cantidad de la mezcla de limón caliente con las yemas, y luego esta preparación con la de limón del cazo, sin dejar de remover. Baje el fuego a lento y cueza unos 5 minutos, removiendo sin cesar, o hasta obtener una pasta espesa (no deje que hierva). Viértala en un cuenco mediano y tape con una película de plástico. Refrigere la pasta 3 horas, como mínimo, o hasta 3 días.

◆ Mientras, prepare los nidos de merengue: precaliente el horno a 110 °C (gas ¼). Forre una placa grande de horno con papel de aluminio. Bata en un cuenco pequeño las claras y el crémor tártaro con la batidora eléctrica a velocidad elevada, hasta que se formen picos blandos. Espolvoree con los 100 g de azúcar restantes, 2 cucharadas a la vez, batiendo bien tras cada adición, hasta que el azúcar se disuelva y las claras formen picos duros y brillantes.

FORMAR ESTRELLAS DE MERENGUE CON LA MANGA PASTELERA

Para un postre especial, forme unas estrellas con la manga pastelera. Precaliente el horno a 110 °C (gas ¼). Forre una placa de horno con papel de aluminio. Dibuje con un palillo los contornos de un cortapastas en forma de estrella de 8 cm. Introduzca ⅔ del merengue en una manga pastelera provista de una boquilla grande y en forma de estrella. Extienda el merengue por las estrellas marcadas en el papel de aluminio. Cambie la boquilla de la manga por otra de estrella mediana e introduzca el resto del merengue en la boquilla. Forme una estrella más

pequeña sobre la superficie de las existentes. Con una cuchara, practique un pequeño agujero en el centro de cada una. Hornee 2½ horas. Traspase los merengues sobre una rejilla, para que se enfríen. Cúbralos con pasta de limón o crema batida y frutas.

◆ Forme 6 montoncitos de merengue sobre la placa de hornear. Practique una depresión en el centro de cada uno con el dorso de una cuchara para formar un nido. Hornee 2½ horas. Apague el horno y deje dentro los nidos otra hora para que se sequen por completo.

◆ Traspase los nidos con el papel sobre una rejilla para que se acaben de enfriar. Despréndalos cuidadosamente del papel con un cuchillo-paleta. Guárdelos en un recipiente herméticamente cerrado y a temperatura ambiente hasta el momento de utilizarlos (hasta una semana).

◆ Justo antes de servir, bata la crema en un cuenco pequeño con una batidora eléctrica a velocidad media hasta que forme picos duros. Mézclela suavemente con la pasta de limón. Mezcle en un cuenco las fresas con la confitura. Distribuya esta mezcla entre los nidos y cubra con las fresas.

Cada ración: unas 415 calorías, 5 g de proteínas, 52 g de hidratos de carbono, 22 g de grasa total (13 g de saturadas), 200 mg de colesterol, 165 mg de sodio

Merengues de bayas y crema

Preparación: 25 minutos, más enfriamiento
Horno: 45 minutos, más secado en el horno   Para 8 raciones

4 claras de huevo, medianas	2 cucharadas de marsala o jerez
½ de cucharadita de crémor tártaro	dulce (opcional)
150 g, más 1 cucharada, de azúcar	400 g de arándanos negros
350 ml de crema de leche, espesa	160 g de frambuesas
¼ de cucharadita de esencia	145 g de moras
de vainilla	azúcar lustre

◆ Precaliente el horno a 110 °C (gas ¼). Forre 2 placas grandes para hornear con papel de aluminio. Bata en un cuenco pequeño las claras y el crémor tártaro con la batidora eléctrica a velocidad alta, hasta que formen picos blandos. Espolvoréelas con 150 g de azúcar, 2 cucharadas a la vez, batiendo bien tras cada adición, hasta que el azúcar se disuelva por completo y las claras estén firmes y brillantes.

◆ Extienda el merengue sobre las placas forradas con el cuchillo-paleta. Forme 8 redondeles de 13 cm, y sepárelas 1 cm unos de otros. Hornee 45 minutos. Apague el horno y deje que los merengues reposen dentro 1 hora, para que se sequen por completo.

◆ Traspase los merengues con el papel a una rejilla para que se enfríen por completo. Despréndalos con cuidado del papel con un cuchillo-paleta. Guárdelos hasta una semana en un recipiente herméticamente cerrado y a temperatura ambiente.

◆ Justo antes de servir, bata en un cuenco pequeño la crema, la esencia de vainilla y la cucharada de azúcar restante con la batidora eléctrica, hasta un punto en que la crema forme picos blandos. Incorpore el marsala sin dejar de batir. Extienda la crema sobre los merengues; cúbralos con la mezcla de bayas y espolvoree con el azúcar lustre.

Cada ración: unas 280 calorías, 3 g de proteínas, 32 g de hidratos de carbono, 17 g de grasa total (10 g de saturadas), 61 mg de colesterol, 45 mg de sodio

POSTRES HELADOS

Puede preparar postres espectaculares, a partir de helados y sorbetes comerciales. Utilícelos para rellenar brazos de gitano o recubrir fondos de tartas preparadas. Póngalos en el congelador y relájese.

BRAZO DE GITANO HELADO A LA CANELA

◆◆◆◆◆◆◆◆◆◆◆◆

Preparación: 40 minutos, más enfriamiento, congelación y reposo
Horno: 12-15 minutos
Para 16 raciones

80 g de harina
1 cucharadita de levadura en polvo
½ cucharadita de sal
40 g de cacao en polvo, más un poco para espolvorear
½ cucharadita, más 2 cucharadas, de canela, molida
4 huevos medianos, separados
150, más 2 cucharadas, de azúcar
¾ de cucharadita de esencia de vainilla
225 g de crema de leche, espesa
virutas de chocolate rápidas (*véase* pág. 551) para decorar

1 Precaliente el horno a 190 °C (gas 5). Engrase un molde para brazo de gitano de 39 x 27 cm y fórrelo con papel sulfurizado. Tamice la harina, la levadura en polvo, la sal, el cacao y ½ cucharadita de canela por un tamiz de malla mediana, dispuesto sobre un cuenco pequeño. Bata en un cuenco pequeño las claras con una batidora eléctrica, hasta que formen picos blandos. Espolvoréelas gradualmente con 50 g de azúcar; bata hasta que éste se disuelva y las claras formen picos firmes.

2 Utilizando las mismas varillas y con la batidora a velocidad alta, bata las yemas, la esencia de vainilla y 100 g de azúcar en un cuenco grande, hasta que la mezcla esté muy espesa y amarillenta.

3 Mezcle las claras con la harina con una espátula de goma o la batidora de varillas. Extienda la preparación en el molde. Hornee entre 12 y 15 minutos, o hasta que la superficie ceda ligeramente al tacto.

5 Ponga el helado en un cuenco grande y déjelo un rato a temperatura ambiente, para que se ablande ligeramente. Mézclelo con las 2 cucharadas restantes de canela. Desenrolle el bizcocho y extienda el helado por encima. Enróllelo de nuevo pero sin el lienzo. Coloque el brazo de gitano, con la juntura hacia abajo, en una fuente que pueda introducir en el congelador. Congélelo 4 horas, como mínimo, o hasta que esté firme. Bata la crema con las 2 cucharadas de azúcar restantes, con la batidora eléctrica a velocidad media, hasta que forme picos firmes.

4 Espolvoree un lienzo limpio con el cacao en polvo. Cuando el bizcocho esté cocido, inviértalo rápidamente sobre el lienzo y retire el papel. Si lo desea, recorte los extremos crujientes. Enrolle el bizcocho por uno de los extremos más largos. Deje que se enfríe por completo, con la juntura hacia abajo, sobre una rejilla metálica durante 1 hora.

6 Distribuya la crema batida sobre el brazo de gitano. (Si no lo va a servir enseguida, congélelo sin tapar. Envuélvalo y póngalo de nuevo en el congelador. Antes de servir, déjelo reposar 15 minutos a temperatura ambiente para cortarlo con facilidad.) Decórelo con virutas de chocolate rápidas.

CADA RACIÓN: UNAS 200 CALORÍAS, 4 g DE PROTEÍNAS, 25 g DE HIDRATOS DE CARBONO, 11 g DE GRASA TOTAL (6 g DE SATURADAS), 88 mg DE COLESTEROL, 145 mg DE SODIO

PASTEL DE SORBETES Y HELADO

Preparación: 30 minutos, más enfriamiento, congelación y reposo
Horno: 10 minutos   Para 20 raciones

30 g de barquillos a la vainilla

60 g de mantequilla o margarina

½ cucharadita de corteza de lima, rallada

1 litro de helado de vainilla

500 ml de sorbete de fresas o frambuesas

500 ml de sorbete de mango

500 ml de sorbete de limón

1 mango maduro, pelado y cortado en trozos finos, para decorar

frambuesas o fresas frescas para decorar

◆ Precaliente el horno a 190 °C (gas 5). Reduzca a migas los barquillos en un robot eléctrico provisto de cuchilla metálica, o en una picadora eléctrica, hasta que formen migas finas.

◆ Derrita la mantequilla a fuego lento en un cazo pequeño y mézclela con la corteza de lima. Mezcle en un molde de base desmontable de 22 x 8 cm las migas y la mantequilla con un tenedor, hasta que las primeras se hayan humedecido. Presiónelas firmemente contra la base del molde, ayudándose con la mano; hornee 10 minutos y deje que se enfríen sobre una rejilla.

◆ Mientras la base se enfría, ponga 500 ml de helado de vainilla y los 3 sorbetes de frutas en la nevera, para que se ablanden un poco.

◆ Alterne bolas de helado de vainilla ablandado y de los sorbetes sobre la base del molde, formando 2 capas; presione la mezcla hacia abajo, para eliminar las bolsas de aire. Introduzca el molde en el congelador durante 30 minutos para endurecer la mezcla ligeramente.

◆ Mientras, coloque el resto de helado de vainilla en la nevera para ablandarlo ligeramente.

◆ Extienda uniformemente el helado de vainilla con un cuchillo-paleta sobre la capa congelada. Tape y congele 4 horas, como mínimo, o hasta que esté firme.

◆ Para desmoldar, envuelva el molde con paños húmedos y calientes durante 20 minutos, para ablandar el helado ligeramente. Retire las paredes del molde y coloque el pastel en una fuente. (Puede separar la base si lo desea.) Cúbralo y guárdelo en el congelador si no lo va a servir enseguida.

◆ Deje que repose a temperatura ambiente 15 minutos antes de servirlo para que pueda cortarlo con mayor facilidad. Adórnelo con los trozos de mango y las frambuesas antes de llevarlo a la mesa.

Cada ración: unas 160 calorías, 1 g de proteínas, 23 g de hidratos de carbono, 8 g de grasa total (2 g de saturadas), 21 mg de colesterol, 85 mg de sodio

TARTA HELADA DE VAINILLA Y PACANAS

Preparación: 20 minutos, más enfriamiento, congelación y reposo
Horno: 8 minutos   Para 16 raciones

150 g de pacanas partidas por la mitad, tostadas y enfriadas

150 g de galletas de jengibre

2 cucharadas de azúcar

1,5 litros de helado de vainilla

45 g de mantequilla o margarina, derretida

2 cucharadas, más 1 cucharadita, de mezcla de especias molidas

◆ Precaliente el horno a 190 °C (gas 5). Reserve 16 mitades de pacanas para decorar. Ponga el resto, junto con las galletas de jengibre y el azúcar, en el recipiente de un robot eléctrico provisto de cuchilla metálica y accione el aparato hasta que la mezcla esté finamente molida.

◆ Mezcle con un tenedor las migas y la mantequilla derretida en un molde de paredes desmontables de 23 x 8 cm, hasta que las migas estén humedecidas. Presione firmemente la mezcla sobre la base del molde, ayudándose con los dedos, y hornee 8 minutos. Deje que se enfríe por completo sobre una rejilla metálica.

◆ Deje que el helado repose a temperatura ambiente durante 20 minutos mientras la base de migas se enfría, para ablandarlo ligeramente. Mezcle el helado y la mezcla de especias en un cuenco, hasta que estén bien amalgamados, y extiéndalo sobre la base. Coloque las mitades de pacanas reservadas alrededor de la superficie de la tarta; tápela y congélela toda la noche, o hasta una semana.

◆ En el momento de servir, deje que la tarta repose unos 15 minutos a temperatura ambiente para cortarla mejor. Retire las paredes del molde.

Cada ración: unas 210 calorías, 3 g de proteínas, 22 g de hidratos de carbono, 13 g de grasa total (4 g de saturadas), 28 mg de colesterol, 125 mg de sodio

HELADOS ESPECIALES

Para un postre casi instantáneo, extienda capas de helado, frutas y salsa, y cubra con frutos secos picados o migas de galletas:

• Helado de fresas y vainilla alternado con fresas en rodajas y recubierto con migas de almendrados.

• Helado de melocotón con frambuesas frescas, salsa de arándanos negros (*véase* pág. 482) y almendras tostadas fileteadas.

• Helado de canela (mezcle una cucharada de canela molida por cada 500 ml de helado de vainilla ablandado) con jarabe de arce caliente y pacanas.

HELADOS CASEROS

No existe dificultad alguna en la elaboración de helados caseros deliciosos, tanto si los prepara con una heladora antigua manual o su equivalente eléctrico. Nuestro clásico helado de vainilla a base de una crema es irresistible, así como las variantes fáciles que presentamos en la página 482. También puede preparar nuestro sencillísimo helado de vainilla sin cocer, que tan sólo debe removerse. Para proporcionarles una textura crujiente, agrégueles 225 g de guirlache picado inmediatamente después de batir el helado.

HELADO DE VAINILLA

◆◆◆◆◆◆◆◆◆◆◆◆◆◆◆◆◆◆◆◆◆◆◆◆◆

Preparación: 5 minutos, más enfriamiento y congelación
Cocción: 15-20 minutos   Para 1,2 litros aproximadamente

1 vaina de vainilla o 1 cucharada
  de esencia de vainilla
150 g de azúcar
675 ml de crema de leche, ligera
4 yemas medianas

⅛ de cucharadita de sal
225 ml de crema de leche espesa
salsa *butterscotch* (opcional,
  véase pág. 482)

1 Pique la vaina de vainilla hasta obtener trozos de 5 mm. Póngalos en el recipiente de un robot eléctrico junto con el azúcar y muela finamente; reserve. (Si utiliza esencia de vainilla, mézclela con la crema de leche en el paso 4.) Prepare la crema; ponga a hervir la crema de leche ligera en un cazo de 3 litros. Mientras, bata en un cuenco las yemas, la sal y la mezcla de azúcar, hasta obtener una mezcla homogénea.

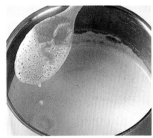

2 Agregue gradualmente la mezcla de crema caliente sobre las yemas, sin dejar de batir.

3 Devuelva la mezcla al cazo y cuézala a fuego medio, removiendo sin parar, hasta que cubra el dorso de la cuchara de madera (no deje que hierva, pues podría cortarse). Retírela del fuego.

4 Cuele la crema y póngala en un cuenco grande limpio. Incorpore la crema de leche espesa a la crema anterior sin dejar de remover y refrigere la preparación 2 horas, como mínimo.

5 Bata y congele la crema en la heladora siguiendo las instrucciones del fabricante. Prepare la salsa *butterscotch* si lo desea. Acompañe el helado con la salsa caliente.

HELADO DE VAINILLA SIN COCER

Mezcle 45 ml de crema de leche ligera, 450 ml de crema de leche espesa, 150 g de azúcar, una cucharada de esencia de vainilla y ⅛ de cucharadita de sal en un cuenco grande, hasta que el azúcar se haya disuelto por completo. Vierta la mezcla en la heladora, y bátala y congélela siguiendo las instrucciones del fabricante. Para 1,4 litros, aproximadamente.

Cada 100 ml: 215 calorías, 2 g de proteínas, 14 g de hidratos de carbono, 17 g de grasa total (10 g de saturadas), 62 mg de colesterol, 50 mg de sodio

CADA 100 ML: UNAS 215 CALORÍAS, 3 g DE PROTEÍNAS, 16 g DE HIDRATOS DE CARBONO, 16 g DE GRASA TOTAL (9 g DE SATURADAS), 121 mg DE COLESTEROL, 60 mg DE SODIO

HELADO DE MELOCOTONES O FRESAS

Preparación: 20 minutos, más enfriamiento y congelación
Cocción: 15-20 minutos   Para 1,4 litros aproximadamente

helado de vainilla o helado de vainilla sin cocer (*véase* pág. 481)
8 melocotones medianos, pelados y cortados en rodajas, o 700 g de fresas, sin los pedúnculos

100 g de azúcar
2 cucharadas de zumo de limón recién exprimido

Prepare el helado de vainilla siguiendo las intrucciones de los pasos 1 al 4 o prepare el helado de vainilla sin cocer, pero prescindiendo de la esencia de vainilla y emplee solamente 100 g de azúcar. Aplaste los melocotones o fresones con el azúcar y el zumo de limón en un cuenco mediano; tape y refrigere 30 minutos. Antes de batir el helado, mezcle las frutas con la preparación de crema, y bata y congele en la heladora siguiendo las instrucciones del fabricante.

Cada 100 ml: unas 235 calorías, 3 g de proteínas, 27 g de hidratos de carbono, 14 g de grasa total (8 g de saturadas), 103 mg de colesterol, 50 mg de sodio

HELADO DE CHOCOLATE

Preparación: 10 minutos, más enfriamiento y congelación
Cocción: 15-20 minutos   Para 1,4 litros aproximadamente

helado de vainilla o helado de vainilla sin cocer (*véase* pág. 481)
150 g de chocolate

1 cucharadita de esencia de vainilla

◆ Prepare el helado de vainilla siguiendo los pasos 1 al 4, o el helado de vainilla sin cocer, pero prescindiendo de la esencia de vainilla y reserve 60 ml de crema de leche espesa.

◆ Derrita el chocolate con los 60 ml de crema reservados en el recipiente superior de un hervidor doble, o en un cuenco refractario colocado sobre un recipiente con agua caliente; retire del fuego y mezcle con la esencia de vainilla.

◆ Mezcle 225 ml de helado con el chocolate derretido y agregue al resto del helado. Bata y congele en la heladora siguiendo las instrucciones del fabricante.

Cada 100 ml: unas 240 calorías, 3 g de proteínas, 18 g de hidratos de carbono, 18 g de grasa total (10 g de saturadas), 103 mg de colesterol, 45 mg de sodio

---

SALSAS PARA HELADOS

Nuestras salsas sin complicaciones son ideales para acompañar helados, y también pueden emplearse para nuestros helados especiales (*véase* pág. 480). Sirva una selección con diferentes helados y deje que los comensales monten su propio postre. Estas salsas quedan igualmente deliciosas con bizcochos, budines de pan, *crêpes* o lionesas.

Salsa fudge caliente

Salsa de arándanos negros

Salsa *fudge* caliente.
Caliente 225 ml de crema de leche espesa, 150 g de azúcar, 125 g de chocolate negro picado y 2 cucharadas de jarabe de melaza dorado en un cazo de 2 litros de fondo grueso, hasta que la mezcla hierva; remueva de vez en cuando. Hiérvala 4 o 5 minutos más, o hasta que se espese ligeramente; remueva sin cesar. Retire del fuego y mezcle con 30 g de mantequilla o margarina y 2 cucharaditas de esencia de vainilla. Sirva caliente. O bien, enfríe la salsa por completo y refrigérela tapada (no la tape hasta que se enfríe, pues el agua de la condensación podría volverla granulosa); recaliéntela antes de servir. Para unos 400 ml.

Cada 100 ml: unas 575 calorías, 4 g de proteínas, 56 g de hidratos de carbono, 42 g de grasa total (22 g de saturadas), 98 mg de colesterol, 95 mg de sodio

Salsa de arándanos negros.
Mezcle 70 g de azúcar, 2 cucharaditas de maicena y 60 ml de agua helada en un cazo de 2 litros. Agregue 300 g de arándanos negros frescos o congelados (y descongelados) y lleve a ebullición, removiendo. Baje el fuego y cueza 1 minuto más. Retire del fuego y mezcle con una cucharadita de zumo de limón. Sirva caliente. Para unos 400 ml.

Cada 100 ml: unas 114 calorías, 0 g de proteínas, 28 g de hidratos de carbono, 0 g de grasa total, 0 mg de colesterol, 10 mg de sodio

Salsa *butterscotch*.
Ponga a hervir en un cazo de 3 litros a fuego vivo 200 g de azúcar moreno, 125 ml de crema de leche espesa, 100 g de jarabe de maíz ligero o jarabe de melaza dorado, 30 g de mantequilla o margarina, una cucharadita de vinagre blanco destilado y 1/8 de cucharadita de sal; remueva de vez en cuando. Baje el fuego y cueza 2 minutos. Retire del fuego y mezcle con una cucharadita de esencia de vainilla. Sirva caliente. Para 300 ml.

Cada 100 ml: unas 631 calorías, 2 g de proteínas, 107 g de hidratos de carbono, 23 g de grasa total (14 g de saturadas), 59 mg de colesterol, 265 mg de sodio

GRANIZADOS Y SORBETES

Sorbetes y granizados, afrutados, refrescantes y sin grasas, se preparan con mezclas similares de purés de frutas y almíbar de azúcar, pero los granizados tienen una textura más gruesa. Para prepararlos, no necesita siquiera una heladora; mezcle los sorbetes en un robot eléctrico o, en el caso de los granizados, congélelos en un recipiente metálico (el metal facilita que la mezcla se congele con mayor rapidez). Cualquiera de los sabores que aquí presentamos se convertirá en un delicioso postre ligero, ideal para el verano o para finalizar una comida demasiado rica en calorías. Acompáñelos con bizcochos o pastas para mimar a sus invitados.

GRANIZADO DE MELOCOTÓN

❖❖❖❖❖❖❖❖❖❖❖❖❖❖❖❖❖❖❖❖❖❖❖❖❖❖❖

Preparación: 20 minutos, más congelación y reposo
Para unos 2 litros

200 g de azúcar
800 g de melocotones o
  nectarinas sin pelar, cortados
  en trozos

2 cucharadas de zumo de limón
  recién exprimido
sequillos de almendras y anís
  (opcional; *véase* pág. 518)

MÁS GRANIZADOS DE FRUTAS

Granizado de frambuesas o moras. Prepare el granizado como en la receta anterior, pero sustituya los melocotones y zumo de limón por 1 kg de frambuesas o moras y 2 cucharadas de zumo de lima. Para unos 2 litros.

Cada 100 ml: unas 44 calorías, 0 g de proteínas, 11 g de hidratos de carbono, 0 g de grasa total, 0 mg de colesterol, 0 mg de sodio

Granizado de frambuesas

Granizado de sandía. Prepare el granizado como arriba, pero sustituya los melocotones y el zumo de limón por 2,5 kg de sandía, sin pepitas y troceada, y 2 cucharadas de zumo de lima. Al preparar el almíbar de azúcar, utilice sólo 175 ml de agua, en vez de 300 ml. Para unos 2 litros.

Cada 100 ml: unas 63 calorías, 1 g de proteínas, 15 g de hidratos de carbono, 0 g de grasa total, 0 mg de colesterol, 0 mg de sodio

Granizado de sandía

1 Prepare el almíbar de azúcar; disuelva el azúcar en 300 ml de agua a fuego moderado en un cazo de 1 litro, y remueva de vez en cuando. Lleve a ebullición y cueza 1 minuto, removiendo. Traspase a un cuenco pequeño para que se enfríe. Reduzca el melocotón a puré en el recipiente de la batidora-mezcladora a velocidad media o en un robot eléctrico con la cuchilla metálica; pase el puré obtenido por un colador de malla fina dispuesto sobre un cuenco mediano.

2 Pase de nuevo el puré por el colador y presiónelo con una cuchara de madera; obtendrá unos 675 ml. Mézclelo con el zumo de limón y el almíbar. Viértalo en un molde cuadrado y metálico, de 22 cm de lado. Cubra con papel de aluminio. Congele 2 horas y remueva la mezcla.

3 Congele 3 horas más, como mínimo, hasta que la mezcla esté congelada por completo. Para servir, deje que repose 20 minutos a temperatura ambiente y raspe la superficie con un tenedor o cuchara para obtener un efecto granulado. Acompañe con bizcochos o pastas si lo desea.

CADA 100 ml: UNAS 55 CALORÍAS, 0 g DE PROTEÍNAS, 14 g DE HIDRATOS DE CARBONO, 0 g DE GRASA TOTAL, 0 mg DE COLESTEROL, 0 mg DE SODIO

SORBETE DE LIMÓN AL ROMERO

Preparación: 25 minutos, más reposo y congelación
Para 1 litro aproximadamente

250 g de azúcar
80 g de jarabe de melaza dorado
2 cucharadas de romero fresco,
  finamente picado
300 ml de zumo de limón
  (exprimido de unos 7 limones)

2 cucharaditas de corteza
  de limón, rallada
ramitas de romero y rodajas
  de limón para adornar

◆ Disuelva en un cazo de 2 litros, el azúcar y el jarabe de melaza en 900 ml de agua. Lleve a ebullición y cueza 1 minuto, sin dejar de remover. Retire el cazo del fuego y mezcle el contenido con el romero picado. Tape y deje que repose 22 minutos.

◆ Cuele la mezcla y remuévala con la corteza y el zumo de limón. Vierta la preparacion en un molde metálico cuadrado de 22 cm de lado, y tápela con papel de aluminio o plástico. Congélela unas 3 horas, removiéndola de vez en cuando, hasta que esté parcialmente congelada.

◆ Bata la preparación con un robot eléctrico provisto de cuchilla metálica hasta que quede homogénea, pero todavía congelada. Devuelva la preparación al molde, tape y congele 3 horas, como mínimo, o hasta que esté firme.

◆ Deje que el sorbete repose a temperatura ambiente entre 10 y 15 minutos para que se ablande ligeramente y sea más fácil extraer las bolas. Decore y sirva.

Cada 100 ml: unas 130 calorías, 0 g de proteínas, 34 g de hidratos de carbono, 0 g de grasa total, 0 mg de colesterol, 6 mg de sodio

SORBETE DE ARÁNDANOS NEGROS

Preparación: 10 minutos, más congelación y reposo
Para unos 800 ml

100 g de azúcar
2 cucharadas de zumo de limón

600 g de arándanos negros
  congelados, sin endulzar

◆ Prepare el almíbar de azúcar: ponga a hervir en un cazo de 1 litro el azúcar, el zumo de limón y 1 cucharada de agua. Cueza 1 minuto removiendo, hasta que el azúcar se disuelva y retire del fuego.

◆ Ponga los arándanos congelados en un robot eléctrico y accione el aparato hasta que la fruta tenga el aspecto de raspas de hielo; detenga el aparato para raspar las paredes. (Si la fruta no está finamente raspada, el sorbete no tendrá una consistencia lisa.)

◆ Con el aparato todavía funcionando, vierta gradualmente el almíbar de azúcar caliente en forma de chorro fino a través del tubo de alimentación y mezcle hasta que la preparación quede homogénea, pero todavía congelada. Viértala en un recipiente que pueda introducir en el congelador y congele hasta que la mezcla esté firme.

◆ Para sevir, deje que el sorbete repose a temperatura ambiente entre 10 y 15 minutos, para que pueda hacer las bolas con facilidad.

Cada 100 ml: unas 85 calorías, 0 g de proteínas, 21 g de hidratos de carbono, 0 g de grasa total, 0 mg de colesterol, 0 mg de sodio

MÁS SORBETES DE FRUTAS

Sorbete de melocotón. Prepárelo como el sorbete de arándanos negros (inferior, izquierda), pero emplee 50 g de azúcar, una cucharada de zumo de limón y una de agua para el almíbar de azúcar, y añada ½ cucharadita de esencia de vainilla al almíbar cocido. En vez de los arándanos, utilice 600 g de cuartos de melocotón congelados, sin endulzar. Para unos 700 ml.

Cada 100 ml: unas 64 calorías, 0 g de proteínas, 17 g de hidratos de carbono, 0 g de grasa total, 0 mg de colesterol, 0 mg de sodio

Sorbete de melón cantalupo. Prepárelo como el sorbete de arándanos negros (inferior, izquierda), pero utilice 100 g de azúcar, 2 cucharadas de zumo de limón y una cucharada de agua para el almíbar de azúcar. En vez de arándanos, emplee un melón cantalupo pequeño (unos 900 g), sin pepitas y cortado en trozos pequeños. Extienda la mezcla en una fuente para hornear poco profunda y congélela toda la noche. Para 1 litro.

Cada 100 ml: unas 66 calorías, 1 g de proteínas, 18 g de hidratos de carbono, 0 g de grasa total, 0 mg de colesterol, 18 mg de sodio

Sorbete de fresas. Prepárelo como el sorbete de arándanos negros (inferior, izquierda), pero use 70 g de azúcar, una cucharada de zumo de limón y una cucharada de agua para el almíbar de azúcar. En vez de los arándanos, utilice 600 g de fresas congeladas, sin endulzar. Para unos 550 ml.

Cada 100 ml: unas 83 calorías, 22 g de hidratos de carbono, 0 g de grasa total, 0 mg de colesterol, 0 mg de sodio

Sorbete de fresas

15

EMPANADAS Y TARTAS

EMPANADAS Y TARTAS CONOCIMIENTOS BÁSICOS

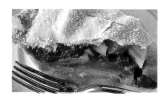

Las tartas y las empanadas, ya sean sencillas o elegantes, con frutas o rellenas de crema, son ideales para rematar cualquier comida. Una masa ligera y hojaldrada es sorprendentemente fácil de preparar, siempre y cuando utilice los ingredientes adecuados y siga nuestras sencillas técnicas de mezclado y extendido.

UNA MASA PERFECTA

• Trabaje con los ingredientes fríos (por ejemplo, mantequilla o margarina frías, agua helada). La cocina debe estar también fría.
• Manipule la masa el mínimo posible, pues podría desarrollar en exceso el gluten de la harina y quedaría dura.
• Para obtener los mejores resultados, utilice una mezcla de grasas: mantequilla o margarina para proporcionar sabor y color, y grasa blanca vegetal para obtener una pasta hojaldrada.
• Trabaje rápidamente al cortar la grasa con la harina, para que la grasa se mantenga firme y fría.
• Rocíela con agua helada, hasta que esté humedecida. Mézclela rápida y ligeramente con un tenedor; no la remueva. (Utilice una cantidad mínima de agua para evitar una pasta dura.)
• Enfríe la pasta un mínimo de 30 minutos para facilitar su extendido y evitar que se encoja. Envuélvala bien apretada, para que los contornos no se sequen y se cuarteen al extenderlos con el rodillo.
• Para evitar que se pegue, extiéndala sobre una superficie de trabajo ligeramente enharinada; espolvoree la superficie con harina adicional si es necesario. Extienda la pasta desde el centro hacia fuera y luego hágalo de nuevo; dé a la pasta un cuarto de vuelta y repita el extendido y la rotación para formar un círculo regular.
• Si la pasta se rompe, humedezca tan sólo los bordes y presiónelos. También puede pincelar una porción pequeña de pasta con agua, utilizándola a modo de parche.
• Al enfondar la pasta en el molde, presiónela cuidadosamente contra el fondo con los dedos o una bola pequeña de pasta, para evitar la formación de bolsas de aire. No estire la pasta para encajarla dentro del molde, pues podría encogerse durante el horneado.

LA ELECCIÓN DEL MOLDE

Unos fondos de tarta horneados, crujientes y hojaldrados no dependen sólo de una buena pasta, sino también de la tartera. Para obtener una pasta crujiente y bien dorada, elija un molde para empanadas de vidrio refractario, o metálico con un acabado mate

Molde normal para empanadas   Molde hondo para empanadas

(los moldes brillantes se utilizan para los fondos de tarta de migas). Emplee un molde normal (23 cm de diámetro), u hondo (24 cm de diámetro) para que el relleno no se derrame. Para las tartas, utilice una tartera de fondo desmontable para facilitar el desmoldado.

HORNEAR A CIEGAS

Los fondos de tartas o empanadas se hornean parcial o totalmente antes de rellenarlos para obtener resultados más crujientes. Este proceso se denomina «hornear a ciegas». Forre la pasta con papel de aluminio y rellene el molde con pesos para hornear, legumbres secas o arroz crudo para evitar que se hinche o encoja durante el horneado. Enfríela por completo antes de disponer el relleno.

Para tartas y empanadas, retire el papel y las pesas antes de que la pasta esté firme; luego devuélvala al horno para dorarla.

Para las tartaletas, coloque un molde sobre otro antes de hornear. Para evitar que la pasta se hinche, pínchela con un tenedor.

HORNEAR MEJOR

• Para obtener empanadas con dos capas de pasta crujientes, practique unos cortes en la capa superior, para que el vapor pueda escaparse durante la cocción.
• Para facilitar la manipulación —y recoger cualquier desbordamiento—, hornee la empanada sobre un trozo de papel de aluminio, al que habrá levantado los extremos, o utilice una placa para hornear.
• Hornee en el tercio inferior del horno para que la base quede crujiente y la superficie no se dore en exceso (si la empanada se dora con demasiada rapidez, cúbrala holgadamente con papel de aluminio).
• Para comprobar si una empanada con un relleno de crema está cocida, inserte un cuchillo a 2 o 3 cm del centro; debe salir limpio. Una empanada de frutas ligada con fécula está lista cuando aparecen burbujas en el centro.
• Deje que las empanadas se enfríen antes de cortarlas, para que el relleno pueda cuajar.

FONDOS DE TARTA SIN PROBLEMAS

Para los fondos de tarta preparados con migas de galleta sólo necesita una mezcladora-batidora o un robot eléctrico. En su defecto, puede introducir las galletas en una bolsa y aplastarlas con un rodillo. Para aportar más sabor, sustituya parte de las galletas por frutos secos molidos. Para obtener un sabor especiado, agregue una pizca de jengibre molido, canela o nuez moscada.

MASAS PARA TARTAS Y EMPANADAS

Una masa tierna y crujiente es una obra de arte; además, resulta fácil de preparar. Para obtener los mejores resultados, enfríe bien los ingredientes antes de mezclarlos y manipule la masa el mínimo posible (si la amasara demasiado, aparecería el gluten y se endurecería). Para

glasearla, pincele la parte superior (pero no los extremos) con leche, crema de leche o clara de huevo ligeramente batida, y espolvoree con azúcar. Nuestras masas para tartas y empanadas se preparan en 10 minutos, más el tiempo de enfriamiento.

MASA PARA EMPANADA DE DOS CAPAS

◆ ◆ ◆ ◆ ◆ ◆ ◆ ◆ ◆ ◆ ◆ ◆

340 g de harina
60 g de grasa blanca vegetal, cortada a dados

125 g de mantequilla o margarina fría, cortada a dados
½ cucharadita de sal

1 Mezcle la harina y la sal en un cuenco grande. Con un mezclador para pasta o dos cuchillos a modo de tijeras, corte la grasa vegetal y la mantequilla hasta que la mezcla tenga el aspecto de unas migas gruesas.

2 Rocíe por encima con 4 y 6 cucharadas de agua helada, de una en una. Mezcle ligeramente con un tenedor al finalizar cada adición, hasta que la masa esté lo suficientemente humedecida para cohesionarse.

3 Forme 2 bolas con la masa, una ligeramente más grande que la otra. Envuélvalas y refrigérelas 30 minutos, o toda la noche (si las enfría desde la vigilia, deje que reposen 30 minutos a temperatura ambiente antes de extenderlas con el rodillo). Extienda la bola grande de masa con un rodillo enharinado; forme un círculo 5 cm más grande que un molde para empanadas o una tartera de 23 cm invertida.

 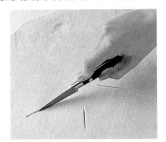

4 Enrolle la pasta en torno al relleno y deje que caiga suavemente sobre el molde. Recorte los extremos, de manera que cuelguen 2 o 3 cm. Reserve los recortes para decorar si lo desea. Llene el molde.

5 Extienda la bola de masa pequeña formando un círculo de 25 cm de diámetro. Haga varios cortes en la superficie. Deje que cuelguen los extremos 2 o 3 cm, y dóblelos hacia abajo. Haga un borde decorativo (*véase* pág. 488).

MASA PARA EMPANADA DE UNA CAPA

165 g de harina
30 g de grasa blanca vegetal, cortada a dados

60 g de mantequilla o margarina fría, cortada a dados
¼ de cucharadita de sal

Prepare la masa tal como se indica en la receta para la empanada de dos capas, pero en el paso 2, rocíe con entre 3 y 5 cucharadas de agua helada, y en el paso 3, prepare sólo una bola de pasta.

MASA PARA TARTA DE 28 CM

225 g de harina
½ cucharadita de sal
30 g de grasa blanca vegetal

125 g de mantequilla o margarina fría, cortada a dados

Prepare la masa tal como se indica en la receta para la empanada de dos capas, pero en el paso 2, rocíela con 3 o 4 cucharadas de agua helada, y en el paso 3, prepare sólo una bola de masa. Una vez enfriada, extiéndala y forme un círculo de 35 cm. Forre con ella una tartera de fondo desmontable, de 28 x 3 cm; presione la masa contra el fondo y las paredes del molde, y recorte la parte colgante.

MASA PARA TARTA DE 23 CM

150 g de harina
15 g de grasa blanca vegetal, cortada a dados

90 g de mantequilla o margarina fría, cortada a dados
¼ de cucharadita de sal

Prepare la masa tal como se indica en la receta para la empanada de dos capas, pero en el paso 2, rocíela con sólo 2 o 3 cucharadas de agua helada, y en el paso 3, forme sólo una bola de masa. Una vez enfriada, extiéndala y forme un círculo de 28 cm. Enfonde con él una tartera de base desmontable, de 23 x 3 cm, como se señala en la receta para la tarta de 28 cm.

EL MÉTODO DEL ROBOT

Mezcle en el robot eléctrico provisto de cuchilla metálica, la harina, la sal, la grasa vegetal y la margarina. Accione el aparato durante 1 o 2 segundos, hasta que la mezcla forme migas finas. Agregue una pequeña cantidad de agua helada de golpe, y accione el aparato 1 o 2 segundos más, hasta que la pasta se separe de las paredes del cuenco. Retire la masa del cuenco y déle forma de bola, ayudándose con las manos.

BORDES DECORATIVOS PARA EMPANADAS

Nuestros bordes decorativos son clásicos y creativos, y resultan la forma ideal de aportar un acabado profesional a las empanadas caseras. Los 4 primeros son apropiados para cualquier empanada, ya sea de una o dos capas. Las hojas aplicadas quedan mejor en las empanadas de una capa (sin embargo, es necesario la misma cantidad de masa que para una empanada de dos capas). Para obtener unos resultados precisos, enfríe la masa para que quede firme.

◆◆◆◆◆◆◆◆◆◆◆◆◆◆

PREPARAR LOS BORDES DE UNA EMPANADA

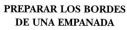

1 Recorte el extremo de masa (o la masa superior de una empanada de dos capas) con unas tijeras de cocina; deje que cuelgue 2 o 3 cm. (Para un borde presionado con un tenedor, recorte la masa a nivel del borde del molde y prescinda del paso 2.)

2 Doble el extremo colgante hacia abajo y píncelo para obtener un borde vertical. Déle la forma deseada (derecha).

◆◆◆◆◆◆◆◆◆◆◆◆◆◆

Borde presionado con un tenedor. Recorte el borde de pasta tal como se indica en el paso 1 (inferior izquierda), al mismo nivel que el borde del molde. Presione la masa con un tenedor de 4 dientes enharinado; apriétela contra el molde. Siga hasta dibujar todo el contorno.

Borde acanalado. Ponga el dedo índice y el pulgar contra el borde externo de la masa; con el dedo índice y el pulgar de la otra mano, pellizque suavemente la masa para formar un pliegue. Repita la operación; deje un espacio de 5 cm entre pliegue y pliegue.

Borde en forma de estrella. Presione el dedo índice contra el borde interno de la masa; con el dedo índice y el pulgar de la otra mano, pince la masa firmemente para formar un borde en forma de estrella. Repita la operación a lo largo del molde; deje un espacio de 5 cm entre cada estrella.

Borde en forma de cuerda. Presione la masa con el pulgar, formando un ángulo; luego pince la masa entre el pulgar y el nudillo del índice. Coloque el pulgar en la acanaladura dejada por el dedo índice; pince como antes y repita la operación en todo el contorno.

Borde en forma de hoja. Prepare masa para empanada de dos capas (*véase* pág. 487). Enfonde el molde con la bola grande y recorte la masa contra el borde del mismo. Extienda la bola pequeña y déle 2 mm de grosor. Corte hojas con un cuchillo (*véase* pág. 489). Pincele el borde de la masa con agua. Presione las formas contra él.

EMPANADAS DE DOS CAPAS

Una empanada de dos capas facilita la creación de bordes y adornos decorativos a partir de los restos de masa, y es un medio atractivo y delicioso para contener un relleno de frutas. Recuerde que debe practicar varias incisiones sobre la masa superior, para que el vapor pueda escaparse durante el horneado. Enfríe siempre brevemente la empanada, tal como se indica en la receta (incluso si la va a servir caliente), para que el relleno pueda asentarse y cortarse con mayor facilidad.

EMPANADA HONDA DE MANZANAS

◆◆◆◆◆◆◆◆◆◆◆◆◆◆◆◆◆◆◆◆◆◆◆◆◆◆◆◆

Preparación: 40 minutos, más enfriamiento   *Horno:* 50-55 minutos

Para 10 raciones

masa para empanada de dos capas
  (*véase* pág. 487)
750 g de manzanas Golden
  Delicious, peladas,
  descorazonadas y cortadas en
  rodajas de 2 mm de grosor
100 g de azúcar

3 cucharadas de harina
2 cucharadas de jengibre
  cristalizado, picado
30 g de mantequilla o
  margarina, cortada
  a dados

1 Prepare la masa para la empanada de dos capas y enfríela. Precaliente el horno a 220 °C (gas 7). Mezcle las rodajas de manzana con los 3 ingredientes siguientes.

2 Enfonde un molde hondo para empanadas, de 24 cm, con la bola grande de masa. Distribuya dentro el relleno de manzanas y esparza por encima la mantequilla.

3 Extienda la masa de la capa superior y forme un círculo de 28 cm. Colóquelo sobre el relleno y haga un borde decorativo (*véase* pág. 488). Prepare unas formas (*véase* inferior) y pincélelas con agua. Colóquelas sobre la empanada. Ponga una lámina de papel de aluminio bajo el molde y levante los extremos hacia arriba, para recoger los jugos que puedan escaparse durante el horneado.

4 Hornee entre 50 y 55 minutos, o hasta que las manzanas estén tiernas. Cubra la empanada con papel de aluminio al cabo de 30 minutos, para evitar que se dore en exceso. Enfríela durante 1 hora y sírvala tibia; o bien, enfríela por completo.

◆◆◆◆◆◆◆◆◆◆◆◆◆◆◆◆◆◆◆◆◆◆◆◆◆◆◆◆

FORMAS DE PASTA DECORATIVAS

Manzana. Extienda los recortes de masa. Dibuje una forma de manzana con un cuchillo pequeño y pasado por harina.

Hojas. Vuelva a enharinar el cuchillo; corte hojas con la masa restante. Utilice el cuchillo para entallar unas nervaduras en las hojas.

◆◆◆◆◆◆◆◆◆◆◆◆◆◆◆◆◆◆◆◆◆◆◆◆◆◆◆◆

CADA RACIÓN: UNAS 370 CALORÍAS, 3 g DE PROTEÍNAS, 53 g DE HIDRATOS DE CARBONO, 17 g DE GRASA TOTAL (4 g DE SATURADAS), 7 mg DE COLESTEROL, 240 mg DE SODIO

EMPANADA DE FRESAS Y RUIBARBO

Preparación: 30 minutos, más enfriamiento

Horno: 1¾ horas, aproximadamente **Para 10 raciones**

masa para empanada de dos capas
  (*véase* pág. 487)
30 g de maicena
200 g, más 1 cucharada, de azúcar
350 g de fresas, sin los pedúnculos
  y cortadas por la mitad, a lo largo

600 g de ruibarbo, cortado en
  trozos de 1 cm
30 g de mantequilla o margarina,
  cortada a dados

◆ Prepare la masa y enfríela. Precaliente el horno a 220 °C (gas 7). Mezcle la maicena y 200 g de azúcar en un cuenco. Agregue las fresas y el ruibarbo, y mezcle bien. Enfonde con la bola grande de masa un molde para empanadas de 23 cm. Llénelo con las frutas y esparza por encima la mantequilla. Extienda el resto de la masa y colóquelo sobre el relleno, siguiendo las instrucciones: prepare un borde decorativo (*véase* pág. 488). Esparza por encima la cucharada restante de azúcar.

◆ Coloque una lámina de papel de aluminio debajo del molde y levante los extremos hacia arriba para recoger los jugos que pudieran escaparse durante la cocción. Hornee la empanada durante 15 minutos. Baje la temperatura del horno a 190 °C (gas 5); hornee entre 80 y 90 minutos más, o hasta que el relleno burbujee en el centro. Deje enfriar la empanada sobre una rejilla metálica durante 1 hora si la desea servir caliente, o bien, enfríela del todo para presentarla posteriormente.

Cada ración: unas 355 calorías, 4 g de proteínas, 49 g de hidratos de carbono, 17 g de grasa total (4 g de saturadas), 7 mg de colesterol, 240 mg de sodio

EMPANADA DE PERAS Y ARÁNDANOS ROJOS

Preparación: 45 minutos, más enfriamiento *Horno: 80-90 minutos*

Para 10 raciones

masa para empanada de dos capas
  (*véase* pág. 487)
3 cucharadas de maicena
⅛ de cucharadita de canela, molida
150 g, más 1 cucharada, de azúcar
150 g de arándanos rojos,
  descongelados si estuvieran
  congelados, picados

750 g de peras maduras, peladas,
  descorazonadas y cortadas
  en rodajas
30 g de mantequilla o margarina,
  cortada a dados

◆ Prepare la masa y enfríela. Precaliente el horno a 220 °C (gas 7). Mezcle la maicena, la canela y 150 g de azúcar en un cuenco grande. Agregue las frutas y mezcle bien.

◆ Enfonde con la bola grande de masa un molde para empanadas de 23 cm. Rellénelo con las frutas y esparza por encima la mantequilla. Extienda la capa de masa superior y colóquela sobre el relleno; haga un borde decorativo (*véase* pág. 488). Espolvoree la pasta con la cucharada restante de azúcar.

◆ Coloque una lámina de papel de aluminio debajo del molde y doble los bordes por encima para recoger los jugos de cocción durante el horno. Hornee la empanada 20 minutos. Baje la temperatura a 190 °C (gas 5) y hornee entre 60 y 70 minutos más, o hasta que el relleno burbujee en el centro. Deje enfriar la empanada sobre una rejilla durante 1 hora para servirla caliente, o bien enfríela por completo para presentarla posteriormente.

Cada ración: unas 400 calorías, 3 g de proteínas, 61 g de hidratos de carbono, 17 g de grasa total (4 g de saturadas), 7 mg de colesterol, 240 mg de sodio

EMPANADA CASERA DE GUINDAS Y MELOCOTÓN

Preparación: 50 minutos, más enfriamiento *Horno: 1½ horas*

Para 10 raciones

masa para empanada de dos capas
  (*véase* pág. 487)
150 g de azúcar moreno claro
40 g de maicena
½ cucharadita de sal
1 kg de melocotones maduros,
  pelados, deshuesados y
  cortados en trozos finos

450 g de guindas, deshuesadas,
  o 300 g de guindas congeladas
  (descongeladas)
1 cucharada de leche
1 cucharada de azúcar

◆ Prepare la masa para la empanada de dos capas y enfríela. Precaliente el horno a 190 °C (gas 5). Mezcle el azúcar moreno, la maicena y la sal en un cuenco grande. Agregue los melocotones y las guindas, y mezcle bien.

◆ Enfonde con la bola grande de masa un molde hondo para empanadas de 24 cm. Llénelo con las frutas. Extienda el resto de la masa, trabaje un círculo de 28 cm y forme una celosía (*véase* pág. 500). Pincele la pasta con leche y espolvoréela con azúcar.

◆ Coloque una lámina de papel de aluminio bajo el molde y levante los bordes hacia arriba para recoger los jugos durante el horneado. Hornee la empanada 1½ horas, o hasta que el relleno burbujee en el centro.

◆ Cubra holgadamente la empanada con papel de aluminio los últimos 40 minutos para evitar que se dore en exceso. Deje que se enfríe sobre una rejilla durante 1 hora para servirla caliente. O bien, enfríela por completo para presentarla posteriormente.

Cada ración: unas 375 calorías, 4 g de proteínas, 59 g de hidratos de carbono, 15 g de grasa total (3 g de saturadas), 0 mg de colesterol, 330 mg de sodio

EMPANADAS DE UNA CAPA

Una sencilla cobertura puede esconder una mezcla de frutas, una creación de chocolate y frutos secos, o una crema deliciosa. Repare cualquier grieta que pueda aparecer sobre la masa al extenderla con el rodillo; humedezca las partes desgarradas, coloque un parche de masa por encima y presiónelo cuidadosamente.

EMPANADA DE FRUTAS VERANIEGAS

◆◆◆◆◆◆◆◆◆◆◆◆◆

Preparación: 55 minutos, más enfriamiento
Horno: 1 hora
Para 10 raciones

masa para empanada de una capa
  (*véase* pág. 487)
1 naranja grande
1 limón grande
4 huevos medianos, separados
⅛ de cucharadita de sal
190 g de azúcar
50 g de harina
1,1 kg de nectarinas, peladas, deshuesadas y cortadas en trozos
160 g de frambuesas

1 Prepare la masa para la empanada de una capa y enfríela. Ralle 2 cucharaditas de corteza de naranja y exprima 75 ml de zumo. Ralle 1½ cucharaditas de corteza de limón y exprima el líquido suficiente como para que al añadirlo al zumo de naranja obtenga 126 ml de zumo en total. Con la batidora eléctrica a velocidad alta, bata las yemas, la sal y 70 g de azúcar en un cuenco pequeño durante 3 minutos, o hasta que la mezcla se espese y amarillee. Incorpore el zumo de frutas y toda la corteza rallada sin dejar de batir.

2 Cueza a fuego lento la mezcla de yemas en un cazo de 1 litro, removiendo entre 8 y 10 minutos, o hasta que se espese (no deje que la mezcla hierva, pues podría cortarse). Viértala en un cuenco mediano y enfríela. Precaliente el horno a 220 °C (gas 7). Mezcle la harina y 70 g de azúcar en un cuenco grande. Agregue las nectarinas y mezcle. Incorpore las frambuesas y remueva con cuidado. Enfonde con la masa un molde para empanada de 23 cm y prepare un borde decorativo (*véase* pág. 488).

3 Distribuya las frutas sobre la masa. Cubra con papel de aluminio y hornee 45 minutos, o hasta que la masa esté dorada y aparezcan burbujas en el centro. Retire del horno y baje éste a 180 °C (gas 4).

RALLAR LA CORTEZA DE LOS CÍTRICOS

Al rallar la corteza de naranjas, limones o limas, trabaje limpiamente y evite que los agujeros del rallador queden taponados presionando primero un trozo de película de plástico contra la cara fina del rallador. Cuando haya acabado, la corteza se separará de la película sin dificultad y podrá lavar el rallador fácilmente.

4 Con la batidora eléctrica a velocidad alta, bata las claras hasta que formen picos blandos. Espolvoree los 50 g restantes de azúcar y bata hasta que las claras formen picos firmes. Agregue las claras a la mezcla de yemas enfriada, ⅓ cada vez.

5 Extienda la cobertura sobre el relleno. Póngalo al horno 15 minutos más, o hasta que la superficie esté cuajada y ligeramente dorada. Deje que la empanada se enfríe por completo sobre una rejilla metálica. Tape y refrigere los restos.

CADA RACIÓN: UNAS 295 CALORÍAS, 6 g DE PROTEÍNAS, 49 g DE HIDRATOS DE CARBONO, 10 g DE GRASA TOTAL (2 g DE SATURADAS), 85 mg DE COLESTEROL, 160 mg DE SODIO

TARTA TATIN DE MELOCOTONES

*Preparación: 1 hora,
más enfriamiento
Horno: 25 minutos
Para 12 raciones*

masa para empanada de una capa
  (*véase* pág. 187)
200 g de azúcar
90 g de mantequilla o margarina
1 cucharada de zumo de limón

1,6 kg de melocotones firmes,
ligeramente maduros,
deshuesados y cortados
por la mitad

◆ Prepare la masa y enfríela.

◆ Ponga a hervir el azúcar, la mantequilla y el zumo de limón a fuego medio-alto en una sartén de mango refractario. Coloque los melocotones en la sartén, con la cara deshuesada hacia abajo, y cuézalos 10 minutos. Déles la vuelta con cuidado y cuézalos entre 8 y 12 minutos más, o hasta que el almíbar esté caramelizado y espeso.

◆ Mientras, precaliente el horno a 220 °C (gas 7). Justo antes de que los melocotones estén cocidos, extienda la masa con el rodillo enharinado sobre una superficie también enharinada; forme un círculo de 35 cm. Póngala sobre los melocotones de la sartén y esconda los bordes debajo. Haga 6 incisiones de 5 mm en la masa, para que el vapor pueda escaparse durante el horneado. Hornee 25 minutos, o hasta que la masa esté dorada.

◆ Cuando la tarta esté cocida, coloque una fuente grande sobre la sartén e invierta cuidadosamente la tarta sobre la fuente. Deje que se enfríe durante 1 hora para servirla tibia, o bien, enfríela por completo para servirla más tarde.

Cada ración: unas 270 calorías, 2 g de proteínas, 42 g de hidratos de carbono, 12 g de grasa total (4 g de saturadas), 0 mg de colesterol, 155 mg de sodio

EMPANADA DE CHOCOLATE Y PACANAS

*Preparación: 45 minutos, más enfriamiento   Horno: 65 minutos
Para 12 raciones*

masa para empanada de una capa
  (*véase* pág. 487)
60 g de mantequilla o margarina
60 g de chocolate
150 g de azúcar moreno oscuro

250 g de jarabe de melaza dorado
1 cucharadita de esencia
  de vainilla
3 huevos medianos
200 g de mitades de pacanas

◆ Prepare la masa y enfríela.

◆ Precaliente el horno a 220 °C (gas 7). Enfonde con la masa un molde para empanadas de 23 cm. Prepare un borde decorativo (*véase* pág. 488). Forre la masa con papel de aluminio y rellénela con pesos como legumbres secas o arroz crudo. Hornee la pasta 10 minutos. Retire el papel y los pesos, y hornee 10 minutos más, o hasta que esté dorada.

◆ Enfríe la masa sobre una rejilla un mínimo de 10 minutos. Baje la temperatura del horno a 180 °C (gas 4). Mientras, derrita a fuego lento la mantequilla y el chocolate en un cazo de 1 litro, de fondo de grueso; remueva a menudo. Enfríe ligeramente.

◆ Mezcle la preparación de chocolate, el azúcar moreno y los 3 ingredientes siguientes en un cuenco grande y bátalos con una batidora de varillas hasta que estén bien amalgamados. Pique 125 g de pacanas y deje el resto aparte. Mezcle las pacanas picadas con el chocolate y vierta la preparación en el molde.

◆ Hornee 45 minutos, o hasta que los extremos hayan cuajado (el centro debe temblar ligeramente). Deje que se enfríe por completo sobre una rejilla metálica. Tape y refrigere las sobras.

Cada ración: unas 390 calorías, 5 g de proteínas, 42 g de hidratos de carbono, 24 g de grasa total (4 g de saturadas), 53 mg de colesterol, 170 mg de sodio

EMPANADA DE BONIATOS

*Preparación: 70 minutos, más enfriamiento   Horno: 40 minutos
Para 10 raciones*

masa para empanada de una capa
  (véase pág. 487)
900 g de boniatos, sin pelar,
  o 900-950 g de boniatos
  enlatados, escurridos
450 g de crema de leche, ligera
200 g de azúcar moreno oscuro
60 g de mantequilla o margarina,
  derretida

1 cucharadita de canela, molida
¾ de cucharadita de jengibre,
  molido
½ cucharadita de nuez moscada,
  molida
½ cucharadita de sal
3 huevos medianos

◆ Prepare la masa y enfríela. Si utiliza boniatos frescos, póngalos en una cacerola de 3 litros, cúbralos con agua fría y lleve a ebullición, a fuego vivo. Baje el fuego; tape y cueza 30 minutos a fuego lento, o hasta que estén tiernos al pincharlos con un cuchillo. Escúrralos. Enfríe los boniatos hasta que pueda manejarlos; pélelos y trocéelos.

◆ Precaliente el horno a 200 °C (gas 6). Con la batidora eléctrica a velocidad lenta, bata los boniatos en un cuenco grande, hasta obtener una mezcla homogénea. Agregue la crema y el resto de ingredientes y bata hasta que estén bien amalgamados.

◆ Enfonde con la masa un molde hondo para empanadas de 23 cm. Haga un borde decorativo (*véase* pág. 488). Distribuya la mezcla de boniato sobre la masa.

◆ Hornee 40 minutos o hasta que al insertar un cuchillo a 2 o 3 cm de un extremo salga limpio. Enfríe 1 hora para servir tibio; o bien, enfríe ligeramente y refrigere para servir más tarde. Tape y refrigere los restos.

Cada ración: unas 400 calorías, 6 g de proteínas, 52 g de hidratos de carbono, 19 g de grasa total (6 g de saturadas), 82 mg de colesterol, 320 mg de sodio

EMPANADAS DE MIGAS

Estos fondos de pasta son fáciles de preparar. Pique simplemente unas galletas en un robot eléctrico provisto de cuchilla metálica hasta reducirlas a migas; mézclelas, a continuación, con grasa derretida y azúcar, presiónelas contra el fondo de un molde y hornee para cohesionarlas. Para que pueda cortar limpiamente la empanada, refrigérela un mínimo de 3 horas antes de servirla una vez que la haya rellenado.

EMPANADA DE *MOUSSE* DE FRAMBUESAS Y RUIBARBO

◆◆◆◆◆◆◆◆◆◆◆◆◆◆◆◆◆◆◆◆◆◆◆

Preparación: 20 minutos, más enfriamiento   *Horno:* 15 minutos

Para 10 raciones

450 g de ruibarbo, cortado en trozos de 2-3 cm	**90 g de mantequilla o margarina, derretida**
200 g de azúcar	**400 g de galletas de mantequilla, reducidas a migas**
2 sobres de gelatina	
350 g de fresas, sin los pedúnculos	**225 ml de crema de leche, espesa**
1 cucharada de zumo de limón	**hojas de menta y mitades de fresa para decorar**

1 Ponga a hervir el ruibarbo, el azúcar y 60 ml de agua en un cazo de 2 litros, a fuego vivo y sin dejar de remover. Baje el fuego a medio-bajo y cueza 10 minutos, o hasta que el ruibarbo esté tierno. Reduzca la mezcla a puré en un robot eléctrico provisto de cuchilla metálica y devuélvalo al cazo. Esparza la gelatina en un cuenco con 125 ml de agua fría y deje que repose 2 minutos para ablandarla.

2 Aplaste las fresas. Agregue la mezcla de ruibarbo con la gelatina y el zumo de limón, remueva y cueza 3 minutos a fuego lento, hasta que la gelatina se disuelva por completo.

3 Vierta la mezcla de ruibarbo en el cuenco y refrigérela, removiéndola de vez en cuando, unas 2½ horas, o hasta que la mezcla forme un ligero montículo al verterla de una cuchara. (Si desea cuajarla más deprisa, coloque el cuenco con la mezcla dentro de otro de mayor tamaño con agua helada, y remueva cada 10 minutos durante 1 hora aproximadamente.)

4 Mientras, precaliente el horno a 180 °C (gas 4). Mezcle la mantequilla con las migas en un molde hondo para empanada, de 24 cm; presiónelas contra la base y las paredes del molde. Hornee 15 minutos y deje que la empanada se enfríe sobre una rejilla.

5 Bata la crema con la batidora eléctrica a velocidad media, hasta que forme picos blandos. Mezcle la crema batida con la mezcla de ruibarbo con una cuchara. Vierta sobre el fondo de empanada. Refrigere 3 horas, como mínimo. Decore.

BATIR LA CREMA DE LECHE

La crema de leche espesa dobla o triplica el volumen al ser batida, por lo que debe utilizarse un cuenco lo suficientemente grande. Los picos blandos (derecha), cuando la crema forma pliegues suaves, son adecuados para mezclar con otras preparaciones y añadir volumen, como en la empanada de *mousse* de fresas y ruibarbo. Los picos firmes (derecha), cuando la crema mantiene su forma, pueden usarse para recubrir empanadas a base de cremas o helados.

Picos blandos

Picos firmes

CADA RACIÓN: UNAS 445 CALORÍAS, 5 g DE PROTEÍNAS, 51 g DE HIDRATOS DE CARBONO, 25 g DE GRASA TOTAL (12 g DE SATURADAS), 43 mg DE COLESTEROL, 270 mg DE SODIO

EMPANADA DE ARÁNDANOS NEGROS

Preparación: 30 minutos, más enfriamiento   *Horno:* 8 minutos
Para 10 raciones

225 g de galletas de jengibre
2 cucharadas, más 100 g, de azúcar
75 g de mantequilla o margarina,
    derretida

2 cucharadas de maicena
1,2 kg de arándanos negros
crema de leche batida
    (opcional)

◆ Precaliente el horno a 190 °C (gas 5). Reduzca a migas finas las galletas de jengibre y 2 cucharadas de azúcar mediante un robot eléctrico provisto de cuchilla metálica.

◆ Mezcle con un tenedor y en un molde para empanada, de 23 cm, las migas obtenidas y la mantequilla derretida. Presione la mezcla contra la base y las paredes del molde. Hornee la pasta durante 8 minutos y deje que se enfríe sobre una rejilla metálica.

◆ Mientras, mezcle la maicena con 2 cucharadas de agua fría en un cazo de 2 litros, hasta que estén amalgamadas. Mezcle con la mitad de los arándanos y los 100 g de azúcar restantes, y hierva a fuego medio; presione los arándanos contra las paredes del cazo con el dorso de una cuchara. Hierva 1 minuto, sin dejar de remover. Retire el cazo del fuego y mézclelo con el resto de los arándanos.

◆ Vierta la mezcla de arándanos sobre la base de migas. Cubra con película de plástico y refrigere 5 horas, como mínimo. Acompañe con crema de leche batida si lo desea.

Cada ración: unas 260 calorías, 2 g de proteínas, 43 g de hidratos de carbono, 10 g de grasa total (4 g de saturadas), 16 mg de colesterol, 185 mg de sodio

EMPANADA DE CHOCOLATE CON CREMA

Preparación: 25 minutos, más enfriamiento   *Horno:* 8 minutos
Para 10 raciones

225 g de galletas digestivas
75 g de mantequilla o margarina,
    derretida

2 cucharadas de azúcar
crema de chocolate (*véase* pág. 474)
225 g de crema de leche, espesa

◆ Precaliente el horno a 180 °C (gas 4). Reduzca a migas finas las galletas en un robot eléctrico provisto de cuchilla metálica.

◆ Mezcle con un tenedor las migas, la mantequilla derretida y el azúcar en un molde para empanadas, de 23 cm. Presione la mezcla contra la base y las paredes del molde. Hornee 8 minutos y deje que se enfríe sobre una rejilla metálica.

◆ Prepare la crema de chocolate. Vierta la crema caliente sobre el fondo de empanada. Cúbrala con una película de plástico para evitar la formación de una capa en la superficie. Refrigere un mínimo de 4 horas, o toda la noche. En el momento de servir, bata

la crema de leche en un cuenco mediano con la batidora eléctrica a velocidad media y distribúyala sobre la empanada.

Cada ración: unas 480 calorías, 7 g de proteínas, 45 g de hidratos de carbono, 32 g de grasa total (15 g de saturadas), 168 mg de colesterol, 415 mg de sodio

EMPANADA DE PLÁTANOS A LA CREMA

Preparación: 30 minutos, más enfriamiento   *Horno:* 15 minutos
Para 10 raciones

120 g de mantequilla o margarina
400 g de migas de galletas
    de mantequilla
150 g de azúcar
80 g de maicena
¼ de cucharadita de sal

845 ml de leche
5 yemas medianas
1¾ cucharaditas de esencia
    de vainilla
3 plátanos medianos, maduros
175 ml de crema de leche, espesa

◆ Precaliente el horno a 180 °C (gas 4).

◆ Derrita 90 g de mantequilla en un cazo pequeño a fuego lento. Mezcle las migas con la mantequilla derretida en un molde para empanada, de 23 cm. Presione la mezcla contra la base y las paredes del molde. Hornee 15 minutos, o hasta que el fondo esté dorado y deje que se enfríe sobre una rejilla metálica.

◆ Prepare el relleno. Mezcle el azúcar, la maicena y la sal en un cazo de 3 litros, y combine con la leche hasta obtener una preparación lisa. Cuézala a fuego medio, removiendo sin parar, hasta que la mezcla hierva y se espese; hiérvala 1 minuto. Bata ligeramente las claras en un cuenco pequeño y agregue una pequeña cantidad de la mezcla de leche caliente. Vierta lentamente la mezcla de huevo sobre la leche, removiendo rápidamente. Cueza a fuego lento, removiendo constantemente, durante 2 minutos o hasta que la crema se espese.

◆ Retírela del fuego y mézclela con 1½ cucharaditas de esencia de vainilla y los 30 g de mantequilla restantes. Corte 2 plátanos en rodajas. Vierta la mitad del relleno en el molde. Coloque encima las rodajas de plátano y recúbralas con el resto del relleno. Cubra éste directamente con una película de plástico y refrigere 4 horas, como mínimo, o durante toda la noche.

◆ En el momento de servir, bata en un cuenco pequeño la crema de leche y el resto de la esencia de vainilla con la batidora eléctrica a velocidad media, hasta que forme picos firmes, y extiéndala sobre el relleno. Corte en rodajas el plátano restante y colóquelo alrededor de la empanada. Tape y refrigere los restos.

Cada ración: unas 535 calorías, 8 g de proteínas, 58 g de hidratos de carbono, 31 g de grasa total (13 g de saturadas), 179 mg de colesterol, 395 mg de sodio

TARTAS DE FORMAS LIBRES

Nuestras tartas rústicas de formas libres nos transportan hasta los *bistros* provinciales franceses y las cenas caseras en el campo. La pasta se extiende sencillamente, formando un círculo, y luego, se dobla sobre el relleno de frutas. Para evitar que gotee, pince cualquier grieta que pueda formarse al doblar la pasta.

TARTA GRANJERA DE GUINDAS

❖❖❖❖❖❖❖❖❖❖❖❖

Preparación: 45 minutos, más enfriamiento
Horno: 45-50 minutos
Para 6 raciones

225 g de harina
40 g, más 1 cucharada, de harina de maíz amarilla, molida
140 g, más 1 cucharadita, de azúcar
sal
125 g de mantequilla o margarina fría, cortada a dados
2 cucharadas, más 1 cucharadita, de maicena
750 g de guindas, deshuesadas
1 clara mediana

¿QUÉ QUIERE DECIR?

Galette es el término francés que se utiliza para designar cualquier tarta redonda y plana, de forma libre, que se hornee en una placa. La masa puede prepararse con una masa levada o sin levar, como en las recetas que presentamos. Las *galettes* pueden ser dulces o saladas, y como cobertura pueden utilizarse confitura, frutos secos, carne o queso, así como frutas.

1 Mezcle la harina, 40 g de maicena, 70 g de azúcar y ½ cucharadita de sal en un cuenco mediano. Con un mezclador de masa o dos cuchillos a modo de tenedor, incorpore la mantequilla hasta que la mezcla tenga el aspecto de migas gruesas.

2 Rocíela con 4 o 5 cucharadas de agua helada, de una en una cucharada, mezclando ligeramente con la mano hasta que la masa se cohesione (la masa parece muy seca al principio). Forme con ella una bola.

3 Espolvoree una placa grande de horno con la cucharada restante de harina de maíz. Extienda la masa sobre una superficie de trabajo enharinada, y forme un círculo de 33 cm, coloque bajo la placa un paño húmedo para evitar que se mueva. Pase debajo de la masa un cuchillo-paleta para separarla de la placa. Mezcle, en un cuenco grande, 70 g de azúcar con la maicena.

4 Espolvoree la mitad del azúcar en el centro de la masa; deje a su alrededor un borde de 5 o 6 cm. Agregue las guindas al resto de la preparación de azúcar, y mezcle bien.

5 Esparza las guindas sobre el azúcar con que espolvoreó la masa. Levante la masa sobre las guindas, dejando una abertura de 10 cm en el centro. Pince la pasta para sellar cualquier desgarro.

6 Mezcle la clara y ⅛ de cucharadita de sal, y pincele con ello la pasta; espolvoréela con la cucharadita de azúcar restante. Refrigere 30 minutos, como mínimo. Precaliente el horno a 220 °C (gas 7).

7 Coloque 2 láminas de papel de aluminio bajo la placa de horno y levante los bordes para recoger los jugos que pudieran escaparse durante el horneado. Hornee entre 45 y 50 minutos o hasta que esté dorada y el relleno burbujee; cubra la tarta con papel de aluminio durante los últimos 10 minutos de cocción para evitar que se dore en exceso. Una vez horneada, despréndala con una espátula larga metálica. Deje que se enfríe 10 minutos sobre la placa y deslícela, a continuación, sobre una rejilla metálica, para que se enfríe por completo.

CADA RACIÓN: UNAS 460 CALORÍAS, 6 g DE PROTEÍNAS, 74 g DE HIDRATOS DE CARBONO, 17 g DE GRASA TOTAL (7 g DE SATURADAS), 45 mg DE COLESTEROL, 410 mg DE SODIO

Tarta de peras y frutos secos

Preparación: 35 minutos, más enfriamiento   Horno: 25-30 minutos
Para 4 raciones

masa para empanada de una capa (*véase* pág. 487)	2 cucharadas de uvas pasas o sultanas
600 g de peras maduras, peladas, descorazonadas y cortadas en rodajas de 5 mm	4 cucharaditas de zumo de limón
	½ cucharadita de canela, molida
2 cucharadas de harina	70 g, más 1 cucharada, de azúcar
2 cucharadas de pacanas picadas	1 cucharada de leche

◆ Prepare la masa para la empanada de una capa y deje que se enfríe. Precaliente el horno a 200 °C (gas 6). Mezcle las rodajas de pera con la harina, las pasas, el zumo de limón, la canela y 70 g de azúcar en un cuenco grande.

◆ Extienda la masa con el rodillo enharinado sobre una superficie de trabajo también enharinada; forme un círculo de 30 cm. Traspáselo a una placa para hornear ligeramente engrasada.

◆ Amontene el relleno de peras en el centro de la masa; deje un borde de 5 cm. Doble la masa alrededor de las peras; pléguela donde sea necesario y deje una abertura en el centro. Pincele la tarta con una cucharada de leche y espolvoréela con una cucharada de azúcar.

◆ Coloque 2 láminas de papel bajo la placa y lleve los bordes hacia arriba para formar un reborde que recoja los jugos que puedan escaparse durante la cocción.

◆ Hornee 10 minutos. Esparza las pacanas sobre el relleno del centro de la tarta; hornee entre 15 y 20 minutos más, o hasta que la masa esté dorada. Deje que la tarta se enfríe en la placa y sobre una rejilla durante 10 minutos si desea servirla caliente. O bien, deslícela sobre la rejilla al cabo de 10 minutos y enfríela por completo para presentarla posteriormente.

Cada ración: unas 515 calorías, 5 g de proteínas, 80 g de hidratos de carbono, 21 g de grasa total (4 g de saturadas), 1 mg de colesterol, 270 mg de sodio

Tarta de melocotones y arándanos negros

Preparación: 30 minutos, más enfriamiento   Horno: 40 minutos
Para 8 raciones

masa para empanada de una capa (*véase* pág. 487)	6 melocotones grandes (unos 900 g), pelados, deshuesados y cortados en 6 trozos
2 cucharadas de maicena	
70 g, más 2 cucharadas, de azúcar	15 g de mantequilla o margarina, cortada a dados
145 g de arándanos negros	
2 cucharaditas de zumo de limón	

◆ Prepare la masa y deje que se enfríe. Precaliente el horno a 220 °C (gas 7). Mezcle la maicena y 70 g de azúcar en un cuenco grande y agregue, removiendo, los arándanos, los melocotones y el zumo de limón.

◆ Extienda la masa en la superficie de trabajo ligeramente enharinada, con el rodillo también enharinado; forme un círculo de 35 cm. Recorte los extremos y reserve los recortes. Traslade la masa a una placa grande de horno. Esparza la mezcla de frutas con sus zumos sobre el centro de la masa; deje un reborde de 5 cm. Distribuya por encima la mantequilla. Doble la masa sobre las frutas. Pincele cualquier parte cuarteada con agua y, si hubiera alguna grieta, cúbrala con un parche de masa.

◆ Espolvoree la masa y las frutas expuestas con las 2 cucharadas de azúcar restantes. Coloque 2 láminas de papel de aluminio bajo la placa de horno y doble los extremos para recoger el jugo que pudiera desprenderse durante el horneado. Hornee 40 minutos, o hasta que la mezcla forme burbujas en el centro. Deje que la placa se enfríe sobre la rejilla metálica durante 30 minutos y sírvala caliente.

Cada ración: unas 270 calorías, 3 g de proteínas, 42 g de hidratos de carbono, 11 g de grasa total (2 g de saturadas), 4 mg de colesterol, 150 mg de sodio

Galette de manzanas

Preparación: 40 minutos, más enfriamiento   Horno: 45 minutos
Para 8 raciones

masa para una empanada de una capa (*véase* pág. 487)	50 g de azúcar
	30 g de mantequilla o margarina
900 g de manzanas Golden Delicious	2 cucharadas de confitura de albaricoques, derretida

◆ Prepare la masa y deje que se enfríe. Precaliente el horno a 220 °C (gas 7). Extienda la masa con el rodillo enharinado sobre una superficie de trabajo ligeramente enharinada y forme un círculo de 38 cm. Traspáselo a una placa grande de horno.

◆ Pele las manzanas y córtelas por la mitad. Descorazónelas con un vaciador de melón. Córtelas en rodajas de 5 mm de grosor. Forme círculos concéntricos de manzana alrededor de la masa; deje un borde de 4 cm. Espolvoréelas con azúcar y distribuya la mantequilla por encima. Doble la masa sobre las manzanas.

◆ Coloque 2 láminas de papel de aluminio bajo la placa de horno y doble los extremos hacia arriba para recoger los zumos que pudieran desprenderse durante la cocción. Hornee 45 minutos, o hasta que las manzanas estén tiernas. Coloque la placa sobre la rejilla. Pincele las manzanas con confitura y deje que se entibien ligeramente antes de servir.

Cada ración: unas 270 calorías; 2 g proteínas, 40 g de hidratos de carbono, 12 g de grasa total (4 g de saturadas), 8 mg de colesterol, 165 mg de sodio

Tartas

Las tartas, ya sean rellenas de frutas coloridas, cremas, frutos secos o mezclas de chocolate, son siempre un postre excelente. A diferencia de las masas que se utilizan para preparar empanadas, las de tartas son lo suficientemente consistentes como para mantener la forma una vez desmoldadas.

TARTA DE CIRUELAS Y MAZAPÁN

◆◆◆◆◆◆◆◆◆◆◆◆

Preparación: 30 minutos, más enfriamiento
Horno: 70-85 minutos
Para 12 raciones

masa para tarta de 28 cm (*véase* **pág. 487**)
200-225 g de mazapán
100 g de azúcar
60 g de mantequilla o margarina, ablandada
¼ de cucharadita de sal
2 huevos medianos
2 cucharaditas de esencia de vainilla
40 g de harina
600 g de ciruelas (unas 5) grandes, maduras deshuesadas y cortadas en 6 trozos cada una

1 Prepare la masa y enfonde una tartera siguiendo las instrucciones. Precaliente el horno a 220 °C (gas 7).

2 Cubra la tarta con papel de aluminio y llénelo con pesas, legumbres secas o arroz crudo. Hornee 15 minutos, retire el papel con las pesas y hornee entre 5 y 10 minutos más, o hasta que la masa esté dorada. (Si la masa se hincha durante el horno, presiónela suavemente hacia abajo con el dorso de una cuchara.) Retire el fondo de tarta del horno y baje la temperatura a 190 °C (gas 5).

3 Mientras, prepare el relleno; bata en un cuenco grande el mazapán, el azúcar, la mantequilla y la sal con la batidora eléctrica, hasta que obtenga unas migas. Aumente la velocidad a media-alta y bata 3 minutos; raspe las paredes del recipiente con una espátula de goma. (Quedarán algunos grumos pequeños.) Agregue los huevos y la esencia de vainilla, y bata hasta que la mezcla esté lisa. Incorpore la harina y remueva con una cuchara de madera.

TARTA DE ARÁNDANOS ROJOS Y ALMENDRAS

Prepare la receta anterior, pero prescinda de las ciruelas y hornee el relleno de mazapán sólo 20 minutos, hasta que esté dorado. Enfríe el molde sobre una rejilla. Ponga a hervir en un cazo grande los arándanos, 50 g de azúcar, 80 ml de agua y ½ cucharadita de corteza de naranja rallada. Baje el fuego a medio-bajo y cueza 5 minutos a fuego lento, hasta que la mezcla se espese ligeramente y los arándanos revienten. Agregue 200 g más de arándanos rojos. Deje que la mezcla se enfríe. Cuando la masa esté fría, retire con cuidado las paredes del molde y distribuya el relleno de arándanos sobre el mazapán. Para 12 personas.

Cada ración: unas 370 calorías, 5 g de proteínas, 46 g de hidratos de carbono, 19 g de grasa total (3 g de saturadas), 36 mg de colesterol, 280 mg de sodio

4 Vierta el relleno en el fondo de la tarta caliente. Coloque las ciruelas de manera que formen círculos concéntricos sobre el relleno. Hornee la tarta entre 50 y 60 minutos, o hasta que esté dorada. Deje que se enfríe dentro del molde, colocado sobre una rejilla. Cuando la tarta esté fría, desmóldela. Tape y refrigere cualquier resto.

CADA RACIÓN: UNAS 335 CALORÍAS, 5 g DE PROTEÍNAS, 36 g DE HIDRATOS DE CARBONO, 19 g DE GRASA TOTAL (4 g DE SATURADAS), 47 mg DE COLESTEROL, 280 mg DE SODIO

TARTA DE FRAMBUESAS

Preparación: 20 minutos, más enfriamiento   Horno: 50-60 minutos
Para 8 raciones

masa para tarta de 23 cm	**¼ de cucharadita de canela, molida**
(*véase* **pág. 487**)	**640 g de frambuesas**
140 g de azúcar	**225 ml de crema de leche, espesa**
40 g de harina	**(opcional)**

◆ Prepare la masa, pero enfóndela en un molde de fondo desmontable de 28 x 8 cm; deje que alcance una altura de 2 o 3 cm. Precaliente el horno a 200 °C (gas 6).

◆ Mezcle el azúcar, la harina y la canela en un cuenco pequeño; espolvoree la mitad de la mezcla de azúcar sobre la masa. Cubra con 500 g de frambuesas y refrigere las restantes para el adorno. Esparza uniformemente el resto de la mezcla de azúcar sobre las frambuesas. Hornee la tarta en la parte inferior del horno entre 50 y 60 minutos, hasta que el relleno burbujee.

◆ Deje que la tarta se enfríe en una rejilla metálica. Cuando esté fría, retire cuidadosamente las paredes del molde y cubra con las frambuesas reservadas. En el momento de servir, vierta 2 cucharadas de crema batida en cada plato, o sobre la ración de tarta.

Cada ración: unas 250 calorías, 3 g de proteínas, 38 g de hidratos de carbono, 11 g de grasa total (2 g de saturadas), 0 mg de colesterol, 165 mg de sodio

TARTA DE BAYAS

Preparación: 25 minutos, más enfriamiento   Horno: 22-27 minutos
Para 8 raciones

masa para tarta de 23 cm	**2 cucharaditas de licor de naranja**
(*véase* **pág. 487**)	**1 cucharadita de esencia**
225 ml de leche	**de vainilla**
2 yemas medianas	**450 g de bayas variadas, como**
70 g de azúcar	**frambuesas, moras y arándanos**
2 cucharadas de maicena	**azúcar lustre para decorar**

◆ Prepare la masa para un molde 23 cm y enfonde una tartera siguiendo las instrucciones. Precaliente el horno a 220 °C (gas 7). Cubra la masa con papel de aluminio y llénela con pesas para hornear, legumbres secas u arroz crudo. Hornee 15 minutos. Retire el papel con las pesas y hornee entre 7 y 12 minutos más, o hasta que la masa esté dorada. (Si se hinchara durante el horneado, presiónela suavemente hacia abajo con el dorso de una cuchara.) Deje que se enfríe completamente sobre la rejilla.

◆ Mientras, prepare la crema pastelera. Ponga a hervir la leche a fuego medio-alto en un cazo de 2 litros. Bata las yemas con el azúcar en un cuenco mediano, hasta que blanqueen, y mézclelas con la maicena. Vierta gradualmente la leche caliente sobre la mezcla de yemas. Devuelva al cazo y cueza, batiendo sin parar, hasta que la mezcla hierva y se espese. Baje el fuego y cueza 2 minutos sin dejar de batir. Retire la crema del fuego y mézclela con el licor y la esencia de vainilla.

◆ Vierta la crema en un cuenco limpio y presiónela con película de plástico para evitar que se forme una capa. Refrigérela 2 horas, como mínimo, o hasta que esté fría.

◆ Cuando la masa se haya enfriado, desmóldela cuidadosamente. Bata la crema pastelera y extiéndala por el fondo de la masa. Cubra con las bayas y tamice con el azúcar lustre. Tape y refrigere cualquier resto de tarta.

Cada ración: unas 250 calorías, 4 g de proteínas, 30 g de hidratos de carbono, 13 g de grasa total (3 g de saturadas), 57 mg de colesterol, 185 mg de sodio

TARTA DE HIGOS Y CREMA

Preparación: 25 minutos, más enfriamiento   Horno: 34-42 minutos
Para 8 raciones

masa para tarta de 23 cm	**⅛ de cucharadita de sal**
(*véase* **pág. 487**)	**1 huevo mediano**
350 ml de crema de leche agria	**6 higos grandes o 12 pequeños,**
70 g de azúcar	**o 450 g de bayas variadas**
2 cucharadas de harina	**80 g de confitura de albaricoque**
1 cucharada de esencia de vainilla	

◆ Prepare la masa y enfonde una tartera siguiendo las instrucciones. Precaliente el horno a 220 °C (gas 7). Cubra la masa con papel de aluminio y llénelo con pesas para hornear, legumbres secas o arroz crudo. Hornee 15 minutos. Retire el papel y las pesas; hornee entre 7 y 12 minutos más o hasta que esté dorada. (Si se hinchara durante el horneado, presiónela hacia abajo con el dorso de una cuchara.) Deje que se enfríe ligeramente sobre una rejilla metálica. Baje la temperatura del horno a 200 °C (gas 6).

◆ Bata en un cuenco mediano la crema agria, el azúcar, la harina, la esencia de vainilla, la sal y el huevo con un tenedor, hasta que la mezcla esté bien amalgamada; viértala en el fondo de la masa. Hornee entre 12 y 15 minutos, o hasta que la crema haya cuajado. Deje que la tarta se enfríe por completo en el molde y sobre una rejilla. Tape y refrigere 2 horas.

◆ Retire con cuidado las paredes del molde. Cuartee los higos o pártalos si son pequeños. Coloque los higos sobre la tarta. Derrita la confitura de albaricoque en un cazo pequeño a fuego lento. Pincele los higos con la confitura. Tape y refrigere las sobras.

Cada ración: unas 335 calorías, 4 g de proteínas, 36 g de hidratos de carbono, 20 g de grasa total (8 g de saturadas), 46 mg de colesterol, 230 mg de sodio

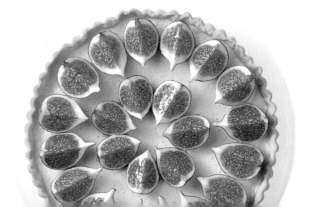

TARTA DE LIMÓN

Preparación: 20 minutos, más enfriamiento   *Horno:* 52-57 minutos
Para 8 raciones

masa para tarta de 23 cm
   (*véase* pág. 487)
4 limones grandes
4 huevos medianos

200 g de azúcar
75 ml de crema de leche espesa
azúcar lustre para decorar

◆ Prepare la masa y enfonde con ella una tartera, siguiendo las instrucciones. Precaliente el horno a 220 °C (gas 7). Cubra la masa con papel de aluminio y póngale legumbres secas o arroz crudo.

◆ Hornee la masa 15 minutos. Retire el papel y las pesas, y hornee entre 7 y 12 minutos más, o hasta que esté dorada. (Si se hincha durante el horneado, presiónela suavemente hacia abajo con el dorso de una cuchara.) Enfríe la masa por completo sobre una rejilla. Baje el control del horno a 180 °C (gas 4).

◆ Ralle 1½ cucharaditas de corteza de limón y exprima 150 ml de zumo. Bata juntos los huevos, el azúcar, la corteza y el zumo de limón en un cuenco mediano, hasta que estén bien amalgamados. Incorpore la crema batida y mezcle. Vierta la mezcla con cuidado sobre el fondo de tarta enfriado.

◆ Hornee 30 minutos, o hasta que la crema casi se haya cuajado. Deje que se enfríe sobre una rejilla.

◆ Retire con cuidado las paredes del molde y, antes de servir, espolvoree con el azúcar lustre. Tape y refrigere cualquier resto.

Cada ración: unas 320 calorías, 5 g de proteínas, 39 g de hidratos de carbono, 16 g de grasa total (5 g de saturadas), 120 mg de colesterol, 200 mg de sodio

TARTA DE TRUFA

Preparación: 20 minutos, más enfriamiento   *Horno:* 42-47 minutos
Para 12 raciones

masa para tarta de 23 cm
   (*véase* pág. 487)
125 g de mantequilla o margarina
175 g de chocolate negro
50 g de azúcar
3 huevos medianos

1 cucharadita de esencia
   de vainilla
125 ml de crema de leche, espesa
corazones de chocolate blanco
   (*véase* pág. 552) **para decorar**

◆ Prepare la masa y enfonde una tartera siguiendo las instrucciones, pero corte la masa contra las paredes del molde. Precaliente el horno a 220 °C (gas 7). Forre el molde con papel de aluminio y llénelo con pesas para tarta, legumbres secas o arroz crudo.

◆ Hornee 15 minutos. Retire el papel con las pesas y hornee entre 7 y 12 minutos más, o hasta que la masa esté dorada. (Si se hinchara durante el horneado, presiónela suavemente hacia abajo con el dorso de una cuchara.) Deje que se enfríe 15 minutos en el molde sobre una rejilla. Baje la temperatura del horno a 180 °C (gas 4).

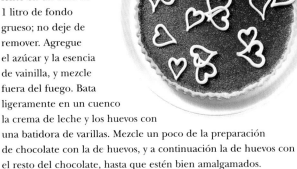

◆ Mientras la masa se enfría, prepare el relleno. Derrita la mantequilla y el chocolate a fuego lento en un cazo de 1 litro de fondo grueso; no deje de remover. Agregue el azúcar y la esencia de vainilla, y mezcle fuera del fuego. Bata ligeramente en un cuenco la crema de leche y los huevos con una batidora de varillas. Mezcle un poco de la preparación de chocolate con la de huevos, y a continuación la de huevos con el resto del chocolate, hasta que estén bien amalgamados.

◆ Vierta la mezcla caliente en el fondo de tarta y hornee 20 minutos, o hasta que justo haya cuajado (el centro temblará). Mientras la masa se hornea, prepare los corazones de chocolate blanco. Retire con cuidado las paredes del molde y decore la tarta con los corazones. Tape y refrigere los restos.

Cada ración: unas 300 calorías, 4 g de proteínas, 21 g de hidratos de carbono, 24 g de grasa total (10 g de saturadas), 89 mg de colesterol, 220 mg de sodio

TARTA DE FRUTOS SECOS

Preparación: 20 minutos, más enfriamiento   *Horno:* 48-55 minutos
Para 12 raciones

masa para tarta de 28 cm
   (*véase* pág. 487)
100 g de azúcar moreno claro
145 g de jarabe de melaza dorado
45 g de mantequilla o margarina,
   derretida

2 cucharaditas de esencia
   de vainilla
2 huevos medianos
300-325 g de frutos secos salados,
   variados
crema de leche batida (opcional)

◆ Prepare la masa y enfonde una tartera, siguiendo las instrucciones. Precaliente el horno a 190 °C (gas 5). Cubra la masa con papel de aluminio y llénelo con pesas para hornear o legumbres secas.

◆ Hornee 15 minutos. Retire el papel y las pesas, y hornee entre 8 y 10 minutos más, o hasta que esté dorada. (Si se hincha durante el horneado, presiónela suavemente con el dorso de una cuchara.)

◆ Mientras, bata en un cuenco mediano el azúcar, el jarabe de melaza, la mantequilla, la esencia de vainilla y los huevos, hasta que la mezcla quede homogénea. Agregue los frutos secos y viértalo sobre el fondo de tarta. Hornee entre 25 y 30 minutos más, o hasta que haya cuajado y esté dorada. Deje que la tarta se enfríe dentro del molde, sobre una rejilla. Retire con cuidado las paredes del molde. Acompañe la tarta con crema batida si lo desea. Tape y refrigere los restos.

Cada ración: unas 405 calorías, 7 g de proteínas, 35 g de hidratos de carbono, 26 g de grasa total (6 g de saturadas), 45 mg de colesterol, 340 mg de sodio

TARTA DE PACANAS CON CELOSÍA

Preparación: 30 minutos, más enfriamiento
Horno: 50-55 minutos
Para 16 raciones

masa para tarta de 28 cm
  (*véase* pág. 487)
45 g de mantequilla o margarina

500 g de jarabe de melaza
  dorado
200 g de azúcar
1½ cucharaditas de esencia
  de vainilla
4 huevos medianos
300 g de pacanas, picadas

◆ Prepare la masa y enfríela. Precaliente el horno a 180 °C
(gas 4). Extienda la bola grande de masa con el rodillo enharinado;
forme un círculo de 35 cm sobre una superficie de trabajo también
enharinada. Enfonde con la masa una tartera de 28 x 4 cm de
fondo desmontable. Derrita la mantequilla a fuego lento en un cazo
de 3 litros y retírelo del fuego. Bata los 3 huevos restantes y la clara
con la mezcla anterior, ayudándose con un tenedor o mediante
una batidora de varillas. Mezcle con las pacanas picadas y vierta
la preparación en el fondo de tarta.

◆ Mezcle la yema restante con 2 cucharaditas de agua en un
cuenco pequeño. Extienda el resto de la masa y forme un círculo
de 28 cm. Prepare una celosía (*véase* derecha) y pincele con
la mezcla de yemas. Hornee entre 50 y 55 minutos, hasta que al
insertar un cuchillo en el relleno a unos 2-3 cm de un extremo,
salga limpio. Deje que la tarta se enfríe en el molde sobre una
rejilla metálica. En el momento de servir, retire las paredes del
molde. Tape y refrigere las sobras.

**Cada ración: unas 430 calorías, 5 g de proteínas, 51 g de hidratos de carbono,
24 g de grasa total (4 g de saturadas), 59 mg de colesterol, 195 mg de sodio**

TARTA DE FRUTAS CON CELOSÍA

Preparación: 45 minutos, más enfriamiento   *Horno:* 55-60 minutos
Para 12 raciones

masa para empanada de dos capas
  (*véase* pág. 487)
600 g de manzanas Golden
  Delicious, peladas,
  descorazonadas y cortadas
  a dados de 1 cm
15 g de mantequilla o margarina
3 cucharadas, más 140 g, de azúcar
sal

200 g de arándanos rojos,
  descongelados si fuesen
  congelados
75 g de sultanas
1 cucharadita de esencia
  de vainilla
2 cucharadas de harina
1 huevo mediano, ligeramente
  batido

◆ Prepare la masa y enfríela. Extienda la bola grande
con un rodillo sobre una superficie enharinada; forme
un círculo de 35 cm. Enfonde con la masa una tartera de
28 x 4 cm de fondo desmontable. Cubra con película de plástico
y refrigere.

◆ Mezcle las manzanas, la mantequilla, 3 cucharadas de azúcar y
¼ de cucharadita de sal en una sartén de 26 cm. Tape y cueza
10 minutos, a fuego medio, o hasta que las manzanas estén muy
tiernas; aplástelas de vez en cuando con un tenedor. Destape,
aumente el fuego a medio-alto y cueza removiendo con frecuencia,
hasta que todo el líquido se haya evaporado y las manzanas formen
un puré espeso. Retire del fuego y enfríe por completo.

◆ Precaliente el horno a 190 °C (gas 5). Mezcle los arándanos,
las sultanas, la esencia de vainilla, la harina, los 140 g de azúcar restantes
y ½ cucharadita de sal en un cuenco mediano. Extienda uniformemente
el puré de manzanas sobre el fondo de tarta y cubra con los arándanos.
Extienda el resto de la masa y forme un círculo de 28 cm. Prepare una
celosía (*véase* inferior) y pincélela ligeramente con huevo batido.

◆ Hornee entre 55 y 60 minutos, o hasta que el relleno empiece a
burbujear y la masa esté dorada. Tape con papel de aluminio durante
los últimos 30 minutos de cocción, para evitar que la masa se dore
demasiado. Enfríe la tarta dentro del molde dispuesto sobre una
rejilla metálica. En el momento de servir, retire con cuidado las
paredes del molde.

**Cada ración: unas 315 calorías, 3 g de proteínas, 47 g de hidratos de carbono,
14 g de grasa total (3 g de saturadas), 21 mg de colesterol, 285 mg de sodio**

◆ ◆

CELOSÍA

1 Con la ayuda de un cuchillo, corte el círculo de masa en 20 tiras
de 1 cm de ancho. Coloque 10 tiras sobre el relleno de la tarta o
empanada, a 1 cm de distancia unas de otras; no selle los extremos.

2 Doble una tira sí y otra no
¾ de su longitud. Coloque
una tira en el centro, en sentido
horizontal, formando un ángulo
recto con las primeras (o en
diagonal, si desea obtener un
dibujo de rombos), y extienda
por encima las partes de las tiras
dobladas.

3 Repita la operación; coloque
la segunda tira horizontal,
situándola a 1 cm de distancia de
la primera, y extienda por encima
las partes de las tiras dobladas.

4 Repita el entramado hasta
completar la celosía. Recorte
los extremos de las tiras, y
presiónelas contra el borde interno
de la masa para sellarlas.

◆ ◆

TARTALETAS

Estos atractivos postres individuales proporcionan un final festivo para cualquier comida.

Los fondos de tartaletas son muy delicados, por lo que deben enfriarse en los moldes. No los llene con más de 4 horas de antelación, pues la masa podría humedecerse. Sin embargo, puede preparar los fondos con antelación y congelarlos (hornéelos congelados antes de rellenarlos).

TARTALETAS DE LIMÓN Y FRAMBUESAS

◆◆◆◆◆◆◆◆◆◆◆◆

Preparación: 40 minutos, más enfriamiento
Horno: 15 minutos
Para 6 tartaletas (12 raciones)

4 limones medianos
150 g de azúcar
175 g de mantequilla
1 cucharada de maicena
6 yemas de huevo medianas
masa para empanada de dos capas
  (*véase* **pág. 487**)
480 g de frambuesas

MAICENA

La maicena se extrae de los granos de maíz y se utiliza para espesar empanadas de frutas jugosas, budines y salsas; también puede mezclarse con la harina de las masas, los pasteles y las galletas para obtener unos resultados muy tiernos. Los platos espesados con maicena quedan transparentes; en cambio, con harina, resultan opacos.

1 Prepare el relleno. Ralle una cucharada de corteza de limón y exprima 125 ml de zumo. Caliente la corteza, el zumo, el azúcar, la mantequilla y la maicena a fuego medio en un cazo de 2 litros, removiendo de vez en cuando, hasta que el azúcar se disuelva y la mantequilla se derrita. Bata ligeramente las yemas en un cuenco pequeño. Bata una pequeña cantidad de la mezcla de limón con las yemas; vierta lentamente la mezcla de yemas sobre la de limón. Cueza a fuego lento unos 5 minutos, removiendo constantemente, o hasta que la crema cubra el dorso de la cuchara.

2 Vierta el relleno en un cuenco y presione directamente un trozo de film de plástico para evitar que se forme una película. Refrigere 3 horas, o hasta que la mezcla esté bien fría. Mientras, prepare la masa, enfríela y divídala en 6 porciones antes de refrigerarla.

3 Presione la masa contra la base y las paredes de 6 moldes para tartaletas, de 10 cm y bases desmontables.

4 Ponga los moldes en una placa para manejarlos con facilidad. Pinche el fondo de las tartaletas con un tenedor. Refrigere 20 minutos. Precaliente el horno a 200 °C (gas 6). Hornee 15 minutos, o hasta que la masa esté dorada.

5 Traspase los moldes a una rejilla para que se enfríen. Cuando los fondos de tartaletas estén fríos, despréndalos con cuidado de sus moldes. Distribuya dentro el relleno de limón y cubra con las frambuesas. Tape y refrigere las sobras.

CADA ½ TARTALETA: UNAS 350 CALORÍAS, 3 g DE PROTEÍNAS, 34 g DE HIDRATOS DE CARBONO, 24 g DE GRASA TOTAL (10 g DE SATURADAS), 31 mg DE COLESTEROL, 295 mg DE SODIO

TARTALETAS DE CHOCOLATE

Preparación: 50 minutos, más enfriamiento y reposo
Horno: 9-12 minutos   *Para* 36 tartaletas

masa para empanada de una capa
 (*véase* pág. 487)
3 cucharadas de confitura
 de albaricoque
60 g de chocolate negro
3 cucharadas, más 60 ml, de
 crema de leche espesa
15 g de mantequilla o margarina,
 cortada a dados

1 cucharadita de esencia
 de vainilla
1 cucharadita de azúcar lustre
bayas variadas, naranjas enanas
 cortadas en rodajas muy finas
 o virutas de chocolate para
 decorar

◆ Prepare la masa y enfríela. Precaliente el horno a 220 °C (gas). Extienda la masa con un rodillo enharinado sobre una superficie de trabajo también enharinada; déle menos de 1 mm de grosor. Con un cortamasas redondo de 6 cm, corte 36 redondeles de masa (si es necesario, extienda los recortes). Llene 36 cavidades minis para *muffins* o 4 moldes para tartaletas.

◆ Hornee la masa entre 9 y 12 minutos, o hasta que esté dorada. Deje que los moldes se enfríen sobre una rejilla. Retire las tartaletas de los moldes y esparza ¼ de cucharadita de confitura en cada uno. Derrita el chocolate con 3 cucharadas de crema de leche en el recipiente superior de un hervidor doble; mantenga el inferior con agua apenas agitándose. Retire del fuego y mezcle con la mantequilla y la esencia de vainilla. Distribuya la mezcla en las tartaletas sobre la confitura. Deje que repose hasta que cuaje.

◆ Con la batidora eléctrica a velocidad media, bata los 60 ml restantes de crema con el azúcar lustre, hasta que formen picos firmes. Decore cada tartaleta con un poco de crema batida.

Cada tartaleta: unas 60 calorías, 1 g de proteínas, 5 g de hidratos de carbono, 4 g de grasa total (1 g de saturadas), 5 mg de colesterol, 35 mg de sodio

TARTALETAS DE AVELLANA

Preparación: 1 hora, más enfriamiento   *Horno:* 15 minutos   *Para* 36 tartaletas

masa para empanada de una capa
 (*véase* pág. 487)
125 g de avellanas, tostadas y
 peladas (*véase* pág. 522)
120 g de azúcar lustre, y más
 para decorar

1 huevo mediano
45 g de mantequilla o margarina,
 ablandada
1 cucharadita de esencia
 de vainilla

◆ Prepare la masa y enfríela. Precaliente el horno a 200 °C (gas 6). Pique finamente las avellanas y 120 g de azúcar lustre en un robot eléctrico provisto de cuchilla metálica. Agregue el resto de los ingredientes y accione el aparato hasta obtener una mezcla homogénea.

◆ Extienda la masa con un rodillo enharinado sobre una superficie de trabajo ligeramente enharinada; déle menos de 1 mm de grosor. Corte 36 redondeles de masa con un cortamasas redondo de 6 cm (si es necesario, extienda el resto). Enfonde con la masa 36 moldes mini para *muffins* o 4 moldes para tartaletas.

◆ Distribuya dentro el relleno de avellanas. Hornee 15 minutos o hasta que las tartaletas estén doradas. Retírelas de los moldes y deje que se enfríen sobre una rejilla. En el momento de servirlas, espolvoréelas con azúcar lustre por encima. Tape y refrigere los restos.

Cada tartaleta: unas 70 calorías, 1 g de proteínas, 6 g de hidratos de carbono, 5 g de grasa total (1 g de saturadas), 3 mg de colesterol, 40 mg de sodio

TARTALETAS DE FRUTAS Y QUESO CREMA

Preparación: 45 minutos, más enfriamiento   *Horno:* 15 minutos
Para 24 tartaletas

masa para tarta de 23 cm
 (*véase* pág. 487)
225 g de queso crema, blando
3 cucharadas de azúcar
1 cucharada de leche

¾ de cucharadita de esencia
 de vainilla
kiwis, fresas, gajos de mandarina
 en conserva o mitades de uvas
 verdes y negras sin pepitas
hojas de menta para decorar

◆ Prepare la masa y enfríela. Precaliente el horno a 220 °C (gas 7).

◆ Divida la masa por la mitad. Extienda una mitad formando una cuerda y córtela en 12 trozos de 2 o 3 cm. Repita la operación con la otra mitad de masa. Presione uniformemente cada trozo de masa contra la base y las paredes de 24 moldes mini para *muffins*. Pinche varias veces los fondos con un palillo. Hornee 15 minutos o hasta que las tartaletas estén doradas. Deje que se enfríen sobre rejillas. Desmolde las tartaletas y enfríelas por completo sobre las rejillas.

◆ Prepare el relleno. Bata con un tenedor el queso crema, el azúcar, la leche y la esencia de vainilla en un cuenco pequeño, y llene con ello las tartaletas. Cubra con las frutas. Refrigere hasta el momento de servir y decore con la menta.

Cada tartaleta: unas 100 calorías, 1 g de proteínas, 9 g de hidratos de carbono, 7 g de grasa total (3 g de saturadas), 11 mg de colesterol, 85 mg de sodio

PASTAS
Y PASTELES

16

Pastas CONOCIMIENTOS BÁSICOS

Una hornada de pastas o galletas fragantes y recién cocidas es un placer al que pocos pueden resistirse. Las pastas se dividen en 6 tipos básicos: de formas libres, modeladas y prensadas, extendidas, refrigeradas y en forma de tiras y barras (incluidos los negritos). Las pastas y galletas de formas libres y en barras se preparan con una masa blanda. Todas las demás se elaboran con una masa más espesa, para que puedan modelarse mejor. Aunque no son complicadas, obtendrá mejores resultados si trabaja con ingredientes y equipo de calidad, además de aplicar los conocimientos básicos. Los siguientes consejos le ayudarán a conseguir pastas deliciosas.

PREPARARLAS Y MODELARLAS

• Evite añadir más harina de la necesaria a una mezcla, o batirla en exceso una vez que haya incorporado la harina, pues obtendrá pastas duras.
• Para que el horneado resulte uniforme, corte las pastas de manera que tengan el mismo grosor.
• En el caso de las pastas modeladas y prensadas, una masa enfriada es más fácil de manejar. Las masas preparadas con mantequilla, cuando se enfrían adquieren una consistencia más firme, a la vez que mantienen mejor la forma que las preparadas con margarina.
• Extienda sólo una pequeña cantidad de masa a la vez; mantenga el resto tapado para que conserve la humedad.

Las masas refrigeradas pueden modelarse, enfriarse y cortarse a conveniencia. Para hornearlas, corte el número de pastas deseado en porciones uniformes y espácielas sobre placas de horno.

SOBRE LAS PLACAS DE HORNEAR

• Las placas para hornear que tienen sólo uno o dos extremos levantados dejan circular mejor el aire. Si utiliza un molde para brazo de gitano, inviértalo y coloque la masa en el reverso.
• Las placas para hornear deben ser, como mínimo, 5 cm más pequeñas en cuanto a longitud y anchura que el horno, para que el aire pueda circular.
• Engrase sólo las placas de horno si la receta lo indica. Algunas masas tienen un elevado contenido en grasas, por lo que no es necesario engrasar las placas. Si deben engrasarse, hágalo ligeramente, extendiendo la grasa con papel sulfurizado arrugado.

• Las placas de horno pesadas y con un acabado mate proporcionan pastas homogéneamente doradas. El aluminio es ideal. Las placas muy oscuras pueden dorar en exceso las bases de las pastas.

HORNEAR MEJOR

• Si hornea con margarina, asegúrese de que contiene un 80 % de grasa. Las pastas para untar (cuya etiqueta puede indicar para dieta, batidas, líquidas o blandas) tienen un elevado contenido en agua, de modo que pueden adquirir una textura menos y mantecosa.
• Para facilitar el servicio de pastas en forma de barras o tiras, forre la placa con papel de aluminio antes de utilizarla; una vez horneadas, las pastas podrán desprenderse y cortarse a continuación.
• Para obtener los mejores resultados, hornee una placa de pastas en el centro del horno. Si hornea dos a la vez, intercambie la posición a media cocción, para que las pastas se cuezan uniformemente.
• Si hornea las pastas en varias tandas, enfríe la placa de horno a temperatura ambiente antes de colocar encima la masa. Una placa demasiado caliente derretiría la masa. Si la receta indica que la placa debe engrasarse, hágalo tras cada tanda.
• Para evitar que las pastas se cuezan en exceso, compruebe su punto cuando se cumpla el tiempo de cocción mínimo indicado en la receta, y luego vigílelas durante los últimos minutos de cocción en el horno.
• Una vez retiradas del horno, la mayoría de pastas resultan demasiado blandas para manejarlas. Deje que se enfríen ligeramente antes de traspasarlas a una rejilla.
• Para comprobar el punto de cocción de las barras o las tiras, inserte un palillo en el centro del molde; debe salir limpio (a no ser que se especifique lo contrario). Otras pastas están cocidas cuando se muestran firmes en los extremos.
• Las pastas en forma de barras o tiras deben enfriarse en el molde antes de cortarse, pues pueden desmenuzarse.

CÓMO CONSERVAR LAS PASTAS Y PREPARARLAS COMO REGALO

• Para guardar una masa para galletas, colóquela en un recipiente hermético o una bolsa de plástico (envuelva las barras para las pastas refrigeradas con película de plástico); enfríelas hasta una semana o congélelas hasta 6 meses (si es necesario, déjelas a temperatura ambiente hasta que puedan cortarse con facilidad).
• Para guardar pastas horneadas una vez enfriadas, colóquelas en el fondo de un recipiente hermético y cúbralas con papel sulfurizado. Repita la operación, formando tantos pisos como sean necesarios y cierre el recipiente. Guarde hasta 3 días a temperatura ambiente.
• Congele las pastas de formas libres no horneadas sobre las placas de horno. Una vez congeladas, traspáselas a bolsas de plástico grueso.
• Para congelar pastas horneadas, colóquelas en bolsas de plástico y expulse el aire de ellas. También puede ponerlas en recipientes herméticos; para que no se rompan, colóquelas entre capas de papel sulfurizado arrugado. Congele hasta 3 meses.
• Las pastas caseras son siempre regalos personalizados. Forre una caja (puede comprarla o prepararla usted mismo) con papel fino de color y blondas. Para conservar las pastas en buenas condiciones, envuélvalas una a una con película de plástico. Coloque las pastas de manera que formen capas e intercale papel entre ellas.

PASTAS DE FORMAS LIBRES

Estas pastas van de las barquitas de vainilla (derecha) a preparaciones horneadas sobre placa, como las pastas de avena. Estas pastas se forman dejando caer cucharadas de masa blanda, sin enfriar, sobre la placa de horno. Para una cocción uniforme, distribúyala en porciones iguales.

BARQUITAS DE VAINILLA

◆◆◆◆◆◆◆◆◆◆◆◆

Preparación: 1 hora, más enfriamiento

Horno: 5-7 minutos por tanda

Para unas 30 unidades

3 claras de huevo medianas
90 g de azúcar lustre
75 g de harina
90 g de mantequilla, derretida
¾ de cucharadita de esencia de vainilla
¼ de cucharadita de sal

TEJAS DE ALMENDRA

Prepare la masa tal como se indica en los pasos 1, 2 y 3 de la receta anterior, pero sustituya la vainilla por ¼ de cucharadita de esencia de almendras. Antes de hornear, espolvoree generosamente cada pasta con una capa de almendras fileteadas; necesitará unos 75 g de almendras. Hornee tal como se indica en el paso 4, pero retire las pastas calientes de la placa y colóquelas enseguida sobre un rodillo, para que se curven. Una vez firmes, traspáselas a una rejilla para que se enfríen.

Cada pasta: unas 50 calorías, 1 g de proteínas, 4 g de hidratos de carbono, 3 g de grasa total (2 g de saturadas), 6 mg de colesterol, 45 mg de sodio

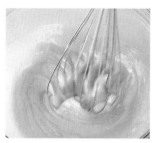

1 Precaliente el horno a 180 °C (gas 4). Engrase una placa para hornear. Bata las claras, el azúcar lustre y la harina en un cuenco con la batidora de varillas, hasta que la mezcla esté bien amalgamada. Incorpore, batiendo, el resto de ingredientes.

2 Deje caer una cucharadita colmada de la mezcla sobre la placa de horno. Repita la operación hasta formar 4 pastas en total; sepárelas 7 u 8 cm unas de otras.

3 Extienda cada pasta con un cuchillo-paleta y forme un círculo de 7 cm. (No ponga más de 4 por placa, pues, una vez horneadas, las pastas deben modelarse rápidamente antes de que se endurezcan.)

5 Repita el modelado. Si las pastas quedan demasiado duras para ello, devuelva la placa al horno para ablandarlas ligeramente. Repita los pasos 2, 3 y 4 con el resto de la masa. (La masa se espesa ligeramente durante el reposo.) Conserve las pastas en un recipiente herméticamente cerrado.

4 Hornee las pastas entre 5 y 7 minutos, o hasta que los extremos estén dorados. Traspáselas con una espátula a una rejilla para que se enfríen. Déles forma de barquitas o tulipas, mientras todavía estén calientes, y déjelas sobre la rejilla para que se enfríen. (Si lo desea, puede mantenerlas planas y enfriarlas sobre la rejilla.)

CADA PASTA: UNAS 40 CALORÍAS, 1 g DE PROTEÍNAS, 4 g DE HIDRATOS DE CARBONO, 2 g DE GRASA TOTAL (1 g DE SATURADAS), 12 mg DE COLESTEROL, 45 mg DE SODIO

PICAR FRUTOS SECOS

Los frutos secos pueden desplazarse con facilidad al picarlos. La mejor manera de hacerlo consiste en sostener la hoja de un cuchillo de cocinero con una mano, mientras que con la otra se baja y levanta el mango. Trabaje hacia adelante y hacia atrás sobre la tabla de picar.

PASTAS DE AVENA CON DÁTILES Y PACANAS

Preparación: 30 minutos, más enfriamiento
Horno: 20-25 minutos por tanda
Para unas 24 unidades

225 g de mantequilla o margarina, ablandada
150 g de azúcar
150 g de azúcar moreno claro
225 g de harina
1 cucharadita de bicarbonato sódico
1 cucharadita de esencia de vainilla
½ cucharadita de sal
½ cucharadita de canela, molida
2 huevos medianos
240 g de copos de avena
300 g de dátiles deshuesados, picados
125 g de pacanas, picadas

◆ Precaliente el horno a 180 °C (gas 4). Bata en un cuenco grande la mantequilla y ambos azúcares con la batidora eléctrica a velocidad media durante 5 minutos, o hasta que la mezcla quede ligera y cremosa. Baje la velocidad; agregue la harina y los 5 ingredientes siguientes. Bata hasta que estén justo mezclados; raspe de vez en cuando las paredes del recipiente con una espátula de goma. Agregue los copos de avena, los dátiles y las pacanas, y mezcle con una cuchara de madera.

◆ Deje caer unas 4 cucharadas, espaciándolas unos 7 u 8 cm, sobre una placa grande para hornear. Hornee las pastas entre 20 y 25 minutos hasta que estén doradas. Traspáselas con una espátula a una rejilla metálica, para que se enfríen. Repita la operación con el resto de la masa. Guarde las pastas en un recipiente herméticamente cerrado.

Cada pasta: unas 250 calorías, 4 g de proteínas, 35 g de hidratos de carbono, 12 g de grasa total (4 g de saturadas), 38 mg de colesterol, 195 mg de sodio

PASTAS DE CACAHUETES

Preparación: 25 minutos, más enfriamiento
Horno: 15-20 minutos por tanda
Para unas 18 unidades

260 g de mantequilla de cacahuete, refinada
125 g de mantequilla o margarina, ablandada
100 g de azúcar moreno claro
50 g de azúcar
1 cucharadita de bicarbonato sódico
½ cucharadita de esencia de vainilla
¼ de cucharadita de sal
1 huevo mediano
150 g de harina
225 g de guirlache de cacahuete, picado

◆ Precaliente el horno a 180 °C (gas 4). Bata en un cuenco grande los primeros 8 ingredientes con la batidora eléctrica a velocidad media, hasta que estén bien amalgamados; raspe de vez en cuando las paredes del recipiente con una espátula de goma. Baje la velocidad. Añada la harina y bata hasta que la mezcla esté justo amalgamada.

◆ Deje caer cucharadas colmadas de pasta sobre una placa grande y metálica, sin engrasar; sepárelas unos 5 cm. Cúbralas con trocitos de guirlache de cacahuete y presiónelas suavemente contra la masa.

◆ Hornee entre 15 y 20 minutos, hasta que las pastas estén ligeramente doradas. Deje que se enfríen 2 minutos sobre la placa de horno, después traspáselas sobre una rejilla metálica para que se enfríen por completo. Repita la operación con el resto de la masa y los cacahuetes. Guarde las pastas en un recipiente herméticamente cerrado.

Cada pasta: unas 245 calorías, 6 g de proteínas, 26 g de hidratos de carbono, 14 g de grasa total (4 g de saturadas), 27 mg de colesterol, 235 mg de sodio

PASTAS DE CHOCOLATE

Preparación: 30 minutos, más enfriamiento
Horno: 25-30 minutos por tanda
Para unas 18 unidades

350 g de chocolate negro, picado
225 g de mantequilla o margarina, ablandada
140 g de azúcar moreno claro
70 g de azúcar
1 cucharadita de bicarbonato sódico
2 cucharaditas de esencia de vainilla
½ cucharadita de sal
1 huevo mediano
300 g de harina
225 g de nueces, picadas

◆ Derrita 175 g de chocolate en un cazo de fondo grueso a fuego lento; remueva con frecuencia hasta que el chocolate esté liso y se haya derretido. Retírelo del fuego y deje que se enfríe a temperatura ambiente.

◆ Precaliente el horno a 180 °C (gas 4). Bata en un cuenco grande la mantequilla, ambos azúcares, el bicarbonato, la esencia de vainilla y la sal con la batidora eléctrica a velocidad lenta, hasta que la mezcla se desmenuce. Agregue el chocolate derretido y el huevo, y bata hasta que estén bien amalgamados; raspe de vez en cuando el cuenco con una espátula de goma. Incorpore la harina, las nueces y los 175 g restantes de chocolate a trozos; mezcle con una cuchara de madera.

◆ Deje caer unas 4 cucharadas de la mezcla sobre una placa grande de horno, sin engrasar; sepárelas unos 7 u 8 cm unas de otras. Hornee las pastas entre 25 y 30 minutos, o hasta que los extremos estén firmes y los centros todavía blandos. Traspase las pastas con una espátula sobre una rejilla para que se enfríen por completo. Repita la operación con el resto de la masa. Guarde las pastas en un recipiente herméticamente cerrado.

Cada pasta: unas 360 calorías, 5 g de proteínas, 37 g de hidratos de carbono, 24 g de grasa total (5 g de saturadas), 39 mg de colesterol, 255 mg de sodio

PASTAS DE CHOCOLATE, NUECES Y CAFÉ

Preparación: 30 minutos, más enfriamiento   Horno: 15 minutos por tanda
Para unas 36 unidades

90 g de chocolate negro, derretido
150 g de harina
200 g de azúcar
125 g de mantequilla o margarina, ablandada
1 cucharada de café expreso instantáneo en polvo

2 cucharaditas de esencia de vainilla
1 cucharadita de sal
½ cucharadita de levadura en polvo
2 huevos medianos
450 g de nueces, picadas

◆ Precaliente el horno a 180 °C (gas 4). Mezcle todos los ingredientes, excepto las nueces, en un cuenco grande. Bátalos con la batidora eléctrica a velocidad lenta, hasta que estén bien mezclados; raspe de vez en cuando las paredes del cuenco con una espátula. Mezcle las nueces con una cuchara de madera.

◆ Deje caer cucharadas redondeadas de masa sobre una placa grande de horno, sin engrasar; sepárelas unos 2 o 3 cm unas de otras. Hornee 15 minutos, o hasta que se hayan cuajado. Traspase las pastas con una espátula a una rejilla metálica para que se enfríen. Repita la operación con el resto de la masa. Guarde las pastas en un recipiente herméticamente cerrado.

Cada pasta: unas 160 calorías, 3 g de proteínas, 11 g de hidratos de carbono, 12 g de grasa total (3 g de saturadas), 19 mg de colesterol, 100 mg de sodio

PASTAS DE FRUTAS CONFITADAS

Preparación: 50 minutos, más enfriamiento   Horno: 12 minutos por tanda
Para unas 66 unidades

225 g de harina
200 g de azúcar moreno oscuro
90 g de mantequilla o margarina, ablandada
½ cucharadita de sal
½ cucharadita de bicarbonato sódico
½ cucharadita de levadura en polvo

½ cucharadita de esencia de almendras
2 huevos medianos
225 g de cerezas rojas confitadas, picadas
125 g de cerezas verdes confitadas, picadas
125 g de nueces, picadas

◆ Precaliente el horno a 200 °C (gas 6). Bata con la batidora eléctrica la harina y los 7 ingredientes siguientes en un cuenco, hasta que estén bien amalgamados; raspe de vez en cuando el recipiente.

◆ Reserve 125 g de cerezas rojas y verdes picadas. Mezcle el resto y las nueces con la masa. Deje caer cucharaditas colmadas de la masa sobre una placa grande de horno, sin engrasar; espácielas unos 2 o 3 cm. Decore la superficie de las pastas con las cerezas reservadas.

◆ Hornee las pastas 12 minutos, o hasta que estén doradas. Traspáselas cuidadosamente con una espátula a una rejilla para que se enfríen. Repita la operación con el resto de la masa y las cerezas. Guarde las pastas en un recipiente herméticamente cerrado.

Cada pasta: unas 60 calorías, 1 g de proteínas, 10 g de hidratos de carbono, 2 g de grasa total (0 g de saturadas), 9 mg de colesterol, 45 mg de sodio

PASTAS DE AVENA Y MANZANA

Preparación: 25 minutos, más enfriamiento   Horno: 20 minutos por tanda
Para unas 48 unidades

300 g de azúcar
125 g de mantequilla o margarina, ablandada
225 g de harina
1 cucharadita de bicarbonato sódico
1 cucharadita de canela, molida
1 cucharadita de esencia de vainilla

½ cucharadita de sal
2 huevos medianos
2 manzanas Granny Smith medianas, peladas, descorazonadas y cortadas a dados
240 g de copos de avena
150 g de pasas
90 g de nueces, picadas

◆ Precaliente el horno a 180 °C (gas 4). Bata en un cuenco grande el azúcar y la mantequilla 5 minutos con la batidora eléctrica, o hasta que la mezcla quede ligera y cremosa.

◆ Agregue la harina, el bicarbonato, la canela, la esencia de vainilla, la sal y los huevos. Bata hasta que estén amalgamados; raspe de vez en cuando las paredes del cuenco con una espátula de goma. Incorpore a la mezcla las manzanas, los copos de avena, las pasas y la nueces, removiendo con una cuchara de madera.

◆ Deje caer cucharadas colmadas de la masa sobre una placa grande de horno sin engrasar; separe unos 7 u 8 cm unas de otras. Hornee las pastas 20 minutos, hasta que estén doradas. Traspáselas con una espátula a rejillas metálicas para que se enfríen. Repita la operación con el resto de la masa. Guarde las pastas en un recipiente herméticamente cerrado.

Cada pasta: unas 120 calorías, 2 g de proteínas, 16 g de hidratos de carbono, 5 g de grasa total (1 g de saturadas), 15 mg de colesterol, 95 mg de sodio

Pastas de avena y manzana   Pastas de frutas confitadas   Pastas de chocolate, nueces y café

PASTAS CRUJIENTES DE PACANAS

Preparación: 40 minutos, más enfriamiento   *Horno:* 6-8 minutos por tanda
Para unas 60 unidades

170 g de mitades de pacanas
90 g de mantequilla, ablandada
100 g de azúcar moreno claro
110 g de jarabe de melaza dorado

115 g de harina
½ cucharadita de esencia
   de vainilla

◆ Precaliente el horno a 190 °C (gas 5). Engrase una fuente grande de horno. Reserve 60 mitades de pacanas para decorar y pique finamente el resto.

◆ Ponga a hervir la mantequilla, el azúcar moreno y el jarabe de melaza a fuego medio en un cazo de 2 litros (no emplee margarina porque se separa del azúcar durante la cocción); retire del fuego. Incorpore las pacanas picadas, la harina y la esencia de vainilla, removiendo con una cuchara de madera.

◆ Deje caer una cucharadita colmada de la masa sobre la placa de horno y cubra con una mitad de pacana. Repita la operación para preparar 8 pastas; sepárelas 7 u 8 cm. Hornee las pastas entre 6 y 8 minutos, o hasta que estén ligeramente doradas.

◆ Retire la placa del horno y deje que se enfríen ligeramente durante 30 segundos. Desprenda cuidadosamente las pastas con una espátula y traspáselas a una rejilla para que se enfríen por completo. Repita con el resto de la masa y las pacanas. Guarde las pastas en un recipiente herméticamente cerrado.

Cada pasta: unas 45 calorías, 0 g de proteínas, 5 g de hidratos de carbono,
3 g de grasa total (1 g de saturadas), 6 mg de colesterol, 15 mg de sodio

ALMENDRADOS DE COCO Y ALMENDRAS

Preparación: 15 minutos, más enfriamiento
Horno: 20-25 minutos por tanda   *Para* unas 18 unidades

200 g de coco seco
125 g de almendras, fileteadas
100 g de azúcar
¼ de cucharadita de sal

4 claras medianas
1 cucharadita de esencia
   de almendras

◆ Precaliente el horno a 170 °C (gas 3). Engrase una placa grande de horno. Mezcle el coco, las almendras, el azúcar y la sal en un cuenco grande con una cuchara de madera, hasta que estén bien amalgamados. Amalgame con las claras y la esencia de vainilla.

◆ Deje caer cucharadas colmadas de la mezcla sobre una placa de horno, espácielas unos 5 cm. Hornee entre 20 y 25 minutos, o hasta que los almendrados estén dorados. Traspáselos a una rejilla para que se enfríen por completo. Repita la operación con el resto de la masa. Guarde las pastas en un recipiente herméticamente cerrado.

Cada pasta: unas 110 calorías, 3 g de proteínas, 11 g de hidratos de carbono,
7 g de grasa total (3 g de saturadas), 0 mg de colesterol, 45 mg de sodio

CRUJIENTES DE SÉSAMO

Preparación: 20 minutos, más enfriamiento   *Horno:* 8 minutos por tanda
Para unas 36 unidades

90 g de mantequilla, ablandada
140 g de azúcar
1 cucharadita de esencia de vainilla
¼ de cucharadita de sal
¼ de cucharadita de levadura
   en polvo
1 huevo mediano
75 g, más 2 cucharadas, de harina

4 cucharaditas de semillas de
   sésamo blancas, tostadas
   (*véase* pág. 318)
4 cucharaditas de semillas de
   sésamo negras (disponibles en
   comercios especializados en
   productos orientales; o utilice
   semillas de sésamo blancas)

◆ Precaliente el horno a 180 °C (gas 4). Engrase una placa grande de horno. Bata en un cuenco grande los 5 primeros ingredientes con la batidora eléctrica a velocidad media. Agregue el huevo y bata hasta que esté bien incorporado. Añada la harina y remueva con una cuchara de madera.

◆ Traspase la mitad de la mezcla a un cuenco pequeño y agregue las semillas de sésamo blancas, tostadas. Mezcle el resto de la masa con las semillas de sésamo negras. Deje caer cucharaditas redondeadas de la masa sobre una placa de horno, espácielas unos 7 u 8 cm. Hornee las pastas unos 8 minutos, o hasta que estén firmes y los extremos dorados.

◆ Retire la placa del horno y deje que las pastas se enfríen unos 30 minutos. Traspáselas a una rejilla metálica y deje que se enfríen por completo. Repita la operación con el resto de la masa. Guarde las pastas en un recipiente herméticamente cerrado.

Cada pasta: unas 45 calorías, 1 g de proteínas, 5 g de hidratos de carbono,
2 g de grasa total (1 g de saturadas), 16 mg de colesterol, 40 mg de sodio

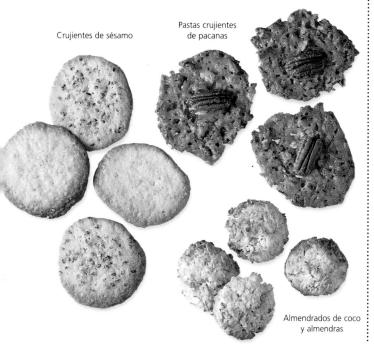

Crujientes de sésamo

Pastas crujientes
de pacanas

Almendrados de coco
y almendras

Pastas moldeadas y prensadas

Para obtener un éxito seguro, la masa para estas pastas debe ser lo suficientemente firme como para que puedan ser moldeadas a mano y mantengan la forma en el horno. Si es demasiado blanda, refrigérela una hora y pruebe de nuevo. Por otra parte, la masa ha de ser lo bastante blanda como para pasar a través de una manga pastelera o una prensa mecánica.

Mediaslunas de nueces

◆◆◆◆◆◆◆◆◆◆◆◆◆

Preparación: 45 minutos,
más enfriamiento
Horno: 20 minutos por tanda
Para unas 72 unidades

125 g de nueces
100 g de azúcar
125 g de mantequilla, ablandada
300 g de harina
125 ml de crema agria
2 cucharaditas de esencia
  de vainilla
¼ de cucharadita de sal
60 g de azúcar lustre

VARIANTES

En vez de darles forma de mediaslunas en el paso 4, forme con la masa unas bolas de 2 o 3 cm; hornéelas y páselas por azúcar lustre tal como se indica. Si lo desea, puede sustituir las nueces por pacanas o almendras. También puede emplear avellanas tostadas y peladas (*véase* pág. 522), pero omita el paso 1 para tostarlas.

1 Tueste ligeramente las nueces a fuego medio en una sartén de 26 cm; sacúdalas con frecuencia. Resérvelas hasta que se enfríen.

2 Mezcle las nueces frías con 50 g de azúcar en un robot eléctrico provisto de cuchilla metálica, hasta que las nueces estén finamente picadas. Bata en un cuenco grande la mantequilla y los 50 g restantes de azúcar con la batidora eléctrica a velocidad lenta; raspe de vez en cuando las paredes del cuenco con una espátula de goma.

3 Aumente la velocidad a alta y bata unos 5 minutos, hasta que la mezcla esté ligera y esponjosa. Reduzca la velocidad a baja e incorpore la harina, la crema agria, la vainilla, la sal y la mezcla de nueces. Divida la masa en dos y envuelva cada mitad con película de plástico. Refrigere 1 hora, o hasta que la masa esté lo bastante firme como para ser manipulada. (Puede dejarla en el congelador durante 30 minutos.) Mientras, precaliente el horno a 190 °C (gas 5).

4 Con las manos ligeramente enharinadas y trabajando con la mitad de la masa, retire cucharaditas redondeadas de masa y déles forma de mediaslunas de unos 2 o 3 por 1 cm. Póngalas en una placa grande de horno sin engrasar; sepárelas unos 4 cm. Hornéelas unos 20 minutos, o hasta que los bordes estén ligeramente dorados. Deje que las pastas se enfríen sobre la placa y en una rejilla durante 2 minutos. Ponga el azúcar lustre en un cuenco pequeño.

5 Cuando las pastas estén calientes, páselas de una en una por el azúcar. Deje que se enfríen por completo sobre rejillas. Repita la operación con el resto de la masa y el azúcar lustre. Guarde las pastas en un recipiente herméticamente cerrado.

CADA PASTA: UNAS 55 CALORÍAS, 1 g DE PROTEÍNAS, 5 g DE HIDRATOS DE CARBONO, 4 g DE GRASA TOTAL (2 g DE SATURADAS), 12 mg DE COLESTEROL, 35 mg DE SODIO

BARRITAS DE ALMENDRA

Preparación: 25 minutos, más enfriamiento
Horno: 20-25 minutos por tanda **Para** 24 unidades

**400-450 g de mazapán, cortado
en trozos de 2-3 cm**
40 g de azúcar lustre

2 claras de huevo medianas
225 g de almendras, fileteadas

◆ Precaliente el horno a 170 °C (gas 3). Engrase y enharine una placa grande de horno. Bata el mazapán con la batidora eléctrica a velocidad lenta, hasta que quede desmenuzado. Agregue el azúcar lustre y las claras, y continúe batiendo hasta que estén amalgamados (la masa será húmeda y pegajosa). Ponga las almendras sobre una lámina de papel de pergamino. Con las manos enharinadas forme con una cucharada rasa de la masa una tira de 7 u 8 cm de longitud. Póngala sobre las almendras y presione para que se adhieran.

◆ Repita la operación hasta obtener 12 barritas; colóquelas sobre la placa de horno y espácielas unos 2 o 3 cm unas de otras. Hornéelas entre 20 y 25 minutos o hasta que estén firmes y doradas. Traspáselas a rejillas para que se enfríen. Repita la operación con el resto de la masa y las almendras. Guarde las pastas en un recipiente herméticamente cerrado.

Cada pasta: unas 140 calorías, 4 g de proteínas, 13 g de hidratos de carbono, 8 de grasa total (1 g de saturadas), 0 mg de colesterol, 10 mg de sodio

PASTAS DE JENGIBRE

Preparación: 40 minutos, más enfriamiento   *Horno:* 7-10 minutos por tanda
Para unas 48 unidades

200 g de azúcar moreno
**150 g de grasa blanca vegetal,
ablandada**
165 g de jarabe de melaza dorado
60 ml de leche
2 cucharaditas de levadura en polvo
1½ cucharaditas de jengibre, molido
1 cucharadita de canela, molida
**¾ de cucharadita de bicarbonato
sódico**

½ cucharadita de sal
**¼ de cucharadita de clavos,
molidos**
1 huevo mediano
525 g de harina
50 g de azúcar
**40 g de jengibre cristalizado,
cortado en trozos de 5 mm
(opcional)**

◆ Precaliente el horno a 180 °C (gas 4). Con la batidora eléctrica, mezcle los 11 primeros ingredientes y 300 g de harina, hasta que estén bien amalgamados. Agregue los 225 g de harina restantes sin dejar de remover. Coloque el azúcar en un cuenco. Extienda la masa, formando 4 bolas, y páselas por el azúcar. Coloque 12 bolas sobre una placa de horno, espaciándolas 5 cm unas de otras.

◆ Presione con suavidad un trozo de jengibre cristalizado, si lo utiliza, en el centro de cada bola; aplánelas ligeramente. Hornee entre 7 y 10 minutos, o hasta que las bases de las pastas estén ligeramente doradas. Traspase las pastas a rejillas para que se enfríen. Repita la operación con el resto de la masa y el jengibre cristalizado. Guarde las pastas en un recipiente herméticamente cerrado.

Cada pasta: unas 85 calorías, 1 g de proteínas, 14 g de hidratos de carbono, 3 g de grasa total (1 g de saturadas), 4 mg de colesterol, 65 mg de sodio

PASTAS RELLENAS DE CHOCOLATE, FRAMBUESAS Y ALMENDRAS

Preparación: 50 minutos, más enfriamiento
Horno: 12-14 minutos por tanda **Para** unas 30 unidades

**60 g de almendras enteras,
blanqueadas**
150 g de azúcar
340 g de harina
225 g de mantequilla, ablandada
**1½ cucharaditas de esencia
de almendras**
¼ de cucharadita de sal

1 huevo mediano
**60 ml, más 2 cucharadas, de crema
de leche, espesa**
**175 g de chocolate negro,
finamente picado**
**3 cucharadas de confitura de
frambuesas, sin semillas**

◆ Precaliente el horno a 180 °C (gas 4). Mezcle las almendras blanqueadas con el azúcar en un robot eléctrico provisto de cuchilla metálica; encienda el aparato y deténgalo repetidamente, hasta que las almendras estén finamente molidas. (También puede molerlas por tandas con el azúcar en la batidora-mezcladora.)

◆ Bata en un cuenco grande la mezcla de almendras, la harina y los 4 ingredientes siguientes con la batidora eléctrica a velocidad lenta, hasta que estén amalgamados; raspe de vez en cuando el recipiente con una espátula de goma. Introduzca la masa en una manga pastelera grande provista de una boquilla en forma de estrella (de unos 2 cm de diámetro).

◆ Deje caer formas de lágrima (de unos 5 × 4 cm), o deje pasar la masa a través de una prensa mecánica sobre una placa grande de horno sin engrasar. Hornee las pastas entre 12 y 14 minutos o hasta que los extremos estén dorados. Deje que se enfríen ligeramente en la placa. Traspáselas con una espátula sobre una rejilla para enfriarlas por completo. Repita la operación con el resto de la masa.

◆ Prepare el relleno: ponga a hervir la crema de leche en un cazo de 1 litro a fuego lento. Coloque el chocolate en un cuenco pequeño con la confitura. Vierta la crema caliente sobre la mezcla de chocolate y deje que repose 1 minuto. Mezcle hasta obtener una preparación homogénea y refrigere entre 15 y 18 minutos, o hasta que pueda extenderse. (Si la mezcla queda demasiado firme, deje que repose a temperatura ambiente hasta que se ablande ligeramente.)

◆ Extienda una cucharadita de relleno sobre el lado plano de la mitad de las pastas una vez enfriadas, con un cuchillo-paleta pequeño. Cubra con las pastas restantes, colocando la cara plana hacia abajo. Guarde las pastas rellenas en la nevera.

**Cada pasta: unas
160 calorías, 2 g de
proteínas, 17 g de
hidratos de carbono,
10 g de grasa total
(7 g de saturadas) 44 mg
de colesterol,
85 mg de sodio**

Pastas extendidas

Estas pastas se extienden y cortan de diferentes formas con cortapastas decorativos, una rueda para pastas o un cuchillo afilado. Requieren una masa firme, que, a menudo, se refrigera (para relajar el gluten y obtener una pasta más tierna). Las pastas preparadas con mantequilla (en vez de margarina o pasta para untar) mantienen mejor la forma. Corte las pastas lo más cerca posible unas de otras, para reducir al mínimo el proceso de extender de nuevo los recortes.

PASTAS DE DOS COLORES

Preparación: 1 hora, más enfriamiento   *Horno:* 12-15 minutos por tanda
Para 36 unidades

175 g de mantequilla o margarina, ablandada	**1½ cucharaditas de esencia de vainilla**
140 g, más 3 cucharaditas, de azúcar	**½ cucharadita de sal**
1 cucharadita de levadura en polvo	**1 huevo mediano**
	300 g de harina
	30 g de cacao en polvo

1 Engrase y enharine dos placas para hornear. Bata la mantequilla y 140 g de azúcar. Bata hasta que la mezcla quede ligera y cremosa. Baje la velocidad, agregue la levadura en polvo, la esencia de vainilla, la sal, el huevo, 225 g de harina y 2 cucharadas de agua, hasta que todo esté bien amalgamado.

2 Mezcle en un cuenco la mitad de la masa con los 75 g restantes de harina con una cuchara de madera. Mezcle en otro cuenco el resto de la masa con el cacaco. Extienda la masa de vainilla con un rodillo enharinado, sobre una superficie enharinada; déle 2 mm de grosor.

3 Precaliente el horno a 180 °C (gas 4). Con un cortapastas redondo de bordes festoneados, corte la pasta de vainilla de manera que obtenga el máximo número de piezas posibles. Reserve los recortes y coloque las formas sobre una placa de horno a 3 cm de distancia unas de otras. Repita la operación con la masa de chocolate.

4 Corte pequeños redondeles en el centro de cada pasta de chocolate y vainilla con un cortapastas redondo, de bordes festoneados de 4 cm.

5 Ponga un círculo pequeño de pasta de vainilla en el centro vaciado de cada pasta de chocolate y otro de chocolate en el centro de las de vainilla para obtener pastas de dos colores.

6 Espolvoree ligeramente las pastas con 2 cucharaditas de azúcar. Coloque las placas sobre dos rejillas de horno y hornee entre 12 y 15 minutos, o hasta que las pastas estén doradas; intercambie la posición de las placas a media cocción. Traspase las pastas sobre rejillas para que se enfríen. Reúna los recortes, extiéndalos y corte más pastas. Espolvoree las pastas con la cucharadita de azúcar restante y hornee como anteriormente. Guarde las pastas bien tapadas en un recipiente hermético.

CADA PASTA: UNAS 75 CALORÍAS, 1 g DE PROTEÍNAS, 9 g DE HIDRATOS DE CARBONO, 4 g DE GRASA TOTAL (2 g DE SATURADAS), 16 mg DE COLESTEROL, 90 mg DE SODIO

Coronas de Linz

Preparación : 45 minutos, más enfriamiento

Horno: 10-12 minutos por tanda   **Para unas 20 unidades**

125 g de almendras enteras, blanqueadas

140 g de azúcar

1 cucharadita de esencia de vainilla

340 g de harina

½ cucharadita de bicarbonato sódico

225 g de mantequilla o margarina, ablandada

30 g de azúcar lustre

215 g de confitura de frambuesas, sin semillas

◆ Amalgame las almendras, 70 g de azúcar y la esencia de vainilla en un robot eléctrico provisto de cuchilla metálica o en una batidora-mezcladora a velocidad media, hasta que las almendras estén finamente molidas.

◆ Mezcle las almendras con la harina, el bicarbonato y los 70 g de azúcar restantes en un cuenco grande. Corte la mantequilla sobre la masa con un mezclador de pastas o dos cuchillos a modo de tijeras, hasta que tenga el aspecto de migas gruesas. Amásela hasta que forme una bola. Divídala en dos trozos y envuelva cada uno con película de plástico. Refrigere durante 1 hora, o hasta que pueda extenderla. (También puede reservala 30 minutos en el congelador.)

◆ Precaliente el horno a 180 °C (gas 4). Extienda un trozo de masa con un rodillo enharinado sobre una superficie enharinada hasta que tenga 2 mm de grosor; reserve el resto en la nevera. Corte la pasta de manera que obtenga el mayor número posible de redondeles con un cortapastas redondo, enharinado, de 7 u 8 cm; reserve los recortes. Con un cortapastas redondo, enharinado, de 4 cm, corte el centro de la mitad de las pastas. Ponga las pastas en una placa grande de horno, sin engrasar, a una distancia de 2 o 3 cm entre sí con una espátula.

◆ Hornee las pastas entre 10 y 12 minutos, o hasta que estén ligeramente doradas. Páselas a una rejilla metálica para que se enfríen. Repita la operación con el resto de la masa. Reúna los recortes y recorte los centros; vuelva a extender la masa y corte más pastas.

◆ Espolvoree las pastas con azúcar lustre. Derrita la confitura a fuego lento y pincele con ella pastas enteras y después cúbralas con las pastas recortadas. Para guardarlas, forme capas entre láminas de papel sulfurizado en un recipiente que cierre hérmeticamente.

Cada pasta: unas 220 calorías, 3 g de proteínas, 27 g de hidratos de carbono, 12 g de grasa total (5 g de saturadas), 24 mg de colesterol, 140 mg de sodio

Coronas de Linz

Nudos de albaricoque y frambuesa

Triángulos de albaricoque y frambuesa

Preparación: 1 hora, más enfriamiento   *Horno: 30-35 minutos*

Para 48 unidades

225 g de mantequilla o margarina, ablandada

225 g de queso crema, ablandado

1 cucharadita de esencia de vainilla

¼ de cucharadita de sal

300 g de harina

150 g de azúcar

125 g de nueces, picadas

75 g de orejones de albaricoque, picados

50 g de azúcar moreno claro

1½ cucharaditas de canela, molida

165 g de confitura de frambuesas sin semillas

1 cucharada de leche

◆ Bata en un cuenco grande la mantequilla y el queso crema con la batidora eléctrica a velocidad lenta, hasta que estén bien amalgamados. Incorpore, batiendo, la esencia de vainilla, la sal, 150 g de harina y 50 g de azúcar, hasta que estén bien mezclados. Agregue los 150 g de harina restantes, removiendo con una cuchara.

◆ Divida la masa en 4 porciones iguales. Envuelva cada una con película de plástico y refrigérelas 2 horas, como mínimo, o toda la noche, hasta que estén lo suficientemente firmes como para extenderlas.

◆ Prepare el relleno. Mezcle las nueces, los albaricoques, el azúcar moreno, 115 g de azúcar y ½ cucharadita de canela en un cuenco mediano, hasta que estén bien amalgamados. Forre dos placas grandes de horno con papel de aluminio y engráselas.

◆ Precaliente el horno a 170 °C (gas 3). Extienda un trozo de masa con un rodillo enharinado sobre una superficie de trabajo ligeramente enharinada; forme un círculo de 23 cm y conserve el resto de la masa refrigerada. Cubra la masa con 2 cucharadas de confitura. Esparza ¼ del relleno y presiónelo suavemente contra la masa.

◆ Con una rueda pastelera o cuchillo afilado, corte la pasta en 12 triángulos iguales. Empezando por un extremo curvado, enrolle cada uno como si se tratara de un brazo de gitano. Coloque las pastas sobre la placa de horno separándolas 1 cm, y con el extremo de la punta hacia abajo. Repita la operación con el resto de la masa, la confitura y el relleno.

◆ Mezcle en una taza los 35 g restantes de azúcar con la cucharadita de canela sobrante. Pincele las pastas con leche y espolvoréelas con la mezcla de canela y azúcar.

◆ Hornee sobre dos placas entre 30 y 35 minutos, o hasta que estén doradas, intercambie la posición de las placas a media cocción. Traspáselas enseguida sobre rejillas para que se enfríen. Guárdelas en un recipiente herméticamente cerrado.

Cada pasta: unas 115 calorías, 1 g de proteínas, 12 g de hidratos de carbono, 7 g de grasa total (3 g de saturadas), 15 mg de colesterol, 70 mg de sodio

Pastas refrigeradas

Lo mejor de estas pastas es que puede disfrutarlas recién preparadas siempre que lo desee. Prepare la masa simplemente y guárdela tapada y sin cortar en el congelador hasta 2 meses (o en la nevera hasta 1 semana). Termine las pastas y hornéelas cuando quiera degustarlas. Guárdelas en un recipiente herméticamente cerrado.

Botones de coco

◆◆◆◆◆◆◆◆◆◆◆◆

Preparación: 45 minutos, más enfriamiento
Horno: 20-25 minutos por tanda
Para unas 78 unidades

225 g de mantequilla, ablandada
100 g de azúcar
2 cucharadas de leche
1 cucharadita de esencia de coco
¾ de cucharadita de levadura en polvo
½ cucharadita de sal
400 g de harina
150 g de coco rallado
125 g de chocolate
1 cucharada de grasa blanca vegetal

CONSEJO

Aunque la margarina y la mantequilla son apropiadas para la mayoría de preparaciones, para algunas recetas, como la anterior, es preferible utilizar sólo mantequilla, ya que la masa se extiende demasiado durante el horneado si se prepara con margarina. Emplee únicamente mantequilla si la receta lo indica de manera específica.

1 Bata en un cuenco grande la mantequilla, el azúcar, la leche, la esencia de coco, la levadura en polvo y la sal con la batidora eléctrica a velocidad media. Incorpore la harina y el coco, mezclando con una cuchara (la masa será friable). Exprímala con las manos y divídala en 4 porciones iguales. Forme con cada porción una tira de 25 x 2 o 3 cm. Envuélvalas con película de plástico y colóquelas sobre una placa pequeña. Refrigere la pasta toda la noche o congélela 2 horas, como mínimo, hasta que esté lo suficientemente firme como para cortarla en rodajas.

2 Precaliente el horno a 170 °C (gas 3). Corte una tira en rodajas de 1 cm de grosor (mantenga el resto refrigeradas). Coloque las rodajas a una distancia de 2 o 3 cm sobre una placa sin engrasar. Con un palillo, haga 4 incisiones en cada pasta para imitar los agujeros de un botón.

3 Hornee las pastas entre 20 o 25 minutos, o hasta que estén doradas. Traspáselas a rejillas para que se enfríen. Repita la operación con el resto de la masa. Cuando las pastas estén frías, derrita el chocolate con la grasa vegetal a fuego lento en un cazo de fondo grueso; mueva con frecuencia.

4 Sumerja la base de cada pasta, una vez fría en el chocolate derretido, de forma que éste cubra ligeramente los lados de la pasta.

5 Raspe con un cuchillo-paleta pequeño el exceso de chocolate de la base de cada pasta; deje una capa fina. Coloque las pastas con la cara del chocolate hacia abajo sobre papel de pergamino y deje que el chocolate se enfríe por completo. Guarde las pastas acabadas en un recipiente herméticamente cerrado.

CADA PASTA: UNAS 55 CALORÍAS, 1 g DE PROTEÍNAS, 6 g DE HIDRATOS DE CARBONO, 3 g DE GRASA TOTAL (2 g DE SATURADAS), 6 mg DE COLESTEROL, 45 mg DE SODIO

ESPIRALES DE SEMILLAS DE AMAPOLA

Preparación: 40 minutos, más enfriamiento
Horno: 8-10 minutos por tanda   Para unas 84 unidades

375 g, más 3 cucharadas, de harina
325 g de azúcar
3 huevos medianos
175 g de margarina o mantequilla,
    ablandada
1 cucharadita de levadura en polvo
1 cucharadita de sal

1 cucharadita de esencia de vainilla
175 ml de leche
3 cucharadas de semillas
    de amapola
100 g de almendras, molidas
75 g de sultanas, finamente
    picadas

◆ Bata en un cuenco, con la batidora eléctrica, 375 g de harina, 200 g de azúcar, 2 huevos y los 4 ingredientes siguientes; raspe de vez en cuando las paredes del cuenco. Divida la masa en 2 partes, envuélvalas con película de plástico, refrigérelas 1 hora o congélelas 30 minutos. Mientras, prepare el relleno. Caliente la leche con los 125 g de azúcar restantes hasta que el azúcar se disuelva. Agregue las 3 cucharadas de harina sobrantes, las semillas de amapola, las almendras y las sultanas. Cueza hasta que se espese. Incorpore el huevo y deje que se enfríe.

◆ Extienda la mitad de la masa con un rodillo enharinado sobre una lámina de papel sulfurizado también enharinado. Forme un rectángulo de 30 x 20 cm, y cúbralo con la mitad del relleno. Enrolle la masa por el lado alargado, como si se tratara de un brazo de gitano. Repita la operación con el resto de la masa y el relleno. Envuelva con película de plástico y refrigere toda la noche o congele 1 hora, hasta que se endurezca y pueda cortarse.

◆ Precaliente el horno a 180 °C (gas 4). Engrase dos placas de horno. Corte una tira en rodajas de 5 mm de grosor (conserve el resto refrigerado), y póngalas a una distancia de 2 cm en las placas. Hornee entre 8 y 10 minutos hasta que los extremos se doren; intercambie la posición de las placas a media cocción. Traspase las pastas a rejillas metálicas para que se enfríen por completo. Repita la operación con el resto de la pasta.

Cada pasta: unas 60 calorías, 1 g de proteínas, 9 g de hidratos de carbono, 3 g de grasa total (0 g de saturadas), 8 mg de colesterol, 55 mg de sodio

PASTAS DE ALMENDRA ESPECIADAS

Preparación: 25 minutos, más enfriamiento
Horno: 10-12 minutos por tanda   Para unas 78 unidades

525 g de harina
225 g de margarina o mantequilla,
    ablandada
200 g de azúcar
150 g de azúcar moreno oscuro
1 cucharada de canela, molida
1 cucharadita de bicarbonato
    sódico

1 cucharadita de esencia
    de vainilla
½ cucharadita de clavos, molidos
½ cucharadita de nuez moscada,
    molida
2 huevos medianos
225 g de almendras blanqueadas,
    fileteadas

◆ Bata con la batidora eléctrica 300 g de harina y los 9 ingredientes siguientes. Añada las almendras y los 225 g de harina restantes. Divídala por la mitad y forme con cada parte un rectángulo de 25 x 8 x 3 cm; envuélvalos con película de plástico. Refrige toda la noche.

◆ Precaliente el horno a 190 °C (gas 5). Corte un rectángulo en lonchas de 5 mm de grosor (conserve el resto refrigerado). Coloque las lonchas sobre dos placas de horno sin engrasar, a una distancia de 2 o 3 cm entre sí. Hornéelas entre 10 y 12 minutos, o hata que los extremos estén dorados. Traspáselas a rejillas para que se enfríen. Repita la operación con el resto de la pasta.

Cada pasta: unas 75 calorías, 1 g de proteínas, 9 g de hidratos de carbono, 4 g de grasa total (1 g de saturadas), 5 mg de colesterol, 45 mg de sodio

CUADRADOS DE PACANAS

Preparación: 30 minutos, más enfriamiento
Horno: 12-15 minutos por tanda   Para unas 60 unidades

150 g de azúcar moreno oscuro
125 g de mantequilla o margarina,
    ablandada
1 huevo mediano
2 cucharadas de leche
2 cucharaditas de esencia de vainilla

375 g de harina
½ cucharadita de bicarbonato
    sódico
½ cucharadita de sal
150 g de pacanas, tostadas
    y picadas

◆ Bata en un cuenco grande con la batidora eléctrica a velocidad media el azúcar moreno y la mantequilla, hasta que la mezcla quede ligera y esponjosa. Añada el huevo, la leche y la esencia de vainilla, y bata hasta que la mezcla quede uniforme. Agregue la harina, el bicarbonato y la sal. Cuando la harina casi esté incorporada, añada las pacanas. (La pasta queda dura.)

◆ Divídala por la mitad. Extienda cada mitad de pasta sobre una superficie de trabajo ligeramente enharinada y forme una barra de 20 x 4 cm; utilice una espátula para aplanar los lados. Envuelva cada barra con película de plástico y deslícelas sobre una placa pequeña de horno para facilitar el manejo. Refrigere la pasta toda la noche o congélela 2 horas, como mínimo, hasta que esté muy firme.

◆ Precaliente el horno a 180 °C (gas 4). Engrase una placa grande de horno. Corte la barra en porciones de menos de 5 mm de grosor (guarde el resto refrigerado). Coloque las porciones sobre dos placas de horno, separándolas unos 4 cm unas de otras. Hornee entre 12 y 15 minutos, o hasta que los extremos estén dorados. Traspase las pastas sobre rejillas para que se enfríen. Repita la operación con el resto de la masa.

Cada pasta: unas 60 calorías, 1 g de proteínas, 7 g de hidratos de carbono, 3 g de grasa total (0 g de saturadas), 4 mg de colesterol, 50 mg de sodio

CUADRADOS DE PACANAS GLASEADOS

Prepare los cuadrados de pacana tal como se indica arriba. Mezcle 240 g de azúcar lustre y 2 cucharadas, más 2 cucharaditas, de leche en un cuenco mediano para preparar un glaseado espeso; añada más leche si es necesario. Extienda un poco del glaseado con un cuchillo-paleta pequeño sobre cada pasta enfriada; cubra cada una con la mitad de una pacana tostada (necesitará unos 175 g de mitades de pacanas tostadas). Deje que el glaseado se seque.

Cada pasta: unas 90 calorías, 1 g de proteínas, 11 g de hidratos de carbono, 5 g de grasa total (1 g de saturadas), 4 mg de colesterol, 50 mg de sodio

SEQUILLOS

Los sequillos son unas pastas irresistibles que se preparan siguiendo un proceso de horno único. La pasta se hornea 2 veces, primero en forma de pan y, a continuación, en rebanadas. El resultado es una pasta seca y crujiente, perfecta para remojar en café o en vino dulce. Los sabores oscilan desde los clásicos de almendras y anís a las variantes modernas, con chocolate, jengibre o frutas secas.

SEQUILLOS DE ARÁNDANOS Y AVELLANAS

◆◆◆◆◆◆◆◆◆◆◆◆◆◆◆◆◆◆◆◆◆◆◆◆◆◆◆◆◆

Preparación: 1 hora, más enfriamiento   *Horno: 45-55 minutos*
Para unas 54 unidades

560 g de harina	2 cucharaditas de esencia
400 g de azúcar	de vainilla
1 cucharadita de levadura	165 g de avellanas, tostadas,
en polvo	peladas (*véase* pág. 522), y picadas
½ cucharadita de sal	50 g de arándanos rojos secos
5 huevos medianos	o de pasas

1 Precaliente el horno a 180 °C (gas 4). Engrase y enharine dos placas de horno. Mezcle los 4 primeros ingredientes en un cuenco. Separe un huevo y reserve la clara para el glaseado. Bata con un tenedor 4 huevos enteros, una yema, la esencia de vainilla y una cucharada de agua en un cuenco pequeño. Vierta la mezcla de huevo sobre la de harina, y mezcle bien.

2 Amase la pasta con las manos hasta que se cohesione (la pasta queda muy dura). Amásela con las avellanas picadas y los arándanos rojos secos. Divida la pasta en 4 porciones iguales.

3 Forme con cada trozo de pasta un cilindro de 28 x 5 cm sobre una superficie de trabajo ligeramente enharinada y con las manos también enharinadas. Coloque 2 cilindros, separándolos unos 10 cm, sobre cada placa.

4 Ponga la clara restante en un cuenco pequeño y bátala con un tenedor. Pincele los cilindros con la clara batida. Hornee los cilindros entre 35 y 40 minutos, o hasta que al insertar un palillo en el centro salga limpio; intercambie la posición de las placas a media cocción (los cilindros se extienden durante el horneado y adquieren la forma de un pan). Deje que se enfríen 10 minutos en placas colocadas sobre rejillas.

6 Coloque las rebanadas con el lado cortado hacia arriba, sobre la misma placa. Hornee las rebanadas en dos estantes del horno entre 10 y 15 minutos, o hasta que estén doradas; déles una vuelta e intercambie la posición de las capas a media cocción. Traspase los sequillos a rejillas metálicas para que se enfríen. (Los sequillos se endurecen al enfriarse.) Guárdelos en un recipiente herméticamente cerrado.

5 Traspase los panes a una tabla para picar. Corte cada uno en rebanadas diagonales de 7 mm de grosor con la ayuda de un cuchillo dentado.

CADA PASTA: UNAS 85 CALORÍAS, 2 g DE PROTEÍNAS, 15 g DE HIDRATOS DE CARBONO, 2 g DE GRASA TOTAL (0 g DE SATURADAS), 20 mg DE COLESTEROL, 35 mg DE SODIO

SEQUILLOS DE CHOCOLATE

Preparación: 45 minutos, más enfriamiento
Horno: 45-50 minutos **Para** *unas 48 unidades*

200 g de azúcar
225 g de margarina o mantequilla, ablandada
375 g de harina
120 g de cacao en polvo
1 cucharada de levadura en polvo
1 cucharadita de gránulos de café instantáneo
1 cucharadita de esencia de vainilla
½ cucharadita de sal
4 huevos medianos
225 g de chocolate negro
30 g de almendras fileteadas, tostadas

◆ Precaliente el horno a 180 °C (gas 4). Bata el azúcar y la margarina en un cuenco grande con la batidora eléctrica a velocidad media, hasta que la mezcla quede ligera y cremosa. Incorpore, batiendo a velocidad lenta, 150 g de harina y los 6 ingredientes siguientes. Agregue los 225 g de harina restantes y mézclelas con una cuchara de madera. Divida la pasta por la mitad. Forme con las manos enharinadas 2 panes de 30 x 7 cm, y colóquelos a una distancia de 7 u 8 cm sobre una placa de horno sin engrasar. Hornéelos entre 25 y 30 minutos, o hasta que estén firmes. Deje que se enfríen sobre una rejilla durante 20 minutos.

◆ Traspase los panes a una tabla para picar. Córtelos en rodajas diagonales, de 1 cm de grosor, con un cuchillo de sierra. Coloque las rodajas sobre dos placas de horno grandes, con el lado cortado hacia abajo, de manera que formen un solo nivel. Ponga las placas sobre dos rejillas de horno e intercambie la posición a media cocción. Trasládelas sobre rejillas metálicas para que se enfríen por completo.

◆ Derrita el chocolate a fuego muy lento en un cazo de fondo grueso, y sin dejar de remover, hasta obtener una mezcla homogénea. Pincele la superficie de cada sequillo con un poco de chocolate derretido y esparza unas almendras filetedas por encima. Refrigere los sequillos 30 minutos, o hasta que el chocolate haya cuajado. Guarde los sequillos en un recipiente herméticamente cerrado.

Cada pasta: unas 110 calorías, 2 g de proteínas, 13 g de hidratos de carbono, 6 g de grasa total (2 g de saturadas), 18 mg de colesterol, 105 mg de sodio

SEQUILLOS DE ALMENDRAS Y ANÍS

Preparación: 25 minutos, más enfriamiento
Horno: 55 minutos **Para** *unas 84 unidades*

125 g de almendras enteras
1 cucharadas de semillas de anís, machacadas
1 cucharada de anís o licor de anís
300 g de harina
200 g de azúcar
1 cucharada de levadura en polvo
⅛ de cucharadita de sal
3 huevos medianos

◆ Precaliente el horno a 170 °C (gas 3). Coloque las almendras en un molde para brazo de gitano. Hornéelas 10 minutos, o hasta que estén ligeramente tostadas. Enfríelas y píquelas. Mientras, mezcle las semillas de anís y el licor en un cuenco mediano, y deje que reposen 10 minutos.

◆ Engrase una placa grande de horno. Mezcle la harina, el azúcar, la levadura en polvo, la sal y las almendras en un cuenco grande. Bata los huevos con la mezcla de anís. Mezcle las preparaciones de huevos y harina con una cuchara de madera. Divida la masa por la mitad.

◆ Extienda la masa con las manos enharinadas (resultará pegajosa), forme 2 cilindros de 28 cm y colóquelos a una distancia de 7 u 8 cm sobre una placa de horno.

◆ Hornee los cilindros 40 minutos, o hasta que estén dorados y, al insertar un palillo en el centro, salga limpio. Deje que la placa se enfríe sobre una rejilla durante 10 minutos.

◆ Traspase los cilindros a una tabla de picar. Corte cada uno en rodajas diagonales, de 5 mm de grosor, con un cuchillo de sierra.

◆ Coloque las rodajas sobre dos placas de horno, sin engrasar, y con la parte cortada hacia abajo; forme una sola capa. Póngalas sobre dos rejillas del horno y hornee 15 minutos; déles una vuelta e intercambie la posición de las placas a media cocción. Traspase a rejillas para que se enfríen por completo. Guarde en un recipiente herméticamente cerrado.

Cada pasta: unas 30 calorías, 1 g de proteínas, 5 g de hidratos de carbono, 1 g de grasa total (0 g de saturadas), 8 mg de colesterol, 15 mg de sodio

SEQUILLOS DE JENGIBRE

Preparación: 25 minutos, más enfriamiento
Horno: 48-50 minutos
Para *unas 42 unidades*

450 g de harina
1 cucharada de jengibre, molido
2 cucharaditas de levadura en polvo
¼ de cucharadita de sal
125 g de margarina o mantequilla, ablandada
100 g de azúcar
100 g de azúcar moreno
3 huevos medianos
90 g de jengibre cristalizado, muy finamente picado

◆ Precaliente el horno a 180 °C (gas 4). Engrase una placa grande de horno. Mezcle los 4 primeros ingredientes en un cuenco mediano.

◆ Con la batidora eléctrica a velocidad media, bata en un cuenco grande la margarina con ambos azúcares, hasta que la mezcla quede ligera y cremosa. Incorpore los huevos, de uno en uno, sin dejar de batir. Agregue la mezcla de harina, batiendo a velocidad lenta. Añada el jengibre cristalizado, removiendo con una cuchara de madera. Divida la masa por la mitad.

◆ Forme con las manos enharinadas 2 cilindros de 30 cm y colóquelos a una distancia de 7 u 8 cm sobre una placa de horno.

◆ Hornee 30 minutos, o hasta que al insertar un palillo en el centro del cilindro, salga limpio. Deje enfriar la placa sobre una rejilla metálica durante 10 minutos. Traspase los cilindros a una tabla para picar. Córtelos con un cuchillo de sierra en rodajas diagonales de 1 cm de grosor.

◆ Coloque las rodajas con la parte cortada hacia abajo, sobre dos placas de horno sin engrasar; forme una sola capa. Coloque las placas sobre dos rejillas de horno y cueza entre 18 y 20 minutos, o hasta que las pastas estén doradas; déles una vuelta e intercambie la posición de las placas a media cocción. Enfríe los sequillos sobre rejillas metálicas. Guárdelos en un recipiente herméticamente cerrado.

Cada pasta: unas 80 calorías, 1 g de proteínas, 13 g de hidratos de carbono, 3 g de grasa total (1 g de saturadas), 15 mg de colesterol, 70 mg de sodio

NEGRITOS

El clásico negrito americano (*brownie*), llamado así por su tradicional sabor a chocolate, ha extendido su popularidad a muchos otros países. La atracción que despierta estriba probablemente en su consistencia: pueden ser densos y pegajosos, o ligeros y con textura de bizcocho; pueden llevar frutos secos o haber sido glaseados. Si no los va a utilizar en el plazo de 3 días, tápelos bien y congélelos.

NEGRITOS DE QUESO Y ALMENDRAS

◆◆◆◆◆◆◆◆◆◆◆◆◆

Preparación: 30 minutos,
más enfriamiento
Horno: 40-45 minutos

175 g de margarina o mantequilla
250 g de chocolate troceado
400 g de azúcar
6 huevos medianos
2½ cucharaditas de esencia
de vainilla
225 g de harina
¾ de cucharadita de levadura
en polvo
½ cucharadita de sal
350 g de queso crema,
ligeramente ablandado
¾ de cucharadita de esencia
de almendras

1 Precaliente el horno a 180 °C (gas 4). Forre un molde metálico de 33 x 20 cm con papel de aluminio y engráselo ligeramente. Derrita a fuego muy lento la margarina y el chocolate en un cazo de 3 litros, de fondo grueso; remueva con frecuencia. Retire del fuego. Incorpore, batiendo, 300 g de azúcar y, a continuación, 4 huevos y 2 cucharaditas de esencia de vainilla. Mezcle con la harina, la levadura en polvo y la sal, hasta que estén bien amalgamados, y reserve.

2 Bata el queso crema con la batidora eléctrica a velocidad media, hasta que esté liso. Incorpore poco a poco los 100 g de azúcar restante. Bata con la esencia de almendras, los 2 huevos sobrantes y la ½ cucharadita de esencia de vainilla, hasta que estén amalgamados.

3 Extienda uniformemente 350 g de la mezcla de chocolate en la base del molde.

4 Deje caer la mezcla de queso crema sobre la de chocolate y forme 4 montoncitos (recubrirá gran parte de la de chocolate). Después deje caer el resto de la preparación de chocolate formando 6 montoncitos sobre los de queso.

5 Pase la punta de un cuchillo por ambas mezclas para obtener un efecto amarmolado. Hornee entre 40 y 45 minutos, o hasta que, al insertar un palillo a 5 cm del centro, salga limpio. Deje que el molde se enfríe sobre una rejilla. Una vez frío, corte la preparacion en 4 tiras longitudinales y, luego, en sentido horizontal, para obtener 6 porciones.

CADA NEGRITO: UNAS 260 CALORÍAS, 4 g DE PROTEÍNAS, 27 g DE HIDRATOS DE CARBONO, 16 g DE GRASA TOTAL (7 g DE SATURADAS), 69 mg DE COLESTEROL, 185 mg DE SODIO

Negritos de chocolate y mantequilla de cacahuete

Preparación: 20 minutos, más enfriamiento   Horno: 25-30 minutos
Para 24 unidades

120 g de chocolate negro, troceado
375 g de harina
1½ cucharaditas de levadura en polvo
½ cucharadita de sal
125 g de margarina o mantequilla, ligeramente ablandada
350 g de azúcar moreno claro
260 g de mantequilla de cacahuete, refinada
3 huevos medianos
2 cucharaditas de esencia de vainilla
175 g de pepitas de chocolate negro

◆ Precaliente el horno a 180 °C (gas 4). Derrita el chocolate a fuego muy lento en un cazo de fondo grueso; remueva con frecuencia. Retire del fuego. Mezcle la harina, la levadura en polvo y la sal en un cuenco mediano.

◆ Bata en un cuenco grande y con la batidora eléctrica a velocidad media la margarina, el azúcar moreno y la mantequilla de cacahuete unos 2 minutos o hasta que la mezcla quede homogénea. Baje la velocidad. Incorpore, batiendo, los huevos y la esencia de vainilla. Agregue, a continuación, la mezcla de harina, hasta que estén amalgamados (la masa queda dura).

◆ Coloque ⅓ de la masa en otro cuenco grande. Agregue el chocolate negro derretido y, a continuación, 130 g de pepitas de chocolate.

◆ Extienda la mitad de la mantequilla de cacahuete restante en un molde metálico de 33 x 20 cm, sin engrasar. Deje caer al azar la mezcla sobrante de mantequilla de cacahuete y de chocolate; alise la superficie con la mano. Esparza, por encima, el resto de las pepitas de chocolate.

NEGRITOS GLASEADOS CON PRALINÉ

Prepare unos negritos clásicos (derecha). Mientras se enfrían, elabore la cobertura: caliente 75 g de margarina o mantequilla y 75 g de azúcar moreno claro en un cazo de 2 litros, a velocidad media, unos 4 minutos, o hasta que la mezcla se derrita y forme burbujas. Retírela del fuego e incorpore batiendo con la batidora de varillas 3 cucharadas de brandy (o una cucharada de esencia de vainilla más 2 cucharadas de agua); luego agregue 240 g de azúcar lustre hasta que quede incorporado. Extienda la cobertura sobre los negritos en el molde y a temperatura ambiente con un cuchillo-paleta. Esparza por encima 60 g de pacanas tostadas y picadas. Corte los negritos en 8 tiras longitudinales y, después, cada una en sentido horizontal, para obtener 8 trozos. Para 64 unidades.

Cada negrito: unas 115 calorías, 1 g de proteínas, 15 g de hidratos de carbono, 6 g de grasa total (2 g de saturadas), 20 mg de colesterol, 65 mg de sodio

◆ Hornee los negritos entre 25 y 30 minutos, o hasta que, al insertar un palillo en el centro, salga limpio. Deje que se enfríe sobre una rejilla metálica. Cuando estén fríos, córtelos en 4 tiras longitudinales y, luego, cada tira en sentido horizontal, para obtener 6 porciones.

Cada negrito: unas 265 calorías, 5 g de proteínas, 34 g de hidratos de carbono, 14 g de grasa total (3 g de saturadas), 27 mg de colesterol, 185 mg de sodio

Negritos de chocolate

Preparación: 10 minutos, más enfriamiento   Horno: 25 minutos
Para 16 unidades

125 g de margarina o mantequilla
200 g de azúcar
2 huevos medianos
1 cucharadita de esencia de vainilla
75 g de harina
60 g de cacao en polvo
¼ de cucharadita de levadura en polvo
¼ de cucharadita de sal
125 g de nueces, picadas

Precaliente el horno a 180 °C (gas 4). Engrase un molde metálico de 22 cm. Derrita la margarina a fuego medio en un cazo de 3 litros. Retírelo del fuego y mezcle con el azúcar. Agregue los huevos, uno cada vez, y la esencia de vainilla, hasta que estén bien amalgamados. Mezcle la harina y los 3 ingredientes siguientes en un cuenco y agréguelos a la mezcla del cazo; remueva. Añada las nueces si las utiliza. Hornee 25 minutos, o hasta que, al insertar un palillo a 5 cm del centro, casi salga limpio. Deje que el molde se enfríe sobre una rejilla. Cuando la preparación esté fría, corte los negritos en 4 tiras y luego, en sentido horizontal, en 4 cuadrados.

Cada negrito: unas 130 calorías, 2 g de proteínas, 17 g de hidratos de carbono, 7 g de grasa total (1 g de saturadas), 27 mg de colesterol, 115 mg de sodio

Negritos clásicos

Preparación: 20 minutos, más enfriamiento   Horno: 35 minutos
Para 24 unidades

225 g de margarina o mantequilla
250 g de chocolate negro, troceado
450 g de azúcar
6 huevos medianos
2 cucharaditas de esencia de vainilla
½ cucharadita de sal
190 g de harina

Precaliente el horno a 180 °C (gas 4). Forre un molde metálico de 33 × 20 cm con papel de aluminio y engráselo. Derrita a fuego lento la margarina y el chocolate en un cazo de 3 litros de fondo grueso, remueva con frecuencia. Retire del fuego. Incorpore, batiendo, el azúcar y luego los huevos con la batidora de varillas, hasta que estén bien incorporados. Agregue la esencia de vainilla, la sal y la harina hasta que estén amalgamados. Extienda uniformemente la mezcla en el molde. Hornee 35 minutos, o hasta que, al insertar un palillo a 5 cm del centro, salga casi limpio con unas pocas migas adheridas. Deje que se enfríe sobre una rejilla. Una vez frío, córtelo a lo largo en 4 tiras, y cada una, en sentido horizontal, en 6 trozos.

Cada negrito: unas 230 calorías, 3 g de proteínas, 28 g de hidratos de carbono, 13 g de grasa total (4 g de saturadas), 53 mg de colesterol, 150 mg de sodio

Pastas en forma de barras

Si desea preparar unas pastas deliciosas para el té o el almuerzo, las pastas en forma de barras son las más fáciles de preparar. Extienda simplemente la masa en el molde, hornéela y corte las pastas según el tamaño deseado, tan grandes o pequeñas como prefiera. Nuestra selección incluye unas barras de cítricos agridulces, unas mantecadas tradicionales enriquecidas con avellanas y unos cuadrados de dátiles y pacanas muy jugosos.

1 Precaliente el horno a 200 °C (gas 6). Mezcle la harina, la grasa vegetal, la margarina, 50 g de azúcar y ¼ de cucharadita de sal en un robot eléctrico provisto de cuchilla metálica; encienda y pare el aparato hasta que se formen unas migas finas. Agregue 2 o 3 cucharadas de agua fría, de una en una, a través del tubo de alimentación con el motor todavía en marcha; pulse y pare el robot hasta que la masa se cohesione.

2 Presione la masa contra la base y las paredes de un molde metálico para hornear de 33 x 20 cm. Pinche uniformemente la masa con un tenedor. Hornee entre 20 y 25 minutos, o hasta que esté dorada, y retire del horno. Baje la temperatura a 190 °C (gas 5).

3 Exprima 75 ml de zumo de las limas. Ralle 2 cucharaditas de corteza y exprima 60 ml de zumo de los limones. Bata la crema agria con los huevos, los 200 g restantes de azúcar y ⅛ de cucharadita de sal en un cuenco. Mézclelos con la corteza y el zumo de limón.

BARRAS DE CÍTRICOS

◆◆◆◆◆◆◆◆◆◆◆◆◆

Preparación: 35-40 minutos, más enfriamiento
Horno: 30 minutos
Para 32 unidades

260 g de harina
60 g de grasa blanca vegetal
60 g de margarina o mantequilla, cortada a dados
250 g de azúcar
sal
3 limas
2 limones
125 ml de crema agria
5 huevos medianos
azúcar lustre para decorar

BARRAS DE NARANJA

Para obtener una variante sencilla, prepare las barras de limón como se indica, pero en el paso 1 añada una cucharadita de corteza de naranja rallada a la masa. En el paso 3, sustituya la cucharadita de corteza de limón por una de naranja y los 75 ml de zumo de lima por zumo de naranja.

4 Vierta la mezcla de cítricos sobre la pasta caliente y hornee 15 minutos, o hasta que haya cuajado (no la cueza en exceso, pues la crema podría cuartearse). Deje que el molde se enfríe sobre una rejilla metálica y refrigere hasta que esté bien frío.

5 Una vez frío, espolvoree con el azúcar lustre. Corte, a lo largo, en 4 tiras, y luego cada una, en sentido horizontal, en 8 piezas. Guárdelas en una lata y refrigérelas.

CADA BARRA: UNAS 100 CALORÍAS, 2 g DE PROTEÍNAS, 13 g DE HIDRATOS DE CARBONO, 5 g DE GRASA TOTAL (1 g DE SATURADAS), 35 mg DE COLESTEROL, 55 mg DE SODIO

Si tuesta las avellanas, realzará su sabor y será más fácil pelarlas. Precaliente el horno a 180 °C (gas 4). Extienda las avellanas en un molde para brazo de gitano o placa de horno y hornéelas 10 minutos, o hasta que estén ligeramente tostadas y las pieles empiecen a cuartearse. Póngalas sobre un paño, cúbralas y hágalas rodar entre las manos para retirar las pieles. Deje que se enfríen antes de usarlas.

MANTECADAS DE AVELLANA

Preparación: 45 minutos, más enfriamiento   **Horno:** *50-60 minutos*
Para 36 unidades

125 g de avellanas, tostadas y peladas (*véase* superior)	**100 g de azúcar**
340 g de harina	**½ cucharadita de esencia de vainilla**
225 g de mantequilla, ablandada	**¼ de cucharadita de sal**

◆ Precaliente el horno a 150 °C (gas 6). Pique finamente las avellanas tostadas y peladas con 40 g de harina en un robot eléctrico provisto de cuchilla metálica.

◆ Bata la mantequilla y el azúcar con la batidora eléctrica a velocidad lenta, hasta que la mezcla quede ligera y esponjosa. Incorpore, batiendo, la esencia de vainilla, la sal, la mezcla de avellanas y los 300 g restantes de harina, hasta que estén amalgamados. Extienda la masa sobre un molde metálico no engrasado de 33 x 20 cm. Pinche la masa uniformemente con un tenedor.

◆ Hornee la mantecada entre 50 y 60 minutos, o hasta que esté ligeramente dorada. Córtela todavía tibia en 3 tiras, a lo largo, y luego cada tira, en sentido horizontal, en 12 porciones. Deje que el molde se enfríe sobre una rejilla durante 10 minutos y retire los trozos. Enfríe la mantecada sobre una rejilla. Guárdela en un recipiente herméticamente cerrado.

Cada barra: unas 100 calorías, 1 g de proteínas, 9 g de hidratos de carbono, 7 g de grasa total (3 g de saturadas), 14 mg de colesterol, 65 mg de sodio

Barras de nueces a la vainilla (inferior, izquierda), mantecadas de avellana (inferior, derecha), y cuadrados de dátiles y pacanas (inferior)

CUADRADOS DE DÁTILES Y PACANAS

Preparación: 15 minutos, más enfriamiento   **Horno:** *30-35 minutos*
Para 16 unidades

200 g de azúcar moreno claro	**125 g de pacanas, picadas**
125 g de margarina o mantequilla	**150 g de dátiles deshuesados, picados**
200 g de harina	**2 huevos medianos**
1 cucharadita de bicarbonato sódico	

◆ Precaliente el horno a 180 °C (gas 4). Engrase un molde metálico de 22 cm de lado. Caliente el azúcar moreno y la margarina a fuego medio-bajo en un cazo de 3 litros, removiendo de vez en cuando, hasta que esté liso. Retírelo del fuego.

◆ Incorpore los ingredientes siguientes, batiendo constantemente con una cuchara de madera. Extienda la pasta de manera uniforme en el molde. Hornee entre 30 y 35 minutos, o hasta que al insertar un palillo en el centro salga limpio. Deje que se enfríe sobre una rejilla. Cuando esté fría, corte 4 tiras verticales y luego, cada una, en sentido horizontal, en 4 cuadrados. Guárdelos en un recipiente herméticamente cerrado.

Cada barra: unas 220 calorías, 3 g de proteínas, 30 g de hidratos de carbono, 11 g de grasa total (2 g de saturadas), 27 mg de colesterol, 160 mg de sodio

BARRAS DE NUECES A LA VAINILLA

Preparación: 15 minutos, más enfriamiento   **Horno:** *35 minutos*
Para 12 unidades

120 g de nueces, nueces de macadamia o pacanas, picadas	**90 g de margarina o mantequilla, ablandada**
190 g de harina	**1¼ cucharaditas de levadura en polvo**
100 g de azúcar	**1½ cucharaditas de esencia de vainilla**
100 g de azúcar moreno claro	
½ cucharadita de sal	
2 huevos medianos	

◆ Precaliente el horno a 180 °C (gas 4). Engrase un molde cuadrado y metálico, de 22 cm de lado. Reserve 60 g de nueces picadas.

◆ Bata en un cuenco grande, con la batidora eléctrica a velocidad lenta, la harina, los demás ingredientes y los 60 g restantes de nueces, hasta que la mezcla esté bien amalgamada; raspe de vez en cuando las paredes del cuenco con una espátula de goma.

◆ Extienda uniformemente la mezcla en el molde y esparza por encima las nueces reservadas. Hornee 35 minutos, o hasta que al insertar un palillo en el centro salga limpio. Deje que se enfríe sobre una rejilla.

◆ Una vez fría, corte en 3 tiras longitudinales, y luego cada una, en sentido horizontal, en 4 porciones. Guárdelas en un recipiente herméticamente cerrado.

Cada barra: unas 240 calorías, 4 g de proteínas, 29 g de hidratos de carbono, 13 g de grasa total (2 g de saturadas), 36 mg de colesterol, 220 mg de sodio

Dulces

La preparación de dulces caseros es una vieja tradición. Pueden destinarse tanto a la familia como para agasajar a los invitados; además, envueltos o envasados constituyen un regalo ciertamente personal.

TOFFEE DE ALMENDRAS CRUJIENTE

❖❖❖❖❖❖❖❖❖❖❖❖❖

Preparación: 1 hora,
más enfriamiento y reposo
Cocción: 30 minutos
Para unos 800 g

375 g de azúcar

110 g de jarabe de melaza dorado

125 g de mantequilla o margarina

225 g de almendras blanqueadas, ligeramente tostadas, peladas y picadas

120 g de chocolate negro

1 cucharadita de grasa blanca vegetal

1 Engrase ligeramente un molde para brazo de gitano de 39 x 27 cm. Ponga a hervir a fuego medio el azúcar, el jarabe de melaza y 60 ml de agua en un cazo de 2 litros, de fondo grueso, removiendo la mezcla de vez en cuando hasta que el azúcar se disuelva. Mezcle con la mantequilla. Introduzca el termómetro para azúcar y prosiga la cocción, removiendo, durante unos 20 minutos, o hasta que la temperatura alcance los 150 °C o el punto de bola dura. (La temperatura sube rápidamente a más de 147 °C, vigile con atención.) Retire el cazo del fuego.

4 Traspase la preparación en una sola pieza del molde a la tabla de picar. Extienda por encima el chocolate derretido y espolvoree con las almendras reservadas; presiónelas suavemente contra el chocolate. Deje que repose 1 hora, aproximadamente.

2 Reserve 40 g de almendras para cubrir el glaseado de chocolate. Mezcle los 185 g restantes con el almíbar caliente. Vierta enseguida en el molde y extienda la preparación con rapidez con un cuchillo-paleta (el molde estará muy caliente).

5 Corte la preparación una vez endurecida con un cuchillo para separarla en trozos. Guárdelos formando pisos, separados por papel sulfurizado, en un recipiente herméticamente cerrado hasta 1 mes. (Este dulce también es delicioso sin la capa de chocolate.)

3 Deje que la mezcla se enfríe en el molde sobre una rejilla. Mientras, prepare el glaseado: pique el chocolate. Derrítalo a fuego muy lento junto con la grasa vegetal en un cazo de 1 litro, sin dejar de remover. Retire del fuego y deje que se enfríe ligeramente.

COMPROBAR LA COCCIÓN DE UN ALMÍBAR

Si no tiene un termómetro para azúcar, siga la prueba del agua fría. Retire el almíbar del fuego y deje caer una cucharada del mismo en una taza o cuenco con agua muy fría. Deje que repose 30 segundos.

Hebra (102-104 °C). El almíbar forma un hilo fino en el aire al caer de la cuchara.

Bola blanda (104-107 °C). El almíbar forma una bola blanda, que se aplana al sacarla del agua.

Bola firme (109-111°C). El almíbar forma una bola firme, que no se aplana al retirarla del agua.

Bola dura (112-120 °C). El almíbar se separa en hebras duras, pero no quebradizas.

Cuarteado duro (137-142 °C). El almíbar se separa en hebras duras y quebradizas (superior).

CADA 100 g: UNAS 645 CALORÍAS, 7 g DE PROTEÍNAS, 66 g DE HIDRATOS DE CARBONO, 45 g DE GRASA TOTAL (13 g DE SATURADAS), 34 mg DE COLESTEROL, 280 mg DE SODIO

*F*UDGE DE NUECES Y CHOCOLATE

Preparación: 25 minutos, más enfriamiento
Para unas 36 unidades, 1 kg aproximadamente

450 g de chocolate negro, picado
400 ml de leche condensada
125 g de nueces, picadas
1 cucharadita de esencia
  de vainilla
⅛ de cucharadita de sal

◆ Forre un molde metálico cuadrado de 20 cm de lado con una
película de plástico; alísela al máximo. Caliente a fuego moderado
el chocolate y la leche condensada en un cazo de 2 litros, de fondo
grueso, removiendo sin cesar, hasta que el chocolate se derrita.

◆ Retire del fuego y mezcle con el resto de los ingredientes. Vierta
la mezcla de chocolate en el molde y extiéndala uniformemente.
Refrigere 3 horas, o hasta que esté firme.

◆ Retire el dulce del molde. Córtelo en 6 tiras, y luego, cada una,
en sentido horizontal, en 6 porciones. Guarde hasta 2 meses a
temperatura ambiente en un recipiente herméticamente cerrado.

**Cada uno: unas 120 calorías, 3 g de proteínas, 10 g de hidratos de carbono,
10 g de grasa total (5 g de saturadas), 4 mg de colesterol, 20 mg de sodio**

CARAMELOS CRUJIENTES DE ALMENDRAS Y PACANAS

Preparación: 10 minutos, más enfriamiento   *Cocción: 35 minutos*
Para unos 750 g

300 g de azúcar
330 g de jarabe de melaza dorado
½ cucharadita de sal
30 g de mantequilla o margarina
2 cucharaditas de esencia de vainilla
1 cucharadita de bicarbonato sódico
175 g de cacahuetes al natural
125 g de almendras blanqueadas,
  fileteadas
125 g de pacanas

◆ Engrase una fuente grande de horno. Ponga a hervir en un cazo
de 3 litros, de fondo grueso, el azúcar, el jarabe, la sal y 125 ml de
agua a fuego medio, removiendo de vez en cuando, hasta que
el azúcar se disuelva.

◆ Sumerja en el cazo el termómetro para azúcar y prosiga la
cocción unos 30 minutos, removiendo con frecuencia, hasta que
la temperatura alcance los 137 °C, o el punto de cuarteado duro
(*véase* pág. 523).

◆ Retire el recipiente del fuego y mezcle el contenido con
la mantequilla, la esencia de vainilla, el bicarbonato sódico,
los cacahuetes, las almendras y las pacanas. Vierta enseguida en el
molde preparado, y con la ayuda de 2 tenedores, levante y extienda
la preparación, hasta que forme un rectángulo de unos 35 x 30 cm.

◆ Deje que se enfríe por completo sobre una rejilla. Rompa
el caramelo en trozos pequeños con las manos. Guárdelo hasta
1 mes en un recipiente herméticamente cerrado.

**Cada 100 g: unas 625 calorías, 10 g de proteínas, 83 g de hidratos de carbono,
32 g de grasa total (4 g de saturadas), 9 mg de colesterol, 385 mg de sodio**

TRUFAS DE CHOCOLATE Y AVELLANA

Preparación: 25 minutos, más enfriamiento
Para 32 unidades

225 g de chocolate negro,
  troceado
45 g de mantequilla, ablandada y
  cortada a dados
2 cucharadas de licor de
  almendras o naranja (opcional)
40 g de avellanas, tostadas,
  peladas (*véase* pág. 522),
  y finamente picadas
3 cucharadas de cacao en polvo
125 ml de crema de leche, espesa

◆ Forre un molde metálico para pan de 21 x 11 cm con película
de plástico. Pique finamente el chocolate en un robot eléctrico
provisto de cuchilla metálica.

◆ Ponga a hervir la crema a fuego medio alto en un cazo de
1 litro. Agregue la crema al chocolate del robot y mezcle.
Incorpore la mantequilla y el licor, si lo utiliza, y mezcle hasta
que estén incorporados.

◆ Esparza uniformemente la mezcla de chocolate en el molde y
refrigérela 3 horas, o hasta que esté lo suficientemente firme como
para ser manipulada.

◆ Extienda las avellanas y el cacao sobre dos láminas separadas de
papel de pergamino. Retire la mezcla de chocolate del molde,
levantando los extremos de la película de plástico e invirtiéndolo
sobre la tabla de picar; retire el papel. Corte la mezcla de chocolate
en 32 cuadrados y forme enseguida una bola con cada uno de ellos.

◆ Pase la mitad de las trufas por las avellanas picadas y el resto por
el cacao. Refrigere las trufas hasta 1 semana. (O bien, congélalas en
un recipiente herméticamente cerrado hasta 1 mes y retírelas del
congelador 5 minutos antes de servirlas.)

**Cada trufa: unas 65 calorías, 1 g de proteínas, 3 g de hidratos de carbono,
7 g de grasa total (4 g de saturadas), 8 mg de colesterol, 0 mg de sodio**

Pocos postres proporcionan un aire tan festivo como un pastel preparado en casa. Un pastel casero es un medio excelente de poner a prueba la propia energía creativa, a la vez que resulta divertido de preparar y se convierte en todo un placer en el momento de servir. Siga siempre las instrucciones para obtener resultados fiables y deliciosos.

INGREDIENTES ESENCIALES PARA LOS PASTELES

Grasa. La margarina constituye una elección económica apropiada, pero la mantequilla proporciona a los pasteles un sabor y un color más pronunciados.

Azúcar. El azúcar blanquilla es preferido por sus finos gránulos.

Huevos. Retire los huevos de la nevera 30 minutos antes de emplearlos, para evitar que las mezclas se corten.

Harina. Puede utilizar harina común para todos los pasteles. Añada los agentes levantadores indicados.

FORRAR UN MOLDE

Si engrasa y enharina el molde, se evita que el pastel se pegue a él; pero, algunas preparaciones requieren que se forre con papel sulfurizado.

Coloque el molde sobre papel sulfurizado. Siga el contorno de la base del molde con un lápiz y recorte el círculo que obtenga.

Ponga el papel en la base del molde engrasado. Enharínelo ligeramente y retire el exceso de harina.

PASTELES CREMOSOS Y BATIDOS

Los pasteles se dividen en dos grandes grupos: los cremosos y los batidos. Los pasteles mezclados deben su cremosidad y textura a la grasa y son estimados por su sabor y su consistencia aterciopelada. Los pasteles de chocolate, a capas y los cuatro cuartos son las variedades más comunes de este grupo. En estas preparaciones es esencial batir la mantequilla y el azúcar hasta que formen una crema pálida y esponjosa. Para asegurarse de que todos los ingredientes secos estén homogéneamente distribuidos, mézclelos bien antes de incorporarlos a la mezcla cremosa.

Los pasteles batidos, ligeros y aéreos, como los bizcochos y el pastel del ángel, dependen de los huevos o las claras batidos para obtener su volumen y textura delicada. Los bizcochos contienen tanto claras como yemas y pueden llevar aceite vegetal, margarina o mantequilla; los pasteles del ángel usan sólo claras y no llevan grasa. Si añade crémor tártaro a las claras antes de batirlas, les proporcionará más estabilidad. Al mezclar los ingredientes, hágalo con cuidado, para que las claras no pierdan volumen. No engrase nunca el molde para un pastel del ángel, pues la mezcla debe adherirse a las paredes para subir. Antes de hornear, corte la mezcla en el molde con una espátula de goma para romper cualquier burbuja de aire.

PRINCIPIOS BÁSICOS PARA HORNEAR

• Antes de empezar a preparar una receta, tenga a mano todos los ingredientes y mídalos si es preciso.

• Los huevos a temperatura ambiente proporcionan más volumen, pero por motivos de seguridad no deben dejarse más de 30 minutos fuera de la nevera. También puede calentarlos en un cuenco con agua caliente durante 5 minutos antes de utilizarlos.

• Use mantequilla ablandada (no derretida), pues es más fácil de mezclar.

• Aunque los pasteles cremosos pueden mezclarse a mano, las batidoras eléctricas proporcionan una mezcla uniforme. Raspe a menudo las paredes del cuenco, para que los ingredientes se mezclen bien.

• Para evitar la formación de burbujas de aire, golpee suavemente los moldes contra la superficie de trabajo antes de llenarlos con la mezcla.

• Hornee los pasteles en el centro del horno. Si prepara más de dos capas, intercambie la posición de los moldes a media cocción.

• Para evitar que un pastel quede hundido, déjelo en el horno con la puerta entreabierta durante los primeros 15 minutos del horneado.

TAMAÑOS Y FORMAS DE LOS MOLDES

El tamaño y forma de un molde en relación con la cantidad de mezcla influye en el modo de hornearse. Idealmente, el molde debería tener la misma altura que la alcanzada por el pastel en el punto más álgido del horno. Las mezclas de pasteles no horneadas deben subir la mitad de la altura del molde.

EQUIVALENTE DE MOLDES

MOLDE INDICADO	SUSTITUCIÓN
molde cuadrado de 15 cm	molde redondo de 18 cm
molde cuadrado de 18 cm	molde redondo de 20 cm
molde cuadrado de 20 cm	molde redondo de 23 cm
molde cuadrado de 23 cm	molde redondo de 25 cm
molde cuadrado de 25 cm	molde redondo de 28 cm
dos moldes de bizcocho de 18 cm	18 moldes de papel

COMPROBAR EL GRADO DE COCCIÓN

Los pasteleros profesionales estiman el grado de cocción de un pastel por su aspecto, el olor y la respuesta al tacto, además del tiempo de cocción estimado. Empiece a comprobar el punto de cocción 10 minutos antes de que finalice el tiempo recomendado. Una pastel perfectamente horneado debe desprender aroma a tostada y, excepto en el caso de los pasteles de chocolate, una superficie bien dorada; cualquier grieta en la superficie debe parecer seca. La mayoría de pasteles empezarán a separarse de las paredes del molde; un palillo insertado en el centro del pastel debe salir limpio y seco, a no ser que la receta especifique lo contrario. También puede utilizar la prueba siguiente.

El secreto está en el tacto; puede comprobar el grado de cocción de la mayoría de los pasteles presionando ligeramente la superficie con un dedo. Cuando el pastel está horneado por completo, la superficie vuelve a su posición original.

DESMOLDAR Y ENFRIAR

• Antes de desmoldar un pastel cremoso, debe dejar que se enfríe en su molde durante unos 10 minutos. No acorte este tiempo de reposo, pues ayuda a estabilizar el pastel y a que se separe de las paredes del molde, además, el vapor que se forma a los lados del pastel facilita el vaciado.

• Después de que un pastel cremoso haya reposado en el molde, desmóldelo sin dilación, para que el aire circule libremente a su alrededor; de esta forma, se enfría más rápidamente y no queda húmedo.

• Para desmoldar un pastel cremoso, pase cuidadosamente un cuchillo pequeño alrededor de él, para separarlo de las paredes del molde. Cubra el pastel con una rejilla para enfriar metálica. Sostenga el molde y la rejilla (si es necesario protéjase las manos con un paño o guantes de hornear), e invierta el pastel sobre la rejilla. Retire el molde cuidadosamente y cubra el pastel con una segunda rejilla; dé la vuelta al pastel sobre la segunda rejilla y déjelo cara arriba.

• Los pasteles batidos precisan otro enfoque. Los pasteles del ángel son demasiado delicados y deben retirarse del molde una vez que se hayan enfriado por completo. Además, han de enfriarse boca abajo en el molde, el cual debe invertirse contra el cuello de una botella

Antes de desmoldar el pastel, pase con cuidado un cuchillo pequeño a su alrededor para separarlo del molde.

Para desmoldar un pastel, coloque una rejilla sobre el mismo e inviértalo. Desmolde y déle la vuelta con la ayuda de otra rejilla.

o embudo. Esta posición evita que el pastel se encoja en el recipiente, mientras que la botella o embudo permite que el aire circule uniformemente alrededor del pastel y evita que éste toque la superficie de trabajo si ha subido por encima del borde del molde. Los bizcochos son más pesados y pueden enfriarse simplemente en el molde, sobre una rejilla.

• Para desmoldar un pastel batido, despréndalo cuidadosamente de las paredes del molde con un cuchillo-paleta. Presione firmemente contra el lado del recipiente (para no romper el pastel) y desmóldelo sobre una fuente.

CONSERVAR LOS PASTELES

• Todos los pasteles deben enfriarse por completo antes de glasearse o guardarse.

• Debido a su contenido en grasas, los pasteles cremosos se conservan frescos 2 o 3 días. Los pasteles batidos quedan mejor si se consumen el mismo día en que se preparan o el siguiente, pues contienen poca grasa y, en consecuencia, se secan rápidamente.

• Conserve los pasteles en un molde ligeramente tapado. Los pasteles a capas y los bizcochos glaseados se mantienen mejor bajo un cuenco grande invertido.

• Refrigere siempre los pasteles rellenos o glaseados preparados con crema de leche batida, queso crema, crema agria, yogur o huevos.

• Congele los pasteles glaseados, sin envolver, hasta que estén firmes, y luego envuélvalos con película de plástico o papel de aluminio, y congélelos hasta 2 meses.

• Congele los pasteles cremosos no glaseados en una placa de horno, hasta que estén firmes. Envuélvalos con capas de película de plástico y después de aluminio, y congélelos hasta 4 meses.

• Congele los pasteles batidos en una bolsa para congelar durante 3 meses como máximo.

¿QUÉ FALLÓ?

Mezcla cortada. Los huevos no se incorporaron a fondo con la mezcla, o bien estaban demasiado fríos cuando se añadieron. Este problema se corrige por sí mismo al agregar los ingredientes secos.

El pastel sobrepasó el molde. Molde demasiado pequeño; demasiada levadura.

Textura densa, dura y pesada. Demasiado líquido; demasiada grasa; demasiada harina; mezcla demasiado o poco batida.

Centro hundido. Mezcla batida en exceso; se creó una excesiva aireación y el pastel no pudo contenerla; demasiado azúcar, líquido o levadura incorporados a la mezcla; puerta del horno abierta antes de que el pastel haya cuajado, o cerrada con demasiada fuerza.

Centro en forma de pico o cuarteado. La mezcla se batió en exceso al incorporar la harina (esto activa el gluten de la harina y origina un pastel duro). El horno estaba demasiado caliente y provocó que el pastel subiera con demasiada rápidez.

El pastel no subió correctamente. Demasiado líquido o grasa; el molde era excesivamente grande o el horno estaba demasiado frío.

Migas secas. Demasiada levadura en polvo; tiempo de horno excesivo.

Textura desmenuzable. Masa poco batida, o bien demasiada grasa.

Color pálido. Poco azúcar, o tiempo de horno demasiado corto.

Túneles en la pasta. Exceso de huevo; poco azúcar; mezcla pobre; horno demasiado caliente.

PASTELES A CAPAS

Sorprendentemente fáciles de preparar y a la vez impresionantes, nada es igualable a un pastel de capas para una ocasión especial. Su consistencia tierna y gusto casero no pueden compararse con las preparaciones comerciales. Para un pastel especial, elabore nuestro intrigante pastel dámero, o el suntuoso pastel de chocolate blanco, decorado con virutas de chocolate blanco.

PASTEL DÁMERO

◆◆◆◆◆◆◆◆◆◆◆◆◆◆◆◆◆◆◆◆◆◆◆◆◆◆◆◆◆◆

Preparación: 40 minutos, más enfriamiento   Horno: 25-30 minutos
Para 16 raciones

225 g de mantequilla o margarina, ablandada

400 g de azúcar

415 g de harina

300 ml de leche

1 cucharada de levadura en polvo

1 cucharada de esencia de vainilla

½ cucharadita de sal

8 claras de huevo medianas

225 g de chocolate negro, derretido y enfriado

crema de chocolate y mantequilla (*véase* pág. 550)

Equipo especial:
2 mangas pasteleras grandes, cada una con una abertura de 1 cm o provista de una boquilla para dibujar de 1 cm (o utilice bolsas de plástico, con las esquinas cortadas, para obtener una abertura de 1 cm)

1 Precaliente el horno a 180 °C (gas 4). Engrase tres moldes redondos para bizcocho de paredes rectas de 20 cm. Forre las bases con papel sulfurizado y engráselas. Enharine los moldes. Con la batidora eléctrica a velocidad lenta, bata la mantequilla y 300 g de azúcar en un cuenco grande, hasta que estén amalgamados. Bátalos a velocidad alta durante 5 minutos, hasta que la mezcla resulte ligera y cremosa. Incorpore a velocidad lenta la harina y los 4 ingredientes siguientes, y bátalos hasta que estén combinados. Aumente la velocidad a media y bata 2 minutos; raspe de vez en cuando las paredes del cuenco.

2 Con la batidora, bata las claras en otro cuenco, hasta que formen picos blandos. Espolvoréelas con los 100 g restantes de azúcar y siga batiendo, hasta que formen picos firmes al levantar las varillas. Incorpore las claras, ⅓ a la vez, a la mezcla anterior.

3 Traspase la mitad de la mezcla a otro cuenco. Agregue el chocolate derretido; mezcle e introduzca en la manga pastelera o una bolsa de plástico con el extremo recortado. Coloque la mezcla de pastel no aromatizada en una segunda manga pastelera o bolsa de plástico.

4 Con la manga de la mezcla de chocolate haga una banda de 4 cm de ancho a todo alrededor del borde de 2 moldes. Extienda, a continuación, junto a la de chocolate, otra banda de 4 cm de ancho con la mezcla no aromatizada y llene el centro con la de chocolate.

5 Haga lo mismo con el tercer molde; alterne las mezclas, pero empiece con la mezcla no aromatizada contra las paredes del molde. Coloque los moldes en dos rejillas del horno, 2 en la rejilla superior y 1 en la inferior; intercambie la posición de los moldes tras los primeros 15 minutos.

6 Hornee entre 25 y 30 minutos, o hasta que al insertar un palillo en los centros, salga limpio. Deje que los moldes se enfríen sobre rejillas durante 10 minutos. Pase un cuchillo pequeño por los extremos para desprender los pasteles, e inviértalos sobre rejillas. Retire el papel sulfurizado y déjelos enfriar. Prepare la crema de chocolate y mantequilla. Ponga uno de los dos pasteles idénticos en una fuente y extienda por encima 125 g de la crema. Cubra con el reverso de la capa de diseño. Extienda por encima 125 g de crema y cubra con la capa restante. Glasee los lados y la superficie del pastel con el resto de la crema. Guarde cualquier resto del pastel en la nevera.

CADA RACIÓN: UNAS 550 CALORÍAS, 6 g DE PROTEÍNAS, 72 g DE HIDRATOS DE CARBONO, 29 g DE GRASA TOTAL (11 g DE SATURADAS), 33 mg DE COLESTEROL, 430 mg DE SODIO

PASTEL DE CHOCOLATE BLANCO

Preparación: 1¼ horas, más enfriamiento *Horno: 25 minutos*
Para 16 raciones

250 g de chocolate blanco
350 ml de leche
250 g de azúcar
175 g de mantequilla o margarina,
   ablandada
385 g de harina
1½ cucharaditas de levadura
   en polvo
1½ cucharaditas de esencia de vainilla

¾ de cucharadita de sal
3 huevos medianos
virutas de chocolate rápidas,
   preparadas con chocolate
   blanco (opcional, *véase* pág. 551)
crema de limón y mantequilla
   (*véase* pág. 550)
220 g de confitura de frambuesas,
   sin semillas

◆ Derrita el chocolate blanco con la leche a fuego lento en un cazo
de 2 litros, hasta que la mezcla esté lisa. Retire del fuego y enfríe.

◆ Precaliente el horno a 180 °C (gas 4). Engrase y enharine
tres moldes para bizcocho de paredes rectas, de 20 cm de diámetro.

◆ Con la batidora eléctrica a velocidad lenta, bata el azúcar y
la mantequilla en un cuenco, hasta que estén amalgamados.
Aumente la velocidad y bata unos 5 minutos, hasta que la mezcla
resulte ligera y esponjosa. Baje la velocidad a lenta e incorpore,
batiendo, la harina, la levadura en polvo, la esencia de vainilla,
la sal, los huevos y el chocolate enfriado, hasta que estén bien
amalgamados; raspe de vez en cuando las paredes del cuenco
con una espátula de goma. Suba la velocidad a media, y bata.

◆ Divida la mezcla homogéneamente entre los moldes. Coloque
2 en la rejilla superior del horno y 1 en la inferior. Hornee unos
25 minutos; intercambie la posición de los moldes al cabo de
15 minutos. Inserte un palillo en el centro, debe salir limpio. Deje
que los moldes se enfríen sobre rejillas metálicas durante 10 minutos.
Pase un cuchillo pequeño por los bordes para desprender los pasteles,
desmóldelos sobre rejillas y deje que se enfríen por completo.

◆ Mientras, prepare las virutas de chocolate rápidas, si lo desea,
y refrigérelas. Elabore la crema de limón y mantequilla.

◆ Corte cada pastel por la mitad, en sentido horizontal, con un
cuchillo de sierra para obtener 6 capas. Coloque una capa, con el lado
cortado hacia arriba, sobre una fuente grande para pastel. Extienda
por encima 75 g de crema de limón y mantequilla. Cubra con la
segunda capa y extienda por encima 110 g de confitura de frambuesas.
Repita la operación para obtener en total 3 capas de crema de limón
y mantequilla, y 2 capas de confitura. Acabe la sexta capa.

◆ Extienda el resto de la crema sobre los lados y la superficie
del pastel. Presione suavemente las virutas de chocolate contra la
crema con un palillo, de forma que recubran el pastel por
completo. Guarde cualquier resto de pastel en la nevera.

**Cada ración: unas 550 calorías, 6 g de proteínas, 70 g de hidratos de
carbono, 28 de grasa total (11 g de saturadas), 72 mg de colesterol,
425 mg de sodio**

PASTEL DE CHOCOLATE EXQUISITO

Preparación: 50 minutos, más enfriamiento *Horno: 30 minutos*
Para 16 raciones

200 g de harina
120 g de cacao en polvo
2 cucharaditas de levadura
   en polvo
1 cucharadita de bicarbonato
   sódico
½ cucharadita de sal
300 ml de leche

2 cucharaditas de esencia
   de vainilla
400 g de azúcar
225 g de mantequilla o margarina,
   ablandada
4 huevos medianos
glaseado blanco blando
   (*véase* pág. 550) u otro glaseado

◆ Precaliente el horno a 180 °C (gas 4). Engrase 3 moldes para
bizcocho de paredes rectas, de 20 cm de diámetro. Forre las bases
con papel sulfurizado y engráselo. Enharine los moldes. Mezcle
la harina, el cacao, la levadura en polvo, el bicarbonato y la sal en
un cuenco mediano, y resérvelos. Mezcle la leche y la esencia de
vainilla en una jarra medidora.

◆ Con la batidora eléctrica a velocidad lenta, bata el azúcar y
la mantequilla en un cuenco grande, hasta que estén amalgamados.
Aumente la velocidad a alta y bata unos 2 minutos, o hasta
que la mezcla quede cremosa. Baje la velocidad a media-baja
y añada los huevos de uno en uno; bata bien tras cada adición.
Alternativamente, añada la mezcla de harina y la de leche; empiece
y termine con la de harina. Bata hasta obtener una mezcla
homogénea; raspe de vez en cuando las paredes del cuenco con
una espátula de goma.

◆ Divida la mezcla entre los moldes. Póngalos en dos rejillas del
horno; coloque 2 en la superior y 1 en la inferior. Hornee unos
30 minutos; intercambiando la posición de los moldes al cabo
de 15 minutos. Los pasteles están cocidos cuando, al insertar
un palillo en el centro, sale casi limpio. Deje que se enfríen sobre
rejillas durante 10 minutos. Pase un cuchillo pequeño alrededor
de las paredes del molde para desprender los pasteles e inviértalos
sobre rejillas. Retire cuidadosamente el papel sulfurizado y
enfríelos por completo.

◆ Prepare el glaseado. Coloque un pastel sobre una fuente y
extienda por encima una sexta parte del glaseado. Cubra con
el segundo pastel y otra sexta parte de glaseado. Ponga encima el
último pastel. Cubra los lados y la superficie del pastel con el resto
del glaseado.

**Cada ración: unas 345 calorías, 5 g de proteínas, 54 g de hidratos de
carbono, 14 g de grasa total (5 g de saturadas), 86 mg de colesterol, 375 mg
de sodio**

PASTEL AMBROSÍA

Preparación: 1½ horas, más enfriamiento   *Horno: 35-40 minutos*

Para 20 raciones

4 naranjas grandes	¼ de cucharadita de sal
1 cucharada de zumo de limón	2 cucharaditas de esencia
3 cucharadas de maicena	de vainilla
500 g de azúcar	3 huevos medianos
280 g de mantequilla o margarina,	225 ml de suero o leche agria
ablandada	(*véase* pág. 392)
6 yemas de huevo medianas	glaseado blanco blando
300 g de harina	(*véase* pág. 550)
1½ cucharaditas de levadura	125 g de copos de coco
en polvo	tiras de corteza de naranja para
1 cucharadita de bicarbonato sódico	decorar

◆ Ralle una cucharada de corteza de naranja y exprima 300 ml de zumo. Mezcle el zumo y la corteza de naranja con el zumo de limón, la maicena y 200 g de azúcar en un cazo de 3 litros, de fondo grueso. Añada 120 g de mantequilla y lleve a ebullición, a fuego medio, sin dejar de remover. Hierva 1 minuto. Bata ligeramente las yemas en un cuenco pequeño. Agregue una pequeña cantidad de la mezcla de naranja y bata la preparación con la de naranja del cazo. Cueza a fuego muy lento, removiendo sin parar, durante 3 minutos, o hasta que esté muy espeso. Vierta el relleno en un cuenco mediano, cubra la superficie con película de plástico para evitar la formación de una capa. Refrigere 2 horas, o hasta que esté bien frío.

◆ Mientras, precaliente el horno a 180 °C (gas 4). Engrase y enharine un molde de 33 × 20 cm. Mezcle la harina, la levadura en polvo, el bicarbonato sódico y la sal en un cuenco mediano.

◆ Con la batidora eléctrica a velocidad lenta, bata los 300 g de azúcar y los 160 g de mantequilla restantes, hasta que estén bien amalgamados. Aumente la velocidad y bata 5 minutos, o hasta que la mezcla resulte ligera y cremosa; raspe a menudo las paredes del cuenco con una espátula de goma. Baje la velocidad, añada la esencia de vainilla y los huevos enteros, de uno en uno, hasta que estén amalgamados. Añada, alternándolos, la mezcla de harina y el suero; empiece y termine por la harina. Bata hasta que la preparación esté bien amalgamada; raspe de vez en cuando las paredes del cuenco.

◆ Extienda la mezcla en el molde. Hornee entre 35 y 40 minutos, o hasta que al insertar un palillo en el centro del pastel salga limpio. Deje que el molde se enfríe sobre una rejilla 10 minutos. Pase un cuchillo pequeño de hoja roma alrededor de las paredes del molde para desprender el pastel, e inviértalo sobre una rejilla para que se enfríe por completo.

◆ Prepare el glaseado blanco blando. Corte el pastel por la mitad, en sentido horizontal, con un cuchillo de sierra. Para retirar la capa superior, deslice cuidadosamente la placa de horno entre las capas cortadas y levante la superior. Deslice la inferior sobre la fuente de servicio y, con un cuchillo-paleta, extienda el relleno frío. Traspase con cuidado la capa superior sobre la inferior. Cubra los lados y la superficie del pastel con el glaseado. Espolvoree por encima con el coco y decore con las tiras de corteza de naranja. Refrigere hasta el momento de servir.

Cada ración: unas 360 calorías, 4 g de proteínas, 52 g de hidratos de carbono, 16 g de grasa total (6 g de saturadas), 126 mg de colesterol, 300 mg de sodio

PASTEL AMARILLO

Preparación: 45 minutos, más enfriamiento   *Horno: 23-28 minutos*

Para 16 raciones

355 g de harina	400 g de azúcar
1 cucharada de levadura en polvo	225 g de mantequilla o margarina,
½ cucharadita de sal	ablandada
225 ml de leche	4 huevos medianos
2 cucharaditas de esencia	crema de naranja y mantequilla
de vainilla	(*véase* pág. 550) u otro glaseado

◆ Precaliente el horno a 180 °C (gas 4). Engrase tres moldes redondos de paredes rectas, de 20 cm de diámetro, y fórrelos con papel sulfurizado; engrase también el papel. Enharine los moldes. Mezcle la harina, la levadura en polvo y la sal en un cuenco mediano, y resérvelo. Mezcle la leche y la esencia de vainilla en una jarra para medir.

◆ Con la batidora eléctrica a velocidad lenta, bata el azúcar y la mantequilla en un cuenco grande, hasta que estén amalgamadas. Aumente la velocidad y bata 2 minutos, o hasta que la mezcla resulte cremosa. Reduzca la velocidad a media-baja; añada los huevos, uno tras otro, y bata bien tras cada adición. Incorpore las mezclas de harina y leche, alternándolas; empiece y termine por la de harina. No deje de batir hasta que la preparación quede homogénea. Raspe las paredes del cuenco con una espátula de goma de vez en cuando.

◆ Reparta la mezcla entre los moldes. Coloque 2 en la rejilla superior del horno y el otro en la inferior. Hornee entre 23 y 28 minutos; intercambie la posición de los moldes al cabo de 15 minutos. Los pasteles están cocidos cuando, al insertar un palillo en el centro, sale casi limpio, con unas pequeñas migas húmedas adheridas.

◆ Enfríe los moldes en rejillas durante 10 minutos. Pase un cuchillo de hoja redonda alrededor de las paredes de los moldes para separar los pasteles e inviértalos sobre rejillas. Retire el papel sulfurizado y deje que se enfríen por completo.

◆ Prepare la crema. Coloque un pastel en una fuente y extienda por encima una sexta parte de la crema. Cubra con el segundo pastel y una sexta parte de la crema. Recubra con el último pastel y el resto de la crema. Guarde cualquier resto de pastel en la nevera.

Cada ración: unas 475 calorías, 5 g de proteínas, 58 g de hidratos de carbono, 25 g de grasa total (15 g de saturadas), 120 mg de colesterol, 425 mg de sodio

PASTEL DE CHOCOLATE Y SUERO

Preparación: 30 minutos, más enfriamiento   Horno: 30 minutos
Para 16 raciones

95 g de cacao en polvo	1½ cucharaditas de esencia
340 g de harina	de vainilla
350 g de azúcar	1½ cucharaditas de sal
350 ml de suero o leche agria	3 huevos medianos
(*véase* pág. 392)	crema de chocolate
225 ml de aceite vegetal	y mantequilla
2 cucharaditas de bicarbonato sódico	(*véase* pág. 550)

◆ Precaliente el horno a 180 °C (gas 4). Engrase dos moldes redondos de paredes rectas, de 23 cm de diámetro. Forre las bases con papel sulfurizado y engrase el papel. Espolvoree los moldes con cacao. Ponga el cacao y los 8 ingredientes siguientes en un cuenco grande. Bátalos con la batidora eléctrica, raspe el cuenco de vez en cuando con una espátula de goma.

◆ Divida la mezcla entre los moldes y hornee 30 minutos o hasta que al insertar un palillo en el centro salga limpio. Deje que los pasteles se enfríen en rejillas metálicas durante 10 minutos. Pase un cuchillo de hoja redonda entre los extremos de los moldes para desprender los pasteles. Inviértalos sobre rejillas y deje que se enfríen por completo. Prepare la crema de chocolate y mantequilla.

◆ Coloque un pastel con la parte superior contra la base de una fuente y extienda por encima ⅓ de la crema. Cubra con la segunda capa. Recubra los lados y la superficie del pastel con el resto de la crema. Guarde cualquier sobra en la nevera.

Cada ración: unas 475 calorías, 5 g de proteínas, 56 g de hidratos de carbono, 28 g de grasa total (7 g de saturadas), 41 mg de colesterol, 465 mg de sodio

PASTEL DE ESPECIAS

Preparación: 45 minutos, más enfriamiento   Horno: 28-30 minutos
Para 16 raciones

265 g de harina	200 g de azúcar
1 cucharadita de levadura en polvo	125 g de mantequilla o margarina,
¾ de cucharadita de canela, molida	ablandada
½ cucharadita de bicarbonato	2 huevos medianos
sódico	1 cucharadita de esencia
½ cucharadita de sal	de vainilla
½ cucharadita de jengibre, molido	175 ml de suero o leche agria
½ cucharadita de nuez moscada,	(*véase* pág. 392)
molida	crema de mantequilla a la vainilla
una pizca de clavos, molidos	(*véase* pág. 550) u otro glaseado

◆ Precaliente el horno a 180 °C (gas 4). Engrase tres moldes redondos de paredes rectas, de 20 cm de diámetro. Forre las bases con papel sulfurizado y engráselo. Enharine los moldes. Mezcle la harina y los 7 ingredientes siguientes en un cuenco, y resérvelos.

◆ Con la batidora eléctrica a velocidad media, bata el azúcar y la mantequilla durante 5 minutos, o hasta que la mezcla esté ligera y cremosa. Añada los huevos, de uno en uno, y bata bien tras cada adición. Incorpore, batiendo, la esencia de vainilla y luego,

a velocidad lenta, la mezcla de harina y el suero, alternándolos; empiece y termine con la harina. Remueva hasta obtener una mezcla lisa. Divídela entre los moldes. Coloque 2 en la rejilla superior del horno y el restante en la inferior.

◆ Hornee entre 28 y 30 minutos, intercambie la posición de las placas al cabo de 15 minutos. Inserte un palillo en el centro, si sale limpio estará cocido. Deje que los moldes se enfríen durante 10 minutos, e invierta los pasteles sobre rejillas. Retire el papel y enfríe por completo. Prepare la crema de mantequilla a la vainilla. Extienda sobre un pastel una sexta parte de la crema de mantequilla. Cubra con el segundo pastel, una sexta parte de la crema y el último pastel. Cubra el pastel con el resto de la crema. Guarde cualquier sobra en la nevera.

Cada ración: unas 340 calorías, 4 g de proteínas, 40 g de hidratos de carbono, 19 g de grasa total (5 g de saturadas), 47 mg de colesterol, 365 mg de sodio

PASTEL DE PLÁTANO

Preparación: 40 minutos, más enfriamiento   Horno: 30 minutos
Para 16 raciones

2-3 plátanos muy maduros (225 g),	¼ de cucharadita de sal
aplastados	⅛ de cucharadita de nuez
60 ml de suero o leche agria	moscada, molida
(*véase* pág. 392)	250 g de azúcar
1 cucharadita de esencia de vainilla	125 g de mantequilla o margarina,
335 g de harina	ablandada
1 cucharadita de levadura en polvo	2 huevos medianos
½ cucharadita de bicarbonato	glaseado de queso crema
sódico	(*véase* pág. 550)

◆ Precaliente el horno a 180 °C (gas 4). Engrase tres moldes redondos de paredes rectas, de 20 cm de diámetro. Forre las bases con papel sulfurizado y engrase el papel. Enharine los moldes. Mezcle los plátanos, el suero y la esencia de vainilla en un cuenco, y resérvelo. Mezcle la harina y los 4 ingredientes siguientes.

◆ Con la batidora eléctrica a velocidad media, bata el azúcar y la mantequilla durante 5 minutos, o hasta que la mezcla quede ligera y cremosa. Agregue los huevos, de uno en uno, bien incorporados tras cada adición. Añada a velocidad lenta las mezclas de harina y plátano; empiece y acabe por la de harina. Divida la preparación entre los moldes. Ponga 2 en la rejilla superior del horno y el restante en la inferior.

◆ Hornee 30 minutos; intercambie la posición de las placas al cabo de 15 minutos. Los pasteles están cocidos cuando al insertar un palillo en el centro sale limpio. Enfríe los moldes en rejillas metálicas durante 10 minutos. Pase un cuchillo contra las paredes de los moldes e inviértalos sobre rejillas. Retire el papel y deje que se enfríen por completo. Prepare el glaseado. Extienda sobre un pastel una sexta parte del glaseado. Cúbralo con otro pastel, otra sexta parte del glaseado y el último pastel. Recubra la superficie y los lados del pastel con el resto del glaseado. Guarde cualquier sobra en la nevera.

Cada ración: unas 335 calorías, 3 g de proteínas, 49 g de hidratos de carbono, 14 g de grasa total (6 g de saturadas), 56 mg de colesterol, 265 mg de sodio

TORTAS Y PASTELES DE CHOCOLATE

Estos postres vistosos podrían proceder perfectamente de una pastelería exquisita, pero si sigue nuestras instrucciones los preparará sin dificultad. Los amantes del chocolate se deleitarán con estos pasteles, que además de un sabor intenso tienen una personalidad distintiva. La torta de moca lleva capas de crema de café expreso y almendras tostadas. El pastel trufado de chocolate tiene una textura densa y decadente, mientras que la torta de ciruelas y frutos secos es afrutada y jugosa. Recuerde que el chocolate puede quemarse con facilidad una vez caliente, por lo que debe derretirse con cuidado, a fuego muy lento y removiendo a menudo.

TORTA DE MOCA Y ALMENDRAS DE TRES CAPAS

◆◆◆◆◆◆◆◆◆◆◆◆◆◆◆◆◆◆◆◆◆◆◆◆

Preparación: 45 minutos, más enfriamiento   *Horno: 45-50 minutos*

Para 16 raciones

175 g de chocolate negro	1 cucharadita de levadura
1 cucharada, más 2 cucharaditas,	en polvo
de café expreso instantáneo,	½ cucharadita de sal
en polvo	6 huevos medianos, separados
350 g de almendras enteras,	½ cucharadita de esencia
blanqueadas	de almendras
220 g de azúcar	600 ml de crema de leche,
30 g de harina (sí, 30 g)	espesa

1 Precaliente el horno a 180 °C (gas 4). Engrase un molde desmontable de 23 x 6 cm. Forre la base con papel sulfurizado, engráselo y enharínelo. Derrita el chocolate con una cucharada de chocolate expreso en polvo y 60 ml de agua a fuego lento en un cazo; remueva hasta que la mezcla esté lisa. Retire del fuego.

2 Muela 225 g de almendras con 50 g de azúcar en un robot eléctrico. (Los frutos secos deben molerse finamente, pero no reducirse a pasta.) Traspase la mezcla a un cuenco mediano y agregue la harina, la levadura en polvo y la sal; mezcle bien y reserve.

3 Bata las claras en un cuenco grande, con la batidora eléctrica a velocidad elevada, hasta que formen picos blandos al levantar las varillas. Bata en un cuenco pequeño y a velocidad media las yemas de los huevos, la mezcla de chocolate y la esencia de almendras durante 3 minutos; raspe con frecuencia las paredes del recipiente. Mezcle las almendras y el chocolate con las claras batidas, hasta que estén amalgamados.

4 Extienda uniformemente la preparación en el molde. Hornee entre 45 y 50 minutos, o hasta que al insertar un palillo en el centro del pastel salga limpio. Deje que se enfríe 10 minutos sobre una rejilla. Retire las paredes y la base del molde, saque el papel y deje que se enfríe por completo sobre la rejilla.

5 Mientras, pique los 125 g restantes de almendras. Tuéstelas en una sartén pequeña a fuego medio, hasta que estén doradas, y enfríelas. Corte el pastel en 3 capas horizontales con un cuchillo de sierra. Disuelva 2 cucharaditas del café en polvo con una cucharada de agua en una taza.

6 Con la batidora eléctrica, bata la crema de leche, los 70 g de azúcar restantes y la mezcla de expreso, hasta que formen picos firmes. Ponga una capa de pastel sobre una fuente y recúbrala con 225 g de crema. Ponga encima la segunda capa y cubra con los 225 g de crema adicionales.

7 Cubra la tercera capa. Extienda el resto de la crema por los lados y la superficie de la torta. Reserve una cucharada de almendras; presione las almendras tostadas contra los lados de la torta. Decore con las almendras reservadas. Refrigere hasta el momento de servir.

CADA RACIÓN: UNAS 380 CALORÍAS, 9 g DE PROTEÍNAS, 27 g DE HIDRATOS DE CARBONO, 29 g DE GRASA TOTAL (12 g DE SATURADAS), 131 mg DE COLESTEROL, 135 mg DE SODIO

PASTEL TRUFADO DE CHOCOLATE

Preparación: 1 hora, más enfriamiento desde la vigilia y reposo
Horno: 35 minutos   Para 24 raciones

225 g de mantequilla (no emplee
  margarina)

460 g de chocolate negro

9 huevos medianos, separados

100 g de azúcar

¼ de cucharadita de crémor
  tártaro

azúcar lustre para decorar

◆ Precaliente el horno a 150 °C (gas 2). Retire la base de un molde
desmontable de 23 x 8 cm y fórrela con papel de aluminio; envuelva
también el reverso (de esta forma, se retira con mayor facilidad
el pastel). Ponga la base en su sitio. Engrase y enharine la base y
las paredes del molde.

◆ Derrita a fuego lento la mantequilla y el chocolate en un cazo
de 2 litros de fondo grueso; remueva con frecuencia. Vierta
la mezcla de chocolate en un cuenco grande y resérvela.

◆ Con la batidora eléctrica a velocidad elevada, bata las yemas y
el azúcar en un cuenco durante 5 minutos, o hasta que estén muy
espesas y de color limón. Mezcle con una espátula de goma
los huevos y la preparación de chocolate, hasta que estén bien
amalgamados.

◆ Bata en otro cuenco grande, con las varillas limpias y la batidora
a velocidad alta, las claras y el crémor tártaro, hasta que formen
picos blandos. Con una espátula de goma o batidora de varillas,
incorpore suavemente las claras batidas a la mezcla de chocolate;
agregue ⅓ cada vez. Extienda uniformemente la mezcla en el molde.

◆ Hornee 35 minutos. (No hornee en exceso, pues el pastel
quedará firme al enfriarse.) Deje que se enfríe por completo en el
molde y sobre una rejilla. Refrigérelo toda la noche en el molde.

◆ Para retirar el pastel del recipiente, pase un cuchillo de hoja
roma alrededor del molde y desmóldelo. Invierta el pastel sobre
una fuente de servicio; desenvuelva el papel de la base y retírela.
Quite cuidadosamente el papel de aluminio del pastel. Deje que

el pastel repose durante 1 hora a temperatura ambiente antes
de servirlo.

◆ Justo antes de llevarlo a la mesa, espolvoréelo con azúcar lustre
a través de un tamiz de malla fina sobre una blonda o un estarcido
en forma de estrella (*véase* pág. 552), u homogéneamente. Guarde
cualquier resto en la nevera.

Cada ración: unas 200 calorías, 4 g de proteínas, 15 g de hidratos de carbono,
16 g de grasa total (9 g de saturadas), 100 mg de colesterol, 100 mg de sodio

TORTA DE CHOCOLATE, CIRUELAS Y PACANAS

Preparación: 1 hora, más enfriamiento desde la vigilia
Horno: 35 minutos   Para 12 raciones

250 g de chocolate negro

6 claras de huevo medianas

100 g de azúcar lustre

½ cucharadita de esencia
  de vainilla

325 g de ciruelas deshuesadas,
  cortadas a dados

175 g de pacanas, picadas

1 cucharada de azúcar lustre

◆ Engrase un molde de paredes desmontables de 25 x 6 cm,
y forre la base con papel de pergamino.

◆ Ralle finamente el chocolate. (O muélalo finamente en un
robot eléctrico provisto de cuchilla metálica.)

◆ Precaliente el horno a 220 °C (gas 7). Con la batidora eléctrica
a velocidad alta, bata las claras en un cuenco grande, hasta que
formen picos blandos. Aumente la velocidad e incorpore el azúcar;
agregue 2 cucharadas cada vez y bata bien tras cada adición.
Continúe batiendo hasta que las claras formen picos firmes al
levantar las varillas. Incorpore, batiendo, la esencia de vainilla.

◆ Mezcle las claras batidas con las ciruelas y las pacanas y, a
continuación, suavemente pero a fondo, el chocolate rallado. Vierta
la mezcla en el molde y alise la superficie. Hornee 35 minutos,
o hasta que la superficie de la torta haya adquirido un tono marrón
oscuro y los lados se separen de las paredes del molde.

◆ Deje que la torta se enfríe sobre una rejilla metálica durante
15 minutos; retire las paredes del molde. Invierta la torta sobre una
rejilla y separe la base del molde; saque el papel. Deje que la torta
se enfríe por completo sobre la rejilla. Tápela y refrigérela toda la
noche.

◆ Justo antes de servir, corte 6 tiras de 30 x 1 cm de papel de
pergamino. Colóquelas sobre la torta a una distancia de 2 o 3 cm.
Espolvoree el pastel con el azúcar lustre y luego retire
cuidadosamente el papel. Guarde cualquier resto en la nevera.

Cada ración: unas 305 calorías, 6 g de proteínas, 34 g de hidratos de
carbono, 21 g de grasa total (7 g de saturadas), 0 mg de colesterol, 30 mg
de sodio

TRONCOS Y BRAZOS DE GITANO

Los troncos y brazos de gitano, con sus atractivas espirales de bizcocho y relleno, son algunos de los postres más atractivos. Quedan mejor si se preparan con antelación, por lo que resultan perfectos para cualquier ocasión festiva.

TRONCO DE CHOCOLATE BLANCO

◆◆◆◆◆◆◆◆◆◆◆◆

Preparación: 70 minutos, más enfriamiento
Horno: 10-15 minutos

10 huevos medianos, separados

200 g de azúcar

3 cucharaditas de esencia de vainilla

150 g de harina

30 g de azúcar lustre, más extra para espolvorear

crema de chocolate blanco y mantequilla (*véase* **pág. 550**)

40 ml de crema de leche, espesa

30 g de cacao en polvo

½ cucharadita de canela, molida

hojas de chocolate (*véase* **pág. 551**) **y arándanos rojos para decorar**

1 Precaliente el horno a 180 °C (gas 4). Engrase dos moldes para brazo de gitano de 39 x 27 cm, y fórrelos con papel sulfurizado. Con la batidora eléctrica a velocidad alta, bata las claras en un cuenco grande, hasta que formen picos blandos. Espolvoréelas gradualmente con 100 g de azúcar, de 2 en 2 cucharadas, y siga batiendo hasta que se formen picos blandos al levantar las varillas.

2 Con la batidora eléctrica a velocidad alta, bata las yemas, los 100 g restantes de azúcar y 2 cucharaditas de esencia de vainilla, hasta que la mezcla quede muy espesa y de color limón; agregue la harina a velocidad lenta, hasta que esté amalgamada. Mezcle las yemas con las claras mediante una espátula de goma.

3 Extienda uniformemente la mezcla en los moldes. Hornee en dos rejillas entre 10 y 15 minutos, o hasta que los bizcochos vuelvan a su posición original al presionarlos ligeramente; intercambie la posición de los moldes a media cocción.

4 Espolvoree un lienzo con azúcar lustre. Cuando los pasteles estén cocidos, pase un cuchillo-paleta por los extremos de los moldes para que se desprendan; inviértalos sobre el lienzo y solape ligeramente un lado largo de cada pastel.

5 Extraiga el papel. Enrolle los pasteles sobre sí mismos; empiece por un extremo alargado. Deje que se enfríen sobre una rejilla con la unión hacia abajo. Mientras, prepare la crema de chocolate blanco y mantequilla, y resérvela.

6 Con la batidora eléctrica a velocidad media, bata la crema, el cacao, la canela, 30 g de azúcar lustre y la cucharadita restante de vainilla, hasta que formen picos firmes. Desenrolle el pastel y extienda por encima la crema; deje un borde de 1 cm.

7 Enrolle el pastel por el mismo extremo, pero sin el lienzo. Corte una rodaja diagonal de 5 cm de grosor a cada extremo del cilindro y recórtelas, para darles 6 cm de diámetro. Ponga el pastel en una fuente con la juntura hacia abajo.

8 Extienda parte de la crema de chocolate y mantequilla sobre el cilindro. Coloque los extremos finales recortados por encima, de forma que parezcan ramas de árboles cortadas. Extienda el resto de la crema sobre el tronco y las ramas. Entalle la crema con un tenedor de cuatro dientes, de modo que parezca la corteza de un árbol. Refrigere el pastel 2 horas, como mínimo, antes de servirlo. Decórelo con hojas de chocolate y arándanos rojos. Guarde cualquier resto en la nevera.

CADA RACIÓN: UNAS 360 CALORÍAS, 5 g DE PROTEÍNAS, 33 g DE HIDRATOS DE CARBONO, 23 g DE GRASA TOTAL (14 g DE SATURADAS), 166 mg DE COLESTEROL, 145 mg DE SODIO

Brazo de gitano de suflé de chocolate

Preparación: 30 minutos, más enfriamiento   *Horno:* 15 minutos
Para 16 raciones

180 g de chocolate negro	¼ de cucharadita de sal
1 cucharadita de café exprés instantáneo en polvo, disuelto en 3 cucharadas de agua caliente	⅛ de cucharadita de clavos, molidos
6 huevos medianos, separados	350 g de crema de leche, espesa
150 g de azúcar	60 ml de licor de café
1 cucharadita de esencia de vainilla	40 g de azúcar lustre, más extra para espolvorear
¾ de cucharadita de canela, molida	

◆ Precaliente el horno a 180 °C (gas 4). Engrase un molde para brazo de gitano de 39 x 27 cm. Fórrelo con papel sulfurizado; engráselo y espolvoréelo con harina.

◆ Derrita el chocolate y la mezcla de café en la parte superior de un hervidor doble dispuesto sobre agua apenas agitándose; remueva la mezcla a menudo y resérvela.

◆ Bata las claras en un cuenco grande con la batidora eléctrica a velocidad alta, hasta que formen picos blandos. Aumente la velocidad, espolvoréelas gradualmente con 50 g de azúcar, de una en una cucharada, y bata bien tras cada adición, hasta que las claras formen picos firmes al levantar las varillas.

◆ Bata en un cuenco pequeño con la batidora eléctrica a velocidad alta las yemas con los 100 g restantes de azúcar, hasta que estén muy espesas y amarilleen. Baje la velocidad a lenta e incorpore, batiendo, la esencia de vainilla, la canela, la sal y los clavos.

◆ Mezcle la preparación de chocolate con la de yemas con una espátula de goma. Mezcle suavemente ⅓ de las claras con la mezcla de chocolate y, a continuación, las claras restantes.

◆ Extienda uniformemente la mezcla en el molde. Hornee 15 minutos, o hasta que esté firme al tacto. Cubra el pastel con un lienzo limpio húmedo y deje que se enfríe en el molde y sobre una rejilla metálica durante 30 minutos.

◆ Bata la crema en un cuenco grande con la batidora eléctrica a velocidad media, hasta que forme picos blandos. Incorpore, batiendo, el licor de café y 25 g de azúcar, hasta que forme picos firmes.

◆ Retire el lienzo del pastel y tamice por encima 15 g de azúcar lustre. Pase un cuchillo de hoja roma por los extremos del molde. Cubra el pastel con una lámina de papel de aluminio y una placa grande de horno; invierta el pastel sobre la placa de hornear.

◆ Extienda la crema sobre el pastel; deje un borde de 1 cm. Empezando por un extremo alargado y utilizando el papel para levantar el pastel, enróllelo formando un cilindro (el pastel podría cuartearse). Colóquelo con la juntura hacia abajo sobre una fuente alargada. Refrigérelo 1 hora como mínimo o hasta el momento de servirlo. Justo antes de llevarlo a la mesa, espolvoréelo con azúcar lustre.

Cada ración: unas 215 calorías, 4 g de proteínas, 21 g de hidratos de carbono, 14 g de grasa total (8 g de saturadas), 110 mg de colesterol, 65 mg de sodio

Brazo de gitano de arándanos y jengibre

Preparación: 30 minutos, más enfriamiento   *Horno:* 15 minutos
Para 8 raciones

150 g de harina	90 g de mantequilla o margarina, derretida
100 g de azúcar	80 g de jarabe de melaza dorado
2 cucharaditas de jengibre, molido	1 huevo mediano
1 cucharadita de bicarbonato sódico	25 g de azúcar lustre, más extra para espolvorear
½ cucharadita de levadura en polvo	225 ml de crema de leche, espesa
½ cucharadita de canela, molida	1 cucharadita de esencia de vainilla
¼ de cucharadita de sal	300 g de arándanos negros
¼ de cucharadita de nuez moscada, rallada	

◆ Precaliente el horno a 180 °C (gas 4). Engrase un molde para brazo de gitano de 39 x 27 cm. Fórrelo con papel sulfurizado; engrase el papel y enharine el molde.

◆ Mezcle la harina y los 7 ingredientes siguientes en un cuenco grande, y resérvelo. Bata juntos la mantequilla, el jarabe de melaza, el huevo y 75 ml de agua caliente en un cuenco mediano. Bata la mezcla de jarabe con la de harina, y extiéndala uniformemente en el molde. Hornee 15 minutos, o hasta que la superficie vuelva a su posición original al presionarla ligeramente.

◆ Mientras, espolvoree el azúcar lustre sobre un lienzo limpio. Pase un cuchillo de hoja roma por los extremos del molde; invierta el pastel caliente sobre el lienzo. Pele el papel. Recorte 5 mm de los extremos del pastel. Empezando por un lado alargado, enrolle el pastel en forma de cilindro y deje que se enfríe sobre una rejilla.

◆ Con la batidora eléctrica a velocidad media, bata la crema con la esencia de vainilla y 25 g de azúcar lustre en un cuenco mediano, hasta que formen picos firmes. Incorpore los arándanos con una espátula de goma. Desenrolle el brazo enfriado (puede cuartearse) y extienda la crema batida por encima, dejando un borde de 1 cm. Empezando por el mismo extremo alargado, enrolle el pastel y traspáselo a una fuente grande, colocando la juntura hacia abajo. Refrigere hasta el momento de servir.

Cada ración: unas 350 calorías, 3 g de proteínas, 40 g de hidratos de carbono, 20 g de grasa total (11 g de saturadas), 91 mg de colesterol, 375 mg de sodio

PASTELES DEL ÁNGEL Y BIZCOCHOS

Estos pasteles americanos comparten una textura ligera y esponjosa. Los pasteles del ángel, en principio, no llevan grasa, y son los más ligeros y aéreos. Su composición tradicional puede enriquecerse con chocolate u otros aromatizantes, y su textura delicada es el resultado de unas claras perfectamente batidas. Ambos tipos de pasteles se enriquecen con yemas; además, los bizcochos preparados con aceite, en vez de grasa vegetal, son más consistentes. Todos son deliciosos y se presentan un poco glaseados o simplemente espolvoreados con azúcar lustre y acompañados con fruta fresca.

PASTEL DEL ÁNGEL DE CHOCOLATE

Preparación: 30 minutos, más enfriamiento   *Horno:* 30-35 minutos

Para 16 raciones

180 g de harina	1½ cucharaditas de esencia
60 g de cacao en polvo	de vainilla
12-14 (400 ml) de claras de huevo	400 g de azúcar
medianas	125 g de chocolate negro
1½ cucharaditas de crémor tártaro	10 g de grasa blanca vegetal
¾ de cucharadita de sal	

1 Precaliente el horno a 190 °C (gas 5). Pase la harina y el cacao a través de un tamiz de malla media, dispuesto sobre un cuenco. Resérvelo. Con la batidora eléctrica a velocidad alta, bata las claras, el crémor tártaro y la sal en un cuenco grande, hasta que formen picos blandos. Incorpore, batiendo, la esencia de vainilla. Con la batidora a velocidad elevada, agregue gradualmente el azúcar, 2 cucharadas a la vez, y bata bien tras cada adición, hasta que las claras formen picos firmes al levantar las varillas.

2 Mezcle la preparación de harina y las claras batidas hasta que la harina desaparezca, y no lo haga en exceso. Vierta la preparación en un molde de corona o para pastel del ángel sin engrasar.

3 Hornee entre 30 y 35 minutos, o hasta que el pastel ceda ligeramente a la presión del dedo. Invierta el molde sobre un embudo metálico o botella y deje que el pastel se enfríe completamente en el molde.

4 Pase cuidadosamente un cuchillo-paleta alrededor de las paredes del molde para desprender el pastel. Desmolde el pastel y póngalo en una fuente.

5 Prepare el glaseado de chocolate. Derrita en un cazo pequeño el chocolate negro con la grasa blanca vegetal a fuego muy lento y remueva con frecuencia hasta que esté liso. Extiéndalo sobre el pastel y deje que caiga por los lados.

CONSEJOS PARA LOS PASTELES DEL ÁNGEL

• Use un molde especial para pastel del ángel, que encontrará en tiendas especializadas.

• Las claras se baten mejor si están a temperatura ambiente. El cuenco en que vayan a ser batidas debe estar perfectamente seco y sin grasa o cualquier resto de yema.

• Un batido tanto en exceso como por defecto provocará una pérdida de volumen.

• No engrase nunca el molde. La mezcla debe adherirse a él durante el horneado y enfriamiento. Al enfriarse, invierta el molde sobre un embudo o botella para que el aire circule libremente por todos los lados; de este modo, se evita que el pastel se encoja.

CADA RACIÓN: UNAS 190 CALORÍAS, 4 g DE PROTEÍNAS, 39 g DE HIDRATOS DE CARBONO, 3 g DE GRASA TOTAL (2 g DE SATURADAS), 0 mg DE COLESTEROL, 145 mg DE SODIO

PASTEL DEL ÁNGEL
CON AZÚCAR Y ESPECIAS

Preparación: 20 minutos, más enfriamiento   Horno: 30-35 minutos
Para 16 raciones

120 g de harina	12-14 claras de huevo medianas
120 g de azúcar lustre	(400 ml)
1 cucharadita de canela, molida	1 cucharadita de crémor tártaro
1 cucharadita de jengibre, molido	1 cucharadita de esencia
¼ de cucharadita de pimienta	de vainilla
de Jamaica molida	150 g de azúcar
sal	50 g de azúcar moreno oscuro

◆ Precaliente el horno a 190 °C (gas 5). Pase la harina, el azúcar, la canela, el jengibre, la pimienta de Jamaica y ¼ de cucharadita de sal a través de un tamiz de malla fina, dispuesto sobre un cuenco mediano. Reserve.

◆ Con la batidora eléctrica a velocidad elevada, bata las claras, el crémor tártaro y ½ cucharadita de sal en un cuenco, hasta que formen picos blandos; incorpore, batiendo, la esencia de vainilla. Espolvoree por encima ambos azúcares, 2 cucharadas a la vez, bata hasta que las claras formen picos firmes al levantar las varillas.

◆ Incorpore la preparación de harina y mezcle con una espátula de goma o una batidora de varillas, justo hasta que la harina desaparezca. No mezcle en exceso. Vierta la mezcla en un molde para pastel del ángel, de 25 cm, sin engrasar.

◆ Hornee entre 30 y 35 minutos, o hasta que el pastel recupere su posición original al tocarlo ligeramente. Invierta el molde sobre un embudo o botella y deje que se enfríe por completo en el molde. Pase cuidadosamente un cuchillo-paleta alrededor de las paredes para desprender el pastel. Desmóldelo y póngalo en una fuente para pasteles.

Cada ración: unas 115 calorías, 3 g de proteínas, 25 g de hidratos de carbono, 0 g de grasa total, 0 mg de colesterol, 145 mg de sodio

BIZCOCHO A LA VAINILLA

Preparación: 20 minutos, más enfriamiento   Horno: 1¼ horas   Para 16 raciones

265 g de harina	5 yemas de huevo medianas
1 cucharada de levadura en polvo	1 cucharada de esencia de vainilla
1 cucharadita de sal	7 claras medianas
300 g de azúcar	½ cucharadita de crémor tártaro
125 ml de aceite vegetal	azúcar lustre para decorar

◆ Precaliente el horno a 170 °C (gas 3). Mezcle la harina, la levadura en polvo, la sal y 200 g de azúcar en un cuenco grande. Haga un hueco en el centro y agregue el aceite, las yemas, la esencia de vainilla y 60 ml de agua fría; bata hasta que la mezcla de harina quede uniforme.

◆ Con la batidora eléctrica a velocidad alta, bata las claras y el crémor tártaro en otro cuenco, hasta que formen picos blandos. Suba la velocidad y añada gradualmente los 100 g restantes de azúcar, 2 cucharadas cada vez y bata bien tras cada adición, hasta

que las claras formen picos firmes al levantar las varillas. Agregue ⅓ de claras a la mezcla de yemas con una espátula de goma y luego añada el resto de las claras. Vierta la preparación en un molde para pastel del ángel de 25 cm, sin engrasar.

◆ Hornee 1¼ horas, o hasta que el pastel vuelva a su posición original al presionarlo ligeramente. Invierta el molde sobre un embudo o botella y deje que el pastel se enfríe por completo. Pase cuidadosamente un cuchillo espátula alrededor del molde para desprender el pastel; desmóldelo y póngalo en una fuente. Justo antes de servir, tamice por encima el azúcar lustre.

Cada ración: unas 220 calorías, 4 g de proteínas, 32 g de hidratos de carbono, 9 g de grasa total (2 g de saturadas), 67 mg de colesterol, 250 mg de sodio

BIZCOCHO DORADO

Preparación: 20 minutos, más enfriamiento   Horno: 15-20 minutos
Para 8 raciones

115 g de harina	15 g de mantequilla
2 cucharadas de maicena	o margarina, derretida
3 huevos medianos	crema de leche batida o fruta
100 g de azúcar	fresca (opcional)

◆ Precaliente el horno a 190 °C (gas 5). Engrase y enharine un molde metálico cuadrado, de 22 cm de lado. Mezcle la harina y la maicena en un cuenco, y reserve. Con la batidora eléctrica a velocidad alta, bata los huevos y el azúcar unos 10 minutos, hasta que se espesen y adquieran un color amarillo limón; raspe el cuenco de vez en cuando con una espátula de goma. Añada la mezcla de harina, hasta que esté bien incorporada; agregue la mantequilla derretida y mezcle. Vierta la preparación en el molde.

◆ Hornee entre 15 y 20 minutos, o hasta que el pastel esté dorado y vuelva a su posición original al tocarlo ligeramente.

◆ Deje que el pastel se enfríe sobre una rejilla durante 10 minutos. Pase un cuchillo de hoja redonda alrededor de los extremos del molde para desprender el pastel, e inviértalo sobre una rejilla para enfriarlo por completo. Acompañe el pastel con crema batida y fruta si lo desea.

Cada ración: unas 135 calorías, 3 g de proteínas, 23 g de hidratos de carbono, 3 g de grasa total (1 g de saturadas), 84 mg de colesterol, 40 mg de sodio

PASTELES DECORADOS

Estos espectaculares pasteles están indicados para las grandes celebraciones. Requieren unas técnicas de glaseado especiales, que deben aplicarse con mano firme y un poco de paciencia. Su trabajo se verá recompensado por los resultados espectaculares, que sus invitados apreciarán sin duda alguna.

PASTEL SUIZO DE ALMENDRAS PUNTEADO

Preparación: 1 hora, más enfriamiento   *Horno:* 35 minutos
Para 24 raciones

375 g de harina
2½ cucharaditas de levadura
  en polvo
½ cucharadita de sal
125 g de mantequilla o margarina,
  ablandada
225 g de mazapán, cortado a dados
300 g de azúcar
5 claras de huevo medianas
1 cucharada de esencia de vainilla
300 ml de leche

crema de mantequilla al Amaretto
  (*véase* pág. 550)
6 cucharadas de confitura de
  fresas, sin semillas

Equipo especial:
1 manga pastelera con acoplador
1 boquilla para escribir (con una
  abertura de 2 mm)
1 boquilla para escribir (con una
  abertura de 6 mm)

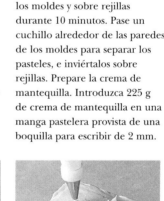

1 Precaliente el horno a 180 °C (gas 4). Engrase dos moldes cuadrados, de 20 cm de lado. Forre las bases con papel sulfurizado y engrase el papel. Enharine los moldes. Mezcle la harina, la levadura y la sal en un cuenco y resérvelo. Con la batidora eléctrica, bata la mantequilla, el mazapán y el azúcar en un cuenco, durante 2 o 3 minutos, o hasta que estén amalgamados; raspe las paredes del cuenco.

2 Aumente la velocidad a media y bata unos 2 minutos, o hasta que estén bien mezclados; raspe el cuenco a menudo (la mezcla puede parecer granulosa). Incorpore gradualmente las claras y la esencia de vainilla hasta que estén amalgamadas. Reduzca la velocidad a baja, y agregue, alternándolas, la mezcla de harina y leche a la de mazapán; empiece y termine por la harina. Bata hasta que estén amalgamadas.

3 Vierta la mezcla en moldes. Hornee 35 minutos, o hasta que al insertar un palillo en el centro de los pasteles salga limpio. Deje que se enfríen en los moldes y sobre rejillas durante 10 minutos. Pase un cuchillo alrededor de las paredes de los moldes para separar los pasteles, e inviértalos sobre rejillas. Prepare la crema de mantequilla. Introduzca 225 g de crema de mantequilla en una manga pastelera provista de una boquilla para escribir de 2 mm.

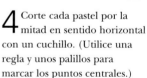

4 Corte cada pastel por la mitad en sentido horizontal con un cuchillo. (Utilice una regla y unos palillos para marcar los puntos centrales.)

5 Cubra una de las mitades inferiores con 2 cucharadas de la confitura, y a continuación extienda unas 5 cucharadas de crema de mantequilla sobre la confitura.

6 Repita la operación colocando 2 capas y recubra, finalmente, con la última capa de pastel. Extienda el resto de la crema de mantequilla por la superficie y los lados del pastel.

7 Con la ayuda de la manga pastelera, deje caer pequeños puntitos de crema de mantequilla sobre el pastel, agrupándolos en tríos.

8 Con la boquilla de 6 mm extienda hileras de puntos alrededor de la base y los bordes superiores del pastel. Guarde cualquier resto en la nevera.

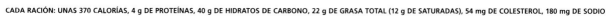

CADA RACIÓN: UNAS 370 CALORÍAS, 4 g DE PROTEÍNAS, 40 g DE HIDRATOS DE CARBONO, 22 g DE GRASA TOTAL (12 g DE SATURADAS), 54 mg DE COLESTEROL, 180 mg DE SODIO

PASTEL DE CESTA DE FRESAS

Preparación: 1¼ horas, más reposo y enfriamiento
Horno: 23-28 minutos **Para** 20 raciones

capas del pastel amarillo	**600 g de fresas**
(*véase* pág. 529)	**Equipo especial:**
900 ml de crema de leche, espesa	**2 mangas pasteleras**
1 cucharada de esencia de vainilla	**1 boquilla mediana en forma**
1 sobre de gelatina en polvo	**de estrella (1 cm de abertura)**
80 g de azúcar lustre	**1 boquilla mediana para trama**
165 g de confitura de fresas	**de rejilla (2 cm de abertura)**

◆ Prepare el pastel amarillo. Mientras las capas del pastel se enfrían, elabore el glaseado; mezcle la crema y la esencia de vainilla en un cuenco grande. Espolvoree la gelatina sobre 3 cucharadas de agua fría en un cazo pequeño; deje que repose 2 minutos para que se ablande. Cueza a fuego medio-bajo unos 3 minutos, removiendo con frecuencia, o hasta que la gelatina se disuelva por completo. (No deje que hierva.)

◆ Retire el cazo del fuego. Con la batidora eléctrica a velocidad media-alta, empiece a batir enseguida la crema de leche durante 2 minutos, o hasta que se espese y comience a formar picos blandos. Incorpore, batiendo, el azúcar y luego la gelatina, disuelta en forma de chorrito fino constante. Bata la mezcla de crema hasta que forme picos firmes, pero todavía esté blanda y lisa; no la bata en exceso.

◆ Coloque una capa de pastel en una base para pasteles. Extienda por encima la mitad de la confitura y luego 225 g de glaseado. Cubra con la segunda capa de pastel, la confitura restante y 225 g de glaseado. Coloque la última capa por encima. Cubra los lados y la superficie del pastel con una capa fina (de unos 2 mm de grosor) de glaseado.

◆ Introduzca unos 300 g de glaseado en la manga pastelera con una boquilla mediana en forma de estrella de 1 cm y resérvelo. Introduzca unos 450 g del resto de glaseado en la boquilla mediana

para trama de rejilla de 2 cm. Extienda el diseño de trenzado por los lados del pastel (*véase* inferior). Agregue el resto del glaseado a la manga, si es necesario, para completar el diseño.

◆ Utilice la manga con la boquilla en forma de estrella para dibujar un borde decorativo alrededor del extremo superior del pastel. Refrigere el pastel hasta el momento de servir. Antes de llevarlo a la mesa, coloque encima las fresas. Retire éstas al cortar el pastel y colóquelas a un lado.

Cada ración: unas 445 calorías, 5 g de proteínas, 46 g de hidratos de carbono, 28 g de grasa total (13 g de saturadas), 110 mg de colesterol, 270 mg de sodio

◆◆◆◆◆◆◆◆◆◆◆◆◆◆◆◆◆◆◆◆◆◆◆◆◆◆◆

GLASEADO EN TRAMA DE REJILLA

La obtención de un glaseado en trama de rejilla para nuestro pastel de cesta de fresas es más fácil de lo que parece, y además se obtienen unos resultados espectaculares. Si no está seguro de sus habilidades con la manga pastelera, practique primero sobre una lámina de papel sulfurizado antes de abordar el pastel.

1 Con la boquilla para trama de rejilla, y con el lado serrado frente a usted, extienda una tira vertical de glaseado sobre las paredes del pastel.

2 Extienda después 3 barras horizontales, espaciadas, sobre la tira vertical, de manera que sobresalgan 2 cm a la izquierda y 2 cm a la derecha de la tira vertical.

3 Extienda otra tira vertical de glaseado a la derecha de la primera, de forma que solape ligeramente los extremos de las barras horizontales.

4 Empezando por el extremo derecho de la primera tira vertical, extienda barras horizontales a lo ancho de la segunda tira vertical en los espacios situados entre las barras de la primera hilera; extiéndalas 2 cm a la derecha de la segunda tira vertical. Repita la operación para crear un efecto de trama de rejilla.

◆◆◆◆◆◆◆◆◆◆◆◆◆◆◆◆◆◆◆◆◆◆◆◆◆◆◆

PASTELES INFANTILES

Estas creaciones mágicas deleitarán, sin duda alguna, a los niños. Los pasteles básicos se preparan con nuestra recetas de pasteles a capas, y luego se modelan y adornan con glaseados y dulces. A los niños les encanta ayudar a decorar los pasteles. Procúreles unos cuencos con peladillas, dulces y pepitas para que su imaginación haga el resto.

PASTEL SERPIENTE

◆ ◆ ◆ ◆ ◆ ◆ ◆ ◆ ◆ ◆ ◆ ◆ ◆

Preparación: 80 minutos, más enfriamiento
Horno: 30 minutos
Para 24 raciones

2 capas del pastel amarillo
   (*véase* pág. 529)
450 g de azúcar lustre
225 g de mantequilla, ablandada
5 cucharadas de crema de leche ligera
 colorante verde alimentario
selección de dulces: gelatinas de frutas, grageas de chocolate de diferentes colores, peladillas de piñones y 1 dulce azul pequeño

1 Prepare y enfríe las capas del pastel amarillo, tal como se indica entre los pasos 1 y 3 de la correspondiente receta (pág. 529). Guarde la capa restante en un recipiente herméticamente cerrado para consumirla en el espacio de 3 días, o envuélvala y refrigérela para emplearla al cabo de 3 meses.

2 Mientras los pasteles se enfrían, prepare el glaseado. Bata el azúcar lustre, la mantequilla, la crema de leche ligera y la esencia de vainilla en un cuenco grande con la batidora eléctrica a velocidad lenta, hasta que estén amalgamadas. Aumente la velocidad a media y siga batiendo; raspe con frecuencia las paredes del cuenco con una espátula de goma, hasta que el glaseado quede liso y pueda extenderse con facilidad. Agregue las gotas suficientes de colorante verde alimentario para que adquiera un color verde vivo; resérvelo.

3 Corte un redondel de 6 cm en el centro de cada capa de pastel. Sin retirar el círculo, corte cada capa por la mitad para obtener 4 figuras en forma de C y 4 pequeños semicírculos.

4 Coloque sobre una tabla para picar o un trozo de cartón grueso, cubierto con papel de aluminio, las piezas en forma de C; alterne las direcciones para obtener una forma de serpiente curvada. El pastel acabado mide unos 70 x 23 cm.

5 Coloque el lado cortado de un semicírculo de pastel contra el lado cortado de un extremo de la serpiente para formar la cola. Repita la operación en el otro extremo para la cabeza. Coloque los 2 semicírculos restantes de forma que parezca una boca abierta. Glasee el pastel.

6 Decore el pastel. Corte las gelatinas de frutas por la mitad, excepto una. Coloque las mitades de gelatinas de frutas sobre el extremo superior del pastel para formar las escamas. Ponga una gelatina entera en la cabeza para obtener el ojo, con un dulce azul en el centro para similar la pupila. Utilice grageas de chocolate rojas y negras para las pestañas y peladillas de piñones para la boca. Coloque una gragea de chocolate marrón a modo de nariz. Guarde cualquier resto en la nevera.

CADA RACIÓN: UNAS 280 CALORÍAS, 2 g DE PROTEÍNAS, 38 g DE HIDRATOS DE CARBONO, 14 g DE GRASA TOTAL (8 g DE SATURADAS), 63 mg DE COLESTEROL, 215 mg DE SODIO

TREN DEL CIRCO

Preparación: 2 horas, más enfriamiento   *Horno:* 35-45 minutos
Para 15 raciones

mezcla para pastel de plátano
(*véase* pág. 530)
glaseado de queso crema (*véase*
pág. 550) palillos

4 pajas para beber
decoraciones dulces: granillo
de colores, ositos de gelatina
y tiras de regaliz rojas y negras

◆ Precaliente el horno a 180 °C (gas 4). Engrase y enharine 5 moldes mini para pan (350 ml de capacidad cada uno), o un molde para pan de 23 x 12 cm. Prepare la mezcla del pastel de plátano. Extienda uniformemente la preparación en los moldes minis. Hornee 35 minutos, o hasta que al insertar un palillo en el centro de los pasteles salga limpio. Deje que los moldes se enfríen sobre rejillas durante 10 minutos. Pase un cuchillo-paleta alrededor de los moldes para desprender los pasteles; inviértalos sobre una rejilla y deje que se enfríen por completo. (O, si utiliza un molde para pan de 23 x 12 cm, hornéelo 45 minutos y enfríe como arriba. Corte el pastel enfriado en 5 porciones horizontales de 4 cm de grosor.) Mientras, prepare el glaseado de queso crema y corte las pajitas por la mitad.

◆ Para montar el tren, corte con un cuchillo de sierra las superficies redondeadas de 3 pasteles y resérvelas. (No las corte demasiado finas.) Para la locomotora, corte una rodaja horizontal de 1 cm de grosor de uno de los pasteles. Recorte la rebanada, redondeando 2 esquinas en un lado corto y sujétela a un extremo del pastel con un palillo para formar la parte posterior de la locomotora. Corte una rebanada redondeada por la mitad en sentido horizontal. Sujete la mitad al extremo inferior frontal de la locomotora con un palillo. Corte un semicírculo de 5 cm de la segunda mitad para formar la parte frontal de la locomotora; ajústela al frente con palillos. Reserve las restantes rebanadas redondeadas para los doseles.

◆ Con un cuchillo-paleta pequeño, glasee la locomotora, los vagones y las superficies y lados de los doseles. Espolvoree los doseles con granillo. Decore la locomotora y los vagones; emplee espirales de regaliz para formar las ruedas; trozos de regaliz negro para el vagón del carbón; trozos de regaliz rojos para la carga; dulces de colores surtidos para la locomotora y ositos de gelatina para los vagones de pasajeros. Contornee la locomotora y los vagones de pasajeros con tiras negras de regaliz. Sujete los doseles a los vagones de pasajeros con pajas recortadas. Monte el tren sobre una fuente alargada y utilice trozos de regaliz rojos para unir los vagones. Reserve cualquier resto en la nevera.

Cada ración: unas 355 calorías, 3 g de proteínas, 53 g de hidratos de carbono,
15 g de grasa total (5 g de saturadas), 41 mg de colesterol, 280 mg de sodio

PELOTAS DE JUEGO

Preparación: 1½ horas, más enfriamiento   *Horno:* 25 minutos por tanda
Para 36 unidades

mezcla para pastel de chocolate
exquisito (*véase* pág. 528)
crema de mantequilla a la vainilla
(*véase* pág. 550)
colorantes alimentarios rojo,
naranja y amarillo

Equipo especial:
3 mangas pasteleras pequeñas
3 boquillas para escribir (de 1 mm
de abertura cada una)

◆ Precaliente el horno a 180 °C (gas 4). Forre tres moldes para *muffin* de 12 agujeros, de tamaño estándar, con moldes rizados de papel. (Si no tiene los moldes suficientes, hornee las pelotas por tandas.) Prepare la mezcla de pastel; viértala en los moldes. (Hornee sólo los moldes que puedan caber sobre una rejilla situada en el centro del horno.) Hornee 25 minutos, o hasta que al insertar un palillo en el centro salga casi limpio. Deje que los moldes se enfríen sobre rejillas durante 10 minutos. Retire los moldes de papel de los metálicos y deje que se enfríen por completo sobre rejillas metálicas. Repita la operación con el resto de la mezcla.

◆ Prepare la crema de mantequilla. Retire 300 g de la misma y divídala en 3 tazas. Coloree una porción con colorante negro y otra con rojo; deje la última al natural. Tápelas con película de plástico y resérvelas. Divida el resto de la crema de mantequilla en otras 3 tazas. Tiña ⅓ de color naranja y ⅓ de amarillo; deje uno al natural. Glasee 12 balones con la crema de mantequilla naranja, 12 con la crema de mantequilla amarilla y 12 con la crema de mantequilla blanca.

◆ Introduzca la crema de mantequilla reservada de color negro, rojo y natural en 3 mangas pasteleras con boquilla para escribir de 1 mm de abertura. Extienda la crema de mantequilla negra sobre los balones para dibujar los balones de baloncesto. Extienda la crema de mantequilla roja sobre los balones blancos para obtener las pelotas de béisbol. Extienda la crema de mantequilla blanca sobre los balones amarillos para obtener las pelotas de tenis. Guarde cualquier resto en la nevera.

Cada pelota: unas 210 calorías, 3 g de proteínas, 25 g de hidratos de carbono,
12 g de grasa total (3 g de saturadas), 26 mg de colesterol, 225 mg de sodio

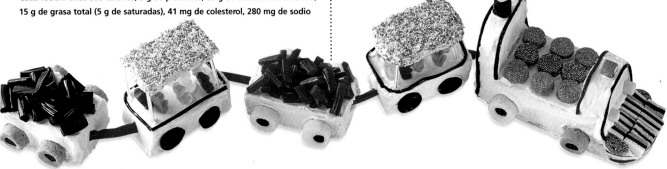

PASTELES DE FRUTAS Y FRUTOS SECOS

Aunque algunos pasteles de frutas se preparan tradicionalmente por Navidad, todos pueden disfrutarse durante todo el año como merienda o para acompañar el café del desayuno. Estos pasteles, especiados y llenos de frutas secas, confituras y frutos secos, tienen una textura densa y jugosa, así como un sabor concentrado que mejora con el tiempo. Si utiliza brandy los enriquecerá aún más y obtendrá resultados si cabe más jugosos.

PASTEL DE FRUTAS DE NAVIDAD

◆◆◆◆◆◆◆◆◆◆◆◆◆◆◆◆◆◆◆◆◆◆◆◆◆◆◆◆

Preparación: 30 minutos, más enfriamiento   *Horno: 1½ horas*
Para 36 raciones

160 g de ciruelas deshuesadas, cortadas por la mitad	225 g de mantequilla o margarina
300 g de higos secos, picados	300 g de harina
175 g de orejones de albaricoques, picados	2 cucharaditas de levadura en polvo
150 g de dátiles, deshuesados	1 cucharadita de sal
225 g de pacanas	1 cucharadita de esencia de vainilla
225 g de cerezas verdes confitadas	5 huevos medianos
225 g de cerezas rojas confitadas	60 ml de brandy (opcional)
125 g de piña confitada	80 g de confitura de albaricoque, derretida
125 g de corteza de limón confitada	frutos secos, cerezas verdes y rojas confitadas y pacanas para decorar
200 g de azúcar	cinta ancha para decorar

1 Precaliente el horno a 170 °C (gas 3). Engrase un molde de 25 cm para pastel del ángel. Forre la base con papel de aluminio y engrásela. Mezcle en un cuenco los 9 primeros ingredientes. Con la batidora eléctrica a velocidad lenta, bata la mantequilla y el azúcar, hasta que estén amalgamados. Aumente la velocidad hasta que la mezcla quede ligera y cremosa. Incorpore la harina, la levadura en polvo, la sal, la esencia de vainilla y los huevos, y bátalos lentamente hasta que estén justo amalgamados; raspe las paredes del cuenco con frecuencia.

2 Mezcle la preparación de harina con la de frutas, hasta que éstas estén uniformemente repartidas. Vierta la mezcla en el molde. Hornee 1½ horas, o hasta que al insertar un palillo en el centro del pastel salga limpio.

3 Retire el pastel del horno. Practique con una broqueta unos agujeros en el pastel caliente y vierta el brandy por encima si lo utiliza. Deje que el pastel se enfríe por completo sobre una rejilla metálica.

4 Pase un cuchillo de hoja redonda por los extremos del molde para desprender el pastel; desmóldelo y retire el papel con cuidado. Envuelva el pastel, bien apretado, con película de plástico y refrigérelo toda la noche para que quede firme y pueda cortarse con facilidad. Guárdelo en la nevera hasta 4 semanas.

5 En el momento de servir, pincele el pastel de frutas con la mitad de la confitura derretida; decore con los frutos secos, las cerezas confitadas y las pacanas. Pincele los frutos secos y las pacanas con el resto de la confitura. Si lo desea, envuelva el pastel con una cinta, que tendrá que asegurar. Corte el pastel en porciones finas.

PASTELES DE FRUTAS MINI

Prepare el pastel de frutas como se indica, pero distribuya la mezcla en 6 moldes de 13 x 8 cm, y hornee entre 50 y 60 minutos. Agujeree los pasteles calientes con una broqueta y vierta por encima 60 ml de brandy, si lo utiliza. Pincele los pasteles con confitura derretida y adórnelos con las frutas y pacanas, tal como se indica.

CADA RACIÓN: UNAS 255 CALORÍAS, 3 g DE PROTEÍNAS, 42 g DE HIDRATOS DE CARBONO, 10 g GRASA TOTAL (3 g DE SATURADAS), 43 mg DE COLESTEROL, 155 mg DE SODIO

Si recubre las frutas y los frutos secos con una pequeña cantidad de harina, los mantendrá separados y suspendidos en la mezcla del pastel. De lo contrario, estos ingredientes tienden a cohesionarse y pueden quedar depositados en la base del molde al hornear el pastel.

PASTEL DE ALBARICOQUES Y PACANAS

Preparación: 20 minutos, más enfriamiento   *Horno:* 70-80 minutos
Para 24 raciones

425 g de orejones de albaricoques, cortados en trozos de 1 cm	5 huevos medianos
	125 ml de brandy
	1 cucharada de esencia de vainilla
225 g de pacanas, picadas, más 90 g de mitades de pacanas	2 cucharaditas de levadura en polvo
1 cucharada, más 300 g, de harina	1 cucharadita de sal
250 g de azúcar	110 g de confitura de albaricoques, derretida y tamizada
225 g de mantequilla o margarina, ablandada	

◆ Precaliente el horno a 170 °C (gas 3). Engrase un molde de 25 cm para pastel del ángel.

◆ Mezcle en un cuenco el albaricoque y las pacanas con una cucharada de harina hasta que estén bien recubiertos. Resérvelos.

◆ Bata el azúcar y la mantequilla en un cuenco grande con la batidora eléctrica a velocidad lenta, hasta que estén amalgamados. Aumente la velocidad a alta y bata unos 2 minutos más, hasta que la mezcla quede ligera y cremosa; raspe frecuentemente las paredes del cuenco con una espátula de goma.

◆ Baje la velocidad. Agregue los huevos, el brandy, la esencia de vainilla, la levadura en polvo, la sal y los 300 g restantes de harina y bata hasta que la mezcla esté bien amalgamada; raspe las paredes del cuenco de vez en cuando. Agregue la mezcla de albaricoques y remueva.

◆ Vierta la mezcla en el molde; extiéndala uniformemente con el dorso de una cuchara. Distribuya 90 g de mitades de pacanas sobre la superficie del pastel nivelado para obtener 2 círculos concéntricos. Hornee el pastel entre 70 y 80 minutos, o hasta que al insertar un palillo cerca del centro salga limpio.

◆ Deje que el pastel se enfríe sobre una rejilla durante 10 minutos. Pase un cuchillo de hoja roma alrededor del pastel para desprenderlo; desmolde el pastel y deje que se enfríe por completo sobre una rejilla.

◆ En el momento de servir, pincele la superficie con la confitura de albaricoque derretida. O bien, envuélvalo y refrigérelo hasta una semana, y pincélelo con confitura antes de servirlo.

Cada ración: unas 295 calorías, 4 g de proteínas, 32 g de hidratos de carbono, 17 g de grasa total (4 g de saturadas), 64 mg de colesterol, 235 mg de sodio

PASTEL DE NUECES Y ESPECIAS

Preparación: 20 minutos, más enfriamiento   *Horno:* 50-60 minutos
Para 12 raciones

cacao en polvo para espolvorear	2 cucharaditas de bicarbonato sódico
125 g de mantequilla o margarina, ablandada	1½ cucharaditas de canela, molida
100 g de azúcar moreno oscuro	1 cucharadita de sal
1 cucharadita de esencia de vainilla	¾ de cucharadita de pimienta de Jamaica molida
2 huevos medianos	175 g de nueces, picadas
450 g de harina	160 g de ciruelas pasas, deshuesadas y picadas
225 ml de suero, leche agria (*véase* pág. 392) o yogur desnatado	azúcar lustre para decorar
250 g de jarabe de melaza dorado	
1 cucharada de jengibre, molido	

◆ Precaliente el horno a 180 °C (gas 4). Engrase un molde de corona o para *kugelhopf* de 25 cm y espolvoréelo con el cacao. Con la batidora eléctrica a velocidad lenta, bata la mantequilla y los 3 ingredientes siguientes en un cuenco grande, hasta que estén amalgamados. Aumente la velocidad y bata unos 5 minutos, hasta que la mezcla quede ligera y esponjosa.

◆ Baje la velocidad; agregue la harina y los 7 ingredientes siguientes. Bata hasta que estén bien amalgamados; raspe el cuenco a menudo con una espátula de goma. Agregue las nueces y las ciruelas.

◆ Vierta la mezcla en el molde y espárzala uniformemente con el dorso de una cuchara. Hornee el pastel entre 50 y 60 minutos, o hasta que al insertar un palillo cerca del centro, salga limpio.

◆ Deje que el pastel se enfríe 10 minutos sobre una rejilla. Desmóldelo y enfríelo por completo sobre una rejilla. Antes de servirlo, tamícelo con el azúcar lustre.

Cada ración: unas 480 calorías, 7 g de proteínas, 57 g de hidratos de carbono, 26 g de grasa total (6 g de saturadas), 58 mg de colesterol, 605 mg de sodio

PASTELES DE MANZANA, ZANAHORIA Y ESPECIAS

Las frutas y algunas hortalizas ralladas o picadas aportan una dulzura sutil y una textura jugosa a estos pasteles. Todos se conservan bien, aunque el de manzana invertido queda mejor si se saborea tibio.

PASTEL DE ZANAHORIAS

◆◆◆◆◆◆◆◆◆◆◆◆◆

Preparación: 40 minutos, más enfriamiento
Horno: 55-60 minutos

450 g de harina
2 cucharaditas de bicarbonato sódico
2 cucharaditas de canela, molida
1 cucharadita de levadura en polvo
1 cucharadita de sal
½ cucharadita de nuez moscada, molida
4 huevos medianos
200 g de azúcar
150 g de azúcar moreno claro
225 ml de aceite vegetal
1 cucharada de esencia de vainilla
330 g de zanahorias, ralladas
125 g de nueces, picadas
115 g de pasas
225 g de piña triturada, enlatada al natural
glaseado de queso crema
   (*véase* pág. 550)

1 Precaliente el horno a 180 °C (gas 4). Engrase un molde metálico de 33 x 20 cm. Forre la base con papel sulfurizado y engráselo. Enharine el molde. Mezcle la harina, el bicarbonato, la canela, la levadura en polvo, la sal y la nuez moscada en un cuenco mediano.

2 Con la batidora eléctrica a velocidad media-alta, bata los huevos, hasta que estén amalgamados. Incorpore gradualmente el azúcar común y luego el moreno; bata durante 2 minutos y raspe el cuenco con frecuencia con una espátula de goma. Incorpore el aceite y la esencia de vainilla. Baje la velocidad, agregue la mezcla de harina y bata 1 minuto más, o hasta que la preparación quede homogénea; raspe el cuenco de vez en cuando.

3 Agregue a la mezcla las zanahorias, las nueces, las pasas y la piña triturada con su zumo.

4 Vierta la mezcla en el molde. Hornee entre 55 y 60 minutos, o hasta que, al insertar un palillo en el centro, salga limpio y con unas pocas migas húmedas pegadas. Deje que el pastel se enfríe 10 minutos sobre una rejilla metálica. Desmóldelo sobre una rejilla y pele el papel. Deje que se enfríe por completo sobre la rejilla.

5 Prepare el glaseado. Traspase el pastel a una fuente grande o bandeja. Extienda el glaseado por los lados y la superficie del pastel con un cuchillo-paleta. Guarde cualquier resto de pastel en la nevera.

PASTEL DE CALABACINES

Prepare el pastel de zanahorias como anteriormente, pero sustituya las zanahorias por 375 g de calabacines rallados, y añada ⅛ de cucharadita de clavos molidos a la mezcla de harina. Omita la piña. Decore con nueces picadas

Cada ración: unas 415 calorías, 5 g de proteínas, 51 g de hidratos de carbono, 22 g de grasa total (5 g de saturadas), 52 mg de colesterol, 340 mg de sodio

CADA RACIÓN: UNAS 425 CALORÍAS, 5 g DE PROTEÍNAS, 54 g DE HIDRATOS DE CARBONO, 22 g DE GRASA TOTAL (5 g DE SATURADAS), 52 mg DE COLESTEROL, 345 mg DE SODIO

PASTEL DE MANZANAS Y NUECES

Preparación: 25 minutos, más enfriamiento   Horno: 1¼ horas
Para 16 raciones

450 g de harina	¾ de cucharadita de sal
250 g de azúcar	3 huevos medianos
225 ml de aceite vegetal	600 g de manzanas Golden
125 ml de zumo de manzana	Delicious o Granny Smith,
1 cucharadita de bicarbonato sódico	peladas, descorazonadas
1 cucharadita de canela, molida	y picadas
2 cucharaditas de esencia de vainilla	125 g de nueces, picadas
¾ de cucharadita de nuez moscada,	150 g de sultanas
molida	azúcar lustre para decorar

◆ Precaliente el horno a 180 °C (gas 4). Engrase y enharine un molde de corona o para *kugelhopf*, de 25 cm. Con la batidora eléctrica a velocidad lenta, bata la harina con los 9 ingredientes siguientes, hasta que estén bien mezclados; raspe el cuenco a menudo con una espátula de goma. Aumente la velocidad a media y bata 2 minutos; raspe a menudo el cuenco. Mezcle la preparación con las manzanas, las nueces y las pasas.

◆ Vierta la mezcla en el molde. Hornee 1¼ horas o hasta que el pastel se separe de las paredes del molde. Enfríe el molde sobre una rejilla metálica durante 10 minutos. Desmolde el pastel y deje que se enfríe por completo sobre la rejilla. Justo antes de servir, espolvoréelo con azúcar lustre.

Cada ración: unas 405 calorías, 5 g de proteínas, 55 g de hidratos de carbono, 20 g de grasa total (3 g de saturadas), 40 mg de colesterol, 195 mg de sodio

PASTEL INVERTIDO DE MANZANAS Y SALSA DE MANZANAS

Preparación: 25 minutos, más enfriamiento   Horno: 35-40 minutos
Para 8 raciones

175 g de mantequilla o margarina,	1 cucharadita de canela, molida
ablandada	½ cucharadita de sal
60 g de manzanas Granny Smith,	¼ de cucharadita de nuez
peladas, descorazonadas y cortadas	moscada, molida
cada una en 8 trozos	una pizca de clavos, molidos
100 g de azúcar moreno	140 g de azúcar
300 g de harina	2 huevos medianos
1½ cucharaditas de bicarbonato sódico	245 g de salsa de manzanas

◆ Precaliente el horno a 180 °C (gas 4). Derrita a fuego medio-alto 60 g de mantequilla en una sartén de 26 cm y mango refractario (o bien, envuelva el mango con papel de aluminio doblado). Agregue las manzanas y el azúcar moreno, y cueza 8 minutos, removiendo de vez en cuando, o hasta que las manzanas estén tiernas. Retire del fuego.

◆ Mezcle la harina, el bicarbonato, la canela, la sal, la nuez moscada y los clavos en un cuenco mediano, y reserve. Con la batidora eléctrica a velocidad media, bata los 115 g restantes de mantequilla con el azúcar, hasta que la mezcla quede ligera y cremosa. Incorpore los huevos de uno en uno. Con la batidora a velocidad lenta, vaya agregando la mezcla de harina y la salsa

de manzanas, alternándolas; empiece y termine con la de harina y bata bien la preparación hasta que quede homogénea. Vierta la preparación y distribúyala bien sobre la sartén. Hornee entre 35 y 40 minutos, o hasta que el pastel vuelva a su posición original si se toca ligeramente y, al insertar un palillo en el centro, salga limpio.

◆ Cuando el pastel esté cocido, invierta una fuente sobre el mismo. Invierta rápidamente la sartén para desmoldar el pastel y coloque encima cualquier resto de manzanas que hubiera quedado en la sartén. Deje que se enfríe 30 minutos y sírvalo tibio.

Cada ración: unas 455 calorías, 5 g de proteínas, 70 g de hidratos de carbono, 19 g de grasa total (8 g de saturadas), 100 mg de colesterol, 590 mg de sodio

PAN DE JENGIBRE

Preparación: 15 minutos, más enfriamiento   Horno: 55 minutos
Para 9 raciones

100 g de azúcar	½ cucharadita de levadura
125 g de mantequilla o margarina,	en polvo
ablandada	½ cucharadita de bicarbonato
300 g de azúcar	sódico
330 g de jarabe de melaza dorado	½ cucharadita de sal
1 cucharada de jengibre, molido	¼ de cucharadita de clavos, molidos
1 cucharadita de canela, molida	1 huevo mediano

◆ Precaliente el horno a 170 °C (gas 3). Engrase un molde metálico cuadrado de 22 cm de lado. Fórrelo; engrase y enharine.

◆ Con la batidora eléctrica a velocidad lenta, bata el azúcar y la mantequilla hasta que estén amalgamados. Bata 1 minuto a velocidad elevada, o hasta que la mezcla quede cremosa. Incorpore, batiendo, a velocidad lenta, la harina, los ingredientes restantes y 175 ml de agua caliente, hasta que estén bien amalgamados. Siga batiendo a velocidad elevada durante 1 minuto; raspe las paredes del cuenco de vez en cuando. Vierta la mezcla en el molde.

◆ Hornee 55 minutos o hasta que al insertar un palillo en el pan de jengibre salga limpio. Deje que el molde se enfríe sobre una rejilla metálica durante 10 minutos. Inviértalo sobre la rejilla. Retire el papel sulfurizado. Sírvalo caliente o deje que se enfríe por completo.

Cada ración: unas 325 calorías, 4 g de proteínas, 55 g de hidratos de carbono, 11 g de grasa total (5 g de saturadas), 74 mg de colesterol, 345 mg de sodio

PASTELES CUATRO CUARTOS

Densos y aterciopelados, y provistos de unas migas finas, los cuatro cuartos tradicionales suben gracias a la incorporación de aire en la masa. Los cuatro cuartos originales se preparaban con una libra de mantequilla, azúcar, harina y huevos. Las versiones más modernas incorporan líquido y levadura en polvo y tienen una textura más ligera. Pruebe nuestro cuatro cuartos al whisky y azúcar moreno, el cuatro cuartos de harina de maíz al estilo italiano o el de vainilla. Los cuatro cuartos se conservan bien; de hecho, quedan mejor al día siguiente de haber sido horneados.

CUATRO CUARTOS AL WHISKY Y AL AZÚCAR MORENO

◆◆◆◆◆◆◆◆◆◆◆◆

Preparación: 25 minutos, más enfriamiento
Horno: 80-85 minutos
Para 24 personas

450 g de harina
¾ de cucharadita de sal
½ cucharadita de levadura en polvo
½ cucharadita de bicarbonato sódico
175 ml de leche
2 cucharaditas de esencia de vainilla
60 ml, más 2 cucharadas, de whisky escocés o bourbon
300 g de azúcar moreno oscuro
170 g de azúcar
225 g de mantequilla o margarina, ablandada
5 huevos medianos
2 cucharadas de zumo de naranja

1 Precaliente el horno a 170 °C (gas 3). Engrase y enharine un molde de corona o para *kugelhopf*, de 25 cm. Mezcle la harina, la sal, la levadura en polvo y el bicarbonato sódico en un cuenco mediano, y reserve.

2 Mezcle la leche, la esencia de vainilla y 60 ml de whisky en una jarra para medir. Con la batidora eléctrica a velocidad media, bata el azúcar y 100 g de azúcar, hasta que no queden grumos. Incorpore la mantequilla y bata 5 minutos, o hasta que la mezcla quede ligera y cremosa. Añada los huevos de uno en uno; bata bien tras cada adición. Baje la velocidad, y añada, alternándolas, las mezclas de harina y leche; empiece y acabe por la de harina.

3 Vierta la mezcla en el molde. Hornee entre 80 y 85 minutos, o hasta que al tocar ligeramente el pastel vuelva a su posición original, y al insertar un palillo cerca del centro, salga limpio. Deje que el molde se enfríe sobre una rejilla durante 10 minutos y luego desmóldelo.

4 Vierta el zumo de naranja, las 2 cucharadas restantes de whisky y los 70 g sobrantes de azúcar en un cuenco pequeño; pincele con esta mezcla el pastel cuando todavía esté caliente. Deje que se enfríe por completo sobre una rejilla. Sírvalo cortado en lonchas finas.

AZÚCAR MORENO CLARO Y OSCURO

Tradicionalmente, el azúcar moreno era una forma de azúcar blanco menos refinada, que contenía melaza del proceso de refinado. En la actualidad, se prepara generalmente mezclando azúcar blanco con melaza, aunque algunas variedades, como el azúcar mascabado, no se refinan. El azúcar moreno se vende en presentaciones claras y oscuras; el color lo determina el contenido en melaza. El azúcar moreno claro es excelente para pasteles, bizcochos, merengues y *fudges*, mientras que el sabor más pronunciado del azúcar moreno oscuro está especialmente indicado para pasteles muy aromatizados, tales como los de frutas, café y chocolate.

CADA RACIÓN: UNAS 230 CALORÍAS, 3 g DE PROTEÍNAS, 32 g DE HIDRATOS DE CARBONO, 9 g DE GRASA TOTAL (4 g DE SATURADAS), 65 mg DE COLESTEROL, 215 mg DE SODIO

CUATRO CUARTOS DE VAINILLA

Preparación: 20 minutos, más enfriamiento   *Horno: 60-70 minutos*
Para 16 raciones

450 g de azúcar
350 g de mantequilla o margarina, ablandada
1 cucharada de esencia de vainilla

¾ de cucharadita de sal
6 huevos medianos
355 g de harina
azúcar lustre para decorar

◆ Precaliente el horno a 170 °C (gas 3). Engrase y enharine un molde de corona o para *kugelhopf*. Con la batidora eléctrica a velocidad lenta, bata el azúcar y la mantequilla en un cuenco grande, hasta que estén amalgamados. Aumente la velocidad y bata unos 5 minutos, o hasta que la mezcla quede ligera y cremosa.

◆ Agregue la esencia de vainilla, la sal y los huevos. Reduzca la velocidad y bata hasta que todo esté bien amalgamado; raspe con frecuencia el cuenco con una espátula de madera. Incorpore la harina con la batidora de varillas hasta que la mezcla quede lisa.

◆ Traspase la preparación al molde y hornee entre 60 y 70 minutos, o hasta que al insertar un palillo cerca del centro del pastel salga limpio. Deje que se enfríe sobre una rejilla 10 minutos. Desmolde y enfríe por completo sobre la rejilla. Espolvoree con azúcar.

Cada ración: unas 365 calorías, 4 g de proteínas, 45 g de hidratos de carbono, 19 g de grasa total (8 g de saturadas), 127 mg de colesterol, 320 mg de sodio

CUATRO CUARTOS DE HARINA DE MAÍZ

Preparación: 20 minutos, más enfriamiento   *Horno: 65 minutos*
Para 10 raciones

150 g de harina
60 g de harina de maíz amarilla gruesa
½ cucharadita de levadura en polvo
¼ de cucharadita de sal
200 g de azúcar

225 g de mantequilla o margarina, ablandada
4 huevos medianos
1 cucharadita de corteza de naranja, rallada
1 cucharadita de esencia de vainilla

◆ Precaliente el horno a 170 °C (gas 3). Engrase y enharine un molde para pan de 23 x 12 cm, o un molde de corona o para *kugelhopf* de 25 cm. Mezcle la harina y los 3 ingredientes siguientes en un cuenco mediano. Bata con la batidora eléctrica el azúcar y la mantequilla a velocidad media durante 5 minutos, o hasta que la mezcla quede ligera y cremosa. Añada los huevos de uno en uno; bata bien tras cada adición. Incorpore, batiendo, la corteza de naranja y la esencia de vainilla. Baje la velocidad y agregue la mezcla de harina hasta que estén bien mezclados.

◆ Vierta la preparación en el molde. Hornee 65 minutos, o hasta que el pastel se separe de las paredes del molde y al insertar un palillo en el centro salga limpio. Deje que el pastel se enfríe sobre una rejilla 10 minutos. Retírelo del horno y enfríelo por completo sobre una rejilla. Córtelo en porciones finas.

Cada ración: unas 340 calorías, 4 g de proteínas, 35 g de hidratos de carbono, 20 g de grasa total (8 g de saturadas), 133 mg de colesterol, 315 mg de sodio

---

SEMILLAS DE AMAPOLA

Las semillas azul grisáceas de una planta de la familia de las amapolas aportan un sabor a nueces y una textura crujiente a diferentes pasteles, panes, pastas, aliños cremosos, ensaladas y platos de pasta. Debido a su alto contenido en aceite, las semillas de amapola pueden enranciarse con rapidez, por lo que es preferible guardarlas en un recipiente herméticamente cerrado y en el congelador.

CUATRO CUARTOS DE LIMÓN Y SEMILLAS DE AMAPOLA

Preparación: 25 minutos, más enfriamiento   *Horno: 1½ horas*
Para 16 raciones

300 g de harina
2 cucharadas de semillas de amapola
½ cucharadita de levadura en polvo
¼ de cucharadita de bicarbonato sódico
¼ de cucharadita de sal
3 limones grandes

175 g de mantequilla o margarina, ablandada
350 g de azúcar
4 huevos medianos
1 cucharadita de esencia de vainilla
125 ml de crema agria

◆ Precaliente el horno a 170 °C (gas 3). Engrase y enharine un molde para pan de 23 x 12 cm, o un molde de corona o para *kugelhopf* de 25 cm. Mezcle la harina y los 4 ingredientes siguientes en un cuenco. Ralle una cucharada de corteza de limón y exprima 3 cucharadas de su zumo.

◆ Con la batidora eléctrica a velocidad media, bata la mantequilla con 300 g de azúcar durante unos 5 minutos, o hasta que quede ligera y cremosa. Agregue los huevos de uno en uno; bata bien tras cada adición. Incorpore, batiendo, la corteza de limón y la esencia de vainilla. Baje la velocidad y añada, alternándolas, la mezcla de harina y la crema agria; empiece y termine por la de harina.

◆ Vierta la mezcla en el molde. Hornee 1½ horas, o hasta que al insertar un palillo en el centro salga limpio. Deje que el molde se enfríe sobre una rejilla metálica 10 minutos. Desmóldelo. Mezcle el zumo de limón y los 50 g restantes de azúcar en un cuenco pequeño. Pincele la mezcla por la superficie y los lados del pastel caliente. Deje que se enfríe por completo sobre una rejilla. Córtelo muy fino en el momento de servir.

Cada ración: unas 255 calorías, 4 g de proteínas, 34 g de hidratos de carbono, 12 g de grasa total (5 g de saturadas), 79 mg de colesterol, 190 mg de sodio

PASTELES DE QUESO

Pocos postres hay tan populares como un exquisito y cremoso pastel de queso, por lo que hemos incluido una receta apropiada para cualquier ocasión. El pastel de queso y calabaza es una elección obvia para el día de Todos los Santos, aunque es lo suficientemente original como para ser degustado en cualquier época del año. El pastel de queso clásico americano emplea un fondo de pasta con una textura mantecosa, que combina perfectamente con su cobertura de queso clásica. El pastel de queso y lima, de sabor agridulce, es cremoso y refrescante. Para aportar una dimensión especial a cualquiera de ellos, prepare nuestra cobertura de migas y pacanas.

PASTEL DE QUESO CON REMOLINOS DE CALABAZA

◆◆◆◆◆◆◆◆◆◆◆◆◆◆◆◆◆◆◆◆◆◆◆◆◆◆◆◆

Preparación: 30 minutos, más reposo y enfriamiento
Horno: 70 minutos   *Para* 16 raciones

200 g de galletas digestivas o galletas aromatizadas a la canela	4 huevos medianos
	450 g de calabaza en lata
60 g de mantequilla o margarina, ablandada	2 cucharadas de maicena
	1 cucharadita de canela, molida
750 g de queso crema, ablandado	½ cucharadita de pimienta de Jamaica molida
200 g de azúcar	
75 ml de brandy	½ cucharadita de sal
2 cucharaditas de esencia de vainilla	225 ml de crema agria

1 Precaliente el horno a 170 °C (gas 3). Reduzca a migas las galletas en un robot eléctrico provisto de cuchilla metálica o en la batidora-mezcladora. Mezcle con un tenedor las migas y la mantequilla derretida en un molde de paredes desmontables de 23 x 8 cm, hasta que las migas estén bien humedecidas. Presione la mezcla contra la base del molde. Hornee la base del pastel durante 10 minutos. Deje que el molde se enfríe sobre una rejilla.

2 Mientras, bata con la batidora eléctrica a velocidad media el queso crema en un cuenco grande hasta que esté liso, e incorpore gradualmente el azúcar sin dejar de batir. Baje la velocidad y agregue el brandy, la esencia de vainilla y los huevos hasta que estén bien amalgamados; raspe a menudo las paredes del cuenco con una espátula de goma. Mezcle la calabaza, la maicena, la canela, la pimienta de Jamaica y la sal en un cuenco mediano. Incorpore la mitad de la peparación de queso crema a la de calabaza y mezcle bien. Mezcle el resto de la preparación de queso crema con la crema agria.

3 Reserve 125 g de la mezcla de calabaza.Vierta el resto de la mezcla de calabaza sobre la base del molde. Deje caer cuidadosamente la mezcla de queso crema sobre la capa de calabaza.

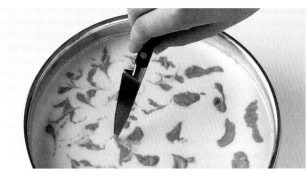

4 Deje caer cucharaditas de la mezcla de calabaza reservada sobre la capa de queso crema. Corte con un cuchillo a través de la capa de queso crema para obtener un efecto de remolinos.

5 Hornee el pastel durante 1 hora, o hasta que los extremos hayan cuajado (el centro temblará). Apague el horno y deje que el pastel repose en el interior durante 1 hora. Retire el pastel del horno. Pase un cuchillo de hoja redonda por el extremo del molde para desprender el pastel (esto ayuda a que no se agriete). Deje que el molde se enfríe sobre una rejilla metálica. Tape y refrigere el pastel durante 6 horas, como mínimo, o hasta que esté bien frío. En el momento de servirlo, retire las paredes del molde.

CADA RACIÓN: UNAS 350 CALORÍAS, 6 g DE PROTEÍNAS, 26 g DE HIDRATOS DE CARBONO, 23 g DE GRASA TOTAL (14 g DE SATURADAS), 110 mg DE COLESTEROL, 320 mg DE SODIO

PASTEL DE QUESO CLÁSICO AMERICANO

Preparación: 20 minutos, más enfriamiento y reposo
Horno: 50 minutos   Para 20 raciones

175 g de mantequilla o margarina, ablandada

190 g, más 2 cucharadas, de harina

250 g de azúcar

5 huevos medianos

2 cucharaditas de corteza de limón, rallada

900 g de queso crema, ablandado

3 cucharadas de leche

◆ Bata en un cueno pequeño la mantequilla, 190 g de harina, 50 g de azúcar, 1 yema de huevo y una cucharadita de corteza de limón con la batidora eléctrica a velocidad media, hasta que estén bien amalgamados. Forme una bola con la pasta y envuélvala con película de plástico. Refrigere 1 hora.

◆ Precaliente el horno a 200 °C (gas 6). Presione ⅓ de la pasta sobre la base de un molde de paredes desmontables, de 25 × 6 cm. Hornee 8 minutos, o hasta que la pasta esté dorada; deje que se enfríe sobre una rejilla. Baje la temperatura del horno a 240 °C (gas 9).

◆ Con la batidora eléctrica a velocidad media, bata el queso crema en un cuenco grande, hasta que quede liso y añada los 200 g restantes de azúcar. Baje la velocidad a lenta e incorpore batiendo la clara de huevo restante y los 4 huevos, la leche, las 2 cucharadas de harina restantes y la cucharadita de corteza de limón reservada. Bata 5 minutos. Presione el resto de la pasta contra los lados del molde, cubriendo 3 cm de su altura. Vierta el relleno sobre la pasta.

◆ Hornee 12 minutos. Baje la temperatura del horno a 150 °C (gas 2) y hornee 20 minutos más, o hasta que los extremos hayan cuajado (el centro temblará). Baje la temperatura del horno y enfríe dentro el pastel durante 30 minutos. Enfríelo sobre una rejilla. Refrigérelo 6 horas, como mínimo, o hasta que esté bien frío. En el momento de servir, retire con cuidado las paredes del molde.

Cada ración: unas 320 calorías, 6 g de proteínas, 20 g de hidratos de carbono, 24 g de grasa total (14 g de saturadas), 123 mg de colesterol, 230 mg de sodio

PASTEL DE QUESO Y LIMA

Preparación: 25 minutos, más enfriamiento
Horno: 50 minutos   Para 16 raciones

100 g de galletas digestivas

60 g de nueces, muy finamente picadas

75 g de mantequilla o margarina, derretida

¾ de cucharadita de canela, molida

3 limas medianas

450 g de queso crema, ablandado

4 huevos medianos

450 ml de crema agria

250 g de azúcar

1 cucharadita de esencia de vainilla

½ cucharadita de sal

rodajas de lima para decorar

◆ Precaliente el horno a 180 °C (gas 4). Pique finamente las galletas en un robot eléctrico con la cuchilla metálica, o en el recipiente de la batidora-mezcladora hasta obtener migas finas.

◆ Mezcle las migas, las nueces picadas, la mantequilla derretida y la canela en un molde de paredes desmontables de 23 × 6 cm, hasta que estén bien amalgamadas. Presione la mezcla contra la base y 4 cm de la altura de las paredes del molde. Reserve.

◆ Ralle una cucharada de corteza de lima y exprima 75 ml de su zumo en un cuenco pequeño, y reserve. Bata el queso crema y los huevos en un cuenco grande con la batidora eléctrica a velocidad media, hasta que la mezcla quede homogénea. Baje la velocidad e incorpore, batiendo, la crema agria, el azúcar, la esencia de vainilla, la sal, el zumo de lima y la corteza de lima rallada, hasta que estén bien amalgamados. Vierta la mezcla de queso crema sobre la costra del molde.

◆ Hornee el pastel durante 50 minutos. (El centro puede temblar ligeramente.) Deje que el molde se enfríe sobre una rejilla. Refrigere el pastel 6 horas, como mínimo, o hasta que esté bien frío. En el momento de servir, retire cuidadosamente las paredes del molde y decore con rodajas de lima.

Cada ración: unas 315 calorías, 5 g de proteínas, 22 g de hidratos de carbono, 24 g de grasa total (12 g de saturadas), 107 mg de colesterol, 250 mg de sodio

---

PASTEL DE QUESO CON COBERTURA DE MIGAS Y PACANAS

Prepare la cobertura: mezcle con los dedos 125 g de pacanas picadas, 100 g de harina, 100 g de azúcar moreno, 90 g de mantequilla o margarina, 2 cucharadas de azúcar y ½ cucharadita de esencia de vainilla, hasta que la mezcla forme migas. Prepare un pastel de queso clásico americano tal como se indica arriba, pero antes de hornearlo esparza la cobertura por encima. Hornee según se especifíca (si la superficie se dora con demasiada rapidez, cúbrala holgadamente con papel de aluminio). Deje que repose en el horno y que se enfríe. En el momento de servir, retire con cuidado las paredes del molde. Bata con la batidora eléctrica a velocidad media 125 ml de crema de leche espesa, una cucharada de azúcar moreno y ½ cucharadita de esencia de vainilla, hasta que forme picos firmes. Introduzca la crema batida en una manga pastelera con una boquilla en forma de estrella, de 1 cm, y forme un diseño alrededor del extremo del pastel de queso. Decore con mitades de pacanas si lo desea.

Cada ración: unas 445 calorías, 7 g de proteínas, 32 g de hidratos de carbono, 33 g de grasa total (18 g de saturadas), 140 mg de colesterol, 275 mg de sodio

DECORAR Y GLASEAR

Con la ayuda de una manga pastelera y una selección de boquillas, podrá extender con facilidad glaseados o crema batida, dándoles diferentes diseños y formas atractivas. Puede practicar primero sobre un trozo de papel de pergamino antes de decorar el pastel.

BOQUILLAS PARA ESCRIBIR

Puntos. Sostenga la manga con una boquilla pequeña para escribir formando un ángulo de 90°, justo por encima del pastel. Exprima suavemente la manga sobre el glaseado, hasta que consiga un punto. Interrumpa la presión y levante la boquilla.

Alisar puntos. Si la boquilla deja una pequeña cola en la parte superior del punto, alíselo suavemente con el dedo previamente manchado de azúcar lustre o maicena.

Espirales y letras. Utilice un glaseado alargado para obtener un caudal más uniforme. Con la boquilla formando un ángulo de 45°, inicie el glaseado y levante la boquilla para componer espirales; interrumpa la presión y levante la boquilla.

LLENAR UNA MANGA PASTELERA

1 Coloque un acoplador en la base de la manga pastelera. Sujete la boquilla con el anillo.

2 Ponga la manga sobre una jarra de medir o vaso pesado. Doble el extremo de la manga para formar una bocamanga; llene la manga hasta la mitad.

3 Deje caer el glaseado hacia abajo y retuerza la abertura de la manga. Guíe la boquilla con una mano y con la otra mantenga la manga cerrada.

BOQUILLAS EN FORMA DE ESTRELLA

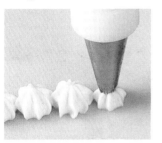

Estrellas. Con la boquilla formando un ángulo de 90° sobre el pastel, exprima la manga para conseguir una estrella y luego levántela manteniendo la boquilla sobre el glaseado. Deje de presionar y levante la boquilla.

Rosetas. Coloque la boquilla como en el caso de las estrellas, pero a medida que exprima la manga, mueva el extremo de la boquilla de manera que cree un movimiento circular. Interrumpa la presión y levante la boquilla.

Cuerdas. Sostenga la manga pastelera formando un ángulo de 45° y dibuje una C. Coloque el extremo de la boquilla bajo la porción inferior de la C, y repita la operación, solapando las curvas.

UNA SELECCIÓN DE BOQUILLAS

ESTRELLA DE CINCO PUNTAS. Utilice esta estrella pequeña para dibujar pequeñas rosetas y bordes decorativos.

CESTA. Con esta boquilla se obtienen las líneas acanaladas que forman el diseño trenzado de nuestro pastel de cesta de fresas.

PÉTALO. Las boquillas de pétalo, con una abertura más grande en un extremo, se utilizan para conseguir pétalos, cintas y lazos.

HOJA. La abertura en forma de V de esta boquilla forma hojas, nervaduras y puntas.

GLASEADOS FÁCILES

GLASEADO BLANCO BLANDO. Bata con la batidora eléctrica a velocidad alta 2 claras de huevo medianas, 200 g de azúcar, 60 ml de agua, 2 cucharaditas de zumo de limón, una cucharadita de jarabe de melaza dorado y ¼ de cucharadita de crémor tártaro sobre el recipiente superior de un hervidor doble colocado sobre agua apenas agitándose, entre 7 y 10 minutos, o hasta que se formen picos blandos. Retire la parte superior del hervidor, separándola de la base. Bata entre 7 y 10 minutos más, o hasta que se formen picos firmes. Para unos 500 g.

Cada 100 g: unas 145 calorías, 0 g de proteínas, 38 g de hidratos de carbono, 0 g de grasa total, 0 mg de colesterol, 50 mg de sodio

GLASEADO DE QUESO CREMA. Con la batidora eléctrica a velocidad lenta, bata 360 g de azúcar lustre, 175 g de queso crema ablandado, 90 g de mantequilla o margarina ablandada y 1½ cucharaditas de esencia de vainilla, hasta que estén amalgamados. Aumente la velocidad a media, y bata 1 minuto, o hasta que la preparación quede lisa y esponjosa; raspe las paredes del cuenco con una espátula de goma. Para unos 600 g.

Cada 100 g: unas 400 calorías, 0 g de proteínas, 53 g de hidratos de carbono, 20 g de grasa total (10 g de saturadas), 65 mg de colesterol, 235 mg de sodio

CREMA DE CHOCOLATE Y MANTEQUILLA. Con la batidora eléctrica a velocidad lenta, bata en un cuenco grande 240 g de azúcar lustre, 175 g de mantequilla o margarina ablandada y una cucharadita de esencia de vainilla, hasta que casi estén mezclados. Añada 185 g de chocolate derretido, enfriado. Aumente la velocidad y bata 1 minuto más, o hasta que la mezcla quede ligera y esponjosa. Para unos 600 g.

Cada 100 g: unas 470 calorías, 0 g de proteínas, 47 g de hidratos de carbono, 33 g de grasa total (18 g de saturadas), 63 mg de colesterol, 270 mg de sodio

CREMA DE CHOCOLATE BLANCO Y MANTEQUILLA. Con la batidora eléctrica a velocidad lenta, bata en un cuenco grande 225 g de mantequilla ablandada (no utilice margarina), 3 cucharadas de leche, 240 g de azúcar lustre y 175 g de chocolate blanco, derretido y enfriado, hasta que estén amalgamados. Aumente la velocidad y bata 2 minutos, o hasta que la preparación quede ligera y esponjosa; raspe a menudo las paredes del cuenco con una espátula de goma. Para unos 600 g.

Cada 100 g: unas 570 calorías, 0 g de proteínas, 53 g de hidratos de carbono, 40 g de grasa total (27 g de saturadas), 87 mg de colesterol, 335 mg de sodio

CREMA DE MANTEQUILLA A LA VAINILLA. Mezcle 200 g de azúcar y 75 g de harina en un cazo de 2 litros, hasta que estén bien amalgamadas. Incorpore gradualmente 300 ml de leche, removiendo con una cuchara de madera, hasta que la mezcla quede lisa. Cueza a fuego medio, removiendo a menudo, hasta que la mezcla hierva y se espese. Baje el fuego y cueza 2 minutos, removiendo constantemente. Retire del fuego y enfríe por completo. Con la batidora eléctrica a velocidad media, bata 225 g de mantequilla o margarina ablandada en un cuenco grande, hasta que quede cremosa. Incorpore gradualmente la mezcla de leche. Añada una cucharada de esencia de vainilla y remueva. Para unos 725 g.

Cada 100 g: unas 395 calorías, 0 g de proteínas, 36 g de hidratos de carbono, 29 g de grasa total (12 g de saturadas), 74 mg de colesterol, 325 mg de sodio

CREMA DE LIMÓN Y MANTEQUILLA. Prepare la crema de mantequilla como anteriormente, pero sustituya la esencia de vainilla por una cucharadita de corteza de limón rallada.

CREMA DE NARANJA Y MANTEQUILLA. Prepare la crema de mantequilla como anteriormente, pero sustituya la esencia de vainilla por una cucharadita de corteza de naranja rallada.

CREMA DE MANTEQUILLA AL AMARETTO

Preparación: 20 minutos   Cocción: 10 minutos

Para unos 900 g

200 g de azúcar
4 claras de huevo medianas
450 g de mantequilla, ablandada
  (no utilice margarina)

60 ml de licor Amaretto o
½ cucharadita de esencia
  de almendras

◆ Ponga a hervir 150 g de azúcar y 75 ml de agua a fuego vivo en un cazo de 1 litro, sin remover. Tape y cueza 2 minutos más. Destape; introduzca el termómetro para azúcar y prosiga la cocción, sin remover, hasta que la temperatura alcance los 111 o 112 °C o el punto de bola dura (*véase* pág. 523). Retire del fuego.

◆ Justo antes de que el almíbar esté listo (la temperatura será de unos 97 °C), bata en un cuenco grande las claras con la batidora eléctrica a velocidad alta, hasta que estén esponjosas. Incorpore, batiendo, los 50 g restantes de azúcar y siga batiendo hasta que se formen picos blandos.

◆ Con la batidora a velocidad lenta, vierta el almíbar caliente en forma de chorrito fino sobre las claras batidas. Aumente la velocidad y bata 15 minutos más, o hasta que la mezcla forme picos firmes y esté fría al tacto.

◆ Cuando la mezcla se haya enfriado, baje la velocidad a media. Incorpore gradualmente la mantequilla ablandada, unos 15 g a la vez, y bata bien tras cada adición. (Si parece que la crema va a cortarse, aumente la velocidad a elevada y bátala hasta que quede lisa; luego reduzca la velocidad a media y prosiga batiendo mientras añade la mantequilla ablandada.) Cuando la crema de mantequilla esté lisa, baje la velocidad e incorpore, batiendo, el Amaretto y la sal.

Casa 100 g: unas 460 calorías, 0 g de proteínas, 28 g de hidratos de carbono, 43 g de grasa total (28 g de saturadas), 114 mg de colesterol, 70 mg de sodio

DECORACIONES PARA PASTELES

Estos elegantes toques finales transforman cualquier pastel casero en un postre distintivo. Colóquelos formando un borde o diseño, o espárzalos simplemente sobre la superficie del pastel. Las decoraciones de chocolate pueden realizarse con antelación y guardarse entre capas de papel sulfurizado en la nevera. Los estarcidos con azúcar lustre deben realizarse justo antes de servirse, pues la humedad del pastel podría disolver el azúcar.

VIRUTAS DE CHOCOLATE

1 Derrita 175 g de chocolate negro troceado y 30 g de grasa blanca vegetal (*véase* pág. 552).

2 Extienda la mezcla uniformemente sobre una placa de horno sin paredes. Refrigere 10 minutos, o hasta que quede firme pero no quebradiza.

3 Coloque la placa sobre un paño húmedo (para que no se desplace). Sosteniendo el dorso de una espátula, forme un ángulo de 45° y raspe el chocolate en forma de virutas (si se ablanda o pega a la espátula, enfríelo algunos minutos). Traspase a otra placa y refrigere hasta el momento de servir.

VIRUTAS DE CHOCOLATE RÁPIDAS

Sostenga durante 5 minutos un trozo de 30 g de chocolate blanco o negro entre las palmas de la mano para ablandarlo. Pase lenta y firmemente un mondador de hortalizas a lo largo de la base lisa del cuadrado para obtener virutas anchas, o por los extremos para obtener virutas cortas. Refrigérelas en una placa de horno hasta el momento de servir. Traspáselas sobre el pastel con palillos.

HOJAS PARA DECORAR

Las hojas de las siguientes plantas son inofensivas y lo suficientemente fuertes como para preparar hojas de chocolate: gardenia, uva, limón, naranja, magnolia, rosa y capuchinas. Lave estas hojas no tóxicas con agua caliente jabonosa y enjuáguelas y séquelas bien antes de usarlas.

No utilice las siguientes hojas ni deje que entren en contacto con el chocolate o cualquier otro alimento porque son tóxicas: amarilis, azalea, caladio, narciso, diafembaquia, hiedra, hortensia, delfinium, acebo, junquillo, espuela de caballero, muérdago, lirio de los valles, narciso, adelfa, flor de pascua y rododendro.

HOJAS DE CHOCOLATE

1 Derrita 90 g de pepitas de chocolate negro y 2 cucharaditas de grasa blanca vegetal (*véase* pág. 552). Mientras, enjuague y seque 6 hojas medianas no tóxicas (*véase* superior).

2 Utilice un pincel limpio de repostería o un cuchillo-paleta pequeño para extender una capa de chocolate sobre cada hoja.

3 Refrigere las hojas bañadas de chocolate durante 30 minutos o hasta que estén firmes. Separe cuidadosamente cada hoja del chocolate con las manos frías.

CHOCOLATE RALLADO

Para preparar una decoración fácil con la que recubrir las paredes o la superficie de un pastel, pase un trozo de chocolate negro sobre los agujeros grandes de un rallador.

CHOCOLATE DERRETIDO

Derrita chocolate negro (con grasa blanca vegetal, si se indica) en el recipiente superior de un hervidor doble, dispuesto sobre agua apenas agitándose; remueva sin parar. También puede derretirlo en un cazo de fondo grueso, a fuego muy lento. El chocolate blanco debe derretirse siempre sobre el recipiente superior de un hervidor doble colocado sobre agua apenas agitándose; remueva constantemente hasta que esté liso.

PREPARAR UN CONO DE PERGAMINO

1 Haga un cuadrado de 30 cm de lado; córtelo luego por la mitad y forme 2 triángulos. Extienda un triángulo sobre una superficie plana, con el lado ancho arriba. Doble la punta izquierda sobre la inferior.

2 Sostenga la punta derecha y envuélvala por completo alrededor de la punta izquierda doblada; forme un cono. Ambas puntas deben encontrarse en el extremo inferior del triángulo original.

3 Agarre todos los grosores de papel donde se encuentran las tres puntas originales y asegúrelas, formando un cono. No lo llene más de ⅔ y doble el extremo superior sobre el relleno. Corte la punta, de manera que obtenga la abertura deseada.

PLUMAS

1 Glasee el pastel. Antes de que el glaseado esté firme, derrita 60 g de chocolate negro (*véase* superior). Viértalo en un cono de papel de pergamino, manga pastelera pequeña con boquilla para escribir o en una bolsa de plástico, y trace una espiral; trabaje desde el centro hacia los extremos.

2 Pase enseguida la punta de un cuchillo, vaya del centro al extremo del pastel. Repita la operación, trabajando desde el centro, para dividir el pastel en 8 segmentos. Divida de nuevo cada segmento, del extremo hacia el centro para obtener un efecto de plumas.

FORMAS DE CHOCOLATE

1 Dibuje con un lápiz el contorno de 12 corazones u otras formas, a una distancia de 3 cm, sobre un trozo de papel de pergamino. Coloque el papel sobre una placa de horno y sujételo a ésta con una cinta adhesiva. Derrita 40 g de chocolate negro o blanco.

2 Introduzca el chocolate caliente en el cono de pergamino, manga pastelera pequeña con boquilla para escribir, o bolsa de plástico (corte una esquina). Deje caer el chocolate, formando una línea continua (no demasiado fina, pues la forma sería muy frágil) sobre cada calca para obtener 12 formas en total.

3 Refrigérelas 15 minutos, como mínimo, o hasta que estén firmes. Pele las formas con cuidado y traspáselas al pastel. (Cree sus propios diseños, preparando otras formas, tales como hojas, flores o palabras.)

MANGA PASTELERA RÁPIDA

Si no tiene una manga pastelera, utilice una bolsa de plástico, a la que cortará una esquina. Con una espátula de goma introduzca el chocolate derretido en la bolsa. Selle la bolsa y luego corte una esquina con las tijeras para practicar una abertura pequeña.

ESTARCIDO

1 Corte una cartulina ligera o portadocumentos de papel, de manera que tenga, como mínimo, 3 cm más que el contorno del pastel. Con la ayuda de una cuchilla o escalpelo, corte estrellas, triángulos o cualquier otra forma; déles tamaños diferentes.

2 Coloque la plantilla sobre el pastel no glaseado. Tamice por encima cacao en polvo, azúcar lustre o azúcar a la canela. Una vez que la decoración se haya dispersado en los agujeros, levante cuidadosamente la plantilla para descubrir el diseño.

ÍNDICE

B

◆◆◆◆◆ **D** ◆◆◆◆◆

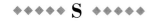

AGRADECIMIENTOS

Preparación de los alimentos Eric Treuillé,
Kathy Man, Maddalena Bastianelli
Dirección artística
Cherry Ramsayer
Asistente de fotografía
Margaret-Ann Hugo
Jefe de IT John Clifford
Mecanografía Sue Hill
Asistente editorial
Jennifer Rylaarsdam
Consejera de nutrición
Antonina Smith
Lectura de pruebas Pamela Ellis
Índice Madeline Weston

VALORES NUTRITIVOS

Todas las recetas de este libro
proporcionan información sobre
el contenido por ración en calorías,
proteínas, hidratos de carbono,
grasa, colesterol y sodio. Las cifras
indicadas sirven como orientación
para que los lectores puedan realizar
comparaciones entre recetas, y deben
tomarse sólo como una guía.
La mayoría de las recetas de este
libro se publicaron por primera vez
en la revista norteamericana *Good
Housekeeping*, por lo que se han
realizado algunos pequeños ajustes

para convertir las medidas al sistema
métrico decimal. Además, pueden
presentarse diferencias en algunos
ingredientes o alimentos, ya sea en
la utilización de distintos cortes de
carne o en alimentos manufacturados.
Aunque hemos intentado que las cifras
proporcionadas sean lo más exactas
posibles, deben tomarse sólo como
una guía.

Tiempos de asados para aves y carnes

AVE (180 °C, GAS 4)			
TIPO DE AVE Y PESO Se empieza con el ave a temperatura de nevera. **Se retira del horno cuando el termómetro señala 80-82 °C; la temperatura aumenta mientras el ave reposa.**		TIEMPO DE COCCIÓN (sin rellenar)	TIEMPO DE COCCIÓN (relleno)
Pollo	1,1 – 1,3 kg 1,3 – 1,8 kg 1,8 – 2,7 kg	1¼ –.1½ h 1½ – 1¾ h 1¾ – 2 h	1¼ – 1½ h 1½ – 1¾ h 1¾ – 2 h
Capón (a 160 °C)	2,2 – 2,7 kg 2,7 – 3,6 kg	2 – 2½ h 2½ – 3½ h	2½ – 3 h 3 – 4 h
Pollo tomatero	450 g	1 – 1¼ h	1 – 1¼ h
Pavo (a 160 °C)	3,6 – 5,4 kg 5,4 – 6,3 kg 6,3 – 8,2 kg 8,2 – 9,1 kg 9,1 – 10,8 kg	2¾ – 3 h 3 – 3¾ h 3¾ – 4¼ h 4¼ – 4½ h 4½ – 5 h	3 – 3½ h 3½ – 4 h 4 – 4¼ h 4¼ – 4¾ h 4¾ – 5½ h
Pato	1,8 – 2,2 kg	2½ – 2¾ h	2½ – 2¾ h
Oca	4,5 – 5,4 kg	2¾ – 3¼ h	3 – 3½ h

TERNERA (170 °C, GAS 3)		
CORTE Y PESO Se empieza con el ave a temperatura de nevera. **Se retira el asado del horno cuando alcanza entre 2-5 °C de la temperatura deseada ésta aumenta mientras el asado reposa.**	LECTURA DEL TERMÓMETRO DE CARNE	TIEMPO APROXIMADO DE COCCIÓN (MINUTOS POR 450 g)
Espaldilla deshuesada 1,3 – 2,2 kg	67 °C	35 – 40 min
Cadera deshuesada 1,3 – 2,2 kg	67 °C	35 – 40 min
Lomo 1,3 – 2,2 kg	67 °C	25 – 30 min
Lomo alto 1,3 – 2,2 kg	67 °C	30 – 35 min

BUEY (160-220 °C, GAS 3-7)				
CORTE Se empieza con el ave a temperatura de nevera. **Se retira el asado del horno justo cuando alcanza el punto de cocción deseado; la temperatura aumenta mientras el asado reposa.**	TEMPERATURA DEL HORNO	PESO	TIEMPO DE COCCIÓN APROXIMADO En su punto - poco hecha (60 °C)	En su punto (67 °C)
Lomo alto (deshuesado)	180 °C	1,8 – 2,7 kg 2,7 – 3,6 kg	1¾ – 2¼ h 2¼ – 2½ h	2¼ – 2¾ h 2¾ – 3 h
Lomo bajo	180 °C	1,8 – 2,7 kg	1¾ – 2 h	2 – 2½ h
Solomillo entero	220 °C	1,8 – 2,2 kg	50 – 60 min	60 – 70 min
Medio solomillo	220 °C	900 g – 1,3 kg	35 – 40 min	45 – 50 min
Contratapa	160 °C	1,3 – 1,8 kg 2,7 – 3,6 kg	1¾ – 2 h 2½ – 3 h	2¼ – 2½ h 3 – 3½ h
Redondo	160 °C	900 g – 1,3 kg	1½ – 1¾ h	—